www.ingramcontent.com/pod-product-compliance
Lightning Source LLC
Chambersburg PA
CBHW061544120626
46550CB00004B/1352
* 9 7 8 1 9 6 7 3 5 8 1 1 3 *

# العقيدة الكتابيَّة

موجَز نظامي للحق الكتابي

المحرِّران

چون ماكآرثر

ريتشارد مايهيو

Originally published in English under the title,

Biblical Doctrine: A Systematic Summary of Bible Truth

Copyright © 2017 by John MacArthur and Richard Mayhue

Published by Crossway

1300 Crescent Street

Wheaton, Illinois 60187

All rights reserved.

| | |
|---|---|
| **Title:** Biblical Doctrine | اسم الكتاب: العقيدة الكتابية |
| **General Editors:** John MacArthur & Richard Mayhue | المحرِّران: جون ماكآرثر وريتشارد مايهيو |
| **Translation:** Sameh Azmi & Sherry Awad | ترجمة: سامح عزمي وشيري عوض |
| **Arabic Editor** Cherif Arif | المحرِّر المسؤول عن الترجمة العربية: شريف عريف |
| **Internal Design:** Yousif Sobhy | التنسيق الداخلي: يوسف صبحي |
| **Printing:** Allux Printing Co. | طباعة: مطبعة آلوكس |
| The Public Free Zone - Nasr City, | المنطقة الحرة – مدينة نصر، |
| Cairo - Egypt | القاهرة – مصر |
| **Arabic Publisher:**   Azar Publishing | ناشر الطبعة العربية:    عازار للنشر |
| Santa Clarita, California | سانتا كلاريتا، كاليفورنيا |
| USA | الولايات المتحدة الأمريكية |
| | رقم الإيداع: ٢٠٢٢/١٥٤٦٨ |
| **ISBN (Vol. 2):** 978-1-967358-11-3 | الترقيم الدولي:  ٣-٢٦٢٧-٩٤-٩٧٧-٩٧٨ |

The Master's Academy International

E-mail: publishing@tmai.org

Arabic Outreach
Grace Community Church
E-mail arabic@gracechurch.org

«أحدثت خدمة چون ماكآرثر تأثيرًا على نطاقٍ عالميٍّ. وفي هذا الكتاب، أوضح ماكآرثر ومايهو تدريجيًا العقائد التي تَكمُن في صميم هذه الخدمة التي لمست حياة كثيرين جدًا. فهنا نرى خدمة مؤسَّسة على الحق، الذي هو حق كلمة الله وحق الإنجيل. هذا مرجعٌ رائع للدارسين، ورعاة الكنائس، والمعلِّمين».

**توماس ر. شراينر (ThomaS R. Schreiner)**، أستاذ تفسير العهد الجديد وأستاذ اللاهوت الكتابي، كلية اللاهوت المعمدانية الجنوبية، في مدينة لويفيل بولاية كنتاكي

«هذا الكتاب نتاج حياة كاملة من الدراسة، وحكمة اكتُسِبت عبر قرون. وبجمعه بين الولاء للكتاب المقدس والالتزام بالعقيدة الكتابية، هو يتناول احتياجًا ماسًّا معاصرًا. وإن المعتقدات القوية تصنع كنائس قوية. وليس على أي شخص أن يتَّفق بالضرورة مع الكُتَّاب الموقَّرين حول كلِّ موضوع كي يشعر بالامتنان على مرجعٍ بهذه الأهمية الغنية والباقية».

**إيان هـ. موراي (Iain H. Murray)**، مؤلِّف كتاب *Jonathan Edwards: A New Biography* and *Evangelical Holiness*؛ والأمين العام المؤسِّس لهيئة Banner of Truth

«يمثِّل هذا المرجع الجديد عَرْضًا ثَرِيًا ومُقْنِعًا للأساس اللاهوتي للمسيحية، إذ يوفِّرُ للقارئ تنظيمًا منهجيًا للحق الكتابي سهلَ الفهم ومقنعًا في الوقت نفسه. وبما أن البقايا الأخيرة من التأثير المسيحي في الغرب آخذةٌ في التآكل، فمن شأن مراجع لاهوتية غنية مثل كتاب **العقيدة الكتابية** أن تسهم في بنيان الكنيسة وتشديدها في مواجهة المقاومة الشرسة من العالم».

**ر. ألبرت مولر الابن (R. Albert Mohler Jr.)**، رئيس وأستاذ اللاهوت المسيحي، في كلية اللاهوت المعمدانية الجنوبية.

«يَسُرُّني أن أوصي من كلِّ قلبي بكتاب **العقيدة الكتابية** لچون ماكآرثر وريتشارد مايهو. هذا الكتاب سيُعرَف ويشتهر بوضوح مخطَّطه ووصفه للعقائد الكتابية. وإن قراءته فرصة رائعة ينبغي ألا تفوتك».

**والتر سي. كايزر الابن (Walter C. KaiSer Jr.)**، الرئيس الفخري، وأستاذ العهد القديم، في كلية جوردون كونويل اللاهوتية

«لطالما كان تركيز خدمة چون ماكآرثر مُنصَبًّا على الكرازة والوعظ – أي إطلاق العنان للحق الإلهي من خلال الكرازة والوعظ بكلمة الله. وطوال الوقت، كانت خدمته قائمة على العقيدة المستمَدَّة من الكتاب المقدس بدقة واتساق. وتقف الآلاف من عظاته التفسيرية برهانًا على أمانته تجاه عمل الواعظ. كما يقف كتاب **العقيدة الكتابية** برهانًا على أمانته تجاه عمل اللاهوتي. ليت كليهما يُستخدمان لتشجيع جيل جديد من الوعاظ اللاهوتيين على أن يُكرِّسوا حياتهم للدعوة العليا، دعوة تعليم كنيسة المسيح وتأهيلها»

**تيم تشاليز (Tim ChallieS)**، مُدوِّن في مدوَّنة، Challies.com

«ينبغي أن يكون الوضوح مطلبًا أساسيًا في كُتُبِ اللاهوت النظامي. وهذا الكتاب يفي بهذا المطلب تمامًا! فهو ملخَّص شامل ووافٍ لكل ما يحتاج المؤمن إلى معرفته؛ ويبدو أنه شيء ينبغي أن يُتاح لكل مؤمن، أليس كذلك؟ وهو يحملُ اسم شخص يمثِّل نموذجًا للعقيدة القويمة والحق – چون ماكآرثر. لا حاجة بنا إلى قول المزيد. فهو غنيٌّ عن التعريف.

**ديريك و. هـ. توماس (Derek W. H. ThomaS)**، كبير رعاة الكنيسة المشيخية الأولى، في مدينة كولومبيا، بولاية كارولاينا الجنوبية؛ وأستاذ اللاهوت النظامي والرعوي بكلية اللاهوت المصلَحة في ولاية أتلانتا؛ وعميد برنامج دكتوراه الخدمة في أكاديمية ليجونير

»ظل چم نواكآرثقعا ريد دوضثم برلاً فولا يعظ لاتفسيظهمُ ،يرارً بكج لىلاء كلمدا ةلدا هشبع لالـه. والآكنتم بىاكآرثـر، بالتعاوُم نع ريتشارم داهيو وأعضاء هيئلا ةتدريف سك يليم ةاستر للاتوهيك ،ةتابًا فلا يلاهظنلا تواميم ،يلنًا كيف ألا نشلا حرتفسييآ يرف ةآيي ةزهدر بالطبيعة ليُك وسِيفساء لاتوهيم ةتينة ومتعلادة الألهف .ناوذلا اكتاه بلا وتحليلا هلاتوهية بعد وبجة تفسيةير. أُشجم لكعؤمن، بغظنلا ضر عن ومروثلا هلاتوهي، أينجلل سيتلالم من لاتعليم قعلايدلا يذق يامه چم نواكآرثـر وماهيو. ومن ا لمؤكد أنس لكتمُ جرخشً بَا بالكتاا ب لمقدس، وممتلئًا من بهرلالة بعد للاستمتاع بجلال إلهنا الكريم ومجده»

**ماثيو باريت (Matthew Barrett)**، مدرِّس اللاهوت النظامي وتاريخ الكنيسة، في كلية أوك هيل اللاهوتية.

«بالإضافة إلى تقديمهما لاهوتًا قويمًا مألوفًا لدى البروتستانتيين البارزين، يدافع ماكآرثر ومايهو أيضًا عن مزيج غير معتاد من وجهات النظر التي يتجادل حولها الإنجيليون، مثل: نظرية الخلق الإلهي للأرض الفتيَّة، وعلم الخلاص الكالفيني، ومعمودية المؤمنين، ونظام الإدارة الكنسي المتعلِّق بحُكم الشيوخ، والتكاملية بين الرجل والمرأة، وانقطاع المواهب المعجزية، والمذهب التدبيري التقليدي (أو ما يسمُّونه الفكر قبل الألفي المستقبلي). ويعرض الكاتبان حُججهما بطريقة واضحة ومرتَّبة تستحق التفاعل معها حتى وإن كنت غير متفق معها»

**أندرو ديفيد ناسيلي (Andrew David NaSelli)**، أستاذ مساعد لمادة العهد الجديد واللاهوت الكتابي، في كلية بيت لحم اللاهوتية في مدينة مينيابوليس، ولاية مينيسوتا

«بصفتي أستاذًا في علم اللاهوت، فأنا في موقع يسمح لي أن أوصي طلابي بقراءة هذا الكتاب الفريد من نوعه عن اللاهوت النظامي، الذي كتبه ماكآرثر ومايهو، وأن أخبرهم بثقةٍ بأنني أستطيع أن أصدِّق على هذا الكتاب من بدايته وحتى نهايته. وأُقدِّر بصفة خاصة الجوانب التدبيرية من هذا العمل، والطريقة التي يؤسِّس بها الكاتبان العقائدَ على النص الكتابي على نحو متسق وراسخ».

**كيفن دي. زوبير (Kevin D. Zuber)**، أستاذ علم اللاهوت في معهد مودي للكتاب المقدس، بمدينة شيكاغو، ولاية إلينوي؛ والمشارك في تأليف الكتابَين: *Evidence for the Rapture: A Biblical Case for Pretribulationism*، و *The Moody Bible Commentary*.

# العقيدة الكتابيَّة

## موجَز نظامي للحق الكتابي

### المجلد الثاني

المحرران

چون ماكآرثر

ريتشارد مايهيو

TMAI

CROSSWAY

## شكر وتقدير

منذ ما يقرب من خمسة وعشرين عامًا، استمعتُ إلى وعظ القس چون ماكآرثر في كنيسة جريس كوميونيتي (Grace Community Church) للمرة الأولى، وعندئذ كانت أمنيتي الوحيدة هي أن يستمع كلّ ناطق بالعربية إلى تعليمه، ويتتلمذ عليه. ومنذ ذلك الحين، باشرتُ بنعمة الله مهمة تحقيق هذا الهدف.

شكرًا لكما، د. چون ماكآرثر، ود. ريتشارد مايهيو، على طاعتكما للحق الموجود في كلمة الله وحدها، وعلى السنين التي أمضيتماها في الخدمة الأمينة، وعلى وضوح ملخَّص علم اللاهوت النظامي في هذا الكتاب العظيم. فكتاب «العقيدة الكتابية» حتمًا سيُثري المكتبة المسيحية العربية، ويفيد كلًا من الدارسين الأكاديميين والأشخاص العاديين في العالم العربي، الذين لا يَكفُّون عن السعي بكلّ اجتهاد وجدية إلى معرفة الله.

إن امتناني لكلّ الذين أسهموا في أن يرى هذا المشروع النور – مهما كان هائلًا – لن يوفيهم حقَّهم. لذلك، أودُّ أن أعبِّر عن شكري الخاص جدًا للدكتور مارك تاتلوك (Dr. Mark Tatlock) وبرايان تاميسيان (Brian Tahmisian) العاملَين في أكاديمية ماستر الدولية TMAI على إتاحة الفرصة لي وائتماني على الإشراف على هذه الترجمة.

وأنا مَدين أيضًا لمترجمَينا الأمينَين في مصر، سامح عزمي وشيري عوض؛ الرب وحده قادر أن يكافئكما على تفانيكما وعملكما الشاق.

ولصديقي، شريف عريف، الذي عمل على مراجعة وتنقيح الطبعة العربية. أشكرك يا أخي العزيز على إخلاصك ومحبتك لكلمة الله ولشعب الله، أنت بالحقيقة بركة لنا.

أهدي شكري أيضًا إلى دارَ نشر كروسواي Crossway، وكلّ من أسهم في كلّ من الطبعة العربية والإنجليزية من هذا الكتاب.

وأقدِّم كلَّ الحمد والشكر لله لأنه أقام في كنيسته اليوم رجلًا مثل القس چون ماكآرثر. وأعلَم يقينًا أن كثيرين يشاركونني الإحساس نفسه؛ وهم في غاية الامتنان للقس چون، الذي أتشرَّف بأن أدعوه «راعي كنيستي».

لقد استخدم الرب بلطفه العجيب هذا الرجل للتأثير في حياتي وحياة الكثيرين، وذلك من خلال تعليمه لكلمة الله وشرحها شرحًا تفسيريًا بكلّ أمانة. محاربًا ومدافعًا عن الحق بجسارة. إنه ممَّن يَصدُقُ فيهم القول: «السَّالِكُ بِالْكَمَالِ وَالْعَامِلُ الْحَقَّ وَالْمُتَكَلِّمُ بِالصِّدْقِ فِي قَلْبِهِ» (مزمور ١٥: ٢).

نشكر الله من أجلك قس چون ماكآرثر.

وإلى القارئ العربي: نعمةٌ لك، وسلامٌ، وبركةٌ وأنت تقرأ هذا الكتاب وتتمعَّن في دراسته.
لله وحده كلّ المجد

**چون عازار**
**عازار للنشر**

# Acknowledgments

Almost 25 years ago, I heard Pastor John MacArthur preach at Grace Community Church for the very first time, and the only thing I wished is that every Arabic speaking person would sit under his teaching. Since then, by the grace of God, I have embarked on a mission to accomplish this goal.

Thank you, Dr. John MacArthur, and Dr. Richard Mayhue for your obedience to the truth found only in God's Word, for your years of faithful ministry, and for the clarity summarizing systematic theology in this magnificent book. «Biblical Doctrine» will surely enrich the Arabic Christian library and benefit the scholar as well as the layper-son who are Still diligently seeking to know Him in the Arab world.

I cannot Start to express my gratitude to all those who helped make this project see the light of day. A very special thank you goes to Dr. Mark Tatlock and Bryan Tahmisian at TMAI for giving me the opportunity and entrusting me to oversee this translation.

I am indebted to our faithful translators in Egypt, Sameh Grace and Sherry Awad, only the Lord can reward them for all their hard work.

To my friend, Cherif Arif who edited the Arabic translation, thank you dear brother for your dedication and love to God's word and God's people, you are truly a blessing.

Thank you to Crossway, and to all those who contributed to both the English and the Arabic versions.

All praise be to God for raising up in His church today a man like Pastor John MacArthur. I know many share this very sentiment and are deeply grateful to Pastor John, whom I am honored to call my pastor. The Lord has graciously used him to impact my life and the lives of many, by faithfully expositing and teaching the word of God as a worrier for the truth. A man who "walks with integrity, practices righteous-ness, and speaks truth in his heart" (Psalms 15:2).

We thank God for you Pastor John MacArthur.

To the Arabic reader: grace, peace, and blessings to you as you Study and read this book. To God alone all the glory.

**John Azar**
**Azar Publishing**

إلى كلِّ الأُمَناء خريجي كلية ماستر اللاهوتية

الذين يخدمون المسيح حول العالم

## مَجدًا للرَبِّ القدير!

مَجدًا للرَبِّ.. مَلِكِ الخَليقَةِ القَديْرْ!
سَبِّحيْهِ يا نفسُ.. فهوَ قوَّتُكِ وخلاصُكِ المُجيْرْ.
يا جَميعَ السَّامِعيْن،
إقتَربوا الآنَ مِنْ هيكلِ القدُّوْسْ
واعبُدوا مَعي خالقَ النُّفوْسْ.

مَجدًا للرَبِّ مَن سادَ على الأكوانْ،
يَسترُكَ بسِترِ جَناحَيْهِ، بلى.. ويَحفظُكَ الحَنَّانْ!
ألمْ ترَ بَعدُ
كيفَ أُعطيْتَ شَهوَةَ القَلبِ
في ما هو مُعيَّنٌ منَ الرَّبِّ؟

مَجدًا للرَّبِّ الذي يُنجِحُ العمَلَ وهو لكَ الحِمَى،
رَحمتُهُ وخَيرُهُ يَتبَعانِكَ في القَفرِ والحِمَى.
تأمَّلْ مرَّةً أخرى..
ماذا يستطيعُ أنْ يَفعَلَ القديْرْ
إذا ناصَرَكَ بحُبِّهِ الوَفيْرْ؟

مَجدًا لهُ! وكلُّ ما في باطِني ليُبارِكِ اسمَهُ المَجيْدْ
كلُّ نسَمَةٍ فلتَرفعِ الآنَ أمامَهُ الإنشَادْ.
دَعوا الـ «آميْنَ» تدَوِّي في شَعبِهِ مِن جَديْدْ
واعبُدوْهُ بكلِّ ابتِهاجٍ إلى الآبَادْ.[١]

١ قام المترجم بتعريب هذه الترنيمة وتقفيتها. الترنيمة الأصلية هي بعنوان **"PraiSe to the Lord, the Almighty"** من تأليف يوهاكيم نياندر Joachim Neander (١٦٥٠-١٦٨٠م).

# المحتويات

# صفحة محتويات تفصيليَّة

# تقديم

نَصَحَ الأستاذ يوجين ميريل (Eugene Merrill) طُلَّابَهُ بأنَّ الفكرَ اللاهوتي المستمَدَّ من الكتاب المقدس «يتطلَّب خبرة رجلٍ عجوزٍ». ثم أوضح قائلًا:

أقصِدُ بهذا أنه يقتضـي درايـة بالكثير من التخصُّصـات الأخرى، وقدرًا كبيرًا من تراكُم المعرفة، حتى أن عـددًا قليـلًا جـدًا مـن الدارسـين والباحثين جاهزين لتولِّي هـذه المهمـة، مـا لـم يكونـوا قـد استثمروا سنوات طويلة وشـاقة في الإعـداد للقيام بها[1].

ونحن نتَّفق مع هـذه النصيحـة الحكيمـة، وقـد انتظرنـا حتى «الفترة الأخيرة» مـن حياتنا لإصدار هذا الكتاب عـن علـم اللاهـوت.

وتشكِّل السمات التالية التصميم والتكوين العام لكتاب «العقيدة الكتابية»:

١. هو كتابيٌّ في محتواه، سعيًا إلى بيان تدرُّج الإعلان الكتابي.

٢. تفسيريٌّ في منهجه، لأن معنى الكتاب المقدس يُستخرَج من نصوص الكتاب المقدس.

٣. نظاميٌّ في طريقـة عرضـه، لأنـه يركِّـز على الجمـع المنظَّـم لـكل مـا يُعلِّمـه الكتـاب المقدس عـن كلِّ جانـب مـن جوانـب العقيـدة.

٤. شاملٌ في اتساعه، لأنه يغطي العناصر الكبرى للاهوت النظامي على السَّواء.

٥. رعويٌّ في التطبيق، لأنه يضع الوعظ التفسيري وحياة القداسة في الاعتبار.

٦. عمليٌّ من حيث تكلفته التي في متناول اليد، وسهولة حمله، وفائدته الكبيرة.

---

1 Eugene H. Merrill, *Everlasting Dominion: A Theology of the Old Testament* (Nashville: Broadman, 2006), xv.

وقد وَجَّهت خمسة مبادئ تفسيرية طريقة شرحنا للإعلان الكتابي والعقيدة الكتابية:[2]

١. **المبدأ الحرفي:** يجب فهم الكتاب المقدس بمعناه الحرفي، والطبيعي، والواضح. وفي حين يحتوي الكتاب المقدس على تعبيرات مجازية ورموز، لكنَّ هذه قُصد بها أن تنقل حقًّا حرفيًّا. لكن بوجه عام، يتحدَّث الكتاب المقدس بمفردات حَرْفية، وينبغي السماح له بالتحدُّث عن نفسه.

٢. **المبدأ التاريخي:** يجب تفسير أي مقطع كتابي داخل سياقه التاريخي. وما قصده الكاتب وما كان يعنيه النص لقرائه الأصليين ينبغي أن يُؤخَذا في الاعتبار. وبهذه الطريقة، يمكن اكتساب فهم سياقي صحيح للمعنى الأصلي للنص الكتابي، ويمكن أيضًا التعبير عنه بوضوح.

٣. **المبدأ اللغوي:** تتطلب هذه المهمة فهمًا للتركيب اللغوي الأساسي لكلِّ جملة في اللغات الأصلية. إلى مَن تشير الضمائر؟ وما هو زمن الفعل الرئيسي في الجملة؟ ومن خلال طرح أسئلة بسيطة مثل هذه، يصير معنى النص أوضح.

٤. **المبدأ التركيبي:** هذا المبدأ، الذي يسمَّى «مبدأ التناظُر الكتابي» [*analogia scriptura*]، يعني أن الكتاب المقدس ينبغي أن يكون المفسِّر لنفسه.[3] يفترض هذا المبدأ أنَّ الكتاب المقدس لا يناقض نفسه. ومن ثَمَّ، فلو تعارض فهمُ (أو تفسير) أي مقطع كتابي مع الحق الذي يُعلِّمه الكتاب المقدس في موضع آخر، فهذا الفهم (أو التفسير) لا يمكن أن يكون صحيحًا. ينبغي مقارنة الكتاب المقدس بالكتاب المقدس لاكتشاف معناه الدقيق والكامل.

٥. **مبدأ الوضوح:** قَصَدَ الله للكتاب المقدس أن يكون مفهومًا. لكن، ليس كلُّ جزء من الكتاب المقدس واضحًا بالقدر نفسه. ومن ثَمَّ، يجب استخدام الأجزاء الأوضح لتفسير الأجزاء الأقل وضوحًا.

في حين قد يسمِّينا الكثيرون **أصوليين** [**FundamentaliStS**] لكن يمكن لهذا المصطلح أن يكون مضلِّلًا، بسبب استعماله عبر التاريخ بطريقة ازدرائيَّة. وقد حاولنا لِمَا يقرب من أربعة عقود أن نفكِّر من آن لآخر في كلمة واحدة يمكن أن تصفنا على النحو الأفضل؛ وفكَّرنا في كلمات مثل: مستقبليِّين [Futurists]، وطبيعيِّين (من جهة تفسير الكتاب المقدس) [normalists]، ومؤمنين بسيادة الله [sov-ereigntists]، لكننا نحَّيناها جانبًا لأن ولا واحدة منها تعبِّر بشكل ملائم عن العنصر الواحد الأساسي والأهم لفكرنا اللاهوتي. وفي حين أن اللقب الذي وقع اختيارنا عليه، وهو لقب «كتابيُّون» [Bibli-cists]، ليس هو اللقب المثالي، لكننا اخترناه لأنه في جوهر قناعاتنا تَكمُن ثقةٌ لا تتزعزع في كتاب الله المقدس الخالي من الخطأ والمعصوم، المفسَّر تفسيرًا صحيحًا.

٢ المبادئ الأربعة الأولى مستمَدَّة من المصدر التالي:
چون ماك آرثر، تفسير الكتاب المقدس، الطبعة الأولى (منصورية المتن – لبنان: دار منهل الحياة، ٢٠١٢).

3 R. C. Sproul, "Biblical Interpretation and the Analogy of Faith," in *Inerrancy and Common Sense*, ed. Roger R. Nicole and J. Ramsey Michaels (Grand Rapids, MI: Baker, 1980), 119–35.

يتميَّز هذا الكتاب بالميِّزات الجديرة بالملاحظة التالية:[٤]

١. منهجية لتناوُل الكتاب المقدس تقوم على افتراضات مسبقة، وتؤكِّد ١) الوجود الأزلي لله القدير؛ ٢) إعلانه التدريجي المكتوب الذي جُمِعَ في قائمة الأسفار القانونية المكوَّنة من ستة وستين سفرًا، الذي هو خالٍ من الخطأ ومعصوم في مخطوطاته الأصلية (الأوتوجرافا).

٢. التصديق على نظرية الخلق الإلهي حديث العهد، أي التأكيد على نظرية الأرض الفتيَّة، والطوفان الكوني.

٣. التشديد على العهود المستمَدَّة من الكتاب المقدس، وليس العهود المُصاغة لاهوتيًّا.

٤. عقيدة الخلاص التي تعكس سيادة الله في فداء الخطاة.

٥. الإيمان بانقطاع (توقُّف) جميع المواهب المعجزية عند اكتمال قائمة الأسفار القانونية للكتاب المقدس، وهو الأمر المتزامن مع نهاية عصر الرسل.

٦. فهمٌ لكنيسة العهد الجديد مؤسَّس على الكتاب المقدس.

٧. منهجية تكامُلية في فهم دور الرجل ودور المرأة في البيت والكنيسة.

٨. فهم قبل ألفي مستقبلي للأمور الأخيرة، وفقًا لخطة الله السيادية للعالم أجمع، بما في ذلك إسرائيل.

فضلًا عن ذلك، فإن المستودَع الضخم من المراجع الذي يحتويه هذا الكتاب من شأنه أن يُمَكِّنَ القراء من توسيع نطاق دراساتهم إلى أبعد من حدود هذا الكتاب.

ويراعي تصميم كتاب «**العقيدة الكتابية**» نوعيات متعدِّدة من القراء:

١. معلِّمو كليات اللاهوت ومعاهد الكتاب المقدس.

٢. طلاب كليات اللاهوت ومعاهد الكتاب المقدس

٣. الوعَّاظ والكارزون، المحليون والدوليون على حدٍّ سواء[٥]

٤. المعلِّمون في الكنيسة المحلية

٥. العلمانيون الذين يرغبون في فهم الكتاب المقدس بكامله

---

٤ يحتوي كتاب «العقيدة الكتابية» على مزيج مميَّز من السمات. وهذه السمات المميَّزة تتبع بوجه عام خطى رجال بارزين، مثل آلان ماكراي Allan A. MacRae (١٩٠٢-١٩٩٧)، وجيمز مونتجومري بويس James Montgomery Boice (١٩٣٨-٢٠٠٠)، وس. لويس چونسون S. Lewis Johnson (١٩١٥-٢٠٠٤).

5 R. Albert Mohler Jr., "The Pastor as Theologian," in *A Theology for the Church*, ed. Daniel L. Akin (Nashville: B&H Academic, 2007), 927–34; John Murray, "Calvin as Theologian and Expositor," in *The Collected Writings of John Murray* (Edinburgh: Banner of Truth, 1976), 1:305–11.

كلُّ علوم اللاهوت ينبغي أن تبدأ بمحتوى كتابي مرتَّب نظاميًّا، يؤدِّي بعد ذلك إلى تحفيز المؤمنين على أن يعيشوا حياة التقوى والقداسة، في طاعة لكلمة الله، لمجد الله (١كورنثوس ١٠: ٣١؛ كولوسي ٤: ١٧؛ ١بطرس ٤: ١١). وبُغية تحقيق هذه الغاية يَصْدُرُ كِتابُ «**العقيدة الكتابية**»؛ ورجاؤنا مع صدوره هو أن:

يوسِّع معرفة المرء الكتابية، الأمر الذي من شأنه أن ...

يمكِّن المرء من الفهم الصحيح للعقيدة، الأمر الذي من شأنه أن ...

يُثري حكمة المرء الإلهية، الأمر الذي من شأنه أن ...

يضاعف من طاعة المرء المتشبِّهة بالمسيح، الأمر الذي من شأنه أن ...

يرفع مستوى عبادة المرء المقدَّسة.[٦]

ستتعزَّز قيمة هذا الكتاب عن طريق الاستخدام المكمِّل للمصادر التالية: ١) الكتاب المقدس الدراسي لجون ماكآرثر (المترجَم إلى اللغة العربية بحسب الترجمة العربية البستاني-فاندايك)؛ ٢) الكتاب المقدس الدراسي المرتَّب بحسب الموضوعات لجون ماكآرثر [*MacArthur Topical Bible*]؛ ٣) سلسلة تفسير ماكآرثر لأسفار العهد الجديد [*MacArthur New Testament Commentary*]. ومن شأن هذه المكتبة المصغَّرة المكوَّنة من هذه الأدوات الدراسية الأربع أن تؤهِّل المرء بشكل أساسي أن يكون دارسًا للكتاب المقدس مدى الحياة (٢تيموثاوس ٢: ١٥).

إن عملًا بهذا الحجم الهائل لم يكن ممكنًا أن يخرج للنور لولا ما قدَّمه العديد من الأشخاص من مشاركة مهمة. ونحن نود أن نعبِّر عن تقديرنا الشديد للرؤية والتشجيع اللذين أمدَّتنا بهما دار نشر كروسواي (Crossway) لإصدار كتاب «العقيدة الكتابية»، ولا سيما د. لين دينيس Dr. Lane Dennis (رئيس دار النشر)، ود. جاستن تايلور Dr. Justin Taylor (نائب الرئيس التنفيذي لشئون نشر الكتب)، وديف دي ويت Dave DeWit (نائب الرئيس التنفيذي لشئون نشر الكتب)، ود. ديفيد بارشينجر Dr. David Barshinger (المحرِّر في قسم الكتب)، وجيل كارتر Jill Carter (مدير التحرير). ونود أن نوجِّه شكرنا لأعضاء مجلس إدارة كلية ماستر اللاهوتية، الذين شجَّعونا كثيرًا وصلُّوا بحرارة من أجل هذا المشروع. وقد ساندنا زملاؤنا في كلية ماستر اللاهوتية، مثل د. بيل باريك Dr. Bill Barrick، ود. ناثان بوزينيتز Dr. Nathan Busenitz، ود. جيم موك Dr. Jim Mook، ود. برَيان مورفي Dr. Bryan Murphy، ود. مايكل فلاك Dr. Michael Vlach، والأستاذ مايكل ريكاردي Michael Riccardi، من خلال إصدار مسوَّدات للعديد من من أقسام الكتاب. ونود أن نعرب عن شكر خاص

٦ «إن الهدف من دراسة علم اللاهوت هو عبادة الله. ووضعية دراسة علم اللاهوت هي السجود. ووسيلة دراسة علم اللاهوت هي التوبة».

Sinclair B. Ferguson, quoted in James Montgomery Boice and Philip Graham Ryken, *The Doctrines of Grace* (Wheaton, IL: Crossway, 2002), 179.

لچيريمي سميث Jeremy Smith على مشورته. كما نود أن نعبِّر عن عميق امتناننا لمايكل ريكاردي وناثان بوزينيتز من أجل تنقيحهما الشامل النهائي للكتاب بكامله. ولقد أعدَّت چانيس أوزبورن Janice Osborne بكل نشاط ودون تذمُّر عددًا لا يُحصى من المسوَّدات التي سبق أن تضمَّنت المسوَّدة النهائية التي سُلِّمت إلى الناشر.

وها نحن نقدِّم هذا المحتوى مصلِّين ...

> كَيْ يُعْطِيَكُمْ إِلهُ رَبِّنَا يَسُوعَ الْمَسِيحِ، أَبُو الْمَجْدِ، رُوحَ الْحِكْمَةِ وَالإِعْلاَنِ فِي مَعْرِفَتِهِ، مُسْتَنِيرَةً عُيُونُ أَذْهَانِكُمْ، لِتَعْلَمُوا مَا هُوَ رَجَاءُ دَعْوَتِهِ، وَمَا هُوَ غِنَى مَجْدِ مِيرَاثِهِ فِي الْقِدِّيسِينَ، وَمَا هِيَ عَظَمَةُ قُدْرَتِهِ الْفَائِقَةُ نَحْوَنَا نَحْنُ الْمُؤْمِنِينَ، حَسَبَ عَمَلِ شِدَّةِ قُوَّتِهِ. (أفسس ١: ١٧-١٩)

**چون ماكآرثر**
دكتوراه في العلوم اللاهوتية، ودكتوراه في الآداب
راعي كنيسة Grace Community Church
ورئيس كلية ماستر اللاهوتية

**ريتشارد مايهيو**
دكتوراه في اللاهوت
نائب الرئيس التنفيذي، وعميد،
وأستاذ باحث في علم اللاهوت، كلية ماستر اللاهوتية

الفصل السادس

# الإنسان والخطية

## عقيدة الإنسان (أنثروبولوچي)

## وعقيدة الخطية (هامارتيولوچي)

**الإنسان**

مقدِّمة عن الإنسان

الإنسان والمجتمع

**الخطية**

# الإنسان

## مقدِّمة عن الإنسان

- أهمية عقيدة الإنسان
- عقيدة الخَلْقِ اللَّحظي
- آدم بصفته شخصًا تاريخيًّا

## أهمية عقيدة الإنسان

هناك قولٌ قديمٌ يقول: «احترس من عُقم الحياة المزدحمة». فالحياة عادة ما تكون محمومة، وغالبية البشر نادرًا ما يفكِّرون في أهم الأمور فيها. ولكن لا يوجد أهم من أن نفكِّر في مَن نحن، ولماذا نحن موجودون. كان داود الملك رجلًا مشغولًا، لكنه حين نظر إلى السماوات، ورأى القمر والنجوم، استغرق في تفكير عميق، ثم سأل: «فَمَنْ هُوَ الْإِنْسَانُ حَتَّى تَذْكُرَهُ [يا الله]؟ وَابْنُ آدَمَ حَتَّى تَفْتَقِدَهُ؟» (مزمور ٨: ٤). فأمام خليقة الله الرائعة، بدا الإنسان ضئيلًا وعديم الأهمية. وعلى الجميع أن يفكِّروا جيِّدًا في سؤال داود.

إن سؤال كاتب المزمور: «فَمَنْ هُوَ الْإِنْسَانُ؟» متصلٌ بعقيدة الإنسان (الأنثروبولوچيا). فالكلمة اليونانية *anthrōpos* تعني «الإنسان» أو «البشرية». ومن ثَمَّ، فإن الأنثروبولوچيا هو علم دراسة الجنس البشري. ولكن، ينبغي دراسة عقيدة الإنسان من الزاوية الصحيحة. فإن الجامعات والمدارس العلمانية تقدم مقرَّرات دراسية عن علم دراسة الإنسان، لكن من منظور مركزه الإنسان. وإذ استبعد هؤلاء الله من المشهد، فَاتَهُم أن يعرفوا مَن هو الإنسان بالحقيقة، ومكانته الصحيحة في هذا العالم. لِكي نفهم الإنسان فهمًا سليمًا، علينا أن نفعل ذلك من منظور مركزه الله.

لماذا تمثِّل عقيدة الإنسان كلَّ هذه الأهمية؟ **أولًا**، لأن عقيدة الإنسان هي موضوع فيه يَدْرُسُ الدارسُ عن نفسه. أيُّ شيء يمكن أن يكون شخصيًّا وعمليًّا أكثر من هذا؟ كذلك، تجيب عقيدة الإنسان عن أسئلة أساسية مثل: مَن أنا؟ ولماذا أنا موجود هنا؟ ولماذا أملك القدرة على أن أفكِّر وأشعر؟ وما الهدف من حياتي؟ وإلى أين أنا ذاهب؟

**ثانيًا**، لأن الإنسان هو آخر مَن خُلِق في اليوم السادس من أسبوع الخلق، فهو إذن ذروة خليقة الله. يقول لويس بيركهوف (Louis Berkhof): «يُمَثِّلُ الإنسانُ واقفًا فوق قمة كلِّ العالم المخلوق. فهو متوَّج ملكًا على الخليقة الأدنى منه، وأُعطِي سيادة على كلِّ المخلوقات».[1] فمِن خلال عقيدة الإنسان نتعلَّم أن الإنسان مخلوق فريد. ويساعد هذا في التعريف بِدَوْرِ الإنسان في العالم المخلوق.

**ثالثًا**، تساعدنا عقيدة الإنسان على فهم علاقتنا بالله. فبما أن الإنسان مخلوق على صورة الله، فإننا نتعلَّم كيف ينبغي أن يسلك، وكيف ينبغي أن يتعامل مع الله. ويمكن لأولئك المهتمين بعقيدة الإنسان الكتابية أن يتعلَّموا فِكْرَ الله عنهم، وما يتوقَّعه منهم.

---

1 Louis Berkhof, *Systematic Theology*, 4th ed. (1939; repr., Grand Rapids, MI: Eerdmans, 1991), 183.

**رابعًا**، تساعد عقيدة الإنسان الكتابية على تناوُل قضايا محدَّدة، مثل: الإجهاض، والقتل الرحيم، والمثلية الجنسية، واضطراب الهُوية الجنسية، وحماية البيئة. فإن جزءًا كبيرًا من العالم اليوم مشوَّش ومرتبك من جهة هذه القضايا، ويتصرف بشكل خاطئ فيما يتعلق بها، لأنه يعمل من منطلق نظرة خاطئة عن الله وعن الإنسان. لكن عقيدة الإنسان من منظور الله تُعلِّمنا الحق عن هذه القضايا، وقضايا أخرى. فإن عقيدة الإنسان الكتابية ترشدنا في سعينا إلى تطبيق فلسفة حياتية مسيحية على المسائل الحيوية والمصيرية التي تُواجه عالمنا.

**خامسًا**، تدحض وجهة النظر الكتابية عن الإنسان الفلسفات الخاطئة. يؤكِّد المذهب الطبيعي العلماني أنه لا يوجد إله، وأن الكون هو ماديٌّ فقط. فالإنسان هو مجرد مجموعة من الذرات تطوَّرَت عشوائيًّا من شكل من أشكالِ الحياةِ في مرتبة أدنى، دون أيِّ تصميم متعمَّد. وبما أن الإنسان موجود هنا بالصُّدفة، فلا شيء يفعله له قيمة حقيقية أو أهمية أبدية. فهو مجرد شكل من أشكال الحيوانات في مرتبة أعلى. ويومًا ما، ستنقضي البشرية نفسها، وستُطرَد بقوة خارج حيِّز الوجود.

ركَّزت بعض فلسفات القرن الماضي على جوانب معيَّنة من الجنس البشري. فقد شدَّدت الشيوعية على أن الإنسان هو في المقام الأول كائن اقتصادي مدفوعٌ بالاحتياجات المادية. وزعمت أن التاريخ هو التدرُّج المحتوم للإنسان من العبودية، إلى الإقطاعية، إلى الرأسمالية، ثم إلى أسمى نموذج، ألا وهو الشيوعية، حيث لا وجود لأية مِلكية خاصة، وحيث تَمتلك الدولة كلَّ شيء. أكَّدَ سيجموند فرويد Sigmund Freud (١٨٥٦–١٩٣٩ م) أن الإنسان هو في المقام الأول كائن جنسي ينبع سلوكه من دافِعِهِ الجنسي. أما فِكر ما بعد الحداثة فقد علَّم بأن البشر نتاج بيئاتهم وخلفياتهم الاجتماعية، وأنه لا وجود لأيِّ حقائق أخلاقية فائقة. فإن ما يُزعَم أنه «حقائق» هو مجرد تفسيرات وأفكار بناها عقل الإنسان، ولها معنى فقط لدى البشر داخل مجتمعات معيَّنة. وبحسب هذا، يُنظَر بازدراء إلى القصص الكبرى أو الشاملة [metanarratives]،[2] التي تساعد البشر على فهم موقعهم داخل قصة أكبر.

ادَّعت الديانات الشرقية كالهندوسية والبوذية أن مصير الإنسان هو اتحاد روحي أو صوفيٌّ باطنيٌّ بقوة غير شخصية، مثل البراهمان.[3] فكما تُفقَد قطرة ماء في المحيط، يُعَد هدف الإنسان هو أن يفقد هُويته الشخصية، ومشاعره، ورغباته، حتى يحقق اتحادًا غير شخصي بالإله، أيًّا كانت ماهيته.

لكن الآراء الخاطئة عن الإنسان كافة تُدحَضُ من خلال عقيدة الإنسان الكتابية التي تَكْشِفُ أن الإنسان مخلوق بشكل مباشر من الله الذي هو شخصٌ عاقل، والذي صمَّمَ الإنسان معطيًا إياه كرامة، وجاعلًا له غرضًا وهو أن يعبده ويخدمه. فكي نعلم ماذا ينبغي أن نفعل، لا بُدَّ أن نَعلم مَن نحن. وهذه هي الفائدة التي نجنيها من عقيدة الإنسان المؤسسة على الكتاب المقدس.

---

٢ [المترجم]: القصة الكبرى أو الشاملة – metanarrative – هي صورة كبرى أو شاملة، أو تفسير لأحداث وظروف، يمد البشر بنمط يشكل معتقداتهم، ويعطي معنى لخبراتهم.

٣ [المترجم]: في الهندوسية، البراهمان هي الروح الفائقة العالمية، التي توصَف أحيانًا بأنها المطلق.

في الكتاب المقدس نَجِدُ استخدامين للكلمة العبرية *adam* ʿ، حيث أشارت الكلمة في بعض النصوص إلى البشرية بوجه عام، المكوَّنة من كلٍّ من ذكر وأنثى، بينما أشارت في نصوص أخرى إلى الذَّكر أو الرجل تمييزًا له عن الأنثى أو المرأة. ولهذا، ففي النصوص التي تتحدث عن الجنس البشري بنوعيه، استُخدِمت كلمة «الإنسان» أو «آدم» بالتبادُل لترجمة الكلمة العبرية *adam* ʿ. ونجد هذا الاستخدام الشامل للكلمة في النصين التاليين:

فَخَلَقَ اللهُ الإِنْسَانَ [*adam* ʿ] عَلَى صُورَتِهِ.
عَلَى صُورَةِ اللهِ خَلَقَهُ.
ذَكَرًا وَأُنْثَى خَلَقَهُمْ (تكوين ١ : ٢٧)

هَذَا كِتَابُ مَوَالِيدِ آدَمَ [*adam* ʿ] ، يَوْمَ خَلَقَ اللهُ الإِنْسَانَ [*adam* ʿ]. عَلَى شَبَهِ اللهِ عَمِلَهُ. ذَكَرًا وَأُنْثَى خَلَقَهُ، وَبَارَكَهُ وَدَعَا اسْمَهُ آدَمَ [*adam* ʿ] يَوْمَ خُلِقَ (تكوين ٥ : ١-٢)

في كلا النصين أعلاه، تشمل كلمة *adam* ʿ الذَّكر والأنثى معًا. لكن، في نصوص أخرى، مثل النصَّين التاليين، استُخدِم اللفظ العبري *adam*ʿ نفسه إشارةً إلى الذَّكر فحسب تمييزًا له عن الأنثى؛ ولهذا تُرجِمت الكلمة بشكل موحَّد «آدم»:

وَبَنَى الرَّبُّ الإِلَهُ الضِّلْعَ الَّتِي أَخَذَهَا مِنْ آدَمَ [*adam* ʿ] امْرَأَةً وَأَحْضَرَهَا إِلَى آدَمَ [*adam* ʿ] (تكوين ٢ : ٢٢)

وَكَانَا كِلاَهُمَا عُرْيَانَيْنِ، آدَمُ [*adam* ʿ] وَامْرَأَتُهُ، وَهُمَا لاَ يَخْجَلاَنِ (تكوين ٢ : ٢٥)

اقترح البعض أيضًا استخدام كلمات مثل البشرية [humanity] أو الجنس البشري [human-kind] إلى جانب كلمة «الإنسان» للتعبير عن البشر بوجه عام. وسيَستخدم هذا الفصل هذه الكلمات بالتبادُل.[٤]

## ⬅ عقيدة الخَلْقِ اللَّحظي [Sudden Creationism][٥]

في القرن الحادي والعشرين، برز موضوع أصل الكون المادي كأحد أهم ساحات المعارك الكتابية. وتتجادل كلٌّ من المجتمعات العلمانية والمسيحية معًا بشأن صحة قصص الخلق الواردة في تكوين ١-٢، حتى أنه بات مؤمنون كثيرون يتشكَّكون على نحو جاد في السجل الكتابي، مفضِّلين الاستنتاجات العلمية على شهادة الكتاب المقدس. واليوم، أقلية فقط من اللاهوتيين هم مَن لا يزالون يتمسكون بعقيدة الخلق اللحظي، وهو الرأي القائل إن عملية الخلق التي وَصَفَهَا تكوين ١ حدثت بالفعل في ستة

4 See Wayne Grudem, *Systematic Theology: An Introduction to Biblical Doctrine* (Grand Rapids, MI: Zondervan, 1994), 439–40.

٥ هذا الجزء مأخوذ من المصدر التالي بتصريح من MSJ:
Richard Mayhue, "Editorial: Scripture on Creation," *MSJ* 23, no. 1 (2012): 1–6.

أيام حرفية ومتعاقبة. يؤكِّد كثيرون أن الكون يبلغ من العمر ملايين، بل ومليارات السنين، وأن فترة زمنية طويلة تفصل بين أصل الأرض وظهور أول كائنات بشرية عليها.

يفوق نطاق هذا الفصل وغرضه أن نقدِّم دراسة كاملة ووافية عن الآراء المختلفة بشأن الخلق؛ لكن الرأي الذي نتبنَّاه، وهو الذي نعرضه في هذا الفصل، هو الخلق اللحظي.[٦] فإن هذا هو منظور الكتاب المقدس، وهو السياق اللازم لفهم خَلْقِ الإنسان في اليوم السادس. إن حقائق أساسية، مثل عظمة الله وسلطانه، تضيع حين نتخلَّى عن المعنى الصريح والبسيط للأصحاحين الأول والثاني من سفر التكوين، وهو أن الله خَلَقَ الأرضَ بشكل مباشر في ستة أيام حرفية.

> لم يكن خَلْقُ الكون ولا حتى خَلْقَ الإنسان عملية طويلة الأمد. فقد استُعلِن سلطان الله ومجده في خلق لحظي، شمل الأرض والإنسان على حدٍّ سواء. وقد وردت تصريحات محدَّدة حول سلطان الله وقوته في الخلق عبر كلِّ الكتاب المقدس:

«أَنْتَ هُوَ الرَّبُّ وَحْدَكَ. أَنْتَ صَنَعْتَ السَّمَاوَاتِ وَسَمَاءَ السَّمَاوَاتِ وَكُلَّ جُنْدِهَا، وَالأَرْضَ وَكُلَّ مَا عَلَيْهَا، وَالْبِحَارَ وَكُلَّ مَا فِيهَا، وَأَنْتَ تُحْيِيهَا كُلَّهَا. وَجُنْدُ السَّمَاءِ لَكَ يَسْجُدُ» (نحميا ٩: ٦)

«هَكَذَا يَقُولُ الرَّبُّ فَادِيكَ
وَجَابِلُكَ مِنَ الْبَطْنِ:
«أَنَا الرَّبُّ صَانِعٌ كُلَّ شَيْءٍ،
نَاشِرٌ السَّمَاوَاتِ وَحْدِي،
بَاسِطٌ الأَرْضَ. مَنْ مَعِي؟» (إشعياء ٤٤: ٢٤)

«آهِ، أَيُّهَا السَّيِّدُ الرَّبُّ، هَا إِنَّكَ قَدْ صَنَعْتَ السَّمَاوَاتِ وَالأَرْضَ بِقُوَّتِكَ الْعَظِيمَةِ، وَبِذِرَاعِكَ الْمَمْدُودَةِ. لاَ يَعْسُرُ عَلَيْكَ شَيْءٌ» (إرميا ٣٢: ١٧)

«أَيُّهَا الرِّجَالُ، لِمَاذَا تَفْعَلُونَ هذَا؟ نَحْنُ أَيْضًا بَشَرٌ تَحْتَ آلاَمٍ مِثْلُكُمْ، نُبَشِّرُكُمْ أَنْ تَرْجِعُوا مِنْ هذِهِ الأَبَاطِيلِ إِلَى الإِلهِ الْحَيِّ الَّذِي خَلَقَ السَّمَاءَ وَالأَرْضَ وَالْبَحْرَ وَكُلَّ مَا فِيهَا» (أعمال الرسل ١٤: ١٥)

«أَنْتَ يَا رَبُّ فِي الْبَدْءِ أَسَّسْتَ الأَرْضَ، وَالسَّمَاوَاتُ هِيَ عَمَلُ يَدَيْكَ» (عبرانيين ١: ١٠)

«أَنْتَ مُسْتَحِقٌّ أَيُّهَا الرَّبُّ
أَنْ تَأْخُذَ الْمَجْدَ وَالْكَرَامَةَ وَالْقُدْرَةَ،
لأَنَّكَ أَنْتَ خَلَقْتَ كُلَّ الأَشْيَاءِ،
وَهِيَ بِإِرَادَتِكَ كَائِنَةٌ وَخُلِقَتْ» (رؤيا ٤: ١١)

---

٦ للاطلاع على المزيد حول هذا الرأي، انظر «الخلق» في الفصل الثالث بعنوان «الله الآب».

بالإضافة إلى هذه التأكيدات القوية على أن الله هو مَن خَلَقَ الكون، يقدِّم الكتاب المقدس أيضًا تأكيدات قاطعة تتعلَّق بطبيعة حدث الخلق نفسه. فكي يوضح الله كيف ينبغي حفظ الوصية الرابعة المتعلِّقة بتقديس يوم السبت، استعان بنموذج حدث الخلق على لسان موسى:

«اُذْكُرْ يَوْمَ السَّبْتِ لِتُقَدِّسَهُ. سِتَّةَ أَيَّامٍ تَعْمَلُ وَتَصْنَعُ جَمِيعَ عَمَلِكَ، وَأَمَّا الْيَوْمُ السَّابِعُ فَفِيهِ سَبْتٌ لِلرَّبِّ إِلهِكَ. لاَ تَصْنَعْ عَمَلاً مَّا أَنْتَ وَابْنُكَ وَابْنَتُكَ وَعَبْدُكَ وَأَمَتُكَ وَبَهِيمَتُكَ وَنَزِيلُكَ الَّذِي دَاخِلَ أَبْوَابِكَ. لأَنْ فِي سِتَّةِ أَيَّامٍ صَنَعَ الرَّبُّ السَّمَاءَ وَالأَرْضَ وَالْبَحْرَ وَكُلَّ مَا فِيهَا، وَاسْتَرَاحَ فِي الْيَوْمِ السَّابعِ. لِذلِكَ بَارَكَ الرَّبُّ يَوْمَ السَّبْتِ وَقَدَّسَهُ» (خروج ٢٠: ٨-١١)

على الإنسان أن يعمل ستة أيام، لأن الله صنع السماء والأرض في ستة أيام. وبما أن أيام العمل كانت تقاس بمدة أربع وعشرين ساعة، كان ينبغي أن يكون الخلق أيضًا، الذي يُعَد نموذجًا لها، مساويًا في المدة. ينطبق هذا المنطق ذاته أيضًا على يوم الراحة السابع. ولو لم يكن المقصود هنا هو أيام متساوية في المدة، لفَقَدَ هذا المثال التوضيحي معناه.

كذلك، تحدَّث كاتب الرسالة إلى العبرانيين عن كيفية خروج العالم إلى حيِّز الوجود: «بِالإِيمَانِ نَفْهَمُ أَنَّ الْعَالَمِينَ أُتْقِنَتْ بِكَلِمَةِ اللهِ، حَتَّى لَمْ يَتَكَوَّنْ مَا يُرَى مِمَّا هُوَ ظَاهِرٌ» (عبرانيين ١١: ٣). فقد أوجد الله الكون بكلمة (مزمور ٣٣: ٦، ٩)، دون أن يستخدم مادة سابقة الوجود (رومية ٤: ١٧). حتى المادة نفسها ليست أزلية. فقد حَدَثَ الخلقُ من العدم [ex nihilo] – أي أن الخليقة المادية والروحية خرجت إلى حيز الوجود من لا شيء.

تعكس عظمةُ الخليقة سلطانَ الله، ومجده، وسيادته: «اَلسَّمَاوَاتُ تُحَدِّثُ بِمَجْدِ اللهِ، وَالْفَلَكُ يُخْبِرُ بِعَمَلِ يَدَيْهِ» (مزمور ١٩: ١). ليس بإمكان أي عملية تطوُّر آلية أن تلفت الأنظار إلى عظمة الله وسلطانه. فقط مذهب الخلق اللحظي هو الذي يشهد لسلطان الله منذ البدء. قال بولس: «لأَنَّ أُمُورَهُ [أمور الله] غَيْرَ الْمَنْظُورَةِ تُرىَ مُنْذُ خَلْقِ الْعَالَمِ مُدْرَكَةً بِالْمَصْنُوعَاتِ، قُدْرَتَهُ السَّرْمَدِيَّةَ وَلاَهُوتَهُ، حَتَّى إِنَّهُمْ بِلاَ عُذْرٍ» (رومية ١: ٢٠).

ويؤيِّد الحق الذي يقول إن الإنسان خُلق على صورة الله (تكوين ١: ٢٦) فكرةَ الخلق الإلهي اللحظي. لا يمكن أن يكون البشر قد تطوَّروا إلى صورة الله، إذ لا توجد فجوة زمنية تفصل بين خَلْقِ الإنسان وكونه خُلِقَ على صورة الله وعلى شبهه. يُسجِّل تكوين ٥: ١ هذه الكلمات: «هذَا كِتَابُ مَوَالِيدِ آدَمَ، يَوْمَ خَلَقَ اللهُ الإِنْسَانَ. عَلَى شَبَهِ اللهِ عَمِلَهُ». فإن الله، في لحظة من الزمان، خلق الإنسان على صورته. لا يمكن لعملية التطور أن تفسِّر طبيعة الإنسان الفريدة، أو أن تفسِّر حقيقة أن الجنس البشري قد أُصيب بالخطية. وقد أرسل الله ابنه كي يفتدي الجنس البشري، وليس كي يفتدي الأعداد الغفيرة من أشكال الحياة الأخرى.

نجد براهين أخرى على عقيدة الخلق اللحظي في يسوع المسيح. كان يسوع بنفسه متداخلًا بصورة مباشرة في الخلق: «كُلُّ شَيْءٍ بِهِ كَانَ، وَبِغَيْرِهِ لَمْ يَكُنْ شَيْءٌ مِمَّا كَانَ» (يوحنا ١: ٣). وأيضًا، «فَإِنَّهُ فِيهِ

خُلِقَ الْكُلُّ: مَا فِي السَّمَاوَاتِ وَمَا عَلَى الْأَرْضِ، مَا يُرَى وَمَا لَا يُرَى، سَوَاءٌ كَانَ عُرُوشًا أَمْ سِيَادَاتٍ أَمْ رِيَاسَاتٍ أَمْ سَلَاطِينَ. الْكُلُّ بِهِ وَلَهُ قَدْ خُلِقَ» (كولوسي ١: ١٦). تستلزم غالبية التفسيرات الأخرى للخلق وجودَ فاصل زمنيٍّ كبيرٍ بين خلق المادة وأصل الإنسان. لكن، قال يسوع: «وَلَكِنْ مِنْ بَدْءِ الْخَلِيقَةِ، ذَكَرًا وَأُنْثَى خَلَقَهُمَا اللهُ» (مرقس ١٠: ٦). فقد صرَّح يسوع بأن الإنسان كان جزءًا من الخليقة منذ البدء، وليس تطورًا لاحقًا.

هذا الرأي تؤيِّده أيضًا معجزات الخلق التي أجراها يسوع. فقد خلق يسوع خمرًا من الماء (يوحنا ٢: ١-١١)، وخلق مرتين طعامًا لإطعام الآلاف (متى ١٤: ١٣-٢١؛ ١٥: ٣٤-٣٩). حدثت هذه المعجزات بصورة فورية، دون أن تمر بأيِّ عملية، أو دون مرور وقتٍ.

يمكن أيضًا استخلاص براهين مؤيِّدة للخلق اللحظي عن طريق النظر إلى التمجيد المستقبلي للمؤمنين. ففي لحظة من الزمان، سَيُقِيمُ الله أجساد شعبه، ويمجِّدها (دانيآل ١٢: ٢؛ يوحنا ٥: ٢٩؛ رومية ٨: ٢٣؛ اكورنثوس ١٥: ٥١؛ اتسالونيكي ٤: ١٦-١٧). سوف يُخلَقون ثانيةً في لحظة من تراب الأرض. يبدو هذا تكرارًا لخلق آدم، ولكن في هذه المرة لن يعاد خلق جسد واحد فحسب بل ملايين. وبما أن جماهير غفيرة ستُعطَى أجسادًا مخلوقة من جديد في القيامة، انظر كيف كان سهلًا على الله أن يخلق فقط آدم وحواء في البدء.

فضلًا عن ذلك، ما سيصنعه الله بهذه الأرض في النهاية هو برهان على الخلق اللحظي. ففي استعلان سريع للسلطان الإلهي، سيقضي الله على الأرض وعلى الكون الملعون الحالي بانفجار ذَرِّيٍّ شديد. وعوضًا عن ذلك، سيخلق «سَمَاوَاتٍ جَدِيدَةً، وَأَرْضًا جَدِيدَةً» (٢بطرس ٣: ١٠-١٣). لن تتطور السماوات والأرض الجديدة من القديمة، بل في استعلان من الله لسلطانه الإلهي، سيدمِّر ويخلق بكلِّ سرعة وقوة، مُعْلِنًا بدء الزمان الأخير. فإن كان الله سيخلق الكون الجديد من العدم بصورة فجائية لحظية، فمن المنطقي والمعقول أن نعتقد بأن الله أَبْدَأَ الكونَ الحالي بالطريقة نفسها.

يحوي الأصحاحان الأول والثاني من سفر التكوين أيضًا تأييدًا لخلق الله للأرض في فترة زمنية قصيرة. **أولًا**، الكلمة التي تُرجِمت «يوم» (في اللغة العبرية «*yom*») في تكوين ١ تشير إما إلى فترة النور في دورة الأربع والعشرين ساعة، وإما إلى فترة الظلمة والنور كاملة (أربع وعشرين ساعة). والاستثناء الوحيد من هذا هو تكوين ٢: ٤، حيث تشير كلمة «يوم» إلى مدة الخلق كاملة.

**ثانيًا**، حين تأتي الكلمة العبرية التي تُرجِمت «يوم» (*yom*) مصحوبة بتمييز رقميٍّ، مثل «يَوْمًا ثَالِثًا» أو «يَوْمًا رَابِعًا» (أي رقم ترتيبي)، فهي لا تعطي البتة معنى مجازيًا، بل دائمًا تدل على فترة زمنية قَدْرُها أربع وعشرون ساعة. بالإضافة إلى ذلك، لم تُستخدَم صيغة الجمع العبرية من كلمة «يوم» استخدامًا مجازيًا البتة في العهد القديم خارج سياق قصة الخلق (على سبيل المثال خروج ٢٠: ٩).

**ثالثًا**، لم تُستخدَم كلمتا «مساء» و«صباح» في تكوين ١ استخدامًا مجازيًا البتة في العهد القديم. بل تَصِفَان دائمًا يومًا من أربع وعشرين ساعة. ويعرِّف الله «اليوم» في تكوين ١: ٥ بأنه فترة من النور

تعقبها الظلمة. فبعد أن خلق الله النور (تكوين ١: ٣)، وجَعَلَ فصلًا مكانيًّا بين الظلمة والنور بالنسبة للأرض (تكوين ١: ٥)، أَسَّسَ دورة النور والظلمة لتكون قياسًا رئيسيًّا للزمن – أي لليوم الواحد (تكوين ١: ٥). هذه دورة كاملة للأرض أو يوم من أربع وعشرين ساعة.

هذه الحجج تُبيِّن معًا أن الله خلق الأرض وكل ما فيها في ستة أيام متعاقبة، مكوَّنة من أربع وعشرين ساعة. لم تتطور الأجناس البشرية من أشكال حياة أدنى، لكنها خُلِقت من تراب خالٍ من الحياة، بأمر إلهي، وبممارسة الله لمشيئته الإلهية (تكوين ٢: ٧؛ ٣: ١٩؛ جامعة ٣: ٢٠؛ ١٢: ٧). كذلك، لم تتطوَّر الأنثى من الذكر، بل جُبِلَت مباشرةً من الله شخصيًّا (تكوين ٢: ٢١-٢٣؛ ١كورنثوس ١١: ٨، ١٢). وعندما جاءت المرأة (التي تمثِّل طفرة في أي نظام آخر لأصول الإنسان) من الرجل، لم تكن توجَد أيُّ فجوات زمنية كبرى تتيح لها أن «تتطوَّر». ولأن الرجل والمرأة وُجِدا في تسلسل زمني متقارب للغاية، فهذا يستلزم قدرة الله الخالقة كما يَفترض نموذج الخلق اللحظي.

تتويجًا لكل هذا، تؤيِّد شهادة العهد الجديد عن الأصحاحين الأول والثاني من سفر التكوين الشهادة المستمَدة من العهد القديم. فإن العهد الجديد إما يقتبس مباشرةً من تكوين ١-٢، وإما يلمِّح إليه أكثر من ثلاثين مرة. وفي كل حالة من هذه الحالات فَهِمَ كُتَّاب العهد الجديد نص سفر التكوين بطريقة طبيعية، وليس بطريقة رمزية أو مجازية (على سبيل المثال، متى ١٩: ٤؛ رومية ٥: ١٢؛ ١كورنثوس ١٥: ٣٨؛ ٢كورنثوس ٤: ٦؛ كولوسي ٣: ١٠؛ ١تيموثاوس ٢: ١٣؛ ٢بطرس ٣: ٥).[٧]

## ← آدم بصفته شخصًا تاريخيًّا

من القضايا الأخرى مثار الجدل هي ما إذا كان آدم في سفر التكوين شخصية حقيقية أم لا. أكَّدت الكنيسة عبر التاريخ أن آدم كان شخصية تاريخية؛ لكن مع بدء قبول علم التطور، صار البعض اليوم يصرِّحون بغير ذلك. فالذين يؤمنون بأن الأرض عمرها ملايين أو مليارات السنين لا يقبلون أن الله جَبَلَ آدم بالكامل فقط بعد بضعة أيام من خلق الكون. لكن، يتحدث سفر التكوين عن آدم باعتباره إنسانًا حقيقيًّا تاريخيًّا، وليس باعتباره نتاج دهور من التطور.

يقول التفسير الطبيعي والأبسط لتكوين ١ إن الله خلق الشخص المحدَّد آدم في اليوم السادس من الخلق. ثم يقدِّم تكوين ٢ مزيدًا من التفاصيل عن خلق آدم وحواء. وتؤيِّد صلة آدم بالشخصيات التاريخية الأخرى الرأي القائل إنه كان حقًّا شخصية محدَّدة. فإن آدم هو أبو قايين، وهابيل، وشيث (تكوين ٤: ١-٢، ٢٥؛ ٥: ١-٣). وقد قيل عنه أيضًا إنه مارس علاقة زوجية مع امرأته حواء، أثمرت إنجاب قايين وشيث. ويقول تكوين ٥: ٣ أيضًا إن آدم حين كان عمره مئة وثلاثين وَلَدَ شيث. لن يكون من المشروع إذن أن نصف هذه التفاصيل بأنها لغة شعرية أو مجازية تصف شيئًا آخر غير الواقع.

---

٧ للاطلاع على دفاع كتابي أشمل عن مفهوم الأرض حديثة العهد، وعن نظرية الخلق في ستة أيام حرفية، انظر:
Terry Mortenson and Thane H. Ury, eds., *Coming to Grips with Genesis: Biblical Authority and the Age of the Earth* (Green Forest, AZ: Master Books, 2008).

وتؤكد القائمة الطويلة لنسل آدم، الذين عاشوا وماتوا حتى عهد نوح في تكوين ٥، بأن آدم شخصية تاريخية محدَّدة. يقول تكوين ٥: ١ بكل وضوح: «هَـذَا كِتَابُ مَوَالِيدِ آدَمَ». ومن ثَمَّ، كان آدم شخصًا حقيقيًّا، تمامًا كما كان الذين جاءوا من نسله شخصيات حقيقية. ولم يكتفِ الكتاب المقدس بذكر حدث خلق آدم، لكنه ذكر أيضًا حدث موته. فقد مات آدم وعمره تِسْعَ مِئَةٍ وَثَلَاثِينَ سَنَةً (تكوين ٥: ٥).

ويؤكِّد النهر اللاهوتي عن «النسل» [seed] في سفر التكوين أن آدم شخصية حرفية حقيقية. فقد استُخدِم اللفظ العبري *zera* ست مرات في تكوين ١، حيث تُرجِم «بِزر»، وتعلَّقت جميع استخداماته بالنباتات. فوجود «البزر» يعني أن كلَّ نبات أو شجرة سيُنبِت نباتًا آخر كجنسه. ثم في تكوين ٣: ١٥، وَعَدَ الله بأن «نسل المرأة» [وهنا استُخدِم اللفظ العبري نفسه *zera*] سيهزم في نهاية المطاف القوة الكامنة وراء الحية (أي الشيطان). ثم في بقيته يتوسع سفر التكوين في فكرة النسل، إذ يكشف الله تدريجيًّا عن خططه ليخلِّصَ الجنس البشري، ويَردَّه. وقد كان نوح، وسام، وإبراهيم، وإسحاق، ثم يعقوب جزءًا من خطة الله للنسل. هؤلاء هم ذرية آدم؛ وكما كانوا شخصيات حقيقية، هكذا كان آدم أبوهم. كذلك، ينبغي ألا نقبل تاريخية الأصحاحات تكوين ١٢-٥٠، التي تشمل إبراهيم، وإسحاق، ويعقوب، ثم نفصلها تاريخيًّا عن شخصيات الأصحاحات تكوين ١-١١. فإن النسل الموعود به في تكوين ٣: ١٥ وعلاقته بسفر التكوين كله لا يسمح بمثل هذا الفصل.

يؤكد كُتَّاب العهد الجديد أيضًا تاريخية آدم. فإن سلسلة نسب يسوع في إنجيل لوقا تشمل آدم (لوقا ٣: ٣٨). ويتفق هذا مع ١أخبار الأيام ١: ١، الذي أدرج آدم أيضًا في سلسلة النسب التي قدَّمها. ومن الواضح أن الرسول بولس كان يؤمن بآدم حرفي، إذ في رومية ٥: ١٢، ١٤ يقول: «مِنْ أَجْلِ ذلِكَ كَأَنَّمَا بِإِنْسَانٍ وَاحِدٍ [آدم] دَخَلَتِ الْخَطِيَّةُ إِلَى الْعَالَمِ»، و«لكِنْ قَدْ مَلَكَ الْمَوْتُ مِنْ آدَمَ إِلَى مُوسَى، وَذلِكَ عَلَى الَّذِينَ لَمْ يُخْطِئُوا عَلَى شِبْهِ تَعَدِّي آدَمَ». تعامَل بولس مع آدم على أنه شخصية حقيقية، تمامًا كما تعامل مع موسى على أنه شخصية حقيقية. فضلًا عن ذلك، في رومية ٥: ١٢-٢١، عقد بولس مقارنات عديدة بين آدم ويسوع مُبَيِّنًا أن كليهما رأسان حرفيان للبشرية، يجلبان نتائج معينة على الجنس البشري. جلب آدم الإنسان الموت، والشعور بالذنب، والدينونة على جميع الذين هم فيه (أي الذين لهم حياة بشرية، باستثناء الرب يسوع)، بينما يجلب الإنسان المسيح يسوع الحياة، والبر، والتبرير على جميع الذين يوهَبون حياة روحية باتحادهم به بالإيمان. فلو لم يكن آدم شخصًا حقيقيًّا، تنهار هذه المقارنة، وينهار معها دور يسوع الممثِّل عن الجنس البشري والمخلِّص. ومن ثَمَّ، فإن رفض تاريخية آدم يقوِّض رسالة الإنجيل نفسها.

على نحو مماثل عَقَدَ بولس مقابلة بين آدم ويسوع عدة مرات في ١كورنثوس ١٥:

> «لأَنَّه كَمَا فِي آدَمَ يَمُوتُ الْجَمِيعُ، هكَذَا فِي الْمَسِيحِ سَيُحْيَا الْجَمِيعُ» (١كورنثوس ١٥: ٢٢)

> «هكَذَا مَكْتُوبٌ أَيْضًا: صَارَ آدَمُ، الإِنْسَانُ الأَوَّلُ، نَفْسًا حَيَّةً»، وَآدَمُ الأَخِيرُ رُوحًا مُحْيِيًا» (١كورنثوس ١٥: ٤٥)

«الْإِنْسَانُ الْأَوَّلُ [آدم] مِنَ الْأَرْضِ تُرَابِيٌّ. الْإِنْسَانُ الثَّانِي [يسوع] الرَّبُّ مِنَ السَّمَاءِ» (١كورنثوس ١٥ : ٤٧)

«وَكَمَا لَبِسْنَا صُورَةَ التُّرَابِيِّ، سَنَلْبَسُ أَيْضًا صُورَةَ السَّمَاوِيِّ» (١كورنثوس ١٥ : ٤٩)

كان مضمون حُجة بولس هو أنه كما نحمل نحن البشر صورة آدم، هكذا في التمجيد المستقبلي سنحمل صورة يسوع. تفترض هذه المقارنة أن آدم ويسوع شخصيتان تاريخيتان تمثِّلان الجنس البشري. لا يمكن ليسوع كشخص حقيقي أن يكون «آدم الأخير» ما لم يكن آدم أيضًا كائنًا بشريًّا حقيقيًّا. فضلًا عن ذلك، في ١تيموثاوس ٢ : ١٣، بنى بولس حُجته عن الاختلافات الوظيفية بين الرجال والنساء في الكنيسة على «أَنَّ آدَمَ جُبِلَ أَوَّلًا ثُمَّ حَوَّاءُ». ولم يكن لحُجته هذه أن تستقيم وأن يكون لها أي معنى لو كان آدم مجرد شخصية رمزية.

ليست تاريخيَّة آدم مسألة تافهة. فإن التعامل مع آدم على أنه شخصية حرفية وحقيقية أساسيٌّ لفهم أصل الجنس البشري، وتاريخه، وطبيعة البشر، وأصل الخطية، وبداية موت الإنسان والحيوان، والحاجة إلى الخلاص، وأساس الأحداث التاريخية في سفر التكوين، وسبب الترتيب الوظيفي داخل الكنيسة، بل وأيضًا الوجود المستقبلي للجنس البشري.[٨]

## مخلوقٌ على صورة الله

- ⬅ الإنسان مخلوق من الله مباشرةً
- ⬅ الإنسان صورة الله (*Imago Dei*)
- ⬅ يسوع صورة الله
- ⬅ قصة الكتاب المقدس وصورة الله

## ⬅ الإنسان مخلوق من الله مباشرةً

إن وجود الإنسان هو بالكامل نتيجة الخلق الإلهي. يقودنا هذا الإقرار إلى عقيدة الإنسان الكتابية التي تتناول ثلاثة جوانب من الوجود الإنساني: (١) جوهر الإنسان، (٢) علاقات الإنسان، (٣) وظيفة الإنسان.

تكوين ١ : ١ يقول: «فِي الْبَدْءِ خَلَقَ اللهُ السَّمَاوَاتِ وَالْأَرْضَ». الله هو العلة السرمدية الفائقة لكلِّ شيء. ففي ستة أيام حرفية، قَدْرُها أربع وعشرون ساعة، خلق الله كلَّ شيء، ما هو مادي وما هو غير مادي (انظر كولوسي ١ : ١٦). وقد صيغت بِنية تكوين ١ ليُسَلِّط الضوء على خلق الإنسان في اليوم

٨ للاطلاع على المزيد من الدفاع عن تاريخية آدم، انظر:
William D. Barrick, “A Historical Adam: Young-Earth Creation View,” in *Four Views on the Historical Adam*, ed. Matthew Barrett and Ardel B. Caneday, Counterpoints: Bible and Theology (Grand Rapids, MI: Zondervan, 2013), 197–227.

السادس. وكَوْنُ الإنسان خُلِقَ آخرًا يؤكِّد على أهميته وعلى عِظَمِ قيمته. أيضًا، خلال الأيام الخمسة الأولى، وفي بداية اليوم السادس، استُخدِمت العبارات «ليكن» لوصف أفعال الله في الخلق (تكوين ١: ٣، ٦، ٩، ١١، ١٤، ٢٠، ٢٤)؛ بينما في خلق الإنسان استُخدِمت عبارة مختلفة: «نَعْمَلُ الإِنْسَانَ ...» (تكوين ١: ٢٦). يشدِّد هذا التحوُّل على كون الإنسان مخلوقًا فريدًا ضمن خليقة الله. بالإضافة إلى ذلك، يشير حرف العطف «و» في تكوين ١: ٢٦ «وَقَالَ اللهُ: «نَعْمَلُ الإِنْسَانَ ...» إلى أن خلق الإنسان هو شأنٌ خاص ومميَّز.

أيضًا، سُلِّط الضوء على الغاية من خلق الإنسان في تكوين ١-٢. فقد أشير إلى خلق الشمس، والقمر، والنجوم، والنباتات، والكائنات الحية في الأصحاح الأول فقط بشكل عابر، بينما خُصِّص الأصحاح الثاني بكامله للحديث عن خلق الجنس البشري بما في ذلك الإشارة إلى الكيفية التي خُلِق بها الرجل والمرأة الأوليَّن. كذلك، تشدِّد العديد من الألفاظ، مثل «نعمل»/«عمل»/«أصنع»، و«خَلَقَ»، و«جَبَلَ» على التدخُّل الفاعل من الله في خلق الإنسان:

١. «نعمل»/«عمل»/«أصنع» (في اللغة العبرية **asah’**)
«وَقَالَ اللهُ: نَعْمَلُ الإِنْسَانَ» (تكوين ١: ٢٦)
«وَرَأَى اللهُ كُلَّ مَا عَمِلَهُ» (تكوين ١: ٣١)
«وَقَالَ الرَّبُّ الإِلهُ: لَيْسَ جَيِّدًا أَنْ يَكُونَ آدَمُ وَحْدَهُ، فَأَصْنَعَ لَهُ مُعِينًا نَظِيرَهُ (تكوين ٢: ١٨)
«هذَا كِتَابُ مَوَالِيدِ آدَمَ، يَوْمَ خَلَقَ اللهُ الإِنْسَانَ. عَلَى شَبَهِ اللهِ عَمِلَهُ (تكوين ٥: ١)
«فَقَالَ الرَّبُّ: ‹أَمْحُو عَنْ وَجْهِ الأَرْضِ الإِنْسَانَ الَّذِي خَلَقْتُهُ، الإِنْسَانَ مَعَ بَهَائِمَ وَدَبَّابَاتٍ وَطُيُورِ السَّمَاءِ، لأَنِّي حَزِنْتُ أَنِّي عَمِلْتُهُمْ›» (تكوين ٦: ٧)

٢. «خَلَقَ» (في اللغة العبرية: **bara‘**)
«فَخَلَقَ اللهُ الإِنْسَانَ عَلَى صُورَتِهِ. عَلَى صُورَةِ اللهِ خَلَقَهُ. ذَكَرًا وَأُنْثَى خَلَقَهُمْ» (تكوين ١: ٢٧)
«هذَا كِتَابُ مَوَالِيدِ آدَمَ، يَوْمَ خَلَقَ اللهُ الإِنْسَانَ. عَلَى شَبَهِ اللهِ عَمِلَهُ. ذَكَرًا وَأُنْثَى خَلَقَهُ، وَبَارَكَهُ وَدَعَا اسْمَهُ آدَمَ يَوْمَ خُلِقَ» (تكوين ٥: ١-٢)

٣. «جَبَلَ» (في اللغة العبرية **yatsar**)
«وَجَبَلَ الرَّبُّ الإِلهُ آدَمَ تُرَابًا مِنَ الأَرْضِ» (تكوين ٢: ٧)
«وَغَرَسَ الرَّبُّ الإِلهُ جَنَّةً فِي عَدْنٍ شَرْقًا، وَوَضَعَ هُنَاكَ آدَمَ الَّذِي جَبَلَهُ» (تكوين ٢: ٨)

عَبْرَ كلِّ الكتاب المقدس نجد تأكيدًا لفكرة أن الله خَلَقَ الإنسان مباشرةً. يقول مزمور ١٠٠: ٣، «اعْلَمُوا أَنَّ الرَّبَّ هُوَ اللهُ. هُوَ صَنَعَنَا، وَلَهُ نَحْنُ». وقال يسوع: «أَمَا قَرَأْتُمْ أَنَّ الَّذِي خَلَقَ مِنَ الْبَدْءِ

[أي الله] خَلَقَهُمَا ذَكَرًا وَأُنْثَى؟» (متى ١٩ : ٤). كما أشار يعقوب إلى «النَّاسَ الَّذِينَ قَدْ تَكَوَّنُوا عَلَى شِبْهِ اللهِ» (يعقوب ٣ : ٩).

لفكرة خَلْقِ الله للإنسان تطبيقات ونتائج مهمة. **أولاً**، ليس البشر هم نقطة البداية. بل إن العِلَّة المسبَقة للإنسان هي الله، ولا يمكن فهم الإنسان إلا من نقطة البداية التي هي الخالق. فحين خاطب بولس الفلاسفة الوثنيين في أثينا بَدَأَ مِن الخلق، أي من «الإِلهُ الَّذِي خَلَقَ الْعَالَمَ وَكُلَّ مَا فِيهِ» (أعمال الرسل ١٧ : ٢٤)، ثم قال إن البشر يوجَدون ويمارسون حياتهم فقط بفضل الله: «لأَنَّنَا بِهِ نَحْيَا وَنَتَحَرَّكُ وَنُوجَدُ» (أعمال الرسل ١٧ : ٢٨). إن السبب الوحيد لكوننا على قيد الحياة هو أن الله موجود، وأنه خلقنا ويدعم حياتنا ويحفظها. يحاول البعض أن يتخيَّلوا أنه لا يوجد إله؛ لكن في الواقع لم يكن للتخيُّل نفسه أن يوجد، بل ولم يكن للبشر الذين يتخيلون أن يكونوا موجودين إذا لم يكن الله موجودًا. لا يمكن أن يأتي شيء من لا شيء. لا يأتي البشر من شيء غير ذاتي أي غير شخصي. إنَّ تخيُّل عدم وجود سماء أو إله هو تخيُّل لا شيء على الإطلاق. فالله هو العِلَّة المسبَقة لكل شيء.

**ثانيًا**، يعني الخلق المباشر أن الإنسان ليس هو الله. فالإنسان ليس إلهًا، ولا هو أسمى كائن في الوجود. فهناك فجوة ميتافيزيقية أو وجودية بين الله والإنسان. لا يمكن للإنسان أبدًا أن يكون هو الله، بل وينبغي ألا يسعى إلى ذلك. قال القائد المورموني لورنزو سنو (Lorenzo Snow): «كما الإنسان الآن هكذا كان الخالق ذات يوم، وكما الخالق الآن هكذا يمكن أن يكون الإنسان».[9] هذا قول خاطئ. لم يكن الله يومًا إنسانًا (والاستثناء الوحيد الفريد لهذا هو تجسُّد المسيح ليكون الله-الإنسان)؛ ولا يمكن للإنسان أبدًا أن يكون الله. يقول هوشع ١١ : ٩، «لأَنِّي اللهُ لاَ إِنْسَانٌ، الْقُدُّوسُ فِي وَسَطِكَ». وسيظل المخلوقات دائمًا أدنى من الخالق السرمدي الذي خلقهم.

**ثالثًا**، لأن الإنسان مخلوق فهو ملزَم بالخضوع لله. وهو ليس حُرًّا كي يفعل ما يحلو له، وكأن أفعاله ليست لها عواقب من عند الله (راجع جامعة ١١ : ٩). كلُّ ما يفعله الإنسان ينبغي النظر إليه في ضوء مشيئة الله لهذا الإنسان. وبحسب رومية ١، مشكلة الإنسان الساقط الرئيسية هي أنه يتصرف باستقلالٍ عن خالقه. فهو لا يعطي المجد لله، ويعبد المخلوقات دون الخالق. قال بولس إن غير المؤمنين «اسْتَبْدَلُوا حَقَّ اللهِ بِالْكَذِبِ، وَاتَّقَوْا وَعَبَدُوا الْمَخْلُوقَ دُونَ الْخَالِقِ» (رومية ١ : ٢٥).

وكي يبيِّن يسوع أن البشر لا يمكن أن يتصرفوا باستقلال عن الله قال مَثَل الغني الغبي الذي عاش لنفسه، فاكتشف أنه في تلك الليلة سيقف أمام الله ويخضع للمساءلة: «فَقَالَ لَهُ اللهُ: يَا غَبِيُّ! هذِهِ اللَّيْلَةَ تُطْلَبُ نَفْسُكَ مِنْكَ، فَهذِهِ الَّتِي أَعْدَدْتَهَا لِمَنْ تَكُونُ؟» (لوقا ١٢ : ٢٠). يسلك البشر عادة باستقلال ويقنعون أنفسهم بأنهم يستطيعون العيش من دون الله في تحدٍ له؛ ولكن من دون التوبة والإيمان الذي للخلاص هم فقط يذخرون لأنفسهم غضبًا. حذَّر بولس الناس من الاستهانة بلطف الله وأناته (رومية

9 The Church of Jesus Christ of Latter-Day Saints, "The Grand Destiny of the Faithful," chap. 5 in *Teachings of Presidents of the Church: Lorenzo Snow*, accessed April 8, 2016, https://www.lds.org/manual/teachings-of-presidents-of-the-church-lorenzo-snow/chapter-5-the-grand-destiny-of-the-faithful?lang=eng.

٢ : ٤)، لأن هذا يعني أنك «تَذْخَرُ لِنَفْسِكَ غَضَبًا فِي يَوْمِ الْغَضَبِ وَاسْتِعْلَانِ دَيْنُونَةِ اللهِ الْعَادِلَةِ» (رومية ٢ : ٥). وحتى في ظلِّ الظروف المثالية للأرض الجديدة المستقبلية سيظل البشر يخدمون الله، ولن يصيروا هم الله. يقول رؤيا ٢٢ : ٣، «وَعَرْشُ اللهِ وَالْخَرُوفِ يَكُونُ فِيهَا [في أورشليم الجديدة]، وَعَبِيدُهُ يَخْدِمُونَهُ». فحتى في الفردوس الأبدي، سيَخدم البشر الذين أصبحوا بلا خطية إلهَهُم ويعبدونه بفرح.

**رابعًا**، للإنسان دور فريد في خليقة الله. يُظهر تكوين ١ : ٢٦-٢٨ أن الإنسان أُوْصِيَ أن يُكثر، ويُثمر، ويملأ الأرض، ويُخضِعها. وقال كاتب المزمور: «السَّمَاوَاتُ سَمَاوَاتٌ لِلرَّبِّ، أَمَّا الأَرْضُ فَأَعْطَاهَا لِبَنِي آدَمَ» (مزمور ١١٥ : ١٦). وحتى في الأبدية، سيَملك الإنسان إلى الأبد على الأرض الجديدة (انظر رؤيا ٢١ : ١؛ ٢٢ : ٥).

خامسًا، خُلِقَ الإنسان كي يمجِّد الله. يُحدِّثنا إشعياء ٤٣ : ٦-٧ عن دعوة الله «بنيه» و«بناته» أن يأتوا إليه، «كُلِّ مَنْ دُعِيَ بِاسْمِي وَلِمَجْدِي خَلَقْتُهُ وَجَبَلْتُهُ وَصَنَعْتُهُ». هنا يقول الله أن شعبه خُلقوا لمجده. ويقول بولس إن المؤمنين «مُعَيَّنِينَ سَابِقًا حَسَبَ قَصْدِ الَّذِي يَعْمَلُ كُلَّ شَيْءٍ حَسَبَ رَأْيِ مَشِيئَتِهِ» (أفسس ١ : ١١). فإن كل ما يعمله الإنسان ينبغي أن يكون لمجد الله (١كورنثوس ١٠ : ٣١).

## ⬅ الإنسان صورة الله (Imago Dei)

ينطوي فهم الجنس البشري استيعاب حقيقة أن الإنسان هو «صورة» الله، و«شبهه». قال بيك (Beck) وديماريست (Demarest): «لفكرة أن البشر مخلوقون على صورة الله تأثيرات وتطبيقات هائلة على علم اللاهوت، وعلم النفس، والخدمة، والسلوك المسيحي. وتشمل تشعُّبات هذه الصورة قضايا مثل كرامة الإنسان وقيمته، والمبادئ الأخلاقية الشخصية والاجتماعية، والعلاقات بين الجنسين، وتماسُك العائلة البشرية ... والعدالة العرقية».[10] وفيما يلي تلك النصوص التي تشير بشكل صريح إلى «صورة» (في العبرية *tselem*) الله أو «شبهه» (في العبرية *demuth*):

«وَقَالَ اللهُ: «نَعْمَلُ الإِنْسَانَ عَلَى صُورَتِنَا كَشَبَهِنَا» (تكوين ١ : ٢٦)

«فَخَلَقَ اللهُ الإِنْسَانَ عَلَى صُورَتِهِ.
عَلَى صُورَةِ اللهِ خَلَقَهُ.
ذَكَرًا وَأُنْثَى خَلَقَهُمْ» (تكوين ١ : ٢٧)

«هذَا كِتَابُ مَوَالِيدِ آدَمَ، يَوْمَ خَلَقَ اللهُ الإِنْسَانَ. عَلَى شَبَهِ اللهِ عَمِلَهُ. ذَكَرًا وَأُنْثَى خَلَقَهُ، وَبَارَكَهُ وَدَعَا اسْمَهُ آدَمَ يَوْمَ خُلِقَ» (تكوين ٥ : ١، ٢)

«سَافِكُ دَمِ الإِنْسَانِ
بِالإِنْسَانِ يُسْفَكُ دَمُهُ.

10 James R. Beck and Bruce Demarest, *The Human Person in Theology and Psychology: A Biblical Anthropology for the Twenty-First Century* (Grand Rapids, MI: Kregel, 2005), 131.

لِأَنَّ اللهَ عَلَى صُورَتِهِ عَمِلَ الْإِنْسَانَ» (تكوين ٩ : ٦)

«فَإِنَّ الرَّجُلَ لَا يَنْبَغِي أَنْ يُغَطِّيَ رَأْسَهُ لِكَوْنِهِ صُورَةَ اللهِ وَمَجْدَهُ» (١كورنثوس ١١ : ٧)

«بِهِ [اللسان] نُبَارِكُ اللهَ الْآبَ، وَبِهِ نَلْعَنُ النَّاسَ الَّذِينَ قَدْ تَكَوَّنُوا عَلَى شِبْهِ اللهِ» (يعقوب ٣ : ٩)

الكلمة العبرية المترجَمة «صورة» تعني «نسخة»؛ لكنها تنقل أيضًا فكرة «التمثيل». ففي العالم القديم، كان المَلِك أو الحاكم يضع صورة أو تمثالًا له في مملكته رمزًا لسيادته هناك. وحين كان الآخرون يرون الصورة أو التمثال، كانوا يعلَمون مَن الذي يملك السلطة. هكذا أيضًا، يمثِّل حاملو صورة الله إلهَهَم في العالم. ولكن على خلاف التماثيل الخالية من الحياة، فإن حاملي صورة الله أحياء. وعليهم أن يمارسوا حياتهم بصفتهم ممثِّلين عن الله، ووسطاء على الأرض. وهكذا، تتعلق كلمة «الصورة» بالحُكم الملكي. ففي حين أن الله هو الملك الأوحد، خَلَقَ الإنسانَ ليكون ملكًا نائبًا عنه ووسيطًا له في الخليقة.

وتكميلًا لهذه الكلمة، تشير الكلمة العبرية التي تترجَم «شبه» (*Demuth*) إلى «نمط»، أو «شكل» أو «صيغة». فهي تعني شيئًا يصاغ بحسب الأصل. ويدل استخدام الكلمة في تكوين ١ : ٢٦ على أن الإنسان صيغ بحسب نموذج الله، وأنه ابنٌ لله. هذا الفهم يؤيِّده تكوين ٥ : ٣، الذي يعلن أن شيث وُلِد «على شبه» أبيه، آدم. ومن ثَمَّ، بضم هذين المعنيين معًا، نستطيع أن نستنتج أنه لأن الإنسان هو ابنٌ لله، فهو يستطيع أن يعمل ممثِّلًا له.

## • تطبيقات خَلق البشر على صورة الله

مع أن البشر ليسوا آلهة، تمثِّل حقيقة أنهم مخلوقون على «صورة» الله و«شبهه» حقائق مهمة. **أولًا**، تنطبق صورة الله على جميع البشر – ذكرًا وأنثى على حد سواء. يقول تكوين ١ : ٢٧، «فَخَلَقَ اللهُ الْإِنْسَانَ عَلَى صُورَتِهِ. عَلَى صُورَةِ اللهِ خَلَقَهُ. ذَكَرًا وَأُنْثَى خَلَقَهُمْ». وفي حين أن الذكر والأنثى مختلفان في نوع الجنس، لكنهما متساويان كأشخاص، ومتساويان في القيمة.

**ثانيًا**، حتى بعد السقوط (انظر تكوين ٣)، ظلَّ جميع البشر على صورة الله وشبهه. ويؤكِّد ذلك تكوين ٥ : ١–٣، من جهة كلٍّ من الذكر والأنثى، وأيضًا من جهة نسل آدم وحواء:

«هَذَا كِتَابُ مَوَالِيدِ آدَمَ، يَوْمَ خَلَقَ اللهُ الْإِنْسَانَ. عَلَى شَبَهِ اللهِ عَمِلَهُ. ذَكَرًا وَأُنْثَى خَلَقَهُ، وَبَارَكَهُ وَدَعَا اسْمَهُ آدَمَ يَوْمَ خُلِقَ. وَعَاشَ آدَمُ مِئَةً وَثَلَاثِينَ سَنَةً، وَوَلَدَ وَلَدًا عَلَى شَبَهِهِ كَصُورَتِهِ وَدَعَا اسْمَهُ شِيثًا»

يقول تكوين ٩ : ٦ إن عقوبة الإعدام هي العقوبة الملائمة على جرائم القتل لأن الإنسان لا يزال على صورة الله: «سَافِكُ دَمِ الْإِنْسَانِ بِالْإِنْسَانِ يُسْفَكُ دَمُهُ. لِأَنَّ اللهَ عَلَى صُورَتِهِ عَمِلَ الْإِنْسَانَ». وبعد الطوفان ظلَّ البشر على صورة الله. هكذا أدان يعقوب ٣ : ٩ لعن الآخرين لأنهم «قَدْ تَكَوَّنُوا عَلَى شِبْهِ

اللهِ». يؤكِّد هذا أيضًا أن البشر بعد السقوط ظلُّوا يحملون شيئًا من شبه الله. قطعًا، تشوَّه حاملو صورة الله بسبب اللعنة؛ لكن لم تُمحَ صورة الله وشبهه تمامًا بالرغم من هذا التشوُّه.

**ثالثًا**، تفسِّر صورة الله حاجة الجنس البشري إلى أن يعيشوا في علاقات مع الآخرين. فإن الإله الثالوث هو إله واحد في ثلاثة أقانيم: الآب، والابن، والروح القدس. وهذا هو التعريف الأساسي لطبيعة الله الجوهرية. وفي الأزل، تمتَّع أعضاء الثالوث بشركة مثالية وشخصية بعضهم مع بعض. فلو كان الله فقط كائنًا وحيدًا، أحادي الأقنوم -كالآلهة الزائفة - لَمَا أمكن أن يكون إلهًا مُحِبًّا منذ الأزل، لأنه من قبل الخلق لم يكن هناك أحد ليُوجِّه إليه هذه المحبة. لكن الله محبة، وقد تجلَّى التعبير الكامل عن تلك المحبة في الأزل بين أقانيم الثالوث (يوحنا ٥: ٢٠؛ ١٧: ٢٤، ٢٦).

إن محبة الله موجَّهة أيضًا إلى خليقته. يُحب الله العالم (يوحنا ٣: ١٦)، ولا سيما أولاده (يوحنا ١٣: ١؛ ١٥: ٩؛ ١٦: ٢٧؛ ١٧: ٢٣، ٢٦؛ رومية ٥: ٥)، الذين يؤيِّدهم بالقوة كي يحبوا أعداءهم (متى ٥: ٤٢-٢٨)، والمؤمنين الآخرين (يوحنا ١٣: ٣٤-٣٥؛ ١٥: ١٢-١٣)، والله ذاته (يوحنا ١٤: ٢١-٢٤). وهكذا، الإنسان مصمَّم على صورة الله ليكون كائنًا علاقاتيًّا، ليس فقط قادرًا على الوجود في علاقة محبة مع الآخرين ومع الله، لكنه مطالَب أيضًا بفعل ذلك

**رابعًا**، هناك صلة بين صورة الله والمهمة التي كُلِّف بها الإنسان بأن «يتسلَّط» على الأرض و«يُخضِعها» نيابة عن الله. فبعدما قال الله إن الإنسان مخلوق على صورة الله وشبهه، قال مباشرة: «فَيَتَسَلَّطُونَ عَلَى سَمَكِ الْبَحْرِ وَعَلَى طَيْرِ السَّمَاءِ وَعَلَى الْبَهَائِمِ، وَعَلَى كُلِّ الأَرْضِ، وَعَلَى جَمِيعِ الدَّبَّابَاتِ الَّتِي تَدِبُّ عَلَى الأَرْضِ» (تكوين ١: ٢٦). ثم قال: «أَثْمِرُوا وَاكْثُرُوا وَامْلأُوا الأَرْضَ، وَأَخْضِعُوهَا، وَتَسَلَّطُوا عَلَى سَمَكِ الْبَحْرِ وَعَلَى طَيْرِ السَّمَاءِ وَعَلَى كُلِّ حَيَوَانٍ يَدِبُّ عَلَى الأَرْضِ» (تكوين ١: ٢٨). الكلمة العبرية التي تُرجِمت هنا «فَيَتَسَلَّطُونَ» أو «تَسَلَّطُوا» [rule]، واستُخدِمت مرتين في تكوين ١: ٢٦-٢٨، هي كلمة *radah*، التي تعني «التسيُّد»، أو «الحُكم»، أو «السيطرة».[11] ولاحقًا، في مزمور ١١٠: ٢، تشير هذه الكلمة إلى الحُكم المستقبلي للمسيا: «يُرْسِلُ الرَّبُّ قَضِيبَ عِزِّكَ مِنْ صِهْيَوْنَ. تَسَلَّطْ [*radah*] فِي وَسَطِ أَعْدَائِكَ». هكذا أيضًا، الكلمة العبرية التي تُرجِمت «أَخْضِعُوهَا» [subdue] في تكوين ١: ٢٨ هي كلمة *kabash*، التي تعني «الاستعباد»، ولو باستخدام القوة الجبرية. استُخدِم هذا اللفظ في ٢صموئيل ٨: ١١ للإشارة إلى إخضاع الملك داود للشعوب («مِنْ جَمِيعِ الشُّعُوبِ الَّذِينَ أَخْضَعَهُمْ»).

ترتبط الكلمتين «تسلَّطوا» و«أخضعوها» إذن بالسلطة الملكية، وتبيِّنان، كما قال يوجين ميريل (Eugene Merrill)، أن «الإنسان خُلِق ليملك على نحو يُظهر سيادته، وتحكُّمه (بالقوة إن لزم الأمر) على كلِّ الخليقة».[12] يتجلَّى هذا السلطان في دعوة الإنسان للحيوانات بأسماء، الأمر الذي يُظهر هيمنته وتحكُّمه (انظر تكوين ٢: ١٩-٢٠). ومن ثَمَّ، يكمُن جانب مَلَكي في كون الإنسان على صورة الله.

11 See Francis Brown, S. R. Driver, and Charles A. Briggs, *A Hebrew and English Lexicon of the Old Testament* (Oxford: Clarendon, 1962), 921.

12 Eugene H. Merrill, "A Theology of the Pentateuch," in *A Biblical Theology of the Old Testament*, ed. Roy B. Zuck (Chicago: Moody Press, 1991), 15.

هذا السلطان الممنوح للتسلُّط على الخليقة لم يكن مقتصرًا على آدم وحواء وحدهما، بل قال الله: «فَيَتَسَلَّطُونَ» (تكوين ١: ٢٦). ربما كانت صيغة الجمع هنا إشارة إلى آدم وحواء على وجه الخصوص؛ لكن هذا الحصر مستبعَد. فبما أن آدم وحواء كانا مكلَّفين أن يثمرا، ويكثرا، ويملآ الأرض، فعلى الأرجح تشمل صيغة الجمع كلَّ الجنس البشري الذي سيأتي من آدم. فالجنس البشري ككلٍّ، من خلال آدم، قد أُعطِي سلطانًا للتسلُّط على خليقة الله وإخضاعها.

يؤكِّد مزمور ٨: ٤-٨ حقَّ الإنسان في التسلط على الخليقة، قائلًا:

«فَمَنْ هُوَ الْإِنْسَانُ حَتَّى تَذْكُرَهُ؟
وَابْنُ آدَمَ حَتَّى تَفْتَقِدَهُ؟
وَتَنْقُصَهُ قَلِيلًا عَنِ الْمَلَائِكَةِ، وَبِمَجْدٍ وَبَهَاءٍ تُكَلِّلُهُ.
تُسَلِّطُهُ عَلَى أَعْمَالِ يَدَيْكَ.
جَعَلْتَ كُلَّ شَيْءٍ تَحْتَ قَدَمَيْهِ:
الْغَنَمَ وَالْبَقَرَ جَمِيعًا،
وَبَهَائِمَ الْبَرِّ أَيْضًا،
وَطُيُورَ السَّمَاءِ، وَسَمَكَ الْبَحْرِ
السَّالِكَ فِي سُبُلِ الْمِيَاهِ».

ويقول عبرانيين ٢: ٥-٩ إن الجنس البشري سيتسلَّط على الأرض في «الْعَالَمَ الْعَتِيدَ»، من خلال الإنسان الأعظم، يسوع المسيا، الذي أيضًا سيجعل المتحدين به شركاءَ معه في حُكمه (انظر اكورنثوس ١٥: ٢٧؛ رؤيا ٥: ١٠). الإنسان، إذن، هو حامل صورة الله، ويؤدِّي على الأرض دور ملك وسيط. فإن الله يكلِّف الإنسان إدارةَ العالم كممثلٍ له.

## • ما معنى أن الإنسان هو صورة الله؟

طُرِحَتْ ثلاث وجهات نظر للإجابة عن السؤال المختص بالمعنى المحدَّد لكون الإنسان صورة الله، وهي: وجهة النظر الجوهرية، ووجهة النظر الوظيفية، ووجهة النظر العلاقاتية. **أولًا**، تقول وجهة النظر الجوهرية إن صورة الله بِنْيَةٌ متأصِّلة في الإنسان، أي إنها سمة في تكوين الإنسان. فالصورة جزءٌ من الإنسان، وليست مجرد شيء يفعله. أكَّد البعض أن الصورة هي الجسد المادي للإنسان، أو هي سمة مادية معيَّنة فيه، مثل السلوك باستقامة. ويقول آخرون إن الصورة سمة نفسية أو روحية، مثل التفكير، أو الذاكرة، أو الإرادة، أو الإمكانيات الأخلاقية.

**ثانيًا**، تؤكِّد وجهة النظر الوظيفية أن صورة الله هي شيء يفعله البشر. فبما أن تكوين ١: ٢٦-٢٨ يربط الصورة بالتسلُّط على الأرض وإخضاعها، يعتقد البعض أن الصورة هي سيادة الإنسان على الخليقة. قال اللاهوتي البروتستانتي الألماني هانز والتر وولف Hans Walter Wolff (١٩١١-١٩٩٣): «[الإنسان] هو صورة الله تحديدًا من حيث وظيفته كحاكم».[13]

---

13 Hans Walter Wolff, *Anthropology of the Old Testament* (Philadelphia, PA: Fortress, 1974), 160–61.

**ثالثًا**، تقول وجهة النظر العلاقاتية إن صورة الله هي العلاقة. كتب ميلارد إريكسون (Millard Erickson) هذه الكلمات تلخيصًا لهذا الرأي: «يمكننا أن نقول إن البشر على صورة الله، أو إنهم يُظهرون الصورة [صورة الله] حين يكونون داخل علاقة معينة، وهذه بالحقيقة هي الصورة».[١٤] كان هذا الرأي شائعًا لدى لاهوتيِّ الأرثوذكسية الحديثة، واللاهوتيين المؤيِّدين للفكر الوجودي. ونجد تأييدًا لهذا الرأي العلاقاتي في الصلة الوثيقة بين صورة الله وخلق الإنسان ذكرًا وأنثى (تكوين ١ : ٢٧). فبما أن مفهوم العلاقة أساسي ومحوري في ارتباط الإنسان بالله وبالبشر الآخرين، تُعتَبَر الصورة إذن هي وجود الإنسان في علاقة.

أيُّ رأي إذن هو الصحيح؟ هذه الآراء الثلاثة جميعها وثيقة الصلة بصورة الله، ويمكن استخلاص بعض الحق من كلٍّ واحدٍ منها. لكن الرأي الأفضل هو أن صورة الله شيء جوهري في الإنسان أو شيء في بِنيته أو تكوينه. فإن الوظيفة والعلاقة هما نتائج كون الإنسان على صورة الله في جوهره. يقر هذا الرأي بأهمية الوظيفة والعلاقة، لكنه يجعل التكوين أو الجوهر هو أساس تتميم الوظيفة وممارسة العلاقة. فبما أن الإنسان هو صورة الله، إذن هو قادر على أن يمارس سيادة وأن يوجد في علاقات. وبحسب تكوين ١ : ٢٦-٢٨، خُلق الإنسان على صورة الله (تكوين ١ : ٢٦ أ)، ثم بعد ذلك كُلِّف بالتسلط على الأرض وإخضاعها، وبالدخول في علاقة (تكوين ١ : ٢٦ ب-٢٨).

ما هو هذا الجوهر أو التكوين الذي يجعل الإنسان على صورة الله؟ من الأفضل ألا نحصر التكوين في سمة أو صفة واحدة. فإن الصورة متغلغلة في كيان الإنسان؛ وعلى الأرجح تتكوَّن من سمات الإنسان وصفاته المعقَّدة التي تجعل منه إنسانًا وتشمل مكوِّناته المادية والروحية. يمكن أيضًا ربط الصورة بهُوية الإنسان الشخصية وشخصيته، وبقدراته على التواصُل وممارسة حياته. ويمكن ربطها أيضًا بالتفكير والمنطق. ربما كان جرودم (Grudem) هو أفضل من عبَّر عن هذا حين قال: «أيُّ وجه شبه بين الإنسان والله هو جزءٌ من كونه على صورة الله وشبهه».[١٥] فكلُّ ما يجعل المرء شخصًا بشريًا هو أمرٌ متصلٌ بصورة الله. تساعدنا السمات التالية على التوسع في تعريف الإنسان باعتباره حاملًا لصورة الله:

**وجوديًا**: الإنسان كائن حي، وعاقل، وشخصي، وفاعل، لديه وعي ذاتي وشخصية. فهو اتحاد معقَّد من نفس/روح، وجسد. وفي حين أن الله روح (يوحنا ٤ : ٢٤)، ويهب روحًا للإنسان، إلا أن المكوَّن الجسماني للإنسان متصل أيضًا بصورة الله. يقول روبرت كالفر (Robert Culver): «يوجد في جسد الإنسان ما هو شبيه بشيء في الذات الإلهية ... ويبدو أنه في حين أن جسد الإنسان، في حدِّ ذاته، ليس بأيِّ حال صورةً لإله الكتاب المقدس، إلا أن الطبيعة المادية للإنسان بكاملها قد خُلِقت في الأصل لتحمل تلك الصورة».[١٦]

---

14 Millard J. Erickson, *Christian Theology*, 2nd ed. (Grand Rapids, MI: Baker, 2006), 524.

15 Grudem, *Systematic Theology*, 444.

16 Robert Duncan Culver, *Systematic Theology: Biblical and Historical* (Fearn, Ross-shire, Scotland: Mentor, 2005), 251–52.

**إراديًّا:** لدى الإنسان إرادة، وقدرة على الاختيار من بين عدة خيارات. فهو يستطيع التمييز بين الصواب والخطأ. هذا الجانب الإرادي يميِّز الإنسان عن الحيوانات وعن المخلوقات الأخرى المذكورة في تكوين ١-٢.

**فكريًّا:** للإنسان ذهن مفكِّر. فهو على وعي بنفسه، وببيئته، وبالآخرين، وبالله. وهو قادر على أن يفكِّر بطريقة نقدية ومنطقية. كما أنه يتمتع بذاكرة، وبقدرة على التخيل والإبداع، وبمهارات لغوية للتواصل وفهم أفكار الآخرين.

**عاطفيًا:** يختبر الإنسان طائفة واسعة من العواطف والمشاعر؛ مثل الخوف، والغضب، والشعور بالذنب، والقلق، والندم، والخزي، والسعادة، والفرح. فهو يستطيع أن يضحك وأن يبكي أيضًا. والطبيعة العاطفية للإنسان هي كذلك معقَّدة، إذ يمكن للبشر أن يختبروا عاطفتين أو أكثر في الآن ذاته تقريبًا. على سبيل المثال، يمكن للآباء أن يشعروا بالحزن، والفخر، والتوتر، والسعادة معًا حين ينتقل أبناؤهم من مدينتهم للالتحاق بالجامعة في مدينة أخرى.

**علاقاتيًّا:** الإنسان مؤهَّل للدخول في علاقات مع الله، ومع البشر الآخرين. قال يسوع إن أعظم وصيتين هما أن تحب الله، وتحب الآخرين (متى ٢٢: ٣٦-٤٠). والإنسان وحده هو مَن يستطيع أن يعطي المحبة ويأخذها.

**وظيفيًّا:** لدى الإنسان الإمكانيات اللازمة كي يملأ الأرض، ويتسلط عليها، ويُخضِعها نيابة عن الله ولمجد الله. لدى الذكور والإناث أجساد قادرة على التكاثر والتفاعل مع البيئة المادية. ولدى البشر البراعة اللازمة لتنفيذ استراتيجية ناجحة لمصلحة الأرض.

وفي حين إن الإنسان ليس هو الله نفسه، لكنه يعكس صورة الله وشبهه على نحو رائع، ومعقَّد، وغامض.

## ⬅ يسوع صورة الله

أفضل وسيلة لفهم صورة الله هي النظر إلى الرب يسوع، الذي فيه تلك الصورة مُعلَنة على أكمل وجه. أشار بولس إلى يسوع بلقب «آدَمُ الأَخِيرُ» (١كورنثوس ١٥: ٤٥)، وبهذا رَبَطَ يسوع بالجنس البشري. وقال أيضًا: «الَّذِي هُوَ [يسوع] صُورَةُ اللهِ غَيْرِ الْمَنْظُورِ» (كولوسي ١: ١٥). الكلمة اليونانية التي تُرجِمت هنا «صورة» هي كلمة *eikōn*، وهي قريبة في المعنى من الكلمة العبرية *tselem* التي تُرجِمت «صورة» في العهد القديم. فهي تعبِّر عن التمثيل» و«الإعلان». الله روح، ومن ثمَّ غير منظور؛ لكن يسوع بصفته الله-الإنسان هو صورة هذا الإله غير المنظور.

فضلًا عن ذلك، يقول عبرانيين ١: ٣، «الَّذِي، وَهُوَ [يسوع] بَهَاءُ مَجْدِهِ، وَرَسْمُ جَوْهَرِهِ». الكلمة اليونانية التي تُرجِمت «رَسْمُ» هنا هي كلمة «*charaktēr*»، وتشير إلى «علامة» أو «بصمة» توضَع على عملة، أو ختم، أو دمغة. وهكذا، فإن يسوع بصفته آدم الأخير هو البصمة الكاملة أو الختم الكامل

لله. فحين نتطلع إلى يسوع نرى كلَّ ما قَصَدَ الله للإنسان. قال يسوع: «اَلَّذِي رَآنِي فَقَدْ رَأَى الآبَ» (يوحنا ١٤: ٩).

أظهر يسوع صورة الله على أكمل وجه من خلال ثلاثة أنواع من العلاقات: العلاقة مع الله، ومع البشر، ومع الخليقة. وبهذا أظهر يسوع للبشر الكيفية التي بها يُظهرون صورة الله بشكل سليم. أولًا، أظهر يسوع الطبيعة الجوهرية للإله الواحد مثلَّث الأقانيم من خلال علاقته بالروح القدس وشركته مع الآب. فقد أحبَّ الآب وأطاعه طاعة تامة بقوة الروح القدس. ثانيًا، أَحَبَّ يسوع البشر، بمن في ذلك الذين أبغضوه. يقول يوحنا ١٣: ١ عن يسوع: «إِذْ كَانَ قَدْ أَحَبَّ خَاصَّتَهُ الَّذِينَ فِي الْعَالَمِ، أَحَبَّهُمْ إِلَى الْمُنْتَهَى». وعبارة «إِلَى الْمُنْتَهَى» هي ترجمة للعبارة اليونانية *eis telos*، ومعناها «على نحو لا نهائي»، أو «إلى الأبد» (راجع يوحنا ١٧: ٢٣). إن الوصية العظمى التي قيلت للإنسان هي أن يحب الله ويحب الناس (متى ٢٢: ٣٦-٤٠). وقد أَظهر يسوع هذه المحبة الكاملة لكليهما. وثالثًا، أظهر يسوع سلطانًا على الخليقة بمعجزاته، وبأعمال الشفاء التي صنعها. فحين مشى يسوع على الماء، أو بارك الخبز والسمك، أو هدَّأ العاصفة، برهن على تحكمه المطلق في الطبيعة، وسيادته التي ستظهر في أكمل صورها في ملكوته الألفي العتيد على الأرض (إشعياء ١١؛ ٣٥).

جَعَلَ الرب يسوعُ صورةَ الله منظورةً. إن الله يدعو الخطاة ويخلِّصهم ليتغيروا ويشابهوا صورة ابنه. يقول بولس: «لأَنَّ الَّذِينَ سَبَقَ [أي الله] فَعَرَفَهُمْ سَبَقَ فَعَيَّنَهُمْ لِيَكُونُوا مُشَابِهِينَ صُورَةَ ابْنِهِ» (رومية ٨: ٢٩). ويقول أيضًا: «وَنَحْنُ جَمِيعًا نَاظِرِينَ مَجْدَ الرَّبِّ بِوَجْهٍ مَكْشُوفٍ، كَمَا فِي مِرْآةٍ، نَتَغَيَّرُ إِلَى تِلْكَ الصُّورَةِ عَيْنِهَا، مِنْ مَجْدٍ إِلَى مَجْدٍ» (٢كورنثوس ٣: ١٨). إن الله يعمل باستمرار في المؤمنين كي يجعلهم أكثر شبهًا بابنه. ونتيجة ذلك هي أنهم يُظهرون على نحو متزايد صورة الله كما ينبغي أن تكون. ليست صورة الله عقيدة غامضة أو فكرة مجرَّدة، بل إن ازدياد الشبه بالمسيح من خلال التقديس هو إظهار صورة الله. فيسوع هو صورة الله الظاهرة على نحو عملي، والنموذج الذي يستحق اتباعه.

وحين يتمجَّد المؤمنون عند مجيء يسوع ثانية، ستكتمل عملية التغيُّر. يقول ١ يوحنا ٣: ٢، «أَيُّهَا الأَحِبَّاءُ، الآنَ نَحْنُ أَوْلاَدُ اللهِ، وَلَمْ يُظْهَرْ بَعْدُ مَاذَا سَنَكُونُ. وَلكِنْ نَعْلَمُ أَنَّهُ إِذَا أُظْهِرَ نَكُونُ مِثْلَهُ، لأَنَّنَا سَنَرَاهُ كَمَا هُوَ». وفي حديث بولس عن القيامة العتيدة، قال: «وَكَمَا لَبِسْنَا صُورَةَ التُّرَابِيِّ، سَنَلْبَسُ أَيْضًا صُورَةَ السَّمَاوِيِّ» (١كورنثوس ١٥: ٤٩). فإننا، قبل أن يأتي يسوع، نتغير باستمرار إلى صورة المسيح، لكن عند مجيئه سنكون مثله في لحظة من الزمان.

## ⬅ قصة الكتاب المقدس وصورة الله

تتصل صورة الله بقصة الكتاب المقدس في النواحي التالية:

**الخَلق:** خُلق الإنسان، ذكرًا وأنثى، على صورة الله. وهو يُظهر، نظير خالقه، كلًا من الوحدة والتنوع داخل علاقة من المحبة. تشمل كلمة «الإنسان» كلًّا من الذكر والأنثى؛ إلا أن الذكر والأنثى مختلفان في نوع الجنس، ولكل منهما دور مختلف عن الآخر. وعند الخَلق، كان الإنسان في علاقة سليمة مع الله، والبشر الآخرين، والخليقة.

**السقوط:** انتهك الإنسان الاختلاف بين الخالق وخليقته، حين تصرَّف باستقلالية وتمرَّدَ على الله. وبهذا تشوَّهت صورة الله، لكنها لم تُفقَد تمامًا. وقد عانت علاقات الإنسان الثلاثية من أزمات: (١) من جهة الله، صار الإنسان ميتًا روحيًا؛ (٢) من جهة البشر، صار التوتر والنزاع يشوب العلاقات بين الرجال والنساء، وتحتَّم على النساء أن يعانين من وجع في الولادة؛ (٣) من جهة الخليقة، صارت الأرض الآن تعمل ضد الإنسان، وتخيِّب آماله؛ كما أنها ستبتلع الإنسان عند موته.

**التجسُّد (يسوع المسيح):** إن يسوع، الإله-الإنسان، هو صورة الله الكاملة. فهو يُظهِر الصورة بدقة من خلال محبته الكاملة لله، ومحبته للبشر، وممارسة سلطانه على الطبيعة. والذين هم ليسوع بالإيمان الذي للخلاص يصيرون خلائق جديدة. ومن خلال محبتهم يُظهِرون صورة الله بعد استردادها؛ لكنهم لن يُظهروها على أكمل وجه إلا في القيامة الأخيرة. إن التقديس هو العملية التي بها يتغير المؤمنون ليكونوا مشابهين صورة المسيح، الذي هو نفسه صورة الله الكاملة.

**الاسترداد:** حين يأتي يسوع ثانية، سيتمجَّد المؤمنون، ويصيرون مثل يسوع. وحينئذ، سيُظهِرون صورة الله على نحو كامل إلى الأبد.

# التكوين البشري

➡ الجسد

➡ النفس

➡ الروح

➡ القلب

➡ الضمير

➡ ثلاث وجهات نظر عن التكوين البشري

تُستخدَم في الكتاب المقدس ألفاظ مختلفة لوصف البشر. فيما يلي خمسة من أشهر هذه الألفاظ، وهي: جسد، ونفس، وروح، وقلب، وضمير. وسيفيدنا كثيرًا أن ندرس كل لفظ منها على حدة.

## ➡ الجسد Body

يتضمَّن تكوين الإنسان عنصرًا ماديًا. ففي تكوين ٢: ٧ نقرأ: «وَجَبَلَ الرَّبُّ الإِلَهُ آدَمَ تُرَابًا مِنَ الأَرْضِ». إذن، توجد صلة بين الأرض والإنسان، إذ جاء الإنسان من الأرض. وكما أن الخليقة مادية، هكذا يمتلك حاملو صورة الله عنصرًا ماديًا، يسمَّى عادة «جسد».

في العهد القديم، توجد كلمتان عبريتان رئيسيتان تشيران إلى «الجسد». الكلمة الأولى، gewiyyah، وردت اثنتي عشرة مرة، إما بمعنى جسم حي (تكوين ٤٧: ١٨؛ نحميا ٩: ٣٧)، وإما بمعنى جثة ميتة (١صموئيل ٣١: ١٠، ١٢). الكلمة الثانية، basar، وردت ٢٦٦ مرة، بمعانٍ مختلفة منها:

(١) قريب قرابة دم [«لحم»] (تكوين ٢٩ : ١٤؛ ٢صموئيل ٥ : ١)، أو (٢) البشرية إجمالًا [«بَشَرٌ»] (تكوين ٦ : ١٢-١٣؛ أيوب ٣٤ : ١٥)؛ أو (٣) كلُّ ما هو حي [«نَفْس حَيَّة»] (تكوين ٩ : ١٥-١٧)؛ أو (٤) الجزء المادي في الجسد [«لحم» أو «جِلد»] (تكوين ٢ : ٢٣؛ ١٧ : ١٤؛ أيوب ١٩ : ٢٦)؛ أو (٥) الإنسان ككلٍّ [«جسد» أو «لحم»] (لاويين ١٧ : ١١؛ مزمور ١٦ : ٩؛ ٦٣ : ١؛ جامعة ٤ : ٥)؛ أو (٦) الإنسان عند وصفه بأنه ضعيفٌ، واعتماديٌّ، وزائلٌ [«بشر» أو «جسد»] (تكوين ٦ : ٣؛ ٢أخبار الأيام ٣٢ : ٨؛ مزمور ٧٨ : ٣٩؛ إشعياء ٤٠ : ٦).

وفي العهد الجديد يمكن للكلمة اليونانية التي تعني «جسد» *sōma* أن تشير إلى (١) الجسد المادي (مرقس ٥ : ٢٩؛ رومية ٨ : ١١؛ غلاطية ٦ : ١٧؛ يعقوب ٢ : ١٦)؛ أو (٢) الإنسان كلِّه (رومية ١٢ : ١؛ أفسس ٥ : ٢٨؛ فيلبي ١ : ٢٠)؛ أو (٣) الطبيعة الساقطة والجسدية (رومية ٦ : ٦؛ ٨ : ١٣؛ فيلبي ٣ : ٢١).

يقول تكوين ١ : ٣١ إن كلَّ ما عمله الله هو «حَسَنٌ جِدًّا»؛ وكان هذا يشمل الجسد البشري. وقد كان خَلق العالم المادي يمثِّل الإطار لخلق الإنسان. فقد أعطى الله الإنسان جسدًا ماديًّا كي يَحكُم عالمًا ماديًّا (تكوين ١ : ٢٦، ٢٨). أيضًا، أجساد المؤمنين مسكنٌ للروح القدس. سأل بولس: «أَمْ لَسْتُمْ تَعْلَمُونَ أَنَّ جَسَدَكُمْ هُوَ هَيْكَلٌ لِلرُّوحِ الْقُدُسِ الَّذِي فِيكُمْ» (١كورنثوس ٦ : ١٩). هذا الجسد أساسي لبشرية الإنسان لدرجة أن الله سيعطي البشر جسدًا مُقامًا ملائمًا لمسكنهم الأبدي (يوحنا ٥ : ٢٥-٢٩؛ رومية ٨ : ٢٣).

رَفَضَ كثيرون عبر التاريخ فكرة صلاح الجسد. فإن التقاليد الفلسفية المتعلِّقة بمذهب الثنائيَّة المرتبط بأفلاطون قد أقنعت الكثيرين بأن الجسد البشري - بل وفي حقيقة الأمر، المادة كلها - يحتلُّ مرتبة دنيا. على سبيل المثال، آمن سقراط بأن الجسد البشري سجنٌ للنفس؛ وكان يتوق إلى الموت حتى يتحرر إلى الأبد من هذا الإطار الجسدي. كما شكَّلت الغنوسية تهديدًا على المسيحية بآرائها المفرطة في الروحانية والمضادة لكلِّ ما هو مادي. أيضًا، تُعلِّم الديانات الشرقية كالهندوسية والبوذية بأن الجسد البشري والأشياء المادية هي أوهام (*maya*). وكثيرون أيضًا في المجتمعات الغربية اليوم يؤمنون بأن السماء أو العالم المثالي الأخير ستكون وجودًا أبديًّا بلا جسد.

لكن الفكر الكتابي عن جسد البشر يتعارض تعارضًا صارخًا مع هذه الفلسفات غير الكتابية. فقد كان جسد آدم عند الخلق بلا خطية وغير قابل للموت؛ لكن الخطية جلبت تغييرًا جذريًّا على الجسد البشري. فقد توعَّد الله بأن يكون الموت هو عاقبة الخطية؛ وحين أخطأ آدم، اختبر جسده التدهور المؤدِّي إلى الموت، ونَقَلَ فساده هذا إلى جميع الأجساد البشرية. إن الجسد الحالي هو «جَسَدِ تَوَاضُعِنَا» (فيلبي ٣ : ٢١)، و«جَسَدِ ... الْمَوْتِ» (رومية ٧ : ٢٤). وتُسهم الشهوات والرغبات الجسدية في حالة الإنسان الخاطئة؛ لذلك يحتاج الجسد إلى القمع والترويض (١كورنثوس ٩ : ٢٧؛ ١تيموثاوس ٤ : ٨). وهو يئن مشتاقًا إلى الفداء من الفساد (رومية ٨ : ٢٣). ومع أن الأجساد غير الممجَّدة لا يمكن أن تدخل ملكوت الله الأبدي (١كورنثوس ١٥ : ٥٠)، يوجد رجاء للجسد. فقد مات يسوع وقام بالجسد صائرًا باكورة القيامة إلى حياة أبدية، والضمان بأن آخرين أيضًا سيقومون بالجسد (١كورنثوس ١٥ : ٢٠-٢٤).

شبَّه بولس الوجود دون جسد بالعُري (٢كورنثوس ٥: ٣). فقد كان يتوق إلى جسد ممجَّد مصدره السماء (٢كورنثوس ٥: ١-٥). وستختبر الكنيسة قيامة الجسد عند الاختطاف (١تسالونيكي ٤: ١٣-١٨). هذا رجاء عظيم للمؤمنين الذين ينتظرون «مُخَلِّصًا هُوَ الرَّبُّ يَسُوعُ الْمَسِيحُ، الَّذِي سَيُغَيِّرُ شَكْلَ جَسَدِ تَوَاضُعِنَا لِيَكُونَ عَلَى صُورَةِ جَسَدِ مَجْدِهِ» (فيلبي ٣: ٢٠-٢١). كما سيقوم قديسو العهد القديم والقديسون شهداء الضيقة من بين الأموات وقت مُلك يسوع (دانيال ١٢: ٢؛ رؤيا ٢٠: ٤).

إلا أن القيامة بالجسد غير قاصرة على المؤمنين وحدهم، بل سيقوم الأشرار أيضًا من بين الأموات إلى العقاب الأبدي (دانيال ١٢: ٢). قال يسوع: «لَا تَتَعَجَّبُوا مِنْ هَذَا، فَإِنَّهُ تَأْتِي سَاعَةٌ فِيهَا يَسْمَعُ جَمِيعُ الَّذِينَ فِي الْقُبُورِ صَوْتَهُ، فَيَخْرُجُ الَّذِينَ فَعَلُوا الصَّالِحَاتِ إِلَى قِيَامَةِ الْحَيَاةِ، وَالَّذِينَ عَمِلُوا السَّيِّئَاتِ إِلَى قِيَامَةِ الدَّيْنُونَةِ» (يوحنا ٥: ٢٨-٢٩). فكما سيُقام القديسون الأبرار من بين الأموات، هكذا أيضًا سيُقام الأشرار ويأخذون جسدًا ملائمًا للعقوبة في بحيرة النار (رؤيا ٢٠: ١١-١٥). في العصر الحاضر يسبِّب الموت انفصالًا مؤقَّتًا بين الجسد والروح (يعقوب ٢: ٢٦)؛ لكن، من خلال برنامج القيامة الذي وضعه الله، سيحظى جميع البشر -مؤمنين وغير مؤمنين- بجسد يلائم إما الحياة الأبدية على الأرض الجديدة، وإما الانفصال الأبدي عن الله في بحيرة النار.

## ⬅ النفس Soul

جانب آخر في طبيعة الإنسان هو النفس. الكلمة العبرية التي تترجَم «نفس» هي *nephesh*، وقد وردت نحو ٧٥٠ مرة في العهد القديم. فيما يتعلَّق بالبشر، عادة ما تشير كلمة **nephesh** إلى الشخص الكائن الحي بكامله. يقول تكوين ٢: ٧ إنه بعد أن جَبَلَ الله الإنسان من تراب الأرض «نَفَخَ فِي أَنْفِهِ نَسَمَةَ حَيَاةٍ. فَصَارَ آدَمُ نَفْسًا [*nephesh*] حَيَّةً». وفي خروج ٤: ١٩، قال الله لموسى: «اذْهَبِ ارْجِعْ إِلَى مِصْرَ، لِأَنَّهُ قَدْ مَاتَ جَمِيعُ الْقَوْمِ الَّذِينَ كَانُوا يَطْلُبُونَ نَفْسَكَ [*nephesh*]». مرة أخرى، الكلمة هنا مرادف للإنسان ككلٍّ.

في مواضع أخرى تؤدي كلمة *nephesh* معنى أضيق نطاقًا يشير فقط إلى الجزء غير المادي من الإنسان. فبينما كانت راحيل تلد بنيامين فارقت نفسُها جسدَها: «وَكَانَ عِنْدَ خُرُوجِ نَفْسِهَا [*nephesh*]، لِأَنَّهَا مَاتَتْ» (تكوين ٣٥: ١٨). في هذا المثال، نجد تمييزًا بين النفس والجسد بما أن النفس فارقت الجسد. تشير كلمة *nephesh* في بعض الأحيان إلى مصدر الحياة الذي يحرِّك الجسد. يقول لاويين ١٧: ١١ «لِأَنَّ نَفْسَ [*nephesh*] الْجَسَدِ هِيَ فِي الدَّمِ». كذلك، يمكن ربط هذه الكلمة بوظائف الإنسان الداخلية، مثل الفكر، والإرادة، والعواطف: «ذِكْرًا تَذْكُرُ نَفْسِي [*nephesh*] [البلايا] وَتَنْحَنِي فِيَّ» (مراثي ٣: ٢٠).

أما الكلمة اليونانية التي استخدمها العهد الجديد بمعنى «نفس» هي *psychē*، وقد وردت نحو ١١٠ مرة، وتترجَم «نَفْس»، و«حياة»، و«أنا». تدل هذه الكلمة على (١) الإنسان كلِّه (أعمال الرسل ٢: ٤١؛ رومية ١٣: ١؛ ٢كورنثوس ١٢: ١٥)؛ أو (٢) جوهر كينونة الإنسان، أو مركز الهُوية الشخصية، بالارتباط عادة بالله والخلاص (متى ١٠: ٢٨، ٣٩؛ لوقا ١: ٤٦؛ يوحنا ١٢: ٢٥)؛ أو (٣) حياة الجسد

الداخلية (أعمال الرسل ٢٠ : ١٠؛ أفسس ٦ : ٦)؛ أو (٤) الفِكْر (أعمال الرسل ١٤ : ٢؛ فيلبي ١ : ٢٧)؛ أو (٥) الإرادة (متى ٢٢ : ٣٧؛ أفسس ٦ : ٦)؛ أو (٦) العواطف (متى ٢٦ : ٣٨؛ مرقس ١٤ : ٣٤)؛ أو (٧) الحياة الأخلاقية والروحية (عبرانيين ٦ : ١٩؛ ١بطرس ١ : ٢٢؛ ٣يوحنا ٢).

عند موت الجسد تظل النفس حية وتذهب في الحال إلى محضر الله. في مَثَل الغني، قال الله لهذا الغني الغبي: «هَذِهِ اللَّيْلَةَ تُطْلَبُ نَفْسُكَ مِنْكَ» (لوقا ١٢ : ٢٠). فقد كان من شأن هذا الغني أن يموت، لكن كانت نفسه ذاهبة إلى محضر الله لتخضع للمساءلة. هكذا في رؤيا ٦ : ٩، وَجَدَ القديسون الذين قُتِلوا على الأرض نفوسهم في السماء: «رَأَيْتُ تَحْتَ الْمَذْبَحِ نُفُوسَ الَّذِينَ قُتِلُوا مِنْ أَجْلِ كَلِمَةِ اللهِ، وَمِنْ أَجْلِ الشَّهَادَةِ الَّتِي كَانَتْ عِنْدَهُمْ» (رؤيا ٦ : ٩). إذن، تَرْجِعُ النَّفْسُ إلى الله عند موت الجسد.

في النهاية، ستتحد جميع النفوس بالأجساد المقامة. فعند مجيء يسوع ثانية إلى الأرض، سيقوم شهداء رؤيا ٦ : ٩-١١ من الأموات حتى يتسنَّى لهم أن يملكوا في مملكة يسوع على الأرض (رؤيا ٥ : ١٠). يقول رؤيا ٢٠ : ٤، «وَرَأَيْتُ نُفُوسَ الَّذِينَ قُتِلُوا مِنْ أَجْلِ شَهَادَةِ يَسُوعَ وَمِنْ أَجْلِ كَلِمَةِ اللهِ، وَالَّذِينَ لَمْ يَسْجُدُوا لِلْوَحْشِ وَلاَ لِصُورَتِهِ، وَلَمْ يَقْبَلُوا السِّمَةَ عَلَى جِبَاهِهِمْ وَعَلَى أَيْدِيهِمْ، فَعَاشُوا وَمَلَكُوا مَعَ الْمَسِيحِ أَلْفَ سَنَةٍ». فيومًا ما، ستأخذ النفوس الموجودة في السماء جسدًا ماديًّا ممجدًا.

## ⬅ الروح Spirit

يشار أيضًا إلى الجزء غير المادي في الإنسان باسم «الروح». الكلمة العبرية التي تُرجمت «روح» هي *ruakh*، وقد وردت ٣٧٨ مرة في العهد القديم. تُستخدَم الكلمة للتعبير عن الريح (تكوين ٨ : ١؛ عاموس ٤ : ١٣)، أو عن النَّفَسِ المادي (أيوب ٩ : ١٨؛ مزمور ١٣٥ : ١٧)، أو عن روح الله (مزمور ٥١ : ١١؛ ١٠٦ : ٣٣؛ إشعياء ٤٢ : ١)، أو عن قوة الحياة في المخلوقات الأدنى (تكوين ٦ : ١٧؛ جامعة ٣ : ١٩، ٢١).

فيما يتعلَّق بالكائنات البشرية، تشير كلمة *ruakh* إلى (١) الإنسان كلِّه (مزمور ٣١ : ٥؛ حزقيال ٢١ : ٧)؛ أو (٢) قوة الحياة الآتية من عند الله التي تحرِّك الجسد (تكوين ٢ : ٧؛ قضاة ١٥ : ١٩؛ أيوب ٢٧ : ٣)؛ أو (٣) الحياة الداخلية التي تشمل مركز الفكر (تكوين ٤١ : ٨؛ حزقيال ٢٠ : ٣٢ [«البال» أو الفكر»])، والفهم الروحي (أيوب ٢٠ : ٣؛ ٣٢ : ٨)، والحكمة (خروج ٢٨ : ٣)، والإرادة (دانيال ٥ : ٢٠)، والعواطف (١صموئيل ١ : ١٥؛ أمثال ١٥ : ١٣)؛ أو (٤) انفتاح النفس على الله (مزمور ٥١ : ١٠؛ إشعياء ٢٦ : ٩).[17]

الكلمة اليونانية التي تُرجمت «روح» هي *pneuma*. ومثل كلمة *ruakh*، تشير كلمة *pneuma* إلى عدة معانٍ. فمن الناحية الأنثروبولوجية، تشير الكلمة إلى قوة الحياة التي تحرِّك الجسد وتفارقه عند الموت (متى ٢٧ : ٥٠؛ أعمال الرسل ٧ : ٥٩؛ يعقوب ٢ : ٢٦؛ رؤيا ١١ : ١١). كما أنها تشير إلى الذات التي تتفاعل مع الله، إذ عادة ما تشير كلمة *pneuma* إلى التفاعل مع الله ومع العالم الروحي (رومية ١ : ٩؛ ٨ : ١٦؛ ١كورنثوس ١٤ : ١٤؛ رؤيا ٢١ : ١٠). وعادة ما تُستخدَم للإشارة إلى الروح القدس (غلاطية ٥ : ١٨).

---

17 See Beck and Demarest, *The Human Person*, 132.

إجمالًا، تُستخدَم الكلمتان ruakh و pneuma في الكتاب المقدس للإشارة إلى (١) الريح أو النَّفَس (تكوين ٨: ١؛ يوحنا ٣: ٨)؛ أو (٢) توجُّه أو مَيْل (متى ٥: ٣)؛ أو (٣) الروح القدس (تكوين ١: ٢؛ متى ١: ١٨، ٢٠)، أو (٤) أرواح ملائكية (١صموئيل ١٦: ١٤؛ متى ٨: ١٦؛ لوقا ٧: ٢١)، أو (٥) الروح البشرية (تكوين ٤١: ٨؛ أعمال الرسل ١٧: ١٦). والمعنى الأكثر شيوعًا لكلمة ruakh في العهد القديم هو «ريح»، بينما في غالبية الأحيان تشير كلمة pneuma في العهد الجديد إلى الروح القدس. وفيما يتعلَّق بالبشر، عادة ما تدل كلمة «روح» على الإمكانية لدى البشر للوجود في علاقة مع الله؛ وتُستخدَم الكلمة أحيانًا بالتبادل مع كلمة «نَفْس» (مزمور ٣١: ٥؛ جامعة ١٢: ٧؛ عبرانيين ١٢: ٢٣؛ لوقا ١: ٤٦-٤٧).

## ⬅ القلب heart

يقول الكتاب المقدس الكثير عن القلب، ليس ذلك العضو الجسدي، بل مركز التحكُّم في الإنسان، ومَقر الأفكار والتوجُّهات والدوافع والتصرفات. إن الكلمتين العبريتين اللتين تُرجمتا «قلب» هما leb (٥٩٨ مرة)، و lebab (٢٥٢ مرة). وفيما يتعلَّق بالبشر يمكن لهاتين الكلمتين أن تشيرا إلى الإنسان كلِّه (مزمور ٢٢: ٢٦)، أو إلى جوهر الحياة الداخلية (خروج ٧: ٣، ١٣؛ مزمور ٩: ١؛ إرميا ١٧: ٩). ومن القلب تفيض «مَخَارِجَ الْحَيَاةِ» (أمثال ٤: ٢٣). وتنبع منه الأفكار الصالحة والشريرة (تكوين ٦: ٥؛ ١ملوك ٣: ١٢؛ أيوب ٨: ١٠). ومن القلب أيضًا تأتي النوايا (خروج ٣٥: ٥؛ دانيال ٥: ٢٠)، والعواطف والانفعالات (تثنية ١٩: ٦؛ ١صموئيل ١: ٨). وتوجد صلة بين الضمير والقلب (١صموئيل ٢٤: ٥؛ أيوب ٢٧: ٦). أيضًا، تنبع الأفعال والسلوكيات من القلب. يقول إشعياء ٣٢: ٦: «لِأَنَّ اللَّئِيمَ يَتَكَلَّمُ بِاللُّؤْمِ، وَقَلْبُهُ يَعْمَلُ إِثْمًا».

الكلمة اليونانية التي تُرجمت «قلب» هي kardia، وتشير إلى المَلَكة التي تتحكَّم في الإنسان (متى ١٨: ٣٥؛ رومية ٦: ١٧؛ ٢كورنثوس ٥: ١٢). أكَّدَ يسوع على تعليم العهد القديم بأن جميع الأفكار والأعمال تنبع من القلب، حين قال: «لِأَنْ مِنَ الْقَلْبِ تَخْرُجُ أَفْكَارٌ شِرِّيرَةٌ: قَتْلٌ، زِنىً، فِسْقٌ، سِرْقَةٌ، شَهَادَةُ زُورٍ، تَجْدِيفٌ» (متى ١٥: ١٩)؛ وأيضًا: «اَلْإِنْسَانُ الصَّالِحُ مِنْ كَنْزِ قَلْبِهِ الصَّالِحِ يُخْرِجُ الصَّلَاحَ، وَالْإِنْسَانُ الشِّرِّيرُ مِنْ كَنْزِ قَلْبِهِ الشِّرِّيرِ يُخْرِجُ الشَّرَّ. فَإِنَّهُ مِنْ فَضْلَةِ الْقَلْبِ يَتَكَلَّمُ فَمُهُ» (لوقا ٦: ٤٥). إن القلب هو أيضًا مصدر الفكر: «فَعَلِمَ يَسُوعُ أَفْكَارَهُمْ، فَقَالَ: لِمَاذَا تُفَكِّرُونَ بِالشَّرِّ فِي قُلُوبِكُمْ؟» (متى ٩: ٤؛ راجع أعمال الرسل ٨: ٢٢).

جميع البشر يولَدون بقلب مظلم وشرير. كان هذا هو تقييم الله للجنس البشري في أيام الطوفان الكوني: «كُلَّ تَصَوُّرِ أَفْكَارِ قَلْبِهِ إِنَّمَا هُوَ شِرِّيرٌ كُلَّ يَوْمٍ» (تكوين ٦: ٥). وقال الله أيضًا: «لِأَنَّ تَصَوُّرَ قَلْبِ الْإِنْسَانِ شِرِّيرٌ مُنْذُ حَدَاثَتِهِ» (تكوين ٨: ٢١). وعلى هذا المنوال قال إرميا ١٧: ٩ إن «اَلْقَلْبُ أَخْدَعُ مِنْ كُلِّ شَيْءٍ وَهُوَ نَجِيسٌ، مَنْ يَعْرِفُهُ؟» وعن غير المؤمنين قال بولس: «أَظْلَمَ قَلْبُهُمُ الْغَبِيُّ» (رومية ١: ٢١).

يغيِّر الله القلوب الشريرة بقلوب جديدة مكانها. ففي نص حزقيال ٣٦: ٢٦، ذلك النص الذي يدور حول العهد (الميثاق) الجديد، قال الله: «وَأُعْطِيكُمْ قَلْبًا جَدِيدًا، وَأَجْعَلُ رُوحًا جَدِيدَةً فِي دَاخِلِكُمْ، وَأَنْزِعُ قَلْبَ الْحَجَرِ مِنْ لَحْمِكُمْ وَأُعْطِيكُمْ قَلْبَ لَحْمٍ». وَعَدَ إرميا ٣١: ٣٣ أيضًا بأن الله سيكتب ناموسه على

تلك القلوب الجديدة. وقال يسوع نفسه: «طُوبَى لِلأَنْقِيَاءِ الْقَلْبِ» (متى ٥: ٨)؛ وأيضًا: «وَالَّذِي فِي الأَرْضِ الْجَيِّدةِ، هُوَ الَّذِينَ يَسْمَعُونَ الْكَلِمَةَ فَيَحْفَظُونَهَا فِي قَلْبٍ جَيِّدٍ صَالِحٍ، وَيُثْمِرُونَ بِالصَّبْرِ» (لوقا ٨: ١٥). وأشار بولس أيضًا إلى «الَّذِينَ يَدْعُونَ الرَّبَّ مِنْ قَلْبٍ نَقِيٍّ» (٢تيموثاوس ٢: ٢٢)؛ بينما قال كاتب الرسالة إلى العبرانيين: «لِنَتَقَدَّمْ بِقَلْبٍ صَادِقٍ فِي يَقِينِ الإِيمَانِ، مَرْشُوشَةً قُلُوبُنَا مِنْ ضَمِيرٍ شِرِّيرٍ» (عبرانيين ١٠: ٢٢). إذن، يأخذ المؤمن قلبًا جديدًا يحب الله ويشتهي أن يطيعه؛ وهو قلب تَنَقَّى وصار يصنع ثمرًا جيدًا.

## ⬅ الضمير conscience

خَلَقَ الله كل فرد من البشر وأعطاه ضميرًا. الضمير هو القدرة على التقييم الأدبي للصواب والخطأ، وللخير والشر. ولأن الضمير متصل بالوعي الذاتي ومَلَكة التفكير، فهو ينبِّه الشخص إلى أخلاقية أفعاله. يؤدِّي الضمير دور الحَكَم الأخلاقي الإلهي. ويؤدِّي التقصير في الانتباه إلى صوت الضمير عادة إلى الخزي والشعور بالذنب.

ليس لدى العهد القديم لفظ محدد يعبِّر عن «الضمير» مع أن مفهوم الضمير موجود فيه بوضوح. على سبيل المثال، طَلَب سليمان من الله «قَلْبًا فَهِيمًا»، وكان الغرض منه هو أن «أُمَيِّزَ بَيْنَ الْخَيْرِ وَالشَّرِّ» (١ملوك ٣: ٩). وقالت أبيجايل لداود إنه ينبغي ألا يكون لديه «مَصْدَمَةً وَمَعْثَرَةَ قَلْبٍ ... أَنَّكَ قَدْ سَفَكْتَ دَمًا عَفْوًا» (١صموئيل ٢٥: ٣١).

الكلمة اليونانية التي تُرجمت «ضمير» هي كلمة *syneidēsis*، التي وردت ثلاثين مرة في العهد الجديد، وجاء أكثر من ثلثي هذه المرات في كتابات بولس. يشرح رومية ٢: ١٤–١٥ الضمير. في هذا النص قال بولس إن الأمم يعرفون ما يطالبهم به الله رُغم أن الشريعة الموسوية المكتوبة ليست في متناول أيديهم. وكيف يعرفونه؟ «الَّذِينَ [الأمم] يُظْهِرُونَ عَمَلَ النَّامُوسِ مَكْتُوبًا فِي قُلُوبِهِمْ، شَاهِدًا أَيْضًا ضَمِيرُهُمْ وَأَفْكَارُهُمْ فِيمَا بَيْنَهَا مُشْتَكِيَةً أَوْ مُحْتَجَّةً» (رومية ٢: ١٥). فإن جميع البشر باعتبارهم حاملي صورة الله، يولَدون بمعرفة داخلية للصواب والخطأ بناء على ناموس الله. ويتفاعل الضمير مع السلوك بحسب التزامه بذلك الناموس الأخلاقي، أو انتهاكه له. وبينما كان بولس يؤكد محبته لإخوته اليهود، قال: «أَقُولُ الصِّدْقَ فِي الْمَسِيحِ، لاَ أَكْذِبُ، وَضَمِيرِي شَاهِدٌ لِي بِالرُّوحِ الْقُدُسِ» (رومية ٩: ١).

يمكن للأكاذيب والضلال أن تتغلَّب على الناموس الأخلاقي الذي أعطاه الله لكل إنسان، ومن ثَمَّ، أن يُضلِّلوا الضمير. كذلك يمكن للخطية أن تجعل الضمير متبلِّدًا وموسومًا. تؤدي هاتان الحالتان كلتاهما إلى أوضاع خطيرة ومميتة. فقد قال بولس: «كُلُّ شَيْءٍ طَاهِرٌ لِلطَّاهِرِينَ، وَأَمَّا لِلنَّجِسِينَ وَغَيْرِ الْمُؤْمِنِينَ فَلَيْسَ شَيْءٌ طَاهِرًا، بَلْ قَدْ تَنَجَّسَ ذِهْنُهُمْ أَيْضًا وَضَمِيرُهُمْ» (تيطس ١: ١٥). كما وصفهم أيضًا قائلًا: «فِي رِيَاءِ أَقْوَالٍ كَاذِبَةٍ مَوْسُومَةً ضَمَائِرُهُمْ» (١تيموثاوس ٤: ٢). إذن، ينبغي ألا يتجاوز أحد البتة الضوء التحذيري الذي يرسله ضميره.

في عام ١٩٨٤، تحطمت طائرة تابعة لخطوط طيران أفيانكا في أسبانيا.[١٨] وبيَّنت تسجيلات «الصندوق الأسود» الذي عُثر عليه الخاصة بمقصورة الطيار، أنه قبل بضع دقائق من الاصطدام صدر صوت آلي حاد من نظام الإنذار في الطائرة يقول لملَّاحي الطائرة تكرارًا: «ارتفع! ارتفع!». وإذ ظن الطيَّار أن بالجهاز خلل ما، انتهر الجهاز بحدَّة، قائلًا: «اخرس! أيها الغبي!» ثم أطفأه. لكن بعد دقائق قليلة، اصطدمت الطائرة بأحد الجبال، ومات جميع من كانوا على متنها. توضح لنا هذه القصة المأساوية النتائج الكارثية لتضليل الضمير أو تجاهل تحذيراته.

## ⬅ ثلاث وجهات نظر عن التكوين البشري

يوصف الإنسان، بوجه عام، بألفاظ عديدة، مثل: جسد، ونفس، وروح، وقلب، وضمير. لكن، كم عدد المكوِّنات أو العناصر الفعلية للإنسان؟ هل هو مكوِّن واحد، أم اثنان، أم ثلاثة، أم أكثر؟ سنتناول فيما يلي وجهات النظر الرئيسية عن التكوين البشري.

- التكوين الأحادي **Monism**

التكوين الأحادي هو الرأي القائل إن الإنسان يتكوَّن من عنصر واحد، أي إنه ذاتٌ موحَّدة، وليس مزيجًا من أجزاء عديدة. يؤكِّد المذهب المادي العلماني أن المادة هي العنصر الوحيد في الكون، وأنه لا وجود سواء لله أو لِأَيِّ كيانات روحية. كذلك، يقول هذا المذهب إنه لا توجد في أيِّ إنسان نَفْسٌ، أو جزء لا مادي؛ وجميع الأنشطة الذهنية والروحية هي نتاج عمليات كيميائية في المخ. والإنسان كتلة من مادة مُفَكِّرة. وعند موت الجسد لا يبقى أيُّ جزء لا مادي على قيد الحياة. يقول مذهب المثالية [ideal-ism] – التابع لوجهة نظر التكوين الأحادي، لكنه أقل شعبية – إن الواقع بكامله مكوَّن فقط من ذهن أو أفكار. وقد تبنَّى جورج بيركلي (George Berkeley) (١٦٨٥-١٧٥٣) فكرة أن الأفكار أو التصوُّرات هي الحقائق الوحيدة الموجودة.

قال چون أ. ت. روبنسون (John A. T. Robinson)، في كتابه بعنوان *The Body: A Study in Pauline Theology* (١٩٥٢) إنه لا فرق بين النفس والجسد مدَّعيًا أن العبرانيين القدامى كانوا يتبنون وجهة نظر التكوين الأحادي عن الإنسان، لكن كانت تعوزهم كلمة بمعنى «جسد»، كالكلمة اليونانية *sōma*. وحسب زعمه، فإن التفرقة بين الجسد والنفس فكرة يونانية غريبة على الفكر العبراني والكتابي. وفقًا لهذا المنظور، ليس الجسد والنفس كيانين واقعيين مختلفين، لكنهما مترادفان يُستخدمان بالتبادل. كذلك يقال الشيء ذاته عن كلمات مثل: «اللحم» [flesh] (في اليونانية *sarx*)، و«النفس» [soul] (في اليونانية *psyche*)، و«الروح» [spirit] (في اليونانية *pneuma*)، أي إن هذه مترادفات تعبِّر عن الإنسان ككلٍّ. ومن ثَمَّ، بحسب وجهة النظر هذه، لا يُعلِّم الكتاب المقدس بوجود اختلاف بين الجسد والنفس.

---

١٨ هذه الفقرة مأخوذة من المصدر التالي، بتصريح من الناشر:

John MacArthur, *The Vanishing Conscience: Drawing the Line in a No-Fault, Guilt-Free World* (Nashville: Thomas Nelson, 1994), 36.

جون ماك آرثر، الضمير المتلاشي: رسم الخط الفاصل في عالم ألغى العيب والذنب (المتن – المنصورية: دار منهل الحياة، ٢٠١٨)، ٤٦.

### • التكوين الثنائي Dichotomism

تقول وجهة نظر التكوين الثنائي إن الإنسان كائن مكوَّن من جزأين: الجسد، وعنصر لا مادي يسمَّى إما «النفس» وإما «الروح». وتقول وجهة النظر هذه إنه لا فرق فعلي بين اللفظين، وإنهما يُستخدمان بالتبادل. يؤكد التكوين الثنائي إذن أن الإنسان مزيجٌ من جسد، ونفس/روح. يختلف هذا الرأي عن رأي التكوين الأحادي التابع للمذهب المادي، لأنه يؤكد أن العالم والبشر يتألَّفان مما هو أكثر من المادة، إذ يوجد أيضًا عنصر روحي. وفي حين لدى الإنسان جسدٌ ماديٌّ، لكنَّ النفس/الروح هي التي تحرِّك الجسد، وتبقى حيَّة رغم موت الجسد.

يلجأ المؤمنون من أنصار رأي التكوين الثنائي إلى تكوين ٢: ٧، حيث تضمَّن خَلْقُ الله للإنسان تكوين الله له من تراب الأرض (ماديّ)، ثم نفخ نسمة حياة فيه (لا مادي). أكَّد يسوع أيضًا وجود فارق بين الجسد والنفس في متى ١٠: ٢٨، حين قال: «وَلَا تَخَافُوا مِنَ الَّذِينَ يَقْتُلُونَ الْجَسَدَ وَلَكِنَّ النَّفْسَ لَا يَقْدِرُونَ أَنْ يَقْتُلُوهَا، بَلْ خَافُوا بِالْحَرِيِّ مِنَ الَّذِي يَقْدِرُ أَنْ يُهْلِكَ النَّفْسَ وَالْجَسَدَ كِلَيْهِمَا فِي جَهَنَّمَ». بالإضافة إلى ذلك، يقول الكتاب المقدس إن العنصر اللا مادي يبقى حيًّا رغم الموت الجسدي. ففي رؤيا ٦: ٩-١١، ظهرت في السماء نفوس القديسين الذين قُتِلوا. كذلك استَمَر وجود كلٍّ من الغني ولعازر بعد موتهما، بحسب لوقا ١٦: ١٩-٣١. وفي أثناء رجمه دعا استفانوسُ يسوعَ متوقِّعًا أن يقبل روحه (أعمال الرسل ٧: ٥٩).

### • التكوين الثلاثي Trichotomism

يؤكِّد رأي التكوين الثلاثي أيضًا أن الإنسان يتكوَّن من أجزاء متعددة؛ لكنه يرى أن الإنسان كائن يتألَّف من ثلاثة أجزاء: جسد، ونفس، وروح. يأتي اللفظ *trichotomy* من اتحاد كلمتين يونانيتين معًا هما *tricha*، التي تعني «ثلاثة»، و*temno*، التي تعني «يقطع». العنصر الأول من الإنسان هو الجسد، الذي هو الجزء المادي في الإنسان. والعنصر الثاني هو النفس، التي هي العنصر النفسي في الإنسان، وهو العنصر الذي يمكِّنه من التفاعل مع البشر ومع العالم الطبيعي. النفس هي مركز الفكر، والعاطفة، والشخصية، والتفاعل الاجتماعي. أما العنصر الثالث، فهو الروح، التي تُعرَّف عادة بأنها العنصر الديني الذي يُدرك الأمور الروحية ويتجاوب معها، كما يُدرك الله ويتجاوب معه. يقول هذا الرأي إنه في حين تتفاعل النفس مع المجالات الأفقية المتعلِّقة بخبرة الإنسان مع البشر والطبيعة، تتفاعل الروح مع المجالات الرأسية، مثل خبرة الإنسان مع الله. ويَزعم هذا الرأي أن وجود الروح هو ما يميز البشر عن الحيوانات.

عادة ما يُستخدَم نصَّان كتابيَّان لتأييد رأي التكوين الثلاثي. يقول ١تسالونيكي ٥: ٢٣، «وَإِلَهُ السَّلامِ نَفْسُهُ يُقَدِّسُكُمْ بِالتَّمَامِ. وَلْتُحْفَظْ رُوحُكُمْ وَنَفْسُكُمْ وَجَسَدُكُمْ كَامِلَةً بِلَا لَوْمٍ عِنْدَ مَجِيءِ رَبِّنَا يَسُوعَ الْمَسِيحِ». في هذا النص تُذكَر العناصر الثلاثة جميعها: «الروح»، و«النفس»، و«الجسد» جنبًا إلى جنب. كذلك يَذكر عبرانيين ٤: ١٢ كلًّا من النفس والروح: «لِأَنَّ كَلِمَةَ اللهِ حَيَّةٌ وَفَعَّالَةٌ وَأَمْضَى مِنْ كُلِّ سَيْفٍ ذِي حَدَّيْنِ، وَخَارِقَةٌ إِلَى مَفْرَقِ النَّفْسِ وَالرُّوحِ».

حظيت وجهة نظر التكوين الثلاثي بشعبية بين آباء الإسكندرية في الكنيسة الأولى، ولا سيما إكليمندس الإسكندري (١٥٠ -٢١٥ تقريبًا)، وأوريجانوس (١٨٤ -٢٥٤ تقريبًا). وقد انخفضت شعبية هذا الرأي بوجه عام حتى القرن التاسع عشر، حين زادت شعبيته مرة أخرى.

## تقييم وجهات النظر الثلاث

أولًا، يتحتم علينا رفض رأي التكوين الأحادي المادي، لأنه ينكر وجود الله والحقائق الروحية الأخرى كافة. كذلك، علينا أن نرفض رأي التكوين الأحادي لمذهب المثالية. فإن الواقع ليس قاصرًا على الذهن، أو الروح، أو الأفكار؛ بل خَلَقَ الله كونًا ماديًّا، فيه مخلوقات مادية، وحَكَمَ بأنها «حسنة جدًّا» (تكوين ١: ٣١). علاوة على ذلك، لم يَخلق الله حواسنا لتخدعنا حتى نظن بالخطأ أننا نتفاعل مع عالم مادي.

تؤكد الأشكال المسيحية من التكوين الأحادي عن حق أن الإنسان ذات موحَّدة؛ لكن هذه الأشكال مع ذلك لا تُدرِك التنوُّع الموجود داخل هذه الوحدة. يؤكِّد الكتاب المقدس أنه يوجد فارق بين الجسد والنفس (متى ١٠: ٢٨)، وأنه يوجد جزء لا مادي في الإنسان يبقى حيًّا رغم الموت الجسدي (رؤيا ٦: ٩-١١). انتظر بولس الموت الجسدي حتى يكون مع المسيح (فيلبي ١: ٢٣)؛ وقال يسوع للِّص التائب على الصليب إنه سيكون معه في ذلك اليوم في الفردوس (لوقا ٢٣: ٤٣). وإن حقيقة وجود حالة وسطيَّة تدحض الأشكال المسيحية من التكوين الأحادي عن الإنسان.

يؤكِّد التكوين الثنائي والتكوين الثلاثي عن حق أن الإنسان يتكوَّن مما هو أكثر من المادة. إلا أنَّ الشيء الذي يميِّز بين هذين الرأيين هو السؤال: هل يوجد فارق جوهري بين النفس والروح؟ يبيِّن البرهان الكتابي عدم وجود مثل هذا الفارق. فإن كلمة «النفس» و«الروح» تُستخدَمان بالتبادل في الكتاب المقدس، وكلتاهما تشيران إلى وظائف متماثلة من حيث العلاقة مع الله، ومع الآخرين، ومع الطبيعة. لذا، يصعُب أن نزعم أنهما جزءان مختلفان في الإنسان. ومن الجدير بالذكر أن بعض النصوص الكتابية تَذكُر «النفس» و«الروح» معًا بصيغة التوازي، لبيان أن المقصود بهما هو المعنى نفسه، كالتالي:

«أَنَا أَيْضًا لَا أَمْنَعُ فَمِي.
أَتَكَلَّمُ بِضِيقِ رُوحِي [***ruakh***].
أَشْكُو بِمَرَارَةِ نَفْسِي [***nephesh***]» (أيوب ٧: ١١)

«بِنَفْسِي [***nephesh***] اشْتَهَيْتُكَ فِي اللَّيْلِ.
أَيْضًا بِرُوحِي [***ruakh***] فِي دَاخِلِي إِلَيْكَ أَبْتَكِرُ» (إشعياء ٢٦: ٩)

«فَقَالَتْ مَرْيَمُ:
تُعَظِّمُ نَفْسِي [*psyche*] الرَّبَّ،
وَتَبْتَهِجُ رُوحِي [*pneuma*] بِاللهِ مُخَلِّصِي» (لوقا ١: ٤٦-٤٧)

تثبت هذه النصوص أن كلمتَي «النفس» و«الروح» تُستخدَمان في الكتاب المقدس بالتبادُل، وأنهما تشيران إلى المعنى ذاته. بل وإننا نجد في إشعياء ٢٦: ٩، ولوقا ١: ٤٦-٤٧ النفس أيضًا تتفاعل مع الله، وهو ما يعني أن هذا الدور لا يقتصر على الروح وحدها.

أيضًا، يكشف المثالان التاليان أن كلمتَي «النفس» و«الروح» تشيران إلى الكينونة ذاتها. أولًا، عبَّر يسوع عن حزنه من جراء آلامه العتيدة، قائلًا:

> اَلآنَ نَفْسِي [**psyche**] قَدِ اضْطَرَبَتْ. وَمَاذَا أَقُولُ: أَيُّهَا الآبُ نَجِّنِي مِنْ هَذِهِ السَّاعَةِ؟ (يوحنا ١٢: ٢٧)

> لَمَّا قَالَ يَسُوعُ هَذَا اضْطَرَبَ بِالرُّوحِ [**pneuma**]» (يوحنا ١٣: ٢١)

ثانيًا، يَصِفُ نصَّان كتابيَّان القديسين في السماء على النحو التالي:

> وَكَنِيسَةُ أَبْكَارٍ مَكْتُوبِينَ فِي السَّمَاوَاتِ، وَإِلَى اللهِ دَيَّانِ الْجَمِيعِ، وَإِلَى أَرْوَاحِ [**pneu-ma**] أَبْرَارٍ مُكَمَّلِينَ ... (عبرانيين ١٢: ٢٣)
> وَلَمَّا فَتَحَ الْخَتْمَ الْخَامِسَ، رَأَيْتُ تَحْتَ الْمَذْبَحِ نُفُوسَ [**psyche**] الَّذِينَ قُتِلُوا مِنْ أَجْلِ كَلِمَةِ اللهِ (رؤيا ٦: ٩).

لكن ماذا عن ١تسالونيكي ٥: ٢٣ وعبرانيين ٤: ١٢؟ هل ينبغي أن نعتبرهما مؤيِّدين للتكوين الثلاثي؟ الإجابة هي لا. فالكتاب المقدس يصف الجانب اللا مادي من الإنسان بمفردات مختلفة، غير أن هذا لا يعني أن كل واحدة من هذه المفردات تشير إلى جزء منفصل في الإنسان. ففي بعض الأحيان، يمكن جمع بعض الألفاظ أو دمجها في جملة واحدة بغرض التوكيد. على سبيل المثال، في لوقا ١٠: ٢٧، ذكَرَ يسوع وصية أن نحب الرب من كلِّ «قَلْبِكَ»، وَ«نَفْسِكَ»، وَ«قُدْرَتِكَ»، وَ«فِكْرِكَ»، مستخدمًا أربع كلمات دون أن يذكر شيئًا على الإطلاق عن «الروح». هل ينبغي أن نستنتج من ذلك أنه توجد أربعة أو خمسة أجزاء، أو حتى أكثر في الإنسان؟ كلا، بل الاستنتاج الصحيح هو أنه يمكن تسمية الجزء اللا مادي من الإنسان باسم «النفس»، أو «الروح»، أو «القلب»، أو «الفِكر»؛ ويمكن لهذه التسميات أن تأتي أيضًا للإشارة إلى الإنسان ككلٍّ. ومن ثَمَّ، هذه المفاهيم متداخلة ومترابطة معًا، وليست أجزاءً منفصلة. إذن، رأي التكوين الثنائي هو الرأي الذي يحظى بأقوى تأييد كتابي.

لكن، هل توجد تسمية أفضل من «التكوين الثنائي»؟ بما أن الكتاب المقدس يصف الإنسان بأنه ذات موحَّدة، لكن أيضًا مركَّبة ومعقَّدة، فإننا نُفَضِّل مصطلح «الوحدة المركَّبة» [**complex unity**].[١٩] فإن الجزء المادي (الجسد)، والجزء اللا مادي (النفس/الروح) من الإنسان يعملان معًا في شخص واحد، الأمر الذي ينطوي على الوحدة والتنوع في الآن ذاته. لكن هذه الوحدة المركَّبة مشروطة، لأن الموت في هذا العالم الساقط يَفصل بين الجسد والروح (يعقوب ٢: ٢٦). لكنَّ هذا الانفصال مؤقَّت، لأن جميع البشر متوجهون إلى القيامة، أي إلى الاتحاد من جديد بين الجسد والروح في هيئة أبدية.

---

19 See Beck and Demarest, *The Human Person*, 137.

يتشابه مفهوم الوحدة المركَّبة أيضًا مع مفاهيم أخرى. على سبيل المثال، يوجد إله واحد، لكن توجد أيضًا تعدُّدية في هذا الإله. فالله ثالوث: الآب، والابن، والروح القدس. هكذا يسوع شخص واحد، لكنه هو الله وإنسان في آن واحد.

فضلًا عن ذلك، تشمل وحدة الإنسان المركَّبة جوانب احتياجاته المادية والروحية كافة. فبينما كان يعقوب يتحدث عن أهمية الإيمان الذي للخلاص، ذَكَرَ أهمية سد الاحتياجات المادية: «إِنْ كَانَ أَخٌ وَأُخْتٌ عُرْيَانَيْنِ وَمُعْتَازَيْنِ لِلْقُوتِ الْيَوْمِيِّ، فَقَالَ لَهُمَا أَحَدُكُمْ: «امْضِيَا بِسَلَامٍ، اسْتَدْفِئَا وَاشْبَعَا»، وَلَكِنْ لَمْ تُعْطُوهُمَا حَاجَاتِ الْجَسَدِ، فَمَا الْمَنْفَعَةُ؟» (يعقوب ٢: ١٥-١٦). كذلك، يقود خلاص الله في النهاية إلى استرداد الإنسان ككلٍّ. فإن الروح القدس يلد الخطاة الأموات ثانية جاعلًا إياهم أحياء لله روحيًّا (تيطس ٣: ٥)؛ لكن في المستقبل سيفتدي يسوع أيضًا أجساد هؤلاء ويمجِّدها (رومية ٨: ٢٣؛ فيلبي ٣: ٢٠-٢١).

## أصل النفس

- ⬅ نظرية الوجود السابق للنفس
- ⬅ نظرية الخلق
- ⬅ نظرية الانتقال من الأبوين
- ⬅ تقييمٌ لوجهات النظر الثلاث

إن الهُوية الشخصية العاقلة هي التعبير عن نفس/روح لا مادية. لكن ما أصل هذه النفس/الروح؟ هل يخلقها الله مباشرةً عند الحَبَل بالإنسان، أم أنها تنتقل من أَبَوَيْهِ من خلال العمليات الطبيعية؟ توجد ثلاث وجهات نظر رئيسية تتعلَّق بأصل النفس، وهي: الوجود السابق، والخَلق، والانتقال من الأبوين.

### ⬅ نظرية الوجود السابق للنفس preexistence

آمن البعض، مثل اليونانيين القدامى، بأن النفوس لها وجود سابق قبل الحَبَل بالإنسان. علَّم أوريجانوس، اللاهوتي الذي عاش في أيام الكنيسة الأولى (١٨٤ -٢٥٤ تقريبًا) بأن الله خَلَقَ في الأصل عددًا ثابتًا من الأرواح، انضم بعضها إلى أجساد مادية، فصارت بشرًا. كذلك، تتبنَّى الديانة الإسلامية شكلًا من أشكال الوجود السابق للنفس قبل الولادة. ليس لهذا الرأي أي سند كتابي، وكان المؤمنون المحافظون – عدا أوريجانوس- محقِّين في رفضهم له.

### ⬅ نظرية الخلق creationism

تعلِّم نظرية الخلق بأن النفس لا تُنقَل من الأسلاف كالجسد، لكنها تُخلق من الله في وقتٍ ما بين الحَبَل والولادة. السند الكتابي لهذا الرأي مستمَد من تكوين ٢: ٧، الذي يصرِّح بأن الله خَلَق نفس آدم ثم جمعها بجسده. وعلى نحو مماثل يقول جامعة ١٢: ٧ إنه عند الموت «تَرْجِعُ الرُّوحُ إِلَى اللهِ

الَّذِي أَعْطَاهَا». ويصف إشعياء ٤٢: ٥ الله بأنه خالق السماء والأرض، و«مُعْطِي الشَّعْبِ عَلَيْهَا نَسَمَةً، وَالسَّاكِنِينَ فِيهَا رُوحًا». كما يقول زكريا ١٢: ١ إن الله هو «جَابِلُ رُوحِ الإِنْسَانِ فِي دَاخِلِهِ». نقرأ أيضًا أن الله هو «أَبِي الأَرْوَاحِ» (عبرانيين ١٢: ٩). ويمكن أن نجد تأييدًا جديرًا بالملاحظة لنظرية الخلق في تاريخ الكنيسة؛ فقد صدَّق جيروم (٣٤٠-٤٢٠ تقريبًا)، وتوما الأكويني (١٢٢٥-١٢٧٤)، وچون كالفن (١٥٠٩-١٥٦٤) على هذا الرأي.

## ⬅ نظرية الانتقال من الأبوين traducianism

يقول هذا الرأي إن النفس، مثل الجسد تمامًا، تنتقل من الأبوين إلى الأبناء من خلال عملية التوالد الطبيعية. ففي حين أن الله بالتأكيد هو خالق الإنسان، وفي حين أن جسد آدم ونفسه قد خُلقا من الله مباشرة، إلا أن تكوين جميع البشر من بعد آدم ينتقل عن طريق عملية التوالد البشرية التي عيَّنها الله. فلم يعُد يلزم أن يُخلَق كلُّ جسد ونفس بشكل مباشر، بل يَستخدم الله في ذلك الوسيلة الثانوية للتوالد البشري. يقول أنصار هذا الرأي إن آدم لا يُمكن أن يُستخدَم لتأييدٍ لنظرية خلق النفس، بما أنه مخلوق فريد باعتباره الإنسان الأول، وبما أن حالته ليست هي الحالة المعيارية التي تنطبق على كلٍّ نسله. يقول تكوين ٥: ٣ إن آدم ولَد ابنًا على صورته وشبهه، وهذا على الأرجح يشمل النفس أيضًا. من بين أنصار هذا الرأي في تاريخ الكنيسة ترتليانوس (١٦٠ - ٢٢٠ تقريبًا)، وغريغوريوس النيصي (٣٣٠ - ٣٩٥ تقريبًا)، ومارتن لوثر (١٤٨٣-١٥٤٦).

## ⬅ تقييمٌ لوجهات النظر الثلاث

يبدو أن الرأي الانتقالي هو الرأي الأفضل. فمن بين مواطن الضعف المهمة في نظرية الخلق المباشر هو ما نقرأه عن توقُّف الله عن أعمال الخلق المباشر في اليوم السادس من أيام الخلق. فلو كانت نظرية الخلق صحيحة، لكان هذا يعني انشغال الله، منذ اليوم السادس من الخلق، وطوال الوقت، في خلقٍ «من العدم». لكن تتعارض هذه الفكرة مع حقيقة أن الله استراح في اليوم السابع من عمل الخلق (تكوين ٢: ١-٢).

كذلك، لا يوجد سند كتابي يدفعنا إلى استنتاج أنه في حين تُخلَق الأجساد البشرية بالوسائل الطبيعية، تُخلَق النفوس من الله مباشرةً. فإن نظرية الخلق تُقحِم في أصل الإنسان عنصرًا لا داعي له من عدم التناسق. ففي حين أن نصوص كتابية عديدة تتحدث بالفعل عن خلق الله لنفس الإنسان أو روحه، إلا أن هذا أيضًا ينطبق على الجسد. فقد قال داود: «لأَنَّكَ أَنْتَ اقْتَنَيْتَ كُلْيَتَيَّ. نَسَجْتَنِي فِي بَطْنِ أُمِّي ... لَمْ تَخْتَفِ عَنْكَ عِظَامِي حِينَمَا صُنِعْتُ فِي الْخَفَاءِ، وَرُقِمْتُ فِي أَعْمَاقِ الأَرْضِ» (مزمور ١٣٩: ١٣، ١٥). لا يعني هذا أن الجسد يُخلَق من الله مباشرة دون عملية التوالد الطبيعية. الله هو خالق الإنسان، لكنه أيضًا عيَّن وسيلة التوالد البشري لأجل ملء الأرض (تكوين ١: ٢٨). يستخدم الله وسائل طبيعية لأجل التوالد، إلا أنه هو العلة الأساسية لهذه العملية. فإن كياننا بكامله، الذي يشمل النفس أيضًا، والذي هو وحدة مركَّبة من جسد ونفس/روح، هو نتاج عملية التوالد الطبيعية المعيَّنة من الله.

## نوع الجنس

- نوع الجنس هو خليقة الله
- نوع الجنس والزواج
- نوع الجنس والتوالُد
- المثلية الجنسية

يعاني المجتمع الحديث على نحو متزايد من التشويش والخلط بشأن نوع الجنس، وبشأن الأدوار التي يؤديها كلُّ نوع جنس. هذا أمر مؤسف لأن نوع الجنس شيء حيوي وأساسي في مقاصد الله للجنس البشري، ولأن الله أعلن مشيئته بوضوح في هذه المسألة. المقطع الأساسي عن الخلق، وعن الغرض من نوع الجنس، هو تكوين ١-٢. وتضيف نصوص أخرى إلى الحقائق الموجودة فيهما.

## نوع الجنس هو خليقة الله

الله هو خالق نوع الجنس، وكذلك ميول الإنسان الجنسية. يقول تكوين ١: ٢٧، «فَخَلَقَ اللهُ الإِنْسَانَ عَلَى صُورَتِهِ. عَلَى صُورَةِ اللهِ خَلَقَهُ. ذَكَرًا وَأُنْثَى خَلَقَهُمْ». ثم أعاد يسوع ذِكر هذا الحق حين قال: «أَمَا قَرَأْتُمْ أَنَّ الَّذِي خَلَقَ مِنَ الْبَدْءِ خَلَقَهُمَا ذَكَرًا وَأُنْثَى؟» (متى ١٩: ٤). إذن، ليس نوع الجنس شيئًا مبهمًا أو مَرِنًا، أو يمكن تحديده بحسب التفضيل الشخصي. كما أنه لا يحدث بمحض الصدفة، أو من خلال عملية من التطوُّر.

يضيف تكوين ٢ بعض التفاصيل إلى خَلق الرجل الأول والمرأة الأولى. فقد جُبِلَ الرجل أولًا من تراب الأرض، ثم نفخ فيه الله نسمة حياة. وبهذه النسمة، «صَارَ آدَمُ نَفْسًا حَيَّةً» (تكوين ٢: ٧). ثم لاحقًا، أخذ الله ضلعًا من الرجل، وعمل منه امرأة (تكوين ٢: ٢١-٢٢). وهكذا، خَلق الله الرجل الأول والمرأة الأولى بعملية خلق مباشر، كجزء من الخليقة «الحسنة جدًا» (تكوين ١: ٣١).

خُلِق الرجل والمرأة كلاهما من الله، لكن هناك اختلاف في طريقة خلقهما. فقد جَبَلَ الله الرجل من تراب الأرض، في حين لم يَخلق الأنثى بهذه الطريقة نفسها، بل أخذ ضلعًا من آدم ليصنع منه امرأة (تكوين ٢: ٢٢). وهكذا، خُلِقت المرأة من الرجل. هذه التفصيلة ليست مجرد معلومة عارضة أو تافهة، لكنها مهمة فيما يتعلَّق بالتمايُزات الوظيفية بين الرجال والنساء. فعند حديث بولس عن الترتيب بين الرجال والنساء في الكنيسة، سلَّط الضوء على هذه الفكرة قائلًا: «لأَنَّ الرَّجُلَ لَيْسَ مِنَ الْمَرْأَةِ، بَلِ الْمَرْأَةُ مِنَ الرَّجُلِ» (١كورنثوس ١١: ٨). وعند تفسيره لسبب وجوب أن يكون الرجال هم مَن يُعَلِّمون في الكنيسة، قال: «لأَنَّ آدَمَ جُبِلَ أَوَّلًا ثُمَّ حَوَّاءُ» (١تيموثاوس ٢: ١٣). فإن الأدوار التي يؤدِّيها الرجال والنساء في المجتمع، والعائلة، والكنيسة قائمة على الاختلافات التي أسَّسها الله بين الرجال والنساء عند الخلق.

إن نوع الجنس هو أَمْرٌ متأصِّلٌ بعمق في هُوية الإنسان، وهو يتقرَّر عند الحَبَلِ به. فحين يخصِّب حيوان منوي يحمل الكروموسوم X بويضة، يكون الناتج طفلة أنثى؛ في حين أن الناتج من اتحاد حيوان

منوي حامل للكروموسوم Y ببويضة هو طفل ذَكر. فحين يولد أيُّ طفل، عادة ما يكون رد الفعل الأول هو تَعَرُّف نوع جنسه، أي إن «المولود ولد!» أو «المولودة بنت!». فمنذ الولادة، يُدرك الجميع وجود ما يسمَّى بنوع الجنس. لا يختار الأبوان نوع جنس أبنائهم، أو يقولون إنه شيء عديم الأهمية. كما أنهم لا ينتظرون ليروا هل سيصير الولد بنتًا لاحقًا، أو العكس، أم لا. بل يتحدد نوع الجنس بشكل دائم عند الحَبَل، ويُعرَف عند الولادة.

يُظهِر كلٌّ من خَلق الله لنوع الجنس والحقيقة البيولوچية لنوع الجنس أن الميول الجنسية حقيقة مطلَقة وثابتة. فهو ليس أمرًا شخصيًّا، يمكن أن يتحدَّد وفقًا للرغبة أو الهوى الشخصي للأفراد أو المجتمعات. فلا أحد يمكنه أن يدَّعي على نحو مشروع أنه نوع جنس آخر، ولا أحد يستطيع أن يغيِّر بالحقيقة من نوع جنسه. ويتناول تثنية ٢٢ : ٥ موضوع الخلط بين الجنسين، قائلًا: «لَا يَكُنْ مَتَاعُ رَجُلٍ عَلَى امْرَأَةٍ، وَلَا يَلْبَسْ رَجُلٌ ثَوْبَ امْرَأَةٍ، لِأَنَّ كُلَّ مَنْ يَعْمَلُ ذَلِكَ مَكْرُوهٌ لَدَى الرَّبِّ إِلَهِكَ». فالله يوصي النساء بأن يظهرن بمظهر النساء، والرجال بأن يظهروا بمظهر الرجال. وكان ارتداء امرأة ثياب رجل أو العكس «مَكْرُوهٌ»، أي يعتبر إساءة مفرطة إلى الرب. يبيِّن هذا أن الله يتوقع من الإنسان أن يحيا بموجب نوع الجنس الذي أعطاه له عند الولادة.

للأسف الشديد، صار التحوُّل الجنسي [transgenderism] مقبولًا أكثر اليوم في بعض المجتمعات. يحدث هذا التحوُّل حين يعرِّف أحدهم نفسه بنوع جنس مخالف لنوع الجنس البيولوچي الذي أُعطي له من الله، أو حين يرتدي ثيابًا أو يَظهر بمظهر مخالف لنوع جنسه. يشمل هذا أيضًا المتخنِّثين [transvestites]، أو أولئك الذين يشتهون ارتداء ملابس الجنس الآخر [crossdressers]. وعلى الرغم ممَّا هو يقينيٌّ وبديهي، صار المجتمع الحديث ينظر على نحو متزايد إلى نوع الجنس على أنه أمر شخصيٌّ. وصار يُزعَم أن الذكر يستطيع أن يقول عن نفسه إنه أنثى، أو العكس، وعلى المجتمع أن يتكيَّف مع هذا الادِّعاء، بل وراح البعض يستخدم تقنيات طبية لمحاولة تغيير نوع الجنس. إلا أن الخلط في نوع الجنس والعبث به ينتهك مقاصد الله التي عيَّنها للبشر عندما خلقهم. فإن الفلسفة الحياتية المسيحية تؤكِّد أن نوع الجنس والبِنية البيولوچية لأجسادنا يمثلان أهمية، ولهما غرضٌ عيَّنه الله. فهما ليسا نتاج حادث تطوُّر عَرَضي، بلا دلالات أو تبعات أخلاقية؛ لكنهما عطايا من الله ينبغي استخدامها لتحقيق مقاصده ولمجده. وبما أن الله هو خالق الذكر والأنثى، هو إذن نقطة الانطلاق في تعريف نوع الجنس. والحيدان عن خطط الله بشأن نوع الجنس والميول الجنسية هو تمرُّد عليه (انظر رومية ١ : ٢٤-٢٧).

## ⬅ نوع الجنس والزواج

خُلِق الذكر والأنثى ليكونا في علاقة معًا، وليس ليكونا في عُزلة. فعندما قيَّم الله الذَّكر الذي خلقه لتوِّه، قال: «لَيْسَ جَيِّدًا أَنْ يَكُونَ آدَمُ وَحْدَهُ، فَأَصْنَعَ لَهُ مُعِينًا نَظِيرَهُ» (تكوين ٢ : ١٨). إذن، أراد الله أن يخلق «مُعينًا» (في اللغة العبرية ***ezer'***) لمؤازرة آدم. وكانت المخلوقات الأخرى رائعة، لكنها لم تكن نظير الرجل أو ملائمة له. ومن ثَمَّ، فإن الرغبة في الرفقة البشرية ليست رغبة خاطئة، وليست تطوُّرًا ظَهَرَ بعد السقوط. لم يكن آدم مخطئًا في اشتياقه إلى رفقة بشرية، ولم يكن هذا متعارضًا مع علاقة الرجل بالله. فقد شاء الله وصمَّم البشر كي يكونوا في علاقات.

وحين خَلَقَ الله المرأة من ضلع آدم، أحضرها إلى الرجل، وحينئذ تهلّل آدم قائلًا:

«هَذِهِ الْآنَ [«وأخيرًا»] عَظْمٌ مِنْ عِظَامِي
وَلَحْمٌ مِنْ لَحْمِي.
هَذِهِ تُدْعَى امْرَأَةً
لِأَنَّهَا مِنِ امْرِءٍ أُخِذَتْ» (تكوين ٢: ٢٣).

أدرك آدم على الفور أن المرأة هي الرفيق المناسب له، وأن نقصه تحوَّل إلى اكتمال. كانت هذه المرأة نظيره، «عَظْمٌ مِنْ عِظَامِي»، و«لَحْمٌ مِنْ لَحْمِي»؛ ولكنها كانت مختلفة عنه. فقد صُمِّمت لتُكَمِّلَهُ، ولتجلب الشبع والاكتفاء إلى حياته. وقد كانت أنوثتها تكمِّل ذكورته. ودعاها آدم «امرأة»، لِأَنَّهَا مِنِ امْرِءٍ أُخِذَتْ.

بعد ذلك، يوجز تكوين ٢: ٢٤ قصد الله للرجل والمرأة بهذه الجملة: «لِذَلِكَ يَتْرُكُ الرَّجُلُ أَبَاهُ وَأُمَّهُ وَيَلْتَصِقُ بِامْرَأَتِهِ وَيَكُونَانِ جَسَدًا وَاحِدًا». تنطوي علاقة الزواج على ترك الأب والأم، كي يصير الرجل والمرأة «جَسَدًا وَاحِدًا» في الزواج. الكلمة التي تُرجمت «يَتْرُكُ» (في اللغة العبرية ***azab’***) هنا هي كلمة قوية تعني «يهجر»، أو «يتخلّى عن». أيضًا الكلمة التي تُرجمت «يَلْتَصِقُ» (في اللغة العبرية ***dabaq***) تعني «تعلُّق وتكريس شخصي شديد». وقد استُخدِمت الكلمة لاحقًا لوصف كيف كان ينبغي على شعب إسرائيل أن يُظهِروا تكريسهم لله: «وَلَكِنِ الْصَقُوا [***dabaq***] بِالرَّبِّ إِلَهِكُمْ» (يشوع ٢٣: ٨). كانت نتيجة هذا الالتصاق الزوجي أن يصير الاثنان «جَسَدًا وَاحِدًا». تشمل هذه الوحدة بالتأكيد الاتحاد الجنسي الذي يَكمُن في لُبِّ الوحدانية، بالإضافة إلى إنجاب الأبناء، لأن الابن هو شخص واحد يولَد من شخصين. إلا أن الأمر يتجاوز هذا أيضًا ليشمل الاعتماد المتبادل بين الزوجين في مجالات الحياة كافة. فإن الوحدانية والحميمية لا بد أن يتخلَّلا هذه العلاقة.

الزواج مؤسَّسة كريمة وصالحة، عيَّنها الله لتكون بركة. يدعو ١بطرس ٣: ٧ الزواج «نِعْمَةَ الْحَيَاةِ»؛ ويقول أمثال ١٨: ٢٢ إن «مَنْ يَجِدُ زَوْجَةً يَجِدُ خَيْرًا وَيَنَالُ رِضًى مِنَ الرَّبِّ». وفي متى ١٩: ٤-٦، أكَّد يسوع مرة أخرى على مفهوم الاتحاد بين الرجل والمرأة في جسد واحد في الزواج. ويقول بولس أيضًا: «وَلَكِنْ لِسَبَبِ الزِّنَا، لِيَكُنْ لِكُلِّ وَاحِدٍ امْرَأَتُهُ، وَلْيَكُنْ لِكُلِّ وَاحِدَةٍ رَجُلُهَا» (١كورنثوس ٧: ٢). وفي النهاية، يوجِّه الزواج الأنظارَ إلى المسيح والكنيسة: «مِنْ أَجْلِ هَذَا يَتْرُكُ الرَّجُلُ أَبَاهُ وَأُمَّهُ وَيَلْتَصِقُ بِامْرَأَتِهِ، وَيَكُونُ الِاثْنَانِ جَسَدًا وَاحِدًا. هَذَا السِّرُّ عَظِيمٌ، وَلَكِنَّنِي أَنَا أَقُولُ مِنْ نَحْوِ الْمَسِيحِ وَالْكَنِيسَةِ» (أفسس ٥: ٣١-٣٢). ينبغي للزواج أن يُظهِر بوضوح علاقة المحبة بين المسيح وكنيسته، بأن يُحِبَّ الزوجُ زوجَتَهُ كما أحبَّ المسيح الكنيسة وتتجاوب الزوجة مع قيادة زوجها المُحِبة لها كما تتجاوب الكنيسة مع المسيح (أفسس ٥: ٢٢-٢٣). وعلى الرغم من تعرُّض علاقة الزواج للَّعنة بعد سقوط الإنسان، يمكن للمؤمنين أن يختبروا تحت قيادة الروح القدس زيجات هادئة، ومثمرة، وناجحة. أيضًا على المؤمنين ألا يتزوجوا إلا من مؤمنين آخرين (١كورنثوس ٧: ٣٩؛ ٢كورنثوس ٦: ١٤).

ليس للزواج سوى تعريف واحد أجازه الله، وهو: الاتحاد بين رجل واحد وامرأة واحدة (تكوين ٢: ٢٣-٢٤). ينبغي أن يكون الزواج عهدًا معلنًا، ورسميًّا، ومعترَفًا به بشكل رسمي بين رجل وامرأة.

وإن التعايُش بين رجل وامرأة لمدة طويلة دون زواج شرعي لا يشكِّل زواجًا، ولا يكافئ الزواج (يوحنا ٤: ١٨). وإن تزوَّج اثنان زواجًا شرعيًّا قبل إيمانهما بالمسيح، عليهما أن يحافظا على هذا العهد، وأن يبقيا متزوِّجين (١كورنثوس ٧: ٢٤).

## ⬅ نوع الجنس والتوالُد

عُيِّنت العلاقة بين الرجل والمرأة في إطار الزواج بغرض التوالُد. فبحسب تكوين ١: ٢٨، بارك الله الذكر والأنثى، وقال: «أَثْمِرُوا وَاكْثُرُوا وَامْلأُوا الأَرْضَ». فإن البِنية البيولوچية التي صمَّمها الله لكلٍّ من الذكر والأنثى تُثمِر أبناءً.

كان على الجنس البشري أن يمتد إلى أبعد من الرجل الأول والمرأة الأولى، وأن يثمروا حتى تمتلئ الأرض من آخرين حاملين لصورة الله. وكان يُنتظَر من هؤلاء الأبناء بدورهم أن يُكثِروا ويملأوا الأرض. فقد كان الله سيستخدم عملية التزاوُج والتوالُد لُيخلِّص الجنس البشري ويَرُدَّ الخليقة بعد السقوط. فحين أخطأ آدم وحواء قال الله للقوة الكامنة وراء الحية (الشيطان): «وَأَضَعُ عَدَاوَةً بَيْنَكِ وَبَيْنَ الْمَرْأَةِ، وَبَيْنَ نَسْلِكِ وَنَسْلِهَا. هُوَ يَسْحَقُ رَأْسَكِ، وَأَنْتِ تَسْحَقِينَ عَقِبَهُ» (تكوين ٣: ١٥). كان «نسل» المرأة سيقاسي صراعًا مستمرًا، سيبلغ أَوْجَهُ في «فردٍ واحدٍ من هذا النسل» («هُوَ»)، سوف يسدِّد ضربة قاضية للقوة الكامنة وراء الحية. وحين أنجبت حواء ابنها الأول، قايين، قالت: «اقْتَنَيْتُ رَجُلًا مِنْ عِنْدِ الرَّبِّ» (تكوين ٤: ١). يعتقد البعض أنه من الممكن ترجمة هذه الجملة على النحو التالي: «اقتنيت رجلًا، بل إنه هو الربُّ». إذا كان هذا صحيحًا، فربما تكون حواء قد ظنَّت أن ابنها الأول، قايين، هو المخلِّص الذي وَعَدَ به الله في تكوين ٣: ١٥. ثم لاحقًا، ظنَّ لامك أنَّ نوحًا ابنه ربما هو المخلِّص الموعود: «وَعَاشَ لاَمَكُ مِئَةً وَاثْنَتَيْنِ وَثَمَانِينَ سَنَةً، وَوَلَدَ ابْنًا. وَدَعَا اسْمَهُ نُوحًا، قَائِلًا: ‹هَذَا يُعَزِّينَا عَنْ عَمَلِنَا وَتَعَبِ أَيْدِينَا مِنْ قِبَلِ الأَرْضِ الَّتِي لَعَنَهَا الرَّبُّ›» (تكوين ٥: ٢٨-٢٩). لم يتحقق كلا التوقعين بمجيء مخلِّص. فقد قَتل قايين هابيل أخاه. وفي حين استخدم الله نوحًا بقوة، لكنه أيضًا كان خاطئًا، وغير مؤهَّلٍ أن يكون المخلِّص الموعود (تكوين ٩: ٢٠-٢٣). لكن في النهاية، وُلِد يسوع، ابن مريم، ليكون «النسل» الموعود، الذي سيردُّ كل شيء (أعمال الرسل ٣: ٢١؛ غلاطية ٣: ١٦).

تكرَّرت وصية الإكثار والتوالُد التي أعطيت لآدم مع نوح أيضًا: «وَبَارَكَ اللهُ نُوحًا وَبَنِيهِ وَقَالَ لَهُمْ: أَثْمِرُوا وَاكْثُرُوا وَامْلأُوا الأَرْضَ» (تكوين ٩: ١، ٧). كان هذا التكليف ضروريًّا بعد الطوفان العالمي، الذي فيه هلك الجميع عدا ثمانية أشخاص. لكن، كان الخطر الأساسي الذي يهدِّد الإكثار وملء الأرض يَكمُن في قتل البشر بعضهم بعضًا. لذلك ألحق الله بالعهد النوحي عقوبة الإعدام، التي كان من شأنها أن تطبَّق على الذين يقتلون أيًّا من حاملي صورة الله: «سَافِكُ دَمِ الإِنْسَانِ بِالإِنْسَانِ يُسْفَكُ دَمُهُ. لأَنَّ اللهَ عَلَى صُورَتِهِ عَمِلَ الإِنْسَانَ» (تكوين ٩: ٦). أعطى الله الإنسان الحق في الحفاظ على الحياة عن طريق تنفيذ حُكم الإعدام في الذين يَقتلون آخرين من حاملي صورة الله. ويُظهِر هذا مدى تقدير الله لقيمة الحياة البشرية.

بعد السقوط، تمثَّلت اللعنة التي وقعت على المرأة في أوجاع الولادة. فقد قال الله لحواء: «تَكْثِيرًا أُكَثِّرُ أَتْعَابَ حَبَلِكِ، بِالْوَجَعِ تَلِدِينَ أَوْلاَدًا» (تكوين ٣: ١٦). فعلى الرغم من جميع بركات التوالُد، كان

هـذا الأمـر مؤلمًا للمـرأة فـي هـذا العالـم السـاقط المليء بالمآسـي. فقـد ماتـت راحيـل وهـي تلـد بنيامـين (تكويـن ٣٥: ١٦-١٨)، وبعـض الأطفـال يموتـون فـي الأرحـام، وآخـرون يُنهـي الإجهـاض حياتهـم. كمـا أن بعـض النسـاء اللواتـي يتلهفـن إلـى ولادة أطفـال سـيكنَّ عاقـرات (تكويـن ٣٠: ١).

ستزول مخاطـر الـولادة وأوجاعهـا فـي أثنـاء مُلك المسيا العتيد، بعد مجيء يسـوع ثانية. تنبَّأ إشعياء عـن ذلـك الوقت قائـلًا: «لَا يَكُونُ بَعْدُ هُنَاكَ [في تلك المدينة] طِفْلُ أَيَّامٍ» (إشـعياء ٦٥: ٢٠)، و«لَا يَتْعَبُونَ بَاطِـلًا وَلَا يَلِـدُونَ لِلرُّعْـبِ، لِأَنَّهُـمْ نَسْـلُ مُبَارَكِـي الـرَّبِّ، وَذُرِّيَّتُهُـمْ مَعَهُـمْ» (إشـعياء ٦٥: ٢٣). إن المُلـك الألفـي ليسـوع سـيُبطِل عواقـب السـقوط المؤلمـة والمأسـاوية علـى النسـاء والأطفـال (رؤيـا ٢٠: ١-٦). وبمـا أنـه لا زواج فـي الحالـة الأبديـة، فبَعـد المُلـك الألفـي لـن يكـون هنـاك أيضًـا توالُـد (متـى ٢٢: ٣٠).

## ⬅ المثلية الجنسية[٢٠]

يحـاول الشـيطان والبشـر باسـتمرار تحريـف كل مـا هـو حسـنٌ فـي خليقـة اللـه، بمـا فـي ذلـك نـوع الجنـس والـزواج. ظَهَـرَ هـذا الفسـاد سـريعًا فـي سـفر التكويـن. فمـا أن أخطـأ آدم وحـواء حتـى صـارا علـى الفـور علـى وعـيٍ بعريهمـا: «فَانْفَتَحَـتْ أَعْيُنُهُمَـا وَعَلِمَـا أَنَّهُمَـا عُرْيَانَـانِ. فَخَاطَـا أَوْرَاقَ تِـينٍ وَصَنَعَـا لِأَنْفُسِـهِمَا مَـآزِرَ» (تكويـن ٣: ٧). فقـد حـلَّ الشـعور بالذنـب والخـزي محـل البـراءة (تكويـن ٣: ٨-١٠). وأدَّى هـذا إلـى تلـوُّث العطيـة المقدَّسـة التـي هـي علاقتهمـا الجسـدية الجنسـية، وذهبـت طهارتهـا أدراج الريـاح، إذ أُدخِلـت إليهـا أفـكار شـريرة ونجسـة. وبحياكـة الزوجـين الأوَّلـين لأوراق التـين، كانـا يحـاولان تغطيـة خزيهمـا؛ ومنـذ ذلـك الحـين، صـارت الثيـاب تعبيـرًا عامًّـا عـن احتشـام الإنسـان.

وانتشـر الانحـراف الجنسـي أيضًـا سـريعًا. ظَهَـرَ تعـدُّد الزوجـات فـي تكويـن ٤: ١٩، وحـدث انحـراف جنسـي شـيطاني فـي تكويـن ٦: ٢. ومـن بـين الانحرافـات الجنسـية الأخـرى: الخلاعـة (تكويـن ٩: ٢٢)، والخيانـة الزوجيـة (أو الاقتـراب مـن ارتـكاب خيانـة زوجيـة) (تكويـن ١٢: ١٥-١٩)، والزنـا (تكويـن ١٦: ٤)، وزنـا المحـارم (تكويـن ١٩: ٣٦)، والاغتصـاب (تكويـن ٣٤: ٢)، وممارسـة الدعـارة (تكويـن ٣٨: ١٥)، والتحـرش الجنسـي (تكويـن ٣٩: ٧). وتَظهَـر المثليـة الجنسـية علـى نطـاق واسـع فـي تكويـن ١٩.

الـزواج شـيء صالـح ومقـدس، بينمـا المثليـة الجنسـية تمـرُّدٌ شـاذٌّ يهـدِّد قصـد اللـه مـن الـزواج والعائلـة. لـم يَخلـق اللـه الرجـال كـي يتورطـوا فـي أفعـال جنسـية مـع رجـال آخريـن، ولا النسـاء مـع نسـاء أخريـات. وفـي الآونـة الأخيـرة، بلغـت المثليـة الجنسـية مسـتوى مـن القبـول غيـر مسـبوق فـي التاريـخ البشـري. إن المجتمعـات التـي كانـت فيمـا سـبق تـرى المثليـة الجنسـية علـى حقيقتهـا، أي علـى أنهـا انحـراف، صـارت الآن تـروِّج لهـا علـى أنهـا أمـرٌ مقبـولٌ. وحـين لاح فجـر القـرن الحـادي والعشـرين، لـم تكـن أي دولـة قـد أضفـت الشـرعية علـى زواج المثليـين. لكـن منـذ ذلـك الحـين، قامـت عـدة دول بإضفـاء الشـرعية عليـه بمـا فـي ذلـك الولايـات المتحـدة التـي قنَّنـت الـزواج المثلـي فـي عـام ٢٠١٥.

---

٢٠ هذا الجزء مأخوذ من المصدر التالي، بتصريح من MSJ:
John MacArthur, "God's Word on Homosexuality: The Truth about Sin and the Reality of Forgiveness," *MSJ* 19, no. 2 (2008): 153–74

يصف الكتاب المقدس المثلية الجنسية بأنها خطية، ويقول صراحة بأن ممارسيها لن يرثوا ملكوت الله (١كورنثوس ٦: ٩-١٠). إن المثلية الجنسية تحرِّف قصد الله بأن يكون الزواج انعكاسًا لعلاقة المسيح بكنيسته: «مِنْ أَجْلِ هَذَا يَتْرُكُ الرَّجُلُ أَبَاهُ وَأُمَّهُ وَيَلْتَصِقُ بِامْرَأَتِهِ، وَيَكُونُ الاثْنَانِ جَسَدًا وَاحِدًا». هَذَا السِّرُّ عَظِيمٌ، وَلَكِنَّنِي أَنَا أَقُولُ مِنْ نَحْوِ الْمَسِيحِ وَالْكَنِيسَةِ» (أفسس ٥: ٣١-٣٢). فالزواج مثالٌ توضيحي لعلاقة الرب يسوع بكنيسته، إذ يُعَد كون الزوج رأسًا مُحِبًّا لزوجته صورة لكون المسيح رأسًا محبًّا لعروسه، كما أن خضوع الزوجة بفرح لزوجها صورة لخضوع الكنيسة بفرح لربِّها. وبعبثها بشريكَي الزواج تشوِّه الممارسةُ المثلية أو الزواجُ المثلي صورةَ الإنجيل التي أراد الله للزواج أن يعبِّر عنها. تلك الممارسة تتحدَّى مشيئة الخالق، وتهدِّد كلَّ ما هو صالح، وتضر بالمشتركين فيها.

في تكوين ١: ٢٧، كانت الكلمتان العبريتان اللتان تُرجِمتا «ذكر» و«أنثى» قاطعتين، وتعطيان معنى «الذكر الواحد والأنثى الواحدة». في البدء وُجِدَ رجل واحد وامرأة واحدة؛ وذلك حتى يكون الزواج من شريك واحد، وأيضًا حتى يكون زواجًا مغايرًا جنسيًّا (أي غير مثليٍّ). هذا هو نموذج الله للزواج. وبناء على هذا النموذج الذي تأسَّس عند الخلق، المتمثل في زواج رجل واحد من امرأة واحدة، تَنْهَى بقية الكتاب المقدس بصرامة عن أي ممارسة جنسية خارج إطار الزواج – بما في ذلك كل أنواع الزنا (أعمال الرسل ١٥: ٢٩؛ ١كورنثوس ٦: ٩؛ عبرانيين ١٣: ٤)، والزنا (خروج ٢٠: ١٤؛ لاويين ٢٠: ٢٠؛ متى ١٩: ١٨)، وممارسة الجنس مع الحيوانات (خروج ٢٢: ١٩؛ لاويين ١٨: ٢٣؛ ٢٠: ١٥-١٦؛ تثنية ٢٧: ٢١)، والمثلية الجنسية (لاويين ١٨: ٢٢؛ ٢٠: ١٣؛ رومية ١: ٢٦-٢٧).

ينبغي ألا يسمَّى الاتحاد المثلي «زواجًا»، لأنه يتضمن فقط نوع جنس واحدًا، ولا ينطوي على إمكانية التناسُل، كما لا يمكن أن يوفِّر ذلك النوع من الرفقة الجنسية الذي قصده الله. كذلك، لا يعبِّر هذا الاتحاد المثلي عن العلاقة بين يسوع وكنيسته. فالمثلية الجنسية ليست مجرد خيار متاح أمام شخصين بالغين متَّفِقَيْن، لكنها شذوذ عن قصد الله من جهة التناسل، والمتعة، والحفاظ على الجنس البشري. ففي ١تيموثاوس ١: ٩-١٠، شَجَبَ بولس «الزُّنَاةِ، ومُضَاجِعِي الذُّكُورِ»، تمامًا مثلما شَجَبَ «الأَثَمَةِ وَالْمُتَمَرِّدِينَ»، والذين يسلكون بما «يُقَاوِمُ التَّعْلِيمَ الصَّحِيحَ». إن الكلمة اليونانية التي استخدمها بولس في هذا النص للتعبير عن المثليين، هي كلمة *arsenokoitais* («مُضَاجِعِي الذُّكُورِ»)، وهي تعني حرفيًّا «ذكور في فراش الزوجية»؛ ويبدو أنها مستمَدة من مفردات الترجمة السبعينية لنصوصٍ من العهد القديم (لاويين ١٨: ٢٢؛ ٢٠: ١٣). يؤكِّد هذا المصطلح نفسه انحراف العلاقات المثلية عن المعيار الطبيعي الذي وضعه الله لفراش الزوجية.

## المثلية الجنسية في سفر التكوين

تتجلَّى معارضة الله للسلوك المثلي في ردِّ فعله تجاه رجال سدوم في تكوين ١٩. ففي أثناء مهمة ملائكية لإنقاذ لوط، أظهر سكان سدوم مدى شهوتهم المروِّع. فقد تملَّكت الشهوة الجنسية من جماهير همجية غفيرة جاؤوا من كل أنحاء المدينة. وحتى بعدما أصابهم العمى، ظلوا يتلمَّسون طريقهم إلى الباب (تكوين ١٩: ١٠-١١). وقد أقَرَّ لوط بِشَرِّ أهوائهم المثلية (تكوين ١٩: ٧)، وأهلكهم الله بسبب إثمهم العظيم (تكوين ١٨: ٢٠-٣٣؛ ١٩: ٢٣-٢٩).

يقول البعض إن هذه الحادثة كانت مجرد خرقٍ لقواعد الضيافة القديمة، لكن مثل هذه الفكرة تتجاهل سياق النص تمامًا. لم يرغب الجموع في أن «يَعْرِفوا» (تكوين ١٩: ٥) ضيوف لوط معرفة اجتماعية، بل كانت أغراضهم جنسية تمامًا كما يتبيَّن من إدانة لوط لهم في الآية السابعة، حيث وصف أفعالهم بأنها «شرٌّ». كذلك في الآية الثامنة، عَرَضَ لوط أن يعطي ابنتيه لهؤلاء الرجال، مستخدمًا الفعل «يَعْرِف» نفسه («لَمْ تَعْرِفَا رَجُلًا»). ومع أن همجيتهم وعنفهم استحقَّا الدينونة، إلا أن شهوتهم المثلية كانت بصفة خاصة خاسئة وجديرة بازدراء الله، وهي الفكرة التي يؤكِّدها يهوذا ٧، و٢بطرس ٢: ٦-٧. إذن، لم تكن الإدانة هنا تتعلَّق فقط بممارسة العنف أو حتى بالاغتصاب المثلي، بل بأيِّ ممارسة مثلية أو أي نمط حياة مثليٍّ.[٢١] وبسبب انحراف أهل سدوم الشديد، أخرب الله المدينة بكاملها بالنار والكبريت. ويشير مصطلح «السَّدومية» (اللواط) [**sodomy**]، المستمَد من هذه الحادثة، إلى أي سلوك مثلي شبيه بما مارسه أهل سدوم.

يؤكِّد يهوذا ٧، و٢بطرس ٢: ٦ أن الانحراف الجنسي كان هو السمة الرئيسية لهذه المدينة، والسبب الرئيسي لإنزال الدينونة عليها. كتب يهوذا عن «سَدُومَ وَعَمُورَةَ وَالْمُدُنَ الَّتِي حَوْلَهُمَا» بأنها «زَنَتْ عَلَى طَرِيقٍ مِثْلِهِمَا»،[٢٢] و«مَضَتْ وَرَاءَ جَسَدٍ آخَرَ». وباستخدام يهوذا للكلمة اليونانية التي تُرجِمت في النص «زَنَتْ»، والتي تعني «فجور جنسي» [sexual immorality] (في اللغة اليونانية *ekporneuō*)، كَشَفَ أن السلوك المثلي لشعب هذه المدينة كان خاسئًا ودنيئًا بصفة خاصة في عيني الله. وقد كان «الجسد الآخر» الذي مضى وراءه هؤلاء هو ضيفا لوط من الملائكة اللذان ظنَّ رجال المدينة أنهما زائران من الذكور (تكوين ١٩: ٥). قال بطرس إن سدوم وعمورة اتَّسَمتا بما دعاه «سِيرَةِ الأَرْدِيَاءِ فِي الدَّعَارَةِ»، وإنه لهذا «حَكَمَ عَلَيْهِمَا بِالانْقِلاَبِ» أي حكم عليهما بالخراب (٢بطرس ٢: ٦-٧). لكن، حُسِب لوط بارًا لأنه كان «بِالنَّظَرِ وَالسَّمْعِ ... يُعَذِّبُ يَوْمًا فَيَوْمًا نَفْسَهُ الْبَارَّةَ بِالأَفْعَالِ الأَثِيمَةِ» (٢بطرس ٢: ٨). وقد أبقى الله على حياة لوط وابنتيه، بينما هلك الذين بقوا في سدوم والمدن المحيطة بها.

تؤكِّد حادثة سدوم أن البشر الفاسدين لا يمكنهم أن يفلتوا من دينونة الله إذا ساروا وراء الدعارة والحِسِّية والفجور (متى ٢٥: ٤١؛ رومية ١: ١٨؛ ٢: ٥، ٨؛ أفسس ٥: ٦؛ ١تسالونيكي ٢: ١٦؛ ٢تسالونيكي ١: ٨؛ عبرانيين ١٠: ٢٦-٢٧؛ رؤيا ٦: ١٧). ويشير الكتاب المقدس إلى سدوم وعمورة أكثر من عشرين مرة باعتبارهما مثالًا وتحذيرًا ممَّا سيحدث لمن يعيشون مثل هذه الحياة الآثمة (راجع متى ١٠: ١٤-١٥؛ ١١: ٢٣-٢٤؛ لوقا ١٧: ٢٨-٣٢).

- ## المثلية الجنسية والشريعة الموسوية

تقول الشريعة الموسوية بوضوح إن المثلية الجنسية مكروهة ورجسٌ في نظر الله. يقول لاويين ١٨: ٢٢، «وَلاَ تُضَاجِعْ [أيها الرجل] ذَكَرًا مُضَاجَعَةَ امْرَأَةٍ. إِنَّهُ رِجْسٌ». كما كانت العواقب واضحة في الشريعة بالقدر ذاته: «بَلْ كُلُّ مَنْ عَمِلَ شَيْئًا مِنْ جَمِيعِ هذِهِ الرَّجَسَاتِ تُقْطَعُ الأَنْفُسُ الَّتِي تَعْمَلُهَا مِنْ شَعْبِهَا»

---

٢١ [المترجم]: يقول الكاتب هذا ردًّا على رأي شائع يزعم أن الله لم يُوقِعْ دينونته على سدوم وعمورة بسبب الممارسة المثلية في حد ذاتها، بل بسبب محاولة ممارستها بالقوة الجبرية وبالاغتصاب، وليس بالتراضي؛ وهذه محاولة لتبرير المثلية الجنسية إن كانت بالتراضي بين الطرفين.

٢٢ [المترجم]: تقول هذه العبارة بحسب ترجمة كتاب الحياة العربية: "مُنْدَفِعِينَ وَرَاءَ الزِّنَى".

(لاويين ١٨ : ٢٩). يتكرَّر هذا النَّهيُ أيضًا في جزء لاحق من سفر اللاويين: «وَإِذَا اضْطَجَعَ رَجُلٌ مَعَ ذَكَرٍ اضْطِجَاعَ امْرَأَةٍ، فَقَدْ فَعَلاَ كِلاَهُمَا رِجْسًا. إِنَّهُمَا يُقْتَلاَنِ. دَمُهُمَا عَلَيْهِمَا» (لاويين ٢٠ : ١٣).

وَرَدَ ذِكْرُ المثلية الجنسية في لاويين ١٨ و٢٠ ضمن خطايا جنسية أخرى حيث عُومِلت على أنها مساوية من أخلاقيًّا للزنا، وزنا المحارم، وممارسة الجنس مع الحيوانات. وحقيقة أن المؤمنين لم يعودوا تحت الشريعة الموسوية لا تعني أن موقف الله من هذه الخطايا الجنسية، بما في ذلك المثلية الجنسية، قد تغيَّر، وذلك لأن العهد الجديد يؤكِّد مجددًا أن الممارسات المثلية هي خطية.

تتجلَّى نظرة الله إلى السلوك المثلي في كلمة «رِجسٌ»، التي وردت بصورة متكرِّرة في هذا السياق (لاويين ١٨ : ٢٢، ٢٦، ٢٧، ٢٩، ٣٠؛ ٢٠ : ١٣)، وتكرَّرت أيضًا في سفر التثنية (انظر تثنية ٧ : ٢٥؛ ١٢ : ٣١؛ ١٧ : ١، ٤؛ ١٨ : ٩-١٤؛ ٢٧ : ١٥). فكما أنَّ عبادة الأوثان إساءة دائمة لطبيعة الله الأدبية، مهما تغيَّر الزمن، هكذا أيُّ تحريف لقصد الله من الزواج.

- **المثلية الجنسية والأصحاح الأول من رسالة رومية**

كرَّر الرسول بولس تحريم المثلية الجنسية في رومية ١ : ٢٦-٢٧:

> «لِذَلِكَ أَسْلَمَهُمُ اللهُ إِلَى أَهْوَاءِ الْهَوَانِ، لأَنَّ إِنَاثَهُمُ اسْتَبْدَلْنَ الاسْتِعْمَالَ الطَّبِيعِيَّ بِالَّذِي عَلَى خِلاَفِ الطَّبِيعَةِ، وَكَذلِكَ الذُّكُورُ أَيْضًا تَارِكِينَ اسْتِعْمَالَ الأُنْثَى الطَّبِيعِيَّ، اشْتَعَلُوا بِشَهْوَتِهِمْ بَعْضِهِمْ لِبَعْضٍ، فَاعِلِينَ الْفَحْشَاءَ ذُكُورًا بِذُكُورٍ، وَنَائِلِينَ فِي أَنْفُسِهِمْ جَزَاءَ ضَلاَلِهِمِ الْمُحِقَّ»

يتحدث هذا النص عن ممارسة المثلية الجنسية سواء بين الذكور أو بين الإناث. فإن دينونة الله تقع على كلا النوعين، لأن كليهما أفعالٌ مخالفة للطبيعة. وقد كانت الكلمة التي تُرجِمت «الاسْتِعْمَالَ» [أو «العلاقات»، بحسب الترجمة العربية المبسَّطة] (في اليونانية: ***chrēsis***) كلمة معتادة تُستخدَم للإشارة إلى ممارسة الجنس، وهي تشير في هذا السياق إلى ممارسات جنسية مثلية. هذا السلوك نابعٌ من «أَهْوَاءِ الْهَوَانِ»، المدفوعة بالشهوة الأنانية، وليس بالمحبة. هذه الأفعال انحراف عن تصميم الله الإبداعي في الخلق. وحين يترك الرجل خالقَ الطبيعة، ومصدرَها، حتمًا سيتخلَّى عن الترتيب الطبيعي.

الزواج مؤسَّسة مقدَّسة؛ وقد نهى الله بصرامة عن أي ممارسة جنسية مع شخص غير شريك الحياة (غلاطية ٥ : ١٩؛ عبرانيين ١٣ : ٤). يشمل هذا النهي ليس فقط الزنا والخيانة الزوجية، بل أيَّ شكل من أشكال المثلية الجنسية، لأنها مخالفة للتصميم الإلهي الذي وضعه الله عند الخلق.

## الهوية الشخصية

- بداية الهوية الشخصية
- نهاية حياة الإنسان
- مصير الإنسان عند الموت

## بداية الهوية الشخصية

مثلها مثل مسألة نوع الجنس، تعرَّضت الآراء حول هوية الإنسان الشخصيَّة أيضًا للتشويه من قبل المجتمع الحديث، الذي عادة ما يُنكر الهوية الشخصية على أولئك الذين يعتبرهم الكتاب المقدس أشخاصًا. فبحسب الكتاب المقدس، جميع البشر أشخاص لهم كرامة، لأنهم خُلِقوا على صورة الله. يشمل هذا أصغر البشر عمرًا، وأكبرهم، وكلَّ مَن يقع بينهما.

متى تبدأ هوية الإنسان الشخصية؟ طُرِحت آراء عديدة حول بداية الهوية الشخصية، واحد منها فقط كتابي ويقول إن هوية الإنسان الشخصية تبدأ عند الحبَل به.

تُثبِت الحقائق العلمية أن حياة الإنسان تبدأ عند الحَبَل به، أي عند اكتمال الأزواج الثلاثة والعشرين من الكروموسومات، إذ حينئذ، تحتوي البويضة المخصَّبة على تركيب جيني ثابت (**DNA** – الحمض النووي).[٢٣] وبين اليوم الثاني عشر واليوم الثامن والعشرين من الحَبَل، يبدأ القلب ينبض. كذلك تتكوَّن خلايا الدم في اليوم السابع عشر، وتبدأ العينان في التكوُّن في اليوم التاسع عشر. وبين الأسبوع الرابع والأسبوع السادس من الحَبَل، يمكن رصد موجات صادرة من المخ. وعند بلوغ الجنين شهره الأول، يبدو شخصًا بشريًّا مميَّزًا. كما تظهر بصمات الأصابع في عمر الشهرين. ثم يكتمل الهيكل العظمي، ونظام الدورة الدموية، والجهاز العضلي بحلول الأسبوع الثامن. ومن ثَمَّ، سرعان ما تظهر مظاهر الشخصية الفردية بعد الحَبَل.

لكن، ليس الجميع يربط بين الهوية الشخصية البشرية والحياة البيولوجية البشرية. يرى البعض أن الهوية الشخصية تبدأ بعد الحَبَل لكن قبل الولادة، ربما مع تطوُّر موجات المخ أو العلامات الحيوية للجنين. في عام ١٩٧٣، صَدَرَ قرار مؤسف وشائن في قضية «رو ضد وايد» (Roe v. Wade)،[٢٤] حيث أعلنت المحكمة العليا للولايات المتحدة أن مفهوم «الشخص العاقل»، المستخدَم في دستور الولايات المتحدة، ينطبق فقط على الإنسان عند الولادة. ونتيجة ذلك، قُتِل ملايين من البشر في الأرحام لأنهم اعتُبِروا «غير عاقلين». بل وقال عالم الطب الحيوي الأخلاقي مايكل توولي (Michael Tooley) أيضًا إن الهوية الشخصية لا تبدأ إلا بظهور الوعي الذاتي للإنسان، أي بعد مدة من الولادة. وفي كتابه بعنوان «Abortion and Infanticide»، قال إن بلوغ الهوية الشخصية الكاملة لا يحدث إلا بعد عمر السنة.[٢٥]

---

23 Beck and Demarest, *The Human Person*, 43.

٢٤ [المترجم]: بدأت هذه القضية في عام ١٩٧٠ عندما رَفعت نورما مكورفي (تحت الاسم المستعار چين رو) دعوى على ولاية تكساس، ممثَّلة في وزير العدل لولاية تكساس هنري وايد، بسبب قانون ولاية تكساس الذي يحظر الإجهاض إلا في الحالات التي تهدد الحياة.

25 Michael Tooley, *Abortion and Infanticide* (Oxford: Clarendon, 1983), 424.

يصف الكتاب المقدس الأجنة في الأرحام بأنهم أشخاصٌ عاقلون، دون أيِّ إشارة إلى ضرورة مرورهم بعملية ما بعد الحَبَل حتى تبدأ هويتهم الشخصية. على سبيل المثال، حين صلَّى إسحاق لأجل رفقة، زوجته العاقر، كي تُنجِب أبناءً، نقرأ هذا: «فَاسْتَجَابَ لَهُ الرَّبُّ، فَحَبِلَتْ رِفْقَةُ امْرَأَتُهُ. وَتَزَاحَمَ الْوَلَدَانِ فِي بَطْنِهَا» (تكوين ٢٥: ٢١-٢٢). توجد صلة وثيقة هنا بين «فَحَبِلَتْ» و«الْوَلَدَانِ». وعلى نحو مماثل رَبَطَ أيوب الحَبَل بالهوية الشخصية حين قال: «لَيْتَهُ هَلَكَ الْيَوْمُ الَّذِي وُلِدْتُ فِيهِ، وَاللَّيْلُ الَّذِي قَالَ: قَدْ حُبِلَ بِرَجُلٍ» (أيوب ٣: ٣). إذن، كان أيوب شخصًا بالفعل، أي أنه كان «رجلًا»، عندما حُبِل به. وبالمثل، يقول لوقا ١: ٤١: «فَلَمَّا سَمِعَتْ أَلِيصَابَاتُ سَلاَمَ مَرْيَمَ ارْتَكَضَ الْجَنِينُ («الطفل») فِي بَطْنِهَا»؛ ثم قالت أليصابات: «فَهُوَذَا حِينَ صَارَ صَوْتُ سَلاَمِكِ فِي أُذُنَيَّ ارْتَكَضَ الْجَنِينُ («الطفل») بِابْتِهَاجٍ فِي بَطْنِي» (لوقا ١: ٤٤). ذاك الذي كان في رحم أليصابات (يوحنا المعمدان) دُعي «طفلًا»، وقد عبَّر عن مشاعره حين «ارتكض بابتهاج». كذلك وَصَفَ الله إرميا بأنه شخصٌ عاقلٌ حتى قبل ولادته: «قَبْلَمَا صَوَّرْتُكَ فِي الْبَطْنِ عَرَفْتُكَ، وَقَبْلَمَا خَرَجْتَ مِنَ الرَّحِمِ قَدَّسْتُكَ» (إرميا ١: ٥). تشير نصوص أخرى إلى معرفة الله الوثيقة بالبشر في الأرحام، وتفاعُله معهم (على سبيل المثال، أيوب ١٠: ٨-١١؛ مزمور ١٣٩: ١٣-١٦؛ إشعياء ٤٤: ٢٤).

بالإضافة إلى ذلك، يُظهِر خروج ٢١: ٢٢-٢٥ جليًّا وجوب اعتبار الأطفال الذين لم يولَدوا بعد أشخاصًا عاقلين:

> «وَإِذَا تَخَاصَمَ رِجَالٌ وَصَدَمُوا امْرَأَةً حُبْلَى فَسَقَطَ وَلَدُهَا وَلَمْ تَحْصُلْ أَذِيَّةٌ، يُغَرَّمُ كَمَا يَضَعُ عَلَيْهِ زَوْجُ الْمَرْأَةِ، وَيَدْفَعُ عَنْ يَدِ الْقُضَاةِ. وَإِنْ حَصَلَتْ أَذِيَّةٌ تُعْطِي نَفْسًا بِنَفْسٍ، وَعَيْنًا بِعَيْنٍ، وَسِنًّا بِسِنٍّ، وَيَدًا بِيَدٍ، وَرِجْلًا بِرِجْلٍ، وَكَيًّا بِكَيٍّ، وَجُرْحًا بِجُرْحٍ، وَرَضًّا بِرَضٍّ».

يُبيِّن هذا النص أنه إذا صدم رجلٌ امرأة حبلى، فوُلِد طفلها حيًّا، دون التعرُّض لضرر مستديم، لا بد للرجل الذي صدمها أن يدفع غرامة. لكن إن تعرَّض الطفلُ للأذى، سيتحتم تطبيق قانون القصاص، الذي قد يصل إلى حُكمٍ بالموت إن مات الطفل («تُعْطِي نَفْسًا بِنَفْسٍ»). لا بد إذن أن الطفل الذي في الرحم شخص عاقل حقيقي بما أنه يلزم تطبيق عقوبة الإعدام إذا مات. ومن ثَمَّ، أي طفل في الرحم هو شخص عاقل حقيقي، وينبغي التعامل معه على هذا الأساس.

إن الهوية الشخصية ليست تطوُّرًا، إنما هي حدثٌ يقع عند الحَبَل. والمحاولات لفصل الهوية الشخصية عن الحياة البشرية البيولوجية هي محاولات غير علمية، وتعسُّفية، وخطيرة. ففعليًّا، كلُّ ما يشكِّل شخصًا حيًّا يتكون في الحال عند الحَبَل. فالحياة البشرية البيولوجية تعني وجود شخص عاقل. والحياة البشرية هي شخص حي. وقد أدَّى فصل الحياة البشرية عن الهوية الشخصية إلى قتل أشخاص حقيقيين في الأرحام بالإجهاض، بل وأيضًا إلى قتل أطفال بعد ولادتهم. يَذكُر بيك (Beck) وديماريست (Demarest) ضرورة توافُر أربعة شروط كي يُعتبَر الفعلُ جريمة قتل:

١. لا بد من قتل شخص عاقل حقيقي
٢. لا بد من قتل هذا الشخص عمدًا

٣. لا بد أن يكون الضحية بريئًا

٤. لا بد أن يكون هناك دافع غير شرعي أو شرير وراء القتل.

وقد استخلصا الاستنتاج التالي بحق: «الإجهاض، كما يمارَس في المعتاد في هذه الأيام، يستوفي هذه الشروط الأربعة جميعها».[٢٦]

## ⬅ نهاية حياة الإنسان

في هذا العالم الساقط، يُعَد موت الإنسان هو الواقع النهائي القاسي والمحتوم. ينطوي الموت على انفصال الروح عن الجسد (يعقوب ٢: ٢٦). فعند الموت الجسدي يعود الجسد إلى التراب حيث يتحلَّل. وباستثناء أولئك الذين سيكونون على قيد الحياة عند الاختطاف، وسيُؤخَذون إلى السماء دون أن يموتوا، وكذلك باستثناء المثالَيْن النادرين أخنوخ وإيليا، يَهزم الموتُ الجميع. فقد أخبر الله آدم بأنه إن أخطأ، سيأتيه الموت حتمًا (تكوين ٢: ١٧). ويقول رومية ٥: ١٢ إنه «بِإِنْسَانٍ وَاحِدٍ [آدم] دَخَلَتِ الْخَطِيَّةُ إِلَى الْعَالَمِ، وَبِالْخَطِيَّةِ الْمَوْتُ». كما أن الأصحاح الخامس من سفر التكوين يشبه كثيرًا المقبرة، إذ يخبرنا على التوالي عن نسل آدم الذين عاشوا ثم ماتوا. أيضًا قال سليمان إنه «لِلْوِلَادَةِ وَقْتٌ وَلِلْمَوْتِ وَقْتٌ» (جامعة ٣: ٢)، وإنه يومًا ما سوف «يَنْفَصِمُ حَبْلُ الْفِضَّةِ» للحياة، ويعود الجسد إلى الأرض (جامعة ١٢: ٦-٧).

الموت هو «مَلِكِ الأَهْوَالِ» (أيوب ١٨: ١٤)، ويستخدمه الشيطان ليخيف البشر ويستعبدهم (عبرانيين ٢: ١٥). وَصَفَ بولس الموت بأنه «عدو» لا بد من هزيمته (١كورنثوس ١٥: ٢٦). فالموت ليس فقط يُخمِد الحياة، لكنه يخلِّف وراءه أشلاءً من الحزن والألم. فحين ماتت سارة، ندبها إبراهيم وبكى عليها (تكوين ٢٣: ٢). وحين مات يعقوب، «وَقَعَ يُوسُفُ عَلَى وَجْهِ أَبِيهِ وَبَكَى عَلَيْهِ وَقَبَّلَهُ» (تكوين ٥٠: ١).

وفي حين يُنظَر إلى الموت عادة باعتبار أنه أمر طبيعي، لكنه في حقيقة الأمر دخيلٌ على خليقة الله. فقد خلق الله البشر للحياة، وليس للموت. والإنسان، في حالته الأصلية لم يُخلَق ليموت، مع أن الموت كان احتمالًا مطروحًا إن تمرَّد على خالقه. وقد هزم يسوع الموت بقيامته من بين الأموات. وتُبيِّن حقيقة أن الموت سيباد نهائيًا في الحالة الأبدية العتيدة (رؤيا ٢١: ٤) أن الموت ليس متأصِّلًا في كون الإنسان بشرًا.

يتحكم الله بسيادته في الحياة والموت. يقول ١ صموئيل ٢: ٦، «الرَّبُّ يُمِيتُ وَيُحْيِي. يُهْبِطُ إِلَى الْهَاوِيَةِ وَيُصْعِدُ». وقال أيوب: «الَّذِي [أي الله] بِيَدِهِ نَفَسُ كُلِّ حَيٍّ وَرُوحُ كُلِّ الْبَشَرِ» (أيوب ١٢: ١٠). وفي المستقبل سيُطرَح الموت في بحيرة النار بعد دينونة العرش الأبيض العظيم، وقبل الحالة الأبدية (رؤيا ٢٠: ١٤).

يَربط الكتاب المقدس الموت بلَفظ الإنسان لأنفاسه الأخيرة (أيوب ١٤: ١٠). ويقول تكوين ٢٥: ٨: «وَأَسْلَمَ إِبْرَاهِيمُ رُوحَهُ». كما قيل الأمر نفسه عن إسماعيل (تكوين ٢٥: ١٧). وعلى الصليب: «صَرَخَ يَسُوعُ بِصَوْتٍ عَظِيمٍ وَأَسْلَمَ الرُّوحَ» (مرقس ١٥: ٣٧).

---

26 Beck and Demarest, *The Human Person*, 45.

إذن، تبدأ شخصية الإنسان الفردية في الرحم، وتستمر حتى يلفظ أنفاسه الأخيرة، أي حتى نهاية حياته. ويتعامل الكتاب المقدس مع جميع البشر حتى موتهم على أنهم أشخاصٌ ذوو كرامة. وبما أن صورة الله عنصر محوريٌّ في الإنسان، لن يأتي وقت البتة يصير فيه أي إنسان أقلَّ من شخص كامل. يشمل هذا أيضًا كبار السن، والمصابين بإعاقات شديدة. يقول البعض إن الشخصية الفردية لا تكون موجودة إلا حين يكون الشخص قادرًا على ممارسة الحياة بإمكانيات معينة. لكنَّ هذا يجعل الشخصية الفردية متوقفة على ما يعمله الإنسان، وليس على مَن هو. يستبعد فهمنا لهذه الفكرة قتل البشر الذين ربما يَعتبرهم المجتمع لا يستحقون الحياة. فالفهم الكتابي للحياة البشرية يضع حاجزًا أمام إنهاء أيِّ حياة لمجرد أن الشخص لم يَعُد قادرًا على «الإسهام في المجتمع»، أيًّا كان ما يعنيه هذا التعبير. فمنذ الحَبَل وحتى النَّفَس الأخير، جميع البشر هم خليقة الله، ولا بد من التعامل معهم على هذا الأساس.

## ➡ مصير الإنسان عند الموت

ماذا يحدث للإنسان عند موته؟ توجد أمور كثيرة على المحك فيما يتصل بهذه القضية، وهذه الأمور تؤثِّر بشدة على الكيفية التي ينبغي أن نعيش بها حياتنا في الحاضر. وفيما يلي الآراء المتعدِّدة في هذا الشأن.

- توقُّف الوجود

أولئك الذين يتبنُّون الفلسفة الحياتية التابعة للمذهب الطبيعي يؤمنون بأن الموت يعني التوقُّف عن الوجود. فلأن أتباع المذهب الطبيعي يؤمنون بأن الواقع والبشر يتكوَّنون من المادة فقط، يعني موت الجسد بالنسبة لهم نهاية دائمة لوجود المرء. وبحسب رأيهم، بما أن الوعي والأفكار متصلون فقط بأنسجة المخ، فما أن يموت جسد الإنسان، يتوقف كلُّ وعي وفكر لديه تمامًا، ولا شيء فيه يستمر إلى حياة تالية. فالجسد يُدفَن أو يُحرَق، وهذه هي النهاية. ولا يعيش البشر إلا داخل ذاكرة الأشخاص الذين عرفوهم. وحتى هذه الذكريات نفسها تخفت وتبهت حين يموت الذين عرفوهم أيضًا. ووفقًا لهذا الرأي، فإن هذا الكون متَّجه نحو الفناء النهائي.

كان الفيلسوف القديم أبيقور Epicurus (٣٤١-٢٧٠ ق.م.) واحدًا ممَّن أنكروا وجود حياة بعد الموت. وبحسب رأيه، بما أن الموت هو التوقف عن الوجود، ينبغي إذن ألا نخشاه. فلا توجد دينونة إلهية في انتظارنا. وبما أن الموت هو نهاية الوعي الذاتي، فهو إذن لا يشكِّل أزمة. يقول الملحد ريتشارد دوكينز (Richard Dawkins)، الذي أكَّد بشكل مماثل أن الموت هو انتهاء الوجود، إن البشر ينبغي أن يَقنَعوا بأنهم عاشوا من الأساس، وإن معرفتهم بأنهم عاشوا تدل على كونهم «سعداء الحظ» الذين «ربحوا يانصيب الولادة رغم كلِّ العقبات».[٢٧]

27 Richard Dawkins, *Unweaving the Rainbow: Science, Delusion, and the Appetite for Wonder* (New York: Houghton Mifflin, 1998).

- **خلود النَّفْس فقط**

يؤمن البعض بأن البشر لديهم نفسٌ غير مادية تبقى حية رغم الموت الجسدي كي توجد في عالم آخر – سواء في السماء، أو في وجود لا مادي ما. أمَّا الجسد المادي فهو وقتي ولن يقوم من بين الأموات. ومن ثَمَّ، النفس فقط هي الخالدة. آمن الفيلسوف اليوناني سقراط (نحو ٤٧٠-٣٩٩ ق.م.) بأن الجسد سجن للنفس، وكان يتوق إلى الموت الجسدي حتى تُعتَق نفسه من سجنها هذا، وتنتقل إلى وجود روحي أعظم. آمن أفلاطون أيضًا (نحو ٤٢٨-٣٤٨ ق.م.) بأن النفس وحدها تبقى حية بعد الموت الجسدي. وقد روَّج بعض أنصار الليبرالية البروتستانتية لهذا الرأي عن خلود النفس. قال هاري إيمرسون فوسديك Harry Emerson Fosdick (١٨٧٨-١٩٦٩ م) هذه الكلمات: «أؤمن بصمود شخصية الإنسان أمام الموت، لكنني لا أؤمن بقيامة الجسد».[٢٨]

- **مذهب التلاشي Annihilationism**

يعلِّم هذا المذهب بأن بعض البشر فقط هم الذين سيتوقَّف وجودهم. فعلى خلاف رأي التوقُّف عن الوجود، يؤكد أنصار مذهب التلاشي أن المؤمنين سيحيون إلى الأبد، ويختبرون قيامة الجسد، في حين سَيَنْمَحِي الأشرار من الوجود في مرحلة ما. يفترض أنصار هذا الرأي أن هذا قد يحدث عند موت الجسد، أو في دينونة مستقبلية، أو بعد فترة محدَّدة من العذاب في الجحيم.

يَفترض هذا الرأي عدم التماثُل بين مصير المؤمنين ومصير غير المؤمنين. فالمؤمنون سينالون الخلود ويعيشون إلى الأبد، بينما سيتوقف غير المؤمنين عن الوجود. ويَزعم هؤلاء أن النصوص التي تتحدَّث عن عقوبة «أبدية»، أو التي تذكر كلمة «إلى الأبد» فيما يتعلَّق بغير المؤمنين لا تشير إلى عذابٍ واعٍ لا ينتهي أبدًا، لكنها تعني فقط أن عواقب الهلاك هي التي ستدوم إلى الأبد. قال فيليب إدجكامب هيوز (Philip Edgcumbe Hughes) (١٩١٥-١٩٩٠): «إن الموت الأبدي هو هلاك لا نهائي ... وهو هلاك الاندثار والفناء».[٢٩] وقد رأى إدوارد فادج (Edward Fudge) أن لغة الكتاب المقدس عن بحيرة النار رمزٌ يعبِّر عن «تلاشٍ بلا رجعة».[٣٠]

يدعم معتقدان لاهوتيان مزعومان مذهبَ التلاشي. المعتقد الأول هو أن طبيعة الله تتعارض مع إنزاله عقوبة واعية وأبدية على البشر. يزعم هذا الرأي أن محبة الله لا يمكن أن تتَّفق مع مصير كهذا. أما المعتقد الثاني، فهو أن الخلود ليس متأصلًا في وجود الإنسان؛ لكنه يُعطَى للذين يؤمنون بالله، في حين يُحرَم منه غير المؤمنين. فهو مكافأة للَّذين يَقبلون الخلاص، لكنه يُمنَع عن الذين لا يقبلونه.

- **سُبات النفس**

تؤكِّد فكرة سُبات النفس، أو «*psychoannychia*»، أن الموت الجسدي يجلب نهاية مؤقَّتة للوجود الواعي للإنسان، إلى أن يأتي يوم قيامة مستقبلي. فكما يستغرق أحدهم في نوم عميق لعدة ساعات

---

28 Harry Emerson Fosdick, *The Modern Use of the Bible* (New York: Macmillan, 1924), 99.

29 Philip Edgcumbe Hughes, *The True Image: The Origin and Destiny of Man in Christ* (Grand Rapids, MI: Eerdmans, 1989), 405.

30 Edward W. Fudge, *The Fire That Consumes: A Biblical and Historical Study of Final Punishment* (Fallbrook, CA: Verdict, 1982), 117.

ولا يتذكر بعد استيقاظه شيئًا عن فترة النوم هذه، هكذا توجد فجوة في الوعي بين الموت والقيامة. يرفض هذا الرأي وجود حالة وسطية من الوجود الواعي بعد الموت، ويؤكِّد أن نفوس المؤمنين لا تذهب في الحال إلى السماء، بل تدخل في حالة سُبات. يدَّعي أنصار هذا الرأي وجود سند كتابي لنظرية سُبات النفس في جامعة ٩ : ٥: «لِأَنَّ الْأَحْيَاءَ يَعْلَمُونَ أَنَّهُمْ سَيَمُوتُونَ، أَمَّا الْمَوْتَى فَلَا يَعْلَمُونَ شَيْئًا، وَلَيْسَ لَهُمْ أَجْرٌ بَعْدُ لِأَنَّ ذِكْرَهُمْ نُسِيَ»؛ وكذلك في دانيال ١٢ : ٢: «وَكَثِيرُونَ مِنَ الرَّاقِدِينَ فِي تُرَابِ الْأَرْضِ يَسْتَيْقِظُونَ، هَؤُلَاءِ إِلَى الْحَيَاةِ الْأَبَدِيَّةِ، وَهَؤُلَاءِ إِلَى الْعَارِ لِلِازْدِرَاءِ الْأَبَدِيِّ». ومن بين أنصار نظرية سُبات النفس شهود يهوه، والسبتيون الأدفنتست، وجماعة الإخوة المسيحية.

- ## تناسخ الأرواح أو التقمُّص **Reincarnation**

يؤكِّد رأي تناسخ الأرواح، أو التقمُّص، أو هجرة النفس [transmigration of the soul] أنه عند الموت الجسدي، تسكن نَفْسُ الإنسان كيانًا آخر، إنسانًا أو حيوانًا. ويُعرَّف تناسخ الأرواح المرتبط في غالبية الأحيان بالديانة الهندوسية الشرقية بأنه الاعتقاد بأن جميع الكائنات الحيَّة تَمُرُّ بدورة من الولادات، والمِيْتات، ثم الولادات من جديد حتى تصل إلى اتحاد غير شخصي بالحقيقة الأسمى. هذه الحقيقة الأسمى في الديانة الهندوسية هي براهمان. وعند حدوث هذا الاتحاد، تتوقف دورة التناسخ. وبما أن الاتحاد بالإلهيِّ أمرٌ شديد الصعوبة، يَمُرُّ الغالبية بخبرة التناسخ آلاف المرات، بل وأكثر. ويُزعَم أن قانون الكارما هو ما يَحكُم عملية التناسخ. يُشْبِه قانون الكارما قانون السبب والنتيجة الذي يحدِّد شكل حياة المرء في الحياة الأخرى. فإن سلك أحدهم بالصلاح، يمكن إلغاء الدَّين الكارمي المفروض عليه، وعندئذ يتمكن من بلوغ صورة أسمى من صور الوجود. ولكن، إن لم يسلك بالصلاح، يتكدَّس الدَّين الكارمي فوقه، فيَخفِض وجوده في الحياة الأخرى إلى درجة أدنى ربما تصل إلى مخلوق وضيع كالدودة.

يتبنَّى ملايين الهندوس، والبوذيين، والچاينيين [Jains] مذهب تناسخ الأرواح. وقد صدَّرت التعدُّدية الدينية المتزايدة مذهب تناسخ الأرواح إلى المجتمعات الغربية. ونجد صورًا من مذهب تناسخ الأرواح في الوثنية الحديثة [neo-paganism]، والسِّحر والعرافة، والديانات السرِّية، وفلسفات العصر الجديد. وقد كشف استبيان أجراه مركز أبحاث بيو (Pew Research Center) في عام ٢٠٠٩ بعنوان «الكثير من الأمريكيين يمزجون بين ديانات متعدِّدة» أن أربعًا وعشرين بالمئة من الأمريكيين يؤمنون بمذهب تناسخ الأرواح.[٣١]

- ## الدخول إلى حالة وسطيَّة انتظارًا للقيامة

يقول الرأي المسيحي التقليدي إن النفس/الروح تعيش في حالة وسطيَّة بين الموت وقيامة الجسد. وفي حين أن الإنسان وحدة مركَّبة من جسد ونفس/روح، يتسبَّب الموت في انفصال مؤقَّت بين الجسد والنفس، حيث يعود الجسد إلى التراب، بينما تُقِيْمُ النفسُ في عالم آخر. تُقِيْمُ نفسُ المؤمن مع الله في السماء، بينما في الجحيم تنفصل نفس غير المؤمن عن الله. وفي قيامة الأموات العتيدة ستتَّحد نفوس جميع البشر وأجسادهم معًا إلى الأبد، سواء في السماء الأخيرة أو الجحيم الأخير.

31 "Many Americans Mix Multiple Faiths," Pew Research Center, accessed July 14, 2016, http://www.pewforum.org/2009.09/12/

## • تقييمٌ للآراء

ينحاز البرهان الكتابي بقوة إلى الرأي القائل إن النفوس تدخل إلى حالة وسطية انتظارًا للقيامة. تَكمُن الحُجج التي تدحض الآراء الأخرى على الأغلب في البراهين الدامغة المؤيِّدة لهذا الرأي، والمبنيَّة على ثلاث حقائق: (١) للإنسان نفسٌ لا مادية؛ (٢) توجد حالة وسطية؛ (٣) توجد قيامة مستقبلية.

في الأجزاء السابقة عن النفس والتكوين البشري، ذكرنا أنَّ للإنسان نفسٌ لا مادية. أما من جهة الحالة الوسطية، قال بولس إن الانفصال عن الجسد كان يعني بالنسبة له أن يستوطن عند الرب (٢كورنثوس ٥: ٨). كما قال إن انطلاقَه ليكون مع المسيح أفضلَ من حياته الحالية على الأرض (فيلبي ١: ٢٢-٢٤). ويكشف ظهور موسى وإيليا في حادثة تجلِّي يسوع عن استمرار وجودهما الواعي بعد انتهاء حياتهما ومهامهما على الأرض (لوقا ٩: ٣٠-٣١). كما استمر وجود كلٍّ من الغني ولعازر بعد موتهما (لوقا ١٦: ١٩-٣١)؛ وقال يسوع للِّصِّ على الصليب إنه سيكون معه في الفردوس في ذلك اليوم (لوقا ٢٣: ٤٣). كذلك، بينما كان استفانوس يُرجَم، صلَّى كي يستلم يسوع روحه (أعمال الرسل ٧: ٥٩-٦٠). تدحض هذه الأمثلة نظرية توقف الوجود، وتناسخ الأرواح، وسُبات النفس. فحقًّا توجد حياة واعية بعد الموت الجسدي.

تُعلِّم نصوص عديدة أيضًا حقيقة قيامة الجسد. فقد عبَّر أيوب عن رجائه في قيامة بالجسد، رابطًا القيامة بالجسد بقيام وليِّه على الأرض: «أَمَّا أَنَا فَقَدْ عَلِمْتُ أَنَّ وَلِيِّي حَيٌّ، وَالآخِرَ عَلَى الأَرْضِ يَقُومُ،[٣٢] وَبَعْدَ أَنْ يُفْنَى جِلْدِي هَذَا، وَبِدُونِ جَسَدِي أَرَى اللهَ»[٣٣] (أيوب ١٩: ٢٥-٢٦). وعن ملكوت الله العتيد قال إشعياء: «تَحْيَا أَمْوَاتُكَ، تَقُومُ الْجُثَثُ. اسْتَيْقِظُوا، تَرَنَّمُوا يَا سُكَّانَ التُّرَابِ. لأَنَّ طَلَّكَ طَلُّ أَعْشَابٍ، وَالأَرْضُ تُسْقِطُ الأَخْيِلَةَ» (إشعياء ٢٦: ١٩).[٣٤] وقال دانيآل: «وَكَثِيرُونَ مِنَ الرَّاقِدِينَ فِي تُرَابِ الأَرْضِ يَسْتَيْقِظُونَ، هَؤُلاَءِ إِلَى الْحَيَاةِ الأَبَدِيَّةِ، وَهَؤُلاَءِ إِلَى الْعَارِ لِلازْدِرَاءِ الأَبَدِيِّ» (دانيال ١٢: ٢). ونظير دانيال، نوَّه يسوع بقيامة الأبرار والأشرار بالجسد في يوحنا ٥: ٢٨-٢٩. وقال بولس إن المؤمنين يئنُّون متوقِّعين «فِدَاءَ أَجْسَادِنَا» (رومية ٨: ٢٣)، وإن يسوع «سَيُغَيِّرُ شَكْلَ جَسَدِ تَوَاضُعِنَا لِيَكُونَ عَلَى صُورَةِ جَسَدِ مَجْدِهِ» (فيلبي ٣: ٢١). بالإضافة إلى ذلك، وُصِفَ يسوع بأنه باكورة القيامة (١كورنثوس ١٥: ٢٣)، لأنه أُقيم بالجسد من القبر في قيامة حدثت بالفعل في التاريخ.

يدحض تعليم الكتاب المقدس الواضح عن قيامة الجسد العتيدة الرأي القائل إن النفس وحدها هي التي تظل حيَّة بعد الموت الجسدي. علاوة على ذلك، لا تضع هذه الفكرة في اعتبارها حُسن العالم المادي في خليقة الله، الذي يشمل الجسد أيضًا (تكوين ٢: ٧)؛ بل في المقابل، تقول إن مصير الإنسان هو وجود روحي بحت، وتنظر إلى الجسد باعتباره عبئًا وعائقًا يُسَر المرءُ بالتخلُّص منه.

يرفض مذهب التلاشي شهادة الكتاب المقدس بأن الأشرار سيقاسون عذابًا أبديًّا وواعيًا. يَستخدم الكتاب المقدس عبارة «النار الأبدية» (متى ٢٥: ٤١)، ويقول إن الأشرار «يَصْعَدُ دُخَانُ عَذَابِهِمْ إِلَى أَبَدِ

٣٢ [المترجم]: «أَمَّا أَنَا فَإِنِّي مُوْقِنٌ أَنَّ فَادِيَّ حَيٌّ، وَأَنَّهُ لابُدَّ فِي النِّهَايَةِ أَنْ يَقُومَ عَلَى الأَرْضِ»، ترجمة كتاب الحياة.

٣٣ [المترجم]: «وبعدَ أن يَكونَ جِلْدي قد تَمَزَّق، أُعايِنُ اللهَ في جَسَدي»، الترجمة اليسوعيَّة

٣٤ [المترجم]: «لِأَنَّ النَّدَى الَّذِي يُغَطِّيكُمْ هُوَ نَدَى الصَّبَاحِ. سَتَرَوْنَ وَقْتًا جَدِيدًا قَادِمًا، حِيَنَ تُصعِدُ الأَرْضُ أَرْوَاحَ الأَمْوَاتِ الَّتِي فِيهَا»، الترجمة العربية المبسَّطة.

الْآبِدِينَ» (رؤيا ١٤ : ١١)، وإنه «لَا تَكُونُ رَاحَةٌ نَهَارًا وَلَيْلًا» لهم (رؤيا ١٤ : ١١). ويدل عدم نوال راحة إلى وجود وعي ذاتي. وأخيرًا، وضع يسوع الحياة الأبدية والعذاب الأبدي جنبًا إلى جنب في متى ٢٥ : ٤٦، «فَيَمْضِي هَؤُلَاءِ [الأشرار] إِلَى عَذَابٍ أَبَدِيٍّ وَالْأَبْرَارُ إِلَى حَيَاةٍ أَبَدِيَّةٍ». فكما لن تكون نهاية لحياة المؤمنين الأبدية، هكذا لن تكون نهاية لعذاب غير المؤمنين الأبدي. فالعلاقة بين الاثنين تماثلية، وليست متباينة.

# الإنسان والمجتمع

- العِرقية والأمم
- الحكومة البشرية
- الحضارة البشرية

## العِرقية والأمم

يتعلَّق جزء مهم من الأنثروبولوچيا (عقيدة الإنسان) الكتابية بالعِرقية والأمم، لكنه جزء عادة ما يُهمَل. يوجد على الأرض في الوقت الحالي ١٩٦ دولة تقريبًا، تتكون من آلاف الجماعات العرقية. فأين مكان الجماعات المختلفة من البشر في مقاصد الله؟

كما أن الله وحدة (إله واحد) وتعدُّدية (ثلاثة أقانيم)، هكذا يُظهِر حاملو صورة الله الوحدة والتنوُّع. البشر موحَّدون لأن جميعهم من نسل آدم؛ ومع ذلك، توجد جماعات عرقية كثيرة ودول كثيرة. أشار بولس إلى الوحدة والتنوع في الجنس البشري حين قال: «وَصَنَعَ [الله] مِنْ دَمٍ وَاحِدٍ [آدم] كُلَّ أُمَّةٍ مِنَ النَّاسِ يَسْكُنُونَ عَلَى كُلِّ وَجْهِ الْأَرْضِ» (أعمال الرسل ١٧ : ٢٦). يأتي الناس «مِنْ دَمٍ وَاحِدٍ» أي «من إنسان واحد» (الوحدة)، لكن يؤدي هذا إلى «كُلَّ أُمَّةٍ» (التنوُّع /التعددية).

كان آدم، الذي يتجاوز حدود التنوُّع العرقي والأمم، هو رأس الجنس البشري. وخَلق الله آدم وحواء بقدرة چينية على إنجاب تعددية من الأجناس وألوان البشرة. وأوصى الله الإنسان بأن يُكثِر ويملأ الأرض (تكوين ١ : ٢٦-٢٨). ولاحقًا، يوضح الإعلان الكتابي أن هذا الإكثار والملء شَمَلَ جماعاتٍ مختلفةٍ من البشر، حيث يعرض تكوين ١٠-١١ نشأة شعوب مختلفة من أبناء نوح الثلاثة. ويقول بولس إن الله «حَتَمَ بِالْأَوْقَاتِ الْمُعَيَّنَةِ وَبِحُدُودِ مَسْكَنِهِمْ [أي مسكن الأمم]» (أعمال الرسل ١٧ : ٢٦).

بعد الطوفان الكوني، كان نوح هو الممثِّل للجنس البشري الذي منه خرج التنوُّع مرة أخرى. وصار أبناء نوح - سام، وحام، ويافث - هم رؤوس شعوب العالم المختلفة. يقول تكوين ٩ : ١٩: «هَؤُلَاءِ الثَّلَاثَةُ هُمْ بَنُو نُوحٍ. وَمِنْ هَؤُلَاءِ تَشَعَّبَتْ كُلُّ الْأَرْضِ». كانت اللعنة التي حلَّت على كنعان في تكوين ٩ : ١٨-٢٧، وعادة ما يُساء فهمُها، مجرد نبوة عن انتصار إسرائيل لاحقًا على سكان كنعان في أرض الموعد. لم تكن هذه لعنة على حام ابن نوح، أو نبوة عن هذا النسل ذي البشرة الداكنة المتحدِّر من حام بأنهم سيكونون عبيدًا للجماعات الأخرى من البشر.

وتُعَد قائمة الأمم في تكوين ١٠-١١ محوريَّة لفهم أهمية الجماعات العرقية، كما أنها خلفية خطة الله لاستخدام إبراهيم لمباركة جميع الشعوب (تكوين ١١: ٢٧-١٢: ٣). وكان حدث برج بابل في تكوين ١١: ١-٩ هو ما حفَّز هذا التنوع. فقد استقر البشر الخطاة في أرض شنعار، وبنوا برجًا ليصنعوا لأنفسهم اسمًا عظيمًا، ويحافظوا على تمركزهم في مكان واحد (تكوين ١١: ٤)، تمرُّدًا على وصية الله بأن يملأوا الأرض (تكوين ٩: ١). لكن أَحبط اللهُ مخطَّطاتهم بأن بلبل ألسنتهم، ومن هنا جاء أصل تعدُّد اللغات الذي تسبَّب في تشتُّت البشر على وجه الأرض.

يرتبط هذا التشتُّت بانتشار النسل الآتي من أبناء نوح الثلاثة. يسجِّل تكوين ١٠ نسل يافث (تكوين ١٠: ٢-٥)، وأبناء حام (تكوين ١٠: ٦-٢٠)، وأخيرًا أبناء سام (تكوين ١٠: ٢١-٣١). وترد سلسلة النسب هذه المتحدِّرة من أبناء نوح قبل قصة برج بابل في تكوين ١١، وهو ما يدل على أن انتشار جماعات البشر لم يكن بسبب دينونة الله، بل كان جزءًا من خطة الله منذ البداية.

في النهاية، يعكس التكوين العرقي لعالم العهد القديم تنوُّعًا. فقد كان هناك الآسيويون (إسرائيل وأبناء عمومتهم من الساميين، كالكنعانيين، والموآبيين، والأدوميين، والعمونيين)، والأفارقة ذوو البشرة الداكنة (الكوشيون/ الحبشيون)، والآسيويون الأفارقة ذوو البشرة الداكنة (المصريون)، والهندو أوروبيون (الفلسطينيون، والحثيون). صحيح أن العهد القديم يسلِّط الضوء بالأكثر على شعب إسرائيل، لكن تكشف دعوة الله لإبراهيم (من نسل سام) عن قصد الله بأن يبارك العالم أجمع. كانت «أمة عظيمة»، هي أمة إسرائيل، عتيدة أن تخرج من صُلب إبراهيم. وكان الغرض من اختيار إبراهيم وأمة إسرائيل هو مباركة العالم كلِّه: «وَتَتَبَارَكُ فِيكَ جَمِيعُ قَبَائِلِ الأَرْضِ» (تكوين ١٢: ٣). ويشدِّد وعد الله لإبراهيم لاحقًا في تكوين ٢٢: ١٨ على مفهوم أوسع نطاقًا هو مباركة «الأمم».

قد تختلف وحدات البشر، وتمتد من عائلات وقبائل، إلى عشائر، أو إلى جماعات أكبر، وحتى إلى أمم. وقد امتدت أمة إسرائيل نفسها من إبراهيم فقط إلى عائلة إبراهيم، من خلال إسحاق ويعقوب، ثم امتدَّت إلى جماعة أكبر من البشر (العبرانيون)، وفي النهاية أصبحت أمة (إسرائيل). ويَعِد رؤيا ٥: ٩ بأن خلاص الله سيمتدُّ إلى «كُلِّ قَبِيلَةٍ وَلِسَانٍ وَشَعْبٍ وَأُمَّةٍ».

من تكوين ١٢ وحتى سفر ملاخي، يسلِّط العهد القديم الضوء على إسرائيل، لكنه يتحدث أيضًا عن بركات لجماعات أخرى. ويُعلِن تكوين ٤٩: ٨-١٠ أنَّ قائدًا من سبط يهوذا سيأتي ويكون له خضوع الأمم وطاعتهم. وفي أثناء الخروج من أرض مصر، ارتحل «لَفِيفٌ كَثِيرٌ» مختلَط مع شعب إسرائيل (خروج ١٢: ٣٨) مكوَّن على الأرجح من غرباء، منهم بعض المصريين، وعائلات أخرى كانت مزيجًا من مصريين وعبرانيين. وقد تزوَّج موسى نفسه من كوشية، أي من امرأة أفريقية من منطقة قريبة من الحبشة (العدد ١٢: ١).

يقول خروج ١٩: ٦ إن أمة إسرائيل كان مُعَيَّنًا لها أن تكون مملكة كهنة للعالم نيابة عن الله. ولو كان شعب إسرائيل قد سلكوا باستقامة، لتمكَّنوا بالفعل من اجتذاب الأمم الأخرى إلى إله إسرائيل (تثنية ٤: ٥-٦). كذلك، ألزمت الشريعة الموسوية شعبَ إسرائيل بمعاملة الغرباء معاملة حسنة، وأوصتهم ألا

يسيئوا معاملتهم أو يهينوهم (خروج ٢٢: ٢١)، بل أن يعاملوهم مثل أبناء وطنهم الإسرائيليين: «كَالْوَطَنِيِّ مِنْكُمْ يَكُونُ لَكُمُ الْغَرِيبُ النَّازِلُ عِنْدَكُمْ، وَتُحِبُّهُ كَنَفْسِكَ، لِأَنَّكُمْ كُنْتُمْ غُرَبَاءَ فِي أَرْضِ مِصْرَ. أَنَا الرَّبُّ إِلَهُكُمْ» (لاويين ١٩: ٣٤).

آمن بعض الأمم بإله إسرائيل في العهد القديم. فقد ساعدت راحاب الزانية، وهي امرأة كنعانية، شعب إسرائيل وصارت مثالًا للأممي المؤمن (عبرانيين ١١: ٣١). كما برهنت راعوث، وهي امرأة موآبية، على إيمانها وصارت من أسلاف يسوع (متى ١: ٥). وفي أيام يونان تاب شعب نينوى فتجنبوا غضب الله عليهم لفترة من الزمن.

لكن، كان يلزم أن يأتي المسيَّا حتى يصير الأمم شركاء في عهود إسرائيل ومواعيده كأمم، دون أن يتحوَّلوا إلى اليهودية. ذكَّر بولس المؤمنين من الأمم قائلًا: «لِذَلِكَ اذْكُرُوا أَنَّكُمْ أَنْتُمُ الْأُمَمُ قَبْلًا فِي الْجَسَدِ ...كُنْتُمْ فِي ذَلِكَ الْوَقْتِ بِدُونِ مَسِيحٍ، أَجْنَبِيِّينَ عَنْ رَعَوِيَّةِ إِسْرَائِيلَ، وَغُرَبَاءَ عَنْ عُهُودِ الْمَوْعِدِ، لَا رَجَاءَ لَكُمْ، وَبِلَا إِلَهٍ فِي الْعَالَمِ» (أفسس ٢: ١١-١٢). وينقض موت يسوع وعهده الجديد حائط السياج الفاصل بين اليهود والأمم (أفسس ٢: ١٤-١٦).

لكن للأسف، لم يطع شعب إسرائيل الله في حقبة العهد القديم، ولم يخفقوا فقط في أن يكونوا شهادة أمام الأمم الأخرى، بل في حقيقة الأمر عبدوا آلهة الأمم. ونتيجة ذلك جعلهم الله عبيدًا لأشور وبابل، ثم لاحقًا لمادي وفارس، واليونان، وروما. لكن تنبأ الأنبياء عن استرداد مستقبلي لمملكة إسرائيل، ووعدوا ببركات للأمم. فتنبأ إشعياء عن يوم فيه سيؤسِّس الله تآلفًا دوليًّا مَرْكَزُهُ أورشليم حيث ستأتي الأمم لتتعلَّم شريعة الله (إشعياء ٢: ٢-٤). كما علَّم بأن الله سيُقيم عبد الرب الأعظم، أي الإسرائيليَّ الأعظم، هو سيرد أمة إسرائيل، ويجلب البركات إلى الأمم (إشعياء ٤٩: ١-٦). تنبأ إشعياء أيضًا بأن الغرباء سيصبحون ضمن شعب الله (إشعياء ٥٦). وقال عاموس إن استرداد المملكة الداودية في إسرائيل سيعني تحقُّق بركات لأمم العالم (عاموس ٩: ١١-١٥).

ومنذ بداية كتاب العهد الجديد، نقرأ عن يسوع أنه هو الذي سيبارك إسرائيل والأمم على حدٍّ سواء. ولهذا تنبأ سمعان عنه بأنه سيكون «نُورَ إِعْلَانٍ لِلْأُمَمِ، وَمَجْدًا لِشَعْبِكَ إِسْرَائِيلَ» (لوقا ٢: ٣٢). وأخبر جبرائيلُ الملاكُ مريمَ بأن ابنها يسوع سيملك على إسرائيل إلى الأبد من عرش داود (لوقا ١: ٣٢-٣٣). وفي زيارة المجوس يسوع في متى ٢: ١-١٢، سَجَدَ أمميون لملك إسرائيل. وفي متى ٨: ٥-١٣، امتدح يسوع إيمانَ قائد مئة روماني، ثم قال إن الأمم سَيَتَّكِئون في وليمة ملكوت الله متقدِّمين على رؤساء اليهود غير المؤمنين.

في وقت مبكِّر من خدمة يسوع على الأرض وجَّه رسالة الملكوت حصريًّا إلى إسرائيل (متى ١٠: ٥-٧). لكن بعد موته وقيامته كُرز بالإنجيل إلى العالم أجمع بموجب وصية يسوع نفسه لأتباعه حين قال لهم: «فَاذْهَبُوا وَتَلْمِذُوا جَمِيعَ الْأُمَمِ» (متى ٢٨: ١٩). وفي يوم صعوده أكَّد يسوع التوقُّع بردِّ الملك إلى إسرائيل القومية، ولكنه أوصى بضرورة الكرازة بالإنجيل إلى جماعات البشر في كلِّ العالم كافة (أعمال الرسل ١: ٦-٨). ويخبرنا سفر أعمال الرسل عن انتشار الإنجيل بالفعل من أورشليم إلى

السامرة، ثم إلى العالم الأممي الأوسع. كذلك شهد مجمع أورشليم بأن ابن داود القائم من بين الأموات قد جلب الخلاص المسيَّاني إلى الأمم كأمم (أعمال الرسل ١٥: ١٣-١٨)، وهو ما يعني أن هؤلاء الأمميين لم يكونوا في حاجة إلى الانضمام إلى إسرائيل، أو إلى حفظ ناموس موسى.

انعكاسًا لهذه التطوُّرات التاريخية، قدَّم الرسول بولس في رسائله تعليمًا واضحًا للكنيسة عن الأعراق والانتماء العرقي. فأوضح في غلاطية ٣: ٢٨ أن المؤمنين شركاء بالتساوي في الخلاص والبركات الروحية في المسيح بغض النظر عن العِرق، أو نوع الجنس، أو المكانة الاجتماعية. ويقول أفسس ٢: ١١-٣: ٦ إن المؤمنين الأمميين متساوون مع المؤمنين اليهود داخل شعب الله، وهم شركاء معًا في العهود والمواعيد التي جاءت بواسطة إسرائيل. فإن المؤمنين الأمميين لا يصبحون يهودًا روحيين؛ بل يتشارك اليهود والأمم معًا في حياة مشتركة داخل الكنيسة. هذه الوحدة بين اليهود والأمم متأصِّلة في موت يسوع، وفي إبطال ناموس موسى (أفسس ٢: ١٣-١٦). ولهذا تحدَّث كولوسي ٣: ٩-١١ عن تجديدٍ في المسيح، «حَيْثُ لَيْسَ يُونَانِيٌّ وَيَهُودِيٌّ، خِتَانٌ وَغُرْلَةٌ، بَرْبَرِيٌّ سِكِّيثِيٌّ، عَبْدٌ حُرٌّ». فالخلاص في متناول الجماعات كافة بالتساوي.

يَصِفُ السِّفر الأخير من الكتاب المقدس أيضًا البركات العالمية. سيُخلِّص المسيحُ ممثِّلين من كلِّ قبيلة، ولسان، وشعب، وأمة، ويملكون حين يأتي الملكوت إلى الأرض (رؤيا ٥: ٩-١٠). يعلن رؤيا ٧: ٤-٩ خلاصَ أسباط إسرائيل وأناسٍ من جميع الأمم على حدٍّ سواء. كما يَستخدم رؤيا ٢١: ٣ المصطلح اليوناني *laoi* [٣٥] للإشارة إلى «شعوب» الله، وهو ما يُظهِر وجود تنوع عِرقي على الأرض الجديدة. ويخبرنا رؤيا ٢١: ٢٤، ٢٦ بأن أممًا وملوكهم سيجيئون بعطاياهم إلى أورشليم الجديدة. كما يقول رؤيا ٢٢: ٢ إن أوراق شجرة الحياة سوف تجلب شفاءً للأمم، وانسجامًا بينها. ومن ثَمَّ، لن يوجد بعد أيُّ عداء عرقي أو قومي، بل فقط وئام وانسجام.

يكشف اللاهوت الكتابي عن العِرقية والأمم الحقائق والمبادئ التالية:

١. جميع البشر من كلِّ الأعراق مخلوقون على صورة الله
٢. لا توجد جماعة من البشر أسمى أو أدنى من أيِّ جماعة أخرى.
٣. التعصب العِرقي خطية شائنة، لأنه ينكر على جماعات معيَّنة من البشر شخصيتهم الفردية الكاملة، الأمر الذي يُعَدُّ انتهاكًا لكرامة جميع حاملي صورة الله.
٤. اختير شعبُ إسرائيل ليكون الأمة التي من خلالها يَرُدُّ الله البشرية الساقطة ويجلب الخلاص والاسترداد إلى العالم كلِّه.
٥. يُقدِّمُ الخلاصُ إلى الجميع بواسطة يسوع المسيا، الإسرائيلي الأعظم، الذي سَيَرُدُّ أُمَّةَ إسرائيل، ويجلب البركات إلى الأمم بواسطة الخلاص.

---

٣٥ [المترجم]: جاءت هذه الكلمة «شَعْبًا» في الترجمة العربية البستاني- فانדايك، بينما جاءت في الأصل اليوناني في صيغة الجمع، بمعنى «شعوب».

٦. يُحَقِّقُ موتُ المسيح وتأسيسُ العهد الجديد وحدةَ جميع الذين يعلنون انتماءهم إلى يسوع. لا يمكن تحقيق وحدة وتناغم عرقي حقيقي فقط بالتعليم، أو الإصلاح المجتمعي، أو التشريع، أو أي محاولات أخرى مركزها الإنسان، بل ممكن فقط في يسوع المسيَّا.

٧. على الكنيسة أن تُظهِر تآلُفًا عِرقيًّا، وتكون نموذجًا لمقاصد الله أمام العالم.

٨. حين يأتي يسوع ثانية سيملك على الأمم من إسرائيل، وسيبارك جميع الأمم (إشعياء ٢٧: ٦؛ رومية ١١: ١٢).

٩. في الحالة الأبدية سيعيش الأمم والحُكَّام في انسجامٍ ووِفاق.

## ⬅ الحكومة البشرية

إنَّ اللهَ إلهُ ترتيب، وليس إله فوضى. والحكومة البشرية مؤسَّسةٌ أنشأها الله لتحقيق الترتيب والنظام الاجتماعي في العالم.

### • المبادئ الكتابية للحكومة البشرية

أكثر النصوص تفصيلًا عن الغرض من الحكومة نجده في رومية ١٣: ١-٧:

«لِتَخْضَعْ كُلُّ نَفْسٍ لِلسَّلاَطِينِ الْفَائِقَةِ، لأَنَّهُ لَيْسَ سُلْطَانٌ إِلَّا مِنَ اللهِ، وَالسَّلاَطِينُ الْكَائِنَةُ هِيَ مُرَتَّبَةٌ مِنَ اللهِ، حَتَّى إِنَّ مَنْ يُقَاوِمُ السُّلْطَانَ يُقَاوِمُ تَرْتِيبَ اللهِ، وَالْمُقَاوِمُونَ سَيَأْخُذُونَ لأَنْفُسِهِمْ دَيْنُونَةً. فَإِنَّ الْحُكَّامَ لَيْسُوا خَوْفًا لِلأَعْمَالِ الصَّالِحَةِ بَلْ لِلشِّرِّيرَةِ. أَفَتُرِيدُ أَنْ لاَ تَخَافَ السُّلْطَانَ؟ افْعَلِ الصَّلاَحَ فَيَكُونَ لَكَ مَدْحٌ مِنْهُ، لأَنَّهُ خَادِمُ اللهِ لِلصَّلاَحِ! وَلكِنْ إِنْ فَعَلْتَ الشَّرَّ فَخَفْ، لأَنَّهُ لاَ يَحْمِلُ السَّيْفَ عَبَثًا، إِذْ هُوَ خَادِمُ اللهِ، مُنْتَقِمٌ لِلْغَضَبِ مِنَ الَّذِي يَفْعَلُ الشَّرَّ. لِذلِكَ يَلْزَمُ أَنْ يُخْضَعَ لَهُ، لَيْسَ بِسَبَبِ الْغَضَبِ فَقَطْ، بَلْ أَيْضًا بِسَبَبِ الضَّمِيرِ. فَإِنَّكُمْ لأَجْلِ هذَا تُوفُونَ الْجِزْيَةَ أَيْضًا، إِذْ هُمْ خُدَّامُ اللهِ مُوَاظِبُونَ عَلَى ذلِكَ بِعَيْنِهِ. فَأَعْطُوا الْجَمِيعَ حُقُوقَهُمْ: الْجِزْيَةَ لِمَنْ لَهُ الْجِزْيَةُ. الْجِبَايَةَ لِمَنْ لَهُ الْجِبَايَةُ. وَالْخَوْفَ لِمَنْ لَهُ الْخَوْفُ. وَالإِكْرَامَ لِمَنْ لَهُ الإِكْرَامُ»

عبَّر بطرس عن هذا الرأي نفسه بشأن الحكومة البشرية في ١بطرس ٢: ١٣-١٤ قائلًا:

«فَاخْضَعُوا لِكُلِّ تَرْتِيبٍ بَشَرِيٍّ مِنْ أَجْلِ الرَّبِّ. إِنْ كَانَ لِلْمَلِكِ فَكَمَنْ هُوَ فَوْقَ الْكُلِّ، أَوْ لِلْوُلاَةِ فَكَمُرْسَلِينَ مِنْهُ لِلانْتِقَامِ مِنْ فَاعِلِي الشَّرِّ، وَلِلْمَدْحِ لِفَاعِلِي الْخَيْرِ»

يمكن استخلاص عدة حقائق من هذين النصين:

١. الله هو مَن عيَّن الحكومة البشرية (رومية ١٣: ١-٢)، لتكون «خادمة» له (رومية ١٣: ٤). ومن ثَمَّ، الحكومة جزء من الإحسان العام من الله تجاه الجنس البشري.

٢. بما أن الله هو من عيَّن الحكومة، فإن مقاومتها تُعَد بمثابة مقاومة لله نفسه. والذين يقاومون سلطتها سيأخذون لأنفسهم دينونة (رومية ١٣: ٢).

٣. أحد أغراض الحكومة هو «لِلانْتِقَامِ مِنْ فَاعِلِي الشَّرِّ» (١بطرس ٢: ١٤). ومن ثَمَّ، فالشخص الذي في موضع سلطة هو «مُنْتَقِمٌ لِلْغَضَبِ مِنَ الَّذِي يَفْعَلُ الشَّرَّ» (رومية ١٣: ٤). تقوم الحكومة إذن بدور وسيط لله لكبح جماح الشر.

٤. للحكومة الحق في تنفيذ عقوبة الإعدام: «لأَنَّهُ لاَ يَحْمِلُ السَّيْفَ عَبَثًا» (رومية ١٣: ٤). فحين قال بيلاطس ليسوع إنَّ له سلطانًا أن يصلبه (يوحنا ١٩: ١٠)، لم يعارضه يسوع، لكن أخبره بأن هذا السلطان قد أُعطي له من الله: «لَمْ يَكُنْ لَكَ عَلَيَّ سُلْطَانٌ الْبَتَّةَ، لَوْ لَمْ تَكُنْ قَدْ أُعْطِيتَ مِنْ فَوْقُ» (يوحنا ١٩: ١١).

٥. من الوظائف الأخرى للحكومة هي مدح فاعلي الخير (رومية ١٣: ٣؛ ١بطرس ٢: ١٤). فلا داعي أن يخاف المواطنون المسالمون والملتزمون بالقوانين من السلطات. لا تؤذي الحكومات الذين يطيعون قوانينها، بل تسعى إلى تكريمهم.

٦. الحكومة سبب يدعو فاعلي الشر إلى «الخوف» (رومية ١٣: ٣). فالذين يخرقون القانون عليهم أن يخشوا العقوبة المترتبة على هذا. فحتى أشر الحكومات قادرة على ردع السلوك الإجرامي.

٧. على جميع البشر، ولا سيما المؤمنين، أن «يخضعوا» للحكومة البشرية (رومية ١٣: ١، ٥؛ ١بطرس ٢: ١٣). كانت كلمة «يخضع» تُستخدَم للتعبير عن الطاعة المطلَقة من الجندي لقائده. والاستثناء الوحيد لهذه القاعدة هو حين تستدعي طاعة أمر مدني عصيانًا لوصية الله (خروج ١: ٧؛ دانيال ٣: ١٦-١٨؛ ٦: ٧، ١٠). وفي هذه الحالة، «يَنْبَغِي أَنْ يُطَاعَ اللهُ أَكْثَرَ مِنَ النَّاسِ» (أعمال الرسل ٥: ٢٩).

٨. طاعة الحكومة تريح ضمير الإنسان (رومية ١٣: ٥).

٩. على الناس أن يسدِّدوا الضرائب، ويُظهِروا احترامًا للسلطات الحاكمة (رومية ١٣: ٧). أيَّد يسوع دفع الجزية حين قال: «أَعْطُوا إِذًا مَا لِقَيْصَرَ لِقَيْصَرَ» (متى ٢٢: ٢١).

## • الحكومة البشرية في الإعلان التدريجي لقصة الكتاب المقدس

في حين كانت توجد بالفعل مجتمعات بعد الخلق، لم يُقِم الله سلطة الحكومة كمؤسَّسة وسيطة إلا بعد الطوفان. حين قَتَلَ قايين هابيل أخاه وخشي القصاص الشخصي، قال: «وَأَكُونُ تَائِهًا وَهَارِبًا فِي الأَرْضِ، فَيَكُونُ كُلُّ مَنْ وَجَدَنِي يَقْتُلُنِي» (تكوين ٤: ١٤). لكنَّ الله حمى قايين بوضع علامة عليه حذَّرت أيَّ إنسان يحاول قتله من النقمة (تكوين ٤: ١٥). كذلك، قَتَلَ لامك فتى ضربه (تكوين ٤: ٢٣-٢٤). إذن، كان قايين ولامك قاتلَيْن، خشيا من القصاص لكن ليس على يد حاكم مدني. انتقل قايين بعد ذلك وبنى مدينة شرقي عدن في أرض نود ودعاها باسم ابنه حنوك (تكوين ٤: ١٦-١٧). وهذه أول مدينة ذُكِرَت في الكتاب المقدس.

ظهرت قوة الحكومة وتهديدها الحقيقي بعد الطوفان، عندما أسَّس الله عقوبة الإعدام، قائلًا إنه «مِنْ يَدِ الإِنْسَانِ أَطْلُبُ نَفْسَ الإِنْسَانِ»، وإن «سَافِكُ دَمِ الإِنْسَانِ بِالإِنْسَانِ يُسْفَكُ دَمُهُ. لأَنَّ اللهَ عَلَى صُورَتِهِ عَمِلَ الإِنْسَانَ» (تكوين ٩: ٥-٦). هنا أعطى الله الحكومة الحق في تنفيذ حكم الإعدام على

كلُّ مَن يَقتل إنسانًا خُلِق على صورة الله. ولا يُنفَّذ هذا الحُكم للانتقام الشخصي، بل على يد حكومة معترَف بها، أُعطِيت المسئولية والحق أن تعاقب فَعَلَةَ الشر.

جرت محاولة لإقامة حكومة مركزية في تكوين ١١: ١-٩. فقد أراد الذين كانوا يبنون برج بابل في أرض شنعار أن يصنعوا اسمًا لأنفسهم، ببقائهم في مكان واحد عصيانًا لوصية الله بأن يملأوا الأرض (تكوين ٩: ١). وقد رأى الله في مخططاتهم المتكبِّرة تحدِّيًا لمشيئته، ولهذا بَلْبَلَهُم بطريقة إعجازية عن طريق إدخال لغات مختلفة بينهم. وكانت القائمة الطويلة من الجماعات العرقية في تكوين ١٠-١١ هي نتاج هذا التشتُّت الذي انطلق من بابل.

في عهد آباء إسرائيل، حدثت تفاعلات اجتماعية على صعيد أضيق بين العشائر ومجموعات من عشائر تجمَّعت وكوَّنت قبائل. ثم لاحقًا، استَعبَدت حكومة مصر التي كانت السلطة الفائقة في ذلك الوقت الشعبَ العبراني المتزايد في العدد الذي أتى من نسل إبراهيم، وإسحاق، ويعقوب. وبعد خروج الشعب العبراني من مصر صاروا هم أنفسهم مملكة (خروج ١٩: ٦)، وكان العهد الموسوي دستورًا لهم. وفي عهد يشوع أُعطِي هذا الشعب أرضًا لتكون الموضع الذي فيه يديرون حكومتهم. وكشف تكوين ١٧: ٦ عن قصد الله لإسرائيل بأن يكون لهم في النهاية ملكٌ. وصار شاول أول ملك لإسرائيل، ثم تلقَّى الملك التالي، داود، العهد الداودي الذي وَعَدَ بمُلك أبدي على إسرائيل وعلى العالم، بوريثٍ لداود سيملك إلى الأبد (٢ صموئيل ٧: ١٢-١٩؛ لوقا ١: ٣٢-٣٣).

لكن كان العصيان لسان حال إسرائيل، مما أدَّى إلى السبي والتبدُّد. وأخفقت مملكة إسرائيل، قادة وشعبًا على حد سواء، في إدارة حكومة بارة. بلغت هذه المملكة أوجها في ١ ملوك ٨-١٠، حين ملأ حضور الله الهيكل، وبدا أن الوعود الإبراهيمية بأرض، ونسل، وبركة للعالم كانت في سبيلها إلى التحقُّق، بل وكانت الحكومات خارج إسرائيل تطلب حكمة سليمان ملك إسرائيل (١ملوك ١٠: ١-١٣، ٢٣-٢٥). إلا أن عبادة سليمان للأوثان (١ملوك ١١) وضعت مملكة إسرائيل على مسارٍ أدى إلى انقسام الأسباط الاثني عشر إلى مملكتين، ثم في النهاية إلى تبدُّدهم في جميع الأمم. فقد آل الحال بحكومة إسرائيل إلى الفشل، ليس للعبرانيين فحسب، بل وللعالم الذي كان من المفترض أن تكون إسرائيل بركة له. وهذا الفشل الهائل كان مدمِّرًا، لكنه لم يكن نهائيًّا.

دائمًا ما تكون الحكومات البشرية في العالم الساقط مشوبة بالفساد والشر. كانت مدينة بابل بصفة خاصة، عنوان الشموخ الذاتي، والكبرياء، ومقاومة مقاصد الله، سواء من الناحية الدينيَّة أو السياسيَّة. وكانت حكومتا مصر وأشور شِرِّيرَتَيْن؛ ومع ذلك، استخدمهما الله كأدوات في يديه. وبينما كان دانيال يفسِّر حلم التمثال الذي رآه نَبُوخَذْنَصَّرَ الملك البابلي، أعلن أن خمس حكومات متعاقبة – هي بابل، ومادي وفارس، واليونان، وروما، وإمبراطورية رومانية مُجدَّدة ستأتي في المستقبل – ستَحكُم العالم إلى أن يأتي ملكوت الله من السماء بشكل مثير وعلني، ويسحق هذه الحكومات الأممية. وعندئذ، سيصير ملكوت الله، الذي مقره في إسرائيل، هو السلطة الكونية الأبرز والأسمى على الأرض (دانيال ٢). تنبأ إشعياء بأنه حين يتأسَّس ملكوت الله سيصير حتى الأعداء القدامى، مثل مصر وأشور، ضمن شعب الله مع إسرائيل (إشعياء ١٩: ٢٤-٢٥).

يمثِّل القائد البار عنصرًا أساسيًّا في حكومة بارة. تنبأ إشعياء عن المسيَّا العتيد، قائلًا: «وَتَكُونُ الرِّيَاسَةُ عَلَى كَتِفِهِ ... لِنُمُوِّ رِيَاسَتِهِ، وَلِلسَّلاَمِ لاَ نِهَايَةَ عَلَى كُرْسِيِّ دَاوُدَ وَعَلَى مَمْلَكَتِهِ» (إشعياء ٩: ٦-٧). وإشارة من إشعياء إلى هذا القائد الداودي الذي هو «مِنْ جِذْعِ يَسَّى»، قال أيضًا: «وَيَكُونُ الْبِرُّ مِنْطَقَةَ مَتْنَيْهِ» (إشعياء ١١: ٥)، و«يَقْضِي بِالْعَدْلِ لِلْمَسَاكِينِ، وَيَحْكُمُ بِالإِنْصَافِ لِبَائِسِي الأَرْضِ» (إشعياء ١١: ٤).

وحين جاء يسوع، وُصِف بأنه النسل البار لإبراهيم وداود، الذي سيملك على إسرائيل (متى ١: ١؛ لوقا ١: ٣٢-٣٣). لكن لم يؤمن به الشعب، فتأجَّل حُكمه الملكي على الأمم إلى مجيئه الثاني. في تلك الفترة المستقبلية، سيأتي المسيح مع ملائكته كي يدين أمم الأرض (متى ٢٥: ٣١-٤٦)، ويثبِّت حُكمه الملكي. وحينئذ، سيملك الرسل الاثنا عشر مع الكنيسة تحت قيادة المسيح على أمة إسرائيل المستردَّة (متى ١٩: ٢٨؛ رؤيا ٢: ٢٦-٢٧؛ ٥: ١٠).

لكن، قبل مجيء يسوع ثانية بفترة وجيزة، سيمارس الشيطان سلطته على الأمم من خلال ضد المسيح، الذي سيؤيِّده الشيطان بالقوة (٢تسالونيكي ٢: ٣-١٢؛ رؤيا ١٣)، وستكون مدينة بابل عاصمته (رؤيا ١٧-١٨). لكن، حين يأتي يسوع ثانية، سوف «يَضْرِبَ ... الأُمَمَ. وَهُوَ سَيَرْعَاهُمْ بِعَصًا مِنْ حَدِيدٍ» (رؤيا ١٩: ١٥).

ستكون هناك أمم وحكومات أيضًا في أثناء الملك الألفي ليسوع، لأن رؤيا ٢٠: ٣ يقول إن الشيطان سيُرفَع من الأرض في ذلك الوقت «لِكَيْ لاَ يُضِلَّ الأُمَمَ فِي مَا بَعْدُ». يعني ذلك أن أممًا ستكون موجودة في تلك الحقبة. ويعلن إشعياء ٢: ٢-٤ أن الرب عندئذ سيتخذ قرارات تنفيذية نيابة عن الأمم، ويثبِّت الوفاق الدولي. وحين تقترب الألف سنة لملك يسوع من نهايتها، سيُطلَق سراح الشيطان من سجنه، و«يَخْرُجُ لِيُضِلَّ الأُمَمَ» (رؤيا ٢٠: ٧-٨). وأولئك الذين ينضمون إليه من الأمم سيُبادون بنار من السماء (رؤيا ٢٠: ٩-١٠).

كذلك، ستوجد أمم في الحالة الأبدية. يشير رؤيا ٢١: ٢٤، ٢٦ إلى «شعوب»، و«أمم»، و«مُلُوك الأَرْضِ» الذين «يَجِيئُونَ بِمَجْدِهِمْ وَكَرَامَتِهِمْ» إلى أورشليم الجديدة. وستحافظ أوراق شجرة الحياة على التآلف والسلام بين هذه الأمم (رؤيا ٢٢: ٢). وستملك هذه الأمم على الأرض الجديدة في محضر الله الآب ويسوع الابن (رؤيا ٢٢: ١-٥).

## ⬅ الحضارة البشرية

تعود جذور الحضارة البشرية إلى تكوين ١-٢. تسمَّى الوصية التي أُعطِيت للإنسان بأن يتسلط على الأرض ومخلوقاتها، ويخضعها (تكوين ١: ٢٦، ٢٨) عادة باسم «التكليف الحضاري»، إذ كان على الإنسان أن يستخدم إمكانياته ومكانته باعتباره حاملًا لصورة الله، كي يتسلَّط على الخليقة نيابة عن الله. شمل هذا التسلُّط الأرض، والنباتات، والحيوانات، والطيور، والمخلوقات البحرية. وفي تكوين ٢: ١٥، وضع الله آدم «فِي جَنَّةِ عَدْنٍ لِيَعْمَلَهَا وَيَحْفَظَهَا». ومن ثَمَّ، كلَّفَ الإنسان عملًا أرضيًّا، وهو ما أنشأ الحضارة.

تشمل الحضارة الأعمال، والفن، والموسيقى، والتعليم، وكل المجالات التي يتفاعل فيها الإنسان مع بيئته. الله نفسه هو خالق الحضارة، بينما الإنسان مدعوٌّ إلى الاضطلاع بها نيابة عنه. وبسبب السقوط في تكوين ٣، فسدت قدرة الإنسان على تطوير حضارة تُكرِم الله. فقد وقع الإنسان تحت حُكم الموت، ولُعنت البيئة وجميع عناصرها. ونتيجة ذلك، كان من شأن الجنس البشري أن يعمل جاهدًا في حين تقاومه الأرض بشوك وحسك، وفي النهاية تبتلعه في الموت (تكوين ٣: ١٧-١٩).

على الرغم من ذلك، تطوَّرت الحضارة مع أحداث تكوين ٤. فقد صار يابال، الذي هو من نسل حنوك الآتي من لامك، أول راعي ماشية، أو أول ساكن مع القطعان، إذ كان «أَبًا لِسَاكِنِي الْخِيَامِ وَرُعَاةِ الْمَوَاشِي» (تكوين ٤: ٢٠). أما يوبال، أخو يابال، فقد صار أوَّل من ألَّف الموسيقى وعَزَفها، إذ كان «أَبًا لِكُلِّ ضَارِبٍ بِالْعُودِ وَالْمِزْمَارِ» (تكوين ٤: ٢١). وكان توبال قايين، وهو ابن آخر للامك، أول من تخصَّص في المعادن، إذ كان «الضَّارِبَ كُلَّ آلَةٍ مِنْ نُحَاسٍ وَحَدِيدٍ» (تكوين ٤: ٢٢).

ولكن مع كلِّ هذه التطورات الحضارية، اتَّسمت الفترة التي سبقت الطوفان الكوني الذي وقع في عهد نوح بالشر المتفشي (تكوين ٦: ٥). ثم بعد الطوفان، تضمَّن العهد النوحي وعدًا باستقرار الطبيعة كأساسٍ لتنفيذ مخططات الله. أثمر ذلك نتائج إيجابية في الزراعة والري: «مُدَّةَ كُلِّ أَيَّامِ الأَرْضِ: زَرْعٌ وَحَصَادٌ، وَبَرْدٌ وَحَرٌّ، وَصَيْفٌ وَشِتَاءٌ، وَنَهَارٌ وَلَيْلٌ، لاَ تَزَالُ» (تكوين ٨: ٢٢).

انصبَّ تركيز نوح على الزراعة والفلاحة: «وَابْتَدَأَ نُوحٌ يَكُونُ فَلاَّحًا وَغَرَسَ كَرْمًا» (تكوين ٩: ٢٠)، لكن تجلَّى فساده حين «شَرِبَ مِنَ الْخَمْرِ فَسَكِرَ وَتَعَرَّى دَاخِلَ خِبَائِهِ» (تكوين ٩: ٢١). كذلك، استُخدمت الحضارة لأغراض جماعية لكن شائنة، كما هو الحال في تكوين ١١، حين اجتمع البشر في أرض شنعار (العراق في عصرنا الحالي) لبناء برج يصل إلى السماء:

> «وَقَالَ بَعْضُهُمْ لِبَعْضٍ: «هَلُمَّ نَصْنَعُ لِبْنًا وَنَشْوِيهِ شَيًّا». فَكَانَ لَهُمُ اللِّبْنُ مَكَانَ الْحَجَرِ، وَكَانَ لَهُمُ الْحُمَرُ مَكَانَ الطِّينِ. وَقَالُوا: هَلُمَّ نَبْنِ لأَنْفُسِنَا مَدِينَةً وَبُرْجًا رَأْسُهُ بِالسَّمَاءِ. وَنَصْنَعُ لأَنْفُسِنَا اسْمًا لِئَلاَّ نَتَبَدَّدَ عَلَى وَجْهِ كُلِّ الأَرْضِ» (تكوين ١١: ٣-٤).

تكشف التفاصيل عن «اللِّبْنُ مَكَانَ الْحَجَرِ» و«الْحُمَرُ مَكَانَ الطِّينِ» عن براعة حضارية في المجال المعماري، استخدمها البشر ليصنعوا اسمًا عظيمًا لأنفسهم، ويستقروا في منطقة واحدة انتهاكًا لوصية الله بأن يُكثِروا (تكوين ٩: ١). انزعج الله جدًّا من هذا التمرد حتى أنه نزل من السماء لإحباط مخططاتهم، فبلبل ألسنتهم، وتسبَّب في تبدُّدهم على وجه الأرض (تكوين ١١: ٥-٩). ولا يزال الله يتدخَّل بديمومة لإحباط الإبداع الحضاري للبشر إن خالف مقاصده (راجع رومية ١: ١٨-٣٢).

في عهد آباء إسرائيل، ركَّزت الحضارة على رعاية الأغنام (تكوين ٣٧: ١٣-١٧). فقد شيَّد الناس أماكن إقامة مؤقتة في الشتاء، بينما كانوا يبحثون في الربيع عن مراعٍ لقطعانهم. ولاحقًا، تقاطعت طرق الشعب العبراني مع مصر التي كانت تتمتع بحضارة متطورة وسامية بالنسبة لتلك الفترة. وبينما كان يوسف في السجن، تفاعل «رئيس سقاة» فرعون، و«رئيس خبازيه» (تكوين ٤٠: ١-٢). ثم حين

تولَّى منصبًا قياديًّا على مصر، ساعَدَ المصريين على جمع القمح تحسُّبًا لجفاف آتٍ (تكوين ٤١: ٥٣-٥٧). وحين صار الشعب العبراني عبيدًا في مصر، كُلِّفوا بناءَ «مدن مخازن» لفرعون (خروج ١: ١١).

تعلَّم موسى وتهذَّب في حضارة مصر (أعمال الرسل ٧: ٢٢)، لكن كان ولاؤه الأول لشعب الله، أي العبرانيين. وحين تحرَّر العبرانيون من مصر في الخروج، سلبوا ثروة المصريين (خروج ١٢: ٣٦). كذلك احتوى العهد الموسوي الذي أُعطِي في سيناء على تعليمات حضارية، مثل بناء خيمة الاجتماع، التي كان من شأنها أن تَشغل مركز عبادة شعب إسرائيل. وقد تَرَأَّسَ حِرَفيَّان موهوبان، هما بصلئيل وأهولياب، هذا العمل. ويعرض خروج ٣١: ٢-٦ عِظَمَ إمكانياتهما:

> «اُنْظُرْ. قَدْ دَعَوْتُ بَصَلْئِيلَ بْنَ أُورِي بْنَ حُورَ مِنْ سِبْطِ يَهُوذَا بِاسْمِهِ، وَمَلأْتُهُ مِنْ رُوحِ اللهِ بِالْحِكْمَةِ وَالْفَهْمِ وَالْمَعْرِفَةِ وَكُلِّ صَنْعَةٍ، لاخْتِرَاعِ مُخْتَرَعَاتٍ لِيَعْمَلَ فِي الذَّهَبِ وَالْفِضَّةِ وَالنُّحَاسِ، وَنَقْشِ حِجَارَةٍ لِلتَّرْصِيعِ، وَنِجَارَةِ الْخَشَبِ، لِيَعْمَلَ فِي كُلِّ صَنْعَةٍ. وَهَا أَنَا قَدْ جَعَلْتُ مَعَهُ أُهُولِيآبَ بْنَ أَخِيسَامَاكَ مِنْ سِبْطِ دَانَ. وَفِي قَلْبِ كُلِّ حَكِيمِ الْقَلْبِ جَعَلْتُ حِكْمَةً، لِيَصْنَعُوا كُلَّ مَا أَمَرْتُكَ».

لكن، تجلَّى سوء استخدام إسرائيل للحضارة حين صنع الشعب عجلًا ذهبيًّا ليعبدوه (خروج ٣٢). ويسلِّط التناقض بين خروج ٣١ وخروج ٣٢ الضوء على شكل الحضارة في عالم ساقط. فالبشر، باعتبارهم حاملي صورة الله، لديهم القدرة على القيام بإنجازات حضارية عظيمة؛ لكن، بمعزلٍ عن مشيئة الله يمكن استخدام هذه الحضارة في عبادة الأوثان وممارسة الشر.

كانت الحضارة بارزة في حياة داود. فقد كان موسيقيًّا موهوبًا وكاتبًا للمزامير. يُظهِر مثال داود أن الآلات الموسيقية، مثل الصُّورِ، والرباب والعود، والمِزْمَارِ، والصُنُوجِ (مزمور ١٥٠: ٣-٥)، ينبغي أن تُستخدَم لتسبيح الرب. كما استثمر سليمان أيضًا الكثير من الجهد الفني والإبداعي، بالإضافة إلى الكثير من الخامات والمواد، في بناء الهيكل الأول المجيد والجميل (١ ملوك ٧-٨). «فَلَمَّا رَأَتْ مَلِكَةُ سَبَا كُلَّ حِكْمَةِ سُلَيْمَانَ، وَالْبَيْتَ الَّذِي بَنَاهُ، وَطَعَامَ مَائِدَتِهِ، وَمَجْلِسَ عَبِيدِهِ، وَمَوْقِفَ خُدَّامِهِ وَمَلاَبِسَهُمْ ... لَمْ يَبْقَ فِيهَا رُوحٌ بَعْدُ» (١ملوك ١٠: ٤-٥). فقد غمر هذه الملكة جمال حضارة إسرائيل وترتيبها في هذه المرحلة الأسمى على الإطلاق من حياة مملكة إسرائيل.

لكن للأسف، افتُتِن سليمان وشعب إسرائيل على حدٍّ سواء بالحضارات الأمم الوثنية الأخرى، مما أسفر عن دينونة إلهية تمثَّلت في تشتت الشعب واستعباده. فقد تسبب غزو بابل لإسرائيل في خراب الهيكل، وسَلْبِ كلِّ ذهبه وآنيته الثمينة (٢ملوك ٢٤: ١٣). وفي أثناء السبي صار دانيآل وثلاثة من رفقائه نموذجًا للتثقف والتهذُّب في الحضارة البابلية، دون تنازل عن تكريسهم لإله الكتاب المقدس. فقد رفضوا الاشتراك في طعام الملك، أو عبادة التمثال الذهبي (دانيال ١، ٣).

وفي أثناء شجب أنبياء إسرائيل لعصيان إسرائيل للعهد، تنبأوا أيضًا عن استرداد مستقبلي لإسرائيل في مجد حضاري. يصف إشعياء ٦٠: ٥-٧ هذه الفترة المزدهرة على النحو التالي:

«حِينَئِذٍ تَنْظُرِينَ وَتُنِيرِينَ
وَيَخْفُقُ قَلْبُكِ وَيَتَّسِعُ،
لأَنَّهُ تَتَحَوَّلُ إِلَيْكِ ثَرْوَةُ الْبَحْرِ،
وَيَأْتِي إِلَيْكِ غِنَى الأُمَمِ.
تُغَطِّيكِ كَثْرَةُ الْجِمَالِ،
بُكْرَانُ مِدْيَانَ وَعِيفَةَ
كُلُّهَا تَأْتِي مِنْ شَبَا.
تَحْمِلُ ذَهَبًا وَلُبَانًا،
وَتُبَشِّرُ بِتَسَابِيحِ الرَّبِّ.
كُلُّ غَنَمِ قِيدَارَ تَجْتَمِعُ إِلَيْكِ.
كِبَاشُ نَبَايُوتَ تَخْدِمُكِ.
تَصْعَدُ مَقْبُولَةً عَلَى مَذْبَحِي،
وَأُزَيِّنُ بَيْتَ جَمَالِي»

ستشمل أحوال المملكة أيضًا ازدهارًا في الزراعة، والعمارة، وتفاعلًا مع المملكة الحيوانية، وفقًا لإشعياء ٦٥: ١٧-٢٥.

حين جاء يسوع كَرَزَ باقتراب ملكوت الله بأبعاده كافة (متى ٤: ١٧). لكن رفضه رؤساء شعب إسرائيل والشعب على حدٍّ سواء (متى ١١-١٢). ومع ذلك، كفَّر موت يسوع عن الخطايا، ووَضَعَ الأساس لمصالحة واسترداد إسرائيل، وجميع الأمم، وكل شيء (أعمال الرسل ٣: ٢١؛ كولوسي ١: ٢٠؛ رؤيا ٥: ٩-١٠). وحين يأتي يسوع ثانية في مجد، سيكون هناك «عالم جديد». وسيأخذ الذين تركوا كلَّ شيء وتبعوه بيوتًا، وعائلات، وأراضي في ملكوته (متى ١٩: ٢٨-٢٩).

الشيطان في العصر الحالي هو رئيس هذا النظام العالمي الشرير (أفسس ٢: ٢). وهو لا يزال يسرق، ويذبح، ويهلك (راجع يوحنا ٨: ٤٤؛ ١بطرس ٥: ٨). وسيبلغ خداعه وضلاله ذروته في فترة الضيقة المستقبلية، حين تَرتكب مدينة بابل تمرُّدًا دينيًا، واقتصاديًا، وسياسيًا (رؤيا ١٧-١٨). وسيمثِّل هذا أسوأ أشكال الحضارة المؤيَّدة من الشيطان. لكن، ستَختبر بابل الأخيرة نهاية مأساوية حين يأتي الرب يسوع ثانية. وعندئذ سيُرفَع إبليس عن الأرض (رؤيا ٢٠: ١-٣)، وستزدهر الأمم تحت رئاسة المسيح (إشعياء ٢: ٢-٤). وسيتضمن ملكوت يسوع المستقبلي إصلاحًا وتجديدًا للحضارة (إشعياء ١١؛ ٣٥؛ ٦٥-٦٦)، بل وستتمتع الحالة الأبدية أيضًا بأفضل صور الحضارة البشرية، إذ سيجلب الأمم وملوك الأرض «مجدهم» إلى أورشليم الجديدة. على الأرجح، يشير هذا «المجد» إلى الإسهامات الحضارية من الأمم. وفي ذلك الوقت، ستوجَد جميع الحضارات لمجد الله، وسيكون مقرها الرئيسي هو أورشليم الجديدة المصنوعة من الذهب الخالص والحجارة الكريمة (رؤيا ٢١: ٩-٢١).

إجمالًا، الله هو خالق الحضارة. فهو خَلَقَ عالمًا متنوعًا، وكلَّفَ الإنسانَ التسلُّطَ عليه وإخضاعه لمجده. لا يوجد تعارض بين الله والحضارة، أو بين الإنسان والحضارة. فالله يتوقَّع من الإنسان أن

يتسلط بنجاح على خليقته (مزمور ٨: ٤-٨)؛ لكن التتميم الكامل لهذا التوقع لن يتحقق إلا في ملكوت يسوع في «الْعَالَم الْعَتِيد» (عبرانيين ٢: ٥-٨). فالحضارة في هذا العالم الساقط ملوَّثة بالخطية، ومن ثَمَّ، ينبغي أن تُطهِّر النارُ جميعَ بقايا العالم الساقط السلبية، بما في ذلك الحضارة البشرية الساقطة (٢بطرس ٣: ٨-١٣). وعلى الأرض الجديدة، ستوجِّه الحضارة الأنظار دائمًا إلى مجد الله. وستفعل حضارة السماء ذلك بكمال مقدَّس مطلَق.

## اللاهوت الكتابي للإنسان

يمكن تلخيص عقيدة الإنسان كما يلي:

في ذروة عملية خَلْقٍ استغرقت ستة أيام حرفية، خَلَقَ الله الإنسان في نوعَي جنس – ذكرًا وأنثى. وبدءًا من الرجل الأول (آدم) والمرأة الأولى (حواء)، كُلِّف الجنس البشري أن يُثمِروا ويكثروا ويملأوا الأرض، وأن يتسلطوا على الخليقة، ويخضعوها نيابة عن الله. هذه هي مسئوليات الإنسان الرئيسية.

خُلِق الإنسان على «صورة» الله وعلى «شبهه»، وهذا معناه أنه يشبه الله من بعض النواحي، وأنه يُمَثِّله على الأرض. فالإنسان مَلِكٌ وابنٌ على حدٍّ سواء، لكنه في الآن ذاته ليس الله. ومع أن الإنسان هو تاج خليقة الله لكنه متصل بالأرض وبالعالم المخلوق بحُكم طبيعته. وُضِعَ البشر في ثلاثة أنواع من العلاقات: (١) مع الله، (٢) مع البشر الآخرين، (٣) مع الخليقة. ولأن الإنسان حاملٌ لصورة الله، كان القصد هو أن يتعامل بنجاح وفاعلية في هذه العلاقات الثلاثة. كذلك كلُّ إنسان هو وحدة معقدة من جسد، ونفس/روح. ولأنه كائن له إرادة وفكر، فهو مدعو إلى أن يحب الله، ويُظهِر ولاءه له من خلال طاعته.

لكن، عصى الإنسان الله، ولم ينفِّذ وصية المملكة بأن يُخضِع الخليقة ويتسلط عليها. ونتيجة ذلك، مات الإنسان روحيًّا، وبدأت عملية موته الجسدي. كذلك، تأثرت علاقة الإنسان بالبشر الآخرين، وبالأرض التي بدأت تقاومه. ظَلَّ الإنسانُ صورة الله، لكن تشوَّهت هذه الصورة وفسدت بفعل الخطية. فقد صار الإنسان فاسدًا تمامًا في كيانه، وليس بوسعه فعل شيء كي يخلِّص نفسه. ومع ذلك، لم يُفقَد الأمل، إذ بادر الله بوضع خطة لخلاص الجنس البشري، وإبطال اللعنة، من خلال نسل المرأة العتيد. سقطت البشرية، لكن إنسانًا محددًا سيأتي ليكون هو مخلِّص العالم. ترقَّب آدم وحواء ونسلهما مجيء هذا المخلِّص، لكنهم كانوا يجهلون التوقيت المحدَّد لهذا المجيء (انظر تكوين ٤: ١؛ ٥: ٢٨-٢٩). وأُعيد التأكيد على حق الإنسان في التسلُّط على العالم حتى بعد السقوط (مزمور ٨: ٤-٨)، مع أنه في العصر الحاضر لا يتسلَّط على الأرض بنجاح. ولن تتحقق تلك الفاعلية إلا في «الْعَالَمَ الْعَتِيدَ» (عبرانيين ٢: ٥-٨).

أقام الله شعبًا مخلَّصًا بالنعمة بالإيمان ليَستَكمل خطته لخلاص الجنس البشري والخليقة. شمل هذا الشعب رؤوس العهد مثل نوح، وإبراهيم، وموسى، وداود. لكن كان كلُّ واحد من هؤلاء الرجال خاطئًا وعاجزًا عن أن يكون المخلِّص. وقد استُخدِمت إسرائيل كأمة للدفع بمقاصد الله إلى الأمام، مع

أنها هي أيضًا أظهرت أنها شريرة. وانطبق الأمر ذاته على الملوك الذين جاؤوا من نسل داود، وفشلوا مع أنهم كان من المفترَض أن يكونوا نموذجًا للطاعة والبر في إسرائيل.

حين جاء يسوع، كان هو «آدَمُ الأَخِيرُ» (١كورنثوس ١٥: ٤٥)، والمسيَّا، ونسل المرأة الأعظم (غلاطية ٣: ١٦). بكلمات أخرى، كان يسوع (ولا يزال) هو الإنسان الأعظم، أي إنسان الله. فقد كان صورة الله الكاملة، التي تجلَّى فيها قصد الله للبشرية. تمَّم يسوع خطط الله للإنسان، وكان بارًّا وطائعًا. وعلى الصعيد العلاقاتي، أحبَّ يسوع الله، وأحبَّ البشر إلى المنتهي. أما على الصعيد الوظيفي، فقد أظهر سلطانه على الأرض من خلال معجزاته.

قدَّم يسوع نفسه بصفته ملكًا، وتحدث عن اقتراب مجيء ملكوته (متى ٤: ١٧). لكن، لم يَقبله البشر. وبموته، كفَّر عن خطايا حاملي صورة الله، وأرسى الأساس لملكوت الله ورَدِّ كل شيء (كولوسي ١: ٢٠؛ عبرانيين ٢: ٥-٩؛ رؤيا ٥: ٩-١٠). بعد ذلك، صعد يسوع إلى السماء، بصفته المسيَّا الممجَّد، وجلس عن يمين الله في السماء، حاكمًا في ملكوته الروحي للخلاص، منتظرًا أن يملك على الأرض من عرشه الداودي في مجيئه الثاني (مزمور ١١٠: ١-٢؛ متى ٢٥: ٣١؛ رؤيا ٣: ٢١).

بناء على عمل المسيح الكفاري وتأسيس العهد الجديد في الصليب ينال الذين يتحدون بيسوع الخلاص، ويتغيرون تدريجيًّا ليكونوا مشابهين صورة المسيح، الذي هو صورة الله الكاملة. إن التقديس هو تلك العملية التي بها يصير شعب الله في العصر الحاضر أشبه بالمسيح مُظهِرين على نحو متزايد ما يُفترض أن تكونه صورة الله. لكن، لا يزال هذا العالم شريرًا. لذا، لن يتحقق تسلُّط الإنسان بنجاح على الأرض إلا في ملكوت يسوع عند مجيئه ثانية. وحين يأتي يسوع ثانية إلى الأرض، سيقيِّد الشيطان، ويزيل وجوده من الأرض، ثم يملك مع الذين هم له لمدة ألف سنة في ملكوت أرضي ينجح في تنفيذ الوصية الملكية التي جاءت في تكوين ١: ٢٦-٢٨. وسيتسلط يسوع على الأمم (مزمور ٢)، ويُشرِك قدِّيسيه معه في الحُكم (رؤيا ٢: ٢٦-٢٧؛ ٣: ٢١).

وحين يتمِّم يسوع الغاية من وجود الإنسان على الأرض، وينجح بشكل نهائي وتام فيما فشل فيه آدم الأول، سينقل ملكوته إلى ملكوت الآب في الحالة الأبدية (١كورنثوس ١٥: ٢٤-٢٨؛ رؤيا ٢٠-٢١). فنتيجة عمل الإنسان الأعظم يسوع، ستكون الأرض قد أُخضِعت بنجاح، والشيطان قد هُزِم، وغير المؤمنين قد أدينوا، واللعنة قد أُبطِلت إلى الأبد. وعندئذ، سيتمتع قديسو الله إلى الأبد بعلاقة كاملة ومثالية مع الله، ومع الآخرين، ومع الخليقة الجديدة. فإن مهمة الإنسان ستكلَّل بالنجاح بفضل يسوع! تقول الآية الأخيرة التي تصف الحياة على الأرض الجديدة: «وَهُمْ سَيَمْلِكُونَ إِلَى أَبَدِ الآبِدِينَ» (رؤيا ٢٢: ٥). فما كان مستحيلًا طوال آلاف السنين سيتحقق. وبهذا، ستكون نهاية القصة بالنسبة للبشرية المفتداة نهاية سعيدة!

# الخطية

## مقدِّمة عن الخطية

- تعريف الخطية
- علاقة الخطية بالعقائد الأخرى
- أصل الخطية

إن فساد الإنسان العام أمرٌ واضح وقابل للإثبات بسهولة. فالخطية متغلغلة في كلِّ جوانب حياتنا، وتؤثِّر علينا أفرادًا ومجتمعات؛ وهي متأصلة بعمقٍ في داخلنا، وتَظهَر باستمرار. وعبر التاريخ، أقرَّت المجتمعات على نحو ثابت ومستمر بالفساد الطبيعي للإنسان. لكن، منذ عصر التنوير، ازداد عداء الحضارة الغربية لحقيقة الخطية، ولا سيما حسبما يعرِّفها الكتاب المقدس. وهناك أربعة أسباب رئيسية لهذا التغيير.

**أولاً**، يميل فكر الحداثة إلى اعتبار البشر صالحين بالطبيعة. فقبل تحوُّلات القرن الثامن عشر الفلسفية كان الإدراك العام لفساد الإنسان هو السائد. على سبيل المثال، ارتبط الإصلاح البروتستانتي بذعر مارتن لوثر من شرِّه وفساده الشخصي. لكن بحلول العصر الحديث، بدأ الرأي التقليدي عن فساد الإنسان يتناقص، وصار الإنسان يُعتَبَر صالحًا بطبيعته الأصلية، ورُبِطت مشكلات البشر وآلامهم بالجهل. وفي خضم مشاعر نشوة عصر التنوير الزائفة، ونظرًا للتقدم في مجالات التعليم، والعلم، والتكنولوجيا، استنتج كثيرون أن الإنسان صالح بالطبيعة، وأنه حين يتعلم ويتثقف، سيصير العالم بحالٍ أفضل. لكن القرن العشرين بدَّد هذا الوهم بكل جلاء، وصار فساد الإنسان ظاهرًا للعيان، إذ اشتعل العالم بأقوى وأشد الحروب وحوادث سفك الدماء التي وقعت عبر التاريخ، والتي شملت حربين عالميتين مدمرتين، ومذبحة لليهود، والحرب الباردة. وقد كان القرن الحادي والعشرون، حتى يومنا هذا، زاخرًا بالحروب، وبسعي دول غير مستقرة للحصول على أسلحة نووية وامتلاكها بالفعل، وكذلك بازدياد في الإرهاب الإسلامي. وقد فضحت وسائل الإعلام العالمية فساد الإنسان بدرجة لم نتصوَّرها قط. إن التعليم، والعِلم، والتكنولوجيا الذين حققوا تقدمًا طبيًّا عظيمًا ووسائل راحة قد ابتكروا في الآن ذاته أسلحة دمار شامل. وباتت المجتمعات تقاوِم مقاييس الله على نحو متزايد، حتى أنها أعطت تعريفًا جديدًا لجوانب أساسية من الهوية البشرية، مثل نوع الجنس والزواج. وعلى النقيض من عقلية الحداثة وما بعد الحداثة، فإن حقيقة الخطية حيَّة وظاهرة للعيان بوضوح.

**ثانيًا**، عارضت وجهات النظر الحتميَّة عن البشر الفهمَ الكتابي عن الخطية. فوجهات النظر هذه تَعتبر البشر في الأساس نتاج بيئتهم، أو تنشئتهم الاجتماعية، أو البواعث النفسية والحرمان النفسي. وقد تمادى المجتمع كثيرًا في التكيُّف مع فساده حتى صار يمتنع عن تحميل الإنسان أيَّ مسئولية أخلاقية عن أيِّ فعل أو سلوك. يتفق هذا التكيُّف مع النظرة إلى الإنسان باعتباره في الأساس آلة تفعل ما بُرمِجت مسبقًا لتفعله.

**ثالثًا**، بظهور فكر ما بعد الحداثة، انتقل مجتمعنا إلى تبنِّي النسبية الأخلاقية. ففي هذه الأيام، لم يَعُد الصواب والخطأ، أو الخير والشر، يُعَرَّفان بمفردات مطلقة، بل صار يُنظَر إلى هذه المعاني نظرة شخصية وغير موضوعية. وصار يُعتبَر أن الأفراد والمجتمعات، وليس الله، هم الذين يملكون سلطة تحديد الصواب والخطأ. وصارت أغلبية كبيرة من البشر اليوم تؤمن بأن الحق والمبادئ الأخلاقية ليست ثوابت أو أشياء مطلقة، لكنها أشياء مرنة وشخصية، غير مكترثين على الإطلاق بما يقوله الكتاب المقدس.

**رابعًا**، الخطية موضوع مزعج وغير سار. ففي هذا العصر الحافل بتقدير الإنسان لِذَاتِه، وبالفكر الذاتي غير الموضوعي، لا يحب البشر أن يروا أنفسهم أشرارًا. يقول ميلارد إريكسون (Millard Erickson): «صار وصف البشر بأنهم خطاة شبيهًا بالتفوُّه بألفاظ نابية وبذيئة في اجتماع رسمي فخم، أو حتى في الكنيسة. وصار هذا أمرًا محظورًا. وهذا التوجُّه العام يكاد يكون نوعًا جديدًا من الناموسية، الوصية الرئيسية فيه هي: ' لا تنطق بأي شيءٍ سلبيٍّ'».[٣٦]

## ⬅ تعريف الخطية

من بين الأسفار الستة والستين للكتاب المقدس، وأصحاحاته التي عددها ١١٨٩ أصحاحًا، فقط سِفْران وأربعة أصحاحات هي التي لم تَذكُر شيئًا عن الخطية أو الخطاة. فإن تكوين ١-٢، ورؤيا ٢١-٢٢ هي أصحاحات فريدة من نوعها تروي حال الخليقة قبل الخطية، وحال السماء الجديدة والأرض الجديدة اللتين لن تتلوثا بالخطية أبدًا. أما بقية الكتاب المقدس، من تكوين ٣: ١ وحتى رؤيا ٢٠: ١٥، فهو حافل بموضوعات وأفكار عن خطية الإنسان والحاجة إلى الخلاص. ومن ثَمَّ، فإن الخطية عقيدة رئيسية.

يسمَّى علم دراسة الخطية «هامارتيولوجي». تأتي هذه التسمية من الكلمة اليونانية *hamartia* التي تعني «خطية». وتُبيِّن العديد من الألفاظ والمفاهيم المتصلة بهذه الكلمة أن الخطية حقيقة معقَّدة ومتعدِّدة الأوجه. ففي اللغة العبرية للعهد القديم، تُرجِمت كلمة *khata‘* عادة «تُخْطِئَ» أو «أَخْطَأْتُ» (تكوين ٢٠: ٦؛ خروج ١٠: ١٦). هذه الكلمة متصلة أيضًا بفكرة عدم إصابة الهدف (قضاة ٢٠: ١٦، «يَرْمُونَ الْحَجَرَ بِالْمِقْلاَعِ عَلَى الشَّعْرَةِ وَلاَ يُخْطِئُونَ»). ويقول أمثال ١٩: ٢، «وَالْمُسْتَعْجِلُ بِرِجْلَيْهِ يُخْطِئُ [*khata‘*]، أو «يضل طريقه»]. وهذه الكلمة على صلة وثيقة بالاسم اليوناني *hamartia* («خطية»)، وبالفعل المشتق منها *hamartanō*، الذي معناه «يخطئ الهدف»، أو «يَزِل»، أو «يرتكب خطأ». ووردت الكلمة في صيغة الفعل في رومية ٣: ٢٣، «إِذِ الْجَمِيعُ أَخْطَأُوا [*hamartanō*] وَأَعْوَزَهُمْ مَجْدُ اللهِ».

أما كلمة *Pasha’* العبرية فهي لفظٌ مهمٌّ آخر يعبِّر عن الخطية في العهد القديم. تعني هذه الكلمة «يتمرَّد»، أو «يَنتهِك»، أو «يخون». وقد استُخدِمت في إشعياء ١: ٢ للإشارة إلى تمرد إسرائيل على الله: «أَمَّا هُمْ فَعَصَوْا [*Pasha’*] عَلَيَّ». كذلك، الكلمة العبرية *abar’* تعني «يتعدَّى»، أو «يَتخطَّى» أو «يتجاوز». وتشير الكلمة في سياق أخلاقي إلى التعدي على وصية أو خرق عهد. قال موسى: «لِمَاذَا تَتَجَاوَزُونَ [*abar’*] قَوْلَ الرَّبِّ؟ فَهَذَا لاَ يَنْجَحُ» (العدد ١٤: ٤١). وفي قضاة ٢: ٢٠، كان الله غاضبًا

36 Erickson, *Christian Theology*, 582.

من إسرائيل «مِنْ أَجْلِ أَنَّ هَذَا الشَّعْبَ قَدْ تَعَدَّوْا [*abar'*] عَهْدِيَ الَّذِي أَوْصَيْتُ بِهِ آبَاءَهُمْ وَلَمْ يَسْمَعُوا لِصَوْتِي».

تعبِّر كلمات يونانية مختلفة عن مفهوم «الخطية» في العهد الجديد. فكلمة *adikia* تعني «الإثم» أو «الظلم» (رومية ١: ١٨). أشار بولس إلى بعض «الَّذِينَ لَمْ يُصَدِّقُوا الْحَقَّ، بَلْ سُرُّوا بِالْإِثْمِ [*adikia*]» (٢تسالونيكي ٢: ١٢). كما تركز كلمة *planaō* على «الشرود» أو «الضلال» (٢تيموثاوس ٣: ١٣؛ ٢بطرس ٣: ١٧). كذلك، الخطية هي *anomia*، وتعني «الجموح» أو «الانفلات» [lawlessness]، أي رفض ناموس الله. ويقول ١يوحنا ٣: ٤ ببساطة إن «الْخَطِيَّةُ هِيَ التَّعَدِّي».[٣٧]

توصِّل كلمة *Apeitheō* معنى أن يكون المرء عاصيًا، ومعاندًا لمشيئة الله عن عمدٍ (رومية ١١: ٣١؛ يوحنا ٣: ٣٦). أما كلمة *Asebeia* فيمكن ترجمتها «فجور»، أو «شرٌّ»، أو «عدم تقوى». قال يهوذا: «إِنَّهُ فِي الزَّمَانِ الْأَخِيرِ سَيَكُونُ قَوْمٌ مُسْتَهْزِئُونَ، سَالِكِينَ بِحَسَبِ شَهَوَاتِ فُجُورِهِمْ [«شَهَوَاتِهِمُ الفَاجِرَةَ»] [*Asebeia*] (يهوذا ١٨). تشير كلمة *Agnoia* إلى الجهل أو غياب الفهم. قال بولس إن غير المؤمنين مظلمو الفكر «لِسَبَبِ الْجَهْلِ [*Agnoia*] الَّذِي فِيهِمْ» (أفسس ٤: ١٨). وتعني كلمة *Parabasis* مخالفة ناموس الله أو الحيدان عنه. يقول رومية ٢: ٢٣: «الَّذِي تَفْتَخِرُ بِالنَّامُوسِ، أَبِتَعَدِّي [Parabasis] النَّامُوسِ تُهِينُ اللهَ؟»[٣٨]

القائمة المبيَّنة أعلاه ليست شاملة، لكن هذه العيِّنات من المصطلحات الكتابية تُظهر معًا الطبيعة متعدِّدة الأبعاد للخطية. فالخطية خاطئة بوضوح ومن نواحٍ عديدة. لكن هل يوجد عنصر مركزي أو جوهري للخطية؟ قُدِّمت إجابات كثيرة عن هذا السؤال. أكَّد أوغسطينوس أن الكبرياء هي لُبُّ الخطية، لأنها هي الدافع وراء سعي الإنسان إلى أن يعيش حياته بقوته الذاتية. افترض آخرون أن غياب «شالوم»، أو السلام، هو جوهر الخطية، لأنه يسبِّب دائمًا الاضطراب والألم. كذلك، كانت الأنانية وعبادة الأوثان ضمن الاقتراحات الأخرى. فالأنانية هي محبة الذات أكثر من الله، وعبادة الأوثان هي عبادة المخلوق دون الخالق. وقد حذَّرَتِ الوصيةُ الأولى في الناموس من عبادة الأوثان – «أَنَا الرَّبُّ إِلَهُكَ ... لَا يَكُنْ لَكَ آلِهَةٌ أُخْرَى أَمَامِي» (خروج ٢٠: ٢-٣). قطعًا، كلُّ المفاهيم التي استُعرِضت أعلاه هي عناصر ومكوِّنات من تعقيد الفساد البشري.

لكن ينبغي فهم الخطية من منظور مركزه الله. فالخطية في جوهرها خَرْقٌ للعلاقة بين الخالق والمخلوق. فالإنسان موجود فقط لأن الله خلقه، ولهذا، هو ملزَم بكلِّ معنى الكلمة أن يَعبد خالقه. لكن الخطية تدفع الإنسان إلى اغتصاب دور الله، والمطالبة لنفسه بالاستقلال عن خالقه. ومن ثَمَّ، المعنى الأكثر شمولية لجوهر الخطية هو المطالبة بالاستقلال.

لأن الله هو خالق كل شيء، فجميع المخلوقات ملزَمة بطاعته، وبالسلوك وفقًا لمشيئته. إن سقوط الشيطان وبعده سقوط آدم وحواء مرتبطان بالسلوك باستقلالية وبالسعي المتمرد إلى أن يكونوا مثل

٣٧ [المترجم]: «لأنَّ الخَطِيَّةَ هِيَ كَسرٌ لِلشَّرِيعَةِ»، الترجمة العربية المبسَّطة.
٣٨ [المترجم]: «أَتُهِينُ اللهَ بِمُخَالَفَةِ الشَّرِيعَةِ؟»، ترجمة كتاب الحياة

الله. فعلى لسان ملك بشري قال الشيطان: «أَصِيرُ مِثْلَ الْعَلِيِّ» (إشعياء ١٤: ١٤). ولاحقًا، وَسْوَسَتِ الحية الملهَمة من الشيطان لحواء: «يَوْمَ تَأْكُلَانِ مِنْهُ [أي من شجرة معرفة الخير والشر] تَنْفَتِحُ أَعْيُنُكُمَا وَتَكُونَانِ كَاللهِ» (تكوين ٣: ٥). وقد تصرَّفت حواء، ثم آدم، بناء على هذا الاعتقاد، دون أدنى اعتبار لوصية الله: «فَرَأَتِ الْمَرْأَةُ أَنَّ الشَّجَرَةَ جَيِّدَةٌ لِلأَكْلِ، وَأَنَّهَا بَهِجَةٌ لِلْعُيُونِ، وَأَنَّ الشَّجَرَةَ شَهِيَّةٌ لِلنَّظَرِ. فَأَخَذَتْ مِنْ ثَمَرِهَا وَأَكَلَتْ، وَأَعْطَتْ رَجُلَهَا أَيْضًا مَعَهَا فَأَكَلَ» (تكوين ٣: ٦).

لم يَقنَع سواء الشيطان أو آدم وحواء بإطاعة الله. فمع أنهم خُلِقوا كي يحبوا الله من كل كيانهم، وكي يفهموا العالم من منظوره، لم يرغبوا في أن يحبوه أو يطيعوه. وبسلوكهم باستقلالية، تصرَّفوا بمفردهم، في محاولة ليكونوا مثل الله. وتتكرر هذه الوقاحة الشريرة مع كلّ خطية. فبدلًا من أن يقول الخطاة: «لتكن مشيئة الله»، يقولون: «لتكن مشيئتي». ومن ثَمَّ، الخطية سلوك استقلالي واغتصابٌ لسلطان الله.

في أطروحته التفصيلية عن فساد الجنس البشري في رومية ١-٣، أوضح بولس كيف خالفت المخلوقات الآثمة علاقتها بالخالق، قائلًا: «الَّذِينَ اسْتَبْدَلُوا حَقَّ اللهِ بِالْكَذِبِ، وَاتَّقَوْا وَعَبَدُوا الْمَخْلُوقَ دُونَ الْخَالِقِ، الَّذِي هُوَ مُبَارَكٌ إِلَى الأَبَدِ. آمِينَ» (رومية ١: ٢٥). وهكذا، تَحدُثُ عبادة الأوثان حين يضع البشر عبادة المخلوقات محل عبادة الله. فالسلام والسلامة اللذان لا يأتيان إلا من عبادة الإله الحقيقي يُفقَدان حين تُوَجَّه العبادة إلى المخلوقات. فبرفض الخالق، يسعى القلب غير المؤمن إلى إشباع نفسه بما لا يمكن أن يجلب له فرحًا دائمًا أو إشباعًا حقيقيًا – سواء الممتلكات المادية، أو النجاح، أو إعجاب الآخرين، أو العلاقات غير الأخلاقية، أو المواد المخدرة، أو الكحوليات، أو المقامرة، أو الكثير من البدائل الأخرى. والذين يكرِّسون أنفسهن لمثل هذه الأشياء يصيرون عبيدًا لها (٢بطرس ٢: ١٩).

في سياق الأصحاح الأول من رسالة رومية، قال بولس إن البشر الجُهَّال ذوي القلوب المظلمة «أَبْدَلُوا مَجْدَ اللهِ الَّذِي لَا يَفْنَى بِشِبْهِ صُورَةِ الإِنْسَانِ الَّذِي يَفْنَى، وَالطُّيُورِ، وَالدَّوَابِّ، وَالزَّحَّافَاتِ» (رومية ١: ٢٣)؛ ثم خصَّ بالذكر المثلية الجنسية التي يرتكبها النساء والرجال على حدٍّ سواء: «لأَنَّ إِنَاثَهُمُ اسْتَبْدَلْنَ الاسْتِعْمَالَ الطَّبِيعِيَّ بِالَّذِي عَلَى خِلَافِ الطَّبِيعَةِ، وَكَذلِكَ الذُّكُورُ أَيْضًا تَارِكِينَ اسْتِعْمَالَ الأُنْثَى الطَّبِيعِيَّ، اشْتَعَلُوا بِشَهْوَتِهِمْ بَعْضِهِمْ لِبَعْضٍ، فَاعِلِينَ الْفَحْشَاءَ ذُكُورًا بِذُكُورٍ، وَنَائِلِينَ فِي أَنْفُسِهِمْ جَزَاءَ ضَلَالِهِمِ الْمُحِقَّ» (رومية ١: ٢٦-٢٧).

في ضوء هذه العوامل نستطيع أن نقدِّم الآن هذا التعريف المختصَر للخطية: الخطية هي أيُّ افتقار إلى الامتثال لمشيئة الله، أو الالتزام بها، سواء في التوجُّه القلبي، أو الفكر، أو الفعل، وسواء ارتُكِبت بشكل متعمَّد أو بشكل غير متعمَّد. إن جوهر كل خطية هو الاستقلالية، أي استبدال الله بالذات. كما أن نتائج الخطية، مثل الكبرياء، والأنانية، وعبادة الأوثان، وغياب السلام (شالوم)، هي أمور دائمًا ما تكون وثيقة الصلة بالخطية.

## ➡ علاقة الخطية بالعقائد الأخرى

### عقيدة الله

لا يمكن فصل عقيدة الخطية عن العقائد الكتابية الأخرى كافة. توجد صلة بين عقيدة الخطية والله لأن الخطية تُرتَكَب في حقِّ الله في المقام الأول. يقول مزمور ٥١ : ٤: «إِلَيْكَ وَحْدَكَ أَخْطَأْتُ، وَالشَّرَّ قُدَّامَ عَيْنَيْكَ صَنَعْتُ». بالإضافة إلى ذلك، الله وحده هو مَن يستطيع اتخاذ زمام المبادرة لإزالة العداوة بين الإنسان والله (٢كورنثوس ٥ : ١٩).

- ### عقيدة الإنسان

تصف عقيدةُ الخطية بشكل صريح الجنسَ البشري بأنه ساقط. وتؤثِّر الخطية على الجميع، لأنها السمة المميِّزة لكل إنسان منذ الولادة. وهي تفسد علاقة الجميع بالله، وبالآخرين، وبالخليقة؛ وتجلب الموت للجميع. كذلك، تؤثِّر الخطية على تكويننا البشري بكامله، وعلى شكل حياتنا، فتُشَوِّه كل جانب في كياننا جسدًا ونفسًا على حدٍّ سواء. كما تؤثِّر الخطية على قدرة الإنسان على أن يتسلَّط بالكامل على الخليقة ويُخضِعها. إنسانٌ بارٌ وحيد – وهو يسوع – هو القادر أن ينجح تمامًا فيما فشل آدم والجنس البشري. فابن الإنسان وحده هو القادر على إبطال اللعنة، وهو الذي سيحقِّق ذلك فعليًّا.

- ### عقيدة الخلاص

تؤثر عقيدة الخطية بالتأكيد في عقيدة الخلاص، لأن الخطاة في حاجة إلى إنقاذ، لكنهم عاجزون عن أن يخلِّصوا أنفسهم بأنفسهم. فلأنهم خطاة بدرجة عميقة ومتوغِّلة، هم في حاجة إلى الخلاص بالنعمة. ومن دون الخلاص بالنعمة الإلهية وحدها، لن يتوقف الأمر عند فشل الإنسان في علاقاته ووظائفه التي عيَّنها له الله، لكنه يُترَك أيضًا لمواجهة غضب الله الأبدي.

- ### عقيدة المسيح

بين عقيدة الخطية ويسوع المسيح صلة، لأن يسوع هو آدم الأخير، والعبد المتألم، والمسيَّا، ونسل المرأة، ذاك الذي يهزم الخطية بكل أشكالها ونتائجها، ويفتدي المؤمنين، ويَرُدُّ الخليقة، ويهزم الشيطان. يفعل يسوع كلَّ ذلك عن طريق التكفير عن خطايا شعبه. ومن دون موته الكامل والبَدَلي، لَمَا كان خلاص من الخطية. ومن دون قيامته من بين الأموات وارتفاعه ربًّا على الكلِّ، لَمَا تمكَّن الإنسان من التسلُّط على الخليقة كما وعد الله، وكما هو متوقَّع منه.

- ### عقيدة الملائكة

أخطأ الشيطان والملائكة الساقطون الذين تبعوه في حقِّ الله، وطُرِدوا من أمام وجهه؛ ولا خلاص مقدَّم لهم. وفي حين أن الملائكة القديسين أرواح خادمة مرسلة لخدمة البشر العتيدين أن يرثوا الخلاص (عبرانيين ١ : ١٤)، فإن الشيطان وأرواحه الشريرة أرواحٌ مُضِلَّة تغوي الجنس البشري لعصيان الله. وسيعاقَب الشيطان وجميع الملائكة الساقطين بالطرح إلى الأبد في بحيرة النار المعدَّة لهم.

- عقيدة الكنيسة

الكنيسة هي مجتمع البشر الذين نالوا الخلاص من الخطية في هذا الدهر، وهي أيضًا السفير العالمي عن الله للمناداة بالمصالحة للخطاة. تكرز الكنيسة بإنجيل غفران الخطايا في يسوع المسيح. إن نعمة الله في المؤمنين تكسر سطوة الخطية في حياتهم، كما عليهم أن يختبروا النصرة عليها بطاعتهم لكلمة الله بقوة الروح القدس التي تشهد عن قوة الله في الخلاص.

- عقيدة الأخرويات

هذا العالم الساقط تسوده الخطية ونتائجها. لكن الحال ليس سيئًا بقدر ما كان يمكن أن يكون عليه، أو بقدر ما سيكون عليه، إذ سيأتي وقت فيه يتوقف الروح القدس عن حجز الخطية كما يفعل في الوقت الحالي. وحين يحل ذلك الوقت ستظهر شخصية ضد المسيح الذي هو رَجُلُ الشيطان الذي يجسِّد الإثم (راجع ٢تسالونيكي ٢: ٣-٤؛ رؤيا ١٣: ١-١٠). وسيُطلَق سراح الشياطين من الهاوية، بعدما ظلُّوا مقيَّدين فيها زمانًا طويلًا، وسيأتون إلى الأرض ليجرِّبوا ويعذِّبوا (رؤيا ٩: ١-١١). وعند مجيء يسوع ثانية إلى الأرض سيَهْزِمُ ضدَّ المسيح وأتباعه (رؤيا ١٩: ١٩-٢١). وسيقيَّد الشيطان وملائكته في أثناء فترة الملك الألفي (رؤيا ٢٠: ١-٦)، ثم يُطرَحون في النهاية في بحيرة النار (رؤيا ٢٠: ١٠). وستُزال الخطية ونتائجها تمامًا ونهائيًّا بمجيء الحالة الأبدية. وعن الأرض الجديدة يقول رؤيا ٢١: ٤: «وَسَيَمْسَحُ اللهُ كُلَّ دَمْعَةٍ مِنْ عُيُونِهِمْ، وَالْمَوْتُ لَا يَكُونُ فِي مَا بَعْدُ، وَلَا يَكُونُ حُزْنٌ وَلَا صُرَاخٌ وَلَا وَجَعٌ فِي مَا بَعْدُ، لِأَنَّ الْأُمُورَ الْأُولَى قَدْ مَضَتْ».

## ⬅ أصل الخطية

- الشيطان

يلوم الكتاب المقدس الإنسانَ الأول، آدم، على وجود الخطية والموت في العالم (رومية ٥: ١٢). لكن في تكوين ٣، الذي يروي حدث سقوط الإنسان، اندسَّ في المشهد شخصية روحية ظلامية ذات نوايا شريرة. جرَّب هذا المخلوق حاملي صورة الله، وألقى بظلال الشك على ما أوصاهم به الله، فأغواهم بأن يفهموا العالم من منظوره هو، وليس من منظور الله. ومع أن هذا المخلوق كان حيَّة حَرفية (تكوين ٣: ١)، لكن القوة الكامنة وراء هذه الحية كانت لوسيفر الملاك الساقط، الذي يُعرَف الآن باسم الشيطان، وهو الاسم الذي معناه «الخصم».

لا يصف سفر التكوين حدث سقوط الشيطان، لكن يظهر رئيس الشياطين هذا في تكوين ٣ مخلوقًا ساقطًا بالفعل ومقاومًا لله بشراسة. على الأرجح، وردت إشارة إلى سقوط إبليس في حزقيال ٢٨، وإشعياء ١٤. يتحدث النصَّان كلاهما عن مَلِكَيْن بشريين (ملك صور وملك بابل)؛ لكن الوصف في كليهما يتجاوز أيَّ ملك بشري عادي، فهو وصفٌ لأول خطية في الكون. يقول حزقيال ٢٨: ١٣: «كُنْتَ فِي عَدْنٍ جَنَّةِ اللهِ»، وإن الشيطان كان «الْكَرُوبُ الْمُنْبَسِطُ الْمُظَلِّلُ ... عَلَى جَبَلِ اللهِ الْمُقَدَّسِ» (حزقيال ٢٨: ١٤). وتعني الإشارة إلى «الْكَرُوبُ» أن الشيطان كان ملاكًا يقف في محضر الله. ثم يقول حزقيال ٢٨: ١٥: «أَنْتَ كَامِلٌ فِي طُرُقِكَ مِنْ يَوْمَ خُلِقْتَ حَتَّى وُجِدَ فِيكَ إِثْمٌ». ومن ثَمَّ، انتقل الشيطان من حالة

«الكمال» إلى حالة «الإثم». فإن الله ليس هو العلة المستحِقة اللوم على الإثم، لكن قد وُجد إثم في الشيطان، أي أن اللوم يقع عليه هو. ويقول إشعياء ١٤: ١٤ إن شهوة قائد العبادة الملائكي هذا (إشعياء ١٤: ١١-١٢) أن يكون مثل الله – «أَصِيرُ مِثْلَ الْعَلِيِّ» – كانت هي سبب تمرده.

- آدم وحواء

وَسْوَسَت الحية إلى حواء بكذبة مفادها أن الأكل من شجرة معرفة الخير والشر سيجلب لها الاستنارة ويجعلها كالله. أُغوِيت حواء بهذه الكذبة، فأكلت هي أولًا من الشجرة، ثم أعطت آدم (تكوين ٣: ٦). ومع ذلك، يلقي الكتاب المقدس المسئولية الرئيسية لهذا الفعل على آدم، لأن آدم، وليس حواء، هو الرأس الممثِّل للجنس البشري. ثم في الحال، صار آدم وحواء خاطئين، واختبآ بسبب شعورهما المخيف بالذنب. فنادى الله آدم تحديدًا: «فَنَادَى الرَّبُّ الإِلهُ آدَمَ وَقَالَ لَهُ: «أَيْنَ أَنْتَ؟»» (تكوين ٣: ٩). يقول بولس إن كلًّا من آدم وحواء أخطآ، لكن الفارق الرئيسي هو أن «آدَمُ لَمْ يُغْوَ، لكِنَّ الْمَرْأَةَ أُغْوِيَتْ فَحَصَلَتْ فِي التَّعَدِّي» (١تيموثاوس ٢: ١٤). وبشكل صريح، يضع رومية ٥: ١٢ لوم الخطية والموت اللذين دخلا إلى العالم على آدم، الرأس الممثِّل: «بِإِنْسَانٍ وَاحِدٍ [آدم] دَخَلَتِ الْخَطِيَّةُ إِلَى الْعَالَمِ، وَبِالْخَطِيَّةِ الْمَوْتُ».

بين فِعْلَي التمردِ الأَوَّلَيْن تشابهات. فقد أخطأ الشيطان وآدم على حدٍّ سواء بعدما خُلِقا بلا خطية، وبعدما اختبرا حضور الله بشكل مباشر. كان الشيطان في محضر الله في السماء، بينما تمشَّى آدم مع الله في جنة عدن (تكوين ٣: ١٨). ولم يَقنع الاثنان بحالتهما الكاملة والمثالية، واشتهى كلٌّ منهما في تمرُّده أن يكون مثل خالقه (تكوين ٣: ٥)؛ لكن، بدلًا من أن يجعلهما هذا التمرُّد مساويين لله، جعلهما أقل مشابهة له ممَّا كانا عليه بالفعل، وفصلهما عنه.

بما أن الله لا يمكن أن يكون هو مصدر الخطية، وهو لا يغوي أحدًا بارتكاب الخطية (يعقوب ١: ١٣)؛ وبما أن لوسيفر، والملائكة الذين تبعوه، وآدم وحواء قد خُلقوا جميعًا بلا خطية، يثير هذا إذن سؤالًا مهمًّا يتعلق بأصل الخطية. يعتقد كثيرون أنه بما أن الله كلي القدرة، فلا بد أن مسئولية الخطية تقع عليه. هذا خطأ. صحيح أن أصل الخطية هو قطعًا لغز عميق وغامض، لكن ليس الله هو عِلَّة الخطية الذي يستحق اللوم. فلأن البشر المخلوقين أخطأوا، لا بد أن القدرة على ارتكاب الخطية كانت موجودة كاحتمالٍ أو إمكانية بداخلهم. فقد حدثت الخطية لأن الشيطان، وآدم، وحواء اختاروا أن يمارسوا حرية إرادتهم في أن يعصوا الله بدلًا من أن يُحِبُّوه. ومن ثمَّ، لا يمكنهم بصفتهم مخلوقات أن يفلتوا من المساءلة أمام خالقهم.

الخطية لا تفاجئ الله؛ فهو قادر أن يغلبها، بل وقد عيَّنها حتى يستعلن مجده على أكمل وجه. لكن تقع ملامة الخطية على البشر الذين يختارون العصيان. ولا تقوِّض سيادة الله المطلقة مسئولية الإنسان بأي حال.[٣٩] ينطبق هذا على الشيطان والملائكة الساقطين على حدٍّ سواء، وعلى آدم وحواء، اللذين ورَّثا طبيعتهما الخاطئة لكلِّ نسلهما.

٣٩ للاطلاع على المزيد بشأن كون سيادة الله على الخطية والشر لا تجعله العلة المستحِقَّة اللوم لأيٍّ منهما، انظر عنوان «قضاء الله ومشكلة الشر» (ص. ٦٠٠)، وعنوان «تبرير الله» (ص. ٦١٨) في الفصل السابع من هذا الكتاب.

# عواقب السقوط

- عواقب شخصية
- تأثير السقوط على العلاقات
- ثلاث صور للموت
- انتقال خطية آدم
- الإنسان العتيق والإنسان الجديد
- الفساد الكُلِّي

## عواقب شخصية

الخطية دائمًا مخيِّبة للأمل، ولا تُشبِع البتة. هذا هو الواقع الذي واجهه آدم وحواء في الحال. وما ترتَّب على فعلهما الخاطئ يُظهِر عواقب الخطية. فإذ صدَّق آدم وحواء كذب الشيطان توقَّعا أن يصيرا كالله، أي مستنيرين ومحقَّقين؛ لكن حدث النقيض تمامًا. فحين أكلت حواء ثم آدم من الشجرة المحرَّمة، «انْفَتَحَتْ» أعينهما، لكن ليس على النحو الذي توقعاه (تكوين ٣: ٧). فهما لم يجدا الرضا والنعيم، بل في المقابل اختبرا الشعور بالذنب والخزي. فقد أدركا في الحال أنهما عريانان، فخاطا أوراق تين لستر حالتهما (تكوين ٣: ٧). فقد ذهبت طهارة وبراءة حالتهما السابقة للسقوط أدراج الرياح، وتغيَّر كل شيء فجأة، وانفتح صندوق الويلات فأفرغ ما بداخله من فساد وعواقب سلبية. لقد صار آدم وحواء مختلفين تمامًا عن الله.

وَعَدَ الشيطان حواء بأن أكلها من الشجرة سيحقق لها معرفة الخير والشر (تكوين ٣: ٥). وقد تحقَّق هذا على نحو لم تتوقعه حواء قط. فالآن صار آدم وحواء يعرفان الشر وعواقبه المدمرة أيضًا، عن اختبار. وبالإضافة إلى الخزي، حلَّت عاقبة أخرى، ألا وهي الخوف. فحين سمع الزوجان اللهَ يتمشَّى في الجنة، «اخْتَبَأَ آدَمُ وَامْرَأَتُهُ مِنْ وَجْهِ الرَّبِّ الإِلَهِ فِي وَسَطِ شَجَرِ الْجَنَّةِ» (تكوين ٣: ٨)، وقال آدم: «فَخَشِيتُ» (تكوين ٣: ١٠). تسبَّبت الخطية في الخوف والاختباء من الله. فحين أكل آدم وحواء من الشجرة، أزاحا الله جانبًا، وركَّزا على رغباتهما الشخصية. لكن السلوك باستقلالٍ عن الله لم يكن يعني النجاح في الإفلات منه. فقد جاء خالقهما القدوس بحثًا عنهما، وللمرة الأولى، إذ انطبعت الخطية على ذهن آدم وحواء، شعرا بالخوف.

مِن النتائج الأخرى للخطية هي إلقاء اللوم على الآخر. فحين واجه اللهُ آدمَ، بدا وكأنه كان يلوم حواء على ما حدث: «الْمَرْأَةُ الَّتِي جَعَلْتَهَا مَعِي هِيَ أَعْطَتْنِي مِنَ الشَّجَرَةِ فَأَكَلْتُ» (تكوين ٣: ١٢). لكن في واقع الأمر، كان آدم يلقي باللوم على الله نفسه، إذ قال: «الْمَرْأَةُ الَّتِي جَعَلْتَهَا مَعِي ...». ثم حين سأل الله حواء عمَّا فَعَلَتْهُ، ألقت اللوم على الحيَّة، قائلة: «الْحَيَّةُ غَرَّتْنِي فَأَكَلْتُ» (تكوين ٣: ١٣). إن حالة البشر الساقطين العامة والطبيعية هي أن يلقوا مَلامَةَ خطاياهم على شخص آخر.

هذه العواقب الشخصية للخطية وخيمة. فالخطية تَعِد بالاستتارة والسلام، لكنها في المقابل تجلب الخزي، والخوف، والملامة، فضلًا عن الموت أيضًا (تكوين ٢: ١٧). وكما سيبيِّن القسم التالي، تفوق العواقب هذا الحد.

## ➡ تأثير السقوط على العلاقات

تتجاوز العواقب السلبية للخطية الاضطراب واليأس الشخصي. فقد خُلِق الإنسان كي يكون في علاقة مع الله، ومع البشر الآخرين، ومع الخليقة. وهذه العلاقات الثلاث فسدت كلُّها بسقوط الإنسان.

- **الله**

الأمر الأول والأهم هو أن علاقة الإنسان بالله قد انقطعت، وصار الإنسان ميتًا روحيًّا (سنذكر المزيد أدناه بشأن ما ينطوي عليه الموت الروحي، في صفحة ٥٦٣).

بالإضافة إلى ذلك، تجلب الخطية غضب الله، أي الاستياء البار الذي يشعر به الله تجاه الخطية. يقول رومية ١: ١٨: «لِأَنَّ غَضَبَ اللهِ مُعْلَنٌ مِنَ السَّمَاءِ عَلَى جَمِيعِ فُجُورِ النَّاسِ وَإِثْمِهِم، الَّذِينَ يَحْجِزُونَ الْحَقَّ بِالْإِثْمِ» (راجع كولوسي ٣: ٥-٦). ويقول أفسس ٥: ٦: «يَأْتِي غَضَبُ اللهِ عَلَى أَبْنَاءِ الْمَعْصِيَةِ». غضبُ الله حالٌّ فوق رأس جميع المتمردين عليه، وسوف يُستعلَن في يوم الرب المستقبلي، وفي الدينونة الأخيرة في بحيرة النار (رؤيا ٢٠: ١١-١٥). قال بولس لغير التائبين: «وَلَكِنَّكَ ... تَذْخَرُ لِنَفْسِكَ غَضَبًا فِي يَوْمِ الْغَضَبِ وَاسْتِعْلَانِ دَيْنُونَةِ اللهِ الْعَادِلَةِ» (رومية ٢: ٥).

تَجتذب الخطية عقاب الله. فلكون الله قدوسًا وبارًّا، ينبغي أن يعاقِبَ الخطية. قال يسوع إن الأشرار يمضون «إِلَى عَذَابٍ أَبَدِيٍّ» (متى ٢٥: ٤٦). وقد تجلَّت خطورة عقوبة الخطية حين تَحَمَّلَ ابن الله على الصليب عقوبة خطايا جميع مختاري الله.

تُنشئ الخطية عداوة، أي موقفًا عدائيًّا بين طرفين. يقول رومية ٥: ١٠ إن البشر قَبْلَ الخلاص في المسيح هم «أعداء» الله. وغير المؤمنين «مُتَجَنِّبُونَ عَنْ حَيَاةِ اللهِ» (أفسس ٤: ١٨). كذلك، «اهْتِمَامَ الْجَسَدِ هُوَ عَدَاوَةٌ لِلهِ» (رومية ٨: ٧). وتقع مسئولية العداوة حصريًّا على الإنسان.

- **البشر**

بالإضافة إلى ذلك، أفسدت الخطية العلاقات البشرية كافة. أولًا، قال الله للمرأة إنها ستعاني من وجع متزايد في الولادة، بحيث يصير حتى إنجاب ابن أمرًا شاقًّا: «وَقَالَ لِلْمَرْأَةِ: تَكْثِيرًا أُكَثِّرُ أَتْعَابَ حَبَلِكِ، بِالْوَجَعِ تَلِدِينَ أَوْلَادًا» (تكوين ٣: ١٦ أ).

ثانيًا، سيسود تَوَتُّرٌ بين الرجل والمرأة داخل اتحاد الزواج الذي هو اتحاد أساسي وضروري. قال الله لحواء: «وَإِلَى رَجُلِكِ يَكُونُ اشْتِيَاقُكِ وَهُوَ يَسُودُ عَلَيْكِ» (تكوين ٣: ١٦ ب). وفي حين يمكن لكلمة «اشتياق» هنا أن تشير إلى الرغبة الجسدية للمرأة تجاه زوجها، لكن المقصود هنا على الأرجح هو رغبة المرأة في التحكُّم والسيطرة. يَستخدم تكوين ٤: ٧، الذي يحوي جملة شبيهة في التركيب، كلمة

«اشتياق» بمعنى السيطرة: «وَإِنْ لَمْ تُحْسِنْ [قايين] فَعِنْدَ الْبَابِ خَطِيَّةٌ رَابِضَةٌ، وَإِلَيْكَ اشْتِيَاقُهَا وَأَنْتَ تَسُودُ عَلَيْهَا». وهكذا، يتنبأ تكوين ٣: ١٦ عن صراع ونزاع داخل علاقة الزواج، التي هي أشد علاقات المحبة حميمية على الإطلاق.

ثالثًا، كان من المتوقَّع حدوث نزاع بين البشر في المجتمع عمومًا، وهو الأمر الذي تحقَّق بالفعل. فقد ذَبح قايين أخاه هابيل بدافع الغيرة (تكوين ٤: ٨)، وقَتل لامك فتى جَرَحَهُ (تكوين ٤: ٢٣). ويَكشف تاريخ الجنس البشري عن قوائمَ لا تنتهي من البغضة، والنزاع، وجرائم القتل، والحروب.

- الخليقة

أثَّرت خطية الإنسان سلبيًّا على علاقته بالخليقة. لم يُلغَ التكليف الذي أُعطِي للإنسان بأن يتسلط على الأرض ومخلوقاتها، ويُخضعها (مزمور ٨: ٤-٨)؛ لكن صارت الخليقة الآن تقاوم الإنسان، وتحبط جهوده. قال الله لآدم: «مَلْعُونَةٌ الأَرْضُ بِسَبَبِكَ. بِالتَّعَبِ تَأْكُلُ مِنْهَا كُلَّ أَيَّامِ حَيَاتِكَ» (تكوين ٣: ١٧). فالأرضُ الملعونة ستتسبَّب في «تعبٍ» للإنسان. قيل لآدم أيضًا: «وَشَوْكًا وَحَسَكًا تُنْبِتُ لَكَ، وَتَأْكُلُ عُشْبَ الْحَقْلِ. بِعَرَقِ وَجْهِكَ تَأْكُلُ خُبْزًا» (تكوين ٣: ١٨-١٩ أ). وهكذا، سيكون تعاملُ الإنسان مع الأرض مُحاطًا بالصعاب. وهذه الأرض نفسها سوف تبتلعه عند الموت (تكوين ٣: ١٩ ب). ظَلَّ توقُّع الله أن يتسلَّط الإنسان بنجاح غير محقَّق. يعيد عبرانيين ٢: ٥-٨ التأكيد على أن الله خلق الإنسان كي يتسلط على الخليقة، لكنه يقر بأننا «الآنَ لَسْنَا نَرَى الْكُلَّ بَعْدُ مُخْضَعًا لَهُ» (عبرانيين ٢: ٨). إذن، سيتطلب تحقيق التسلط بنجاح على الأرض مجيء آدمَ الأخير، أي يسوع (١كورنثوس ١٥: ٤٥)، والمؤمنين به (رؤيا ٥: ١٠). وسيحدث هذا حين يأتي يسوع ثانية ويؤسِّس ملكه الألفي (رؤيا ٢٠: ١-٦).

إجمالًا، لن يتوقف الأمر عند المعاناة الشخصية لآدم ونسله، وموتهم أفرادًا، بل ستعاني جميع علاقات الإنسان أيضًا من أزمات. والرب يسوع وحده هو مَن سيتمكن من إصلاح علاقة الجنس البشري بالله، وببعضه بعضًا، وبالخليقة. فبصفته «آدم الأخير» (١كورنثوس ١٥: ٤٥)، سيُحِبُّ الله والناس محبة كاملة، وسيُظهِر تسلطًا مطلقًا على الخليقة.

## ⬅ ثلاث صور للموت

يمكن إيجاز نتائج الخطية المدمِّرة وواسعة النطاق في كلمة واحدة: الموت. قال الله لآدم: «وَأَمَّا شَجَرَةُ مَعْرِفَةِ الْخَيْرِ وَالشَّرِّ فَلَا تَأْكُلْ مِنْهَا، لأَنَّكَ يَوْمَ تَأْكُلُ مِنْهَا مَوْتًا تَمُوتُ» (تكوين ٢: ١٧). الموت هو عقوبة العصيان، وهو مفهوم معقَّد ومركَّب يشمل (١) الموت الروحي، و(٢) الموت الجسدي، و(٣) الموت الأبدي.

- الموت الروحي

حين أخطأ آدم وحواء، لم يحدث الموت الجسدي في الحال؛ فقد عاش آدم ٩٣٠ سنة (تكوين ٥: ٥). لكن ما حدث في الحال هو الموت الروحي، الذي هو حالة من الاغتراب الروحي عن الله. ونتيجة خطية آدم، يولَد جميع البشر الأحياء (باستثناء الرب يسوع المسيح) أمواتًا روحيًّا. يشير بولس إلى الموت الروحي في أفسس ٢: ١ قائلًا: «وَأَنْتُمْ إِذْ كُنْتُمْ أَمْوَاتًا بِالذُّنُوبِ وَالْخَطَايَا». وفي أفسس ٢: ٥،

يقول إن غير المؤمنين «أَمْوَاتٌ بِالْخَطَايَا». أدَّت خطية آدم وحواء إلى انفصالهما عن الله، وطردهما من محضره، وخسارتهما الحياة الروحية (تكوين ٢: ٢٣-٢٤). وعلى غرار ذلك، وُلد كلُّ نسلهما في حالةٍ من الموت الروحي. وتتسبَّب حالة الموت هذه أيضًا في جعل الإنسان غير متجاوب مع الحق الروحي (رومية ٨: ٧-٨؛ ١كورنثوس ٢: ١٤؛ ٢كورنثوس ٤: ٤؛ أفسس ٤: ١٧-١٨). وفقط بمعجزة الولادة الثانية الإلهية، يُنهي الله الموت الروحي، ويَخلق الخطاة من جديد، محييًا إياهم لنفسه (٢كورنثوس ٤: ٦).

- **الموت الجسدي**

في حين أن الله بفضل رحمته لم يوقِع الموتَ الجسدي على آدم وحواء في الحال، بدأت عملية الموت الجسدي بالفعل حين أخطآ. قال الله لآدم: «بِعَرَقِ وَجْهِكَ تَأْكُلُ خُبْزًا حَتَّى تَعُودَ إِلَى الأَرْضِ الَّتِي أُخِذْتَ مِنْهَا. لأَنَّكَ تُرَابٌ، وَإِلَى تُرَابٍ تَعُودُ» (تكوين ٣: ١٩).

تبرز هنا مفارقة مأساوية: فقد جُبِل آدم من التراب، وبسبب الخطية سيعود إلى التراب، وستبتلعه الأرض عند موته. وقد حدث هذا الموت الجسدي لأن آدم وحواء مُنعوا من الأكل من شجرة الحياة (تكوين ٣: ٢٤).

كذلك، حدث موتُ الحيوانات قبل موت أيِّ إنسان، إذ ذَبَحَ الله حيوانًا ليستَخدِمَ جلده لستر عري آدم وحواء (تكوين ٣: ٢١). ثم وقعت أول حادثة موت للإنسان حين قَتَلَ قايين – أول واحد من نسل آدم وحواء – هابيل أخاه (تكوين ٤: ٨). إن قائمة نسل آدم في تكوين ٥ تُظهِر جليًّا من خلال تكرار عبارة «... وَمَاتَ» بعد أسماء جميع المذكورين فيها أن الموت صار نهاية كلِّ حياة بشرية (تكوين ٥: ٥، ٨، ١١، ١٤، ١٧، ٢٠، ٢٧، ٣١). وباستثناء أخنوخ وإيليا في الماضي، والذين سيكونون على قيد الحياة عند الاختطاف في المستقبل (١تسالونيكي ٤: ١٣-١٨)، سيبتلع الموت الجسدي كلَّ نسل آدم. يقول كاتب الرسالة إلى العبرانيين: «وُضِعَ لِلنَّاسِ أَنْ يَمُوتُوا مَرَّةً ثُمَّ بَعْدَ ذلِكَ الدَّيْنُونَةُ» (عبرانيين ٩: ٢٧). وصارت حياة الإنسان على الأرض قصيرة بعد الطوفان. وقال موسى: «أَيَّامُ سِنِينَا هِيَ سَبْعُونَ سَنَةً، وَإِنْ كَانَتْ مَعَ الْقُوَّةِ فَثَمَانُونَ سَنَةً، وَأَفْخَرُهَا تَعَبٌ وَبَلِيَّةٌ، لأَنَّهَا تُقْرَضُ سَرِيعًا فَنَطِيرُ» (مزمور ٩٠: ١٠).

- **الموت الأبدي**

ينتظر الموت الأبدي أولئك الذين يموتون بالجسد وهم أموات روحيًّا. فأولئك الذين يموتون في عدم إيمان سيواجهون بحيرة النار إلى الأبد (رؤيا ٢٠: ١١-١٥). دعا يوحنا هذا «الموت الثاني» (رؤيا ٢٠: ٦). وفي حين لا ينهي الموت الأبدي وجود البشر، لكنه يظل نوعًا من أنواع الموت، لأنه ينطوي على هلاك أبديٍّ، وعقوبة على الخطايا، وانفصالًا عن محضر الله الملآن بركة. والذين يَخْلُصون بعمل الرب يسوع بالنعمة هم فقط مَن ينجون من الموت الأبدي. يقول رؤيا ٢٠: ٦: «مُبَارَكٌ وَمُقَدَّسٌ مَنْ لَهُ نَصِيبٌ فِي الْقِيَامَةِ الأُولَى. هؤُلاَءِ لَيْسَ لِلْمَوْتِ الثَّانِي سُلْطَانٌ عَلَيْهِمْ».

## ← انتقال خطية آدم

كيف تؤثّر خطية الإنسان الأول على جميع الذين يولدون بعده؟ اعتاد علماء اللاهوت أن يطلقوا على هذه المسألة مصطلح «الخطية الأصلية»، وهو تعبير مستمَد من العبارة اللاتينية «*peccatum originale*». من ناحية، يشير مصطلح الخطية الأصلية إلى الخطية الأولى التي ارتكبها آدم، لكن معناه يشمل أيضًا وجود جميع البشر في حالة خطية بسبب علاقتهم بآدم، التي هي سبب فساد البشر وتلوُّثهم بالخطية منذ الحَبَل بهم.

تؤيِّد نصوص كتابية كثيرة مفهوم الخطية الأصلية، من بينها مزمور ٥١: ٥: «هَأَنَذَا بِالإِثْمِ صُوِّرْتُ، وَبِالْخَطِيَّةِ حَبِلَتْ بِي أُمِّي»؛ وأفسس ٢: ٣: «الَّذِينَ نَحْنُ ... كُنَّا بِالطَّبِيعَةِ أَبْنَاءَ الْغَضَبِ كَالْبَاقِينَ أَيْضًا». كذلك، رُبِطت خطية آدم بطبيعة الإنسان الخاطئة في رومية ٥: ١٢-٢١، وهو النص الكتابي الأكثر تفصيلًا عن هذا الموضوع، وأيضًا أحد أكثر النصوص إثارة للجدل في رسالة رومية، إذ طُرِحت بشأنه آراء كثيرة حول كيفية تأثير خطية آدم على الجنس البشري.

يقول رومية ٥: ١٢، «مِنْ أَجْلِ ذلِكَ كَأَنَّمَا بِإِنْسَانٍ وَاحِدٍ دَخَلَتِ الْخَطِيَّةُ إِلَى الْعَالَمِ، وَبِالْخَطِيَّةِ الْمَوْتُ، وَهكَذَا اجْتَازَ الْمَوْتُ إِلَى جَمِيعِ النَّاسِ، إِذْ أَخْطَأَ الْجَمِيعُ ...». يؤكِّد هذا النص أربع حقائق. أولًا، دخلت الخطية إلى العالم «بِإِنْسَانٍ وَاحِدٍ»، هو آدم. ثانيًا، جلبت الخطية الموت. ثالثًا، اجتاز الموت إلى جميع الناس. رابعًا، سَبَبُ اجتياز الموت إلى جميع الناس هو «إِذْ أَخْطَأَ الْجَمِيعُ». وهذه الفكرة الأخيرة هي المختلَف فيها أكثر من غيرها. استعان أوغسطينوس بالترجمات اللاتينية لنص رومية ٥: ١٢، التي تَرجمت العبارة اليونانية *eph hō* بمعنى *in quo* (أي «الذي فيه»)، مما يجعل الجزء الأخير من الآية يُقرأ على النحو التالي: «الذي فيه [أي في آدم] أخطأ الجميع». لكن غالبية الترجمات اليوم فضَّلت عن حق المعنى السببي للعبارة، وهو «إِذْ أَخْطَأَ الْجَمِيعُ».

لكن كيف «أَخْطَأَ الْجَمِيعُ» في آدم؟ هل يشير بولس هنا إلى حقيقة أن جميع البشر يرتكبون أفعالًا خاطئة؟ أم أن عبارة «أَخْطَأَ الْجَمِيعُ» تربط خطية آدم بشكلٍ ما بكون جميع البشر خطاة؟ في رومية ٥: ١٨-١٩، أوضح بولس أنه «بِخَطِيَّةٍ وَاحِدَةٍ صَارَ الْحُكْمُ إِلَى جَمِيعِ النَّاسِ لِلدَّيْنُونَةِ»، وأنه «بِمَعْصِيَةِ الإِنْسَانِ الْوَاحِدِ جُعِلَ الْكَثِيرُونَ خُطَاةً». وفي رومية ٥: ١٥، قال أيضًا: «بِخَطِيَّةِ وَاحِدٍ مَاتَ الْكَثِيرُونَ». فضلًا عن ذلك، يشير زمن الماضي البسيط [aorist tense] للفعل «أَخْطَأَ» (في اليونانية: hēmarton) في نهاية رومية ٥: ١٢ إلى حدث زمني وتاريخي محدَّد. إذن، توجد صلة مباشرة بين خطية آدم وحالة نسل آدم الخاطئة. لكن ما هي طبيعة هذه الصلة؟ قُدِّمت عن هذا السؤال إجابات عديدة.

- تضامنٌ بلا تفسير

يقول أحد الآراء إن رومية ٥: ١٢-٢١ يكشف وجود صِلة غير مفسَّرة أو تضامن غامض بين آدم وجميع البشر. يُقر أنصار هذا الرأي الغامض بوجود رابط ما، لكن يفترضون أنه لا يمكن معرفة هذا الرابط عن يقين، وينبغي أن نكون قانعين بعدم معرفتنا. ويبدو أن هذا الرأي بشأن التضامن غير المفسَّر هو الرأي المعتاد الذي يتبناه كل مَن لم يَرْضَ بأيٍّ من الآراء الأخرى المبيَّنة أدناه.

- قدوة سيئة

يقول البعض إن خطية آدم تمثِّل قدوة سيئة لجميع البشر، فحين يخطئ البشر يحذون حذو سابقة آدم السيئة. وفقًا لذلك، ليس البشر مذنبين حقًّا بخطية آدم، كما أنهم لا يرثون منه طبيعة خاطئة، لكنهم بالحري يختارون التمثُّل بقدوة آدم السيئة. كذلك، لا يحدث أيُّ انتقال مباشر للخطية من آدم إلى البشر. ارتبط هذا الرأي في التاريخ بشخصية بيلاجيوس (٣٥٤ تقريبًا – ٤٢٠ تقريبًا)، ذلك الراهب البريطاني الذي رفض العقيدة التي تقول بأن جميع البشر لديهم طبيعة خاطئة، وعلَّم في المقابل بأن البشر قادرون على أن يطيعوا الله دون نعمة إلهية. وهكذا، وفقًا لهذا الرأي، يولَد جميع البشر مثل آدم حين خُلِق، وجميعهم أحرار سواء أن يطيعوا الله أو يعصوه.

هذا الرأي المتعلق بالقدوة السيئة مَعيب، لأنه لا يفهم بصورة كافية طبيعة البشر الخاطئة بعد سقوط آدم (أفسس ٢ : ١، ٥)، ولا يوفي المقارنة بين آدم والمسيح في رومية ٥ : ١٢–٢١، حقَّها. ولو كان آدم مجرد قدوة سيئة، فهل يعني ذلك أن المسيح كان مجرد قدوة حسنة، وأن أمر خلاصنا متروكٌ لنا؟ إذا حكمنا على الأمر من خلال تعليم بيلاجيوس عن حرية إرادة البشر في الخلاص، سيتعيَّن علينا أن نجيب عن هذا السؤال بالإيجاب. يفسِّر هذا إذن سبب إدانة بيلاجيوس بالهرطقة في مجمع أفسس عام ٤٣١ م.

- طبيعة خاطئة موروثة

تؤكِّد فكرة الطبيعة الخاطئة الموروثة أن جميع البشر يأخذون من آدم طبيعة فاسدة وخاطئة، وأن نسل آدم يُحبَل بهم بنزعة إلى ارتكاب الخطية. هذا الفهم يُنشِئ صلة حقيقية بين آدم وانتقال الطبيعة الخاطئة. فبالحقيقة، يَنقل آدم طبيعة فاسدة إلى الجنس البشري، لكن ذنب آدم نفسه لا يوضع على البشر الآخرين. وهكذا، ينتقل التلوُّث أو الفساد بطريقة طبيعية من آدم إلى الإنسان، في حين لا ينتقل ذنب خطية آدم نفسه. يقر بعض أنصار هذا الرأي بأن الطبيعة الخاطئة الموروثة كافية لإدانة الإنسان أمام الله كخاطئ، بينما يصرون على أن هذه الإدانة ليس سببها احتساب ذنب آدم على نسله.

يتبنَّى الأرمينيون أشكالًا متباينة من هذا الرأي، مؤكِّدين أن ذنب آدم وفساده ينتقلان إلى كلِّ نسله، لكن النعمة المسبقة [prevenient grace] تمحوهما. فلا أحد يتحمل مسئولية ما فعله آدم غير آدم نفسه، ويصير الإنسان مسئولًا كخاطئ فقط حين يختار أن يخطئ.

تعرَّض هذا الرأي للانتقاد بسبب توقُّفه عند هذا الحد. ففي حين أن هذا الرأي محقٌّ في تأكيده أن جميع البشر لديهم طبيعة فاسدة من آدم، لكنه مع ذلك لا يقر بأن خطية آدم تجلب الذنب مباشرةً على جميع البشر. قال بولس: «بِخَطِيَّةٍ وَاحِدَةٍ صَارَ الْحُكْمُ إِلَى جَمِيعِ النَّاسِ لِلدَّيْنُونَةِ» (رومية ٥ : ١٨)، ومصطلح «الدينونة» هنا مصطلحٌ قضائيٌّ يؤكِّد معنى الذنب. إذن، تعلِّم هذه الآية بأن البشر يأخذون من آدم ليس فقط طبيعة فاسدة، لأن خطية آدم تؤدي بهم إلى الدينونة. ومن ثَمَّ، يُحسَب جميع البشر خطاة بسبب تصرُّف آدم (رومية ٥ : ١٩). كذلك، ما من سند كتابي يؤيِّد المفهوم الأرميني عن النعمة المسبَقة التي ترفع الذنب المنتقل من آدم، أو تبطل مفعوله.

## • مذهب الواقعية

وهو معروف أيضًا باسم الرأي الأوغسطيني أو الرأي البزري. يؤكِّد هذا المذهب أن جميع البشر كانوا في آدم بصورة مادية حين أخطأ. فقد كان آدم، باعتباره الإنسان الأول، ممثِّلًا للطبيعة البشرية، التي كلُّ نسل آدم جزء منها. وكان جميع البشر في آدم حين أخطأ في هيئة بِزْر. يعني ذلك أن نسل آدم كانوا في صُلب آدم، وأنهم اشتركوا معه في خطيته. وبما أن الجميع اشتركوا في خطية آدم، فالجميع مذنبون أدبيًّا، ومُدانون لفعل هذه الخطية. ومن ثَمَّ، تنتقل الطبيعة الفاسدة والذنب طبيعيًّا من آدم إلى البشر.

تُستَمَدُّ حُجَّةُ مذهب الواقعية من عبرانيين ٧: ٩-١٠: «حَتَّى أَقُولُ كَلِمَةً: إِنَّ لَاوِي أَيْضًا الْآخِذَ الْأَعْشَارَ قَدْ عُشِّرَ بِإِبْرَاهِيمَ. لِأَنَّهُ كَانَ بَعْدُ فِي صُلْبِ أَبِيهِ حِينَ اسْتَقْبَلَهُ مَلْكِي صَادَقَ». كان لاوي حفيدًا لإبراهيم، إلا أنه دفع العشور في جدِّه إبراهيم، لأنه كان «بَعْدُ فِي صُلْبِ أَبِيهِ [إبراهيم] حِينَ اسْتَقْبَلَهُ مَلْكِي صَادَقَ». يقول النص هنا إن واحدًا من النسل البعيد لإبراهيم قد دفع العشور فعليًّا من خلال إبراهيم. ومن ثَمَّ، كان فعل إبراهيم هو فعل لاوي، ويمكن قول الأمر نفسه عن نسل آدم الذين أخطأوا فعليًّا حين أخطأ آدم.

يؤكد مذهب الواقعية أن الصلة بين خطية آدم وخطية البشر هي أكثر من مجرد أن آدم كان قدوة سيئة، وأكثر من مجرد توريث لطبيعة خاطئة، بل قد اشترك جميع البشر فعليًّا في خطية آدم، ولهذا صاروا يستحقون جميعًا الذنب والدينونة، لأن جميعهم أخطأوا بالفعل. يفسِّر مذهب الواقعية كيف أمكن أن يكون جميع البشر مذنبين حقًّا بخطية آدم، قائلًا إنه حين أخطأ آدم أخطأ فيه الجميع. ومن ثم، حسبما يقول أنصار هذا الرأي، لا أحد يمكنه أن يشتكي من تعرُّض بشر «أبرياء» للظُّلم بسبب احتساب خطية آدم عليهم، لأن الجميع اشتركوا بالحقيقة في تعدِّي آدم.

لكن، لسنا في موقع يسمح لنا بإصدار أحكام على مدى «صواب» أحكام الله القضائية. فإن افتراض أن احتساب خطية آدم على الإنسان هو ظلم ما لم نكن قد «اشتركنا حقًّا» في تعدِّي آدم يضر بالمقارنة بين آدم والمسيح في رومية ٥: ١٢-٢١. فلا أحد منا يشكِّك في «صواب» احتساب البر قضائيًّا للخطاة، ولا أحد يقول إن احتساب بر المسيح للخطاة ظلم ما لم يكونوا قد اشتركوا حقًّا، بزريًّا، في طاعة المسيح.

لكننا قطعًا لم نشترك مع المسيح في طاعته. فالاتحاد بين المسيح وشعبه ليس اتحادًا بزريًّا، لأن المسيح لم ينجب أيَّ أبناء بالجسد، لكنه اتحاد قضائي. فإن طاعة المسيح بصفته ممثلنا يَحْسِبُها الله –قضائيًّا أو قانونيًّا –أنها طاعتنا الشخصية. وكي تستقيم المشابهة بين آدم الأول وآدم الأخير (رومية ٥: ١٢-٢١؛ راجع ١كورنثوس ١٥: ٤٥)، لا بد أن يكون انتقال خطية آدم قد حدث بالطريقة نفسها التي ينتقل بها بر المسيح. ومن ثَمَّ، إذ كان آدم ممثِّلًا لجميع البشر، حُسِب عصيانه – أي احتُسِب قضائيًّا أو قانونيًّا – من الله أنه عصيان جميع الذين كانوا فيه. وأولئك الذين يشتكون من كون هذا الاحتساب ظالمًا، أو غير لائق لأن البشر لم يشتركوا حقًّا في خطية آدم، هم متناقضون مع أنفسهم، لأنهم لا يشتكون بالمثل من احتساب بر المسيح. يثير الاحتساب الأول الاعتراضات لأنه عقوبة، بينما يتم التغاضي عن الاحتساب الأخير لأنه هبة. يقول جون موراي (John Murray) في هذا الشأن:

تمثِّل المقارنة في رومية ٥: ١٢-١٩ (راجع اكورنثوس ١٥: ٢٢) دحضًا مذهلًا لمذهب الواقعية. يقر مؤيِّد مذهب الواقعية بعدم وجود اتحاد «واقعي» أو «فعلي» بين المسيح والمبرَّرين ... ومن ثَمَّ، بحسب افتراضات مذهب الواقعية، لا بد من وجود اختلاف جذري بين طبيعة الاتحاد بين آدم ونسله، من ناحية، وطبيعة الاتحاد بين المسيح والذين هم له، من ناحية أخرى ... لكن، لا يوجد في النص أيُّ تلميح إلى وجود اختلاف من هذا القبيل، وهو ما كان من شأن النص أن يشير إليه لو كان الاختلاف بين طبيعة الاتحاد في الحالتين جذريًّا كما يَفترض مذهب الواقعية ... [و] لا تتعلق القضية فقط بعدم وجود أيِّ تلميح إلى وجود اختلاف من هذا القبيل، بل إن التوازي المستمر والواضح يدحض مثل هذا الافتراض تمامًا ... إن هذا التركيز المستمر ليس فقط على الإنسان الواحد آدم، والإنسان الواحد المسيح، بل أيضًا على معصية الواحد، وفعل بر الواحد، يلفت انتباهنا إلى وجود تطابق أساسي في طريقة عمل هذين النوعين من الاتحاد.[٤٠]

## • الرئاسة التمثيلية

يقول الرأي الأرجح والأكثر قبولًا إن خطية آدم احتُسِبت على جميع الذين كانوا متحدين به، لأن آدم كان ممثِّلًا للبشر؛ ومن ثَمَّ، ذنب آدم هو ذنبنا. وفي حين يؤكِّد رأي الرئاسة التمثيلية حدوث انتقال لطبيعة فاسدة من آدم إلى نسله، لكنه يعلِّم أيضًا بأن جميع البشر مُدانون بسبب علاقتهم المباشرة بآدم.

يؤكد رأي الرئاسة التمثيلية representative headship (الذي يسمَّى عادة الرئاسة الفيدرالية federal headship) أن ما يفعله الممثل ينطبق بصورة حتمية على جميع الأعضاء المتحدين به. فحين أخطأ آدم، كان يمثل جميع البشر، ومن ثَمَّ، احتُسِبت خطيته على نسله.

نجد مثالًا للرئاسة التي تؤثر على الآخرين في يشوع ٧، الذي يروي قصة عخان وعشيرته. فقد نُسِب سبب هزيمة بني إسرائيل في عاي إلى عخان، الذي عصى الله واغتنم الفضة والذهب لنفسه وأخفى الغنيمة في خيمته. وفي حين كان عخان وحده هو مَن ارتكب هذا الخطأ، رُجِم أبناؤه وبناته معه، ونالوا معه عقوبة خطيته (يشوع ٧: ٢٤-٢٥). وعلى نحو مماثل، يوضع ذنب خطية آدم على سائر عشيرة الجنس البشري، ويُحتسَب عليهم.

يلجأ مؤيِّدو رأي الرئاسة التمثيلية أولًا إلى التشابُهات بين آدم ويسوع في رومية ٥: ١٢-٢١ (التي أشرنا إليها أعلاه تحت عنوان مذهب الواقعية). يقول رومية ٥: ١٨ إنه «بِبِرٍّ وَاحِدٍ [يسوع] صَارَتِ الْهِبَةُ إِلَى جَمِيعِ النَّاسِ، لِتَبْرِيرِ الْحَيَاةِ». إن موت يسوع على الصليب يجلب التبرير إلى الخطاة.. ثم يضيف رومية ٥: ١٩ هذه الكلمات: «لأَنَّهُ كَمَا بِمَعْصِيَةِ الإِنْسَانِ الْوَاحِدِ جُعِلَ الْكَثِيرُونَ خُطَاةً، هكَذَا أَيْضًا بِإِطَاعَةِ الْوَاحِدِ سَيُجْعَلُ الْكَثِيرُونَ أَبْرَارًا». تُحتسَب طاعة يسوع لآخرين على أنها برُّهم الشخصي. يفترض التسلسل الفكري هنا أنه إذا كان برُّ الرب يسوع يُحتسَب للذين هم فيه، فهكذا احتُسِب ذنب

40 John Murray, "The Imputation of Adam's Sin: Second Article," *WTJ* 19, no. 1 (1956): 36.

خطية آدم على الذين يُمَثِّلهم. فكما ذكرنا قبلًا، تُعَد فكرة التمثيل أفضل تفسير للمشابهة بين آدم والمسيح في رومية ٥: ١٢-٢١. فكما يُحسَب المؤمنون أبرارًا لأن بِرَّ المسيح، الذي هو برٌّ دخيلٌ عليهم (أي أنه بِرٌّ يأتي من خارج المؤمن)، يُحتَسَب لجميع مَن هم للمسيح، هكذا احتُسِب ذنب آدم على كلِّ نسله، حتى وإن لم يكونوا قد أخطأوا بأنفسهم حين أخطأ هو.

يلجأ أنصار هذا الرأي أيضًا إلى نص ١كورنثوس ١٥: ٢٢، الذي يقول: «لِأَنَّهُ كَمَا فِي آدَمَ يَمُوتُ الْجَمِيعُ، هَكَذَا فِي الْمَسِيحِ سَيُحْيَا الْجَمِيعُ». تبيِّن هذه الآية أن الموت والحياة متَّصلان بآدم والمسيح، باعتبارهما ممثِّلَي الجنس البشري. فضلًا عن ذلك، يقول رومية ٥: ١٤ إنه «قَدْ مَلَكَ الْمَوْتُ مِنْ آدَمَ إِلَى مُوسَى، وَذَلِكَ عَلَى الَّذِينَ لَمْ يُخْطِئُوا عَلَى شِبْهِ تَعَدِّي آدَمَ». تعلِّم هذه الآية بوضوح بأن نسل آدم لم يرتكبوا بأنفسهم خطية آدم. ومن ثَمَّ، فإن علاقة آدم بنسله تتمثَّل في كونه الرأس الممثل لهم. ولهذا السبب، يُحتَسَب الفعل الذي ارتكبه آدم على البشر الآخرين، حتى وإن لم يكونوا قد ارتكبوه هم أنفسهم فعليًّا.

إجمالًا، يعتبر كلٌّ من آدم والمسيح ممثلَين عن الجنس البشري، حُسِبت نتائج أفعالهما على آخرين. فآدم هو ممثل البشرية الخاطئة، بينما يسوع هو ممثل البشرية البارة. من المثير للاهتمام أنه في حين يركِّز هذا الرأي على الاحتساب بواسطة رئاسة آدم، لكنه لم يتجاهل أيضًا الفساد الموروث المنتقل من آدم إلى جميع البشر.

حظي هذا الرأي التمثيلي بتأييدٍ يوهانس كوكسيوس Johannes Cocceius (١٦٠٣-١٦٦٩ م)، كما اكتسب شعبية بين كثيرين من أنصار اللاهوت العهدي ممَّن يربطون بين هذا الرأي وما يسمُّونه «عهد الأعمال»، الذي بموجبه كُلِّف آدم باعتباره رأس الجنس البشري أن يطيع طاعة تامة كي ينال الحياة الأبدية. وحين انتهك آدم هذا العهد المسمَّى عهد الأعمال، فَشِلَ بهذا نيابة عن كل الجنس البشري، فاحتُسِب فشله على كلِّ نسله. رغم ذلك، لا يَربط جميع اللاهوتيين العهديين المؤيِّدين لرأي الرئاسة الفيدرالية ذلك الرأي بعهد الأعمال. على سبيل المثال، قال أنتوني هويكيما (Anthony Hoekema): «مع أنني ... أرفض عقيدة عهد الأعمال، لكن هذا لا يعني ضمنيًّا رفضًا لعقيدة الاحتساب المباشر، ما دمنا نؤكِّد أن آدم كان بالحقيقة رأس الجنس البشري وممثِّله».[41] كان هويكيما مُحِقًّا في رفضه أن يكون عهد الأعمال هو المبدأ الموجِّه للرئاسة الفيدرالية، لأن الكتاب المقدس لا يذكر شيئًا عن عهد الأعمال هذا.

مع أن هذا الرأي سُمِّي قديمًا «الرئاسة الفيدرالية»، لكننا نفضِّل اسم «الرئاسة التمثيلية»، لأنه يعبِّر بشكل أفضل عن حقيقة أن كلًّا من آدم والمسيح تصرَّفا باعتبارهما الممثلَين الشرعيَّين أو القضائيَّين عن أولئك الذين يُحسَبون فيهما. وكما أوضحنا أعلاه، هذا الرأي هو الأفضل لتفسير التشابهات بين آدم والمسيح، التي جاءت في رومية ٥، وفي ١كورنثوس ١٥.

---

41 Anthony A. Hoekema, *Created in God's Image* (Grand Rapids, MI: Eerdmans, 1994), 161n65.

يَفترض البعض أن رأي الرئاسة التمثيلية متناقضٌ مع شهادة الكتاب المقدس القوية عن عدم تحمُّل الأبناء المسئولية عن خطايا آبائهم. على سبيل المثال، يقول تثنية ٢٤: ١٦: «لَا يُقْتَلُ الآبَاءُ عَنِ الأَوْلَادِ، وَلَا يُقْتَلُ الأَوْلَادُ عَنِ الآبَاءِ. كُلُّ إِنْسَانٍ بِخَطِيَّتِهِ يُقْتَلُ». ويضيف حزقيال ١٨: ٢٠، «اَلنَّفْسُ الَّتِي تُخْطِئُ هِيَ تَمُوتُ. اَلابْنُ لَا يَحْمِلُ مِنْ إِثْمِ الأَبِ، وَالأَبُ لَا يَحْمِلُ مِنْ إِثْمِ الابْنِ. بِرُّ الْبَارِّ عَلَيْهِ يَكُونُ، وَشَرُّ الشِّرِّيرِ عَلَيْهِ يَكُونُ». ولكن، ما من صلة حقيقية بين عقيدة الخطية الأصلية وهذه النصوص التي تتناول مسألة ذنب الخطية الشخصية وعقوبتها.

## ⬅ الإنسان العتيق والإنسان الجديد

ارتبطت علاقة آدم ويسوع المسيح بالبشر أيضًا بمفهومَي «الإنسان العتيق»، و«الإنسان الجديد» اللذين نجدهما مرتين في رسائل بولس:

> «... أَنْ تَخْلَعُوا مِنْ جِهَةِ التَّصَرُّفِ السَّابِقِ الإِنْسَانَ الْعَتِيقَ الْفَاسِدَ بِحَسَبِ شَهَوَاتِ الْغُرُورِ، وَتَتَجَدَّدُوا بِرُوحِ ذِهْنِكُمْ، وَتَلْبَسُوا الإِنْسَانَ الْجَدِيدَ الْمَخْلُوقَ بِحَسَبِ اللهِ فِي الْبِرِّ وَقَدَاسَةِ الْحَقِّ» (أفسس ٤: ٢٢-٢٤)
>
> «لَا تَكْذِبُوا بَعْضُكُمْ عَلَى بَعْضٍ، إِذْ خَلَعْتُمُ الإِنْسَانَ الْعَتِيقَ مَعَ أَعْمَالِهِ، وَلَبِسْتُمُ الْجَدِيدَ الَّذِي يَتَجَدَّدُ لِلْمَعْرِفَةِ حَسَبَ صُورَةِ خَالِقِهِ» (كولوسي ٣: ٩-١٠)

الكلمة اليونانية التي تُرجمت «الإنسان» في هذين النصين هي «*Anthropos*»، وهذا يبرِّر ترجمتها إلى «الإنسان». عقد بولس هنا مقابلة ذات تطبيقات ومعانٍ مهمة. ففي كولوسي ٣: ٩-١٠، ذكَّر بولس قُرَّاءه المؤمنين بأنهم خلعوا الإنسان العتيق، ولبسوا الإنسان الجديد. هذا إقرار بحقيقة، وليس وصية. فلم يَعُد المؤمنون ذلك الإنسان العتيق، لكنهم الآن الإنسان الجديد. وقد حدث هذا التغيير حين آمنوا بالمسيح.

أما من جهة أفسس ٤: ٢٢-٢٤، يوجد جدل حول ما إن كان بولس هنا يوصي قراءه بخلع الإنسان العتيق ولبس الإنسان الجديد، أم أنه كان يقر بحقيقة أن المؤمنين هم بالفعل إنسان جديد، كما فعل في كولوسي ٣: ٩-١٠. في كلتا الحالتين، يشدِّد بولس على أن تغييرًا ما قد حدث في المسيح، إذ تحوَّل المؤمنون من كونهم الإنسان العتيق إلى الإنسان الجديد، ويتعيَّن عليهم أن يسلكوا بموجب هذه الحقيقة.

لكن ماذا الذي قصده بولس بالعبارتين «الإنسان العتيق» و«الإنسان الجديد»؟ وما علاقة ذلك بعقيدة الإنسان وعقيدة الخطية؟ الإنسان العتيق هو الذات التي لم تولَد ثانية، أي المتَّصلة بآدم. وهي تشمل كل ماهية الإنسان في آدم قبل الاتحاد بالمسيح. أما الإنسان الجديد فهو الذات التي وُلِدت ثانية، واتَّحدت بالمسيح، والتي تحل محل الإنسان العتيق. فحين يصير المرء مؤمنًا، يلبس الإنسان الجديد، ويصير «خَلِيقَةٌ جَدِيدَةٌ» في المسيح (٢كورنثوس ٥: ١٧). فهو لم يَعُد ذلك الإنسان العتيق، إذ تمضي الذات غير المولودة ثانية التي كانت في آدم بلا رجعة، ويصير الإنسان الجديد في المسيح هو واقعه

الحقيقي. لكن، بما أن تمجيد الجسد لم يحدث بعد، ولا يزال المؤمنون يصارعون الجسد، يتحتم على كل مؤمن أن يُنَحِّي جانبًا باستمرار شهوات الجسد، وأن يسلك بقوة الروح القدس، وبذلك لا ينفِّذ «شَهْوَةَ الْجَسَدِ» (غلاطية ٥: ١٦).

هذان النموذجان: «الإنسان العتيق» و«الإنسان الجديد» مُهِمَّان، لأنهما يميِّزان بين البشرية في آدم والبشرية في المسيح. فالمرء إما في آدم وإما في المسيح، ولا خيار ثالث. وبحسب رومية ٥: ١٨-١٩، أن نكون في آدم يعني الموت، والذنب، والدينونة؛ بينما أن نكون في المسيح يعني الحياة، والتبرير، والبر.

## ➡ الفساد الكلي

يعلِّم الكتاب المقدس عن مفهوم يسمَّى الفساد الكلي total depravity (أو الفساد المتفشِّي pervasive depravity)، الذي يصف فساد الخطية وتلوُّثها الذي انتقل إلى البشر من آدم. يشدِّد مصطلح الفساد الكلي على تأثير الخطية المدمِّر على الإنسان، ويشمل ثلاثة مفاهيم متصلة به، هي: (١) فساد وتلوث جوانب الإنسان كافة، (٢) عجز الإنسان تمامًا عن إرضاء الله، (٣) العمومية، أي إن الجميع يُحبَل بهم ويولَدون في الخطية. تُبيِّن هذه المفاهيم جميعها معًا الحالة المزرية للبشر غير المفديين، وعجزهم جميعًا عن تمجيد الله، بل وعدم رغبتهم في ذلك.

الفساد الكلي لا يعني أن غير المؤمنين يسلكون دائمًا بأسوأ طريقة ممكنة. كما لا يعني أن غير المؤمنين لا يستطيعون القيام بأعمال صالحة نسبيًّا. بل يستطيع غير المؤمنين أن يعملوا أعمالًا صالحة لأجل مجتمعهم، وأصدقائهم، وعائلاتهم. فهم يستطيعون وقف شجار، أو التبرُّع بأموالهم، أو إجراء جراحة لإنقاذ حياة شخصٍ ما، أو مساعدة طفلة تائهة في العثور على والديها. تتسم هذه الأفعال بصلاح نسبي، وهو ما يتوافق مع ما قاله يسوع في متى ٧: ١١: «فَإِنْ كُنْتُمْ وَأَنْتُمْ أَشْرَارٌ تَعْرِفُونَ أَنْ تُعْطُوا أَوْلاَدَكُمْ عَطَايَا جَيِّدَةً ...».

فيما يتعلق بالمفهوم الأول، فإن خطية الإنسان كُلِّيَّة أو متفشية بمعنى أن جوانب الإنسان كافة ملوَّثة بالخطية. فكما يتغلغل الدخان المنبعث من حريق في كلِّ أركان غرفة ما، هكذا يتلوث الإنسان كُلُّه بالخطية، ولا يفلت منها أيُّ جانب من جوانب حياته. يشمل هذا الجانبين المادي واللا مادي من الإنسان، أي الجسد والنفس على حدٍّ سواء. يتدهور الجسد ويضعف، ويذهب في اتجاه الموت الجسدي، وفي غضون ذلك يكون أداةً لفعل الشر. كذلك، الجانب الروحي من الإنسان فاسد كليًّا. يشمل هذا كلَّ فكر الإنسان، ومنطقه، ورغباته، وعواطفه. ولهذا خَلَصَ بولس إلى الآتي: «وَأَمَّا لِلنَّجِسِينَ وَغَيْرِ الْمُؤْمِنِينَ فَلَيْسَ شَيْءٌ طَاهِرًا، بَلْ قَدْ تَنَجَّسَ ذِهْنُهُمْ أَيْضًا وَضَمِيرُهُمْ» (تيطس ١: ١٥). وفي حديثه عن الفجار، أشار بولس إلى «بُطْلِ ذِهْنِهِمْ» (أفسس ٤: ١٧). كذلك، انحطَّ قلب الإنسان. يقول إرميا ١٧: ٩: «اَلْقَلْبُ أَخْدَعُ مِنْ كُلِّ شَيْءٍ وَهُوَ نَجِيسٌ، مَنْ يَعْرِفُهُ؟» وعلَّم يسوع أيضًا بأنه من القلب تخرج الأعمال الشريرة (مرقس ٧: ٢١-٢٣). وتحدَّث الكتاب المقدس في عدة مناسبات عن الفكر الفاسد والقلب الشرير معًا. فقال بولس: «إِذْ هُمْ مُظْلِمُو الْفِكْرِ، وَمُتَجَنِّبُونَ عَنْ حَيَاةِ اللهِ لِسَبَبِ الْجَهْلِ الَّذِي فِيهِمْ بِسَبَبِ غِلاَظَةِ

قُلُوبِهِمْ» (أفسس ٤: ١٨). وأيضًا إن البشر الخطاة «حَمِقُوا فِي أَفْكَارِهِمْ، وَأَظْلَمَ قَلْبُهُمُ الْغَبِيُّ» (رومية ١: ٢١). قال چون كالفن بحقٍّ: «تسيطر علينا قوة الخطية سيطرة تامة، حتى أن الذهن والقلب بكاملهما، بل وأفعالنا جميعها واقعة تحت تأثيرها».[42]

ثانيًا، الخطية كليَّة أو متفشِّية بمعنى أن الإنسان عاجز بنفسه عن إرضاء الله. قال بولس: «لأَنَّ اهْتِمَامَ الْجَسَدِ هُوَ عَدَاوَةٌ لِلهِ، إِذْ لَيْسَ هُوَ خَاضِعًا لِنَامُوسِ اللهِ، لأَنَّهُ أَيْضًا لاَ يَسْتَطِيعُ. فَالَّذِينَ هُمْ فِي الْجَسَدِ لاَ يَسْتَطِيعُونَ أَنْ يُرْضُوا اللهَ» (رومية ٨: ٧-٨). ويقول يسوع: «لأَنَّكُمْ بِدُونِي لاَ تَقْدِرُونَ أَنْ تَفْعَلُوا شَيْئًا» (يوحنا ١٥: ٥).

ثالثًا، الخطية عمومية بمعنى أن جميع البشر خطاة. يقول ١ملوك ٨: ٤٦: «لأَنَّهُ لَيْسَ إِنْسَانٌ لاَ يُخْطِئُ». ويقول مزمور ١٤: ٣: «الْكُلُّ قَدْ زَاغُوا مَعًا، فَسَدُوا. لَيْسَ مَنْ يَعْمَلُ صَلاَحًا، لَيْسَ وَلاَ وَاحِدٌ». وقد خُصِّصَ المقطع رومية ١: ١٨-٣: ٢٠ كاملًا ليبيِّن أن جميع البشر خطاة، وعاجزون عن أن يخلِّصوا أنفسهم، منتهيًا إلى أن «الْجَمِيعُ أَخْطَأُوا وَأَعْوَزَهُمْ مَجْدُ اللهِ» (رومية ٣: ٢٣).

إذن، حالة الإنسان الروحية ليست حالة من الحيادية النسبية، حيث يستطيع الإنسان إما قبول الله وإنجيله وإما رفضهما؛ بل الإنسان مُبْغِضٌ لله على نحو متعمَّد (رومية ٨: ٧)، ولا يستطيع قبول الحق الروحي (١كورنثوس ٢: ١٤). ويُظهِر الفساد الكلي للإنسان سيادة الله المطلقة في الخلاص. فلأن الإنسان عاجز عن فعل أيِّ شيء، لا بد أن يتمم الله كلَّ شيء هبةً من نعمته السيادية.

## بعض القضايا المتعلِّقة بالخطية

- ⬅ هل بعض الخطايا أشرُّ من غيرها؟
- ⬅ الخطية التي لا تُغتفَر
- ⬅ الخطية التي للموت
- ⬅ هل هناك خطايا مميتة وخطايا طفيفة يمكن أن تُغتفَر؟
- ⬅ الخطية والمؤمن
- ⬅ إنسان الخطية العتيد
- ⬅ الله ومشكلة الشر

### ⬅ هل بعض الخطايا أشرُّ من غيرها؟

هل جميع الخطايا متساوية في نظر الله، أم أن بعض الخطايا أشرُّ من غيرها؟ جميع الخطايا متساوية ومتماثلة من حيث أن جميعها تجعل الإنسان مذنبًا أمام الله ومستحقًّا لغضبه. إن أصل كل خطية هو الاستقلال عن الله، ووضع الذات مكانه. ومهما بدت الخطية بسيطة، فهي تصريح من الإنسان بأنه

42 John Calvin, *Commentaries on the Epistle of Paul the Apostle to the Romans*, trans. John Owen, vol. 19 of *Calvin's Commentaries* (Edinburgh: Calvin Translation Society, 1849), 261.

يسلك مستقلًّا عن الله. فربما لا يبدو الأكل من ثمر شجرة في الجنة، كما فعل آدم وحواء، فعلًا آثمًا وشريرًا، بل وربما يبدو بسيطًا مقارنة بجرائم أخرى، لكن كان لهذا الفعل عواقب وخيمة على الجنس البشري، لأن كسر أي وصية هو هجوم على المشرِّع الإلهي. قال يعقوب: «لِأَنَّ مَنْ حَفِظَ كُلَّ النَّامُوسِ، وَإِنَّمَا عَثَرَ فِي وَاحِدَةٍ، فَقَدْ صَارَ مُجْرِمًا فِي الْكُلِّ. لِأَنَّ الَّذِي قَالَ: «لَا تَزْنِ»، قَالَ أَيْضًا: «لَا تَقْتُلْ». فَإِنْ لَمْ تَزْنِ وَلَكِنْ قَتَلْتَ، فَقَدْ صِرْتَ مُتَعَدِّيًا النَّامُوسَ» (يعقوب ٢: ١٠-١١) وكان جرودم (Grudem) محقًّا حين قال إنه «من جهة موقفنا القانوني أمام الله، أي خطية، حتى وإن بدت تافهة وبسيطة للغاية، تجعلنا مذنبين قانونيًّا أمام الله، ومن ثم مستحقين العقوبة الأبدية».[٤٣] فمجرد خطية واحدة في حق الإله غير المحدود في قداسته تستلزم عقوبة غير محدودة.

في الآن ذاته، يقول الكتاب المقدس بالفعل إن بعض الخطايا تُعتبَر أكثر فداحة من غيرها. فحين أُخِذ حزقيال كي يرى رجاسات الهيكل، قيل له: «بَعْدُ تَعُودُ تَنْظُرُ رَجَاسَاتٍ أَعْظَمَ هُمْ عَامِلُوهَا» (حزقيال ٨: ١٣). يتبيَّن من ذلك إذن أن بعض الرجاسات «أعظم» من غيرها. كذلك، قال يسوع إن الذين أسلموه إلى بيلاطس ارتكبوا «خَطِيَّةٌ أَعْظَمُ» (يوحنا ١٩: ١١). وفي متى ١١: ٢٠-٢٤، قال يسوع إن المدن اليهودية التي سمعت رسالة الملكوت سيكون حالها في يوم الدينونة أسوأ من حال المدن الأممية التي لم تسمعها، لأن المعرفة الأكبر تأتي معها مسئولية أعظم. وفي لوقا ١٢: ٤٧-٤٨، علَّم يسوع بأن العبد الذي يَعلَم إرادة سيده، لكن لا يعملها، سيعامَل بقسوة أشد من الذي لم يَعلَم إرادة سيده. وقال يعقوب إن دينونة أعظم وأشد صرامة تنتظر المعلِّمين: «لَا تَكُونُوا مُعَلِّمِينَ كَثِيرِينَ يَا إِخْوَتِي، عَالِمِينَ أَنَّنَا نَأْخُذُ دَيْنُونَةً أَعْظَمَ!» (يعقوب ٣: ١).

يمكننا التوفيق بين هذين الحقَّين الكتابيين بالأخذ في الاعتبار أنه يوجد جانب كمِّي وجانب كيفي (نوعي) للخطية والعقوبة. فإن كل الجنس البشري مذنبٌ بارتكاب خطايا في حق الإله غير المحدود في قداسته. ومن ثَمَّ، يواجِه جميع مَن يموتون دون توبة وإيمان بالمسيح العقوبة الأبدية ذاتها عن خطاياهم كَمِّيًّا. لكن، لأن الله صارم في عدله، فهو سيعاقب الذين ارتكبوا تعديات أعظم بعقوبة أعظم كيفيًّا أو نوعيًّا، إذ ستكون طبيعة عذابهم متناسبة بدقة مع طبيعة الجرائم التي ارتكبوها (على سبيل المثال، ٢بطرس ٢: ١٧؛ يهوذا ١٣).

## ⬅ الخطية التي لا تُغتفَر

يقول يسوع إنه توجد خطية لن تُغتفَر أبدًا:

> «لِذَلِكَ أَقُولُ لَكُمْ: كُلُّ خَطِيَّةٍ وَتَجْدِيفٍ يُغْفَرُ لِلنَّاسِ، وَأَمَّا التَّجْدِيفُ عَلَى الرُّوحِ فَلَنْ يُغْفَرَ لِلنَّاسِ. وَمَنْ قَالَ كَلِمَةً عَلَى ابْنِ الْإِنْسَانِ يُغْفَرُ لَهُ، وَأَمَّا مَنْ قَالَ عَلَى الرُّوحِ الْقُدُسِ فَلَنْ يُغْفَرَ لَهُ، لَا فِي هَذَا الْعَالَمِ وَلَا فِي الْآتِي» (متى ١٢: ٣١-٣٢)

ما هي هذه الخطية التي لا تُغتفر؟ جاء تصريح يسوع هذا في سياق مواجهاته مع الفريسيين المشاكسين في متى ١٢. ففي متى ١٢: ١-٢١، اتُّهم يسوع بمخالفة شريعة يوم السبت. وفي ردِّه على

---

43 Grudem, *Systematic Theology*, 501.

الفريسيين، أعلن أن له سلطانًا على السبت لأنه ربُّ السبت (١٢: ٨). وفي متى ١٢: ٢٢-٢٤، اتَّهم الفريسيون يسوع بأنه يُخرِج الأرواح النجسة بقوة الشيطان. فأجاب يسوع عن هذا الاتهام في عدة مستويات. أولًا، قال يسوع إنه لو كان يُخرِج الأرواح النجسة بقوة الشيطان، فإن الشيطان بهذا يقاوم نفسه، الأمر الذي ليس فقط غير منطقي، لكن أيضًا محكومٌ عليه بالفشل (١٢: ٢٥-٢٦). ثانيًا، كان البعض من أبناء اليهود أيضًا يُخرِجون الأرواح الشريرة (١٢: ٢٧)، فلماذا قَبِلَ رؤساء اليهود هؤلاء بينما لم يقبلوا يسوع؟ ثالثًا، قال يسوع إنه في حقيقة الأمر يُخرِج الأرواح الشريرة بقوة الروح القدس ليُظهِر بهذا أن الملكوت قد أقبل بالفعل على البشر (١٢: ٢٨). فقد كانت تلك هي الدلالة الحقيقية لمعجزات يسوع. وأظهر إخراج الأرواح الشريرة بالروح القدس أن ملكوت الله كان عاملًا من خلال المسيَّا.

بعد ذلك، تكلَّم يسوع عن الخطية التي لا تُغتَفَر (١٢: ٣٠-٣٢)، وهي خطية التجديف على الروح القدس، قائلًا إنه لا يمكن غفران هذه الخطية لَا فِي هَذَا ٱلْعَالَمِ وَلَا فِي ٱلْآتِي. هذه الخطية تتعدَّى كونها مجرد تفوُّه بكلام وقح ومسيء عن يسوع أو عن الروح القدس، سواء من أشخاص جهلاء أو من أشخاص تفصلهم عن الأحداث مسافة زمنية كبيرة، لكنها تنطوي بالأحرى على ذمِّ الأعمال الواضحة التي كان يعملها الروح القدس بواسطة ابن الله. ومن ثَمَّ، فإن الخطية التي لا تُغتَفَر هي الرفض المتعمَّد والنهائي للروح القدس العامل بواسطة يسوع، وذلك من خلال نسب أعمال الله في المسيح إلى الشيطان. وبالفعل، أظهر رؤساء اليهود المقاومون في متى ١٢ عدم إيمان حازم ونهائي على الرغم من حصولهم على إعلان واضح أمامهم. فبعدما رأى هؤلاء الرؤساء بأعينهم ما عمله الرب، وسمعوا تعليمه بآذانهم، توصلوا إلى استنتاج نهائي بأنه كان رجلًا شيطانيًا، وهو ما كان مناقضًا تمامًا للحقيقة. إن غفران هذا الرفض النهائي لم يكن ممكنًا. وبما أن الظروف التي كان يَلزَم توافرها لارتكاب هذه الخطية التي لا تُغتَفَر تقتصر على خدمة يسوع الأرضية، اقتصرت هذه الخطية أيضًا على الفترة الزمنية لخدمة يسوع على الأرض.

لكن هل لدينا بعد فترة خدمة يسوع على الأرض ما يعادل الخطية التي لا تغتفر؟ نستطيع أن نجيب عن هذا بنعم. فإن جوهر الخطية التي لا تُغتَفَر يكمُن في عدم إيمان متعمَّد، في قساوة قلب، على الرغم من شهادة الروح القدس الواضحة. يشير عبرانيين ٦: ٤-٦ إلى أناسٍ «اسْتُنِيرُوا مَرَّةً»، وصاروا «شُرَكَاءَ الرُّوحِ الْقُدُسِ»، محذِّرًا من سقوطهم من الإيمان، لأنه «لَا يُمْكِنُ تَجْدِيدُهُمْ أَيْضًا لِلتَّوْبَةِ». يتحدث هذا النص عن أناس اكتسبوا معرفة كبيرة بالروح القدس، إذ رأوه يصنع قوات بواسطة الرسل (عبرانيين ٢: ٣-٤)، لكنهم اختاروا ألا يؤمنوا بيسوع. وبإصرارهم على الاستمرار في عدم الإيمان، كانوا في خطر الوصول إلى نقطة اللا رجعة. وحتى في يومنا هذا، قد يعرف أناسٌ الإنجيل، ولكنهم يستمرون في رفضه. مثل هؤلاء مرتدُّون، تجاوزوا فرصة التوبة والنعمة (عبرانيين ١٠: ٢٦-٣١).

في حقيقة الأمر، جميع الذين يرفضون الرب يسوع في هذه الحياة، ولا يقبلونه بإيمانٍ للخلاص، ليس لهم غفران، لأن الغفران يقدَّم فقط للذين يؤمنون بالمسيح. ومع أن الخطية التي لا تغتفر، التي يصفها متى ١٢، انطوت على تقسية القلب بصورة قاطعة ونهائية نحو يسوع وهو على الأرض، إلا أن رفض الرب يسوع المسيح في عدم توبة هو خطية تظل دائمًا بلا غفران، لأن الغفران لا يأتي إلا

بالإيمان التائب بالمسيح. في المقابل، كل من يأتي إلى المسيح بتوبة حقيقية وإيمان حقيقي ينال الغفران (راجع يوحنا ٦: ٣٧؛ رومية ١٠: ٩).

## ⬅ الخطية التي للموت

في ١ يوحنا ٥: ١٦، تحدَّث الرسول عن نوعين من الخطايا يرتكبهما المؤمن (الذي أشار إليه بكلمة «أَخَاهُ»). أولًا، قال إنه توجد خطية ليست للموت. وثانيًا، قال إنه توجد خطية للموت.

«إِنْ رَأَى أَحَدٌ أَخَاهُ يُخْطِئُ خَطِيَّةً لَيْسَتْ لِلْمَوْتِ، يَطْلُبُ، فَيُعْطِيهُ حَيَاةً لِلَّذِينَ يُخْطِئُونَ لَيْسَ لِلْمَوْتِ. تُوجَدُ خَطِيَّةٌ لِلْمَوْتِ. لَيْسَ لأَجْلِ هَذِهِ أَقُولُ أَنْ يُطْلَبَ».

لعبارة «خَطِيَّةٌ لِلْمَوْتِ» أهمية خاصة هنا؛ فما هي هذه الخطية؟ من بين الإجابات التي قُدِّمت عن هذا السؤال هي أن يوحنا كان يشير في هذا النص إلى مؤمن اسمي يُظهِر من خلال نمط خطية اعتيادي أنه ليس مؤمنًا حقيقيًّا (١ يوحنا ٣: ٦). ومن ثَمَّ، فالخطية المقصودة هنا هي خطية شخص غير مؤمن تؤدِّي إلى الموت الأبدي. وإن عاقبة هذا الرفض ليسوع هي نفسها عاقبة الخطية التي ارتكبها رؤساء اليهود، حين نسبوا معجزات يسوع إلى عمل الشيطان (متى ١٢: ٣١-٣٢). فإن الارتداد لا يغتفر، ومن ثَمَّ، لا جدوى من الصلاة لأجل الاسترداد، لأن الله قد ختم بالفعل على المصير المستقبلي لكل من يرفضه (عبرانيين ٦: ٦).

يقول رأي آخر إن الخطية التي للموت ربما تشير إلى خطية مؤمن حقيقي، جلبت حياته تعييرًا لاسم المسيح، مثل بعض مؤمني كورنثوس (١كورنثوس ١١: ٢٩-٣٠)، ولهذا أدَّبه الله بموتٍ قبل الأوان. فإن خطية المؤمن شديدة الخطورة لدرجة أن الله قد يحصد حياته بسببها. على سبيل المثال، مات حنانيا وسفيرة في الحال حين كذبا على الروح القدس أمام الكنيسة (أعمال الرسل ٥: ١-١١). وكذلك، في ١كورنثوس ٥: ٥، أمر بولس بتطبيق التأديب على عضوٍ في الكنيسة تورَّط في خطية الزنا، قائلًا: «أَنْ يُسَلَّمَ مِثْلُ هَذَا لِلشَّيْطَانِ لِهَلاَكِ الْجَسَدِ، لِكَيْ تَخْلُصَ الرُّوحُ فِي يَوْمِ الرَّبِّ يَسُوعَ». وإن وقع مؤمن تحت التأديب الكنسي، على المؤمنين في الكنيسة ألا يصلوا من أجل رفع عواقب هذا التأديب، إلا حين يتوب الخاطئ. وتسلِّم الكنيسة مثل هذا الشخص إلى نطاق عمل الشيطان حتى يتوب. في هذه الحالة، إذن، ليست الخطية التي للموت، المشار إليها في ١يوحنا ٥: ١٦، خطيةً محدَّدةً، لكنها أيُّ خطية يرى الرب أنها خطيرة بما يكفي لتطبيق تأديب قاسٍ على مرتكبها.

يعكس هذان الرأيان كلاهما حقًّا كتابيًّا، ومن الصعب أن نعرف على وجه اليقين أيَّ رأي منهما هو ما قصده يوحنا. في كلتا الحالتين، خَلَصَ يوحنا إلى أن الصلاة لأجل الذين يرتكبون خطية للموت لن تسفر عن النهاية التي يتوقعها المرء، لأن هذه الصلاة ليست بحسب مشيئة الله (١يوحنا ٥: ١٤-١٥).

## ⬅ هل هناك خطايا مميتة وخطايا طفيفة يمكن أن تُغتفر؟

تروِّج الكنيسة الكاثوليكية الرومانية لمفهومَي الخطايا المميتة والخطايا الطفيفة التي يمكن اغتفارها. يزعم هؤلاء أن الخطايا المميتة [mortal sins] تؤدِّي إلى الموت الروحي للنفس؛ إنها خطايا متعمَّدة

وجسيمة كالقتل، والخيانة الزوجية، والزنا. فإن مات أحدهم وكانت خطية مميتة عالقة بنفسه، سيهلك إلى الأبد. وعلاج الخطية المميتة هو ممارسة سِرُّ التوبة المقدَّس، الذي يعيد الشخص مرة أخرى إلى علاقته بالله. أما الخطية الطفيفة التي يمكن أن تُغفَر [venial sin]، فهي خطية أقل خطورة، أو خطية يمكن غفرانها؛ ولا تقطع الشركة مع الله، ولا تؤدِّي إلى انفصال النفس أبديًّا عن الله. على سبيل المثال، في حين يُعَد الطعن أو التجريح المتعمَّد خطية مميتة، لكن إن تفوَّه أحدهم بكلامٍ قاسٍ في لحظة غضب، دون تفكير أو تروٍّ، فسيكون مذنبًا بارتكاب خطية طفيفة يمكن أن تُغتَفَر.

لا يصدِّق الكتاب المقدس على الأفكار الكاثوليكية الرومانية بشأن الخطايا المميتة والخطايا الطفيفة، أو بشأن الإطار الطقسي لسر التوبة التي تُفهَم فيه هذه الخطايا. فإن جميع الخطايا تنشئ ذنبًا قضائيًّا؛ ومن دون إيمان بالمسيح، يستحق الخطاة الانفصال الأبدي عن الله. ويُعزَى تقسيم الخطايا إلى فئة مميتة وفئة طفيفة إلى تبنِّي فكر خاطئ عن الخلاص، يُعتبر فيه التبرير عمليةً مستمرةً يمكن للإنسان أن يرتكب في أثنائها بعض الخطايا التي تقطع شركته مع الله، في حين أن بعض الخطايا الأخرى لا تَقطع تلك الشركة. على الجانب الآخر يقول الرأي الكتابي إنه في لحظة الإيمان الذي للخلاص، يُحكَم ببرِّ المؤمن بفضل برِّ المسيح المحتسَب له (رومية ٤: ٣-٥)، وتُغفَر جميع خطاياه بحيث لا يمكن لأي شيء على الإطلاق أن يفصله عن الله (رومية ٨: ١، ٣٨-٣٩). أَضِف إلى ذلك أن الفكر الكاثوليكي الروماني عن ضرورة فعل التوبة الجدير بالاستحقاق لرفع خطية مميتة هو فكر خاطئ يتعارض مع كفاية ذبيحة يسوع الكفارية عن الخطايا. فبدلًا من أن يتطلَّع المؤمن إلى أعمال توبته الشخصية، ينبغي أن يتطلَّع إلى ذبيحة المسيح لأنها الثمن الكامل والكافي عن جميع خطاياه (عبرانيين ١٠: ١٠-١٨).

## ⬅ الخطية والمؤمن

ما هي نتيجة ارتكاب المؤمن للخطية؟ لا يُعلِّم الكتاب المقدس شيئًا عن إمكانية بلوغ الكمال في هذه الحياة، أو قبل القيامة. ولذلك، فإن المؤمنين حتمًا يخطئون. يقول ١ يوحنا ١: ٨: «إِنْ قُلْنَا: إِنَّهُ لَيْسَ لَنَا خَطِيَّةٌ نُضِلُّ أَنْفُسَنَا وَلَيْسَ الْحَقُّ فِينَا».[٤٤] لكن حين يؤمن شخصٌ بالمسيح ينال كلًّا من غفران الخطايا وبرَّ المسيح. ويقول بولس إن نتيجة ذلك هي: «لاَ شَيْءَ مِنَ الدَّيْنُونَةِ الآنَ عَلَى الَّذِينَ هُمْ فِي الْمَسِيحِ يَسُوعَ» (رومية ٨: ١). فقد مات المسيح لأجل خطايانا (١كورنثوس ١٥: ٣)، ومن ثَمَّ، صارت جميع الخطايا - سواء الماضية، أو الحاضرة، أو المستقبلية - مغفورة. وإن الله، الذي ابتدأ عملًا صالحًا فينا، هو أمينٌ بما يكفي كي يكمل ما ابتدأه (فيلبي ١: ٦). ولا يمكن للخطية أن تفصل مؤمنًا عن محبة الله، إذ يقول بولس إن لا شيء يَقْدِرُ أَنْ يَفْصِلَنَا «عَنْ مَحَبَّةِ اللهِ الَّتِي فِي الْمَسِيحِ يَسُوعَ رَبِّنَا» (رومية ٨: ٣٩).

لكن، في حين لا يمكن للخطايا الشخصية أن تكسر اتحاد المؤمن بالمسيح، فإن لها تأثيرٌ سلبيٌّ على شركة المؤمن مع المسيح. فحين يخطئ المؤمنون، يحزنون الروح القدس (أفسس ٤: ٣٠). كذلك

---

٤٤ للاطلاع على المزيد بشأن الدحض الكتابي لمذهب الكمال، انظر عنوان «التقديس المكتمل» في الفصل السابع من هذا الكتاب (ص. ٧٥٠).

تجلب الخطية تأديب الله على المؤمن. قال يسوع: «إِنِّي كُلُّ مَنْ أُحِبُّهُ أُوَبِّخُهُ وَأُؤَدِّبُهُ. فَكُنْ غَيُورًا وَتُبْ» (رؤيا ٣: ١٩). ويقول الرسول أيضًا: «لأَنَّ الَّذِي يُحِبُّهُ الرَّبُّ يُؤَدِّبُهُ، وَيَجْلِدُ كُلَّ ابْنٍ يَقْبَلُهُ» (عبرانيين ١٢: ٦). ومن ثَمَّ، على المؤمنين أن يفحصوا أنفسهم جيدًا، وأن يرحِّبوا بالتوجيه المحب، والتوبيخ أيضًا من مؤمنين آخرين (غلاطية ٦: ١). أسَّس يسوع عملية التأديب الكنسي لمجابهة الخطية في حياة المؤمنين (متى ١٨: ١٥-٢٠). ومن ثَمَّ، يَلزَم أن تؤدي خطية التي بلا توبة إلى الإقصاء من الكنيسة، حتى تحافظ الكنيسة على نقاوتها (١كورنثوس ٥: ١٣).

إن الخطية في حياة المؤمن مسألة خطيرة. فهي تضر بنموه الروحي وبشهادته للمسيح. وفي حين لن يواجه المؤمنون أي عقوبة قضائية عن خطاياهم، لكنهم سيقفون أمام كرسي المسيح، كي يقدِّموا حسابًا عن الأعمال التي صنعوها في الجسد، خيرًا كان أم شرًّا (٢كورنثوس ٥: ١٠). فالقش سيحترق، وستتناسب المكافأة الأبدية مع ما تبقَّى دون أن تأكله النار (١كورنثوس ٣: ١٢-١٥).

## ⬅ إنسان الخطية العتيد

للخطية تأثير مدمِّر ومميت على ماضي الإنسان وحاضره. فهل سيختلف المستقبل عن هذا في شيء؟ يتنبأ الكتاب المقدس بأنه قبل مجيء المسيح ثانية سيأتي «إنسان الخطية»، وهو بالتحديد شخصية ضد المسيح الذي سيكون التجسيد الكامل للخطية والشر. وفي أثناء يوم الرب العتيد، سيكون هذا الشخص هو الصورة المزيَّفة التي سيرسمها الشيطان للرب يسوع (٢تسالونيكي ٢: ٣-٤). ففي حين أن يسوع هو الله-الإنسان، الذي هو تجسيد البرِّ والمحبة؛ سيكون رَجُلُ الشيطان على النقيض من ذلك. وقد دعاه بولس «إِنْسَانُ الْخَطِيَّةِ» (٢تسالونيكي ٢: ٣).

وردت تفاصيل الظروف المحيطة بظهور «إِنْسَانُ الْخَطِيَّةِ» هذا في الأصحاح الثاني من رسالة تسالونيكي الثانية. في هذا النص دحض بولس الاعتقاد الخاطئ بأن «يوم الرب» قد حضر بالفعل، وأَعلن أنه ينبغي أن يتزامن حدثان مع يوم الرب العتيد. وبما أنه لم يكن أيٌّ من هذين الحدثين قد وقع بعد، لا يمكن إذن أن يكون يوم الرب قد حضر. الحدث الأول هو تمرُّد ضخم على الله سيشمل ارتدادًا شديدًا عنه؛ بينما الحدث الثاني هو مجيء إنسان الخطية الذي سيقاوِم الله ويطالِب لنفسه بالعبادة:

> «لاَ يَخْدَعَنَّكُمْ أَحَدٌ عَلَى طَرِيقَةٍ مَا، لأَنَّهُ لاَ يَأْتِي إِنْ لَمْ يَأْتِ الارْتِدَادُ أَوَّلاً، وَيُسْتَعْلَنْ إِنْسَانُ الْخَطِيَّةِ، ابْنُ الْهَلاَكِ، الْمُقَاوِمُ وَالْمُرْتَفِعُ عَلَى كُلِّ مَا يُدْعَى إِلَهًا أَوْ مَعْبُودًا، حَتَّى إِنَّهُ يَجْلِسُ فِي هَيْكَلِ اللهِ كَإِلَهٍ، مُظْهِرًا نَفْسَهُ أَنَّهُ إِلَهٌ (٢تسالونيكي ٢: ٣-٤).

الكلمة التي تُرجمت «الْخَطِيَّةِ» هنا تأتي من الكلمة اليونانية *anomia*، التي تعني «ضد القانون» أو «بلا قانون». وفي هذا السياق، تعني الكلمة «مقاومة قوانين الله ومقاصده». سيجسِّد إنسانُ الخطية العتيد التمرُّدَ السافر على الله، وسيُعرَف باسم «ابْنُ الْهَلاَكِ» (٢تسالونيكي ٢: ٣). وفي وقت سابق، قال يسوع إن الشيطان يأتي «لِيَسْرِقَ وَيَذْبَحَ وَيُهْلِكَ» (يوحنا ١٠: ١٠)؛ ومن ثَمَّ، هكذا سيكون ممثِّل الشيطانِ هذا.

ثم استرسل نص رسالة تسالونيكي الثانية في وصف نشاط إنسان الخطية هذا منوِّهًا بأنه سيقاوم الله، ويرفع نفسه فوق كلِّ معبود، بمَن في ذلك الإله الحقيقي؛ كما أنه سيطالِب بألا تقدَّم العبادة لسواه (٢تسالونيكي ٢: ٤). وهو سيجلس أيضًا في هيكل الله في أورشليم، ويعلن نفسه إلهًا (انظر دانيال ٩: ٢٧؛ متى ٢٤: ١٥). وفي حين يحجز الروح القدس في الوقت الحاضر هذه الشخصية الشريرة ويمنعها من الظهور، لكنه سوف «يُسْتَعْلَنَ فِي وَقْتِهِ»، حين يتوقف الروح عن الحجز (٢تسالونيكي ٢: ٦). لا يعني ذلك أن الخطية في أيامنا هذه ليست نشطة أو عاملة، بل أن «سِرَّ الإِثْمِ الآنَ يَعْمَلُ فَقَطْ» (٢تسالونيكي ٢: ٧)، إلى حين رَفْع ما يحجز، حينئذ «سَيُسْتَعْلَنُ الأَثِيمُ» (٢تسالونيكي ٢: ٨). وسيقوم هذا الأثيم بالأفعال التالية: «الَّذِي مَجِيئُهُ بِعَمَلِ الشَّيْطَانِ، بِكُلِّ قُوَّةٍ، وَبِآيَاتٍ وَعَجَائِبَ كَاذِبَةٍ، وَبِكُلِّ خَدِيعَةِ الإِثْمِ، فِي الْهَالِكِينَ، لأَنَّهُمْ لَمْ يَقْبَلُوا مَحَبَّةَ الْحَقِّ حَتَّى يَخْلُصُوا» (٢تسالونيكي ٢: ٩-١٠). إن إنسان الخطية الأخروي سيؤدي عمله «بِعَمَلِ الشَّيْطَانِ». فكما صنع يسوع آياته بقوة الروح القدس، هكذا أيضًا سيؤيَّد هذا الشخص بقوة من الشيطان، وسيأتي «بِآيَاتٍ وَعَجَائِبَ كَاذِبَةٍ» لتعزيز «خَدِيعَةِ الإِثْمِ» [«أساليب الخداع الشريرة»] للضالين والهالكين.

لكن، لن يدوم عمل إنسان الخطية طويلًا: «وَحِينَئِذٍ سَيُسْتَعْلَنُ الأَثِيمُ، الَّذِي الرَّبُّ يُبِيدُهُ بِنَفْخَةِ فَمِهِ، وَيُبْطِلُهُ بِظُهُورِ مَجِيئِهِ» (٢تسالونيكي ٢: ٨). سيُطرَح رجل الشيطان هذا في بحيرة النار؛ وحينئذ، سيحل ملكوت البر، تحت حُكم الرب يسوع المسيح، محل حُكمه الشرير (إشعياء ١١؛ زكريا ٤).

## ⬅ الله ومشكلة الشر

يستخدم البعض حقيقة وجود الشر والألم سببًا لرفض الله زاعمين أنه إن كان الله كليَّ الصلاح وكليَّ القدرة، لما وُجِدَ شرٌّ أو ألمٌ. لكن، لا يمكن تقديم تفسير وافٍ لوجود الشر والألم إلا من منطلق فلسفة حياتية مسيحية راسخة في المنظور الكتابي عن الخليقة والسقوط. يمكن الاطلاع على المزيد بشأن الثيؤديسيا – أي الدفاع عن الله في ضوء مشكلة الشر – في الفصل الثالث من هذا الكتاب («مشكلة الشر والثيؤديسيا»، صفحة ٢٥٩)، وفي الفصل السابع أيضًا («قضاء الله ومشكلة الشر»، صفحة ٦٠٠؛ و«تبرير الله»، صفحة ٦١٨). لكن، من الملائم أن نعرض في هذا الجزء أيضًا بعض التعليقات في ضوء دور الخطية في التسبُّب في الشر والألم.

ينبغي أن يتذكر المرء أن الله هو مَلِكُ الكونِ ذو السيادة، الذي يفعل ما يشاء دون الحاجة إلى أن يقدِّم حسابًا للإنسان (رومية ٩: ٢٠). فالله ليس موضوعًا تحت الفحص والاختبار. وأيُّ تناقضات ظاهرية بين وجود الله وحقيقة وجود الشر هي ببساطة تناقضات ظاهرية، وليست حقيقية. وعندما ندرك هذه الحقيقة، حينئذ يمكن لعدة أفكار أن تساعدنا في فهم موضوع وجود الشر والألم.

**أولاً**، خَلَق الله العالم، ودعا كلَّ شيء فيه «حَسَنٌ جِدًّا» (تكوين ١: ٣١). لم يكن للخطية أو الموت وجود في أثناء أسبوع الخلق، لكنهما دخلا لاحقًا بواسطة آدم (تكوين ٣؛ رومية ٥: ١٢). أخبر الله آدم بأن الأكل من شجرة معرفة الخير والشر سيجلب عليه الموت (تكوين ٢: ١٥-١٧)؛ ومع ذلك، تعمَّد آدم عصيان خالقه الذي كان مسئولًا أمامه. إذن، ليس الله هو علة الشر المستحِقَّة اللومَ، بل الإنسان الخاطئ هو المسئول عن الخطية (راجع رومية ٣: ٥-٦؛ ٩: ١٤).

**ثانيًا**، حين عصى آدم الله، أدخل إلى العالم الشرَّ الأدبي والشرَّ الطبيعي على حدٍّ سواء. فبارتكاب الإنسان الخطية في حق الله أدخل العداوة إلى العلاقات بين البشر، وجلب أيضًا الشر الأدبي على الخليقة. وأثَّرت الخطية في الطبيعة بكاملها، لأن الإنسان كان تاج الخليقة، وكُلِّف بالتسلُّط عليها وإخضاعها. وبسبب خطية الإنسان لعن الله الأرض، فصارت الطبيعة الآن مقاومة للإنسان (تكوين ٣: ١٧). يقول بولس إن الخليقة أُخضِعت لِلْبُطْلِ - لَيْسَ طَوْعًا (رومية ٨: ٢٠). ومن ثَمَّ، تقع مسئولية فساد هذا العالم على عاتق الإنسان، وليس على عاتق الله.

لكن لماذا لا يُصلِح الله العالم ببساطة، أو يتدخَّل لمنع المآسي والشرور؟ جزء من الإجابة عن هذا السؤال يكمن في أن الجنس البشري يقاسي الآن عواقب الخطية، ويواجه الفوضى التي أحدثها بنفسه. فقد جعل الله الإنسان نائبًا عنه، وكان لدى الإنسان كلُّ ما يحتاج إليه كي يتسلَّط بنجاح على الأرض. لكنه حين أخطأ، لم يكن الله ملزمًا بإعفائه من عواقب تمرُّده.

**ثالثًا**، لم يترك الله الإنسان وحيدًا كي يتمرَّغ في الوحل ويقاسي دون رجاء، لكنه قطع وعدًا بأن يردَّ الخليقة، ويغلب قوة الشر الكامنة وراء الحية (تكوين ٣: ١٥)، من خلال تلك الخطة التي بلغت ذروتها في يسوع المسيح، وتتحقَّق بمجيئه الأول ومجيئه الثاني. بالإضافة إلى ذلك، يجلب الله إحسانًا عامًا غير مستحَق للجنس البشري (متى ٥: ٤٥)، ويحجز الشر (٢تسالونيكي ٢: ٧). كما أنه عيَّن الضمير لكبح حرية الخطاة (رومية ٢: ١٤-١٥)، والحكومة البشرية لمعاقبة فَعَلَة الشر (رومية ١٣: ١-٧). كذلك، اختبر الله نفسه عواقب السقوط، إذ صار يسوع «رَجُلُ أَوْجَاعٍ» (إشعياء ٥٣: ٣) عاش، وتألم، ومات على الصليب حاملًا الخطايا تحت الغضب الإلهي. وقد وضع موت يسوع وقيامته الأساس لردِّ كل شيء في المستقبل (كولوسي ١: ٢٠؛ رؤيا ٥: ٩-١٠). فلا يمكن لأحد أن يكون صائبًا إن قال إن الله يكتفي بمراقبة الشر والألم من بعيدٍ دون تدخُّل، لأن يسوع ترك السماء وتألَّم كما لم يتألم إنسان آخر، حتى يخلِّص الخطاة من الألم الأبدي.

**وأخيرًا**، سيأتي يوم دينونة فيه سيصحِّح الله كلَّ الأوضاع، إذ سيكافئ الصواب ويعاقب الخطأ. وعندئذ، ستدان كلُّ أفكار جميع البشر وأفعالهم في الحال. قال بولس إنه حين يأتي يسوع «سَيُنِيرُ خَفَايَا الظَّلاَمِ وَيُظْهِرُ آرَاءَ الْقُلُوبِ. وَحِينَئِذٍ يَكُونُ الْمَدْحُ لِكُلِّ وَاحِدٍ مِنَ اللهِ» (١كورنثوس ٤: ٥). فإن الأبرار الذين نالوا الخلاص في المسيح سيختبرون مجدًا يتجاوز بكثير آلام هذه الحياة. قال بولس: «فَإِنِّي أَحْسِبُ أَنَّ آلاَمَ الزَّمَانِ الْحَاضِرِ لاَ تُقَاسُ بِالْمَجْدِ الْعَتِيدِ أَنْ يُسْتَعْلَنَ فِينَا» (رومية ٨: ١٨). يعطي هذا الحق منظورًا أبديًا على آلامنا الزمنية في هذا العالم الساقط. فسيأتي يوم فيه تُمسَح كلُّ دموع الحزن، ولا يكون موت فيما بعد (رؤيا ٢١: ٣). وعندئذ، سيختبر المؤمنون أفراح أرض جديدة إلى الأبد، وستنتهي الخطية إلى الأبد. قال بولس: «أَمَّا شَوْكَةُ الْمَوْتِ فَهِيَ الْخَطِيَّةُ ... وَلَكِنْ شُكْرًا لِلهِ الَّذِي يُعْطِينَا الْغَلَبَةَ بِرَبِّنَا يَسُوعَ الْمَسِيحِ» (١كورنثوس ١٥: ٥٦-٥٧). وفي ذلك الوقت، سيصير جميع أولاد الله محبوبين من الله إلى الأبد، كما أحبَّ ابنه الأزلي دومًا (يوحنا ١٧: ٢٤-٢٦).

## اللاهوت الكتابي للخطية

تناولنا في هذا الفصل الكثير من القضايا المتعلِّقة بالخطية، لكن من المهم أن نختتم الآن بملخَّص للعقيدة الكتابية للخطية.

خَلَقَ اللهُ الملائكة والبشر، وأعطاهم الحرية والقدرة أن يختاروا إما أن يطيعوه وإما أن يرتكبوا الخطية في حقِّه. ارتكب الشيطان أول خطية في الكون، حين طمح إلى أن يرفع نفسه فوق الله. ثم اختار ثلث الملائكة، المعروفون الآن باسم الشياطين أو الأرواح الشريرة، أن يتبعوه في تمرُّده. لم تكن خطية الشيطان هي التي جلبت الخطية والموت إلى العالم، بل نتج الموت عن إغواء الشيطان للإنسان.

حذَّر الله آدم من الموت إن عصى وأكل من شجرة معرفة الخير والشر. لم يكن الله هو من جرَّب آدم بالخطية، أو أغواه بأن يخطئ، أو أجبره رغمًا عن إرادته، لكنه بالأحرى وضع أمامه الخيار إما أن يطيع وإما أن يعصى. وفي تكوين ٣، ظهرت حيَّة مجرِّبة مؤيَّدة بالقوة من الشيطان ذلك الملاك الساقط. أَغوت الحيَّةُ حواءَ بأن تخطئ، إذ ألقت في قلبها بذرة الشك في كلام الله بادعائها أن حواء ستتمكن من أن تكون كالله إن أكلت من الشجرة المحرَّمة. ونتيجة ذلك، أكلت حواء من الشجرة، ثم أعطت آدم فأكل هو أيضًا. وأسفر فعل العصيان والاستقلال هذا عن الخوف، والخزي، ومحاولة التهرُّب من الله، وإلقاء اللوم على آخر. أدخلت الخطية الموت واللعنة إلى العالم.

ومات آدم وحواء روحيًّا، وصار جسداهما عرضة للتدهور والموت. كذلك دخل الصراع إلى العلاقة بين الرجل والمرأة، وإلى العلاقات الأخرى كافة، الأمر الذي تجلَّى بوضوح في قتل قايين لأخيه. بالإضافة إلى ذلك، لُعِنت الخليقة، وتحوَّلت قدرة الإنسان الناجحة على تتميم مهمته بالتسلُّط على الأرض إلى فشل مستمر. فبدلًا من أن يحكم الإنسان أرضًا خاضعة وطيِّعة، صارت الأرض تقاوم الإنسان، وتحبط جهوده، وتبتلعه عند موته. الخطية تصيِّر الإنسان فاشلًا سواء في علاقاته أو في قدرته على العمل حاكمًا للأرض نيابة عن الله.

يعرض تكوين ٣: ١٥ أول وعد بالرجاء للإنسان الملعون. ففيه تنبأ الله عن نسلٍ للمرأة عتيد، سيُبطِل اللعنة، ويهزم القوة الشيطانية الكامنة وراء الحية. فقد تسبَّبت الخطية في صراع بين نسل المرأة ونسل الحية، لكن سيُهزَم الشيطان وأتباعه يومًا ما من شخصٍ سيأتي من حواء. ظنَّت حواء أن بِكْرَها قايين هو ذلك الإنسان الذي سيخلِّص الجنس البشري (تكوين ٤: ١). لكن قايين صار قاتلًا. ثم ظنَّ لامك، والد نوح، أن نوحًا ربما هو ذلك المخلِّص الموعود (تكوين ٥: ٢٨-٢٩)؛ لكن كان نوح خاطئًا على الرغم من استخدام الله له بقوة، ولم يتمكن من استيفاء مؤهِّلات المخلِّص الموعود به في تكوين ٣: ١٥.

تكشف سلسلة النسب في تكوين ٥ أن كل نسل آدم، عدا أخنوخ، قد ماتوا. وفي أيام نوح، كان تقييم الله للإنسان هو أنه شرير كلَّ يوم (تكوين ٦: ٥، ١١-١٣). أدان الله الجنس البشري الخاطئ بطوفان كوني، ولم يُبقِ على حياة أحد سوى نوح وعائلته، واثنين من كلِّ الحيوانات (تكوين ٧-٨). وفي العهد النوحي، قطع الله وعدًا بألا يُهلِك الإنسان الخاطئ مرة ثانية، حتى يمكن لخطط ملكوت الله

والخلاص أن تمضي قدمًا (تكوين ٨: ٢٠-٩: ١٧). ثم بعد الطوفان، تمرَّد الإنسان على الله في برج بابل، إذ احتشد البشر الخطاة معًا ليصنعوا اسمًا لأنفسهم، ويظلوا قابعين في موضع واحد مخالفةً لوصية الله بأن يملأوا الأرض (تكوين ١١: ١-٩). لكن عاقب الله الجنس البشري بتفريقهم ببلبلة ألسنتهم.

يُظهِر تسلسل الأحداث في تكوين ١-١١ أن الخطية ظلَّت هي مشكلة الجنس البشري الرئيسية. فقد أدان الطوفان الكوني عالَم الخطاة، لكنه لَمْ يَمْحُ الخطيةَ، لأنها كانت ساكنة في قلوب البشر. ولهذا، استمر انتظار المخلِّص الذي سينجي من الخطية. ثم تقدَّمت خطة هزيمة الخطية خطوة أخرى للأمام حين اختار الله إبراهيم والأمة العظيمة التي جاءت من نسله (إسرائيل)، وكان ينبغي أن يمثِّلا معًا وسيلة الله المختارة لخلاص العالم ومباركته (تكوين ١٢: ٢-٣؛ ٢٢: ١٨). كان إبراهيم رجلًا عظيمًا، لكنه كان أيضًا خاطئًا، ومن ثَمَّ كان عاجزًا عن أن يكون هو نفسه المخلِّص (تكوين ٢٠: ٢). ثم تضاعف شعب إسرائيل في العدد، وبعد خروجهم من أرض مصر، استلموا العهد الموسوي، وصاروا أمة. وقد كان حدث الفصح الذي فيه حَمَى دمُ الحمل الشعبَ من الموت رمزًا للذبيحة العتيدة، أي ذبيحة المخلِّص الأوحد، الرب يسوع المسيح (١كورنثوس ٥: ٧).

دُعِي شعب إسرائيل ليكونوا مملكة كهنة للأمم. وكان ينبغي أن تكون طاعتهم لله شهادة للأمم (خروج ١٩: ٦؛ تثنية ٤: ٥-٦). لكن أخطأ شعب إسرائيل على نحو شائن في حق الله بعبادة العجل الذهبي، واستمروا في خرق العهد الموسوي. ثم تدهور حال شعب إسرائيل بشدة بعد عبادة سليمان للأوثان (١ملوك ١١)، وسلك مسارًا انتهى بالانقسام والتبدُّد. لم يخفق شعب إسرائيل فحسب، بل أيضًا أَثْبَتَ الملوك الذين جاؤوا من نسل داود، وكان من المفترَض أن يكونوا قدوة للشعب في طاعة الله، أنهم خطاة فاشلون.

وبَّخ الأنبياء شعب إسرائيل على عصيانهم المستمر للعهد الموسوي، ولله أيضًا بالتبعية، وتنبأوا عن تبدُّد مستقبلي في الأمم. لكن شَقَّ رجاءٌ ستارَ عَتْمَةِ اليأس حين تنبَّأ إشعياء عن عبدٍ للرب سيأتي من شعب إسرائيل كي يقدم ذبيحة كفارية عن خطايا إسرائيل، ويجلب الخلاص إلى الأمم (إشعياء ٤٩: ٣-٦؛ ٥٢: ١٣-٥٣: ١٢). كان علاج مشكلة خطية الإنسان في يد العبد البار، الذي سَيَحْمِلُ ذنب خطايا الآخرين، ويقاسي الدينونة الإلهية عوضًا عنهم (إشعياء ٥٣).

ظَهَرَ هذا العبد في بداية العهد الجديد في شخص يسوع، المنقِذ والمخلِّص الذي بلا خطية. إن يسوع، الذي جاء من نسل إبراهيم وداود، هو المسيًّا والملك على حدٍّ سواء. قال يوحنا المعمدان: «هُوَذَا حَمَلُ اللهِ الَّذِي يَرْفَعُ خَطِيَّةَ الْعَالَمِ!» (يوحنا ١: ٢٩). كما كرز يوحنا ويسوع، قائلَين: «تُوبُوا، لأَنَّهُ قَدِ اقْتَرَبَ مَلَكُوتُ السَّمَاوَاتِ» (متى ٣: ٢؛ ٤: ١٧). أظهرت هذه الرسالة أن دخول ملكوت المسيًّا يَستلزم توبةً عن الخطايا. وقال يسوع إنه جاء ليبذل حياته فدية عن كثيرين (مرقس ١٠: ٤٥). وبموته، كفَّر عن خطايا شعبه بصفته ذبيحةً بَدَلِيَّةً (٢كورنثوس ٥: ٢١؛ ١بطرس ٢: ٢٤).

أعلن الرسول بولس أن جميع البشر، يهودًا وأممًا على حدٍّ سواء، هم خطاة وعاجزون عن أن يخلِّصوا أنفسهم (رومية ١: ١٨-٣: ٢٠)، وأن الخلاص من الخطية غير ممكن إلا بالإيمان بيسوع وبالبرِّ الذي يَهبه (رومية ٣: ٢١-٥: ٢١). إن آلام يسوع والعهد الجديد الذي أسَّسه بموته يكسران سطوة الخطية في حياة جميع الذين يتَّحِدون به (رومية ٦: ١-٨: ١٧). فالمؤمنون بالرب يسوع يخلُصون من الخطية ويأخذون حياة روحية وأبدية، فيصيرون خليقة جديدة (٢كورنثوس ٥: ١٧). إلا أن زوال الموت وتأثيرات الخطية عن الجسد المادي لا يزال حدثًا مستقبليًّا سيتحقق في القيامة، عند مجيء المخلص ثانية (رومية ٨: ٢٣؛ ١كورنثوس ١٥: ٢٠-٢٤).

في حين هَزَمَ يسوعُ الموتَ على الصليب، ستتحقق الهزيمة النهائية للخطية في المستقبل. وسيكون يوم الرب في المستقبل وقتًا فيه يدين الله الخطاة على الأرض ويعاقبهم (إشعياء ١٣: ٩، ١١). وبالارتباط بيوم الرب، سيظهر شخص مشؤوم، هو إنسان الخطية والإثم، ويتوقف الروح القدس عن خدمته الحاجزة، فيتيح لإنسان الخطية أن يُستعلَن، وللإثم أن يأخذ حريته (٢تسالونيكي ٢: ١-١٢). لكن حين يأتي يسوع ثانية إلى الأرض، سيبيد إنسان الخطية هذا، وأتباعه أيضًا معه (رؤيا ١٩: ١١-٢١).

سيتَّسم ملكوت الرب يسوع بالبرِّ والبركات الوافرة للأمم. كما سيكون حُكمًا بعصًا من حديد (مزمور ٢: ٩)، إذ سيعاقَب جميع الذين يعصون يسوع الملك (إشعياء ٦٥: ٢٠؛ زكريا ١٤: ١٦-١٩). سيكون المُلك الألفي للمسيا وقدَّيسيه هو التتميم للحُكم الملكي الناجح الذي توقَّعه الله من آدم والبشر عند الخلق (تكوين ١: ٢٦-٢٨). وبعد الألف سنة لمُلك يسوع، سيقع تمرُّد واحد أخير، إذ سيُطلَق سراح الشيطان من الهاوية ليقود ثورة أخيرة ضد الرب في أورشليم. وسينضم إلى هذه الثورة غير المؤمنين الباقين في ذلك الوقت، لكنهم سيبادون جميعهم في الحال بنار من السماء (رؤيا ٢٠: ٧-١٠). وحتى بعد رفع الشيطان من المشهد في أثناء الملك الألفي، وتطبيق نظام مثالي، ستظل قلوب الخطاة فاسدة؛ وحين تتاح الفرصة، سينضم رافضو المسيح إلى التمرد الأخير. بعد ذلك، سيُجمَع غير المؤمنين جميعهم ليخضعوا لدينونة العرش الأبيض العظيم، حيث ستكون الأعمال هي أساس دينونتهم. وبما أن الأعمال لا يمكن أن تخلِّص، سيُرسَل هؤلاء جميعهم إلى بحيرة النار إلى الأبد. وعندئذ، لن توجد الخطية فيما بعد، وسيملك قدِّيسو الله إلى الأبد في محضر الله على الأرض الجديدة (رؤيا ٢٢: ٣-٥)، وستزول الخطية ونتائجها إلى الأبد (رؤيا ٢١: ٣-٤)، ويصير الكلُّ مجدًا، وسلامًا، وفرحًا، ومحبة.

## صلاة[٤٥]

نشكرك، أيها الآب على هذه الحقيقة الحيوية
أن روحك القدوس يغيِّرنا.
نعلَم أن هذا التغيير هو ثمر خلاصنا،
وليس سببه.
فإنك أنت من اخترتَنا واجتذبتَنا،
والمسيح هو رئيس إيماننا ومكمِّله.
إن عمله هو الأساس والسبب الأوحد لتبريرنا.
لسنا نخلُص بسبب أيِّ استحقاق فينا أو صلاح،
لأننا مُعْدَمون من كليهما.

لكننا نعلَم أيضًا أنك حين أعطيتَنا بالإيمان بالمسيح مَقامًا،
غيَّرتَنا أيضًا بالتمام.
فإنه إِنْ كَانَ أَحَدٌ فِي الْمَسِيحِ فَهُوَ خَلِيقَةٌ جَدِيدَةٌ:
الأَشْيَاءُ الْعَتِيقَةُ قَدْ مَضَتْ، هُوَذَا الْكُلُّ قَدْ صَارَ جَدِيدًا.
روحك يهبنا قلوبًا جديدة.
ويَسكن فينا منذ لحظة تجديدنا.
وبوجوده الحي في قلوبنا،
تُغَيِّرُنا باستمرار لنكون مشابهين صورة المسيح.

ندرك، بالتأكيد،
أننا لن نبلغ الكمال الذي هو بلا خطية في هذه الحياة،
لأننا لن نكون مثل المسيح بالتمام
إلا حين نراه كما هو وجهًا لوجه.
لكننا حين نخطئ، نَعْلَمُ أن لنا شفيعًا عند الآب،
يسوع المسيح البار.
ونشكرك لأن هذا الشفيع يحامي عنا حتى في هذه اللحظة عينها،
طالبًا خيرنا أمام عرشك،
بصلوات تستحي أمامها صلواتُنا التافهة.
وكذلك أيضًا يشفع فينا روحك،
بأنَّات لا يُنطَق بها.

---

٤٥ هذه الصلاة مأخوذة لفظًا من المصدر التالي، بتصريح من الناشر:
John MacArthur, *At the Throne of Grace: A Book of Prayers* (Eugene, OR: Harvest House, 2011), 160–62

إننا، يا رب، نزداد يومًا فيومٍ وعيًا بإثمنا،
وخزيًا من خطايانا.
لذلك، أعنَّا أن نباركك أكثر فأكثر
على محبتك الثابتة من نحونا.
أيِّدنا بالقوة أكثر فأكثر
حتى نخدمك بأمانة وفرح.
وفوق كلِّ هذا، اجعلنا نشابه المسيح أكثر فأكثر.
وذكِّرنا، يا رب، بأننا الآن عبيدٌ للبر
ولسنا عبيدًا للخطية.
نتقدَّم إليك باتضاع،
ممتنِّين على رحمتك، وشاكرين على التغيير
الذي جعلنا نحبك، ونعمل ما يرضيك.

يا رب، يا خالقنا وربَّنا،
نتلذَّذ ببرِّك وحكمتك.
وقد نلنا البركات برحمتك ونعمتك.
ونبتهج بلطفك ورأفتك
من نحو الخطاة أمثالنا.
ومع أننا لا نستحق إحسانك ألبتة،
لكنك برحمتك خلَّصتنا من ذنب خطايانا ودينونتها.
فقد صدر حُكم دينونتنا على المسيح في الجلجثة،
حين أبطل ٱلْخَطِيَّةَ بِذَبِيحَةِ نَفْسِهِ،
وأنت أقمتَه من بين الأموات
تصديقًا منك على إنجازه العظيم.
وبهذا صارت رحمتك ونعمتك مضمونتين لنا
بالمسيح مخلِّصنا.
ولهذا نشتهي أن نُكْرِمَهُ بخدمتنا.
لكن ليتنا لا نظن ألبتة أن أعمالنا تستحق شيئًا،
أو حتى أنها إضافة جديرة إلى عمله المكتمل.
نعترف بأن أفضل ما عندنا من خدمة
هو غير ذي نفع.
ومهما قدَّمنا أفضل ما عندنا من طاعة،
نظلُّ مجرد عبيد بطَّالين
لم يفعلوا سوى ما أُمِروا به.

ولهذا، ليتنا نتكل على المسيح على الدوام،
ونضع ثقتنا فيه،
ونكرمه،
ونخدمه بأمانة واتضاع.
ننبذ خطايانا، ونثق في تطهيرك وغفرانك المستمر.
أعطنا القدرة أن نسلك على نحو
يجتذب الآخرين إلى أمجاد المسيح،
الذي باسمه نصلي. آمين.

## نِعمَة أعظمُ من خطايانا

النّعمَةُ العَجيبَةُ لربِّنا حَبيبِنا
هيَ أعظمُ من شَرِّنا وإثمِنا.
هناكَ فوقَ الجُلجُثةِ انسَكَبَتْ،
هناكَ دِمَاءُ الحَمَلِ قدْ سُفِكَتْ.

القرار
النّعمَةُ.. النّعمَةُ.. نِعمَةُ اللهْ،
نِعمَةٌ تغفرُ.. تُطهِّرُ القلوبْ!
النّعمَةُ.. النّعمَةُ.. نِعمَةُ اللهْ،
نِعمَةٌ أعظمُ من كلِّ الذّنوبْ!

صَقيعُ الخَطيَّةِ واليأسِ كمَوْجِ بِحارْ
يُهدّدانِ الرُّوحَ بالسّقوطِ والجَحيمْ.
والنِّعمَةُ الأعظَمُ.. فيها العقولُ تَحَارْ،
إلى الحِصْنِ تقودُنا.. وصَليبِنا العَظيمْ.

كيفَ لنا أن نغسِلَ الوَصمَةَ القاتِمَةْ؟
كيفَ لنا إذّاكَ أن نمحوَ السَّوَادْ؟
والمَوجَةُ القرمزيَّةُ هيَ ذي قادِمَةْ
واليَومَ تَبيَضُّ أكثرَ من ثلجِ الوهادْ.

نِعمَةٌ عَجيبَةٌ.. بلا حُدودٍ.. فريدَةْ،
لكلِّ مَن يؤمِنُ مَوهوبةٌ مَجّانا.
يا من تتوقونَ إلى رؤيةٍ مَجيدَةْ..
مُحيَّاهُ! أفَلَا تَقبلونَ النِّعمَةَ الآنَ؟[٤٦]

---

٤٦ قام المترجم بتعريب هذه الترنيمة وتقفيتها. الترنيمة الأصلية هي بعنوان "**Grace Greater than Our Sin**" من تأليف جوليا هـ. جونستون Julia H. Johnston (١٨٤٩-١٩١٩م).

# المراجع

## مراجع أساسية في اللاهوت النظامي لعقيدة الإنسان

Bancroft, Emery H. *Christian Theology: Systematic and Biblical.* 2nd ed. Grand Rapids, MI: Zondervan, 1976. 183–210.

Berkhof, Louis. *Systematic Theology.* 4th ed. Grand Rapids, MI: Eerdmans, 1939.181–218.

Buswell, James Oliver, Jr. *A Systematic Theology of the Christian Religion.* 2 vols. Grand Rapids, MI: Zondervan, 1962–1963. 1:221–430.

Culver, Robert Duncan. *Systematic Theology: Biblical and Historical.* Fearn, Ross-shire, Scotland: Mentor, 2005. 227–335.

Dabney, Robert Lewis. *Systematic Theology.* 1871. Reprint, Edinburgh: Banner of Truth,1985. 292–305.

Erickson, Millard J. *Christian Theology.* Grand Rapids, MI: Baker, 1986. 455–558.

*Grudem, Wayne. *Systematic Theology: An Introduction to Biblical Doctrine.* Grand Rapids, MI: Zondervan, 1994. 439–89.

Hodge, Charles. *Systematic Theology.* 3 vols. 1871–1873. Reprint, Grand Rapids, MI: Eerdmans, 1975. 2:3–122.

Lewis, Gordon R., and Bruce A. Demarest. *Integrative Theology.* 3 vols. Grand Rapids, MI: Zondervan, 1987–1994. 2:17–180.

Reymond, Robert L. *A New Systematic Theology of the Christian Faith.* Nashville: Thomas Nelson, 1998. 415–40.

*Shedd, William G. T. *Dogmatic Theology.* 3 vols. 1889. Reprint, Minneapolis: Klock & Klock, 1979. 2A:3–147; 3:249–331.

Strong, August Hopkins. *Systematic Theology: A Compendium Designed for the Use of Theological Students.* Rev. ed. New York: Revell, 1907. 465–532.

Swindoll, Charles R., and Roy B. Zuck, eds. *Understanding Christian Theology*. Nashville: Thomas Nelson, 2003. 641–722.

Thiessen, Henry Clarence. *Introductory Lectures in Systematic Theology*. Grand Rapids, MI: Eerdmans, 1949. 214–37.

Turretin, Francis. *Institutes of Elenctic Theology*. 3 vols. Edited by James T. Dennison Jr. Translated by George Musgrove Giger. 1679–1685. Reprint, Phillipsburg, NJ: P&R, 89–1:569 .1997–1992.

العلامة (*) تشير إلى أفضل المراجع في هذا المجال.

## مراجع أساسية في اللاهوت النظامي لعقيدة الخطية

Bancroft, Emery H. *Christian Theology: Systematic and Biblical*. 2nd ed. Grand Rapids, MI: Zondervan, 1976. 211–35.

Berkhof, Louis. *Systematic Theology*. 4th ed. Grand Rapids, MI: Eerdmans, 1939. 219–61.

Buswell, James Oliver, Jr. *A Systematic Theology of the Christian Religion*. 2 vols. Grand Rapids, MI: Zondervan, 1962–1963. 1:255–320.

Culver, Robert Duncan. *Systematic Theology: Biblical and Historical*. Fearn, Ross-shire, Scotland: Mentor, 2005. 337–417.

Dabney, Robert Lewis. *Systematic Theology*. 1871. Reprint, Edinburgh: Banner of Truth,51–306 .1985 .

*Erickson, Millard J. *Christian Theology*. Grand Rapids, MI: Baker, 1986. 561–658.

*Grudem, Wayne. *Systematic Theology: An Introduction to Biblical Doctrine*. Grand Rapids, MI: Zondervan, 1994. 490–514.

Hodge, Charles. *Systematic Theology*. 3 vols. 1871–1873. Reprint, Grand Rapids, MI: Eerdmans, 1975. 2:123–309.

Lewis, Gordon R., and Bruce A. Demarest. *Integrative Theology*. 3 vols. Grand Rapids, MI: Zondervan, 1987–1994. 2:183–245.

Reymond, Robert L. *A New Systematic Theology of the Christian Faith*. Nashville: Thomas Nelson, 1998. 440–58.

*Shedd, William G. T. *Dogmatic Theology*. 3 vols. 1889. Reprint, Minneapolis: Klock & Klock, 1979. 2A:148–257; 3:331–77.

Strong, August Hopkins. *Systematic Theology: A Compendium Designed for the Use of Theological Students*. Rev. ed. New York: Revell, 1907. 533–664.

Swindoll, Charles R., and Roy B. Zuck, eds. *Understanding Christian Theology*. Nashville: Thomas Nelson, 2003. 723–800.

Thiessen, Henry Clarence. *Introductory Lectures in Systematic Theology*. Grand Rapids, MI: Eerdmans, 1949. 238–72.

Turretin, Francis. *Institutes of Elenctic Theology*. 3 vols. Edited by James T. Dennison Jr. Translated by George Musgrove Giger. 1679–1685. Reprint, Phillipsburg, NJ: P&R, 685–1:591 .1997–1992.

العلامة (*) تشير إلى أفضل المراجع في هذا المجال.

**مراجع متخصّصة:**

Barrick, William D. "A Historical Adam: Young-Earth Creation View." In *Four Views on the Historical Adam*, edited by Matthew Barrett and Ardel B. Caneday, 197–254. Grand Rapids, MI: Zondervan, 2013.

Berkouwer, G. C. *Man: The Image of God*. Grand Rapids, MI: Eerdmans, 1962.

———————. *Sin*. Studies in Dogmatics 11. Grand Rapids, MI: Eerdmans, 1971.

Clark, Gordon H. *The Biblical Doctrine of Man*. Trinity Paper 7. Jefferson, MD: Trinity Foundation, 1984.

*Hoekema, Anthony A. *Created in God's Image*. Grand Rapids, MI: Eerdmans, 1994.

Hughes, Philip Edgcumbe. *The True Image: The Origin and Destiny of Man in Christ*. Grand Rapids, MI: Eerdmans, 1989.

Laidlaw, John. *The Biblical Doctrine of Man.* 1895. Reprint, Minneapolis: Klock & Klock, 1983.

*MacArthur, John. *The Battle for the Beginning: Creation, Evolution, and the Bible.* Rev. ed. Nashville: Thomas Nelson, 2005.

*——————. *The Vanishing Conscience.* Dallas: Word, 1994.

Machen, J. Gresham. *The Christian View of Man.* 1937. Reprint, Edinburgh: Banner of Truth, 1984.

Mortenson, Terry, and Thane H. Ury, eds. *Coming to Grips with Genesis: Biblical Authority and the Age of the Earth.* Green Forest, AR: Master Books, 2008.

Pink, Arthur W. *Gleanings from the Scriptures: Man's Total Depravity.* Chicago: Moody Press, 1969.

Ramm, Bernard. *Offense to Reason: A Theology of Sin.* San Francisco: Harper & Row, 1985.

Whitcomb, John Clement. The Early Earth: An Introduction to Biblical Creationism. 3rd ed. Winona Lake, IN: BMH, 2010.

العلامة (\*) تشير إلى أفضل المراجع في هذا المجال.

## مراجع في قضايا اجتماعية

*Clouse, Robert G., ed. *War: Four Christian Views.* Rev. ed. Downers Grove, IL: Inter-Varsity Press, 1991.

*DeYoung, Kevin. *What Does the Bible Really Teach about Homosexuality?* Wheaton, IL: Crossway, 2015.

*Feinberg, John S., and Paul D. Feinberg. *Ethics for a Brave New World.* 2nd ed. Wheaton, IL: Crossway, 2010.

Köstenberger, Andreas J. *God, Marriage, and Family: Rebuilding the Biblical Foundation.* With David W. Jones. 2nd ed. Wheaton, IL: Crossway, 2010.

*MacArthur, John. *Different by Design*. Colorado Springs: Victor, 1994.

*——————. *The Divorce Dilemma: God's Last Word on Lasting Commitment*. Leominster, England: Day One, 2009.

*Murray, John. *Principles of Conduct: Aspects of Biblical Ethics*. Grand Rapids, MI: Eerdmans, 1957.

*Piper, John, and Wayne Grudem, eds. *Recovering Biblical Manhood and Womanhood: A Response to Evangelical Feminism*. Wheaton, IL: Crossway, 1991.

Strauch, Alexander. *Men and Women, Equal yet Different: A Brief Study of the Biblical Passages on Gender*. Littleton, CO: Lewis and Roth, 1999.

Young, Curt. *The Least of These: What Everyone Should Know about Abortion*. Chicago: Moody Press, 1983.

العلامة (*) تشير إلى أفضل المراجع في هذا المجال.

## «أيُعقَل؟»

أيُعقَلُ أن يكونَ لي نَصيبْ
في دم المَسيح الحَبيبْ؟
ماتَ لأَجلي أناَ علّةُ الآلامْ؟
لأجلي، في المَوتِ نامَ وَقامْ؟
مَحبَّةٌ عَجيبَةٌ، كيفَ هذا!؟
أن تموتَ لأجلي يا إلهي؟

القرار:
مَحَبَّةٌ عَجيبَةٌ! كيفَ هذا،
أن تموتَ لأجلي يا إلهي؟

ترَكَ عرشَ أبيهِ في العَلاءْ،
نِعمةٌ موهوبةٌ لنا بلا انتهاءْ.
أخلى نفسَه من الكلِّ عَداَ حُبِّهِ،
ونزَفَ لأجلِ آدمَ وضَعفه.
تلكَ الرَّحمَةُ العَظيمَةُ والسَّخاءْ،
قد وَجدَتني أنا.. يا إلهَ السَّماءْ.

طالما كانتْ نفسي في القيودْ
في إسارِ الخَطيَّةِ وظلمَةِ الوجودْ.
ألقَتْ عليَّ عيناكَ شُعاعَ الرَّجاءْ،
فانتبَهتُ، والسِّجنُ يُشرقُ بالضِّياءْ.
سقطَ الوثاقُ، وتحرَّرَ القلبُ الأسيرْ.
قمْتُ.. وصِرتُ خلفَكَ أسيرْ.

لستُ أخشى الآنَ من دَينونة،
فيسوع وكلُّ ما فيه، ثروَتي!
أنا حيٌّ فيه، وهو سيِّدي الحَيّ
متسربلاً بالبرِّ الإلهيّ.
أتقدَّمُ بثقة من عرشِكَ السَّرمَديّ
وأنالُ إكليلي، بالمَسيح.[1]

---

١ قام المترجم بتعريب هذه الترنيمة وتقفيتها. الترنيمة الأصلية هي بعنوان "**And Can It Be?**" من تأليف تشارلز ويسلي Charles Wesley (١٧٠٧-١٧٨٨ م).

الفصل السابع

# الخلاص

## عقيدة الخلاص

## (سوتيريولوچي)

**الموضوعات الرئيسية التي يتناولها الفصل السابع**

مقدِّمة لعقيدة الخلاص

خطة الفداء

إتمام الفداء

تطبيق الفداء

## مقدِّمة لعقيدة الخلاص

- غاية الخلاص الجوهرية
- النعمة العامة

في عقيدة الخلاص، يصل دارس الكتاب المقدس إلى قمة اللاهوت المسيحي، لأن الموضوعات الرئيسية والموضوعات الفرعية التي تتناولها دراسة الخلاص تتغلغل إلى لُبِّ رسالة الإنجيل، وإلى مركز تاريخ الفداء. وكما أوضحنا في الفصل السادس، خُلِقَ الإنسانُ على صورة الله، وكُلِّفَ بالتسلُّط على الخليقة ممثِّلًا لله على الأرض. لكنه أخفق تمامًا في تلك المهمة، إذ أخطأ في حقِّ الله بعصيان آدم، وسقط من حالة الشركة المبارَكة الأصلية التي تمتَّع بها في الجنة. ونتيجة هذا، يُحبَل بجميع نسل آدم بالخطية، ويولَدون أعداءً لله. فإن الإنسان، بالطبيعة، مغتربٌ عن الله علاقاتيًا، وأيضًا مسئولٌ قضائيًا أمامه. وهو عاجزٌ عن التمتع بالشركة مع الله التي خُلِقَ لأجلها، كما أنه مطالَبٌ بأن ينال جزاء كسره لشرائع الله، واستخفافه بمجده، وهذا الجزاء هو الموت.

لكنَّ الله **مخلِّصٌ**، وقد تدخَّل بنعمةٍ مخلِّصةٍ كي يفتدي الذين يؤمنون من الخطية والموت. بدأت خطة الله الآب للفداء في الأزل، إذ بمحبته التي تختار أحبَّ خطاةً غير مستحقين، عازمًا على أن ينجِّيهم من السقوط، ومن عواقب عصيانهم التي يستحقُّونها. ومن ثَمَّ، عيَّن الآبُ الربَّ يسوع المسيح، الله الابن، كي يتمِّم الفداء نيابة عن المختارين، بأن يصير بشرًا، ويقدِّم لله طاعةً كاملةً كإنسان، ويموت بديلًا عن شعبه، كي يسدِّد جزاء خطاياهم. ثم أرسل الآبُ والابنُ اللهَ الروح القدس كي يطبِّق على المختارين كافة المزايا الخلاصية التي اشتراها الابن لشعبه. وهكذا، يتَّبع هذا الفصل نموذجًا ثالوثيًا، فيه تتكشَّف خطة الآب للفداء، وتتميم الابن للفداء، وتطبيق الروح القدس للفداء، كلٌّ بدوره، مع تسليط الضوء على العقائد التالية: الاختيار والرفض، والكفارة، والدعوة والولادة الثانية، والتوبة والإيمان، والاتحاد بالمسيح، والتبرير، والتبنِّي، والتقديس، ومثابرة القديسين، والتمجيد.

## غاية الخلاص الجوهرية

قبل أن نتناول عقيدة الخلاص، يلزَم أن نضع في الاعتبار أن الغاية التي دفعت الله إلى أن يخلِّص شعبه تتَّفق مع غايته الجوهرية من كلِّ شيء – وهي أن يمجِّد ذاته ويُكرمها. يفترِضُ سوءُ فهمٍ شائعٍ أنه لأن المؤمنين يحصلون على بركات هائلة من نعمة الله المخلِّصة، فإن اهتمام الله الأساسيَّ في الخلاص منصبٌّ على الخطاة أنفسهم. فإن ذلك الفيض من المزايا الوفيرة التي يتمتع بها الإنسان في الخلاص –أي امتياز أن يختارنا الله للخلاص ليس بناءً على شيء فينا، وأن يعطينا بديلًا عظيم القيمة والكرامة هو ابن الله ذاته، وأن ننال هبة الولادة الجديدة بمعزل عن أية أعمال صادرة منا، وأن نتَّحد بالمسيح، ونتبرَّر دون أعمال، ونصير أبناءً بالتبني في عائلة الله، ونتغيَّر لنشابه صورته، تدريجيًا على الأرض، وعلى نحو كامل في السماء – يغوي دارس الكتاب المقدس بالظن بأن الغاية النهائية من محبة الله المخلِّصة هي الإنسان. لكن، يعلن الكتاب المقدس أن الإنسان ليس هو محور الخلاص، بل الله. يخلِّص الله الخطاة «لِمَدْحِ مَجْدِ نِعْمَتِهِ» (أفسس ١ : ٦).

الكتاب المقدس حافلٌ بشهادات عن التزام الله الأساسي بتمجيد اسمه. يمثِّل فداء شعب إسرائيل من العبودية في مصر نموذجًا أصليًّا من العهد القديم لخلاص الله. وعلَّق كاتب المزمور على هذا النموذج الأرضي الذي يمثِّل ذروة خلاص الله، قائلًا: «فَخَلَّصَهُمْ مِنْ أَجْلِ اسْمِهِ، لِيُعَرِّفَ بِجَبَرُوتِهِ» (مزمور ١٠٦: ٨). ففي حين كان الله قطعًا متعاطفًا مع شعبه في أزمتهم، وأراد أن يُحرَّروا من نير عبوديتهم (راجع خروج ٢: ٢٣-٢٥؛ ٣: ٧-٨، ١٦)؛ وفي حين أراد دون شك أن يطبِّق العدل على مصر بسبب قساوة القمع الذي مارسوه (راجع خروج ٣: ٩؛ ٦: ١-٩)، لكن كان هَمُّه الأساسي من فدائه لإسرائيل هو إكرام اسمه (راجع خروج ٩: ١٦؛ ١٤: ٤، ١٧-١٨). ولاحقًا، في وعد الله بمجيء عبده الممتلئ من الروح القدس، كي يثبِّت العدل في الأرض، ويفتح عيون العميان، ويحرِّر المأسورين من الظلمة (إشعياء ٤٢: ١-٧)، قال: «أَنَا الرَّبُّ هَذَا اسْمِي، وَمَجْدِي لَا أُعْطِيهِ لِآخَرَ» (إشعياء ٤٢: ٨)، وكأن الله بهذا يقول: «لن أسمح لكرامة اسمي ومجده أن يعطَيا لأي شخص آخر؛ **أنا** الرب يهوه، ولهذا، لا بد أن أتمجَّد». كذلك أيضًا، في ردِّ الله على عناد إسرائيل، قال: «مِنْ أَجْلِ اسْمِي أُبَطِّئُ غَضَبِي، وَمِنْ أَجْلِ فَخْرِي أُمْسِكُ عَنْكَ حَتَّى لَا أَقْطَعَكَ» (إشعياء ٤٨: ٩). فمع أن شعب إسرائيل نالوا رحمة كبح الله لغضبه، كان الدافع الأساسي للرب من وراء هذا هو أن يمجِّد شخصه. أيضًا شدَّد الرب على هذه الغاية في إشعياء ٤٨: ١١، قائلًا: «مِنْ أَجْلِ نَفْسِي، مِنْ أَجْلِ نَفْسِي أَفْعَلُ. لِأَنَّهُ كَيْفَ يُدَنَّسُ اسْمِي؟ وَكَرَامَتِي لَا أُعْطِيهَا لِآخَرَ». هنا يسمع القارئ المنطق الذي يدعم حُجة الله: سيعمل الله من أجل نفسه، إذ من المحال ألا يأخذ المجد الذي يستحقه. أيضًا، تمتد مركزية الله في الخلاص إلى قرار الله ليس فقط بأن يبطئ غضبه، بل أيضًا بأن يخلِّص في النهاية من هذا الغضب. فعلى شفا كارثة السبي البابلي، أعلن الله أنه سينجِّي إسرائيل ويردُّهم في النهاية، ولكنه نفى بكل وضوح أنه سيخلِّصهم لِذَاتِهم:

> «لَيْسَ لِأَجْلِكُمْ أَنَا صَانِعٌ يَا بَيْتَ إِسْرَائِيلَ، بَلْ لِأَجْلِ اسْمِي الْقُدُّوسِ ... فَأُقَدِّسُ اسْمِي الْعَظِيمَ الْمُنَجَّسَ فِي الْأُمَمِ، الَّذِي نَجَّسْتُمُوهُ فِي وَسْطِهِمْ، فَتَعْلَمُ الْأُمَمُ أَنِّي أَنَا الرَّبُّ ... حِينَ أَتَقَدَّسُ فِيكُمْ قُدَّامَ أَعْيُنِهِمْ» (حزقيال ٣٦: ٢٢-٢٣)

ربط الله اسمه بشعبه لدرجة أن هلاكهم كان من شأنه أن يلطِّخ سُمْعَتَه (راجع خروج ٣٢: ٧-١٤؛ دانيآل ٩: ١٨-١٩). ومن ثَمَّ، سينجي الله شعبَه لأجل مجده. ففي نهاية المطاف، يمحو الله الذنوب لأجل ذاته (إشعياء ٤٣: ٢٥)، ويغفر الخطايا مِنْ أَجْلِ اسْمِهِ (١يوحنا ٢: ١٢).

لا توجد شهادة عن التزام الله الأساسي في الخلاص من نحو مجده أعظم من تلك الواردة في ترنيمة الحمد المجيدة التي رنَّمها بولس للإله المخلِّص، والتي جاءت في الأصحاح الأول من رسالة أفسس. فبينما كان بولس يبارك الله الواهب كلَّ بركة روحية، أَعْلَنَ أن كلَّ جوانب خلاص الإنسان – أي الاختيار من الآب (١: ٤-٦)، والفداء الذي تمَّمه الابن (١: ٧-١٢)، وخدمة الختم التي يقوم بها الروح القدس (١: ١٣-١٤) – قد عُمِلَت «لِمَدْحِ مَجْدِ نِعْمَتِهِ» (أفسس ١: ٦)، و«لِمَدْحِ مَجْدِهِ» (١: ١٢)، و«لِمَدْحِ مَجْدِهِ» (١: ١٤). فمع أن الإنسان هو المتلقِّي لمحبة الله العظيمة في الخلاص (رومية ٥: ٨؛ أفسس ٢: ٤)، لكنه ليس محور الاهتمام الأساسي لنعمة الله المخلِّصة، بل يحتلُّ الله نفسه ومجد اسمه الأولوية

العظمى في قائمة اهتمامات الله. وأي رأي عن الخلاص يرفع من شأن الإنسان، ويجعله محور اهتمام الله الرئيسي، يشوِّه بالضرورة من سمعة مجد الله.[1]

## ⬅ النعمة العامة

موضوع تمهيدي آخر سنتناوله هنا هو عقيدة النعمة العامة [common grace]. هذا الموضوع ليس خلاصيًّا بالمعنى الدقيق، لأن النعمة العامة ليست نعمة مخلِّصة.[2] فلأن النعمة العامة تعبير عن صلاح الله العام، وعن مراحمه (مزمور ١٤٥: ٩)، فإن جميع البشر بلا استثناء يختبرونها، بمَن في ذلك الذين لن يخلُصوا أبدًا (راجع المزامير ٣٣: ٥؛ ٥٢: ١؛ ١٠٧: ٨؛ ١١٩: ٦٨). تختلف هذه النعمة عن **النعمة الخاصة، أو النعمة المخلِّصة**، التي ينجِّي الله بها مختاريه من عقوبة الخطية وسطوتها (أفسس ٢: ٥؛ كولوسي ١: ١٣-١٤)، مجدِّدًا ومقدِّسًا إياهم بعمل الروح القدس (٢كورنثوس ٥: ١٧؛ تيطس ٣: ٥). إذن، لا تعطي النعمة العامة غفرانًا للخطايا، ولا تُجَدِّد قلوب غير المؤمنين. ومع أنها تعلن حقائق عن الخالق (رومية ١: ١٨-٢٠)، وتبكِّت على الخطية (رومية ٢: ١٥)، لكنها لا يمكن أن تؤدي في حدِّ ذاتها إلى الخلاص، بمعزلٍ عن النعمة المخلِّصة. ولذا، كان من الممكن ببساطة تناوُلها هي أيضًا في الفصل الثالث، الذي يتحدث عن «الله الآب»، إذ هي تعبير عن نعمة الله ورحمته. ولكن، لأن النعمة العامة هي نعمة تمهيدية للتمتُّع بالنعمة المخلِّصة، لَزَم تناوُلها هنا.

تمدُّ نعمة الله العامة الجنس البشري بثلاث فوائد على الأقل. **أولًا**، هي تكبح الخطية مؤقتًا، وتعمل ضد تأثيراتها الضارة. فبدون النعمة الإلهية، سيُطلَق العِنان في المجتمع لمظاهر الطبيعة البشرية الساقطة كاملة، مما سيؤدِّي إلى نتائج كارثية. فمع أن الخطاة فاسدون كلية، أي أنَّ الخطية تؤثر في كلِّ جوانب كيانهم (رومية ٣: ١٠-١٨، ٢٣؛ راجع إرميا ١٧: ٩؛ أفسس ٢: ١؛ تيطس ٣: ٣)، لكن الاستعلان الكامل لتلك الحالة الخاطئة مكبوحٌ بواسطة الضمير، الذي يُمَكِّن الخطاة من إدراك الفارق بين الصواب والخطأ (رومية ٢: ١٥)؛ وبواسطة سلطة الوالدين، الذين يعلِّمون أبناءهم، ويؤدِّبونهم (أمثال ٢: ١-٥؛ ٣: ١-٢؛ ١٣: ١-٢، ٢٤؛ ١٩: ١٨)؛ وبواسطة الحكومة المدنية، التي تحافظ على النظام في المجتمع البشري (رومية ١٣: ١-٥).

---

١ للاطلاع على المزيد بشأن التزام الله الأساسي من نحو مجده في كل أعمال الخلق، والعناية، والفداء، انظر:

Jonathan Edwards, *Dissertation on the End for Which God Created the World*, in *The Works of Jonathan Edwards*, ed. Edward Hickman (1834; repr., Carlisle, PA: Banner of Truth, 1974), 1:94–121.

أعيد طباعة دراسة جوناثان إدواردز، مع إضافة مقدِّمة مفيدة، وبعض الملاحظات التوضيحية في كتاب:

John Piper, *God's Passion for His Glory: Living the Vision of Jonathan Edwards* (Wheaton, IL: Crossway, 1998), 115–251.

٢ يختلف هذا الفهم عن الفهم الأرميني للنعمة العامة، الذي يرى أنها تعني أن الله يعطي جميع البشر دون استثناء إمكانية التوبة والإيمان بالإنجيل. وفقًا لهذا الفهم، تُعَد النعمة العامة مجرد البداية للنعمة المخلِّصة؛ وهي فعليًا مرادفة لما يسميه التعليم الأرميني «النعمة المسبقة» [prevenient grace]، التي يقال إنها تتغلب على تأثيرات الفساد الكلي في جميع الخطاة، كي تأتي بهم إلى حالة من الحيادية الأدبية، بها يستطيعون من تلقاء أنفسهم أن يختاروا قبول المسيح أو رفضه. إلا أن نعمة الله التي يبسطها إلى جميع البشر دون استثناء ليست نعمة مخلِّصة من أية ناحية روحية، لأن جميع بركات الخلاص مذخرة في المسيح، المخلِّص، وحده (أفسس ١: ٣). وإذ لا يمكن بأي حال من الأحوال أن يقال عن غير المؤمنين إنهم «في المسيح»، فهم إذن لا يشتركون في أيٍّ من بركات الخلاص.

**ثانيًا**، تُمَكِّن النعمة العامة غير المؤمنين من الاستمتاع بالجمال والخير في هذه الحياة (مزمور ٥٠: ٢). يختبر البار والأثيم على حد سواء بركات مادية كثيرة من يد الله (مزمور ١٠٤: ١٤-١٥؛ متى ٥: ٤٥؛ أعمال الرسل ١٤: ١٥-١٧؛ ١٧: ٢٥). فإن كل نَفَس يأخذه المرء، وكل كسرة خبز يأكلها، وكل جمال أرضي، وكل لحظة من الصحة هي مُمْكِنَة فقط بتدبير من نعمة الله (راجع أيوب ١٢: ١٠؛ أعمال الرسل ١٧: ٢٨). فهو المصدر الأوحد لكل خير (مزمور ١٠٦: ١؛ مرقس ١٠: ١٨؛ ١تيموثاوس ٤: ٤؛ يعقوب ١: ١٧)؛ ومن ثَمَّ، فإن كلَّ ما هو حسن وذو قيمة يأتي من يده المُحْسِنة. ومع أن هذا العالم قد خرَّبته لعنة الخطية (رومية ٨: ٢٠-٢٢)، تتيح نعمة الله العامة للخطاة أن يذوقوا من مراحم الرب وإحساناته الوفيرة (انظر مزمور ٣٤: ٨).

**ثالثًا**، تتيح النعمة العامة للخطاة وقتًا حتى يسمعوا رسالة الإنجيل، لعلَّهم يُحفَّزوا على التوبة. فمع أنه بإمكان الله أن يُوْقِعَ الدينونة بعدلٍ على الخطاة من فَوْرِهِ، لكنه يحجز مؤقتًا العقوبة التي لا بد أن ينالوها (راجع حزقيال ١٨: ٤، ٣٢؛ رومية ٦: ٢٣؛ ٩: ٢٢-٢٣؛ ١تيموثاوس ٤: ١٠). وكما قال الرسول بولس: «أَمْ تَسْتَهِينُ بِغِنَى لُطْفِهِ وَإِمْهَالِهِ وَطُولِ أَنَاتِهِ، غَيْرَ عَالِمٍ أَنَّ لُطْفَ اللهِ إِنَّمَا يَقْتَادُكَ إِلَى التَّوْبَةِ؟» (رومية ٢: ٤؛ راجع ٢ بطرس ٢: ٥؛ ٣: ٩، ١٥). ومع أن الخطاة يحجزون حقَّ الإنجيل بالإثم، تجعل النعمة العامة رفضهم هذا بلا عذر (رومية ١: ١٨-٢٠).

في حين تعبِّر النعمة العامة عن صلاح الله ولطفه تجاه البشرية كلها، تظهر طبيعة الله بصفته المخلِّص على أكمل وجه في فيض بركات نعمته الخاصة. وتعرض بقية هذا الفصل بالتفصيل إعلان نعمة الله السيادية والمخلِّصة، وعملها.

## خطة الفداء

- قضاء الله
- قضاء الاختيار
- قضاء الرفض
- خاتمة

يبدأ تطبيق نعمة الله المخلِّصة على الخطاة قبل اختبار أيِّ خاطئ لمزايا تلك النعمة بوقتٍ طويلٍ. يعود أصل نعمة الله الفدائية إلى ما قبل اهتداء الخاطئ وتبريره، وإلى ما قبل كفارة المخلِّص البدليَّة، بل وإلى ما قبل خلق العالم نفسه؛ فهو يعود إلى الأزل، إلى المشورة السيادية لمشيئة الإله الواحد مثلَّث الأقانيم. فكما كتب بولس إلى تيموثاوس، يخلِّص الله شعبه بمقتضى قصده الأزلي، إذ أغدق عليهم بنعمة «فِي الْمَسِيحِ يَسُوعَ قَبْلَ الأَزْمِنَةِ الأَزَلِيَّةِ» (٢تيموثاوس ١: ٩). ففي حرية الله السيادية، وفقط من فيض مراحمه ونعمته أحبَّ بمحبته التي تختار أشخاصًا معيَّنين، ليخلِّصهم من الخطية والموت، وقَصَدَ أن يردَّهم إلى علاقة سليمة معه، بواسطة فداء ابنه، الذي يطبِّق عليهم بروحه القدوس. ومن ثَمَّ، فإن كلًّا من تتميم الابن للفداء، وتطبيق الروح القدس له يحدث بمقتضى خطة الآب الأزلية للفداء (أفسس ٣: ١١).

## ➡ قضاء الله

إذ يمثِّل قضاء الاختيار قسمًا فرعيًّا من قضاء الله العام (راجع ١كورنثوس ٢: ٧)، الذي به عيَّن الله على نحو منزَّهٍ عن أيِّ خطأ كلَّ ما يحدث،[٣] والذي بموجبه يدير كلَّ الأشياء (أفسس ١: ١١)، من الضروري أن نستعرض بإيجاز التعليم الكتابي عن قضاء الله، لأن كل ما ينطبق على قضائه عمومًا لا بد أن ينطبق على قضائه بأن يختار ويخلِّص.[٤] يستخدم الكتاب المقدس مصطلحات متنوعة لتعريف قضاء الله، منها قصد الدهور أو القصد الأزلي (أفسس ٣: ١١؛ راجع إشعياء ٤٦: ١٠؛ رومية ٨: ٢٨؛ ٩: ١١؛ أفسس ١: ٩؛ ٢تيموثاوس ١: ٩؛ عبرانيين ٦: ١٧)؛ والمشورة المحتومة (أعمال الرسل ٢: ٢٣؛ ٤: ٢٨)؛ والمَقْصَد، أو المؤامرة، أو الرأي (مزمور ٣٣: ١١؛ إشعياء ٥: ١٩؛ ٤٦: ١٠)؛ ورأي مشيئته (أفسس ١: ١١)؛ ومسرة مشيئته (أفسس ١: ٥)، ومسرَّته (لوقا ١٢: ٣٢؛ فيلبي ٢: ١٣)؛ ومشيئته (رومية ٩: ١٩).

- ### طبيعة قضاء الله[٥]

يؤدِّي بنا فحص النصوص السابقة ونصوص أخرى إلى معرفة السمات الرئيسية لقضاء الله. **أولاً**، يصف الكتاب المقدس قضاء الله بأنه تعيَّن قبل خلق الزمن، ولهذا يقال عنه إنه **أزلي**. فقد حَمَدَ داود الله لأن كلَّ أيامه قد تعيَّنت، وكُتِبت في سفر الله قبل أن يكون أيٌّ منها (مزمور ١٣٩: ١٦). وأوضح بولس أن خطة خلاص الأمم قد أُتْمِمَت بحسب قصد الدهور، أو القصد الأزلي لله (أفسس ٣: ١١)، وأنها سرٌّ «سَبَقَ اللهُ فَعَيَّنَهَا قَبْلَ الدُّهُورِ» (١كورنثوس ٢: ٧). كما علَّم بوضوح أن الله اختار أن يخلِّص خاصته «قَبْلَ تَأْسِيسِ الْعَالَمِ» (أفسس ١: ٤؛ راجع ٢تيموثاوس ١: ٩). وهذا مكَّن يسوع أن يقول إن الملكوت قد أُعِدَّ للمختارين «مُنْذُ تَأْسِيسِ الْعَالَمِ» (متى ٢٥: ٣٤). وفي إشعياء ٤٦: ١٠، أكَّد يهوه أنه سيتمِّمُ كلَّ مسرته، ويُقِيمُ كلَّ شيء حسب قصده ورأيه. وأدلى بولس بتصريح مشابه في أفسس ١: ١١، قائلًا إن المؤمنين «مُعَيَّنِينَ سَابِقًا حَسَبَ قَصْدِ الَّذِي يَعْمَلُ كُلَّ شَيْءٍ حَسَبَ رَأْيِ مَشِيئَتِهِ». ومن ثَمَّ، فإن جميع أعمال عناية الله في الزمن تتَّفق مع قصدٍ ثابتٍ يسبق الزمن.

**ثانيًا**، إحدى النتائج المهمة المترتبة على أزلية قضاء الله هو أن هذا القضاء حتمًا **غير مشروط**. بمعنى آخر، بما أن الكائن الوحيد الذي كان موجودًا في الأزل هو الإله الأزلي، ذاتي الوجود، والواحد في ثلاثة أقانيم (إشعياء ٤٣: ١٠؛ ٤٤: ٢٤)، فمن المستحيل أن يكون أي شيء خارج الله قد دفعه إلى القضاء بشيء يخالف شيئًا آخر، لأنه لم **يوجد** شيء خارج الله (تكوين ١: ١؛ يوحنا ١: ١-٣). ومن ثَمَّ، فإن أيَّ قرار يمثِّل جزءًا من قضاء الله كان قرارًا حرًا، غير متأثر بشيء، وبحسب «مسرَّة» الله، أو بحسب ما يرضيه (مزمور ١١٥: ٣؛ ١٣٥: ٦؛ إشعياء ٤٦: ١٠؛ ٤٨: ١٤؛ فيلبي ٢: ١٣). وإن قضاء الله، إذن، بعيدٌ كل البعد عن كونه مشروطًا بخيارات البشر أو أفعالهم، كما يقول الكتاب المقدس: «وَحُسِبَتْ جَمِيعُ سُكَّانِ الأَرْضِ كَلاَ شَيْءَ، وَهُوَ يَفْعَلُ **كَمَا يَشَاءُ** فِي جُنْدِ السَّمَاءِ وَسُكَّانِ الأَرْضِ» (دانيآل ٤: ٣٥).

---

٣ بحسب الوصف الرائع الذي قدَّمه إقرار إيمان وستمنستر: «الله، منذ الأزل، وبحسب رأي مشيئته كلِّيِّ الحكمة والقداسة، يُعَيِّنُ بحريَّة، ودون قابليَّة للتغيير، كلَّ ما يحدث» (٣،١).

٤ للاطِّلاع على ملخَّص لقضاء الله في سياق العناية الإلهية، انظر الفصل الثالث بعنوان: «الله الآب».

٥ هذا الجزء مُقتبَس بتصرُّف وبتصريح من الكاتب، من:
Mike Riccardi, “I Will Surely Tell of the Decree of the Lord,” *The Cripplegate* (blog), August 28, 2015, http://thecripplegate.com/i-will-surely-tell-of-the-decree-of-the-lord/.

**ثالثًا**، قضاء الله **لا يتغير**، ومن ثَمَّ فهو فعَّال. فكما لم يكن باستطاعة أي شيء أن يؤثِّر في قضاء الله السيادي منذ ابتدائه في الأزل، هكذا أيضًا، لا شيء في الزمن يستطيع أن يغيِّر هذا القضاء. لا يمكن لأي مخلوق أن يغيِّر ما عيَّنَ الله حدوثه؛ بل على النقيض، يقول كاتب المزمور إن الله هو مَن يُبطِل مؤامرة **المخلوقات**، بل ويحبط أفكار الشعوب ومخطَّطاتهم (مزمور ٣٣: ١٠). تعزِّز الآية التالية هذا الحق: «أَمَّا مُؤَامَرَةُ الرَّبِّ فَإِلَى الأَبَدِ تَثْبُتُ. أَفْكَارُ قَلْبِهِ إِلَى دَوْرٍ فَدَوْرٍ» (مزمور ٣٣: ١١). وقد أقرَّ نَبُوخَذْنَصَّرَ بأنه «لَا يُوجَدُ مَنْ يَمْنَعُ يَدَهُ» أو يحاسبه على أفعاله (دانيآل ٤: ٣٥). فحين يعزم الله على إنجاز شيء ما، فإن هذا الشيء لا يمكن إبطاله. وعلى نحو مشابه، يستهزئ الله بالأمم، طارحًا هذا السؤال: «فَإِنَّ رَبَّ الْجُنُودِ قَدْ قَضَى، فَمَنْ يُبَطِّلُ؟ وَيَدُهُ هِيَ الْمَمْدُودَةُ، فَمَنْ يَرُدُّهَا؟» (إشعياء ١٤: ٢٧). وبعد أن تلقَّى أيوب ما يمكن أن نقول إنه أشدُّ التوبيخات حِدَّة وقوة في كلِّ الكتاب المقدس، لخَّص عدم تغيُّر قضاء الله في التصريح التالي: «قَدْ عَلِمْتُ أَنَّكَ تَسْتَطِيعُ كُلَّ شَيْءٍ، وَلَا يَعْسُرُ عَلَيْكَ أَمْرٌ»[٦] (أيوب ٤٢: ٢). كثيرًا ما تحتاج خطط البشر إلى تعديلات، لأنهم يفتقرون إما إلى الحكمة، وإما إلى القدرة على تنفيذ مخططاتهم. ولكن، لا يفتقر الله سواء إلى الحكمة أو إلى القوة لتنفيذ مشورته الحكيمة بلا حدود. فإن قضاءه لا يتغير، ومن ثَمَّ، فهو فعَّال، كما يقول: «رَأْيِي يَقُومُ وَأَفْعَلُ كُلَّ مَسَرَّتِي ... قَدْ تَكَلَّمْتُ فَأُجْرِيهِ. قَضَيْتُ فَأَفْعَلُهُ» (إشعياء ٤٦: ١٠-١١).

**أخيرًا**، إن قضاء الله الأزلي، وغير المشروط، وغير المتغيِّر، والفعَّال هو أيضًا قضاء **شامل**. «وَنَحْنُ نَعْلَمُ أَنَّ **كُلَّ الأَشْيَاءِ** تَعْمَلُ مَعًا» حسب قصد الله (رومية ٨: ٢٨)، وأنه يعمل «**كُلَّ شَيْءٍ** حَسَبَ رَأْيِ مَشِيئَتِهِ» (أفسس ١: ١١). ويكرِّر كاتب المزمور قوله بأن الرب يصنع **كلَّ** ما يشاء (مزمور ١١٥: ٣؛ ١٣٥: ٦). كما قال الله نفسه إنه سيفعل **كلَّ** «مسرَّته» (إشعياء ٤٦: ١٠).

أيضًا، تشير هذه الشمولية ليس فقط إلى تحكُّم عام من الله، بل أيضًا إلى حُكمه المحدَّد والدقيق بعنايته لكلِّ شيء. يقول الكتاب المقدس إن الله هو عِلَّة أنواع الطقس المختلفة. فإن الجليد، والمطر، والثلج، والرياح، والبرق، جميعها «مُدَوَّرَةٌ مُتَقَلِّبَةٌ بِإِدَارَتِهِ، لِتَفْعَلَ كُلَّ مَا يَأْمُرُ بِهِ عَلَى وَجْهِ الأَرْضِ الْمَسْكُونَةِ، سَوَاءٌ كَانَ لِلتَّأْدِيبِ أَوْ لِأَرْضِهِ أَوْ لِلرَّحْمَةِ يُرْسِلُهَا» (أيوب ٣٧: ١٢-١٣؛ راجع ٣٧: ٦-١٢؛ مزمور ١٤٨: ٨). الله هو مَن يجعل الشمس -التي يدعوها يسوع «شمسه» – تشرق على الأبرار والأشرار على حدٍّ سواء (متى ٥: ٤٥)، وهذا بدوره يُنبِت العشب من الأرض ... لِإِخْرَاجِ خُبْزٍ مِنَ الأَرْضِ (مزمور ١٠٤: ١٤). وهو الذي يعيِّن أَجَلَ حتى أصغر الطيور (متى ١٠: ٢٩)، ويرزق الحيوانات الجائلة في أرضه قُوتَها (مزمور ١٠٤: ٢٧؛ متى ٦: ٢٦). كما أنه يُعيِّن حدود الأمم (أعمال الرسل ١٧: ٢٦)، ويتسلَّط عليها (مزمور ٢٢: ٢٨)، ويَعْزِلُ مُلُوكًا وَيُنَصِّبُ مُلُوكًا (دانيآل ٢: ٢١)، بل ويميل قلوبهم حيثما شاء (أمثال ٢١: ١). وتشير قدرة الله على أن يميل قلوب الملوك إلى كونه يُعيِّن حتى رغبات البشر، واختياراتهم الحرة، سواء التي للخير (أفسس ٢: ١٠)، أو التي للشر (تكوين ٤٥: ٥-٨؛ ٥٠: ٢٠؛ ١صموئيل ٢: ٢٥؛ ٢صموئيل ٢٤: ١؛ إشعياء ١٠: ١-٨؛ أعمال الرسل ٢: ٢٣؛ ٤: ٢٧-٢٨). فحتى الأحداث التي تبدو عشوائية هي مُعَيَّنة من الله، لأن «الْقُرْعَةُ تُلْقَى فِي الْحِضْنِ، وَمِنَ الرَّبِّ كُلُّ حُكْمِهَا» (أمثال ١٦: ٣٣). أيضًا، لا تفلت أحداث حياة البشر الشخصية من تعيين الله السيادي، لأنه هو مَن يسد كلَّ احتياجهم (فيلبي ٤: ١٩؛

٦ [المترجم]: «ولا يمكن لأي قصد لك أن يَخِيْب» بحسب ترجمة ESV الإنجليزية.

يعقوب ١ : ١٧)، ويعيِّن طول عمرهم (أيوب ١٤ : ٥؛ مزمور ١٣٩ : ١٦)، بل ويهدي خطواتهم (أمثال ١٦ : ٩؛ إرميا ١٠ : ٢٣). وربما ورد أعظم تصريح على الإطلاق يُلخِّص شمولية قضاء الله في تسبحة بولس في رومية ١١ : ٣٦، حيث نقرأ: «لِأَنَّ مِنْهُ وَبِهِ وَلَهُ **كُلَّ** الْأَشْيَاءِ».[٧] فلا شيء يفلت من حُكم عناية قضاء الله، سواء أكانت غايات البشر، أم وسائلهم، أم الأحداث الطارئة في حياتهم، أم رغباتهم، أم اختياراتهم، أم حتى أفعالهم الصالحة والشريرة.

## • قضاء الله ومشكلة الشر[٨]

أحد الاعتراضات الطبيعية التي تُثار ضد عقيدة سيادة الله الشاملة هو أن هذه العقيدة تبدو كأنها تجعل الله هو المُستحق اللوم أدبيًّا على الخطية. ولكن، في حين أن الله يعيِّن حقًّا كل شيء –ومن ثَمَّ، فإنه العِلة الأساسية لكل شيء– لكنه لم يكن قط عِلة الشر المستحقة اللوم. يفرِّق الكتاب المقدس بين (١) العلة الأساسيَّة لأي فعلٍ، و(٢) العِلل المباشرة والفعَّالة لهذا الفعل، مبيِّنًا أن العلل المباشرة والفعَّالة وحدها هي التي تستحق اللوم على الفعل الشرير. فضلًا عن ذلك، يضع الكتاب المقدس في اعتباره أيضًا الدافع إلى ارتكاب أيِّ فعل شرير. ففي حين يعيِّن الله الخيارات الشريرة للكائنات الأدبية الحرة، لكنه لا يجبر هذه الكائنات على شيء، بل بالحري هم يتصرفون وفقًا لحرية ميلهم الشخصي. ولأن الله لم يكن قط هو العلة المباشرة والفعَّالة للشر، ولأنه هو دائمًا ما يعيِّن الشر لأجل الخير، فلا ذنب عليه إذن.

هذه الثيؤديسيا[٩] تبرهنها كثير من نصوص الكتاب المقدس. فإننا نرى دور الله في إرسال يوسف إلى العبودية (تكوين ٤٥ : ٥–٨؛ ٥٠ : ٢٠)، وفي إرسال أشور لتخريب إسرائيل (إشعياء ١٠ : ١–٨)، وفي تحريض داود على إحصاء إسرائيل (٢صموئيل ٢٤ : ١؛ ١أخبار الأيام ٢١ : ١). لكن المثال الأوضح يأتي من الكتابات الرسولية التي تروي أعظم حدث شرير وقع في التاريخ، ألا وهو قتل ابن الله. فإن أمكننا تبرئة الله من ذنب تعيين أعظم الشرور، سيتبدَّد حينئذ أيُّ اعتراض آخر على عدله في تعيين الشرور الأقل.

على سبيل المثال، يُلام هِيرُودُسُ وَبِيلَاطُسُ الْبُنْطِيُّ مَعَ أُمَمٍ وَشُعُوبِ إِسْرَائِيلَ بالحقيقة على صلب المسيح (أعمال الرسل ٤ : ٢٧). فقد أدان بطرس رجال إسرائيل على جريمتهم إدانة صريحة (أعمال الرسل ٢ : ٢٣، ٣٦). ومع ذلك، قال بطرس أيضًا بكلِّ صراحة إن هذا الشر قد تمَّ بقضاء الله، أي «بِمَشُورَةِ اللهِ الْمَحْتُومَةِ وَعِلْمِهِ السَّابِقِ» (أعمال الرسل ٢ : ٢٣). فبالحقيقة، اجتمع هيرودس، وبيلاطس، واليهود، والأمم على يسوع «لِيَفْعَلُوا كُلَّ مَا **سَبَقَتْ فَعَيَّنَتْ** يَدُكَ **[يد الله]** **وَمَشُورَتُكَ** أَنْ يَكُونَ» (أعمال الرسل ٤ : ٢٧–٢٨).

---

٧ للاطلاع على استعراض رائع لأعمال عناية الله، انظر الكتاب التالي:

Wayne Grudem, *Systematic Theology: An Introduction to Biblical Doctrine* (Grand Rapids, MI: Zondervan, 1994), 317–37.

٨ هذا الجزء منقولٌ بتصرُّف وبتصريح من الكاتب، من المصدر التالي:

Mike Riccardi, "God and Evil: Why the Ultimate Cause Is Not the Chargeable Cause,"*The Cripplegate* (blog), October 9, 2015, http://thecripplegate.com/god-and-evil-why-the-ultimate-cause-is-not-the-chargeable-cause/.

٩ [المترجم]: الثيؤديسيا تعني الدفاع عن الله من جهة وجود الشر.

يمكن أن نقول، أولًا، إن الله هو العلة **الأساسيَّة** للصَّلب، إذ قدَّ سبق فعيَّن كلَّ الظروف التي أدَّت إلى وقوعه، مما جعله أمرًا محتومًا. وثانيًا، إن اليهود كانوا هم العلة **المباشرة**، إذ قد حرَّضوا الرومان على صَلب المسيح. وثالثًا، إن هيرودس، وبيلاطس، وأناسًا أثمة آخرين هم العلة **الفعَّالة**، لأن السلطة الرومانية هي التي نفَّذت الصَّلب. ومن ثَمَّ، كان اليهود مسئولين ومذنبين باعتبارهم علة مباشرة، كما قال لهم بطرس: «**وَبِأَيْدِي** أَثَمَةٍ صَلَبْتُمُوهُ [يسوع] وَقَتَلْتُمُوهُ» (أعمال الرسل ٢: ٢٣). لم يخفِّف كون الرومان هم مَن سمَّروا يسوع فعليًا على الصليب من ذنب اليهود في تلك الجريمة. وفوق ذلك، ليس الله، الذي بيده حدث كلُّ هذا من الأساس، هو العلة المستحقة اللوم على الشر، إذ في حين قَصَدَ الجناة من هذا شرًا، قصد الله به خيرًا. كما يوضح لنا جوناثان إدواردز (١٧٠٣-١٧٥٨):

> «[من الملائم أن نقول] إن الله قضى بكلِّ فعل من أفعال البشر، أي بكلِّ فعل من أفعالهم الشريرة، وبكل الظروف المحيطة بتلك الأفعال، وإنه عيَّن كلَّ ما ستكون عليه هذه الأفعال من كل النواحي، وعيَّن حدوثها. ومن ثَمَّ، فهو يُدبِّر أن تكون هذه الأفعال شريرة كما هي بالحقيقة. ومع ذلك، من الملائم أيضًا أن نقول إن الله لا يقضي بالأفعال الشريرة بصفتها شرًّا، بل بصفتها خيرًا ... أعني بهذا أن القضاء بشيء بصفته شرًّا يعني القضاء به لأجل شرِّ الفعل نفسه. لكن، يقضي الله بأن يكون الفعل شريرًا لأجل الخير الذي سيُخرَجه من هذا الشر، بينما يقضي الإنسان به لأجل الشر الكامن في الفعل».[10]

إذن، تآمَرَ هيرودس، وبيلاطس، ويهوذا، واليهود معًا كي ينفِّذوا الصَّلب، لأنهم أرادوا التخلص من ذلك الرجل الذي كان يدينهم على خطاياهم. لكن، عيَّن الله شرَّ الصليب **لأجل الخير** الذي سيأتي منه، ألا وهو خلاص شعبه من خطاياهم. ربما لا يجيب هذا التفسير عن كل اعتراض لدى الإنسان الساقط، لكن هذه هي الثيؤديسيا التي تنبع من الكتاب المقدس نفسه. وعلى هذا الأساس، ينبغي أن نقبل أنه في حين أن الله هو حقًّا العلة الأساسية لكل شيء، لكنه ليس العلة المستحقة اللوم على الشر.

## • قضاء الله والتعيين المسبق

لأن قضاء الله شامل، فإن سيادته تمتد إلى خطة الفداء. وفي حقيقة الأمر، ليس قضاء الله الأزلي الشامل والتعيين المسبق عقيدتين منفصلتين، بل تمثل الأخيرة قسمًا فرعيًا من الأولى. ومن ثم، فإن كلَّ ما يميز قضاء الله بحدوث كل شيء يميِّز أيضًا قضاءه بخلاص الإنسان أو إدانته. ومن ثَمَّ، فإن تعيين الله المسبق للإنسان أزلي، وغير مشروط، وغير قابل للتغيُّر، وفعَّال. عادة ما يُستخدَم مصطلح «التعيين المسبق» [predestination] مرادفًا لقضاء الله، بما أن الله يعيِّن سابقًا كلَّ شيء. ولكن، يُستخدَم المصطلح أيضًا على نطاق أضيق لوصف تعاملات الله مع الإنسان الساقط فيما يتعلَّق بالخلاص. ومن هذه الناحية، يكون للمصطلح معنى ثنائي: تتعلَّق عقيدة التعيين المسبق بقرار الله باختيار البعض للخلاص (الاختيار)، وبقراره بتجاوُز آخرين، ومعاقبتهم على خطاياهم (الرفض). تستلزم هذه الحقيقة دراسة لموضوعَي الاختيار والرفض كلٍّ بدوره.

---

10 Jonathan Edwards, "The 'Miscellanies' no. 85," in *The "Miscellanies": Entry Nos. a–z, aa–zz, 1–500*, ed. Thomas A. Schafer, vol. 13 of *The Works of Jonathan Edwards* (New Haven, CT: Yale University Press, 1994), 250.

## ⬅ قضاء الاختيار

قضاء الاختيار هو قرار حر وسيادي اتَّخذه الله منذ الأزل، بأن يُحبَّ بمحبته التي تختار أشخاصًا محدَّدين، لا بناء على شيء فيهم، بل فقط بحسب مسرة مشيئته – كي يَخلُصوا من الخطية والدينونة، ويرثوا بركات الحياة الأبدية عن طريق عمل المسيح الوسيطي.

### • المفهوم الكتابي للاختيار

عقيدة الاختيار هي من العقائد الأكثر إثارة للجدل في علم اللاهوت المسيحي. فقد تسبَّبت الاعتقادات الخاطئة عن طبيعة الله، والفهم غير الكتابي للمحبة، وأفكار البشر الساقطين عن العدل والإنصاف في قيام كثيرين بشن هجوم على فكرة اختيار الله غير المشروط للبعض، دون آخرين، لنوال الخلاص. وإذ تصدِم حرية الله السيادية العقل البشري **المتمرِّد وتفضحه**، رفض بعض اللاهوتيين التعليم الكتابي عن الاختيار والتعيين المسبق رفضًا باتًّا.

لكن، لدينا تعليم صريح وواضح عن كلٍّ من مصطلح الاختيار ومفهومه في كلِّ أرجاء الكتاب المقدس. في أفسس ١: ٤-٥، كتَبَ بولس أن الآب «**اَخْتَارَنَا** [في اليونانية: *eklegomai*] فِيهِ [في المسيح] قَبْلَ تَأْسِيسِ الْعَالَمِ، لِنَكُونَ قِدِّيسِينَ وَبِلاَ لَوْمٍ قُدَّامَهُ فِي الْمَحَبَّةِ، إِذْ **سَبَقَ فَعَيَّنَنَا** [في اليونانية: *proorizō*] لِلتَّبَنِّي». وفي رومية ٨: ٢٩-٣٠، يقول: «لأَنَّ الَّذِينَ سَبَقَ [الآب] فَعَرَفَهُمْ [في اليونانية: *proginōskō*] **سَبَقَ فَعَيَّنَهُمْ** [في اليونانية: *proorizō*] لِيَكُونُوا مُشَابِهِينَ صُورَةَ ابْنِهِ، لِيَكُونَ هُوَ بِكْرًا بَيْنَ إِخْوَةٍ كَثِيرِينَ. وَالَّذِينَ **سَبَقَ فَعَيَّنَهُمْ** [في اليونانية: *proorizō*]، فَهؤُلاَءِ دَعَاهُمْ أَيْضًا». وفي الأصحاح التالي، أوضح بولس حرية الله المطلقة في الخلاص بالإشارة إلى اختياره الذي ميَّز بين التوأمين، يعقوب وعيسو:

> «لأَنَّهُ وَهُمَا لَمْ يُولَدَا بَعْدُ، وَلاَ فَعَلاَ خَيْرًا أَوْ شَرًّا، لِكَيْ يَثْبُتَ **قَصْدُ اللهِ حَسَبَ الاخْتِيَارِ** [في اليونانية: *hē kat' eklogēn prothesis tou theou*]، لَيْسَ مِنَ الأَعْمَالِ بَلْ مِنَ الَّذِي يَدْعُو، قِيلَ لَهَا: «إِنَّ الْكَبِيرَ يُسْتَعْبَدُ لِلصَّغِيرِ». كَمَا هُوَ مَكْتُوبٌ: «أَحْبَبْتُ يَعْقُوبَ وَأَبْغَضْتُ عِيسُوَ»» (رومية ٩: ١١-١٣)

وربما كان أوضح تصريح عن اختيار الله السيادي للخلاص هو الذي ورد في كلام بولس إلى أهل تسالونيكي: «أَنَّ اللهَ **اخْتَارَكُمْ** [في اليونانية: *haireomai*] مِنَ الْبَدْءِ **لِلْخَلاَصِ** [في اليونانية: *eis sōtērian*]، بِتَقْدِيسِ الرُّوحِ وَتَصْدِيقِ الْحَقِّ» (٢تسالونيكي ٢: ١٣).

بالإضافة إلى هذه الإشارات العديدة إلى اختيار الله السيادي وتعيينه المسبق، يُميِّز العهد الجديد فئة من البشر يُدعون «المختارين» (في اليونانية: *hoi eklektoi*). هؤلاء هم المفعول به المحدَّد لاختيار الله أن يُخلِّص. وقد اعتاد الرسل أن يدعوا جميع المؤمنين بلقب «مختاري الله» (كولوسي ٣: ١٢؛ راجع تيطس ١: ١)، أو «الْمُخْتَارِينَ» (١بطرس ١: ١؛ راجع ١تسالونيكي ١: ٤). فلأجل «مختاري الله» أُسلِم يسوع للموت، حتى بموجب ذلك يتبرَّروا ويخلُصوا من كلِّ شكاية ودينونة (رومية ٨: ٢٣-٢٤). ولأنهم خاصة الله، فهو لا يتوانى عن أن «يُنْصِفُ ... مُخْتَارِيهِ، الصَّارِخِينَ إِلَيْهِ نَهَارًا وَلَيْلاً» (لوقا ١٨: ٧). أيضًا، «لأَجْلِ الْمُخْتَارِينَ» ستُقصَّر أيام الضيقة العظيمة (متى ٢٤: ٢٢؛ مرقس ١٣: ٢٠)، حتى يأتي المسيح

ثانية مع ملائكته «فَيَجْمَعُونَ مُخْتَارِيهِ مِنَ الْأَرْبَعِ الرِّيَاحِ» إليه (متى ٢٤: ٣١؛ مرقس ١٣: ٢٧). و«لِأَجْلِ الْمُخْتَارِينَ» احتمل الرسول بولس في خدمته مشقات كثيرة، حتى يمكن أخيرًا لمن اختيروا من الله منذ الأزل أن «يَحْصُلُوا هُمْ أَيْضًا عَلَى الْخَلَاصِ الَّذِي فِي الْمَسِيحِ يَسُوعَ، مَعَ مَجْدٍ أَبَدِيٍّ» (٢تيموثاوس ٢: ٩-١٠). ببساطة، ليس بوسع قارئ الكتاب المقدس أن ينكر أن عقيدة الاختيار هي تعليم كتابي يتغلغل في كلِّ صفحات الإعلان الإلهي.

## • أنواع الاختيار

يستخدم الكتاب المقدس مصطلح الاختيار بعدة معانٍ. **أولاً**، نقرأ أن الله كان يختار، أو ينتخب، أشخاصًا معيَّنين سواء لأداء وظيفة ما، أو للقيام بمهمة خدمة محدَّدة. فقد اختار قادة لأمة إسرائيل، مثل موسى (العدد ١٦: ٥-٧)، وزربابل (حجَّي ٢: ٢٣). ويوضح الكتاب المقدس أن الله اختار مَن أراد للخدمة الكهنوتية في إسرائيل، سواء سبط لاوي بوجه عام (تثنية ١٨: ١-٥؛ ٢١: ٥؛ ١أخبار الأيام ١٥: ٢)، أو أفرادًا (على سبيل المثال، ١صموئيل ٢: ٢٧-٢٨). وعلى غرار منصب الكاهن، كذلك أيضًا انتخب الله مختارين ليتقلَّدوا منصب الملك (تثنية ١٧: ١٥؛ ١صموئيل ١٠: ٢٤؛ ١ أخبار الأيام ٢٨: ٤-٦؛ ٢٩: ١)، ومنصب النبي (إرميا ١: ١٠). أيضًا، اختار الآب، بطريقة خاصة، الابن لأداء مهمة تتميم الخلاص للمختارين (إشعياء ٤٢: ١؛ لوقا ٩: ٣٥؛ ١بطرس ١: ٢٠؛ ٢: ٤، ٦). ثم، في أثناء خدمة الرب يسوع على الأرض، اختار هو نفسه اثني عشر تلميذًا، لأداء مهمة الخدمة والكرازة الرسولية (مرقس ٣: ١٣-١٥؛ لوقا ٦: ١٣؛ يوحنا ٦: ٧٠؛ ١٣: ١٨؛ ١٥: ١٦، ١٩؛ أعمال الرسل ١: ٢، ٢٤).

**ثانيًا**، يتحدث الكتاب المقدس أيضًا عن الاختيار الجماعي – أي اختيار أمم أو جماعات معيَّنة للتمتُّع بامتيازات خاصة، أو لأداء خدمات فريدة لله. لا يوجد مثال أوضح من اختيار الله لشعب إسرائيل ليكونوا مستقبِلين لمحبة عهده وبركاته. فإذ كان موسى يُبلِغ الجيل الثاني من بني إسرائيل شريعة الله، فيما كانوا يتأهبون لدخول أرض الموعد، أصرَّ على أن أصل علاقة العهد بينهم وبين يهوه يعود إلى اختياره السيادي:

> «إِيَّاكَ قَدِ اخْتَارَ [في العبرية: *bakhar*] الرَّبُّ إِلَهُكَ لِتَكُونَ لَهُ شَعْبًا أَخَصَّ مِنْ جَمِيعِ الشُّعُوبِ الَّذِينَ عَلَى وَجْهِ الْأَرْضِ. لَيْسَ مِنْ كَوْنِكُمْ أَكْثَرَ مِنْ سَائِرِ الشُّعُوبِ، الْتَصَقَ الرَّبُّ بِكُمْ [في العبرية: *khashaq*] وَاخْتَارَكُمْ [في العبرية: *bakhar*]، لِأَنَّكُم أَقَلُّ مِنْ سَائِرِ الشُّعُوبِ» (تثنية ٦: ٦-٧)
>
> «وَلَكِنَّ الرَّبَّ إِنَّمَا الْتَصَقَ بِآبَائِكَ [في العبرية: *khashaq*] لِيُحِبَّهُمْ، فَاخْتَارَ [في العبرية: *bakhar*] مِنْ بَعْدِهِمْ نَسْلَهُمُ الَّذِي هُوَ أَنْتُمْ فَوْقَ جَمِيعِ الشُّعُوبِ» (تثنية ١٠: ١٥؛ راجع ٤: ٣٧؛ ١ملوك ٣: ٨؛ إشعياء ٤١: ٨؛ ٤٤: ١؛ ٤٥: ٤؛ عاموس ٣: ٢)

التصق الله بإسرائيل، واختارهم، ليكونوا خاصته بين جميع أمم الأرض، فدخل في عهد معهم؛ وعلى هذا الأساس، صار اختياره لتلك الأمة مُبرَمًا وغير قابل للإلغاء. وفي حين أن الغالبية العظمى من الأمة اليهودية هم في الوقت الحالي أعداء للإنجيل، ومقطوعون عن بركة العهد، سيأتي وقت فيه «سَيَخْلُصُ جَمِيعُ إِسْرَائِيلَ» (رومية ١١: ٢٦)، لأنه «لَمْ يَرْفُضِ اللهُ شَعْبَهُ الَّذِي سَبَقَ فَعَرَفَهُ [في

اليونانية: *proginōskō*]» (رومية ١١: ٢). ويقول بولس: «وَأَمَّا مِنْ جِهَةِ **الاخْتِيَارِ** [في اليونانية: *eklogē*] فَهُمْ أَحِبَّاءُ مِنْ أَجْلِ الآبَاءِ، لأَنَّ هِبَاتِ اللهِ وَدَعْوَتَهُ هِيَ بِلاَ نَدَامَةٍ» (رومية ١١: ٢٨-٢٩).

**وأخيرًا**، بالإضافة إلى الاختيار للخدمة والاختيار الجماعي، يُعَلِّم الكتاب المقدس بوضوح أن الله يختار أشخاصًا محدَّدين للخلاص. يلجأ بعض اللاهوتيين إلى النصوص الكتابية الكثيرة التي تُعَلِّم عن الاختيار الوظيفي أو الاختيار الجماعي للاحتجاج على عقيدة الاختيار الفردي غير المشروط. ولكن هذه الحُجج غير مقبولة. فلا جدال على أن الكتاب المقدس يستخدم مصطلح الاختيار بعدة معانٍ، لكن مجرد ورود أحد هذه المعاني ليس في حد ذاته حُجة تهدم صحة المعنى الآخر. ففي حقيقة الأمر، يمتلئ الكتاب المقدس بإشارات إلى الاختيار الفردي للخلاص. صرَّح نحميا في العهد القديم بأن الله اختار أبرام، ودخل في عهد معه (نحميا ٩: ٧)، وهو ما أعلنه الله نفسه منذ البداية: «لأَنِّي عَرَفْتُهُ [بمعنى «اخترته»] لِكَيْ يُوصِيَ بَنِيهِ وَبَيْتَهُ مِنْ بَعْدِهِ أَنْ يَحْفَظُوا طَرِيقَ الرَّبِّ، لِيَعْمَلُوا بِرًّا وَعَدْلاً، لِكَيْ يَأْتِيَ الرَّبُّ لإِبْرَاهِيمَ بِمَا تَكَلَّمَ بِهِ» (تكوين ١٨: ١٩). أيضًا، اختار الله إسحاق دون إسماعيل (تكوين ١٧: ١٩-٢١؛ ٢١: ١٢؛ راجع رومية ٩: ٧-٩)، ويعقوب دون عيسو (رومية ٩: ١٠-١٣) ليكونا ابنَي الموعد.

العهد الجديد، بصفة خاصة، واضحٌ في إعلانه أن الله اختار أشخاصًا محدَّدين للخلاص. فهو، أولًا، يجعل العلاقة بين الاختيار والخلاص جليَّة. فهناك صلة وثيقة تربط سابق معرفة الله وسابق تعيينه بالجوانب الأخرى من تطبيق الفداء، كالدعوة الفعَّالة، والتبرير، والتقديس، والتمجيد (رومية ٨: ٢٩-٣٠). أعلن بولس أن نطاق اختيار الله هو «**في المسيح**» (أفسس ١: ٤)، أي أنَّ المتلقِّين لاختيار الله هم مختارون في اتحادٍ بوسيط خلاصهم. أيضًا، أوضح بولس أن الغرض من اختيار الله هو أن يكون الذين اختارهم قديسين وبلا لوم أمامه، باعتبارهم أبناءً بالتبني (أفسس ١: ٥)، رابطًا بوضوح بين الاختيار وعقيدة الخلاص. وحين روى لوقا قصة اهتداء الأمم في أنطاكية بيسيدية، قال: «وَآمَنَ جَمِيعُ الَّذِينَ كَانُوا مُعَيَّنِينَ [في اليونانية: *tassō*] لِلْحَيَاةِ الأَبَدِيَّةِ» (أعمال الرسل ١٣: ٤٨)، وهو تأكيد صريح على أن الأفراد يؤمنون لأنهم معيَّنون للحياة الأبدية. وقال بولس لأهل تسالونيكي، مستخدمًا لغة شبيهة، إن الله قد **جعلهم** «لاقْتِنَاءِ الْخَلاَصِ [في اليونانية: *etheto . . . eis peripoiēsin sōtērias*]» (١تسالونيكي ٥: ٩)، وأخبرهم بكلِّ صراحة «أَنَّ اللهَ اخْتَارَكُمْ مِنَ الْبَدْءِ لِلْخَلاَصِ» (٢تسالونيكي ٢: ١٣). ومن جهة أمة إسرائيل، على الرغم من رفض غالبيتهم للمسيا، وتقسِّيهم، «وَلَكِنِ الْمُخْتَارُونَ نَالُوهُ»، أي نالوا الخلاص بنعمة الله (رومية ١١: ٧).

إذن، بما أنه لا يوجد أدنى شك في أن الاختيار وثيق الصلة بالخلاص، يشكِّك معارضو هذه العقيدة في المفعول به الحقيقي للاختيار. أي أنه في حين يقرُّ هؤلاء بأن الاختيار متصل بالخلاص بوضوح، لكنهم يصرُّون على أن هذا الاختيار جماعي، وليس فردي. بمعنى آخر، لا يختار الله أشخاصًا محدَّدين لينالوا الخلاص، بل بالأحرى، يختار أن يخلِّص طبقة أو فئة معينة من البشر الذين يؤمنون بالمسيح. فكما اختار الله أمة إسرائيل جماعيًّا في العهد القديم، هكذا الآن في حقبة العهد الجديد، يختار الله الكنيسة كجسد جماعي. وهكذا، يقول هؤلاء إنه حين قال بولس إن الله «**اخْتَارَنَا** فِيهِ [في المسيح]

قَبْلَ تَأْسِيسِ الْعَالَمِ» (أفسس ١ : ٤)، فإن الضمير الذي جاء في صيغة الجمع «نا» يشير إلى الكنيسة كجسد جماعي، وليس إلى أفراد.[11]

إلا أنَّ هذه حُجة ضعيفة، لأن ضمير المتكلم في صيغة الجمع كان هو الخيار الوحيد الذي لن يكون من شأنه أن يثير الحيرة من جهة قصد بولس. فلو كان استخدم ضمير المتكلم في صيغة المفرد، أي «**اختارني**»، لتَرَكَ هذا انطباعًا بأن الله لم يختر سواه، وهذا قطعًا لم يكن قصده. كما أنه لم يكن ليستخدم ضمير المخاطَب في صيغة المفرد، أي «**اختارك**»، لأنه كان يكتب إلى جميع القديسين (أفسس ١ : ١؛ في اليونانية toi hagioi) في أفسس، وليس إلى فرد واحد فحسب. أيضًا، لو كان استخدم ضمير المخاطَب في صيغة الجمع، أي «**اختاركم**»، لظنَّ القارئ أنه يقصد أن أهل أفسس وحدهم هم المختارون، وهذا أيضًا لم يكن قصده. كان ضمير المتكلم في صيغة الجمع، «**اخْتَارَنَا**»، هو الخيار الوحيد الذي من شأنه أن يعبِّر عن أن الله اختار كلَّ مؤمن بعينه في المسيح حسب مسرته السيادية. وهكذا، تخفق هذه الحُجة المنعزلة التي تقدَّم تأييدًا للاختيار الجماعي بناء على صيغة الجمع للمفعول به في أفسس ١ : ٤ في دحض تعليم الكتاب المقدس الواضح.

بُنيت حجة أخرى تؤيِّد الاختيار الجماعي على تصريح بولس بأن المؤمنين مختارون في المسيح. فبما أن المسيح هو المختار النموذجي من الله (إشعياء ٤٢ : ١؛ لوقا ٩ : ٣٥؛ ١بطرس ١ : ٢٠؛ ٢ : ٤، ٦)، إذن، المسيح وحده هو مَن اختاره الله كفرد، بينما يصير المؤمنون كجماعة جزءًا من المختارين في لحظة الإيمان، بفضل اتحادهم بالمسيح.[12] يثير هذا الرأي عدة مشكلات. أولًا، هو لا يوفي حقيقة قول بولس إن الله «**اختارنا**» في المسيح (أفسس ١ : ٤) حقَّها. فإن هذه الكلمة تعني أن المفعول به المباشر لاختيار الله هو «نحن»، وليس «هو». ثانيًا، الاختيار الجماعي غريب عن سياق النص هنا، لأن كلَّ بركة من بركات الخلاص المقدَّمة في أفسس ١ : ٣-١٤ ينالها مؤمنون أفراد. ففي الخلاص، ي نال الأفراد بركات روحية (١ : ٣)، ويصير الأفراد قديسين وبلا لوم (١ : ٤)، ويصير الأفراد أبناء وبنات لله بالتبني (١ : ٥)، وينال الأفراد نعمة مجانية (١ : ٦)؛ كما أن أفرادًا هم مَن نالوا الفداء (١ : ٧-٨)، وهم مَن يُختَمون بالروح القدس (١ : ١٣). هاتان البركتان الأخيرتان هما، دون شك، شخصيتان وفرديتان. فإن كل مؤمن فرد، وليس مجرد مجموعة غير محدَّدة، نال الفداء بواسطة المسيح، وخُتم بالروح القدس. بالمثل أيضًا، الأفراد هم المفعول به الحقيقي لبركة الاختيار الروحيَّة. ثالثًا، علَّم بولس في موضع آخر أن الله اختار الجُهَّال، والضعفاء، والأدنياء – أي ليس مجرد جماعة مجهولة الاسم والهوية من البشر – لئلا يفتخر أحد أمامه (١كورنثوس ١ : ٢٧-٣١). لم يختَر الله المسيح، ثم ترك البشر يتَّحدون بالمسيح بالإيمان. يقول بويتنر (Boettner) إن هذا البرنامج «يجعل مقاصد الله القادر على كلِّ شيء مشروطة

11 William G. MacDonald, "The Biblical Doctrine of Election," in *The Grace of God, the Will of Man: A Case for Arminianism*, ed. Clark H. Pinnock (Grand Rapids, MI: Zondervan, 1989), 219–26.

12 Karl Barth, *Church Dogmatics*, trans. G. T. Thompson, G. W. Bromiley, et al., ed. G. W. Bromiley and T. F. Torrance, vol. 2, part 2 (Edinburgh: T&T Clark, 1957), 94–194; Markus Barth, *Ephesians 1–3: A New Translation with Introduction and Commentary*, Anchor Bible 34, ed. William Foxwell Albright and David Noel Freedman (Garden City, NY: Doubleday, 1974), 107–9.

بمشيئات البشر المرتدِّين المتزعزعة، ويجعل أحداثًا زمنية هي المسبِّبة لأفعاله الأزلية».[13] ولكن، يعلِّم بولس أن الله اختارنا في المسيح «قَبْلَ تَأْسِيسِ الْعَالَمِ» (أفسس ١: ٤)، وليس في لحظة إيماننا. فإننا في المسيح يسوع بفضل **عمله هو**، وليس عملنا نحن (١كورنثوس ١: ٣٠).

من ثَمَّ، في حين أنه صحيح حقًّا أن الله اختار شعبه ليكونوا جماعة، لكن جسد الكنيسة الجماعي يتألَّف من أعضاء أفراد، يعرفهم الله شخصيًا بأسمائهم (خروج ٣٣: ١٢، ١٧؛ إشعياء ٤٥: ٤). أصرَّ يسوع، الراعي الصالح، على أنه يعرف خرافه، الذين أعطاهم الآب له (يوحنا ١٠: ٢٩؛ راجع ٦: ٣٧، ٣٩، ٤٤، ٦٥؛ ١٧: ٢)، معرفة شخصية (يوحنا ١٠: ١٤) – حتى أولئك الذين لم يوجَدوا بعد (يوحنا ١٧: ٢٠-٢١)؛ بل وقال للآب، الذي هو أبو خرافه: «كَانُوا لَكَ وَأَعْطَيْتَهُمْ لِي» (يوحنا ١٧: ٦). فمنذ الأزل، اختار الله هكذا أناسًا معيَّنين لدرجة أنه قيل عنهم إنهم **له**. وقد استأمن الآب الراعي على هذه الخراف الغالية. فإن الاختيار شخصيٌّ للغاية لدرجة أن أولئك الذين اختارهم الآب كُتِبت أسماؤهم في سفر الحياة من قبل تأسيس العالم (رؤيا ١٣: ٨؛ ١٧: ٨؛ ٢١: ٢٧). يبدو واضحًا، إذن، أن الله اختار للخلاص أفرادًا معيَّنين.

- ## أساس الاختيار

ذكرنا في تعريف الاختيار المبيَّن أعلاه أن اختيار الله لأفراد معيَّنين لا يحدث بناء على شيء في هؤلاء الأفراد أنفسهم، بل فقط بحسب مسرة مشيئة الله السياديَّة. يعني هذا أن الاختيار **غير مشروط**. فإن اختيار الله لأفراد للخلاص ليس قائمًا على أي فضيلة أو استحقاق يراه الله في هؤلاء الأفراد؛ كما قال موسى لشعب إسرائيل: «لَيْسَ مِنْ كَوْنِكُمْ أَكْثَرَ مِنْ سَائِرِ الشُّعُوبِ، الْتَصَقَ الرَّبُّ بِكُمْ وَاخْتَارَكُمْ، لأَنَّكُم أَقَلُّ مِنْ سَائِرِ الشُّعُوبِ» (تثنية ٧: ٧). بعبارة أخرى، لم يكن في إسرائيل أيُّ شيء يزكِّيهم لدى الله، حتى يُعتبر أساسًا لاختياره لهم، بل بالأحرى، وكما تابع موسى حديثه، كان هذا «مِنْ مَحَبَّةِ الرَّبِّ إِيَّاكُمْ، وَحِفْظِهِ الْقَسَمَ الَّذِي أَقْسَمَ لآبَائِكُمْ» (تثنية ٧: ٨). يبدو أن موسى هنا كان يكرِّر نفسه: فقد وجَّه الله محبته إلى شعبه في الاختيار، لأنه أحبُّهم. وحين يُطرَح سؤال: «لماذا يختار الله شخصًا دون الآخر؟» لا يمكن أن يكون الجواب هو لأن ذلك الشخص فعل هذا أو ذاك، بل بالحري، لأن الله فَعَلَ بحسب مشيئته الحرة السيادية (أفسس ١: ٥).

**التعليم الأرميني عن الاختيار المشروط:** يرفض علماء اللاهوت الأرمينيون تعليم الاختيار غير المشروط، ويصرُّون على أنه من الظلم أن يخلِّص الله البعض دون آخرين، في حين أنهم متساوون في كلِّ شيء. ويرى هؤلاء، في المقابل، وبناء على تعليق بولس عن سابق معرفة الله في رومية ٨: ٢٩، أن الله اختار من سيخلِّصهم لأنه نظر في الأزل إلى المستقبل، ورأى مسبقًا من هم الذين سيؤمنون بالمسيح، ومن هم الذين سيرفضونه. يُصوَّر الله عادة وكأنه «يتأمَّل في أروقة الزمن»، فيرى الذين سيؤمنون بالمسيح بإرادتهم الحرة، فيختار أن يخلص هؤلاء بناء على إيمانهم الذي سبق فرآه. وإذ رأى الله أن البقية سيرفضون المسيح، قرَّر ألا يخلصهم بناء على عدم إيمانهم. لهذا السبب، يسمَّى هذا الرأي عادة «رأي

13 Lorraine Boettner, *The Reformed Doctrine of Predestination* (1932; repr., Phillipsburg, NJ: Presbyterian and Reformed,101 ,(1991 .

الإيمان المتوقَّع»، أو «الرأي التبصُّري» [prescient view]، أو نظرية الاختيار بحسب **المعرفة المسبَقة**. وهكذا، ينسب الفكر الأرميني عن الاختيار العلة الرئيسية للخلاص إلى الإنسان، وليس إلى الله؛ فإن الاختيار هو ببساطة تصديق الله على الخيارات التي سبق فرأى أن الأفراد سيتَّخذونها.

تكمُن مشكلات كبرى عديدة في هذا الرأي التبصُّري أو التوقُّعي عن الاختيار. أولًا، يقول هذا الرأي إن أحداث الواقع منفصلة بشكل ما عن الله نفسه. فهو يقول إنه حين «ينظر الله إلى المستقبل»، يكتشف ما سيحدث بصورة مستقلة عن قضائه السيادي، ثم يتَّخذ قرارات بناء على ما يعرفه عن طريق ما يسمَّى «معرفته المسبَقة». وإلى جانب أن هذا الرأي يقوِّض بشكل أساسي من علم الله الكلِّي، هو أيضًا يسيء فهم أن أحداث المستقبل تقع بالتحديد لأن الله قد قضى بوقوعها. فكما تَبَيَّن لنا أعلاه، إن الله «يَعْمَلُ كُلَّ شَيْءٍ حَسَبَ رَأْيِ مَشِيئَتِهِ» (أفسس ١: ١١؛ راجع مزمور ١١٥: ٣؛ ١٣٥: ٦؛ إشعياء ٤٦: ١٠؛ دانيال ٤: ٣٥). وهكذا، لا يُكَوِّن الله قضاءه لأنه يعرف المستقبل، بل هو يعرف المستقبل لأنه قضى بالمستقبل.[١٤]

ثانيًا، يسيء الرأي التبصُّري عن الاختيار أيضًا بشكل أساسي فهم طبيعة معرفة الله المسبَقة، ولا سيما كما يعلِّمها رومية ٨: ٢٩. بادئ ذي بدء، لا تعني هذه الآية أن الله سبق فعرف حقائق عن أفعال مخلوقاته أو عن اختياراتهم، بل أنه سبق فعرف **أشخاصًا معيَّنين**: «لِأَنَّ **الَّذِينَ** سَبَقَ فَعَرَفَهُمْ» – أي الذين «يُحِبُّونَ اللهَ»، و«الَّذِينَ هُمْ مَدْعُوُّونَ حَسَبَ قَصْدِهِ» – «سَبَقَ فَعَيَّنَهُمْ» (رومية ٨: ٢٨-٢٩). فإن كانت المعرفة المسبَقة التي يتحدث عنها رومية ٨: ٢٩ هي ببساطة، بحسب الرأي الأرميني، «معرفة الشيء مقدَّمًا» (أي المعرفة المسبَقة البسيطة)، فأين المنطق في حديث النص عن مجموعة فرعية من الناس ضمن المجموعة الأكبر من الذين سبق الله فعرفهم؟! فإن كان الله كُلِّي العلم، فلا بد أنه سبق فعرف الجميع، وليس فقط الذين سبق فعيَّنهم ليكونوا مشابهين صورة المسيح. ولكن، إن كان أولئك «الذين سبق فعرفهم» هم كلُّ إنسان في التاريخ بلا استثناء، سيتوجب علينا إذن أن نقبل بصحة عقيدة عموميَّة الخلاص، لأن رومية ٨: ٢٩-٣٠ يقول إن أولئك الذين سبق الله فعَرَفَهُم، هم أنفسهم الذين سبق فعيَّنهم ليكونوا مشابهين صورة المسيح؛ والذين سبق فعينهم، فهؤلاء هم الذين دعاهم دعوة فعالة بروحه القدوس؛ والذين دعاهم فهؤلاء هم الذين برَّرهم ومجَّدهم. ومن ثَمَّ، يضع التفسير الأرميني مؤيِّديه أمام معضلة: فكي يكونوا متَّسقين في تفسيرهم لمفهوم المعرفة المسبَقة، سيكون عليهم إما (أ) أن يرفضوا علم الله الكُلِّي (أي يؤكدوا على أنه سبق فعرف فقط المخلَّصين)، أو (ب) أن يعتنقوا مذهب

١٤ إن معرفة الله «المؤسَّسة» على قضائه هي معرفته الحرة [free knowledge]، التي لا بد أن نفرِّقها عن **معرفته الضروريَّة** [necessary knowledge]. قدَّم لنا بيركهوف ملخَّصًا مفيدًا عن هذا الموضوع: «توجد لدى الله ... معرفة ضرورية، وهي تلك المعرفة التي تشمل بداخلها كافة الأسباب والنتائج المحتمَلة. هذه المعرفة هي التي تمدُّ الله بالمادة اللازمة لإصدار قضائه. فهي النبع الذي استقى الله منه الأفكار التي أراد التعبير عنها في صورة ملموسة. ومن هذه المعرفة بكل الاحتمالات، اختار الله، بفعلٍ نابعٍ من مشيئته الكاملة، ومسوق بحكمته، ما أراد تحقيقه بالفعل، ومن ثَمَّ، كوَّن الله مقاصده الأزلية. ويُعَد قضاء الله هذا، بدوره، هو الأساس الذي تُبنى عليه معرفته الحرة أو "*scientia libera*". هذه المعرفة هي المعرفة بالأشياء كما هي حادثة بالفعل في مسار التاريخ. ففي حين تسبق معرفة الله الضرورية قضاءه منطقيًّا، تأتي معرفة الله الحرة، منطقيًّا أيضًا، بعد هذا القضاء. ينبغي الإصرار على هذا الرأي في مواجهة مَن يؤمنون بتعيين مسبق مشروط (مثل شبه البيلاجيين والأرمينيين)، لأنهم بهذا يجعلون تعيين الله المسبق متوقفًا على معرفته المسبَقة».
Louis Berkhof, *Systematic Theology*, 4th ed. (1932; repr., Grand Rapids, MI: Eerdmans, 1996), 102.

عمومية الخلاص في النهاية (أي يؤكدوا على أن جميع الذين سبق الله فعرفهم، أي جميع البشر، سيتبرَّرون، ويتمجَّدون في النهاية). لكن الفكر الأرميني يرفض بحقٍّ كلا هذين الاستنتاجين، اللذين يخالفان الكتاب المقدس، ولكنه يفعل هذا على حساب اتساق النظام الأرميني نفسه.

في حقيقة الأمر، الفعل اليوناني *proginōskō* الذي ورد في رومية ٨: ٢٩ لا يشير إلى معرفة مسبَقة بسيطة، بل إلى المعرفة التي تميِّز علاقة شخصية وثيقة وحميمية. أشار العهد الجديد في موضعين آخرين إلى الفعل *proginōskō* بمعنى معرفة الله المسبَقة. في الموضع الأول، قال الرسول بطرس: «[المسيح] **مَعْرُوفًا سَابِقًا** قَبْلَ تَأْسِيسِ الْعَالَمِ، وَلَكِنْ قَدْ أُظْهِرَ فِي الْأَزْمِنَةِ الْأَخِيرَةِ مِنْ أَجْلِكُمْ» (١بطرس ١: ٢٠). إن كانت المعرفة المسبَقة لا تعني أكثر من مجرد أن الله نظر إلى المستقبل ليكتشف ما سيحدث، تفقد هذه الآية معناها تمامًا. فإن أردنا أن نكون متَّسقين مع تعريف المعرفة المسبَقة البسيطة، سيكون علينا أن نقول إن هذه الآية تعني أن الله نظر عبر مَمَرَّات الزمن، فاكتشف أن المسيح سيبذل نفسه طواعية عن الخطاة، وبناء على هذا، قرَّر أن يُعَيِّنه وسيطًا بينه وبين الناس. لكن في المقابل، كان قصد بطرس هو أن يصف المعرفة الوثيقة النابعة من علاقة شخصية بين الآب والابن في مشورة الفداء بين أقانيم الثالوث. النص الآخر الذي جاءت فيه هذه الكلمة هو رومية ١١: ٢، حيث استخدم بولس الكلمة إشارةً إلى إسرائيل، قائلًا: «لَمْ يَرْفُضِ اللهُ شَعْبَهُ الَّذِي **سَبَقَ فَعَرَفَهُ**». مرة أخرى، لا يَصِح أن نستنتج هنا أن شعب إسرائيل كان هو الشعب الوحيد الذي كان الله على دراية به، بل قَصَدَ بولس أن يسلِّط الضوء على العلاقة الوثيقة بين الله وإسرائيل، المؤسَّسة على عهود الموعد.

يتعزَّز هذا الفهم عن الفعل *proginōskō* من خلال نظيره العبري في العهد القديم، الذي هو كلمة *yada'*، التي على الرغم من استخدامها كثيرًا للحديث عن المعرفة البسيطة، لكنها في كثير من الأحيان تَدُلُّ على معرفة شخصية وحميمية. ربما من أوضح الأمثلة على هذا المعنى هو استخدام الكتاب المقدس لكلمة *yada'* للإشارة إلى العلاقات الجنسية بين رجل وامرأة. نقرأ في سفر التكوين: «وَعَرَفَ [*yada'* ] آدَمُ حَوَّاءَ ٱمْرَأَتَهُ فَحَبِلَتْ وَوَلَدَتْ قَايِينَ» (تكوين ٤: ١)؛ «وَعَرَفَ [yada'] آدَمُ ٱمْرَأَتَهُ أَيْضًا، فَوَلَدَتِ آبْنًا وَدَعَتِ ٱسْمَهُ شِيثًا» (تكوين ٤: ٢٥؛ راجع ٤: ١٧؛ ١٩: ٥، ٨؛ ٢٤: ١٦؛ ٣٨: ٢٦؛ قضاة ١١: ٣٩؛ ١٩: ٢٥؛ ٢١: ١١-١٢؛ ١صموئيل ١: ١٩). وهكذا، فإن المعرفة التي تدل عليها كلمة *yada'* شخصية وحميمية لدرجة أنها استطاعت أن تصف على نحو ملائم الاتحاد الجنسي بين الزوج والزوجة. لا تؤدي مجرد «معرفة بسيطة» إلى الحَبَل بابنٍ! أيضًا، بينما كان الله ينظر في أمر إخفاء إهلاكه لسدوم وعمورة عن إبراهيم، قال: «لِأَنِّي عَرَفْتُهُ [*yada'* ] لِكَيْ يُوصِيَ بَنِيهِ وَبَيْتَهُ مِنْ بَعْدِهِ أَنْ يَحْفَظُوا طَرِيقَ ٱلرَّبِّ، لِيَعْمَلُوا بِرًّا وَعَدْلًا، لِكَيْ يَأْتِيَ ٱلرَّبُّ لِإِبْرَاهِيمَ بِمَا تَكَلَّمَ بِهِ» (تكوين ١٨: ١٩). فإن المعرفة التي تدل عليها كلمة *yada'* هنا تصف بجدارة اختيار الله الشخصي والسيادي، لدرجة أن جميع الترجمات الحديثة تترجمها: «لأني **اخترتُه**» (ترجمات ESV، HCSB، NASB، NIV الإنجليزية). نجد أيضًا معنى مشابهًا لهذا في عاموس ٣: ٢، حيث يقول الله لشعب لإسرائيل: «إِيَّاكُمْ فَقَطْ عَرَفْتُ [*yada'* ] مِنْ جَمِيعِ قَبَائِلِ الْأَرْضِ». فكما في رومية ١١: ٢، لا يمكن أن يكون معنى هذا هو أن شعب إسرائيل كانوا هم الشعب الوحيد الذين عرف الله **عنهم**، لكن، يشير هذا، في المقابل، إلى علاقة عهد حميمية بين الله وإسرائيل، متأصِّلة في اختياره السيادي لهم (تثنية ٧: ٦-٨). في حقيقة الأمر، العديد من

الترجمات تترجم كلمة *yada’* إلى «اختار» أو «مختار» لإبراز معنى الفعل وقوَّته على النحو الملائم (ترجمة NASB، NIV الإنجليزية).

كذلك أيضًا، بينما كان موسى يتوسَّل إلى الله كي يرافق حضوره شعب إسرائيل، أجابه الله: «هَذَا ٱلْأَمْرُ أَيْضًا ٱلَّذِي تَكَلَّمْتَ عَنْهُ أَفْعَلُهُ، لِأَنَّكَ وَجَدْتَ نِعْمَةً فِي عَيْنَيَّ، وَعَرَفْتُكَ [*yada’*] بِٱسْمِكَ» (خروج ٣٣: ١٧؛ راجع ٣٣: ١٢). هنا نجد توازيًا بين فكرة المعرفة بالاسم وفكرة إيجاد نعمة في عيني الله. فإن الله، قطعًا، يعرف كلَّ فردٍ باسمه بالمعنى الحرفي، لأنه كليُّ العلم. لكن في هذا النص، تُعَد معرفة الله للمرء باسمه مرادفة لإنعامه عليه برضاه أو استحسانه. يأتي تعليق مشابه في ختام المزمور الأول، حيث يقول كاتب المزمور: «لِأَنَّ ٱلرَّبَّ يَعْلَمُ [yada’ ] طَرِيقَ ٱلْأَبْرَارِ، أَمَّا طَرِيقُ ٱلْأَشْرَارِ فَتَهْلِكُ» (مزمور ١: ٦). فلأن الله كليُّ العلم، فهو يعلم طريق كلِّ إنسان. لكن، كان كاتب المزمور يقصد أن الله يُنعِم على البار برضاه واستحسانه، ويحفظ طريقه من الهلاك. وأخيرًا، نستخلص وجود صلة بين هذه المعرفة الحميمية والمحبة عن طريق التوازي الترادفي لمزمور ٩١: ١٤، حيث يتحدث الله عن المؤمن قائلًا: «**لِأَنَّهُ تَعَلَّقَ بِي** أُنَجِّيهِ. أُرَفِّعُهُ **لِأَنَّهُ عَرَفَ ٱسْمِي**».

إن كلمة *yada’* هي النظير العبري ليس فقط لكلمة *proginōskō*، بل وأيضًا لكلمة *ginōskō* التي من الجذر نفسه، والتي يمكن أن تشابهها في المعنى. فقد قال يسوع لمَن يدعون باسم المسيح، لكنهم لم يفعلوا قط إرادة أبيه: «إِنِّي لَمْ أَعْرِفْكُمْ [*ginōskō*] قَطُّ!» (متى ٧: ٢٣). وفي ١كورنثوس ٨: ٣، يصف بولس المؤمن الذي يحب الله بأنه «مَعْرُوفٌ [*ginōskō*] عِنْدَهُ» (راجع غلاطية ٤: ٩)، وفي ٢تيموثاوس ٢: ١٩ يقول: «يَعْلَمُ [*ginōskō*] ٱلرَّبُّ ٱلَّذِينَ هُمْ لَهُ» (راجع يوحنا ١٠: ١٥، ٢٧). فإن قَبِلنا بالفكر الأرميني عن المعرفة المسبَقة البسيطة، لن تكون المعرفة في هذه الآيات هي معرفة العلاقة الوثيقة، بل معرفة مجرَّدة. وحينئذ، سيكون من المستحيل أن يقول يسوع: «إِنِّي لَمْ أَعْرِفْكُمْ قَطُّ!» (متى ٧: ٢٣)، لأن الرب يعرف جميع البشر، لأنه كليُّ العلم (يوحنا ١٦: ٣٠؛ ٢١: ١٧). مرة أخرى، يتبيَّن أن عقيدة المعرفة المسبَقة البسيطة تتناقض مع علم الله الكُلِّي.

ومن ثَمَّ، تؤكد شهادة كلمة *proginōskō*، وكلمة *ginōskō*، التي تأتي من الجذر نفسه، وشهادة نظيرتهما في العهد القديم، أي كلمة *yada’*، أن مفهوم معرفة الله المستخدَم في رومية ٨: ٢٩ لا يصف معرفة بسيطة بالحقائق، بل بالأحرى علاقة عهد حميمية، متأصِّلة في اختيار الله السيادي، يميِّزها تَمَتُّعُ المختار باستحسان الله ومحبته. فحين قال بولس إن الله **سبق فعرف** أشخاصًا، كان يقصد أنه عَزَمَ على أن يلتصق بهم في محبة واستحسان، مختارًا ومفرزًا إياهم لعلاقة حميمية، وشخصية، وخلاصيَّة به. وبهذا، فإن المعرفة المسبَقة هي «المحبة المسبَقة». من هذه الناحية، يكون كلٌّ من المعرفة المسبَقة الواردة في رومية ٨: ٢٩، والتعيين المسبَق الذي أشار إليه بولس في العبارة التالية، هما ببساطة تعبيران مرادفان لمفهوم الاختيار الإلهي. يشير التعيين المسبق إلى الاختيار من منظور سيادة الله، بينما تشير المعرفة المسبَقة إلى الاختيار من منظور محبته. وهكذا، لا يمكن للتعليم الأرميني عن المعرفة المسبَقة البسيطة أن يجد تأييدًا من رومية ٨: ٢٩. ودون هذا النص، لا سند كتابي لعقيدة الاختيار المشروط، المبني على رؤية مسبَقة للإيمان.

**محبة الله غير المشروطة التي بحسب الاختيار:** لا يتوقف الأمر عند غياب أي سند كتابي لنظرية الاختيار المشروط، بل يشهد الكتاب المقدس أيضًا بوضوح بالنقيض تمامًا. ففي أفسس ١: ٤، بعد أن عرَّف بولس كلًّا من هوية المستفيدين من الاختيار (أي كل مؤمن فرد)، ونطاق الاختيار (أي الاتحاد بالمسيح)، عقَّبَ على توقيت الاختيار، وهو «قَبْلَ تَأْسِيسِ الْعَالَمِ». كان اختيار الآب قضاءً أزليًا، سابقًا للخلق والتاريخ. فكما أحب الآب الابن «قَبْلَ إِنْشَاءِ الْعَالَمِ» (يوحنا ١٧: ٢٤)، وكما سبق فعرف الابن «قَبْلَ تَأْسِيسِ الْعَالَمِ» (١بطرس ١: ٢٠)، هكذا أيضًا كان المختارون محبوبين ومعروفين سابقًا قبل تأسيس العالم، بفضل اختيار الله لهم. وهذه النعمة قد «أُعْطِيَتْ لَنَا فِي الْمَسِيحِ يَسُوعَ قَبْلَ الأَزْمِنَةِ الأَزَلِيَّةِ» (٢تيموثاوس ١: ٩). من بين النتائج الهامة المترتِّبة على هذه الحقيقة –والتي كانت هي بالحقيقة الغرض الأساسي من حديث بولس عن توقيت الاختيار– هو استبعاد أن يكون الاستحقاق الشخصي هو الأساس لهذا الاختيار. لا تؤثر أية ظروف زمنية أو سمات شخصية على اختيار الآب لشعبه، لأن هذا قضاءً صَدَرَ قبل أن يبدأ الزمن.

تابع بولس حديثه في أفسس ١: ٤–٥، مشيرًا بوضوح إلى أساس اختيار الله: «فِي ٱلْمَحَبَّةِ ... سَبَقَ فَعَيَّنَنَا لِلتَّبَنِّي بِيَسُوعَ ٱلْمَسِيحِ لِنَفْسِهِ، حَسَبَ مَسَرَّةِ مَشِيئَتِهِ [في اليونانية: *kata tēn eudokian tou thelēmatos* autou]». تشير كلمة «حسب» (وهي حرف الجر في اليونانية *kata* المتبوع بالاسم في حالة المفعول به) إلى المعيار أو الأساس لفعلٍ ما.[15] ومن ثَمَّ، يقول بولس هنا إن التعيين المسبق كان حسب معيار مسرة مشيئة الله، أو على أساس مسرة مشيئة الله. ومع أنه كان من شأن إما كلمة *eudokia* («مسرَّة») وحدها، وإما كلمة *thelēma* («مشيئة») وحدها أن تعبِّر على نحو ملائم عن قصد بولس، لكنه استخدم اللفظين معًا في تكرار ترادفي حتى يشدِّد على حرية الله المطلقة في الاختيار. يوجِّه هذا ضربة قاضية للافتراض القائل بأن الاختيار كان مشروطًا بالإيمان، أو بأي شيء آخر ربما يفكِّر فيه الخاطئ أو يعمله. فإن كان أساس الاختيار الإلهي هو إيمان أو أعمال سبَقَ الله فرآها فيمَن اختارهم، لوَجَبَ على بولس حينئذ أن يقول إن الله «سَبَقَ فَعَيَّنَنَا ... حسب **سابق معرفته بإيماننا**». لكنه أكَّد بكل صراحة أن مسرة مشيئة **الله**، لا إرادة الإنسان، كانت هي أساس اختياره. ببساطة شديدة، لو كان الاختيار مشروطًا بالإيمان، كما يُصِرُّ الفكر الأرميني، فربما أساء بولس التعبير في أفسس ١: ٥. لكن على النقيض، فنظير كلام موسى لإسرائيل في تثنية ٧: ٦–٨، لم يكن سبب التصاق الرب بخاصته، واختياره لهم هو أنهم زكُّوا أنفسهم لديه بأي شكل، بل فقط أنه، بممارسة حريته السيادية، قضى بأن يحبهم محبة مخلِّصة.

ثم توسَّع بولس أكثر في هذا المفهوم، وقدَّم له أمثلة توضيحية في رومية ٩: ٦–١٨. فقد تحدَّث عن تعاملات الله مع إسحاق دون إسماعيل، ومع يعقوب دون عيسو، كي يعطي مثالًا لحريته السيادية في اختيار خاصته للخلاص. وفي حين يبدو أن اختيار الله لإسحاق دون إسماعيل يُظهِر الله وكأنه محابٍ، يمدُّنا اختياره ليعقوب دون عيسو بفهمٍ أعمق وأكثر تحديدًا عن طبيعة الاختيار غير المشروطة. كتب

15 Walter Bauer, *A Greek-English Lexicon of the New Testament and Other Early Christian Literature*, rev. and ed. Frederick W. Danker, 3rd ed., based on the previous English editions by W. F. Arndt, F. W. Gingrich, and F. W. Danker (Chicago: University of Chicago Press, 2000), 404, 512.

بولس: «لِأَنَّهُ وَهُمَا لَمْ يُولَدَا بَعْدُ، وَلَا فَعَلَا خَيْرًا أَوْ شَرًّا، لِكَيْ يَثْبُتَ قَصْدُ اللهِ حَسَبَ الِاخْتِيَارِ، لَيْسَ مِنَ الْأَعْمَالِ بَلْ مِنَ الَّذِي يَدْعُو، قِيلَ لَهَا [رفقة]: «إِنَّ الْكَبِيرَ يُسْتَعْبَدُ لِلصَّغِيرِ». كَمَا هُوَ مَكْتُوبٌ: ‹أَحْبَبْتُ يَعْقُوبَ وَأَبْغَضْتُ عِيسُوَ›» (رومية ٩: ١١-١٣). فكما صرَّح بولس في أفسس ١: ٤ بأن الاختيار حدث «قَبْلَ تَأْسِيسِ الْعَالَمِ»، هكذا أيضًا يطرح هنا فكرة أن اختيار الله كان سابقًا لمجيء يعقوب وعيسو، حتى يستبعد أن يكون أساسُ قراره هو أيُّ استحقاق شخصي. ففي مرحلة اختيار الله، لم يكن أي منهما قد فعل خيرًا أو شرًّا، أي لم تتسبب أيٌّ من أفعال عيسو الشريرة في تحامُل الله عليه، ولم تتسبب أيٌّ من أفعال يعقوب البارة في تحيُّز الله لصالحه. بل بالأحرى، اختار الله يعقوب دون عيسو «لِكَيْ يَثْبُتَ قَصْدُ اللهِ حَسَبَ الِاخْتِيَارِ» (رومية ٩: ١١) – وهذا، مرة أخرى، يبني اختيار الله على قصده السيادي.

ثم يزداد بولس وضوحًا أيضًا فيما تابع حديثه. فبإضافة نفي صريح، قال إن اختيار الله «لَيْسَ مِنَ الْأَعْمَالِ بَلْ مِنَ الَّذِي يَدْعُو» (رومية ٩: ١١). يَرُد البعض على التصريح بأن الله قد اختار يعقوب دون عيسو **قبل** أن يفعلا خيرًا أو شرًّا بأنه في حين هذا صحيح بالفعل، لكن مع ذلك، ربما بنى الله اختياره على أفعال **مستقبليَّة** ليعقوب وعيسو سبق فرآها. لكن هنا، يرفض بولس هذه الفكرة تمامًا، قائلًا بشكل لا لبس فيه إن الاختيار **لم يكن** بسبب أعمال على الإطلاق، وبأي حال من الأحوال، بل كان مِن **الذي** يدعو.

هذا التصريح هو الحُجة التي تهدم نظرية الاختيار المشروط المؤسَّس على رؤية الله المسبقة للإيمان. وعلى مدى رسائل بولس، عقد باستمرار هذه المقابلة بين الأعمال والإيمان:

> «فَأَيْنَ الِافْتِخَارُ؟ قَدِ انْتَفَى. بِأَيِّ نَامُوسٍ؟ أَبِنَامُوسِ **الْأَعْمَالِ**؟ كَلَّا. بَلْ بِنَامُوسِ **الْإِيمَانِ**. إِذًا نَحْسِبُ أَنَّ الْإِنْسَانَ يَتَبَرَّرُ **بِالْإِيمَانِ** بِدُونِ **أَعْمَالِ** النَّامُوسِ» (رومية ٣: ٢٧-٢٨)
>
> «فَمَاذَا نَقُولُ؟ إِنَّ الْأُمَمَ الَّذِينَ لَمْ يَسْعَوْا فِي أَثَرِ الْبِرِّ أَدْرَكُوا الْبِرَّ، الْبِرَّ الَّذِي بِالْإِيمَانِ. وَلَكِنَّ إِسْرَائِيلَ، وَهُوَ يَسْعَى فِي أَثَرِ نَامُوسِ الْبِرِّ، لَمْ يُدْرِكْ نَامُوسَ الْبِرِّ! لِمَاذَا؟ لِأَنَّهُ فَعَلَ ذَلِكَ لَيْسَ **بِالْإِيمَانِ**، بَلْ كَأَنَّهُ **بِأَعْمَالِ** النَّامُوسِ» (رومية ٩: ٣٠-٣٢)
>
> «إِذْ نَعْلَمُ أَنَّ الْإِنْسَانَ لَا يَتَبَرَّرُ **بِأَعْمَالِ** النَّامُوسِ، بَلْ **بِإِيمَانِ** يَسُوعَ الْمَسِيحِ، آمَنَّا نَحْنُ أَيْضًا بِيَسُوعَ الْمَسِيحِ، لِنَتَبَرَّرَ **بِإِيمَانِ** يَسُوعَ لَا **بِأَعْمَالِ** النَّامُوسِ» (غلاطية ٢: ١٦)
>
> «**أَبِأَعْمَالِ** النَّامُوسِ أَخَذْتُمُ الرُّوحَ أَمْ بِخَبَرِ **الْإِيمَانِ** ... فَالَّذِي يَمْنَحُكُمُ الرُّوحَ، وَيَعْمَلُ قُوَّاتٍ فِيكُمْ، **أَبِأَعْمَالِ** النَّامُوسِ أَمْ بِخَبَرِ **الْإِيمَانِ**؟» (غلاطية ٣: ٢، ٥)

ومن ثَمَّ، حين نأتي إلى تصريح بولس في رومية ٩: ١١، ونقرأ أن الاختيار «لَيْسَ مِنَ الْأَعْمَالِ»، من الطبيعي أن نتوقع أن يتبع هذا بقوله: «بل من الإيمان». فإن أراد الروح القدس أن يُعرِّفنا بأن أساس وشرط الاختيار هو الإيمان، فلا فرصة أفضل من هذا النص ليعلنه لنا. لكن، خرج الرسول هنا عن

اعتياده عقد مقابلة بين الإيمان والأعمال، تحديدًا لأن الاختيار ليس مؤسَّسًا على الإيمان. وفي المقابل، قال إنه «لَيْسَ مِنَ الأَعْمَالِ بَلْ مِنَ **الَّذِي** يَدْعُو». مرة أخرى نقول إن أساس قرار الله بالاختيار أساسه الله ذاته، أي أن الاختيار مبني على مسرة مشيئة الله (راجع أفسس ١ : ٥). ففي حين أن الإيمان شرط للتبرير، لكنه ليس شرطًا للاختيار، لأن الاختيار غير مشروط.[١٦]

كان بولس مُدركًا أنه حين تواجه عقيدته المنطق البشري الساقط، يكون ردُّ الفعل هو اتهام الله بالظلم (رومية ٩ : ١٤). إن لهذا أهميته لأن العقيدة الأرمينية عن الاختيار المشروط لن تثير البتة هذا الاعتراض. فمَن من شأنه أن يتهم الله بالظلم لاختياره أن يخلِّص أناسًا على أساس رؤيته مسبقًا لقبولهم أو رفضهم ليسوع؟ فقط عقيدة الاختيار الإلهي غير المشروط للبعض دون آخرين هي التي تثير اتهامات بالظلم. لم يتوقف بولس هنا، بل اقتبس من كلام الله نفسه لموسى: «إِنِّي أَرْحَمُ مَنْ أَرْحَمُ، وَأَتَرَاءَفُ عَلَى مَنْ أَتَرَاءَفُ» (رومية ٩ : ١٥؛ راجع خروج ٣٣ : ١٩)، مستنتجًا الآتي: «فَإِذًا لَيْسَ [الاختيار] لِمَنْ يَشَاءُ [في اليونانية: *ou tou thelontos*] وَلَا لِمَنْ يَسْعَى [في اليونانية: *oude tou trechontos*]، بَلْ لِلهِ الَّذِي يَرْحَمُ» (رومية ٩ : ١٦). ينبغي أن تكون هذه الآية كافية تمامًا لحسم الجدل بشأن الخلاص وإرادة الإنسان. يرفض بولس هنا على نحو لا لبس فيه أن تكون لإرادة الإنسان وجهده أية علاقة بأساس اختيار الله للخلاص. فلا الإيمان النابع من إرادة الإنسان، ولا أعمال المحبة النابعة من الجهد البشري، يشكِّلان الأساس لاختيار الله لشعبه. لكن، يعتمد الاختيار على **الله** الذي يرحم، الشيء الذي يؤكِّد مرة أخرى أن الأساس الحاسم للاختيار هو مشيئة الله السيادية. فإن الاختيار غير مشروط.

المشكلة الأخيرة بشأن عقيدة الاختيار المشروط هي أنها تعجز عن تبرئة نفسها من تهمة تقويض عقيدة الخلاص بالنعمة وحدها (**سولا جراتيا**). فحين يؤسِّس الفكر الأرميني قصد الله في الاختيار على رؤية مسبقة لإيمان الإنسان، وليس على مشيئة الله السيادية، فهو بهذا يجعل الإنسان، وليس الله، هو العلة الحاسمة للخلاص. بناء على هذا الرأي، لن يكون الشيء الذي يفرِّق شخصًا نال الخلاص عن شخص آخر لم ينله هو شيء فعله الله، بل شيء فعله الإنسان. سيتحتم إذن على الأرميني، إن أراد أن يكون متَّسقًا مع نفسه، أن يجيب عن سؤال بولس الذي طرحه في ١كورنثوس ٤ : ٧، «لِأَنَّهُ مَنْ يُمَيِّزُكَ؟» هكذا: «أنا مَن أصنع الفارق. فقد اختارني الله دون قريبي لأنه رأى مسبقًا أنني سأؤمن بإرادتي الحرة، وأنَّ قريبي لن يؤمن». في تلك الحالة، يصير لدى المؤمن أساسٌ للافتخار. ولكن، يجيب بولس بأن الله قد اختار الجهال، والضعفاء، والأدنياء – وليس الحكماء، أو الأقوياء، أو الأمناء – «لِكَيْ لَا يَفْتَخِرَ كُلُّ ذِي جَسَدٍ أَمَامَهُ. **وَمِنْهُ**[١٧] أَنْتُمْ بِالْمَسِيحِ يَسُوعَ» (١كورنثوس ١ : ٢٩-٣٠). يقدِّم جرودم ملخَّصًا جيدًا لهذا:

> ما الشيء **الأساسي** الذي يميِّز الذين يؤمنون عن الذين لا يؤمنون؟ إن كان جوابنا هو أن الأمر يتوقف في الأساس على شيء يفعله الله (أي على اختياره السيادي لمَن سيخلصون)، فإننا إذن نرى أن الخلاص في جوهره مؤسَّس على

16 John Piper, *The Justification of God: An Exegetical and Theological Study of Romans 9:1–23* (Grand Rapids, MI: Baker, 1983), 51–53.

١٧ [المترجم]: جاءت الكلمة «وَمِنْهُ» في ترجمة NASB الإنجليزية «بعمله».

> **النعمة وحدها**. لكن من جهة أخرى، إن أجبنا بأن الاختلاف الجوهري بين الذين يخلصون والذين لا يخلصون يعود إلى **شيء في الإنسان نفسه** (أي إلى مَيْلٍ أو رغبةٍ منه في أن يؤمن أو لا يؤمن)، فإن الخلاص إذن سيتوقف جوهريًّا على مزيجٍ من النعمة والإمكانيات البشرية.[18]

## ⬅ قضاء الرفض

لا يستمتع جميع مَن خُلقوا على صورة الله ببركات الخلاص النابعة من اختيار الله السيادي. فقد قال الرب يسوع إن قليلين هم مَن سيدخلون من الباب الضيق المؤدِّي إلى الحياة، بينما سيسلُك كثيرون الطريق الرحب المؤدي إلى الهلاك (متى ٧: ١٣-١٤). كما علَّم بأنه سيكون هناك خراف وجداء – أي أناس يرثون الحياة الأبدية، وآخرون يمضون إلى العذاب الأبدي (متى ٢٥: ٤٦). وبإيجاز شديد، قال إن «كَثِيرِينَ يُدْعَوْنَ وَقَلِيلِينَ يُنْتَخَبُونَ» (متى ٢٢: ١٤). وهكذا، يعلِّم الكتاب المقدس بأن الله، في حكمته البعيدة عن الفحص، لم يختر أن يخلِّص جميع البشر. فإن اختياره خاص، وليس عام. في ضوء ذلك، يتحتم علينا أن نتساءل عن مصير أولئك الذين لم يختر الله أن يخلِّصهم.

لأن قضاء الله شامل، فإن عقيدة التعيين المسبق تمتد ليس فقط إلى قرار الله باختيار البعض للخلاص، بل وأيضًا إلى قراره بعدم اختيار آخرين، تاركًا إياهم للهلاك الذي تستحقه خطاياهم. فكما عيَّن الله المصير الأبدي للخطاة الذين سيخلُصون في النهاية، هكذا أيضًا عيَّن مصير الخطاة الذين سيهلكون في النهاية. يسمَّى القضاء الأول قضاء الاختيار، ويسمَّى القضاء الثاني قضاء الرفض [the decree of reprobation].

- بيان العقيدة

يُعَرَّف قضاء الرفض بأنه هو القرار الحر والسيادي، الذي اتَّخذه الله في الأزل، بأن يتجاوز أشخاصًا معيَّنين، مختارًا ألا يلتصق بهم بمحبة مخلِّصة، بل معيِّنًا في المقابل أن يعاقبهم على خطاياهم لأجل تعظيم عدله.[19]

يَصعُب قبول تعليم عقيدة الرفض. فليس من الباعث على السرور أن نفكِّر في مآسي العذاب الأبدي في حد ذاتها، ناهيك عن التفكير بأن الله الذي هو محبة، والذي هو مخلِّص بطبيعته، هو مَن عيَّن سياديًّا أن يسلِّم الخطاة إلى مثل هذه النهاية شديدة البؤس. ولأن عقيدة الرفض تجرح بسهولة شديدة شعور الإنسان الساقط، يرفضها مؤمنون كثيرون تمامًا، بالرغم من قبولهم لعقيدة الاختيار. يحدث هذا أيضًا لأن هذه العقيدة يُساء فهمها كثيرًا جدًا وبسهولة شديدة. بسبب ذلك، يلزم أن نصرِّح بدقة بما نؤمن به وبما لا نؤمن به بشأن عقيدة الرفض.

18 Grudem, *Systematic Theology*, 678.

19 Berkhof, *Systematic Theology*, 118.

أولًا، كثيرًا ما يحدث خلط بين عقيدة الرفض وعقيدة «القضاء المتساوي» [equal ultimacy]. يقول هذا التعليم إن عَمَلَ الله في الاختيار وعمله في الرفض متماثلان تمامًا. يعني هذا أن الله هو المسئول عن إنشاء عدم الإيمان في قلب المرفوضين من الخلاص، تمامًا كما أنه هو المسئول عن إنشاء الإيمان في قلب المختارين. يصوِّر هذا التعليم الله في الأزل وكأنه رأى جميع البشر غير ساقطين وفي حالة حيادية أدبيَّة، فاتخذ قرارًا تعسفيًّا بأن يُنشئ الخطية وعدم الإيمان داخل المرفوضين، حتى يتبرَّر عند تسليمهم للعقاب الأبدي. مع أن هذا هو ما يظنه كثيرون حين يسمعون كلمة **قضاء الرفض**، أو **التعيين المسبق المزدوج**، لكن هذا تشويه جسيم لعقيدة الرفض الكتابية، وتعليم غريب تمامًا عن الكتاب المقدس، ومتعارض مع محبة الله وعدله، وانحراف عن المذهب الكالفيني القديم، وقد قوبِل بالرفض في جميع الأوساط المصلَحة المحافظة.[٢٠]

لكن بدلًا من ذلك، يُعَلِّم الكتاب المقدس عن قضاء اختيار وقضاء رفض غير متساويين، أي أنه في حين يقضي الله بكلٍّ من خلاص البعض، وهلاك الآخرين، لكن لا يوجد تماثل بين هذين القضائين. نلاحظ عدم التماثل هذا في رومية ٩: ٢٢-٢٣، على سبيل المثال، حيث يستخدم بولس صيغة المبني للمعلوم للإشارة إلى دور الله في الاختيار («آنِيَةِ رَحْمَةٍ قَدْ سَبَقَ **فَأَعَدَّهَا** لِلْمَجْدِ»)، وصيغة المبني للمجهول للإشارة إلى دوره في الرفض («آنِيَةَ غَضَبٍ **مُهَيَّأَةً** لِلْهَلَاكِ»). فحين اختار الله البعض دون آخرين للخلاص، لم يحسبهم مخلوقات محايدة أدبيًا، بل مخلوقات ساقطة بالفعل. لا يعني هذا أنهم كانوا قد خُلِقوا بالفعل وسقطوا، لأن قضاء الله أزلي، ومن ثمَّ، سابق للزمن؛ بل بالحري، منذ الأزل، وقبل أن يُخلَق أي إنسان، رأى الله جميع البشر في ضوء سقوطهم في آدم، ومن ثَمَّ، رآهم مخلوقات خاطئة.[٢١] في حالة المختارين، يتدخَّل الله بفعالية، إذ يلتصق بهم بمحبته، ويقضي بتعيين المسيح مخلِّصًا

٢٠ كان آر. سي. سبرول محقًّا في قوله إن هذا التعليم يصنَّف بأنه «كالفينية مُفْرِطة» [hyper-calvinism]، ويُفضِّل أن يسميها «دون-كالفينية» [sub-calvinism] أو «ضد كالفينية» [anti-calvinism]:

R. C. Sproul, Chosen by God (Wheaton, IL: Tyndale House, 1986), 142.

٢١ يعني هذا أن قضاء الاختيار وقضاء الرفض يأتيان بحسب الترتيب المنطقي بعد قضاء الخلق وقضاء السقوط. في هذا الشأن، نحن نتبنَّى ترتيب «ما بعد السقوط» [infralapsarian] لأحكام الله. فمع أن قضاء الله هو فعل فريد خارج إطار الزمن، صدر من داخل الله في الأزل، فإن حدود الفكر البشري واللغة البشرية تُجْبِرنا على تحديد جوانب أو عناصر متعددة في القضاء الإلهي؛ وهي عناصر لا تبيح لنا ترتيبها زمنيًّا، لكننا نستطيع ترتيبها منطقيًّا. يقول ترتيب "ما قبل السقوط" لأحكام الله، أو "Supralapsarianism" (الذي يعني "فوق السقوط")، إن قضاء الله بالاختيار وقضاءه بالرفض يسبقان منطقيًا قضاءه بالخلق وقضاءه بتعيين السقوط. أما ترتيب "infralapsarianism" (التي تعني "ما بعد السقوط") لأحكام الله فيقول النقيض، ألا وهو أن قضاء الاختيار وقضاء الرفض جاءا منطقيًا بعد قضاء الله بالخلق وقضائه بتعيين السقوط.

نحن نفضِّل ترتيب «ما بعد السقوط» لأحكام الله لأسباب متعددة: يبدو أنه لا مفر أمامنا من قبول أن الله حتمًا وبحسب المنطق قد قضى بخلق البشر قبل أن يقضي بأن يخلِّصهم أو يهلكهم. فكيف يستطيع اختيار أشخاص لم يقضِ بعد بوجودهم؟ كذلك أيضًا، يبدو أنه لا مفر أمامنا من قبول أن قضاء الله بالخلاص وقضاءه بالعقاب يفترضان مقدَّمًا بالضرورة وجود خطية ليَخلُص منها الإنسان أو يعاقَب عليها. وهكذا، لا بد، بحسب المنطق، أن يكون القضاء بالخلق والقضاء بتعيين سقوط الإنسان سابقين للقضاء باختيار البعض للخلاص من الخطية. وأخيرًا، حين تحدَّث بولس عن قضاء الله بالاختيار وقضائه بالرفض، صوَّر الله وكأنه فخاري يصنع آنية غضب وآنية رحمة من قطعة الطين نفسها (رومية ٩: ١٩-٢٣). وإذ دعا بولس المختارين «آنية رحمة"، من الصواب استنتاج أنه يرى أن قطعة الطين خاطئة بالفعل، إذ لا يمكن لأحد أن يرحم إلا آنية هي في ذاتها لا تستحق الرحمة.

للاطلاع على مقدمة مفيدة لعقيدة ترتيب الأحكام الإلهية، انظر:

Berkhof, *Systematic Theology*, 118–25; Boettner, *The Reformed Doctrine of Predestination*, 126–32.

لهم، وبإرسال الروح القدس لإحيائهم بسيادته من الموت الروحي إلى حياة جديدة في المسيح. أما في حالة غير المختارين، فإن الله لا يتدخل، بل فقط يتجاوزهم، ويختار أن يتركهم في حالة الخطية، ثم يعاقبهم على خطاياهم. وفي حين أن الله هو العلة الإيجابية والفاعلة لنعيم المختارين، لكنه ليس العلة الفاعلة لشقاء غير المختارين؛ لكنه يُعَيِّنهم للهلاك بواسطة علل ثانوية.[٢٢] وهكذا، ينال المختارون رحمة، لأنهم لا يُعاقَبون كما تستحق خطاياهم؛ بينما ينال غير المختارين العدل، لأنهم يدانون بعدل كما تستحق خطاياهم. لا يمكن اتهام الله بالظلم بناء على أي أساس من هذين، لأن الجميع مذنبون، ولأنه غير ملزَمٍ بأن يُظهِر نعمة تجاه أي إنسان.

في بعض الأحيان، يدلي بعض الناس بتصريحات غير دقيقة عن مدى عدم تساوي أو عدم تماثُل الاختيار والرفض، في محاولة منهم للتفرقة بشكل سليم بين عقيدة الرفض و«القضاء المتساوي». يصرِّح هؤلاء، بصفة خاصة، بأن الاختيار إيجابي وغير مشروط، في حين أن الرفض من الخلاص سلبي ومشروط بخطية الإنسان. في حين يمكن لهذه التصريحات أن تكون صحيحة بناء على نيَّة مَن يدلي بها، لكنها تسبب التشويش والحيرة لأنها تخفق في التفرقة بين عنصري قضاء الرفض، وهما: (١) القرار بتجاوُز البعض، الذي يسمَّى «الإعراض» [preterition]، و(٢) القضاء بإدانة أولئك الذين أُعْرِضَ عنهم، الذي يسمَّى «الإدانة المسبَقة» [precondemnation]. فمن حيث ما هو سلبي وما هو إيجابي، يُعَد عنصر الإعراض بالحقيقة فعلًا سلبيًا من جانب الله. فإن الله ببساطة يتجاوز الإنسان، ويتركه في حالة الخطية. أما عنصر «الإدانة المسبَقة»، فهو فعل إيجابي، فيه يقضي الله بشكل فعال بإيقاع عقوبة قضائية على الخطية. فإن آنية الغضب «مُهَيَّأَةً لِلْهَلَاكِ» (رومية ٩: ٢٢)، ومصيرهم العصيان (١بطرس ٢: ٨)، و«كُتِبوا لهذه الدينونة» (يهوذا ٤).[٢٣] ومن حيث ما هو غير مشروط وما هو مشروط، يُعَد عنصر «الإدانة المسبَقة» عملًا مشروطًا بحق، لأن الله يعيِّن البشر للهلاك بناء على خطاياهم وذنبهم. لكن، ليس عنصر «الإعراض» مشروطًا. لا يمكن أن تكون الخطية هي الأساس الذي بناء عليه يَعبُر الله عن بعض البشر، لأن جميع البشر بلا استثناء خطاة. فنظير الاختيار، ليس قرار الله بألا يختار شخصًا للخلاص مبنيًّا على شيء ما في ذلك الشخص، بل هو فعل سيادي بحسب مسرة الله. وهكذا، فإن الإعراض فعل سلبي وغير مشروط، في حين أن الإدانة المسبَقة هي فعل إيجابي ومشروط. فإن قلنا إن الاختيار فعل إيجابي، في حين أن الرفض فعل سلبي، فإننا بهذا لا

٢٢ انظر عنوان «قضاء الله ومشكلة الشر» سابقًا في هذا الفصل (ص. ٦٠٠)، الذي يوضح سبب كون الله ليس هو العلة المستحقة اللوم على الشر، مع أنه هو العلة الأساسية لكل شيء. انظر أيضًا رومية ٩: ١٩-٢٣، حيث يعلِّم بولس بأن رفض آنية الغضب يُظهِر لآنية الرحمة غنى مجد الله، الشيء الذي يشكِّل دافعًا جيدًا ومحبًا بقدرٍ كافٍ حتى للرفض من الخلاص.

٢٣ مع أن هذه أفعال مبنية للمجهول، لكن يسميها علماء اللغة «أفعال إلهية مبنية للمجهول»، مما يدل على أن الله هو الفاعل الضمني لها. انظر:

Daniel B. Wallace, *Greek Grammar Beyond the Basics: An Exegetical Syntax of the New Testament* (Grand Rapids, MI: Zondervan, 1996), 437–38.

استخدم كُتَّاب هذه النصوص صيغة المبني للمجهول لتوضيح عدم التساوي بين قضاء الاختيار وقضاء الرفض – أي أن الله ليس فاعلًا في قضاء الرفض بالقدر نفسه كما هو فاعل في قضاء الاختيار، وأنه ليس العلة الفعالة للشر في المرفوضين من الخلاص، على خلاف كونه العلة الفعالة لنعيم المختارين. ولكنه يُسبِّب الرفض عن طريق علل ثانوية. ولكن، سنكون مخطئين إن استنتجنا من هذا أنه ليس فاعلًا في هذا العمل بأي حال من الأحوال.

نشدِّد بشكل كافٍ على الطبيعة الإيجابية لعنصر الإدانة المسبَقة. وإن قلنا إن الاختيار غير مشروط في حين أن الرفض مشروط، فإننا بهذا لا نشدِّد بشكل كافٍ على الطبيعة غير المشروطة لعنصر الإعراض. سيضمن لنا تجنُّب كلا هذين التصريحين غير الدقيقين فهمًا دقيقًا لعقيدة الرفض.

- **إثبات صحة العقيدة**

بعد أن فهمنا ما يعنيه قضاء الرفض، وما لا يعنيه، من الضروري إثبات صحة هذه العقيدة من الكتاب المقدس. مرة أخرى، لا يمكن إنكار صعوبة هذه العقيدة، التي أطلق عليها كالفن نفسه «*decretum horribile*» أي «قضاء مروِّع».[24] رغم ذلك، يعلِّمها الكتاب المقدس، ولهذا، فإننا ملزَمون بإخضاع أذهاننا وعواطفنا في تبجيلٍ لحكمة إعلان الله اللامتناهية، واثقين أن كلَّ ما يقوله ويفعله صواب وعادل (رومية ٣: ٤).

أولًا، يُعَد قضاء الرفض نتيجة ضرورية مترتبة على التعليم الكتابي عن الاختيار. فإن كان الله قد اختار بعض الخطاة فحسب للخلاص، فهو بالضرورة لم يختر أن يخلِّص آخرين. فإن وجود فئة من الأشخاص يسمُّون «**المختارين**» (متى ٢٤: ٢٢؛ لوقا ١٨: ٧؛ رومية ٨: ٣٣؛ ١١: ٧؛ ٢تيموثاوس ٢: ١٠؛ ١بطرس ١: ١) يوحي ضمنًا بالضرورة بوجود فئة من الأشخاص يسمُّون «**غير المختارين**». وقرار عدم الاختيار هو في حد ذاته قرار حاسم. ومن ثمَّ، كان بويتنر (Boettner) على حق في استنتاجه التالي:

> إن الذين يقبلون عقيدة الاختيار بينما يرفضون عقيدة الرفض لا يمكن أن يدَّعوا اتساقهم مع أنفسهم. فإن الموافقة على الأولى ورفض الثانية يجعل من قضاء التعيين المسبَق قضاءً غير منطقي وغير متوازن. فقانون الإيمان الذي يصرِّح بالأولى بينما ينكر الثانية يشبه نسرًا جريحًا يحاول الطيران بجناح واحد.[25]

إن قضاء الرفض ليس فقط مفهومًا ضمنيًّا في عقيدة الاختيار الكتابية، لكن يعلِّمه العهد الجديد أيضًا بوضوح وصراحة. ففي رسالة بطرس الأولى، تحدَّث الرسول عن غير المؤمنين «الَّذِينَ يَعْثُرُونَ غَيْرَ طَائِعِينَ لِلْكَلِمَةِ، الأَمْرُ الَّذِي **جُعِلُوا لَهُ**» (١بطرس ٢: ٨). من اللافت للنظر أن بطرس لم يقل هنا فحسب إن تَعَثُّرَ هؤلاء أو عدم طاعتهم كان شيئًا مُقَدَّرًا، مع أن هذا قطعًا صحيح؛ ولكن، باستخدامه لضمير الغائب في صيغة الجمع (في اليونانية: *etethēsan*]، قال إن الأشخاص أنفسهم هم الذين جُعِلوا لعدم الطاعة والتعثُّر. وحين نسأل: ومَن الذي جعلهم لهذا؟ الإجابة المنطقية الوحيدة هي أنهم جُعلوا لهذا من قِبَل الشخص الوحيد الذي يُعَيِّن كل شيء، أي الله نفسه. كذلك أيضًا، تحدَّث يهوذا عن

---

24 John Calvin, *Institutes of the Christian Religion*, ed. John T. McNeill, trans. Ford Lewis Battles, Library of Christian Classics (1559; repr., Philadelphia: Westminster John Knox, 1960), 3.23.7.

من الجدير بالذكر، كما قال جرودم، أن «الكلمة اللاتينية [التي استخدمها كالفين]، وهي كلمة *horribilis*، لا تعني «بغيض»، بل «مروِّع، ومثير للهيبة»»:

Grudem, *Systematic Theology*, 685n23.

25 Boettner, *The Reformed Doctrine of Predestination*, 105.

يتابع بويتنر حديثه قائلًا: «لأجل تبنِّي 'فكر كالفيني معتدل'، مالَ البعض إلى التخلي عن عقيدة الرفض، وصار هذا المصطلح (الذي هو في حد ذاته مصطلح بريء) هو المدخل للكثير من الهجمات المسيئة على الفكر الكالفيني النقي والبسيط. فإن 'الكالفينية المخفَّفة مرادفة للكالفينية السقيمة. وإن لم يعالَج المرض، يكون دائمًا هو بداية النهاية».

المعلمين الكذبة الذين أزعجوا الكنيسة بتعليمهم بأن الخلاص بالنعمة يفسح المجال للفجور والدعارة، ووصفهم بأنهم «أُنَاسٌ قَدْ **كُتِبُوا** مُنْذُ الْقَدِيمِ [*prographō*] لِهَذِهِ الدَّيْنُونَةِ» (يهوذا ٤). يتخيَّل يهوذا هنا الله، في رفضه لهؤلاء المعلمين الكذبة، وكأنه كان جالسًا في الأزل، يكتب سيناريو ينبغي أن يتحقق في الزمن، ونهايته هو دينونتهم. هؤلاء هم ضمن «الَّذِينَ لَيْسَتْ أَسْمَاؤُهُمْ مُنْذُ تَأْسِيسِ الْعَالَمِ فِي سِفْرِ حَيَاةِ الْخَرُوفِ الَّذِي ذُبِحَ» (رؤيا ١٣ : ٨؛ راجع ١٧ : ٨؛ ٢٠ : ١٥؛ ٢١ : ٢٧).

المقطع الأوضح في الكتاب المقدس الذي يؤكِّد عقيدة الرفض هو رومية ٩، حيث يتحدث بولس عن حرية الله السيادية في الاختيار غير المشروط. فكما أحب الله يعقوب (الاختيار)، أبغض عيسو (الرفض) (٩ : ١٣). ثم تابع بولس مستخدمًا تعاملات الله مع فرعون لتوضيح حقيقة أنه «يَرْحَمُ مَنْ يَشَاءُ، وَيُقَسِّي مَنْ يَشَاءُ» (٩ : ١٨)، وأنه يفعل هذا كي يُظهِر قوَّته، وكي ينادَى باسمه في كل الأرض (راجع ٩ : ١٧، ٢٢). وبعد أن علَّم بولس أن الله يعيِّن دون أدنى مجال للنقض مصير كلٍّ من المخلَّصين والهالكين، دون اعتبار للإرادة البشرية، أو الجهد البشري، أو الاستحقاق البشري (راجع ٩ : ١١، ١٦)، استبق هذا الاعتراض: «فَسَتَقُولُ لِي: ‹لِمَاذَا يَلُومُ بَعْدُ؟ لأَنْ مَنْ يُقَاوِمُ مَشِيئَتَهُ؟›» (٩ : ١٩). فإن لم يكن أحد يستطيع مقاومة مشيئة الله أو قضائه السيادي، فكيف يكون الله عادلًا إن حمَّلَ البشر مسئولية ما هم عاجزون عن فعله؟[٢٦] يجيب بولس هؤلاء الذين قد يوبِّخون الله ويدينونه بتذكيرهم بأن المخلوقات الفانية ليست في وضع يسمح لها بمحاسبة الله: «بَلْ مَنْ أَنْتَ أَيُّهَا الإِنْسَانُ الَّذِي تُجَاوِبُ اللهَ؟ أَلَعَلَّ الْجِبْلَةَ تَقُولُ لِجَابِلِهَا: ‹لِمَاذَا صَنَعْتَنِي هَكَذَا؟›» (٩ : ٢٠). ثم يواصل بولس هذا التشبيه، مصوِّرًا الله بأنه فخاري، ومشبهًا اختياره للبعض بصنع إناء من الطين للاستخدام المشرِّف، ورفضه للآخرين بصنع إناء آخر من الطين للاستخدام الوضيع (٩ : ٢١). وفي دفاع بولس عن حرية الله في أن يفعل ما يشاء بما له (متى ٢٠ : ١٥)، تابع واصفًا المختارين بأنهم «آنِيَةِ رَحْمَةٍ قَدْ سَبَقَ فَأَعَدَّهَا لِلْمَجْدِ»، والمرفوضين بأنهم «آنِيَةَ غَضَبٍ مُهَيَّأَةً لِلْهَلاَكِ» (رومية ٩ : ٢٢-٢٣). لم يكن ممكنًا لهذه الآنية أن «تُهَيَّأ» إلا من قبل الفخاري نفسه. ويُبَيِّن بولس بوضوح أن الذين يقسِّيهم الله (٩ : ١٨) هم أولئك الذين هيَّأهم للهلاك.

في حين أنَّ هذه النصوص تكفي لإثبات صحة عقيدة الرفض، لكن يتحدث الكتاب المقدس بوضوح أيضًا عن الوسائل التي يستخدمها الله لتحقيق الهلاك الذي قضى به على المرفوضين. وإذ استخدم بولس تعاملات الله مع فرعون مثالًا توضيحيًّا للرفض، سيكون من المناسب أن نتناول نحن أيضًا تقسية الله لقلب فرعون كمثال لوسائل الرفض (خروج ٤ : ٢١؛ ٨ : ١٩؛ ٩ : ٧؛ ١٠ : ١؛ ١١ : ١٠؛ ١٤ : ٤، ٨). كان غرض الرب من إنقاذ شعب إسرائيل من العبودية هو أن يُظهِر مجد قوة فدائه. وكي يفعل ذلك، قسَّى قلب فرعون في مواقف عديدة (راجع تثنية ٢ : ٣٠؛ يشوع ١١ : ٢٠؛ ١صموئيل ٢ : ٢٥). على النحو نفسه،

---

٢٦ يلزم أن نضع في اعتبارنا أن التعاليم الأرمينية عن الاختيار المشروط وحرية الإرادة لن تستطيع أن تثير هذا الاعتراض. فلا يمكن أن يكون لوم الله للذين لم يخترهم لغزًا، لو كان اختياره مبنيًّا في الأساس على اختيارهم. يقول هؤلاء إن مشيئة الله يمكن أن تقاوَم، الشيء نفسه الذي يفترض بولس خطاه كأمر بديهي. فقد طرح سؤالًا بلاغيًا: «لِأَنْ مَنْ يُقَاوِمُ مَشِيئَتَهُ؟» مما يُبَيِّن أن الإجابة البديهية هي «لا أحد!» والاحتمال الوحيد لمنطقية إثارة بولس لهذا الاعتراض في هذه المرحلة من الحديث هو إن كان (١) الله يأمر البشر بأن يتوبوا ويؤمنوا، وإن كان (٢) البشر يفتقرون إلى القدرة الأدبية على فعل هذا، وإن كان (٣) الله مع ذلك يُحمِّل البشر مسئولية التوبة والإيمان، وسيعاقبهم على إخفاقهم في فعل هذا. من ناحية فلسفية، سيكون اعتراض بولس منطقيًا فقط إن لم تكن كلمة «ينبغي» لا تعني ضمنًا قدرة الشخص على التنفيذ – أي إن كان تحميل أحدهم المسئولية لا يعني ضمنيًّا بالضرورة قدرته الأدبية على التنفيذ.

إن غاية الله من الرفض هو أن يعاقِبَ بعدلٍ خطايا الذين لم يختر أن يخلِّصهم. والوسيلة لتحقيق تلك الغاية هي أن يقسِّي قلوبهم. يعلِّم ربولس هذه الفكرة بشكل صريح في ٢تسالونيكي ٢: ١١-١٢، قائلًا: «وَلأَجْلِ هذَا سَيُرْسِلُ إِلَيْهِمُ اللهُ عَمَلَ الضَّلاَلِ، حَتَّى يُصَدِّقُوا الْكَذِبَ، لِكَيْ يُدَانَ جَمِيعُ الَّذِينَ لَمْ يُصَدِّقُوا الْحَقَّ، بَلْ سُرُّوا بِالإِثْمِ». فإذ قضى الله بإدانة غير المؤمنين، عيَّن كذلك وسيلة تحقيق هذه الدينونة، وهي، في هذه الحالة، تضليلهم عن عمدٍ. وفي موضع آخر، نقرأ أن الله أعمى عيون غير المؤمنين وقسَّى قلوبهم، تحديدًا حتى لا يبصروا، ويفهموا، ويرجعوا (يوحنا ١٢: ٣٧-٤٠؛ راجع إشعياء ٦: ٩-١٠). وقد كان رد فعل يسوع نفسه على هذا الحق هو تقديم الشكر والحمد للآب علانية، لأنه أخفى الحق عن الحكماء والفهماء، وأعلنه للأطفال، الشيء الذي لم ينسبه إلى أيِّ أساس آخر سوى مسرة مشيئة الآب (متى ١١: ٢٥-٢٦). وهكذا، يبدو واضحًا أن الله عيَّن كلًّا من غايات الرفض ووسائله.

- تبرير الله[٢٧]

كما ذكرنا أعلاه، كان الاتهام الرئيسي الذي وُجِّه إلى عقيدة الرفض هو أنها متعارضة مع عدل الله. ولكن، ينبغي أن نتذكَّر أن الله لا يخضع لأفكار البشر الساقطين عن العدل، كما أنه لا يمكن أن يُحاكَم أمام محكمة المنطق البشري. ويُعَد توبيخ بولس ملائمًا تمامًا لأولئك الذين قد يوجِّهون مثل هذه الاتهامات: «بَلْ مَنْ أَنْتَ أَيُّهَا الإِنْسَانُ الَّذِي تُجَاوِبُ اللهَ؟» (رومية ٩: ٢٠). فإن هذه الاتهامات جميعها نابعة من الافتراض الخاطئ بأنه إن كان الله يعطي نعمة لأيٍّ من مخلوقاته، فلا بد أن يعطيها لجميع مخلوقاته. يقول بويتنر: «يتحدث كثيرون وكأن الخلاص حق مكتسَب للإنسان بالولادة. فإذ نسي هؤلاء حقيقة أن الإنسان قد خسر فرصته الواعدة للغاية في آدم، يخبروننا بأن الله يصبح ظالمًا إن لم يمنح جميع المخلوقات الخاطئة فرصة للخلاص».[٢٨] لكنَّ افتراض أن النعمة شيء **يستحقه** البشر الخطاة يقوِّض أساس طبيعة النعمة نفسها. في حقيقة الأمر، السؤال الذي ينبغي أن يُطرَح بشأن قضاء الله بالتعيين المسبق ليس هو: «لماذا لم يختر الله **الجميع**؟» بل، كيف أمكن لهذا الإله فائق القداسة أن يختار **أحدًا** على الإطلاق؟ فإن عجب العُجاب هو أن يرفع ملك الملوك، الذي مجدُه مرتفع فوق السماوات، إصبعًا واحدًا كي ينجِّي ولو شخصًا واحدًا من خونة وضيعين نظير بني آدم. وعند العِلم بأن هذا الملك العظيم قضى بأن يفتدي لا شخصًا واحدًا فحسب، بل جماهير لا تحصى، على حساب حياة ابنه الحبيب، ينبغي أن يذوب قلب الخاطئ، وأن يسجد في تعجب واتضاع. فللذين لهم أعين ليبصروا، توجد إجابة عن كافة الاعتراضات على هذه العقائد الصعبة في الإعلانات عن هذا المجد.

وهذا هو تحديدًا الدفاع الذي قدَّمه بولس في رومية ٩: ٢٢-٢٣. فقد توبَّخ المعترض المتبجِّح بصرامة، وأُوصي بأن يغلق فمه. لكن إلى ذلك العابد الخاضع الذي يسأل، والذي أبعد ما يكون عن ذهنه أن يلوم الله، والذي لا يرغب سوى في معرفة إلهه وعبادته لشخصه، قدَّم بولس جوابًا آخر عن سؤال: كيف يظل الله قادرًا أن يلوم مَن لا يستطيعون مقاومة مشيئته، وهو: «فَمَاذَا؟ إِنْ كَانَ اللهُ، وَهُوَ يُرِيدُ أَنْ يُظْهِرَ غَضَبَهُ وَيُبَيِّنَ قُوَّتَهُ، احْتَمَلَ بِأَنَاةٍ كَثِيرَةٍ آنِيَةَ غَضَبٍ مُهَيَّأَةً لِلْهَلاَكِ. وَلِكَيْ يُبَيِّنَ غِنَى مَجْدِهِ

٢٧ هذا الجزء منقول بتصرف من المصدر التالي، بتصريح من الكاتب:
Mike Riccardi, "God and Evil: Why the Ultimate Cause Is Not the Chargeable Cause," *The Cripplegate* (blog), October 9, 2015, http://thecripplegate.com/god-and-evil-why-the-ultimate-cause-is-not-the-chargeable-cause/.

28 Boettner, *The Reformed Doctrine of Predestination*, 116.

عَلَى آنِيَةِ رَحْمَةٍ قَدْ سَبَقَ فَأَعَدَّهَا لِلْمَجْدِ». فقد عيَّن الله الخطية والشر – بل وأيضًا العقوبة الأبدية للأشرار – كي يُعلِن للمختارين كامل أمجاد اسمه. لم يتمكن أحد من شرح هذا بطريقة أفضل مما فعل جوناثان إدواردز:

> إنه لمِن الجيد والرائع أن يُستعلَن المجد غير المحدود؛ ولهذا السبب، من الجيد أن يكون إشراق مجد الله كاملًا، أي أن تُشرق كافة جوانب مجده، ويتألَّق كلُّ جَمالٍ بطريقة متناسقة، حتى يكتسب الناظر فكرة صحيحة عن الله. لا يليق أن يُستعلَن جانب واحد من هذه الأمجاد بصورة مُفْرِطة، بينما لا يُستعلَن جانب آخر على الإطلاق ... وهكذا، كان ضروريًّا [أن يُستعلَن] جلال الله المهيب، وسلطانه وعظمته الرهيبة، وعدله وقداسته. ولم يكن هذا ممكنًا إلا إذا قُضِي بالخطية والعقوبة، أو على الأقل إذا أمكن أن يُقضَى بهما. دون ذلك، سيكون استعلان المجد ناقصًا للغاية، سواء لأن هذه الجوانب من المجد الإلهي لم تُستعلَن كالجوانب الأخرى، أو [لأنه] من دونها، يصير مجد صلاح الله، ومحبته، وقداسته باهتًا؛ بل ولن يُستعلَن على الإطلاق.
>
> لو لم يكن من الصواب أن يقضي الله بالخطية، ويسمح بها، ويعاقبها ... لما أمكن أن يحدث أيُّ استعلان لقداسة الله في بغضته للخطية، أو في تمييزه للتقوى عنها، بعمل عنايته.
>
> كذلك، لن يَحدُث أي استعلان لخلوِّ نعمة الله أو صلاحه الحقيقي من كل أنواع الشر، لأنه دون وجود الشر، سيكون من المستحيل تمامًا أن تكون النعمة نعمة أو أن يكون الصلاح صلاحًا. ومهما كان قدر السعادة التي يغدقها الله على الإنسان، لن يحظى صلاحه من نحوه بالتقدير أو الإعجاب، ولن يكون إدراك معناه كبيرًا ...
>
> وكما أنه من الضروري وجود الشر، لأن بدونه يكون مجد الله ناقصًا، كذلك من الضروري وجود الشر لسعادة المخلوق التي تَكمُن في اكتمال إعلان الله الذي لأجله خَلَق العالم. فإن سعادة المخلوق تكمُن في معرفته بالله وإدراكه لمحبته. وإن كانت معرفته بالله ناقصة، لا بد أن تكون سعادته أيضًا ناقصة.[٢٩]

عيَّنَ الله كلَّ ما يحدث – حتى تهيئة آنية الغضب للهلاك – حتى تتمتع خاصته باستعلان مجده كاملًا. وأولئك الذين يهاجمون الله لأجل تعيينه لمصير الأشرار من أجل مجده عليهم أن يتذكَّروا أن سعي الله إلى إظهار مجده شيء بعيد كل البعد عن النرجسية أو جنون العظمة، بل هو، كما قال إدواردز: «لأجل سعادة المخلوق ... لأن سعادة المخلوق تكمُن في معرفة الله». فإن معرفتنا بالله ستكون ناقصة إذا لم نرَ التعبير الكامل عن صفاته، التي هي: النعمة، والرحمة، والغفران، والعدل، والبر، وبقية أبَّهة كمالاته. لكن، لا يمكن لأية صفة من تلك الصفات أن تظهر على نحو تام لو لم توجد خطية

29 Edwards, "The 'Miscellanies' no. 348," in *The "Miscellanies": Entry Nos. a–z, aa–zz, 1–500*, 419–21.

تعاقَب وتغفَر، ولو لم يوجد خطاة يبدي الله رحمة تجاههم، أو يطبِّق عليهم عدله. ليس الله أقل مجدًا لأنه عيَّن الشر، بل بالأحرى أكثر مجدًا. وكلما عظَّم الله مجده، كانت محبته لخاصته أشد. وقطعًا، لا يمكن اتهام الله بالظلم لأنه فَعَلَ الشيء الذي يحقق أكبر فائدة للذين هم له.

لا تلغي سواء عقيدة الاختيار أو عقيدة الرفض حقيقة أن الجميع يوصون بأن يتوبوا ويؤمنوا بالإنجيل. وأولئك الذين يزعمون أن اختيار الله السيادي يتعارض مع مسئولية الإنسان بأن يؤمن لا يوفون إعلان الله الكامل حقَّه. وفي حقيقة الأمر، بعد أن قدَّم بولس تعليمًا من أسمى التعاليم عن السيادة الإلهية في الأصحاح التاسع من رسالة رومية، علَّم بالقَدر نفسه من الوضوح عن مسئولية الإنسان، في الأصحاح العاشر من رسالة رومية. فقد قال: «لِأَنَّ كُلَّ مَنْ يَدْعُو بِاسْمِ الرَّبِّ يَخْلُصُ» (رومية ١٠ : ١٣)، وأوصى بإرسال الكارزين بالإنجيل كي يدعوا الجميع إلى التوبة (١٠ : ١٤-١٧)، وصوَّر الله في إحسانه ومحبته حتى تجاه المعاندين والمقاومين كشخصٍ باسطٍ يديه إليهم طوال الوقت، داعيًا إياهم إلى الخلاص (١٠ : ٢١). لا يعلِّم الكتاب المقدس البتة أن سيادة الله المطلقة تلغي مسئولية الخاطئ بأن يترك خطاياه ويؤمن بالمسيح. كما لا يُحَث الخاطئ البتة على معرفة ما إن كان الله قد اختاره للخلاص أم لا. ليس الخاطئ مسئولًا أن يعرف مشورات قضاء الله السرِّية، بل بالأحرى، عليه أن ينتبه إلى وصايا الكتاب المقدس الواضحة التي تدعوه إلى التوبة والإيمان بالإنجيل (مرقس ١ : ١٥؛ أعمال الرسل ١٧ : ٣٠).

## ⬅ خاتمة

ختم بولس حديثه عن عقيدتَي الاختيار والرفض بالانحناء في سجود وتعبُّد أمام عظمة هذا الإله ذي السيادة، قائلًا: «يَا لَعُمْقِ غِنَى اللهِ وَحِكْمَتِهِ وَعِلْمِهِ! مَا أَبْعَدَ أَحْكَامَهُ عَنِ الْفَحْصِ وَطُرُقَهُ عَنِ الِاسْتِقْصَاءِ!» (رومية ١١ : ٣٣). وقد دفعه تأمُّله في هذه الحقائق في الآيات الافتتاحية من رسالته إلى أهل أفسس إلى الانطلاق في تسبيح هذا الإله «الَّذِي بَارَكَنَا بِكُلِّ بَرَكَةٍ رُوحِيَّةٍ فِي السَّمَاوِيَّاتِ فِي الْمَسِيحِ، كَمَا اخْتَارَنَا فِيهِ قَبْلَ تَأْسِيسِ الْعَالَمِ، لِنَكُونَ قِدِّيسِينَ وَبِلَا لَوْمٍ قُدَّامَهُ فِي الْمَحَبَّةِ» (أفسس ١ : ٣-٤). وعلينا نحن المستفيدين من هذه النعمة المجيدة أن نفعل الشيء ذاته. ينبغي أن تقودنا عقيدة الاختيار السيادي والرفض السيادي، أكثر من أي شيء آخر، إلى أن نحني أذهاننا في تعجُّب متضع أمام هذا الإله الذي حكمته بعيدة عن الاستقصاء، ونعمته جزيلة لدرجة أن تخلِّص عصاة أشقياء نظيرنا. قد أُنعِم علينا بكل بركة روحية، لا لأية صفات جديرة بالثناء أو بالفداء فينا، بل بفضل الرحمة الحرة والسيادية لهذا الإله الذي يتلذذ بأن يلتصق بأناسٍ غير مستحقين. لا بد لهذا الحق أن يثير الحمد من أعماق نفوسنا، قائلين: «لَهُ الْمَجْدُ إِلَى الْأَبَدِ. آمِينَ» (رومية ١١ : ٣٦).

لكنَّ نعمةِ الله هذه التي أجزلها لنا لم تتوقف عند اختياره لنا في الأزل. فالله لم يكتفِ بالتخطيط لفدائنا، لكنه أيضًا أرسل الرب يسوع المسيح لإتمام هذا الفداء. ولهذا، سنتناول الآن موضوع إتمام الفداء.

# إتمام الفداء

- خطة الخلاص وإرسالية الابن
- سبب الكفارة
- ضرورة الكفارة
- طبيعة الكفارة
- نظريات منقوصة عن الكفارة
- الكفاية التامة للكفارة
- نطاق الكفارة

عمليًّا، جميع الديانات لديها فكرة ما عن **الكفارة**، بأنها وسيلة لعمل إصلاحات، وللتعويض عن الخطية، ولإرضاء الإله، ولتحقيق المصالحة بين الإله والخاطئ. تقترح الديانات التي من صُنع الإنسان بعض الوسائل التي على الخاطئ أن يقدِّم بها كفارة مقبولة، كي ينال استحقاقًا يعوِّض عن الخطية أو يمحوها، سواء بأعمال صالحة، أو بطقوس دينية، أو بدفع تعويض أو غرامة، أو بتقديم ذبيحة، أو بنوعٍ ما من إذلال الذات. لكن التعليم الذي يميِّز المسيحية الكتابية هو أن الله نفسه هو مَن صنع كفارة تامةً عن الخطاة. وقد أتمَّ هذا من خلال الذبيحة البدلية لابنه على الصليب. وفي هذه الكفارة، لا يُسْهِمُ الخطاة بشيءٍ كاستحقاق أو تضحية.

هذه العقيدة هي أساس الإنجيل. فإن الله كاملُ البرِّ؛ ولهذا، فهو لا يستطيع، بحُكم طبيعته، أن يقبل برًّا أقل من مستوى الكمال في أيِّ إنسان يريد أن يدخل في شركة معه (متى ٥: ٤٨؛ ١يوحنا ١: ٥). لكن الخطاة، بحُكم طبيعتهم، قد خالفوا ناموس الله، وتمرَّدوا على الله. ولأن الخطية أصابتهم ولوَّثتهم حتى بلغت عمق أعماق كيانهم، لم تَعُد أمامهم أية وسيلة يسدِّدون بها ثمن الخطية، أو يدبِّرون بها البرَّ اللازم للوقوف أمام الله. أيضًا، ليس لدى الخطاة أي ميل أو قدرة على الخضوع لسلطان الله (رومية ٨: ٧-٨)، وهم محكومٌ عليهم بمواجهة العقوبة العادلة التي هي انسكاب غضب الله البار (يوحنا ٣: ٣٦؛ ٢تسالونيكي ١: ٩). فهناك هوة شاسعة تفصل بين فساد الخاطئ وقداسة الله التي لا يمكن الاقتراب منها؛ ولا رجاء للخاطئ، ولو بذل أفضل ما في وسعه من جهد، في الوقوف يومًا ما في موقف سليم قانونيًّا أمام الإله القدوس، والتمتع بعلاقة سليمة معه. يأتي الرجاء الوحيد للخلاص – كما ينبغي أن يكون – من خارج الخاطئ. ونجده في تدبير الله نفسه لكفارة تامة ومجانية عن الخطية. هذا التدبير المجيد يُرضِي عدل الله، ويُطلِق نعمة الغفران.

في الأصحاح الخامس عشر من رسالة كورنثوس الأولى، يخبرنا الرسول بولس بأن لُبَّ الإنجيل هو «أَنَّ الْمَسِيحَ مَاتَ مِنْ أَجْلِ خَطَايَانَا حَسَبَ الْكُتُبِ، وَأَنَّهُ دُفِنَ، وَأَنَّهُ قَامَ فِي الْيَوْمِ الثَّالِثِ حَسَبَ الْكُتُبِ» (١كورنثوس ١٥: ٣-٤). وكما أوضحنا في الفصل السادس، أنشأ فساد الإنسان **حاجةً** إلى الخلاص. وكما لاحظنا في القسم السابق من هذا الفصل، وضع الآب، باختياره غير المشروط، **خطةً** الخلاص. لكن كفارة الله الابن هي التي **تتمِّم** ذلك الفداء في إطار المكان والزمان. وإن أردنا أن نتقيَّد بالإنجيل بشكل أساسي، علينا أن نكرِّس أنفسنا لفهم دقيق، ومتين، وكتابي للكفارة.

## ⬅ خطة الخلاص وإرسالية الابن

في حديثنا السابق، درسنا التعليم الكتابي عن خطة الآب للفداء – أي عزمه على أن ينجّي خلائقه من الخطية والموت، ويردَّهم إلى علاقة سليمة معه. تجسَّدت تلك الخطة الرائعة في قضاء الله بالاختيار غير المشروط – أي قراره الحر والسيادي بأن يلتصق بأشخاص معيَّنين، ليس بناء على شيء فيهم، بل فقط بناء على مسرة مشيئته، كي يختارهم لينالوا خلاصه. ولكن الله، في حكمته، لم يقضِ بأن يُتمَّمَ خلاصه ويطبَّق على الخاطئ فقط من خلال هذا الاختيار السيادي، بل دبَّر الإله الواحد في ثالوث خطة أزلية فيها يتحقَّق خلاص الإنسان بعمل الفداء الذي يعمله الله الابن، وفيها يُطبِّق الله الروح القدس المزايا الخلاصية التي أتاحها عمل الفداء هذا. كان من شأن الأقنوم الثاني في الثالوث أن يحمل كلَّ ضعفات ونقائص الطبيعة البشرية (عدا الخطية)، وأن يدبِّر لشعبه البر، والغفران، والتطهير، تلك الأشياء التي لم يكن باستطاعتهم قط تدبيرها بأنفسهم. وكان من شأنه أن يعيش كإنسان في طاعة كاملة للآب، ويموت على الصليب كذبيحة بدلية، حتى يكفِّر خطايا أولئك الذين اختارهم الآب؛ وأن يقوم من بين الأموات غالبًا الخطية والموت، كل هذا بقوة الروح القدس. كان من شأن الفداء أن يتحقق بالتجسد المعجزي لله-الإنسان، الرب يسوع المسيح، وحياته النيابية، وموته البدلي العقابي، وقيامته غالبًا الموت.

يتحتَّم على دارس الكتاب المقدس أن يُدرِك أن إرسالية الابن المختصَّة بإتمام الفداء قد وُلدت من رَحِمِ هذه الخطة الثالوثية للخلاص. فإن الكفارة التي صنعها الابن متأصِّلة على نحو لا ينفصل في قصد الآب بأن يخلِّص الذين اختارهم. ومن ثَمَّ، لم يكن المسيح، في تولِّيه مهمة تسديد ثمن الخطايا، وتدبير البر، «يتصرَّف باستقلال ومن تلقاء ذاته»، مباشرًا بشكل عشوائيٍّ مهمة من نتاج أفكاره. فقد قال بوضوح إنه جاء لا ليعمل مشيئته، بل مشيئة الذي أرسله (يوحنا ٦ : ٣٨). يعني هذا أنه كان يعمل بدقة وفقًا لخطة محدَّدة، متَّفق عليها، وُضِعت في المشورات الأزلية للثالوث.[٣٠]

يشهد كثيرٌ من نصوص الكتاب المقدس عن خطة الخلاص هذه، المحتومة والسابقة للزمن. أولًا، تصف بعض النصوص كفارة الابن بأنها شيء معيَّن سابقًا مِن الله. فقد وصفها بولس بأنها «قَصْدِ الدُّهُورِ الَّذِي صَنَعَهُ [الآب] فِي الْمَسِيحِ يَسُوعَ رَبِّنَا» (أفسس ٣ : ١١). تصرِّح هذه الآية بوضوح بأن العمل الذي تمَّمه المسيح في أثناء إرساليته الأرضية قد نُفِّذ بموجب خطة معيَّنة سابقًا، أي بحسب قصد الآب الذي رَسَمَهُ في الأزل (راجع أفسس ١ : ٩، ١١). على نحو مشابه، حين تنبَّأ يسوع في العشاء الأخير عن الخيانة التي سيتعرَّض لها، قال: «وَابْنُ الْإِنْسَانِ مَاضٍ كَمَا هُوَ مَحْتُومٌ [في اليونانية: *kata*

٣٠ يصف كثير من اللاهوتيين هذه الفكرة بطرائق مختلفة. بعض اللاهوتيين يطلق عليها ببساطة اسم خطة الله الأزلية، أو قصده، أو قضائه بالخلاص، وذلك بحسب عبارة لاتينية شهيرة، «pactum salutis»، ومعناها «اتفاقية الخلاص». لكن، وصفها آخرون بأنها عهدٌ – سواء عهد الفداء أو عهد الخَلق. لكننا نرى أن وصف هذه الاتفاقية السابقة للزمن، التي تمَّت بين أقانيم الثالوث، بأنها عهدٌ هو وصفٌ غير دقيق، وذلك لسببين. أولًا، تُستخدَم كلمة «عهد» في الكتاب المقدس للإشارة إلى اتفاقية تُعْقَد بين طرفين غير متساويين: سيد صاحب سلطة، وتابع (أو شخص أدنى). وعلى الرغم من تنوُّع الأدوار داخل الذات الإلهية، فإن أقانيم الثالوث متساوون تمامًا. لا توجد علاقة سيد وتابع توجِّهنا إلى كون هذه اتفاقية عهدية. ثانيًا، يبدو أن الكتاب المقدس يشير إلى أن العهد يُقطَع بالدم (عبرانيين ٩: ١٦–١٨)، الشيء الذي بالتأكيد لا يصف «اتفاقية الخلاص». ومن ثَمَّ، فإن هذه الاتفاقية التي عُقِدَت بين الثالوث تختلف بوضوح عن العهد الكتابي، ومن الأدق أن نعتبرها جانبًا من قضاء الله الأزلي.

*to hōrismenon*، وتترجَم حرفيًا: «بحسب التعيين» أو «كما هو معيَّن]» (لوقا ٢٢: ٢٢). ومع أن يهوذا هو مَن كان سيخون المسيا، كان موت المسيا معيَّنًا في الأزل. ولهذا قيل عن يسوع إنه «مَعْرُوفًا سَابِقًا قَبْلَ تَأْسِيسِ الْعَالَمِ» (١بطرس ١: ٢٠)، وإنه ذاك الذي فيه أُعطيت النعمة من قَبل الأزمنة الأزلية، بحسب «قصد» (في اليونانية: *prosthesis*) الله (٢تيموثاوس ١: ٩). حقًا، كان الصلب نفسه مجرد تنفيذ لقصد الله الأزلي، إذ يقول بطرس إن يسوع كان «مُسَلَّمًا بِمَشُورَةِ اللهِ الْمَحْتُومَةِ [في اليونانية: *tē hōrismenē boulē*] وَعِلْمِهِ السَّابِقِ» (أعمال الرسل ٢: ٢٣). وقد أقرَّت الكنيسة بكاملها أمام الله بأن هيرودس، وبيلاطس، والأمم، وإسرائيل لم يفعلوا سوى «كُلَّ مَا سَبَقَتْ فَعَيَّنَتْ يَدُكَ وَمَشُورَتُكَ [في اليونانية: *proōrisen*] أَنْ يَكُونَ (أعمال الرسل ٤: ٢٧-٢٨).

بالإضافة إلى هذه التصريحات العامة عن التعيين المسبَق، تُوصف إرسالية الابن كثيرًا بأنها مسألة تتعلق بطاعة مشيئة الآب، مما يدلُّ على أن الآب قد عرَّف الابن بمشيئته في اتفاق سابق بينهما. فحين تحدَّث يسوع عن بذله ذاته ذبيحةً عن الخطايا، قال: «هَذِهِ الْوَصِيَّةُ قَبِلْتُهَا مِنْ أَبِي» (يوحنا ١٠: ١٨). وفي موضعٍ آخَرَ، تحدَّث عن تقديم نفسه ذبيحة عن الخطايا، في استعدادٍ منه لعمل مشيئة الآب (عبرانيين ١٠: ٧). أيضًا، فيما كان يصلِّي إلى الآب في الليلة التي أُسلِم فيها، تحدَّث عن الشركة الأزلية التي تمتع بها معه (يوحنا ١٧: ٥)، وأَعْلَنَ أنه قد أكمل العمل الذي كلَّفه الآب أن يعمله (يوحنا ١٧: ٤)، مما يدل على أنه قد تصرَّف في طاعة، وفقًا لخطة الآب. يبيِّن كلُّ مثال من الأمثلة السابقة أن يسوع كان يتصرف في طاعة لتعليمات سابقة أخذها من أبيه. ومن هذا المنطلق، وَصَفَ بولس عمل يسوع في الفداء بأنه مسألة طاعة: «وَإِذْ وُجِدَ فِي الْهَيْئَةِ كَإِنْسَانٍ، وَضَعَ نَفْسَهُ، وَأَطَاعَ حَتَّى الْمَوْتَ، مَوْتَ الصَّلِيبِ» (فيلبي ٢: ٨).

الجانب الثالث من هذه الخطة الأزلية كان وعد الآب بمكافأة الابن بمجرد إكماله لعمله. ففي حوار دار بين الآب والابن، تحدَّثَ الابنُ عن **قضاء** الآب، الذي فيه وَعَدَهُ، مكافأةً عن طاعته، بأن يعطيه «الأُمَمَ مِيرَاثًا لَكَ، وَأَقَاصِيَ الأَرْضِ مُلْكًا لَكَ» (مزمور ٢: ٧-٨). وفي النبوة عن العبد المتألم، علَّق إشعياء على بنود هذه الاتفاقية مستخدمًا مفردات الطاعة والمكافأة، قائلًا:

«أَمَّا الرَّبُّ فَسُرَّ
بِأَنْ يَسْحَقَهُ بِالْحَزَنِ.
إِنْ جَعَلَ نَفْسَهُ ذَبِيحَةَ إِثْمٍ
يَرَى نَسْلًا
تَطُولُ أَيَّامُهُ،
وَمَسَرَّةُ الرَّبِّ بِيَدِهِ تَنْجَحُ.
مِنْ تَعَبِ نَفْسِهِ
يَرَى وَيَشْبَعُ،
وَعَبْدِي الْبَارُّ بِمَعْرِفَتِهِ
يُبَرِّرُ كَثِيرِينَ،
وَآثَامُهُمْ هُوَ يَحْمِلُهَا.

لِذَلِكَ أَقْسِمُ لَهُ بَيْنَ الأَعِزَّاءِ
وَمَعَ الْعُظَمَاءِ يَقْسِمُ غَنِيمَةً،
مِنْ أَجْلِ أَنَّهُ سَكَبَ لِلْمَوْتِ نَفْسَهُ
وَأُحْصِيَ مَعَ أَثَمَةٍ،
وَهُوَ حَمَلَ خَطِيَّةَ كَثِيرِينَ
وَشَفَعَ فِي الْمُذْنِبِينَ» (إشعياء ٥٣: ١٠-١٢)

إذن، في هذه المشاوَرة الثالوثيَّة، كلَّف الآب الابن أن يضع نفسه عن الخطاة كذبيحة، ووعَده بمكافأة، وهي ميراثُ أممٍ – مأهولة بنسله الروحي الذين سيبرِّرهم – بالإضافة إلى مكافأة الاستمتاع بنجاح مسرَّة الرب بيده. وبعد أن تحدَّث بولس مباشرة عن طاعة المسيح حتى الموت، قال: «لِذَلِكَ» – أي لهذا السبب – «رَفَّعَهُ اللهُ أَيْضًا، وَأَعْطَاهُ اسْمًا فَوْقَ كُلِّ اسْمٍ» (فيلبي ٢: ٩). فنتيجة طاعة الابن لهذا التكليف الإلهي الأزلي، يكافئه الآب بلقبٍ مجيدٍ، وهو لقب «ربٍّ»، الذي له ستجثو كل ركبة، ويعترف كل لسان أن ذاك الذي صُلب كعبد قد صار الآن سيدًا على الكل (فيلبي ٢: ١٠-١١).

وأخيرًا، ربما من أهم جوانب الخطة الأزلية للخلاص هو أن الآب أعطى الابن أشخاصًا محدَّدين، ينبغي أن ينفِّذ الفداء نيابة عنهم. يعني هذا أن الآب كلَّف الابن أن يكون الذبيحة النيابيَّة والبدلية عن أشخاص محدَّدين، وهم جميع الذين اختارهم الآب للخلاص، دون سواهم. يؤيِّد كثير من تعليقات يسوع في إنجيل يوحنا هذه الفكرة، في أثناء حديثه عن أولئك الذين أعطاهم له الآب:

«**كُلُّ مَا يُعْطِينِي الآبُ** فَإِلَيَّ يُقْبِلُ، وَمَنْ يُقْبِلْ إِلَيَّ لاَ أُخْرِجْهُ خَارِجًا. لأَنِّي قَدْ نَزَلْتُ مِنَ السَّمَاءِ، لَيْسَ لأَعْمَلَ مَشِيئَتِي، بَلْ مَشِيئَةَ الَّذِي أَرْسَلَنِي. وَهذِهِ مَشِيئَةُ الآبِ الَّذِي أَرْسَلَنِي: **أَنَّ كُلَّ مَا أَعْطَانِي** لاَ أُتْلِفُ مِنْهُ شَيْئًا، بَلْ أُقِيمُهُ فِي الْيَوْمِ الأَخِيرِ. لأَنَّ هذِهِ هِيَ مَشِيئَةُ الَّذِي أَرْسَلَنِي: أَنَّ كُلَّ مَنْ يَرَى الابْنَ وَيُؤْمِنُ بِهِ تَكُونُ لَهُ حَيَاةٌ أَبَدِيَّةٌ، وَأَنَا أُقِيمُهُ فِي الْيَوْمِ الأَخِيرِ» (يوحنا ٦: ٣٧-٤٠)

«أَمَّا أَنَا فَإِنِّي الرَّاعِي الصَّالِحُ، وَأَعْرِفُ خَاصَّتِي وَخَاصَّتِي تَعْرِفُنِي، كَمَا أَنَّ الآبَ يَعْرِفُنِي وَأَنَا أَعْرِفُ الآبَ. وَأَنَا أَضَعُ نَفْسِي عَنِ الْخِرَافِ ... أَبِي **الَّذِي أَعْطَانِي إِيَّاهَا** هُوَ أَعْظَمُ مِنَ الْكُلِّ، وَلاَ يَقْدِرُ أَحَدٌ أَنْ يَخْطَفَ مِنْ يَدِ أَبِي» (يوحنا ١٠: ١٤-١٥، ٢٩).

«أَيُّهَا الآبُ، قَدْ أَتَتِ السَّاعَةُ. مَجِّدِ ابْنَكَ لِيُمَجِّدَكَ ابْنُكَ أَيْضًا، إِذْ أَعْطَيْتَهُ سُلْطَانًا عَلَى كُلِّ جَسَدٍ لِيُعْطِيَ حَيَاةً أَبَدِيَّةً **لِكُلِّ مَنْ أَعْطَيْتَهُ**. وَهذِهِ هِيَ الْحَيَاةُ الأَبَدِيَّةُ: أَنْ يَعْرِفُوكَ أَنْتَ الإِلهَ الْحَقِيقِيَّ وَحْدَكَ وَيَسُوعَ الْمَسِيحَ الَّذِي أَرْسَلْتَهُ ... أَنَا أَظْهَرْتُ اسْمَكَ لِلنَّاسِ **الَّذِينَ أَعْطَيْتَنِي** مِنَ الْعَالَمِ. **كَانُوا لَكَ وَأَعْطَيْتَهُمْ لِي**، وَقَدْ حَفِظُوا كَلاَمَكَ ... مِنْ أَجْلِهِمْ أَنَا أَسْأَلُ. لَسْتُ أَسْأَلُ مِنْ أَجْلِ الْعَالَمِ، بَلْ مِنْ أَجْلِ **الَّذِينَ أَعْطَيْتَنِي لأَنَّهُمْ لَكَ** ... أَيُّهَا الآبُ أُرِيدُ أَنَّ **هؤُلاَءِ الَّذِينَ أَعْطَيْتَنِي** يَكُونُونَ مَعِي حَيْثُ

أَكُونُ أَنَا، لِيَنْظُرُوا مَجْدِي الَّذِي أَعْطَيْتَنِي، لِأَنَّكَ أَحْبَبْتَنِي قَبْلَ إِنْشَاءِ الْعَالَمِ» (يوحنا ١٧: ١-٣، ٦، ٩، ٢٤).

في هذه النصوص من إنجيل يوحنا، يصرِّح يسوع بأنه قد جاء إلى الأرض ليعمل لا مشيئته هو، بل بالأحرى مشيئة أبيه الذي أرسله (٦: ٣٨؛ ١٧: ٤). ومن ثمَّ، يؤكِّد يسوع مرة أخرى أن إرساليته مرتبطة بقصد الآب الأزلي ومدفوعة به. وفي سياق خطة الخلاص الأزلية والثالوثية هذه، صرَّح يسوع بأن الآب أعطاه مجموعة من الأشخاص ليصنع الفداء نيابة عنهم، يسميهم يسوع خاصَّتَه (١٠: ١٤)، وخِرافَه (١٠: ١٥). وبصفته الراعي الصالح، لن يفقد هذه الخراف أبدًا (٦: ٣٩)، أو يسمح بأن تُخطَف من يده (١٠: ٢٩). فلأن الآب اجتذب الخراف إلى المسيح على نحو فعال (٦: ٤٤، ٦٥)، فهي تُقبِل إلى المسيح (٦: ٣٧)، وتلتفت إليه بإيمان (٦: ٤٠)، وتعرفه معرفة حميمية (١٠: ١٤)، وتأخذ منه حياة أبدية (٦: ٤٠؛ ١٠: ٢٨؛ ١٧: ٢)، وتستمتع بميزة شفاعته الفريدة، التي يُحرَم العالم منها (١٧: ٩). وفي النهاية، تنال نصيبًا في قيامة الأموات (٦: ٤٠)، وتُقِيم مع يسوع إلى الأبد في توقيرٍ لمجده وإعجاب به (١٧: ٢٤). أعلن الرب أنه حين كلَّف الآب الابن تتميم الفداء باعتباره جزءًا من خطة الخلاص الأزلية، أعطاه هؤلاء الأشخاص المحدَّدين، وهم المختارون، الذين اختارهم الآب للخلاص (أفسس ١: ٤)، أي الذين سبق فعرفهم، وسبق فعيَّنهم، ودعاهم، وبرَّرهم، ومجَّدهم في المسيح (رومية ٨: ٢٩-٣٠؛ راجع ٨: ٣٣). وهؤلاء الذين اختارهم الآب، يعطيهم للابن عروسًا له (رؤيا ١٩: ٧؛ راجع يوحنا ٣: ٢٩؛ أفسس ٥: ٢٣-٢٤)، كي يطهِّرها على حساب حياته نفسها (أفسس ٥: ٢٥-٢٧؛ تيطس ٢: ١٤)؛ وهي ستقدَّم إليه مقدَّسة تمامًا، كهدية حب من الآب، كي تحبه، وتكرمه، وتعبده وتخدمه إلى الأبد (رؤيا ٢١: ٢، ٩؛ ٢٢: ١٧).

هذه الخطة الأزلية والثالوثية للخلاص هي التي تشكِّل وتصوغ كلَّ جانب من جوانب إرسالية الابن، في أثناء تولِّيه تتميم الفداء. فقد قصد الآب أن يخلِّص خاصَّته، وكانت الوسيلة التي سيتمّم بها فداء خاصَّته هي أن يعطيهم لابنه. وبعد أن ائتمن الآب ابنَه على هؤلاء، كلَّفه أن يولَد بالروح القدس، ليكون الله-الإنسان (متى ١: ١٨؛ لوقا ١: ٣٥)، ويحيا حياته في طاعة كاملة للآب بقوة الروح القدس (متى ٣: ١٥؛ رومية ٥: ١٨-١٩)، ويضع نفسه ذبيحة عن خطايا شعبه (يوحنا ١٠: ١٤-١٥؛ عبرانيين ٩-١٠؛ رؤيا ٥: ٩)، ويقوم من بين الأموات باكورةً للراقدين، ضامنًا قيامتهم (رومية ٤: ٢٥؛ اكورنثوس ١٥: ٢٢-٢٣، ٤٢-٥٧). يقدِّم لنا جون موراي (John Murray) ملخَّصًا نافعًا: «سُرَّ الله بأن يلتصق بمحبته الأبدية التي لا تُقهَر بجمهور لا يُحصَى من البشر؛ وتَضْمَنُ الكفارة تتميم القصد المحتوم لهذه المحبة».[31]

## ⬅ سبب الكفارة

ما الدافع الذي حرَّك الإله الواحد الثالوث ليضع خطة الفداء؟ عادة ما يتعرَّض مفهوم الكفارة البدلية العقابية – التي بحسبها يَلزَم أن يموت الابن بدلًا من الخطاة حتى يُسَكِّن غضب الآب – للتوبيخ من الأعداء، ولسوء الفهم من الأصدقاء. وفقًا لكثيرين، يُصوِّر هذا الرأي عن الكفارة الآبَ وكأنه غاضب وساخط بطبيعته على الإنسان، ولا تُقنِعه، على مضض، إلا ذبيحة الابن التي قدَّمها في محبته. ولكن،

31 John Murray, *Redemption Accomplished and Applied* (Grand Rapids, MI: Eerdmans, 1955), 10.

الأمر على النقيض من ذلك بكل معنى الكلمة. فالآب لا يحب شعبه لأن يسوع مات لأجلهم، بل مات يسوع لأجل شعبه لأن الآب أحبَّهم.[٣٢] وبهذا المفهوم، إذن، ليست محبة الله ناتجة عن موت المسيح، بل هي سبب هذا الموت. فلأن الله **هكذا أَحَبَّ** العالم، بَذَلَ ابنَه الوحيد ذبيحة على الصليب (يوحنا ٣: ١٦). إن الله نفسه **هو** محبة (١يوحنا ٤: ٨)، وقد كان إرسالُ الابن كفارةً عن خطايا الإنسان نتيجة لمحبة الله لشعبه، وتعبيرًا عنها، وإثباتًا لها (رومية ٥: ٨؛ ١يوحنا ٤: ٩-١٠). بعبارة أخرى، إن خطة الفداء نابعة من مسرَّة الآب، ومن محبته الحرة والسيادية التي تختار (أفسس ١: ٤-٥، ٩). فلأنَّ الرب «التصق بشعبه واختارهم» (تثنية ٧: ٧)، قضى بتتميم فدائهم بكفارة المسيح. فإن محبة الله، إذن، هي سبب كفارة المسيح ومصدرها.

بالإضافة إلى محبة الله، يَفْرِضُ عدل الله أيضًا، بمفهومه الحقيقي، قيودًا على كفارة المسيح. فما أن قضى الإله الواحد الثالوث، في محبته، بأن يصالح لنفسه الذين اختارهم، كان ضروريًّا أن يقضي بتتميم هذا على نحو يتوافق مع عدله.[٣٣] فبسبب الخطية، صار الجنس البشري مذنبًا بتهمة مخالفة ناموس الله، وجلَبَ على نفسه غضب الله العادل؛ ومن ثَمَّ، صار مغتربًا ومنفصلًا عنه. ومع أن محبة الله تدفعه إلى أن يخلِّص ويغفر، لكنه لا يستطيع التغاضي ببساطة عن خطية الإنسان. فكي يصالح الله لنفسه هؤلاء الخطاة المذنبين، كان لا بد من معاقبة الخطية، واسترضاء القانون الذي انتُهِك، وتسكين غضب الله بعدل. توافرت جميع هذه الشروط في شخص وعمل الرب يسوع المسيح، الذي أكمل الناموس (متى ٣: ١٥؛ رومية ٥: ١٨-١٩؛ غلاطية ٤: ٤-٥)، وسدَّد ثمن عقوبة الخطية (١بطرس ٢: ٢٤)، وأخمد غضب الله (عبرانيين ٢: ١٧) نيابة عن المختارين. وكما قال بولس، قدَّم الآب الابن «كَفَّارَةً بِالْإِيمَانِ بِدَمِهِ، لِإِظْهَارِ بِرِّهِ» (رومية ٣: ٢٥). فإنه بالصليب استُرضِيَ غضبُ الله، إذ فوق الصليب احتمل يسوع في شخصه كامل غضب الآب البار على خطايا شعبه. لم يحدث تغاضٍ عن الخطية، بل عوقِبت في المسيح، ومن ثَمَّ، أظهر الله «بِرَّه في الزَّمَانِ الْحَاضِرِ، لِيَكُونَ بَارًّا وَيُبَرِّرَ مَنْ هُوَ مِنَ الْإِيمَانِ بِيَسُوعَ» (رومية ٣: ٢٦).

ولهذا، تُشكِّل محبة الله وعدله السبب الثنائي للكفارة التي تمَّمها الابن. فإن محبته هي من الأساس التي دفعته إلى أن يخلِّص، وعدله هو الذي ضَمَنَ تتميمه للخلاص بطريقة متَّسقة مع قداسته. لا يمكن التغاضي عن أيٍّ من هذين الشِّقَّيْن. وإن التقصير في التركيز على محبة الله باعتبارها الدافع إلى الخلاص يختزل الكفارة إلى إجراء متبلِّد الشعور، أو الأسوأ أنه يختزلها إلى استعلان تعسُّفي لبُغضة ونزعة انتقامية. ومع ذلك، فإن التقصير في التركيز على عدل الله باعتباره الأمر الذي يوجِّه ويضبط محبته يحجب ملء طبيعة الله، ويجعل أهمية الصليب شيئًا غامضًا، إذ أن الكفارة – أي

---

٣٢ كتب جون ستوت هذه الكلمات: «لا نبالغ مهما شدَّدنا على أن محبة الله هي سبب الكفارة، وليس نتيجتها ... لا يحبنا الله لأن المسيح مات لأجلنا، بل قد مات المسيح لأجلنا لأن الآب أحبَّنا. فإذ كان ينبغي استرضاء غضب الله، كانت محبة الله هي التي تمَّمت هذا الاسترضاء».

John Stott, *The Cross of Christ* (Downers Grove, IL: InterVarsity Press, 1986), 174.

٣٣ إن قصور اللغة ومحدودية عقولنا تجعلنا لا نتحرَّى الدقة إلى حد ما في حديثنا عن التسلسُل المنطقي لقضاء الله. وكما أوضحنا تحت عنوان «خطة الفداء» (ص. ٥٩٧)، فإن قضاء الله قضاء أزلي، ولا يتغير؛ ومن ثَمَّ، فهو فعل واحد، غير محدود بزمن. ولهذا، حين نتحدث عن قضاء الله بأن يخلِّص باعتباره سابقًا لقضائه بأن يخلص بطريقة معيَّنة، فإننا فقط نتكلم عن تسلسُل منطقي، وليس زمني.

استرضاء الغضب العادل – هي قمة تعبير الله عن محبته (١يوحنا ٤: ١٠). وكما قيل بجدارة: «إن أفقدنا حَوافَّ الصليبَ حِدَّتها، ينطفئ بريق ألماسة محبة الله».[٣٤]

## ➡ ضرورة الكفارة

قادت حُرِّية مسرَّة الله بأن يخلِّص الخطاة الكثيرين إلى طَرْحِ تساؤلات بشأن ضرورة كفارة المسيح. بعبارة أخرى، هل كان ممكِنًا أن يُتَمِّمَ الله خلاص شعبه بأية وسيلة أخرى، أم أنه كان ملزَمًا بفعل ذلك بموت ابنه موتًا بَدَليًّا؟ ألم يكن ممكنًا أن يمارس الله ببساطة سلطانه الذي لا ينضب للقضاء على الخطية بوسيلة أخرى؟ هل كان بإمكانه، بفضل سلطانه غير المحدود، أن يعلن خلاص شعبه بمجرد إصدار مرسوم إلهي؟ أم يوجد في صُلب شخص المسيح وعمله أمرٌ يجعل من الصليب ليس فقط الوسيلة **الفعليَّة**، بل الوسيلة الوحيدة **الممكِنة**، للخلاص؟[٣٥] في حين أجاب دارسو الكتاب المقدس عن هذه الأسئلة بطرائق عديدة، سنتناول هنا أشهر رأيين فحسب.

تبنَّى كثيرٌ من آباء الكنيسة (مثل أثناسيوس، وأغسطينوس)، وعلماء لاهوت كثيرون من القرون الوسطى (مثل توما الأكويني)، وبعض المُصلِحين الأوائل (مثل جون كالفن) رأيًا يُعرَف باسم «الضرورة الافتراضية» [hypothetical necessity] للكفارة. يُعلِّم هذا الرأي بأنه، بناء على الحرية السيادية للإله الذي لا يستحيل عليه شيء، كان بوسعه أن يختار أن يخلِّص شعبه بأية وسيلة أخرى غير كفارة المسيح النيابيَّة. وفي حين أنه قضى **بالفعل** في النهاية بأن يخلِّص عن طريق سفك دم المسيح، لكن لا يوجد في صُلب طبيعة الله أو في صُلب طبيعة الغفران أمرٌ يجعل من هذا ضرورة مطلقة.

مقارنة بهذا، تبنَّت أغلبية ساحقة من اللاهوتيين (مثل إيريناؤس، وأنسلم، وجون أوين، وفرانسيس توريتين، وتشارلز هودج، وأ. أ. هودج، ولويس بيركهوف، وجون موراي) رأيًا يسمَّى «الضرورة المطلَقة بالتبعيَّة» [consequent absolute necessity] للكفارة. يُقِر هذا الرأي بعدم وجود أية ضرورة مطلقة تُلزِم الله بأن يخلِّص أحدًا على الإطلاق من الخطية، وهي حقيقة تتَّضح من خلال إدانته الفورية للملائكة الخطاة، الذين لم يُصنَع لهم أيُّ تدبير خلاص (٢ بطرس ٢: ٤؛ راجع عبرانيين ٢: ١٦). فكما هو الحال مع الملائكة الساقطين، كان لدى الله الحق المطلق في أن يترك البشر الخطاة لبؤسهم، ويزكِّي عدله بإرسال الجميع إلى الجحيم. بهذا المفهوم، لم تكن الكفارة ضرورة مطلقة. فإن اختيار الله بالنعمة أن ينجِّي أيَّ إنسان على الإطلاق هو تصرف حرٌّ نابع من مسرَّة مشيئته (أفسس ١: ٥). ولكن، ما أن **قرَّرَ** الله أن يخلِّص الإنسان، صار صليب المسيح، بالتبعيَّة، ضرورة مطلقة. يوضح موراي هذا

34 Steve Jeffery, Michael Ovey, and Andrew Sach, *Pierced for Our Transgressions: Rediscovering the Glory of Penal Substitution* (Wheaton, IL: Crossway, 2007), 153.

يأتي هذا الاقتباس في السياق التالي: «يساعدنا فهمنا لكون الصليب بدلية عقابية على فهم محبة الله، وتقدير شدَّتها وجمالها. فالكتاب المقدس يعظِّم من قدر محبة الله برفضه التقليل من حجم ورطتنا نحن الخطاة المستحقين غضب الله، وبتمسُّكه بوصف الصليب بأنه الموضع الذي فيه احتمل المسيح العقوبة عوضًا عن شعبه. فإن أفقدنا حَوافَّ الصليبَ حِدَّتها، ينطفئ بريق ألماسة محبة الله».

٣٥ هذا التساؤل بشأن ضرورة الكفارة ليس مساويًا لسؤال: «هل يمكن أن يَخلُص البشر بناءً على أي أساس آخر غير الموت البدلي للمسيح؟» فإن الذين يرفضون الضرورة المطلَقة للكفارة لا يُعلِّمون بالضرورة بوجود سُبُل متعدِّدة للخلاص، إنما باشتراطهم أن الصليب ضروري **بالفعل** للخلاص، فقط يتفكَّرون ما إذا كان ممكنًا أن يقضي الله بتتميم الأمر بوسيلة أخرى.

قائلًا: «أقول باختصار إن خلاص الله لم يكن ضروريًّا بشكل أساسي، ولكن، بما أنه قد تعيَّن، فقد صار من الضروري تأمين هذا الخلاص عن طريق ترضية لا يمكن تقديمها إلا بذبيحة بدلية وفداءٍ يُشترَى بالدم».[٣٦]

يؤيِّد الكتاب المقدس بوضوح هذا الرأي الأخير، إذ يتحدث كثيرًا عن ضرورة صليب المسيح. في عبرانيين ٢: ١٠، يقول الكاتب إنه **لاق** بالآب -أي كان هذا متفقًا مع طبيعة الله، وطبيعة الخطية، وطبيعة الخلاص -وهو آتٍ بأبناء كثيرين إلى المجد، أن يُكمِّل المسيح بالآلام. ثم بعد بضعة آيات، أضاف أن هذا لم يكن لائقًا فحسب، بل أيضًا ضروريًا: «كَانَ **يَنْبَغِي** [على يسوع] أَنْ يُشْبِهَ إِخْوَتَهُ فِي كُلِّ شَيْءٍ، لِكَيْ يَكُونَ رَحِيمًا، وَرَئِيسَ كَهَنَةٍ أَمِينًا فِي مَا لِلهِ حَتَّى يُكَفِّرَ خَطَايَا الشَّعْبِ» (عبرانيين ٢: ١٧). لم يكن ممكنًا أن يَخلُص الإنسان بالذبائح الكهنوتية: «لأَنَّهُ لاَ يُمْكِنُ أَنَّ دَمَ ثِيرَانٍ وَتُيُوسٍ يَرْفَعُ خَطَايَا» (عبرانيين ١٠: ٤)؛ بل بالحري، «كَانَ **يَلْزَمُ** أَنَّ أَمْثِلَةَ الأَشْيَاءِ الَّتِي فِي السَّمَاوَاتِ تُطَهَّرُ بِهَذِهِ، وَأَمَّا السَّمَاوِيَّاتُ عَيْنُهَا، فَبِذَبَائِحَ أَفْضَلَ مِنْ هَذِهِ» (عبرانيين ٩: ٢٣). فبسبب مقياس قداسة الله، لا يمكن لأحد يفتقر إلى بِرٍّ كاملٍ أن يدخل في شركة معه (متى ٥: ٤٨؛ ١يوحنا ١: ٥). لكن، لم يكن في مقدور الإنسان أن يحقق بِرَّه الشخصي بحفظ أوامر ناموس الله، إذ لم يُعطَ ناموسٌ قادر أن يُحيي (غلاطية ٣: ٢١). لم يكن الناموس سوى مؤدِّبنا إلى المسيح، الذي يُحتسَب لنا بِرُّه كعطية مجانية بالإيمان بعمله الكفاري (غلاطية ٣: ٢٢-٢٧). أيضًا، أوضح الرب يسوع نفسه أنه ما لم يكن الله قد أحبَّ العالم بإرسال ابنه الوحيد كي يُرفَع كذبيحة عن الخطايا، لهلك كلُّ البشر في خطاياهم (يوحنا ٣: ١٤-١٦؛ راجع عدد ٢١: ٦-٩).

إن محبة الله وعدله يشكِّلان ليس فقط الدافع إلى الكفارة، بل أيضًا أساس ضرورتها. يبيِّن الكتاب المقدس أن ذبيحة المسيح البدليَّة التي كفَّرت عن الخطاة كانت هي البرهان الفائق لمحبة الله تجاه الإنسان (رومية ٥: ٨؛ ١يوحنا ٣: ١٦؛ ٤: ١٠). فإن مقدار محبة الله يتجلَّى في الثمن الاستثنائي الذي كان على استعداد أن يتكبَّده كي يتمِّم خلاصنا. ولكن، لم يكن من الوارد أن يطلق الآب العنان لكامل سخطه العادل على ابنه الحبيب، الذي هو موضوع مسرَّته، ما لم تكن لهذا ضرورة مطلقة – أي، ما لم يكن هذا الثمن هو الوسيلة الوحيدة لتحقيق غايته المنشودة. فإن عدل الله وصدقه يستلزمان معاقبة الخطية. فقد قال الله إنه «لَنْ يُبْرِئَ إِبْرَاءً» (خروج ٣٤: ٧)، وإنه «لاَ يُمْكِنُ أَنَّ اللهَ يَكْذِبُ» (عبرانيين ٦: ١٨)، ومن ثَمَّ، فقد كان لا بد أن ينسكب ملء غضبه العادل على الخطية. ومن خلال صليب المسيح بالتحديد، يُثبِت الله بِرَّه، إذ تُعاقَب خطية الإنسان في بديله (رومية ٣: ٢٥؛ غلاطية ٣: ١٣). فإن مطلب الله الحازم بتطبيق العدل استلزَمَ تتميم الخلاص بذبيحة كفارية، إذ لم تكن هناك أية وسيلة أخرى بها يكون الله «بَارًّا وَيُبَرِّرَ» شعبه (رومية ٣: ٢٦).

نتمكَّن نحن شعب الله من رؤية بريق مجد كفارة المسيح غير المحدودة وقيمتها غير المحدودة حين نُدرك أنه ولا حتى الله نفسه، القادر على كل شيء، كان بمقدوره أن يتمِّم خلاصنا بأية وسيلة أخرى. فكي يتمتع أي إنسان بالنعمة المخلِّصة، وبالرحمة المحسِنة للإله الذي يخلِّص، كان صليب المسيح ضروريًّا بصورة مطلقة.

---

36 Murray, *Redemption Accomplished and Applied*, 12.

## ➡ طبيعة الكفارة

يوظِّف الكتاب المقدس العديد من الأفكار لوصف ما أتممه المسيح على الصليب. فقد كان عمل المسيح ذبيحة بدليَّة، حيث قاسى المخلِّص عقوبة الخطية بدلًا من الخطاة (١بطرس ٢: ٢٤)؛ وكفارة، فيها أُرضي غضب الله على الخطية تمامًا، وأُخمِد في شخص بديلنا (رومية ٣: ٢٥)؛ ومصالحة، فيها تم التغلُّب على الاغتراب بين الإنسان والله، وصُنِع السلام (كولوسي ١: ٢٠، ٢٢)؛ كما أنه كان فداء، أي دَفْعُ فدية لشراء الذين كانوا مستعبَدين للخطية، هي دم الحمل الثمين (١بطرس ١: ١٨-١٩)؛ وانتصارًا، فيه هُزِم كلٌّ من الخطية، والموت، وإبليس بقوة المخلِّص الغالب (عبرانيين ٢: ١٤-١٥). كل واحدة من هذه الأفكار جديرة بالدراسة، وستكون موضوع حديثنا في هذا الجزء.

- طاعة المسيح

ولكن، يوجد في الكتاب المقدس مبدأ موحِّد يشمل هذه الأوجه المتعدِّدة لكفارة المسيح، وهو: الطاعة.[٣٧]

تلخِّص الطاعة مُجمل العمل البَدَلي الذي عمله المسيح في ثلاث نواحٍ. **أولاً**، يصف الكتاب المقدس عمل المسيح بأنه طاعة لخطة الخلاص الإلهية، التي أشرنا إليها أعلاه. فقد أرسل الآب الابن من السماء إلى الأرض كي يتمِّم مهمة الفداء الإلهية. قال الابن: «قَدْ نَزَلْتُ مِنَ السَّمَاءِ، لَيْسَ لأَعْمَلَ مَشِيئَتِي، بَلْ مَشِيئَةَ الَّذِي أَرْسَلَنِي» (يوحنا ٦: ٣٨؛ راجع ١٢: ٤٩). أيضًا، قال المسيَّا للآب، فيما يخص تقديم نفسه ذبيحة كاملة: «هَأَنَذَا أَجِيءُ لأَفْعَلَ مَشِيئَتَكَ يَا اللهُ» (عبرانيين ١٠: ٧، ٩)، لأنه دائمًا ما يعمل الأشياء التي ترضي أباه (يوحنا ٨: ٢٩). فقد وضع نفسه طوعًا وبإرادته الحرة ذبيحة خطية لأن، كما قال: «هَذِهِ الْوَصِيَّةُ قَبِلْتُهَا مِنْ أَبِي» (يوحنا ١٠: ١٧-١٨)؛ و«كَمَا أَوْصَانِي الآبُ هَكَذَا أَفْعَلُ» (يوحنا ١٤: ٣١). ولهذا، وَصَفَ بولس عمل المسيح، في ترتيلة الحمد التي أنشدها عن تجسُّد ابن الله وكفارته، بأنه «**أَطَاعَ** حَتَّى الْمَوْتَ، مَوْتَ الصَّلِيبِ» (فيلبي ٢: ٨). فقد كان عملُ كفارة المسيح عمل طاعة للآب.

**ثانيًا**، كان من الضروري أن يطيع المسيح جميع وصايا الآب حتى يكون ذبيحة بدليَّة لائقة عن الخطاة. ففي نظام الذبائح في العهد القديم، كان إلزاميًّا أن يكون أيُّ حيوان يقدَّم للرب بلا عيب: «كُلُّ مَا كَانَ فِيهِ عَيْبٌ لَا تُقَرِّبُوهُ لأَنَّهُ لَا يَكُونُ لِلرِّضَا عَنْكُمْ ... تَكُونُ صَحِيحَةً لِلرِّضَا. كُلُّ عَيْبٍ لَا يَكُونُ فِيهَا» (لاويين ٢٢: ٢٠-٢١؛ راجع ١: ٣، ١٠؛ ٣: ١، ٦؛ ٢٢: ١٨-٢٥). انطبق الشيء ذاته على خروف الفصح الإسرائيلي، حيث اشترط الله أن «تَكُونُ لَكُمْ شَاةً صَحِيحَةً» (خروج ١٢: ٥)، حتى تُقبَل كبديل لائق. وكي تُنزَل عقوبة الخطاة ببديل، كان يلزم أن يكون هذا البديل بلا عيب أو خلل. ينطبق المبدأ ذاته على ذبيحة المسيح الكفارية، التي هي تتميمٌ لذبائح العهد القديم (عبرانيين ٩: ٢٣). فإن المسيح هو فصحنا (١كورنثوس ٥: ٧؛ راجع إشعياء ٥٣: ٧؛ يوحنا ١: ٢٩؛ رؤيا ٥: ١٢)، ومن ثَمَّ، فإننا قد افتُدينا بدمه الكريم «كَمَا مِنْ حَمَلٍ بِلَا عَيْبٍ وَلَا دَنَسٍ» (١بطرس ١: ١٨-١٩). وكي يكون المسيح بديلًا لائقًا لحَمْلِ عقوبة الخطية عوضًا عن الخطاة، كان يَلزَم أن يكون هو نفسه بلا خطية: قُدُّوسٌ، وبِلَا شَرٍّ، وَلَا دَنَسٍ، قَدِ انْفَصَلَ عَنِ الْخُطَاةِ

---

٣٧ كتب كالفن هذه الكلمات: «قد يسألني أحدهم: كيف أبطل المسيح الخطية، وأنهى الانفصال بيننا وبين الله، وحصل على البر كي يجعل الله راضيًا عنا، ورؤوفًا بنا؟ الإجابة العامة التي نستطيع أن نجيب بها عن كل هذا هي أن المسيح حقَّق ذلك من أجلنا بمسيرة طاعته كاملة».

Calvin, *Institutes*, 2.16.5.

(عبرانيين ٧ : ٢٦). لهذا السبب، يَربط الكتاب المقدس حياة المسيح، التي فيها «تَعَلَّمَ الطَّاعَةَ مِمَّا تَأَلَّمَ بِهِ» (عبرانيين ٥ : ٨)، بجدارته أن يصير «لِجَمِيعِ الَّذِينَ يُطِيعُونَهُ، سَبَبَ خَلَاصٍ أَبَدِيٍّ» (عبرانيين ٥ : ٩). قطعًا، لم يتضمَّن تعلُّمه الطاعة عملية خلع للخطية، ونموٌّ في البرِّ العملي، مثلنا. ولكن، قبل تجسُّد يسوع، لم يكن يدري شيئًا عمَّا يعنيه أن يطيع الآب في عجز الجسد البشري، وعن كل الضعفات والتجارب التي يواجهها الرجال والنساء في كفاحهم كي يطيعوا الله. لكنه حين اختبر آلام الحياة في عالم ساقط، تعلَّم أن يطيع كرجلٍ متألم، تمامًا كما ينبغي أن نطيع نحن. و«لِأَنَّهُ فِي مَا هُوَ قَدْ تَأَلَّمَ مُجَرَّبًا، يَقْدِرُ أَنْ يُعِينَ الْمُجَرَّبِينَ» (عبرانيين ٢ : ١٨؛ راجع ٤ : ١٥). وإذ تعلَّم الطاعة بالآلام التي جَلَبَتها عليه الحياة البشرية، صار على استعداد أن يطيع في الآلام التي كان من شأن الموت أيضًا أن يجلبها عليه.

**أخيرًا**، كان من الضروري أن يطيع المسيح ناموس الله حتى يتيح البرَّ الذي هو أساس التبرير. فقد كان المقياس الكامل لبرِّ الله المعبَّر عنه في ناموسه يتألَّف من جانبين رئيسيين: الجانب الأول هو الوصايا المفروضة [prescriptive commands]، التي كانت تستلزم طاعة تامة، والثاني هو العقوبات التي تُفرَض عند مخالفتها. أخفق الإنسان الخاطئ في إطاعة المطالب الإيجابية لناموس الله، لكنه أيضًا عجز تمامًا عن تسديد ثمن العقوبة المفروضة لأجل عصيانه، لأن أجرة الخطية هي موتٌ (رومية ٦ : ٢٣؛ راجع تيطس ٣ : ٥). ومن ثَمَّ، كي يكون المسيح مخلِّصنا، كان ينبغي أن يستوفي كلا الجانبين الضروريَّين. وإذ أطاع المسيح حتى موت الصليب (فيلبي ٢ : ٨)، «افْتَدَانَا مِنْ لَعْنَةِ النَّامُوسِ، إِذْ صَارَ لَعْنَةً لِأَجْلِنَا» (غلاطية ٣ : ١٣؛ راجع تثنية ٢١ : ٢٣)، حين حَمَلَ كامل الغضب الإلهي على عاتقه. لكن، لو كانت هذه هي نهاية عمل بديلنا، ما كُنَّا خَلَصنا البتة. ففي تلك الحالة، يكون ثمن عقوبات الناموس قد سُدِّد، وذنبنا قد رُفِع، لكن كُنَّا سنظل مفتقرين إلى البر الإيجابي الذي طالبنا به الناموس. في هذه الحالة، كنا سنُترَك في الحالة التي كان عليها آدم قبل السقوط، أي أبرياء، لكن نفتقر إلى البر الإيجابي الذي طالب به الله لأجل الشركة معه (راجع متى ٥ : ٢٠، ٤٨). ولذلك، كان الإنسان بحاجة إلى بديل، ليس فقط كي يموت طائعًا عوضًا عنه ليغفر الخطايا، بل أيضًا كي يحيا في طاعة عوضًا عنه، كي يتيح له البرَّ، الذي يُحتَسَب له بالإيمان (رومية ٤ : ٣-٥؛ فيلبي ٣ : ٩). لهذا السبب، عَقَدَ بولس مقابلة بين آدم الأول والمسيح، آدم الأخير (١كورنثوس ١٥ : ٢٢، ٤٥)، قائلًا: «لِأَنَّهُ كَمَا بِمَعْصِيَةِ الْإِنْسَانِ الْوَاحِدِ جُعِلَ الْكَثِيرُونَ خُطَاةً، هَكَذَا أَيْضًا بِإِطَاعَةِ الْوَاحِدِ سَيُجْعَلُ الْكَثِيرُونَ أَبْرَارًا» (رومية ٥ : ١٩؛ راجع غلاطية ٤ : ٤-٥). فإن خطية آدم تمدُّنا بسجلٍّ فعلي ومعاش من العصيان البشري، الذي يصير، إذ احتُسِب علينا باتحادنا بآدم، هو الأساس الذي بناءً عليه يحكُم الله بعدلٍ أن جميع البشر مذنبون (رومية ٥ : ١٢). كذلك أيضًا، تمدُّنا طاعة المسيح النيابية بالسجل الفعلي والمعاش من البر البشري، الذي يصير، إذ يُحتسَب لنا باتحادنا بالمسيح، هو الأساس الذي بناء عليه يحكُم الله بعدلٍ أن الخطاة المذنبين أبرار. فإن الخطاة المتبرِّرين ليسوا أبرارًا في ذواتهم، بل يُحتسَب لهم سجل حياة المسيح التي بلا عيب، باتحادهم به بالإيمان: «وَمِنْهُ [من الله] أَنْتُمْ **بِالْمَسِيحِ** يَسُوعَ، الَّذِي صَارَ لَنَا ... **بِرًّا**» (١كورنثوس ١ : ٣٠؛ راجع رومية ١٠ : ٤؛ ٢كورنثوس ٥ : ٢١).

إن الرب يسوع المسيح لم يَكْتَفِ بالموت عن خطايانا، لكنه عاش أيضًا حتى يكمِّل برَّنا. ويُظهِر ردُّ يسوع على يوحنا المعمدان في أثناء معموديته هذه الحقيقة. فقد جاء يوحنا المعمدان إلى الكورة المحيطة بالأردن «يَكْرِزُ بِمَعْمُودِيَّةِ التَّوْبَةِ لِمَغْفِرَةِ الْخَطَايَا» (متى ٣: ١١؛ لوقا ٣: ٣). كانت هذه المعمودية، التي نشأت في الأصل في فترة ما بين العهدين، طقسًا مخصَّصًا للأمم الذين يتحوَّلون إلى الديانة اليهودية. ومن خلالها، كانوا يعترفون بنجاستهم، وبحاجتهم إلى التطهير الروحي. وفي أيام يوحنا، كان شعب إسرائيل قد ازدادوا شرًّا – أي كانوا بحاجة إلى مثل هذا التطهير – لدرجة أن اليهود بحسب العرق قد خضعوا لمعمودية المتهوِّدين كي يُعَبِّروا بها عن توبتهم.[٣٨] وقد جاء أناسٌ من أورشليم، ومن كلِّ اليهودية، وجميع الكورة المحيطة بنهر الأردن للاعتراف بخطاياهم، ونوال المعمودية (متى ٣: ٥-٦). وهكذا، فحين جاء يسوع إلى قريبه كي يعتمد منه، كان يوحنا محقًّا في ارتيابه: «وَلَكِنْ يُوحَنَّا مَنَعَهُ قَائِلًا: ‹أَنَا مُحْتَاجٌ أَنْ أَعْتَمِدَ مِنْكَ، وَأَنْتَ تَأْتِي إِلَيَّ!›» (متى ٣: ١٤). كان يوحنا يَعلَم جيدًا أن يسوع هو ابن الله الذي بلا خطية (يوحنا ١: ٢٩؛ راجع لوقا ١: ٤١)، فلماذا جاء كي يعتمد معمودية للتوبة؟ كان الرد المختصر ليسوع حافلًا بالمعاني المهمة: «اسْمَحِ الآنَ، لأَنَّهُ هَكَذَا يَلِيقُ بِنَا أَنْ نُكَمِّلَ كُلَّ بِرٍّ» (متى ٣: ١٥). لم يكن يسوع بحاجة إلى أن يمارس طقس معمودية شخص متهوِّد للتوبة، إذ لم تكن فيه خطايا يتوب عنها. كان من شأن برِّه الإلهي الأصيل أن يؤهله ليكون ذبيحة بارة، ولم تكن أهليَّته أن يكون حَمَلَ الله الذي بلا عيب ستتناقص في شيء لو لم يكن قد اعتمد. لكنه خضع لهذه المعمودية كي يُكَمِّلَ كُلَّ بِرٍّ، ليس لأجل نفسه بل لأجل خاصَّته الذين يحتاجون إلى تكميل البر نيابة عنهم. فمنذ بداية حياة يسوع، ظل يُكدِّس سجلًا مثاليًّا من البرِّ البشري، كان من شأنه أن يُحتَسَب للخطاة الذين سوف يؤمنون به للخلاص (رومية ٤: ٤-٥). ومن ثَمَّ، «بِإِطَاعَةِ الْوَاحِدِ سَيُجْعَلُ الْكَثِيرُونَ أَبْرَارًا» (رومية ٥: ١٩).[٣٩]

وهكذا، يقول الكتاب المقدس إن كلا جانبي بدليَّة المسيح – وهما تسديد ثمن الخطايا، والتزويد بالبر – قد تحققا بطاعته للآب. فبطاعته، أكمَلَ كلَّ بر، وصار رئيس كهنة رحيمًا، وأثبت أنه أهلٌ لأن يكون الذبيحة الكاملة عن الخطاة، وأخضع ذاته لذلك الموت البَدَلي كذبيحة. وكما استنتج جون موراي: «فهو قد ضَمِنَ خلاصنا بالطاعة لأنه بالطاعة عَمِلَ العمل الذي ضَمِنَ هذا الخلاص».[٤٠]

---

٣٨ كانت هذه المعمودية «مختلفة عن طقوس الاغتسال اللَّاويَّة، التي تمثَّلت في مس اليدين، والقدمين، والرأس. كان الأسينيون، وهم جماعة من اليهود المتنسِّكين الذين كانوا يقيمون عند الساحل الشمالي الغربي للبحر الميت، يمارسون نوعًا من الاغتسال الطقسي كان كثير الشبه بالمعمودية. لكن، كانت كل من طقوس الاغتسال الطقسي اللَّاويِّ، والاغتسال الأسيني هو فعل متكرِّر؛ بل كانت طقوس الاغتسال الأسينية تتكرر عدة مرات في اليوم الواحد أو حتى في كل ساعة. كانت هذه الطقوس رمزًا للتطهير المتكرر بسبب الارتكاب المتكرر للخطايا. لكن الاغتسال الذي أجراه يوحنا كان مرة واحدة. والاغتسال الوحيد الذي أجراه اليهود مرة واحدة كان للأمم، دلالة على انضمامهم كدخلاء إلى الإيمان الحقيقي للديانة اليهودية. كان خضوعُ يهودي لمثل هذا الطقس يبرهن، في الحقيقة، على كونه دخيلًا أو أجنبيًّا يطلب الانضمام إلى شعب الله – وهو إقرار مثير للدهشة بالنسبة ليهودي. وهكذا، جاء أعضاء من الجنس المختار من الله، نسل إبراهيم وورثة العهد الموسوي، إلى يوحنا ليعتمدوا وكأنهم من الأمم! كان هذا الفعل يرمز أمام العالم إلى إدراكهم بأن أصلهم القومي والعرقي، بل وأيضًا دعوتهم كشعب الله المختار بحسب العهد، لا يمكنه أن يخلِّصهم. كان عليهم أن يتوبوا، ويتركوا الخطية، ويؤمنوا بالرب للخلاص»: John MacArthur, *Matthew7–1* , MNTC (Chicago: Moody Press, 1985), 58.

٣٩ للاطلاع على المزيد بشأن طاعة المسيح التي تسمَّى في المعتاد «طاعة المسيح الإيجابية»، انظر العنوان «أساس التبرير: البر المحتسَب» في هذا الكتاب (ص. ٧٢٨).

40 Murray, *Redemption Accomplished and Applied*, 24.

- **البدليَّة العقابيَّة**

بعد أن تحدَّثنا عن طاعة المسيح للآب، يصير الوصف الأساسي الذي نستطيع أن نصف به الكفارة هو أنها بدليَّة عقابيَّة. يعني هذا أن يسوع قد تحمَّل على الصليب عقوبة خطايا شعبه (ومن هنا سُمِّيت «**عقابية**»)، بدلًا منهم (ومن هنا سُمِّيت «**بدليَّة**»). حين أخطأ الإنسان في حق الله، أقامت خطاياه حاجزًا قانونيًا وعلاقاتيًا بينهما. فقد حدث خرقٌ للناموس الإلهي، ومن ثمَّ، جلب الإنسان على نفسه الذنب، وصار مطالَبًا بأن يدفع العقوبة، التي هي الموت الروحي. فقد أُهينت قداسة الله، ومن ثمَّ، اشتعل غضب الله على الخطية. ترك هذا الإنسان في حالة اغتراب عن الله، وصار انقطاع الشركة، بل والعداوة أيضًا، أشياء تُميِّز العلاقة بين الله والإنسان، الذي صار مستعبَدًا للخطية والموت. وكي ينال الإنسان فداءً من الخطية، ويتصالح مع الله، كان ينبغي التكفير عن خطيته. إلا أن الموت الروحي للإنسان وفساده قد جعلاه عاجزًا عن دفع عقوبة خطاياه. لكن الله، في محبته، عيَّن الرب يسوع المسيح ليأخذ مكان الخطاة، ويحمل خطاياهم، وذنبهم، وعقوبتهم، مُرضيًا بهذا غضب الله نيابة عنهم.

لهذا السبب، وَصَفَ إشعياء العبد المتألم بأنه ذاك الذي «أَحْزَانَنَا حَمَلَهَا، وَأَوْجَاعَنَا تَحَمَّلَهَا» (إشعياء ٥٣: ٤)، والذي «حَمَلَ خَطِيَّةَ كَثِيرِينَ» (إشعياء ٥٣: ١٢). فإن «الرَّبَّ وَضَعَ عَلَيْهِ إِثْمَ جَمِيعِنَا» (إشعياء ٥٣: ٦)، ولهذا، «آثَامُهُمْ هُوَ يَحْمِلُهَا» (إشعياء ٥٣: ١١). ومن ثمَّ، حين جاء يسوع إلى العالم، أعلن يوحنا المعمدان أنه هو «حَمَلُ اللهِ الَّذِي يَرْفَعُ خَطِيَّةَ الْعَالَمِ!» (يوحنا ١: ٢٩) – أي الذي يَحْمِلَ الخطية. أعلن الرسول بولس أن الآب «جَعَلَ [يسوع] ... **خَطِيَّةً لأَجْلِنَا**» (٢كورنثوس ٥: ٢١ أ)، الأمر الذي لا يمكن أن يكون معناه أن الآب حوَّل يسوع **إلى** خطية في جوهره، بل المقصود أنه جعله خطية بالطريقة نفسها التي صيَّرنا بها برَّ الله (٢كورنثوس ٥: ٢١ ب)، عن طريق الاحتساب، أي باحتساب أن ذنبنا هو ذنبه. فقد حمل المسيح لعنة الناموس التي كنا نحن واقعين تحتها، إذ صار لعنة لأجلنا (غلاطية ٣: ١٣). قال الرسول بطرس: «الَّذِي حَمَلَ هُوَ نَفْسُهُ خَطَايَانَا فِي جَسَدِهِ عَلَى الْخَشَبَةِ، لِكَيْ نَمُوتَ عَنِ الْخَطَايَا فَنَحْيَا لِلْبِرِّ»، ثم اقتبس من كلمات إشعياء عن العبد المتألم، مضيفًا: «الَّذِي بِجَلْدَتِهِ شُفِيتُمْ» (١بطرس ٢: ٢٤؛ راجع عبرانيين ٩: ٢٨). فقد حمل الرب يسوع المسيح عقوبة خطايا شعبه، جالبًا بذلك لهم البركة: «وَهُوَ مَجْرُوحٌ لأَجْلِ مَعَاصِينَا، مَسْحُوقٌ لأَجْلِ آثَامِنَا. **تَأْدِيبُ سَلاَمِنَا عَلَيْهِ**[41]» (إشعياء ٥٣: ٥).

بالإضافة إلى هذه التصريحات الواضحة، يربط العهد الجديد بين مفهوم البدلية العقابية وصليب المسيح باستخدام أربعة أحرف جر يونانية تحمل جميعها دلالة بدليَّة، وهي: «*Peri*» («من أجل»، «من جهة»)، و«*dia*» («بسبب»، «لأجل»)، و«*anti*» («عوضًا عن»، «بدلًا من»)، و«*huper*» («نيابة عن»). أولًا، تألم المسيح «**مِنْ أَجْلِ** الْخَطَايَا» (في اليونانية: *peri hamartiōn*، ١بطرس ٣: ١٨)، وهو إذن «كَفَّارَةٌ **لِخَطَايَانَا**» (في اليونانية: *peri tōn hamartiōn hēmōn*، ١يوحنا ٢: ٢؛ ٤: ١٠). تُعلِّم هذه النصوص أن خطايانا استلزمت أن نقاسي وطأة غضب الله، ولكن، فَعَلَ المسيح هذا عوضًا عنا. ثانيًا، نقرأ أن يسوع مات «**مِنْ أَجْلِكُمْ**» (في اليونانية: *di' hymas*، ٢كورنثوس ٨: ٩؛ راجع ١كورنثوس ٨: ١١)، وهو مؤشر واضح آخر إلى البدلية.

٤١ [المترجم]: أي «وقع عليه التأديب الذي جلب لنا السلام».

ثالثًا، ربما يُعَد حرف الجر «*anti*» هو المؤشر الأقوى على البدلية، لأن معناه الحرفي هو «عوضًا عن». يظهر هذا المعنى بأوضح صورة في متى ٢: ٢٢، الذي يتحدث عن «أَرْخِيلاَوُسَ يَمْلِكُ عَلَى الْيَهُودِيَّةِ **عِوَضًا عَنْ** [anti] هِيرُودُسَ أَبِيهِ». أيضًا يستخدم متى ٥: ٣٨ كلمة «*anti*» ترجمةً لقانون تناسُب العقوبة مع حجم الجُرم – «عَيْنٌ بِعَيْنٍ [«عينٌ عوضًا عن عينٍ»، *anti*] وَسِنٌّ بِسِنٍّ [«سنٌ عوضًا عن سنٍّ»، *anti*]» – الذي أمر بحرمان مرتكب الإساءة من عينه أو من سنه عوضًا عن العين أو السن التي حَرَم منها شخصًا آخر. وقد استخدم يسوع هذه الكلمة في حديثه عن موته حين قال: «كَمَا أَنَّ ابْنَ الإِنْسَانِ لَمْ يَأْتِ لِيُخْدَمَ بَلْ لِيَخْدِمَ، وَلِيَبْذِلَ نَفْسَهُ فِدْيَةً **عَنْ** كَثِيرِينَ» (في اليونانية: *anti pollōn*، متى ٢٠: ٢٨؛ مرقس ١٠: ٤٥). يعني هذا أنه في حين استحق الخطاة أن يموتوا بسبب خطاياهم، وَضَعَ يسوع نفسه ثمنَ فديةٍ **عوضًا عن** حياة شعبه، حتى يُعتَقوا هم.

وأخيرًا، في حين يعطي الحرف «*anti*» الدلالة الأقوى على معنى البدلية، يليه في ذلك الحرف «*huper*»، الذي يعني «نيابة عن». وهو إلى حد بعيد حرف الجر الأشهر الذي يدل على العلاقة البدليَّة بين المسيح وشعبه. فإن جسد المسيح «يُبْذَلُ **عَنْكُمْ**» (في اليونانية: *huper hymōn*، لوقا ٢٢: ١٩؛ راجع ١كورنثوس ١١: ٢٤)، و«**مِنْ أَجْلِ** حَيَاةِ الْعَالَمِ» (في اليونانية: *huper tēs tou kosmou zōēs*، يوحنا ٦: ٥١)؛ كما أن دم العهد الجديد يُسفَك «**مِنْ أَجْلِ** كَثِيرِينَ» (في اليونانية: *huper pollōn*، مرقس ١٤: ٢٤)، و«**عَنْكُمْ**» (في اليونانية: *huper hymōn*، لوقا ٢٢: ٢٠). يعني هذا أن جسد المسيح ودمه قُدِّما ذبيحةً بدليةً **نيابةً عن** الخطاة، حتى يتسنَّى لهم أن يفلتوا من الغضب والعقوبة. وإن يسوع، الراعي الصالح، يَبْذِلُ نَفْسَهُ **عَنِ** الْخِرَافِ (في اليونانية: *huper tōn probatōn*، يوحنا ١٠: ١١، ١٥؛ راجع ١يوحنا ٣: ١٦)، وهو قد مات لأَجْلِنا، نحن الْفُجَّارِ (في اليونانية: *huper asebōn*، رومية ٥: ٦؛ *huper hēmōn*، رومية ٥: ٨؛ ١تسالونيكي ٥: ١٠). فقد أَسْلَمَ نَفْسَهُ **لأجل** عروسه، التي هي الكنيسة (أفسس ٥: ٢٥)، والتي يصفها بولس سواء بشكل جماعي (أفسس ٥: ٢؛ تيطس ٢: ١٤)، أو بشكل شخصي (غلاطية ٢: ٢٠). وهو **لأَجْلِنَا** (في اليونانية: *huper hēmōn*) قد جُعِل خَطِيَّةً (٢كورنثوس ٥: ٢١)، وصَارَ لَعْنَةً (غلاطية ٣: ١٣)، وذاق الموت (عبرانيين ٢: ٩). كما تألَّم البار، وقاسى عقوبة الخطية **من أجل** الأثمة (في اليونانية: *dikaios huper adikōn*) كي يصالحهم مع الله (١بطرس ٣: ١٨).

كما تُبيِّن النصوص أعلاه، لا توجد عقيدة موثَّقة ومشهودٌ لها في كلِّ العهد الجديد أكثر من عقيدة آلام الرب يسوع المسيح البدليَّة التي قاساها نيابة عن خاصته. فإن الكفارة البدلية العقابية متغلغلة داخل نسيج إعلان العهد الجديد منذ البداية وحتى النهاية، لأنها لبُّ رسالة الإنجيل. فقد أخذ الرب يسوع المسيح مكان الخطاة في طاعة حرة وطوعية لأبيه، ومات كذبيحة عن خطاياهم وذنبهم، واسترضى غضب الآب عليهم، وصالحهم مع الإله الذي له قد خُلِقوا، وافتداهم من عبودية الخطية والموت، وغلب سلطان الخطية وإبليس في حياتهم. كل مفهوم من هذه المفاهيم: الذبيحة، والاسترضاء، والمصالحة، والفداء، والغلبة، يمثِّل وجهًا مختلفًا من أوجه العمل البدلي للمسيح، وهو جدير بالمزيد من الدراسة.

**الذبيحة:**[٤٢] يصف العهد الجديد موت المسيح بوضوح بأنه كان ذبيحة عن الخطايا: «وَلَكِنَّهُ الآنَ قَدْ أُظْهِرَ مَرَّةً عِنْدَ انْقِضَاءِ الدُّهُورِ لِيُبْطِلَ الْخَطِيَّةَ بِذَبِيحَةِ نَفْسِهِ» (عبرانيين ٩: ٢٦). هذه الصورة مستمَدة من تاريخ شعب إسرائيل، ومن تعليمات العهد القديم بشأن تقديم العبادة لله من خلال ذبائح. وتصف الرسالة إلى العبرانيين عمل المسيح الكفاري بوضوح بأنه المرموز إليه والتتميم لرمز نظام ذبائح سفر اللاويين الذي تأسَّس تحت العهد الموسوي (عبرانيين ٩: ٢٣). ولهذا، كي نفهم دلالة موت المسيح كذبيحة فهمًا صحيحًا، يتوجب علينا أن نتَّجه إلى شريعة سفر اللاويين.

يبدأ سفر اللاويين بعد أن ملأ مجد الله خيمة الاجتماع التي اكتمل بناؤها مباشرة (خروج ٤٠: ٣٤-٣٨)، كرمزٍ لسُكنى الحضور الروحي للرب في وسط شعبه. وفي حقيقة الأمر، كان اللفظ العبري الأصلي لتعبير «خيمة الاجتماع» [*mishkan*] يعني «مَسكَن» أو «موضع سُكنَى». وهكذا، يُعَد حضور الله موضوعًا مفتاحيًّا في سفر اللاويين، كما يتبرهن من خلال عبارة « أَمَامَ الرَّبِّ» (في العبرية: *liphne Yahweh*، التي تُترجَم حرفيًّا: «أمام وجه يهوه»، مما يدلِّل على حضور الرب)، التي وردت تسعًا وخمسين مرة في السفر. يعلِّم سفر اللاويين أيضًا أن هذا الإله الحاضر هو إله **قدوس**. وتَرِد الكلمة العبرية التي تُترجَم إلى «قدوس»، والكلمات المشتقة من الجذر نفسه، مئة وخمسين مرة في أصحاحات السفر السبعة والعشرين، أي أنها ترد في هذا السفر أكثر من أي سفر آخر. ومن ثَمَّ، فإن السؤال الذي يسعى سفر اللاويين إلى الإجابة عنه هو: كيف يمكن لحضور الله المقدَّس أن يسكن في وسط شعب خاطئ؟ الإجابة عن هذا السؤال هي أنه على الخطاة أن يقدِّموا ذبائح للرب للتكفير عن خطاياهم، وليصيروا مقبولين في محضره: «يُقَرِّبُهُ [أي يقرِّب ذبيحته] إِلَى بَابِ خَيْمَةِ الاجْتِمَاعِ يُقَدِّمُهُ لِلرِّضَا عَنْهُ أَمَامَ الرَّبِّ. وَيَضَعُ يَدَهُ عَلَى رَأْسِ الْمُحْرَقَةِ، فَيُرْضَى عَلَيْهِ لِلتَّكْفِيرِ عَنْهُ» (لاويين ١: ٣-٤).

في حين لم يكن الغرض من جميع الذبائح التي نصَّ عليها سفر اللاويين هو التكفير عن الخطايا، لكن قطعًا كانت طقوس يوم الكفارة مخصَّصة لهذا الغرض. فقد كان على رئيس كهنة إسرائيل أن يدخل، مرة واحدة كلَّ سنة، إلى قدس الأقداس كي «يُكَفِّرُ عَنْ نَفْسِهِ وَعَنْ بَيْتِهِ وَعَنْ كُلِّ جَمَاعَةِ إِسْرَائِيلَ» (لاويين ١٦: ١٧؛ راجع ١٦: ٢٤، ٣٢-٣٤). كان لا بد من تقديم تَيْسَيْن: الواحد ذبيحة، والآخر إلى عزازيل، كي يحمل خطايا الشعب، ويبتعد بها عن محضر الرب (لاويين ١٦: ٨-١٠). كان ينبغي رش دم تيس الذبيحة فوق غطاء تابوت العهد، أو كرسي الرحمة، حيث كانت الكفارة تُصنَع (لاويين ١٦: ١٥-١٩). فلأن «نَفْسَ الْجَسَدِ هِيَ فِي الدَّمِ، فَأَنَا [الله] أَعْطَيْتُكُمْ إِيَّاهُ عَلَى الْمَذْبَحِ لِلتَّكْفِيرِ عَنْ نُفُوسِكُمْ، لأَنَّ الدَّمَ يُكَفِّرُ عَنِ النَّفْسِ» (لاويين ١٧: ١١). بعد ذلك، كان على رئيس الكهنة أن يتولَّى أمر تيس عزازيل، أو «كبش الفداء»:

> «وَيَضَعُ هَارُونُ يَدَيْهِ عَلَى رَأْسِ التَّيْسِ الْحَيِّ وَيُقِرُّ عَلَيْهِ بِكُلِّ ذُنُوبِ بَنِي إِسْرَائِيلَ، وَكُلِّ سَيِّئَاتِهِمْ مَعَ كُلِّ خَطَايَاهُمْ، وَيَجْعَلُهَا عَلَى رَأْسِ التَّيْسِ، وَيُرْسِلُهُ بِيَدِ مَنْ يُلاَقِيهِ إِلَى الْبَرِّيَّةِ، لِيَحْمِلَ التَّيْسُ عَلَيْهِ كُلَّ ذُنُوبِهِمْ إِلَى أَرْضٍ مُقْفِرَةٍ، فَيُطْلِقُ التَّيْسَ فِي الْبَرِّيَّةِ» (لاويين ١٦: ٢١-٢٢).

٤٢ يرد حديث أكثر تفصيلًا عن هذا الموضوع تحت عنوان «الموت والكفارة»، في الفصل الرابع من هذا الكتاب، في قسم «عقيدة المسيح» (ص. ٣٧١).

كان وضع رئيس الكهنة يديه على رأس التيس، والإقرار عليها بجميع خطايا إسرائيل، رمزًا لاحتساب الله بأن خطايا الشعب وذنوبهم قد انتقلت إلى هذا التيس. فبدلًا من حمل الشعب لآثامهم الشخصية (راجع لاويين ٥: ١، ١٧؛ ٧: ١٨؛ ١٧: ١٦؛ ١٩: ٨؛ ٢٠: ١٧، ١٩؛ ٢٢: ١٦)، ومن ثَمَّ، مُقاساتِهم عقوبة النفي من محضر الله المقدَّس (أي أن «يُقطَعوا من شعبه»، راجع لاويين ٧: ٢٠-٢٧؛ ١٧: ٤، ٩، ١٠، ١٤؛ ١٨: ٢٩؛ ١٩: ٨؛ ٢٠: ٣-٦، ١٧-١٨؛ ٢٢: ٣؛ ٢٣: ٢٩)، احتُسِبت خطاياهم على بديل. فقد حمل التيس البريء خطايا الشعب، وذنوبهم، وعقوبتهم، وقُطِع عوضًا عنهم. فبرشِّ دم ذبيحة البديل الأول فوق غطاء التابوت (كرسي الرحمة)، وباحتساب الخطايا على البديل الثاني، كان الكهنة يكفِّرون عن خطايا إسرائيل، فيُعتَق الشعب من العقوبة.

من بين الصور الأخرى لذبائح العهد القديم - وهي الصورة الأخرى الوحيدة التي تنافِس يوم الكفارة في الأهمية بالنسبة لإسرائيل - هي ذبيحة الفصح، التي نقرأ عنها في الأصحاح الثاني عشر من سفر الخروج. فقد صارت الوسيلة التي بها افتدى الله شعبه من العبودية في مصر صورة للوسيلة التي سيفتدي بها شعبه في النهاية من عبودية الخطية والموت. فقد وعد الله بأن يضرب كلَّ بكر إنسان وحيوان في كلِّ أنحاء أرض مصر. ومع أن شعب إسرائيل قد أُعفوا من الضربات التسع الأولى، لكنهم لم يُعفوا من الضربة العاشرة تلقائيًا، لأنهم كانوا قد سقطوا بالفعل في خطية عبادة الأوثان، وعبدوا آلهة مصر (حزقيال ٢٠: ٨). وكي يفلتوا من غضب الله، طالَبَ الله كلَّ بيتٍ في إسرائيل بذبح حملٍ بلا عيب، ووضع دمه على قائمتي البيت وعتبته العليا، قائلًا: «وَيَكُونُ لَكُمُ الدَّمُ عَلَامَةً عَلَى الْبُيُوتِ الَّتِي أَنْتُمْ فِيهَا، فَأَرَى الدَّمَ وَأَعْبُرُ عَنْكُمْ، فَلَا يَكُونُ عَلَيْكُمْ ضَرْبَةٌ لِلْهَلَاكِ حِينَ أَضْرِبُ أَرْضَ مِصْرَ» (خروج ١٢: ١٣). فقد مات خروف الفصح بديلًا عوضًا عن أبكار إسرائيل، وبفضل دم هذا الخروف، عَبَر غضبُ الله عنهم. ثم أُمِر شعبُ إسرائيل بعد ذلك بهذا: «فَتُعَيِّدُونَهُ عِيدًا لِلرَّبِّ. فِي أَجْيَالِكُمْ تُعَيِّدُونَهُ فَرِيضَةً أَبَدِيَّةً» (خروج ١٢: ٢٤)، لأجل تخليد ذكرى غفران الرب لخطاياهم عن طريق ذبيحة بدليَّة (خروج ١٢: ٢٧).

تُعَد كلتا الذبيحتين، اللتين نقرأ عنهما في طقوس يوم الكفارة وطقس الفصح، صورة مُصغَّرة لذبيحة الرب يسوع المسيح. فقد شكَّل طعام الفصح إطار العشاء الأخير الذي أقامه يسوع مع تلاميذه، والذي فيه أسَّس العهد الجديد، معلنًا أن جسده سيُكسَر عنهم، ودمه سيُسفَك عنهم (متى ٢٦: ١٧-٢٩؛ مرقس ١٤: ١٢-٢٥؛ لوقا ٢٢: ٧-٢٠). وبهذا، أعلن يسوع أنَّ موته هو التتميم لعيد الفصح. «في حين سلَّط الفصح القديم الضوء على جسد ودم خروف، يُذبَح كذبيحة بدلية عقابية لفداء إسرائيل، سلَّط عشاء الرب الضوء على جسد ودم المسيح، الذي بذل نفسه ذبيحةً بدليةً عقابيةً عن شعبه».[43] إن يسوع هو «حَمَلُ اللهِ الَّذِي يَرْفَعُ خَطِيَّةَ الْعَالَمِ!» (يوحنا ١: ٢٩؛ راجع ١: ٣٦). و«بِدَمٍ كَرِيمٍ، كَمَا مِنْ حَمَلٍ بِلَا عَيْبٍ وَلَا دَنَسٍ، دَمِ الْمَسِيحِ» يُفتدَى شعب الله (١بطرس ١: ١٨-١٩). وقد وَصَفَ بولس يسوع بوضوح بأنه التتميم للفصح حين قال: «لِأَنَّ فِصْحَنَا أَيْضًا الْمَسِيحَ قَدْ ذُبِحَ لِأَجْلِنَا» (١كورنثوس ٥: ٧). فكما أن دم الحمل المذبوح قد حفظ شعب إسرائيل من وقوع دينونة الله عليهم، هكذا أيضًا يحفظ دم يسوع، الحمل المذبوح، شعبه من غضب الله على خطاياهم.

43 Jeffery, Ovey, and Sach, *Pierced for Our Transgressions*, 39.

وعلى نحو مماثل، يصف العهد الجديد يسوع بأنه التتميم للكهنوت اللاوي ولنظام الذبائح. ففي حين سمح الله بأن يُسترضى مؤقتًا بذبائح إسرائيل، لم يغيِّر هذا قط من حقيقة أن تلك الذبائح «لَا يُمْكِنُ مِنْ جِهَةِ الضَّمِيرِ أَنْ تُكَمِّلَ الَّذِي يَخْدِمُ» (عبرانيين ٩: ٩):

«لِأَنَّ النَّامُوسَ، إِذْ لَهُ ظِلُّ الْخَيْرَاتِ الْعَتِيدَةِ لَا نَفْسُ صُورَةِ الْأَشْيَاءِ، لَا يَقْدِرُ أَبَدًا بِنَفْسِ الذَّبَائِحِ كُلَّ سَنَةٍ، الَّتِي يُقَدِّمُونَهَا عَلَى الدَّوَامِ، أَنْ يُكَمِّلَ الَّذِينَ يَتَقَدَّمُونَ ... لِأَنَّهُ لَا يُمْكِنُ أَنَّ دَمَ ثِيرَانٍ وَتُيُوسٍ يَرْفَعُ خَطَايَا» (عبرانيين ١٠: ١، ٤).

ومن ثَمَّ، يعلِّمنا كاتب الرسالة إلى العبرانيين الآتي:

«وَأَمَّا الْمَسِيحُ، وَهُوَ قَدْ جَاءَ رَئِيسَ كَهَنَةٍ لِلْخَيْرَاتِ الْعَتِيدَةِ، فَبِالْمَسْكَنِ الْأَعْظَمِ وَالْأَكْمَلِ، غَيْرِ الْمَصْنُوعِ بِيَدٍ، أَيِ الَّذِي لَيْسَ مِنْ هَذِهِ الْخَلِيقَةِ، وَلَيْسَ بِدَمِ تُيُوسٍ وَعُجُولٍ، بَلْ بِدَمِ نَفْسِهِ، دَخَلَ مَرَّةً وَاحِدَةً إِلَى الْأَقْدَاسِ، فَوَجَدَ فِدَاءً أَبَدِيًّا» (عبرانيين ٩: ١١-١٢)

إن التشابه والتوازي هنا مذهلٌ. فكما كان رئيس الكهنة يَدخُل إلى ما وراء الحجاب، إلى قدس الأقداس، كذلك أيضًا المسيح هو رئيس الكهنة الأعظم (راجع عبرانيين ٣: ١؛ ٤: ١٥؛ ٧: ٢٦؛ ٨: ١)، الذي دخل إلى ما وراء الحجاب (الذي يصفه الكتاب المقدس بأنه «جسده»، عبرانيين ١٠: ٢٠)، إلى المسكن السماوي، إلى محضر الله ذاته. وفي حين كان رئيس الكهنة يَرُش دم تيس الذبيحة فوق غطاء التابوت كي يكفِّر، رَشَّ الرب يسوع دم نفسه (عبرانيين ٩: ٢١-٢٢؛ ١٢: ٢٤؛ ١بطرس ١: ٢). وإذ فاقت قيمة دمه قيمة دم التيوس والعجول على نحو غير محدود، حقَّق بهذا الدم فداءً أبديًّا. ومن ثَمَّ، فإن المسيح هو التتميم لكلٍّ من رئيس الكهنة والذبيحة: فهو مقدِّم الذبيحة والذبيحة نفسها في آن واحد، إذ «قَدَّمَ نَفْسَهُ لِلهِ بِلَا عَيْبٍ» (عبرانيين ٩: ١٤؛ راجع أفسس ٥: ٢؛ عبرانيين ٧: ٢٧؛ ٩: ٢٣، ٢٦، ٢٨؛ ١٠: ١٠، ١٢، ١٤).

ليس يسوع هو فقط التتميم لكلٍّ من رئيس الكهنة والذبيحة، لكنه أيضًا التتميم لغطاء التابوت نفسه، أو كرسي الرحمة. أُمِرَ رئيس الكهنة برشِّ الدم فوق غطاء التابوت (في العبرية: ***kapporet***؛ وفي اليونانية: *hilastērion* [بحسب الترجمة السبعينية])، حيث كان حضور الله المقدَّس يُستعلَن على نحو فريد للاجتماع بشعب إسرائيل (خروج ٢٥: ٢٢؛ ٣٠: ٦). والله نفسه حذَّر بأن كلَّ من يقترب إلى غطاء التابوت غير رئيس الكهنة في يوم الكفارة يموت، وذلك «لِأَنِّي فِي السَّحَابِ أَتَرَاءَى عَلَى الْغِطَاءِ» (لاويين ١٦: ٢). ولكن، أعلن الرسول بولس أن الله قدَّم يسوع «**كَفَّارَةً** [في اليونانية: *hilastērion*] ... بِدَمِهِ» (رومية ٣: ٢٥)، مستخدمًا الكلمة اليونانية نفسها التي استُخدِمت في الترجمة السبعينية اليونانية لسفر الخروج، والتي تُرجِمت إلى «غطاء التابوت». فكما كان غطاء التابوت هو موضع التكفير عن الخطية، وتلافي غضب الله عليها، هكذا الآن يسوع هو موضع التكفير عن الخطايا، وتلافي غضب الله عليها. فإن يسوع هو رئيس الكهنة الذي يقدِّم الذبيحة، وهو الذبيحة التي تقدَّم، وهو غطاء التابوت الذي عليه تقدَّم الذبيحة.

أخيرًا، يُعَد يسوع أيضًا هو التتميم الكامل لتيس عزازيل. فإن احتساب خطايا شعب إسرائيل على تيس عزازيل هو صورة مُصغَّرة لوضع الآب إثم جميعنا على المسيح (إشعياء ٥٣: ٦)، حاسبًا إياه خطية لأجلنا (٢كورنثوس ٥: ٢١)، إذ حَمَل خطايانا في جسده على الخشبة (١بطرس ٢: ٢٤). وبينما اكتنف الظلام شمس الظهيرة، كان الآب، إن جاز التعبير، يضع يديه على رأس الابن، ويقر عليه بخطايا شعبه. ونتيجة حَمْلِ الابن خطايا شعبه، قُطِع من محضر الآب، الذي تركه يتألَّم خَارِجَ الْبَابِ (عبرانيين ١٣: ١٢)، ويختبر الترك المروِّع من أبيه (متى ٢٧: ٤٦).[٤٤] فقد كان الموضع الذي يتم التخلُّص فيه من الذبائح هو «خارج المحلة»، بعيدًا عن محضر الرب وعن شعبه (لاويين ٤: ١٢، ٢١؛ ٦: ١١؛ ٨: ١٧؛ ٩: ١١؛ ١٦: ٢٧؛ راجع عبرانيين ١٣: ١١). وفي ذلك الموضع الموحِش نفسه، كان الأبرص يُعزَل حتى يحمل عاره (لاويين ١٣: ٤٦)، وكان ينبغي رجم المجدِّف (لاويين ٢٤: ١٤، ٢٣). وإلى موضع العار والعُزلة هذا، قُطِع ابن الله حتى يُرحَّب بنا نحن في محضر الله المقدَّس.

**الاسترضاء [propitiation]:** يصف الكتاب المقدس موت المسيح ليس بأنه ذبيحة فحسب، بل بأنه ذبيحة **كفارية** أو **استرضائية**. يعني هذا أنه من خلال تحمُّل المسيح القدر الكامل لغضب الله على خطايا شعبه، استرضى غضب الله العادل على الخطية، ومن ثَمَّ، حوَّل غضبه عنا نحن الذين، لولا بديلنا هذا، لوَجَب أن نقاسيه بأنفسنا. ويصف العهد الجديد بوضوح عمل المسيح بأنه كفارة أو استرضاء في أربعة نصوص:

> «مُتَبَرِّرِينَ مَجَّانًا بِنِعْمَتِهِ بِالْفِدَاءِ الَّذِي بِيَسُوعَ الْمَسِيحِ، الَّذِي قَدَّمَهُ اللهُ **كَفَّارَةً** [في اليونانية: *hilastērion*] بِالإِيمَانِ بِدَمِهِ» (رومية ٣: ٢٤-٢٥)

> «مِنْ ثَمَّ كَانَ يَنْبَغِي أَنْ يُشْبِهَ إِخْوَتَهُ فِي كُلِّ شَيْءٍ، لِكَيْ يَكُونَ رَحِيمًا، وَرَئِيسَ كَهَنَةٍ أَمِينًا فِي مَا لِلهِ حَتَّى **يُكَفِّرَ** [في اليونانية: *eis to hilaskesthai*] خَطَايَا الشَّعْبِ» (عبرانيين ٢: ١٧)

> «وَهُوَ **كَفَّارَةٌ** [في اليونانية: *hilasmos*] لِخَطَايَانَا. لَيْسَ لِخَطَايَانَا فَقَطْ، بَلْ لِخَطَايَا كُلِّ الْعَالَمِ أَيْضًا» (١يوحنا ٢: ٢)

> «فِي هَذَا هِيَ الْمَحَبَّةُ: لَيْسَ أَنَّنَا نَحْنُ أَحْبَبْنَا اللهَ، بَلْ أَنَّهُ هُوَ أَحَبَّنَا، وَأَرْسَلَ ابْنَهُ **كَفَّارَةً** [في اليونانية: *hilasmos*] لِخَطَايَانَا» (١يوحنا ٤: ١٠)

في حين أن الكتاب المقدس صريح وواضح للغاية في وصف عمل المسيح باللفظ اليوناني *hilasmos* (من مجموعة الكلمات المشتقة من الفعل اليوناني *hilaskomai*)، أصرَّ البعض على كون كلمة

---

٤٤ هذا التَّرك هو لغز الألغاز. فكما قال ألبرت مارتن (Albert Martin)، كانت صرخة يسوع من جراء التخلِّي والنبّذ هي الصرخة التي لن تفسّرها لنا الأبدية نفسها. ولكن، من الجدير بالذكر أن هذا الانفصال بين الآب والابن كان انفصالًا علاقاتيًّا، وليس وجوديًا. لم يكن ممكنًا قط أن ينفصل الابن وجوديًّا عن جوهر الثالوث، إذ حينئذ، سيتوقف الإله الواحد الثالوث عن الوجود. ظل المسيح هو الله، وظل الثالوث غير منقسم وغير متغير. ومع ذلك، وعلى نحو تعجز عقولنا عن إدراكه بالكامل، ترَكَ اللهُ الآب الله الابن حين وضع عليه إثم جميعنا، متخليًا عنه تاركًا إياه يقاسي سخطه المطلَق له العنان على خطايا شعبه.

«propitiation» (أي «استرضاء أو «كفارة») ترجمة غير موفَّقة للكلمة. فبدلًا من أن تشير الكلمة إلى ذبيحة تُرضي غضب الله، وتُحوِّله، قال هؤلاء إن الكلمة تشير إلى فكرة الإعفاء [expiation]، أي إلغاء الخطية أو رفعها.[٤٥] وقد قدَّمت الدراسات الأكاديمية الإنجيلية إجابات بارعة جدًا تُثبِت صحة الفهم التقليدي لمجموعة الكلمات المشتقة من الفعل *hilaskomai* بأنها دلالة على كفارة أو استرضاء.[٤٦] ومع أن الخوض في هذا الجدال بالتفصيل يفوق نطاق دراستنا الحالية، هناك مبرِّر كتابي واضح يدعونا إلى أن نفهم أن الفعل *hilaskomai* يعني ذبيحة تتحاشى الغضبَ، وتسكِّنه.

أيضًا، تُستخدم مجموعات الكلمات المشتقة من الفعل اليوناني *hilaskomai* لترجمة الفعل العبري *kaphar*، التي لها معانٍ عديدة، منها «يصفح» (مثل لاويين ٤: ٢٠، ٢٦، ٣١؛ ١٩: ٢٢)، و«يُطهِّر» (مثل لاويين ١٤: ١٨-٢٠، ٢٩-٣١؛ ١٥: ١٩-٣٠؛ ١٦: ١٦، ١٨-١٩، ٣٠)، و«يدفع فدية» (مثل خروج ٣٠: ١١-١٦؛ العدد ٣٥: ٢٩-٣٤).[٤٧] لكن، تبيِّن العديد من النصوص المفتاحية أن الفعل العبري *kaphar* يمكن أن يشير أيضًا إلى فعل الاسترضاء، أي تسكين وتلافي غضب الله. **أولًا**، حين ارتكب شعب إسرائيل عبادة الأوثان أول مرة، حين عبدوا العجل الذهبي، غضب الله، وقال لموسى: «فَالآنَ اتْرُكْنِي لِيَحْمَى غَضَبِي عَلَيْهِمْ وَأُفْنِيَهُمْ، فَأُصَيِّرَكَ شَعْبًا عَظِيمًا» (خروج ٣٢: ١٠). وفي اليوم التالي، أخبر موسى الشعب عن نيَّته أن يشفع فيهم أمام الله، قائلًا: «أَنْتُمْ قَدْ أَخْطَأْتُمْ خَطِيَّةً عَظِيمَةً، فَأَصْعَدُ الآنَ إِلَى الرَّبِّ لَعَلِّي **أُكَفِّرُ** [في العبرية: *kaphar*؛ وفي اليونانية: *exilaskomai* (بحسب الترجمة السبعينية)] خَطِيَّتَكُمْ» (خروج ٣٢: ٣٠). من الواضح أن موسى أدرك طبيعة المشكلة: فقد اشتعل غضب الله على خطية شعبه، وكان الحل الغريزي الذي تبادر إلى ذهنه هو أن يحاول «تكفير» خطيتهم — أي أن يحاول تحويل غضب الله بعيدًا عن شعبه. يوحي هذا بوضوح بأن مفهوم الاسترضاء كان كامنًا في صُلب التعليم الكتابي عن الكفارة، وأنه كان أحد معاني الفعل العبري *kaphar*.

**ثانيًا**، في الأصحاح الخامس والعشرين من سفر العدد، وَجَدَ شعب إسرائيل أنفسهم في مستنقع عبادة أوثان مشابه. فقد ارتكب الشعب الفجور الجنسي مع النساء الموآبيات، وبدأوا عبادة آلهة موآب. هنا، ومرة أخرى، غَضِبَ الربُّ: «فَحَمِيَ غَضَبُ الرَّبِّ عَلَى إِسْرَائِيلَ» (العدد ٢٥: ٣). وظَهَرَ هذا الغضب في صورة وبأٍ أودى في النهاية بحياة أربعة وعشرين ألف شخص (راجع العدد ٢٥: ٨-٩)، وأَمَرَ الله موسى بقتل رؤساء إسرائيل حتى يرتدَّ غضبه (العدد ٢٥: ٤). وفي أثناء حدوث ذلك، جاء رجلٌ من بني إسرائيل بامرأة موآبية إلى خيمة عشيرته، ويبدو أنه كان ينوي أن يحذو حذو بقية الشعب في فجورهم الجنسي. لكن فينحاس، واحدٌ من الكهنة، اغتاظ بشدة من هذا التمرُّد الوقح لدرجة أنه «أَخَذَ رُمْحًا بِيَدِهِ، وَدَخَلَ وَرَاءَ الرَّجُلِ الإِسْرَائِيلِيِّ إِلَى الْقُبَّةِ وَطَعَنَ كِلَيْهِمَا، الرَّجُلَ الإِسْرَائِيلِيَّ وَالْمَرْأَةَ فِي بَطْنِهَا» (العدد ٢٥: ٧-٨). ونتيجة غيرة فينحاس، سَكَنَ غضب الله، وامتنع الوبأ (العدد ٢٥: ٨). ثم امتدح الرب فينحاس على سخطه البار، قائلًا:

---

٤٥ من أبرز هؤلاء:

C. H. Dodd, "*Hilaskesthai*. Its Cognates, Derivatives, and Synonyms, in the Septuagint," *JTS* 32, no. 128 (1931): 352–60; reprinted in *The Bible and the Greeks* (London: Hodder & Stoughton, 1935).

46 See Leon Morris, *The Apostolic Preaching of the Cross*, 3rd ed. (Grand Rapids, MI: Eerdmans, 1965); Roger Nicole, "C. H. Dodd and the Doctrine of Propitiation," *WTJ* 17, no. 2 (1955): 117–57.

47 Jeffery, Ovey, and Sach, *Pierced for Our Transgressions*, 44–45.

«فِينْحَاسُ بْنُ أَلِعَازَارَ بْنِ هَارُونَ الْكَاهِنِ **قَدْ رَدَّ سَخَطِي** عَنْ بَنِي إِسْرَائِيلَ بِكَوْنِهِ غَارَ غَيْرَتِي فِي وَسَطِهِمْ حَتَّى لَمْ أُفْنِ بَنِي إِسْرَائِيلَ بِغَيْرَتِي. لِذلِكَ قُلْ: هأَنَذَا أُعْطِيهِ مِيثَاقِي مِيثَاقَ السَّلاَمِ، فَيَكُونُ لَهُ وَلِنَسْلِهِ مِنْ بَعْدِهِ مِيثَاقَ كَهَنُوتٍ أَبَدِيٍّ، لأَجْلِ أَنَّهُ غَارَ للهِ **وَكَفَّرَ** [في العبرية: ***kaphar***؛ وفي اليونانية: ***exilaskomai*** (بحسب الترجمة السبعينية)] عَنْ بَنِي إِسْرَائِيلَ» (العدد ٢٥: ١١-١٣).

في هذا النص، كان مفهوم ردِّ السخط مرادفًا لمفهوم التكفير. يبيِّن هذا بوضوح تأصُّل مفهوم الاسترضاء داخل معاني الفعل العبري *kaphar*، والفعل اليوناني *hilaskomai*.

يرد آخر مثال لهذا في الأصحاح السادس عشر من سفر العدد، حين تذمَّر شعب إسرائيل على موسى في البرية، كرد فعل على موت قورح ورجاله. وأمام تمرُّد الشعب على موسى وهارون، احتدم غضب الرب على شعب إسرائيل، مرة أخرى في صورة وبأ، أودى في النهاية بحياة أَرْبَعَةَ عَشَرَ أَلْفًا وَسَبْعَ مِئَةٍ من الشعب (راجع العدد ١٦: ٤٨-٤٩). ثم قال الرب لموسى وهارون: «اِطْلَعَا مِنْ وَسْطِ هذِهِ الْجَمَاعَةِ، فَإِنِّي أُفْنِيهِمْ بِلَحْظَةٍ» (العدد ١٦: ٤٥). وحينئذ، قال موسى لهارون: «خُذِ الْمِجْمَرَةَ وَاجْعَلْ فِيهَا نَارًا مِنْ عَلَى الْمَذْبَحِ، وَضَعْ بَخُورًا، وَاذْهَبْ بِهَا مُسْرِعًا إِلَى الْجَمَاعَةِ **وَكَفِّرْ** [في العبرية: *kaphar*؛ وفي اليونانية: *exilaskomai* (بحسب الترجمة السبعينية) عَنْهُمْ، لأَنَّ **السَّخَطَ** قَدْ خَرَجَ مِنْ قِبَلِ الرَّبِّ. قَدِ ابْتَدَأَ الْوَبَأُ» (العدد ١٦: ٤٦). ففعل هارون كما أمره موسى: «فَوَضَعَ الْبَخُورَ **وَكَفَّرَ** [في العبرية: *kaphar*؛ وفي اليونانية: *exilaskomai* (بحسب الترجمة السبعينية)] عَنِ الشَّعْبِ. وَوَقَفَ بَيْنَ الْمَوْتَى وَالأَحْيَاءِ فَامْتَنَعَ الْوَبَأُ» (العدد ١٦: ٤٧-٤٨). مرة أخرى، يبرُز هنا توازٍ واضح بين التكفير وردِّ غضب الله على الخطية، الذي ظَهَرَ في شكل وبأ. وفي حين لا يشير كلُّ نص ورد فيه الفعل *kaphar* إلى مفهوم الاسترضاء، لكن في بعض الأمثلة، نجد أن هذا المعنى لا لبسَ فيه.

ومن ثَمَّ، حين استخدم كتبة العهد الجديد مجموعة الكلمات المشتقة من الفعل اليوناني *hilaskomai* – أي مجموعة الكلمات نفسها التي استُخدِمت في الترجمة السبعينية اليونانية لترجمة الفعل العبري *kaphar* – يصير من المنطقي أن نتوقَّع أنها تدل على الاسترضاء، تمامًا كما دلَّت في العهد القديم، ولا سيما في ضوء القرائن التي استُخدِم فيها هذا اللفظ. على سبيل المثال، جاء أول استخدام لكلمة «كفارة» في العهد الجديد في رومية ٣: ٢٥، بعد أن صرف بولس أصحاحين كاملين يشرح بالتفصيل مدى احتدام غضب الله على خطايا كل الجنس البشري – سواء الأمم (رومية ١: ١٨-٣٢)، أو اليهود (رومية ٢: ١ – ٣: ٢٠). وقد أظهر الله هذا الغضب البار بتسليم الأمم إلى «شَهَوَاتِ قُلُوبِهِمْ»، و«النَّجَاسَةِ»، و«أَهْوَاءِ الْهَوَانِ»، و«ذِهْنٍ مَرْفُوضٍ» (رومية ١: ٢٤، ٢٦، ٢٨). ثم قال بولس لليهود الذين لديهم الناموس، ولكنهم مع ذلك غير تائبين: «تَذْخَرُ لِنَفْسِكَ غَضَبًا فِي يَوْمِ الْغَضَبِ وَاسْتِعْلاَنِ دَيْنُونَةِ اللهِ الْعَادِلَةِ» (رومية ٢: ٥؛ راجع ٢: ٨؛ ٣: ٥). فقد نُسِجَت خيوط الغضب الإلهي بإحكام شديد في هذا القسم الافتتاحي للرسالة لدرجة أن القارئ يكاد يتوقَّع أن يقرأ بالفعل بعد ذلك عن الوسيلة التي بها سوف يخمد الله هذا الغضب. نرى هذا على وجه التحديد في رومية ٣: ٢١-٢٦، إذ قدَّم الله ابنه، الرب يسوع المسيح «كَفَّارَةً بِالإِيمَانِ بِدَمِهِ» (رومية ٣: ٢٥). فقد أرضى الله غضبه

على الخطية عن طريق رشِّ دم الحمل الذي بلا عيب فوق غطاء تابوت المذبح السماوي (عبرانيين ٩: ١١-١٥، ٢٣-٢٤). فقد عاقب الله خطايا شعبه في بديلٍ، وبهذا ارتدَّ غضبه عنهم.[٤٨]

في النهاية، يُعَد أيُّ رفض لوجود عنصر استرضائي في كفارة المسيح رفضًا لكون غضب الله يحتدم على الخطية، أو رفضًا لوجوب تسكين هذا الغضب حتى ينال الإنسان الخلاص. يسيء هذا الافتراض إلى النطاق الكامل للإعلان الكتابي. وإن العيِّنة البسيطة من النصوص التي تناولناها قد أثبتت هذه الفكرة بوضوح. فإن رد فعل الله تجاه خطية الإنسان – سواء كانت عبادة أوثان، أو فجورًا جنسيًّا، أو تذمُّرًا على الرؤساء – هو حتمًا أن يحتدم غضبًا بعدلٍ. ومن شأن قراءتنا للنص التالي، الذي يتحدث بطريقة شمولية وعامة للغاية، قائلًا إن «غَضَبَ اللهِ مُعْلَنٌ مِنَ السَّمَاءِ عَلَى جَمِيعِ فُجُورِ النَّاسِ وَإِثْمِهِمِ» (رومية ١: ١٨)، أن تبدِّد كافة شكوكنا. وبما أن الله قدوس، لا بد أن يوقع غضبه على الخطية. يقول موراي (Murray): «فلأنه يحب ذاته محبة فائقة، لا يمكنه أن يطيق التقويض أو الانتقاص مما ينتمي إلى نزاهة وكمال طبيعته ومجده. وهذا هو السبب الذي استدعى الاسترضاء».[٤٩]

تكمن أهمية مفهوم الاسترضاء، إذن، في كونه يصف عمل المسيح بأنه ذبيحة تحمل الغضب. لا يمكن الاكتفاء بالتغاضي عن الخطية، بل لا بد دائمًا وأبدًا من معاقبتها، سواء في شخص الخاطئ نفسه في الجحيم، أو في المسيح البديل على الصليب. لم يخفِّف الله من متطلِّبات عدله، إذ قد أعلن هو نفسه أنه لن يبرئ المذنب بأي حال (خروج ٣٤: ٧). فإن كلَّ مقدار الغضب الذي استحقه الخاطئ المختار – أي كلَّ الغضب الذي كان من شأن الله أن يسكبه على الخاطئ في العذاب الأبدي في الجحيم – قد انسكب بكامله على رأس بديلنا في تلك الساعات الثلاث الرهيبة في الجلجثة. وبفضل هذا، لم يتبقَّ أيُّ غضب لشعب المسيح. فقد صار الله صفوحًا من جهتهم، لأن ثمن خطاياهم قد سُدِّد.

**المصالحة (Reconciliation):** لم تجلب خطيةُ الإنسان عليه الذنبَ، وتشعل غضبَ الله عليه فحسب، لكنها تسبَّبت أيضًا في عداوة واغتراب بين الله والإنسان. نرى هذا الاغتراب واضحًا عبر أنحاء الكتاب المقدس، وبأوضح صورة في جنة عدن، حيث كان السلوك الغريزي الفوري لآدم وحواء بعد ارتكابهما الخطية هو الاختباء من وجه الله، وتجنُّب الشركة معه (تكوين ٣: ٨)، تلك الشركة التي حُرِما منها بعد ذلك (تكوين ٣: ٢٢-٢٤). وفي تاريخ إسرائيل، نجد صورة واضحة للغاية لانفصال الله عن الإنسان الخاطئ في ذلك الحاجز الثلاثي لخيمة الاجتماع والهيكل: الدار الخارجية، التي كان ينبغي ألا يدخلها سوى مَن يأتون بذبائح؛ ثم القدس، الذي كان ينبغي ألا يدخله سوى الكهنة الذين يقدمون

---

٤٨ يمكن تقديم حُجَّة مماثلة بشأن ورود اللفظ اليوناني *hilasmos* في نص ١ يوحنا ٢: ٢. كتب رايموند (Reymond): «في ١ يوحنا ٢: ١، كان وصف يسوع بأنه شفيعنا أمام الآب حين نخطئ، وتحديدًا من خلال كونه البار، يوحي ضمنًا بأن ذاك الذي يترافع عنا المسيح أمامه – أي الإله الواحد الثالوث المساء إليه – مستاءٌ وغاضب منَّا. وبموجب ذلك، يوحي وصف يسوع بعد ذلك مباشرة، في ١ يوحنا ٢: ٢، بالتأكيد بأن شفاعته أمام الآب، وتحديدًا من خلال كونه كفارة (*hilasmos*)، هي التي ترفع هذا الاستياء الإلهي»:

Robert L. Reymond, *A New Systematic Theology of the Christian Faith*, 2nd ed. (Nashville: Thomas Nelson, 2010), 638.

وفي حين يمكن لسياق نص عبرانيين ٢: ١٧، وسياق نص ١ يوحنا ٤: ١٠ أن يتيحا إما معنى الإعفاء أو الاسترضاء، لكن الأمثلة الأخرى السابقة تدعونا إلى فهم أن مجموعة الكلمات المشتقة من الفعل اليوناني *hilaskomai* تدل على مفهوم الاسترضاء.

49 Murray, *Redemption Accomplished and Applied*, 32.

الذبائح عن الشعب؛ ثم قدس الأقداس، الذي كان ينبغي ألا يدخله سوى رئيس الكهنة في يوم الكفارة للتكفير عن خطايا الأمة. وهذا الوضع أبعد ما يكون عن التكلُّم مع الله وجهًا لوجه عند هبوب ريح النهار (تكوين ٣: ٨). علّق إشعياء النبي على طبيعة هذه العلاقة المقطوعة، قائلًا: «بَلْ آثَامُكُمْ صَارَتْ فَاصِلَةً بَيْنَكُمْ وَبَيْنَ إِلهِكُمْ، وَخَطَايَاكُمْ سَتَرَتْ وَجْهَهُ عَنْكُمْ حَتَّى لَا يَسْمَعَ [صلواتكم]» (إشعياء ٥٩: ٢). فقد صار الله عدوًّا للإنسان («أَعْدَاءٌ»؛ في اليونانية: *echthros*، رومية ٥: ١٠)، وصار فكر الإنسان واهتمامه «عداوةً» (في اليونانية: *echthra*) لله (رومية ٨: ٧).

لهذا السبب، وَصَفَ الكتاب المقدس الكفارة بأنها أيضًا فعل مصالحة، فيه يُزال أساس العداوة بين الله والبشر — أي ذنب الخطية وعقوبة غضب الله - ويتم تولِّي أمرهما، ممَّا يحقِّق السلام. تؤكِّد النصوص المفتاحية التالية بكلماتها اليونانية هذه الفكرة:

> «لِأَنَّهُ إِنْ كُنَّا وَنَحْنُ أَعْدَاءٌ [*echthroi*] قَدْ صُولِحْنَا [*katēllagēmen*] مَعَ اللهِ بِمَوْتِ ابْنِهِ، فَبِالْأَوْلَى كَثِيرًا وَنَحْنُ مُصَالَحُونَ [*katallagentes*] نَخْلُصُ بِحَيَاتِهِ! وَلَيْسَ ذلِكَ فَقَطْ، بَلْ نَفْتَخِرُ أَيْضًا بِاللهِ، بِرَبِّنَا يَسُوعَ الْمَسِيحِ، الَّذِي نِلْنَا بِهِ الْآنَ الْمُصَالَحَةَ [*katallagēn*]» (رومية ٥: ١٠-١١)

> «وَلكِنَّ الْكُلَّ مِنَ اللهِ، الَّذِي صَالَحَنَا [*katallaxantos*] لِنَفْسِهِ بِيَسُوعَ الْمَسِيحِ، وَأَعْطَانَا خِدْمَةَ الْمُصَالَحَةِ [*katallagēs*]، أَيْ إِنَّ اللهَ كَانَ فِي الْمَسِيحِ مُصَالِحًا [*katallassōn* ...] الْعَالَمَ لِنَفْسِهِ، غَيْرَ حَاسِبٍ لَهُمْ خَطَايَاهُمْ، وَوَاضِعًا فِينَا كَلِمَةَ الْمُصَالَحَةِ [*katallagēs*]» (٢كورنثوس ٥: ١٨-١٩)

> «وَيُصَالِحَ [*apokatallaxē*] [المسيح] الِاثْنَيْنِ فِي جَسَدٍ وَاحِدٍ مَعَ اللهِ بِالصَّلِيبِ، قَاتِلًا الْعَدَاوَةَ [*tēn* echthran] بِهِ» (أفسس ٢: ١٦)

> «[سُرَّ الله] أَنْ يُصَالِحَ [*apokatallaxai*] بِهِ الْكُلَّ لِنَفْسِهِ، عَامِلًا الصُّلْحَ بِدَمِ صَلِيبِهِ، بِوَاسِطَتِهِ، سَوَاءٌ كَانَ: مَا عَلَى الْأَرْضِ، أَمْ مَا فِي السَّمَاوَاتِ.
>
> وَأَنْتُمُ الَّذِينَ كُنْتُمْ قَبْلًا أَجْنَبِيِّينَ [*apēllotriōmenous*] وَأَعْدَاءً [*echthrous*] فِي الْفِكْرِ، فِي الْأَعْمَالِ الشِّرِّيرَةِ، قَدْ صَالَحَكُمُ [*apokatēllaxen*] الْآنَ فِي جِسْمِ بَشَرِيَّتِهِ بِالْمَوْتِ، لِيُحْضِرَكُمْ قِدِّيسِينَ وَبِلَا لَوْمٍ وَلَا شَكْوَى أَمَامَهُ» (كولوسي ١: ٢٠-٢٢).

تبرُز من داخل هذه النصوص العديد من سمات عقيدة المصالحة. أولًا، المصالحة عملٌ إلهيٌّ، يَتِمُّ في شخص المسيح، من خلال فاعلية دمه (٢كورنثوس ٥: ١٨؛ كولوسي ١: ٢٠). لا يحقِّق الإنسان هذه المصالحة بنفسه، بفعل شيء ما لإزالة عداوة الله تجاه خطيته، بل ينال الخطاة المصالحة سلبيًّا، أي دون فعل شيء من جانبهم، كعطيةٍ بعمل المسيح (رومية ٥: ١١). ثانيًا، يصف الكتاب المقدس المصالحة بأنها عملٌ مكتملٌ، تمَّمته ذبيحة المسيح. يبيِّن كل نص من النصوص أعلاه أن المصالحة قد حدثت

بالفعل في الماضي بموت المسيح مرة واحدة. ثالثًا، المصالحة هي في الأساس فعل قضائي. يتضح هذا من خلال التوازي الموجود في الأصحاح الخامس من رسالة رومية، بين عبارة «صُولِحْنَا مَعَ اللهِ بِمَوْتِ ابْنِهِ»، وعبارة «نَحْنُ مُتَبَرِّرُونَ الآنَ بِدَمِهِ» في الآية التي تسبقها مباشرة (رومية ٥: ٩-١٠). وبما أن فعل التبرير قضائي ويوازي فعل المصالحة، فعلى الأرجح أيضًا ينبغي فهم المصالحة بمفردات قضائية. وقد بدَّد بولس كلَّ الشكوك في ٢كورنثوس ٥: ١٩، حين عرَّف عمل المصالحة بوضوح بأن الله كان فيه «غَيْرَ حَاسِبٍ لَهُمْ [أي للعالم] خَطَايَاهُمْ». تأتي كلمة «حاسب» من الكلمة اليونانية *logizomai*، وهي أشهر كلمة في العهد الجديد تعبِّر عن مفهوم «الاحتساب» (على سبيل المثال، رومية ٤: ١-٢٥). فباحتساب الله لخطايانا على المسيح، تيس عزازيل، وبإنزال غضبه عليه كبديلٍ لنا، واحتساب بره لنا (٢كورنثوس ٥: ٢١)، أزال أساس عداوته معنا، الذي هو ذنب الخطية. وكما أن الكفارة هي رفع غضب الله عن الخطاة، هكذا المصالحة أيضًا هي إزالة عداوة الله تجاه الخطاة.

يعني هذا أن المفهوم الكتابي للمصالحة – مثل الذبيحة والكفارة، اللذين يتعلقان بالأمور التي هي «فِي مَا لِلهِ» (عبرانيين ٢: ١٧؛ ٥: ١)- هو في الأساس مفهوم موضوعي لا شخصي، أي أن تأثيره الأساسي يكمن في الله وليس في الإنسان. فإن الاغتراب بين الله والإنسان ذو حدَّين. يقينًا، الإنسان مُعادٍ لله لأن ذهنه وقلبه فاسدان؛ لكن الله أيضًا مُعادٍ للإنسان لأنه، في قداسته، يبغض الخطية. وحين ندرك أن (١) الكتاب المقدس يصف المصالحة بأنها فعل قضائي، يتمِّمه الله في المسيح نهائيًّا، وأن (٢) الخطاة المختارين الذين لم يُقبِلوا بعد إلى الإيمان يمكثون في عداوتهم لله، يتضح لنا حينئذ أن المصالحة «لا تعني إزالة العداوة الشخصية من داخل قلب الإنسان الذي ينال المصالحة، بل إزالة حالة الاغتراب من جانب الطرف الذي يُصالَح الإنسان معه».[50] ومن ثَمَّ، يُختبَر السلام المتبادَل، الذي يحقِّقه فعل المصالحة، كنتيجة لهذا الفعل، إذ يتغلَّب تجديد الروح القدس على عداوة الإنسان لله، عن طريق تطبيق الروح القدس للعمل الموضوعي الذي عمله المسيح على الخطاة، مانحًا إياهم الإيمان الذي يبرِّر، الذي به يكون لهم سلامٌ مع الله (رومية ٥: ١). وبسبب كفارة المسيح، يتسنَّى للخطاة الذين كانوا قبلًا منفصلين عن الله أن يستعيدوا شركتهم المُحِبَّة مع ذاك الذي خُلِقوا كي يعرفوه ويعبدوه: «فَإِنَّ الْمَسِيحَ أَيْضًا تَأَلَّمَ مَرَّةً وَاحِدَةً مِنْ أَجْلِ الْخَطَايَا، الْبَارُّ مِنْ أَجْلِ الأَثَمَةِ، لِكَيْ يُقَرِّبَنَا إِلَى اللهِ» (١بطرس ٣: ١٨).

**الفداء:** ترفع كفارة المسيح، باعتبارها ذبيحة، ذنب الخطية وعقوبتها؛ وباعتبارها استرضاء، ترفع الغضب الذي جلبته الخطية؛ وباعتبارها مصالحة، تبدِّد الاغتراب والعداوة التي أشعلتها الخطية. بالإضافة إلى ذلك، تتَّسم كفارة المسيح بأنها فعل فداء، به يُفتَدَى الإنسان من عبودية الخطية والناموس، عن طريق دفع فدية، هي دم المسيح المسفوك.

من أهم دلالات وصف كفارة المسيح بأنها فعل فداء هو أن لغة الفداء تُعَد في الأساس لغة تجارية. فإن الكلمتين اليونانيتين *agorazō*، و*exagorazō*، مستمدتان من الاسم *agora*، الذي يعني «السوق» (متى ٢٠: ٣؛ لوقا ٧: ٣٢؛ أعمال الرسل ١٧: ١٧). ومن ثمَّ، فإن الفداء هو شراء من السوق. وتشير كلمة

50 Murray, *Redemption Accomplished and Applied*, 38.

*Lytroō*، وهي كلمة يونانية أخرى تعبِّر عن مفهوم «الفداء»، إلى الشراء عن طريق دفع فدية (*lytron*). على سبيل المثال، حين كان واحد من شعب إسرائيل يفتقر بشدة لدرجة أن يضطر إلى بيع نفسه عبدًا، كان ناموس الله يتيح لعائلته إمكانية أن تفديه أو تفكَّه (في العبرية: *ga'al*؛ وفي اليونانية: *lytroomai* [بحسب الترجمة السبعينية]) من العبودية عن طريق دفع ثمن (لاويين ٢٥: ٤٧-٥٥). كذلك أيضًا، وجد الخطاة أنفسَهم مُستعبَدين للخطية (رومية ٦: ٦)، فافتداهم المسيح بدفع حياته فدية. فقد صرَّح هو نفسه بأنه قد جاء «لِيَبْذِلَ نَفْسَهُ فِدْيَةً [في اليونانية: *lytron*] عَنْ كَثِيرِينَ» (متى ٢٠: ٢٨؛ مرقس ١٠: ٤٥؛ راجع ١تيموثاوس ٢: ٦). في هذا النص، وصف يسوع إرسالية تجسُّده بأنها عملية دفع فدية، فيها كانت حياته نفسها هي ثمن الفدية الذي سيُعطَى «عوضًا عن» أو «بدلًا من» (في اليونانية: «*anti*») الخطاة الكثيرين الذين اشترى لهم حريتهم. ولهذا أمكنَ لبولس أن يحثَّ المؤمنين على أن يمجِّدوا الله في أجسادهم، وهذا «لِأَنَّكُمْ قَدِ اشْتُرِيتُمْ [في اليونانية: *agorazō*] بِثَمَنٍ» (١كورنثوس ٦: ٢٠؛ راجع ٧: ٢٣). كما تحدَّث الرسول بطرس بطريقة مماثلة حين قال للمؤمنين إنهم قد «افْتُدِيتُمْ [في اليونانية: *lytroō*] لَا بِأَشْيَاءَ تَفْنَى، بِفِضَّةٍ أَوْ ذَهَبٍ ... بَلْ بِدَمٍ كَرِيمٍ، كَمَا مِنْ حَمَلٍ بِلَا عَيْبٍ وَلَا دَنَسٍ، دَمِ الْمَسِيحِ» (١بطرس ١: ١٨-١٩). وُصِف دم المسيح هنا، في مقابل الفضة والذهب، بأنه الثمن الذي اشتُري به الفداء. كذلك أيضًا، حين وَصَفَ الرسول يوحنا كائنات السماء وهي تتعبَّد للمسيح الصاعد، ذَكَرَ أنهم كانوا يسبِّحونه من أجل كفارته: «مُسْتَحِقٌّ أَنْتَ ... لِأَنَّكَ ذُبِحْتَ وَاشْتَرَيْتَنَا [في اليونانية: *agorazō*] لِلهِ بِدَمِكَ مِنْ كُلِّ قَبِيلَةٍ وَلِسَانٍ وَشَعْبٍ وَأُمَّةٍ» (رؤيا ٥: ٩؛ راجع أعمال الرسل ٢٠: ٢٨). ولهذا، يسمَّى شعب المسيح – أي «الَّذِينَ يَتْبَعُونَ الْخَرُوفَ حَيْثُمَا ذَهَبَ» – «المفديِّين»، أو «الَّذِينَ اشْتُرُوا» (رؤيا ١٤: ٣-٤)، لأن لهم في المسيح «الْفِدَاءَ بِدَمِهِ» (أفسس ١: ٧؛ راجع كولوسي ١: ١٤).

يبدو واضحًا، إذن، أن المسيح افتدى الخطاة من العبودية بدفع فدية، هي دمه. ولكن، لا بد أن نطرح الآن سؤالًا: لِمَن دفع المسيح هذا الثمن؟ ربما نتوقَّع أن الفدية كان لا بد أن تُدفَع للشيطان، لأنه هو الوصيُّ، الذي له سُلطان الخطية والموت (عبرانيين ٢: ١٤-١٥)، اللذين يُستعبَد لهما البشر. من أجل هذا، رأى العديد من آباء الكنيسة أن الكفارة هي فدية تُدفَع للشيطان.[٥١] ولكن، ليس الله الابن مَدينًا بشيء للشيطان يُلْزِمه أن يسدِّد له مدفوعات؛ بل على النقيض، الشيطان نفسه هو السجين الأساسي لدى الله؛ ومن ثَمَّ، فهو ليس في وضعٍ يسمح له بمطالبة الله بشيء. بل في المقابل، دُفِعت فدية دم المسيح لله، الذي طالبت قداسته بثمنٍ عادل عن عقوبة الخطية. نلاحظ هنا، مرة ثانية، الطبيعة الموضوعية للكفارة، وبُعدها «الإلهي»: فقد رُشَّ دم الحمل فوق غطاء تابوت المذبح السماوي كذبيحة، وكفارة، وفدية عن الخطاة.

ولكن، للفداء أيضًا بُعدٌ «بشريٌّ»: ففي حين يُسترضَى الله ويصالَح، يُفتدَى الإنسان. **فأولًا**، «اَلْمَسِيحُ افْتَدَانَا مِنْ لَعْنَةِ النَّامُوسِ» (غلاطية ٣: ١٣؛ راجع ٤: ٤-٥). لطالما صاحبت ناموس الله وعودٌ ببركات لأجل الطاعة، وتهديدٌ بلعنات لأجل العصيان (انظر تثنية ٢٧-٢٨). وفي حقيقة الأمر، اقتبس بولس، قبل نص غلاطية ٣: ١٣ بآيات قليلة، نصَّ التهديد باللعنة لأجل العصيان، قائلًا: «لِأَنَّ جَمِيعَ

---

٥١ انظر عنوان «نظريات منقوصة عن الكفارة» (ص. ٦٤٥).

الَّذِينَ هُمْ مِنْ أَعْمَالِ النَّامُوسِ هُمْ تَحْتَ لَعْنَةٍ، لِأَنَّهُ مَكْتُوبٌ: ‹مَلْعُونٌ كُلُّ مَنْ لَا يَثْبُتُ فِي جَمِيعِ مَا هُوَ مَكْتُوبٌ فِي كِتَابِ النَّامُوسِ لِيَعْمَلَ بِهِ›» (غلاطية ٣: ١٠؛ راجع تثنية ٢٧: ٢٦). فإن الناموس يطالب الذين يحاولون بلوغ البر بأعمالهم بطاعة تامة وكاملة (يعقوب ٢: ١٠). وإذ «الْجَمِيعُ أَخْطَأُوا وَأَعْوَزَهُمْ مَجْدُ اللهِ» (رومية ٣: ٢٣)، صار الجميع تحت لعنة الناموس. ومن ثَمَّ، فقد افتدى المسيح شعبه من لعنة الموت الروحي والهلاك هذه، إذ صار لعنة لأجلهم، أي بتحمُّله عقوبات تلك اللعنة عوضًا عنهم.

**ثانيًا**، المسيح افتدانا من الخطية. فإن الخطاة مستعبَدون للخطية (يوحنا ٨: ٣٤؛ رومية ٦: ٦، ١٦-١٧؛ ٢ بطرس ٢: ١٩)؛ ولهذا، «صَارَ مَوْتٌ لِفِدَاءِ التَّعَدِّيَاتِ» (عبرانيين ٩: ١٥). فمن خلال هذا الموت البدلي، افتدى المسيح شعبه من ذنب الخطية، إذ سدَّد ثمن عقوبتها (راجع رومية ٦: ٢٣). وهكذا، وبهذا الفداء الذي يُصنَع بدمه، ننال نحن غفران الخطايا (متى ٢٦: ٢٨؛ أفسس ١: ٧؛ كولوسي ١: ١٤). بالإضافة إلى ذلك، افتدى المسيح شعبه من سطوة الخطية على الجسد. فإنهم إذ افتدوا من سلطان الخطية الاستعبادي، صاروا «عَبِيدًا لِلْبِرِّ» (رومية ٦: ١٨)؛ ولهذا، كان استنتاج بولس كالتالي: «وَأَمَّا الْآنَ إِذْ أُعْتِقْتُمْ مِنَ الْخَطِيَّةِ، وَصِرْتُمْ عَبِيدًا لِلهِ، فَلَكُمْ ثَمَرُكُمْ لِلْقَدَاسَةِ، وَالنِّهَايَةُ حَيَاةٌ أَبَدِيَّةٌ» (رومية ٦: ٢٢). هكذا إذن، يُعَد الفداء من سطوة الخطية هو الأساس الذي بناءً عليه يخلع المؤمنون الخطية، ويلبسون البرَّ (١بطرس ١: ١٧-١٩)، لأن المسيح «بَذَلَ نَفْسَهُ لِأَجْلِنَا، لِكَيْ يَفْدِيَنَا مِنْ كُلِّ إِثْمٍ، وَيُطَهِّرَ لِنَفْسِهِ شَعْبًا خَاصًّا غَيُورًا فِي أَعْمَالٍ حَسَنَةٍ» (تيطس ٢: ١٤).

**أخيرًا**، تصف العديد من نصوص الكتاب المقدس فداء الإنسان بالمعنى الأخروي، الذي بحسبه نُعتَق نهائيًّا ليس فقط من عقوبة الخطية وسطوتها، بل وأيضًا من وجودها. في رومية ٨: ٢٣، قال بولس إن المؤمنين «مُتَوَقِّعِينَ التَّبَنِّي فِدَاءَ أَجْسَادِنَا». لا يوحي هذا بأن الفداء الذي اشتُري على الصليب يبقى غير فعَّال بشكل ما حتى تمجيد المؤمن، بل يعني بالأحرى أن فداء المسيح الفعَّال تمامًا، والذي يُطبَّق على روح المؤمن عند تبريره، سيطبَّق أيضًا على جسده في النهاية عند تمجيده. بعبارة أخرى، ضَمِنَ لنا الصليب اكتمال خلاصنا، تمامًا كما ضَمِنَ ابتداءه. لهذا السبب، يسمَّى ذلك اليوم الأخير يوم «نَجَاتِكُمْ»[٥٢] (لوقا ٢١: ٢٨)، و«يَوْمِ الْفِدَاءِ» (أفسس ٤: ٣٠).

**غلبة:** في حين لم يَكْمُن فداء المسيح لشعبه في دفع فدية للشيطان، إلا أن هذا الفداء يؤثِّر بالفعل في الشيطان. فحين دَفَعَ يسوع عقوبة الخطية، وأعتق شعبه من الخطية والموت، حقق أيضًا غلبة على الشيطان، وعلى الرؤساء، والسلاطين، وولاة العالم، و«أَجْنَادِ الشَّرِّ الرُّوحِيَّةِ فِي السَّمَاوِيَّاتِ» (أفسس ٦: ١٢). فبما أن «الْعَالَمَ كُلَّهُ قَدْ وُضِعَ فِي الشِّرِّيرِ» (١يوحنا ٥: ١٩)، الذي هو «إِلَهُ هَذَا الدَّهْرِ» (٢كورنثوس ٤: ٤)، و«رَئِيسِ سُلْطَانِ الْهَوَاءِ» (أفسس ٢: ٢)، فإن تغلُّب المسيح على عقوبة الخطية وسطوتها في حياة شعبه كان أيضًا انتصارًا على الشيطان، أي دخول «بَيْتَ الْقَوِيِّ وَيَنْهَبَ أَمْتِعَتَهُ» (متى ١٢: ٢٩؛ راجع لوقا ١١: ٢١-٢٢). لهذا السبب، صرَّح يسوع، وقد اقترب من نهاية خدمته على الأرض، قائلًا: «اَلْآنَ دَيْنُونَةُ هَذَا الْعَالَمِ. اَلْآنَ يُطْرَحُ رَئِيسُ هَذَا الْعَالَمِ خَارِجًا» (يوحنا ١٢: ٣١). ثم بعد بضعة أيام أعلن: «رَئِيسَ هَذَا الْعَالَمِ قَدْ دِينَ» (يوحنا ١٦: ١١). يعني هذا أنه من خلال عمل الفداء الذي صنعه المسيح

---

٥٢ [المترجم]: أو «يوم فدائكم».

على الصليب، وجَّه ضربة قاضية إلى الشيطان وإلى مملكة الظلمة، محقِّقًا – أي ابتدأ، وإن لم يكن قد أكمل بعد – القصد الذي لأجله أتى إلى العالم: «لِكَيْ يَنْقُضَ أَعْمَالَ إِبْلِيسَ» (١يوحنا ٣: ٨). وحين سامحنا «بِجَمِيعِ الْخَطَايَا، إِذْ مَحَا الصَّكَّ الَّذِي عَلَيْنَا فِي الْفَرَائِضِ، الَّذِي كَانَ ضِدًّا لَنَا»، ونحَّاه جانبًا، «مُسَمِّرًا إِيَّاهُ بِالصَّلِيبِ»، أزال أساس شكايات الشيطان علينا (كولوسي ٢: ١٣-١٤). ولهذا السبب كَتب بولس: «إِذْ جَرَّدَ الرِّيَاسَاتِ وَالسَّلاَطِينَ أَشْهَرَهُمْ جِهَارًا، ظَافِرًا بِهِمْ فِيهِ» (كولوسي ٢: ١٥). فمن المفارقة العجيبة أن المسيح بموته قد غلب وأباد «ذَاكَ الَّذِي لَهُ سُلْطَانُ الْمَوْتِ، أَيْ إِبْلِيسَ»، وأعتق «أُولَئِكَ الَّذِينَ -خَوْفًا مِنَ الْمَوْتِ- كَانُوا جَمِيعًا كُلَّ حَيَاتِهِمْ تَحْتَ الْعُبُودِيَّةِ» (عبرانيين ٢: ١٤-١٥). وفي اليوم الثالث، أظهر يسوع غلبته على سلطان الخطية والموت بقيامته من القبر. فقد كان من المستحيل أن يُمسَك بين أنياب الموت (أعمال الرسل ٢: ٢٤)، لأنه غلب الموت، فصارت له «مَفَاتِيحُ الْهَاوِيَةِ وَالْمَوْتِ» (رؤيا ١: ١٧-١٨).

**ملخَّص:** هذه، إذن، هي طبيعة كفارة المسيح البدليَّة العقابيَّة. فقد استلزم ذنب خطايانا عقوبة الموت؛ ولهذا، ذُبِح حمل الله نيابة عنا كذبيحة **إعفائية**. أيضًا، كان غضب الله محتدمًا علينا بسبب خطايانا؛ ولهذا، قُدِّم المسيح كفارة، حتى يقاسي ذلك الغضب عوضًا عنا. بالإضافة إلى ذلك، تسبَّبت نجاسة خطايانا في اغترابنا عن الله، وأشعلت عداوته المقدَّسة من نحونا؛ ولهذا، صالَحَ المسيحُ اللهَ مع الإنسان بتكفيره عن الخطايا. وإذ أطاع الإنسان الخطية، صار عبدًا لها بسبب الناموس، الذي كشف الخطية وافتضحها في حياتنا؛ ولهذا، دَفَعَ المسيح الفدية، التي هي دمه الكريم، إلى الله الآب، ليفتدينا من هذه العبودية. وبقيامه بهذا، اقتحم بيت الشيطان، غالبًا بقوته الموتَ، ورئيسَه.

## ⬅ نظريات منقوصة عن الكفارة[٥٣]

كما أوضحنا فيما سبق، تتَّصل طبيعة الكفارة بلُبِّ إنجيل المسيح. ولهذا، فقد يؤدي سوء فهم طبيعة عمل المسيح إلى خطأ لاهوتي جسيم، بل وفي بعض الأحيان إلى الهرطقة. وقد أمدَّنا تاريخ الكنيسة بأمثلة على كليهما، إذ طُرِحت العديد من الآراء والنظريات التي تتعلَّق بما حَدَثَ بالفعل على الصليب. لهذا، ثمة أهمية أن ندرس بعضًا من المفاهيم التاريخية الرئيسية عن الكفارة، وأن نقيِّم كلًّا منها بحسب الكتاب المقدس.

- نظرية الفدية [The Ransom Theory]

أولًا، يقول أنصار نظرية الفدية، أو النظرية الكلاسيكية للكفارة، إنه في أثناء الصراع الكوني بين الخير والشر، وبين الله والشيطان، أخذ الشيطان البشر أسرى، وعبيدًا للخطية. ومن ثَمَّ، كي ينقذ الله البشر، كان يلزَم أن يفديهم من سلطان الشيطان. وقد فعل هذا بأن سلَّم يسوع له مقابل النفوس المأسورة. وعادة ما يستند أنصار نظرية الفدية في هذا الرأي على تصريح يسوع بأنه قد أتى كي يبذل نفسه فدية عن كثيرين (متى ٢٠: ٢٨؛ مرقس ١٠: ٤٥). وتُعرَف لنظرية الفدية شكل مختلف

٥٣ هذا الجزء منقول بتصرُّف من المصدر التالي، بتصريح من الكاتب:
Mike Riccardi, "Theories of the Atonement: What Happened on the Cross?," *The Cripplegate* (blog), June 26, 2015, http://thecripplegate.com/theories-of-the-atonement-what-happened-on-the-cross/.

معاصر صار يُعرف باسم نظرية «Christus Victor»، التي تشدِّد على أن كفارة المسيح حقَّقت انتصارًا على القوى الكونية للخطية، والموت، والشر، والشيطان.

مع أن المسيح بذل نفسه فدية عن كثيرين، ومع أنَّ موته قد جرَّد قوات الظلمة (كولوسي ٢: ١٥)، منتزعًا من الشيطان، الذي له سلطان الموت، قوَّته (عبرانيين ٢: ١٤)، فإن هذا الرأي عن الكفارة ينسب إلى الشيطان قوة تفوق قوَّته الحقيقية. لم يكن الشيطان يومًا في وضع يسمح له بمطالبة الله بشيء. فضلًا عن ذلك، إن قداسة الله، وليس أيَّ سلطان مزعوم للشيطان، هي التي استلزمت دفع عقوبة عادلة عن الخطايا. ويوضح الكتاب المقدس أن يسوع قد سدَّد الثمن على الصليب ليفتدي الخطاة من عقوبة غضب الله البار العادلة (رومية ٥: ٩). فبالحقيقة، خلَّصنا يسوع من الله، وليس ببساطة من سلطان الخطية والشيطان.

- **نظرية الترضية [The Satisfaction Theory]**

تؤيِّد نظرية الترضية، التي كان أنسلم كبير أساقفة كانتربري (١٠٣٣-١١٠٩ م) هو المناصر الأبرز لها، فكرة أن موت المسيح قدَّم ترضية للآب عن الخطايا. ولكن، تأثُّرًا من أنسلم بالنموذج الإقطاعي الذي كان سمة المجتمع في تلك الفترة، ركَّز على فكرة إرضاء كرامة الله المجروحة، أكثر من تركيزه على تسكين غضب الله البار.

أجل، يُهان مجدُ الله بالتأكيد حين تَرتَكِب مخلوقاته الخطية؛ وحقًّا، تُعَد الخطية مرادِفة للإخفاق في **تمجيد أو إكرام** الله وشُكرِه كإله (رومية ٢١: ١)، وأيضًا للعجز عن بلوغ مقياس **مجده** (رومية ٣: ٢٣). وهكذا، فإن أية نظرية صحيحة ووافية عن الكفارة لا بد أن تتضمن ما يلزم لتبرئة برِّ الله، وردِّ اعتباره. ولكن، تمَّمَ المسيح تبرئة البر هذه بوسيلة محدَّدة – أي بأن صار بديلًا عن الخطاة، محتملًا في جسده نيابيًّا العقوبة التي كان شعبه يستحقُّونها بعدلٍ (١بطرس ٢: ٢٤). وبتقديم الله ليسوع كفارة لاسترضاء غضبه المقدَّس، أثبت أنه **بارٌّ، وأيضًا أنه يبرِّر** مَنْ هُوَ مِنَ الْإِيمَانِ بِيَسُوعَ (رومية ٣: ٢٦).

- **نظرية التأثير الأدبي [The Moral Influence Theory]**

ترى نظرية التأثير الأدبي الخاصة بالكفارة أن عمل المسيح لا يزيد كثيرًا عن كونه نموذجًا رائعًا للمحبة المسيحيَّة الباذلة والسلوك المسيحي المضحِّي. تقول نظرية التأثير الأدبي -التي طرحها أولًا بيتر أبيلارد (Peter Abelard) (١٠٧٩-١١٤٢ م)، ثم أعاد صياغتها لاحقًا السوسيانيون، واللاهوتيون الليبراليون مِن بعدهم -إن موت يسوع لم يحقِّق شيئًا موضوعيًا، لأن الله لم يطالب بدفع أية عقوبة عن الخطايا. لم يكن الله غاضبًا على البشر. وإذ هو حرٌّ، لم تكن هناك إذن أدنى حاجة إلى استرضاء عدله. بدلًا من ذلك، كان موت المسيح مجرد نموذج للكيفية التي ينبغي أن يسلك بها البشر. وقيل أيضًا إنه بإظهار موت المسيح لهذا النوع من المحبة، استطاع الفوز بقلوب الخطاة غير التائبين، ومن ثم، حثَّهم على أن يعيشوا حياة فضيلة كتلك التي عاشها يسوع؛ ومن هنا جاءت تسمية «التأثير الأدبي» [moral influence]. أيضًا، شدَّد أنصار هذا الرأي على كون الصليب وسيلة اتَّحد بها الله مع خليقته متعاطفًا معهم، ومشاركًا لهم في آلامهم.

في حين أن هذه مشاعر لطيفة وجيدة، ومن الصواب تمامًا أن ذبيحة يسوع قدَّمت النموذج الأصلي للمحبة والخدمة المسيحية (راجع يوحنا ١٥: ١٢؛ أفسس ٥: ١-٢؛ ١بطرس ٢: ٢٤؛ ١يوحنا ٣: ١٦)، إلا أن اختزال الكفارة إلى **مجرَّد** مثال يجرِّدها من العناصر نفسها التي تجعلها نموذجًا للمحبة الحقيقية – ألا وهي دَفْعُ المسيح ثمن خطايانا على نحو موضوعي ووافٍ، وتسكينه الغضب المقدس لإله أُسيء إليه بشدة، وصار عدوَّنا اللدود بسبب خطايانا (رومية ٥: ١٠؛ ٨: ٧-٨)، رافعًا بهذا ذنبنا، ومبدِّدًا اغترابنا. إن أنكرنا أن هذه الحقائق المحورية عن الخطية والنعمة هي في صُلب مفهوم الكفارة، فإننا نقوِّض بذلك أساس إنجيل يسوع المسيح.

- النظرية الحكوميَّة [The Governmental Theory]

كان أول مؤيِّدي النظرية الحكومية الخاصة بالكفارة هو هيوجو جروتيوس (Hugo Grotius) (١٥٨٣-١٦٤٥م)، الذي كان تلميذًا لجاكوبيوس أرمينيوس (Jacobius Arminius) (١٥٦٠-١٦٠٩ م). قلَّلت النظرية الحكومية من شأن فكرة أن المسيح قد دفع عقوبة على خطايا محدَّدة ارتكبها الإنسان؛ وفي المقابل، قالت إن موت المسيح كان بمثابة آلام رمزية عن الخطايا بوجه عام، من أجل إظهار وجوب دفع عقوبة على كسر القوانين، لكن دون حدوث دفع فعلي لعقوبة محدَّدة فُرِضت على مخالفات محدَّدة. في حقيقة الأمر، يرى أنصار النظرية الحكومية أن عدل الله لم **يطالِب** على الإطلاق بثمنٍ للخطايا.[٥٤] وبقبول الله لآلام المسيح، التي كانت مجرَّد آلام رمزيَّة، وضع ناموسه جانبًا أو خفَّف من مطالبه، لأنه «غير ملزَم بأيٍّ ناموس».[٥٥] ولكن، اختار الله أن يعاقِب المسيحَ حتى يحافظ على النظام والحُكم الأدبي للكون (ومن هنا جاءت التسمية). كما تمثِّل العقوبة التي قاساها المسيح رادعًا أمام خطايا مستقبلية، لأنها تُظهِر مدى ما يمكن أن يصل إليه الله للحفاظ على الحُكم الأدبي للعالم.

هذا مثالٌ آخر لرؤية جانب واحد فقط من الصورة، دون عرض النطاق الكامل لشهادة الكتاب المقدس، الأمر الذي يُعَد تقصيرًا في عرض الفهم الكتابي الحق للكفارة. ففي حقيقة الأمر، دَفَعَ المسيح بالفعل عقوبة عن خطايا واضحة ومحدَّدة (١كورنثوس ١٥: ٣؛ عبرانيين ٢: ١٧). فلم تكن آلامه مجرد نموذج رمزي يعبِّر عن نفور الله من الشر، وكأن الله يبغض الشر بوجه عام، لكنه يتساهل معه بوجه عام في الآن ذاته. بل إن عدل الله شديد التدقيق. فقد دبَّر الله في المسيح ثمنًا وافيًا تمامًا عن الخطايا. ودون دفع ثمن محدَّد عن خطايا محدَّدة، لن يُسترضَى عدل الله المطلَق، ومن ثم، لن يكون لدى الخطاة أي أمل في نوال الغفران.

- مركز الكتاب المقدس: البدليَّة العقابيَّة [Penal Substitution]

في النهاية، يُعَد المفهوم الوحيد عن الكفارة الذي يوفي كلَّ إعلان الكتاب المقدس عن الإنجيل حقَّه هو مفهوم **البدليَّة العقابيَّة**. يحتوي كلُّ رأي من الآراء السابقة على بعض الحق. فإننا على حق إن أكَّدنا

٥٤ ومن ثَمَّ، يكون جروتيوس بهذا قد رفض كلًا من نظرية الضرورة الافتراضية للكفارة، ونظرية الضرورة المطلقة بالتبعية للكفارة، اللتين أشرنا إليهما أعلاه. وعلَّم بدلًا من ذلك بأن الكفارة لم تكن ضرورية لتتميم قصد الله للخلاص. انظر:

Berkhof, *Systematic Theology*, 368.

55 Hugo Grotius, *A Defense of the Catholic Faith concerning the Satisfaction of Christ against Faustus Socinus*, trans. Frank Hugh Foster (Andover, MA: Warren F. Draper, 1889), 100.

أن موت المسيح وقيامته كانا انتصارًا على الموت، ودفع فدية عن الخطاة؛ ولكن، علينا أن نحدِّد بدقة أن تلك الفدية دُفعت إلى الله، وليس إلى الشيطان. كما أننا على حق إن أكَّدنا أن موت المسيح أرضى كرامة الله المجروحة؛ لكن، علينا أن نسرع بإضافة أنه أيضًا استرضى غضب الله البار وعدله، إذ قدَّم ثمنًا وافيًا عن الخطايا. أضف إلى ذلك أن الصليب هو بالحقيقة نموذج أدبي رائع للسلوك المسيحي، لكننا نخطئ على نحو مؤسف إن لم نُدرك أن الأمر يفوق هذا بكثير. وأخيرًا، كانت الكفارة بالحقيقة مثالًا لحُكم الله الأدبي للكون، إلا أنها كانت أكثر تحديدًا مما وصفها به جروتيوس وآخرون. ودون أن نحيط بإحكام مفهوم البدلية العقابية بهذه الصور عن الكفارة، لن نوفي الإعلان الكتابي المكتمل حقَّه، والذي يقول إن يسوع هو البديل عن الخطاة، والحامل لخطاياهم، والمسترضي لغضب الله عليهم.[٥٦]

بموت الرب يسوع المسيح، دَفَعَ العقوبة التي جَلَبَتها علينا خطايانا، بتألُّمه نيابيًا بديلًا لنا. فإن الغضب البار الذي أشعلته خطايانا داخل الله قد وقع بأكمله على رأس العبد المتألم حين «وَضَعَ [الآب] عَلَيْهِ إِثْمَ جَمِيعِنَا» (إشعياء ٥٣: ٦). إن المخلِّص، فِصْحَنَا (يوحنا ١: ٢٩؛ ١كورنثوس ٥: ٧؛ رؤيا ٥: ١٢)، الذي لم يَعرِف خطية، جُعِل خطية بدلًا مِنا (٢كورنثوس ٥: ٢١)، وصار لعنة لأجلنا (غلاطية ٣: ١٣)، ومن ثمَّ، أخمدَ غضبَ الآب على خطايانا (عبرانيين ٢: ١٧). وبسبب هذه الذبيحة الكافية، واحتساب بِرِّ المسيح لنا (رومية ٤: ٣-٥؛ ٥: ١٨-١٩؛ راجع متى ٣: ١٥)، أمكن غفران خطايانا بعدلٍ (رومية ٣: ٢٥-٢٦)، ومصالحتنا مع الله (رومية ٥: ١٠). هذا هو جوهر الصليب ومعناه الأساسي. فهو ليس **مجرَّد** تعبير عن محبة الله، أو نموذج للأخلاق المسيحية - مع أنه كذلك بالفعل (رومية ٥: ٨؛ ١بطرس ٢: ٢١)؛ بل يتعلَّق مغزى الصليب، في جوهره، بحمل ابن الله البريء والبار خطايا شعبه، مسحوقًا تحت غضب أبيه البار، ومحتملًا عقابهم عوضًا عنهم، رافعًا بهذا خطاياهم. وإذا رفضنا طبيعة الصليب البدليَّة المتعلقة بتحمُّل غضب الله، أو لم نشدِّد عليها بصورة لائقة، سنُسِيء فهم رسالة الإنجيل نفسها، التي تُشكِّل لُبَّ الإيمان المسيحي.

## ⬅ الكفاية التامة للكفارة[٥٧]

إن أمكن أن نَصف طبيعة كفارة المسيح البدليَّة العقابيَّة في كلمة واحدة، سنقول إنها ذبيحة **كافية** تمامًا. وتؤكِّد سمات عديدة هذه الكفاية التامة.

**أولًا**، هذه الكفارة **موضوعيَّة**. فلطالما اضطُرَّ معتنقو مبدأ كفاية الكفارة إلى الدفاع عن هذه العقيدة الصحيحة أمام هجمات التعليم الكاذب. فطوال تاريخ الكنيسة، كثيرًا ما دَفَعَ روحُ هذا الدهر البشر إلى رفع أنفسهم بوقاحة إلى مرتبة تخوِّلهم أن يكونوا شركاء في خلاص أنفسهم. فمن طبيعة القلب

٥٦ كتب جيفري (Jeffery)، وأوفي (Ovey)، وساش (Sach) هذه الكلمات: «قطعًا، لم تكن فكرة موت يسوع عوضًا عن الخطاة، حاملًا عقوبة غضب الله التي كانوا يستحقونها بسبب تمردهم هي الفكرة الوحيدة التي يُعلِّمها الكتاب المقدس عن الصَّلب ... فإن الصورة الكتابية للكفارة متعدِّدة الأوجه. لكن، تقتضي مهمتنا هنا، ببساطة، أن نُظهِر أن البدلية العقابية هي أحد هذه الأوجه، وهي وجه بارز جدًا لدرجة أنه يستحيل تجاهُله أو إهماله».

Jeffery, Ovey, and Sach, *Pierced for Our Transgressions*, 33–34.

٥٧ هذا الجزء يتبع العرض الجيد الذي قدَّمه جون موراي (John Murray) في كتابه:

John Murray, *Redemption Accomplished and Applied*, 51–58.

البشري الخاطئ أن يتوهَّم أنه قد احتفظ بداخله بقدرٍ من الصلاح يكفيه للتعاوُن، على الأقل، مع الرب يسوع المسيح في عمل الخلاص. يتوهَّم البشر أن الخطاة يستطيعون، بل ويتحتَّم عليهم، أن يشاركوا المخلِّص في التكفير عنهم. ومن هذا الفكر، نشأت التيارات الملوَّثة لجميع الديانات الكاذبة، التي فيها يضيف الإنسان إلى عمل المسيح أداءه الديني، أي مضاعفته للأعمال الصالحة، ورفضه للأعمال الشريرة، حتى يؤمِّن خلاصه. لم يكتفِ اللاهوت الليبرالي بقبول هذا النوع من عبادة الأوثان، لكنه قنَّنه أيضًا معتبرًا إياه ضمن العقائد القليلة التي يرتكز عليها، وهي: أن الإنسان صالح في جوهره، ولكي يُقبَل أمام الله، ليس عليه سوى الاستجابة للتأثير الأدبي لموت المسيح، والاقتداء به في بذل الذات. ويقول، إن لم يكن بصراحة شديدة، إن الله بهذا سوف يُسَرُّ بنا، ولن يحسب علينا خطايانا.

إلا أن طبيعة الرب يسوع هي نفسها طبيعة الله، الذي قال: «أَنَا أَنَا الرَّبُّ، وَلَيْسَ غَيْرِي مُخَلِّصٌ» (إشعياء ٤٣ : ١١)، و«أَنَا الرَّبُّ هَذَا اسْمِي، وَمَجْدِي لَا أُعْطِيهِ لِآخَرَ» (إشعياء ٤٢ : ٨؛ راجع ٤٨ : ١١). فإن الرَّبَّ اسْمُهُ غَيُورٌ (خروج ٣٤ : ١٤)، وهو لن يُشرِك أحدًا معه في المجد الواجب أن يُعطَى له، بصفته المخلِّص الوحيد للإنسان. فإن الكفارة التي صَنَعها هي كفارة **موضوعية** – أي أنها عمل صُنِع باستقلال عن الذين سيتمتعون في النهاية بمزاياه، وبمعزل تام عنهم. لا يمكن لأيِّ تعاون مع النعمة، أو لأية استجابة لها، أن يُضاف إلى أساس خلاصنا هذا، أو أن يُحفِّزه. قطعًا، على أولئك الذين يختبرون مزايا الكفارة بشكل شخصي أن يستجيبوا بتوبة وإيمان؛ لكن، تندرج هذه الاستجابة تحت خطوة **تطبيق** الفداء – وليس **تتميمه**. بل وإن هذه الاستجابة نفسها هي عملٌ يُشترَى بالعمل التام الذي عمله المسيح. فقد كانت صرخة الغلبة التي أُطلقت من فوق الصليب هي «قَدْ أُكْمِلَ!»، وليس «قد أُبدِئ». فنظير اختيار الآب البعض للخلاص، الذي لا يعتمد على «مَنْ يَشَاءُ وَلَا لِمَنْ يَسْعَى» (رومية ٩ : ١٦)؛ ونظير تطبيق الروح لعمل الخلاص، بأن يَهُبُّ حيث يشاء (يوحنا ٣ : ٨)، كذلك أيضًا يكون فداء الابن. فإن لِلرَّبِّ الْخَلَاصُ (يونان ٢ : ٩)، ومن ثم، **فهو الذي تمَّمه** كاملًا، منذ ألفي سنة، بمعزل تمامًا عن أولئك الذين سيحصدون بركاته الإلهية.[٥٨]

**ثانيًا**، تتأكَّد كفاية الكفارة من خلال **نهائيَّتها**. فهي عمل واحد، ومكتمل، لا يمكن أن يتكرَّر. تُعلِّم الكنيسة الكاثوليكية الرومانية النقيض تمامًا، إذ تحط من قدر كفاية عمل المسيح بالمطالبة بتكرار تقديم الذبيحة في طقس القداس الإلهي. ففي تجديف صريح، كَتَبَ لودويج أوت (Ludwig Ott)، اللاهوتي الكاثوليكي، الكلمات التالية:

> في ذبيحة القُدَّاس الإلهي، وفي ذبيحة الصليب، تُعَد الذبيحة المقدَّمة والكاهن مقدِّمها متطابقَين؛ والاختلاف الوحيد هو في طبيعة التقدمة، وفي طريقة التقديم ... وبحسب الرأي الأكويني، **في كلِّ قداس، يقدِّم المسيح بشكل مباشر**

٥٨ كتب موراي: «صحيح أن المسيح قد ترك لنا مثالًا كي نتبع خطواته، لكن، لم يُفترض قط أن تمثُّلنا به ينبغي أن يضاف إلى عمل الإعفاء، والاسترضاء، والمصالحة، والفداء الذي تمَّمه المسيح ... وبغض النظر عن الزاوية التي ننظر منها إلى ذبيحة المسيح، فإننا سنكتشف أنها فريدة للغاية على نحو لا يمكن المساس به، بقدر تفرُّد شخص المسيح نفسه، وإرساليته، ووظيفته. فمَن سواه هو الله وإنسان في آن واحد؟ ومن سواه هو رئيس الكهنة الأعظم الذي قدَّم مثل هذه الذبيحة؟ ومن سواه سَفَكَ هذا الدم النيابي؟ ومن سواه دخل إلى الأقداس مرة واحدة فوجد فداءً أبديًّا؟»

John Murray, *Redemption Accomplished and Applied*, 56.

**ذبيحة حقيقية**. لكن، ينبغي ألا يُفهَم من هذا أن الأمر عبارة عن جُملة أفعال كثيرة متتالية، بل هو فعل تقديم ذبيحة واحد، ووحيد، وغير متقطِّع، يقوم به المسيح المتجلِّي. ويتطابق غرض ذبيحة القداس مع غرض ذبيحة الصليب: أولًا، تمجيد الله، وثانيًا، **التكفير**، والشكر، والتضرُّع.[٥٩]

لكن، دعونا نقارن هذا بالشهادة المستمرة للرسالة إلى العبرانيين عن كون ذبيحة المسيح نهائية وقاطعة:

«لأَنَّهُ كَانَ يَلِيقُ بِنَا رَئِيسُ كَهَنَةٍ مِثْلُ هذَا، قُدُّوسٌ بِلاَ شَرٍّ وَلاَ دَنَسٍ، قَدِ انْفَصَلَ عَنِ الْخُطَاةِ وَصَارَ أَعْلَى مِنَ السَّمَاوَاتِ، الَّذِي لَيْسَ لَهُ اضْطِرَارٌ كُلَّ يَوْمٍ مِثْلُ رُؤَسَاءِ الْكَهَنَةِ أَنْ يُقَدِّمَ ذَبَائِحَ أَوَّلاً عَنْ خَطَايَا نَفْسِهِ ثُمَّ عَنْ خَطَايَا الشَّعْبِ، لأَنَّهُ فَعَلَ هذَا **مَرَّةً وَاحِدَةً**، إِذْ قَدَّمَ نَفْسَهُ. فَإِنَّ النَّامُوسَ يُقِيمُ أُنَاسًا بِهِمْ ضَعْفٌ رُؤَسَاءَ كَهَنَةٍ. وَأَمَّا كَلِمَةُ الْقَسَمِ الَّتِي بَعْدَ النَّامُوسِ فَتُقِيمُ ابْنًا مُكَمَّلاً **إِلَى الأَبَدِ**» (عبرانيين ٧: ٢٦–٢٨)

«وَأَمَّا الْمَسِيحُ، وَهُوَ قَدْ جَاءَ رَئِيسَ كَهَنَةٍ لِلْخَيْرَاتِ الْعَتِيدَةِ، فَبِالْمَسْكَنِ الأَعْظَمِ وَالأَكْمَلِ، غَيْرِ الْمَصْنُوعِ بِيَدٍ، أَيِ الَّذِي لَيْسَ مِنْ هذِهِ الْخَلِيقَةِ، وَلَيْسَ بِدَمِ تُيُوسٍ وَعُجُول، بَلْ بِدَمِ نَفْسِهِ، دَخَلَ **مَرَّةً وَاحِدَةً** إِلَى الأَقْدَاسِ، فَوَجَدَ فِدَاءً **أَبَدِيًّا** (عبرانيين ٩: ١١–١٢)

«**وَلاَ لِيُقَدِّمَ** نَفْسَهُ **مِرَارًا كَثِيرَةً**، كَمَا يَدْخُلُ رَئِيسُ الْكَهَنَةِ إِلَى الأَقْدَاسِ كُلَّ سَنَةٍ بِدَمِ آخَرَ. فَإِذْ ذَاكَ كَانَ يَجِبُ أَنْ يَتَأَلَّمَ مِرَارًا كَثِيرَةً مُنْذُ تَأْسِيسِ الْعَالَمِ، وَلكِنَّهُ الآنَ قَدْ أُظْهِرَ **مَرَّةً** عِنْدَ انْقِضَاءِ الدُّهُورِ لِيُبْطِلَ الْخَطِيَّةَ بِذَبِيحَةِ نَفْسِهِ. وَكَمَا وُضِعَ لِلنَّاسِ أَنْ يَمُوتُوا مَرَّةً ثُمَّ بَعْدَ ذلِكَ الدَّيْنُونَةُ، هكَذَا الْمَسِيحُ أَيْضًا، بَعْدَمَا **قُدِّمَ مَرَّةً** لِكَيْ يَحْمِلَ خَطَايَا كَثِيرِينَ، سَيَظْهَرُ ثَانِيَةً بِلاَ خَطِيَّةٍ لِلْخَلاَصِ لِلَّذِينَ يَنْتَظِرُونَهُ» (عبرانيين ٩: ٢٥–٢٨)

---

59 Ludwig Ott, *Fundamentals of Catholic Dogma*, ed. James Canon Bastible, trans. Patrick Lynch, 4th ed. (Rockford, IL: TAN Books, 1974), 408.

استندنا في هذا الجزء على البحث الذي أجراه واين جرودم، في كتابه بعنوان «بماذا يفكِّر الإنجيليون في أساسيات الإيمان المسيحي: رؤية معاصرة في ضوء كلمة الله»:

Wayne Grudem, *Systematic Theology*,578 n16.

ويُعَد التصريح التالي الذي أدلى به جون أوبريان (John O'Brien)، الكاهن الكاثوليكي الروماني، صادمًا بالقدر نفسه: «حين ينطق الكاهن بكلمات التقديس العظيمة، يَبلُغ السماوات، ويُنزل المسيح من فوق عرشه، ويضعه فوق المذبح، كي يقدِّم مرة أخرى ذبيحةً عن خطايا الإنسان ... وفي حين كانت العذراء المطوَّبة هي الأداة البشرية التي بها تجسَّد المسيح مرة واحدة، يُنزِل الكاهنُ المسيحَ من السماء، ويُحضره فوق المذبح باعتباره ذبيحة سرمدية عن خطايا الإنسان – ليس مرة واحدة بل آلاف المرات! يتكلَّم الكاهن، وإذا المسيح، ذلك الإله السرمدي وكلي القدرة، يُحني رأسه مُذعنًا باتضاع لأمر الكاهن»:

John A. O'Brien, *The Faith of Millions: The Credentials of the Catholic Religion*, rev. ed. (Huntington, IN: Our Sunday Visitor, 1974), 256.

«فَبِهَذِهِ الْمَشِيئَةِ نَحْنُ مُقَدَّسُونَ بِتَقْدِيمِ جَسَدِ يَسُوعَ الْمَسِيحِ **مَرَّةً وَاحِدَةً**. وَكُلُّ كَاهِنٍ يَقُومُ كُلَّ يَوْمٍ يَخْدِمُ وَيُقَدِّمُ مِرَارًا كَثِيرَةً تِلْكَ الذَّبَائِحَ عَيْنَهَا، الَّتِي لَا تَسْتَطِيعُ الْبَتَّةَ أَنْ تَنْزِعَ الْخَطِيَّةَ. **وَأَمَّا هَذَا فَبَعْدَمَا قَدَّمَ عَنِ الْخَطَايَا ذَبِيحَةً وَاحِدَةً، جَلَسَ** إِلَى الأَبَدِ عَنْ يَمِينِ اللهِ، مُنْتَظِرًا بَعْدَ ذَلِكَ حَتَّى تُوضَعَ أَعْدَاؤُهُ مَوْطِئًا لِقَدَمَيْهِ. لأَنَّهُ **بِقُرْبَانٍ وَاحِدٍ** قَدْ أَكْمَلَ **إِلَى الأَبَدِ** الْمُقَدَّسِينَ» (عبرانيين ١٠: ١٠-١٤)

ترفض هذه النصوص بكل صراحة وجوب تقديم المسيح نفسَه مرارًا كثيرة (عبرانيين ٩: ٢٥). فإن افتراض شيء كهذا هو طعنٌ في طبيعة المسيح نفسه، لأن **ضَعف** رؤساء الكهنة – أي كونهم هم أنفسهم خطاة وعاجزين عن تقديم ذبيحة كاملة للتكفير عن الخطايا – هو الذي استلزم تكرار التقدمات (عبرانيين ٧: ٢٨). ولكن، لا وجود لضعف كهذا في رئيس كهنتنا. فهو الابن الكامل سرمديًّا – قُدُّوسٌ، بِلَا شَرٍّ، وَلَا دَنَسٍ، قَدِ انْفَصَلَ عَنِ الْخُطَاةِ (عبرانيين ٧: ٢٦).

بالإضافة إلى ذلك، رُغم كثرة الأثاث المقدَّس الذي كان يُزيِّن خيمة الاجتماع والهيكل، كالمرحضة، وخبز الوجوه، والمنارة، وتابوت العهد، لا نجد البتة قطعة أثاث معيَّنة، ألا وهي المقعد. لم يجلس كاهن إسرائيل قط، بل كان يقف طوال الوقت، لأن عمله لم يكتمل قط. لطالما ظلت الخطية موجودة، ومن ثمَّ، ظلت الذبيحة ضرورة دائمة. لكن، بقدر اختلاف العهد الجديد عن العهد العتيق، كذلك أيضًا يختلف رئيس كهنتنا الأعظم عن كهنة إسرائيل. فقد دخل المسيح إلى المسكن الأكمل غير المصنوع بيد (عبرانيين ٩: ١١؛ راجع ٨: ٢)، وقدَّم ذبيحة واحدة، **وجَلَس** (عبرانيين ١٠: ١٢)، لأن تقدمته اختلفت تمامًا عن تقدماتهم. فهو لم يقدِّم دم تيوس وعجول، لا يمكن أن يرفع خطايا (عبرانيين ١٠: ٤)، بل بالأحرى، قدَّم دمه الكريم، الذي به وَجَد «فِدَاءً أَبَدِيًّا» (عبرانيين ٩: ١٢). وفي ضوء قيمة واستحقاق ابن الله في جوهره، كانت ذبيحته ذبيحة **أفضل** (عبرانيين ٩: ٢٣؛ راجع ٨: ٦)، من شأنها أن تكمِّل – إلى الأبد – الذين قُدِّمت عنهم (عبرانيين ١٠: ١٤). هل يمكن أن يكون هناك انتهاك للنصوص أكبر من افتراضنا أن ذبيحة المسيح كان لا بد أن تتكرَّر؟! إن تعليمًا فاسدًا مثل هذا يُخْلي الصليب من قوَّته المخلِّصة. إذ «حَيْثُ تَكُونُ مَغْفِرَةٌ لِهَذِهِ [الخطايا] لَا يَكُونُ بَعْدُ **[أي]** قُرْبَانٌ عَنِ الْخَطِيَّةِ» (عبرانيين ١٠: ١٨؛ راجع رومية ٦: ١٠). فإن بَقِيَت حاجةٌ لتقديم قربان، يعني هذا أنه لم تحدث إذن أية مغفرة للخطايا.

وأخيرًا، تتأكَّد كفاية الكفارة من خلال **فاعليتها**. يعني هذا أن المسيح، بموته على الصليب، خلَّص شعبه **حقًّا**. فهو لم يأتِ كي يجعل الخلاص شيئًا افتراضيًّا، أو محتمَلًا، أو متاحًا، بل كي «يُخَلِّصُ شَعْبَهُ مِنْ خَطَايَاهُمْ» حقيقةً (متى ١: ٢١). فهو لم يأتِ كي يجعل البشر قابلين للفداء، بل كي يفتديهم. وهو لم يمت موتًا **احتماليًّا**، بل موتًا **حقيقيًّا**. ومن ثَمَّ، فهو لم يصنع كفارة إتاحية، بل كفارة فعليَّة. فبينما كان رب المجد يتأهب ليستودع روحه في يدي الآب، واعيًا بأنه قد أكمل العمل الذي جاء ليعمله، قال: «قَدْ أُكْمِلَ» (يوحنا ١٩: ٣٠). فقد تحقَّق الفداء، وصَنع رئيس كهنتنا تطهيرًا حقيقيًّا للخطايا. وإذ اكتمل عمله، جَلَس (عبرانيين ١: ٣). فقد رَفَعَ الراعي الصالح خطايا خرافه حقًّا (١يوحنا ٣: ٥)، حاملًا إياها في جسده (١بطرس ٢: ٢٤)؛ وأخمد حقًّا كاملَ غضبِ الآب (رومية ٣: ٢٥)، إذ صار في الحقيقة لعنة لأجلنا (غلاطية ٣: ١٣)، مسدِّدًا بهذا عقوبة خطايانا كاملة. وبثمن الفدية، أي بدمه، اشترى حقًّا

فداءً لشعبه (أعمال الرسل ٢٠: ٢٨؛ رؤيا ٥: ٩). يؤكِّد كلُّ نص من هذه النصوص تتميمًا فعَّالًا. وإن الإقحام المُفتَعَل من أحدهم لمفهوم الإتاحة أو الاحتمالية في أيٍّ من هذه النصوص يُعَد إقحامًا لفكره اللاهوتي على المعنى الواضح والصريح للنص الكتابي.

في حقيقة الأمر، كان عنصر الفاعلية هذا متأصِّلًا في الفهم الكتابي عن الكفارة منذ بداية ظهورها في شريعة سفر اللاويين. إن الفعل العبري *kaphar* هو الأكثر شيوعًا في العهد القديم للتعبير عن مفهوم «التكفير»؛ وقد ورد في سفر اللاويين أكثر من نصف مجموع المرات التي ورد فيها في كلِّ الكتاب المقدس. وفي الكثير من هذه المرات، جاء الفعل دون إضافة شرح أو توضيح (مثل لاويين ١٦: ٣٢). لكن، في حالات كثيرة، علَّقَ المتحدث على مفهوم الكفارة الذي كان قد أشار إليه لتوِّه، مضيفًا تصريحًا يتعلَّق بفاعلية الكفارة:

«وَيُكَفِّرُ عَنْهُمُ الْكَاهِنُ، فَيُصْفَحُ عَنْهُمْ» (لاويين ٤: ٢٠)
«وَيُكَفِّرُ الْكَاهِنُ عَنْهُ مِنْ خَطِيَّتِهِ فَيُصْفَحُ عَنْهُ» (لاويين ٤: ٢٦، ٣١، ٣٥؛ ٥: ١٠، ١٣، ١٦، ١٨؛ ٦: ٧؛ ١٩: ٢٢)
«فَيُكَفِّرُ عَنْهَا الْكَاهِنُ فَتَطْهُرُ» (لاويين ١٢: ٨)
«وَيُكَفِّرُ عَنْهُ الْكَاهِنُ فَيَطْهُرُ» (لاويين ١٤: ٢٠)
«وَيُكَفِّرُ عَنِ الْبَيْتِ فَيَطْهُرُ» (لاويين ١٤: ٥٣)

كان من شأن تكرار شرائع تقديم الذبائح أن يخلِّف لدى الإسرائيلي الأمين انطباعًا لا يُمحَى بأن ما كان الكاهن يصنعه حين يقدِّم الكفارة هو تكفير حقيقي، وبأن تلك الكفارة كانت تحقِّق نتيجتها المنشودة من صفح عن الخطايا.[٦٠] وهكذا، حين تظهر في العهد الجديد مجموعة الكلمات اليونانية نفسها (*hilaskomai*، *hilasmos*، *hilastērion*)، التي استُخدِمت لترجمة الفعل *kaphar* في الترجمة السبعينية، لوصف التكفير الذي صنعه المسيَّا، يفهم القارئ تلقائيًّا أن الفاعلية نفسها ملازِمة لمفهوم كفارة المسيح. فإن موت يسوع لم يجعل الخطايا قابلة للصفح، بل إنه أتمَّ الصفح. لم تكن الكفارة افتراضية، أو محتمَلة، أو إتاحية، بل كانت كفارة فعَّالة.

لا شيء من هذا يعني أن المختارين قد تبرَّروا أو مُنحوا إيمانًا وتوبة للخلاص حين مات المسيح في القرن الأول. كما لا يعني هذا إمكانية خلاص أي إنسان دون إيمان. فإن افتراض هذا هو خَلْطٌ بين إتمام الفداء وتطبيقه. لكننا نقصد بحديثنا عن كفارة نهائية وخلاص متمَّم أن المسيح قاسى كلَّ العقوبة عن خطايا شعبه، وسدَّد ثمنها كاملًا، وأرضى تمامًا غضب الله عليها. ونقصد أيضًا أنه قد فعل كل ما يلزم كي يضمن تمامًا خلاص الذين مات لأجلهم – أي كي يجعل تطبيق مزايا الخلاص على جميع الذين اشتراهم المسيح أمرًا يقينيًا ونهائيًّا. وأخيرًا، نقصد بهذا أن لا شيء يمكن أن يضاف إلى عمل المسيح كي يعطيه قوة أو فاعلية. لكن، إذ قاسى بديلُنا حقًّا العقوبة الكاملة لدينونة الخطايا، يصبح «إِذًا لَا شَيْءَ مِنَ الدَّيْنُونَةِ الآنَ عَلَى الَّذِينَ هُمْ فِي الْمَسِيحِ يَسُوعَ» (رومية ٨: ١).

٦٠ لا يعني هذا، بالتأكيد، أن الخطايا كانت تُغفَر بأية وسيلة أخرى غير كفارة المسيح، لأن جميع ذبائح العهد العتيق كانت ظلًّا لذبيحة المسيح النهائية، وكانت تستمد منها فاعليتها (رومية ٣: ٢٤-٢٦؛ عبرانيين ٩: ١١-١٠: ١٨). ولكن، على أساس عمل المسيح، سَمَحَ اللهُ في نعمته بأن يُسترضَى بصورة مؤقَّتة بالذبائح التي أوصَى بها شعب إسرائيل.

## ⬅ نطاق الكفارة

بعد أن فهمنا الطبيعة المجيدة لكفارة المسيح، يلزم الآن أن نجيب عن السؤال المتعلِّق بنطاقها. مَن هم الذين مات المسيح مِن أجلهم؟ ومَن هم الذين قدَّم نفسه ذبيحة بدليَّة عقابيَّة نيابة عنهم؟ ومِن أجل مَن استرضى غضب أبيه؟ ومَن هم أولئك الذي صالحهم مع الله وافتداهم من عبودية الخطية وإبليس؟[٦١]

بادئ ذي بدء، جديرٌ بالذكر أن هذا الموضوع ليس مجرَّد جدال نظري فارغ، لا يخوض فيه سوى اللاهوتيون النظريُّون بغرض التسلية. فإن الإجابات عن الأسئلة التي طرحناها أعلاه ليست أفكارًا غير عملية، ولا تأملات باطنية لفئة من الأكاديميين الجالسين في أبراجهم العاجية؛ بل هذه دراسة عملية للغاية، لأن طبيعة العمل الذي صنعه المسيح على الصليب هو في لُبِّ رسالة الإنجيل نفسها. وإن سؤال «من هم الذين تمَّم المسيح لأجلهم هذه الأشياء؟» ليس بعيدًا كثيرًا عن محور الإيمان المسيحي. وفي حين من المخزي أنه في كثير جدًا من الأحيان كانت قضية نطاق الكفارة محل خلاف وانقسام شديدين بين مؤمنين لولا هذه القضية لكان لهم فكر واحد؛ لكنَّ الخزي الأكبر يَكمُن في أن البعض، نظرًا لقلة صبرهم تجاه إجراء نقاش لاهوتي منضبط، اعتبروا الأمر مسألة غير جديرة بالعناء، واستهزأوا بمن يصرُّون على رأيٍ نابع عن قناعة كتابية. فإن كان ابن الله قد قضى على قوة الخطية، واشترى الفداء الذي به يتسنَّى للخطاة التحرُّر من الدينونة الإلهية، فهل يمكن أن يكون هناك سؤال أهم مِن «مَن هم الذين لأجلهم صنع المسيح هذا؟»؟ هذا سؤالٌ على دارس الكتاب المقدس أن يكرِّس نفسه للإجابة عنه بحسب الكتاب المقدس.

عادة ما تنقسم الإجابات عن هذا السؤال الحيوي إلى قسمين رئيسيين. تجيب المدرسة الشمولية عن هذا السؤال قائلة إن المسيح سدَّد ثمن خطايا كلِّ واحدٍ من البشر عاش يومًا، بلا استثناء. عادة ما يسمَّى هذا الرأي «**الكفارة العامة، أو غير المحدودة، أو الشاملة**.»[٦٢] في المقابل، يعلِّم **أنصار الفكر**

---

٦١ يوجد دليلان إرشاديان لا غنى عنهما في هذا الموضوع، وهما:

John Owen, *Salus Electorum, Sanguis Jesu: Or, The Death of Death in the Death of Christ*, in *The Works of John Owen*, vol. 10, *The Death of Christ*, ed. William H. Goold (1854–1855; repr., Edinburgh: Banner of Truth, 1967), 139–428 (originally published in 1648).

David Gibson and Jonathan Gibson, eds., *From Heaven He Came and Sought Her: Definite Atonement in Historical, Biblical, Theological, and Pastoral Perspective* (Wheaton, IL: Crossway, 2013).

٦٢ مع أن اللقب «شمولي» [universalist] هو لقب شائع يُنسَب إلى الذين يؤمنون بأن جميع البشر بلا استثناء سيَخلُصون في النهاية، لكن ليس هذا هو المقصود هنا بالتسمية. ففي سياق دراستنا لموضوع نطاق الكفارة، يشير هذا المصطلح إلى الذين يؤمنون بأن للكفارة نطاقًا شموليًا – أي أن المسيح مات عن الجميع بلا استثناء – حتى وإن كان تطبيق هذه الكفارة سيقتصر على المختارين وحدهم. تتضمن هذه الفئة الأرمينيين، والأميرالديين [المترجم: الذي يؤمنون بأربعة بنود كالفن دون الكفارة المحدودة، وسُمِّيت هكذا نسبة إلى موسى أميرالد]، والشموليين الافتراضيين. تفيدنا تعليقات ترومان (Trueman) في تمييز هذه الآراء بعضها عن البعض في سياق الجدل المعاصر: «يشير الفكر الشمولي الافتراضي [hypothetical universalism] إلى الآراء التي تؤيِّد كفارة عامة، أو غير محدودة، أو شاملة بصورة محتمَلة أو افتراضية... ويشير الفكر الأرميني [arminianism] إلى مدارس الفكر المسيحي التي ترى أن الكفارة شاملة، وأن العامل الحاسم الذي يحدِّد فاعلية الكفارة الشخصية هو فعل الإيمان غير الحادث بالإكراه النابع من الإنسان. وقد صار الفكر الأميرالدي [amyraldianism] مصطلحًا رائجًا يشير إلى الذين يعتبرون أنفسهم كالفينيين أو مصلَحين، لكنهم يرفضون تلك الفكرة القديمة الخاصة بالكفارة المحدودة. في حقيقة الأمر، يعد المذهب الأميرالدي، نظريًّا، شكلًا خاصًا من اللاهوت العهدي يضع منطقيًّا قضاء الله بتعيين المسيح وسيطًا قبل قضائه بالاختيار للخلاص. ومن ثمَّ، يكون المسيح هو الوسيط المعيَّن للجميع، حتى وإن لم ينتفع الجميع من وساطته هذه. ولهذا، فإن الاستخدام الحديث لتعبير المذهب الأميرالدي هو بوجه عام مبهَم وغير دقيق. فإن غالبية أتباع هذا المذهب المعاصرين هم على الأرجح

**الحصري** [particularists] بأن المسيح مات بديلًا عن المختارين وحدهم – أي عن أولئك الأشخاص المحدَّدين الذين اختارهم الآب في الأزل، وأعطاهم للابن. وفي حين لطالما عُرِف هذا الرأي باسم **الكفارة المحدودة** [limited atonement] – أي أن كفارة المسيح محدودة على المختارين – وَجَدَ كثيرٌ من مؤيدي هذا الرأي أن هذه التسمية يمكن بسهولة أن يُساء فهمها، ورجَّحوا مصطلح «**الكفارة المحدَّدة**» [definite atonement] أو «**الفداء الحصري**» [particular redemption].[٦٣] وطوال هذه الدراسة لعقيدة الخلاص، سيجد القارئ تأييدًا لعقيدة الفداء الحصري. وفي هذا القِسم، سنقدِّم دفاعًا عنها من الكتاب المقدس.

في غالبية الأحيان، يؤدِّي النقاش حول هذا الموضوع إلى نزاع أكثر مما يؤدِّي إلى الاستنارة، وهذا يعود إلى عاملين رئيسيين. أولًا، عادة ما يُساء فهم السؤال المطروح. فإن سؤال «مَن الذين لأجلهم مات المسيح؟» ليس مساويًا لسؤال: «مَن هم الذين ينبغي **أن يُكرَز لهم** بالإنجيل؟». يقر كلٌّ من أتباع الرأي الحصري والرأي الشمولي بسهولة بوجوب الكرازة بالإنجيل لجميع البشر بلا استثناء. فبالحقيقة، يقدِّم المسيح نفسه مخلِّصًا لكل مَن يرجع عن خطاياه، ويؤمِن به للبر. كما أن هذا السؤال ليس مساويًا لسؤال: «مَن هم الذين كان عمل المسيح **كافيًا** لغفران خطاياهم؟» فإن كلا الطرفين يتفقان معًا على أنه لو كان الله اختار أن يخلِّص خطاة أكثر من الذين اختار أن يخلِّصهم بالفعل، لما اضطر المسيح، كي يخلِّصهم، أن يقاسي آلامًا أكثر من التي قاساها بالفعل. كما أننا لسنا هنا بصدد طرح سؤال: «مَن هم الذين سيَخلُصون في النهاية؟» فإن كلا الطرفين يؤكِّدان أن مزايا خلاص المسيح لن تُطبَّق سوى على الذين يتوبون، ويؤمنون به. هكذا إذن، يستطيع كلٌّ من الحصريين والشموليين أن يوقِّعوا بالموافقة على البيان الرسميِّ الذي يقول إن الكفارة «كافية للجميع، ولكنها فعَّالة للمختارين فحسب».[٦٤] أيضًا، ليس هذا نزاعًا حول ما إن كان غير المختارين يحصلون أم لا على أيَّة مزايا غير خلاصية نتيجة للكفارة. فلو لم ينتوِ الله أن يخلِّص الخطاة بكفارة المسيح، كان على الأرجح سيطبِّق العدل في الحال على الإنسان الخاطئ كما فعل مع الملائكة الساقطين (٢ بطرس ٢: ٤)؛ ولكنه إذ انتوى أن يخلِّص شعبه بواسطة المسيح في ملء الزمان، يتمتع حتى أولئك الذين لن يَخلُصوا في النهاية بمزايا النعمة العامة، والإمهال الإلهي، والتأجيل المؤقَّت للدينونة الإلهية. ومن ثَمَّ، كي نتجنب أي تشويش ونزاع لا داعي له، ينبغي أن نقر بأن رأي المرء في نطاق الكفارة لا يؤثِّر بالضرورة على إجابته عن هذه الأسئلة السابقة. في المقابل، السؤال الأساسي في هذا الشأن هو: «مَن هم الذين أَخَذَ المسيح مكانهم كذبيحة بدليَّة،

---

شموليون افتراضيون، أي ببساطة يؤمنون بأن المسيح مات لأجل الجميع، وإن كان اختيار الله للبعض شيئًا حصريًّا وخاصًّا».

Carl R. Trueman, “Definite Atonement View,” in *Perspectives on the Extent of the Atonement: 3 Views*, ed. Andrew David Naselli and Mark A. Snoeberger (Nashville: B&H Academic, 2015), 21–22n4.

٦٣ ومن هنا جاءت تسمية أتباع هذا الرأي باسم «**الحصريون**» [particularists] إشارة إلى الرأي الإصلاحي القديم بشأن نطاق الكفارة. عادة ما يُطلَق على هذا الرأي اسم «كالفينية المبادئ الخمسة»، دلالة على إيمان مؤيِّديها بعقائد النعمة الخمسة جميعها، بما في ذلك عقيدة الكفارة المحدودة، التي هي أكثر عقيدة متنازَع بشأنها بين العقائد الخمس.

٦٤ كتب ناسيللي (Naselli) بحكمة هذه الكلمات: «لا جدوى مِن أن تشرح رأيك في نطاق الكفارة ما لم تضعه في مقابلة واضحة مع آراء أخرى. ومن ثَمَّ، لا جدوى من أن يعبِّر الناس عن رأيهم بشأن الكفارة مستخدمين عبارة «كافية للجميع، ولكن فعَّالة للمختارين» ... فقد استخدم الأرمينيون، والشموليون الافتراضيون، والكالفينيون على حد سواء تلك العبارة المطاطية لوصف آرائهم؛ فأدى استخدامها إلى خلط وإبهام، بدلًا من التوضيح والدقة».

Andrew David Naselli, “Conclusion,” in *Perspectives on the Extent of the Atonement*, 219.

حين قاسى شدة غضب أبيه العادل على الخطية؟» الإجابة هي: فقط الذين لن يقاسوا هم أنفسهم ذلك الغضب أبدًا، أي المختارون وحدهم.

السبب الآخر الذي بسببه يؤدِّي هذا النقاش عادة إلى النزاع والإحباط يتعلَّق **بالمنهجية**. في غالبية الأحيان، يستشهد الشموليُّون ببعض النصوص البرهانية التي تحوي الكلمات «جميع» أو «العالم»، معتبرين أنها تحسم المسألة، وأن تفسير الحصريين ينتهك «القراءة الواضحة والصريحة» للنص. إلا أنَّ هذه المنهجية لا تأخذ في الاعتبار سياق هذه النصوص المنعزلة، إلى جانب بقية تعليم الكتاب المقدس، ومن ثَمَّ، تبرهن على أن ما يُسمِّيه هؤلاء «القراءة الواضحة والصريحة» للنص لا يزيد عن كونه قراءة سطحية.

تحوي العديد من نصوص الكتاب المقدس لغة شمولية، في حين أنها لا تشير إلى جميع البشر بلا استثناء. على سبيل المثال، يقول رومية ٥: ١٨، «فَإِذًا كَمَا بِخَطِيَّةٍ وَاحِدَةٍ صَارَ الْحُكْمُ إِلَى جَمِيعِ النَّاسِ لِلدَّيْنُونَةِ، هَكَذَا بِبِرٍّ وَاحِدٍ صَارَتِ الْهِبَةُ إِلَى جَمِيعِ النَّاسِ، لِتَبْرِيرِ الْحَيَاةِ». يبدو أن القراءة التي تسمَّى «قراءة واضحة وصريحة» لهذا النص ستستلزم منا تفسير كلتا العبارتين «جَمِيعِ النَّاسِ» في كلا نصفي الآية تفسيرًا واحدًا. إلا أن هذا الموقف سيؤدِّي بنا إما إلى تأييد عقيدة الخلاص الشمولي، وإما إلى رفض عقيدة الخطية الأصلية. فإن الجميع بلا استثناء مدانون في آدم (رومية ٥: ١٢)، ولكن ليس الجميع عشوائيًّا ينالون التبرير والحياة (متى ٧: ١٣، ٢٢-٢٣؛ رؤيا ٢١: ٨). في رومية ٥: ١٢-٢١، يعقد بولس مقابلة بين آدم والمسيح باعتبارهما الرأسين الممثِّلين للبشرية، وهذا يلقي بالضوء على قصده من نص رومية ٥: ١٨. فكما تؤثر أفعال آدم على جميع البشر الذين هم فيه، هكذا أيضًا تؤثر أفعال المسيح على جميع الذين هم فيه. وهكذا، يمكن لأخذ السياق في الاعتبار أن يصوِّب القراءة السطحية لنص منعزل من الكتاب المقدس.

في أمثلة أخرى، كانت اللغة الشموليَّة مجرد أسلوب حديث اعتيادي. فحين قال الفريسيون عن يسوع: «هُوَذَا الْعَالَمُ قَدْ ذَهَبَ وَرَاءَهُ!» (يوحنا ١٢: ١٩)، لم يقصدوا بهذا أن جميع الناس الأحياء على وجه الأرض في ذلك الوقت قد ابتدأوا بالفعل يتبعون المسيح. وحين قال بولس: «كُلُّ الأَشْيَاءِ تَحِلُّ لِي» (١كورنثوس ٦: ١٢؛ راجع ١٠: ٢٣)، لم يكن يقصد أنه كان حرًا في فعل أي شيء وكل شيء بلا استثناء، إذ قد أقرَّ بأنه لم يكن بلا ناموس، بل كان «تَحْتَ نَامُوسٍ لِلْمَسِيحِ» (١كورنثوس ٩: ٢١). ومن ثَمَّ، ينبغي عدم تفسير اللغة الشمولية تلقائيًّا بمعنى «الجميع بلا استثناء». فنظير أي شيء آخر، يلزم تفسير اللغة الشمولية بشكل سليم بحسب سياقها، ووفقًا لكلِّ التعليم الكتابي.

نحتاج، بدلًا من أن نُطلق وابلًا من النصوص الكتابية الإثباتية في وجه بعضنا البعض، أن نفحص تعليم الكتاب المقدس الواضح بشأن **طبيعة** إرسالية المسيح لتتميم الفداء. فإن تعليم الكتاب المقدس بشأن طبيعة الكفارة يؤثر بشدة في فهمنا الصحيح لنطاقها. سنتناول فيما يلي العديد من خطوط الأدلة الكتابية كي ندعم بها وجهة النظر الحصرية إلى الكفارة.

- الحصرية الثالوثية [Trinitarian Particularism]

في بداية هذا الفصل، قدَّمنا التعليم الكتابي عن الخطة الإلهية للخلاص، وعلاقتها بإرسالية الابن، وأثبتنا أن قرار الابن بأخذ جسد بشري وإنقاذ الخطاة من الموت والدينونة لم يُتَّخَذ من طرف واحد، بل كان وفقًا لخطة ثالوثية متَّفَق عليها. ففي وحدة تامة، كلَّف الآب الابن الذهاب بقوة الروح القدس كي يخلِّص الخطاة. **أرسل** الآبُ الابنَ لأجل غرض محدَّد، وكي يتمِّم مهمة محددة. ولهذا، وَصَفَ يسوع خدمته باستمرار بأنها تنفيذٌ لمشيئة الآب الذي أرسله، حتى أنه قال: «**طَعَامِي** أَنْ أَعْمَلَ مَشِيئَةَ الَّذِي أَرْسَلَنِي وَأُتَمِّمَ عَمَلَهُ» (يوحنا ٤: ٣٤؛ راجع ٦: ٣٨؛ ١٧: ٤؛ عبرانيين ١٠: ٧). وحين تحدَّث عن موته الكفاري، صرَّح بأنه قَبِل من أبيه وصيَّة بأن يضع حياته (يوحنا ١٠: ١٧-١٨)؛ ومن ثَمَّ، بالحقيقة تُعَد إرساليته ككلٍّ فِعْلَ طاعة للآب (فيلبي ٢: ٨). فإن كلَّ ما انتوى الابن تحقيقه في أثناء إرساليته الخلاصية كان هو بالتحديد الغرض الذي لأجله أرسله الآب. فهناك وحدة تامة في القصد والغرض بين المشيئة المخلِّصة للآب والمشيئة المخلِّصة للابن.[٦٥]

ولكن، من الواضح أن الآب لم يختر الجميع للخلاص. فإن الذين التصق الآب بهم واختارهم هم الذين سبق فعيَّنهم، والذين سبق فعيَّنهم هم الذين دعاهم أيضًا دعوة فعالة، والذين دعاهم هم الذين حكم أيضًا بأنهم أبرارٌ في المسيح، والذين برَّرهم هم أيضًا الذين سيمجِّدهم (رومية ٨: ٢٩-٣٠، ٣٣؛ راجع أفسس ١: ٤-٥). وإذ ليس الجميع يتبرَّرون ويُمجَّدون، يترتب على ذلك إذن بالضرورة أن الآب لم يَعرِف أو يُعيِّن مسبقًا الجميع للخلاص. فهناك «آنية غضب» مُهَيَّأَةً لِلْهَلَاكِ، و«آنية رحمة» قَدْ سَبَقَ فَأَعَدَّهَا لِلْمَجْدِ (رومية ٩: ٢٢-٢٣). فإن اختيار الآب ليس شموليًا. وإن كان اختيار الآب حصريًّا (محدَّدًا)، وليس شموليًا، وإن كان الآب والابن متحدين تمامًا في مشيئتهما الخلاصية وقصدهما الخلاصي، فمن المستحيل أن تكون كفارة الابن شمولية، لا حصرية. كتب رايموند (Reymond) هذه الكلمات:

> «من غير الوارد أن نؤمن بأن المسيح يمكن أن يقول: 'أعلم جيدًا، أيها الآب، أن اختيارك ومقاصدك الخلاصية موجَّهة فقط نحو جزء من الجنس البشري، لكن لأن محبتي أكثر شمولًا واتساعًا من محبتك، فلن يرضيني أن أموت فقط من أجل الذين اخترتَهم. سأموت من أجل الجميع'».[٦٦]

إلا أن هذا هو الاستنتاج الذي لا مفر من أن يتوصل إليه الذين يرفضون مبدأ الفداء الحصري. بكلمات أخرى، لو كانت الكفارة شمولية، سيتحتم إذن إما أن يكون الاختيار أيضًا شموليًّا، أو أن يكون هناك اختلاف في المقاصد بين الآب والابن. لكن، يدحض الكتاب المقدس كلتا الفكرتين. فإن مشيئة الآب الخلاصية تظهر من خلال اختياره الحصري المحدَّد (أي اختياره للبعض، وليس للجميع، للخلاص)، وقد جاء الابن كي يعمل مشيئة أبيه الذي أرسله.

---

٦٥ كان ترومان محقًّا في قوله إن هذه الوحدة في المشيئة والقصد بين الآب والابن توحي ضمنًا بكونهما جوهرًا واحدًا، فقد قال: «من اللافت للانتباه أن وحدة الجوهر [*homoousian*] تعني أنه ينبغي عدم تفسير التفاعل بين الآب والابن على الإطلاق بأية مفردات قد توحي ضمنًا ولو بأقل قدر من الخلاف بينهما»؛ فهذا من شأنه أن «يميل بشكل واضح نحو الإيمان بوجود ثلاثة آلهة»:
Trueman, "Definite Atonement View," 26.

66 Reymond, *Systematic Theology*, 678.

وما هي تلك المشيئة؟ أوضح يسوع هذا جليًّا: «وَهَذِهِ مَشِيئَةُ الآبِ الَّذِي أَرْسَلَنِي: **أَنَّ كُلَّ مَا أَعْطَانِي** لاَ أُتْلِفُ مِنْهُ شَيْئًا، بَلْ أُقِيمُهُ فِي الْيَوْمِ الأَخِيرِ» (يوحنا ٦: ٣٩). فقد أعطى الآبُ مجموعةً من الأشخاص المختارين للابن، ونيابة عن **هؤلاء** يتمِّم الابن عمله الفدائي. وهؤلاء المختارون سيُقبِلون جميعهم في النهاية إليه (يوحنا ٦: ٣٧)، ويؤمنون (يوحنا ٦: ٤٠)، لأن الآب قد اجتذبهم اجتذابًا فعالًا (يوحنا ٦: ٤٤، ٥٥-٦٥). فهؤلاء هم الخراف الذين يبذل الابن نفسه عنهم (يوحنا ١٠: ١٤-١٥، ٢٧)، ويعطيهم حياة أبدية (يوحنا ٦: ٤٠؛ ١٠: ٢٨؛ ١٧: ٢). قال المسيح بكلِّ وضوح: «كَانُوا لَكَ [أي للآب] وَأَعْطَيْتَهُمْ لِي» (يوحنا ١٧: ٦؛ راجع ١٧: ٩، ٢٤)، وميَّز هؤلاء بوضوح عن بقية العالم (يوحنا ١٧: ٩). هؤلاء الأشخاص الذين كانوا للآب من قبل تأسيس العالم لا يمكن إلا أن يكونوا هم المختارون الذين اختارهم الله للخلاص. ومن ثَمَّ، هؤلاء فقط هم الذين أعطاهم الآب للابن، ومن ثَمَّ، هؤلاء فقط هم الذين لأجلهم يتمِّم الابن الفداء.

إذن، ليس من المثير للدهشة أن نقرأ عن الطرق العديدة التي يصف بها الكتاب المقدس أناسًا **محدَّدين** هم المستفيدون من عمل المسيح على الصليب. فقد بذل المسيح نفسه فدية عن **كثيرين** (متى ٢٠: ٢٨؛ مرقس ١٠: ٤٥؛ راجع إشعياء ٥٣: ١٢؛ متى ٢٦: ٢٨)، وليس عن الجميع. وهو الراعي الصالح الذي يبذل نفسه عن **خرافه** (يوحنا ١٠: ١١-١٥)، وليس عن الجداء الذين ليسوا له (راجع يوحنا ١٠: ٢٦). وهو مُحِب الإخوة الذي يضع نفسه لأجل **أحبائه** (يوحنا ١٥: ١٣). وهو الفادي العظيم الذي بدمه اقتنى **كنيسة** الله (أعمال الرسل ٢٠: ٢٨). وهو عريس **الكنيسة** (رؤيا ١٩: ٧؛ راجع يوحنا ٣: ٢٩)، التي أحبها وأَسلم نفسه لأجلها (أفسس ٥: ٢٥). وهو قد أُسلِم من أجل **المختارين** (رومية ٨: ٣٢-٣٣)، الذين يشفع فيهم باستمرار (رومية ٨: ٣٤؛ راجع يوحنا ١٧: ٩). وهو المُطهِّر «**لنفسه شَعْبًا خَاصًّا** غَيُورًا فِي أَعْمَالٍ حَسَنَةٍ» (تيطس ٢: ١٤).

الرد الشائع الذي يجيب به الشموليون عن هذه النصوص هو أن هذه اللغة الحصرية لا تستبعد بالضرورة الشمولية. يعني هذا أنه ربما مات المسيح بالفعل عن خِرافه، لكن لا يترتب على هذا أنه لم يمت أيضًا عن الجداء. لكن، يتعدَّى هذا الدفاع عن الفداء الحصري كونه مجرَّد تكديسٍ لبعض النصوص الإثباتية المنفصلة التي تؤيد مبدأ الحصرية، بل هو بمثابة وضع تلك النصوص في سياق الوحدة الواضحة بين مشيئة الآب ومشيئة الابن من جهة الخلاص، التي يصفها الكتاب المقدس بأنها حصريَّة، وليست شموليَّة. علاوة على ذلك، هناك بعض البراهين التي تدل على أن بعض هذه الإشارات الحصرية، على الأقل، تستبعد بالضرورة نقيضها. يعرِّف بولس الذين بذل الآب ابنه لأجلهم بأنهم «مُخْتَارِي اللهِ» (رومية ٨: ٣٢-٣٣) – وهي فئة تستبعد بالضرورة فئة غير المختارين، وأُثبِت بالفعل فيما سبق أنها غير شاملة. كما قال يسوع إنه يضع نفسه عن خرافه (يوحنا ١٠: ١٤-١٥)، الذين يصفهم بأنهم الذين أعطاهم الآب له (يوحنا ١٠: ٢٩)، مما يجعل «الخراف» مجرد تسمية أخرى للمختارين. أضف إلى ذلك كلمات يسوع للفريسيين، حين قال: «وَلَكِنَّكُمْ لَسْتُمْ تُؤْمِنُونَ لأَنَّكُمْ لَسْتُمْ مِنْ خِرَافِي» (يوحنا ١٠: ٢٦). وفي ضوء قول يسوع: «أَضَعُ نَفْسِي عَنِ الْخِرَافِ» قبل لحظات من قوله للفريسيين: «لَسْتُمْ مِنْ خِرَافِي»، يصير من المقبول استنتاج أنه لم يضع نفسه عن هؤلاء الفريسيين. وأخيرًا، حين جعل بولس محبة المسيح الباذلة من نحو الكنيسة نموذجًا لمحبة الزوج لزوجته، حصر

تفكيرنا في فهم حصريٍّ عن محبة المسيح تجاه عروسه (أفسس ٥: ٢٥-٢٧). فمن البديهي أن يحب الأزواج زوجاتهم محبةً خاصة، ومختلفة عن محبتهم للآخرين جميعًا. فإن كان (١) المسيح قد أَحَبَّ غير المختارين، وأَسلم نفسه لأجلهم تمامًا كما أَسلم نفسه لأجل عروسه، وإن كان (٢) الأزواج مدعوون إلى أن يحبوا زوجاتهم بحسب هذا النموذج، فعلى الأزواج إذن أن يحبوا زوجاتهم محبة لا تختلف في شيء عن محبتهم للنساء الأخريات. قطعًا، لم يكن هذا ما قصده بولس. وهكذا، يكون الاستنتاج الصحيح هو أن محبة المسيح لكنيسته حتى الموت هي محبة فريدة وخاصة.

تلخيصًا لما سبق، بفضل وحدة الآب والابن والروح القدس في الجوهر، وأيضًا وحدتهم التامة في المشيئة الخلاصية والقصد الخلاصي. أُرسِل المسيح بتفويض من الآب، وبقوة الروح القدس، كي يخلِّص عددًا من البشر لا يزيد ولا يقل شيئًا عن عدد الذين اختارهم الآب، والذين يجدِّدهم الروح القدس (راجع أفسس ١: ١٣-١٤). فقد اختار الآب البعض، وليس الجميع؛ ويجدِّد الروح القدس البعض، وليس الجميع. إذن، يُعَد افتراض أن المسيح قد كفَّر عن الجميع، وليس عن البعض، بمثابة جعل أقانيم الثالوث على خلاف فيما بينهم. وحينئذ، نكون مجبرين أن نقول إن مشيئة الابن ليست هي مشيئة الآب والروح القدس. هذا ليس فقط يهدِّد وحدة جوهر أقانيم الثالوث، لكنه أيضًا متناقض بشكل صريح مع تصريحات المسيح الواضحة بأنه تولَّى هذه المهمة الخلاصية بالتحديد كي يعمل مشيئة أبيه. فإذ أعطى الآب الابن أناسًا محدَّدين من العالم، وضع المسيح نفسه لأجل هؤلاء، أي خرافه، وخاصته، أي الكنيسة. فإن الوحدة في الثالوث تستلزم كفارة حصرية.

- **الكفارة الفعَّالة [Efficacious Atonement]**

ربما كانت الحُجة الأشهر التي يقدِّمها مَن يتمسكون بشكلٍ من أشكال الكفارة غير المحدودة هي أن المسيح مات من أجل الجميع بلا استثناء بالمعنى الإتاحي [provisional sense]، أي أنه مات كي **يتيح** الخلاص للجميع، وليس كي يكفله بشكل أكيد لأيِّ شخص على وجه الخصوص. فهم يُقولون إن المسيح مات **موتًا احتماليًّا** لأجل الجميع، حتى تتاح إمكانية تطبيق مزايا ذبيحته على أي شخص بالتوبة والإيمان. نادرًا جدًّا ما يدافع هؤلاء عن هذه الطبيعية الإتاحية للكفارة بناء على تفسير للنصوص الكتابية؛ لكن في المقابل، يقدَّم هذا الرأي كنظرية لاهوتية تفسِّر النصوص التي تشير إلى موت المسيح بألفاظ شمولية. وعادة ما تتخذ الحُجة الشكل التالي:

١. يتحدَّث الكتاب المقدس عن موت المسيح بألفاظ شمولية؛ ومن ثمَّ، مات المسيح عن الجميع دون استثناء.

٢. لا يحصل الجميع على المزايا الخلاصية لموت المسيح، بل يهلك البعض في الجحيم.

٣. إذن، مات المسيح عن الجميع فقط بالمعنى الإتاحي أو الاحتمالي؛ وتصير الكفارة فعالة فقط من خلال قرار الخاطئ بأن يتوب ويؤمن.

تستند هذه الحُجة ككلٍّ على الافتراض غير المثبَت الذي نجده في النقطة الأولى، ألا وهو وجوب تفسير اللغة الشمولية للنصوص بأنها تعني «الجميع بلا استثناء». لكن هذا الافتراض ليس صحيحًا. فإن استطعنا إثبات (١) أنه حين تُقرأ اللغة الشمولية داخل سياقها، يمكن أن يكون تفسيرها الصحيح هو أنها تعني «الجميع دون تمييز»، وأن (٢) التعليم الكتابي بكامله لا يصف الكفارة بأنها إتاحية، بل بأنها فعَّالة في ذاتها، ستنهار حُجة الشموليين. سنتناول النقطة الأولى لاحقًا،[٦٧] والثانية الآن.

يَكمُن مفتاح حُجة الشموليين في حسبان كفارة المسيح بأنها غير فعَّالة في حد ذاتها. ولكن، في دراستنا أعلاه عن الكفاية التامة للكفارة، استطعنا أن نُثبت من الكتاب المقدس أن صفة الفاعلية مُلازمة وضرورية للمفهوم الكتابي للكفارة. وعلى سبيل المراجعة، يُعلِّم الكتاب المقدس بأن المسيح قد حقَّق فعليًّا – وليس احتماليًّا، أو إتاحيًّا، أو افتراضيًّا، بل فعليًّا – خلاص شعبه بفضل عمله على الصليب. نقول بعبارة أخرى إنه حين صرَّح الكتاب المقدس بأن بديلنا «حَمَلَ هُوَ نَفْسُهُ خَطَايَانَا فِي جَسَدِهِ عَلَى الْخَشَبَةِ» (١بطرس ٢: ٢٤)، فهذا يعني أنه حمل **فعليًّا**، وليس احتماليًّا، خطايانا في جسده على الخشبة. وحين قال الكتاب المقدس: «وَهُوَ مَجْرُوحٌ لأَجْلِ مَعَاصِينَا، مَسْحُوقٌ لأَجْلِ آثَامِنَا. تَأْدِيبُ سَلاَمِنَا عَلَيْهِ، وَبِحُبُرِهِ شُفِينَا» (إشعياء ٥٣: ٥)، سيكون خطأً تفسيريًّا جسيمًا أن نستنتج أنه جُرح أو سُحق احتماليًّا فحسب – وأن تأديبه لم يجلب سوى سلامًا احتماليًّا، أو أن حُبُره لم تجلب سوى شفاء احتماليًّا. سيبدو هذا وكأننا نُقحِم على نحو مصطَنَع مفهوم **الاحتمالية** على نصوص تتحدث عن تتميم فعَّال وموضوعي. لكن المسيح جُرِح، وسُحِق، وتأدَّب، وأصيب **فعليًّا**، ومن ثَمَّ، حقق سلامًا فعليًّا، وشفاءً فعليًّا. لا يقول الكتاب المقدس: «بجلدته صرتم قابلين للشفاء»؛ ولا يقول: «بجلدته انتقلتم إلى حالة فيها **يمكن** أن تشفوا إن استوفيتم بعض الشروط التي تُفعِّل النطاق الشمولي الافتراضي لجلدات المسيح».[٦٨] بل يقول النص ببساطة: «الَّذِي بِجَلْدَتِهِ شُفِيتُمْ» (١بطرس ٢: ٢٤). يعني هذا أن ألم المسيح وموته الموضوعي والبَدَلي قد حقق فعليًّا الشفاء الروحي للذين مات لأجلهم – أي الذين، بفضل القيمة والفاعلية الجوهرية لذبيحة المسيح «لا يكون خلاصهم ممكنًا فحسب، بل هم يخلُصون بالفعل، ولا بد أن يخلُصوا، ولا يمكن بأي حال من الأحوال أن يتعرَّضوا لخطر أن يوجَدوا في أية حالة أخرى، غير أن يكونوا مخلَّصين».[٦٩]

---

٦٧ انظر عنوان «محاولة فهم النصوص المؤيِّدة لشمولية الكفارة» (ص. ٦٦٥).

٦٨ هذه اللغة مُقتبسة من المصدر التالي:

Trueman, "Definite Atonement View," 42.

69 Charles Spurgeon, "Particular Redemption," in *The New Park Street Pulpit* (London: Alabaster and Passmore, 1856),4:135 .

وكما كتب موتيير (Motyer): «إن المعاني اللاهوتية المستمَدة من هذا عميقة: فإن الكفارة نفسها، وليس شيئًا آخر خارج الكفارة [مثل قرار الخاطئ]، هي سبب أي اهتداء وتجديد. فإن الموارد اللازمة للاهتداء متوفرة في موت العبد، ونابعة منه. وهكذا، فإن الكفارة هي التي تُفعِّل الاهتداء، وليس العكس (راجع تيطس ٣: ٣–٥)».

J. Alec Motyer, "'Stricken for the Transgression of My People': The Atoning Work of Isaiah's Suffering Servant," in Gibson and Gibson, *From Heaven He Came and Sought Her*, 261–62.

من الممكن مضاعفة هذه الأمثلة من كلِّ الكتاب المقدس. وكما ذكرنا قبلًا، منذ شريعة سفر اللاويين، نرى الكفارة فعالة في ذاتها، تحقَّق دائمًا تأثيرها المنشود (راجع لاويين ٤: ٢٠، ٢٦، ٣١، ٣٥؛ ٥: ١٠، ١٣، ١٦، ١٨؛ ٦: ٧؛ ١٢: ٧-٨؛ ١٤: ٢٠، ٥٣؛ ١٩: ٢٢). وهكذا، فحين يطبِّق العهد الجديد مصطلحات العهد القديم عن الكفارة على عمل المسيَّا، سيكون من الصواب أن ننظر إلى كفارة المسيح باعتبار أن لها هذه الفاعلية المتأصِّلة ذاتها. وهذه هي بالتحديد الكيفية التي يصفها بها كُتَّاب العهد الجديد: فقد رفع [expiate] يسوع خطايانا فعليًّا (١يوحنا ٣: ٥)، واسترضى فعليًّا غضب الآب علينا (رومية ٣: ٢٥؛ عبرانيين ٢: ١٧-١٨)، وصالحنا فعليًّا مع الله (كولوسي ١: ٢٢)، واشترى فعليًّا فداءنا (أعمال الرسل ٢٠: ٢٨؛ رؤيا ٥: ٩). فهو أتى لا ليجعل الخلاص ممكنًا، بل ليُخلِّص شعبه على نحو قاطع وأكيد (متى ١: ٢١). فإن المسيح لم يُتِح، في كفارته، خلاصًا افتراضيًّا، بل بالحري ضَمِنَ على نحو أكيد وقاطع خلاص الذين مات لأجلهم، بحمله عقوبتهم فعليًّا. كتب باكر (Packer) الكلمات المؤثرة التالية:

> «لم يكن قصد الله الخلاصي من موت ابنه مجرَّد رغبة أو أمنية غير فعالة، تعتمد في تحقيقها على رغبة الإنسان في أن يؤمن، بحيث من الممكن، على الرغم من كل ما استطاع الله أن يعمله، أن يموت المسيح دون أن يَخلُص أحد على الإطلاق ... ينظر الكتاب المقدس إلى الصليب على أنه يُعلن قوة الله للخلاص، وليس عجز الله. لم يربح المسيح خلاصًا افتراضيًّا لمؤمنين افتراضيين، ولم يحصل على مجرد إمكانية خلاص لكل مَن من الممكن أن يؤمنوا، بل رَبِحَ خلاصًا حقيقيًّا لأجل مختاريه. فإن دمه الثمين يخلِّصنا جميعًا حقًّا، والنتائج المنشودة لبذله نفسه تتحقق حقًّا، فقط بفضل طبيعة الصليب. إن قوته للخلاص لا تعتمد على إضافة الإيمان **إليها**، بل هي شديدة لدرجة أن الإيمان هو الذي يَنْبَع **منها**. فقد **ضَمِنَ** الصليب الخلاص التام لجميع الذين مات المسيح لأجلهم».[٧٠]

إذن، بما أن كفارة المسيح فعَّالة في ذاتها، وبسبب الإجماع على أنه ليس جميع البشر سيخلصون في النهاية، لا بد إذن أن يكون نطاق الكفارة محدودًا. الخيار الآخر الوحيد هو أن نفترض أن الله طالَبَ أولًا المسيح على الصليب بدفع ثمن عقوبة الخطية، ثم يطالب الخاطئ غير المؤمن بهذا الثمن مرة أخرى في الجحيم. لكن بالتأكيد هذه المحاكمة مرتين على الجُرم نفسه متناقضة تمامًا مع عدل الله. وفي الترتيلة الشهيرة التي كتبها أغسطس توبلادي (Augustus Toplady) (١٧٤٠-١٧٧٨ م) بعنوان «From Whence This Fear and Unbelief?»، استطاع أن يعبِّر بشكل رائع عن هذه الحقيقة:

---

70 J. I. Packer, "Saved by His Precious Blood: An Introduction to John Owen's *The Death of Death in the Death of Christ*," in J. I. Packer and Mark Dever, *In My Place Condemned He Stood: Celebrating the Glory of the Atonement* (Wheaton, IL: Crossway, 2007), 123, emphasis added.

أوجز موراي أيضًا هذه الفكرة جيدًا، حين قال: «إن فسَّرنا الفداء بأنه أقل بأية درجة من كونه التتميم الفعال الذي يضمن خلاص أولئك الذين هم موضوعه، فنحن نُحِطُّ من مفهوم الفداء نفسه، الذي هو ضمان فعال لإطلاق سراح عبيد باستخدام القوة، ودفع ثمن. لم يأتِ المسيح كي يضع البشر في حالة قابلة للفداء، بل كي يفتدي لنفسه شعبًا. نحصل على هذه النتيجة ذاتها حين نحلل معنى الإعفاء، والاسترضاء، والمصالحة بطريقة صحيحة. لم يأت المسيح كي يجعل الخطايا قابلة للإعفاء منها، بل جاء كي يرفع الخطايا ... (عبرانيين ١: ٣). ولم يأتِ المسيح كي يجعل الله قابلًا للمصالحة، بل هو قد صالحنا مع الله بدمه».

Murray, *Redemption Accomplished and Applied*, 63.

«إن كنتَ اشتريتَ لي براءتي
وعوضًا عني قاسيتَ طواعية
كامل الغضب الإلهي،
فالثمن لا يمكن أن يطالِب به الله مرتين..
أولًا من يد ضامني النازف
ومرة أخرى من يدي.»

If thou hast my discharge procured,
And freely in my room endured
The whole of wrath divine,
Payment God cannot twice demand—
First at my bleeding surety's hand,
And then again at mine.

يؤكِّد الكتاب المقدس أن «ضامننا النازف» قاسى «كامل الغضب الإلهي» على نحو فعَّال بدلًا من الذين مات لأجلهم. ولو كان هناك غضبٌ بعد ليُسكَب على الخاطئ غير المؤمن، فهذا يعني أن ذلك الغضب لم يُسترضَ بالعمل البدلي للمسيح. ولو كانت هناك عقوبة بعد لا يزال على الخاطئ أن يسدِّدها في الجحيم، فإن المسيح إذن لم يسدِّد العقوبة على الصليب. لا يترك لنا هذا سوى خيارين: إما أن (١) ذبيحة المسيح كانت ضعيفة وغير فعالة، وإما أن (٢) ذبيحة المسيح القوية والفعالة قد قُدِّمت لأجل عدد محدَّد من الأشخاص. وبما أن الخيار الأول هو تجديف، ومخالفٌ بوضوح للكتاب المقدس، يصير دارس كلمة الله مجبرًا على قبول الخيار الثاني.

إذن، بما أن كفارة المسيح هي بحُكم طبيعتها بدليَّة فعَّالة – أي أن المسيح قد استرضى فعليًّا كامل غضب الآب على خطايا الذين مات لأجلهم – لن يمكننا أن نقبل بكفارة شمولية، ونرفض الخلاص الشمولي في الآن ذاته، دون أن نجرِّد الكفارة من قوَّتها المخلِّصة. مرة أخرى، يقول باكر:

> كلُّ من يتبنَّى هذا الرأي سيكون عليه أن يعيد تعريف مفهوم البدليَّة بمفردات غير دقيقة وغير محدَّدة، هذا إن لم يُسقِط المصطلح تمامًا، لأنه بهذا يرفض كون ذبيحة المسيح النيابيَّة تَضْمَن خلاص أيِّ إنسان ... فإن أردنا أن نقول إن البدليَّة العقابيَّة كانت عن الجميع بلا استثناء، سيتحتم علينا إما أن نقبل بالخلاص الشمولي وإما، كي نتجنب هذا الاستنتاج، أن نرفض فاعلية البدلية لخلاص أيِّ إنسان. وإن كنا نرى أن البدلية العقابية هي فعل خلاص إلهي فعال، فسيتحتم علينا إما أن نقبل بالخلاص الشمولي وإما، كي نتجنب هذا الاستنتاج، أن نحصر نطاق البدلية، جاعلين إياها عن البعض، وليس عن الجميع.[٧١]

يتضح لنا، إذن، أنه ما لم نكن مؤمنين بخلاص شمولي في النهاية، فلا بد أن تعبِّر كلمة **الجميع** عن نطاق محدود للكفارة. فإن مؤيِّد الكفارة الحصرية يحدُّ من نطاقها، بينما مؤيِّد الكفارة الشمولية يحدُّ من فاعليتها. لكن أن تكون الكفارة غير فعالة فهذا متناقض ليس فقط مع التعليم الكتابي عن

71 J. I. Packer, "What Did the Cross Achieve? The Logic of Penal Substitution," in *In My Place Condemned He Stood*, 90–91.

طبيعة الكفارة (كما أوضحنا أعلاه)، بل يهدم أيضًا بشكل أساسي رسالة الإنجيل نفسها، لأن الكفارة غير الفعَّالة ليست كفارة على الإطلاق. فهي كفارة لا تكفِّر.

تُعَد نتائج هذا الفكر كارثية. فلو كان المسيح أتاح «الكفارة المحتمَلة» نفسها للجميع، فإن الفارق الحاسم بين المخلَّصين والهالكين لن يكون هو نعمة المخلِّص القديرة، بل إرادة الخاطئ الفاسدة. ومن ثَمَّ، يصير الاستنتاج المنطقي الذي يتحتم أن نتوصل إليه هو كالتالي: «يخلِّصنا المسيح بمساعدتنا؛ وحين نفكر في هذا جيدًا، نجد معناه أننا نخلِّص أنفسنا بمساعدة المسيح».[٧٢] ولكن هذه ليست هي الكفارة الكافية تمامًا، ولا هي الإنجيل الذي يمتلك القوة للخلاص، كما أعلنتهما صفحات الكتاب المقدس. فإن عقيدة الكفارة الحصريَّة (المحدَّدة) بعيدة كل البعد عن كونها **تهدِم** العرض المجاني الذي تقدِّمه رسالة الإنجيل، كما تُتَّهم في كثيرٍ جدًا من الأحيان؛ بل هي، على النقيض، **ترسِّخ** العرض المجاني الذي تقدِّمه رسالة الإنجيل.[٧٣] لا تستطيع الكفارة الشمولية أن تقدِّم للخطاة شيئًا أكثر من مجرد **احتمالية** الخلاص – أي فرصة الوجود في حالة قابلة للخلاص. فبالنسبة لمؤيِّد الشمولية، ما الذي يعنيه أن يقول أحدهم للخاطئ: «المسيح مات من أجلك»، في حين، بحسب فكره، يمكن لأولئك الذين مات المسيح من أجلهم أن يهلِكوا بالفعل في الجحيم؟ فدون بدلية فعالة، ما هو المحتوى الخلاصي الذي يمكن الكرازة به؟ إن الكفارة الفعالة تمامًا هي وحدها التي تقدِّم خلاصًا محقَّقًا، لا يحتاج إلى إضافة شيء إليه، وعطية مجانية تؤخَذ بالإيمان وحده.[٧٤] ولهذا، سيتحتم علينا أن نستنتج مع سبرجن أن مؤيِّد الشمولية يمكنه أن يحتفظ لنفسه بكفارته غير الفعالة:

> يقول الأرمينيون إن المسيح مات عن جميع البشر. اسأل أحدهم ماذا يقصد بهذا. هل يقصد أن المسيح مات كي يَضْمَنَ خلاص جميع البشر؟ سيجيبك: «بالطبع لا». حينئذ، اطرح عليه السؤال التالي: «هل مات المسيح، إذن، كي يَضْمَنَ خلاص أيِّ إنسان على وجه التحديد؟» سيجيبك: «كلا». فهو مجبَر على أن يجيب هكذا إذا أراد أن يكون متَّسقًا. ثم سيضيف قائلًا: «مات المسيح حتى تتاح لأيِّ إنسان فرصة الخلاص إن» – ثم تتبع هذا شروط معيَّنة للخلاص. حينئذ، تستطيع أن تجيبه ببساطة بالعودة إلى السؤال السابق: «إذن، لم يمت المسيح كي يضمن بما لا يدع مجالًا للشك خلاص أيِّ إنسان، أليس كذلك؟» سيكون عليه أن يجيب: «لا» لأنه مجبَر... الآن، مَن منا هو الذي يَحِدُّ من موت المسيح؟ عجبًا! هؤلاء الأرمينيون هم مَن يحدُّونه. فهم يقولون إن المسيح لم يمت كي يضمن بشكل قاطع

---

72 Packer, “Saved by His Precious Blood,” 129.

٧٣ للاطلاع على المزيد بشأن عدم تناقُض فكر الخصوصية في الاختيار، وفي الكفارة، وفي تطبيق الفداء مع الكرازة الشمولية المُخْلِصة بالإنجيل، انظر عنوان «الدعوة الخارجية: الكرازة بالإنجيل» (ص. ٦٨٣).

٧٤ يقول موراي: «ما الذي يُقدَّم للبشر في رسالة الإنجيل؟ ليس احتمالية الخلاص، أو مجرد فرصة للخلاص؛ بل ما يقدَّم هو الخلاص عينه. كي أكون أكثر تحديدًا، يُقدَّم المسيح نفسه بكامل مجد شخصه، وفي تمام عمله المكتمل ... لكن، ليس ممكنًا أن يقدَّم المسيح بهذه الصورة ما لم يكن قد ضَمِنَ الخلاص، وتمَّم الفداء. وليس ممكنًا أن يُكرَز به مخلِّصًا يجسِّد في ذاته الخلاص التام والمجاني، لو كان فقط جعل خلاص جميع البشر محتملًا، أو مجرد أتاح الخلاص للجميع. فإن التعليم بأن المسيح قد اقتنى الفداء وضَمِنَه هو الذي يكسو العرض المجاني المقدَّم في رسالة الإنجيل بالغنى والقوة. هذا التعليم وحده هو الذي يتيح كرازة بالمسيح جديرة بمجد عمله وبمجد شخصه». Murray, *Redemption Accomplished and Applied*, 65.

> خلاص أي إنسان. عفوًا، أنت تقول إننا نحن مَن نحدُّ موت المسيح، لكنني أجيبك: «لا، يا سيدي العزيز، أنت مَن تفعل هذا». فإننا نقول إن المسيح مات حتى يضمن على نحو قاطع خلاص جماهير لا تُحصَى من البشر، ليس فقط من المحتمَل أن يَخلُصوا بموت المسيح، بل هم يخلُصون بالفعل، ولا بد أن يخلُصوا، ولا يمكن بأي حال من الأحوال أن يُدركهم خطر أن يكونوا غير مخلَّصين. هنيئًا لك بكفارتك، يمكنك الاحتفاظ بها. فإننا لن نتخلَّى البتة عن كفارتنا من أجلها.[٧٥]

- **وحدة عمل المسيح كرئيس كهنة**

يصف الكتاب المقدس مرارًا المسيح بأنه رئيس الكهنة الأعظم لشعبه (عبرانيين ٢: ١٧؛ ٣: ١؛ ٤: ١٤-١٥؛ ٥: ١، ٥، ١٠؛ ٦: ١٩-٢٠؛ ٨: ١-٦؛ ٩: ١١-١٢، ٢٥)، مستعينًا بالإطار الفكري لنظام ذبائح العهد القديم كأساسٍ لفهم كفارة المسيح. وهكذا، توجد استمرارية بين خدمة المسيح الكهنوتية، وخدمة كهنة العهد القديم، عدا في نصوص العهد الجديد التي تعقد مقابلة واضحة بينهما (مثل عبرانيين ٧: ٢٧). ومن ثَمَّ، يُلقي عمل الكهنة اللاويين الضوء على نطاق الكفارة من خلال الوحدة التي لا تنفصل بين تقديم الكاهن للذبيحة، وعمله الشفاعي.

في يوم الكفارة، كان على رئيس الكهنة أن يذبح تيسًا واحدًا ذبيحةً عن خطايا شعب إسرائيل (لاويين ١٦: ٩). لكن، لم يكن عمل الكاهن ينتهي بموت الذبيحة. فبعد ذبح التيس، كان مطالَبًا بأن «يَدْخُلُ بِدَمِهِ إِلَى دَاخِلِ الْحِجَابِ»، أي إلى قدس الأقداس، وأن «يَنْضِحُهُ عَلَى الْغِطَاءِ وَقُدَّامَ الْغِطَاءِ» (لاويين ١٦: ١٥؛ راجع ١٦: ١٨-١٩). هذا العمل الثنائي - أي ذبح التيس والرش الشفاعي لدمه - هو الذي كان يتمِّم الكفارة عن خطايا إسرائيل. كان هذا ينطبق ليس فقط على يوم الكفارة، بل وأيضًا على جميع الذبائح التي كانت تستلزم موت حيوانات. كان على الكاهن أن يذبح الحيوان أولًا، ثم «يُقَرِّبُ ... الدَّمَ، وَيَرُشُّونَ الدَّمَ مُسْتَدِيرًا عَلَى الْمَذْبَحِ» (لاويين ١: ٥؛ راجع ١: ١١؛ ٣: ٢، ٨، ١٣؛ ٤: ٦-٧، ١٧-١٨، ٢٥، ٣٠، ٣٤؛ ٥: ٩؛ ٧: ٢؛ ١٧: ٦). وما ينبغي أن نلاحظه من هذه الطقوس هو أن نطاق عمل الكاهن في تقديم الذبيحة مطابق لنطاق عمله الشفاعي. لم يكن رئيس الكهنة يذبح التيس نيابة عن جميع البشر في جميع أنحاء العالم الأممي، ثم يرش دمه نيابة عن إسرائيل وحدها؛ بل كان الذبح والشفاعة وجهين لعملة كفارية واحدة، كلاهما يُصنَعان نيابة عن إسرائيل وحدها.

ينطبق هذا المبدأ ذاته على وحدة خدمة المسيح الثنائية بصفته رئيس كهنة. يصف كاتب الرسالة إلى العبرانيين المسيح بأنه رئيس كهنتنا الأعظم، الذي قدَّم نفسه بصفته الذبيحة الكاملة، والذي أيضًا دخل إلى الأقداس كي يشفع عن شعبه: «لِأَنَّ الْمَسِيحَ لَمْ يَدْخُلْ إِلَى أَقْدَاسٍ مَصْنُوعَةٍ بِيَدٍ أَشْبَاهِ الْحَقِيقِيَّةِ، بَلْ إِلَى السَّمَاءِ عَيْنِهَا، لِيَظْهَرَ الْآنَ أَمَامَ وَجْهِ اللهِ لِأَجْلِنَا» (عبرانيين ٩: ٢٤). بعبارة أخرى، كان تقديم المسيح نفسه ذبيحة متَّصلًا على نحو لا ينفصم بعمله الشفاعي أمام وجه الله نيابة عن شعبه (عبرانيين ٤: ١٤-١٥؛ ٧: ٢٥؛ ١يوحنا ٢: ١)؛ أي أن المسيح يشفع في جميع الذين مات من أجلهم، وهو مات من أجل جميع الذين يشفع فيهم.

---

75 Spurgeon, “Particular Redemption,” 4:135.

نجد تأييدًا لهذا الاستنتاج أيضًا في رومية ٨: ٢٩-٣٩، حيث تناول بولس موضوع الفداء من البداية إلى النهاية – أي منذ اختيار الآب في الأزل (٨: ٢٩-٣٠)، ثم موت المسيح وقيامته (٨: ٣٢-٣٤)، ثم تطبيق الفداء على الخطاة في كلٍّ من التبرير (٨: ٣٣)، والمثابرة حتى التمجيد (٨: ٣٥-٣٩). لكن، ثمة أهمية خاصة لتعليق بولس الوارد في رومية ٨: ٣٤، الذي فيه يربط موت المسيح وقيامته بشفاعته الحالية: «اَلْمَسِيحُ هُوَ الَّذِي مَاتَ، بَلْ بِالْحَرِيِّ قَامَ أَيْضًا، الَّذِي هُوَ أَيْضًا عَنْ يَمِينِ اللهِ، الَّذِي أَيْضًا يَشْفَعُ **فِينَا**». إذن، السؤال هنا هو: إلامَ يشير الضمير المتصل «نا» في كلمة «فينا»؟ نجد أقرب سابقة لهذا الضمير في رومية ٨: ٣٢، «اَلَّذِي لَمْ يُشْفِقْ عَلَى ابْنِهِ، بَلْ بَذَلَهُ **لأَجْلِنَا** أَجْمَعِينَ، كَيْفَ لاَ **يَهَبُنَا** أَيْضًا مَعَهُ كُلَّ شَيْءٍ؟» وهكذا، يشفع المسيح في الوقت الحالي في الذين بَذَلَ الآبُ المسيحَ للموت لأجلهم.

إذن، نلاحظ هنا مرة أخرى أن المسيح يشفع في جميع الذين مات لأجلهم، وأنه مات لأجل جميع الذين يشفع فيهم. السؤال الرئيسي إذن هو: هل يشفع المسيح أمام الآب في جميع البشر بلا استثناء أم في المختارين فحسب؟ قطعًا الإجابة هي الثانية. هل يصلِّي المسيح إلى الآب من أجل خلاصٍ وبركةٍ لغير المختارين، تلك الطلبة التي سيرفض الآب أن يستجيبها لابنه، لأنه لا ينتوي أن يخلِّص غير المختارين؟ هل أقانيم الثالوث بهذا القدر من الانقسام؟ هنا، مرة أخرى، ستؤدِّي عقيدة الكفارة غير المحدودة إلى انقسام بين مشيئة الآب ومشيئة الابن، ممَّا له عواقب كارثية على عقيدة الثالوث الكتابية.[٧٦] علاوة على ذلك، يجيب المسيح نفسه عن هذا السؤال في صلاته الشفاعية بصفته رئيس كهنة، التي نجدها في الأصحاح السابع عشر من إنجيل يوحنا. في هذه الصلاة، شفع رئيس الكهنة الأعظم أمام الآب في الذين كان سيقدِّم نفسه قريبًا ذبيحةً عنهم، قائلًا بكلِّ صراحة: «مِنْ **أَجْلِهِمْ** أَنَا أَسْأَلُ. **لَسْتُ** أَسْأَلُ مِنْ أَجْلِ الْعَالَمِ، بَلْ مِنْ أَجْلِ الَّذِينَ أَعْطَيْتَنِي لأَنَّهُمْ لَكَ» (يوحنا ١٧: ٩). فقد شفع يسوع هنا بصفته رئيس كهنة فقط في الذين أعطاهم الآب له (راجع يوحنا ٦: ٣٧، ٣٩، ٤٤، ٦٥؛ ١٠: ٢٩؛ ١٧: ٢، ٦، ٢٠، ٢٤) – أي «المختارين» المشار إليهم في رومية ٨: ٣٣. وبما أن العَمَلان الكهنوتيَّان لتقديم الذبيحة وللشفاعة متصلان على نحو لا ينفصل، وبما أنه ليس من الوارد أن يَرفض المسيح أن يشفع في الذين سَفَكَ عنهم دمه الثمين، لا بد أن نستنتج إذن أن نطاق الكفارة – شأنه في هذا شأن نطاق شفاعة المسيح – مقتصرٌ على المختارين.

- **حُجة رومية ٨: ٢٩-٣٩**

بالرجوع إلى الأصحاح الثامن من رسالة رومية، نكتشف أن تعليقات بولس في هذا النص تمثِّل هي نفسها حُجَّة كتابية تؤيِّد الفداء الحصري (المحدَّد). فقد تحدَّث بولس بوضوح في رومية ٨: ٣٢ عن نطاق الكفارة حين قال إن الآب لم يشفق على ابنه بل بذله «لِأَجْلِنَا أَجْمَعِينَ». مَن هم هؤلاء «الأجمعون» الذين بُذِل المسيح للموت لأجلهم؟ يجيب بولس عن هذا السؤال بعدة طرائق. أولًا، إن بَحَثْنا عن سابقة لهذا الضمير الموجود في عبارة «لِأَجْلِنَا أَجْمَعِينَ» (٨: ٣٢)، سنجد ضميرًا آخر في رومية ٨: ٣١، يشير

٧٦ يعرض ترومان هنا ملاحظة حكيمة: «لا يمكن أن تكون للآب والابن مشيئتان متناقضتان، لأن هذا سيستلزم أن يكونا إلهين مختلفين. أيضًا، لا يمكن للآب أن يجبر الابن على شيء رغمًا عن إرادته، لأن هذا سيستلزم أن يكون الابن أدنى من الآب – وهذا شكل من أشكال الأريوسية».

Trueman, "Definite Atonement View," 47.

إلى أولئك الذين الله **معهم**. وحين نستمر في البحث عن سابقة، نجد أن هؤلاء الذين الله معهم هم الذين سبق فعرفهم، وسبق فعيَّنهم، وسبق فدعاهم، وسبق فبرَّرهم، وسبق فمجَّدهم (٨: ٢٩-٣٠). وبالتقدُّم إلى الأمام، نعلم أن هؤلاء الذين بُذِل المسيح لأجلهم هم الذين سيهبهم الله بنعمته كافة المزايا الخلاصية التي اشتراها لهم موت المسيح، إذ «كَيْفَ لَا يَهَبُنَا أَيْضًا مَعَهُ كُلَّ شَيْءٍ؟» (٨: ٣٢)؟ ثم يعرِّف رومية ٨: ٣٣ هؤلاء الأشخاص بوضوح بأنهم «مختارو الله»، الذين يبرِّرهم. ويعرِّفهم رومية ٨: ٣٤ بأنهم هم الذين يشفع فيهم المسيح. وأخيرًا، هؤلاء الذين مات المسيح لأجلهم هم أنفسهم الذين لا يمكن أن يفصلهم شيء أبدًا عن محبة المسيح (٨: ٣٥-٣٩).

يمكن استخلاص العديد من الاستنتاجات من هذه الملاحظات. أولًا، بما أن غير المختارين لا يحصلون على كافة المزايا الخلاصية النابعة من نعمة الله، بحسب وعد رومية ٨: ٣٢ (ولا سيما إنقاذهم من العقوبة الأبدية)، هُم إذن ليسوا جزءًا من «لِأَجْلِنَا أَجْمَعِينَ» الذين بُذِل المسيح لأجلهم. ثانيًا، بما أن بولس يعرِّف في رومية ٨: ٣٣ «لِأَجْلِنَا أَجْمَعِينَ» الذين لأجلهم بُذِل المسيح بأنهم «مختارو الله»، فالمسيح إذن لم يُبذَل لأجل غير المختارين. ثالثًا، بما أن جميع الذين بُذِل المسيح لأجلهم سيكونون أيضًا المستفيدين من خدمته الشفاعية عن يمين الآب؛ وبما أن المسيح لا يشفع في غير المختارين، فهم إذن ليسوا ضمن «لِأَجْلِنَا أَجْمَعِينَ» الذين بُذِل المسيح لأجلهم. رابعًا، بما أن جميع الذين بُذِل المسيح لأجلهم لا يمكن أن ينفصلوا أبدًا عن محبة المسيح؛ وبما أن غير المختارين سينفصلون فعليًّا عن محبة المسيح بعقوبة أبدية، فهم إذن ليسوا ضمن «لِأَجْلِنَا أَجْمَعِينَ» الذين بُذِل المسيح لأجلهم. مرة أخرى، يتبيَّن لنا من هذا أن نطاق كفارة المسيح مقتصر الضرورة على المختارين.[٧٧]

## • محاولة فهم النصوص المؤيِّدة لشمولية الكفارة

تُعَد الحُجج الإيجابية السابقة كافية لإثبات أن الفداء الحصري عقيدة كتابية. ولكن، يستند أشهر اعتراض على قصر -أو تحديد- نطاق الكفارة على المختارين إلى العديد من نصوص الكتاب المقدس التي تبدو متناقضة بوضوح مع هذه العقيدة بسبب استخدامها لغة شمولية في الحديث عن موت المسيح: «لِأَنَّهُ هَكَذَا أَحَبَّ اللهُ **الْعَالَمَ** حَتَّى بَذَلَ ابْنَهُ الْوَحِيدَ» (يوحنا ٣: ١٦)؛ «يَسُوعُ الْمَسِيحُ، الَّذِي بَذَلَ نَفْسَهُ فِدْيَةً لِأَجْلِ **الْجَمِيعِ**» (١تيموثاوس ٢: ٦)؛ وغير ذلك أيضًا. ومن ثَمَّ، كي تقف حُجة الفداء الحصري على قدمين ثابتتين، ينبغي تفسير هذه النصوص الشمولية على نحو (١) يتوافق مع تعاليم الفداء الحصري، و(٢) يكون متسقًا مع التفسير السياقي (بحسب القرائن)، واللغوي، والتاريخي. إذن،

---

٧٧ ربما يجيب الشموليون الافتراضيون عن هذا بقول ما مضمونه: «صحيح أن بولس يتحدث في رومية ٨: ٢٨-٣٩ عن الذين مات المسيح لأجلهم، لكنه لا يتحدث عن جميع الذين مات المسيح لأجلهم. فقد مات المسيح لأجل آخرين أيضًا، أي غير المختارين، لكنه ببساطة لا يَذكرهم في هذا النص». هذه الطريقة في التفكير فاشلة لسببين. أولًا، سيكون من قبيل التكرار الذي لا داعي له أن نقول إنه حين قال بولس إن المسيح بُذِل «لِأَجْلِنَا أَجْمَعِينَ»، كان يقصد بهذا جميع الذين بُذِل المسيح لأجلهم. فلو أراد بولس أن يشير فقط إلى مجموعة جزئية من الذين مات المسيح لأجلهم، لما أضاف كلمة «أجمعين» الشمولية، في حين كان من الممكن أن يتوقف عند «لأجلنا». ثانيًا، كان الغرض من حُجة بولس ككلٍّ هو تشجيع وطمأنة المستفيدين من ذبيحة المسيح الكفارية. وكي يفعل هذا، عدَّد المزايا التي تعود عليهم بفضل موت المسيح. ولو لم تكن تلك المزايا مضمونة لجميع الذين مات المسيح لأجلهم (مثل عدم انفصالهم أبدًا عن محبة المسيح)، فلمَ جعل بولس موتَ المسيح هو أساس تعزيتهم؟ لم يكن من شأن هذا أن يقدِّم أية تعزية أو راحة. كان بإمكان القديسين المضطربين أن يجيبوا ببساطة: «ما علاقة موت المسيح بضماني الأبدي؟ فهو قد مات لأجل الجميع بلا استثناء، والملايين منفصلون عن محبته!». لا شك إذن أن «لِأَجْلِنَا أَجْمَعِينَ» الواردة في رومية ٨: ٣٢ تشير إلى جميع الذين بُذِل المسيح لأجلهم.

سيتناول هذا القِسم ثلاث فئات من النصوص المستخدَمة لتأييد الكفارة الشمولية، ويفسرها داخل قرائنها، ويُثبِت أن لا شيء منها متناقضٌ مع عقيدة الفداء الحصري، بل جميعها تكمِّل العقيدة، بل وفي بعض الأحيان أيضًا تمدُّنا بمزيد من البراهين التي تؤيدها.

**المسيح مات لأجل «الجميع»**: كما ذكرنا أعلاه، من أكثر مراحل مناقشة نطاق الكفارة المخيِّبة للآمال هو حين يلجأ الشموليون إلى نصوص تحوي كلمة «الجميع»، مصرِّحين ببساطة بافتراض غير مبرَّر بأن كلمة «الجميع» تعني -حتمًا ودائمًا- «جميع البشر بلا استثناء». بالتأكيد، هذا صحيح في بعض الحالات؛ فإن الجميع «أَخْطَأُوا وَأَعْوَزَهُمْ مَجْدُ اللهِ» (رومية ٣: ٢٣؛ ولكن حتى في هذا يوجد استثناء، وهو الرب يسوع المسيح). لكن كما أوضحنا في العديد من نصوص الكتاب المقدس، لا يمكن لكلمة «الجميع» ببساطة أن تعني جميع البشر بلا استثناء. وإن رفضنا ذلك، نجعل يسوع كاذبًا (متى ١٠: ٢٢؛ يوحنا ١٨: ٢٠)، ونُسلِّم بفكرة الخلاص التام للجميع بلا استثناء (رومية ٥: ١٨؛ ١١: ٣٢). فقد حدَّ بولس نفسه من اللغة الشمولية في تعليقه على مزمور ٨: ٦ في ١كورنثوس ١٥: ٢٧، «وَلكِنْ حِينَمَا يَقُولُ: «إِنَّ كُلَّ شَيْءٍ قَدْ أُخْضِعَ» فَوَاضِحٌ أَنَّهُ غَيْرُ الَّذِي أَخْضَعَ لَهُ الْكُلَّ». أي أن «كُلَّ شَيْءٍ»، في هذه الحالة، لا تعني «كل شيء بلا استثناء». ومن ثَمَّ، فإن كلمة «كل» أو «الجميع» ليست مطلَقة في حد ذاتها. وفي حين ربما من المشروع أن نفهم أنها تشير إلى كل إنسان عاش على وجه الأرض على الإطلاق (أي الجميع بلا استثناء)، لكن ربما من المشروع أيضًا أن نفهم أنها إشارة إلى جميع أنواع البشر في جميع أنحاء العالم (أي الجميع بلا تمييز). وليست افتراضات مبنية على أمثلة سابقة هي التي تحسم المعنى الصحيح لكلمة «كل» أو «الجميع»، بل بالأحرى سياق النص المعيَّن الذي وردت فيه الكلمة. وحين تُخضَع هذه النصوص للفحص الدقيق بحسب التفسير السياقي (التفسير وفقًا للقرائن)، يتضح عدم تأييد أيٍّ منها لكفارة غير محدودة.

في يوحنا ١٢: ٣٢، قال يسوع: «وَأَنَا إِنِ ارْتَفَعْتُ عَنِ الأَرْضِ [أي متى صُلِبتُ؛ يوحنا ١٢: ٣٣؛ راجع يوحنا ٣: ١٤] أَجْذِبُ إِلَيَّ **الْجَمِيعَ**». يعلِّم الشموليون بأن كلمة «الجميع» هنا تعني الجميع بلا استثناء، ويفترضون أن هذا «الاجتذاب» يشير إلى نعمة شمولية عامة تمحو آثار الفساد لكلِّ البشر، وتأتي بجميع البشر إلى حالة من الحيادية، بها يستطيعون قبول المسيح أو رفضه. عادة ما يُطلَق على هذه النعمة اسم «**النعمة المسبقة**» [prevenient grace]، ومعناها النعمة التي «تأتي قبل». ومن الجدير بالذكر أنه كي يحافظ الشموليون على ما يؤمنون بأنه المعنى الصريح لكلمة «الجميع»، سيتوجب عليهم أن يشوِّهوا تمامًا المعنى الصريح لكلمة «أَجْذِبُ»، لأن الكتاب المقدس لم يَذكُر شيئًا في أي موضع عن نعمة مسبقة غير فعَّالة، بل تحدَّث فقط عن الدعوة الفعالة التي يقدِّمها الإله صاحب السيادة القادر على كل شيء (يوحنا ٦: ٣٧، ٤٤، ٦٥). لكن، إلى جانب ذلك، يميل سياق يوحنا ١٢: ٣٢ إلى تفسير كلمة «الجميع» بأنها تعني «الجميع دون تمييز». فقبل هذا ببضع آيات، أي في يوحنا ١٢: ٢٠-٢١، يخبرنا يوحنا بأن بعض اليونانيين كانوا يطلبون أن يروا يسوع. وردًّا على ذلك، أوضح يسوع الضرورة الأكيدة لموته (يوحنا ١٢: ٢٢-٢٨)، ثم صرَّح بأنه بموته هذا سيجذب إليه جميع البشر - أي، ليس أبناء وطنه من اليهود فحسب، بل الأمم أيضًا نظير الذين كانوا يفتشون عنه.

أيضًا، يلجأ الشموليون إلى نص ٢كورنثوس ٥: ١٤-١٥ لتأييد حُجَّتهم. في هذا النص يقول بولس: «لِأَنَّ مَحَبَّةَ الْمَسِيحِ تَحْصُرُنَا. إِذْ نَحْنُ نَحْسِبُ هذَا: أَنَّهُ إِنْ كَانَ وَاحِدٌ قَدْ مَاتَ لِأَجْلِ **الْجَمِيعِ**، **فَالْجَمِيعُ** إِذًا مَاتُوا. وَهُوَ مَاتَ لِأَجْلِ **الْجَمِيعِ** كَيْ يَعِيشَ الْأَحْيَاءُ فِيمَا بَعْدُ لَا لِأَنْفُسِهِمْ، بَلْ لِلَّذِي مَاتَ لِأَجْلِهِمْ وَقَامَ». يدَّعي الشموليون أن عبارة «وَاحِدٌ قَدْ مَاتَ لِأَجْلِ الْجَمِيعِ» تدل على أن المسيح مات لأجل جميع البشر بلا استثناء. إلا أن هذا التفسير لا يخلو من مشكلات ضخمة. فبعد ذلك مباشرة، قال بولس: «فَـ»، حيث يعني حرف «الفاء» هنا أنه على أساس موت المسيح لأجل الجميع، «الْجَمِيعُ إِذًا مَاتُوا». يعني هذا أن الجميع ماتوا في المسيح ومع المسيح (رومية ٦: ٨؛ كولوسي ٢: ٢٠؛ ٣: ٣)، ومن ثَمَّ، فقد ماتوا عن أنفسهم، والآن هم أحياء للمسيح (٢كورنثوس ٥: ١٥). علاوة على ذلك، فإن المسيح ليس فقط مات لأجل شعبه، لكنه أيضًا قام نيابة عنهم (٢كورنثوس ٥: ١٥). فإن كان الاتحاد بالمسيح في موته يُحدِثُ بالضرورة الموت الروحي لأولئك الذين مات المسيح لأجلهم، فلا بد أيضًا أن يُحدِثُ الاتحاد بالمسيح في قيامته بالضرورة قيامتهم الروحية أيضًا. يقول بولس هذا بشكل صريح في رومية ٦: ٥، «لِأَنَّهُ إِنْ كُنَّا قَدْ صِرْنَا مُتَّحِدِينَ مَعَهُ بِشِبْهِ مَوْتِهِ، نَصِيرُ أَيْضًا بِقِيَامَتِهِ». ولكن، لن يسعنا أن نقول إن جميع البشر بلا استثناء، بما في ذلك غير المؤمنين، ماتوا عن أنفسهم، وأقيموا إلى جِدَّة الحياة، والآن هم يعيشون لأجل المسيح، ما لم نقبل تبنِّي مبدأ الخلاص الشمولي في النهاية. لكن في المقابل، استخدم بولس لغة التضامُن الجماعي، أي أن الواحد مات لأجل الكثيرين، للتشديد على الوحدة بين المسيح وشعبه. فقد مات **لأجلهم**، وهم ماتوا عن الخطية، وعن ذواتهم **فيه**، بحيث يعيشون الآن لإكرامه وتمجيده.

ينبغي التعامل على نحو مماثل أيضًا مع التصريح الشمولي الوارد في عبرانيين ٢: ٩. فإذ يقال في هذا النص إن المسيح ذاق الموت لأجل كلِّ واحد، يقول الشموليون إن الكفارة غير محدودة في نطاقها. ولكن، العديد من الاعتبارات السياقية تعارض مثل هذا التفسير. أولًا، في الآية التالية مباشرة، تحدَّث الكاتب عن فاعلية موت يسوع قائلًا إنه بآلام المسيح كان الله يأتي بأبناء كثيرين إلى المجد. هذا التصريح متعارض مع كفارة شمولية في نطاقها، لكن محدودة في فاعليتها. لم يكن الله يأتي بأبناء كثيرين إلى حالة فيها يمكنهم افتراضيًا الاستفادة من المجد؛ بل في المقابل، من خلال فاعلية آلام المسيح، وبمعزل عن أية استجابة من جانب المستفيدين من هذه الآلام، كان الله يأتي بهم فعليًّا إلى المجد. ثانيًا، يُوْصَفُ أولئك الذين تألم المسيح لأجلهم بأنهم «إخوته» (عبرانيين ٢: ١١-١٢)؛ ومثل هذه التسمية الحميمية والعائلية لا يمكن أن يُسمَّى بها أحد سوى المختارين. ثالثًا، يصف الكاتب المستفيدين من موت المسيح بأنهم «الْأَوْلَادُ الَّذِينَ أَعْطَانِيهِمِ اللهُ» (عبرانيين ٢: ١٣). وتُذَكِّرنا فكرة أن الآب يعطي الابن مجموعة معيَّنة من البشر بصلاة يسوع كرئيس كهنة: «إِذْ أَعْطَيْتَهُ [أي الآب أعطى الابن] سُلْطَانًا عَلَى كُلِّ جَسَدٍ لِيُعْطِيَ حَيَاةً أَبَدِيَّةً **لِكُلِّ مَنْ أَعْطَيْتَهُ**» (يوحنا ١٧: ٢؛ راجع ٦: ٣٧، ٣٩؛ ١٠: ٢٩؛ ١٧: ٦، ٩، ٢٠، ٢٤)، أي المختارين. وأخيرًا، يقول عبرانيين ٢: ١٦ إن يسوع «يُمْسِكُ [أي يخلِّص] نَسْلَ إِبْرَاهِيمَ». فلو كان الجميع بلا استثناء هم موضوع قصد يسوع الخلاصي، لَتَوقَّعَ القارئ أن يقرأ أن الابن يمسك نسل آدم. لكن كاتب الرسالة إلى العبرانيين حَصَرَ هذا الإمساك الذي يصنعه الابن في شعب الله المختار، أي أبناء الموعد. ولهذا، ينبغي أن تقترن اللغة الشمولية في نص عبرانيين ٢: ٩ بالتعليقات الحصرية العديدة الواردة في سياقها المباشر. وبهذا، سيتوجب علينا أن نفهم أن هذه اللغة تشير إلى التضامن الجماعي بين الواحد والكثيرين الذين شفع فيهم.

كثيرًا ما يلجأ الشموليون الافتراضيون أيضًا إلى نص كولوسي ١: ٢٠، الذي يقول إن الله سُرَّ «أَنْ يُصَالِحَ بِهِ [أي بيسوع] **الْكُلَّ** لِنَفْسِهِ، عَامِلًا الصُّلْحَ بِدَمِ صَلِيبِهِ، بِوَاسِطَتِهِ، سَوَاءٌ كَانَ: مَا عَلَى الأَرْضِ، أَمْ مَا فِي السَّمَاوَاتِ». تأتي كلمة «الكلَّ» هنا، لغويًّا، في الجنس المحايد؛ ومن ثَمَّ، تشير على الأرجح إلى العالم المخلوق بكامله. ولأن هذا الصُلح قد أَتمَّه دم صليب المسيح، يقول الشموليون الافتراضيون إن المسيح مات من ناحية ما لأجل الجميع. إلا أن استخدام هذا النص للدفاع عن كون المسيح قد كفَّر بشكل ما عن النظام المخلوق هو خَلْطٌ بين الكفارة ونتائجها. فقد لُعِنت الخليقة (ومن ثَمَّ، صارت بحاجة إلى المصالحة مع الله)، ليس نتيجة خطاياها، بل نتيجة خطايا البشر (تكوين ٣: ١٧؛ رومية ٨: ٢٠). كذلك، «الْخَلِيقَةَ نَفْسَهَا أَيْضًا سَتُعْتَقُ مِنْ عُبُودِيَّةِ الْفَسَادِ» (رومية ٨: ٢١) نتيجة فداء البشر. ولهذا يسمِّي بولس عتق الخليقة «حُرِّيَّةِ مَجْدِ أَوْلاَدِ اللهِ» (رومية ٨: ٢١). ومن ثَمَّ، لا يعلِّم نص كولوسي ١: ٢٠ أن المسيح كفَّر عن خطايا العالم المخلوق، بل بالأحرى أن الفداء الحصري الذي صنعه المسيح لأجل البشر له نتائج كونية. ينبغي ألا نخلط بين نتائج الكفارة والكفارة نفسها. وهكذا، لا يمدُّنا كولوسي ١: ٢٠ بأي سند يؤيِّد الكفارة الشمولية. يقول جوناثان جيبسون (Jonathan Gibson) هذه الكلمات المقنِعة:

> كان تركيز [بولس] هنا منصبًّا على التأثير الأخروي لصليب المسيح، وليس على نطاقه البدلي. والرجوع بالاستنتاج من النتائج الأخروية لموت المسيح إلى كفارة شمولية هو استنتاج خاطئ. وفي حقيقة الأمر، يوضح النص الموازي لهذا، أي رومية ٨: ١٩-٢٣، أن ما يَكمُن وراء التجديد **الكوني** ليس إتاحة شمولية صنعتها كفارة المسيح، بل فداء مكتمل لمجموعة **حصرية محدَّدة** من البشر – هم «أولاد الله».[٧٨]

نصٌّ آخر عادة ما يتم اللجوء إليه لتأييد الكفارة غير المحدودة، هو ١تيموثاوس ٢: ٣-٦، الذي يتحدث عن «مُخَلِّصِنَا اللهِ، الَّذِي يُرِيدُ أَنَّ **جَمِيعَ النَّاسِ** يَخْلُصُونَ، وَإِلَى مَعْرِفَةِ الْحَقِّ يُقْبِلُونَ. لأَنَّهُ يُوجَدُ إِلهٌ وَاحِدٌ وَوَسِيطٌ وَاحِدٌ بَيْنَ اللهِ وَالنَّاسِ: الإِنْسَانُ يَسُوعُ الْمَسِيحُ، الَّذِي بَذَلَ نَفْسَهُ فِدْيَةً لأَجْلِ **الْجَمِيعِ**، الشَّهَادَةُ فِي أَوْقَاتِهَا الْخَاصَّةِ». فإن كان الله يريد لجميع الناس أن يخلصوا، وإن كان المسيح بَذَلَ نفسَه فديةً لأجل الجميع، فكيف عسانا أن نرفض فكرة الكفارة الشمولية؟ مرة أخرى، لا بد من قراءة هذا النص في سياقه. حين كتب بولس الرسالة الأولى إلى تيموثاوس، كان البعض يعلِّمون «تَعْلِيمًا آخَرَ» (١: ٣)، زائغين عن التعليم الصحيح، ومنحرفين إِلَى كَلاَم بَاطِلٍ (١: ٦). كان هؤلاء المعلِّمون الكذبة يطمحون إلى أن يكونوا «مُعَلِّمِي النَّامُوسِ» (١: ٧)؛ وتبيِّن أفكارهم بشأن الأنساب (١: ٤)، ومنعهم الزواج وتناوُل أطعمة معينة (٤: ١-٣) أن تعليمهم الكاذب هذا كان يتضمَّن فكرًا نُخبويًّا يهوديًّا حصريًّا.

وبهذا، ففي ضوء ما يتضمنه سياق الرسالة من تعليم نُخبوي يهودي كاذب، تصبح تصريحات بولس الشمولية طوال الرسالة (راجع ١تيموثاوس ٢: ٢، ٤، ٦؛ ٤: ١٠) مفهومة تمامًا. فهو لم يكن يعلِّم بأن المسيح مات لأجل الجميع بلا استثناء، بل بالأحرى، بأنه، على النقيض من هذا التعليم الكاذب،

78 Jonathan Gibson, "For Whom Did Christ Die? Particularism and Universalism in the Pauline Epistles," in Gibson and Gibson, *From Heaven He Came and Sought Her*, 310.

مات لأجل الجميع دون تمييز.[٧٩] ويتعزز هذا الاستنتاج من خلال حثِّ بولس على أن تقام صلوات «لِأَجْلِ جَمِيعِ النَّاسِ» (١تيموثاوس ٢: ١)، دون أن يعني بهذا الجميعَ في كل أنحاء العالم (إذ سيكون هذا مستحيلًا)، بل جميع أنواع البشر: «لِأَجْلِ الْمُلُوكِ وَجَمِيعِ الَّذِينَ هُمْ فِي مَنْصِبٍ» (١تيموثاوس ٢: ٢). أيضًا، تحدَّث بولس بعد هذا النص مباشرة عن تعيينه الرسولي مُعَلِّمًا للأمم (١تيموثاوس ٢: ٧)، مبينًا أكثر أنه كان يتحدث عن الجميع دون تمييز (أي، ليس اليهود فحسب، بل الأمم أيضًا). وأخيرًا، علينا أن نتذكر أن الفدية التي دفعها يسوع لم تكن فدية محتَمَلة، بل فدية حقيقية وفعالة. فإن قبلنا بالتفسير الشمولي لنص ١تيموثاوس ٢: ٦، سيكون علينا إما أن (١) نتبنَّى مبدأ الخلاص الشمولي النهائي، أو أن (٢) نُشَوِّه فاعلية الكفارة. في المقابل، يجعل التفسير الحصري جميع البيانات الكتابية منطقية ومفهومة تمامًا. فقد استخدم بولس كلمة «الجميع» للإشارة إلى أنواع البشر كافة، وذلك حتى يدحض هرطقة يهودية نُخبوية انتشرت في أفسس.

هذا الاستنتاج نفسه يُبَرِّرُه تصريحُ بولس في تيطس ٢: ١١. ففي ضوء أن بولس كان في هذا الجزء يعطي تعليمات بشأن طبقات مختلفة من البشر: الأشياخ، والعجائز، والحدثات، والأحداث، والعبيد (تيطس ٢: ٢-٦، ٩-١٠) – فإن «جَمِيعِ النَّاسِ» الذين جاءت النعمة إليهم بالخلاص هم إذن جميع الناس دون تمييز، وليس جميع الناس بلا استثناء. هذا التفسير يُعزِّزه تصريحٌ آخر عن فاعلية الكفارة، ورد في تيطس ٢: ١٤، قيل فيه إن المسيح بَذَلَ نفسه كي يفدي، وأيضًا كي يطهر، لنفسه شعبًا خاصًا.

ومن النصوص التي كانت موضوع جدل كبير هو ١تيموثاوس ٤: ١٠، الذي فيه يصف بولس الله بأنه «مُخَلِّصُ جَمِيعِ النَّاسِ، وَلَا سِيَّمَا الْمُؤْمِنِينَ». يعلِّم الشموليون بأن يسوع هو مخلِّص جميع الناس، بمعنى أنه مات لأجل الجميع، لكنه مخلِّص المؤمنين بصفة خاصة لأن مزايا الخلاص لا تطبَّق إلا عليهم. ولكن، من الجدير بالذكر أن الابن لم يكن هو الموصوف الأقرب بكلمة «مخلِّص» في هذا النص، بل كان الله الآب، «اللهِ الْحَيِّ»، هو محط التركيز في هذا النص. لا تتحدث هذه الآية عن كفارة المسيح بصفة خاصة، بل عن طبيعة الله بصفته **مخلِّصًا**. ومن ثَمَّ، عَرَضَ بولس هنا ناحيتين تَظهَر من خلالهما طبيعة الله المخلِّصة. فهو مخلِّص جميع الناس من الناحية الزمنية. فمع أن جميع الناس قد أخطأوا في حقِّ الله، وجلبوا على أنفسهم الذنب، وسيدفعون ثمن خطاياهم في الجحيم، لكن، لم يُطبِّق الله عدله عليهم في الحال، كما فعل مع الملائكة الساقطين (راجع رومية ٣: ٢٥؛ ٢بطرس ٢: ٤). فحتى المرفوضين يتمتَّعون بتأجيل مؤقَّت للحُكم، ومن ثم، يختبرون أفراح الحياة في عالم انسكبت عليه نعمة الله العامة (متى ٥: ٤٤-٤٥). إلا أن طبيعة الله المخلِّصة تظهر بشكل أعمق في الذين هم له. فهو مخلِّص جميع الناس من الناحية الزمنية، لكنه مخلِّص المختارين، أي الذين يُقبِلون في النهاية إلى الإيمان الذي للخلاص، من الناحية الأبدية.

---

٧٩ كتب آي. هاورد مارشال (I. Howard Marshall) نفسه، المؤيِّد للكفارة غير المحدودة، هذه الكلمات: «هذا المناخ الشمولي هو على الأرجح ردُّ فعل تصحيحي تجاه فهم نخبوي حصري عن الخلاص، كان متصلًا بالتعليم الكاذب ... يُبيِّن السياق أن ضم الأمم إلى اليهود في الخلاص كان هو محور الحديث هنا».

I. Howard Marshall, *A Critical and Exegetical Commentary on the Pastoral Epistles*, in collaboration with Philip H. Towner, ICC (Edinburgh: T&T Clark, 2006), 420, 427.

وأخيرًا، مع أن نص ٢بطرس ٣: ٩ لا يتحدث صراحة عن الكفارة، يقول الشموليون إنه يُعلِن وجود مشيئة خلاصية شمولية لدى الله، مما يتعارض مع الفداء الحصري. كَتب بطرس هذه الكلمات: «لَا يَتَبَاطَأُ الرَّبُّ عَنْ وَعْدِهِ كَمَا يَحْسِبُ قَوْمٌ التَّبَاطُؤَ، لَكِنَّهُ يَتَأَنَّى عَلَيْنَا، وَهُوَ لَا يَشَاءُ أَنْ يَهْلِكَ أُنَاسٌ، بَلْ أَنْ يُقْبِلَ الْجَمِيعُ إِلَى التَّوْبَةِ». فبما أن الله لا يشاء أن يَهلِك أناسٌ، بل أن يتوب الجميع، يُقال إذن إن الله قد فعل كلَّ ما بوسعه كي يتيح الخلاص في كفارة المسيح الشمولية؛ والآن يتبقى أن يستفيد الخاطئ من الخلاص بإيمانه المقترن بالتوبة. ولكن كون الله لا يُسَر، من ناحية ما، بموت الشرير (حزقيال ١٨: ٣١-٣٢؛ ٣٣: ١١)، لا يعني ببساطة أن المسيح كفَّر عن الجميع بلا استثناء.

نستطيع أن نقدِّم ردَّين على طريقة التفسير الشمولية لهذا النص. يتعلق الرد الأول بمدى تعقيد المشيئة الإلهية. كيف يريد الله أن يتوب الجميع بلا استثناء، في حين عبَّر هو نفسه عن مشيئته الخلاصية باختياره البعض، وليس الجميع، للخلاص؟ وكيف لذلك الإله الذي يفعل كلَّ مسرته (إشعياء ٤٦: ٩-١٠؛ مزمور ١١٥: ٣؛ ١٣٥: ٦؛ أفسس ١: ١١)، والذي لا يستطيع أحد إحباط مقاصده (أيوب ٤٢: ٢)، أن يريد خلاص الجميع، بينما لا يمارس مشيئته السيادية هذه كي يأتي بالجميع في النهاية إلى الخلاص؟ بدلًا من أن ننكر سيادة الله المطلقة، كما يفعل الشموليون، سيكون من الصواب أن نلاحظ وجود اختلاف في طريقة وصف الكتاب المقدس لمشيئة الله.[٨٠] فإن مشيئة الله **القضائية** [decretive will] هي «مسرَّته» التي تتفق مع قضائه السيادي. تحدَّث إشعياء عن هذا الجانب من مشيئة الله حين تنبَّأ عن صَلب المسيح، قائلًا: «أَمَّا الرَّبُّ **فَسُرَّ** [«**شاء**»] بِأَنْ يَسْحَقَهُ بِالْحَزَنِ» (إشعياء ٥٣: ١٠). هذه المشيئة السيادية والفعالة هي التي لا يمكن أن تُحبَط أبدًا، ولا بد أن تتحقق دائمًا. من ناحية أخرى، تمثِّل المشيئة **التوجيهية** [preceptive will] ذلك الجانب من مشيئة الله الذي يظهر في شكل توجيهات الكتاب المقدس، أو وصاياه. يأمر الله، أو يوجِّه، جميع الناس أن يتوبوا ويؤمنوا بالإنجيل (أعمال الرسل ١٧: ٣٠). لكن، على خلاف مشيئة الله القضائية، تُحبَط مشيئة الله التوجيهية كلما عصى أحدهم أية وصية من وصايا الله. ثالثًا، يتحدث الكتاب المقدس أحيانًا أيضًا عن مشيئة الله ليصف بها نزعته أو مَيْله – أي ما يرضيه، أو يجلب السرور لقلبه. نستطيع أن نطلق على هذه المشيئة اسم المشيئة المتمنِّية [optative will].[٨١]

أيٌّ من هذه المشيئات تلائم تصريح بطرس في ٢بطرس ٣: ٩؟ لا يمكن أن تكون مشيئة الله القضائية هي المقصودة هنا، إذ لو كان الله قضى بتوبة الجميع بلا استثناء، فالجميع إذن بلا استثناء لا بد أن يتوبوا. إلا أن الخلاص الشمولي النهائي متعارض مع التعليم الكتابي. كما ليس من المفضَّل أن نصف هذا النص بأنه تصريح عن مشيئة الله التوجيهية، إذ بهذا سنكون كأننا نقول إن الله يَنهى عن أن يَهلِك أحد. من هذه الناحية، سيكون الهلاك متعارضًا مع ناموس الله، وسيتوجب على الله أن يعاقب الناس على هلاكهم. لكن الفهم الأفضل لهذه الآية هو أنها تصف مشيئة الله المتمنِّية. فقد أعلن بطرس هنا

---

٨٠ تناول چون بايبر هذا الموضوع ببراعة، تحت عنوان: «هل لله مشيئتان؟» في الكتاب التالي:
John Piper, "Are There Two Wills in God?," in *Still Sovereign: Contemporary Perspectives on Election, Foreknowledge, and Grace*, ed. Thomas R. Schreiner and Bruce A. Ware (Grand Rapids, MI: Baker,31–107 ,(2000 .

٨١ كلمة "optative" مصطلح لغوي يصف صيغة الأفعال التي تعبر عن التمني أو الرغبة (مثل ٢تسالونيكي ٣: ١٦؛ ١بطرس ١: ٢).

الحق ذاته عن الله الذي أعلنه حزقيال حين سجَّل كلمات الله القائلة: «إِنِّي لَا أُسَرُّ بِمَوْتِ الشِّرِّيرِ، بَلْ بِأَنْ يَرْجِعَ الشِّرِّيرُ عَنْ طَرِيقِهِ وَيَحْيَا» (حزقيال ٣٣: ١١). فمع أن الله لم يختر الجميع، ومع أن الابن لم يكفِّر عن الجميع، لكن، يرغب الله بصدق في خير جميع مخلوقاته. ومع أن الله يُسَر بالحقيقة بأن يمارس عدله على الخطية والشر، فإنه لا يستمتع في خُبث بإنزال العقوبة على مخلوقاته. ومن ثمَّ، يريد الله توبة جميع الناس بحسب مشيئته المتمنِّية. ولكن، بسبب سيادة الله المطلقة، وإذ، في واقع الأمر، ليس الجميع يتوبون، لم يقضِ الله بتوبة الجميع. ومن ثم، لا يريد الله توبة الجميع بالمعنى القضائي. ومع أننا ربما لا نفهم جيدًا مدى تعقيد مشيئة الله، لكن ينبغي ألا نعيد تعريف سيادته بطريقة تلائم نقص إدراكنا.[٨٢]

مع أن هذا الرد يدحض التفسير الشمولي لنص ٢بطرس ٣: ٩، وفي حين يريد الله حقًّا توبة الجميع بحسب مشيئته المتمنية (راجع حزقيال ١٨: ٢٣، ٣٢؛ ٣٣: ١١)، توجد أيضًا وسيلة أفضل لفهم كلمات بطرس. فحين نضع في الاعتبار هُوية المستمعين الأصليين لرسالة بطرس، الذين كلَّمهم قائلًا إن الرب «يَتَأَنَّى عَلَيْنَا [«عليكم»]»، وكذلك السياق المباشر لهذا النص، نكتشف أن الذين تحدَّث إليهم بطرس مستخدمًا هذا الضمير المخاطَب هم «الأحباء»، كما جاء في ٢بطرس ٣: ٨، «الَّذِينَ نَالُوا مَعَنَا إِيمَانًا ثَمِينًا مُسَاوِيًا لَنَا، بِبِرِّ إِلَهِنَا وَالْمُخَلِّصِ يَسُوعَ الْمَسِيحِ» (٢ بطرس ١: ١)؛ أي أن بطرس كان يخاطب هنا شعب الله. فإن الرب يسوع يبطئ مجيئه ثانية لأنه متأنٍ على الذين هم له، أي الذين أعطاهم الآب له، والذين مات لأجلهم، لكنهم لم يأتوا بعد إلى الإيمان. ومن ثَمَّ، لا يتحدث هذا النص عن جميع الناس بلا استثناء، كما يدَّعي مؤيِّدو الشمولية، بل هو مقتصر بحسب السياق على المختارين، مما يتوافق مع الرأي الحصري عن الكفارة.

**المسيح مات لأجل «العالم»**: نظير كلمة «الجميع»، ينبغي تفسير النصوص التي تتحدث عن موت يسوع عن «العالم» أيضًا في سياقها. ففي الحالات التي استُخدِمت فيها هذه النصوص لوصف نطاق الكفارة، التفسير الصحيح هو «الجميع دون تمييز» وليس «الجميع بلا استثناء».

عادة ما يدَّعي الشموليون أن نص يوحنا ٣: ١٦ يحسم بشكل قاطع مسألة نطاق الكفارة. قال يسوع: «لِأَنَّهُ هَكَذَا أَحَبَّ اللهُ **الْعَالَمَ** حَتَّى بَذَلَ ابْنَهُ الْوَحِيدَ، لِكَيْ لَا يَهْلِكَ كُلُّ مَنْ يُؤْمِنُ بِهِ، بَلْ تَكُونُ لَهُ الْحَيَاةُ الْأَبَدِيَّةُ». يدَّعي الشموليون أن الله عبَّر عن محبته للعالم أجمع، باذلًا ابنه الوحيد، ومسلِّمًا إياه لموت بدلي كذبيحة؛ ويعتقدون أن هذا الموت كان عن كلِّ إنسان عاش وسيعيش على وجه الأرض. ولكن، لا شيء في هذا النص يستلزم تفسير «العالَم» بأنه يعني «الجميع بلا استثناء». بل في حقيقة الأمر، هناك سبب وجيه يدعو إلى فهم أنه يعني «الجميع دون تمييز». كان يسوع يتحدث هنا بالتحديد عن موضوع الخلاص مع نيقوديموس، وهو «إِنْسَانٌ مِنَ الْفَرِّيسِيِّينَ ...[و] رَئِيسٌ لِلْيَهُودِ» (يوحنا ٣: ١).

٨٢ من الجدير بالذكر أيضًا أن مشيئة الله القضائية ومشيئته التوجيهية ليستا مشيئتين منفصلتين، بل جانبين مختلفين من مشيئة الله الواحدة. شرح كالفن هذه الفكرة بشكل جيد حين قال: «إن مشيئة الله واحدة ولا تتجزأ»، لكنها «تبدو لنا متعددة الجوانب بسبب نقص قدرتنا الذهنية»

Calvin, *Institutes*, 1.18.3.

كان الفريسيون، شأنهم في هذا حقًّا شأن كلِّ شعب إسرائيل في أيام يسوع، يعتبرون الأمم نجسين وغرباء عن عهود موعد الله. وبينما كان يسوع يتحدث عن الخلاص مع هذا الرئيس من اليهود، أوضح أن محبة الله موجَّهة ليس نحو إسرائيل فحسب، بل أيضًا نحو الرجال والنساء في كلِّ أنحاء العالم – الأمم واليهود على حدٍّ سواء. علاوة على ذلك، ينبغي أن نلاحظ في هذه الآية نفسها الفكر الحصري لدى يسوع نفسه. فقد بُذِل المسيح «لِكَيْ لَا يَهْلِكَ كُلُّ مَنْ **يُؤْمِنُ** بِهِ (في اليونانية: *pas ho pisteuōn*، التي تترجم حرفيًّا: «كل المؤمنين»)، بَلْ تَكُونُ لَهُ الْحَيَاةُ الْأَبَدِيَّةُ». حَصَرَ يسوع بوضوح نطاق موته الكفاري في الذين سيؤمنون به في النهاية للخلاص.

الرأي الشمولي البديل لهذا يخلق عدة مشكلات. على سبيل المثال، لو كان المسيح أُرسِل للتكفير عن كلِّ إنسان بلا استثناء، أفما كان هذا ليشمل الخطاة الذين كانوا قد ماتوا بالفعل، وكانوا يدفعون بالفعل ثمن خطاياهم في الجحيم؟ لكن لماذا كان سيشملهم؟ هل كي يتيح لهم فرصة التوبة؟ لكن هذه الفرصة قد فاتتهم بالفعل، لأنهم كانوا بالفعل يقاسون الدينونة الإلهية (راجع عبرانيين ٩: ٢٧). أيضًا، هناك مشكلة أكبر: فلو قال الشموليون إن المسيح كفَّر عن البشر الذين سيهلكون في النهاية في الجحيم، فإنهم بهذا يُحِدُّون بالضرورة من فاعلية ذبيحة المسيح. فلو كفَّر المسيح عن خطايا أحدهم، ومع ذلك، ذهب ذلك الشخص إلى الجحيم، فإن شيئًا آخر غير كفارة المسيح هو المسئول الأساسي عن الخلاص.

ينطبق الشيء ذاته على قول يوحنا المعمدان: «هُوَذَا حَمَلُ اللهِ الَّذِي يَرْفَعُ خَطِيَّةَ **الْعَالَمِ**!» (يوحنا ١: ٢٩). فلو كان المسيح يرفع خطية الجميع بلا استثناء، ومع ذلك، يهلك البعض في الجحيم، فما معنى أن خطاياهم قد رُفِعت؟ عند هذه المرحلة، لا بد للشموليين أن يُصرِّحوا بافتراض ضمني، وهو أنهم أعادوا تعريف كلمة «يرفع» كي تعني «يرفع على نحو احتمالي». لكن، ليس هذا هو ما يقوله النص. فمرة أخرى، لم تكن الكفارة التي صنعها المسيح مجرد عرض أو احتمالية، بل هو قد ضَمِنَ فعليًّا خلاص الذين مات لأجلهم. وهكذا، كي نتجنب هدم طبيعة الكفارة من أساسها، سيتوجب علينا أن نفسِّر كلمة «العالَم» بأنها إشارة إلى اليهود والأمم – أي الجميع دون تمييز، وليس الجميع بلا استثناء.[٨٣]

تَظهر مشكلات مشابهة في نص ١يوحنا ٢: ٢. يقول يوحنا: «وَهُوَ كَفَّارَةٌ لِخَطَايَانَا. لَيْسَ لِخَطَايَانَا فَقَطْ، بَلْ لِخَطَايَا **كُلِّ الْعَالَمِ** أَيْضًا». في هذا النص، نجد تصريحًا عن طبيعة الكفارة (الاسترضاء)، يليه تصريح عن نطاق ذلك العمل (كلّ العالم). يبدو أن القراءة السطحية للنص تصيب القارئ في البداية بالحيرة، لأن الكفارة – أي الإرضاء والتسكين الفعلي لغضب الله على الخطية – لأجل الجميع بلا استثناء سوف تستلزم خلاصًا شموليًّا في النهاية. ولكن مرة أخرى، لأن الكتاب المقدس يعلِّم أنه ليس الجميع سيخلصون في النهاية (متى ٧: ١٣، ٢٣؛ ٢٥: ٣١-٤٦؛ ٢تسالونيكي ١: ٩؛ رؤيا ٢١: ٨)، فإن هذا التفسير إذن يصعب أن يستقيم.

عند هذه المرحلة، يصير أمامنا خياران. أولًا، يقبل الشموليون التفسير السطحي لعبارة «كل العالم»، وهو «الجميع بلا استثناء»، مغيِّرين بهذا من **الطبيعة** الاسترضائية للكفارة، جاعلين إياها

---

٨٣ ينبغي اتباع طريقة التفسير ذاتها مع نص يوحنا ٦: ٣٣، ونص يوحنا ٦: ٥١.

تعني «استرضاءً احتماليًّا». لكن، تتعارض هذه الخطوة التفسيرية مع كلِّ ما يعلمه الكتاب المقدس عن الطبيعة الفعالة للكفارة. لا يوجد أي أساس تفسيري يدعم هذا التفسير. الخيار الثاني هو ذلك الذي يتَّخذه الحصريون. يفسِّر الحصريون طبيعة الكفارة وفقًا لبقية التعليم الكتابي، ويبحثون عن وسيلة لفهم عبارة «كل العالم» تتجنَّب الإضرار بلغة النص، وبسياقه، وبقصد الكاتب في ١يوحنا ١-٢؛ وفي الآن ذاته، تتجنب الاستنتاجات الملتبسة التي يستخلصها الفكر الشمولي. هذه الوسيلة متاحة؛ وهي أن نفهم عبارة «كل العالم» بأنها إشارة إلى «الجميع دون تمييز» وليس «الجميع بلا استثناء». هذا الخيار هو الأنسب لغويًّا لأنه يحترم التعريف الموحَّد للكتاب المقدس لكلمة *hilasmos* بمعنى الترضية الفعالة للغضب. كما أنه هو الأنسب سياقيًا، لأن يوحنا كتب هذه الرسالة إلى كنائس كانت تتعرض لمضايقات من تعليم كاذب عن كمالٍ خالٍ من الخطية (١يوحنا ١: ٦-١٠)، كان على الأرجح متصلًا بنوع أوَّلي من الغنوسية، يَعِد بأن مفتاح النصرة الروحية يَكمُن في معرفة سرِّية لا يمتلكها سوى الغنوسيون وحدهم. وهكذا، فحين كتب يوحنا عن نطاق عمل المخلِّص، كان بهذا يدحض أي ذرة من هذا الفكر الحصري النخبوي، قائلًا إن المسيح ليس كفارة لخطايانا نحن فحسب، سواء اليهود دون الأمم، أو الغنوسيين دون المسيحيين الآخرين، أوْ مؤمني أسيا الصغرى دون المؤمنين في بقية أنحاء العالم؛ لكنه كفارة لخطايا شعب الله المتفرِّقين في جميع أنحاء العالم بأسره.

ويتأكَّد تفسير هذا النص بالنص الآخر الذي يوازيه في تركيب الجملة، وهو نص يوحنا ١١: ٤٩-٥٢. ففي هذا النص، كتب يوحنا عن تنبؤ قيافا عن موت المسيح بأن إنسانًا واحدًا سيموت عن الشعب (يوحنا ١١: ٥٠)؛ ثم علَّق يوحنا قائلًا: «وَلَمْ يَقُلْ هَذَا مِنْ نَفْسِهِ، بَلْ إِذْ كَانَ رَئِيسًا لِلْكَهَنَةِ فِي تِلْكَ السَّنَةِ، تَنَبَّأَ أَنَّ يَسُوعَ مُزْمِعٌ أَنْ يَمُوتَ عَنِ الأُمَّةِ، وَلَيْسَ عَنِ الأُمَّةِ فَقَطْ، بَلْ لِيَجْمَعَ أَبْنَاءَ اللهِ الْمُتَفَرِّقِينَ إِلَى وَاحِدٍ» (يوحنا ١١: ٥١-٥٢). لاحظ معي هذا التوازي:

> يوحنا ١١: ٥١-٥٢ «... أَنَّ يَسُوعَ مُزْمِعٌ أَنْ يَمُوتَ عَنِ الأُمَّةِ، وَلَيْسَ عَنِ الأُمَّةِ فَقَطْ، بَلْ لِيَجْمَعَ أَبْنَاءَ اللهِ الْمُتَفَرِّقِينَ إِلَى وَاحِدٍ»
>
> ١يوحنا ٢: ٢ «... وَهُوَ كَفَّارَةٌ لِخَطَايَانَا. لَيْسَ لِخَطَايَانَا فَقَطْ، بَلْ لِخَطَايَا كُلِّ الْعَالَمِ أَيْضًا».

إذن، من شأن هذا التعليق الآخر الذي أدلى به يوحنا أن يؤيِّد تفسير عبارة «كل العالم» الواردة في ١يوحنا ٢: ٢ بأنه «الجميع دون تمييز»، أو «أَبْنَاءَ اللهِ الْمُتَفَرِّقِينَ» في كل أنحاء العالم (راجع يوحنا ١٠: ١٦). وفي حقيقة الأمر، كتب يوحنا أيضًا في رؤيا ٥: ٩ بشكل واضح وصريح عن كفارة المسيح الحصرية، ووصَفها بأنها للجميع دون تمييز، إذ يترنَّم القديسون قائلين: «مُسْتَحِقٌّ أَنْتَ أَنْ تَأْخُذَ السِّفْرَ وَتَفْتَحَ خُتُومَهُ، لأَنَّكَ ذُبِحْتَ وَاشْتَرَيْتَنَا لِلهِ بِدَمِكَ مِنْ كُلِّ قَبِيلَةٍ وَلِسَانٍ وَشَعْبٍ وَأُمَّةٍ». لم يقل يوحنا هنا إن الحمل قد اشترى كلَّ قبيلة ولسان وشعب وأمة، والذي كان من شأنه أن يتفق مع التفسير الشمولي، بل إنه اشترى أناسًا مِنْ كُلِّ قَبِيلَةٍ وَلِسَانٍ وَشَعْبٍ وَأُمَّةٍ - أي ليس الجميع بلا استثناء، بل الجميع دون تمييز.

إذن، فيما يتعلق بنص ١يوحنا ٢ : ٢، يتفق التفسير الحصري لعبارة «كل العالم» مع اللغة، والسياق، وقصد كاتب النص؛ ولا يناقض أي نص آخر في الكتاب المقدس، بل ومتوازٍ أيضًا مع نصوص أخرى كتبها يوحنا. كما يتجنب هذا التفسير الاستنتاجين التفسيريين الآخرين غير المرغوب فيهما، سواء عن خلاص شمولي، أو عن كفارة غير فعالة، اللذين لا يمكن تجنب أحدهما في التفسير الشمولي. وهكذا، فالتفسير الحصري هو الأرجح كتابيًا، ولاهوتيًا أيضًا.

وأخيرًا، يتحتم علينا تناوُل تعليق بولس الوارد في ٢كورنثوس ٥ : ١٩، الذي يقول: «أَيْ إِنَّ اللهَ كَانَ فِي الْمَسِيحِ مُصَالِحًا **الْعَالَمَ** لِنَفْسِهِ، غَيْرَ حَاسِبٍ لَهُمْ خَطَايَاهُمْ، وَوَاضِعًا فِينَا كَلِمَةَ الْمُصَالَحَةِ». مرة أخرى، يوجِّه السياق المباشر المفسِّر إلى فهم «العالَم» ليس بمعنى «الجميع بلا استثناء»، بل «الجميع دون تمييز في كل أنحاء العالم أجمع». فقد عرَّف بولس على الفور فعل المصالحة الذي أجراه الله بأنه «غَيْرَ حَاسِبٍ لَهُمْ خَطَايَاهُمْ». والأشخاص الوحيدون الذين لا يَحسب لهم الله خطاياهم هم الذين ينالون بركة الخلاص (رومية ٤ : ٦-٨). إذن، لا بد أن كلمة العالَم هنا تشير إلى المختارين فحسب، إلا إذا أردنا قبول نظرية الخلاص الشمولي في النهاية. أيضًا، تؤكد الآية السابقة لهذه الآية هذا التفسير نفسه، بما أن كلمة «العالَم» في ٢كورنثوس ٥ : ١٩ تُعادل الضمير المتصل الدال على المفعول به «نا» في الفعل «صَالَحَنَا» الوارد في ٢كورنثوس ٥ : ١٨ – أي الذين صالحهم الله لنفسه بالمسيح. مرة أخرى، يتبرهن لنا أن اللغة الشمولية تعزِّز فكرة النطاق المحدود للكفارة.

**المسيح مات لأجل الذين سيهلكون في النهاية**: ينبغي أن نتناول الآن مجموعة أخيرة من النصوص. تفترض هذه النصوص أن أولئك الذين هم موضوع موت المسيح يُمكِن في النهاية أن يهلِكوا في الجحيم بسبب خطاياهم. يبدو أن بولس يطرح هذه الفكرة نفسها في نصَّين:

> «فَإِنْ كَانَ أَخُوكَ بِسَبَبِ طَعَامِكَ يُحْزَنُ، فَلَسْتَ تَسْلُكُ بَعْدُ حَسَبَ الْمَحَبَّةِ. لَا تُهْلِكْ [في اليونانية: *apollye*] بِطَعَامِكَ ذَلِكَ الَّذِي مَاتَ الْمَسِيحُ لِأَجْلِهِ (رومية ١٤ : ١٥)
>
> «فَيَهْلِكَ [في اليونانية: *apollytai*] بِسَبَبِ عِلْمِكَ الْأَخُ الضَّعِيفُ الَّذِي مَاتَ الْمَسِيحُ مِنْ أَجْلِهِ (١كورنثوس ٨ : ١١)

هنا، كان حديث بولس يدور حول ذلك المؤمن الذي يسمح له ضميره القوي بأن يستمتع بالحرية المسيحية المتمثلة في أكل اللحم المذبوح للأوثان، مما قد يتسبَّب في عثرة أخ آخر أضعف منه. في كلتا الحالتين، يوصَف الأخ الأضعف بأنه ذاك «الَّذِي مَاتَ الْمَسِيحُ لِأَجْلِهِ»؛ وأيضًا في كلتا الحالتين، يواجه الأخ الأضعف احتمالية الهلاك. واستخدم بولس، للتعبير عن مفهوم الهلاك، اللفظ اليوناني *apollymi*، الذي استخدمه عادة لوصف الهلاك في العقوبة الأبدية (راجع رومية ٢ : ١٢؛ ١كورنثوس ١ : ١٨؛ ١٥ : ١٨؛ ٢كورنثوس ٢ : ١٥؛ ٤ : ٣؛ ٢تسالونيكي ٢ : ١٠).

مع أن هذه الطريقة في التفكير يبدو أنها تضع أمامنا تحديًا ضخمًا، لكن، ينبغي أن نضع في اعتبارنا أن كُتَّاب الأسفار الكتابية كثيرًا ما «وَصفوا الذين يهلكون في النهاية بأنهم يتَّسمون ظاهريًّا،

لفترة من الوقت، بكلِّ سمات المؤمنين الحقيقيين».[٨٤] يطلق سميتون (Smeaton) على هذا اسم «حُسن الظن»،[٨٥] ويُقصَد به أن هؤلاء الأشخاص كانوا يقولون عن أنفسهم إنهم ينتمون بالحقيقة إلى جماعة العهد؛ وبموجب هذا، كانوا يُحسَبون مؤمنين حقيقيين، ويلقَّبون من الآخرين كذلك، ما داموا باقين داخل الكنيسة. بهذا الأسلوب نفسه وَصَفَ يوحنا يهوذا بأنه واحدٌ من تلاميذ يسوع (يوحنا ١٢: ٤). كما وجَّه كاتب الرسالة إلى العبرانيين تحذيراته العديدة إلى «الإخوة»، مع أن الكنيسة تضمَّنت آنذاك مزيجًا من مؤمنين وغير مؤمنين (مثل عبرانيين ٣: ١٢ – ٤: ٧). أيضًا، وصَف بطرس المعلِّمين الكذبة بأنهم الذين اشتراهم الرب (٢بطرس ٢: ١). إلا أن رحيل هؤلاء، في النهاية، عن جماعة العهد يُثبِت أنهم لم يكونوا يومًا بالحقيقة للمسيح، إذ لا شيء يمكن أن يَفْصِلَ المؤمنَ الحقيقي عن محبة المسيح (رومية ٨: ٣٥-٣٩؛ راجع يوحنا ١٠: ٢٧-٣٠؛ فيلبي ١: ٦). وهكذا، ففي حين يمكن لسوء استخدام الحرية المسيحية أن «يُحزِن» (رومية ١٤: ١٥) الأخ الأضعف، و«يجرح ضميره»، لكن الأخ الحقيقي الذي لأجله مات المسيح لن يهلِك نهائيًا أبدًا. أما إن ارتد هذا الشخص بالفعل عن الإيمان، فهو سيبرهن على أنه لم يكن أخًا حقيقيًا من الأساس (١يوحنا ٢: ١٩).

يتصل بهذا تعليقُ بطرسَ عن المعلمين الكذبة في ٢بطرس ٢: ١: «وَلَكِنْ، كَانَ أَيْضًا فِي الشَّعْبِ أَنْبِيَاءُ كَذَبَةٌ، كَمَا سَيَكُونُ فِيكُمْ أَيْضًا مُعَلِّمُونَ كَذَبَةٌ، الَّذِينَ يَدُسُّونَ بِدَعَ هَلَاكٍ. وَإِذْ هُمْ يُنْكِرُونَ الرَّبَّ الَّذِي اشْتَرَاهُمْ، يَجْلِبُونَ عَلَى أَنْفُسِهِمْ هَلَاكًا سَرِيعًا». هنا يوضح بطرس أن «الرب» (في اليونانية: *despotēs*، أي «السيِّد») قد «اشترى» أو «افتدى» (في اليونانية: *agorazō*) المعلِّمين الكذبة، ولكنهم، رُغم ذلك، سيواجهون الهلاك الأبدي. وهكذا، يقول الشموليُّون إن الرب مات لأجل الجميع بلا استثناء، بل واشترى المعلمين الكذبة، ولكن لن يشترك هؤلاء في النهاية في المزايا الخلاصية لموت المسيح لأنهم لا يخلُصون أبدًا بالحقيقة.

ولكن، تدفعنا خمسة اعتبارات على الأقل إلى رفض هذا التفسير. أولًا، في جميع نصوص العهد الجديد التي وردت فيها كلمة «الرب» (في اليونانية: *despotēs*)، تشير الكلمة إلى الآب، وليس إلى الابن، عدا في نص واحد (رسالة يهوذا ٤). وهكذا، على الأرجح، لم يكن فداء المسيح على الصليب هو المقصود هنا. ثانيًا، يوضح لونج (Long) الآتي:

> «من بين ثلاثين نص في العهد الجديد وردت فيهم كلمة *agorazō*، لم تأتِ الكلمة قط في سياق خلاصي (ما لم يكن نص ٢بطرس ٢: ١ هو الاستثناء) دون أن يرافقها اللفظ التقني «ثمن» (*times* – وهو لفظ تقني يشير إلى دم المسيح) أو ما يكافئه (انظر ١كورنثوس ٦: ٢٠؛ ٧: ٢٣؛ رؤيا ٥: ٩؛ ١٤: ٣، ٤)».[٨٦]

---

84 Gibson, "For Whom Did Christ Die?," 322.

85 George Smeaton, *The Apostles' Doctrine of the Atonement* (1870; repr., Carlisle, PA: Banner of Truth, 2009), 447.

86 Gary D. Long, *Definite Atonement* (Nutley, NJ: Presbyterian and Reformed, 1976), 72.

يعني هذا أن بطرس على الأرجح لم يستخدم هنا كلمة *agorazō* بالمعنى الخلاصي. ثالثًا، من الواضح أن بطرس كان يلمح هنا إلى نص تثنية ٣٢: ٦ القائل: «أَلرَّبَّ تُكَافِئُونَ بِهذَا يَا شَعْبًا غَبِيًّا غَيْرَ حَكِيمٍ؟ أَلَيْسَ هُوَ أَبَاكَ **وَمُقْتَنِيَكَ**، هُوَ عَمِلَكَ وَأَنْشَأَكَ؟». يبدو إذن أن عبارة «يُنْكِرُونَ الرَّبَّ الَّذِي اشْتَرَاهُمْ» تربط المعلِّمين الكذبة في أيام بطرس بأنبياء إسرائيل الكذبة. رابعًا، على الأرجح، كان بطرس يسلِّم جدلًا بافتراضية أن المعلِّمين الكذبة مؤمنون حقيقيون. بمعنى آخر، كما يقول شراينر (Schreiner): «**بدا كأن** الرب اشترى المعلمين الكذبة بدمه [٢بطرس ٢: ١]، مع أنهم فعليًّا لم يكونوا للرب بالحقيقة».[87] ومن ثَمَّ، كان بطرس يقول على سبيل السخرية: «هؤلاء ينكرون بأعمالهم وبعقيدتهم الربَّ الذي يدَّعون أنه اشتراهم. إنهم لا يختلفون في شيء عن أنبياء إسرائيل الكذبة». خامسًا، إن تتبَّعنا التفسير الشمولي وصولًا إلى استنتاجه المنطقي، سنكتشف أنه ينكر ليس فقط فاعلية الفداء -التي يؤكِّدها الكتاب المقدس بوضوح شديد (أفسس ١: ٧؛ كولوسي ١: ١٤)- لكنه يدحض أيضًا عقيدة مثابرة القديسين، التي فحواها هو أن مَن نال الفداء بالحقيقة لا يمكن أن يهلك (يوحنا ١٠: ٢٧-٣٠؛ رومية ٨: ٣١-٢٩؛ ايوحنا ٢: ١٩).

- ملخَّص

باختصار، مع أن الكثير من نصوص الكتاب المقدس تستخدم لغة شمولية لوصف نطاق موت المسيح، لكن أي نص من هذه النصوص المؤيِّدة للكفارة غير المحدودة لا يصمد تحت الفحص التفسيري الدقيق. بل في المقابل، حين تفسَّر النصوص التي تتحدث عن موت المسيح لأجل «الجميع» أو لأجل «العالَم» في سياقها، يُكتَشَف أنها تُستخدَم للإشارة إلى الجميع دون تمييز، وليس إلى الجميع بلا استثناء. كما أن النصوص التي يبدو كأنها تشير إلى إمكانية أن يهلك الذين مات المسيح لأجلهم في خطاياهم في النهاية يتبيَّن أنها لا تعلِّم شيئًا من هذا القبيل.

فإذ يُعلِن الكتاب المقدس أن (١) أقانيم الثالوث الثلاثة متَّحدون تمامًا في مشيئتهم الخلاصية وقصدهم الخلاصي؛ وأن (٢) الكفارة لم تكن يومًا فقط احتمالية أو إتاحية، بل هي دائمًا حقيقية وفعالة؛ وأن (٣) نطاق خدمة المسيح كرئيس كهنة المتمثلة في تقديم الذبيحة هو نفسه نطاق خدمته كرئيس كهنة المتمثلة في الشفاعة؛ وأن (٤) العديد من نصوص الكتاب المقدس تتحدث عن عمل المسيح الكفاري بمفردات حصرية؛ وأنه (٥) لا يوجد أي نص في الكتاب المقدس يعلِّم بأن المسيح كفَّر عن الجميع بلا استثناء، نستنتج إذن أن الكتاب المقدس يعلِّم بأن نطاق كفارة المسيح ليس شموليًّا، بل هو قاصر على المختارين وحدهم.

## ➡ القيامة، والصعود، والشفاعة

من الضروري أيضًا أن نَذكُر أن عمل المسيح الشفاعي لم ينتهِ عند الصليب. فهو ليس فقط «أُسْلِمَ مِنْ أَجْلِ خَطَايَانَا»، لكنه أيضًا «أُقِيمَ لأَجْلِ تَبْرِيرِنَا» (رومية ٤: ٢٥). علاوة على ذلك، هو صَعِدَ عن يمين

87 Thomas R. Schreiner, "'Problematic Texts' for Definite Atonement in the Pastoral and General Epistles," in Gibson and Gibson, *From Heaven He Came and Sought Her*, 390.

الآب كي يتسلَّط على كلِّ شيء (أفسس ١: ٢٠-٢٣). وفي هذا المكان نفسه يقال إن المؤمنين جالسون معه (أفسس ٢: ٦). وإذ صعد، أرسل الروح القدس كي يسكن على الدوام في كلِّ عضو من أعضاء كنيسته (يوحنا ١٤: ١٧؛ ١٦: ٧)، وكي يؤيِّدنا بالقوة لأجل حياة القداسة والخدمة. فضلًا عن ذلك، يشفع المسيح فينا في الوقت الحالي وهو عن يمين الآب (رومية ٨: ٣٤؛ عبرانيين ٧: ٢٥)، مُصليًا من أجل فائدتنا الروحية الأعظم، ومدافعًا عنا ضد المشتكي علينا، ومقدِّسًا صلواتنا، ومعتنيًا بنا في وقت حاجتنا (راجع عبرانيين ٤: ١٦).[٨٨]

ينبغي أن تُختتَم دراستنا هذه عن إتمام الفداء بتعبُّدٍ للإله الواحد مثلَّث الأقانيم من أجل ما عمله الابن. على اللاهوت الدقيق والصحيح أن يقود دائمًا إلى تمجيد فائق وسام. لدى الشيطان لاهوت دقيق عن الكفارة، والشياطين يؤمنون ويقشعرون (يعقوب ٢: ١٩). ففي حين يمكن للشيطان والشياطين أن يكونوا دارسين جيِّدين لعمل المسيح، إلا أنهم ليسوا مستفيدين من كفارة الابن. لكننا، نحن شعبه، مستفيدون منها. ولهذا، نختم دراستنا عن كفارة المسيح بترنيمة القديسين والملائكة التي وردت في رؤيا ٥: ٩-١٣،

«مُسْتَحِقٌّ أَنْتَ أَنْ تَأْخُذَ السِّفْرَ
وَتَفْتَحَ خُتُومَهُ،
لِأَنَّكَ ذُبِحْتَ وَاشْتَرَيْتَنَا لِلهِ بِدَمِكَ
مِنْ كُلِّ قَبِيلَةٍ وَلِسَانٍ وَشَعْبٍ وَأُمَّةٍ،
وَجَعَلْتَنَا لِإِلَهِنَا مُلُوكًا وَكَهَنَةً،
فَسَنَمْلِكُ عَلَى الْأَرْضِ ...

مُسْتَحِقٌّ هُوَ الْخَرُوفُ الْمَذْبُوحُ
أَنْ يَأْخُذَ الْقُدْرَةَ وَالْغِنَى وَالْحِكْمَةَ وَالْقُوَّةَ
وَالْكَرَامَةَ وَالْمَجْدَ وَالْبَرَكَةَ! ...

لِلْجَالِسِ عَلَى الْعَرْشِ وَلِلْخَرُوفِ
الْبَرَكَةُ وَالْكَرَامَةُ وَالْمَجْدُ وَالسُّلْطَانُ إِلَى أَبَدِ الْآبِدِينَ».

٨٨ للاطلاع على المزيد عن قيامة المسيح، وصعوده، وشفاعته الحالية، انظر الفصل الرابع من هذا الكتاب بعنوان: «الله الابن».

## تطبيق الفداء

- ترتيب الخلاص
- الاهتداء (الرجوع إلى الله)
- الاتحاد بالمسيح
- التبرير
- التبني
- التقديس
- المثابرة
- التمجيد

من أهم سمات خلاص الرب يسوع المسيح هو أنَّه خلاصٌ كافٍ وفعَّال. فإن ابن الله ليس مخلِّصًا احتماليًّا. فهو ليس فقط «أدَّى دوره» في تدبير الخلاص لشعبه، تاركًا القرار الحاسم لهم. بل في حقيقة الأمر، حين صلَّى يسوع لأبيه في الليلة التي أُسلِم فيها، أعلن أنه أكمل تمامًا العمل الذي أعطاه له الآب ليعمله (يوحنا ١٧: ٤). وعلى الصليب، بينما كان يتجرَّع لا الخمر المُرَّة فحسب، بل أيضًا كأس غضب أبيه المُرَّة، ممتصًّا في شخصه العقوبة الكاملة عن خطايا شعبه (٢كورنثوس ٥: ٢١؛ غلاطية ٣: ١٣؛ ١بطرس ٢: ٢٤)، صرخ منتصرًا: «قَدْ أُكْمِلَ» (يوحنا ١٩: ٣٠). وفي تلك اللحظة، ضَمِنَ مخلِّص العالم على نحو أكيد خلاصَ شعبه إلى الأبد (رومية ٦: ١٠؛ عبرانيين ٧: ٢٧؛ ١٠: ١٠). فقد تحققت إرسالية الابن للفداء كاملة.

وبسبب كفاية العمل الكفاري للمسيح، على أي مؤمن يُسأَل متى خلَّصه الله أن يجيب، من ناحية: «منذ ألفي سنة». ولكن، لا أحد يأتي إلى هذا العالم مخلَّصًا، بل نحن جميعًا نولَد بالإثم (مزمور ٥١: ٥)، أمواتًا بالذنوب والخطايا (أفسس ٢: ١)، وبالطبيعة أبناء الغضب (أفسس ٢: ٣)، وأعداءً لله (رومية ٥: ١٠؛ ٨: ٧-٨). ومع أن بركات الخلاص كافة قد اشتُريت لنا مرة واحدة وإلى الأبد في الصليب، لا يَنْعَم شعب الله بمزايا عمل المسيح إلا حين يُطبِّق الروح القدس تلك البركات على المؤمنين أفرادًا – أي حين يُولَدون من الروح إلى التوبة والإيمان، ويتَّحدون بالمسيح، فيتبرَّرون، وينالون التبني، ويُفرَزون لحياة القداسة وخدمة الله. لهذا ينبغي أن نميز بين إتمام الفداء وتطبيق الفداء.

لحكمة لدى الله، لا يطبِّق الروح القدس على المؤمن كلَّ المزايا التي ضَمِنها عملُ المسيح في الحال عند اهتدائه. لكن تُعطَى هذه البركات تدريجيًّا، أي على مراحل. على سبيل المثال، لدينا وعدٌ بالتقديس، ولكنه تقديس تدريجي. كما أننا لا ننال بركة التمجيد الروحية في اللحظة نفسها التي نُقبِل فيها إلى الإيمان. ومع أننا ربما كنا نفضِّل أن نُعتَق من وجود الخطية في اللحظة التي نؤمن فيها، لكن خطَّط الله أن يكون التمجيد هو نهاية رحلة حياة من التقديس التدريجي. فضلًا عن ذلك،

ينبغي التمييز أيضًا بين جوانب الخلاص التي تُطبَّق متزامنة، أي في آن واحد. على سبيل المثال، مع أننا نتبرَّر وننال التبني في اللحظة نفسها (أي حين نُعطَى إيمان الخلاص)، لكن التبرير والتبني بركتان مختلفتان. وإن إدماج الواحدة في الأخرى يسلب كلَّ واحدة مجدها الفريد. فإن مجد تطبيق الفداء يشبه الماسة ثمينة متعددة الأوجه، وهو لا يُدرَك بالكامل إلا حين يسهم كل وجهٍ في لمعان الكل. وهكذا، تُعْنَى دراسة علم الخلاص باستكشاف تفرُّد وتميُّز كل جانب من جوانب تطبيق الفداء.

## ترتيب الخلاص

إن جوانب الخلاص هذه ليست فقط مميَّزة بعضها عن بعض، لكنها أيضًا متَّصلة بعضها ببعض منطقيًا، وأحيانًا زمنيًا. يهدف «*ordo salutis*» - تلك العبارة اللاتينية التي تعني «ترتيب الخلاص» - إلى تحديد هذه العلاقات المنطقية والزمنية بين المراحل المختلفة لتطبيق الفداء.[٨٩]

البعض قد تَساءل إن كان من الصواب من الأساس أن نحاول فعل هذا، مؤكِّدين أن الكتاب المقدس لا يُعطينا ترتيبًا مفصَّلًا للخلاص. لكن، في حين لم يخصِّص أيُّ نصٍّ كتابي للحديث بشكل صريح عن ترتيب الخلاص، يوجد سند كتابي واضح يؤيِّد وجود هذا الترتيب. ففي بعض الأحيان، يصرُّ التعريف الكتابي لعقيدة معينة على وجود ترتيب زمني. على سبيل المثال، تصف عقيدة التمجيد تطبيق الخلاص من حيث اكتماله، حين «سَيُغَيِّرُ [المسيح] شَكْلَ جَسَدِ تَوَاضُعِنَا لِيَكُونَ عَلَى صُورَةِ جَسَدِ مَجْدِهِ» (فيلبي ٣: ٢١). ليس هذا واقعًا حاضرًا للمؤمنين، بل رجاءٌ في الأفق ننتظره بشوق (رومية ٨: ٢٣؛ فيلبي ٣: ٢٠). وحين قال الروح القدس: «فَإِنَّ خَلَاصَنَا الْآنَ أَقْرَبُ مِمَّا كَانَ حِينَ آمَنَّا» (رومية ١٣: ١١)، فهذا إقرار بوجود ترتيب محدَّد للتمجيد. فهو آخر بركات الخلاص التي ستطبَّق على شعب الله. في أحيان أخرى، أظهر النص الكتابي بوضوح العلاقة بين جانبين أو أكثر من جوانب الخلاص. يَرِد مثالٌ لهذا في يوحنا ١: ١٢، حيث قال يوحنا: «وَأَمَّا كُلُّ الَّذِينَ قَبِلُوهُ [أي قبلوا يسوع] فَأَعْطَاهُمْ سُلْطَانًا أَنْ يَصِيرُوا أَوْلَادَ اللهِ، أَيِ الْمُؤْمِنُونَ بِاسْمِهِ». يعلِّم هذا النص بأن الحق القانوني بأن نصير أولاد الله – أي بأن نُعطَى نعمة التبني – مشروطٌ بقبول يسوع والإيمان به. ومن ثَمَّ، فحتى إن كانت نعمة التبني تُعطَى في اللحظة نفسها تمامًا التي يؤمن فيها المرء، إلا أن الإيمان يسبق التبني **منطقيًا**. كذلك، تشهد العديد من نصوص الكتاب المقدس على أن الإنسان يتبرر بالإيمان (على سبيل المثال، رومية ٣: ٢٨؛ ٥: ١)، أي أن الإيمان هو وسيلة نوال التبرير. وهكذا، لا بد للإيمان أن يسبق التبرير منطقيًا، تمامًا كما يسبق التبني.

تُثبِت هذه الأمثلة القليلة بوضوح أن مفهوم ترتيب للخلاص ليس غريبًا على النص الكتابي. بل في حقيقة الأمر، إن افتراض أن التمجيد هو أيُّ شيء عدا أنه الخطوة الأخيرة في تطبيق الفداء،

٨٩ من المهم أن ندرك هذا الفارق بين الترتيب المنطقي والترتيب الزمني. على سبيل المثال، حين يقول اللاهوتيون إن الولادة الثانية تسبق الإيمان في «ترتيب الخلاص»، فإنهم، في الأغلب، لا يُلمِّحون إلى وجود فجوة زمنية تفصل بين الاثنين، كما لو أن أحدهم وُلد ثانية لمدة عدة أشهر، ثم لاحقًا آمن بالمسيح. لكن بالأحرى، يقول هؤلاء إنه توجد علاقة سببية بين الاثنين، وهي أن الولادة الثانية هي السبب المنطقي للإيمان. ومع أنهما متزامنان زمنيًا، أي يحدثان في اللحظة نفسها تمامًا، لكنهما مختلفان منطقيًا. إذن، حين نقول إن الولادة الثانية تسبق الإيمان، فإننا نقصد فقط أن المرء لابد أن يولد ثانية حتى يؤمن، وليس أنه لا بد أن يؤمن حتى يولد ثانية. لابد من وضع هذا الفارق بين الترتيب المنطقي والترتيب الزمني في الاعتبار حتى يمكننا فهم ترتيب الخلاص.

أو أن الإيمان يُعطَى بعد التبرير سيكون انتهاكًا للمعنى الواضح والصريح للنصوص أعلاه. ومن ثَمَّ، ليس حديثنا عن وجود ترتيب منطقي أو أولوية منطقية إقحامًا مصطَنَعًا «للمنطق البشري» في نص الكتاب المقدس، بل بالحري، هو استخراج المنطق والترتيب الإلهي الذي أعلنه روح الله نفسه بوضوح من النص. وهذا هو الهدف من «ترتيب الخلاص» بحسب الكتاب المقدس.

- ترتيب الخلاص ورومية ٨: ٢٩-٣٠

إن نص رومية ٨: ٢٩-٣٠ هو أوضح النصوص التي تتحدث عن ترتيب الخلاص. في هذا النص كتب بولس: «لِأَنَّ الَّذِينَ سَبَقَ فَعَرَفَهُمْ سَبَقَ فَعَيَّنَهُمْ لِيَكُونُوا مُشَابِهِينَ صُورَةَ ابْنِهِ، لِيَكُونَ هُوَ بِكْرًا بَيْنَ إِخْوَةٍ كَثِيرِينَ. وَالَّذِينَ سَبَقَ فَعَيَّنَهُمْ، فَهَؤُلَاءِ دَعَاهُمْ أَيْضًا. وَالَّذِينَ دَعَاهُمْ، فَهَؤُلَاءِ بَرَّرَهُمْ أَيْضًا. وَالَّذِينَ بَرَّرَهُمْ، فَهَؤُلَاءِ مَجَّدَهُمْ أَيْضًا». حين نفحص هذا النص، نكتشف بدايات لترتيب الخلاص.

**أولاً**، من الجدير بالملاحظة أن أحداث الخلاص المذكورة في هذا النص تتجاوز حدود خطوة تطبيق الفداء، لأن المعرفة المسبَقة والتعيين المسبَق للمختارين المذكورين هنا يقعان ضمن خطة الآب الأزلية للفداء،[٩٠] لكنهما بالطبيعة يُظهِران ترتيبًا محددًا. فحتى بادئتا كلتا الكلمتين – «*fore*»، و«*pre*» (في اليونانية: *pro*-) – تدلان على حقيقة أن المعرفة المسبقة والتعيين المسبق يسبقان الجوانب اللاحقة من الفداء. أيضًا يؤكِّد استخدامهما في مواضع أخرى في الكتاب المقدس على هذا الترتيب، إذ يَرِد كلا المصطلحين بمصاحبة عبارة «قبل تأسيس العالم» في قرائن خلاصيَّة أخرى (أفسس ١: ٤-٥؛ ١بطرس ١: ٢٠). وهكذا، فإن مشورة الثالوث الأزليَّة، التي بحسبها التصق الله بأولئك الذين قصد أن يخلِّصهم، واختارهم، تشكِّل الأساس الذي يرتكز عليه كلُّ عمل الخلاص الذي يُجرَى في مرحلتي إتمام الفداء وتطبيقه.

**ثانيًا**، ذكر بولس التمجيد في ختام هذا التسلسُل. وقد أثبتنا بالفعل أن التمجيد هو الجانب الأخير في تطبيق الفداء، الذي يصف إبادة الخطية والضعف من أجسادنا الحالية، مخلِّصًا إيانا حقًّا ونهائيًا من الخطية وجميع نتائجها (رومية ٨: ١٩-٢٥؛ ١كورنثوس ١٥: ٥٠-٥٧؛ فيلبي ٣: ٢٠-٢١). ومن ثَمَّ، بغض النظر عن علاقة العناصر الأخرى للخلاص بعضها ببعض، يأتي التمجيد، بالتأكيد، أخيرًا في ترتيب الخلاص. ويعني هذا أن الدعوة والتبرير لا بد أن يكونا سابقين للتمجيد.

ما هي، إذن، العلاقة بين الدعوة والتبرير؟ أولًا، علينا ملاحظة أن الدعوة التي يتحدث عنها بولس هنا هي دعوة الله الفعالة التي تؤدِّي إلى الخلاص (على سبيل المثال، ١كورنثوس ١: ٩، ٢٤، ٢٦؛ ٢تيموثاوس ١: ٩؛ ٢بطرس ١: ٣، ١٠؛ انظر يوحنا ١١: ٤٣-٤٤).[٩١] وليست الدعوة العامة التي يمكن رفضها (على سبيل المثال، متى ٢٢: ١٤؛ أعمال الرسل ٧: ٥١)، لأن النص يقول إن جميع الذين يتلقَّون هذه الدعوة يتبرَّرون، ويتمجَّدون (رومية ٨: ٣٠). لا أحد ممَّن يسمعون هذه الدعوة يُستثنى من نوال

---

٩٠ للاطلاع على دراسة أكثر تفصيلًا لعقيدتَي المعرفة المسبقة والتعيين المسبَق، وموقعهما في خطة الفداء الإلهية، انظر عنوان «قضاء الاختيار» (ص. ٦٠٢).

٩١ سنقدِّم تعريفًا وشرحًا تفصيليًّا للدعوة الفعالة في أثناء دراستنا لعقيدة الدعوة، لكن، نستطيع تعريفها هنا بأنها دعوة الله للخاطئ من موته، ونقل حياة روحية إليه، عن طريق القوة الخالقة لتلك الدعوة، لتمكينه من الإيمان بالمسيح للخلاص.

البركات الخلاصية للتبرير والتمجيد. ثانيًا، في ضوء وضع بولس للمعرفة المسبقة والتعيين المسبق أولًا في الترتيب، ثم التمجيد آخرًا، يصير من الصواب أن نستنتج أن ترتيبًا محددًا كان في ذهنه وهو يسرد هذه الجوانب المختلفة للخلاص. ولأنه ذكر الدعوة قبل التبرير، إذن الدعوة تسبق التبرير. ومن ثَمَّ، فإن ترتيب تطبيق الفداء كما يقدِّمه رومية ٨: ٣٠ هو: الدعوة الفعالة، ثم التبرير، ثم التمجيد.

## • ترتيب الخلاص ونصوص أخرى من العهد الجديد

لم يتناول رومية ٨: ٢٩-٣٠ كل جوانب تطبيق الفداء على نحو شامل. فهو لم يَذكُر شيئًا عن الولادة الثانية، أو الإيمان، أو التقديس، أو المزايا الخلاصية أخرى. وكي نفهم موقع هذه العقائد الأخرى في ترتيب الخلاص، لا بد أن نفحص بقية العهد الجديد.[٩٢]

أولًا، ربما أسهل شيء هو أن نحدِّد موقع عطية الإيمان في ترتيب الخلاص، لأن الكتاب المقدس كان واضحًا في قوله إن الإيمان هو شرط التبرير، إذ يقول إن الخطاة يتبرَّرون «بالإيمان» (رومية ٣: ٢٨؛ ٥: ١؛ غلاطية ٢: ١٦؛ ٣: ٢٤؛ فيلبي ٣: ٩). لن يُحكَم ببرٍّ أي خاطئ في نظر الله إلا حين يؤمن؛ وفقط بواسطة الإيمان، ينال الخاطئ برَّ الله في المسيح. وهكذا، من الصائب أن نضع الإيمان قبل التبرير. وإذ يُعَد الإيمان هو وسيلة[٩٣] نوال التبرير، فلا شيء ينبغي أن يقع بينهما. ومن ثمَّ، يمكننا إضافة الإيمان إلى قائمة ترتيب الخلاص التي لدينا كالتالي: الدعوة الفعالة، ثم الإيمان، ثم التبرير، ثم التمجيد.

علينا أن نأخذ بعين الاعتبار أيضًا أن الإيمان الذي للخلاص هو دائمًا إيمان تائب، لأن الإيمان الذي يلتفت إلى المسيح للخلاص يتحوَّل بالضرورة عن الخطية وعن البرِّ الذاتي (أعمال الرسل ٢٦: ١٧-١٨؛ ١تسالونيكي ١: ٩). ولهذا، يُكرَز بالإنجيل باعتباره دعوة إلى كلٍّ من التوبة والإيمان (مرقس ١: ١٤-١٥؛ أعمال الرسل ٢٠: ٢١)، إذ لا يمكن لأيٍّ منهما أن يوجد دون الآخر. والتوبة حيوية للإيمان الذي للخلاص، لدرجة أن الرسول يعقوب يقول إن الفصل بينهما يقتل الإيمان، لأن الإيمان دون أعمال (أي «أَثْمَارًا تَلِيقُ بِالتَّوْبَةِ»، لوقا ٣: ٨) ميت (يعقوب ٢: ١٧، ٢٦). مثل هذا الإيمان لن يكون إيمانًا حقيقيًا للخلاص، بل عديم الجدوى تمامًا (يعقوب ٢: ٢٠). أيضًا، توجد صلة وثيقة للغاية بين الإيمان والتوبة لدرجة أن الكتاب المقدس كثيرًا ما يتحدث عن أحدهما في حين يقصد ضمنًا كليهما. على سبيل المثال، حين نُخِست ضمائر الناس إثر سماعهم عظة بطرس في يوم الخمسين، فسألوه ماذا ينبغي أن يفعلوا كي يخلصوا، أجابهم بطرس: «تُوبُوا وَلْيَعْتَمِدْ كُلُّ وَاحِدٍ مِنْكُمْ عَلَى اسْمِ يَسُوعَ الْمَسِيحِ لِغُفْرَانِ الْخَطَايَا» (أعمال الرسل ٢: ٣٨). ولكن، حين نُخِس ضمير سجان فيلبي بالمثل، وطَرح على بولس وسيلا السؤال عينه، أجاباه: «آمِنْ بِالرَّبِّ يَسُوعَ الْمَسِيحِ فَتَخْلُصَ» (أعمال الرسل ١٦: ٣١). وما لم نكن على استعداد لقبول الفكرة المنافية للعقل التي تقول إن بطرس وبولس كرزا بإنجيلين مختلفين، يصير واضحًا أمامنا أن التوبة التي تخلِّص هي توبة مؤمنة، وأن الإيمان الذي يخلِّص هو إيمان تائب (راجع متى ٤: ١٧؛ لوقا ٢٤: ٤٧؛ يوحنا ٣: ١٦؛ ٢٠: ٣١). وهكذا، فإن التوبة والإيمان وجهان لعملة واحدة،

٩٢ مرة أخرى، سنقدِّم تعريفًا كاملًا ودراسة تفصيليَّة لكل عقيدة من هذه العقائد في هذا الفصل.

93 See Wallace, *Greek Grammar Beyond the Basics*, 431–35.

ويشكِّلان معًا فعل الرجوع إلى الله، أي الاهتداء (راجع أعمال الرسل ١٥: ٣). وإذ لا بد، بحسب المنطق، أن يتحوَّل المرء **عن** شيء قبل أن يتمكن من الاتجاه **إلى** شيء آخر، توضَع التوبة قبل الإيمان. ومن ثَمَّ، يصير الترتيب كالتالي: الدعوة الفعالة، ثم الاهتداءأو الرجوع إلى الله (التوبة والإيمان)، ثم التبرير، ثم التمجيد.

يدور خلاف كبير في الرأي حول العلاقة بين الميلاد الثاني والإيمان. لكن، يبدو أن الكتاب المقدس يعرض الإيمان باعتباره نتيجة الميلاد الجديد. فأولًا، لأن الإنسان الطبيعي ميت بالخطايا (أفسس ٢: ١-٣)، ومن ثم، عاجز عن فهم وقبول ما لروح الله (١كورنثوس ٢: ١٤)، فهو إذن عاجز تمامًا عن أن يؤمن، إلى أن يُنعِش الروح القدس في داخله حياة روحية. لهذا قال يسوع: «إِنَّهُ لَا يَقْدِرُ أَحَدٌ أَنْ يَأْتِيَ إِلَيَّ إِنْ لَمْ يُعْطَ مِنْ أَبِي» (يوحنا ٦: ٦٥). ثانيًا، قال يسوع إن الميلاد الجديد هو الشرط المسبق لرؤية ملكوت الله (يوحنا ٣: ٣)، ودخوله (يوحنا ٣: ٥). ورؤية ملكوت الله هي دون شك صورة بلاغية تعبِّر عن ممارسة الإيمان الذي للخلاص (راجع عبرانيين ١١: ١)، ولأننا لا يمكن أن نختلف على أن الخاطئ يدخل الملكوت عند اهتدائه أو رجوعه إلى الله (أي حين يتوب ويؤمن بالإنجيل)، يترتب على ذلك، إذن، أن يكون الميلاد الجديد سابقًا، منطقيًّا، للإيمان. ثالثًا، قال الرسول يوحنا: «كُلُّ مَنْ يُؤْمِنُ أَنَّ يَسُوعَ هُوَ الْمَسِيحُ فَقَدْ وُلِدَ مِنَ اللهِ» (١يوحنا ٥: ١). لأزمنة الأفعال هنا أهمية شديدة. ففي عبارة «كُلُّ مَنْ يُؤْمِنُ» (في اليونانية: *Pas ho pisteuōn*)، جاء الفعل اليوناني في صيغة اسم الفاعل، وفي زمن المضارع، ممَّا يصف فعلًا حاضرًا ومستمرًا. أما في عبارة «فَقَدْ وُلِدَ مِنَ اللهِ» (في اليونانية: *ek tou theou gegennētai*)، فقد جاء الفعل اليوناني في زمن الماضي التام الخبري، الذي يصف فعلًا حدث في الماضي، وتستمر نتائجه في الحاضر. وهكذا، فما يقصده يوحنا هو أن كلَّ من يؤمن في الوقت الحاضر بيسوع **قد وُلد في الماضي** من الله. هذه العلاقة نفسها موجودة (كما يتبيَّن من التطابق اللغوي) بين الميلاد الجديد وصُنع البر (١يوحنا ٢: ٢٩)، والمحبة (١يوحنا ٤: ٧)، وغلبة العالم (١يوحنا ٥: ٤)؛ ولا تسبق أيٌّ من هذه الميلاد الثاني، ناهيك عن أن تكون سببًا له. أخيرًا، هناك سبب وجيه يدعونا إلى فهم أن الدعوة والميلاد الثاني هما جانبان للحقيقة نفسها، وهي الاستدعاء إلى الحياة الروحية من ناحية، ونقل الحياة الروحية من ناحية أخرى.[٩٤] من ثَمَّ، إن أمكننا الربط هكذا بين الدعوة والميلاد الثاني، فمن المعقول أن نفهم أنه حين تحدث بولس عن الدعوة في رومية ٨: ٣٠، لم يكن بحاجة إلى إضافة الميلاد الثاني، لأنه يدرك أنهما فعل واحد. وبما أننا أثبتنا بالفعل أن الإيمان يلي الدعوة، فمن الصواب أن نستنتج أنه في حين يتزامن الميلاد الثاني مع الإيمان زمنيًّا، إلا أن الميلاد الثاني يسبق الإيمان منطقيًّا، ويُحدِثه. ومن ثم، نستطيع الاستمرار في بناء قائمة ترتيب الخلاص كالتالي: الدعوة الفعالة/الميلاد الثاني، ثم الاهتداء أو الرجوع إلى الله (التوبة والإيمان)، ثم التبرير، ثم التمجيد.

---

٩٤ في ٢كورنثوس ٤: ٦، شبَّه بولس خلق العالم بكلمة الله (راجع تكوين ١: ٣؛ مزمور ٣٣: ٦) بولادة الخاطئ ثانية بكلمة الله (راجع يعقوب ١: ١٨؛ ١بطرس ١: ٢٣، ٢٥). فحين نتحدث عن خلق العالم، لسنا نميز أمر الله بالخلق عن فعل الخلق نفسه. فهو قد أوجد الكون بكلمة حرفيًا. ينبغي أن نسلك النهج ذاته من جهة خلق الحياة الروحية داخل الخاطئ. فإن الدعوة نفسها تخلق الحياة التي تأمر بها. وهكذا، ينبغي ربط الدعوة الفعالة بالميلاد الثاني. للاطِّلاع على دفاع جيد عن هذا الرأي، انظر الملحق الثالث للكتاب التالي:
Matthew Barrett, *Reclaiming Monergism: The Case for Sovereign Grace in Effectual Calling and Regeneration* (Phillipsburg, NJ: P&R, 2013).

عند هذه المرحلة، يصبح من السهل نسبيًا أن نضع بقية جوانب تطبيق الفداء في موقعها في الترتيب. فنظير التبرير، ينال المؤمنون نعمة التبني بالإيمان (يوحنا ١: ١٢؛ غلاطية ٣: ٢٦)؛ وهذا سبب وجيه يدعونا إلى اعتبار التبرير والتبني بركتين متزامنتين. ولكن، من الصواب أن يأتي التبني، منطقيًّا، بعد التبرير. ففي حقيقة الأمر، ليس من العدل أن يُعطَى المؤمنون الحقوق القانونية للحياة في عائلة الله وهم بعد دون موقف سليم أمامه. لا بد أن يَحكُم الله أولًا ببرنا قبل أن يرحِّب بنا داخل عائلة «الْقُدُّوسُ اسْمُهُ» (إشعياء ٥٧: ١٥). أيضًا، ذلك الإيمان الذي به ننال التبرير والتبني هو إيمان عامل بالمحبة باستمرار (غلاطية ٥: ٦). وفي حين أن الميلاد الثاني، والاهتداء، والتبرير، والتبني يحدثون جميعهم في الحال، فإن التقديس عملية تستمر طوال الحياة المسيحية (٢كورنثوس ٣: ١٨). وهكذا، يأتي التقديس بعد التبني، لكنه يسبق التمجيد. وتتميز عملية التقديس بمثابرة المؤمن في الإيمان (متى ٢٤: ١٣)، ونموه في يقينه بالخلاص (٢بطرس ١: ١٠؛ ١يوحنا ٥: ١٣).

إذن، بناء على التحليل الكتابي أعلاه، نجد أن الكتاب المقدس يمدُّنا بترتيب الخلاص كما يلي:

١. المعرفة المسبقة/ التعيين المسبق/الاختيار (اختيار الله البعض للخلاص)
٢. الدعوة الفعالة/ الميلاد الثاني
٣. الاهتداء أو الرجوع إلى الله (التوبة والإيمان)
٤. التبرير (الحُكم بموقف قانوني سليم)
٥. التبَنِّي (الانضمام إلى عائلة الله)
٦. التقديس (النمو التدريجي في القداسة)
٧. المثابرة (الثبات في المسيح)
٨. التمجيد (نوال جسد قيامة)

البركة الأولى من هذه البركات الخلاصية تسبق الزمن، بل وتسبق أيضًا تطبيق الفداء. وتحدث الخطوات من الثانية إلى الخامسة معًا في الوقت نفسه حين يصير المرء مؤمنًا. ثم تحدث الخطوتان السادسة والسابعة طوال الوقت المتبقي من الحياة المسيحية. وأخيرًا، تُنهي الخطوة الثامنة عملية تطبيق الفداء عند مجيء المسيح ثانية. والآن إلى دراسة أكثر تفصيلًا لهذه العقائد المختصَّة بتطبيق الفداء.

## ⬅ الدعوة الخارجية: الكرازة بالإنجيل

كما ذكرنا سابقًا، حين تحدث بولس عن عقيدة الدعوة الإلهية في رومية ٨: ٣٠، كان يقصد دعوة الله الفعالة، أو الميلاد الثاني، التي بموجبها يستدعي الله سياديًّا الخاطئ من الموت الروحي، إلى الحياة الروحية. في واقع الأمر، حين تحدثت رسائل العهد الجديد عن الدعوة الإلهية، كان المقصود في كلِّ مرة هو هذه الدعوة الداخلية الفعالة. تتحدَّث الأناجيل بالتأكيد عن دعوة أخرى، تسمَّى عادة الدعوة الخارجية، أو الدعوة العامة، أو دعوة الإنجيل. يشير هذا الاسم إلى الكرازة الشفهية بالإنجيل، التي بها يُدعى جميع الخطاة إلى الرجوع عن خطاياهم، والإيمان بالمسيح للخلاص (متى ٢٢: ١٤). بعبارة أخرى، هناك فرق بين دعوة الله (الدعوة الداخلية) ودعوة الكارز (الدعوة الخارجية). تقدَّم

الدعوة الداخلية إلى المختارين فحسب، وتأتي بالخاطئ دائمًا إلى الخلاص. في المقابل، تقدَّم الدعوة الخارجية إلى الجميع دون تمييز، وعادة ما تقابَل بالرفض. وبسبب ذلك، لا تنتمي الدعوة الخارجية إلى قائمة ترتيب الخلاص، لأن المزايا الخلاصية لفداء المسيح تطبَّق دائمًا بفاعلية، وتطبَّق فقط على المختارين. ومع ذلك، لأن الدعوة الخارجية للإنجيل هي الوسيلة التي بها يقدِّم الله الدعوة الفعالة للميلاد الثاني، فهي إذن مكوَّن أساسي في دراستنا لتطبيق الفداء.

- ضرورة الدعوة الخارجية

يقول رومية ١٠: ١٣ إن الدعوة الخارجية لازمة حتى يتمكَّن الخاطئ من أن «يدعو» باسم الرب للخلاص:

«لِأَنَّ «كُلَّ مَنْ يَدْعُو بِاسْمِ الرَّبِّ يَخْلُصُ».

فَكَيْفَ يَدْعُونَ بِمَنْ لَمْ يُؤْمِنُوا بِهِ؟ وَكَيْفَ يُؤْمِنُونَ بِمَنْ لَمْ يَسْمَعُوا بِهِ؟ وَكَيْفَ يَسْمَعُونَ بِلَا كَارِزٍ؟ وَكَيْفَ يَكْرِزُونَ إِنْ لَمْ يُرْسَلُوا؟ كَمَا هُوَ مَكْتُوبٌ: «مَا أَجْمَلَ أَقْدَامَ الْمُبَشِّرِينَ بِالسَّلَامِ، الْمُبَشِّرِينَ بِالْخَيْرَاتِ». لَكِنْ لَيْسَ الْجَمِيعُ قَدْ أَطَاعُوا الْإِنْجِيلَ، لِأَنَّ إِشَعْيَاءَ يَقُولُ: «يَا رَبُّ، مَنْ صَدَّقَ خَبَرَنَا؟». إِذًا الْإِيمَانُ بِالْخَبَرِ، وَالْخَبَرُ بِكَلِمَةِ اللهِ» (رومية ١٠: ١٣-١٧)

يبيِّن هذا النص بوضوح أن الكرازة برسالة الإنجيل أمرٌ أساسي بصورة مطلقة لخلاص البشر. فقد توغَّلت الخطية بعمق، حتى بلغت جوهر كيان الإنسان، فصار خاطئًا ليس فقط بالاختيار، بل بالطبيعة (راجع رومية ٨: ٧؛ ١كورنثوس ٢: ١٤؛ أفسس ٢: ٣؛ ٤: ١٧-١٨). لذلك، فإن إعلان الله عن نفسه في العالم الطبيعي (رومية ١: ١٩-٢٠) كافٍ ليصير الجميع مذنبين وبلا عذر أمام الله، ولتبكيت البشر على خطاياهم وعلى الدينونة العتيدة أن تأتي سواء زمنيًا (١: ٢١-٣١) أو أبديًا (١: ٣٢). لكن علاج حالة الجنس البشري الروحية هذه، التي ستؤدي به إلى اللعنة والدينونة، ليس في الإعلان الطبيعي، ولا في نظر الخاطئ إلى داخل نفسه، أو استعانته بموارده الخاصة. فكي يأتي الخلاص إلى أيِّ إنسان، لا بد أن يُكرَز له برسالة الإنجيل التي فحواها هو حياة ابن الله -الذي أُرسِل من السماء كي يخلِّص الخطاة بالنعمة، بالإيمان دون أعمال - وموته، ودفنه، وقيامته.

استمع إلى ما يقوله روح الله في ١كورنثوس ١: ١٨-٢١

«فَإِنَّ كَلِمَةَ الصَّلِيبِ عِنْدَ الْهَالِكِينَ جَهَالَةٌ، وَأَمَّا عِنْدَنَا نَحْنُ الْمُخَلَّصِينَ فَهِيَ قُوَّةُ اللهِ، لِأَنَّهُ مَكْتُوبٌ:

«سَأُبِيدُ حِكْمَةَ الْحُكَمَاءِ،

وَأَرْفُضُ فَهْمَ الْفُهَمَاءِ».

أَيْنَ الْحَكِيمُ؟ أَيْنَ الْكَاتِبُ؟ أَيْنَ مُبَاحِثُ هَذَا الدَّهْرِ؟ أَلَمْ يُجَهِّلِ اللهُ حِكْمَةَ هَذَا

> الْعَالَمِ؟ لأَنَّهُ إِذْ كَانَ الْعَالَمُ فِي حِكْمَةِ اللهِ لَمْ يَعْرِفِ اللهَ بِالْحِكْمَةِ، اسْتَحْسَنَ اللهُ أَنْ يُخَلِّصَ الْمُؤْمِنِينَ بِجَهَالَةِ الْكِرَازَةِ

هذا صحيح لأن كلمة الحق هي الوسيلة التي بها يُجري الله الميلاد الجديد (يعقوب ١ : ١٨)؛ حسبما قال الرسول بطرس: «مَوْلُودِينَ ثَانِيَةً، لَا مِنْ زَرْعٍ يَفْنَى، بَلْ مِمَّا لَا يَفْنَى، بِكَلِمَةِ اللهِ الْحَيَّةِ الْبَاقِيَةِ إِلَى الأَبَدِ» (١بطرس ١ : ٢٣). ثم أضاف بطرس بعد آيتين: «وَهَذِهِ هِيَ الْكَلِمَةُ الَّتِي بُشِّرْتُمْ بِهَا» (١بطرس ١ : ٢٥). إذن، الكرازة بالإنجيل شرط أساسي للخلاص، إذ بواسطة الرسالة التي يكرَز بها يقوم الخطاة إلى حياة جديدة. ولهذا، يُشاد بالإنجيل بوصفه «قُوَّةُ اللهِ لِلْخَلَاصِ» (رومية ١ : ١٦-١٧؛ راجع ١كورنثوس ١ : ١٨). فبجهالة الرسالة التي يُكرَز بها، يَستحسن الله أن يخلِّص الذين يؤمنون. ولهذا، ينبغي أن نرسل كارزين بالإنجيل.

- ## عناصر الدعوة الخارجية

في ضوء ضرورة الدعوة الخارجية للإنجيل لخلاص الخطاة، يلزم أن نفهم ما تتألَّف منه تلك الدعوة بالحقيقة. ثلاثة عناصر على الأقل ينبغي الإخبار بها في الكرازة بالإنجيل. أولًا، على الكارز بالإنجيل أن يشرح حقائق قداسة الله، وخطية الإنسان، وعمل المسيح لإتمام الفداء. فإن الله خالق كل شيء (مزمور ٢٤ : ١)، ومن ثَمَّ، فإن الإنسان، باعتباره واحدًا من مخلوقاته، مسئول عن أن يعطي حسابًا أمام الله الديَّان. كما أن الله كاملٌ في قداسته (متى ٥ : ٤٨)؛ فهو جوهر كل صلاح – حتى أنه لا يمكن أن يوجد في شركة مع أي إنسان أقل من مستوى الكمال الأخلاقي (١يوحنا ١ : ٥؛ راجع يعقوب ٢ : ١٠). ويقول الكتاب المقدس إن الجميع أخطأوا في حق الله بكسر ناموسه، ومن ثم، فإنهم دون مستوى المقياس الكامل للبر، المطلوب لأجل التمتع بشركة معه (رومية ٣ : ٢٣). إن الحُكم الذي صدر على كل الجنس البشري هو «لَيْسَ بَارٌّ وَلَا وَاحِدٌ» (رومية ٣ : ١٠)، والحُكم الذي ترتَّب على ذلك هو الموت: «لأَنَّ أُجْرَةَ الْخَطِيَّةِ هِيَ مَوْتٌ» (رومية ٦ : ٢٣). ولأن ارتكاب الخطية في حقٍّ إله غير محدود في قداسته يستلزم عقوبة غير محدودة، فهذا الموت إذن ليس مجرد موت جسدي أو زمني، لكنه أيضًا موت روحي وأبدي. فإن العقوبة العادلة على أي خطية هي الجحيم، الذي هو عذاب أبدي مُدرَك، بعيدًا عن وجه الرب المخلِّص (متى ١٣ : ٥٠؛ ٢٥ : ٤٦؛ ٢تسالونيكي ١ : ٩؛ رؤيا ١٤ : ١١).

إلى هذه الحالة من الشقاء والبؤس خطا الله بنعمة سيادية. وبينما كان الإنسان بلا حول ولا قوة تحت وطأة الخطية، وبلا أي إمكانية لتسديد ثمن عقوبتها، والإفلات من نتائجها (رومية ٥ : ٦)، صار الله الابن إنسانًا: (١) ليحيا حياة البر الكاملة التي أخفق بنو آدم في أن يحيوها، و(٢) وليموت موتًا بدليًّا عوضًا عن شعبه (رومية ٥ : ٦، ٨)، فيمتصَّ في ذاته العقوبة الكاملة لغضب الآب على خطاياهم (إشعياء ٥٣ : ٦؛ ٢كورنثوس ٥ : ٢١؛ ١بطرس ٢ : ٢٤). وبعد أن مات بديلًا عن الخطاة، دُفن، وفي اليوم الثالث، قام من بين الأموات غالبًا الخطية والموت (رومية ٤ : ٢٥؛ ١كورنثوس ١٥ : ٤؛ عبرانيين ٢ : ١٤-١٨)، وصَعِدَ عن يمين الآب في السماء (أفسس ١ : ٢٠-٢٣). وما لم يوضح الكارز بدقة ورطة الإنسان في الخطية، وعمل التجسد، والكفارة البدلية للمسيح، وقيامة الرب يسوع من الأموات، فهو لم يكرز بالإنجيل.

وفـي حـين أن الإيمـان بحقائـق الإنجيـل هـذه أساسـيٌّ بصـورة مطلقـة للخـلاص، لكنـه ليـس كافيًـا. ففـي حقيقـة الأمـر، حتـى الشـياطين أنفسـهم يؤمنـون بحقائـق صحيحـة عـن اللـه وعـن إنجيلـه (يعقـوب ٢: ١٩). فكي يكتسب أيُّ خاطئ اهتمامًا خلاصيًّا بالمسيح، يجب أن يستجيب لهذه الحقائق، بالرجوع عن الخطية، والإيمان بالمسيح للبر. ومن ثَمَّ، فإن العنصر الثاني الأساسي للدعوة الخارجية هي الدعوة الجادة والصادقة التي يوجِّهها الكارز إلى الخاطئ بأن يتوب ويؤمن. الرب يسوع نفسه قدَّم نموذجًا لهذا النوع من الكرازة بالإنجيل. يقول إنجيل مرقس إنه جاء «يَكْرِزُ بِبِشَارَةِ مَلَكُوتِ اللهِ وَيَقُولُ: ‹قَدْ كَمَلَ الزَّمَانُ وَاقْتَرَبَ مَلَكُوتُ اللهِ، فَتُوبُوا وَآمِنُوا بِالْإِنْجِيلِ›» (مرقس ١: ١٤-١٥). كما اتَّسمت رسالة الإنجيل الرسولية بأنها «التَّوْبَةِ إِلَى اللهِ»، وَ«الْإِيمَانِ الَّذِي بِرَبِّنَا يَسُوعَ الْمَسِيحِ» (أعمال الرسل ٢٠: ٢١؛ راجع ١تسالونيكي ١: ٩). يعني هذا أن العرض الكتابي للإنجيل يدعو الخطاة إلى (١) الإقرار بخطاياهم وذنبهم أمام الله (لوقا ١٥: ١٨)، و(٢) التخلِّي عن أيِّ أملٍ في بلوغهم الغفران بأعمالهم الصالحة (عبرانيين ٦: ١)، و(٣) تَرْك حياتهم التي تَحْكُمها الخطية والذات (إشعياء ٥٥: ٧؛ لوقا ٩: ٢٣)، و(٤) وَضْع كل ثقتهم في برِّ المسيح وحده، لأجل القبول من الله والمصالحة معه (رومية ١٠: ٤، ٩؛ فيلبي ٣: ٤-٩). فقط بهذا الإيمان التائب، يتمكن الخاطئ، على المستوى الشخصي، من نوال الامتيازات التي اشتراها المسيح على المستوى العام. أيضًا، لأن هذا هو الأمل الوحيد للخاطئ في نوال الحياة والخلاص، لا بد أن تقدَّم هذه الدعوة إلى التوبة والإيمان بأقصى درجة من الإلحاح. على الكارزين ألا يقدِّموا المسيح إلى الخاطئ ببرود وعدم اكتراث، بل لأنهم مدفوعون بمخافة الرب (٢كورنثوس٥: ١١)، ينبغي أن يُقنعوا الناس ويناشدوهم بجدِّية وإخلاص قائلين: «تَصَالَحُوا مَعَ اللهِ» (٢كورنثوس ٥: ٢٠).

العنصر الثالث الأساسي للدعوة الخارجية هو الوعد بغفران الخطايا والحياة الأبدية. في أثناء دعوتنا للخطاة إلى التوبة والإيمان، علينا أن نضع أمامهم البركات التي لا يضاهيها شيء آخر، والتي يوعَد بها الذين يطيعون دعوة الإنجيل. ونظير العناصر الأخرى، نجد أمثلة لهذا العنصر في كرازة يسوع والرسل. ففي يوحنا ٣: ١٦، وَعَدَ يسوع بأن من يؤمن به لن يهلك، بل تكون له الحياة الأبدية. وفي عظة يوم الخمسين التي ألقاها بطرس، أخبر اليهود، بعد أن قدَّم الدعوة إلى التوبة، بوعد غفران الخطايا (أعمال الرسل ٢: ٣٨؛ راجع ٣: ١٩). كما ذَكَرَ بولس هذا الوعد بوضوح في عظته التي ألقاها في أنطاكية بيسيدية: «فَلْيَكُنْ مَعْلُومًا عِنْدَكُمْ أَيُّهَا الرِّجَالُ الْإِخْوَةُ، أَنَّهُ بِهَذَا يُنَادَى لَكُمْ بِغُفْرَانِ الْخَطَايَا، وَبِهَذَا يَتَبَرَّرُ كُلُّ مَنْ يُؤْمِنُ مِنْ كُلِّ مَا لَمْ تَقْدِرُوا أَنْ تَتَبَرَّرُوا مِنْهُ بِنَامُوسِ مُوسَى» (أعمال الرسل ١٣: ٣٨-٣٩). إن الوعد الأعظم للإنجيل هو في الأساس أن الخطاة الذي كانوا قبلًا أجنبيين عن الله يمكن أن يتصالحوا معه، ليصيروا في علاقة سليمة معه (أفسس ٢: ١٨؛ ١بطرس ٣: ١٨). هذه المصالحة وثيقة للغاية لدرجة أن الخاطئ يُعطَى الحق والسلطان في أن يصير ابنًا لله (يوحنا ١: ١٢). ومن ثَمَّ، فإن عرض رسالة الإنجيل الذي مركزه الله لن يكتفي بالمناداة بالوعود المذهلة للغفران والحياة الأبدية، لكنه سيعلِن أيضًا أن الحياة الأبدية تتمثَّل في معرفة الإله الواحد في ثالوث، والتمتُّع بشركة معه (يوحنا ١٧: ٣)، علاوة على ذلك، فإن هذا العرض سيقدِّم **الواهبَ** باعتباره أعظم هبات الإنجيل على الإطلاق.

## • سمات الدعوة الخارجية

تتَّسم الدعوة الخارجية إلى الخلاص، كما تقدَّم في الإنجيل، بعدة سمات رئيسية. أولًا، هي دعوة عامة، أو شاملة. يعني هذا أنه ينبغي أن يُكرَز ببشارة التوبة والإيمان لأجل غفران الخطايا لجميع البشر دون تمييز. ففي حين لا تُعطَى الدعوة الداخلية للميلاد الثاني إلا للمختارين، ينبغي أن يُكرَز بالدعوة الخارجية للإنجيل دون أي تمييز، أي للمختارين والمرفوضين على حد سواء. يعارض البعض، رغبة منهم في تعظيم شأن سيادة الله المطلقة، هذا التعليم بإصرارهم على أنه بما أن الله اعتزم أن يخلِّص المختارين فقط، إذن، على كارزيه أن يكرزوا بالإنجيل لهؤلاء المختارين وحدهم. ولكن هذا ليس مستحيلًا فحسب (إذ ليس بوسعنا البتة نحن البشر أن نميِّز المختارين عن بقية البشر)، لكنه مناقض تمامًا للكتاب المقدس. فقد أعلن الله أنه يريد حقًّا توبة الأشرار (حزقيال ١٨: ٢٣، ٣٢؛ ٣٣: ١١؛ راجع ٢كورنثوس ٥: ٢٠)؛ وبموجب تلك الرغبة، هو يدعو بكل حماس جميع البشر إليه: «أَيُّهَا الْعِطَاشُ جَمِيعًا هَلُمُّوا إِلَى الْمِيَاهِ، وَالَّذِي لَيْسَ لَهُ فِضَّةٌ تَعَالَوْا اشْتَرُوا وَكُلُوا. هَلُمُّوا اشْتَرُوا بِلَا فِضَّةٍ وَبِلَا ثَمَنٍ خَمْرًا وَلَبَنًا ... أَمِيلُوا آذَانَكُمْ وَهَلُمُّوا إِلَيَّ. اسْمَعُوا فَتَحْيَا أَنْفُسُكُمْ» (إشعياء ٥٥: ١، ٣). فهو يناشد الخطاة أن يطلبوه، ويتوق إلى أن يرحمهم ويتراءف عليهم، ويغفر لهم (إشعياء ٥٥: ٦-٧). كما أنه يأمر دون تمييز «جَمِيعَ أَقَاصِي الأَرْضِ» بالالتفات إليه كي يَخلُصوا (إشعياء ٤٥: ٢٢). أيضًا، يتجلَّى عمق واتساع الرحمة الإلهية على أكمل وجه في **ذاك** الذي هو رسم جوهر طبيعة الآب. فلو كان صحيحًا أن الكارزين بالإنجيل عليهم أن يحصروا الدعوة الخارجية في المختارين وحدهم، لوَجدنا قَطعًا هذا النموذج في خدمة يسوع، الذي، على خلافنا، كان عالِمًا تمامًا بهُوية المختارين. ومع ذلك، لم يتعامل ربنا بأي تمييز، لكنه كرز بالإنجيل حتى للذين رفضوه (متى ٢٢: ٢-١٤؛ لوقا ١٤: ١٦-٢٤)، داعيًا جميع المتعبين إلى أن يجدوا الراحة فيه (متى ١١: ٢٨-٣٠). تَظهَر هذه الشمولية أيضًا في الإرسالية العظمى للكنيسة: «تَلْمِذُوا جَمِيعَ الأُمَمِ» (متى ٢٨: ١٩؛ راجع لوقا ٢٤: ٤٧)، و«اكْرِزُوا بِالْإِنْجِيلِ لِلْخَلِيقَةِ كُلِّهَا» (مرقس ١٦: ١٥). ليس من المثير للدهشة، إذن، أن تكون كرازة الرسل على غرار ذلك، مثلما قال بولس للفلاسفة في أريوس باغوس إن الله يأمر «جَمِيعَ النَّاسِ فِي كُلِّ مَكَانٍ أَنْ يَتُوبُوا» (أعمال الرسل ١٧: ٣٠). حقًّا، لا يمكننا إنكار شموليَّة دعوة الإنجيل.

السمة الثانية للدعوة الخارجية هي أنها عَرْضٌ صادقٌ. يبدي البعض اعتراضهم على ذلك قائلين إنه بما أن الله ينوي أن يخلِّص فقط الذين اختار أن يعطيهم التوبة والإيمان، فلا يمكن إذن أن تكون الدعوة العامة للإنجيل صادقة من جانب الله. لا يقل هذا عن كونه اتهامًا تجديفيًا موجَّهًا من الذين أعلوا شأن منطقهم فوق إعلان الله. فكما أثبتنا سابقًا، حقًّا يدعو الله الجميع إلى التوبة، ويقول عن نفسه بصدقٍ إنه يشاء توبة الأشرار. فقد سأل: «هَلْ مَسَرَّةً أُسَرُّ بِمَوْتِ الشِّرِّيرِ؟ ... أَلَا بِرُجُوعِهِ عَنْ طُرُقِهِ فَيَحْيَا؟» (حزقيال ١٨: ٢٣؛ راجع ١٨: ٣٢؛ ٣٣: ١١). هل يمكن لأحد أن يشكِّك في صدق الإله الذي قال: «لَوْ سَمِعَ لِي شَعْبِي،[٩٥] وَسَلَكَ إِسْرَائِيلُ فِي طُرُقِي» (مزمور ٨١: ١٣)؟ بل وفي حقيقة الأمر قال الله عن إسرائيل: «طُولَ النَّهَارِ بَسَطْتُ يَدَيَّ إِلَى شَعْبٍ مُعَانِدٍ وَمُقَاوِمٍ» (رومية ١٠: ٢١). في حين قد يكون صعبًا أن نفهم كيفية التوفيق بين التصريحات عن رأفة الله تجاه غير المختارين والتعاليم عن

٩٥ [المترجم]: أو «ليت شعبي سمع لي».

الاختيار السيادي والفداء الحصري، لكن ليس من المقبول أن يجعلنا هذا نستنتج أن الله لا يعني ما يقوله! علَّق بيركهوف على هذا قائلًا:

> الدعوة الخارجية هي دعوة صادقة. فهي ليست تقديم دعوة على أمل ألا تُقبَل. حين يدعو الله الخاطئ إلى قبول المسيح بالإيمان، فهو يشاء ذلك بكلِّ صدق. وحين يَعِد الذين يتوبون ويؤمنون بالحياة الأبدية، فإن وعده جدير بالثقة. هذا نابع من طبيعة الله نفسها، أي من طبيعته الصادقة. وإنه لَمِنَ التجديف أن نظن أن الله يمكن أن يكون مذنبًا بتهمة المراوغة والخداع، وأنه يمكن أن يقول شيئًا بينما يعني شيئًا آخر، وأنه قد يناشد الخاطئ بجدية أن يتوب ويؤمن للخلاص، بينما هو في الآن ذاته لا يشاء ذلك على الإطلاق.[٩٦]

إن الإله الذي «يَرْحَمُ مَنْ يَشَاءُ» و«يُقَسِّي مَنْ يَشَاءُ» (رومية ٩: ١٨) هو الإله نفسه الذي لا يُسَرُّ بموت الشرير. ليس من الوارد أن يقول المؤمن الذي يُصدِّق الكتاب المقدس إن الأمر الأول متناقضٌ مع الأمر الثاني. فإن عرض الخلاص الذي يقدَّم في الدعوة الخارجية للإنجيل مشروطٌ بالتوبة والإيمان. وكي يكون هذا العرض صادقًا من جانب الله، ينبغي أن يكون الله ببساطة راغبًا بصدق في منح البركات الموعود بها عند استيفاء شروط العرض.[٩٧] وهذا صحيح تمامًا. فإذا تاب أحدٌ، وآمن بالمسيح، **حقًّا سوف** يغفر الله له ويخلِّصه. إلا أن التوبة والإيمان مستحيلان على الإنسان الطبيعي (رومية ٨: ٧-٨؛ ١كورنثوس ٢: ١٤). فمن دون نعمة الميلاد الثاني، لن يتوب أحدٌ أو يؤمن. وهكذا، في حالة غير المختارين، لن تُستوفَى شروط العرض البتة. إلا أن افتراض عدم صدق عرض الله - بل وأنه يتظاهر بالصدق! - لأنه لا يعطي الإنسان النعمة اللازمة للتغلب على فساده، هو افتراض أن الله ملزَم بمنح النعمة للجميع. يجيب الرب نفسه عن هذه الفكرة قائلًا: «أَوَ مَا يَحِلُّ لِي أَنْ أَفْعَلَ مَا أُرِيدُ بِمَا لِي؟» (متى ٢٠: ١٥). فللخزَّاف سلطان على الطين «أَنْ يَصْنَعَ مِنْ كُتْلَةٍ وَاحِدَةٍ إِنَاءً لِلْكَرَامَةِ وَآخَرَ لِلْهَوَانِ» (رومية ٩: ٢١). ليس الله ملزَمًا بمنح النعمة لأحدٍ، ناهيك عن منحها للجميع. لكن، يكمُن خلل دعوة الإنجيل في فساد الإنسان، وليس في أي بُخلٍ مزعوم في نعمة الله. وإن افتراض هذا يقترب بشدة من حد التجديف.

أخيرًا، السمة الثالثة للدعوة الخارجية هي أن هذه الدعوة، في ذاتها ومن ذاتها، غير فعَّالة. فإن الدعوة الخارجية -على خلاف الدعوة الفعالة التي بها يُستدعَى الإنسان، دون قابلية للمقاومة، إلى الحياة الروحية (على سبيل المثال، ١كورنثوس ١: ٩؛ راجع يوحنا ٦: ٤٤، ٦٥)، ويتبرَّر حتمًا، وفي النهاية يتمجَّد (رومية ٨: ٣٠)- يمكن مقاومتها. أظهر يسوع هذا الفرق في ختام مَثَل وليمة العرس، حين قال: «لِأَنَّ كَثِيرِينَ يُدْعَوْنَ وَقَلِيلِينَ يُنْتَخَبُونَ» (متى ٢٢: ١٤). أي أن كثيرين يُدعَون للاشتراك في وليمة بركات الحياة الأبدية، ولكن، لأن الآب لم يختر سوى البعض، وليس الجميع، يُدعَى قليلون دعوة فعَّالة. ولهذا،

96 Berkhof, *Systematic Theology*, 462.

٩٧ يقول نيكول في هذا: «الشرط الأساسي الذي يجعل العرض جادًّا وصادقًا هو ببساطة أنه إن استوفيت شروط العرض، سيُعطَى حقًّا الشيء المعروض»:

Roger R. Nicole, “Covenant, Universal Call and Definite Atonement,” *JETS* 38, no. 3 (1995): 403–12.

فإن كثيرين ممَّن يُدْعَون يرفضون الدعوة الخارجية. وتمثِّل جميع المواقف التي فيها كُرِز بالإنجيل، ورُفِض، برهانًا على عدم فاعلية الدعوة الخارجية (على سبيل المثال، يوحنا ٣: ١٨؛ ٦: ٦٤؛ ١٢: ٣٧؛ أعمال الرسل ٧: ٥١؛ ١٧: ٣٢). ولهذا السبب نفسه، ليست الدعوة الخارجية كافية للخلاص.

## ⬅ الدعوة الداخلية: الميلاد الثاني

بسبب نقائص الدعوة الخارجية، يظلُّ الخطاة في حاجة إلى دعوة سياديَّة فعالة، تملك القوة في ذاتها أن تتغلَّب على نتائج الفساد، وتقتادهم إلى التوبة والإيمان الذي للخلاص. فإن الإنسان، في حالته الطبيعية، ميت روحيًا (أفسس ٢: ١). فهو بالطبيعة جثة روحية هامدة، وغير متفاعلة على الإطلاق مع الحق الروحي الذي يُكرَز به في الدعوة الخارجية للإنجيل. ولهذا، سيظل الإنسان الطبيعي رافضًا دائمًا للإنجيل، لأن ما لروح الله هو «عِنْدَهُ جَهَالَةٌ، وَلَا يَقْدِرُ أَنْ يَعْرِفَهُ لِأَنَّهُ إِنَّمَا يُحْكَمُ فِيهِ رُوحِيًّا» (١كورنثوس ٢: ١٤). فقد اجتاحت الخطية الإنسان لدرجة أنها أفسدت جميع ملكاته وقدراته. فهو مصابٌ بالعمى الروحي، لأن «إِلَهُ هَذَا الدَّهْرِ قَدْ أَعْمَى أَذْهَانَ غَيْرِ الْمُؤْمِنِينَ، لِئَلَّا تُضِيءَ لَهُمْ إِنَارَةُ إِنْجِيلِ مَجْدِ الْمَسِيحِ» (٢كورنثوس ٤: ٤؛ راجع رومية ١: ٢١-٢٢؛ أفسس ٤: ١٧-١٨). فحين يقدَّم مجد المسيح في الإنجيل، لا يراه الإنسان الطبيعي، لأن عيني قلبه قد أصيبتا بالعمى. كما أنه مصابٌ بالصمَم الروحيّ، لأن «أُذْنَهُمْ غَلْفَاءُ» (إرميا ٦: ١٠)، ومن ثم، هو عاجز عن إدراك الحكمة، والنعمة، والحق المعلَن في إنجيل النعمة (إشعياء ٦: ٩-١٠؛ متى ١٣: ١٥؛ يوحنا ٨: ٤٣). بل وأيضًا، صارت إرادة الإنسان وعواطفه في فوضى عارمة، إذ كما يشهد إرميا النبي «اَلْقَلْبُ أَخْدَعُ مِنْ كُلِّ شَيْءٍ وَهُوَ نَجِيسٌ» (إرميا ١٧: ٩).[٩٨] وفي الحقيقة، الإنسان الطبيعي خالٍ من الحياة الروحية، إذ يقول الكتاب المقدس إن قلبه قلب حجر (حزقيال ١١: ١٩؛ ٣٦: ٢٦)، متبلِّد وغير متجاوِب مع معنى الحق المعلَن من الله، ومع مجد هذا الحق.

«اللهُ الَّذِي هُوَ غَنِيٌّ فِي الرَّحْمَةِ، مِنْ أَجْلِ مَحَبَّتِهِ الْكَثِيرَةِ الَّتِي أَحَبَّنَا بِهَا، وَنَحْنُ أَمْوَاتٌ بِالْخَطَايَا **أَحْيَانَا** مَعَ الْمَسِيحِ» (أفسس ٢: ٤-٥). ففي ممارسة الله لمسرَّته السيادية، يُصدِر دعوة فعالة تخترق قلب المختارين. فهو بسيادته يستدعي الخاطئ من موته وعماه الروحي؛ وبسلطان كلمته الخالق، يمنحه حياة روحية جديدة – أي يهبه قلبًا جديدًا، بالإضافة إلى عينين كي يبصر بهما، وأذنين كي يسمع بهما، ومن ثمَّ، يمكِّنه من أن يتوب ويؤمن بالمسيح للخلاص (رومية ٨: ٣٠؛ ١كورنثوس ١: ٢٤؛ ٢تيموثاوس ١: ٩؛ ١بطرس ٥: ١٠؛ ٢بطرس ١: ٣). فهو يدعو خاصته دعوة فعالة «مِنَ الظُّلْمَةِ»، و«إِلَى نُورِهِ الْعَجِيبِ» (١بطرس ٢: ٩)، «وإليه» هو نفسه (أعمال الرسل ٢: ٣٩)، وإلى الشركة مع ابنه (١كورنثوس ١: ٩)، حتى يصيروا للمسيح (رومية ١: ٦)، وينتموا «إِلَى مَلَكُوتِهِ وَمَجْدِهِ» (١تسالونيكي ٢: ١٢). هذه هي معجزة التجديد الإلهية، أو الميلاد الثاني.

- صانع الميلاد الثاني

بحسب ما اتضح لنا حتى الآن، لا يمكن أن يكون صانع هذا التغيير الجذري في طبيعة الإنسان هو الإنسان نفسه، بل خالق كل حياة، بما في ذلك الحياة الأبدية– أي الله وحده. تستلزم بعض الجوانب

٩٨ في اللغة العبرية، يمثِّل «القلب» مركز التحكُّم في عواطف المرء وحياته الروحية. هذه طريقة للتعبير عن الإرادة، والرغبات، والعواطف.

الأخرى من تطبيق الفداء اشتراكًا وتعاونًا من المؤمنين. على سبيل المثال، في الاهتداء (الرجوع إلى الله)، مع أن التوبة والإيمان هما عطيتان يمنحهما الله بسيادته (أعمال الرسل ١١: ١٨؛ أفسس ٢: ٨)، علينا نحن أن نرجع عن الخطايا، ونؤمن بالمسيح. فمع أن الله يمنحنا الإيمان، لكنه لا يؤمن بالإنجيل نيابة عنا. كذلك، مع أن نمو المؤمن في القداسة هو عمل سيادي يجريه روح الله (فيلبي ٢: ١٣؛ راجع ٢كورنثوس ٣: ١٨؛ غلاطية ٥: ١٦-١٧، ٢٢-٢٣)، لكننا مدعوُّون إلى استخدام الوسائط التي بها يقدِّسنا الروح، متمِّمين خلاصنا بخوف ورعدة (فيلبي ٢: ١٢)، ومجتهدين كي نضيف إلى إيماننا فضيلة (٢بطرس ١: ٥-٨). إلا أن عمل الميلاد الثاني مغايرٌ لهذه الجوانب الأخرى من تطبيق الفداء. ففي الميلاد الثاني، يكون الإنسان سلبيًّا تمامًا، بينما الله هو الفاعل الإيجابي في صُنع معجزة الخلق المتمثلة في الميلاد الجديد.

من الجدير بالاهتمام استخدام الكتاب المقدس لصورة الميلاد الثاني لوصف عمل التجديد (يوحنا ٣: ٣-٨؛ ١بطرس ١: ٣، ٢٣؛ ١يوحنا ٣: ٩). ففي العالم المادي، لا يُسهِمُ الطفل بشيء في الحَبَل به، أو في ولادته. فهو لا يكون موجودًا، ولذلك، هو يعتمد تمامًا على مشيئة والديه كي يخرج إلى الوجود. وعلى المنوال نفسه، اختار يسوع هذا التشبيه ليوضح أن الخطاة الأموات والفاسدين عاجزون عن الإسهام في ولادتهم من جديد إلى الحياة الروحية، لكنهم معتمدون تمامًا في هذا العمل على مشيئة الله السيادية. أعلن يسوع هذا لنيقوديموس، الذي كان «إِنْسَانٌ مِنَ الْفَرِّيسِيِّينَ»، و«رَئِيسٌ لِلْيَهُودِ»، وُصِف بأنه «مُعَلِّمُ إِسْرَائِيلَ» (يوحنا ٣: ١، ١٠). فقد كان عضوًا في الطائفة الأكثر تشدُّدًا وتديُّنًا في الديانة اليهودية، وكان عضوًا في مجمع السنهدرين. وبصفته **معلِّم إسرائيل**، كان يشغل مكانة بارزة فريدة في النظام الديني. ولهذا الرجل الذي بلغ أوج التقوى الدينية قال يسوع: «يَنْبَغِي أَنْ تُولَدُوا مِنْ فَوْقُ[٩٩]» (يوحنا ٣: ٧). لا يقتصر هذا على نيقوديموس وحده، بل تحدَّث يسوع عن الجنس البشري بوجه عام حين قال: «اَلْحَقَّ الْحَقَّ أَقُولُ لَكَ: إِنْ كَانَ أَحَدٌ لَا يُولَدُ مِنْ فَوْقُ لَا يَقْدِرُ أَنْ يَرَى مَلَكُوتَ اللهِ» (يوحنا ٣: ٣). لقد أفسدت الخطية الجنس البشري، ولوَّثته لدرجة أنه لم يَعُد ينفع معه شيء إلا التجديد التام للنفس، كي يَخلُص. فإن إعادة ترتيب حياتك، أو التعديل من سلوكك، أو مضاعفة الممارسات الدينية لن يكفي. يعاني الجنس البشري من خطبٍ جذري وغير قابل للعلاج، لدرجة أن الحل هو أن نولَد من جديد. وحين سأل نيقوديموس كيف يمكن أن يحدث هذا، لم يقدِّم له يسوع قائمة من الواجبات الدينية يمكنه بها التعاون مع نعمة الله، بل أشار إلى مشيئة الله السيادية، قائلًا: «اَلرِّيحُ تَهُبُّ حَيْثُ تَشَاءُ» (يوحنا ٣: ٨). قال جون موراي (John Murray): «كما أن الريح ليست رهن إشارتنا، كذلك أيضًا عمل الروح في الميلاد الثاني».[١٠٠]

علاوة على صورة الميلاد الجديد، أكَّد الكتاب المقدس بوضوح أن الميلاد الثاني عملٌ يعمله الله وحده. قال الرسول يوحنا إن أبناء الله الذي يولَدون في الميلاد الثاني قد وُلدوا «لَيْسَ مِنْ دَمٍ، وَلَا مِنْ مَشِيئَةِ جَسَدٍ، وَلَا مِنْ مَشِيئَةِ رَجُلٍ، بَلْ مِنَ اللهِ» (يوحنا ١: ١٣). لا يولد الإنسان ثانية من دم، أي أن الميلاد الجديد لا ينتقل وراثيًا بأي صلة دم، بل هو ميلادٌ فائقٌ للطبيعة تمامًا. وفي حين يُنتِج اجتماع

٩٩ [المترجم]: في ترجمات أخرى، نقرأ: «ينبغي أن تولَدوا ثانية».

100 Murray, *Redemption Accomplished and Applied*, 99.

دم أب ودم أم حياة جسدية، لا يمكن لهذا الاجتماع البتة أن يُنتِج حياة روحية. ولا تأثير لميراث المرء أو أسلافه على الميلاد الثاني. أيضًا، لا يُوَلَد ابن الله من مشيئة جسد. فهو لا يقرِّر ببساطة أن يولد ثانية بإرادته. لا يمكن لأي جهد أخلاقي أو عمل ديني أن يُحدِث الميلاد الجديد، لأن الجسد لا يلد سوى جسدًا (يوحنا ٣: ٦). ولأن الميلاد الجديد هو ولادة روحية، فهو لا يمكن أن يحدث بمشيئة جسد. وأخيرًا، يقول يوحنا إن أولاد الله لا يولدون من مشيئة رجل، مما يؤكِّد أنه لا يمكن لأي ديانة من صُنع الإنسان، أو لأي نظام ديني طقسي أن يُحدِث الميلاد الثاني.

بالأحرى، يُوَلَد أولاد الله **من الله** (يوحنا ١: ١٣). لم يتردَّد الكتاب المقدس أن يَستخدمَ أكثر الألفاظ إيجابية على الإطلاق للتعبير عن دور الله في الميلاد الثاني. فإن ولادة الخطاة إلى الحياة الروحية هو فعلٌ بعيد كل البعد عن الاعتماد على مشيئة الإنسان، لكنه يحدث بمشيئة **الله** (يعقوب ١: ١٨). فبينما كان الإنسان ميتًا بالذنوب، وعاجزًا تمامًا عن أن يحيي نفسه، «اللهُ ... أَحْيَانَا مَعَ الْمَسِيحِ» (أفسس ٢: ٤-٥؛ راجع كولوسي ٢: ١٣). وحسب رحمة الآب الكثيرة «وَلَدَنَا ثَانِيَةً» (١بطرس ١: ٣). وعلى لسان حزقيال النبي، وَعَد الله بوقتٍ فيه سيأتي بالتجديد لشعبه:

> وَأَرُشُّ عَلَيْكُمْ مَاءً طَاهِرًا فَتُطَهَّرُونَ. مِنْ كُلِّ نَجَاسَتِكُمْ وَمِنْ كُلِّ أَصْنَامِكُمْ أُطَهِّرُكُمْ. وَأُعْطِيكُمْ قَلْبًا جَدِيدًا، وَأَجْعَلُ رُوحًا جَدِيدَةً فِي دَاخِلِكُمْ، وَأَنْزِعُ قَلْبَ الْحَجَرِ مِنْ لَحْمِكُمْ وَأُعْطِيكُمْ قَلْبَ لَحْمٍ. وَأَجْعَلُ رُوحِي فِي دَاخِلِكُمْ، وَأَجْعَلُكُمْ تَسْلُكُونَ فِي فَرَائِضِي، وَتَحْفَظُونَ أَحْكَامِي وَتَعْمَلُونَ بِهَا (حزقيال ٣٦: ٢٥-٢٧)

في هذا النص، كان العمل الأحادي[١٠١] لله في الميلاد الثاني واضحًا لا لبس فيه. ففي هذه الآيات الثلاثة فحسب، استخدم الله ضمير المتكلم ست مرات، مشدِّدًا على كون عملية زرع القلب الروحية هي عمل يقوم به هو بالكامل. وفي الأصحاح التالي، قدَّم الله مثالًا توضيحيًّا عن سيادته، وعن عجز الإنسان، من خلال تشبيه الميلاد الثاني المستقبلي لإسرائيل بنفخ الله حياة في وادٍ مملوء بعظام يابسة (حزقيال ٣٧: ١-١١). وفي حين أن هذه نبوة واضحة عن تجديد اليهود وخلاصهم قبل مجيءٍ المسيح ثانية، لكنها تخبرنا بأن الله هو من يلد الأفراد ثانية – وفي حالة إسرائيل، هو من يلد ثانية أمَّتهم

---

١٠١ مصطلَح «العمل الأحادي» [Monergism] مشتقٌّ من الكلمة اليونانية *monos*، التي تعني «واحد»، ومن كلمة *ergos* التي تعني «عمل». وتشير الكلمة إلى قيام طرف واحد فحسب بالعمل. استخدم علماء اللاهوت هذا المصطلح لوصف الرأي الذي نؤيِّده هنا بشأن الميلاد الثاني، وهو أن الله هو الطرف الوحيد العامل في الميلاد الثاني، بينما الإنسان سلبيٌّ تمامًا. من ناحية أخرى، كلمة «العمل التآزري» [synergism] تعني «العمل معًا"، وتصف رأيًا عن الميلاد الثاني يقول إن الإنسان يتعاون مع الله في العمل. كَتَبَ جون مايلي (John Miley)، اللاهوتي الويسلي، والمناصِر للفكر التآزري ما يلي: "ليس الميلاد الثاني عملًا يُجرَى من جانب الروح القدس وحده بشكل مطلق ... فهناك شروط أساسية لا يمكن استيفاؤها دون ممارستنا لحرية إرادتنا. فلا بد من رجوع النفس بصدق إلى الله، ومن توبة عميقة عن الخطايا، ومن إيمان حقيقيٌّ بالمسيح. هذه هي المتطلبات التي لا بد أن نستوفيها من طرفنا. ولن يحدث ميلاد ثانٍ دونها».
John Miley, *Systematic Theology* (New York: Hunt & Eaton, 1892), 2:336.
مثل هذا التعليم مناقض تمامًا لتأكيد الكتاب المقدس على كون الله هو العامل في الولادة الثانية، بينما الإنسان عاجزٌ. للاطلاع على دفاع بارع عن الولادة الثانية الأحادية، انظر:
Matthew Barrett, *Salvation by Grace: The Case for Effectual Calling and Regeneration* (Phillipsburg, NJ: P&R, 2013).

بكاملها (حزقيال ٣٧: ١١). تلك هي حالة فساد الإنسان الطبيعية؛ فهو عاجزٌ عن إحياء نفسه، تمامًا مثلما تعجز كومة العظام الميتة واليابسة عن إحياء نفسها. ثم بعد أن أوضح الله وعده من خلال هذه الصورة، قال: «هَأَنَذَا أَفتَحُ قُبُورَكُمْ وأُصْعِدُكُمْ مِنْ قُبُورِكُمْ يَا شَعْبِي ... وأَجْعَلُ رُوحِي فِيكُمْ فتَحْيَوْنَ» (حزقيال ٣٧: ١٢، ١٤).

تشير هذه النصوص من سفر حزقيال إلى دور الروح القدس في الميلاد الثاني. تَذكُر نصوص كثيرة بصراحة أن أقنوم الآب هو الأقنوم العامل في الميلاد الثاني (يعقوب ١: ١٨؛ ١بطرس ١: ٣؛ راجع رومية ٨: ٣٠؛ ١كورنثوس ١: ٩). ولكن، يبيِّن الكتاب المقدس أيضًا أن الروح القدس مشترك في هذا العمل. فبينما كان يسوع يتحدث مع نيقوديموس عن الميلاد الجديد، قال إن أولاد الله يُوْلَدون «مِنَ الرُّوحِ» (يوحنا ٣: ٥، ٦، ٨). ولاحقًا، تابع حديثه قائلًا إن «اَلرُّوحُ هُوَ الَّذِي يُحْيِي» (يوحنا ٦: ٦٣)، ذلك المفهوم الذي صار بعد ذلك مبدأً مهمًّا في التعليم الرسولي (٢كورنثوس ٣: ٦؛ راجع رومية ٨: ٢). فيقول الرسول بولس إن المسيح يخلِّصنا «بِغُسْلِ الْمِيلَادِ الثَّانِي وَتَجْدِيدِ الرُّوحِ الْقُدُسِ» (تيطس ٣: ٥). ومن ثَمَّ، نستطيع أن نستنتج أنه في حين أن الآب هو العامل الأعظم في الميلاد الثاني، باستدعائه لنا من الموت إلى الحياة، فإن الروح القدس هو العِلة الفعَّالة للميلاد الثاني، الذي ينفِّذ مشيئة الآب بمنحه إيانا حياة روحية.

- طبيعة الميلاد الثاني

وَرَدَ اللفظ اليوناني الذي يُترجَم «الميلاد الثاني» أو «التجديد» [regeneration] – *palingenesia* مرتين فحسب في العهد الجديد. المرة الأولى كانت في متى ١٩: ٢٨، حيث قال يسوع لتلاميذه: «اَلْحَقَّ أَقُولُ لَكُمْ: إِنَّكُمْ أَنْتُمُ الَّذِينَ تَبِعْتُمُونِي، فِي **اَلتَّجْدِيدِ** [في اليونانية: *en tē palingenesia*]، مَتَى جَلَسَ ابْنُ الْإِنْسَانِ عَلَى كُرْسِيِّ مَجْدِهِ، تَجْلِسُونَ أَنْتُمْ أَيْضًا عَلَى اثْنَيْ عَشَرَ كُرْسِيًّا تَدِينُونَ أَسْبَاطَ إِسْرَائِيلَ الِاثْنَيْ عَشَرَ». استخدم يسوع مصطلح «التجديد» للإشارة إلى تجديد الخليقة الذي سيبدأ في المُلك الألفي، ويكتمل في السماوات الجديدة والأرض الجديدة. المرة الثانية التي وردت فيها هذه الكلمة في العهد الجديد هي في تيطس ٣: ٥، «لَا بِأَعْمَالٍ فِي بِرٍّ عَمِلْنَاهَا نَحْنُ، بَلْ بِمُقْتَضَى رَحْمَتِهِ خَلَّصَنَا بِغُسْلِ **اَلْمِيلَادِ اَلثَّانِي** [في اليونانية: *palingenesia*] وَتَجْدِيدِ الرُّوحِ الْقُدُسِ». استخدم بولس الكلمة هنا للإشارة إلى خلاص الإنسان من الخطية، وأوضح أن الميلاد الثاني يتسم بكلٍّ من الغُسل والتجديد. هذا الفهم عن الميلاد الثاني مماثلٌ لما جاء في نص يوحنا ٣: ٥، حيث قال يسوع إن الميلاد الجديد يتمثَّل في أن يُوْلَدَ المرءُ «مِنَ الْمَاءِ وَالرُّوحِ»، في إشارة إلى نبوة حزقيال ٣٦: ٢٥–٢٦، التي تصف الميلاد الثاني مجازيًّا بأنه فعل رشٍّ بماء طاهر، ومنح قلب جديد. إذن، من خلال استخدامات المصطلح الكتابي، نستطيع استنتاج أن الميلاد الثاني يشير إلى تطهير من الخطية، وخلق حياة روحية. فهو فعل تجديد تطهيري.

بشكل أساسي، الميلاد الثاني هو أن ينقل الله حياة روحية أبدية إلى الخاطئ الميت روحيًّا. يستخدم الكتاب المقدس صورًا كثيرة لشرح دعوة الله الفعالة للميلاد الثاني. فكما فعل الله في وادي العظام اليابسة، سيأمر بقوة كلمته الخالقة أن تَدخُل حياة روحية في قلوب اليهود الميتة، نافخًا، إن جاز التعبير، نفخة الحياة الإلهية على عظام نفوسهم اليابسة، محييًا إياهم. فحين وقف يسوع أمام قبر

صديقه الحبيب الذي كان ميتًا منذ أربعة أيام، صرخ بصوت عظيم: «لِعَازَرُ، هَلُمَّ خَارِجًا!» (يوحنا ١١: ٤٣)، وبهذه الكلمة، استدعى بسلطانه لعازر من الموت إلى الحياة، إذ «خَرَجَ الْمَيْتُ» (يوحنا ١١: ٤٤)، مترنِّحًا من القبر، ملفوفًا بعد بأكفانه. كذلك أيضًا، يأمر الله جثة الخاطئ الخالية روحيًا من الحياة بأن «تَخرج» من الموت، وبذلك الأمر يعيده بفاعلية إلى الحياة. ربما أكثر صورة تثير الدهشة والذهول هي تشبيه بولس للميلاد الثاني بخلق الله للعالم، إذ قال: «لأَنَّ اللهَ الَّذِي قَالَ: «أَنْ يُشْرِقَ نُورٌ مِنْ ظُلْمَةٍ»، هُوَ الَّذِي أَشْرَقَ فِي قُلُوبِنَا، لإِنَارَةِ مَعْرِفَةِ مَجْدِ اللهِ فِي وَجْهِ يَسُوعَ الْمَسِيحِ» (٢كورنثوس ٤: ٦). ففي البدء، أوجد الله العالَمَ من العدم بكلمة (مزمور ٣٣: ٦؛ ١٤٨: ٥): «**وَقَالَ** اللهُ: «لِيَكُنْ نُورٌ»، فَكَانَ نُورٌ» (تكوين ١: ٣)؛ فهو في لحظة «يَدْعُو الأَشْيَاءَ غَيْرَ الْمَوْجُودَةِ كَأَنَّهَا مَوْجُودَةٌ» (رومية ٤: ١٧). وفي الميلاد الثاني، يوحِّد الله بين الدعوة الخارجية للكرازة بالإنجيل، ودعوته السيادية والفعالة إلى حياة جديدة. وللقلوب المظلمة والميتة، يقول: «لِيَكُنْ نُورٌ»، وفي التو واللحظة، يَخلق بداخلنا نور الحياة الروحية الأبدية، التي لم تكن موجودة قبل ذلك.[١٠٢]

هذا النقل للحياة الروحية لا يقتصر على الجانب اللا مادي للإنسان، لكنه إعادة خلق جوهرية للشخص ككلٍّ. يقول بولس بوضوح: «إِذًا إِنْ كَانَ أَحَدٌ فِي الْمَسِيحِ **فَهُوَ** خَلِيقَةٌ جَدِيدَةٌ: الأَشْيَاءُ الْعَتِيقَةُ قَدْ مَضَتْ، هُوَذَا الْكُلُّ قَدْ صَارَ جَدِيدًا» (٢كورنثوس ٥: ١٧). ليس فقط روح الخاطئ أو نفسه هو ما يصير خليقة جديدة، بل الخاطئ نفسه، أي الإنسان بكامله، يصير خليقة جديدة. فكما أن فساد الإنسان كليٌّ – أي كما توغَّلت الخطية واجتاحت بشدة طبيعة الإنسان لدرجة أنها لم تترك جزءًا واحدًا منه دون أن يمسَّه فساد الخطية – هكذا أيضًا يصل الميلاد الثاني إلى الإنسان كله. فقد أصيب ذهن الإنسان الطبيعي بالعمى (٢كورنثوس ٤: ٤)؛ فقد صار مظلم الفكر (أفسس ٤: ١٨)، ومن ثَمَّ، صار عاجزًا عن الاستماع إلى الحق الروحي (يوحنا ٨: ٤٣)، أو عن فهمه (١كورنثوس ٢: ١٤). أيضًا، تعاني عواطفه من فوضى عارمة، حتى أنه يحب الظلمة ويبغض النور (يوحنا ٣: ١٩–٢٠)، ويُسَرُّ بالأشياء المنفرة بالطبيعة، بينما تنفِّره الأشياء التي تجلب السرور بالطبيعة. وإذ ينساق بشدة وراء عواطفه وأهوائه، يرفض المسيح بعنادٍ، ويرفض مجد إنجيله (يوحنا ٥: ٤٠). إن الإنسان عبدٌ للخطية، ذهنيًّا، وعاطفيًّا، وإراديًّا. ومن ثَمَّ، فإن تجديد الإنسان في الميلاد الثاني شاملٌ بقدر شمولية فساده.

إذن، في الميلاد الثاني، يفتح الروح القدس عينَي الذهن المصابتين بالعمى (أعمال الرسل ٢٦: ١٨؛ ٢كورنثوس ٤: ٤، ٦؛ أفسس ١: ١٨)، مستبدلًا، إن جاز التعبير، اهتمام الجسد باهتمام الروح (رومية ٨: ٥–٩)، بل بالأحرى، بفكر المسيح نفسه (١كورنثوس ٢: ١٦) – بحيث يقدِّر الإنسان المولود ثانية قيمة جميع الأشياء التي لم يكن قبلًا قادرًا على إدراكها (١كورنثوس ٢: ١٥؛ راجع ١يوحنا ٢: ٢٠، ٢٧). كما ينزع الروح قلبَ الخاطئ الحجري، ويزرع فيه قلبَ لحم قادرًا على أن يدرك الحق الروحي، ويحبَّه (حزقيال ١١: ١٩؛ ٣٦: ٢٦؛ راجع تثنية ٣٠: ٦). وبهذا، تتجدَّد العواطف وتكون على شبه المسيح، بحيث

١٠٢ وهكذا، فإن دعوة الميلاد الثاني الفعالة تخلِق الحياة نفسها التي تأمر بها. يوضح جون موراي هذا قائلاً: «يُدعَم الاستدعاء بالفاعلية التي نُنقَل بها إلى الغاية المنشودة – فإننا بفاعلية نُنقَل إلى شركة المسيح. فإن دعوة الله حاسمة وقاطعة، ولا يمكن أن تخفق في تتميم غايتها، وذلك بفضل سلطان الله ونعمته السيادية»:

John Murray, *Redemption Accomplished and Applied*, 91.

يبغِض الإنسانُ الجديد الخطية (متى ٥: ٤)، ويحب البر (متى ٥: ٦؛ يوحنا ٣: ٢١)، ويتعطش إلى الإله الذي كان قبلًا يمقته (مزمور ٢٧: ٤؛ ٤٢: ١-٢)، ويحب المسيح الذي كان قبلًا يعتبره جهالة، ويبتهج به (١بطرس ١: ٨؛ راجع ٢كورنثوس ٥: ١٦). وبهذه العواطف المجدَّدة، تُعتَق إرادة الخاطئ أخيرًا من عبودية الخطية إلى حرية البر. فقد صار الآن يريد ما يريده الله (مزمور ٤٠: ٨)، لأن روح الله عامل فيه «أَنْ تُرِيدُوا وَأَنْ تَعْمَلُوا مِنْ أَجْلِ الْمَسَرَّةِ» (فيلبي ٢: ١٣؛ راجع حزقيال ٣٦: ٢٧). فإن ذهن الإنسان، وقلبه، وإرادته، الذين كانوا قبلًا مستعبَدين للخطية والموت الروحي، قد تجدَّدوا للحياة. يوجِز لنا فيرجسون (Ferguson) هذا بشكل جيد قائلًا: «الميلاد الثاني ... شامل وواسع النطاق مثل الفساد ... ففي حين أن المولود ثانية لم يَصِر بعد مقدَّسًا كما ينبغي، لكن لا يبقى أيُّ جزء فيه دون أن يتأثر بعمل التجديد والتطهير هذا».[١٠٣] فإن الخاطئ المولود ثانية هو حقًا «الْإِنْسَانَ الْجَدِيدَ الْمَخْلُوقَ بِحَسَبِ اللهِ فِي الْبِرِّ وَقَدَاسَةِ الْحَقِّ» (أفسس ٤: ٢٤).

وتمدُّنا صورة الميلاد الثاني المقدَّمة في ٢كورنثوس ٤ بفائدة خاصة، إذ توضح لنا حقائق أساسية عن طبيعة الميلاد الجديد. في ذلك النص، وَصَف بولس حالة الإنسان الطبيعي قائلًا: «الَّذِينَ فِيهِمْ إِلَهُ هَذَا الدَّهْرِ قَدْ أَعْمَى أَذْهَانَ غَيْرِ الْمُؤْمِنِينَ، لِئَلَّا تُضِيءَ لَهُمْ إِنَارَةُ إِنْجِيلِ مَجْدِ الْمَسِيحِ، الَّذِي هُوَ صُورَةُ اللهِ» (٢كورنثوس ٤: ٤). هذا هو ما قصده بولس حين وَصَف غير المؤمنين بأنهم «أَمْوَاتًا بِالذُّنُوبِ وَالْخَطَايَا» (أفسس ٢: ١؛ راجع كولوسي ٢: ١٣). إنه لا يقصد أنهم هامدون أو راكدون، بل أنهم خالون من الحياة الروحية التي تتيح لهم رؤية القيمة الحقيقية لمجد المسيح المعلَن في الإنجيل. فإن جوهر الموت الروحي هو العمى الروحي.[١٠٤] فقد تشوَّش الاستقبال والإدراك الروحي للإنسان بالخطية لدرجة أنه لم يَعد يستطيع تذوُّق الأشياء التي هي بالتأكيد حلوة المذاق (أي إنجيل مجد المسيح)، لكنه مفتتن بما هو بالتأكيد منفِّر ومقزز (أي الخطية ومجد الذات). فإن غير المولود ثانية يسعى وراء ما هو عديم القيمة، لأنه أعمى عما يشكِّله من ضررٍ عليه؛ بينما يرفض أثمن الأشياء لأنه أعمى عن قيمتها. وهكذا، حين يُعرَض الجمال الأكيد للمسيح في رسالة الإنجيل، لا يرى فيه غير المولود ثانية أيَّ مجد؛ ومن ثم، إن تُرِك القرار له، سيختار دائمًا وبشكل مطلق أن يرفض الإنجيل.

ما هو إذن علاج هذه الحالة البائسة؟ لا يوجد أيُّ أمل في إرادة الإنسان المستعبَدة، بل فقط في النعمة السيادية، وفي قوة الله الواهبة الحياة. يجيب بولس بأن علاج العمى الروحي للإنسان هو الميلاد الثاني الأحادي: «لِأَنَّ اللهَ الَّذِي قَالَ: «أَنْ يُشْرِقَ نُورٌ مِنْ ظُلْمَةٍ»، هُوَ الَّذِي أَشْرَقَ فِي قُلُوبِنَا، لِإِنَارَةِ مَعْرِفَةِ مَجْدِ اللهِ فِي وَجْهِ يَسُوعَ الْمَسِيحِ» (٢كورنثوس ٤: ٦). يشرق الله بنور الحياة داخل القلب الأعمى، ويعطينا عيونًا روحية جديدة، حتى نتمكن أخيرًا من رؤية الخطية على حقيقتها –بكل قبحها الأكيد– ومن ثم، نرى أيضًا المسيح على حقيقته –بكل جماله ومجده الأكيدَين. وحين ينال الخطاة أخيرًا عيونًا روحية تعمل بشكل سليم، ويحظون بالنور اللازم لرؤية الأشياء على حقيقتها، يتحولون

---

103 Sinclair B. Ferguson, *The Holy Spirit*, Contours of Christian Theology (Downers Grove, IL: InterVarsity Press, 1996), 122–23.

١٠٤ يتأكد هذا من الاستخدام المتكرر للكتاب المقدس للنور كصورة تعبِّر عن الحياة الروحية، والظلمة كصورة تعبِّر عن الموت الروحي وعدم الإيمان (يوحنا ١٢: ٤٦؛ أعمال الرسل ٢٦: ١٨؛ أفسس ٥: ٨؛ ١بطرس ٢: ٩). علاوة على ذلك، يصنع الكتاب المقدس باستمرار توازيًا بين الإبصار الروحي والحياة الروحية (يوحنا ٦: ٤٠؛ عبرانيين ١١: ٢٧؛ ١يوحنا ٣: ٦).

باشمئزاز عن دنس الخطية (التوبة)، ويَقبَلون باشتياقٍ ولهفةٍ المسيح الذي استطاعوا أخيرًا رؤية مجده (الإيمان).

ولهذا السبب، يصف اللاهوتيون نعمة الميلاد الثاني بأنها غير قابلة للمقاومة.[١٠٥] لا يعني هذا عدم إمكانية مقاومة نعمة الله بشكل مطلق. فإن نعمة الله العامة التي تظهر في الدعوة الخارجية للإنجيل تقاوَم طوال الوقت (أعمال الرسل ٧: ٥١). إنه يعني بالحري أن الله، في نعمة الميلاد الثاني التي لا تقاوَم، يتغلب على مقاومة الإنسان الطبيعية للإنجيل، بأن يشرق بالنور في قلبه، ويفتح عينيه كي يرى مجد يسوع. إذن، النعمة التي لا تقاوَم لا تعني أن الإنسان يُقهَر، أو يُجبَر على التوبة والإيمان. فإن إرادة الإنسان لا تُنتهَك، لكن هذه النعمة **تُعَتِقُ** إرادةَ الإنسان، إذ تفتح عينيه حتى يتمكَّن من أن يقارن بدقة بين مجد الخطية ومجد المسيح. يوضح إقرار إيمان وستمنستر هذه الفكرة على النحو التالي:

> جميع أولئك الذين سبق الله فعيَّنهم للحياة، وأولئك فقط، هم من يُسَرُّ الله، في الوقت المعيَّن، بأن يدعوهم دعوة فعالة، بكلمته وروحه القدوس، للخروج من حالة الخطية والموت، التي هم فيها بالطبيعة، إلى النعمة والخلاص، بيسوع المسيح، منيرًا أذهانهم روحيًّا وخلاصيًّا، حتى يدركوا أمور الله، نازعًا منهم قلب الحجر، وواهبًا إياهم قلب لحم؛ مجددًا إرادتهم، وبقوَّته القديرة، يعيِّنهم لما هو صالح، ويجتذبهم جذبًا فعالًا نحو يسوع المسيح. **ولكن مع كل هذا، هم يأتون بكلِّ حريتهم، إذ تجعلهم نعمته راغبين في ذلك.**[١٠٦]

من المستحيل على إنسانٍ استعاد بصره الروحي من خلال الميلاد الثاني أن يرى الخطية والمسيح جنبًا إلى جنب، ثم يفعل شيئًا آخر سوى أن يتحوَّل عن الخطية، ويقبل المسيح بإيمان للخلاص. وهكذا، ففي الميلاد الثاني، لا تُنتهَك إرادة الإنسان، بل تتغيَّر. وفي النهاية، لا تقاوَم نعمة الميلاد الثاني لأن **المسيح لا يُقاوَم**. فنعمة الميلاد الثاني تفتح أعيننا الروحية على جاذبيته التي لا تُقاوَم.

- ## وسيلة الميلاد الثاني[١٠٧]

في ضوء أن الآب هو الفاعل الأساسي للميلاد الثاني، والروح هو العلة الفعَّالة للميلاد الثاني، يصف الكتاب المقدس كلمةَ الله - ولا سيما رسالة الإنجيل - بأنها العلة الوسيليَّة للميلاد الثاني، أو وسيلة الميلاد الثاني. سلَّط يعقوب الضوء على دَوْرَي الآب والكلمة قائلًا: «شَاءَ [الآب] فَوَلَدَنَا بِكَلِمَةِ الْحَقِّ» (يعقوب ١: ١٨). فإن مشيئة الآب هي العلة الأساسية لميلادنا الجديد، لكنه تمَّم هذه المعجزة بكلمة

١٠٥ «النعمة التي لا تُقاوَم» [Irresistible Grace] هي إحدى مبادئ TULIP الخمسة، (I)، التي تلخِّص عقائد النعمة. أما الأحرف الأخرى، فهي اختصار للآتي: «الفساد الكلي»، T، [Total depravity]، «الاختيار غير المشروط»، U، [Unconditional Election]، «الكفارة المحدودة»، L، [Limited atonement]، و «مثابرة القديسين»، P، [Perseverance of the saints].

106 Philip Schaff, ed. *The Creeds of Christendom*, vol. 3, *The Evangelical Protestant Creeds* (1877; repr. Grand Rapids, MI: Baker, 1998), 624–25.

١٠٧ بعض الأجزاء من هذا القسم مقتبَسة بتصرف من المصدر التالي، بتصريح من دار النشر:
John MacArthur, *John 1–11*, MNTC (Chicago: Moody Press, 2006),5–104 .

الحق. وقال بطرس إن أولاد الله «مَوْلُودِينَ ثَانِيَةً، لَا مِنْ زَرْعٍ يَفْنَى، بَلْ مِمَّا لَا يَفْنَى، بِكَلِمَةِ اللهِ الْحَيَّةِ الْبَاقِيَةِ إِلَى الأَبَدِ» (١بطرس ١: ٢٣). ثم، بعد آيتين، عرَّف هذه الكلمة الحية والباقية بأنها «الْكَلِمَةُ الَّتِي بُشِّرْتُمْ بِهَا» (١بطرس ١: ٢٥). كذلك أيضًا، قال بولس إن دعوة الله الفعالة إلى الميلاد الثاني تتحقق «بِإِنْجِيلِنَا» (٢تسالونيكي ٢: ١٤). وهكذا، فبالإنجيل الذي يُكرَز به، يَعمل روح الله بسلطانٍ ليفتح أعين قلوبنا لترى مجد المسيح. وكي نكون واضحين، ليست الدعوة الخارجية للإنجيل فعَّالة في ذاتها. فمع أن الإنجيل الذي يُكرَز به هو وسيلة الميلاد الثاني، لكنه ليس فعالًا ما لم يتحد بعمل الروح في الدعوة الداخلية. ومع ذلك، في حين ليست الدعوة الخارجية كافية للميلاد الثاني، لكنها ضرورية بصورة مطلقة، لأن الدعوة الخارجية للكرازة بالإنجيل هي أداة الدعوة الداخلية للميلاد الثاني. ولهذا السبب قال بولس: «إِذًا الإِيمَانُ»، الذي هو النتيجة المباشرة للميلاد الثاني،»بِالْخَبَرِ، وَالْخَبَرُ بِكَلِمَةِ اللهِ» (رومية ١٠: ١٧)، أي برسالة الإنجيل المتعلِّقة بالمسيح.

لأن الكتاب المقدس يَصِفُ كلمةَ الإنجيل بأنها وسيلة الميلاد الثاني، نكتشف إذن أن أيَّ رأي طقسي عن الميلاد الثاني هو رأي غير كتابي. تعلِّم الكاثوليكية الرومانية، والأرثوذكسية الشرقية، بل وبعض السلالات من الطائفتين اللوثرية والأنجليكانية بالميلاد الثاني بواسطة المعمودية – أي أن نعمة الولادة الجديدة تأتي بواسطة سرِّ المعمودية المقدَّس.[١٠٨] يلجأ مؤيِّدو حدوث الميلاد الثاني بواسطة المعمودية عادة إلى نص يوحنا ٣: ٥، حيث قال يسوع: «الْحَقَّ الْحَقَّ أَقُولُ لَكَ: إِنْ كَانَ أَحَدٌ لَا يُولَدُ مِنَ الْمَاءِ وَالرُّوحِ لَا يَقْدِرُ أَنْ يَدْخُلَ مَلَكُوتَ اللهِ»، قائلين إن الماء هنا إشارة إلى المعمودية المسيحية.

ولكن، تدعونا عدة أسباب إلى ألا نعتبر عبارة «يُولَدُ مِنَ الْمَاءِ» إشارة إلى المعمودية. أولًا، لا يَذكُر يسوع شيئًا عن المعمودية في أي موضع من حديثه مع نيقوديموس. وفي حين أن الافتراض التلقائي بأن «الماء» يشير إلى المعمودية هو افتراض هشٌّ من الأساس، إلا أن ذلك التعليم يُنقَض أكثر حين نجد أن بقية الأصحاح لم تذكر شيئًا عن المعمودية. فقد كان يسوع يتحدث طوال الوقت عن ضرورة الإيمان للخلاص (يوحنا ٣: ١٥، ١٦، ١٨، ٣٦)، لكنه لم يَذكُر شيئًا عن المعمودية. ولو كانت المعمودية هي الأداة الضرورية للميلاد الثاني، فسيكون من الصعب أن نفسر سبب عدم ذكر يسوع شيئًا عنها في أثناء

---

١٠٨ نقرأ في كتاب تعليم الإيمان عن طريق السؤال والجواب الخاص بالكنيسة الكاثوليكية ما يلي: «ليس فقط أن المعمودية تُطَهِّر من جميع الخطايا، لكنها أيضًا تجعل المعتنق الجديد 'خليقة جديدة'»، أي تجعله ابنًا لله بالتبني، و «شريكًا في الطبيعة الإلهية»، وعضوًا في جسد المسيح ووارثًا معه، وهيكلًا للروح القدس»:

*Catechism of the Catholic Church*, 2nd ed. (Vatican City: Libreria Editrice Vaticana, 2000), 322 (§1265).

كما يعلم الدليل الأطول لتعليم الإيمان عن طريق السؤال والجواب التابع للكنيسة الشرقية، ما يلي: «المعمودية سرٌّ مقدَّسٌ، فيها يموت الإنسان ... عن الحياة الجسدية للخطية، ويولد ثانية من الروح القدس»:

Philip Schaff, ed., "The Longer Catechism of the Eastern Church," in *The Creeds of Christendom*, 2:491.

أما دليل لوثر المختصَر لتعليم الإيمان عن طريق السؤال والجواب، فيقول: «إن المعمودية المقدسة هي الوسيلة الوحيدة التي تمكِّن الأطفال، الذين ينبغي هم أيضًا أن يولدوا ثانية، أن يولَدوا ثانية بشكل طبيعي، ويُقبِلوا إلى الإيمان».

*Luther's Small Catechism*, trans. Kleine Katechismus, rev. ed. (St. Louis, MO: Concordia, 1965), 172–73 (Q. 251b).

ونقرأ في كتاب الصلوات الجماعية الأنجليكاني: «نشكرك أيها الآب على ماء المعمودية. ففيه نُدفَن مع المسيح في موته، وبه نشترك في قيامته. وبواسطته نولد ثانية بالروح القدس».

*The (Online) Book of Common Prayer* (New York: The Church Hymnal Corporation, n.d.), 306, accessed May 3, 2016, http://www.bcponline.org/.

حديثه عن الخلاص. ثانيًا، هذا الفهم الطقسي عن المعمودية غير متوافق مع تصريح يسوع في يوحنا ٣: ٨ بأن الروح القدس في الميلاد الجديد يشبه الريح التي تهب حيث تشاء. يعبِّر هذا عن الحرية السيادية للروح القدس، وهي صورة تتناقض مع ربط الميلاد الثاني بفعل طقسي مادي نابع من الإرادة البشرية. بَرَعَ بايبر (Piper) في قوله إن في تلك الحالة «تصير الريح محكومة بالطقس».[١٠٩] ثالثًا، كان يسوع يتوقع من نيقوديموس، معلِّم إسرائيل، أن يكون على دراية بتعليمه عن الولادة الجديدة (يوحنا ٣: ١٠). لكن، لم تكن المعمودية المسيحية قد ظهرت بعد في ذلك الوقت. ليس من المنطقي إذن أن يوبِّخ يسوع نيقوديموس لأنه لم يستطع أن يفهم ممارسة لم تكن قد تأسَّست بعد.

في المقابل، يمكن أن نتوقع أن يكون يسوع وبَّخ نيقوديموس لأنه لم يستطع أن يفهم تعليم العهد القديم عن هذا الموضوع. وفي حقيقة الأمر، هذا هو التفسير الأرجح لكلماته. فالعهد القديم استخدم صورة الماء والروح مرارًا كثيرة رمزًا للتطهير والتجديد الروحيَّين، وليس رمزًا للمعمودية على الإطلاق (راجع العدد ١٩: ١٧-١٩؛ إشعياء ٤: ٤؛ ٣٢: ١٥؛ ٤٤: ٣؛ ٥٥: ١؛ يوئيل ٢: ٢٨-٢٩؛ زكريا ١٣: ١). تحدَّث حزقيال في نبوته عن العهد الجديد بوضوح عن كل من الماء والروح في سياق الميلاد الثاني:

> «**وَأَرُشُّ عَلَيْكُمْ مَاءً طَاهِرًا** فَتُطَهَّرُونَ. مِنْ كُلِّ نَجَاسَتِكُمْ وَمِنْ كُلِّ أَصْنَامِكُمْ **أُطَهِّرُكُمْ**. وَأُعْطِيكُمْ قَلْبًا جَدِيدًا، وَأَجْعَلُ رُوحًا جَدِيدَةً فِي دَاخِلِكُمْ، وَأَنْزِعُ قَلْبَ الْحَجَرِ مِنْ لَحْمِكُمْ وَأُعْطِيكُمْ قَلْبَ لَحْمٍ. **وَأَجْعَلُ رُوحِي فِي دَاخِلِكُمْ**، وَأَجْعَلُكُمْ تَسْلُكُونَ فِي فَرَائِضِي، وَتَحْفَظُونَ أَحْكَامِي وَتَعْمَلُونَ بِهَا» (حزقيال ٣٦: ٢٥-٢٧).

قطعًا، كان هذا هو الحق الذي يقصده يسوع حين تحدَّث عن الولادة من الماء والروح. فقد كان يقول إن الميلاد الثاني كان حقًا معلنًا في كل العهد القديم (على سبيل المثال، تثنية ٣٠: ٦؛ إرميا ٣١: ٣١-٣٤؛ حزقيال ١١: ١٨-٢٠)، ومن ثَمَّ، فهو حق كان ينبغي أن يعلمه نيقوديموس. وفي ضوء هذه الخلفية من العهد القديم، نجد فكرة يسوع واضحة لا لبس فيها: دون الغسل الروحي للنفس، أي التطهير الذي يجريه الروح القدس (تيطس ٣: ٥)، والذي لا يتحقق إلا بكلمة الإنجيل (أفسس ٥: ٢٦؛ ١بطرس ١: ٢٣-٢٥)، لا يقدر أحدٌ أن يدخل ملكوت الله.[١١٠] وفي ضوء هذا الفهم الصحيح لنص يوحنا ٣: ٥، يتبيَّن لنا أن عقيدة الميلاد الثاني بواسطة المعمودية ليس لها أي أساس كتابي. فالإنجيل هو الأداة الوحيدة للميلاد الجديد.

## • العلاقة بين الميلاد الثاني والإيمان

تتعلَّق إحدى أشهر القضايا في عقيدة الخلاص الإنجيلية بالعلاقة بين الميلاد الثاني والإيمان. أيهما يُثمِر الآخر؟ هل يؤمن الخاطئ بالمسيح للخلاص، ثم نتيجة إيمانه، يختبر الميلاد الجديد؟ أم، في المقابل، يُوَلَدُ الخاطئ ثانية إلى الإيمان الذي للخلاص؟ أيُّ فعل يُحدِث الآخر؟ هل يُحدِث فعلُ الإيمان

---

109 John Piper, *Finally Alive: What Happens When We Are Born Again* (Fearn, Ross-shire, Scotland: Christian Focus, 2009), 39.

١١٠ للاطلاع على دراسة وافية للتفسيرات المختلفة لعبارة «يولَد من الماء»، انظر:
D. A. Carson, *The Gospel according to John*, PNTC (Grand Rapids, MI: Eerdmans, 1991), 191–96.

النابع من الإنسان عملَ الميلاد الثاني الذي يجريه الروح القدس، أم أن عملَ الميلاد الثاني الذي يجريه الروح القدس هو الذي يُحدِثُ فعل الإيمان النابع من الإنسان؟ يجيب الكتاب المقدس عن هذا بطرائق عديدة، مؤيِّدًا الخيار الثاني، ألا وهو أن الميلاد الثاني هو سبب الإيمان الذي للخلاص، وليس نتيجته.

في البداية، من المهم أن نتذكَّر تعريف الميلاد الثاني الذي قدَّمناه من الكتاب المقدس. الميلاد الثاني هو الفعل السيادي الذي يجريه الله، بالروح القدس، وبواسطة الإنجيل الذي يُكرَز به، وهو الذي به يَنقل على نحو فوري حياة روحية إلى الخاطئ، ويُخرجه من الموت الروحي، لينقله إلى الحياة الروحية. كثير من الإنجيليين الذين يؤمنون بأن الإيمان يسبق الميلاد الثاني لا يُعرِّفون الميلاد الجديد هكذا. لكنهم، في المقابل، يميلون إلى الخلط بين الميلاد الثاني **ونتائجه**، معتبرين الميلاد الثاني فعليًّا معادلًا للتقديس – أي العملية المستمرة التي بها «تتجدَّد» طبيعة الخاطئ تدريجيًّا، أكثر فأكثر، لتعكس صورة المسيح. فإن عرَّفنا الميلاد الثاني هكذا، لن يكون أمامنا مفر من استنتاج أن الميلاد الثاني يأتي بعد الإيمان، لأن التقديس هو نتيجة الإيمان الذي للخلاص. ولكن، ينصحنا الكتاب المقدس بألا نعرِّف الميلاد الثاني بمفردات نتائجه. أكَّد يسوع أن الميلاد الثاني نفسه هو أمرٌ غامض، وغير ملحوظ، ولا يمكن احتواؤه أوالتحكُّم فيه، نظير الريح التي تهب حيث تشاء (يوحنا ٣: ٨). قد نرى نتائج الريح، مثل أن نسمع صوت عصفها، أو نرى الأشجار تتمايل. إلا أن نتائج الريح ليست هي الريح نفسها. هكذا أيضًا، ليست نتائج الميلاد الثاني هي الميلاد الثاني. ففي حين توجد صلة وثيقة بين تقديس المؤمن وميلاده الجديد – فالميلاد الثاني من ناحية هو بداية التقديس، والتقديس هو فعل استمرارية للميلاد الثاني – لكن، ينبغي ألا تقودنا هذه العلاقة الوثيقة إلى الخلط بين الاثنين. فإن التقدم المستمر للمؤمن في القداسة هو **نتيجة** الميلاد الثاني، وليس جانبًا من الميلاد الثاني نفسه.

ثمة ملاحظة تمهيدية أخرى من الواجب أن نذكرها في سياق هذا الحديث، وهي أننا ينبغي ألا نَصِف الفرق بين الميلاد الثاني والإيمان بمصطلحات زمنية، بل بمصطلحات السببيَّة المنطقية. يَرفض بعض مؤيِّدي العمل التآزري [synergism] كون الميلاد الثاني يسبِّب الإيمان، لأنهم يريدون تجنُّب قول إنه من الممكن أن يُوَلَدَ شخصٌ ثانية **من دون** نوال الإيمان الذي للخلاص. لكن، في حين دافع بعض مؤيِّدي العمل الأحادي عن أن الميلاد الثاني يسبق الإيمان زمنيًّا،[111] أوضح غالبية هؤلاء أنهم يتحدثون عن ترتيب منطقي، لا زمني. فمن المنظور الزمني، يحدث الميلاد الثاني والإيمان في وقت واحد. ففي اللحظة نفسها التي يُوَلَدُ فيها الإنسان ثانية، يتوب ويؤمن بالإنجيل. ولكن هذا التزامن لا يلغي علاقة السببية. فمع أنه يمكن لحدثين أن يقعا في الوقت نفسه، يمكن لأحدهما أن يسبِّب الآخر. وكي نوضح ذلك، لننظر إلى الصورة التي استخدمها بولس لتعريف الميلاد الثاني، إذ وَصَفَه بأنه فتحُ عَيْنَيِّ الخاطئ الروحيتين، اللتين أصابهما العمى، حتى يرى نور مجد المسيح (٢كورنثوس ٤: ٤، ٦). وصف

١١١ على سبيل المثال، دافَعَ لويس بيركهوف عن فكرة وجود وقت فاصل بين الميلاد الثاني والإيمان، وهذا لتأييد اعتقاده بمعمودية الأطفال. يفسر هذا تسمية الطفل المعتمد «ابن العهد»، حتى قبل أن يمارِس الإيمان الذي للخلاص.

Berkhof, *Systematic Theology*, 472.

إلا أن الكتاب المقدس لا يحتوي على مثل هذه الأفكار. انظر:

Matt Waymeyer, *A Biblical Critique of Infant Baptism* (The Woodlands, TX: Kress, 2008).

بولس الميلاد الثاني بأنه فتح عينين أصابهما العمى، والإيمان بأنه الإدراك الروحي لمجد المسيح (راجع يوحنا ٣: ٣؛ عبرانيين ١١: ١). وبما أن المرء يستقبل النور في اللحظة نفسها التي يفتح فيها عينيه، فلا يوجد إذن زمن يفصل ما بين فتح عينيه واستقباله للنور. إلا أن استقبال المرء للنور معتمد سببيًّا على فتح عينيه. ليست الرؤية هي التي تتسبب في فتح عينيه، لكنها **نتيجة** لانفتاح عينيه. كذلك أيضًا، مع أن إيمان الخاطئ وميلاده ثانية يحدثان في اللحظة نفسها تمامًا، إلا أن الإيمان لا يسبِّب الميلاد الثاني، بل فتح العينين الروحيتين في الميلاد الثاني هو الذي يسبب الرؤية الروحية للإيمان.

علاوة على ذلك، يستبعد تعليم الكتاب المقدس عن العجز الروحي للإنسان الطبيعي وجود أيٍّ عمل تآزري في الميلاد الثاني. فإن الإنسان، إذ هو في حالة موت روحي (أفسس ٢: ١-٣)، عاجزٌ حتى عن فهم أمور الروح، ناهيك عن قبولها (١كورنثوس ٢: ١٤). فإن ذهن الخاطئ في عداوة شديدة مع الله، لدرجة أنه عاجز حرفيًّا عن الخضوع لناموس الله (رومية ٨: ٧)؛ ومن ثَمَّ، لا يستطيع بأي حال أن يرضي الله (رومية ٨: ٨)، مثلًا، بأن يمارس الإيمان (عبرانيين ١١: ٦). فهو أعمى لا يرى قيمة مجد الله المعلَن في المسيح، ومفتون بالخطية على نحو ميؤوس منه، مع أنها عديمة القيمة. إن افتراض أن الخاطئ في هذه الحالة، دون نعمة الروح القدس للميلاد الثاني، قادر على أن يستحضر من داخل موته إيمان الخلاص الذي يقول الله إنه عطيته السيادية (أفسس ٢: ٨)، هو استخفاف تام بطبيعة فساد الإنسان التي يُرثى لها. يقول موراي: «الإيمان فعلٌ نابعٌ من كل الكِيان، وهو فعل ثقة مُحِبة، وتكريسٍ للنفس».[١١٢] لكن الإنسان الطبيعي عاجز تمامًا عن القيام بمثل هذا الفعل السامي والروحي دون الميلاد الجديد. حقًّا قال يسوع لنيقوديموس: «إِنْ كَانَ أَحَدٌ لَا يُولَدُ مِنْ فَوْقُ لَا يَقْدِرُ أَنْ يَرَى مَلَكُوتَ اللهِ» (يوحنا ٣: ٣). هذه الرؤية لملكوت الله لا يمكن أن تشير إلى شيء آخر سوى الإبصار الروحي النابع من إيمان الخلاص (عبرانيين ١١: ١، ٢٧؛ راجع ٢كورنثوس ٤: ١٨). يقول يسوع إن هذه الرؤية مستحيلة دون الميلاد الجديد. وفي موضع آخر قال: «لَا يَقْدِرُ أَحَدٌ أَنْ يُقْبِلَ إِلَيَّ إِنْ لَمْ يَجْتَذِبْهُ الْآبُ الَّذِي أَرْسَلَنِي» (يوحنا ٦: ٤٤)، و«لِهَذَا قُلْتُ لَكُمْ: إِنَّهُ لَا يَقْدِرُ أَحَدٌ أَنْ يَأْتِيَ إِلَيَّ إِنْ لَمْ يُعْطَ مِنْ أَبِي» (يوحنا ٦: ٦٥). فإن المجيء إلى يسوع مرادفٌ للإيمان بيسوع – لأن هذا النوع من المجيء هو الذي يؤدي إلى الخلاص (يوحنا ٥: ٤٠). أيضًا، فعل «الاجتذاب» المذكور في يوحنا ٦: ٤٤ هو العطية التي يتحدث عنها يوحنا ٦: ٦٥، إذ يشير كلاهما إلى دعوة الله الفعالة التي لا تُقاوَم للميلاد الثاني. ومن ثَمَّ، علَّم يسوع أنه بسبب فساد الخاطئ، لا أحد يستطيع أن يأتي إليه بإيمانٍ للخلاص ما لم يمنحه الآب هبة أن يُجتذَب بشكل فعَّال بالميلاد الثاني.[١١٣]

---

112 Murray, *Redemption Accomplished and Applied*, 86.

١١٣ يعترض بعض مؤيِّدي العمل التآزري على هذا قائلين إنه من التناقُض أن نَصِفَ اجتذاب الآب بأنه فعَّال، بما أن الاجتذاب يدل على الإقناع وليس على التقرير والتحتيم. فيقولون عادة إن «الاجتذاب» لا يعني «الجرَّ عَنْوة». من المثير للاهتمام أن الكلمة اليونانية *helkō*، التي تُرجِمت «يجتذب» في يوحنا ٦: ٤٤، تشير عادة إلى حركة حاسمة وفعالة مثل الجرِّ. جاءت الكلمة *helkō* نفسها في نصوص أخرى إشارة إلى سحب الصيادين لشبكة الصيد (يوحنا ٢١: ٦، ١١)، أو إلى سحب [«استلال»] جندي لسيفه من غمده في وسط المعركة (يوحنا ١٨: ١٠)، أو إلى رجال ساخطين يجرُّون رجلًا غريب الجنس أمام حُكَّامهم (أعمال الرسل ١٦: ١٩)، أو إلى جموع غاضبة يجرون خائنًا، ليخرجوه من مدينتهم بغرض قتله (أعمال الرسل ٢١: ٣٠). فإن اجتذاب الآب في يوحنا ٦: ٤٤ بعيد كل البعد عن كونه مجرد تودُّد غير مُجْدٍ، لكنه دعوة الميلاد الثاني الحاسمة والفعالة.

أيضًا علَّق الرسول يوحنا بوضوح على العلاقة بين الميلاد الثاني والإيمان في رسالته الأولى. وفي حين لم يكن غرض يوحنا من الرسالة أن يعلِّم درسًا لاهوتيًّا عن ترتيب الخلاص، بل بالحري أن يعلِّم كنائس أسيا عن المحبة المتبادلة بين المؤمنين، إلا أن تعليقاته تكشف عن فهمه للعلاقة بين الميلاد الثاني والإيمان. ففي ١يوحنا ٥: ١ كَتَبَ: «كُلُّ مَنْ يُؤْمِنُ [في اليونانية: *Pas ho pisteuōn* وهو اسم فاعل في زمن المضارع، في صيغة المبني للمعلوم] أَنَّ يَسُوعَ هُوَ الْمَسِيحُ فَقَدْ وُلِدَ [في اليونانية: *ek tou theou gegennētai*، في زمن الماضي التام الخبري، في صيغة المبني للمجهول] مِنَ اللهِ. وَكُلُّ مَنْ يُحِبُّ الْوَالِدَ يُحِبُّ الْمَوْلُودَ مِنْهُ أَيْضًا». يشير زمن المضارع المستمر للفعل *ho pisteuōn* في اللغة اليونانية إلى فعل يقع في الحاضر، ويستمر؛ بينما يشير زمن الماضي التام الخبري للفعل *gegennētai* إلى فعل حدث في الماضي، لكن تستمر نتائجه في الحاضر.[114] بعبارة أخرى، كلُّ من يؤمن في الحاضر بأن يسوع هو المسيح **قد وُلِد (في الماضي)** من الله. وبهذا، يقول يوحنا إن الإيمان هو نتيجة الميلاد الجديد، وليس سببه.

يتأكَّد هذا التفسير اللغوي لنص ١يوحنا ٥: ١ بدراسة مجموعة من المتشابهات اللغويَّة في الرسالة نفسها. ففي مثالين آخرين، استخدم يوحنا اسم الفاعل المضارع المستمر في صيغة المبني للمعلوم، مع فعل ماضٍ تام خبري كي يوضح العلاقة بين الميلاد الجديد وما يصاحبه:

> «إِنْ عَلِمْتُمْ أَنَّهُ بَارٌّ هُوَ، فَاعْلَمُوا أَنَّ كُلَّ مَنْ يَصْنَعُ [في اليونانية: *pas ho poiōn*] الْبِرَّ مَوْلُودٌ [في اليونانية: *ex autou gegennētai*، أي «قد وُلِد»] مِنْهُ» (١يوحنا ٢: ٢٩)

> «أَيُّهَا الأَحِبَّاءُ، لِنُحِبَّ بَعْضُنَا بَعْضًا، لأَنَّ الْمَحَبَّةَ هِيَ مِنَ اللهِ، وَكُلُّ مَنْ يُحِبُّ [في اليونانية: *pas ho agapōn*] فَقَدْ وُلِدَ [في اليونانية: *ek tou theou gegen-nētai*] مِنَ اللهِ وَيَعْرِفُ اللهَ» (١يوحنا ٤: ٧)

يتألَّف هذان النصَّان كلاهما من التركيب اللغوي نفسه الذي نجده في نص ١يوحنا ٥: ١. في النص الأول، يعلِّم يوحنا بأن نمطًا معتادًا من صُنع البر هو مؤشر يدل على الميلاد الجديد. هذه العلاقة السببيَّة بين صُنع البر والميلاد الجديد واضحة بجلاء. فقطعًا، لا يولد الإنسان ثانية نتيجة صُنع الأعمال الصالحة! فقد نقض بولس هذه الفكرة بكل وضوح في تيطس ٣: ٥، حيث عارَضَ حدوث الميلاد الجديد بناء على خلاص بُنِيَ على أعمال بِرٍّ. فإن العلاقة واضحة: إن نقل حياة روحية جديدة في الميلاد الثاني هو السبب في الممارسة المستمرة للأعمال الصالحة (راجع أفسس ٢: ١٠). في النص الثاني، خصَّ يوحنا بالذكر عملًا صالحًا محدَّدًا: كلُّ من يحب فقد وُلد من الله. هنا أيضًا، تبدو العلاقة بين المحبة والميلاد الثاني واضحة: فإن المحبة لا تسبِّب الميلاد الجديد، بل هي نتيجته. وإن افتراض غير ذلك يقوِّض بشكل أساسي إنجيلَ الخلاص بالنعمة وحدها. ومن ثَمَّ، فإن لزم أن نستنتج أن صُنع البر (١يوحنا ٢: ٢٩)، ومحبة الإخوة (١يوحنا ٤: ٧) هما نتيجتان، لا سببان، للميلاد الثاني،

---

114 Wallace, *Greek Grammar Beyond the Basics*, 573.

فلا يسعنا أن نستنتج شيئًا آخر سوى أن الإيمان هو أيضًا نتيجة الميلاد الثاني، وهذا بسبب التطابُق اللغوي بين ١يوحنا ٢ : ٢٩؛ ٤ : ٧؛ ٥ : ١.

ثمة نص أخير جدير بأن نأخذه بعين الاعتبار. في ١يوحنا ٥ : ٤ كتب يوحنا: «لِأَنَّ كُلَّ مَنْ وُلِدَ مِنَ اللهِ يَغْلِبُ الْعَالَمَ. وَهَذِهِ هِيَ الْغَلَبَةُ الَّتِي تَغْلِبُ الْعَالَمَ: إِيمَانُنَا». مع أن التركيب اللغوي هنا ليس مطابقًا للنصوص الثلاثة السابقة، لكنه مشابهٌ لها. تحدَّث يوحنا هنا عن الميلاد الجديد في زمن الماضي التام («كُلَّ مَنْ وُلِدَ مِنَ اللهِ»، في اليونانية: pan *to gegennēmenon*)، ثم تحدَّث عن شيء آخر مصاحبٍ للميلاد الجديد في زمن المضارع («يَغْلِبُ الْعَالَمَ»، في اليونانية: *nika ton kosmon*). مرة أخرى، تبدو علاقة السببية بين الاثنين واضحة: فإن المرء لا يغلب العالم كي يولد ثانية، بل بالأحرى هو يغلب العالم نتيجة كونه مولودًا ثانية. وفي الجملة التالية، عرَّف يوحنا الغلبة (في اليونانية: *nikē*) التي تغلب (في اليونانية: *nikēsasa*) العالَم بأنها إيماننا. مرة أخرى، نجد هنا أن الإيمان هو نتيجة الميلاد الجديد.

في ضوء وضوح الصور الكتابية عن الميلاد الثاني، وفي ضوء نتائج الفساد الكلي للإنسان، والتعليقات الصريحة ليسوع وللرسول يوحنا، على دارس الكتاب المقدس أن يستنتج أنه في حين أن الميلاد الثاني والإيمان يُختبَران في الوقت نفسه، إلا أن الميلاد الثاني يسبق الإيمان منطقيًّا، ويسبِّبه. فإن الخطاة لا يؤمنون بالمسيح كي يولَدوا ثانية، بل بالأحرى هم يولَدون ثانية إلى الإيمان.

## • نتائج الميلاد الثاني

يتضح من الحديث أعلاه أن الإيمان الذي للخلاص هو النتيجة الأولى والرئيسية للميلاد الثاني. فحين يشرق النور الإلهي داخل قلب الخاطئ، فاتحًا عينيه الروحيتين على قُبح الخطية وبشاعتها، وعلى جمال المسيح وجاذبيته (٢كورنثوس ٤ : ٦)، تتحوَّل النفس حديثة الولادة في اشمئزاز عن الخطية، وتمسك بالمسيح بعناق الإيمان الذي للخلاص. إلا أن الحياة الإلهية التي أُنشِئت داخل نفس الإنسان في الميلاد الثاني لا تبقى راكدة بعد لحظة الاهتداء. فبنعمة الله الغنية، يظل الروح طوال حياة المؤمن يقوِّي تدريجيًّا ذلك المَيْل المقدس الذي نشأ في الميلاد الثاني. يعني هذا أن نتيجة الميلاد الثاني، بعد التوبة والإيمان، هي التقديس. ومع أننا سنتحدث بشكل وافٍ عن التقديس حين يحين دوره الطبيعي في ترتيب الخلاص، فإن الأمر يستحق في هذه المرحلة أن نذكر عدة جوانب من التقديس، يَصِفُها الكتاب المقدس بوضوح بأنها نتائج الميلاد الجديد.

**أولاً**، المؤمن الذي وُلِد ثانية يَصنعُ البِرَّ بالضرورة، كما قال الرسول يوحنا: «أَنَّ كُلَّ مَنْ يَصْنَعُ الْبِرَّ مَوْلُودٌ مِنْهُ» (١يوحنا ٢ : ٢٩). فإن النزعة السائدة لحياة المؤمن هي القداسة المتزايدة (رومية ٦ : ٤؛ أفسس ٢ : ١٠؛ ٤ : ٢٤). وبصيغة النفي، يمكن أن نقول: «كُلُّ مَنْ هُوَ مَوْلُودٌ مِنَ اللهِ **لَا** يَفْعَلُ خَطِيَّةً، لِأَنَّ زَرْعَهُ يَثْبُتُ فِيهِ، **وَلَا** يَسْتَطِيعُ أَنْ يُخْطِئَ لِأَنَّهُ مَوْلُودٌ مِنَ اللهِ» (١يوحنا ٣ : ٩). فكما يَنتُج الميلاد البشري عن زرع يُغرَس، وينمو ليصير حياة جسدية جديدة، هكذا أيضًا يُغرَس «زرع» الحياة الإلهية في قلب المؤمن بعمل الميلاد الثاني الذي يجريه الروح القدس (١بطرس ١ : ٢٣). فقد تغيَّر جوهر طبيعته من

الموت في الخطية إلى الحياة في المسيح. فقد مضت الأشياء العتيقة، وحلّت الجديدة (٢كورنثوس ٥: ١٧)، ولهذا هو لا يفعل الخطية. لا يعني هذا أن أولاد الله يتوقفون تمامًا عن ارتكاب الخطية في لحظة الميلاد الثاني؛ فإن ناموس الخطية يظل ساكنًا في جسدنا (رومية ٧: ١٤-٢٥)، ولا بد أن يُمات باستمرار (رومية ٨: ١٢-١٣). لا تتحدث هذه النصوص عن الكمال، بل عن توجُّه حياتيٍّ. فإن حياة المؤمن تتسم بعادات جيدة من خلع أنماط الخطية، ولبس أنماط البر (أفسس ٤: ٢٢-٢٤). فإن من يدَّعون أنهم نالوا الخلاص، بينما لا يحرزون تقدُّمًا في تنمية أنماط حياة الطاعة لوصايا المسيح، لن يكون ادعاؤهم بأنهم أبناء حقيقيون لله مشروعًا. وبغض النظر عما يمكن أن يقوله هؤلاء بشفاههم، تكشف حياتهم وسلوكهم عن قلبٍ لم يولد ثانية بعد. فكما أن الميلاد الجديد هو عمل الروح القدس (يوحنا ٣: ٥، ٦، ٨؛ ٦: ٦٣؛ تيطس ٣: ٥؛ راجع رومية ٨: ٢؛ ٢كورنثوس ٣: ٦)، هكذا الذين يولدون ثانية يصنعون بالضرورة ثمر الروح، ويتسمون على نحو متزايد بالمحبة، والفرح، والسلام، واللطف، والصلاح، والأمانة، والوداعة، والتعفف (غلاطية ٥: ٢٢-٢٣).

**ثانيًا**، تتسم الحياة التي وُلدت ثانية بالتغلُّب على تأثيرات نظام هذا العالم الشريرة. كتب الرسول يوحنا «لِأَنَّ كُلَّ مَنْ وُلِدَ مِنَ اللهِ يَغْلِبُ الْعَالَمَ. وَهَذِهِ هِيَ الْغَلَبَةُ الَّتِي تَغْلِبُ الْعَالَمَ: إِيمَانُنَا» (١يوحنا ٥: ٤). في جزء سابق من هذه الرسالة، قال يوحنا إن العالَم مليء بشهوة الجسد، وشهوة العيون، وتعظم المعيشة (١يوحنا ٢: ١٥-١٧)، التي هي جميعها أدوات في يد إبليس، الذي وُضِع العالم بكامله في قبضته (١يوحنا ٥: ١٩). فهو يستخدم هذه الأدوات وسائلَ غواية في حياة المؤمنين المجاهرين بإيمانهم، راغبًا بجدِّية في أن يكسر بهم سفينة الإيمان، وبهذا يجلب العار على اسم المسيح (١تيموثاوس ١: ١٠؛ راجع يعقوب ٢: ١٧). لكن، يقول يوحنا إن الابن لله المولود ثانية يصمد أمام ضغوط هذا «الْعَالَمِ الْحَاضِرِ الشِّرِّيرِ» وغواياته (غلاطية ١: ٤)، ويهزمها بإيمان مثابر يسلك في طاعة الرب. فهو لا يستسلم البتة بشكل نهائي وقاطع لتجارب إبليس، لأن «الْمَوْلُودُ مِنَ اللهِ يَحْفَظُ نَفْسَهُ، وَالشِّرِّيرُ لَا يَمَسُّهُ» (١يوحنا ٥: ١٨). ينبغي ألا يعيش المؤمنون البتة في خوفٍ من فقدان خلاصهم، لأن الإيمان المثابر هو ميراث الذين وُلِدوا من فوق بالحقيقة.

إن أولاد الله يطيعونه طوعًا وبسرور، حسبما قال يوحنا في الآية السابقة مباشرة: «وَصَايَاهُ لَيْسَتْ ثَقِيلَةً» (١يوحنا ٥: ٣). هذه إشارة مهمة إلى أن معجزة الميلاد الثاني السيادية لا يمكن اصطناعها أو تقليدها بالرياء البشري الأثيم. إن أصحاب الأخلاق الحميدة، الذين يتمسكون ببرِّهم الذاتي، ربما يستطيعون بقوة الإرادة أن يجعلوا سلوكهم متوافقًا مع المقاييس الخارجية لكلمة الله (راجع متى ١٥: ٨)، لكنهم سيجدون هذه المهمة عبئًا ثقيلًا عليهم. فهم لا يستطيعون أن يهتفوا مع كاتب المزمور: «كَمْ أَحْبَبْتُ شَرِيعَتَكَ!» (مزمور ١١٩: ٩٧)، و«أَنْ أَفْعَلَ مَشِيئَتَكَ يَا إِلَهِي سُرِرْتُ، وَشَرِيعَتُكَ فِي وَسَطِ أَحْشَائِي» (مزمور ٤٠: ٨). يتطلَّب هذا التلذُّذ بالطاعة قلبًا جديدًا، وطبيعة جديدة مخلوقة من جديد بِحَسَبِ اللهِ (أفسس ٤: ٢٤). وبنعمة الله، هذا حق يَكتسبه بالولادة الجديدة كلُّ ابنٍ حقيقيٍّ لله. فإن المؤمن المولود ثانية ليس مستعبَدًا لأداء واجبات يبغضها؛ بل بالحري، بفضل عمل الروح القدس، أُعتِق قلبُ هذا المؤمن ليحب الشريعة التي يوصَى باتباعها.

**ثالثًا**، يَختبر أولاد الله ليس فقط محبة تجاه الله تُترجَم إلى نمط حياة من الطاعة الإرادية، بل أيضًا محبة تجاه إخوتهم المؤمنين، تُترجَم إلى حياة من الخدمة الباذلة. كتب يوحنا: «أَيُّهَا الأَحِبَّاءُ، لِنُحِبَّ بَعْضُنَا بَعْضًا، لأَنَّ الْمَحَبَّةَ هِيَ مِنَ اللهِ، وَكُلُّ مَنْ يُحِبُّ فَقَدْ وُلِدَ مِنَ اللهِ وَيَعْرِفُ اللهَ» (١يوحنا ٤: ٧). فإن الله نفسه محبة (١يوحنا ٤: ٨، ١٦)، أي أن هذه هي طبيعته. وأولئك المولودون من الله هم شركاء في طبيعته (٢بطرس ١: ٤)، ومن ثَمَّ، سيعكسون طبيعته بخدمتهم للآخرين، وتحقيق منفعتهم (١يوحنا ٣: ١٦–١٨). فإن المولودين ثانية بالحقيقة يُظهِرون محبة واضحة تجاه الكنيسة، لأن الابن لله يحبُّ أبناءَ الله (١يوحنا ٥: ١)، ويكرِّس نفسه لسداد حاجات إخوته وأخواته في المسيح.

## ⬅ الاهتداء (الرجوع إلى الله)

تناولنا في الجزء السابق الخطوة الأولى من تطبيق الفداء، وهي: دعوة الله الفعالة للميلاد الثاني، بالكرازة بالإنجيل، التي بموجبها ينقل بسيادته حياةً روحيةً إلى الخاطئ؛ ويغيِّر طبيعته، وينقله من الموت إلى الحياة. وإن الفعل الأول الذي يَصدُر عن الطبيعة المجدَّدة للخاطئ المولود ثانية هو الاهتداء أو الرجوع إلى الله (راجع أعمال الرسل ١٥: ٣)، أي ذلك القرار الواعي بالتوبة عن الخطية، والإيمان بالمسيح للخلاص. وسوف تساعدنا عودتنا إلى الصورة التوضيحية التي رسمها بولس عن التنبُّه الروحي على فهم فعل الاهتداء. فحين يُشرِق الله بنور الميلاد الثاني داخل قلب الخاطئ، يفتح عينيه الروحيتين حتى يتمكَّن من إدراك انعدام قيمة الخطية، وعظمة قيمة المسيح (أعمال الرسل ٢٦: ١٨؛ ٢كورنثوس ٤: ٦)، الذي هو الشخص المناسب تمامًا لغفران خطايانا، وإمدادنا بالبر الذي نحتاجه للحياة الأبدية. ما أن تحصل الروح حديثة الولادة أخيرًا على القدرة على رؤية الواقع على حقيقته، تتحوَّل بالضرورة، وعلى الفور، عن الخطية بنفور واشمئزاز، وتركض متلهِّفةً لكي تَقْبَلَ المسيح. هذا الرجوع عن الخطية وعدم الإيمان هو التوبة، وهذا القبول المتلهِّف للمسيح مخلِّصًا من الخطية، وربًّا على حياة الإنسان هو الإيمان. والتوبة والإيمان، معًا، يشكِّلان فعل الاهتداء.

ينبغي أن يكون واضحًا أن التوبة والإيمان بينهما صلة وثيقة، وأنهما لا ينفصلان. فهما حقًّا وجهان لعملة واحدة. أولًا، للصلة بينهما منطق بسيط، ألا وهو أن من المستحيل أن يتحوَّل أحد عن شيء دون أن يلتفت إلى شيء آخر. والعكس صحيح، لا يمكن لأحد الالتفات إلى شيء دون التحوُّل عن كلِّ ما كان يشغل اهتمامه قبلًا. ومن المستحيل أيضًا النظر في اتجاهين مختلفين في الوقت نفسه. لكنَّ عدم إمكانية انفصال التوبة عن الإيمان هو أيضًا ضرورة لاهوتية. لا يمكننا تصوُّر أن مَن يرى الخطية والمسيح أخيرًا على حقيقتهما يمكنه أن يتبع المسيح دون أن يترك الخطية، أو أن يترك الخطية دون أن يَقبل المسيح. تذكَّر جيدًا أن الميلاد الثاني هو عملية زرع قلب روحي – أي تجديد جذري لميول الإنسان، ورغباته، وعواطفه. فأمام عيْنَي القلب المجدَّد، يصير جمال مجد المسيح آسرًا على نحو لا يقاوَم، حتى أنه يطغى على الأمجاد الزائفة للخطية، مثلما يحجب بريق شمس الظهيرة ضوء النجوم. فإن افتراض إمكانية قبول أحدهم للمسيح دون أن يعزم بحزم أيضًا على أن يجحد الخطية هو افتراض أن الخطية شيء يرغب فيه القلبُ المولود ثانية أكثر من المسيح. على النقيض، يصير المسيح، بالنسبة للخاطئ

الذي تنبَّه من موته حديثًا، كنزًا لا يُقدَّر بثمن، فيتخلى بسرور عن كلِّ شيء لكي يربحه (متى ١٣: ٤٤-٤٦؛ فيلبي ٣: ٨). وهكذا، فإن الإيمان الذي يخلِّص هو إيمان تائب، تمامًا كما أن التوبة التي تخلِّص هي توبة مؤمنة.

لهذا السبب، دعوة الإنجيل إلى الخلاص هي دعوة إلى كلٍّ من التوبة والإيمان. فبحسب إنجيل مرقس، يمكن إيجاز محتوى «إنجيل الله» الذي كَرَزَ به الرب يسوع على النحو التالي: «قَدْ كَمَلَ الزَّمَانُ وَاقْتَرَبَ مَلَكُوتُ اللهِ، فَتُوبُوا وَآمِنُوا بِالْإِنْجِيلِ» (مرقس ١: ١٥). اتَّبع الرسل خطى معلِّمهم، إذ في كلمات بولس الوداعية للشيوخ في مِيلِيتُسَ، وَصَفَ خدمته قائلًا: «شَاهِدًا لِلْيَهُودِ وَالْيُونَانِيِّينَ بِالتَّوْبَةِ إِلَى اللهِ وَالْإِيمَانِ الَّذِي بِرَبِّنَا يَسُوعَ الْمَسِيحِ» (أعمال الرسل ٢٠: ٢١). كانت هذه هي الإرسالية التي تسلَّمها بولس من المسيح نفسه، الذي، كما روى بولس لأغريباس، أرسله «لِتَفْتَحَ عُيُونَهُمْ [الأمم] كَيْ يَرْجِعُوا مِنْ ظُلُمَاتٍ إِلَى نُورٍ، وَمِنْ سُلْطَانِ الشَّيْطَانِ إِلَى اللهِ» (أعمال الرسل ٢٦: ١٨). كان فِعل الرجوع الثنائي هذا هو نفسه الذي تحقَّق في اختبار خلاص أهل تسالونيكي الذين رجعوا «إِلَى اللهِ مِنَ الْأَوْثَانِ، لِتَعْبُدُوا اللهَ الْحَيَّ الْحَقِيقِيَّ» (اتسالونيكي ١: ٩). ففي الرجوع الحقيقي إلى الله، هناك دائمًا رجوع **من** الخطية (التوبة)، وفي الوقت نفسه، التفات **إلى** الله في المسيح (الإيمان). ومن المستحيل أن يحدث الواحد دون الآخر.[١١٥]

ولكن، حين ندرس ما يقوله الكتاب المقدس عن طبيعة هذين العنصرَين لفعل الرجوع إلى الله، سنجد ضرورة أن نتناول كلَّ واحد منهما على حدة. فمع أنهما فعلان متزامنان (يحدثان في الوقت نفسه)، لكن، في كل مرة يُذكَران معًا، يضع العهد الجديد التوبة أولًا (مرقس ١: ١٥؛ أعمال الرسل ١٩: ٤؛ ٢٠: ٢١؛ عبرانيين ٦: ١)، مما يدل على أسبقية منطقية. ولهذا، سنتناول التوبة أولًا، ثم الإيمان.

## • التوبة

كي نستوعب المفهوم الكتابي عن التوبة كاملًا، يلزَمنا أن ندرس الألفاظ المختلفة التي استخدمها الكتاب المقدس لوصفها. أولًا، استُخدِمت الكلمة العبرية *nakham* عادةً للتعبير عن العنصر العاطفي والوجداني في التوبة. ومن معانيها الأساسية «التأسُّف أو الحزن»، و«الكآبة»، و«الندم». وقد اعتُقِد أن هذه الكلمة محاكاة صوتية، لأن صوت كلمة *nakham* نفسه يعبِّر عن أخذ نَفَس عميق، أو عن التنهد في أسف أو حزن. على سبيل المثال، وَصفت كلمة *nakham* عائلة تنوح على وفاة أحد أحبائها (تكوين ٣٧: ٣٥؛ ٣٨: ١٢). وحين أوقع الرب دينونة على سبط بنيامين لأجل الشر الذي صنعوه بسُرِّيَّة اللاوي (قضاة ١٩: ١-٣٠)، ناح [*nakham*] بنو إسرائيل، أو أَسِفوا، على خسارة إخوتهم (قضاة ٢١: ٦، ١٥). وليس من الصعب أن نرى صلة النوح والندم بالتوبة حين نضع في الاعتبار أن الرب طوَّب الحزانى على خطاياهم (متى ٥: ٤). وبالإضافة إلى النوح والحزن، تعبِّر كلمة *nakham* عن التأسُّف

---

١١٥ لهذا كتب بيركهوف: «لا وجود البتة لتوبة حقيقية غير مقترنة بإيمان؛ ومن ناحية أخرى، أينما وُجد إيمان حقيقي، وُجدت أيضًا توبة حقيقية. ليس الاثنان سوى وجهين من فعل الرجوع نفسه — الابتعاد عن الخطية والاتجاه إلى الله ... لا يمكن للاثنين أن ينفصلا، بل هما ببساطة جزأين من العملية نفسها، يكمِّلان بعضهما بعضًا:

Berkhof, *Systematic Theology*, 487.

والندم على الخطية، كما في حالة أيوب، الذي نطق من كومة الرماد: «لِذَٰلِكَ أَرْفُضُ وَأَنْدَمُ [*nakham*] فِي التُّرَابِ وَالرَّمَادِ» (أيوب ٤٢: ٦). قد يكون هذا الأسف والندم مصحوبًا أيضًا بخزي وعار (إرميا ٣١: ١٩)، وعادة ما يقود إلى فعل، كالتراجع عن مسار شرير (إرميا ٨: ٦). وهكذا، تعلِّم كلمة *nakham* بأن المشاعر تشغل مكانًا في التوبة. فإن الذين يتوبون يتأسفون ويندمون حقًّا على أعمالهم، وفي بعض الأحيان يحزنون حزنًا شديدًا لدرجة أنهم يُظهِرون حزنهم في صورة أفعال.

الكلمة العِبرية الأشهر في العهد القديم للتعبيرٍ عن «التوبة» هي *shub*، التي معناها الرئيسي هو «التحوُّل»، أو «الرجوع». يقول دارسو اللغة العبرية إن هذا الفعل «يجمع في ذاته المَطلَبين الأساسيين للتوبة: الرجوع عن الشر والتوجُّه نحو الخير»[١١٦] أفضل من أي فعل آخر. فهو يصف التوبة الكتابية بأنها تحوُّل عن الخطية (١ملوك ٨: ٣٥)، وعن المعصية (إشعياء ٥٩: ٢٠)، وعن الآثام (دانيال ٩: ١٣)، وإبعاد الإنسان للظلم من خيمته (أيوب ٢٢: ٢٣). فإن التوبة المشار إليها بكلمة *shub* تتضمَّن التخلي عن الطريق الشرير، وإصلاح الأعمال، والتحوُّل عن مؤامرات القلب الشرير (إرميا ١٨: ١١-١٢؛ ٢٥: ٥؛ ٢٦: ٣؛ ٣٥: ١٥). تتضمن هذه التوبة جهدًا لكل خطية معروفة، وحفظًا لوصايا الله (حزقيال ١٨: ٢١). ففي حقيقة الأمر، التوبة والخطية طرفا نقيض، لأن أعمال المرء الخاطئة لن تسمح له بالرجوع [*shub*] إلى الله (هوشع ٥: ٤). وهكذا، ليست التوبة مجرد تحوُّل **عن** الخطية، بل هي أيضًا توجُّه **إلى** الله. يُقال عن التائبين إنهم يطلبون الرب (إشعياء ٩: ١٣)، ووجهه ورضاه (دانيال ٩: ١٣)، ويقشعرُّون من صلاحه، وينجذبون إلى التصالح معه (هوشع ٣: ٥)، وإلى نزع عبادة الأوثان، والتعهُّد بعبادة الله وحده (إرميا ٤: ١-٤؛ راجع ١صموئيل ٧: ٣). وهكذا، تتضمَّن التوبة تغييرًا يُنتِج طاعة، ويطالب الخاطئ بأن «يُصلِح طرقه وأعماله» (إرميا ١٨: ١١)، ويحفظ وصايا ناموس الله (٢ملوك ١٧: ١٣؛ ٢٣: ٢٥). هذه الطاعة التائبة لا تكون البتة خارجية فقط، بل تكون نابعة من القلب (تثنية ٣٠: ٢؛ ١ملوك ٨: ٤٨؛ إرميا ٣: ١٠؛ يوئيل ٢: ١٢-١٣).

في العهد الجديد، تمثِّل الكلمة اليونانية *metamelomai* العنصر العاطفي في التوبة، مثلما تدل كلمة *nakham*. فهي تصف «الندم» [«regret» أو «remorse»] (٢كورنثوس ٧: ٨؛ متى ٢١: ٣٢؛ ٢٧: ٣؛ راجع ٢كورنثوس٧: ١٠-١١) على السلوك الشرير. كذلك، يشير المصطلح اليوناني *epistrephō*، والكلمات الأخرى التي تنتمي إلى جذر الكلمة نفسه إلى الفكرة العامة عن «الرجوع» أو «التحول»، مثل الكلمة العبرية *shub*. فحين تتحدث هذه الكلمة عن التوبة، فهي تصف كيفية تغيير المرء لاتجاه حياته تحوُّلًا عن الخطية وعبادة الأوثان، وتوجُّهًا إلى عبادة الإله الحقيقي وخدمته (أعمال الرسل ١٤: ١٥؛ ١تسالونيكي ١: ٩). هذا التحوُّل نحو الرب يُستخدَم بالترادف مع التخلِّي عن القلب المتقسِّي عديم الإيمان، والمجيء إلى الله بإيمان للخلاص (متى ١٣: ١٥؛ لوقا ١: ١٦-١٧؛ أعمال ٣: ١٩؛ ٩: ٣٥؛ ١١: ٢١؛ ٢٦: ١٨، ٢٠؛ ٢كورنثوس ٣: ١٦).

---

116 Victor P. Hamilton, "*šub*," in *Theological Wordbook of the Old Testament*, ed. R. Laird Harris, Gleason L. Archer Jr., and Bruce K. Waltke (Chicago: Moody Press, 1980), 2:909.

إن أشهر فعل يوناني في العهد الجديد استُخدِم للدلالة على التوبة هو *metanoeō* (من الاسم *metanoia*)، الذي يعني «تغيير الذهن». فهو يشير، في المقام الأول، إلى أن التوبة تتضمن إقرار المرء بخطاياه. فقد جاء يوحنا المعمدان «يَكْرِزُ بِمَعْمُودِيَّةِ التَّوْبَةِ [في اليونانية: *metanoia*] لِمَغْفِرَةِ الْخَطَايَا» (مرقس ١: ٤؛ لوقا ٣: ٣). فإذا كانت التوبة هي **لأجل** مغفرة الخطايا، فعلى الذين كانوا يطلبون أن يعتمدوا معمودية التوبة هذه إذن أن يقرُّوا بأنهم خطاة وفي حاجة إلى الغفران. وفي حقيقة الأمر، جاء المسيح كي يدعو الخطاة، لا الأبرار، إلى التوبة (لوقا ٥: ٣٢). أيضًا، هذا الإقرار يعني ضمنًا تغييرًا جوهريًا في موقف المرء تُجاه الخطية، وعزمًا على التحوُّل عنها. هذا هو المعنى الذي لا مفر من استخلاصه من وصية بطرس لسيمون الساحر (أعمال الرسل ٨: ٢٢)، ومن وصية بولس لأهل كورنثوس الذين كانوا يمارسون النجاسة، والفجور الجنسي، والفسوق (٢كورنثوس ١٢: ٢١). وقد طالب المسيح نفسه بهذا حين رَبَطَ على نحو وثيق بين وصية التوبة، والتحريض على عمل «الأَعْمَالَ الأُولَى» (رؤيا ٢: ٥). يوحي هذا بوضوح بحدوث تغيير في التوجه، يُنتِج تغييرًا كاملًا في المسار، يُترجَم إلى حياة متغيِّرة. ففي حقيقة الأمر، بعد إقرار الخاطئ بخطاياه، وباستحقاقه للدينونة، وبعد تغييره لمساره بالرجوع عن الخطايا، يُحَث على أن يصنع «أَثْمَارًا تَلِيقُ بِالتَّوْبَةِ» (لوقا ٣: ٨؛ راجع ٣: ١٠-١٤)، ويعمل «أَعْمَالًا تَلِيقُ بِالتَّوْبَةِ» (أعمال الرسل ٢٦: ٢٠). وهكذا، فإن «تغيير الذهن» الذي تشير إليه كلمة *metanoeō* ليس مجرد تغيير عقلي. فإن «الذهن» (في اليونانية *nous*) هذا الذي تغيَّر يشير إلى الوعي الداخلي للإنسان ككل، وليس ملكاته العقلية فحسب. وقد علَّق بيركهوف بحكمة على كلمة *metanoeō*، قائلًا:

> بينما نُصِرُّ على أن هذه الكلمة تشير في الأساس إلى تغيير الذهن، ينبغي ألا تغيب عن أنظارنا حقيقة أن معنى الكلمة لا يقتصر على الوعي العقلي النظري، لكنه يشمل أيضًا الوعي الأدبي، أو الضمير. فالذهن والضمير كلاهما تنجَّسا (تيطس ١: ١٥)، وحين يتغيَّر **ذهن** («*nous*») الإنسان، يحصل لا على معرفة جديدة فحسب، بل ويتغير أيضًا توجُّه حياته الواعية، أي نوعيتها الأدبية والأخلاقية.[117]

تلخيصًا للتحليل المعجمي أعلاه، نقول إن التوبة الكتابية ليست مجرد تغيير في الفكر، مع أنها تتضمن حقًّا إقرارًا عقليًا بالخطية، وتغييرًا في الموقف تجاهها. كما أنها ليست مجرد شعور بالخزي أو الأسف على الخطية، مع أن التوبة الحقيقية دائمًا ما تتضمن عنصرًا من الندم. لكن التوبة الكتابية

---

117 Berkhof, *Systematic Theology*, 481.

يصرح جويتزمان (Goetzman) بالمثل قائلًا: «يلعب الفهم العقلي السائد لكلمة *metanoia* باعتبارها تغيير الذهن، دورًا ضئيلًا للغاية في العهد الجديد. وفي المقابل، هناك تشديد على القرار الذي يتخذه الإنسان ككل بتغيير الاتجاه والرجوع. من الواضح أنه لا يهمنا هنا الرجوع الخارجي البحت، ولا مجرد التغيير العقلي للأفكار»:

J. Goetzman, "Conversion," in *New International Dictionary of New Testament Theology*, ed. Colin Brown (Grand Rapids, MI: Zondervan, 1986), 1:358.

يتفق بيم (Behm) أيضًا معهما في هذا، قائلًا: «فهي تؤثر على الإنسان ككل، أولًا، وبشكل أساسي على مركز الحياة الشخصية، ثم منطقيًا، على سلوكه في كل وقت وظرف، وعلى أفكاره، وأقواله، وأفعاله (متى ١٢: ٣٣؛ ٢٣: ٢٦؛ مرقس ٧: ١٥):

J. Behm, "*Metanoia*," in *Theological Dictionary of the New Testament*, ed. Gerhard Kittel, trans. Geoffrey W. Bromiley (Grand Rapids, MI: Eerdmans, 1967), 4:1002.

الحقيقية هي أيضًا إعادة توجيه للإرادة البشرية، وقرار عازم على ترك كل إثم، واتباع البر بدلًا منه. وهكذا، تشمل التوبة الحقيقية الذهن، والقلب، والإرادة.[١١٨]

من الناحية العقلية، تبدأ التوبة بالإقرار بالخطية. علينا أن ندرك جيدًا الطبيعة الشريرة جدًا للخطية، وأن نقر باتضاع، نتيجة ذلك، بأننا خطاة خالفوا ناموس الله، وأعوزهم مجده، ومن ثَمَّ، يقفون مذنبين أمامه. إن اختبارنا للجانب العقلي من التوبة يعني أن نقول مع أيوب: «وَلَكِنِّي قَدْ نَطَقْتُ بِمَا لَمْ أَفْهَمْ» (أيوب ٤٢: ٣؛ راجع ٤٢: ٦)، وأن نعترف مع داود: «قَدْ أَخْطَأْتُ إِلَى الرَّبِّ» (٢صموئيل ١٢: ١٣؛ راجع مزمور ٥١: ٣-٤). إنه بمثابة اعتراف متضع من المرء بحاجته إلى النعمة والرحمة، وطلب الغفران (مزمور ٥١: ١-٢).

من الناحية العاطفية، تتسم التوبة الحقيقية بحزن صادق، وندم، بل ونوح على الخطية الشخصية (راجع متى ٥: ٤). كان قديسو العهد القديم عادة ما يُظهرون ندمهم وتوبتهم بالصفق على الفخذ (إرميا ٣١: ١٩)، والجلوس في الرماد (أيوب ٤٢: ٦)، وارتداء المسوح والجلوس في الرماد (يونان ٣: ٥-٦؛ راجع متى ١١: ٢١). ويختلف الحزن الحقيقي التائب عما يسميه بولس «حُزْنُ الْعَالَمِ» الذي «يُنْشِئُ مَوْتًا» (٢كورنثوس ٧: ١٠). هكذا كان حزن يهوذا، الذي «نَدِمَ» (متى ٢٧: ٣) على خيانته للمسيح، لدرجة أنه اعترف قائلًا: «قَدْ أَخْطَأْتُ إِذْ سَلَّمْتُ دَمًا بَرِيئًا» (متى ٢٧: ٤). لكن حزنه كان حزن العالم الذي أنشأ موتًا، لأنه «مَضَى وَخَنَقَ نَفْسَهُ» (متى ٢٧: ٥). كذلك أيضًا، مضى الشاب الغني حزينًا (متى ١٩: ٢٢)، لكنه لم يكن تائبًا، لأنه تعلَّق بأوثان ممتلكاته، بدلًا من أن يبيع كلَّ ما له ليربح المسيح (راجع متى ١٣: ٤٤). ولكن، في حين ينبغي ألا نساوي تمامًا بين الحزن والتوبة، إلا أن الحزن عنصر أساسي فيها، وعادة ما يكون دافعًا قويًّا للتحول عن الخطية بصدق؛ حسبما قال بولس: «لأَنَّ الْحُزْنَ الَّذِي بِحَسَبِ مَشِيئَةِ اللهِ يُنْشِئُ تَوْبَةً لِخَلَاصٍ بِلَا نَدَامَةٍ» (٢كورنثوس ٧: ١٠). وهكذا، تتضمَّن التوبة الحقيقية دائمًا قدرًا، على الأقل، من الانسحاق – لا الحزن بسبب افتضاح أمرنا، أو الحزن على العواقب، بل روح منكسرة بسبب شعورنا بأننا أخطأنا في حق الله، واشتياق إلى استعادة الشركة معه (مزمور ٥١: ١٢، ١٧).

أخيرًا، تتضمن التوبة تغييرًا في الاتجاه، أي تغييرًا للإرادة. فإن التوبة بعيدة كل البعد عن كونها مجرد تغييرٍ للذهن، لكنها عزمٌ على التخلي عن العصيان العنيد، وتسليم المشيئة للمسيح. يَظهَر هذا بوضوح وقوة في خدمات أنبياء العهد القديم، الذين وصفوا التوبة بأنها ترك رجل الإثم لأفكاره

١١٨ كتب فوس: «مفهوم الرب عن التوبة عميقٌ وشاملٌ بقدر مفهومه عن البر. فمن بين الكلمات الثلاث التي استُخدِمت في الأناجيل في اللغة اليونانية لوصف هذه العملية، تشدِّد كلمة واحدة على العنصر العاطفي من ندمٍ وأسف على مسار الحياة الشرير في الماضي، وهي كلمة *metamélomai*، التي وردت في متى ٢١: ٢٩-٣٢. وتعبِّر الكلمة الثانية عن تحوُّل تام في التوجه العقلي، وهي كلمة *metanoéō* التي وردت في متى ١٢: ٤١؛ لوقا ١١: ٣٢؛ ١٥: ٧، ١٠. وتشير الكلمة الثالثة إلى تغيير في اتجاه الحياة، واستبدال هدفٍ بآخر، وهي كلمة *epistréphomai* التي وردت في متى ١٣: ١٥ (وما يوازيها في الأناجيل الأخرى)؛ لوقا ١٧: ٤؛ ٢٢: ٣٢. ليست التوبة إذن قاصرة على مَلَكة الذهن وحدها، بل يشترك فيها الإنسان ككل: عقلًا، وإرادة، ومشاعر ... ومرة أخرى، يصير المبدأ الحاكم للحياة الجديدة التي تلي التوبة هو سمو الله المطلق. فإن من يتوب يتحوَّل عن عبادة المال والذات إلى عبادة الله».

Geerhardus Vos, *The Teaching of Jesus concerning the Kingdom of God and the Church* (1903; repr., Nutley, NJ: Presbyterian and Reformed, 1972), 92–93.

الشريره (إشعياء ٥٥: ٧)، والرجوع عَنْ شَرِّهِ، وعَمِلَ بِالْعَدْلِ وَالْحَقِّ (حزقيال ٣٣: ١٩)، والرجوع عن طرقه الرديئة (يونان ٣: ١٠؛ راجع ٢أخبار الأيام ٧: ١٤). فهي تبرُّؤ حازم من النفس، ومن مسار الحياة الشرير، وقبولٌ للمسيح لنوال برِّه الذي يبرِّر ويقدِّس. وبهذا، فإن التوبة الحقيقية حتمًا تُنتِج تغييرًا في السلوك. لكن، من الجدير بالذكر أن تغيير السلوك في حد ذاته ليس هو التوبة. فإن الدعوة إلى التوبة ليست دعوة للمرء كي ينقي حياته ليليق بالخلاص، وإلا لتحوَّلت التوبة إلى عمل استحقاق يهدم أساس إنجيل النعمة. الخلاص هبة سيادية من نعمة الله، ينالها الخاطئ بالإيمان وحده (رومية ٣: ٢٨؛ أفسس ٢: ٨)، بالتحديد لأنه من المستحيل أن يَستوفي الخطاة مطالب برِّ الله بأعمالهم (تيطس ٣: ٥). لكن في حين ينبغي ألا نُعرِّف التوبة بأنها تغيير في السلوك، فإن الحياة المتغيِّرة **هي** الثمر الذي لا بد أن تصنعه التوبة الحقيقية. ومع أن الخطاة لا يَخلُصون **بالأعمال** الصالحة، لكنهم يَخلُصون **لأعمال** صالحة (أفسس ٢: ١٠؛ تيطس ٢: ١٤؛ ٣: ٨).

ولهذا، كَرَزَ الرسول بولس لليهود والأمم في أثناء خدمته «أَنْ يَتُوبُوا [في اليونانية: *metanoeō*] وَيَرْجِعُوا [في اليونانية: *epistrephō*] إِلَى ٱللهِ عَامِلِينَ أَعْمَالًا تَلِيقُ بِٱلتَّوْبَةِ» (أعمال الرسل ٢٦: ٢٠). كذلك، طالَبَ يوحنا المعمدان الذين جاهروا بتوبتهم بأن يصنعوا «أَثْمَارًا تَلِيقُ بِالتَّوْبَةِ» (لوقا ٣: ٨). وحين سأله مستمعوه عن شكل حياة التوبة، أجابهم بأن المرء لا بد أن يتخلَّى عن جشعه، وعن تبلُّده من نحو معاناة قريبه، مغيِّرًا مسار حياته بأن يقرضه مجانًا (لوقا ٣: ١١). كما دعا العشارين إلى الرجوع عن الابتزاز: «لَا تَسْتَوْفُوا أَكْثَرَ مِمَّا فُرِضَ لَكُمْ» (لوقا ٣: ١٣). وقال إن الجنود عليهم ألا يظلموا بالتهديدات والوشايات الكاذبة، بل أن يكتفوا بعلائفهم (لوقا ٣: ١٤). استند كلٌّ من بولس ويوحنا المعمدان إلى فهم الأنبياء، مثل إشعياء، الذي وَصف في أيامه ثمار توبة الأمة الفاسدة، قائلًا: «اِغْتَسِلُوا. تَنَقَّوْا. اعْزِلُوا شَرَّ أَفْعَالِكُمْ مِنْ أَمَامِ عَيْنَيَّ. كُفُّوا عَنْ فِعْلِ الشَّرِّ. تَعَلَّمُوا فَعْلَ الْخَيْرِ. اطْلُبُوا الْحَقَّ. انْصِفُوا الْمَظْلُومَ. اقْضُوا لِلْيَتِيمِ. حَامُوا عَنِ الْأَرْمَلَةِ» (إشعياء ١: ١٦-١٧). يمكننا ملاحظة التدرج الموجود في هذه القائمة: تبدأ التوبة من الداخل باغتسال وتنقية، ثم تظهر للعيان من خلال توجُّهات وسلوكيات بارة. بعبارة أخرى، لا بد أن يحدث تغيير حقيقي في سلوك المرء. فإن الذي تاب توبة صادقة سيتوقف عن فعل الشر، ويبدأ السلوك بالبر. وإذا لم يظهر اختلاف ملحوظ في السلوك، لا يمكن الوثوق في حدوث توبة (متى ٣: ٨؛ ١يوحنا ٢: ٣-٦؛ ٣: ١٧).[119]

باختصار، إذن، يعلِّم الكتاب المقدس بأن التوبة تبدأ من إقرار الخاطئ في اتضاع بخطاياه، وبحاجته إلى الغفران. وهذا الإدراك لشناعة الخطية أمام الله ينشئ نوحًا شديدًا، وحزنًا، بل وخزيًا وعارًا. ويقود الخاطئ امتعاضه من نفسه ومن إثمه إلى جحد شرِّه، والتحوُّل بحزم عن حياة الخطية. وحين يتحوَّل عن نمط حياته السابق، يتجه نحو الثقة بالإله الجدير بكل عبادة، ونحو خدمته. وفي المسيح، يجد الخاطئ غفرانًا، ويستعيد الشركة مع خالقه. وأخيرًا، لا يَعتبر الخاطئ الغفران هو الخطوة الأخيرة، لكنه يعزم بمحبة، ومن القلب، على السلوك طائعًا لمشيئة الله المعلَنة، بقوة عمل الروح القدس. ويَظهَر برهان توبته الداخلية جليًّا في صورة أعماله الخارجية.

119 John MacArthur, *The Gospel according to Jesus: What Is Authentic Faith?*, rev. ed. (Grand Rapids, MI: Zondervan,182 ,180 ,(2008 .

التوبة هي عنصر أساسيٌّ في الاهتداء، ومن ثَمَّ، لا غنى عنها في رسالة الإنجيل. التوبة ليست فقط مذكورة إلى جانب الإيمان في الكرازة بالإنجيل (مرقس ١: ١٥؛ أعمال الرسل ٢٠: ٢١؛ عبرانيين ٦: ١)، بل كثير من نصوص الكتاب المقدس أيضًا يدعو إلى التوبة وحدها لأجل نوال الخلاص. لا يتناقض هذا مع حقيقة أن الإيمان هو الأداة الوحيدة للتبرير، بل يوضِّح أن كُتاب العهد الجديد اعتبروا العلاقة بين التوبة والإيمان وثيقة للغاية لدرجة أن ذكر أحدهما كان يوحي ضمنًا بالآخر – فإنه لا يمكن التحول عن الخطية دون التوجُّه نحو المسيح بإيمان، والعكس صحيح. ففي حين سجَّل إنجيل مرقس الكرازة الأولى ليسوع بالإنجيل في صورة دعوة منه إلى مستمعيه قائلًا: «تُوبُوا وَآمِنُوا بِالْإِنْجِيلِ» (مرقس ١: ١٥)، سجَّل إنجيل متى هذه الكرازة نفسها في صورة دعوة من يسوع قائلًا: «تُوبُوا لِأَنَّهُ قَدِ اقْتَرَبَ مَلَكُوتُ السَّمَاوَاتِ» (متى ٤: ١٧). ولاحقًا، وَصَفَ يسوع غرض خدمته بأنه دعوة الخطاة إلى التوبة (لوقا ٥: ٣٢)، وأثبت هذا بقوله: «إِنْ لَمْ تَتُوبُوا فَجَمِيعُكُمْ كَذَلِكَ تَهْلِكُونَ» (لوقا ١٣: ٣، ٥). وفي النص الوحيد المتاح لدينا عن الإرسالية العظمى، الذي فيه نقرأ كلمات يسوع عن فحوى الرسالة التي كان على التلاميذ أن يكرزوا بها، لخَّص يسوع الإنجيل بأنه الكرازة «بِالتَّوْبَةِ وَمَغْفِرَةِ الْخَطَايَا» باسمه (لوقا ٢٤: ٤٧). وقد أطاع التلاميذ هذه الإرسالية. فحين استمع رجال إسرائيل إلى عظة بطرس في يوم الخمسين، استحوذ عليهم شعور بالتبكيت، فسألوا: «مَاذَا نَصْنَعُ أَيُّهَا الرِّجَالُ الْإِخْوَةُ؟» أجابهم بطرس عن هذا بدعوتهم إلى التوبة: «تُوبُوا وَلْيَعْتَمِدْ كُلُّ وَاحِدٍ مِنْكُمْ عَلَى اسْمِ يَسُوعَ الْمَسِيحِ لِغُفْرَانِ الْخَطَايَا» (أعمال الرسل ٢: ٣٨). وفي عظته في رواق سليمان، خَتَمَ حديثه بالدعوة نفسها، قائلًا: «فَتُوبُوا وَارْجِعُوا لِتُمْحَى خَطَايَاكُمْ» (أعمال الرسل ٣: ١٩). وحين كرز بولس بالإنجيل لأهل أثينا في أريوس باغوس، كانت ذروة رسالته هي دعوة إلى التوبة: «فَاللهُ الْآنَ يَأْمُرُ جَمِيعَ النَّاسِ فِي كُلِّ مَكَانٍ أَنْ يَتُوبُوا، مُتَغَاضِيًا عَنْ أَزْمِنَةِ الْجَهْلِ» (أعمال الرسل ١٧: ٣٠). الكتاب المقدس واضح وضوح الشمس: ليست التوبة عنصرًا اختياريًّا، بل عنصر أساسي في الإنجيل الحقيقي. والذين يصرُّون على أن الإيمان بالمسيح للخلاص ممكنٌ دون التوبة عن الخطايا – أي أنه يمكن الإيمان بيسوع مخلِّصًا، دون الخضوع له ربًّا – يجدون أنفسهم في تناقض مباشر مع الإنجيل بحسب يسوع وبحسب الرسل.[١٢٠]

## • الإيمان

في حين يمكن وَصْفُ التوبة بأنها الجانب السلبي من الاهتداء – أي فعل التحوُّل عن الخطية – يمكن وَصْفُ الإيمان بأنه الجانب الإيجابي، أي التفات النفس **إلى** الله، والثقة بشخص المسيح وعمله لمنح

١٢٠ للاطلاع على دراسة أكثر تفصيلاً عن الجدل الدائر حول «الخلاص الربوبي» [Lordship salvation]، بالإضافة إلى دحض شامل وتفصيلي لما يسمَّى لاهوت «النعمة المجانية»، انظر:

John MacArthur, *The Gospel according to Jesus*, and MacArthur, *The Gospel according to the Apostles: The Role of Works in the Life of Faith* (1993; repr., Nashville: Thomas Nelson, 2000).

ويستطيع القارئ أن يستفيد استفادة خاصة بالاطلاع على الفصل الثاني من المرجع السابق، بعنوان «مقدمة عن الجدل حول الخلاص الربوبي» [A Primer on the 'Lordship Salvation' Controversy]، صفحة ٥–٢٠.

وللاطلاع على مزيد من التحليل، انظر:

Robert Lescelius, *Lordship Salvation: Some Crucial Questions and Answers* (Asheville, NC: Revival Literature, 1992), and Richard P. Belcher, *A Layman's Guide to the Lordship Controversy* (Southbridge, MA: Crowne, 1990).

يمكن أيضًا إيجاد نظرة عامة مختصرة للغاية ونافعة في الكتاب التالي:

Grudem, *Systematic Theology*, 715n5.

الغفران، والبر، والحياة الأبدية. حين تقشع معجزة الميلاد الجديد عمى الموت الروحي، تتطلع عينا قلب الخاطئ المولود ثانية إلى مجد يسوع، فتُسَر بأن تجد فيه مخلِّصًا كافيًا تمامًا، وأهلًا تمامًا للتطهير من الخطية، ومنح البر الكامل، وإشباع النفس. فحين ينظر الخاطئ مجد الرب في وجه المسيح (٢كورنثوس ٤: ٦)، يَقبَل يسوعَ من كلِّ قلبه، ويسلِّم نفسه له بكل ما يمثِّله. وهكذا، فإن الإيمان الذي للخلاص هو أن يسلِّم الشخص كيانه كُلِّيًّا للمسيح كلِّيًّا. فإن المؤمن يَقبَل بفكره، وقلبه، ومشيئته يسوع مخلِّصًا، وشفيعًا، ومعيلًا، وداعمًا، ومشيرًا، وربًا وإلهًا.

إذن، يتألَّف الإيمان الذي للخلاص، نظير التوبة قرينته، من عناصر عقلية، وعاطفية، وإرادية. فهو يتكوَّن، على التوالي، من المعرفة (في اللاتينية: *notitia*)، والقبول (في اللاتينية: *assensus*)، والثقة (في اللاتينية: *fiducia*). فإن الذهن يَقبَل المعرفة، أي الإدراك والفهم للحق المتعلِّق بشخص المسيح وعمله. والقلب يُعطي القبول، أو اليقين والتصديق القاطع بأن خلاص المسيح ملائم للاحتياج الروحي للمرء. ثم تستجيب إرادة المرء بثقة، أي بالتسليم الشخصي للمسيح، واقتنائه نصيبًا، بصفته الرجاء الوحيد للخلاص الأبدي.[121] يستلزم كلُّ عنصر من هذه العناصر مزيدًا من الدراسة التفصيلية.

**المعرفة**: العنصر الأساسي في الإيمان هو المعرفة. يرى الفكر الثقافي المعاصر، الذي يهيمن عليه المذهب الإنساني العلماني، أن الإيمان نقيض المعرفة – أي أن الإيمان هو ما يتحكم في المرء حين لا يمتلك المرء معرفة كافية. ولم يَعُد من النادر أن تسمع أحدهم يقول: «حسنًا، لا أستطيع أن **أعرف** هذا، لكني فقط **أؤمن** به». لكنَّ المفهوم الكتابي عن الإيمان ليس أنه قفزة وجودية في الظلام، أو نوعٌ من الأمل العاطفي. فإن الإيمان الحقيقي بعيد كل البعد عن كونه بديلًا للمعرفة، إذ هو مؤسَّس على المعرفة. إن أساسه اليقيني والصلب يَكمُن في معرفة الحق الذي أعلنه الله.

يشهد الكتاب المقدس عن ذلك بعدة طرائق. أولًا، كثيرًا ما يصف الكتاب المقدس معرفة حقائق معينة بأنها الأساس السببي للإيمان. على سبيل المثال، يتأسس الإيمان بالمسيح للخلاص على أن «نَعْلَمُ أَنَّ الإِنْسَانَ لاَ يَتَبَرَّرُ بِأَعْمَالِ النَّامُوسِ، بَلْ بِإِيمَانِ يَسُوعَ الْمَسِيحِ» (غلاطية ٢: ١٦). **فلأننا نعلم** أن الأعمال لا تبرِّر، نؤمن بالمسيح للخلاص. على نحو مماثل، أسَّس بولس إيمان المؤمن بقيامته المستقبلية على معرفته بقيامة المسيح: «فَإِنْ كُنَّا قَدْ مُتْنَا مَعَ الْمَسِيحِ، نُؤْمِنُ أَنَّنَا سَنَحْيَا أَيْضًا مَعَهُ. عَالِمِينَ [أي: «لأننا نعلَم»[122]] أَنَّ الْمَسِيحَ بَعْدَمَا أُقِيمَ مِنَ الأَمْوَاتِ لاَ يَمُوتُ أَيْضًا» (رومية ٦: ٨–٩؛ راجع ٢كورنثوس ٤: ١٣–١٤؛ ١بطرس ٥: ٩). توضح هذه النصوص أن الإيمان الكتابي ومعرفة الحق ليسا عدوين، بل معرفة الحق هي أساس الإيمان. يَشهد الكتاب المقدس أيضًا عن هذه العلاقة بين الإيمان والمعرفة باستخدامه المتكرِّر لعبارة «تُؤْمِنُوا أَنَّ ...» متبوعة بحقائق تصريحية تصف محتوى الإيمان الذي للخلاص.[123] على المرء أن يؤمن بأن يسوع هو الله (يوحنا ٨: ٢٤؛ ١٣: ١٩، حيث استخدم يسوع اسم الله «أهيه» أو «أنا هو» متحدِّثًا عن نفسه؛ راجع خروج ٣: ١٤)، وأنه هو والآب واحدٌ (يوحنا ١٤: ١٠–١١)، وأنه هو المسيَّا

121 MacArthur, *The Gospel according to the Apostles*, 27.

١٢٢ لاسم الفاعل، «عالمين» [في اليونانية: *eidotes*]، هنا دلالة سببية، معناها: «لأننا نعلَم». انظر: Wallace, *Greek Grammar Beyond the Basics*, 631.

123 Reymond, *Systematic Theology*, 727.

وابن الله (يوحنا ١١: ٢٧؛ ٢٠: ٣١؛ ١يوحنا ٥: ١، ٥) الذي أُرسِل من الآب (يوحنا ١١: ٤٢؛ ١٦: ٢٧، ٣٠؛ ١٧: ٨، ٢١)، وأنه مات عن الخطايا، وقام من القبر (١تسالونيكي ٤: ١٤؛ راجع رومية ١٠: ٩)، وأن الله موجود و«يُجَازِي الَّذِينَ يَطْلُبُونَهُ» (عبرانيين ١١: ٦)، وأن الخطاة يَخلُصون بالنعمة، بالإيمان وحده (أعمال الرسل ١٥: ١١؛ راجع ١٥: ٩). وقد لخَّص الرسول بولس الأمر بقوله إن الإيمان الذي للخلاص يأتي بالاستماع إلى رسالة الإنجيل التي تتعلق بالمسيح (رومية ١٠: ١٧)، بحيث يكون الإيمان مستحيلًا دون سماع تلك الرسالة (رومية ١٠: ١٤). فإن المعرفة برسالة الإنجيل – أي بالحقائق التي أعلنها الله عن قداسته، وعن عقوبة الخطية، وهُوية المسيح، وما فعله لأجل الخطاة – هو أساس الإيمان الذي للخلاص. من الواضح، إذن، أن الإيمان الحقيقي له جوهرٌ موضوعيٌّ. فهو ليس قفزة غير محسوبة في الظلام، أو ثقة غيبيَّة من نوعٍ ما دون معرفة. فإن حق رسالة الإنجيل كما هو معلَنٌ في المسيح وفي الكتاب المقدس يمدُّنا بأساسٍ واقعي، وتاريخي، وعقلي لإيماننا. ومن ثَمَّ، لسنا نؤمن بحسب نزواتنا الذاتية، بل علينا أن نؤمن بالحق (٢تسالونيكي ٢: ١١–١٢؛ راجع يوحنا ٨: ٤٦؛ ١تيموثاوس ٤: ٣). فالإيمان غير المؤسَّس على هذا الحق الموضوعي والتصريحي ليس إيمانًا على الإطلاق.[١٢٤]

**القبول:** في حين أن معرفة الحقائق ضرورية للإيمان، لكنها غير كافية. فمن الممكن جدًا أن نعرف الحق دون أن نؤمن به أو نقبله. كثير من الكارزين، والأكاديميين، واللاهوتيين فهموا بعقلهم حقائق الكتاب المقدس العظيمة، كالميلاد العذراوي للمسيح، وقيامته من بين الأموات بالجسد، ولكنهم، مع ذلك، رفضوا هذه التعاليم واعتبروها زائفة. أيضًا، يفهم كثيرون حقائق الإنجيل مثل أن الإنسان مذنبٌ أمام الله القدوس، وأنه سيهلك في خطاياه، وأن المسيح حَمَلَ عقوبة شعبه بموته وقيامته من بين الأموات عوضًا عنهم، وأن مزايا عمله ينبغي أن تُقبَل بالإيمان دون أعمال، ولكنهم، لا يتوبون ولا يؤمنون به. ولهذا نقول إن الإيمان يحوي عنصرًا عاطفيًا بالإضافة إلى العنصر العقلي. فالإيمان لا يكتفي بمعرفة الحق، لكنه أيضًا من كل قلبه يَقبَل الحق كما هو معلَن في الكتاب المقدس. فإن الحق يُعرَف ويُصدَّق.

وَصَفَ كاتبُ الرسالة إلى العبرانيين هذا القبول القلبي بأنه عنصرٌ من عناصر الإيمان، حين عرَّف الإيمان بأنه «الثِّقَةُ بِمَا يُرْجَى وَالإِيقَانُ بِأُمُورٍ لاَ تُرَى» (عبرانيين ١١: ١). الكلمة المترجَمة «الثِّقَةُ» هي الكلمة اليونانية *hypostasis*، المكوَّنة من كلمة *stasis*، التي تعني «يقف»، وكلمة *hypo*، التي تعني «تحت». تشير الكلمة إذن إلى أساس يُبنَى عليه الشيء. استخدم الكاتب الكلمة هنا لوصف الإيمان بأنه يقين فائق للطبيعة – أي قناعة يُنشِئها الله بصدق وعود الكتاب المقدس، وبكون المسيح جديرًا بالثقة. ثم واصل الكاتب حديثه قائلًا إن الإيمان هو الإيقان بأمور لا تُرى؛ أي أن ما لا يمكن رؤيته بعيني الجسد ينكشف لعيون الإيمان الروحية. وقد وصف عبرانيين ١١: ٢٧ إيمان موسى بهذه الطريقة نفسها تمامًا: «بِالإِيمَانِ تَرَكَ مِصْرَ غَيْرَ خَائِفٍ مِنْ غَضَبِ الْمَلِكِ، لأَنَّهُ تَشَدَّدَ، كَأَنَّهُ يَرَى مَنْ لاَ يُرَى». فقد تكوَّن إيمان موسى من قناعة حازمة بأن غنى مجد المسيح أعظم قيمة من خزائن مصر (عبرانيين ١١: ٢٤–٢٦). فهو لم يدرك بعقله فحسب أن المسيح أعظم، لكنه كان على قناعة في أعماق قلبه بصحة

124 MacArthur, *The Gospel according to the Apostles*, 29–30.

هذا. وقناعة بولس الحازمة، والمليئة بالإيمان بسيادة المسيح هي التي مكّنته من تحمُّل أشد الآلام، إذ قال: «لِأَنَّنِي عَالِمٌ بِمَنْ آمَنْتُ، وَمُوقِنٌ أَنَّهُ قَادِرٌ أَنْ يَحْفَظَ وَدِيعَتِي إِلَى ذَلِكَ الْيَوْمِ» (٢تيموثاوس ١: ١٢).

إذن، في الاهتداء، يَقبل الشخص الذي له إيمان للخلاص من كلِّ قلبه حقيقةَ أنه خاطئ، وأن المسيح أهلٌ لأن يخلِّصه. فحين سمع برتيماوس أن يسوع كان مجتازًا، دفعته قناعته الحازمة والصلبة بأن ابن داود أهلٌ تمامًا لتسديد احتياجه إلى التخلي عن آداب المجتمع، والصراخ إلى يسوع ليردَّ إليه بصره. فأجابه يسوع: «اذْهَبْ. إِيمَانُكَ قَدْ شَفَاكَ» (مرقس ١٠: ٤٦-٥٢). بالطريقة نفسها يصير المؤمن الذي تنبَّه حديثًا مقتنعًا تمامًا بعجزه عن علاج بؤس حالته الروحية المحتوم، فيلتفت إلى المسيح متيقِّنًا بأن كفايته هي الحل الأمثل لإفلاسه الروحي. وبواسطة هذا الإيمان، يُشفَى الخاطئ.

**الثقة**: في إيمان موسى، وبولس، وبرتيماوس، كان يوجد ما يفوق مجرد المعرفة بالحق وقبوله. يخبرنا يعقوب بأن الشياطين يعرفون حقيقة وجود إله واحد، ويؤمنون بها (يعقوب ٢: ١٩). وقد آمن نيقوديموس بأن يسوع معلِّم أتى من عند الله (يوحنا ٣: ٢)، وآمن أغريباس بأن العهد القديم يقول الصدق (أعمال الرسل ٢٦: ٢٧). كما كان يهوذا مقتنعًا بأن يسوع هو المسيح (متى ٢٧: ٣-٥). لكن، لم يمتلك أيٌّ من هؤلاء إيمانًا للخلاص. الإيمان يبدأ بالمعرفة (*notitia*)، ثم الموافقة والقبول (*assensus*)، لكنه لا يتوقف حتى يصل إلى اتكال تام من الإرادة على المسيح من جهة الخلاص الشخصي (*fiducia*). قال موراي بحكمة: «الإيمان هو المعرفة التي تتحوَّل إلى قناعة، والقناعة التي تتحول إلى ثقة. لا يمكن أن يقل الإيمان عن كونه تكريس النفس للمسيح، ونقل موضوع اتكالنا من أنفسنا وجميع الموارد البشرية إلى المسيح وحده لأجل الخلاص. فهو قبوله، والاتكال عليه».[١٢٥] يعني هذا أن الإيمان الذي للخلاص يَتَخطَّى «الإيمان **بشيء أو حقيقة ما** ...»، ويصل إلى «الإيمان **بالشخص**». فهو يتجاوز القبول العقلي للحق **عن** المسيح، ويصل إلى ثقة شخصية **بالمسيح**، واتكال **عليه** لغفران الخطايا، والمصالحة مع الله.

روى الرسول بولس قصة اهتدائه في الأصحاح الثالث من رسالة فيلبي؛ وفيه وَصَفَ المؤمن الحقيقي بأنه لا يتكل على الجسد (فيلبي ٣: ٣)، ولا يلجأ إلى ما عنده – من امتيازاته الموروثة، أو إنجازاته الدينية – ليكتسب البر الذي يطالب به الله. ففي أثناء حياة بولس بصفته فريسيًّا، وضع بالحقيقة ثقته التامة في جسده – أي في تراثه، ومكانته الاجتماعية، وطقوسه الدينية، وتقاليده، وتكريسه، وإخلاصه، بل وفي حفظه الخارجي لوصايا الله (فيلبي ٣: ٤-٦). فقد وضع ثقته في أوراق الاعتماد الجسدية هذه كي ترفعه إلى مقياس بر الله. لكن تلاشى هذا الخطأ بعد أن التقى بالمسيح القائم من بين الأموات في الطريق إلى دمشق؛ فقال: «لَكِنْ مَا كَانَ لِي رِبْحًا، فَهَذَا قَدْ حَسِبْتُهُ مِنْ أَجْلِ الْمَسِيحِ خَسَارَةً» (فيلبي ٣: ٧). فحين فتح الله عينَي قلب بولس في الميلاد الثاني، صار يَحْسِب كلَّ البر الذاتي خسارة، بعدما كان يتكل عليه باعتباره ربحًا. فقد حسب كلَّ هذا نفاية «لِكَيْ أَرْبَحَ الْمَسِيحَ، وَأُوجَدَ فِيهِ، وَلَيْسَ لِي بِرِّي الَّذِي مِنَ النَّامُوسِ، بَلِ الَّذِي بِإِيمَانِ الْمَسِيحِ، الْبِرُّ الَّذِي مِنَ اللهِ بِالْإِيمَانِ» (فيلبي ٣: ٨-٩). ومن ثَمَّ، انتقل من اتكاله على ذاته من جهة البر إلى الاتكال على المسيح وحده من جهة البر (راجع رومية ١٠: ٤؛ ٢كورنثوس ٥: ٢١).

125 Murray, *Redemption Accomplished and Applied*, 111.

إن مَن يمتلك الإيمان الذي للخلاص ليس فقط يتّكل على المسيح من جهة البر، لكنه أيضًا يقبل المسيح باعتباره كنزًا ثمينًا. فقد حسب بولس معرفته الشخصية ليسوع شيئًا فائق القيمة لدرجة أنه كان على استعداد أن يخسر كل شيء في حياته كي يربحه (فيلبي ٣: ٨). وقد شبَّه يسوع نفسه اختبار الاهتداء بالعثور على كنز: «أَيْضًا يُشْبِهُ مَلَكُوتُ السَّمَاوَاتِ كَنْزًا مُخْفًى فِي حَقْلٍ، وَجَدَهُ إِنْسَانٌ فَأَخْفَاهُ. وَمِنْ فَرَحِهِ مَضَى وَبَاعَ كُلَّ مَا كَانَ لَهُ وَاشْتَرَى ذَلِكَ الْحَقْلَ» (متى ١٣: ٤٤؛ راجع ١٣: ٤٥-٤٦). فإن مَن أَفَاقَ قلبُه من رقاده في الميلاد الثاني يشبه رجلًا تعثرت قدماه في كنز مدفون، لا يقدَّر بثمن. وبسبب القيمة الفائقة للكنز، الذي هو يسوع المسيح، يَترك الخاطئ كلَّ ما عنده طواعية، حتى يربح المخلِّص الذي يحسبه فائق الثمن والقيمة (لوقا ٩: ٢٣؛ ١٤: ٢٦-٣٣؛ راجع متى ١٠: ٣٧-٣٩). ينبغي لهذه النصوص أن تكون إنذارًا لدارس الكتاب المقدس، لئلا يتصور أن الإيمان الذي للخلاص هو فقط استغلالٌ للمسيح من أجل الإفلات من العقوبة. فإن الإيمان الذي للخلاص هو في الأساس قبول متلهف **لشخص** – أي قبول للمسيح بسرور ومن كل القلب، لأجل شخصه وكل كينونته، أي لكونه مصدر كلِّ بر، وحياة، وشبع للروح حديثة الولادة (متى ٥: ٦؛ يوحنا ٤: ١٣-١٤؛ ٦: ٣٥).

وأخيرًا، في هذا الجانب الإرادي من الإيمان، يتكل المرء على المسيح، لكن ليس ذلك فقط، إذ أيضًا يَستودعُ نفسه للمسيح، ويأتمِنُه عليها، لأن الإيمان بشخصٍ يستلزم بالضرورة تكريسًا شخصيًّا. فإن مَن يؤمن بالمسيح يضع نفسه في عُهدته سواء في الحياة أو في الموت. يعتمد هذا المؤمن على مشورة الرب، ويثق بصلاحه، ويستودع نَفْسَه في هذا الزمان وفي الأبدية ليكون تحت وصايته. إذن، الإيمان الذي للخلاص هو قبول الخاطئ، بكلِّ كيانه، للمسيح بكلِّ ما فيه. ولهذا، كثيرًا ما استخدم الكِتاب المقدس صورًا بلاغية لوصف الإيمان، مثل الالتفات إليه (يوحنا ٣: ١٤-١٥؛ راجع عدد ٢١: ٩)، وأكل جسده وشرب دمه (يوحنا ٦: ٥٠-٥٨؛ راجع ٤: ١٤)، وقبوله أو الترحيب به (يوحنا ١: ١٢)، والمجيء إليه (متى ١١: ٢٨؛ يوحنا ٥: ٤٠؛ ٦: ٣٥، ٣٧، ٤٤، ٦٥؛ ٧: ٣٧-٣٨). فإننا لا نبرهن على إيماننا بأن الخبز يشبع الجوع بمجرد الإقرار قائلين: «الخبز يشبع الجوع!»، بل بالأكل من هذا الخبز. كذلك أيضًا، لا نبرهن على إيماننا بالمسيح فقط بقولنا: «نؤمن!» بل بمجيئنا إلى المسيح، وقبوله بكلِّ ما فيه، وبأن نستأمنه على كل ما فينا. باختصار، الإيمان هو الاستناد الكامل إلى المسيح، من جهة الفداء، والبر، والمشورة، والشركة، والدعم، والإرشاد، والمعونة، والربوبية، وكل ما يمكن أن يُشبِع حقًّا في الحياة.

يعني هذا أن الإيمان الحقيقي الذي للخلاص لا بد أن يَظهَر في صورة طاعة في المحبة (راجع غلاطية ٥: ٦). خُصِّصَ الأصحاح الحادي عشر من الرسالة إلى العبرانيين بكامله لتوضيح هذا المبدأ وحده. فبعد تعريف الكاتب لطبيعة الإيمان الحقيقي في الآيات الافتتاحية، استعرَض تاريخَ الفداء كاملًا، حتى يُظهِر أن الإيمان هو إيمانٌ عاملٌ. فبالإيمان قدَّم هابيل ذبيحة مقبولة (عبرانيين ١١: ٤)؛ وبالإيمان سار أخنوخ مع الله فأفلت من الموت نفسه (١١: ٥)؛ وبالإيمان بنى نوح فلكًا (١١: ٧)؛ وبالإيمان أطاع إبراهيم (١١: ٨)، فسكن في أرض غريبة (١١: ٩)، وقدَّم إسحاقَ ذبيحة لله (١١: ١٧-١٩)؛ وبالإيمان بارك إسحاقُ ويعقوبُ بنيهما (١١: ٢٠-٢١)؛ وبالإيمان تكلَّم يوسف عن الخروج من مصر (١١: ٢٢)؛ وبالإيمان، والدا موسى أخفياه عن فرعون (١١: ٢٣)؛ وبالإيمان رفض موسى مُتع مصر الوقتية، واختار عار المسيح، فترك مصر غير خائف (١١: ٢٤-٢٧)؛ وبالإيمان صنع موسى الفصح (١١: ٢٨)؛

وبالإيمان عَبَرَ بنو إسرائيل البحر الأحمر (١١: ٢٩)، ودخلوا أريحا (١١: ٣٠). فإن الإيمان يقدِّم، ويسير، ويبني، ويبارك، ويخفي، ويترك، ويمتلك، وينتصر. باختصار، الإيمان يطيع. فهو يدفع المرء إلى السلوك بموجب الحق الذي يعترف بإيمانه به. ففي الاهتداء، لا يفعل الإيمان الذي للخلاص شيئًا سوى القبول السلبي لعمل المسيح؛ إلا أن الإيمان الحقيقي لا يبقى سلبيًّا البتة، بل يبدأ العمل على الفور – لا كوسيلة لنوال رضا الله، بل نتيجة لنوال نعمة الله التي تعمل فينا بقوة (كولوسي ١: ٢٩). فإننا نتمِّم خلاصَنا بخوف ورعدة، لأن الله هو العامل فينا أن نريد وأن نعمل من أجل المسرة (فيلبي ٢: ١٢-١٣).[١٢٦]

- عطايا تحمل سمة الاستمرارية

ينبغي ألا نغفل ذِكر سِمَتين إضافيتين للتوبة والإيمان. أولًا، التوبة والإيمان كلاهما عطايا سيادية من الله نفسه. ففي حين أن الإيمان التائب هو مسئولية الخطاة، وشرط تبريرهم، نجد من جهة أخرى أن فساد أذهانهم، وعواطفهم، وإرادتهم يَجعل تقديمَهم توبةً وإيمانًا حقيقيين أمرًا مستحيلًا. ولذا، ففقط بواسطة العمل السيادي الذي يجريه الروح القدس في الميلاد الثاني، مجدِّدًا قلب الإنسان، وفاتحًا عينيه الروحيتين، يتمكَّن هذا الخاطئ من الرجوع عن خطاياه وعن ذاته، والإيمان بالمسيح وحده لأجل البر.

لهذا، يَصِفُ الكتاب المقدس الإيمان التائب ليس بأنه قرارٌ سياديٌّ نابعٌ من الإرادة البشرية، بل بأنه شيءٌ تعطيه نعمة الله على نحو فائق للطبيعة مجانًا.[١٢٧] فعن التوبة، قال بطرس لمجمع السنهدرين إن الله أحدث موت المسيح وقيامته «لِيُعْطِيَ إِسْرَائِيلَ التَّوْبَةَ وَغُفْرَانَ الْخَطَايَا» (أعمال الرسل ٥: ٣١). وحين شَهِدَ بطرس لاحقًا لليهود عن حلول الروح القدس على الأمم، استنتجوا أن الله أعطى الأمم أيضًا هذه العطية: «إِذًا أَعْطَى اللهُ الأُمَمَ أَيْضًا التَّوْبَةَ لِلْحَيَاةِ!» (أعمال الرسل ١١: ١٨). على نحو مماثل، أوصى بولس تيموثاوس أن يؤدِّب مقاوميه بوداعة، عسى «أَنْ يُعْطِيَهُمُ اللهُ تَوْبَةً لِمَعْرِفَةِ الْحَقِّ» (٢تيموثاوس ٢: ٢٥).

---

١٢٦ يوضح جون ماك آرثر هذا الأمر على النحو التالي: «هل يَخْلِطُ هذا الإيمان بالأعمال، كما يحب أن يقول البعض؟ كلا البتة. لنَحذر من أن يختلط الأمر علينا في هذا الشأن. فإن الإيمان واقع داخلي له نتائج خارجية. فحين نقول إن الإيمان يشمل طاعة، نقصد بذلك توجُّه الطاعة المعطَى من الله، ولسنا نحاول أن نجعل الأعمال جزءًا من الإيمان. فإن الله هو مَن يجعل القلب المؤمن قلبًا طائعًا، أي يتوق إلى الطاعة. فإن الإيمان كامل في ذاته بالفعل قبل أن يَصدر منه فعل طاعة واحد. لكن لا تخطئوا في هذا الشأن – فإن الإيمان الحقيقي دائمًا ما يثمر أعمال بر. فالإيمان هو الجذر، والأعمال هي الثمار. ولأن الله نفسه هو الكرَّام، تصير الثمار مضمونة. ولهذا، أينما عَرَضَ الكتابُ المقدس نماذج إيمان – كما فعل هنا في الأصحاح الحادي عشر من الرسالة إلى العبرانيين – يكون هذا الإيمان لا محالة إيمانًا طائعًا، وعاملًا، ونشطًا».

MacArthur, *The Gospel according to the Apostles*, 34.

للاطلاع على دراسة أكثر تفصيلًا للقضايا الأساسية في الجدل حول «الخلاص الربوبي»، انظر:

MacArthur, *The Gospel according to Jesus*, and MacArthur, *The Gospel according to the Apostles*.

١٢٧ يجب أن نحترس من سوء فهم محتمَل هنا. لا توحي حقيقة أن التوبة والإيمان عطيتان من الله ضمنًا بأنهما ليستا أيضًا فعلين بشريَّيْن. ليس الله هو مَن يتوب عن الخطية، ويؤمن بالمسيح نيابة عن المؤمن، حسبما علَّم كارل بارث. انظر:

G. C. Berkouwer, *Faith and Justification* (Grand Rapids, MI: Eerdmans, 1954), 172–75.

بل في المقابل، يُحيي اللهُ الإنسانَ الخاطئ بعمل سيادي في الميلاد الثاني، حتى يترك الإنسانُ نفسُه خطاياه، عن وعي، وبحسب طبيعته التي تجدَّدت، ويؤمن بالمسيح. يعطي اللهُ الإيمانَ، ويقدِّم الإنسانُ إيمانًا، لكن تقديم الإنسان للإيمان معتمد بصورة مطلقة على عطية الله.

نظير ذلك أيضًا، يُعرِّف الكتاب المقدس الإيمان بأنه عطية من نعمة الله. ربما كان النص الأشهر في هذا الموضوع هو أفسس ٢ : ٨-٩، حيث قال بولس: «لِأَنَّكُمْ بِالنِّعْمَةِ مُخَلَّصُونَ، بِالْإِيمَانِ، وَذلِكَ لَيْسَ مِنْكُمْ. هُوَ عَطِيَّةُ اللهِ. لَيْسَ مِنْ أَعْمَالٍ كَيْلَا يَفْتَخِرَ أَحَدٌ». هنا، وصف بولس الخلاص ككلٍّ بأنه عطية الله، وهذا بالضرورة يشمل الإيمان الذي به يتبرَّر الخاطئ.[١٢٨] فضلًا عن ذلك، وَصَفَ لوقا المؤمنين بأنهم الذين «بِالنِّعْمَةِ ... كَانُوا قَدْ آمَنُوا» (أعمال الرسل ١٨ : ٢٧)؛ وهكذا، لا يأتي الإيمان إلا بنعمة الله، ومن ثَمَّ، فهو عطية. علَّم بولس هذه الفكرة بوضوح في رسالته إلى أهل فيلبي، حين قال لهم: «لِأَنَّهُ قَدْ وُهِبَ لَكُمْ لِأَجْلِ الْمَسِيحِ لَا أَنْ تُؤْمِنُوا بِهِ فَقَطْ، بَلْ أَيْضًا أَنْ تَتَأَلَّمُوا لِأَجْلِهِ» (فيلبي ١ : ١٩). فبالإضافة إلى هبة الألم لأجل الإنجيل، يوهَب الإيمانُ أيضًا عطيةً من الله.

إذن، لا يمكن للإيمان التائب الذي للخلاص، الذي هو عطية إلهية، أن يكون مؤقَّتًا أو عابرًا البتة، لكنه يتصف بالثبات الذي يضمن دوامه حتى النهاية، بحيث تصير التوبة والإيمان سِمَتين تميزان نمط حياة المؤمن الحقيقي. وفي الأطروحة الأولى من الأطروحات الخمس والتسعين التي قدَّمها مارتن لوثر (١٤٨٣-١٥٤٦)، كتب هذه الكلمات الشهيرة: «حين قال ربُّنا وسيدنا يسوع المسيح 'توبوا' كان يقصد أن حياة المؤمنين بكاملها لا بد أن تكون حياة توبة».[١٢٩] ولهذا، حين سأل بطرس يسوع كم مرة ينبغي أن يَغفر لأخ يخطئ إليه (متى ١٨ : ٢١)، أجابه يسوع: «وَإِنْ أَخْطَأَ إِلَيْكَ أَخُوكَ فَوَبِّخْهُ، وَإِنْ تَابَ فَاغْفِرْ لَهُ. وَإِنْ أَخْطَأَ إِلَيْكَ سَبْعَ مَرَّاتٍ فِي الْيَوْمِ، وَرَجَعَ إِلَيْكَ سَبْعَ مَرَّاتٍ فِي الْيَوْمِ قَائِلًا: أَنَا تَائِبٌ، فَاغْفِرْ لَهُ» (لوقا ١٧ : ٣-٤). والمبدأ المتضمَّن هنا هو أنه على الإنسان أن يتوب كثيرًا بقدر ارتكابه للخطية. وفي رسائل المسيح إلى كنائس أسيا، أوصى المؤمنين (أي «كُلُّ مَنْ أُحِبُّهُ») في كنيسة لاودكية بهذا: «كُنْ غَيُورًا وَتُبْ» (رؤيا ٣ : ١٩)، مبيِّنًا أن التوبة ليست مجرد حدثٍ يقع مرة واحدة فحسب في اختبار الاهتداء، لكنه شيء متوقَّع حتى من المؤمنين الحقيقيين أنفسهم. أيضًا، علَّم الرب تلاميذه أن يعتادوا الصلاة طلبًا للغفران (متى ٦ : ١٢)، مما يستلزم بالضرورة توبة مستمرة. وكذلك، قال الرسول يوحنا:

---

١٢٨ هناك بعض الخلاف حول الاسم الذي يعود عليه اسمُ الإشارة «ذلك». ما هو هذا الشيء الذي ليس من الإنسان لكنه عطية الله؟ في حين أن كلمة «الإيمان» هي الاسم الأقرب لاسم الإشارة، لكن اسم الإشارة «ذلك» يأتي في اللغة اليونانية في النوع المحايد [المترجم: ليس مذكرًا أو مؤنثًا]، في حين أن «الإيمان» اسم مؤنث. وعادة ما يكون جنس اسم الإشارة متوافقًا مع جنس المشار إليه. ولأن هذا لم يحدث هنا، استنتج كثيرون أن عطية الله ليست هي الإيمان. ولكن، لا يمكن أيضًا أن يكون المشار إليه هو «النعمة»، لأنه أيضًا اسم مؤنث. وسنواجه المشكلة نفسها إن افترضنا أن اسم الإشارة يعود على «لِأَنَّكُمْ ... مُخَلَّصُونَ»، لأن كلمة مُخَلَّصُونَ في اللغة اليونانية اسم فاعل مذكَّر. يرى البعض أن اسم الإشارة «ذلك» في اللغة اليونانية يأتي شبه جملة تعمل عمل الحال [adverbial phrase]، واستُخدِمت للتوكيد أو التشديد [المترجم: «لِأَنَّكُمْ بِٱلنِّعْمَةِ مُخَلَّصُونَ، بِٱلْإِيمَانِ، **وبالأخص ان هذا** لَيْسَ مِنْكُمْ. هُوَ عَطِيَّةُ ٱللهِ»]. نجد مثالًا آخر على هذا في ٣يوحنا ٥ [«أَنتَ تفعَلُ بِٱلْأَمَانَةِ **إلى الإخوة، وبالأخص ما تصنعه** إِلَى ٱلْغُرَبَاءِ»]. ربما كان التفسير الأفضل هو أن اسم الإشارة «ذلك» هنا يعود على العبارة السابقة له بكاملها – «لِأَنَّكُمْ بِٱلنِّعْمَةِ مُخَلَّصُونَ، بِٱلْإِيمَانِ». ليس أمرًا غريبًا أن يأتي اسم الإشارة في الجنس المحايد حين يعود على عدة أسماء مختلفة في النوع. على سبيل المثال، في فيلبي ١ : ٢٨، يقول بولس: «ٱلْأَمْرُ ٱلَّذِي هُوَ لَهُمْ بَيِّنَةٌ [في اليونانية: *endeixis*، وهو اسم مؤنث] لِلْهَلَاكِ [في اليونانية: *apōleias*، وهو اسم مؤنث]، وَأَمَّا لَكُمْ فَلِلْخَلَاصِ [في اليونانية: *sōterias*، وهو اسم مؤنث]، وَذَلِكَ [في اليونانية: *touto*، وهو اسم إشارة محايد] مِنَ ٱللهِ». يشير اسم الإشارة «ذلك» هنا إلى كلٍّ من بيّنة هلاك المقاومين، وبيّنة خلاص المؤمنين. اعتبر بولس الاثنين شيئًا واحدًا، وقال إن كليهما من الله. ربما كان من المنطقي أن يستخدم بولس اسم إشارة مؤنث، لكنه استخدم اسم إشارة محايدًا للتعليق على أكثر من اسم مشار إليه في آنٍ واحد. للاطلاع على مزيد بشأن هذا الموضوع، انظر: Wallace, *Greek Grammar Beyond the Basics*, 334–35, and Ernest Best, *A Critical and Exegetical Commentary on Ephesians*, ICC (Edinburgh: T&T Clark, 1998), 226.

129 Martin Luther, *Martin Luther's Ninety-Five Theses*, ed. Stephen J. Nichols (Phillipsburg, NJ: P&R, 2002), 23.

«إِنِ اعْتَرَفْنَا [في اليونانية: *homologeō*] بِخَطَايَانَا فَهُوَ أَمِينٌ وَعَادِلٌ، حَتَّى يَغْفِرَ لَنَا خَطَايَانَا وَيُطَهِّرَنَا مِنْ كُلِّ إِثْمٍ» (١يوحنا ١: ٩). وتشير صيغة المضارع للفعل *homologeō* إلى فعلٍ مستمر. ومن ثمَّ، يُظهِر المؤمنون باعترافهم المستمر بخطاياهم أنهم نالوا من الله غفرانًا وتطهيرًا. مجمل الأمر إذن هو أنه مع أن التبرير يعتق المؤمن من عقوبة الخطية، تظل الخطية موجودة في جسده الذي لم يُفدَ بعد. ومن ثَمَّ، إذ يظل المؤمن يخطئ في حق الله والآخرين، يصير واجبًا عليه أن يتوب باستمرار. ففي حياة المؤمن، لا بد أن تكون روح التوبة موجودة بقدر وجود خطيته الباقية.[١٣٠]

ينطبق هذا أيضًا على الإيمان.[١٣١] لا تشير الكلمات الشهيرة التي وردت في حبقوق ٣: ٤، «وَالْبَارُّ بِإِيمَانِهِ يَحْيَا» (راجع رومية ١: ١٨؛ غلاطية ٣: ١١؛ عبرانيين ١٠: ٣٨) إلى فعل إيمان لحظي، بل إلى ثقة حية ومستمرة بالله. ويشدِّد عبرانيين ٣: ١٤ على استمرارية ودوام الإيمان الحقيقي. إن دوام الإيمان هو نفسه البرهان على حقيقته: «لأَنَّنَا قَدْ صِرْنَا شُرَكَاءَ الْمَسِيحِ، إِنْ تَمَسَّكْنَا بِبَدَاءَةِ الثِّقَةِ ثَابِتَةً إِلَى النِّهَايَةِ». فالإيمان الذي يعطيه الله لا يمكن أن يتبخَّر البتة. وعمل الخلاص لا يمكن أن يبطُل البتة (١كورنثوس ١: ٨؛ فيلبي ١: ٦؛ كولوسي ١: ٢٢-٢٣).[١٣٢] فقد أوجز الرسول بولس الحياة المسيحية بكاملها في هذه الكلمات: «فَمَا أَحْيَاهُ الآنَ فِي الْجَسَدِ، فَإِنَّمَا أَحْيَاهُ فِي الإِيمَانِ، إِيمَانِ ابْنِ اللهِ، الَّذِي أَحَبَّنِي وَأَسْلَمَ نَفْسَهُ لأَجْلِي» (غلاطية ٢: ٢٠؛ راجع عبرانيين ١٠: ٣٩). لا بد أن تتسم الحياة المسيحية بالاعتراف اليومي بالخطية، والحزن عليها، والتحوُّل عنها، وأيضًا بإيمان مثابر بشخص المسيح وبمواعيد الله.

## ⬅ الاتحاد بالمسيح

من أثمن الحقائق في كلِّ الكتاب المقدس هي عقيدة اتحاد المؤمن بالرب يسوع المسيح. يَدُل مفهوم الاتحاد بالمسيح إلى أكثر العلاقات الروحية حميميَّة وحيوية التي يمكن تصوُّرها بين الرب وشعبه. ففي حين يتعامل المسيح مع المؤمنين بصفته ربًّا وسيِّدًا ومخلِّصًا ومعلِّمًا، لكن علاقتهم به لا تقتصر على كونهم المفعول به في عمل نعمته المخلِّصة ومحبته. لا يتوقف الأمر عند كون المؤمنين يعبدون يسوع، أو يطيعونه، أو يصلُّون إليه، مع أن تلك الامتيازات بالتأكيد كان من شأنها أن تكفي. ولكنهم مرتبطون به، وهو مرتبط بهم، ارتباطًا وثيقًا لدرجة أن الكتاب المقدس يقول إنهم متَّحدون به – أي أنه فيهم وهم فيه. فإن الرب وشعبه يشتركون في حياة روحية مشتركة، لدرجة أن الرسول بولس استطاع أن يقول إن حياتنا مستترة مع المسيح في الله (كولوسي ٣: ٣)، والمسيح نفسه هو حياتنا (كولوسي ٣: ٤)، وهو يحيا فينا (غلاطية ٢: ٢٠). وإذ اتحد المسيح بشعبه إلى هذه الدرجة، يعمل ممثِّلًا لهم، وبديلًا عنهم. يعني ذلك أن ما فعله المسيح نيابة عن شعبه يحتسبه الله لهم، كأنهم هم مَن فعلوه بأنفسهم.

---

١٣٠ يوضح كريستوفر جينكينز (Christopher Jenkins) فيقول: «في اختبار الاهتداء، يعزم الخاطئ على الرجوع عن خطاياه بوجه عام (أي باعتبارها المبدأ السائد والحاكم لحياته)، ولكنه، طوال حياته التي تتقدَّس، يرجع أيضًا عن خطايا محدَّدة متى ارتُكبت».
Christopher Jenkins, "What is Repentance? Settling the Debate," *Journal of Modern Ministry* 5, no. 2 (2008): 7–19, 21–28.

١٣١ هذه الفقرة مقتبَسة بتصرُّف من المصدر التالي:
John MacArthur, "The Lordship Controversy," Grace to You, accessed April 14,2016 , http://www.gtycanada.org/Resources/Articles/A293.

132 MacArthur, *The Gospel according to Jesus*, 189.

وبسبب اتحاد المؤمنين بالمسيح، صُلبوا معه (غلاطية ٢ : ٢٠)، وماتوا معه (رومية ٦ : ٨؛ كولوسي ٢ : ٢٠)، ودُفنوا معه (رومية ٦ : ٤)، وأقيموا من بين الأموات معه (أفسس ٢ : ٥-٦؛ كولوسي ٣ : ١)، وجلسوا معه في السماويات (أفسس ٢ : ٦). ومن ثَمَّ، المسيح هو وسيط كافة مزايا الخلاص، إذ أن الله الآب «بَارَكَنَا بِكُلِّ بَرَكَةٍ رُوحِيَّةٍ فِي السَّمَاوِيَّاتِ **فِي الْمَسِيحِ**» (أفسس ١ : ٣).

تتفرَّد المسيحية وحدها بهذا النوع من الاتحاد الروحي الوثيق. لم يحدث في أي ديانة أخرى أن قيل إن المعبود يصير هو نفسه حياة العابد. لا يقول المسلمون إنهم في الله، أو في محمد؛ ولا يقول البوذيون البتة إنهم في بوذا. قد يتبع هؤلاء، في الحالتين، تعاليم قادتهم، لكن المسيحيين وحدهم هم الذين يقال إنهم **في** المسيح، ومتحدون به بصفته ممثلهم، وبديلهم، ووسيطهم.

هذا المفهوم عن الاتحاد بالمسيح منتشرٌ بقدر كونه ثمينًا. يظهر مفهوم اتحاد المؤمن بالمسيح، في غالبية الأحيان، باستخدام حرف الجر «في»، ويتغلغل في كلِّ العهد الجديد، حيث قيل كثيرًا إن المؤمنين هم «في المسيح» (١كورنثوس ١ : ٣٠؛ ٢كورنثوس ٥ : ١٧)، و«فِي الرَّبِّ» (رومية ١٦ : ١١)، و«في ابنه» (١يوحنا ٥ : ٢٠). وعلى نحو مماثل، قيل إن المسيح في شعبه (رومية ٨ : ١٠؛ ٢كورنثوس ١٣ : ٥؛ أفسس ٣ : ١٧)، وهي الفكرة التي وَصَفها بولس بأنها «رَجَاءُ الْمَجْدِ» (كولوسي ١ : ٢٧). في بعض الأحيان، يَظهر جانبا الاتحاد بالمسيح كلاهما في نص واحد، مما يزيد من التشديد على كون السكنى المتبادلة للمسيح والمؤمن وثيقة للغاية (على سبيل المثال: يوحنا ٦ : ٥٦؛ ١٥ : ٤؛ ١يوحنا ٤ : ١٣). من الواضح إذن أننا لن نبالغ إن شدَّدنا على أهمية اتحاد المؤمن بالمسيح.

- ## الاتحاد بالمسيح وعقيدة الخلاص

لطالما كانت الصلة بين عقيدة الاتحاد بالمسيح وبقية عقيدة الخلاص مثار جدل، وهذا لأن الاتحاد ليس مجرد مرحلة أخرى من مراحل تطبيق الفداء، كالميلاد الثاني، أو الإيمان، أو التبرير؛ لكنه الأصل الذي منه تنبع جميع العقائد الأخرى المتعلِّقة بالخلاص. حقًّا، كما قال بولس في أفسس ١ : ٣، إن اتحادنا بالمسيح هو مصدر كل بركة روحية نحصل عليها – بدءًا من اختيار الآب لنا في الأزل، مرورًا بحياة الابن، وموته، ودفنه، وقيامته للفداء، ثم وصولًا إلى تمجيد القديسين مع المسيح في السماء. لهذا السبب، وَصَفَ چون موراي، اللاهوتي العظيم، اتحاد المؤمن بالمسيح بأنه «الحق المركزي لعقيدة الخلاص بكاملها».[١٣٣] فهو المبدأ الموحِّد الذي يربط عقيدة الخلاص بكاملها، من الأزل وإلى الأبد.

**أولًا**، يَكمُن أصل اختيار الآب في المسيح. قال بولس: «كَمَا اخْتَارَنَا [الآب] فِيهِ [في المسيح] قَبْلَ تَأْسِيسِ الْعَالَمِ» (أفسس ١ : ٤). ويخبرنا في ٢تيموثاوس ١ : ٩ بأن الله أعطانا نعمة «فِي الْمَسِيحِ يَسُوعَ قَبْلَ الأَزْمِنَةِ الأَزَلِيَّةِ». فمع أن اختيار الآب لنا حَدَثَ حتى قبل أن نُوْجَد، إلا أن اختياره بأن يخلِّص شعبه يَكمُن في المسيح. يعني هذا أنه لم يأتِ وقت فيه فكَّر الآب في مختاريه بمعزل عن اتحادهم الحيوي بالمسيح.

133 Murray, *Redemption Accomplished and Applied*, 161.

**ثانيًا**، يُعلِّم الكتاب المقدس بأن الله حَسِبَ المختارين متحدين بالمسيح في كل فعل من أفعال إتمام الابن للفداء. فإننا فيه ننال الفداء والغفران (أفسس ١: ٧؛ كولوسي ١: ١٤)؛ ونحن متحدون به في حياة الطاعة الكاملة التي عاشها. فكما «أكمل كلَّ بر» (متى ٣: ١٥)، كذلك يلبس المتَّحدون به برَّه (غلاطية ٣: ٢٧)، أي تُنسَب لهم طاعته (رومية ٥: ١٩؛ راجع ١كورنثوس ١: ٣٠؛ ١٥: ٢٢). هذا الاتحاد أيضًا هو الأساس الذي عليه تُحتَسَب خطايانا بعدلٍ على المسيح. فإن الآب يَحْسِب أن المختارين قد عاشوا حياة يسوع لأنه يَحْسِب أن يسوع قد عاش حياتهم، ولهذا عاقبه (٢كورنثوس ٥: ٢١؛ ١بطرس ٢: ٢٤). لذلك يُقال إننا «مُتْنَا مَعَ الْمَسِيحِ» (رومية ٦: ٨؛ كولوسي ٢: ٢٠؛ راجع كولوسي ٣: ٣؛ ٢تيموثاوس ٢: ١١)، وإن «إِنْسَانَنَا الْعَتِيقَ قَدْ صُلِبَ مَعَهُ» (رومية ٦: ٦). ليس ذلك فحسب، لكننا أيضًا «دُفِنَّا مَعَهُ» (رومية ٦: ٤؛ كولوسي ٢: ١٢)، وأُقِمنا معه من بين الأموات (أفسس ٢: ٦؛ كولوسي ٢: ١٢؛ ٣: ١)، بل وإننا جالسون «مَعَهُ فِي السَّمَاوِيَّاتِ فِي الْمَسِيحِ يَسُوعَ» (أفسس ٢: ٦). فإن حياته هي حياتنا، وعقوبته هي عقوبتنا، وموته هو موتنا، وقيامته هي قيامتنا، وبرَّه هو برُّنا، وصعوده وتمجيده هو صعودنا وتمجيدنا. باختصار، مع أننا لم نكن قد وُلِدنا بعد، حَسِبَ الله شعبَه متَّحدين بمخلِّصهم طوال إتمامه لعمل الفداء. لم يعش يسوع، ويمت، ويَقُم من القبر لأجل مجموعة من الأشخاص دون ملامح أو أسماء، بل كان الفداء أمرًا شخصيًا على نحو لافت للنظر، إذ لطالما احتُسِب الجسد متحدًا بالرأس (أفسس ٥: ٢٣، ٢٥).

**ثالثًا**، كما كانت خطة الفداء وإتمامه في المسيح، كذلك أيضًا تطبيق الفداء. يولَد المؤمنون ثانية للإيمان الذي للخلاص في اتحاد بالمسيح. فقد كان بولس يقصد ميلاد المؤمنين ثانية حين قال إنهم صاروا أحياء «مَعَ الْمَسِيحِ» (أفسس ٢: ٥)، و«مَخْلُوقِينَ فِي الْمَسِيحِ يَسُوعَ» (أفسس ٢: ١٠). فإن اتحد أحدٌ بالمسيح، فهو خليقة جديدة (٢كورنثوس ٥: ١٧)، وهذه طريقة أخرى للتصريح بأن الإنسان يولد ثانية في اتحاد بالمسيح. هذا النقل لحياة روحية جديدة يُنتِج في الحال إيمانًا تائبًا، وهو الأداة التي بها يَحصل المرء، شخصيًّا، على البركات الروحية كافة التي خطط لها الآب، واشتراها الابن (غلاطية ٢: ٢٠). فبفضل اتحاد المؤمنين بالمسيح بالإيمان، ينالون برَّ المسيح (فيلبي ٣: ٩)، ومن ثم يتبرَّرون فيه (غلاطية ٢: ١٧)، إذ «لَا شَيْءَ مِنَ الدَّيْنُونَةِ الْآنَ عَلَى الَّذِينَ هُمْ فِي الْمَسِيحِ يَسُوعَ» (رومية ٨: ١). وإذ حُكِم ببرِّ المؤمنين في المسيح، يصيرون أبناء بالتبنِّي في عائلة الله بالمسيح (أفسس ١: ٥؛ راجع غلاطية ٣: ٢٦)، ويتقدسون فيه لحياة القداسة ولخدمة الله (١كورنثوس ١: ٢).

أيضًا، الاتحاد بالمسيح هو مصدر التقديس التدريجي للمؤمن، ومصدر ثباته. فإن المسيح يُدعَى قداستنا لأن القداسة نابعة منه (١كورنثوس ١: ٣٠). وإننا نصنع ثمر البر فقط إن ظللنا متَّصلين بكرمتنا (يوحنا ١٥: ٤-٥). تنمو أعضاء الجسد وتصل إلى النضج حين تستقبل الحياة التي تُنقَل إليها من الرأس (أفسس ٤: ١٥-١٦). وهكذا، فإن المؤمنين «[ماتوا] لِلنَّامُوسِ بِجَسَدِ الْمَسِيحِ»، إذ فقط حين يصيرون «لِآخَرَ، لِلَّذِي قَدْ أُقِيمَ مِنَ الْأَمْوَاتِ»، سيتسنى لهم أن يسلكوا في حياة قيامته، ومن ثَمَّ أن «يُثمِروا لله» (رومية ٧: ٤؛ راجع ٦: ٤-١١). إن النمو في القداسة أمرٌ مستحيلٌ دون الاتحاد بالمسيح. أيضًا، بناء على هذا الاتحاد، يَثْبُتُ المؤمنون الحقيقيون إلى النهاية (يوحنا ١٠: ٢٧-٢٨)، إذ لأنهم في

المسيح، لا شيء يقدر البتة أن يفصلهم عن محبة الآب (رومية ٨: ٣٨-٣٩). فحتى الموت نفسه لن يتمكن من تمزيق هذا الاتحاد، إذ يسمَّى المؤمنون الذين يموتون «الْأَمْوَاتُ فِي الْمَسِيحِ» (١تسالونيكي ٤: ١٤، ١٦).

**وأخيرًا**، على أساس هذا الاتحاد بالمسيح سيُقام المؤمنون من الأموات. فهو باكورة قيامتنا، حسبما عزَّى بولس أهل كورنثوس قائلًا: «وَلَكِنِ الْآنَ قَدْ قَامَ الْمَسِيحُ مِنَ الْأَمْوَاتِ وَصَارَ بَاكُورَةَ الرَّاقِدِينَ. فَإِنَّهُ إِذِ الْمَوْتُ بِإِنْسَانٍ، بِإِنْسَانٍ أَيْضًا قِيَامَةُ الْأَمْوَاتِ. لِأَنَّهُ كَمَا فِي آدَمَ يَمُوتُ الْجَمِيعُ، هَكَذَا فِي الْمَسِيحِ سَيُحْيَا الْجَمِيعُ» (١كورنثوس ١٥: ٢٠-٢٢). وحسبما قال في موضع آخر: «لِأَنَّهُ إِنْ كُنَّا قَدْ صِرْنَا مُتَّحِدِينَ مَعَهُ بِشِبْهِ مَوْتِهِ، نَصِيرُ أَيْضًا بِقِيَامَتِهِ» (رومية ٦: ٥؛ راجع ٨: ١٧).

من الواضح، إذن، أن اتحاد المؤمن بالمسيح يشمل جميع خطوات الخلاص، منذ الاختيار في الأزل وحتى التمجيد في الأبد. لا يُنظَر البتة إلى أولئك الذين اختارهم الله، واشتراهم المسيح، ويعطيهم الروح القدس حياة، بمعزل عن اتحادهم بالمسيح. ومع ذلك، لا يصير هذا الاتحاد واقعًا ملموسًا في حياة الخاطئ قبل اهتدائه، إذ تحدث الرسول بولس عن وقت فيه كان المؤمنون «بِدُونِ مَسِيحٍ، أَجْنَبِيِّينَ عَنْ رَعَوِيَّةِ إِسْرَائِيلَ، وَغُرَبَاءَ عَنْ عُهُودِ الْمَوْعِدِ، لَا رَجَاءَ لَكُمْ، وَبِلَا إِلَهٍ فِي الْعَالَمِ» (أفسس ٢: ١٢)؛ ثم واصل حديثه قائلًا: «وَلَكِنِ الْآنَ فِي الْمَسِيحِ يَسُوعَ، أَنْتُمُ الَّذِينَ كُنْتُمْ قَبْلًا بَعِيدِينَ، صِرْتُمْ قَرِيبِينَ بِدَمِ الْمَسِيحِ» (أفسس ٢: ١٣). يعني ذلك أن الخاطئ ينتقل من الانفصال عن المسيح إلى الاتحاد به حين يصير شريكًا في الإنجيل الذي اشتراه يسوع بدمه، والذي يحصل على مزاياه بالإيمان وحده (رومية ٣: ٢٥؛ ٤: ٢٤؛ غلاطية ٣: ٢٤). لهذا السبب، نتناول موضوع الاتحاد بالمسيح في هذه المرحلة من دراستنا عن تطبيق الفداء.

## • طبيعة اتحاد المؤمن بالمسيح

بعد أن رأينا أهمية اتحاد المؤمن بالمسيح، ونطاقه الواسع، من الملائم الآن أن نفحص طبيعة هذا الاتحاد نفسه. ما المقصود بالتحديد بأن المؤمنين متحدون بالمسيح؟ يجيب الكتاب المقدس موضحًا حميمية هذا الاتحاد من خلال استخدام بعض الرموز. ومن خلال فهم هذه الرموز، نستطيع التوصل إلى استنتاجات كتابية سليمة بشأن طبيعة اتحادنا بالمسيح.

**أولاً**، استخدم الكتاب المقدس صورة المبنى الذي له أساسٌ. ففي أفسس ٢: ١٩-٢٢، وَصَفَ بولس الكنيسة بأنها أهل بيت الله، وبأنها بناء روحي بُني على أساس الإعلان الإلهي الذي نقله الرسل والأنبياء. والمسيح نفسه هو حجر زاوية ذلك الأساس (راجع ١بطرس ٢: ٥-٧)، وفيه «كُلُّ الْبِنَاءِ مُرَكَّبًا مَعًا، يَنْمُو هَيْكَلًا مُقَدَّسًا فِي الرَّبِّ» (أفسس ٢: ٢١). الكلمة اليونانية التي تُرجمت «مُرَكَّبًا مَعًا» تشير إلى الاتحاد بين كل عناصر هذا المبنى. فكما يُقطَع كل حجر في أي مبنى فعلي بدقة كي يلائم الأحجار الأخرى على نحو جيِّد وقوي وجميل، وكي يقف بشكل مثالي فوق الأساس، كذلك تعتمد وحدة الكنيسة واستقرارها على المسيح، الذي هو أساسها. فقط حين يُبنَى المؤمنون على المسيح، حجر زاويتهم، ويتحدون به دائمًا، يَجِدُون وجودهم الروحي، ويحصلون على الدعم، والضمان بأنهم مبنيون على أساس راسخ.

**ثانيًا**، يصوِّر اتحاد المؤمن بالمسيح بأنه اتحاد بين كرمة وأغصانها. علَّم يسوع قائلًا: «كَمَا أَنَّ الْغُصْنَ لَا يَقْدِرُ أَنْ يَأْتِيَ بِثَمَرٍ مِنْ ذَاتِهِ إِنْ لَمْ يَثْبُتْ فِي الْكَرْمَةِ، كَذلِكَ أَنْتُمْ أَيْضًا إِنْ لَمْ تَثْبُتُوا فِيَّ. أَنَا الْكَرْمَةُ وَأَنْتُمُ الأَغْصَانُ. الَّذِي يَثْبُتُ فِيَّ وَأَنَا فِيهِ هذَا يَأْتِي بِثَمَرٍ كَثِيرٍ، لأَنَّكُمْ بِدُونِي لَا تَقْدِرُونَ أَنْ تَفْعَلُوا شَيْئًا» (يوحنا ١٥: ٤-٥). فكما تعتمد الأغصان في حياتها، وقوَّتها، وبقائها على الكرمة، هكذا يعتمد المؤمن في غذائه الروحي ونموه الروحي على الاتحاد بالمسيح. ومن دون المسيح الكرمة، لن نتمكن نحن الأغصان من صُنع أيِّ ثمر. فإننا نصير بلا أي نفع، معدَمين من أية حياة روحية، ما لم نظل متصلين بكرمتنا.

**ثالثًا**، استخدم الكتاب المقدس أيضًا صورة الزواج لوصف شكل الاتحاد بين المسيح وكنيسته. كثيرًا ما تُصوَّر الكنيسة بأنها عروس المسيح (٢كورنثوس ١١: ٢؛ رؤيا ١٩: ٧؛ ٢١: ٩)، والمسيح بأنه زوج الكنيسة، ورأسُها (أفسس ٥: ٢٢-٣٣). وفي الأصحاح الخامس من رسالة أفسس، بَنَى بولس جميع وصاياه عن علاقة الزوج والزوجة على العلاقة بين المسيح وعروسه. وفي ختام حديثه، اقتبَس من أول حفل زفاف عُقِد في الكتاب المقدس، في تكوين ٢: ٢٤، هذه الكلمات، حين قال الله: «مِنْ أَجْلِ هذَا يَتْرُكُ الرَّجُلُ أَبَاهُ وَأُمَّهُ وَيَلْتَصِقُ بِامْرَأَتِهِ، وَيَكُونُ الاثْنَانِ جَسَدًا وَاحِدًا» (أفسس ٥: ٣١)، ثم أضاف: «هذَا السِّرُّ عَظِيمٌ، وَلكِنَّنِي أَنَا أَقُولُ مِنْ نَحْوِ الْمَسِيحِ وَالْكَنِيسَةِ» (أفسس ٥: ٣٢).

لصورة الزواج أهمية كبيرة لفهم اتحاد المؤمن بالمسيح. أولًا، تشير الصورة إلى حميمية هذا الاتحاد الوثيق. فإن اتحاد الزوج والزوجة معًا في جسد واحد هو العلاقة الأكثر خصوصية، وحميمية، وشخصية بين الجنس البشري؛ وكان الغرض الرئيسي منها هو أن تكون صورة للاتحاد بين المسيح والكنيسة. ثانيًا، تشير هذه الصورة إلى الطبيعة العضوية لهذا الاتحاد. فإن الحياة الجديدة التي تنشأ عن اتحاد الزوج والزوجة في جسد واحد تصوِّر التبادلية والحيوية التي توجد في اتحاد الكنيسة بزوجها. وثالثًا، توضح هذه الصورة شرعية هذا الاتحاد. فكما يربط الزواج بين الزوج والزوجة شرعيًّا، هكذا يتيح اتحاد المؤمن بالمسيح أن يتصرف المسيح باعتباره الممثل الشرعي النائب عنه (وسنتحدث عن هذا بالتفصيل أدناه). وأخيرًا، توضح صورة الزواج الصلة التي لا تنقطع بين المسيح والكنيسة. فقد تُرجِمت كلمة «يَلْتَصِقُ» عن الكلمة اليونانية *proskollaō*، التي تعني حرفيًّا «يُثبَّتان معًا بالغراء أو الإسمنت». فإن قَصْدَ الله من الزواج هو أن يدوم (ملاخي ٢: ١٦؛ متى ١٩: ٦)، ومن ثَمَّ، يوضح هذا دوام الاتحاد بين المسيح والكنيسة.

رابعًا، ربما كانت أفضل صورة استُخدِمت لتوضيح الاتحاد بالمسيح هي صورة الاتحاد بين الرأس والجسد (رومية ١٢: ٥؛ ١كورنثوس ١٢: ١٢-١٣، ٢٧؛ أفسس ١: ٢٢-٢٣). نجد هذه الصورة أيضًا في نص الزواج في الأصحاح الخامس من رسالة أفسس، حيث قال بولس: «الْمَسِيحَ أَيْضًا رَأْسُ الْكَنِيسَةِ» (أفسس ٥: ٢٣)، التي هي جسده. فإن من يقوت جسده ويُربِّيه يحب **نفسه** (أفسس ٥: ٢٨-٣٠)، إذ يوجد اتحاد حميمي وثيق للغاية بين الرأس والجسد. وأجساد المؤمنين هي أعضاء جسد المسيح، لدرجة أنه إن التصق مؤمنٌ بزانية، فصار معها جسدًا واحدًا، يجعل المسيح جسدًا واحدًا مع زانية (١كورنثوس ٦: ١٥-١٦). وهكذا، ما يحدث للرأس يحدث أيضًا للجسد، وما يحدث للجسد يحدث أيضًا للرأس.

تشكِّل هذه الصورة الأساس لفهم الطبيعة الشرعية والتمثيلية لاتحاد المؤمن بالمسيح، حيث تُحسَب للمؤمنين طاعة المسيح (رومية ٥: ١٨-١٩؛ راجع ١كورنثوس ١: ٣٠)، وموته (كولوسي ٢: ٢٠)، وقيامته

(كولوسي ٣: ١)، وصعوده (أفسس ٢: ٦) بدلًا منهم، كأنهم هم مَن فعلوا كل هذا. ولأن هذا الاتحاد شرعي – أي لأن المسيح هو الرأس الممثل لشعبه – لا يوجد أي عنصر من حياة المسيح على الأرض، وموته، ودفنه، وقيامته، وصعوده ليس المؤمن شريكًا فيه، وهذا لأنه فيه. ولهذا يقول اكورنثوس ١٥: ٢٢، «لِأَنَّهُ كَمَا فِي آدَمَ يَمُوتُ الْجَمِيعُ، هَكَذَا فِي الْمَسِيحِ سَيُحْيَا الْجَمِيعُ». يعني ذلك أن البشرية بكاملها قد حُسِبت متحدة بآدم باعتباره ممثِّلنا، بحيث حُسِب عصيانُه عصيانَنا نحن، جالبًا الدينونة علينا (رومية ٥: ١٢، ١٨، ١٩). كذلك، جميع الذين هم في المسيح متَّحدون بآدم الأخير (اكورنثوس ١٥: ٤٥) باعتباره ممثلَهم، بحيث تُحسَب طاعتُه طاعتَهم، فتَجْلُبُ البرَّ وتبريرَ الحياة لجميع الذين فيه (رومية ٥: ١٨، ١٩).

باختصار، إذن، يمكننا سرد خمس سمات على الأقل لاتحاد المؤمن بالمسيح. أولًا، هو اتحاد عضوي. يعني ذلك أن المسيح والمؤمنين يكوِّنون معًا جسدًا واحدًا، هو رأسه وهم أعضاؤه. ومن ثَمَّ، فإن ما ينطبق على الرأس ينطبق أيضًا على الجسد. ثانيًا، هذا الاتحاد شرعي، مما يؤهِّل المسيح أن يكون الرأس الممثِّل لشعبه، ويؤهِّلهم أن يكونوا المستفيدين من العمل البدلي للخلاص. وثالثًا، هذا الاتحاد حيوي، فيه تفيض الحياة والحيوية الروحية من الكرمة إلى الأغصان، بحيث تكون حياة المسيح هي المبدأ السائد والمحرِّك لحياة المؤمنين (غلاطية ٢: ٢٠). ورابعًا، يمكن لهذا الاتحاد أن يسمَّى اتحادًا روحيًّا ليس فقط لأن الحياة الروحية تُنْقَل إلى المؤمن، وتتقوى بداخله، بل وأيضًا لأن مصدر هذا الاتحاد ووسيطه هو الروح القدس (رومية ٨: ٩-١٠؛ اكورنثوس ١٢: ١٣؛ يوحنا ١٤: ١٧-١٨). وأخيرًا، هذا الاتحاد دائم لا يمكن أن ينقطع، إذ لا شيء يمكن أن يفصلنا عن محبة الله التي في يسوع المسيح ربنا، أي التي هي لنا باتحادنا به (رومية ٨: ٣٨-٣٩).

- مفاهيم خاطئة عن الاتحاد بالمسيح

لم توفَّق بعض المفاهيم عن الاتحاد بالمسيح في فهم الصورة الكتابية. أولًا، الاتحاد بالمسيح لا يتعلق فقط بالمحبة والرأفة التي يَكُنُّهما يسوع لخاصته. لا يعني الأمر أن المؤمنين على تواصُل وتلامُس مع يسوع على الصعيد الأدبي فقط باعتباره معلِّمهم أو صديقهم. كان هذا هو الخطأ الذي وقع فيه السوسينيون والأرمينيون الأوائل. يعجز هذا الفهم عن إدراك عمق مستوى الاشتراك في حياة روحية مشتركة، الذي توضحه على نحو نابض بالحياة صورة الكرمة والأغصان، وصورة الرأس والجسد. فكما ذكرنا أعلاه، ليس المؤمنون مرتبطين بالمسيح فحسب، بل إن حياتهم مستترة فيه، بحيث يكون هو نفسه حياتهم (كولوسي ٣: ٣-٤؛ غلاطية ٢: ٢٠).

من ناحية أخرى، يرتكب لاهوتيون آخرون الخطأ المقابل، مفترِضين أن اتحاد المؤمن بالمسيح يعني اتحاده بجوهر المسيح. وقد شاع هذا بالأخص بين بعض اللاهوتيين اللوثريين، الذين يؤمنون بأن الإنسان يؤلَّه في التبرير.[١٣٤] ولكن، من المستحيل أن يصير أيُّ إنسان واحدًا في الجوهر مع المسيح، إذ من شأن هذا أن يزيل جميع الاختلافات بين المؤمن وشخص المسيح. فإننا لا نصير واحدًا مع المسيح

---

١٣٤ وبذلك، يعود هؤلاء إلى المفهوم الأرثوذكسي الشرقي عن عقيدة التبرير. للاطلاع على مزيد بشأن هذا، انظر:
Carl E. Braaten and Robert W. Jenson, eds., *Union With Christ: The New Finnish Interpretation of Luther* (Grand Rapids, MI: Eerdmans, 1998).

بحيث لا يعود هو الشخص نفسه، ولا نعود نحن الأشخاص أنفسهم، تمامًا كما أن اتحاد الزوج بزوجته لا يجعلهما يتوقفان عن أن يكونا شخصين مختلفين. من شأن هذا أن يقضي على تفرُّد شخص الابن، وأن يؤلِّه المؤمن، وكلا الأمرين مناقضان للكتاب المقدس.

من المفاهيم الأخرى الخاطئة هو الإيمان بضرورة الأعمال الطقسية لنوال الخلاص [sacramen-talism]، والذي يقول إن الاتحاد بالمسيح يحدث بممارسة المعمودية أو عشاء الرب، كما تعلِّم الكنيسة الكاثوليكية الرومانية. ولكن هذا يقوِّض جوهر الإنجيل، لأنه يفترض أن الطقوس الملموسة والمادية لازمة كي يشترك المؤمن في المسيح للخلاص. لكن بحسب الكتاب المقدس، هذا الدور مقصور على الإيمان وحده (رومية ٣ : ٢٨؛ ٤ : ٣-٥؛ أفسس ٢ : ٨-٩؛ فيلبي ٣ : ٩). ففي حقيقة الأمر، تفترض فريضتا المعمودية وعشاء الرب مسبقًا وجود اتحاد فعلي بالمسيح، إذ ينبغي ألا يمارسهما سوى مؤمنون. كتب أ. هـ. سترونج (A. H. Strong) هذه الكلمات: «الإيمان وحده هو الذي يأخذ المسيح، ويحتفظ به؛ والإيمان هو الفعل الذي به تُمسِك الروح بما هو غير منظور تمامًا، وما يسمو فوق الحواس؛ وهو ليس فعلًا نابعًا من الجسد، في ممارسته للمعمودية أو اشتراكه في عشاء الرب».[١٣٥]

## • نتائج اتحاد المؤمن بالمسيح

تمدُّنا الدراسة السابقة ببعض نتائج اتحاد المؤمن بالمسيح. **أولاً**، بما أن الابن متحد بالآب وبالروح، فإن المؤمنين، باشتراكهم في المسيح، يصيرون أيضًا واحدًا مع الله الآب، ومع الله الروح القدس. فقد صلَّى يسوع لأجل أن تعكسَ وحدةُ الكنيسة الوحدةَ التي يشترك فيها مع الآب: «...كَمَا أَنَّكَ أَنْتَ أَيُّهَا الآبُ فِيَّ وَأَنَا فِيكَ، لِيَكُونُوا هُمْ أَيْضًا وَاحِدًا فِينَا» (يوحنا ١٧ : ٢١). ولذلك، يقول الكتاب إننا في الآب (١تسالونيكي ١ : ١)، وإن الآب فينا (١يوحنا ٤ : ١٥). كذلك، يقول إن المؤمنين هم في الروح القدس (رومية ٨ : ٩)، وإن الروح القدس ساكنٌ فينا (٢تيموثاوس ١ : ١٤). ففي لغز لا يُعبَّر عنه، نحن الذين كنا قبلًا منفصلين عن الله، ومتغرِّبين عنه، وبلا إله في العالم قد امتصتنا واجتاحتنا الحياة الإلهية للإله الواحد مثلث الأقانيم نفسه (٢بطرس ١ : ٤). وهذا سبب عظيم يدعو إلى السجود.

**ثانيًا**، الذين اتحدوا بالمسيح متحدون أيضًا بجميع المتحدين بالمسيح. يتعلق ذلك بالوحدة الجوهرية بين جميع المؤمنين في المسيح. صار من الشائع أن نتحدث عن «علاقة المرء الشخصية» بيسوع، لكن التعبير الأدق هو أن المؤمنين تجمعهم علاقة **مشتركة** بالمسيح، لأنهم يتحدون بجميع المتحدين به. فإننا أعضاء جسده المتحدون معًا (رومية ١٢ : ٥؛ ١كورنثوس ١٢ : ٢٦؛ أفسس ٥ : ٢٣)، وحجارة حية في البيت الروحي المبني على المسيح الأساس (أفسس ٢ : ١٩-٢٢؛ ١بطرس ٢ : ٤-٥). إن افتراض إمكانية اتحاد أحدهم بيسوع بمعزل عن كنيسته هو بمثابة قطع الرأس عن الجسد. لا يوجد اتحاد بالمسيح لا يترتب عليه شركة مع كنيسته (١كورنثوس ١ : ٩؛ راجع ١يوحنا ١ : ٣). حقًّا، إن وحدة الثالوث كانت هي أساس صلاة يسوع لأجل وحدة الكنيسة (يوحنا ١٧ : ٢١). يا له من حافز لنا كي نجتهد أن نحفظ «وَحْدَانِيَّةَ الرُّوحِ بِرِبَاطِ السَّلَامِ» بين جميع المؤمنين (أفسس ٤ : ٣)!

135 Augustus Hopkins Strong, *Systematic Theology* (1907; repr., Old Tappan, NJ: Fleming H. Revell, 1970), 800.

**أخيرًا**، علينا أن نستوعب جيدًا أن كلَّ فائدة روحية نلناها في الخلاص لا تأتي إلا بالمسيح. كتب جون أوين (John Owen) أن هذه الوحدة «هي سبب كل النِّعم الأخرى التي نصير شركاء فيها. فإننا بفضل اتحادنا بالمسيح ننال جميع هذه المزايا، التي تشمل التبني، والتبرير، والتقديس، والإثمار، والثبات والمثابرة، والقيامة، والتمجيد».[136] فقط حين نتشارَك في المسيح يصير لنا نصيبٌ فيما هو له. لا يمكننا أن نجد أيَّ بركة روحية في أي مكان في العالم إلا في يسوع. ولهذا، فإن كنا نهتم ببركات المسيح لا بد أن يكون لنا اهتمام بشخصه. فإن الهبات والعطايا مُتضمَّنة في الواهب.

## ➡ التبرير

في القسم السابق، دَرَسنا كيف يكون اتحادُ المؤمن بالمسيح هو النبع الذي منه تفيض كل بركة روحية. والنتيجة الفورية لذلك الاتحاد هي عطية التبرير المجانية من الله، التي بها يُعلِن الله أن المؤمنين أبرار بفضل اتحادهم **بالواحد** البار، الرب يسوع. وبذلك، يستمر تطبيق الفداء في التكشُّف. ففي الميلاد الثاني، يُجري الله عملية إلهية داخل روح الخاطئ، بها يَخلق فيه حياة روحية جديدة. وفي اختبار الاهتداء والرجوع إلى الله، يمنح الله عطيتَي التوبة والإيمان اللازمتين، اللتين بهما نتحد بالمسيح، ونُمسِكُ ببركات الخلاص. ثم، في التبرير، يُعلِن الله قضائيًّا أننا لم نعد نُحسَب مذنبين بموجب ناموس الله، بل غُفِرَ لنا، وحُسِبنا أبرارًا في نظر الله.

في التبرير، يقدِّم الله الإجابة عن السؤال اللاهوتي والديني الجوهري الذي يطرحه الجنس البشري: كيف يمكن للخطاة أن يكونوا في علاقة سليمة مع القدوس، إله الكون؟ الله كامل البر (متى ٥: ٤٨)؛ وهو نور، حسبما يقول الرسول يوحنا، «وَلَيْسَ فِيهِ ظُلْمَةٌ الْبَتَّةَ» (١يوحنا ١: ٥). يعني هذا أنه قدوس تمامًا، وخالٍ من أي عيب أو شائبة أخلاقية. في المقابل، أخطأ الجنس البشري بكامله في حق الله، فصار دون مستوى ذلك المقياس المقدَّس (رومية ٣: ٢٣). فبخطيته، صار الإنسان هو الظلمة نفسها التي لا شركة لها البتة مع إله النور. فقد خالف الجميع ناموس الله، ومن ثم، جلبوا على أنفسهم عقوبة جرائمهم: الموت والدينونة (رومية ٥: ١٦؛ ٦: ٢٣). وحتى يمكن للخطاة أن يسمعوا أخبارًا سارة لا بد قبل أي شيء من التغلُّب على عواقب كسرهم للناموس، واغترابهم عن الله. لكن كيف يمكن أن يحدث هذا؟

في كلِّ عصر من عصور التاريخ البشري، أجاب الدِّين عن هذا السؤال بأننا نستطيع الوصول إلى السماء بأن نكون أناسًا صالحين. وتبتكر ديانات العالم المختلفة قوائم من الطقوس التي يجب ممارستها للوصول إلى درجة البر التي يمكن أن تنفع الإنسان في وقوفه أمام ساحة القضاء الإلهية. لكن، كانت الإجابة التي قدَّمها يسوع نفسه عن هذا السؤال صادمة لمستمعيه: «فَإِنِّي أَقُولُ لَكُمْ: إِنَّكُمْ إِنْ لَمْ يَزِدْ بِرُّكُمْ عَلَى الْكَتَبَةِ وَالْفَرِّيسِيِّينَ لَنْ تَدْخُلُوا مَلَكُوتَ السَّمَاوَاتِ» (متى ٥: ٢٠). في أيام يسوع، كان الكتبة والفريسيون هم نموذج البر الطقسي في إسرائيل. فقد كانوا النخبة الدينية، وكان الجميع في المجتمع اليهودي يتوقعون أنهم نجحوا في بلوغ مستوى البر الذي يطلبه الله. لكن، قال يسوع هنا إنه إذا أراد أحدٌ أن يدخل السماء، يلزمه برٌّ يفوق برَّ أكثر الرجال تديُّنًا وتكريسًا. بل وفي حقيقة

136 John Owen, *An Exposition of the Epistle to the Hebrews*, vol. 21 in *The Works of John Owen*, 150.

الأمر، ذهب يسوع إلى أبعد من ذلك قائلًا بعد بضع آيات: «فَكُونُوا أَنْتُمْ كَامِلِينَ كَمَا أَنَّ أَبَاكُمُ الَّذِي فِي السَّمَاوَاتِ هُوَ كَامِلٌ» (متى ٥: ٤٨). فإن أراد الإنسان التصالُح مع الله، يلزمه ليس فقط أن يكون شخصًا صالحًا، بل وأن يكون شخصًا كاملًا. فهو يحتاج برًّا كاملًا، لأن الله نفسه كامل، ويطالب بالكمال.

في البداية، إذن، يلزم أن نفهم أن الخلاص مسألة برٍّ. فإن البشر يُدانون ويُحكَم عليهم بالموت الروحي الأبدي لأنهم يفتقرون إلى البر الذي يمتلكه الإله كامل القداسة، ويطالِب به للدخول في شركة معه. والوسيلة الوحيدة التي يمكن بها للخطاة أن يتصالحوا مع الله هي أن يأخذوا برَّ الله نفسه. ولهذا السبب، تتحدث الفرضية الأساسية للرسالة إلى أهل رومية – التي هي أَدَقُّ الدراسات وأشملها عن التبرير في كل الكتاب المقدس – عن برِّ الله هذا. فإن الإنجيل هو «قُوَّةُ اللهِ لِلْخَلَاصِ لِكُلِّ مَنْ يُؤْمِنُ» بالتحديد «لِأَنْ فِيهِ مُعْلَنٌ بِرُّ اللهِ بِإِيمَانٍ، لِإِيمَانٍ» (رومية ١: ١٦-١٧). والإنجيل يخلِّص لأن فيه يعطي الله برَّه الشخصي للإنسان. وتشهد بقية العهد الجديد أيضًا عن هذا الحق. فقد أوجز بولس جوهر الإنجيل بوصفه بأنه «بِرُّ اللهِ بِالْإِيمَانِ بِيَسُوعَ الْمَسِيحِ، إِلَى كُلِّ وَعَلَى كُلِّ الَّذِينَ يُؤْمِنُونَ» (رومية ٣: ٢٢؛ راجع ٣: ٢٠-٢٦). وقد كان فشل إسرائيل في بلوغ الخلاص نابعًا من أنهم «كَانُوا يَجْهَلُونَ بِرَّ اللهِ، وَيَطْلُبُونَ أَنْ يُثْبِتُوا بِرَّ أَنْفُسِهِمْ» (رومية ١٠: ٣). أيضًا، المسيح نفسه يوصَف بأنه «غَايَةَ النَّامُوسِ ... لِلْبِرِّ لِكُلِّ مَنْ يُؤْمِنُ» (رومية ١٠: ٤). والغرض الصريح الذي لأجله جعل الآبُ الابنَ خطيةً على الصليب هو «لِنَصِيرَ نَحْنُ بِرَّ اللهِ فِيهِ [في المسيح]» (٢كورنثوس ٥: ٢١). حقًّا، كان لا بد ليسوع أن يموت، وذلك، تحديدًا، لأن الناموس لم يكن بوسعه سوى أن يدين، ولم يكن بإمكانه قط أن يعطي البر الذي يجلب الخلاص والحياة (غلاطية ٢: ٢١؛ ٣: ٢١-٢٤). وفي رواية بولس عن اهتدائه، عرَّف طبيعة المسيحية بلغة البر، حين وصف نفسه، نظير أي مؤمن حقيقي، قائلًا: «لَيْسَ لِي بِرِّي الَّذِي مِنَ النَّامُوسِ، بَلِ الَّذِي بِإِيمَانِ الْمَسِيحِ، الْبِرُّ الَّذِي مِنَ اللهِ بِالْإِيمَانِ» (فيلبي ٣: ٩).

ومن ثَمَّ، يبدو واضحًا أن عقيدة التبرير نابعة من قلب الإنجيل نفسه، ومن جوهر المسيحية نفسها. فهي، كما قال مارتن لوثر، المادة القانونية التي عليها إما تقوم الكنيسة وإما تنهار،[١٣٧] لأنها تختص بالوسيلة الوحيدة التي يمكن بها الحُكم ببرِّ إنسان خاطئ في نظر الله.[١٣٨] فإن الحل الذي يقدِّمه الإنسان لمشكلته هو دائمًا أن يحاول إصلاح حياته من خلال مقياس أخلاقي أو طقسي من نوع ما. وإن نجح الإنسان في فعل هذا، سيتمكن من الإسهام بشيء في خلاصه، ومن ثمَّ، يبلُغ مستوى مقبولًا من البرِّ لدى إلهه. لكن، يرفض الكتاب المقدس رفضًا ثابتًا إمكانية أن يتبرر أحدٌ بالأعمال؛ لكن بالأحرى، الخلاص هو بِرُّ الله المحتسَب للمؤمن بالنعمة وحدها، بالإيمان وحده، بالمسيح وحده:

---

١٣٧ «لأنه إن تم إثبات هذه المادة القانونية [أي التبرير]، تثبت الكنيسة؛ وإن انهارت هذه المادة، تنهار الكنيسة»:
Martin Luther, *D. Martin Luthers Werke: Kritische Gesamtausgabe* (Weimar, Germany: H. Böhlau, 1883–1993), 40:3.352.3.

١٣٨ في اللغة الأصلية للعهد الجديد، تأتي الكلمات «بار» (*dikaios*)، و «بر» (*dikaiosynē*)، و «يبرِّر» (*dikaioō*)، و «تبرير» (*dikaiōsis*) جميعها من جذر الكلمة نفسه (وفي اللغة العبرية: *tsaddiq*، *tsedaqah/tsedeq*، *tsadeq/tsadoq*). إذن، العلاقة بين الكلمات واضحة، ومعنى أن نتبرر هو ببساطة أن يُحكَم ببرِّنا في نظر الله، كما سنتحدث بالتفصيل فيما يلي.

«وَأَمَّـا الآنَ فَقَـدْ ظَهَـرَ بِـرُّ اللـهِ بِـدُونِ النَّامُـوسِ، مَشْـهُودًا لَـهُ مِـنَ النَّامُـوسِ وَالأَنْبِيَـاءِ، بِـرُّ اللـهِ **بِالإِيمَـانِ** بِيَسُـوعَ الْمَسِـيحِ، إِلَـى كُلِّ وَعَلَـى كُلِّ الَّذِيـنَ يُؤْمِنُـونَ. لأَنَّـهُ لاَ فَـرْقَ. إِذِ الْجَمِيعُ أَخْطَـأُوا وَأَعْوَزَهُـمْ مَجْـدُ اللـهِ، **مُتَبَرِّرِيـنَ مَجَّانًـا بِنِعْمَتِـهِ** بِالْفِـدَاءِ الَّـذِي بِيَسُـوعَ الْمَسِـيحِ، الَّـذِي قَدَّمَـهُ اللـهُ كَفَّـارَةً **بِالإِيمَـانِ** بِدَمِـهِ، لإِظْهَـارِ بِـرِّهِ، مِـنْ أَجْـلِ الصَّفْـحِ عَـنِ الْخَطَايَـا السَّـالِفَةِ بِإِمْهَـالِ اللـهِ، لإِظْهَـارِ بِـرِّهِ فِـي الزَّمَـانِ الْحَاضِـرِ، لِيَكُـونَ بَـارًّا **وَيُبَـرِّرَ مَـنْ هُـوَ مِـنَ الإِيمَـانِ بِيَسُـوعَ**. فَأَيْـنَ الافْتِخَـارُ؟ قَـدِ انْتَفَـى. بِـأَيِّ نَامُـوسٍ؟ أَبِنَامُـوسِ الأَعْمَـالِ؟ كَلاَّ. بَـلْ بِنَامُـوسِ الإِيمَـانِ. إِذًا نَحْسِـبُ أَنَّ الإِنْسَـانَ **يَتَبَـرَّرُ بِالإِيمَـانِ بِـدُونِ أَعْمَـالِ النَّامُـوسِ**» (روميـة ٣: ٢١-٢٨)

«إِذْ نَعْلَـمُ أَنَّ الإِنْسَـانَ لاَ يَتَبَـرَّرُ بِأَعْمَـالِ النَّامُـوسِ، **بَـلْ بِإِيمَـانِ يَسُـوعَ الْمَسِـيحِ**، آمَنَّـا نَحْـنُ أَيْضًـا بِيَسُـوعَ الْمَسِـيحِ، **لِنَتَبَـرَّرَ بِإِيمَـانِ يَسُـوعَ** لاَ بِأَعْمَـالِ النَّامُـوسِ. لأَنَّـهُ بِأَعْمَـالِ النَّامُـوسِ لاَ يَتَبَـرَّرُ جَسَـدٌ مَـا» (غلاطيـة ٢: ١٦)

«لأَنَّـه لَـوْ أُعْطِـيَ نَامُـوسٌ قَـادِرٌ أَنْ يُحْيِـيَ، لَـكَانَ بِالْحَقِيقَـةِ الْبِـرُّ بِالنَّامُـوسِ. لَكِـنَّ الْكِتَـابَ أَغْلَـقَ عَلَـى الْـكُلِّ تَحْـتَ الْخَطِيَّـةِ، لِيُعْطَـى الْمَوْعِـدُ **مِـنْ إِيمَـانِ يَسُـوعَ الْمَسِـيحِ لِلَّذِيـنَ يُؤْمِنُـونَ**. وَلَكِـنْ قَبْلَمَـا جَـاءَ الإِيمَـانُ كُنَّـا مَحْرُوسِـينَ تَحْـتَ النَّامُـوسِ، مُغْلَقًـا عَلَيْنَـا إِلَـى الإِيمَـانِ الْعَتِيـدِ أَنْ يُعْلَـنَ. إِذًا قَـدْ كَانَ النَّامُـوسُ مُؤَدِّبَنَـا إِلَـى الْمَسِـيحِ، لِكَـيْ **نَتَبَـرَّرَ بِالإِيمَـانِ**. وَلَكِـنْ بَعْـدَ مَـا جَـاءَ الإِيمَـانُ، لَسْـنَا بَعْـدُ تَحْـتَ مُـؤَدِّبٍ. لأَنَّكُـمْ جَمِيعًـا أَبْنَـاءُ اللـهِ **بِالإِيمَـانِ** بِالْمَسِـيحِ يَسُـوعَ» (غلاطيـة ٣: ٢١-٢٦)

لا يمكـن للفـارق أن يكـون أوضـح مـن هـذا. ففـي هـذه النصـوص، عَقَـدَ بولـس مقابلـة بـين المسـيحية الكتابيـة واليهوديـة بصفـة خاصـة؛ ولكـن مـا قالـه عـن اليهوديـة يمكـن تطبيقـه علـى سـائر النظـم الدينيـة الأخـرى فـي العالـم. لطالمـا كانـت هنـاك ديانتـان فقـط: ديانـة الإنجـاز البشـري، التـي فيهـا يعمـل الإنسـان حتـى يسـهم فـي بـرِّه؛ وديانـة الإنجـاز الإلهـي، التـي بحسـبها يحقِّـق اللـه البـرَّ مـن خـلال حيـاة القداسـة التـي عاشـها ابـن اللـه، ومـن خـلال موتـه البدلـي، ثـم يعطـي ذلـك البـر عطيـةً مجانيـةً بالإيمـان وحـده. تشـمل ديانـة الإنجـاز البشـري كل نظـام دينـي آخـر فـي تاريـخ البشـرية، مـن محاولـة الوصـول إلـى النيرفانـا فـي البوذيـة، مـرورًا بـأركان الإسـلام الخمسـة، ثـم وصـولًا إلـى الطقـوس الكاثوليكيـة الرومانيـة وأعمـال التوبـة والتكفيـر الذاتـي عـن الذنـب. لكـن المسـيحية الكتابيـة هـي الديانـة الوحيـدة التـي تعتمـد علـى الإنجـاز الإلهـي. يتبـرَّر المسـيحيون بالإيمـان وحـده، ولا يرتبـط موقفهـم أمـام اللـه باسـتحقاقهم الشـخصي بـأي حـال. فـإن الأعمـال الصالحـة والقداسـة العمليـة ليسـت هـي أُسُـسُ القبـول أمـام اللـه. لكـن، يقبـل اللـه الذيـن يؤمنـون، معتبـرًا إياهـم أبـرارًا، لا لأي صـلاح يـراه فيهـم – ولا حتـى بفضـل عمـل التقديـس الـذي يجريـه فـي حياتهـم – بـل فقـط علـى أسـاس بـر المسـيح، الـذي يُحتَسَـب لهـم بالنعمـة بالإيمـان وحـده؛ حسـبما يقـول بولـس: «وَأَمَّـا الَّـذِي لاَ يَعْمَـلُ، وَلَكِـنْ يُؤْمِـنُ بِالَّـذِي يُبَـرِّرُ الْفَاجِـرَ، فَإِيمَانُـهُ يُحْسَـبُ لَـهُ بِـرًّا» (روميـة ٤: ٥).[١٣٩]

139 MacArthur, *The Gospel according to the Apostles*, 69–70.

ومن ثَمَّ، نستطيع تعريف التبرير بأنه ذلك الفعل اللحظي الذي يجريه الله، وبموجبه، وباعتباره عطية نعمة الله، يَحتسِب البر التام والكامل الخاص بالمسيح للخاطئ المؤمن، بالإيمان وحده، ويَحكُم قضائيًّا أنه بار تمامًا في نظره، غافرًا له كل إثم، ومن ثَمَّ، يُعتقه من كل دينونة.[140] وسوف نشرح عناصر ذلك التعريف بالتفصيل طوال بقية هذا القسم.

## • طبيعة التبرير: حُكم قضائي

قبل أن نفحص أيَّ جانب من جوانب التبرير، علينا أن نكون واضحين بشأن ما يعلِّمه الكتاب المقدس عن طبيعة التبرير نفسه. التبرير هو إعلان قانوني أو حُكم قضائي ببرِّ أحدهم، وليس نقلًا أو غرسًا فعليًّا للبر. فهو يصف ما **يعلنه** الله بشأن المؤمن، وليس ما **يعمله لتغيير** المؤمن. في الواقع، لا يُحدِث التبرير نفسه أيَّ تغيير فعلي في طبيعة الخاطئ أو صفاته،[141] بل هو تغيير فوري لموقف المرء أمام الله، وليس تغييرًا تدريجيًّا يحدث بداخل مَن يتبرَّر.[142]

إن الإعلانات القضائية أو القانونية أمثال هذه شائعة إلى حد ما في حياتنا اليومية. فحين يقول القس: «بالسلطة الممنوحة لي، أعلنكما الآن زوجًا وزوجة»، يَحدُث تغيير فوري في الموقف القانوني للشخصين الواقفَين أمامه. فقبل ثوانٍ، كان القانون يعتبرهما فردين منفصلَين. ولكن، بناء على هذا الإعلان، تغيَّر وضعهم القانوني تمامًا أمام الله، وأمام المجتمع. وفي حين أنَّ لهذا الإعلان نتائج عميقة ومغيِّرة للحياة، لم يتغير شيء في طبيعة هذين الزوجين أو صفاتهما نتيجة كلمات القس. إنه إعلان قانوني ليس إلا. لنرَ مثالًا آخر: حين يُعلِن رئيس هيئة المحلَّفين أمام القضاء أن المتهم غير مذنب، يتغير الموقف القانوني للمتهم في الحال. فقبل ثوانٍ، كان القانون يعتبره «متهمًا»، بريئًا إلى أن تَثبُت إدانته. لكن نتيجة الحُكم الذي نطق به رئيس الهيئة، لم يَعُد هذا الشخص مذنبًا في نظر القانون. إلا أن حُكم هيئة المحلفين لا **يجعل** هذا الرجل غير مذنب، لأن أفعاله هي أساس إدانته أو تبرئته. كما أن هذا الحُكم لا يُعْلِنُ خلوَّ حياة المتهم من أي شر. بل هذا الإعلان الذي أصدره رئيس هيئة المحلفين يعلن فقط موقف المتهم أمام القانون. وبطريقة مماثلة، التبرير الذي يتحدث عنه الكتاب المقدس هو الحُكم الإلهي من الله بكون الخاطئ «غير مذنب، و«بارًّا تمامًا». وهذا التبرير لا يعني أن المتهم نفسه بريء، بل أن شخصًا آخر سدَّد عقوبة جرائمه كاملة.

كان الخلاف حول طبيعة التبرير أحد الخلافات والجدالات الرئيسية في عصر الإصلاح البروتستانتي، ولا يزال حتى يومنا هذا يضعُ حدًّا فاصلًا بين المسيحية الكتابية والكاثوليكية الرومانية. يعلِّم اللاهوت الكاثوليكي الروماني بأن التبرير ليس مجرد تبرير قضائي، بل هو تبرير تغييري. بعبارة أخرى، بحسب التعليم الكاثوليكي الروماني، كلمة «يبرِّر» لا تعني «**يَحكُم** ببرِّ أحدهم»، بل «**يجعله** بارًّا». صحيح أن نعمة الله المخلِّصة هي نعمة مغيِّرة، لكن الذين يُحكَم ببرِّهم في الاهتداء سوف يصيَّرون أبرارًا بالتدريج، طوال مسيرة حياتهم المسيحية. لكن هذا التغيير التدريجي ليس هو التبرير الكتابي، بل التقديس الكتابي. وبعدم تمييزها بين هذين الفعلين –المرتبطين بشدة مع أنهما مختلفين–

---

140 MacArthur, *The Gospel according to Jesus*, 196.

141 MacArthur, *The Gospel according to the Apostles*, 70.

142 MacArthur, *The Gospel according to Jesus*, 196.

من أفعال تطبيق الفداء، تمزج الكاثوليكية الرومانية التقديس بالتبرير. والنتيجة الحتمية لذلك هو أن يحلَّ برُّ المؤمن، وهو برٌّ ناقص محل برِّ المسيح، الذي هو برٌّ كامل، باعتباره الأساس الوحيد للتبرير. والنتيجة هي برٌّ ذاتي «مِنَ النَّامُوسِ»، ليس هو، كما يقول بولس في فيلبي ٣: ٩، بر الله الذي يخلِّص. وبسبب هذا، فإن عدم فهم طبيعة التبرير باعتباره إعلانًا قانونيًّا، علاوة على إساءة وصفه بأنه عملية تغيير، يَهْدِمُ أساسَ الإنجيل نفسه.

يشهد الكتاب المقدس نفسه بهذا الحق، إذ كثيرًا ما استخدم كُتَّاب الأسفار الكتابية مصطلحَي التبرير والبر بطريقة إعلانية أو تصريحية، لا تغييرية.[١٤٣] ففي العهد القديم، استُخدِمت عائلة الكلمة *tsadeq* كثيرًا في سياق قضائي. أحد الأمثلة الواضحة لهذا هو تثنية ٢٥: ١ الذي يقول: «إِذَا كَانَتْ خُصُومَةٌ بَيْنَ أُنَاسٍ وَتَقَدَّمُوا إِلَى الْقَضَاءِ لِيَقْضِيَ الْقُضَاةُ بَيْنَهُمْ، فَلْيُبَرِّرُوا الْبَارَّ وَيَحْكُمُوا عَلَى الْمُذْنِبِ» (انظر أيضًا خروج ٢٣: ٧؛ ١ملوك ٨: ٣١-٣٢؛ أيوب ٩: ١٥؛ إشعياء ٤٣: ٩، ٢٦؛ إرميا ١٢: ١). وكما ذكرنا أعلاه، القضاة لا **يجعلون** الناس أبرارًا أو مذنبين. فهم لا يقومون بأي فعل تغيير يغرس البر أو الشر داخل طبيعة شخص ما أو صفاته. بل كل ما يعمله القاضي هو إعلان أن المتهم إما بريء وإما مذنب. وفي حقيقة الأمر، أعلَنَ الله ويلات على «الَّذِينَ يُبَرِّرُونَ الشِّرِّيرَ مِنْ أَجْلِ الرُّشْوَةِ» (إشعياء ٥: ٢٣)، لأن «مُبَرِّئُ الْمُذْنِبَ وَمُذَنِّبُ الْبَرِيءِ كِلاَهُمَا مَكْرَهَةُ الرَّبِّ» (أمثال ١٧: ١٥). فلو كان التبرير فعلًا مغيِّرًا، فكيف أمكن أن يقال إن تبرئة المذنب مَكرهة؟ فإن تغيير طبيعة شخص شرير، وغرس البر فيه من شأنه أن يكون فعلًا صالحًا! وهكذا، ينتهك الفهم التغييري عن التبرير معنى هذه النصوص. فإن تبرير الشرير ليس جعله بارًّا، بل إعلان أنه بار، بينما هو ليس كذلك.

يَعْرِضُ العهد الجديد مزيدًا من البراهين التي تؤيد الطبيعة التصريحية للتبرير. أولًا، يَظهَر التبرير تصريحيًّا وليس تغييريًّا في النصوص التي قيل فيها عن الله نفسه إنه يتبرَّر. في لوقا ٧: ٢٩، نقرأ: «وَجَمِيعُ الشَّعْبِ إِذْ سَمِعُوا وَالْعَشَّارُونَ بَرَّرُوا اللهَ» (في اليونانية: *edikaiōsan ton theon*). فلو كان معنى التبرير تغييريًّا، فهذا تجديف، لأن فكرة أن يُحْدِثَ الشعبُ والعشارون تغييرًا أدبيًّا إيجابيًّا في الله هو كلام فارغ. نجحت الترجمة الإنجليزية ESV لهذا النص في توضيح معناه الصحيح: «أعلَنوا بر الله»، وهذا يعني أن برَّ الله ظَهَرَ أو تزكَّى (راجع رومية ٣: ٢٦). ثانيًا، كثيرًا ما جاء التبرير في مقابلة واضحة مع الإدانة، التي تتعلق بوضوح بإعلان قضائي. ففي رومية ٨: ٣٣-٣٤، نقرأ: «مَنْ سَيَشْتَكِي عَلَى مُخْتَارِي اللهِ؟ اللهُ هُوَ الَّذِي يُبَرِّرُ. مَنْ هُوَ الَّذِي يَدِينُ؟» (انظر أيضًا رومية ٥: ١٨؛ ٢كورنثوس ٣: ٩؛

١٤٣ لا يعني هذا أن الكتاب المقدس لم يستخدم قط هذين المصطلحين بالمعنى السلوكي أو الأخلاقي. ففي مزمور ١١: ٧، يقال عن يهوه إنه يحب البر (في اللغة العبرية: *tsedaqoth*؛ وفي اللغة اليونانية: *dikaiosynas* [الترجمة السبعينية])، ومن الواضح أن هذا لا يعني أنه يحب مكانةً من البر، بل يحب ما هو مستقيم – أي أعمال البر. على نحو مماثل، كانت نصيحة بولس لتيموثاوس هي «ٱتْبَعِ ٱلْبِرَّ» (في اللغة اليونانية: *dikaiosynēn*، ١تيموثاوس ٦: ١١)، وهذا تحريض لا على بذل الجهد سعيًا إلى التبرير، بل على اتباع البر العملي – أي القداسة التي بدونها لن يرى أحد الرب (عبرانيين ١٢: ١٤). ولكن بحسب ما ذَكَرَ شرَينر: «الاستخدام الأخلاقي للمصطلح في بعض النصوص لا يُلزِمنا باستنتاج أن المصطلح ليس قضائيًا في ... نصوص أخرى»:

Thomas Schreiner, *Faith Alone: The Doctrine of Justification: What the Reformers Taught . . . and Why It Still Matters*, The Five Solas (Grand Rapids, MI: Zondervan,158 ,(2015 n1.

السؤال إذن هو: في النصوص الرئيسية التي تتحدث عن بر الله الذي للخلاص، الذي يُعطَى للخطاة، هل يؤيِّد سياق النص الفهم القضائي للتبرير؟ نجيب عن ذلك بالإيجاب.

راجع أيوب ٩: ٢٠؛ مزمور ٩٤: ٢١؛ أمثال ١٧: ١٥). يقع فعل التبرير الذي يعمله الله هنا في مقابلة واضحة مع الشكاية والإدانة. لكن إدانة أحدهم لا تعني جعله شريرًا، بل تعني إصدار حُكم، أو إعلان أنه مذنب. وكي يستقيم التوازي بين التبرير والإدانة، علينا أن نفهم أيضًا أن التبرير لا يعني جعل أحدهم بارًّا، بل إعلان أنه بار.

ومن ثَمَّ، حين نتجه إلى نصوص تتحدث عن تبرير الله للمؤمن خلاصيًّا (مثل رومية ٣: ٢٠-٢٨؛ ٤: ٤-٥؛ ٥: ١؛ غلاطية ٢: ١٦؛ ٣: ١١، ٢١-٢٦؛ ٥: ٤)، ينبغي أن نفهم أنها تشير إلى الإعلان أو الحُكم الفوري الذي يصدره الله بأن الخاطئ صار في موقف سليم أمامه. تعلِّم هذه النصوص بأن الله يعلن برَّ المؤمن باعتبار ذلك عطية من نعمته، يقبلها المؤمن بالإيمان وحده دون أعمال.

## أساس التبرير: البِرُّ المحتسَب

لكن كيف يكون إعلان الله هذا عادلًا؟ يقول أمثال ١٧: ١٥ إن «مُبَرِّئُ الْمُذْنِبَ ... مَكْرَهَةُ الرَّبِّ». كل الجنس البشري مذنبٌ. فنحن خارجون عن القانون، ونستحق دينونة الله، «إِذِ الْجَمِيعُ أَخْطَأُوا وَأَعْوَزَهُمْ مَجْدُ اللهِ» (رومية ٣: ٢٣)، و«أُجْرَةَ الْخَطِيَّةِ هِيَ مَوْتٌ» (رومية ٦: ٢٣). حقًّا، يقول رومية ٤: ٥ بوضوح إن الله يبرِّر **الفاجر**. كيف يمكن أن يَحكُم الله ببر مَن هم بالحقيقة مذنبون، دون أن يرتكب بهذا، كما يقول أمثال ١٧: ١٥، مَكرهة؟ كيف لله أن يكون «بَارًّا وَيُبَرِّرَ مَنْ هُوَ مِنَ الإِيمَانِ بِيَسُوعَ» (رومية ٣: ٢٦)؟ الإجابة عن هذا السؤال نَجِدُها في عقيدة الاحتساب [imputation].[١٤٤] فقد تأسَّس فعل التبرير الإعلاني الذي يُجريه الله على فعل الاحتساب التشريعي.[١٤٥]

هذا عملٌ من شِقين: يَحتسب الله، أي يَحسِب، خطايانا على المسيح، ويعاقبه عوضًا عنا؛ ويحتسب بر المسيح للمؤمنين، ويعطيهم الحياة الأبدية فيه.

**غفران الخطايا - احتساب خطايانا على المسيح:** أولًا، يَحتسب الله خطايانا على المسيح: «لأَنَّهُ [أي الآب] جَعَلَ الَّذِي لَمْ يَعْرِفْ خَطِيَّةً [أي المسيح]، خَطِيَّةً لأَجْلِنَا» (٢كورنثوس ٥: ٢١). وكيف «جَعَلَ» الآبُ الابنَ «خطيةً» لأجلنا؟ بطريقة واحدة فحسب: أنه حَسِبَ أن يسوع ارتكَبَ كل خطايا جميع الذين سيتوبون يومًا ويؤمنون به. فهو لم يجعل يسوع خاطئًا فعليًّا؛ فسيكون من قبيل التجديف أن نفترض أن الله-الإنسان صار خاطئًا بالحقيقة، إذ لا يمكن أن يخطئ الله. بل بالحري، بما أن التبرير هو حُكم

١٤٤ يقدم لنا شرَينر ملخصًا مفيدًا لعقيدة الاحتساب: «كثيرًا ما نجد في كتابات بولس تعبير أن الإيمان يُحسَب (*logizomai*) برًّا (*dikaiosynē*، رومية ٣: ٢٨؛ ٤: ٣، ٥، ٩، ١٠، ١١، ٢٢، ٢٣، ٢٤؛ غلاطية ٣: ٦). يمكن استخدام كلمة «يُحسَب» بطريقتين مختلفتين. يُمْكِنُ أن يُحسَبَ شيءٌ ما لأحدهم لأنه مِلكه بالحقيقة. فقد حُسِب تصرُّف فينحاس برًّا لأنه كان بالحقيقة فعل بر (مزمور ١٠٦: ٣١). لكن أيضًا قد يُحسَب شيء ما صحيحًا بينما ليست هذه هي الحقيقة. فقد حُسِبت زوجتا يعقوب أجنبيتين لدى لابان أبيهما مع أنهما حقًّا ابنتاه (تكوين ٣١: ١٥)». يندرج احتساب البر للمؤمن تحت الفئة الثانية: «فإن الخطاة غير الأبرار يُحسَبون أبرارًا، ويُعتبَرون أبرارًا، مع أنهم ليسوا أبرارًا في ذواتهم. فهم يُحسَبون شيئًا ليس لهم بالطبيعة».

Schreiner, *Faith Alone*, 165.

١٤٥ إليك تعليق حكيم من موراي: «التبرير فعل إعلاني، لكنه أيضًا فعل تشريعي يجريه الله بنعمته المجانية. فهو تشريعي لكي يكون إعلانيًّا بحق. ينبغي أن يُشرّع الله العلاقة الجديدة، ويُعلنها. يتمثل الفعل التشريعي في احتساب طاعة المسيح وبرَّه لنا. ومن ثم، ينبغي اعتبار طاعة المسيح أساسَ التبرير. إنه البرَّ الذي ليس فقط يأخذه الله بعين الاعتبار، لكنه أيضًا يضعه في حسابنا، حين يبرِّر الفاجر»: Murray, *Redemption Accomplished and Applied*, 124–25.

قضائي (كما أكَّدنا سابقًا)، حَسِبَ الآبُ، قضائيًّا، أن المسيح ارتكب خطايا أولئك الذين كان يبذل نفسه عنهم بديلًا. فكما حَمَلَ تَيْسُ عزازيل ذنوب شعب إسرائيل حين كان هارون يُقِرُّ بها فوق رأسه (لاويين ١٦: ٢١)، كذلك «الرَّبُّ وَضَعَ عَلَيْهِ إِثْمَ جَمِيعِنَا» (إشعياء ٥٣: ٦)، بحيث حَمَلَ المسيح بالحقيقة «هُوَ نَفْسُهُ خَطَايَانَا فِي جَسَدِهِ عَلَى الْخَشَبَةِ» (١بطرس ٢: ٢٤؛ راجع إشعياء ٥٣: ٤-٦). وكما رُشَّ دم تيس ذبيحة الخطية على غطاء التابوت (في اليونانية: *hilastērion* [الترجمة السبعينية]) لاسترضاء غضب الله (لاويين ١٦: ١٥)، كذلك قُدِّم المسيح «كَفَّارَةً [في اليونانية: *hilastērion* ... بِدَمِهِ» (رومية ٣: ٢٥). ومع أن عددًا لا يُحصَى من الخطاة سوف يفلتون من العقوبة الإلهية، لن تمضي أية خطية دون عقاب، إذ أنَّ جميعَ الخطايا التي ارتكبها المختارون قد حُسِبت على المسيح، وعوقِبت فيه على الصليب. بهذا، استُوفِي العدلُ الإلهي. لم يُصرَف النظر ببساطة عن الخطايا، أو أُخْفِيَت تحت البساط، لكنها عوقِبت بعدل في بديل. هذا هو الإنجيل الذي به يُظهِر الله برَّه «لِيَكُونَ بَارًّا وَيُبَرِّرَ مَنْ هُوَ مِنَ الْإِيمَانِ بِيَسُوعَ» (رومية ٣: ٢٦).

ومن ثَمَّ، لأن خطايا المؤمن احتُسِبت على المسيح، وعوقِبت فيه، لم تَعُد تُحسَب عليه بعد. اقتبس بولس كلمات داود في المزمور الثاني والثلاثين قائلًا: «طُوبَى لِلَّذِينَ غُفِرَتْ آثَامُهُمْ وَسُتِرَتْ خَطَايَاهُمْ. طُوبَى لِلرَّجُلِ الَّذِي لَا يَحْسِبُ [في اليونانية: *logizomai*] لَهُ الرَّبُّ خَطِيَّةً» (رومية ٤: ٧-٨). فإذ قد حُسِبَت خطايا المؤمن، أو احتُسِبت، على المسيح، لم تَعُد تُحسَب عليه (أو ضده). فهي قد غُفِرت وسُتِرت. ولهذا، لا يواجِه المؤمنُ المبرَّر أيَّ دينونة (رومية ٨: ١، ٣٣-٣٤)، بل يتمتع بسلام مع الله (رومية ٥: ١)، وبالرجاء اليقيني في الحياة الأبدية (رومية ٨: ٣٠؛ تيطس ٣: ٧).

**مَنْحُ البرِّ - احتساب بر المسيح لنا:** لكن غفران الخطايا لم يكن هو نهاية عمل الله في التبرير. بل في الحقيقة، لو كانت الفائدة الوحيدة التي ينالها المؤمنون في التبرير هي غفران خطاياهم، لَمَا كانوا قد خلصوا. فإن التعريف القديم للتبرير الذي تعلَّمناه في الكنائس - «كأنِّي لم أخطئ قط» - هو تعريف ناقص، لأن الخلاص ليس مجرد الخلو من الخطية، أو البراءة، لكنه أيضًا يتضمن البر (متى ٥: ٢٠، ٤٨). فإن ناموس الله، الذي خَرَقَه الإنسان؛ فجلب على نفسه عقوبة الموت (رومية ٦: ٢٣)، يحتوي على كلٍّ من مطالب إيجابية وعقوبات جزائية. يعني ذلك أن ناموس الله يطالب بأن: (١) يؤدِّي مخلوقاته بعض الواجبات الملائمة لبرِّه، و(٢) يَخضعوا لعقوبة معيَّنة إذا لم يؤدُّوا تلك الواجبات. ولم يفعل الإنسان أيًّا من الأمْرَين. إننا لا نسلك ببرٍّ كامل، ولا نطيع الله في كل شيء، أو نحبه من كل القلب، والنفس، والفكر، والقدرة، أو نحب قريبنا كأنفسنا. كما أننا لا نستطيع تسديد ثمن العقوبة التي استلزمها عصياننا دون أن نَهلك إلى الأبد في الجحيم. ومن ثَمَّ، إن أردنا أن نَخلص، لا بد ليس فقط أن يسدِّد بديلُنا ثمنَ عقوبتنا، عن طريق امتصاص غضب الله على خطايانا، بل أيضًا أن يطيع كل المطالب الإيجابية للناموس التي كنا مطالَبين بها. أحيانًا يُطلَق على هذه الطبيعة الثنائية للعمل البدلي الذي عمله المسيح اسم **طاعة المسيح السلبية** [passive obedience]، **وطاعة المسيح الإيجابية** [active obedience]. شَرَحَ چون موراي John Murray هذا على النحو التالي:

> يحتوي ناموس الله على كلٍّ من عقوبات جزائية، ومطالب إيجابية. فهو لا يطالب فقط بالتنفيذ الكامل لوصاياه، بل وأيضًا بإنزال العقوبة على جميع المخالفات

> والتقصيرات. هذا هو المطلب الثنائي لناموس الله الذي نضعه في الحسبان حين نتحدث عن طاعة المسيح الإيجابية وطاعته السلبية. فقد وقع المسيح، بصفته البديل عن شعبه، تحت اللعنة والدينونة الواجبة على الخطايا، وأيضًا أكمل ناموس الله في جميع مطالبه الإيجابية. بعبارة أخرى، تولَّى المسيح أمر ذنب الخطية، وتمَّم أيضًا على أكمل وجه مطالب البر. فقد استوفى بالكامل المطالب العقابية لناموس الله، وكذلك مطالبه التوجيهية، أي مطالب وصاياه. الطاعة السلبية هي الفعل الأول، والطاعة الإيجابية هي الفعل الثاني.[١٤٦]

من دون هذا المنح الإيجابي للبر، سيتركنا الغفران وحده في حالة من البراءة أو الحيادية الأدبية، كما كان آدم قبل السقوط – محسوبٌ أنه لم يخطئ قط، لكن أنه أيضًا لم يُطِع قط.

لهذا السبب، يتحدث الكتاب المقدس عن حسبان الخاطئ المبرَّر بارًّا بالإضافة إلى نواله الغفران. شهد شعب الله بهذا الحق في إشعياء ٦١: ١٠، «فَرَحًا أَفْرَحُ بِالرَّبِّ. تَبْتَهِجُ نَفْسِي بِإِلَهِي، لأَنَّهُ قَدْ أَلْبَسَنِي ثِيَابَ الْخَلاَصِ. كَسَانِي رِدَاءَ الْبِرِّ، مِثْلَ عَرِيسٍ يَتَزَيَّنُ بِعِمَامَةٍ، وَمِثْلَ عَرُوسٍ تَتَزَيَّنُ بِحُلِيِّهَا». وفي الحقيقة، وُصِف الخلاص بلغة البرِّ المحتسَب منذ القديم، منذ تعاملات الله مع إبراهيم. يقول تكوين ١٥: ٦ إن إبراهيم «آمَنَ بِالرَّبِّ فَحَسِبَهُ لَهُ بِرًّا» (في اليونانية: *elogisthē autō eis dikaiosynēn* [الترجمة السبعينية]). واقتبس الرسول بولس هذه الآية نفسها في رومية ٤: ٣ لدعم حُجَّته عن التبرير بناء على برٍّ محتسَب. ثم علَّق قائلًا: «أَمَّا الَّذِي يَعْمَلُ فَلاَ تُحْسَبُ لَهُ الأُجْرَةُ عَلَى سَبِيلِ نِعْمَةٍ، بَلْ عَلَى سَبِيلِ دَيْنٍ. وَأَمَّا الَّذِي لاَ يَعْمَلُ، وَلَكِنْ يُؤْمِنُ بِالَّذِي يُبَرِّرُ الْفَاجِرَ، فَإِيمَانُهُ يُحْسَبُ لَهُ بِرًّا» (في اليونانية: *logizetai... eis dikaiosynēn*، رومية ٤: ٤-٥).

ثم في الأصحاح التالي، عرَّف بولس البر الذي يُحتَسَب للمؤمنين بأنه البرُّ الشخصي للمسيح نفسه. ففي رومية ٥: ١٢-١٩، عمل بولس مقابلة بين الرأسين الممثِّلين للبشرية: (١) آدم، و(٢) المسيح، آدم الأخير (١كورنثوس ١٥: ٤٥)؛ وتبلغ حُجته ذروتها في الآيتين ١٨-١٩:

> «فَإِذًا كَمَا بِخَطِيَّةٍ وَاحِدَةٍ [خطية آدم] صَارَ الْحُكْمُ إِلَى جَمِيعِ النَّاسِ لِلدَّيْنُونَةِ، هَكَذَا بِبِرٍّ وَاحِدٍ [بر المسيح][١٤٧] صَارَتِ الْهِبَةُ إِلَى جَمِيعِ النَّاسِ، لِتَبْرِيرِ الْحَيَاةِ. لأَنَّهُ

146 Murray, *Redemption Accomplished and Applied*, 21–22.
يعترض بعض اللاهوتيين على مصطلح **الطاعة الإيجابية، والطاعة السلبية**. نُقر بالفعل بأن اللغة قد تكون مضلِّلة. فحين نصف آلام المسيح بأنها **طاعة سلبية**، لسنا نقصد بأي حال من الأحوال أن نوحي ضمنًا بأن يسوع في تلك المرحلة من خدمته كان أقل إيجابية في طاعته للآب من مرحلة أخرى. ففي النهاية، لم يأخذ أحدٌ من يسوع حياته، لكنه وضعها طواعية – ونستطيع أن نقول إنه وضعها على نحو إيجابي (يوحنا ١٠: ١٧–١٨). فقد قُدِّم (عبرانيين ٩: ٢٨)، على نحو سلبي، وكذلك قدَّم نفسه (عبرانيين ٧: ٢٧)، على نحو إيجابي. أيضًا، ليس الغرض من هذا التمييز أن نقسم فداء المسيح إلى فئتين مختلفين تمامًا؛ بل يتابع موراي حديثه قائلًا: «إن ما نصفه بأنه إيجابي أو سلبي هو فِعْلُ الطاعة بكامله الذي عمله ربُّنا في كلِّ مرحلة وفترة زمنية». لكن هذه المصطلحات مجرد اختزال يهدف إلى وصف جانبي طاعة المسيح كليهما على نحو وافٍ: تسديد ثمن عقوبة، ومَنْحُ البر.

١٤٧ في ترجمة ESV الإنجليزية، تُرجِمت العبارة اليونانية *di'henos dikaiōmatos*، التي وردت في رومية ٥: ١٨، كالتالي: «فعل برٍّ واحدٍ»، لأن كلمة *dikaiōma* عادة ما تشير إلى «فعل برٍّ معيَّن» (مثل رومية ١: ٣٢؛ رؤيا ١٩: ٨). ولكن، يمكن استخدام كلمة *dikaiōma* أيضًا بالمعنى الأشمل للإشارة إلى «البرِّ الذي يقتضيه الناموس»، كما في رومية ٨: ٤، أو «إعلان البر» أو «الحُكم بالبر»،

كَمَا بِمَعْصِيَةِ الْإِنْسَانِ الْوَاحِدِ جُعِلَ[١٤٨] الْكَثِيرُونَ خُطَاةً، هَكَذَا أَيْضًا بِإِطَاعَةِ الْوَاحِدِ سَيُجْعَلُ الْكَثِيرُونَ أَبْرَارًا».

كانت حُجَّة بولس الرئيسية هي: عصى آدم الله، فحُسب عصيانه دينونة على جميع الذين كانوا فيه. كذلك، أطاع المسيح الله، فحُسِبت طاعته برًّا لجميع الذين هم فيه. وما أبعد كلٍّ من احتساب الخطية واحتساب البر عن أن يكونا «خيالًا قانونيًّا»، لكن أساسهما يكمُن في الأفعال الحقيقية لآدم والمسيح.[١٤٩]

إذن، في التبرير، يستوفي الله ليس فقط المطالب العقابية للناموس باحتساب خطايانا على المسيح، ومعاقبته عوضًا عنا، لكنه يستوفي أيضًا المطالب الإيجابية للناموس، باحتساب برِّ المسيح لنا. يصف بولس هذه المبادلة العظمى في ٢كورنثوس ٥: ٢١ قائلًا: «لِأَنَّهُ جَعَلَ الَّذِي لَمْ يَعْرِفْ خَطِيَّةً، خَطِيَّةً لِأَجْلِنَا، لِنَصِيرَ نَحْنُ بِرَّ اللهِ فِيهِ».[١٥٠] ففي التبرير، لا يَنشأ في داخلنا البرُّ الكامل الذي يطالب به الله (متى ٥: ٢٠، ٤٨) على نحو تغييري، لكنه يُحتَسَب لنا باتحادنا بالمسيح، البار، الذي أكمل عنا كلَّ بر (متى ٣: ١٥؛ غلاطية ٣: ٢٧). ولهذا قال بولس: «لِأَنَّ غَايَةَ النَّامُوسِ هِيَ: الْمَسِيحُ لِلْبِرِّ لِكُلِّ مَنْ يُؤْمِنُ» (رومية ١٠: ٤). فحين «نوجَد فيه»، لا يصير لنا برُّ أنفسنا، الناتج عن حفظ الوصية، لكننا ننال البرَّ

كما في رومية ٥: ١٦. ومن ثَمَّ، ربما لم يكن بولس يقصد هنا أن يتحدث عن فعل بر معيَّنٍ في حياة المسيح (أي طاعته حتى الموت، فيلبي ٢: ٨)، بل كان يقصد حياة بر المسيح بكاملها، التي يُنظَر إليها ككلٍّ. ولكن، حتى إن ترجمنا كلمة *dikaiōmatos* إلى «فعل واحد»، سيكون من الصعب أن نقول إن موت المسيح كان فعلَ طاعة واحدًا. طرح بايبر بشكل قاطع هذا السؤال: «ألم تكن هناك الكثير من أفعال الطاعة في الأيام والساعات الأخيرة من حياة يسوع؟ ربما تتبادر إلى أذهاننا طاعة جثسيماني، أو الطاعة التي بيَّنها يسوع حين أخذه الجنود، أو حين خضع للاستجواب، أو طاعته حين تُوِّج بإكليل الشوك، أو حين جُلد، أو حين سُمِّر على الصليب، أو حين نَطق بكلمات المحبة لأعدائه، أو حين استودع روحه في يدي أبيه:

John Piper, *Counted Righteous in Christ: Should We Abandon the Imputation of Christ's Righteousness?* (Wheaton, IL: Crossway, 2002), 112.

ماذا سنختار إذن؟ وعلى وجه الخصوص، بما أن كلمة «إطاعة» الأكثر شمولًا قد استُخدِمت في الآية التالية مباشرة، يبدو الفهم الأفضل إذن لكلمة *dikaiōmatos* هو أنها إشارة إلى حياة المسيح الطائعة بكاملها.

١٤٨ تُرجِمت الكلمة اليونانية *kathistēmi* التي جاءت في رومية ٥: ١٩ في كلتا المرتين إلى «جُعِلَ»، و «سَيُجْعَلُ». لكن، بما لا يدع مجالًا للخطأ، عادة ما تعني الكلمة «يعيّن» أو «يُقِيم». استخدَم الرسل هذه الكلمة عند تكليفهم الكنيسة إقامة، أي تعيين، شمامسة (أعمال الرسل ٦: ٣)؛ واستخدمها بولس حين كلَّف تيطس إقامة أو تعيين شيوخ (تيطس ١: ٥)؛ وهي الكلمة نفسها المستخدَمة للإشارة إلى إقامة أو تعيين رئيس كهنة إسرائيل (عبرانيين ٥: ١؛ ٧: ٢٨؛ ٨: ٣). ومن ثَمَّ، يمكن ترجمة رومية ٥: ١٩ على النحو التالي: «بِمَعْصِيَةِ ٱلْإِنْسَانِ ٱلْوَاحِدِ عُيِّنَ ٱلْكَثِيرُونَ خُطَاةً»، أي تقَرَّرَ قضائيًّا أنهم خطاة. هذا «التعيين» شبيه بالاحتساب، إن لم يكن مطابقًا له. راجع:

Piper, *Counted Righteous in Christ*, 108–9.

١٤٩ أدلى بايبر بهذه الملاحظة البارعة: «من المثير للاهتمام أن بولس لم يقل في رومية ٥: ١٩ إنه 'بِمَعْصِيَةِ ٱلْإِنْسَانِ ٱلْوَاحِدِ جُعِلَ ٱلْكَثِيرُونَ مذنبين». فمع أن هذا صحيح، لكن من المهم أن ندرك أنه قال: بِمَعْصِيَةِ ٱلْإِنْسَانِ ٱلْوَاحِدِ جُعِلَ ٱلْكَثِيرُونَ خُطَاةً [ἁμαρτωλοι]'. وهذا مهم لأن احتساب خطية آدم يفوق كونه مجرد احتساب «حالة»، أو احتساب «وضع". فإننا نُحسَب أننا **أخطأنا** بالفعل في آدم. ولذلك، حين تابَعَ بولس قائلًا: «هَكَذَا أَيْضًا بِإِطَاعَةِ ٱلْوَاحِدِ سَيُجْعَلُ ٱلْكَثِيرُونَ أَبْرَارًا'، لم يكن يقصد فقط أن **حالة** المسيح قد احتُسِبت لنا، بل بالحري أننا في المسيح حُسِبنا أننا صنعنا كل البر الذي يطالب به الله. فإن الاحتساب ليس نقل حالة دون أساس من البر الأدبي الحقيقي المحتسَب، لكنه احتساب برٍّ دخيلٍ علينا، برٍّ حقيقيٍّ، وأدبيٍّ، وكاملٍ، هو بر المسيح، بأنه برُّنا نحن».

John Piper, *The Future of Justification: A Response to N. T. Wright* (Wheaton, IL: Crossway, 2007), 170–71.

١٥٠ إننا «نصير» بر الله في المسيح بالطريقة نفسها التي بها «جُعل» المسيح خطية: أي عن طريق حسبان قضائي، أو احتساب (انظر عنوان «طبيعة التبرير: حُكم قضائي» [ص. ٧٢٦]).

الدخيل علينا (أي الذي لا ينتمي إلينا بل إلى آخر)، البرَّ الذي من الله، الذي نأخذه بالإيمان بالمسيح (فيلبي ٣: ٩).[١٥١] فإننا بعمل الله، نتَّحد بالمسيح «الَّذِي صَارَ لَنَا حِكْمَةً مِنَ اللهِ وَبِرًّا وَقَدَاسَةً وَفِدَاءً» (١كورنثوس ١: ٣٠).

باختصار، لنا في المسيح بديلٌ، سدَّد ثمن عقوبتنا، **وأيضًا** حقَّق برَّنا. فقد أتاح المسيح الغفران بتكفيره عن خطايانا على الصليب. وكما احتُسِبت خطايانا عليه حين مات على الصليب، بالطريقة نفسها، احتُسِب برُّه لنا. ومن ثم، فإن بره الكامل هو الأساس الذي عليه نقف أمام الله. لا يتبرَّر الخطاة بسبب أيِّ صلاح فيهم، لكن بمقدور الله أن يَحكُم ببرِّنا – أي أن يبرِّر الفاجر، ومع ذلك، يظل اللهُ بارًا – لأنه بالنعمة يَحْتَسِبُ لنا البر الكامل لابنه الحبيب. وهكذا، فإن الأساس الوحيد للتبرير هو بر المسيح المحتَسَب لنا عطيةً مجانية بالنعمة وحدها (راجع رومية ٣: ٢٤؛ أفسس ٢: ٨-٩؛ تيطس ٣: ٧).

- ## وسيلة التبرير: الإيمان وحده

أتمَّ المسيح منذ ألفي سنة عمل الفداء – بتسديد ثمن الخطية، وأيضًا بمَنْح البر – دون أيِّ تدخُّل بشري. فقد كان عمله مجرَّدًا، خارجًا عنك وعني. ولكن، السؤال الذي ينبغي الإجابة عنه هو: كيف يمكن تطبيق هذا العمل المجرَّد، الذي عمله المسيح، بشكل شخصي على حياتي؟ وما الوسيلة التي يمكن بها احتساب خطاياي على المسيح، واحتساب برِّه لي؟ إجابة الكتاب المقدس الثابتة هي أننا نتبرر بالإيمان وحده من دون أعمال. فإن الإيمان يوحِّدنا بالمسيح في موته وقيامته، بحيث تُحسَب عقوبته بدلًا من عقوبتنا، ويُحسَب برُّه بدلًا من برِّنا.

نجد أوضح شرح لعقيدة «sola Fide»، أو «الإيمان وحده» في رسائل بولس، ولا سيما في رسالة رومية. فحين قدَّم بولس شرحًا لبشارة الخلاص في الأصحاح الثالث من رسالة رومية، وَصَفَ الإنجيل بأنه إظهار «بِرُّ اللهِ بِالْإِيمَانِ بِيَسُوعَ الْمَسِيحِ، إِلَى كُلِّ وَعَلَى كُلِّ الَّذِينَ يُؤْمِنُونَ» (٣: ٢٢)؛ ثم تَابَعَ قائلًا إن هبة التبرير تؤخَذ «بِالْإِيمَانِ بِدَمِهِ» (٣: ٢٥)، وإن الله «يُبَرِّرَ مَنْ هُوَ مِنَ الْإِيمَانِ بِيَسُوعَ» (٣: ٢٦). وفي النهاية، أوجَزَ حُجَّته بوضوح تام، قائلًا: «إِذًا نَحْسِبُ أَنَّ الْإِنْسَانَ يَتَبَرَّرُ بِالْإِيمَانِ بِدُونِ أَعْمَالِ النَّامُوسِ» (٣: ٢٨). وبعد شرح بولس لحق «الإيمان وحده» باستخدام مثال إبراهيم في الأصحاح الرابع من رسالة رومية (الذي سنتحدث عنه أدناه)، قدَّم موجَزًا آخر للإنجيل في رومية ٥: ١، «فَإِذْ قَدْ تَبَرَّرْنَا بِالْإِيمَانِ لَنَا سَلَامٌ مَعَ اللهِ بِرَبِّنَا يَسُوعَ الْمَسِيحِ». وحين تطرَّق إلى هذا الموضوع مرة أخرى في الرسالة، قال إن برَّ الخلاص يأتي بالإيمان (٩: ٣٠؛ ١٠: ٦)، وإن المسيح هو «بِرٌّ لِكُلِّ مَنْ يُؤْمِنُ» (١٠: ٤)، وإن «الْقَلْبَ يُؤْمَنُ بِهِ لِلْبِرِّ» (١٠: ١٠).

---

١٥١ يعترض بعض اللاهوتيين قائلين إن استخدام بولس لعبارة «ٱلْبِرُّ ٱلَّذِي مِنَ ٱللهِ» ليس إشارة إلى طاعة المسيح. إلا أن البر المحتسب للمؤمنين هو بالحقيقة بر الله **بالتحديد** لأنه بر المسيح (راجع رومية ١: ١٧؛ ٣: ٢١-٢٢؛ ١٠: ٣-٤). قال موراي: «هذا هو بر الله-الإنسان، الذي يرقى إلى مستوى متطلبات حالتنا الخاطئة الملعونة بالخطية، ويستوفي جميع مطالب التبرير التام الذي لا رجعة فيه. فهو بر يستوفي جميع هذه المطالب لأنه ذو صفات وطبيعة إلهية، أي غير مدنَّس، ولا يمكن إفساده البتة».
Murray, *Redemption Accomplished and Applied*, 128.

ناقَشَ بولس هذه الفكرة أيضًا في رسالته إلى أهل غلاطية، حيث قال: «إِذْ نَعْلَمُ أَنَّ الْإِنْسَانَ لَا يَتَبَرَّرُ بِأَعْمَالِ النَّامُوسِ، بَلْ بِإِيمَانِ يَسُوعَ الْمَسِيحِ، آمَنَّا نَحْنُ أَيْضًا بِيَسُوعَ الْمَسِيحِ، لِنَتَبَرَّرَ بِإِيمَانِ يَسُوعَ لَا بِأَعْمَالِ النَّامُوسِ. لِأَنَّهُ بِأَعْمَالِ النَّامُوسِ لَا يَتَبَرَّرُ جَسَدٌ مَا» (غلاطية ٢: ١٦). وهكذا، من الواضح أن الإنسان لا بد أن يؤمن حتى يتبرر. وفي الأصحاح التالي لهذا، رَفَضَ بولس رفضًا قاطعًا إمكانية التبرير من خلال حفظ الناموس:

> «لَكِنَّ الْكِتَابَ أَغْلَقَ عَلَى الْكُلِّ تَحْتَ الْخَطِيَّةِ، لِيُعْطَى الْمَوْعِدُ مِنْ إِيمَانِ يَسُوعَ الْمَسِيحِ لِلَّذِينَ يُؤْمِنُونَ.
>
> ... إِذًا قَدْ كَانَ النَّامُوسُ مُؤَدِّبَنَا إِلَى الْمَسِيحِ، لِكَيْ نَتَبَرَّرَ بِالْإِيمَانِ ... لِأَنَّكُمْ جَمِيعًا أَبْنَاءُ اللهِ بِالْإِيمَانِ بِالْمَسِيحِ يَسُوعَ (غلاطية ٣: ٢٢، ٢٤، ٢٦)

مع أن يسوع لم يقدِّم قط شرحًا رسميًّا لعقيدة التبرير (كما فعل بولس في رسالة رومية)، تتغلغل عقيدة «الإيمان وحده» في كل كرازته بالإنجيل.[١٥٢] على سبيل المثال، في يوحنا ٥: ٢٤، قال يسوع: «اَلْحَقَّ الْحَقَّ أَقُولُ لَكُمْ: إِنَّ مَنْ يَسْمَعُ كَلَامِي ... قَدِ انْتَقَلَ مِنَ الْمَوْتِ إِلَى الْحَيَاةِ». فإن المؤمن ينتقل، دون ممارسة أي طقس، ودون أي فترة انتظار أو مَطهَر، من الموت إلى الحياة. ويمثِّل اللص على الصليب أوضح مثال على ذلك. رَدًّا على ذلك التعبير الهزيل من اللص عن إيمانه، أجابه يسوع: «الْحَقَّ أَقُولُ لَكَ: إِنَّكَ الْيَوْمَ تَكُونُ مَعِي فِي الْفِرْدَوْسِ» (لوقا ٢٣: ٤٣). لم يُطلَب من هذا الرجل ممارسة أي طقس أو عمل كي يشتري به الخلاص. علاوة على ذلك، كانت أفعال الشفاء الكثيرة التي صنعها يسوع براهين مادية على سلطانه أن يغفر الخطايا (متى ٩: ٥-٦). فحين كان يشفي، كان يقول مرارًا: «إِيمَانُكَ قَدْ شَفَاكَ» (متى ٩: ٢٢؛ مرقس ٥: ٣٤؛ ١٠: ٥٢؛ لوقا ٨: ٤٨؛ ١٧: ١٩؛ ١٨: ٤٢). كانت جميع أعمال الشفاء هذه دروسًا عمليَّة عن عقيدة التبرير بالإيمان وحده.

لكن، الحادثة الوحيدة التي فيها أعلن يسوع فعليًّا أن شخصًا ما «مبرَّر» تزوِّدنا بأفضل فهم للكيفية التي علَّم بها يسوع هذه العقيدة:

> «وَقَالَ لِقَوْمٍ وَاثِقِينَ بِأَنْفُسِهِمْ أَنَّهُمْ أَبْرَارٌ، وَيَحْتَقِرُونَ الْآخَرِينَ هَذَا الْمَثَلَ: «إِنْسَانَانِ صَعِدَا إِلَى الْهَيْكَلِ لِيُصَلِّيَا، وَاحِدٌ فَرِّيسِيٌّ وَالْآخَرُ عَشَّارٌ. أَمَّا الْفَرِّيسِيُّ فَوَقَفَ يُصَلِّي فِي نَفْسِهِ هَكَذَا: اَللَّهُمَّ أَنَا أَشْكُرُكَ أَنِّي لَسْتُ مِثْلَ بَاقِي النَّاسِ الْخَاطِفِينَ الظَّالِمِينَ الزُّنَاةِ، وَلَا مِثْلَ هَذَا الْعَشَّارِ. أَصُومُ مَرَّتَيْنِ فِي الْأُسْبُوعِ، وَأُعَشِّرُ كُلَّ مَا أَقْتَنِيهِ. وَأَمَّا الْعَشَّارُ فَوَقَفَ مِنْ بَعِيدٍ، لَا يَشَاءُ أَنْ يَرْفَعَ عَيْنَيْهِ نَحْوَ السَّمَاءِ، بَلْ قَرَعَ عَلَى صَدْرِهِ قَائِلًا: اللَّهُمَّ ارْحَمْنِي، أَنَا الْخَاطِئَ. أَقُولُ لَكُمْ: إِنَّ هَذَا نَزَلَ إِلَى بَيْتِهِ **مُبَرَّرًا** دُونَ ذَاكَ، لِأَنَّ كُلَّ مَنْ يَرْفَعُ نَفْسَهُ يَتَّضِعُ، وَمَنْ يَضَعُ نَفْسَهُ يَرْتَفِعُ» (لوقا ١٨: ٩-١٤)

---

١٥٢ الفقرات الثلاث التالية مقتبَسة بتصرُّف من المصدر التالي:
John MacArthur, "Jesus' Perspective on *Sola Fide*," *Grace to You*, accessed April 14, 2016, http://www.gty.org/resources/Articles/A192/Jesus-Perspective-on-Sola-Fide.

كان مستمعو يسوع «وَاثِقِينَ بِأَنْفُسِهِمْ أَنَّهُمْ أَبْرَارٌ» (لوقا ١٨ : ٩) – وهذا هو التعريف الدقيق للبر الذاتي – ولذلك، لمَّا رفع يسوع العشار المكروه إلى مكانة روحية أعلى من الفريسي المصلِّي صُدموا. من دون الخوض في عقائد لاهوتية مجرَّدة، رَسَمَ يسوع هذه الصورة بوضوح: يتبرَّر الخاطئ بالإيمان وحده.

لاحظ، أولًا، أن تبرير هذا العشار كان واقعًا فوريًّا. لم تكن هناك أي عملية، أو فاصل زمني، أو خوفٌ من مَطْهَرٍ. أيضًا، هذا الرجل «نَزَلَ إِلَى بَيْتِهِ مُبَرَّرًا» (لوقا ١٨ : ١٤)، لا بفضل شيء فعله، بل بفضل شيء صُنِع نيابة عنه. لاحظ أيضًا أن هذا العشار أدرك عجزه. فقد كان عليه دينٌ ضخم، كان يعلم جيدًا أنه لن يستطيع سداده. وكلُّ ما كان بوسعه فعله هو أن يتوب ويتوسل طالبًا الرحمة. فقد كان مدركًا أن حتى أفضل أعماله هي خطية، ولذلك، لم يعرِض أن يصنع شيئًا لأجل الله، بل فقط توسَّل طالبًا رحمته. فقد كان ينتظر من الله أن يفعل عنه ما كان هو عاجزًا عن فعله لنفسه. تلك هي طبيعة التوبة التي دعا إليها يسوع. وأخيرًا، لاحِظ أن هذا الرجل ذهب مبرَّرًا دون أن يصنع أي أعمال توبة، أو يمارس طقوسًا. فقد كان تبريره تامًّا وكاملًا دون أعمال على الإطلاق، لأنه أُعطِي له فقط بواسطة الإيمان. فإن كلَّ ما يَلْزَم للتكفير عن خطاياه، ومَنْحِه الغفران قد صُنع بالفعل نيابة عنه، وهو قد تطلَّع إلى خارج نفسه ليأخذه عطيةً مجانيةً. وفي حين ظل الفريسي العامل غير مبرَّر، نال العشار المؤمن تبريرًا كاملًا بالإيمان وحده.

لعل أوضح تصريح يؤكد التبرير بالإيمان وحده هو ما نجده في الأصحاح الرابع من رسالة رومية، حيث استشهد بولس بتعاملات الله مع إبراهيم كي يوضح أن لإنجيله جذورًا قديمة. وفي الآية الثالثة، اقتبس بولس تكوين ١٥ : ٦ قائلًا: «لِأَنَّهُ مَاذَا يَقُولُ الْكِتَابُ؟ ‹فَآمَنَ إِبْرَاهِيمُ بِاللهِ فَحُسِبَ لَهُ بِرًّا›». حسب الله لإبراهيم البرَّ بواسطة إيمانه. لم تكن لأعمال إبراهيم أي علاقة بالأمر، ولهذا، أَرْدَفَ بولس حديثه بما يلي: «أَمَّا الَّذِي يَعْمَلُ فَلَا تُحْسَبُ لَهُ الْأُجْرَةُ عَلَى سَبِيلِ نِعْمَةٍ، بَلْ عَلَى سَبِيلِ دَيْنٍ. وَأَمَّا الَّذِي **لَا يَعْمَلُ**، وَلَكِنْ يُؤْمِنُ بِالَّذِي يُبَرِّرُ الْفَاجِرَ، فَإِيمَانُهُ يُحْسَبُ لَهُ بِرًّا» (رومية ٤ : ٤-٥). هنا نفى بولس بوضوح التعليم الذي يقول إن الأعمال تشكِّل جزءًا من أساس التبرير. فإن عَمِلنا أيَّ عمل صالح لأجل خلاصنا – سواء المعمودية، أو الانضمام إلى الكنيسة، أو قراءة الكتاب المقدس، أو الصلاة، أو حتى الإيمان نفسه – فإن البرَّ الذي سيَنْتُج عن هذا لا يمكن أن يسمَّى هبة أو عطية. فإن العامل ينال أجرة. لكن الذي ينال الخلاص يتبرر «مَجَّانًا بِنِعْمَتِهِ [نعمة الله]» (رومية ٣ : ٢٤)، وهذه عطية مجانية لا تُعطَى إلا بمعزل عن أي عمل. والنتيجة المجيدة لهذه العقيدة الثمينة هي أن الخلاص مجانيٌّ تمامًا. فبيدٍ خالية، يُمسك الخاطئ ببر المسيح بالإيمان وحده.

من الجدير بالذكر أن الإيمان بالمسيح ليس هو **أساس** بِرِّ المؤمن، بل فقط **الوسيلة**، أو الأداة، التي من خلالها ننال البر.[153] هذا تمييز مهم، لأن كثيرين يخطئون بافتراض أن الإيمان هو أساس بِرِّنا. إن

١٥٣ سيُفيدنا هنا الرجوع إلى المثال التوضيحي الذي قدَّمه جرودم عن الفرق بين (١) **الأداة أو الوسيلة**، و(٢) **الأساس**، مع أنه تشوبه بعض العيوب باعتراف جرودم نفسه. يقول هذا المثال: «بإمكاننا أن نقدِّم هنا مثالًا من الحياة العادية: حين يَحصل موظف على راتبٍ مقابل عملٍ قام به لأجل رئيسه، فإن «الوسيلة» أو «الأداة» التي استخدمها للحصول على هذا الراتب هو أنه مدَّ يده، ليأخذ مظروف الراتب من صندوق البريد الخاص به، ثم فتحه، وأخرج المبلغ. لكن، لم يكن الراتب الذي أعطاه له رئيسه هو المقابل لهذه الأفعال، لكنه

رجاءَهم في السماء يستند إلى أنه كان لديهم الحسّ السليم فآمنوا بالإنجيل. لكن هذا الفهم يَهدم حقيقة خلاصنا بالنعمة وحدها. لا يمكن للبرِّ أن يستند إلى إيماني، وإلا يصير ذلك البر هو «برِّي الذاتي» (فيلبي ٣: ٩). فلو كان البر الذي للخلاص مؤسَّسًا على أي عمل يقوم به الخاطئ– حتى لو كان هذا العمل هو الإيمان – فهو لم يَعُد بِرًّا دخيلًا عليه، يُعطَى له عطيَّة مجانية؛ ومن ثَمَّ، لن يكون هو بِرُّ الله المطلوب للخلاص. ففي تلك الحالة، يصير الإيمان عملًا، ولا تصير «النِّعْمَةُ بَعْدُ نِعْمَةً» (رومية ١١: ٦). فلو كنا نُسْهِمُ بأي طريقة في أساس برِّنا، لن تصير هناك أي بشارة، ونبقى جميعًا محكوم علينا في خطايانا. إن قداسة الله كاملة بروعة، ومقياسه مرتفعٌ للغاية، وفسادنا شديد التوغل لدرجة أن برَّنا بكامله لا بد أن يكون عطية مجانية من نعمته السيادية، إذ ليس بإمكاننا مُطْلَقًا أن نستحقه. وهكذا إذن، يَحكُم الله ببر الخاطئ لا لأن إيمانه استحق له البر، بل لأن المسيح هو الذي استحق البر، ولأن الله أعطى الخطاة تلك العطية المجانية بالإيمان.[١٥٤]

ما الذي يَجعل الإيمان ملائمًا إلى هذا الحد لأن يكون الأداة التي بها ننال التبرير؟ يُجيب بولس عن هذا السؤال في رومية ٤: ١٦، كاشفًا عن «المنطق الداخلي» للخلاص. قائلًا: «لِهَذَا هُوَ [أي الخلاص] مِنَ الْإِيمَانِ، كَيْ يَكُونَ عَلَى سَبِيلِ النِّعْمَةِ». بعبارة أخرى، في طبيعة الإيمان نفسه، يكمُن شيء ما يجعله متصلًا على نحو فريد بالعطية المجانية لنعمة الله السيادية. ثم لاحقًا في رسالة رومية، قال بولس إنه لو كان للأعمال أيُّ دور في الخلاص، «فَلَيْسَتِ النِّعْمَةُ بَعْدُ نِعْمَةً» (رومية ١١: ٦). ليس الإيمان هو أساس برِّنا، لكنه «شيء يتطلَّع خارج النفس، آخذًا عطايا السماء المجانية كما هي – باعتبارها إحسانًا غير مستحَق، ليس إلا ... فإن الإيمان يبرِّر، ليس على سبيل الاستحقاق، وليس على حساب أي شيء فيه هو ذاته، ... بل لكونه يوحِّدنا بالمسيح».[١٥٥] فهو بعيد كل البعد عن كونه العُملة التي بها نشتري الخلاص من الله، لكنه ملائم تمامًا للنعمة لأنه لا يزيد عن كونه الذراع الممدودة، واليد الخاوية التي تقول: «ليس لي شيء! أنا مُفلس من أي موارد أو قُدرات روحية! يا رب! إنني أَقْبَلُ هبة خلاصك في المسيح».

---

كان كليًّا مقابل العمل الذي قام به الموظف قبل ذلك. فإن مدَّ اليد وأخذ الراتب لم يكن هو العمل الذي به استحق هذا الرجل جنيهًا واحدًا من المال، بل هو مجرد **الأداة أو الوسيلة** التي استخدمها ليصير الراتب له. كذلك الإيمان هو **الأداة** التي نستخدمها لأخذ التبرير من الله، لكنه في ذاته لا يُكْسِبنا أي استحقاق أمام الله».

Grudem, *Systematic Theology*, 730n13.

١٥٤ إن الملاحظات الشهيرة التي أدلى بها وارفيلد جديرة بأن نصدِّق عليها من كل القلب: «تَكْمُنُ **قوة الإيمان المخلِّصة**... لا في الإيمان في حد ذاته، بل في المخلِّص القادر على كل شيء، الذي عليه يستند الإيمان. لم يتحدث الكتاب المقدس مُطلَقًا عن كون الإيمان يخلِّص بناء على طبيعته نفسها باعتباره فعلًا نابعًا من النفس – وكأن هذا الفكر أو التوجه القلبي هو في حد ذاته فضيلة لها الحق في أن تطالب الله بأن يكافئها... ليس الإيمان هو الذي يخلِّص، بل الإيمان بيسوع المسيح ... وإن جاز التعبير، حتى الإيمان بالمسيح ليس هو الذي يخلِّص، بل المسيح هو مَن يُخَلِّص بالإيمان. فقوة الخلاص تكمن حصريًّا لا في فعل الإيمان، أو في توجه الإيمان، أو في طبيعة الإيمان، بل في موضوع الإيمان؛ ... فإن أكبر سوء فهم [للمفهوم الكتابي للإيمان] هو أن ننسب إلى الإيمان ولو نسبة ضئيلة من تلك القوة المخلِّصة التي ينسبها الكتاب المقدس إلى المسيح وحده».

Benjamin Breckinridge Warfield, *The Works of Benjamin B. Warfield*, vol. 2, *Biblical Doctrines*1932) ; repr., Grand Rapids, MI: Baker, 2000), 504.

155 Andrew Fuller, "Sermons and Sketches," in *The Complete Works of the Rev. Andrew Fuller* (Boston: Lincoln, Edmands, 1833), 2:285.

## • نتيجة التبرير: أعمال صالحة

لعل أشهر اعتراض على الإطلاق أُثير ضد عقيدة «الإيمان وحده» هو الاتِّهام القائل إن الرسول يعقوب يناقض هذه العقيدة بوضوح. يقول يعقوب ٢ : ٢٤، «تَرَوْنَ إِذًا أَنَّهُ بِالأَعْمَالِ يَتَبَرَّرُ الإِنْسَانُ، لاَ بِالإِيمَانِ وَحْدَهُ». كيف يمكن التوفيق بين تعليق يعقوب وعقيدة التبرير بالإيمان وحده؟ الإجابة هي أن يعقوب استخدم كلمة «يَتَبَرَّرُ» (في اللغة اليونانية: *dikaioō*) بمعنى يختلف عن المعنى الذي استخدمه بولس في النصوص أعلاه. فبالتحديد، يتحدث يعقوب هنا عن التبرير بمعنى «التزكِّي» أو «إظهار البر».

استخدم الكتاب المقدس كلمة «تبرير» كثيرًا بهذا المعنى. على سبيل المثال، حين أراد ناموسيٌّ أن يجرِّب يسوع، فسأله: مَاذَا أَعْمَلُ لأَرِثَ الْحَيَاةَ الأَبَدِيَّةَ؟ أوصاه يسوع بأن يحبَّ قريبه كنفسه. ثم يخبرنا لوقا برد فعل الناموسي: «فَإِذْ أَرَادَ أَنْ يُبَرِّرَ نَفْسَهُ، قَالَ لِيَسُوعَ: «وَمَنْ هُوَ قَرِيبِي؟» (لوقا ١٠ : ٢٩). لم يكن الناموسي يطالب هنا بحُكم قضائيٍّ ببرِّه، بل كان يحاول أن يُظهِر للآخرين أنه بالفعل بار. بعبارة أخرى، كان هذا الرجل يسعى إلى إثبات برِّه الذاتي. كذلك نقرأ في أحد إقرارات إيمان الكنيسة الأولى أن المسيح «ظَهَرَ فِي الْجَسَدِ»، و«تَبَرَّرَ [في اليونانية: *edikaiōthē*] فِي الرُّوحِ» (١تيموثاوس ٣ : ١٦). قطعًا، لم يكن يسوع محتاجًا إلى تبرير قضائي، أو إلى أن يُحكَم قضائيًّا ببرِّه. بل يتحدث هذا النص عن تزكية الروح للمسيح من خلال الآيات الكثيرة التي صنعها (أعمال الرسل ٢ : ٢٢)، بالإضافة إلى التزكية الأعظم في القيامة (رومية ١ : ٤). على هذا النحو استخدَمَ يعقوب مصطلح «يتبرَّر» بمعنى «يتزكَّى» أو «يَظهَر».

يتأكَّد لنا هذا ليس فقط من خلال معنى الكلمة، بل ومن خلال السياق أيضًا. ففي هذا النص، تحدَّث يعقوب عن تقديم إبراهيم إسحاق ابنه ذبيحة بحسب أمر الله له (يعقوب ٢ : ٢١؛ راجع تكوين ٢٢ : ١-١٤)، وهو حدثٌ وقع بعد الإعلان بأن إبراهيم «آمَنَ بِالرَّبِّ فَحَسِبَهُ لَهُ بِرًّا» (تكوين ١٥ : ٦) بسنين عديدة. وفي المقابل، حين أراد بولس شرح عقيدة احتساب البر بالإيمان وحده من دون أعمال (رومية ٤ : ٦) بمثالٍ توضيحي، اختار الحدث الأقدم من حياة إبراهيم، قبل وجود أي ناموس يمكن أن يُحفَظ (رومية ٤ : ٩-١٣). لم يكن يعقوب، إذن، يتحدث عن التبرير القضائي، أو عن احتساب البر، ولم يكن يقول إن الأعمال الصالحة هي أساس خلاصنا، بل بالحري كان يقول إن الأعمال الصالحة هي البرهان الضروري على خلاصنا. فإن إيمان إبراهيم، الذي حُسِب له برًا دون أي عمل من جانبه، قد تزكَّى وتبرهن بأعماله. بعبارة أخرى، أَثْبَتَت أعمال إبراهيم أن إيمانه كان حقيقيًّا، وليس ميتًا (راجع يعقوب ٢ : ١٧، ٢٦). الإيمان الحقيقي يتبرهن بالأعمال (يعقوب ٢ : ١٨)، غير أن تلك الأعمال هي برهان تبريرنا، ونتيجته، وبداية تقديسنا، وليست أساس تبريرنا.

إن حُجة يعقوب بعيدة كل البعد عن دحض عقيدة «الخلاص بالإيمان وحده»؛ كما أنها بعيدة تمامًا عن تأييد الفكر الناموسي، لكنها في حقيقة الأمر تدافع عن العقيدة ضد هجوم الضلالة المقابلة، التي هي فكر «ضد الناموس» [antinomianism]. يتكوَّن هذا المصطلح من البادئة *anti*-، والكلمة اليونانية *nomos*، التي تعني «ناموس». إذن، يشير هذا المذهب إلى الذين هم «ضد الناموس». وبالمعنى اللاهوتي، تحديدًا، يشير هذا المصطلح إلى الذين يرفضون أن يكون التقديس هو النتيجة الضرورية

للتبرير. ففي حين لا يميِّز الفكر الناموسي بين التبرير والتقديس، يَقْطَع مذهب «ضد الناموس» الوحدة الحيوية الموجودة بينهما. وفي حين يَهْدِم الفكر الناموسي رسالة الإنجيل، بإصراره على ضرورة إضافة طاعتنا إلى عمل المسيح كي نتبرَّر، يُحرِّف مذهب ضد الناموس الإنجيلَ تمامًا بإنقاصه من فاعليةَ عمل المسيح، رافضًا فكرة أن الذين يَقْبلون المسيح مخلِّصًا لا بد أيضًا أن يَخضعوا له ربًّا. يَنقض يعقوب هذا الافتراض تمامًا، موضحًا أن «إيمان» المؤمنين الذين جاهروا بإيمانهم، لكنهم لا يحرزون تقدُّمًا في القداسة العملية، ويستمرون في السلوك في أنماط من الإثم، ليس إيمانًا حقيقيًا ومخلِّصًا على الإطلاق، لكنه إيمان ميت (يعقوب ٢: ١٧، ٢٦)، وشيطاني (يعقوب ٢: ١٩)، وعديم النفع (يعقوب ٢: ٢٠)، يؤدِّي بهم إلى المصير نفسه مع الذين يَدّعُون يسوع ربًّا، لكنه يُصرِّح لهم بكلمات تقشعر لها الأبدان: «إِنِّي لَمْ أَعْرِفْكُمْ قَطُّ! اذْهَبُوا عَنِّي يا فَاعِلِي الإِثْمِ!» (متى ٧: ٢٣).

وفي حقيقة الأمر، أيَّد جون كالفن -المُصْلِح العظيم والمؤمن بعقيدة «الخلاص بالإيمان وحده»- تعليم الأصحاح الثاني من رسالة يعقوب، حين كتب هذه الكلمات: «ومن ثم، الإيمان وحده هو الذي يبرِّر، ولكن هذا الإيمان الذي يبرِّر ليس وحده».[١٥٦] بعبارة أخرى، ليس الخلاص نتيجة الأعمال الصالحة (أفسس ٢: ٩)، لكن لا بد بالضرورة أن يُثمِر الخلاص أعمالًا صالحة. فالغرض من الخلاص هو: «لِأَنَّنَا نَحْنُ عَمَلُهُ، مَخْلُوقِينَ فِي الْمَسِيحِ يَسُوعَ **لِأَعْمَالٍ صَالِحَةٍ**، قَدْ سَبَقَ اللهُ فَأَعَدَّهَا لِكَيْ نَسْلُكَ فِيهَا» (أفسس ٢: ١٠). بَذَلَ المسيحُ نفسَه عنا ليس فقط ليفدينا قضائيًا من كلِّ إثم، بل وأيضًا كي «يُطَهِّرَ لِنَفْسِهِ شَعْبًا خَاصًّا غَيُورًا فِي أَعْمَالٍ حَسَنَةٍ» (تيطس ٢: ١٤). وأولئك الذين يرفضون أن تكون الأعمال الصالحة هي الثمر الضروري للتبرير الذي يأخذه المؤمن بالإيمان وحده، يَجعلون من الرب يسوع المسيح نصف مخلِّص – أي شخصًا يخلِّص من عقوبة الخطية لكن ليس من سطوتها. لكن يعلِّمنا الكتاب المقدس بأننا نتحد بالمسيح ليس فقط في موته، بل وأيضًا في قيامته؛ والنتيجة الحتمية لهذا هي حياة القداسة (رومية ٦: ٣-٦؛ ٢كورنثوس ٥: ١٤-١٥). فإن جميع المؤمنين الحقيقيين قد «أُعتِقوا» من عبودية الخطية، وصاروا «عبيدًا لله»، الأمر الذي تَنتُج عنه القداسة (رومية ٦: ١-١٤، ٢٢). ومن ثَمَّ، في حين أن الإيمان وحده هو الذي يخلِّص، لكن هذا الإيمان الذي يخلِّص ليس وحده البتة، لكنه دائمًا مصحوبٌ بثمر البرِّ (فيلبي ١: ١١)، الذي ينتجه الروح القدس في حياة المؤمن (غلاطية ٥: ٢٢-٢٥؛ راجع يوحنا ١٥: ٨).[١٥٧]

## • بعض الملاحظات الختامية عن التبرير

باختصار، التبرير هو ذلك الجانب من جوانب تطبيق الفداء الذي فيه يَحكُم الله قضائيًّا بأن الخاطئ بارٌّ في نظره. وأساسُ هذا الحُكم هو برُّ المسيح الذي أكمله نيابة عن الخاطئ من خلال (١) موته من أجل تدبير غفران الخطايا، و(٢) سلوكه في طاعة تامة لأبيه من أجل تدبير البر اللازم للشركة مع الله. وبالنعمة وحدها، يَحْتَسِبُ الله خطايانا على المسيح، بحيث يتحمَّل عقوبتنا فعلًا؛ ويَحتسب برَّ المسيح لنا حتى يتسنَّى لنا أن نقف أمامه مقدَّسين تمامًا. يَحدُث هذا الاحتساب بالإيمان وحده،

156 From Calvin's "Acts of the Council of Trent with the Antidote" (1547), quoted in Schreiner, *Faith Alone*, 62.

١٥٧ للاطلاع على حُجة كتابية أكثر تفصيلاً ضد فكر «ضد الناموس»، ولا سيما كما يقدَّم في تعليم «اللا ربوبية» الذي يقدِّمه زين هودجز (Zane Hodges) وتشارلز رايري (Charles Ryrie)، انظر الكتاب التالي:

John MacArthur, *The Gospel according to Jesus*, and John MacArthur, *The Gospel according to the Apostles*.

وبمعزل عن أي أعمال من جانب الخاطئ. والأعمال الصالحة التي تتبع التبرير بالضرورة هي البرهان على الإيمان الحقيقي للخلاص، وليست الأساس له.

تشكِّل عقيدة التبرير جوهر رسالة الإنجيل. فهي تُقَدِّم الرجاء الوحيد لخلاص الخطاة المذنبين، الذين، من دون المسيح، لا رجاءَ لهم في استرداد علاقتهم بإله الكون القدوس؛ ولكنهم، فيه، يلبسون رداء البر الكامل الذي لابن الله الحبيب. وبشارة الإنجيل الكتابي هي أن هذه البركة تُعطَى مجانًا لجميع الذين يَقْبَلونها، دون أي أعمال، وبالإيمان وحده. إن عقيدة التبرير هي أساس وعد الإنجيل في يوحنا ٣: ١٦ بأنه «هَكَذَا أَحَبَّ اللهُ الْعَالَمَ حَتَّى بَذَلَ ابْنَهُ الْوَحِيدَ، لِكَيْ لَا يَهْلِكَ كُلُّ مَنْ يُؤْمِنُ بِهِ، بَلْ تَكُونُ لَهُ الْحَيَاةُ الْأَبَدِيَّةُ»؛ وفي رومية ٨: ١ بأنه «لَا شَيْءَ مِنَ الدَّيْنُونَةِ الْآنَ عَلَى الَّذِينَ هُمْ فِي الْمَسِيحِ يَسُوعَ».

## ➡ التبنِّي

حين يتأمَّل أولاد الله في البركات الروحية المتنوِّعة التي ينالونها باتحادهم بالمسيح، لا يسعهم سوى أن تفيض قلوبهم بالحمد لله على حكمته، ولطفه، ونعمته التي ظهرت في الخلاص. لا عجب، إذن، من أنه بينما كان بولس يتأمل في هذه البركات الروحية، أَطْلَقَ صرخةَ عبادة، قائلًا: «مُبَارَكٌ اللهُ أَبُو رَبِّنَا يَسُوعَ الْمَسِيحِ، الَّذِي بَارَكَنَا بِكُلِّ بَرَكَةٍ رُوحِيَّةٍ فِي السَّمَاوِيَّاتِ فِي الْمَسِيحِ» (أفسس ١: ٣). فالآب اختارنا (أفسس ١: ٤)، والابن افتدانا (أفسس ١: ٧)، والروحُ القدس وَلَدَنا ثانية (يوحنا ٣: ٣-٨؛ أفسس ١: ١٣-١٤)، خالقًا فينا حياة روحية إلهية (يوحنا ٦: ٦٣؛ راجع حزقيال ٣٦: ٢٧؛ ٣٧: ١٤)، وواهبًا بنا عيونًا لنرى مجد المسيح ودمار الخطية (٢كورنثوس ٤: ٤، ٦). ونتيجة ذلك الميلاد الجديد، نختبر الاهتداء، إذ نأخذ هِبَتَي التوبة (أعمال الرسل ١١: ١٧-١٨؛ ٢تيموثاوس ٢: ٢٥)، والإيمان (أفسس ٢: ٨). وبهذا الإيمان، نتحد بالمسيح اتحادًا وثيقًا، لدرجة أن كل ما له يكون أيضًا لنا. ومن ثَمَّ، فإننا نتبرَّر – أي تُغفَر لنا جميع خطايانا، وننال عفوًا من العقوبة الأبدية التي نستحقها بعدلٍ، ويُحسَب لنا البر الكامل الذي للمسيح نفسه، بحيث نستطيع الوقوف بثقة أمام إلهنا القدوس. حقًّا مبارك الرب إلهنا!

في حين يبدو مستحيلًا أن يكون هناك ما يفوق عطايا مثل الميلاد الثاني، والاهتداء، والاتحاد، والتبرير، يُخبِرنا الكتاب المقدس عن بركة روحية أخرى من بركات تطبيق الفداء، وهي: تبنِّي الآب للمؤمنين أبناءً له.[١٥٨]

١٥٨ الخلفية التاريخية لمفهوم العهد الجديد عن التبنِّي مستمَدة من ممارسة التبنِّي في مدينة روما القديمة، التي يتحدث عنها چون ماك آرثر بصورة وافية في كتابه:
John MacArthur, *Slave: The Hidden Truth about Your Identity in Christ* (Nashville: Thomas Nelson,57–155 ,(2010 .
«كانت عملية التبني تتكوَّن من عدة إجراءات قانونية محدَّدة. كانت الخطوة الأولى تُنهِي تمامًا العلاقة الاجتماعية والصلة القانونية بين الطفل المتبَنَّى وعائلته البيولوچية. ثم كانت الخطوة الثانية تجعله فردًا دائمًا في عائلته الجديدة. بالإضافة إلى ذلك، كانت أي التزامات مالية سابقة تُلغَى تمامًا، كأنها لم تكن موجودة قط. وكي تصير هذه العملية رسميَّة من الناحية القانونية، كان يلزم حضور سبعة شهود ذوي سمعة طيبة. وإن لزم الأمر، كانت شهادة هؤلاء تدحض أيَّ اعتراض من أي شخص على عملية التبنِّي بعد وفاة الأب. وبمجرد اكتمال عملية التبني، يصير الابن الجديد أو الابنة الجديدة تحت رعاية الأب الجديد، وتحت سلطته تمامًا. ولا يعود للأب السابق أي سلطة على ابنه السابق. وفي البيوت الرومانية، كانت سلطة «رب العائلة» [*paterfamilias*] نهائية ومطلقة، وكانت تمتد إلى الذين صاروا أبناءً بالتبنِّي في العائلة، منذ لحظة تبنِّيهم».

مفهوم التبني مألوف لنا لأنه شائع في عالمنا الحالي. ومن الطبيعي أن تتأثَّر مشاعرنا أمام أي قصة تبنٍّ.[١٥٩] فإذ يتوق آباء وأمهات إلى أن يحبُّوا ويعتنوا بطفلٍ لم يلتقوا به من قبل، وليس بوسعه أن يفعل لهم شيئًا في المقابل، يملأون أكوامًا من المعاملات الورقية، ويتكبدون مصاريف كبيرة، بل ويقطعون أحيانًا آلاف الأميال كي يرحِّبوا بطفل أو طفلة في عائلتهم. وبعد شهور، وأحيانًا سنوات، من التجهيز، يتغيَّر كل شيء في لحظة حين يَحكُم القاضي بحسب القانون بأن الطفل قد صار فردًا في عائلته الجديدة، مع كلِّ ما يصاحب هذا من حقوق وامتيازات ضرورية. في حالات كثيرة، إن كان الأطفال الذين يتم تبنِّيهم قد أقاموا قبلًا في دار أيتام، أو تحت رعاية أبوين بيولوجيين مُسيئَين أو مهملَين، فسيسفر هذا، على الأرجح، عن نتائج مأساوية. لكن من خلال تدخل فاعل خير رحيم، يرحَّب بهؤلاء في منزل مليء بالحب، وفي عائلة جديدة، تتوق إلى أن توفِّر له الحماية، والتوجيه، والأمل في المستقبل.

يبني العهد الجديد تعليمه على بركة التبني البشرية *هذه*، ويستخدمها تشبيهًا لوصف محبة الله الأبوية لنا. فإننا، روحيًّا، كنا أيتامًا، تحت طغيان الخطية والشيطان وقسوتهما. وبالطبيعة كنا «أَبْنَاءَ الْغَضَبِ» (أفسس ٢: ٣)، و«أَبْنَاءِ الْمَعْصِيَةِ» (أفسس ٢: ٢؛ ٥: ٦)، بل وأبناء إبليس نفسه (يوحنا ٨: ٤٤). كان بيتنا الوحيد هو العالم الملعون بالخطية، الذي يمضي سريعًا (١يوحنا ٢: ١٧). والوَصيُّ الوحيد علينا هو عدو نفوسنا الصريح (١بطرس ٥: ٨). وكان مستقبلنا الوحيد هو قُبُوْلُ دَيْنُونَةٍ مُخيفٌ في الجحيم (عبرانيين ١٠: ٢٧).

لكن الله، إذ هو مشتاق إلى إظهار مجد نعمته، تدخَّل لأجلنا:

> «كَمَا اخْتَارَنَا فِيهِ قَبْلَ تَأْسِيسِ الْعَالَمِ، لِنَكُونَ قِدِّيسِينَ وَبِلَا لَوْمٍ قُدَّامَهُ فِي الْمَحَبَّةِ، إِذْ سَبَقَ فَعَيَّنَنَا لِلتَّبَنِّي بِيَسُوعَ الْمَسِيحِ لِنَفْسِهِ، حَسَبَ مَسَرَّةِ مَشِيئَتِهِ، لِمَدْحِ مَجْدِ نِعْمَتِهِ الَّتِي أَنْعَمَ بِهَا عَلَيْنَا فِي الْمَحْبُوبِ» (أفسس ١: ٤-٦)
>
> «وَلَكِنْ لَمَّا جَاءَ مِلْءُ الزَّمَانِ، أَرْسَلَ اللهُ ابْنَهُ مَوْلُودًا مِنِ امْرَأَةٍ، مَوْلُودًا تَحْتَ النَّامُوسِ ... لِنَنَالَ التَّبَنِّيَ» (غلاطية ٤: ٤-٥)

قَطَعَ ابنُ اللهِ الأزليُّ بنفسه تلك المسافة غير المحدودة بين السماء والأرض، ووحَّد طبيعة الله وطبيعة الإنسان في شخصه، وتُرِك من أبيه حتى يرحِّب بنا نحن أبناءً. وبتكبُّده نفقة باهظة، اتَّخذ كلَّ إجراء قانوني ضروري حتى ينجينا من الخطية، ويُصيِّرنا جزءًا من عائلته. وبحسب الخطة التي وُضِعت في الأزل، اشترى الابنُ المؤمنينَ في الجلجثة، فنالوا أخيرًا بركة التبنِّي في لحظة اهتدائهم (رجوعهم إلى الله)، لأنهم، كما يقول الرسول بولس: «جَمِيعًا أَبْنَاءُ اللهِ بِالْإِيمَانِ بِالْمَسِيحِ يَسُوعَ» (غلاطية ٣: ٢٦؛ راجع يوحنا ١: ١٢). ففي التبنِّي، يُدخِل الله الخطاة المولودين ثانية، والمبرَّرين، إلى عائلته قانونيًّا، فيصيرون أبناء الله وبناته، ومن ثَمَّ، يتمتعون بكل حقوق وامتيازات مَن هو فرد في عائلة الله الأبدية.

١٥٩ هذه الفقرة مقتبَسة بتصرُّف من المصدر التالي، بتصريح من الناشر (Thomas Nelson. www.thomasnelson.com):
MacArthur, *Slave*, 163–64.

## • بركة التبنِّي الفريدة من نوعها

بالرغم من الخلط الذي يحدث في أحيانٍ كثيرة بين بركة التبنِّي الروحية والميلاد الثاني، أو اعتبار التبنِّي ببساطة جانبًا آخر من التبرير، إلا أن التبنِّي امتياز فريد من نوعه في تدبير الله للفداء. يقول جرودم: «قد نظن في البداية أننا نصير أبناءً لله بالميلاد الثاني، لأن مصطلح 'الميلاد الثاني' هو صورة مجازية توحي بولادة أبناء في عائلة بشرية. لكن ... فكرة **التبنِّي** هي النقيض لفكرة الميلاد في عائلة!»[١٦٠] وبالرغم من الصلة الوثيقة بين هاتين البركتين، يفرِّق الكتاب المقدس بينهما من حيث صانعهما، وطبيعتهما، ووسيلة حدوث كلٍّ منهما. أولًا، الميلاد الثاني هو عمل الروح القدس (يوحنا ٣: ٥-٦، ٨؛ ٦: ٦٣)، في حين أن التبنِّي هو عمل الآب (أفسس ١: ٥). ثانيًا، الميلاد الثاني فعلٌ تغييريٌّ، أي أنه عملٌ يُجرَى داخل قلب الإنسان، يغيِّر طبيعته تغييرًا جوهريًّا (حزقيال ٣٦: ٢٦-٢٧؛ ٢كورنثوس ٥: ١٧)؛ بينما التبنِّي هو فعلٌ تصريحيٌّ، لا يغيِّر طبيعة الإنسان، بل هو فعل قانوني في الأساس فيه يعطي الله الذين يَقبلون المسيح «الحق» – أي السلطة القانونية[١٦١] – «أَنْ يَصِيرُوا أَوْلَادَ اللهِ» (يوحنا ١: ١٢). ثالثًا، يَحدث الميلاد الثاني بكلمة الله (يعقوب ١: ١٨؛ ١بطرس ١: ٢٣-٢٥)، بينما تُؤخَذ بركة التبنِّي بالإيمان بالمسيح (يوحنا ١: ١٢؛ غلاطية ٣: ٢٦). إذن، من الواضح أن التبني يختلف عن الميلاد الثاني.

أيضًا، ينبغي ألا نعتبر التبني مجرَّد جانب فرعي من التبرير. فمع أن التبرير والتبني كليهما فعلان إعلانيان يتحققان بالإيمان، إلا أنهما بركتان مختلفتان. فالتبرير هو الحُكم القضائي بأن أحدهم بارٌّ فيما يخص مطالب ناموس الله، في حين أن التبنِّي هو الحُكم القضائي الذي يصدره القاضي الإلهي بأن ذلك الشخص الذي تبرَّر قد جُعِلَ فردًا في عائلة القاضي الإلهي نفسه.

ما أعظم البركة التي لا يُنطَق بها أن ننال حياة روحية جديدة في الميلاد الثاني! كذلك أيضًا، يا له من امتياز استثنائي أن نُعتَق من عقوبة الخطية، ويُحكَم بأننا أبرارٌ في المسيح. فلو كان مَنْحُ الله لهباته قد توقَّف عند حد الميلاد الثاني والتبرير، لَمَا شكَّك أحدٌ في صلاحه، أو اعتبر نعمته ناقصة. لكن يَكمُن تفرُّد مجد التبنِّي في مدى غنى نعمة الله.[١٦٢] فتعبيرًا من الله عن محبته المفرطة، يتبنَّى المؤمنين داخل عائلته، حتى تصير علاقتهم به ليست فقط علاقة بشخصٍ وهبهم الحياة الروحية، ومَنَحهم البر القضائي، بل وأيضًا علاقة بأبٍ محب ومتحنِّن. ولهذا السبب، يَصِحُّ أن نَصِفَ التبنِّي بأنه «أسمى امتياز يقدِّمه الإنجيل»[١٦٣]، و«قمة النعمة والامتياز» التي «تحيِّر العقول بسبب ما فيها من تنازل مذهل ومحبة رائعة».[١٦٤] حقًّا، حين تحدَّث الرسول يوحنا عن حقيقة تبني المؤمن، وَجَدَ نفسَه مدفوعًا إلى إطلاق صرخة مدح رسولية أخرى: «أُنْظُرُوا أَيَّةَ مَحَبَّةٍ أَعْطَانَا الْآبُ حَتَّى نُدْعَى أَوْلَادَ اللهِ!» (١يوحنا ٣: ١). حقًّا ما أعظم هذه المحبة!

---

160 Grudem, *Systematic Theology*, 738.

161 Leon Morris, *The Gospel according to John*, rev. ed., NICNT (Grand Rapids, MI: Eerdmans, 1995), 87.
راجع يوحنا ٥: ٢٧؛ ١٩: ١١ للاطلاع على نصوص استُخدِمت فيها العبارة اليونانية (*didōmi . . . exousia*) نفسها بمعنى قانوني واضح لا لبس فيه.

١٦٢ ينبغي ألا ننظر إلى التبنِّي باعتباره علاقة من الدرجة الثانية، كما قد يَنظر إليها البعض في أيامنا هذه. لكن في الأزمنة القديمة، كان الطفل المتبنَّى هو عادة أكثر طفل مرغوب فيه ومكرَّم؛ وفي حالات كثيرة، كان الاختيار يقع عليه لأنه فريدٌ من نوعه ومرغوبٌ فيه.

163 J. I. Packer, *Knowing God*, rev. ed. (Downers Grove, IL: InterVarsity Press, 1993), 206.

164 Murray, *Redemption Accomplished and Applied*, 134.

## • توضيح بعض المفاهيم الخاطئة عن التبني

حين نتحدث عن أن بشرًا خطاة يصيرون أبناءً لله، من الضروري أن نميِّز بين أبناء الآب بالتبنِّي، من ناحية، وابنه الواحد الوحيد، الرب يسوع المسيح، من ناحية أخرى. فمن ناحية، علينا ألا نقلِّل من شأن امتيازات التبنِّي الجوهرية. فإننا نصير شركاء الطبيعة الإلهية (٢ بطرس ١ : ٤)، ويَسكُن فينا روح الله نفسه (رومية ٨: ١٤-١٦؛ غلاطية ٤ : ٦)، ونصير وارثين للحياة الأبدية مع المسيح (رومية ٨: ١٧، ٢٣؛ ابطرس ١ : ٤). فقد ارتفع شأن المؤمنين لدرجة أن المسيح قد دُعِي -على نحو صحيح- أخًا لنا (رومية ٨ : ٢٩؛ عبرانيين ٢ : ١٧). حقًّا، لأن للمسيح المقدِّس ولنا نحن المقدَّسين أب واحد، لا يستحي الرب يسوع أن يدعونا إخوة (عبرانيين ٢ : ١١-١٢).

لكن مقامنا الرفيع هذا لا يلغي تفرُّد علاقة المسيح بالآب، بصفته ابنه الأزلي. أكَّد الربُّ نفسُهُ بوضوح هذا الاختلاف حين أوصى مريم بأن تقول للرسل: «إِنِّي أَصْعَدُ إِلَى أَبِي وَأَبِيكُمْ وَإِلَهِي وَإِلَهِكُمْ» (يوحنا ٢٠ : ١٧). فلو كان تفرُّد بنوية يسوع لا يختلف عن بنويتنا، لكان هذا التصريح ثقيلًا وبه كلمات زائدة عن الحاجة، ولأمكن أن يقول يسوع ببساطة: «إلى أبينا وإلهنا». لكن، بهذا التمييز بين «أَبِي» و«أَبِيكُمْ»، أكَّد يسوع أنه مع أن علاقتنا بالله هي علاقة أبناء وبنات حقيقيين له، إلا أن مقامه هو بصفته الابن ذو طبيعة مميَّزة وفريدة. ففي النهاية، هو بالنسبة لله *ton huion ton monogenē* – أي «ٱبْنَهُ ٱلْوَحِيدَ» (يوحنا ٣ : ١٦). الكلمة اليونانية *monogenēs* مشتقة من الكلمتين *monos* («وحيد»)، و*genos* («نوع»؛ مثل مرقس ٩ : ٢٩)، ومن ثم، تعني الكلمة «فريد من نوعه». إذن، لا يمكن بأي حال أن يجعلنا التبنِّي واحدًا في الجوهر مع المسيح، بحيث نشترك في حياة الثالوث الداخلية، كما يعلِّم البعض. يمكننا بالفعل أن نصير أبناءً لله بالتبنِّي، لكن المسيح هو الابن الأزلي الوحيد للآب.

ثانيًا، تسدِّد فكرة أن المؤمنين **يصيرون** أبناءً لله في لحظة الاهتداء ضربة قاضية للتعليم عن أبوة الله العامة- ذلك التعليم البروتستانتي الليبرالي الذي يقول إن جميع البشر هم أبناء الله بالطبيعة. صحيح أن الكتاب المقدس يتحدث أحيانًا عن أبوة الله بمفردات شاملة وعامة. فحين كان بولس يحاجج الفلاسفة في أريوس باغوس، اقتبس كلمات الشاعر الإغريقي أراتوس (٣١٥ ق.م. تقريبًا إلى ٢٤٥ ق.م. تقريبًا)، الذي قال: «لِأَنَّنَا أَيْضًا ذُرِّيَّتُهُ» (أعمال الرسل ١٧ : ٢٨)، ثم علَّق مصدِّقًا على هذا، قائلًا: «فَإِذْ نَحْنُ ذُرِّيَّةُ اللهِ ...» (أعمال الرسل ١٧ : ٢٩). ولكن، يدل سياق هذه الآية بوضوح على أن بولس كان يتحدث عن حقيقة كون الله هو خالق كل الجنس البشري، ومن ثم، هو الأب العام، فقط بهذا المعنى. فهو «أَبِي ٱلْأَرْوَاحِ» (عبرانيين ١٢ : ٩)، الذي «يُعْطِي ٱلْجَمِيعَ حَيَاةً وَنَفْسًا وَكُلَّ شَيْءٍ» (أعمال الرسل ١٧ : ٢٥)؛ وهو «صَنَعَ مِنْ دَمٍ وَاحِدٍ كُلَّ أُمَّةٍ مِنَ ٱلنَّاسِ» (أعمال الرسل ١٧ : ٢٦). وهكذا، فإننا «بِهِ نَحْيَا وَنَتَحَرَّكُ وَنُوجَدُ» (أعمال الرسل ١٧ : ٢٨). ربما كان هذا هو أيضًا قصد ملاخي حين وبَّخ الكهنة الأثمة في أيامه، سائلًا إياهم: «أَلَيْسَ أَبٌ وَاحِدٌ لِكُلِّنَا؟ أَلَيْسَ إِلَهٌ وَاحِدٌ خَلَقَنَا؟» (ملاخي ٢ : ١٠). ولكن، في ضوء إشارة ملاخي إلى «عَهْدِ آبَائِنَا» في ختام الآية، نستنتج أنه كان يتحدث على الأرجح عن أبوة الله لإسرائيل بصفتها أُمة عهدٍ (إرميا ٣١ : ٩؛ هوشع ١١ : ١).

ومع ذلك، لا تعني حقيقة أن الله هو الخالق المشترك لجميع البشر أن الجميع هم أبناؤه بالمعنى العلاقاتي نفسه المقصود في عقيدة التبنّي. تحدَّث يسوع نفسه في هذا الموضوع بأشد درجة من الصرامة، قائلًا إن غير المؤمنين جميعهم أبناء إبليس. فقد ميَّز بوضوح بين أبيه وأبي الفريسيين (يوحنا ٨: ٣٨)، نافيًا أن يكون الله أباهم (يوحنا ٨: ٤٢)، ومعلنًا صراحة: «أَنْتُمْ مِنْ أَبٍ هُوَ إِبْلِيسُ» (يوحنا ٨: ٤٤). علَّق الرسول يوحنا على هذا الاختلاف بين أبناء الله وأبناء إبليس، ذاكرًا أن أبناء إبليس هم الذين لا يصنعون البر (١يوحنا ٣: ١٠). كما ميَّزَ الكتاب المقدس بين أبناء الجسد، وأبناء الله (رومية ٩: ٨)، وأبناء الجارية وأبناء الحرة (غلاطية ٤: ٢٢-٣١)، وأبناء النور وأبناء الظلمة (أفسس ٥: ٨). تتعارض هذه النصوص مع أي مفهوم عن أبوة الله العامة. بل في حقيقة الأمر، بدلًا من أن يوصَف البشر الطبيعيون بأنهم أبناء الله، يوصفون بأنهم «أَبْنَاءِ الْمَعْصِيَةِ» (أفسس ٢: ٢؛ ٥: ٦). فإن جميع البشر الساقطين بعيدون كل البعد عن أن يكونوا في علاقة مع الله كأبناءٍ له بالطبيعة، لكنهم «بِالطَّبِيعَةِ أَبْنَاءَ الْغَضَبِ» (أفسس ٢: ٣). وما لم يحدث شيءٌ جذري – لا يقل عن الإحياء من الموت (أفسس ٢: ٤-٥) – لن يختبر الإنسان في حالته الطبيعية أي بركة من أب محب، لكنه سيختبر بدلًا من ذلك غضب ديَّان بار وعادل. وفقط الذين يَقبلون يسوع ويؤمنون باسمه هم مَن يأخذون سلطانًا أن يصيروا أبناء الله (يوحنا ١: ١٢)، لأن جميع أبناء الله بالتبنِّي هم «جَمِيعًا أَبْنَاءُ اللهِ بِالْإِيمَانِ بِالْمَسِيحِ يَسُوعَ» (غلاطية ٣: ٢٦)، نتيجة للفداء الذي صنعه (غلاطية ٤: ٥).

لهذا، لا تشير نصوص التبنِّي إلى أبوة الله **الجوهرية**، أو أبوته العامة **كخالق**، لكنها تتحدث عن أبوته **الفدائية**، التي فيها يصير الخطاة المبرَّرون أبناء وبنات للآب، مع حصولهم على كل الحقوق والامتيازات المصاحبة لهذا، التي يتمتع بها أيُّ فرد في عائلته.

## • امتيازات التبنِّي

ما هي، إذن، تلك الحقوق والامتيازات التي يتمتع بها أفراد عائلة الله؟ أولًا، البركة الرئيسية للتبني هي أن الروح القدس نفسه يقيم بشكل دائم في قلوبنا، مُعْتِقًا إيانا من الخطية، ومعزِّزًا شركتنا مع الله. فبعد أن تحدث بولس عن التبنِّي الذي حققه فداء المسيح، أضاف: «ثُمَّ بِمَا أَنَّكُمْ أَبْنَاءٌ، أَرْسَلَ اللهُ رُوحَ ابْنِهِ إِلَى قُلُوبِكُمْ صَارِخًا: «يَا أَبَا الْآبُ». إِذًا لَسْتَ بَعْدُ عَبْدًا بَلِ ابْنًا» (غلاطية ٤: ٦-٧). وفي موضع آخر، تحدَّث عن أن المؤمنين قد أخذوا «رُوحَ التَّبَنِّي الَّذِي بِهِ نَصْرُخُ: «يَا أَبَا الْآبُ». اَلرُّوحُ نَفْسُهُ أَيْضًا يَشْهَدُ لِأَرْوَاحِنَا أَنَّنَا أَوْلَادُ اللهِ» (رومية ٨: ١٥-١٦). فمع أننا كنا مستعبَدين للخطية وعبادة الأوثان (غلاطية ٤: ٨)، أعتقَنا روحُ التبنِّي من عبوديتنا «إِلَى حُرِّيَّةِ مَجْدِ أَوْلَادِ اللهِ» (رومية ٨: ٢١؛ راجع ٢كورنثوس ٣: ١٧). فإننا لم نَعُد عبيدًا لسيِّدٍ، بل صرنا أبناء دائمين لأبينا (يوحنا ٨: ٣٥). والروح نفسه يشهد في قلوبنا ليؤكِّد لنا حقيقة هذه العلاقة الجديدة. فإن صلتنا بإله الكون وثيقة لدرجة أن الروح يدفعنا إلى الصراخ إليه بمشاعر الأبناء قائلين: «يَا أَبَا الْآبُ»، وهو تعبير أرامي غير رسمي، يكافئ كلمة «أبي». تدل كلمة «أَبَا» على أقوى مشاعر المحبة والحميمية بين أب وابنه. وعدا هذين النصين، لم تَرِد الكلمة سوى مرة واحدة أخرى في العهد الجديد، على لسان يسوع نفسه في أحلك ساعات رحلته الأرضية. ففي جشيماني، بينما كان الابن يسكب قلبه أمام الآب، متضرعًا كي تعبر عنه كأس الغضب الإلهي، قال «يَا أَبَا الْآبُ» (مرقس ١٤: ٣٦). وحين نُدرِك أننا نحن الذين كنا قبلًا أجنبيين عن

الله بسبب خطايانا (أفسس ٤ : ١٨)، قد وُهِبنا امتياز أن نصرخ إلى الآب بالطريقة نفسها التي خاطبه بها ابنه الحبيب، لن نشعر بأقل من الذهول والتعجب الشديد. ولا يفوق مجد تلك الفكرة سوى حقيقة أن صرخته هذه قد قوبِلت بالتجاهل، حتى تُسمَع صرختنا نحن.

وإذ نصبح في علاقة مع الله كأب لنا، يصير لنا نصيب في غنى رحمته، وحمايته، وعنايته، وإحسانه. فإن مشاعره تجاهنا هي مشاعر أب يتلهف إلى أن يُظهر لأبنائه لطفًا، ويفعل كلَّ ما يعود لصالحهم. يخبرنا كاتب المزمور بأنه «كَمَا يَتَرَأَفُ الأَبُ عَلَى الْبَنِينَ يَتَرَأَفُ الرَّبُّ عَلَى خَائِفِيهِ» (مزمور ١٠٣ : ١٣). أوضح الرب نفسه مشاعر الرأفة هذه، حين سأل:

> «فَمَنْ مِنْكُمْ، وَهُوَ أَبٌ، يَسْأَلُهُ ابْنُهُ خُبْزًا، أَفَيُعْطِيهِ حَجَرًا؟ أَوْ سَمَكَةً، أَفَيُعْطِيهِ حَيَّةً بَدَلَ السَّمَكَةِ؟ أَوْ إِذَا سَأَلَهُ بَيْضَةً، أَفَيُعْطِيهِ عَقْرَبًا؟ فَإِنْ كُنْتُمْ وَأَنْتُمْ أَشْرَارٌ تَعْرِفُونَ أَنْ تُعْطُوا أَوْلاَدَكُمْ عَطَايَا جَيِّدَةً، فَكَمْ بِالْحَرِيِّ الآبُ الَّذِي مِنَ السَّمَاءِ، يُعْطِي الرُّوحَ الْقُدُسَ لِلَّذِينَ يَسْأَلُونَهُ؟» (لوقا ١١ : ١١-١٣)

يعطينا الله لا روحه فقط، بل كما يقول النص الموازي لهذا، وسوف يهب أيضًا «خَيْرَاتٍ لِلَّذِينَ يَسْأَلُونَهُ» (متى ٧ : ١١). ولهذا، علينا ألا نهتم ونقلق بشأن ضروراتنا اليومية، لأن الآب يُسَر بأن يدبِّرها لنا: «فَلاَ تَطْلُبُوا أَنْتُمْ مَا تَأْكُلُونَ وَمَا تَشْرَبُونَ وَلاَ تَقْلَقُوا ... فَأَبُوكُمْ يَعْلَمُ أَنَّكُمْ تَحْتَاجُونَ إِلَى هذِهِ» (لوقا ١٢ : ٢٩-٣٠). وبعد هذه الكلمات المعزِّية التي نَطَق بها ربُّنا مباشرة، تحدَّث عن إحسان الآب في كلمات ربما تكون أكثر كلماته تحننًا على الإطلاق: «لاَ تَخَفْ، أَيُّهَا الْقَطِيعُ الصَّغِيرُ، لأَنَّ أَبَاكُمْ قَدْ سُرَّ أَنْ يُعْطِيَكُمُ الْمَلَكُوتَ» (لوقا ١٢ : ٣٢). ليس الله مجرد فاعل خير بعيد، أو شخص سخي لكنه غير مكترث؛ بل، كما يُسَر الأب بأن يبارك أبناءه بميراثٍ، هكذا أيضًا مسرة الله– وتوقه المتلهف – هي أن يصيِّرنا شركاء معه في الملكوت في كلِّ ملئه.

وداخل تلهُّف الله بأن يبارك أبناءه بالتبني تكمُن ضمنًا حقيقة أننا نستطيع الاقتراب من رب المجد في الصلاة. فقد قال يسوع إن أبانا على استعداد أن يهب خيرات «لِلَّذِينَ يَسْأَلُونَهُ» (متى ٧ : ١١؛ لوقا ١١ : ١٣)، وإنه يدبِّر ضرورات حياتنا حين نطلب أولًا ملكوته (لوقا ١٢ : ٣٠، ٣١)، الشيء الذي يحدث بشكل رئيسي في الصلاة. ولهذا السبب، حين علَّم الرب تلاميذه أن يصلُّوا إلى الله، أوصاهم بأن يخاطبوه قائلين: «أَبَانَا الَّذِي فِي السَّمَاوَاتِ» (متى ٦ : ٩). يا لهذا الامتياز الذي حصلنا عليه أن نتقدم إلى عرش النعمة واثقين أن الرب العليَّ هو أبونا السماوي، الذي يتوق إلى سماع طلباتنا، ومباركتنا من فيض غناه!

من الامتيازات الأخرى لتبنِّينا كأبناء هو التأديب الأبوي المحب الذي نتلقاه من الله. ينصحنا كاتب الرسالة إلى العبرانيين قائلًا: «يَا ابْنِي، لاَ تَحْتَقِرْ تَأْدِيبَ الرَّبِّ، وَلاَ تَخُرْ إِذَا وَبَّخَكَ. لأَنَّ الَّذِي يُحِبُّهُ الرَّبُّ يُؤَدِّبُهُ، وَيَجْلِدُ كُلَّ ابْنٍ يَقْبَلُهُ» (عبرانيين ١٢ : ٥-٦؛ راجع أمثال ٣ : ١١-١٢). فحين نحيد عن مشيئة الله، ونتورط في أفكار وأفعال خاطئة، سيرتِّب الله في عنايته أن تأتي مشقات وبلايا على حياتنا حتى ينذرنا من عواقب الخطية، ويقتادنا إلى التوبة، وينمي فينا مزيدًا من النضوج الروحي (على سبيل

المثال، ٢ صموئيل ١٢: ١٠-١٢؛ ١كورنثوس ١١: ٣٠). تابع كاتب الرسالة إلى العبرانيين موضحًا أننا حين نختبر هذا التأديب «يُعَامِلُكُمُ اللهُ كَالْبَنِينَ. فَأَيُّ ابْنٍ لاَ يُؤَدِّبُهُ أَبُوهُ؟ وَلكِنْ إِنْ كُنْتُمْ بِلاَ تَأْدِيبٍ ... فَأَنْتُمْ نُغُولٌ لاَ بَنُونَ» (عبرانيين ١٢: ٧-٨). ففي حقيقة الأمر، حين يسحب الله تأديبه، يكون هذا أسوأ مؤشر على دينونته، إذ هو بذلك يسلِّم الناس إلى خطاياهم وعواقبها (رومية ١: ٢٥-٢٨). يقول الكتاب المقدس إن الآباء البشريين الذين يمنعون التأديب عن أولادهم يمقتونهم (أمثال ١٣: ٢٤)، ويطلبون إماتتهم (أمثال ١٩: ١٨). وهكذا، فإن تأديب الله لنا بصفتنا أبناءه شهادة أكيدة على محبته الصادقة لنا، ورغبته الجادة في تحقيق فائدتنا الأعظم. وقد تابع كاتب الرسالة إلى العبرانيين قائلًا إن الله يؤدِّبنا «لأَجْلِ الْمَنْفَعَةِ، لِكَيْ نَشْتَرِكَ فِي قَدَاسَتِهِ» (عبرانيين ١٢: ١٠)؛ لكن التأديب في الحاضر «لاَ يُرَى أَنَّهُ لِلْفَرَحِ بَلْ لِلْحَزَنِ. وَأَمَّا أَخِيرًا فَيُعْطِي الَّذِينَ يَتَدَرَّبُونَ بِهِ ثَمَرَ بِرٍّ لِلسَّلاَمِ» (عبرانيين ١٢: ١١). فحين نعلم أنه توجد قداسة «بِدُونِهَا لَنْ يَرَى أَحَدٌ الرَّبَّ» (عبرانيين ١٢: ١٤)، نجد أنفسنا مدفوعين إلى تقدير قيمة هذا التأديب المحب لأبينا، لأنه يؤهِّلنا للشركة معه. يا له من امتياز أن يكون إله السماوات مهتمًّا شخصيًّا بمنفعتنا الروحية، حتى أنه ليس فقط يَحكُم ببرِّنا، بل ويُنشِئ فينا البر العملي بنعمته العظيمة!

أيضًا من الامتيازات الأخرى لتبنِّينا في عائلة الله هي الوحدة التي نتمتع بها مع إخوتنا وأخواتنا في المسيح. ليست الكنيسة مجرد نادٍ اجتماعي، أو هيئة سياسية، تربط بين أعضائها اهتمامات أو هوايات مشتركة؛ لكن، بفضل اختيار الآب، وفداء الابن، وتجديد الروح القدس، نصير متحدين أحدنا بالآخر على نحو فعلي وواقعي، كأفراد في عائلة واحدة. لا عجب أن المؤمنين الأوائل كانوا يخاطبون بعضهم بعضًا كإخوة وأخوات (مثال: أعمال الرسل ١: ١٥-١٦؛ رومية ١٢: ١؛ ١٦: ١٤؛ فيلبي ٤: ١؛ ١تيموثاوس ٥: ١-٢؛ راجع متى ١٢: ٤٦-٥٠). فإن العائلة ليست مجرد مجموعة من الأشخاص تجمع بينهم اهتمامات مشتركة، ويقدِّر أحدهم الآخر بصفة شخصية؛ لكن، يربط بين الإخوة والأخوات شيء أعمق بكثير –هو ذلك الاتحاد الفعلي والواقعي الناتج عن المحبة المشترَكة بين والديهم. وفي حين ربما لا تكون العلاقة بين الإخوة والأخوات دائمًا في أفضل حال، لا يستطيع أيُّ قدر من الخلاف أو النزاع أن يكسر ذلك الرابط الفعلي والواقعي الذي يشتركون معًا فيه. ينطبق ذلك أيضًا على ما يحدث داخل عائلة الله. ربما تنشأ خلافات ونزاعات بيننا وبين إخوتنا وأخواتنا في المسيح، لكن، كما أن لا شيء يقدر أن يفصلنا عن الوحدة المُحِبة التي تجمعنا بالمسيح فرديًّا (رومية ٨: ٣٨-٣٩)، كذلك لا شيء يقدر أن يفصلنا عن الوحدة التي تجمع أحدنا بالآخر جماعيًّا. وعلى أساس هذه الوحدة الفعلية والواقعية، نجتهد أن نحفظ «وَحْدَانِيَّةَ الرُّوحِ بِرِبَاطِ السَّلاَمِ» (أفسس ٤: ٣). وما دام المؤمنون يفعلون ذلك، لن نكون بمفردنا أبدًا، بل دائمًا سننتمي بعضنا إلى بعض. فبفضل نعمة التبنِّي التي أخذناها من أبينا، نستطيع أن نواجه أحلك تجارب الحياة وأقساها جنبًا إلى جنب مع إخوتنا وأخواتنا، كعائلة الله.

بالإضافة إلى هذه الامتيازات جميعها التي نتمتع بها في الوقت الحاضر، يضمن لنا تبنِّينا كأولاد لله أيضًا نصيبًا في الميراث المستقبلي للحياة الأبدية. كتب بولس أننا إن كنا أبناءً بالتبنِّي، فلا بد أيضًا بالضرورة أن نكون ورثة. فإننا لسنا بعد عبيدًا بل أبناءً، «وَإِنْ كُنْتَ ابْنًا فَوَارِثٌ لِلهِ بِالْمَسِيحِ» (غلاطية ٤: ٧) – حقًّا «وَرَثَةُ اللهِ وَوَارِثُونَ مَعَ الْمَسِيحِ» (رومية ٨: ١٧). ففي العلاقات البشرية، يَرِثُ

الأبناء والبنات أملاك والديهم عند وفاتهما. فإن كلّ ما كان للوالدَين يورَّث للأبناء فيما يواصلون تراث العائلة. كذلك أيضًا، مع أننا لم يكن لنا بالطبيعة الحق في جميع ثروات ملكوت الله، لكننا بالنعمة صرنا أبناء الله بالتبنّي، ومن ثم، صرنا ورثة شرعيين «لِمِيرَاثٍ لاَ يَفْنَى وَلاَ يَتَدَنَّسُ وَلاَ يَضْمَحِلُّ، مَحْفُوظٌ فِي السَّمَاوَاتِ» لأجلنا (١بطرس ١: ٤). فإن ميراثنا حقيقي لدرجة أننا نوصف بأننا وارثون مع المسيح (رومية ٨: ١٧). فإن كل ما سيحصل عليه المسيح بموجب أحقية إلهية، لأنه الابن الطبيعي لله، سنحصل عليه نحن بموجب النعمة الإلهية، لأننا أبناء الله بالتبني.[165] ولأن المسيح هو ابن الله، فإن كل ما للآب هو له. ولأننا في المسيح، كل ما للمسيح هو لنا سواء أكان «الْعَالَمُ، أَمِ الْحَيَاةُ، أَمِ الْمَوْتُ، أَمِ الأَشْيَاءُ الْحَاضِرَةُ، أَمِ الْمُسْتَقْبَلَةُ» (١كورنثوس ٣: ٢٢-٢٣) – كل شيء هو لأبناء الله. فإن المفديين سيتمتعون حتمًا بجميع بركات السماء في محضر الله، لأنه وَعَدَ بأن «مَنْ يَغْلِبْ يَرِثْ كُلَّ شَيْءٍ، وَأَكُونُ لَهُ إِلهًا وَهُوَ يَكُونُ لِيَ ابْنًا» (رؤيا ٢١: ٧). والبركة الرئيسية من بين هذه البركات السماوية هي الوعد بجسد ممجَّد، على شبه جسد قيامة المسيح، خاليًا من كلّ خطية وفساد (١كورنثوس ١٥: ٢٣، ٤٢-٤٤؛ فيلبي ٣: ٢٠-٢١). فبينما نحن في هذه الخيمة، نئن تحت وطأة نتائج لعنة الخطية (٢كورنثوس ٥: ٢)، لكننا نتوقع اكتمال تبنّينا كأبناء وبنات لله، أي فداء أجسادنا (رومية ٨: ٢٣).

بدأ هذا التمجيد، من ناحية ما، في الحياة الحاضرة في صورة التقديس التدريجي، الذي هو امتياز آخر من امتيازات تبنّينا. فكما يتمثّل الأبناء بأبيهم، كذلك يحثّنا الكتاب على أن نكون «مُتَمَثِّلِينَ بِاللهِ كَأَوْلاَدٍ أَحِبَّاءَ» (أفسس ٥: ١). فمن أغنى بركات نعمة الله في الخلاص هي أنه يُلصِق اسمه بشعبه. يسعى الله، في نعمته، إلى ما هو لخير شعبه، بالدرجة نفسها من الحماس الذي به يحافظ على كرامة اسمه، لأن هؤلاء يحملون اسمه (راجع يشوع ٧: ٩؛ ١صموئيل ١٢: ٢٢؛ إرميا ١٤: ٧، ٩؛ دانيال ٩: ١٧-١٨). فلأننا أبناء الله، نَحْمِلُ «اسم العائلة»، عائلة الله. وقد قال إشعياء إن اسم الله قدوس (إشعياء ٥٧: ١٥؛ راجع ١أخبار الأيام ٢٩: ١٦؛ مزمور ٣٣: ٢١؛ إشعياء ٤٧: ٤؛ لوقا ١: ٤٩)، ومن ثَمَّ، يحثنا الرسول بطرس «كَأَوْلاَدِ الطَّاعَةِ، لاَ تُشَاكِلُوا شَهَوَاتِكُمُ السَّابِقَةَ فِي جَهَالَتِكُمْ، بَلْ نَظِيرَ الْقُدُّوسِ الَّذِي دَعَاكُمْ، كُونُوا أَنْتُمْ أَيْضًا قِدِّيسِينَ فِي كُلِّ سِيرَةٍ. لأَنَّهُ مَكْتُوبٌ: ‹كُونُوا قِدِّيسِينَ لأَنِّي أَنَا قُدُّوسٌ›» (١بطرس ١: ١٤-١٦). فإن كنا ندعو هذا القدوس أبًا، ينبغي إذن أن نحيا حياة تشاكل قداسته (١بطرس ١: ١٧)، سالكين «بِلاَ لَوْمٍ، وَبُسَطَاءَ، أَوْلاَدًا للهِ بِلاَ عَيْبٍ فِي وَسَطِ جِيلٍ مُعَوَّجٍ وَمُلْتَوٍ» (فيلبي ٢: ١٥).

لا بد، إذن، أن نختم دراستنا لعقيدة التبنّي بدعوة إلى القداسة. فقد وَعَدَنا الله قائلًا: «أَكُونَ لَكُمْ أَبًا، وَأَنْتُمْ تَكُونُونَ لِي بَنِينَ وَبَنَاتٍ» (٢كورنثوس ٦: ١٨). فإذا كنا نتمتع بهذا المقام الرفيع كأبناءٍ لله بالتبنّي، ضمن عائلته، ولدينا الحقوق والامتيازات كافة، لأننا بنين وبنات للقادر على كل شيء، ينبغي أن نتجاوب كما أوصانا بولس في الآية التالية: «فَإِذْ لَنَا هذِهِ الْمَوَاعِيدُ أَيُّهَا الأَحِبَّاءُ لِنُطَهِّرْ ذَوَاتِنَا مِنْ كُلِّ دَنَسِ الْجَسَدِ وَالرُّوحِ، مُكَمِّلِينَ الْقَدَاسَةَ فِي خَوْفِ اللهِ» (٢كورنثوس ٧: ١). ولهذا، نتَّجه الآن إلى عقيدة التقديس.

---

165 John MacArthur, *Romans 1–8*, MNTC (Chicago: Moody Press, 1991), 445.

## ← التقديس[١٦٦]

في دراستنا حتى الآن لموضوع تطبيق الفداء، تحدَّثنا عن المزايا التي اشتراها لنا عمل المسيح، والتي يطبِّقها الروح القدس على المؤمنين في الحال عند ابتداء حياتهم المسيحية. ففي الميلاد الثاني، يُحْيَا الخاطئ، ويُعطَى توبة وإيمانًا، ويتحد بالمسيح، ويُحكَم ببرِّه بناء على بِرِّ المسيح المحتسب له، ويصير ابنًا بالتبنِّي في عائلة الله. إلا أن بركة التقديس هي من مزايا تطبيق الفداء التي مع كونها تبدأ عند الميلاد الثاني، لكنها تظل تطبَّق طوال حياة المؤمن. ففي التقديس، يفرز الله المؤمن لنفسه، بواسطة الروح القدس على وجه الخصوص (راجع ١كورنثوس ١: ٢)، وينمِّيه في القداسة، ويغيِّره تدريجيًّا إلى صورة المسيح (رومية ٨: ٢٩؛ ٢كورنثوس ٣: ١٨) بإخضاع قوة الخطية في حياته، وتمكينه من صُنع ثمار الطاعة في حياته.[١٦٧]

### • العلاقة بين التبرير والتقديس

توجد صلة وثيقة بين القداسة والتبرير، لأن التمتع بكلا الفائدتين يحدث بفضل اتحاد المؤمن بالمسيح. ومع ذلك، ينبغي ألا نخلط بين التقديس والتبرير، أو ندمجهما معًا، كما يحدث في اللاهوت الكاثوليكي الروماني. فإن التبرير هو الحُكم القضائي بالبرِّ، الذي يَصدر مرة واحدة وإلى الأبد، ويحدِّد الموقف القانوني للإنسان أمام الله. من ناحية أخرى، التقديس هو تغيير تدريجي ومستمر في طبيعة الإنسان. من جهة التبرير، دبَّر المسيح البر القضائي **عن** المؤمن؛ أما من جهة التقديس، فإن الروح يُنشِئ تدريجيًّا البرَّ العملي **داخل** المؤمن. يتعلق التبرير **باحتساب** البر، بينما يتعلق التقديس **بنقل** البر. والخلط بين الاثنين يَهدِم الإنجيل من أساسه.[١٦٨]

### • التقديس المَقامي (الحاسم)

مع أن المفهوم عن التقديس هو أنه في المقام الأول عملية فيها يتغيَّر المؤمن ويزداد شبهًا بصورة المسيح (على سبيل المثال، يصف الكتاب المقدس المؤمنين بأنهم «ٱلْمُقَدَّسِينَ»[١٦٩]، عبرانيين ١٠: ١٤)، لكن لهذه العملية بداية محدَّدة عند الميلاد الثاني. يسمَّى الجانب الحاضر للتقديس عادة بالتقديس التدريجي، بينما يمكن أن يسمَّى الجانب الماضي منه التقديس الأوَّلي، أو المقامي، أو الحاسم.

كما ذكرنا فيما سبق، الميلاد الثاني ليس فقط نقلًا لحياة روحية، لكنه أيضًا تطهيرٌ حاسمٌ من الخطية.[١٧٠] ولهذا السبب، في يوحنا ٣: ٥، وَصَفَ يسوع الولادة الجديدة بأنها ولادة من **الماء** والروح، مشيرًا بذلك إلى نبوة حزقيال عن الميلاد الثاني، حيث يَعِد الله ليس فقط بأن يعطي شعبه قلبًا

---

١٦٦ للاطلاع على دراسة إضافية لموضوع التقديس، انظر الفصل الخامس من هذا الكتاب، بعنوان «الله الروح القدس».

١٦٧ يمثِّل تعريف بيركهوف هنا إضافة نافعة: «يمكن تعريف التقديس بأنه ذلك العمل المنعِم والمستمر الذي يجريه الروح القدس، ويخلِّص به الخاطئ المبرَّر من تلوُّث الخطية، ويجدِّد طبيعته ككل لتكون على صورة الله، ويمكِّنه من صُنع أعمال صالحة»:
Berkhof, *Systematic Theology*, 532.

١٦٨ للاطلاع على المزيد بشأن العلاقة بين التبرير والتقديس، انظر عنوان «طبيعة التبرير: حُكم قضائي» (ص. ٧٢٦)، وأيضًا «نتيجة التبرير: أعمال صالحة» (ص. ٧٣٦).

١٦٩ [المترجم]: الكلمة ٱلْمُقَدَّسِينَ جاءت في الترجمة الإنجيزية وترجمات أخرى: «الذين يتقدَّسون».

١٧٠ انظر عنوان «طبيعة الميلاد الثاني» (ص. ٦٩٢)، بالإضافة إلى شرح نص حزقيال ٣٦: ٢٥-٢٧ ونص يوحنا ٣: ٥ تحت عنوان «وسيلة الميلاد الثاني» (ص. ٦٩٥).

جديدًا، ويجعل روحه يسكن بداخلهم، بل وأيضًا بأن يرش عليهم ماء طاهرًا ليطهِّرهم من نجاستهم (حزقيال ٣٦: ٢٥-٢٧). استعان بولس بالصورة المجازية في نبوة حزقيال، فوَصَفَ الميلاد الثاني بأنه غسل وتجديد على حدٍّ سواء (تيطس ٣: ٥). ومن ثَمَّ، فحين يَنقل الروح حياة روحية إلى روح الخاطئ الميت، فاتحًا عينيه على نجاسة الخطية، وعلى مجد يسوع (٢كورنثوس ٤: ٤، ٦)، تتقدَّس طبيعة الإنسان، أي تتغير من الموت الروحي إلى الحياة الروحية على نحو حاسم، لدرجة أن الكتاب المقدس يسمِّي هذا الإنسان خليقة جديدة (٢كورنثوس ٥: ١٧). فإن ذلك المَيْل المقدَّس الذي يتقوَّى طوال التقديس التدريجي للمؤمن هو المَيْل المقدَّس نفسه الذي ينشأ داخل المؤمن في الميلاد الثاني. من هذه الناحية، إذن، يكون الميلاد الثاني هو بداية التقديس.

لهذا، يَستخدم العهد الجديد كثيرًا مصطلح التقديس في زمن الماضي، واصفًا المؤمن بأنه شخص قد تقدَّس في البداية من الله. وفي الخطاب الوداعي الذي ألقاه بولس على شيوخ أفسس في ميليتس، تحدَّث عن الميراث الذي يشتركون فيه «مَعَ جَمِيعِ الْمُقَدَّسِينَ» (أعمال الرسل ٢٠: ٣٢). وفي دفاعه أمام أغريباس، روى اختبار اهتدائه على طريق دمشق، حين أرسله يسوع إلى الأمم «حَتَّى يَنَالُوا بِالْإِيمَانِ بِي غُفْرَانَ الْخَطَايَا وَنَصِيبًا مَعَ الْمُقَدَّسِينَ» (أعمال الرسل ٢٦: ١٨). ويتأكَّد لنا أن هذا التعبير لا يشير إلى اكتمال التقديس التدريجي من رسالة بولس إلى أعضاء كنيسة كورنثوس الخطاة، الذين خاطبهم بولس «الْمُقَدَّسِينَ فِي الْمَسِيحِ يَسُوعَ» (١كورنثوس ١: ٢). كان مؤمنو كورنثوس مجموعة غير متجانسة من المؤمنين الذين جاهروا بإيمانهم، لكنهم انقسموا إلى فصائل (١كورنثوس ١: ١١-١٣)، ولم يستطع بولس أن يكلِّمهم إلا كجسديين (١كورنثوس ٣: ١)، بل وكان بينهم نوع من الزنا لا يسمَّى حتى بين الأمم (١كورنثوس ٥: ١)، وكانوا يقاضون بعضهم بعضًا أمام قضاة غير مؤمنين (١كورنثوس ٦: ١-٧)، ويسلبون مائدة الرب ليُشبِعوا نهمهم وسُكرهم (١كورنثوس ١١: ٢٠-٢٢)، ويسيئون استخدام مواهب الروح القدس (١كورنثوس ١٢-١٤). إن كان معنى أن تكون مقدَّسًا هو أن تبلغ حالة سامية من القداسة العملية، فلا يمكن لذلك الوصف أن ينطبق على مؤمني كورنثوس! لكن على الرغم من ذلك، تحدَّث بولس عن تقديسهم الحاسم، قائلًا: «لَكِنِ اغْتَسَلْتُمْ، بَلْ **تَقَدَّسْتُمْ**، بَلْ تَبَرَّرْتُمْ بِاسْمِ الرَّبِّ يَسُوعَ وَبِرُوحِ إِلَهِنَا» (١كورنثوس ٦: ١١).[١٧١] ولهذا السبب عينه، يصف كلٌّ من العهد القديم والعهد الجديد جميع شعب الله بأنهم قديسون – حرفيًا «الْقِدِّيسُونَ»، «قِدِّيسُو الْعَلِيِّ» (على سبيل المثال: مزمور ١٦: ٣؛ ٣٤: ٩؛ دانيال ٧: ١٨-٢٧؛ متى ٢٧: ٥٢؛ أعمال الرسل ٩: ١٣، ٣٢، ٤١؛ رومية ١: ٧؛ ٨: ٢٧؛ ١كورنثوس ١: ٢؛ ٢كورنثوس ١: ١؛ أفسس ١: ١؛ ٦: ١٨؛ فيلبي ١: ١؛ كولوسي ١: ٢؛ يهوذا ٣؛ رؤيا ١٩: ٨). هذا الوصف بعيدٌ كل البعد عن كونه يصف أناسًا من الصفوة الروحية بناء على استحقاقاتهم الشخصية، كما تُعلِّم الكنيسة الكاثوليكية الرومانية. فإن ما يجعل أيَّ مؤمن قديسًا ليس بره العملي، بل بره المقامي. فإن جميع المؤمنين قديسون لأن جميع المؤمنين قد أفرَزَهم إله قدوس، واتحدوا بالرب يسوع القدوس. هذا هو بالتحديد مفهوم التقديس الحاسم.

١٧١ حتى الترتيب نفسه لهذه الأفعال الثلاثة يدل هنا على أن بولس كان يقصد، باستخدام اللفظ اليوناني *hagiazō*، التقديس الحاسم. فلو كان يقصد التقديس التدريجي، الذي يأتي بعد التبرير في «ترتيب الخلاص» – لكان من المستبعَد أن يضع «تَقَدَّسْتُمْ» قبل «تبَرَّرْتُمْ». يوضح الترتيب، إذن، أن بولس كان يشير أولًا إلى غسل الميلاد الثاني (راجع تيطس ٣: ٥)، وثانيًا إلى التقديس الحاسم، وثالثًا إلى التبرير القضائي.

والحقيقة الأهم في التقديس الحاسم هي أن المؤمن، باتحاده بالمسيح يُعتَق من سيادة الخطية. ففي حين يعطي التبرير والبر المحتَسَب للمؤمن الحرية من عقوبة الخطية، يعطيه التقديس الأوَّلي الحرية من سطوة الخطية. كانت هذه هي بالتحديد الفكرة التي طرحها بولس في رومية ٦: ١-٧: ٦، حيث ذَكَر أننا نحن المؤمنين «مُتْنَا عَنِ الْخَطِيَّةِ» (٦: ٢) بفضل اتحادنا بالمسيح في موته وقيامته (٦: ٣-٥)، وأن «إِنْسَانَنَا الْعَتِيقَ قَدْ صُلِبَ مَعَهُ [مع المسيح] لِيُبْطَلَ جَسَدُ الْخَطِيَّةِ، كَيْ لاَ نَعُودَ نُسْتَعْبَدُ أَيْضًا لِلْخَطِيَّةِ». فبحسب فكر بولس، «الَّذِي مَاتَ قَدْ تَبَرَّأَ مِنَ الْخَطِيَّةِ» (٦: ٦-٧). وإذ مات المسيح، وقام من بين الأموات، لم تعُد للخطية والموت أي سيادة عليه (٦: ٩-١٠). وقد مات المؤمنون «لِلنَّامُوسِ بِجَسَدِ الْمَسِيحِ، لِكَيْ [يصيروا] لآخَرَ [أي يتحدوا بآخر]» (٧: ٤)؛ وبما أن الناموس الذي ماتوا له «يَسُودُ عَلَى الإِنْسَانِ مَا دَامَ حَيًّا» (٧: ١)، فلا بد أن يَحسبوا أنفسهم «أَمْوَاتًا عَنِ الْخَطِيَّةِ، وَلكِنْ أَحْيَاءً لِلهِ بِالْمَسِيحِ يَسُوعَ رَبِّنَا» (٦: ١١) – فقد أُبطِل الحق القانوني للناموس بأن يسود عليهم. ولهذا السبب قال بولس: «فَإِنَّ الْخَطِيَّةَ لَنْ تَسُودَكُمْ، لأَنَّكُمْ لَسْتُمْ تَحْتَ النَّامُوسِ بَلْ تَحْتَ النِّعْمَةِ» (٦: ١٤)، وإذ «أُعْتِقْتُمْ مِنَ الْخَطِيَّةِ صِرْتُمْ [أنتم المؤمنين] عَبِيدًا لِلْبِرِّ» (٦: ١٨). كل هذا يؤكِّد للمؤمنين أنه رغم أنهم كانوا فيما سبق مستعبَدين على نحو ميؤوس منه تحت سطوة الخطية، لكن الآن يمتلكون قوة قيامة المسيح، التي تعينهم على مقاومة التجربة، وإماتة الخطية، واتِّباع القداسة المتزايدة. قطعًا، تظل الخطية موجودة في جسدهم (٧: ١٤-٢٥؛ ١يوحنا ١: ٨)، لكن سطوتها قد هُزِمت بفاعلية موت المسيح، وبفضل قيامته من بين الأموات.[١٧٢] ومن ثم، مع أن المؤمن قد يصارع الخطية صراعًا شديدًا، عليه ألا يكون لديه البتة توجُّهًا انهزاميًا، فيستسلم لواقع الخطية في حياته. ولو فَعَلَ هذا سيكون بمثابة عقد معاهدة سلام مع عدوٍّ نُزِع عنه سلطانه، وخضوع لسيادة الخطية على الرغم من هزيمتها.

وتشكِّل حرية المؤمن من سيادة الخطية بالاتحاد بالمسيح الأساسَ اللازم لأي تقدُّم يمكن إحرازه في التقديس التدريجي. فقط لأن الخطية نُزِعَ عنها سلطانها يُحَث المؤمن على ألَّا: «تَمْلِكَنَّ الْخَطِيَّةُ فِي جَسَدِكُمُ الْمَائِتِ لِكَيْ تُطِيعُوهَا فِي شَهَوَاتِهِ، وَلاَ تُقَدِّمُوا أَعْضَاءَكُمْ آلاَتِ إِثْمٍ لِلْخَطِيَّةِ، بَلْ قَدِّمُوا ذَوَاتِكُمْ لِلهِ كَأَحْيَاءٍ مِنَ الأَمْوَاتِ وَأَعْضَاءَكُمْ آلاَتِ بِرٍّ لِلهِ» (رومية ٦: ١٢-١٣). يستطيع المؤمنون إطاعة هذه الوصايا فقط لأن اتحادهم بالمسيح يؤدي إلى الحرية من الخطية. بالفعل، يشكِّل تَفَكُّر المؤمن في نهاية سيادة الخطية عليه («**احْسِبُوا** أَنْفُسَكُمْ أَمْوَاتًا عَنِ الْخَطِيَّةِ»، ٦: ١١) أساسَ الوصية التي تأمره بألا يسمح للخطية بأن تملُك («**إِذًا** لاَ تَمْلِكَنَّ الْخَطِيَّةُ»، ٦: ١٢). ذَكَرَ بولس مرة أخرى هذا الأساس الرائع لمصارعتنا ضد الخطية في رومية ٦: ١٤ قائلًا: «**فَإِنَّ** [الفاء السببيَّة] الْخَطِيَّةَ لَنْ تَسُودَكُمْ». هذا النموذج الذي يجمع بين التصريح الخبري وصيغة الأمر هو الذي يشكِّل الفارق بين أخلاق مسيحية وكتابية بالحقيقة، ومذهب الناموسية الأخلاقي أو الفلسفة الطبيعية. فقط بسبب ما حققه المسيح في التاريخ بموته وقيامته من بين الأموات، وفقط بسبب اتحاد المؤمن به **في** موته وقيامته بنعمة الله،

---

172 Murray, *Redemption Accomplished and Applied*, 143.

تابَعَ موراي قائلًا: «مع أن الخطية تظل باقية، لكنها فقدت سيادتها. فهناك فرق شاسع بين الخطية التي تظل على قيد الحياة، والخطية المتسلطة والمهيمنة ... وهناك فرق شاسع بين أن تعيش الخطية فينا وأن نعيش نحن في الخطية؛ وهناك فرق كبير بين أن يحتل العدو العاصمة، وأن يضايقَ جنودُه المهزومون القوات الحامية للمملكة».

Murray, *Redemption Accomplished and Applied*, 145.

يستطيع هذا المؤمن أن يحرز تقدمًا في القداسة العملية. فبمقدور المؤمن أن يعيش حياة من الطاعة الأمينة فقط على أساس وحيد، وهو أنه صُلِب حقًا مع المسيح، والمسيح الآن يحيا فيه (غلاطية ٢: ٢٠). وفقط لأن تابع المسيح هو **بالفعل** مختار، ومقدَّس، ومحبوب، يستطيع أن يلبس أَحْشَاءَ رَأْفَاتٍ، وَلُطْفًا، وَتَوَاضُعًا، وَوَدَاعَةً، وَطُولَ أَنَاةٍ (كولوسي ٣: ١٢).

ومن ثَمَّ، أية محاولة من الإنسان لتحسين نفسه أخلاقيًّا بمعزل عن عمل نعمة الله الفائق للطبيعة، الذي يُمنح للمؤمن باتحاده بالمسيح، هي تزييف بشري لعمل التقديس، غير مقبولة عند الله، وعديمة الجدوى تمامًا (رومية ٨: ٨؛ ١٤: ٢٣؛ عبرانيين ١١: ٦). يتبع المؤمن القداسة العملية لا لكي يدخل في علاقة مع الله، أو لكي يربح محبته، بل لأنه قد دخل بالفعل في علاقة مع الله بالنعمة بالإيمان بالمسيح، ولأنه هو المتلقِّي بالفعل لمحبة الله ورضاه في المسيح. وفي العبادة التي تقدِّمها الكنيسة للمسيح بصفته الصخرة الصلبة التي تقوم الكنيسة عليها، تُنشِد بالصواب قائلة: «هو يكسر سطوة الخطية التي أُبطِلت؛ ويطلق السجين حرًا».[١٧٣] والنوع الوحيد من الخطايا الذي كُسِرت سطوته في حياة البشر هو الخطية التي أُبطِلت – أي التي عوقِبت بالفعل في موت المسيح، وغُفِرت بالإيمان. وهكذا، من الضروري أن نحارب الخطية بالقوة والحرية اللتين تمدنا بهما تلك الحقيقة الكريمة. بإمكان المؤمنين بالمسيح الانتصار على الخطية، ولا بد أن ينتصروا، تحديدًا، لأن المسيح هَزَمَ الخطية فيهم بموته وقيامته من بين الأموات.

- التقديس التدريجي

كما ذكرنا سابقًا، مع أن المؤمن يتمتَّع بهذا الانتصار الحاسم على سيادة الخطية، نتيجة اتحاده بالمسيح، إلا أن قلبه وحياته لم يتطهَّرا بالكامل. ومع أن جزاء الخطية قد سُدِّد بالفعل، وسطوة الخطية قد كُسِرت، لكن لا يزال وجود الخطية باقيًا في جسد المؤمن، ومن ثم، لا بد من إماتتها باستمرار. وهكذا، فإن التقديس الذي يبدأ بشكل حاسم في الميلاد الثاني يستمر حتمًا طوال الحياة المسيحية. هذا الجانب الاستمراري من التقديس يسمَّى التقديس التدريجي.

الطبيعة الاستمرارية والتدريجية للتقديس تؤكِّدها دعوات الكتاب المقدس الكثيرة إلى القداسة في زمن المضارع، الذي يشير إلى فعل مستمر. على سبيل المثال، أوصى بولس المؤمنين بألا يشاكلوا هذا الدهر بل «تَغَيَّرُوا [في اليونانية: metamorphousthe، وتُترجم حرفيًا: «استمرُّوا في التغيُّر»] عَنْ شَكْلِكُمْ بِتَجْدِيدِ أَذْهَانِكُمْ» (رومية ١٢: ٢). وأوصى كاتب الرسالة إلى العبرانيين المؤمنين: «اِتْبَعُوا [في اليونانية: *diōkete*، وتُترجَم حرفيًّا: «استمروا في اتِّباع»] ... الْقَدَاسَةَ الَّتِي بِدُونِهَا لَنْ يَرَى أَحَدٌ الرَّبَّ» (عبرانيين ١٢: ١٤). كما أنَّ إماتة أعمال الجسد هو العمل الذي يميِّز الإنسان الذي يَسكن فيه روح الله (رومية ٨: ١٣؛ راجع ٨: ٩). أيضًا، تؤكد العديد من النصوص بوضوح الطبيعة التدريجية للتقديس. فقد ذَكَر بولس أن تقديسه الشخصي لم يكتمل بعد، ولهذا، فهو يسعى نحو غرض الجعالة السماوية (فيلبي ٣: ١٢-١٤). ومع أن الإنسان العتيق قد خُلِع مرة واحدة وإلى الأبد في اختبار الاهتداء (الرجوع إلى الله)، يظل الإنسانُ الجديدُ «يَتَجَدَّدُ [في اليونانية: *anakainoumenon*] لِلْمَعْرِفَةِ حَسَبَ صُورَةِ

١٧٣ مأخوذة من ترتيلة كتبها تشارلز ويسلي بعنوان "O, for a Thousand Tongues to Sing" (١٧٣٩ م).

خَالِقِهِ» (كولوسي ٣: ٩-١٠). أيضًا، صلَّى بولس لأجل أن «تنمو وتزداد» محبة المؤمنين (١تسالونيكي ٣: ١٢)، و«تَـزْدَادَ ... أَيْضًا أَكْثَرَ فَأَكْثَرَ» (فيلبي ١: ٩). وكلَّف بطرس المؤمنين بأن «ينموا للخلاص» (١بطرس ٢: ٢)، وينموا «فِي النِّعْمَةِ وَفِي مَعْرِفَةِ رَبِّنَا وَمُخَلِّصِنَا يَسُوعَ الْمَسِيحِ» (٢ بطرس ٣: ١٨). ويدل مفهوم النمو على وجود عملية مستمرة. وبأوضح صورة، قال بولس إنه حين ينظر المؤمنون مجدَ المسيح بعيون قلوبهم، «نَتَغَيَّرُ [في اللغة اليونانية: *metamorphoumetha*] إِلَى تِلْكَ الصُّورَةِ عَيْنِهَا، مِنْ مَجْدٍ إِلَى مَجْدٍ [في اللغة اليونانية: *apo doxēs eis doxan*؛ وفي الترجمة الإنجليزية: «من درجة من المجد إلى درجة أخرى]» (٢كورنثوس ٣: ١٨). فإن المؤمنين لا يتغيرون ليشابهوا صورة المسيح في لحظة، لكنهم يختبرون تغييرًا تدريجيًا وبدرجات إلى صورته. ومن ثَمَّ، فإن عمل الروح القدس في المؤمنين سيجعلهم يزدادون في القداسة طوال حياتهم المسيحية.

- ## التقديس المكتمل

كما أن للتقديس نقطة بداية محدَّدة حاسمة عند الميلاد الثاني، ثم بعد ذلك ينمو ويزداد طوال حياة المؤمن، كذلك أيضًا، في مرحلة ما - وهي نهاية حياة المؤمن - سوف يكتمل هذا التقديس. يصف نص ٢كورنثوس ٣: ١٨ علاقة التناسب الطردي في التقديس التدريجي بين رؤية مجد المسيح والتغيُّر إلى صورة مجده؛ فبالدرجة التي بها نرى مجد المسيح، نتقدَّس. ولأن رؤيتنا له في هذه الحياة ناقصة، مع أنها حقيقية (١كورنثوس ١٣: ١٢)، لن يكتمل هذا التقديس إلا في ذلك اليوم حين نراه وجهًا لوجه. يبيِّن نص ١يوحنا ٣: ٢ بوضوح أن هذه العلاقة من التناسب الطردي تستمر حتى اكتمال التقديس في التمجيد: «وَلَكِنْ نَعْلَمُ أَنَّهُ إِذَا أُظْهِرَ نَكُونُ مِثْلَهُ، **لأَنَّنَا** سَنَرَاهُ كَمَا هُوَ».

لكن، يكتمل تقديس جميع الذين ماتوا في الإيمان قبل مجيء المسيح ثانية على مرحلتين: تتقدَّس الروح بالكامل عند الموت، في حين يظل الجسد منتظرًا اكتمال تقديسه عند مجيء المسيح ثانية. فحين يغادر المؤمنون الحياة الحاضرة، تنفصل أرواحهم عن أجسادهم (٢كورنثوس ٥: ٨)، وتدخل إلى محضر الرب (فيلبي ١: ٢٣). ولهذا، وَصَفَ كاتب الرسالة إلى العبرانيين مُواطني السماء الممجَّدين بأنهم «أَرْوَاحِ أَبْرَارٍ مُكَمَّلِينَ» (عبرانيين ١٢: ٢٣). فإنهم ممجَّدون بمعنى أن تقديسهم قد اكتمل، لكن أرواحهم -تحديدًا- هي التي تختبر هذا الاكتمال، لأن أجسادهم تظل خاضعة للفساد المرتبط بالخطية والموت. ولكن الرب يسوع لا يقدِّم لنا نِصْفَ خلاص، لكنه اشترى فداءً لا لأرواح البشر فحسب، بل ولأجسادهم أيضًا (رومية ٨: ٢٣). ولهذا يقول بولس إننا ننتظر بفارغ الصبر مجيء المسيح ثانية من السماء، حين «سَيُغَيِّرُ شَكْلَ جَسَدِ تَوَاضُعِنَا لِيَكُونَ عَلَى صُورَةِ جَسَدِ مَجْدِهِ، بِحَسَبِ عَمَلِ اسْتِطَاعَتِهِ أَنْ يُخْضِعَ لِنَفْسِهِ كُلَّ شَيْءٍ» (فيلبي ٣: ٢٠-٢١). فإن جسد المؤمن الفاني، والهش، والمعيب، سيقام من الموت، ويتغير إلى جسد غير قابل للفناء، وممجَّد، وقوي، وروحي (١كورنثوس ١٥: ٤٢-٤٤؛ راجع ١٥: ٢٢-٢٣). هذا هو التمجيد، وهو الجانب النهائي من الخلاص.

وعلى خلاف بعض الأفكار التي انتشرت عبر تاريخ الكنيسة، لا يمكن البتة أن يكتمل التقديس في هذه الحياة. يقول مذهب «الكمال» [perfectionism] إن المؤمن من الممكن ومن الضروري أن يَبلُغ، في

الحياة الحاضرة، مستوى من الكمال الأخلاقي. علينا الآن أن ندحض -من الكتاب المقدس- الحُجج الكثيرة التي تُستخدَم لتأييد هذا الرأي الخاطئ.

أولًا، يقول أتباع هذا الفكر إن الكتاب المقدس يحث المؤمنين على القداسة بلغة تبدو مطلَقة تمامًا. فقد أوصى يسوع مستمعيه قائلًا: «فَكُونُوا أَنْتُمْ كَامِلِينَ كَمَا أَنَّ أَبَاكُمُ الَّذِي فِي السَّمَاوَاتِ هُوَ كَامِلٌ» (متى ٥: ٤٨)، وكذلك اقتبس بطرس شريعة سفر اللاويين الخاصة بالقداسة، قائلًا: «بَلْ نَظِيرَ الْقُدُّوسِ الَّذِي دَعَاكُمْ، كُونُوا أَنْتُمْ أَيْضًا قِدِّيسِينَ فِي كُلِّ سِيرَةٍ. لأَنَّهُ مَكْتُوبٌ: «كُونُوا قِدِّيسِينَ لأَنِّي أَنَا قُدُّوسٌ»» (١بطرس ١: ١٥-١٦؛ راجع لاويين ١١: ٤٤). ومن ثَمَّ، يقول أنصار مذهب الكمال إننا ما دمنا نُوصَى بذلك، فلا بد أننا لدينا القدرة على إطاعة هذه الوصايا.

ولكن، هذه الحُجة مجرد افتراضٍ غير مثبَت بالأدلة، مفاده أن إعطاء مسئولية يعني ضمنًا القدرة على تنفيذها، وأن كلمة **يتوجَّب** تعني ضمنًا **يُمْكِن**، وهو افتراض ينقضه الكتاب المقدس بوضوح. على سبيل المثال، أشار يسوع إلى العجز الأخلاقي للبشر حين قال إنه «لَا تَقْدِرُ شَجَرَةٌ جَيِّدَةٌ أَنْ تَصْنَعَ أَثْمَارًا رَدِيَّةً، وَلَا شَجَرَةٌ رَدِيَّةٌ أَنْ تَصْنَعَ أَثْمَارًا جَيِّدَةً» (متى ٧: ١٨)؛ ولكنه تابَعَ على الفور قائلًا إن هذا العجز الأخلاقي لغير المؤمن (الذي يُرمَز له هنا بالشجرة الردية) عن صُنع ثمر جيد لا يعفيه من: (١) مسئوليته عن فعل هذا، و(٢) العواقب الحتمية لعدم قيامه بهذا: «كُلُّ شَجَرَةٍ لَا تَصْنَعُ ثَمَرًا جَيِّدًا تُقْطَعُ وَتُلْقَى فِي النَّارِ» (متى ٧: ١٩). علاوة على ذلك، العجز الأخلاقي للإنسان عن أن يتوب ويؤمن بالمسيح للخلاص (رومية ٨: ٧-٨؛ ١كورنثوس ٢: ١٤) لا يعفيه من المسئولية. فإن البشر في كلِّ مكان عليهم مسئولية أن يتوبوا ويؤمنوا بالإنجيل (أعمال الرسل ١٧: ٣٠؛ راجع مرقس ١: ١٥) – الشيء نفسه الذي يعلن الكتاب المقدس في مواضع أخرى عجزهم عنه. وهكذا يتبيَّن أن الافتراض بأن وجود وصية يعني ضمنًا بالضرورة قدرة الإنسان على طاعتها متناقضٌ مع الكتاب المقدس.[١٧٤]

كذلك، يلجأ أنصار مذهب الكمال إلى نصوص مثل ١تسالونيكي ٥: ٢٣، حيث صلَّى بولس لأجل أن يقدِّس الله الكنيسة بالتمام؛ ويعقوب ١: ٤، الذي يتحدث عن الصبر الذي يجعل المؤمنين «تَامِّينَ وَكَامِلِينَ غَيْرَ نَاقِصِينَ فِي شَيْءٍ» (راجع كولوسي ١: ٢٨؛ ٢: ١٠؛ ٢تيموثاوس ٣: ١٧). كما يلجأون بخاصة إلى تصريحات للرسول يوحنا في رسالته الأولى، مثل: «كُلُّ مَنْ يَثْبُتُ فِيهِ لَا يُخْطِئُ. كُلُّ مَنْ يُخْطِئُ لَمْ يُبْصِرْهُ وَلَا عَرَفَهُ» (١يوحنا ٣: ٦)، و«كُلُّ مَنْ هُوَ مَوْلُودٌ مِنَ اللهِ لَا يَفْعَلُ خَطِيَّةً، لأَنَّ زَرْعَهُ يَثْبُتُ فِيهِ، وَلَا يَسْتَطِيعُ أَنْ يُخْطِئَ لأَنَّهُ مَوْلُودٌ مِنَ اللهِ» (١يوحنا ٣: ٩).

لكن، من سوء التفسير أن نفهم أن هذه النصوص تشير إلى تقديس مكتمل. ففي ١تسالونيكي ٥: ٢٣، يشير التقديس التام إلى تقديس طبيعة الإنسان بكاملها، الشيء الذي ذكره بولس بوضوح في العبارة التالية («رُوحُكُمْ وَنَفْسُكُمْ وَجَسَدُكُمْ»). فهو يصلِّي أن يحفظ الله إيمانهم طوال حياتهم، وأن

١٧٤ للاطلاع على مثال آخر للكيفية التي بها يشير الكتاب المقدس إلى أن كلمة «يتوجَّب» لا تعني ضمنًا «يُمْكِن» فيما يتعلق بالاختيار والرفض، انظر عنوان «إثبات صحة العقيدة» (ص. ٦١٦). انظر أيضًا:

Bruce A. Ware, "Effectual Calling and Grace," in *Still Sovereign: Contemporary Perspectives on Election, Foreknowledge, and Grace*, ed. Thomas R. Schreiner and Bruce A. Ware (Grand Rapids, MI: Baker, 2000), 213–15.

يُكمِل في النهاية تقديسه لهم، مكمِّلًا كلًّا من النفس، والروح، والجسد عند مجيء المسيح ثانية (راجع فيلبي ٣: ٢١). كذلك، ليست النصوص التي تتحدث عن كون المؤمنين «كَامِلِينَ» (في اليونانية *teleios*) إشارة إلى التقديس التام، بل إلى النضج الروحي، حسبما تُترجَم هذه الكلمة في ترجمات أخرى (على سبيل المثال: ١كورنثوس ٢: ٦؛ عبرانيين ٥: ١٤). أيضًا، يمكننا أن نفهم بشكل صحيح تصريحات يوحنا بأنَّ كلَّ من وُلِد من الله، وكلَّ من هو ثابت في المسيح لا يخطئ حين نترجم زمن الفعل في كلمات يوحنا ترجمة سليمة. لم يكن يوحنا يعلّم بأن المؤمنين لا يرتكبون خطية البتة، بل بأن المؤمن الحقيقي لا يستمر في اتباع نمط حياة عبارة عن ارتكاب الخطية على نحو متواصل، كما كان قبل ميلاده ثانية. وقد استطاعت الترجمة الإنجليزية ESV التعبير بدقة عن الزمن المستمر لهذه الأفعال، حين ترجمت نص ١يوحنا ٣: ٦ على النحو التالي: «كُلُّ مَنْ يَثْبُتُ فِيهِ **لا يظل يخطئ** [في اليونانية *hamartanei*]؛ ونص ١يوحنا ٣: ٩ على النحو التالي: «كُلُّ مَنْ هُوَ مَوْلُودٌ مِنَ اللهِ لَا **يمارس** الخطية [في اللغة اليونانية: *hamartian . . . poiei*]». حقًّا، تستبعد تعليقات يوحنا الأخرى في الرسالة نفسها على نحو قاطع أي فكرة تتعلق ببلوغ كمالٍ بلا خطية في هذه الحياة، إذ يقول: «إِنْ قُلْنَا: إِنَّهُ لَيْسَ لَنَا خَطِيَّةٌ نُضِلُّ أَنْفُسَنَا وَلَيْسَ الْحَقُّ فِينَا» (١يوحنا ١: ٨). فإن الذين يظنون في أنفسهم أنهم قد بلغوا القداسة الكاملة في هذه الحياة يضلُّون أنفسهم، إذ يقول سليمان: «لأَنَّهُ لَيْسَ إِنْسَانٌ لَا يُخْطِئُ» (١ ملوك ٨: ٤٦)، وأيضًا: «لأَنَّهُ لَا إِنْسَانٌ صِدِّيقٌ فِي الأَرْضِ يَعْمَلُ صَلَاحًا وَلَا يُخْطِئُ» (جامعة ٧: ٢٠). وهذا المفهوم عن الكمال يستحق تلك السخرية البلاغية التي نراها في أمثال ٢٠: ٩، «مَنْ يَقُولُ: «إِنِّي زَكَّيْتُ قَلْبِي، تَطَهَّرْتُ مِنْ خَطِيَّتِي»؟» ويقول يعقوب أيضًا إننا «فِي أَشْيَاءَ كَثِيرَةٍ نَعْثُرُ جَمِيعُنَا (يعقوب ٣: ٢). ولأننا نرتكب الخطايا كل يوم، أوصانا الرب يسوع بأن نصلي كل يوم طالبين الغفران (متى ٦: ١١-١٢؛ راجع ١يوحنا ١: ٩).

على جميع المؤمنين ألا يظنوا بأي حال أنهم قادرون على بلوغ الكمال الروحي في هذه الحياة، بل عليهم أن يصرخوا مع بولس قائلين:

> «لَيْسَ أَنِّي قَدْ نِلْتُ أَوْ صِرْتُ كَامِلًا، وَلَكِنِّي أَسْعَى لَعَلِّي أُدْرِكُ الَّذِي لأَجْلِهِ أَدْرَكَنِي أَيْضًا الْمَسِيحُ يَسُوعُ. أَيُّهَا الإِخْوَةُ، أَنَا لَسْتُ أَحْسِبُ نَفْسِي أَنِّي قَدْ أَدْرَكْتُ. وَلَكِنِّي أَفْعَلُ شَيْئًا وَاحِدًا: إِذْ أَنَا أَنْسَى مَا هُوَ وَرَاءُ وَأَمْتَدُّ إِلَى مَا هُوَ قُدَّامُ، أَسْعَى نَحْوَ الْغَرَضِ لأَجْلِ جَعَالَةِ دَعْوَةِ اللهِ الْعُلْيَا فِي الْمَسِيحِ يَسُوعَ» (فيلبي ٣: ١٢-١٤)

ثم، أضاف الرسول بأسلوب ساخر التحريض التالي: «فَلْيَفْتَكِرْ هَذَا جَمِيعُ الْكَامِلِينَ [في اليونانية: *teleios*]» مِنَّا، وَإِنِ افْتَكَرْتُمْ شَيْئًا بِخِلَافِهِ فَاللهُ سَيُعْلِنُ لَكُمْ هَذَا أَيْضًا» (فيلبي ٣: ١٥). فإن «الكاملين» (أي الناضجين روحيًا بالحقيقة) هم الذين يدركون أنهم غير كاملين، ويُقرُّون بحاجتهم الدائمة إلى بذل كلِّ جهد سعيًا إلى القداسة الشخصية.

## • طبيعة التقديس التدريجي[١٧٥]

قدر كبير جدًا من اللَّبس والغموض حول الوسيلة الصحيحة والناجحة لاتباع القداسة ينشأ من سوء فهم أساسي لطبيعة التقديس. ولذلك، على أتباع المسيح أن يفهموا جيدًا طبيعة تلك القداسة التي يُوْصَوْن باتباعها. وفي حين يمكن اللجوء إلى نصوص كثيرة من الكتاب المقدس لتوضيح هذا الحق، يتفرَّد نصَّان أساسيَّان وثيقي الصلة بصفة خاصة بهذا الموضوع:

> «إِذًا يَا أَحِبَّائِي، كَمَا أَطَعْتُمْ كُلَّ حِينٍ، لَيْسَ كَمَا فِي حُضُورِي فَقَطْ، بَلِ الآنَ بِالأَوْلَى جِدًّا فِي غِيَابِي، تَمِّمُوا خَلاَصَكُمْ بِخَوْفٍ وَرِعْدَةٍ، لأَنَّ اللهَ هُوَ الْعَامِلُ فِيكُمْ أَنْ تُرِيدُوا وَأَنْ تَعْمَلُوا مِنْ أَجْلِ الْمَسَرَّةِ» (فيلبي ٢: ١٢-١٣)

> «وَنَحْنُ جَمِيعًا نَاظِرِينَ مَجْدَ الرَّبِّ بِوَجْهٍ مَكْشُوفٍ، كَمَا فِي مِرْآةٍ، نَتَغَيَّرُ إِلَى تِلْكَ الصُّورَةِ عَيْنِهَا، مِنْ مَجْدٍ إِلَى مَجْدٍ، كَمَا مِنَ الرَّبِّ الرُّوحِ» (٢كورنثوس ٣: ١٨)

من خلال هذه النصوص، ونصوص أخرى، نستخلص عدة استنتاجات تتعلق بطبيعة التقديس التدريجي، ومَن هو المسؤول عن تحقيقه، ووسائل (وسائط) تحقيقه، والطرق التي يعمل بها.

**طبيعة التقديس.** أولًا، التقديس هو في الأساس عمل فائق للطبيعة يعمله الله في الطبيعة الداخلية للإنسان. يقول بولس إن الله هو العامل **في** المؤمنين ليس فقط أن يعملوا من أجل مسرته، بل أيضًا أن يريدوا (فيلبي ٢: ١٣). يعني ذلك أن الله يعمل نيابة عن المؤمن كي يقدِّس لا أفعاله الخارجية فحسب، بل وأيضًا رغباته الداخلية. أيضًا، في ٢كورنثوس ٣: ١٨، يَصِفُ بولس التقديس بأنه «تغيُّر» المؤمن [في اليونانية: *metamorphoumetha*] إلى صورة المسيح، وهو مصطلح يصف تغييرًا داخليًا في الطبيعة الجوهرية.[١٧٦] وفي موضع آخر، أشار بولس إلى أن هذا التغيير يستلزم تجديد الذهن (رومية ١٢: ٢)، وصلَّى لأجل المؤمنين من أجل هذه الغاية (أفسس ٤: ٢٣)؛ ثم صلَّى أيضًا أن «تَتَأَيَّدُوا بِالْقُوَّةِ بِرُوحِهِ فِي الإِنْسَانِ الْبَاطِنِ» (أفسس ٣: ١٦). كل ذلك يشهد عن الطبيعة الداخلية للتقديس. وتعليقًا على تحريضات بولس للمؤمنين بأن يتجدَّدوا بروح ذهنهم (أفسس ٤: ٢٣)، قال تشارلز هودج (Charles Hodge) عن حقٍّ:

---

١٧٥ جزء كبير من هذا القسم مقتبَس بتصرف من المصدر التالي، بتصريح من الناشر:
Michael Riccardi, *Sanctification: The Christian's Pursuit of God-Given Holiness* (Sun Valley, CA: Grace Books, 2015).

176 Bauer, *A Greek-English Lexicon*, 639.
بل ويؤيِّد اشتقاق الكلمة اليونانية نفسه *metamorphoō* الدلالة الداخلية للكلمة. فإن جذر كلمة *metamorphoō* هو كلمة *morphē*، التي مع أنها تُترجَم عادة «شكل»، لكنها لا تشير فقط إلى «الملامح الخارجية التي يمكن التعرُّف من خلالها على شيء ما، بل إلى تلك السمات والخصائص الجوهرية للشكل. ومن ثَمَّ، تعني الكلمة «السمات الحقيقية التي تميز شيئًا معيَّنًا»:
Gordon Fee, *Paul's Letter to the Philippians*, NICNT (Grand Rapids, MI: Eerdmans, 1995), 204.
على سبيل المثال، حين قال بولس إن يسوع كان في «صورة» [*morphē*] الله، ثم أخذ بعد ذلك «صورة» [*morphē*] عبدٍ أو إنسان (فيلبي ٢: ٦-٧)، لم يكن يقصد بذلك أن يسوع كان له المظهر الخارجي لله والإنسان، بل كانت له «طبيعة» كلٍّ من الله والإنسان. ومن ثَمَّ، تصف كلمة *metamorphoō* تغييرًا داخليًا.

> «التقديس ... لا يتألَّف حصريًا من مجموعة أفعال جديدة من نوعها. فهو عملية تحويل الشجرة إلى شجرة جيدة، حتى تصير الثمار جيدة. فهو يتضمن تغييرًا جوهريًا في الطبيعة. وكما أن الميلاد الثاني ليس فعلًا صادرًا عن الشخص الذي يُوَلد ثانية، لكنه، بحسب لغة الكتاب المقدس، ميلاد جديد، وخليقة جديدة، وفعل إحياء أو نقل حياة جديدة ... كذلك التقديس في طبيعته الجوهرية، ليس مجرد أفعال قداسة، بل تغيير كبير في حالة النفس، بالدرجة التي بها تصير الأفعال الخاطئة أقل تكرارًا، وتصير أفعال التقوى معتادة أكثر فأكثر، ومتحكِّمة في النفس أكثر فأكثر».[١٧٧]

لهذا، ينبغي ألا يعتبر المؤمنون القداسة مجرد إصلاحٍ لسلوكيات خارجية، حيث يغصب البشر إرادتهم على تأدية واجبات ليس لديهم من نحوها أي دافع إلهي. بل بالحري، عليهم أن يدركوا أن التقديس يتكون بشكل أساسي من التغيير الداخلي المعجزي للعواطف والميول. وبحسب الصورة التي استعملها هودج، ليس التقديس هو تعليق ثمار جيدة على غصن الشجرة، بل تثبيت الغصن في الكرمة، حتى تُصنَع الثمار بفضل اتحاد للمؤمن حيويًا بالرب يسوع المسيح. وفي حين يفعل الشخص المقدَّس بالتأكيد ما يوصي به الله، فإنما يفعله لأنه يحب الله، ويحب الأمور التي يحبها الله. فالتقديس هو التغيير الروحي للذهن والعواطف، الذي بدوره يعيد توجيه الإرادة والأفعال.

**هوية الشخص المسؤول عن التقديس**: بما أن التقديس ليس في الأساس شيئًا خارجيًا، لكنه بالأحرى عمل داخليٌّ وفائقٌ للطبيعة يُعمل داخل قلب الإنسان، لا بد إذن أن الشخص المسؤول عن تحقيقه هو الله. قال بولس مُتَّفقًا مع هذه الفكرة: «**اللهَ** هُوَ الْعَامِلُ فِيكُمْ أَنْ تُرِيدُوا وَأَنْ تَعْمَلُوا مِنْ أَجْلِ الْمَسَرَّةِ» (فيلبي ٢ : ١٣)، وفي موضع آخر نَسَبَ عملَ التقديس كاملًا إلى الله (اتسالونيكي ٥ : ٢٣). وقد التمس كاتب الرسالة إلى العبرانيين من إله السلام أن يؤهِّل شعبه «لِتَصْنَعُوا مَشِيئَتَهُ»، وأن يعمل فيهم «مَا يُرْضِي أَمَامَهُ» (عبرانيين ١٣ : ٢٠-٢١). لهذا السبب، كثيرًا ما استخدم الكتاب المقدس، في نصوص رئيسية عن التقديس، الأفعال في صيغة المبني للمجهول، موصيًا المؤمنين لا بأن يغيِّروا أنفسهم بل بأن «يتغيَّروا» ([أو «يُغيَّروا»] على سبيل المثال: رومية ١٢ : ٢؛ ٢كورنثوس ٣ : ١٨). ومن ثمَّ استنتج بيركهوف أن التقديس «يتكوَّن جوهريًا ورئيسيًا من عملية **إلهية** تُجرَى داخل النفس».[١٧٨]

وعلى نحو أكثر تحديدًا، يقول الكتاب المقدس إن الروح القدس هو الأقنوم الإلهي القائم بعمل التقديس. فقد تحدَّث بطرس عن «تَقْدِيسِ الرُّوحِ» (ابطرس ١ : ٢). كما أن الروح القدس هو «رُوحِ الْقَدَاسَةِ» (رومية ١ : ٤) الذي يشن حربًا مباشرةً على شهوات الجسد (غلاطية ٥ : ١٧)، ويقال عن تلك

---

177 Charles Hodge, *Systematic Theology* (1871–1873; repr., Grand Rapids, MI: Eerdmans, 1968), 3:226.

كذلك، يقول دابني (Dabney): «إذن، التقديس، بحسب الإنجيل، يُقصَد به ليس فقط التطهير من الذنب – مع أنه يَفترض حدوث هذا التطهير بالفعل – وليس فقط التكريس – مع أنه يشمل ذلك بالفعل – وليس فقط إصلاح الأخلاق والسلوك – مع أنه يؤدي إلى ذلك – لكنه في الأساس التطهير الأخلاقي للروح»:

R. L. Dabney, *Syllabus and Notes of the Course of Systematic and Polemic Theology*,2 nd ed. (St. Louis, MO: Presbyterian Publishing Company of St. Louis, 1878), 661.

178 Berkhof, *Systematic Theology*, 532.

الفضائل التي تشكِّل طبيعة القداسة والاستقامة إنها ثمر الروح (غلاطية ٥: ٢٢-٢٣). لا عجب إذن أن يقول بولس إن تغيير المؤمن إلى صورة المسيح هو «مِنَ الرَّبِّ الرُّوحِ» (٢كورنثوس ٣: ١٨).

**وسائل (وسائط) التقديس**: صحيح أن التقديس عمل داخلي يجريه الروح القدس، لكن لا يترتب على ذلك ألا يكون للمؤمن أي دور فيه، لأن الكتاب المقدس زاخرٌ بتحريضات ووصايا للمؤمنين بأن يتبعوا القداسة. أوصى بولس الكنيسة قائلًا: «تَمِّمُوا خَلَاصَكُمْ بِخَوْفٍ وَرِعْدَةٍ»، بالتحديد لأن الله هو العامل فيهم (فيلبي ٢: ١٢-١٣). إن عمل التقديس الذي يجريه الله داخل المؤمنين ليس عُذرًا لعدم عمل شيء، بل هو الأساس لجهودهم. قال بطرس إن المؤمنين قد وُهِبوا، على أساس عمل المسيح، «كُلَّ مَا هُوَ لِلْحَيَاةِ وَالتَّقْوَى»، وإنهم هربوا «مِنَ الْفَسَادِ الَّذِي فِي الْعَالَمِ بِالشَّهْوَةِ» (٢بطرس ١: ٣-٤)، لكنه أَتْبَعَ هذه التصريحات الخبرية الثمينة بدعوة تنبيهيَّة إلى العمل: «وَلِهذَا عَيْنِهِ -وَأَنْتُمْ بَاذِلُونَ كُلَّ اجْتِهَادٍ- قَدِّمُوا فِي إِيمَانِكُمْ فَضِيلَةً» (٢بطرس ١: ٥). كتب چون موراي:

> «لا يتعطَّل عمل الله فينا لأننا نعمل؛ وكذلك أيضًا، لا يتعطَّل عملنا لأن الله يعمل. كما أن العلاقة بين هذين العملين ليست بأي حال علاقةَ تعاونٍ، كأن الله يؤدي دوره، ونحن نؤدي دورنا، بحيث يحقق اقتران أو تكاتف العملين النتيجة المنشودة. الله يعمل فينا، ونحن أيضًا نعمل؛ لكن العلاقة بين الاثنين سببية، **فبسبب** أن الله يعمل، نستطيع نحن أن نعمل. فإن تتميم الخلاص من جانبنا هو نتيجة لعمل الله فينا».[١٧٩]

ومن ثَمَّ، علينا أن نتبع «الْقَدَاسَةَ الَّتِي بِدُونِهَا لَنْ يَرَى أَحَدٌ الرَّبَّ» (عبرانيين ١٢: ١٤)، وأن نُميت «أَعْمَالَ الْجَسَدِ» (رومية ٨: ١٣)، ونهرب «مِنَ الزِّنَا» (١كورنثوس ٦: ١٨)، ونتبع «الْبِرَّ» (٢تيموثاوس ٢: ٢٢)، بل و«نُطَهِّرْ ذَوَاتِنَا مِنْ كُلِّ دَنَسِ الْجَسَدِ وَالرُّوحِ، مُكَمِّلِينَ الْقَدَاسَةَ فِي خَوْفِ اللهِ» (٢كورنثوس ٧: ١).

وهكذا، في حين يعجز المؤمنون عن أن يُحْدِثوا على نحو مباشر التغييرَ الداخلي للتقديس داخل نفوسهم، وفي حين أن التقديس هو بالحقيقة عمل الروح القدس، لا يترتب على ذلك أن يكون المؤمنون سلبيين تمامًا في هذا الأمر. بل يُحدِث الروح القدس تغييره التقديسي داخل قلوب المؤمنين باستخدام وسائط لا بدَّ من استخدامها في هذا الغرض. زوَّدَنا هنري سكوجال (Henry Scougal)، البيوريتاني الإسكتلندي، بمثال توضيحي مفيد:

> جميع ابتكارات الإنسان وجهوده لا تستطيع إنبات أصغر عشب، أو جعل ساق ذُرة واحدة تنمو في الحقل. لكن طاقة الطبيعة، وتأثيرات السماء، هي التي تُحدِث ذلك. فإن الله هو 'الْمُنْبِتُ عُشْبًا لِلْبَهَائِمِ، وَخُضْرَةً لِخِدْمَةِ الإِنْسَانِ' (مزمور ١٠٤: ١٤)؛ ومع ذلك، لا يستطيع أحد أن يقول إن جهود [المزارع] عديمة الجدوى أو غير ضرورية.[١٨٠]

---

179 Murray, *Redemption Accomplished and Applied*, 148–49.

180 Henry Scougal, *The Life of God in the Soul of Man: Real Religion* (1677; repr., Fearn, Ross-shire, Scotland: Christian Focus, 2012), 78–79.

بعبارة أخرى، في حين أن الله هو حقًّا الذي يُنمِي العشب، ويجعل الأرض تُنتِج محاصيلها، المزارع الأحمق فقط هو مَن ينتظر مكتوف اليدين أن تُخرِج الأرض محصولها بأمر إلهي. لكنه، بدلًا من ذلك يُقِر بأن الله هو من يُنبِت الثمار والخضروات من الأرض بجهود المزارع، أي بحرث التربة، وغرس البزار، وتعريض النبات لأشعة الشمس والمياه. على نحو مشابه، المؤمن وحده ومن ذاته عاجز عن إنبات القداسة داخل قلبه، لأن هذا هو عمل الله. لكن، الشخص الأحمق فقط هو مَن يقف مكتوف الأيدي، منتظرًا أن يُنتِج قلبه برًّا بأمرٍ إلهي. أما المؤمن الأمين فيُقِر بأن الله يُنبِت ثمر القداسة بجهود المؤمن. وتُعَد الدعوات المتكررة من الكتاب المقدس إلى بذل الجهد، والعمل، والطاعة وصايا موجَّهة إلى المؤمنين حتى يضعوا أنفسهم داخل قنوات النعمة المقدِّسة التي يستخدمها الروح القدس لتغيير شعب المسيح إلى صورته.

وتشمل وسائط التقديس ما يلي:

١. قراءة كلمة الله والتأمل فيها (مزمور ١: ٢-٣؛ ١٩: ٧-١١؛ ١١٩: ١٠٥؛ يوحنا ١٧: ١٧؛ أعمال الرسل ٢٠: ٣٢؛ ٢تيموثاوس ٣: ١٦-١٧؛ عبرانيين ٤: ١٢؛ يعقوب ١: ٢٣-٢٥).
٢. الصلاة (مزمور ١١٩: ٣٧؛ لوقا ١١: ٩؛ فيلبي ٤: ٦-٧؛ عبرانيين ٤: ١٦؛ يعقوب ٤: ٢؛ ١يوحنا ١: ٩)
٣. الشركة مع القديسين في إطار الكنيسة المحلية (أمثال ٢٧: ١٧؛ ١كورنثوس ١٢: ٧؛ أفسس ٤: ١١-١٦، ٢٥؛ عبرانيين ٣: ١٢-١٣؛ ١٠: ٢٤-٢٥).
٤. تفسير اختبارات العناية الإلهية وفقًا للكتاب المقدس (رومية ٨: ٢٨-٢٩)، ولا سيما الضيقات والتجارب (مزمور ١١٩: ٧١؛ رومية ٥: ٣-٥؛ ٨: ١٧؛ فيلبي ٣: ١٠-١١؛ عبرانيين ١٢: ١٠؛ يعقوب ١: ٢-٤؛ ١بطرس ١: ٣-٧)
٥. حفظ وصايا الله (يوحنا ١٥: ١٠).

تتدفق النعمة المقدِّسة عبر هذه القنوات كافة. ومن ثَمَّ، على المؤمنين مسئولية أن يضعوا أنفسهم في طريق هذه القنوات. ومع أنهم عاجزون عن إحداث عملية التقديس التي يعملها الله داخل نفوسهم، عليهم، مع ذلك، أن يتبعوا القداسة باستخدام الوسائط التي بها يتمِّم روح الله هذه العملية الإلهية.[١٨١]

**طرق عمل التقديس:** تتعلق طرق عمل التقديس بالكيفية الفعلية التي بها يعمل التقديس. لماذا تُقدِّسنا قراءة كلمة الله ودراستها؟ وكيف تكون الصلاة من وسائط النعمة؟ ولماذا تَدفع الشركةُ مع مؤمنين آخرين شعبَ الله إلى الأمام نحو مزيد من القداسة؟ مرة أخرى، ترد الإجابات عن هذه الأسئلة في ٢كورنثوس ٣: ١٨، حيث يُعلِن الكتاب المقدس وسيلة سادسة للتقديس تشكِّل أساس سائر الوسائط، وتجعلها فعَّالة وناجحة. قال بولس: «وَنَحْنُ جَمِيعًا **نَاظِرِينَ** مَجْدَ الرَّبِّ بِوَجْهٍ مَكْشُوفٍ، كَمَا فِي مِرْآةٍ، نَتَغَيَّرُ إِلَى تِلْكَ الصُّورَةِ عَيْنِهَا، مِنْ مَجْدٍ إِلَى مَجْدٍ، كَمَا مِنَ الرَّبِّ الرُّوحِ». وبتبسيط هذه الجملة المركَّبة، نقرأها كالتالي: «ونحن جميعًا، إذ ننظر مجد الرب، نتغيَّر». فحين ينظر المؤمنون بالمسيح مجدَه كما هو معلَن في كلمة الله بعيون أذهانهم (أفسس ١: ١٨)، يتغيرون تدريجيًّا إلى صورته.

---

١٨١ للاطلاع على المزيد بشأن وسائط النعمة انظر عنوان «وسائط النعمة داخل الكنيسة»، في الفصل التاسع من هذا الكتاب (ص. ٩٣٤).

لا تقتصر فكرة النظر الروحي هذه على هذا النص الوحيد، لكنها مؤكَّدة في كلِّ تعليم العهد الجديد عن التقديس. فقد قال كاتب الرسالة إلى العبرانيين إن الحياة المسيحية سباق يركض فيه المؤمنون بمثابرة مثبِّتين أعينهم على يسوع، رئيس إيمانهم ومكمِّله (عبرانيين ١٢: ١، ٢). كما أن الإيمان نفسه هو إبصار روحي، يرى الحق ويؤمن به؛ فهو «الثِّقَةُ بِمَا يُرْجَى»، و«الْإِيقَانُ بِأُمُورٍ لَا تُرَى» (عبرانيين ١١: ١). فإن ما لا يمكن رؤيته بالعينين الجسديتين ينكشف لعينَيِّ الإيمان الروحيتين. هكذا تشدَّد إيمان موسى فاحتمل أنواع التجارب كافة، «لِأَنَّهُ كَانَ يَنْظُرُ إِلَى الْمُجَازَاةِ» (١١: ٢٦)، «كَأَنَّهُ يَرَى مَنْ لَا يُرَى» (١١: ٢٧). وشجَّع بولس أهل كورنثوس بفكرة أن الضيقة الوقتية في هذه الحياة تُنشِئ ثقل مجدٍ أبديًّا لشعب الله، شريطة أن ينظروا بعينَي الإيمان إلى ما لا يُرى، أي إلى الحق الروحي الذي يُعلِن مجد المخلِّص (٢كورنثوس ٤: ١٧-١٨). ومرة أخرى، يعلِّمنا الرسول يوحنا بأن تكميلنا على صورة المسيح سيكون نتيجة رؤيتنا له في النهاية دون أيِّ عائق: «وَلَكِنْ نَعْلَمُ أَنَّهُ إِذَا أُظْهِرَ نَكُونُ مِثْلَهُ، **لِأَنَّنَا** سَنَرَاهُ كَمَا هُوَ» (١يوحنا ٣: ٢).

يدفعنا مضمون هذه النصوص مجتمعة إلى فهم أن النظر الروحي إلى مجد المسيح هو الوسيلة الأساسية للتقديس. أوجز جون أوين هذا التعليم الكتابي على النحو التالي:

> دعونا نحيا في تأمُّل مستمر في مجد المسيح، وحينئذ ستنبع الفضيلة منه، فتُصلح كلَّ فسادنا، وتُجدِّد في داخلنا روحًا مستقيمة، وتجعلنا مُكثِرين في عمل جميع واجبات الطاعة ... فإن ذلك من شأنه أن يثبِّت النفس في مَن هو جدير بأن يعطيها السرور، والرضا، والشبع ... وحين يمتلئ الذهن بأفكار عن المسيح ومجده، وحين تتعلَّق النفس به بشدة، ستطرح عنها كل ما يسبِّب لها الضعف والفتور الروحي، ولن تسمح له بالدخول... ولا شيء يمكن أن يحفِّز نفوسنا، ويشجعها على ذلك أكثر من النظر المستمر إلى المسيح وإلى مجده».[١٨٢]

بعبارة أخرى، حين يدرك المؤمن مجد المسيح بعينَي الإيمان، ستشبَع نفسُه من مشهد جماله بحيث لن يسعى بعد إلى أيِّ شبع آخر من ملذات الخطية الزائفة والعابرة. وكما في الميلاد الثاني، حين يشرق الروح القدس في قلوب الخطاة بنور معرفة مجد الله في وجه المسيح (٢كورنثوس ٤: ٦)، متغلبًا على عماهم الروحي، بتنبيه نفوسهم إلى نجاسة الخطية، وجمال المسيح، كذلك يعمل الروح القدس في التقديس التدريجي، إذ يقوِّي ذلك المَيْل المقدس الذي أُنشئ في الميلاد الثاني. فإن الإدراك الروحي لمجد المسيح يجعل عواطف المؤمنين وميولهم تتوافق مع المشيئة الإلهية، مما يجعلهم يبغضون الخطية، ويحبون البِرَّ. بعد ذلك، تقوم هذه العواطف التي تقدَّست بتوجيه الإرادة إلى اشتهاء البر الذي صارت تحبه، ورَفْضِ الخطية التي صارت تبغضها. وأخيرًا، يتدفق هذا التغيير الداخلي في صورة ثمار خارجية، حين ينبعث من تلك الإرادة المقدَّسة سلوك مقدَّس.

ومن ثَمَّ، بينما يستخدم المؤمن الوسائط المتنوعة التي بها ينال نعمة التقديس التي يمنحها الروح القدس، عليه أن ينظر بعينَي الإيمان إلى مجد المسيح المغيِّر، المعلَن من خلال هذه الوسائط. فإن كلمة

182 John Owen, *Meditations and Discourses on the Glory of Christ*, in *The Works of John Owen*, vol. 1, *The Glory of Christ*, 460–61.

الله أداة لظهور مجد الله (خروج ٣٣ : ١٨؛ ٣٤ : ٥-٧؛ ١ صموئيل ٣ : ١، ٢١)؛ كما أن الصلاة فرصة للشركة الشخصية مع الله، فيها يطلب العابد وجه الله (٢أخبار الأيام ٧ : ١٤؛ مزمور ٢٤ : ٦؛ ٢٧ : ٨؛ ١٠٥ : ٤؛ هوشع ٥ : ١٥)، حتى يتسنَّى له أن ينظر جماله المغيِّر (مزمور ٢٧ : ٤). كذلك الشركة داخل الكنيسة المحلية هي فرصة للاستماع إلى الوعظ بالكلمة بمهارة، وترتيل ترانيم العبادة بكلماتها المقدَّسة المستمَدة من الحق الكتابي، والصلاة الجماعية لجسد المسيح، ورؤية الإنجيل في فريضَتَي المعمودية وعشاء الرب. إلى جانب ذلك، بالدرجة التي بها يتغيَّر المؤمنون - على نحو غير كامل - إلى صورة المسيح (رومية ٨ : ٢٩؛ ٢كورنثوس ٣ : ١٨)، يعكسون صورة مجده بعضهم أمام بعض. وأخيرًا، الطاعة نفسها هي سبيلٌ إلى مزيد من الكشف لمجد المسيح أمام عيون الأذهان (يوحنا ١٤ : ٢١). فحين يواجه المؤمنون غوايات بارتكاب الخطية، لا بد أن يفكروا جيدًا، واضعين في حسبانهم أن الخطية لا تمنح البتة الشبع الذي تَعِد به، بينما تَجْلُبُ الطاعةُ قدرًا أكبر من الإعلانات عن شخص المخلِّص، الذي هو مصدر كل لذة وشبع حقيقيَّيْن. وفي رغبة منهم في اللذة الأسمى التي توجَد في المسيح، لا بد لهم من (١) فعل الإماتة، أي إماتة أعمال الجسد (رومية ٨ : ١٣)، أي خلع الإنسان العتيق (أفسس ٤ : ٢٢)، وطرح الخطية المحيطة بسهولة (عبرانيين ١٢ : ١)، التي تحجب عنا رؤية مجد المسيح؛ ولا بد لهم أيضًا من (٢) فعل الإحياء الذي ينطوي على لبس الإنسان الجديد (رومية ١٣ : ١٤؛ أفسس ٤ : ٢٤)، أي تدريب أنفسهم بسرور على أن يروا المسيح في الكتاب المقدس، والصلاة، والشركة، وأعمال العناية الإلهية، والطاعة التي تقود إلى شركة أعمق معه.

وباجتهاد المؤمن الذي يتبع المسيح لكي ينظر مجد يسوع باستخدام جميع وسائط النعمة، سيتغير تدريجيًّا إلى صورته من الداخل إلى الخارج. ومن ثم، سيعيش كما يحق للإنجيل (فيلبي ١ : ٢٧)، وكَمَا يَحِقُّ لِلرَّبِّ نفسه (كولوسي ١ : ١٠)، متمِّمًا خلاصه بخوف ورعدة، تمامًا كما يوصي الكتاب المقدس (فيلبي ٢ : ١٢). وكما يقول ٢تيموثاوس ٢ : ٢١ : «يَكُونُ إِنَاءً لِلْكَرَامَةِ، مُقَدَّسًا، نَافِعًا لِلسَّيِّدِ، مُسْتَعَدًّا لِكُلِّ عَمَلٍ صَالِحٍ».

## ⬅ المثابرة

كثيرًا ما يُطرَح سؤال صادقٌ (ومزعِجٌ في كثير من الأحيان) بين المسيحيين المعترفين بإيمانهم يتعلَّق بما إن كان الخلاص في المسيح مضمونًا إلى الأبد أم لا. هل يثابر أولئك الذين بالحقيقة يؤمنون بيسوع المسيح مخلِّصًا وربًّا في ذلك الإيمان نفسه حتى نهاية حياتهم؟ أم هناك احتمال أن يفقد مؤمنٌ حقيقيٌّ خلاصَه؟ هل يمكن أن يتخلى الذين يؤمنون بالمسيح إيمانًا حقيقيًا للخلاص لاحقًا عن إيمانهم هذا، ومن ثَمَّ يفقدون حياتهم الأبدية؟ يجيب التعليم الموحَّد للكتاب المقدس بكامله **بالنفي** القاطع عن كلِّ سؤال من هذه الأسئلة. فإن أولئك المولودين بالحقيقة من الروح، الذين اتحدوا بالمسيح بالإيمان، يُحفَظون آمنين فيه بقوة الله، ومن ثَمَّ، سيُثابرون (يَثبُتون) في الإيمان إلى أن يذهبوا بالموت ليكونوا مع المسيح. عادة ما تسمَّى هذه العقيدة « مثابرة القديسين».[١٨٣]

١٨٣ للاطلاع على دراسة أكثر تفصيلاً عن ضمان المؤمن ويقينه، انظر:
John MacArthur, *Saved without a Doubt: Being Sure of Your Salvation*, 3rd ed. (Colorado Springs: David C. Cook, 2011).

## • قوة الإله الواحد مثلَّث الأقانيم الحافظة

إن أساس الضمان الأبدي للمؤمن الحقيقي بالمسيح يكمُن جوهريًّا في طبيعة الإله الواحد مثلَّث الأقانيم الحافظة. **أولاً**، ضمان المؤمن مؤسَّسٌ على محبة الآب غير المتغيِّرة، وسلطانه غير المحدود، ومشيئته الخلاصية. فقد بدأ الخلاص في الأزل، حين التصق الله بمختاريه بمحبة مخلِّصة، ووهبهم نعمة في المسيح يسوع (٢تيموثاوس ١: ٩)، معيِّنًا المسيح وسيطًا لهم. يَصِفُ الكتابُ المقدسُ هذا القرار السيادي بأن الآب قد أعطى المختارين للابن (راجع يوحنا ٦: ٣٧، ٣٩؛ ١٠: ٢٩؛ ١٧: ٢، ٦، ٩، ٢٤)، وأنه سبق فعيَّنهم ليكونوا مشابهين صورة الابن (رومية ٨: ٢٩). ويستحيل أن يفشل الذين سبق الآب فعيَّنهم ليشابهوا صورة المسيح في بلوغ تلك الغاية، لأن «الَّذِينَ سَبَقَ فَعَيَّنَهُمْ، فَهؤُلاَءِ دَعَاهُمْ أَيْضًا. وَالَّذِينَ دَعَاهُمْ، فَهؤُلاَءِ بَرَّرَهُمْ أَيْضًا. وَالَّذِينَ بَرَّرَهُمْ، فَهؤُلاَءِ مَجَّدَهُمْ أَيْضًا» (رومية ٨: ٣٠). يعرض بولس في هذه الآيات أحداث الفداء كسلسلة لا تنقطع من نعمة الله السيادية. فإن الاكتمال النهائي لخلاص المؤمن يقينيٌّ وأكيدٌ للغاية لدرجة أن بولس استطاع التحدث عن المبرَّرين كأنهم قد تمجَّدوا بالفعل. فإن جميع الذين اختارهم الله، هو برَّرهم أيضًا، على أساس العمل البار الذي عمله الابن؛ وجميع الذين برَّرهم هو مجَّدهم أيضًا. ومن ثَمَّ، يستحيل على شخصٍ اتحد بالمسيح، ووُهب برَّه في التبرير، ألا يتمجد أيضًا. لن يُقصِّر الآب عن تتميم ملء قصده في الاختيار، لكنه سيصل به إلى غايته التي قصدها وعيَّنها. إلى هذه الفكرة أضاف بولس أنه لا أحد ممَّن مات المسيح لأجلهم واقعٌ تحت الدينونة (رومية ٨: ٣١-٣٤؛ راجع رومية ٨: ١). كما صرَّح بأنه لا شيء في كل الخليقة سيفصل المؤمنين الحقيقيين عن محبة الله التي في المسيح:

> «... أَشِدَّةٌ أَمْ ضِيْقٌ أَمِ اضْطِهَادٌ أَمْ جُوعٌ أَمْ عُرْيٌ أَمْ خَطَرٌ أَمْ سَيْفٌ؟ ... وَلكِنَّنَا فِي هذِهِ جَمِيعِهَا يَعْظُمُ انْتِصَارُنَا بِالَّذِي أَحَبَّنَا. فَإِنِّي مُتَيَقِّنٌ أَنَّهُ لاَ مَوْتَ وَلاَ حَيَاةَ، وَلاَ مَلاَئِكَةَ وَلاَ رُؤَسَاءَ وَلاَ قُوَّاتِ، وَلاَ أُمُورَ حَاضِرَةً وَلاَ مُسْتَقْبَلَةً، وَلاَ عُلْوَ وَلاَ عُمْقَ، وَلاَ خَلِيقَةَ أُخْرَى، تَقْدِرُ أَنْ تَفْصِلَنَا عَنْ مَحَبَّةِ اللهِ الَّتِي فِي الْمَسِيحِ يَسُوعَ رَبِّنَا» (رومية ٨: ٣٥، ٣٧-٣٩).

طرح الرب يسوع هذه الفكرة نفسها المتعلِّقة بمشيئة الآب المخلِّصة، حين قال:

> «كُلُّ مَا يُعْطِينِي الآبُ فَإِلَيَّ يُقْبِلُ، وَمَنْ يُقْبِلْ إِلَيَّ لاَ أُخْرِجْهُ خَارِجًا. لأَنِّي قَدْ نَزَلْتُ مِنَ السَّمَاءِ، لَيْسَ لأَعْمَلَ مَشِيئَتِي، بَلْ مَشِيئَةَ الَّذِي أَرْسَلَنِي. وَهذِهِ مَشِيئَةُ الآبِ الَّذِي أَرْسَلَنِي: أَنَّ كُلَّ مَا أَعْطَانِي لاَ أُتْلِفُ مِنْهُ شَيْئًا، بَلْ أُقِيمُهُ فِي الْيَوْمِ الأَخِيرِ. لأَنَّ هذِهِ هِيَ مَشِيئَةُ الَّذِي أَرْسَلَنِي: أَنَّ كُلَّ مَنْ يَرَى الابْنَ وَيُؤْمِنُ بِهِ تَكُونُ لَهُ حَيَاةٌ أَبَدِيَّةٌ، وَأَنَا أُقِيمُهُ فِي الْيَوْمِ الأَخِيرِ» (يوحنا ٦: ٣٧-٤٠).

إن مشيئة الآب هي ألا يفقد المسيح **أحدًا** من الذين أعطاهم له، وأن ينال كلُّ مؤمن مختار الحياة الأبدية، ويُقام إلى مجد أبدي في اليوم الأخير. ولا يمكن لأحد أو لشيء أن يُحبِط مشيئة الآب (أيوب ٤٢: ٢؛ مزمور ٣٣: ١٠-١١؛ ١١٥: ٣؛ إشعياء ٤٦: ٩-١٠؛ دانيال ٤: ٣٥)، لأنه ليس فقط يَميلُ نحو شعبه بلطفه الشديد، لكنه أيضًا قادر بسلطانه على تتميم غاياته المنشودة. فقد قال يسوع: «وَأَنَا أُعْطِيهَا

[خرافي] حَيَاةً أَبَدِيَّةً، وَلَنْ تَهْلِكَ إِلَى الأَبَدِ، وَلَا يَخْطَفُهَا أَحَدٌ مِنْ يَدِي. أَبِي الَّذِي أَعْطَانِي إِيَّاهَا هُوَ أَعْظَمُ مِنَ الْكُلِّ، وَلَا يَقْدِرُ أَحَدٌ أَنْ يَخْطَفَ مِنْ يَدِ أَبِي» (يوحنا ١٠: ٢٨-٢٩). استخدم يسوع أقوى لغة نفي متاحة في اللغة اليونانية، وأعلن على نحو قاطع أن الذين هم مِلكٌ للمسيح بالإيمان «لَنْ يهلكوا إِلَى الأَبَدِ» (في اليونانية: *ou mē apolōntai*، يوحنا ١٠: ٢٨)، بل تكون لهم الحياة الأبدية (يوحنا ٣: ١٦). فهو يؤسِّس الضمان الأبدي لخراف المسيح في السلطان السيادي للآب الذي يُمسِك بهم في يده. فإن الآب عظيم وقدير جدًا حتى أنه لا أحد يستطيع أن يخطف من يده الذين يُمسِك بهم إلى الأبد.

لهذا السبب، عبَّر بولس عن يقينه بأن «الَّذِي ابْتَدَأَ فِيكُمْ عَمَلًا صَالِحًا يُكَمِّلُ إِلَى يَوْمِ يَسُوعَ الْمَسِيحِ» (فيلبي ١: ٦). ببساطة شديدة، يُكمل الله ما يبدأه. وبما أن نعمة الآب السيادية – لا إرادة الإنسان الحرة – هي التي **بدأت** عمل الخلاص في حياة الخطاة (راجع أعمال الرسل ١١: ١٨؛ ١٦: ١٤؛ أفسس ٢: ٤-٩؛ فيلبي ١: ٢٩؛ يعقوب ١: ١٨)، سيمارس الله ذلك السلطان السيادي نفسه كي يكمل هذا العمل العظيم. إذن، يستطيع المؤمنون أن يتيقَّنوا بأنهم سيثبتون إلى النهاية بقوة الآب الحافظة.

**ثانيًا**، ضمان المؤمن مؤسَّس على استحقاقات عمل المسيح في الخلاص، وفاعلية شفاعته الحالية. لهذا كتب بولس: «مَنْ سَيَشْتَكِي عَلَى مُخْتَارِي اللهِ؟ اللهُ هُوَ الَّذِي يُبَرِّرُ. مَنْ هُوَ الَّذِي يَدِينُ؟ اَلْمَسِيحُ هُوَ الَّذِي مَاتَ، بَلْ بِالْحَرِيِّ قَامَ أَيْضًا، الَّذِي هُوَ أَيْضًا عَنْ يَمِينِ اللهِ، الَّذِي أَيْضًا يَشْفَعُ فِينَا» (رومية ٨: ٣٣-٣٤). يشكِّل موت المسيح، وقيامته، وشفاعته الحالية الأساس الذي عليه لن تصمد البتة أية شكاية ضد شعبه. فبسبب أنه مات، وقام، وأنه الآن يشفع فينا أمام الآب، لا أحد يقدر أن يفصلنا عن محبته (رومية ٨: ٣٥-٣٩).

وكما أن قصد الآب في التعيين المسبق يحقِّقُ الغاية المنشودة منه تمامًا، كذلك يحقق فداء الابن الغاية المنشودة منه بفاعلية تامة. فقد أخذ ابن الله، بصفته البديل عن شعبه، مكان الخطاة المختارين على الصليب، وحَمَلَ العقوبة الإلهية الكاملة على خطاياهم (١بطرس ٢: ٢٤). وبهذا العمل، استرضى تمامًا غضب الآب على شعبه (رومية ٣: ٢٥؛ عبرانيين ٢: ١٧؛ ١يوحنا ٢: ٢؛ ٤: ١٠). فاشتراهم من سوق عبيد الخطية، دافعًا دمه ثمنًا (أعمال الرسل ٢٠: ٢٨؛ رؤيا ٥: ٩). ليس هذا فحسب، بل وقد برهن الآب، بإقامة المسيح من بين الأموات، على أن موته قدَّم كفارة كافية عن الخطايا. فقد كانت القيامة هي أعظم تزكية وأعظم إثبات لصدق المسيح وبرِّه (١تيموثاوس ٣: ١٦)، إذ برهنت على قبول الآب لعمله المكتمل، وعلى أنه لم تعد هناك عقوبة على الخطايا يجب تنفيذها، ولم يعد هناك غضب ينبغي أن يقاسيه لأجل الذين هم فيه. ومن ثَمَّ، يكون افتراضنا أن الخطاة الذين لأجلهم قدَّم المسيح نفسه كفارة يمكن –رغم ذلك– أن يقاسوا العقوبة الأبدية لغضب الله، هو تحقير من قيمة ذبيحة المسيح الفدائية، وتناقُض مع شهادة الآب في القيامة. أيضًا، بتطبيق الروح القدس لفداء المسيح، يُحتسَب للخاطئ برُّ المسيح في التبرير. ليس من الوارد، إذن، أن يطبِّق الروح جزءًا فقط من تلك المزايا الخلاصية التي اشتراها فداء المسيح، بحيث يمكن لشخصٍ صدر الحُكم ببرِّه على أساس عمل المسيح أن يُجرَّد في وقتٍ ما من ذلك البر فيقاسي عقوبة الدينونة التي كان قد افتُدي منها. فلا شيء من الدينونة على الذين اتحدوا بالمسيح يسوع (رومية ٨: ١؛ راجع أعمال الرسل ١٣: ٣٨-٣٩).

علاوة على ذلك، لم يكتفِ المسيح بتقديم ذبيحة جديرة بلا حدود نيابة عن شعبه، لكنه أيضًا في الوقت الحالي يشفع على الدوام في شعبه أمام الآب (رومية ٨: ٣٤). فهو يصلّي بخاصةٍ كي يَكْفُل الخلاص الأبدي للمختارين، كما يقول عبرانيين ٧: ٢٥، «فَمِنْ ثَمَّ يَقْدِرُ أَنْ يُخَلِّصَ أَيْضًا إِلَى التَّمَامِ الَّذِينَ يَتَقَدَّمُونَ بِهِ إِلَى اللهِ، **إِذْ هُوَ حَيٌّ فِي كُلِّ حِينٍ لِيَشْفَعَ فِيهِمْ**». شدَّد الكاتب على هذه العبارة بقدر ما أمكنه: فإن يسوع لا يخلِّص شعبه خلاصًا يمكن أن يُبْطَل أو يُفقَد، لكنه يخلِّص «إِلَى التَّمَامِ» (في اليونانية: *eis to panteles*) – أي على نحو كامل، على نحو تام وأبدي – وهو يشفع فيهم شفاعة دائمة الفاعلية كي يضمن ألا يخيب هذا الخلاص. فحين طلب الشيطان أن يغربل بطرس كالحنطة، طمأن يسوعُ بطرسَ قائلًا: «وَلَكِنِّي طَلَبْتُ مِنْ أَجْلِكَ لِكَيْ لَا يَفْنَى إِيمَانُكَ» (لوقا ٢٢: ٣١-٣٢). كانت صلاة يسوع الشفاعية كافية لحفظ خلاص بطرس، إذ أتبعَ يسوع كلامه بالقول: «وَأَنْتَ **مَتَى** – وليس لو – رَجَعْتَ ثَبِّتْ إِخْوَتَكَ» (لوقا ٢٢: ٣٢). جميع المؤمنين مستفيدون من شفاعة رئيس كهنتهم الأعظم تامة الفاعلية، ومن ثم، هم محروسون ومحفوظون بقوة الله (١بطرس ١: ٥).

**ثالثًا**، ضمان المؤمن مؤسَّسٌ في خدمة ختم الروح القدس. كتب بولس: «الَّذِي فِيهِ أَيْضًا أَنْتُمْ، إِذْ سَمِعْتُمْ كَلِمَةَ الْحَقِّ، إِنْجِيلَ خَلَاصِكُمُ، الَّذِي فِيهِ أَيْضًا إِذْ آمَنْتُمْ **خُتِمْتُمْ** بِرُوحِ الْمَوْعِدِ الْقُدُّوسِ، الَّذِي هُوَ عُرْبُونُ مِيرَاثِنَا، لِفِدَاءِ الْمُقْتَنَى، لِمَدْحِ مَجْدِهِ» (أفسس ١: ١٣-١٤؛ راجع ٤: ٣٠). في أيام بولس، كان وضع أحدهم خَتْمَه على شيء هو تعبيرٌ عن الضمان، والتوثيق، والملكية. يختِم الله شعبه بالروح القدس نفسه، واهبًا روحه كي يسكن شخصيًّا داخل كلِّ مؤمن عربونًا لميراث الخلاص المستقبلي (٢كورنثوس ١: ٢٢؛ ٥: ٥). الكلمة اليونانية التي تُرجمت «عربون» [«plegde» في اللغة الإنجليزية] هي *arrabōn*، وهو مصطلح تجاري يشير إلى دفع دفعة مقدَّمة من المال – أي «القسط الأول من المال» مع ضمانٍ بسداد بقية المبلغ».[١٨٤] مرة أخرى، لن يضع الله ختم الملكية الخاص به على شعبه، جاعلًا الروح القدس نفسه يسكن فيهم عربونًا على تعهُّده الجاد بأن يأتي بهم إلى ميراثهم الموعود، ومع ذلك، يُقصِّر في حفظهم إلى أن يوفي تمامًا بوعده بالحياة الأبدية. يقول جرودم: «جميع الذين يسكن فيهم الروح القدس، وجميع الذين وُلِدوا ثانية بالحقيقة، قد حصلوا من الله على وعدٍ وعلى ضمان لا يتغيَّران، بأن يكون لهم حتمًا ميراث الحياة الأبدية في السماء. فإن أمانة الله تتعهَّد بتحقيق هذا».[١٨٥]

- الإيمان المثابر لأولاد الله

في حين أن الله يحفظ جميع المؤمنين الحقيقيين في خلاصهم بقوته القديرة وسيادته، فإن هذه السيادة لا تلغي بأي حال مسئوليتهم أن يثابروا في الإيمان طوال حياتهم. فكما أن سيادة الله في الاهتداء لا تلغي مسئولية التوبة والإيمان (رومية ٩: ١٤-١٨؛ راجع رومية ١٠: ١١-٢١)، وكما أن سيادة الله في التقديس لا تستبعد الحاجة إلى اجتهاد مستمر في اتباع القداسة (على سبيل المثال، فيلبي ٢: ١٢-١٣؛ ٢بطرس ١: ٣-٥)، كذلك لا يتناقض حفظ الله السيادي مع ضرورة مثابرة المؤمن. جميع المؤمنين الحقيقيين هم «بِقُوَّةِ اللهِ مَحْرُوسُونَ، بِإِيمَانٍ، لِخَلَاصٍ مُسْتَعَدٍّ أَنْ يُعْلَنَ فِي الزَّمَانِ الْأَخِيرِ» (١بطرس ١: ٥). فإن قوة الله هي القوة الحافظة الحاسمة. لكن هذه القوة تحفظ شعبه **بِإِيمَانٍ** – أي بالإيمان المستمر والمثابر، العامل بالمحبة في كلِّ مؤمن (غلاطية ٥: ٦).

---

184 Harold W. Hoehner, *Ephesians: An Exegetical Commentary* (Grand Rapids, MI: Baker Academic, 2002), 241.

185 Grudem, *Systematic Theology*, 791.

ولهذا وجَّه الكتاب المقدس دعوات كثيرة إلى المثابرة في الإيمان، مشيرًا إلى أن عدم المثابرة سيسفر عن عدم نوال الخلاص النهائي. حذَّر يسوع من الاضطهاد الحتمي الذي لا بد أن يواجهه أتباعه في عالم معادٍ للحق والبر. وفي وجه ذلك العداء، دعاهم إلى التحمُّل والصبر: «وَتَكُونُونَ مُبْغَضِينَ مِنَ الْجَمِيعِ مِنْ أَجْلِ اسْمِي. وَلكِنِ الَّذِي يَصْبِرُ إِلَى الْمُنْتَهَى فَهَذَا يَخْلُصُ» (متى ١٠: ٢٢). كذلك، تحدَّث يسوع عن المؤمنين الذين سيكونون على قيد الحياة في فترة الضيقة، قائلًا: «وَلِكَثْرَةِ الإِثْمِ تَبْرُدُ مَحَبَّةُ الْكَثِيرِينَ. وَلكِنِ الَّذِي يَصْبِرُ إِلَى الْمُنْتَهَى فَهَذَا يَخْلُصُ» (متى ٢٤: ١٢-١٣). وحثَّ يسوع اليهود الذين أقرُّوا بإيمانهم إقرارًا ظاهريًّا على أن يبرهنوا على حقيقة إيمانهم هذا بالطاعة: «إِنَّكُمْ إِنْ ثَبَتُّمْ فِي كَلَامِي فَبِالْحَقِيقَةِ تَكُونُونَ تَلَامِيذِي» (يوحنا ٨: ٣١). وهكذا، يتبيَّن أن الذين لا يَثبتون في كلام المسيح هم تلاميذ كذبة - أو «إخوة كذبة» (٢كورنثوس ١١: ٢٦؛ غلاطية ٢: ٤)، يدَّعون أنهم ليسوع، لكنهم لا يصنعون الثمار اللازمة التي تُبرهن حقيقة اهتدائهم إلى الله. ومن ثَمَّ، سعى بولس إلى منح الذين مات المسيح لأجلهم اليقين، ولكنه أشار إلى أن بعض الذين يدَّعون أنهم جزء من هذه المجموعة ليسوا كذلك بالحقيقة؛ وقال إن المسيح سوف «يُحْضِرَكُمْ قِدِّيسِينَ وَبِلَا لَوْمٍ وَلَا شَكْوَى أَمَامَهُ [أمام الآب]، **إِنْ ثَبَتُّمْ عَلَى الإِيمَانِ**، مُتَأَسِّسِينَ وَرَاسِخِينَ وَغَيْرَ مُنْتَقِلِينَ عَنْ رَجَاءِ الإِنْجِيلِ، الَّذِي سَمِعْتُمُوهُ، الْمَكْرُوزِ بِهِ فِي كُلِّ الْخَلِيقَةِ الَّتِي تَحْتَ السَّمَاءِ» (كولوسي ١: ٢٢-٢٣). على نحو مماثل، أكَّد لنا كاتب الرسالة إلى العبرانيين أننا «قَدْ صِرْنَا شُرَكَاءَ الْمَسِيحِ، **إِنْ تَمَسَّكْنَا بِبَدَاءَةِ الثِّقَةِ ثَابِتَةً إِلَى النِّهَايَةِ**» (عبرانيين ٣: ١٤).

تُبيِّن هذه النصوص بوضوح أن المؤمنَ الذي جاهر بإيمانه يجب أن يثابر في الإيمان والطاعة كي يَخْلُصَ في النهاية. وفي حين يُطَمئن البعضُ المؤمنينَ الذين جاهروا بإيمانهم بأن السماء لهم بغض النظر عن الطريقة التي يسلكون بها بعد إقرارهم بالإيمان -كما هو شائع في بعض أشكال مذهب «ضد الناموس»، وفلسفة السكون أو التصوُّف [quietism]، وما يسمَّى لاهوت «النعمة المجانية» - إلا أن هذه المفاهيم عن قوة الله الحافظة تتعارض تعارضًا صارخًا مع تعليم الكتاب المقدَّس.

من بين تبعات هذا الحق هو أن كثيرين قد يُظهرون علامات خارجية على تكريسهم للمسيح ولكنيسته، لكنهم من الداخل ليسوا مؤمنين حقيقيين. بعض المؤمنين المجاهرين بإيمانهم، الذين يُرمَز لهم بالبذار التي تقع على الأرض المحجرة، يبدو أنهم يقبلون كلمة الله بفرح، لكن، إذ ليس لهم أصل في ذواتهم، حين تأتي عليهم الضيقة والاضطهاد، يرتدُّون عن المسيح، ويتخلون عن إقرارهم بإيمانهم (متى ١٣: ٣-٩، ١٨-٢٣). حذَّر يسوع من أن بعض الذين يجاهرون بإيمانهم بالمسيح بحماس، بل ويبدو أنهم يمارسون مواهب معجزية من الروح القدس، سيأتون إلى يوم الدينونة، متوقِّعين أن يرثوا الخلاص، لكنهم في المقابل سيُصرَفون إلى الهلاك:

> «لَيْسَ كُلُّ مَنْ يَقُولُ لِي: يَا رَبُّ، يَا رَبُّ! يَدْخُلُ مَلَكُوتَ السَّمَاوَاتِ. بَلِ الَّذِي يَفْعَلُ إِرَادَةَ أَبِي الَّذِي فِي السَّمَاوَاتِ. كَثِيرُونَ سَيَقُولُونَ لِي فِي ذَلِكَ الْيَوْمِ: يَا رَبُّ، يَا رَبُّ! أَلَيْسَ بِاسْمِكَ تَنَبَّأْنَا، وَبِاسْمِكَ أَخْرَجْنَا شَيَاطِينَ، وَبِاسْمِكَ صَنَعْنَا قُوَّاتٍ كَثِيرَةً؟ فَحِينَئِذٍ أُصَرِّحُ لَهُمْ: إِنِّي لَمْ أَعْرِفْكُمْ قَطُّ! اذْهَبُوا عَنِّي يا فَاعِلِي الإِثْمِ!» (متى ٧: ٢١-٢٣).

من المثير للاهتمام أن يسوع لـم يقل لهؤلاء: «كنتُ أعرفكم فيما سبق، لكنكم لـم تثابروا، فسقطتم من الإيمان»؛ لكنه قال: «إنِّي لَـمْ أَعْرِفْكُمْ قَطُّ»، منوِّهًا إلى أن حتى أولئك الذين يجاهرون بأصدق اعترافات الإيمان، لكنهم لا يُقرِنون إيمانهم بثمر الروح (٢ بطرس ١: ٥–١٠؛ غلاطية ٥: ٢٢–٢٤) لم يكونوا قط مؤمنين حقيقيين من البداية. هذا مهم، لأن كثيرين يعترضون على عقيدة مثابرة القديسين بناء على خبرتهم الشخصية عن صديق أو قريب لهم جاهر بأنه مؤمن بالمسيح، لكنه سقط لاحقًا وارتدَّ. إن الخبرة الشخصية لهؤلاء، المتماشية مع الكثير من نصوص الكتاب المقدس التي تهدد بالهلاك النهائي في حالة عدم المثابرة، توحي لهم بإمكانية أن يفقد المؤمنون الحقيقيون خلاصهم. ولكن، يعلِّم الكتاب المقدس بأن الذين لا يثابرون إلى النهاية يكشفون أنهم لـم يكونوا قط مؤمنين حقيقيين من البداية. كتب الرسول يوحنا: «مِنَّا خَرَجُوا» – يشير ذلك إلى بعض الأشخاص الذين انضموا إلى الكنيسة، لكنهم رحلوا عنها لاحقًا – «لَكِنَّهُمْ لَـمْ يَكُونُوا مِنَّا، لأَنَّهُمْ لَوْ كَانُوا مِنَّا لَبَقُوا مَعَنَا. لَكِنْ لِيُظْهَرُوا أَنَّهُمْ لَيْسُوا جَمِيعُهُمْ مِنَّا» (١يوحنا ٢: ١٩).

أيضًا، أولئك الذين يعلِّمون بإمكانية فقدان المؤمنين لخلاصهم يلجأون إلى نصوص مثل: عبرانيين ٦: ٤–١٠؛ وعبرانيين ١٠: ٢٦–٣١، التي تبدو بالقراءة السطحية كأنها تلمِّح إلى إمكانية فقدان الحياة الأبدية. يقول عبرانيين ٦: ٤–١٠،

«لأَنَّ الَّذِينَ اسْتُنِيرُوا مَرَّةً، وَذَاقُوا الْمَوْهِبَةَ السَّمَاوِيَّةَ، وَصَارُوا شُرَكَاءَ الرُّوحِ الْقُدُسِ، وَذَاقُوا كَلِمَةَ اللهِ الصَّالِحَةَ وَقُوَّاتِ الدَّهْرِ الآتِي، وَسَقَطُوا، لاَ يُمْكِنُ تَجْدِيدُهُمْ أَيْضًا لِلتَّوْبَةِ، إِذْ هُمْ يَصْلِبُونَ لأَنْفُسِهِمْ ابْنَ اللهِ ثَانِيَةً وَيُشَهِّرُونَهُ. لأَنَّ أَرْضًا قَدْ شَرِبَتِ الْمَطَرَ الآتِيَ عَلَيْهَا مِرَارًا كَثِيرَةً، وَأَنْتَجَتْ عُشْبًا صَالِحًا لِلَّذِينَ فُلِحَتْ مِنْ أَجْلِهِمْ، تَنَالُ بَرَكَةً مِنَ اللهِ. وَلَكِنْ إِنْ أَخْرَجَتْ شَوْكًا وَحَسَكًا، فَهِيَ مَرْفُوضَةٌ وَقَرِيبَةٌ مِنَ اللَّعْنَةِ، الَّتِي نِهَايَتُهَا لِلْحَرِيقِ. وَلَكِنَّنَا قَدْ تَيَقَّنَّا مِنْ جِهَتِكُمْ أَيُّهَا الأَحِبَّاءُ، أُمُورًا أَفْضَلَ، وَمُخْتَصَّةً بِالْخَلاَصِ، وَإِنْ كُنَّا نَتَكَلَّمُ هَكَذَا. لأَنَّ اللهَ لَيْسَ بِظَالِمٍ حَتَّى يَنْسَى عَمَلَكُمْ وَتَعَبَ الْمَحَبَّةِ الَّتِي أَظْهَرْتُمُوهَا نَحْوَ اسْمِهِ، إِذْ قَدْ خَدَمْتُمُ الْقِدِّيسِينَ وَتَخْدِمُونَهُمْ.»

ولكن، بالدراسة الدقيقة لهذا النص، نجد أن كاتب الرسالة إلى العبرانيين يعرض مقابلة واضحة بين نوعين على الأقل من سامعي رسالة الإنجيل نفسها. المجموعة الأولى، التي يُرمَز إليها في الآية السابعة بالأرض الخصبة، التي يسقط عليها مطر الإنجيل، تُخرِج ثمر الخلاص الأبدي. ولكن، بحسب الآية الثامنة، توجد مجموعة ثانية، من المفترض أنهم أعضاءٌ في الكنيسة نفسها، يسمعون الرسالة نفسها تمامًا، إلا أنَّ حق الإنجيل يُخرِج منهم شوكًا وحسكًا عديم القيمة، مصيره الحريق. يحذِّر الكاتب هذه المجموعة الثانية من السامعين من خطر ألا يكونوا قد استجابوا لبذار الإنجيل بشكل سليم من الأساس. ولهذا قال في الآية التاسعة: «وَلَكِنَّنَا قَدْ تَيَقَّنَّا مِنْ جِهَتِكُمْ أَيُّهَا الأَحِبَّاءُ [أي مجموعة الآية السابعة، المؤمنون الحقيقيون بالمسيح]، أُمُورًا أَفْضَلَ، وَمُخْتَصَّةً بِالْخَلاَصِ، وَإِنْ كُنَّا نَتَكَلَّمُ هَكَذَا [أي إن كنا قد نطقنا بالعديد من التحذيرات في الآية الثامنة لأولئك الذين يتهددهم خطر أن يكونوا قد رفضوا الإنجيل]».

وهكذا، يَكمُن مفتاح تفسير هذا النص (بالإضافة إلى النصوص التحذيرية الأخرى في الرسالة إلى العبرانيين، مثل عبرانيين ١٠: ٢٦-٣١) في تحديد هُوية الموجَّه إليهم التحذير، ولماذا وُجِّه إليهم. إن الذين يستجيبون استجابة إيجابية للإنجيل في البداية، لكنهم يرفضون المسيح لاحقًا — حتى إن ضَمُّوا أنفسهم إلى شعب الله، وأدُّوا الواجبات الدينية الخارجية– ليسوا مؤمنين حقيقيين فقدوا خلاصهم، لكنهم مرتدون لم يمارسوا من الأساس إيمانًا للخلاص. وفي ضوء الإعلان الكامل للحق، هؤلاء قد أهملوا الإيمان، ورفضوا المسيح بعدم إيمان راسخ ومتصلِّب. قال كاتب الرسالة إلى العبرانيين: «لَا يُمْكِنُ تَجْدِيدُهُمْ أَيْضًا لِلتَّوْبَةِ، إِذْ هُمْ يَصْلِبُونَ لِأَنْفُسِهِمِ ابْنَ اللهِ ثَانِيَةً وَيُشَهِّرُونَهُ» (عبرانيين ٦: ٤-٦). وفي ضوء شهادة الكتاب المقدس السابقة لهذا النص، من المستحيل تطبيق هذه الكلمات على مؤمنين حقيقيين اتحدوا بالمسيح بالإيمان. ومن ثَمَّ، تكون هذه النصوص التحذيرية هي تحذيرات صارمة موجَّهة إلى مَن هم وسط جماعة المؤمنين المجاهرين بإيمانهم، وبسبب عدم مثابرتهم في الطاعة الأمينة للمسيح، هُم في خطر الارتداد والوقوع تحت الدينونة.[١٨٦]

## • يقين الخلاص[١٨٧]

كيف يمكن، إذن، أن يتيقَّن المرء أنه مؤمن حقيقي بالمسيح، وأنه لن يسقط يومًا ما، مما سيكشف أنه لم يكن مؤمنًا حقيقيًّا أصلًا؟ يدعو الكتاب المقدس الذين يجاهرون بإيمانهم بالمسيح إلى فحص أنفسهم. حثَّ بولس أهل كورنثوس قائلًا: «جَرِّبُوا أَنْفُسَكُمْ، هَلْ أَنْتُمْ فِي الْإِيمَانِ؟ امْتَحِنُوا أَنْفُسَكُمْ» (٢كورنثوس ١٣: ٥). كذلك أيضًا، حثَّ بطرس الكنائس التي كانت تحت رعايته قائلًا: «لِذَلِكَ بِالْأَكْثَرِ اجْتَهِدُوا أَيُّهَا الْإِخْوَةُ أَنْ تَجْعَلُوا دَعْوَتَكُمْ وَاخْتِيَارَكُمْ ثَابِتَيْنِ» (٢ بطرس ١: ١٠). وخصَّص الرسول يوحنا رسالته الأولى كاملة لهذا الموضوع، ذاكرًا فكرته في ختامها على النحو التالي: «كَتَبْتُ هَذَا إِلَيْكُمْ، أَنْتُمُ الْمُؤْمِنِينَ بِاسْمِ ابْنِ اللهِ، لِكَيْ تَعْلَمُوا أَنَّ لَكُمْ حَيَاةً أَبَدِيَّةً» (١يوحنا ٥: ١٣). وقد كانت رغبة كُتَّاب الكتاب المقدس الواضحة هي أن يتيقن المؤمنون بخلاصهم من خلال فحص حياتهم بحثًا عن أدلة على حياة روحية حقيقية. لنتناول معًا فيما يلي أحد عشر دليلًا مستمَد عمومًا من الامتحانات المقترَحة في رسالة يوحنا الأولى، التي بها يمكن للمؤمنين اكتساب اليقين بأن إيمانهم وخلاصهم حقيقيَّيْن.

**أدلة من علاقة المؤمن بالله: أولاً**، يتمتَّع أي مؤمن حقيقي بالشركة مع الآب والابن من خلال الروح القدس. في بداية رسالة يوحنا، أخبر قارئيه بأنه كان يكرز لهم بالإنجيل حتى يختبروا الشركة مع الله نفسها التي يتمتع هو بها، قائلًا: «الَّذِي رَأَيْنَاهُ وَسَمِعْنَاهُ نُخْبِرُكُمْ بِهِ، لِكَيْ يَكُونَ لَكُمْ أَيْضًا شَرِكَةٌ مَعَنَا. وَأَمَّا شَرِكَتُنَا نَحْنُ فَهِيَ مَعَ الْآبِ وَمَعَ ابْنِهِ يَسُوعَ الْمَسِيحِ» (١يوحنا ١: ٣). حقًّا، إن المولود من الله يحب الآب والابن على حدٍّ سواء (١يوحنا ٥: ١). كذلك وَصَفَ بولس الخلاص بأنه دعوة «إِلَى شَرِكَةِ ... الْمَسِيحِ» (١كورنثوس ١: ٩)، ووَصَفَ حياته المسيحية بأنها حياة بالإيمان بيسوع، الذي يحيا فيه (غلاطية ٢: ٢٠). الخلاص هو أن تَذُوق وتنظر شخصيًّا ما أطيب الرب (مزمور ٣٤: ٨)، أي أن تسير

---

١٨٦ للاطلاع على مزيد من الدراسة للنصوص التحذيرية في الرسالة إلى العبرانيين، انظر:
John MacArthur, *Hebrews*, MNTC (Chicago: Moody Press, 1983).

١٨٧ هذا الجزء مقتبَس بتصرُّف من المصدر التالي، بتصريح من الناشر:
MacArthur, *Saved without a Doubt: Being Sure of Your Salvation*, 67–91.

مع الله، وتعرفه معرفة حميمية بصفته «إِلَهُ كُلِّ تَعْزِيَةٍ» (٢كورنثوس ١ : ٣)، و«إِلَهُ كُلِّ نِعْمَةٍ» (١بطرس ٥ : ١٠)، والإله الذي يملأ كلَّ احتياجنا بِحَسَبِ غِنَاهُ فِي الْمَجْدِ فِي الْمَسِيحِ (فيلبي ٤ : ١٩). فهو الذي نأتي إليه في أوقات الضيق (عبرانيين ٤ : ١٦)، صارخين «يَا أَبَا الآبُ» (رومية ٨ : ١٥). وأولئك الذين يختبرون بانتظام هذه الشركة مع الله في المحبة، والفرح، والصلاة، وفي اكتشاف الحق الكتابي يستطيعون أن يبتهجوا بيقينهم من حقيقة إيمانهم.

**الدليل الثاني** على الخلاص الحقيقي هو الخدمة التي يُجريها الروح القدس في القلب. كَتَبَ يوحنا: «بِهَذَا نَعْرِفُ أَنَّنَا نَثْبُتُ فِيهِ وَهُوَ فِينَا: أَنَّهُ قَدْ أَعْطَانَا مِنْ رُوحِهِ» (١يوحنا ٤ : ١٣). حين يعترف الخاطئ بأن يسوع هو ابن الله ومخلِّص العالم، ويكرِّس حياته له، فهذا هو عمل الروح القدس. الروح أيضًا ينير ذهن المؤمن ليفهم المكتوب، كما قال يوحنا: «فَالْمَسْحَةُ الَّتِي أَخَذْتُمُوهَا مِنْهُ ثَابِتَةٌ فِيكُمْ ... تُعَلِّمُكُمْ ... عَنْ كُلِّ شَيْءٍ» (١يوحنا ٢ : ٢٧؛ راجع ١كورنثوس ٢ : ١٠، ١٢). فإن الروح القدس يبكِّت المؤمن الحقيقي، ويشجِّعه، ويجلب السرور إلى قلبه فيما هو يدرس الكتاب المقدس. علاوة على ذلك، يصنع الروح القدس ثمرًا في حياة المؤمن الحقيقي، بحيث تظهر في حياته «مَحَبَّةٌ، فَرَحٌ، سَلَامٌ، طُولُ أَنَاةٍ، لُطْفٌ، صَلَاحٌ، إِيمَانٌ، وَدَاعَةٌ، تَعَفُّفٌ» (غلاطية ٥ : ٢٢-٢٣).

**ثالثًا**، يمكن للمؤمنين أن يتحلَّوا بيقينٍ بخلاصهم من الصلاة المستجابة. قال يوحنا: «وَهَذِهِ هِيَ الثِّقَةُ الَّتِي لَنَا عِنْدَهُ: أَنَّهُ إِنْ طَلَبْنَا شَيْئًا حَسَبَ مَشِيئَتِهِ يَسْمَعُ لَنَا» (١يوحنا ٥ : ١٤؛ راجع ٣ : ٢٢). المؤمن الحقيقي يصلِّي بحسب مشيئة الله، طالبًا غفرانًا وضميرًا صالحًا، وجسارة كي يكرز بالإنجيل، وقناعة واكتفاءً في أوقات الأزمات. تتشدد قلوب شعب الله حين يستجيب أبوهم لتلك الصلوات لمجده ولخيرهم.

**رابعًا**، يتوق المواطن السماوي الحقيقي بلهفة إلى مجيء المسيح ثانية (فيلبي ٣ : ٢٠). إن السمة الأساسية للمؤمن الحقيقي هي محبته للمسيح (١كورنثوس ١٦ : ٢٢)، التي تدفعه إلى أن ينتظر بتلهُّف ذلك اليوم الذي سيرى فيه مخلِّصه وجهًا لوجه، ومن ثمَّ، يتغير، مشابهًا صورته تمامًا (فيلبي ٣ : ٢١؛ ١يوحنا ٣ : ١-٣). هذا مؤشِّر إلى وجود طبيعة جديدة، تتوق إلى أن تُنقَذ من جسد الخطية، لتصير كالمسيح الكامل. هذه الأشواق والعواطف المقدَّسة مؤشِّرات إلى الخلاص الحقيقي.

**أدلة من حياة المؤمن الروحية ومن نموِّه. الدليل الخامس** على الخلاص هو التمييز الروحي. المولودين ثانية قادرون على التمييز بين الحق الروحي والضلال الروحي، وقادرون على أن يمتحنوا الأرواح هَلْ هِيَ مِنَ اللهِ (١يوحنا ٤ : ١-٣). يحاول أتباع الديانات الزائفة هدم الحق الكتابي عن شخص يسوع المسيح وعمله (٢ بطرس ٣ : ١٦)، لكن الله يؤهِّل أولاده لتعرُّف المعلِّمين الكذبة، ورفضهم، والتمسُّك بالتعليم الصحيح (١يوحنا ٢ : ١٢-١٩؛ ٤ : ٥-٦). وفي حين أن الشياطين أنفسهم يؤمنون بالتعليم الصحيح، لكنهم معدَمون من الإيمان الذي للخلاص (يعقوب ٢ : ١٩). لن يتسنَّى لأحدٍ التمتُّع باليقين الحقيقي دون أن يؤمن بالتعليم الصحيح (١تسالونيكي ٥ : ٢١؛ ١تيموثاوس ٦ : ٣-٥؛ ٢تيموثاوس ٢ : ١٣-١٤).

**سادسًا**، دائمًا ما يقترن الخلاص الحقيقي بوعي المرء الشديد بقداسة الله وشَرِّ خطاياه. كتب يوحنا: «إِنْ قُلْنَا: إِنَّهُ لَيْسَ لَنَا خَطِيَّةٌ نُضِلُّ أَنْفُسَنَا وَلَيْسَ الْحَقُّ فِينَا. إِنِ اعْتَرَفْنَا بِخَطَايَانَا فَهُوَ أَمِينٌ وَعَادِلٌ، حَتَّى يَغْفِرَ لَنَا خَطَايَانَا وَيُطَهِّرَنَا مِنْ كُلِّ إِثْمٍ. إِنْ قُلْنَا: إِنَّنَا لَمْ نُخْطِئْ نَجْعَلْهُ كَاذِبًا، وَكَلِمَتُهُ لَيْسَتْ فِينَا» (١يوحنا ١: ٨-١٠). فمن السمات التي تميِّز غير المؤمنين أنهم لا يحسبون أنفسهم خطاة. فإنهم لا يُدرِكون الكمال الإلهي الأخلاقي المطلق، أي أن الله نور وليس فيه ظلمة البتة (١يوحنا ١: ٥). وإذ لا يرون أنفسهم في النور، لا يُدركون مدى تلوُّثهم بظلمة الخطية. في المقابل، لدى المؤمنين الحقيقيين وعيٌ جيدٌ بأنهم خطاة، وتتَّسم حياتهم بخلع للخطية على نحو متزايد، ولبس البر على نحو متزايد. وحين يخطئون، يشعرون بالحزن الذي بحسب مشيئة الله، النابع من ضمير تطهَّر، الذي يقتادهم إلى التوبة (٢كورنثوس ٧: ١٠)، والاعتراف بخطيتهم، وطلب الغفران في المسيح. إن شهادة بولس الشخصية في رومية ٧: ١٤-٢٥ مثال لشدة حساسية المؤمن تجاه الخطية، ونفوره منها. ونظير هذا الرسول، يخطئ أولاد الله الحقيقيون في أشياء كثيرة، لكنهم يعترفون بخطاياهم، ويطلبون استرداد شركتهم مع الله. فإن المؤمن الزائف يتجاهل الخطية، ويخفيها، بينما يصرخ المؤمن الحقيقي مع بولس قائلًا: «وَيْحِي أَنَا الإِنْسَانُ الشَّقِيُّ! مَنْ يُنْقِذُنِي مِنْ جَسَدِ هَذَا الْمَوْتِ؟» (رومية ٧: ٢٤). فإن كل ابن لله يصاب بالإنهاك من عبء الخطية، ويتوق إلى استرداد شركته مع الآب بالاعتراف والتوبة.

**المظهر السابع** للخلاص الحقيقي هو تناقُص نمط الخطية في حياة المرء. فإن من هو ابن لله يتَّسم ليس فقط بحساسيته تجاه خطيته المتبقية، لكنه، بنعمة الله وقوة الروح القدس، يختبر أيضًا نصرة تدريجية على تلك الخطايا. كتب يوحنا: «كُلُّ مَنْ هُوَ مَوْلُودٌ مِنَ اللهِ لَا يَفْعَلُ خَطِيَّةً، لِأَنَّ زَرْعَهُ يَثْبُتُ فِيهِ، وَلَا يَسْتَطِيعُ أَنْ يُخْطِئَ لِأَنَّهُ مَوْلُودٌ مِنَ اللهِ» (١يوحنا ٣: ٩). بغض النظر عن إقرار المرء بإيمانه، أن تكون الخطية نمطًا مستمرًا دون توقف ليس من السمات التي تميِّز حياة أولاد الله بل حياة غير المولودين ثانية، (١يوحنا ٣: ٨). فحين يولَد الخاطئ ثانية، تنكسر سيادة الخطية عليه، ويولِّد الروح القدس بداخله عواطف وميولًا مقدَّسة. تظل الخطية الساكنة باقية، لكنَّ محبتها تزول. فإن المؤمن الحقيقي لم يَعُد مستعبدًا للخطية، بل هو عبدٌ للبر (رومية ٦: ١٤-١٨).

**ثامنًا**، فيما تتناقص أنماط الخطية، تتزايد أنماط الطاعة. لم يكن ممكنًا أن يكون يوحنا أكثر وضوحًا من هذا حين قال: «وَبِهَذَا نَعْرِفُ أَنَّنَا قَدْ عَرَفْنَاهُ: إِنْ حَفِظْنَا وَصَايَاهُ» (١يوحنا ٢: ٣). الكلمة اليونانية التي تُرجمت «حَفِظْنَا» (*tērēō*) تعني طاعة يقظة، ودقيقة، ومدروسة – لا طاعة اليدين فقط، بل والقلب أيضًا. فإن الطاعة المسيحية الحقيقية هي الحفظ الطوعي المعتاد لكلمة الله، بالحرف وبالروح. المؤمن الحقيقي يطيع وصايا الكتاب المقدس (يوحنا ٨: ٣١)، وتنشئ أنماط الطاعة الثابتة ثقة بأنه له علاقة خلاصيَّة مع الله.

**أدلة من علاقات المؤمن بالآخرين. الدليل التاسع** على حقيقة الخلاص هو رفضٌ متزايد لمحبة العالم التي تسود الحياة البشرية. في ١يوحنا ٢: ١٥، تحدَّث يوحنا عن أعمق مشاعر المؤمن الحقيقي، وأشد رغباته، وأعظم أهدافه، فأوصانا قائلًا: «لَا تُحِبُّوا الْعَالَمَ وَلَا الْأَشْيَاءَ الَّتِي فِي الْعَالَمِ. إِنْ أَحَبَّ

أَحَدٌ الْعَالَمَ فَلَيْسَتْ فِيهِ مَحَبَّةُ الآبِ» (راجع يعقوب ٤: ٤). يعني مصطلح «العالم» هنا النظام العالمي الشرير الذي يديره إبليس (راجع ٢كورنثوس ٤: ٤؛ أفسس ٢: ٢؛ ١يوحنا ٥: ١٩)، الذي يشمل الديانات الزائفة، والفلسفات الخاطئة، والجريمة، والفجور، والفلسفة المادِّية، وما شابه ذلك. في حين تسود هذه الأشياء على عواطف غير المؤمنين جميعهم، وإرادتهم، إلا أنها تثير نفور واشمئزاز المؤمن الحقيقي. صحيح أن المؤمنين قد ينجذبون أحيانًا إلى أمور العالم، لكن خطية كهذه تجلب التبكيت، والاعتراف، والتوبة. ومع أن الخطية الباقية محبِطة، يستطيع المؤمنون الحقيقيون أن يشعروا بالامتنان على أن الخطية واقع صاروا يبغضونه، ولم يعودوا يحبونه (رومية ٧: ١٥). فإن الحياة الجديدة في المسيح تُغذِّي محبتهم لله ولأمور الله. وهكذا، على الذين يمتحنون أنفسهم أن يسألوا أنفسهم إن كانوا يرفضون هذا النظام العالمي الشرير، مع جميع إيدولوچياته الزائفة، ودياناته الجالبة للعنة، وأنماطه الحياتية الفاجرة، ومساعيه الباطلة، أم لا؛ وإن كانوا، في المقابل، يحبون الله، وحقه، وشعبه، أم لا. هذه العواطف ليست فطرية، كما أنها ليست جذَّابة للبشر الفاسدين (يوحنا ٣: ١٩-٢٠؛ ٨: ٤٤)، ومن ثم، هي دليل على أن نعمة الروح القدس عاملة في القلب.

**عاشرًا**، المؤمن الحقيقي ليس فقط يَرْفُض العالم، لكنه أيضًا يُرْفَض من العالم. لهذا كَتَبَ يوحنا: «لَا تَتَعَجَّبُوا يَا إِخْوَتِي إِنْ كَانَ الْعَالَمُ يُبْغِضُكُمْ» (١يوحنا ٣: ١٣). فحين ينفصل شعبُ الله عن العالم – رافضين قِيَمه الآثمة ومدافعين عن البر – يُفتَضَح شرُّه. ولأن الظلمة تبغض النور (يوحنا ٣: ١٩-٢٠)، تبدي ردَّ فعل عدائيًّا تجاه تلك التأثيرات التي تَفتضِح أمره. في الآية السابقة لنص ١يوحنا ٣: ١٣، ذَكَر يوحنا أن قايين أبغض أخاه وقتله تحديدًا لأن أعمال هابيل البارة افتَضحت شرَّ تمرد قايين (١يوحنا ٣: ١٢). إذن، سوف يقاسي شعب الله النَّبْذَ الاجتماعي، والرفض، بل والاضطهاد من العالم لأنهم ينتمون إلى المسيح، الذي تألَّم هو أيضًا لأجل البر (متى ٥: ١٠-١٢؛ يوحنا ١٥: ١٨-٢١؛ فيلبي ١: ٢٩؛ ٢تيموثاوس ٣: ١٢؛ ١بطرس ٤: ١٢-١٤). على مَن يبحثون عن اليقين أن يسألوا أنفسهم إن كان العالم يَقبلهم بسهولة أم أنهم، بسبب مشابهتهم لصورة المسيح، يجتذبون لأنفسهم الرفض نفسه الذي اجتذبه المسيح من أعداء البِر (يوحنا ٧: ٧).

**أخيرًا**، على عكس بغضة النظام العالمي الشرير ورفضه للمؤمن، يُظهِر المؤمن الحقيقي محبة تجاه المؤمنين الآخرين. يقول ١يوحنا ٣: ١٠، «بِهَذَا أَوْلَادُ اللهِ ظَاهِرُونَ وَأَوْلَادُ إِبْلِيسَ: كُلُّ مَنْ لَا يَفْعَلُ الْبِرَّ فَلَيْسَ مِنَ اللهِ، وَكَذَا مَنْ لَا يُحِبُّ أَخَاهُ» (راجع ١يوحنا ٢: ٩-١١). المحبة للمؤمنين الآخرين شيءٌ ينشأ بالطبيعة لدى المؤمن، كما قال بولس لكنيسة تسالونيكي: «وَأَمَّا الْمَحَبَّةُ الأَخَوِيَّةُ فَلَا حَاجَةَ لَكُمْ أَنْ أَكْتُبَ إِلَيْكُمْ عَنْهَا، لِأَنَّكُمْ أَنْفُسَكُمْ مُتَعَلِّمُونَ مِنَ اللهِ أَنْ يُحِبَّ بَعْضُكُمْ بَعْضًا» (١تسالونيكي ٤: ٩). ذهب يسوع في كلامه إلى حد قوله إن محبة تلاميذه بعضهم بعضًا من شأنها أن تكون الدليل أمام الجميع على أنهم أتباعه (يوحنا ١٣: ٣٥). ومن ثم، يكشف أولئك القساة، والمتبلِّدين، وغير المبالين بالمؤمنين الآخرين عن تمركُزهم حول ذواتهم، وهو ما يكشف عن عدم إيمان. بينما الذين يتلذذون بالشركة مع إخوتهم وأخواتهم في المسيح، ويشتهون بكل اشتياق إلى سد حاجات القديسين يستطيعون أن يتيقَّنوا من أنهم من الحق (١يوحنا ٣: ١٦-١٩).

## ⬅ التمجيد

العمل الإلهي الأخير في خطوة تطبيق الفداء هو التمجيد. وفي ضوء الأهمية الشديدة لهذا العمل، يَلزَم في البداية أن نميِّز التمجيد عن الأحداث الأخروية الأخرى. علينا ألا نخلط بينه وبين الحالة الوَسَطيَّة. فإن الذين يموتون في الإيمان قبل مجيء المسيح ثانية تذهب أرواحهم من فورها لتكون مع الرب (لوقا ٢٣: ٤٣؛ ٢كورنثوس ٥: ٨؛ فيلبي ١: ٢٣). لكن، إذ يشمل التمجيد كلًا من الجسد والروح، فهو لا يحدث حين تَدْخُل روحُ المؤمن السماءَ المتوسِّطة الحاليَّة، بل بالحري عند مجيء المسيح ثانية. أيضًا، علينا ألا نخلط بين التمجيد واسترداد الأرض. ففي حين أن الوعد باسترداد الأرض وعدٌ رائعٌ (أعمال الرسل ٣: ٢١) – كما لُعنت الخليقة نتيجة خطية الإنسان، كذلك ستُفتدى نتيجة فداء الإنسان (رومية ٨: ٢٠-٢١؛ راجع إشعياء ٦٥: ١٧؛ ٢بطرس ٣: ٧؛ رؤيا ٢١: ١) – لكن ينبغي ألا ندمج هذين العملين معًا. يشير التمجيد إلى الخلاص النهائي للبشر، وليس إلى فداء الأشياء الجامدة. ففي النهاية، لن يتمجَّد جميع المؤمنين في آن واحد. فإن الأموات في المسيح، والأحياء عند مجيئه سيتمجدون في طرفة عين عند مجيئه ثانية (١كورنثوس ١٥: ٢٣، ٥٢؛ راجع ١تسالونيكي ٤: ١٦-١٧). ولكن، سيوجد أيضًا مَن يتوبون ويرجعون إلى المسيح في أثناء فترة الضيقة، بينما يحتفل القديسون مع المسيح بوليمة عشاء عرش الخروف (رؤيا ١٩: ٧-١٠). وسيحصل قديسو الضيقة هؤلاء على أجسادهم الممجَّدة عند مجيء المُلك الألفي للمسيح (رؤيا ٢٠: ٤؛ راجع إشعياء ٢٦: ١٩-٢٠؛ دانيال ١٢: ٢). أما الذين يموتون في أثناء المُلك الألفي، فربما يتغيرون في الحال عند موتهم إلى أجسادهم وأرواحهم الأبدية.[١٨٨]

التمجيد هو التحوُّل الجذري لجسد المؤمن وروحه كليهما، الذي يكمِّله في القداسة، ويؤهِّله للحياة الأبدية على الأرض الجديدة، في شركة كاملة لا عيب فيها مع الإله الواحد مثلَّث الأقانيم. وَصَفَ لنا موراي التمجيد جيدًا بأنه «الفداء الكامل والنهائي للإنسان ككلٍّ. وفيه يشابه شعبُ الله، كاملين جسدًا وروحًا، صورة الفادي القائم من الأموات، والمرتفع، والممجَّد، ويتغيَّر شكل جسد تواضعهم ليكون على صورة جسد مجد المسيح» (راجع فيلبي ٣: ٢١).[١٨٩]

- ### اكتمال الخلاص

تمثِّل قيامة الجسد اكتمال خلاصنا، أي إكمال الروح القدس تطبيقَ الفداء الذي خطَّط له الآب، واشتراه المسيح. يصف رومية ٨: ٣٠ التمجيد بأنه ذروة الفداء، قائلًا: «وَالَّذِينَ سَبَقَ فَعَيَّنَهُمْ، فَهؤُلاَءِ دَعَاهُمْ أَيْضًا. وَالَّذِينَ دَعَاهُمْ، فَهؤُلاَءِ بَرَّرَهُمْ أَيْضًا. وَالَّذِينَ بَرَّرَهُمْ، فَهؤُلاَءِ **مَجَّدَهُمْ** أَيْضًا». فإن أولئك الذين التصق بهم الآب واختارهم، هؤلاء سبق فعيَّنهم للخلاص، وهؤلاء – الذين اشترى المسيح فداءهم بموته بديلًا عنهم ككفارة لخطاياهم – يتمتعون بمزايا ذلك الفداء. ففي التبرير، يُعتَقون من عقوبة الخطية، وفي التقديس، يُعتَقون من سلطان الخطية. وفي التمجيد، يُعتَقون نهائيًّا من وجود الخطية نفسه في الجسد والروح على حدٍّ سواء.

---

١٨٨ تختص بقية هذه الدراسة عن التمجيد بعقيدة القيامة في السياق الخلاصي. للاطلاع على مزيد من الدراسات عن القيامة في السياق الأخروي، بما في ذلك توقيتات الأحداث، والتأثير على الخليقة المادية، ومصير غير المؤمنين، انظر الفصل العاشر من هذا الكتاب، تحت عنوان «المستقبل».

189 Murray, *Redemption Accomplished and Applied*, 175.

أشار المسيح نفسه إلى إن المقاصد الخلاصية للإله الواحد مثلَّث الأقانيم قد بلغت ما هو أبعد من روح الإنسان، لتصل إلى قيامة الجسد، قائلًا:

> «وَهَذِهِ مَشِيئَةُ الآبِ الَّذِي أَرْسَلَنِي: أَنَّ كُلَّ مَا أَعْطَانِي لاَ أُتْلِفُ مِنْهُ شَيْئًا، بَلْ **أُقِيمُهُ** فِي الْيَوْمِ الأَخِيرِ. لأَنَّ هَذِهِ هِيَ مَشِيئَةُ الَّذِي أَرْسَلَنِي: أَنَّ كُلَّ مَنْ يَرَى الابْنَ وَيُؤْمِنُ بِهِ تَكُونُ لَهُ حَيَاةٌ أَبَدِيَّةٌ، وَأَنَا **أُقِيمُهُ** فِي الْيَوْمِ الأَخِيرِ» (يوحنا ٦: ٣٩-٤٠؛ راجع ٦: ٤٤، ٥٤).

التمجيد هو أيضًا تحقيقٌ لرغبة يسوع في أن يرى كنيسته مُطهَّرة من كل عيب، أو غَضْنَ، أَوْ شَيْءٌ مِنْ مِثْلِ ذَلِكَ (راجع أفسس ٥: ٢٧)، وفي أن تسكن معه إلى الأبد. صلَّى يسوع لأجل ذلك بكل وضوح في صلاته بوصفه رئيس كهنة، حين قال: «أَيُّهَا الآبُ أُرِيدُ أَنَّ هَؤُلاَءِ الَّذِينَ أَعْطَيْتَنِي يَكُونُونَ مَعِي حَيْثُ أَكُونُ أَنَا، لِيَنْظُرُوا مَجْدِي الَّذِي أَعْطَيْتَنِي، لأَنَّكَ أَحْبَبْتَنِي قَبْلَ إِنْشَاءِ الْعَالَمِ» (يوحنا ١٧: ٢٤). وأخيرًا، يُكمِل التمجيد الهدفَ من الخلاص – وهو أن يتمجَّدَ المسيح بجعله بكرًا بين إخوة كثيرين (رومية ٨: ٢٩). ولأن التمجيد هو اكتمال التقديس، إذ فيه يشابه المؤمنون صورة المسيح على نحو كامل، فهو إذن يعظِّم المسيحَ على نحو خاص بصفته المصدر الأبرز لجمال القداسة المنعكس على إخوته المكمَّلين.

يَعْتَبِر الكتاب المقدس عقيدةَ التمجيد عقيدةً أساسيةً بصورة مطلقة للإيمان المسيحي، بحيث إذا كانت غير صحيحة، نصير نحن، كما يقول الرسول بولس، أَشْقَى جَمِيعِ النَّاسِ (١كورنثوس ١٥: ١٢-١٩). وقد كان الرجاء في جسد ممجَّد هو ما حفز بولس على أن يسلِّم جسده المادِّي تمامًا لسوء المعاملة والاضطهاد اللذين صاحبا حياة خدمة الإنجيل التي عاشها. فقد قال: «لأَنَّنَا نَعْلَمُ أَنَّهُ إِنْ نُقِضَ بَيْتُ خَيْمَتِنَا الأَرْضِيُّ، فَلَنَا فِي السَّمَاوَاتِ بِنَاءٌ مِنَ اللهِ، بَيْتٌ غَيْرُ مَصْنُوعٍ بِيَدٍ، أَبَدِيٌّ» (٢كورنثوس ٥: ١؛ راجع ٤: ١٤-١٨). فلأن «آلاَمَ الزَّمَانِ الْحَاضِرِ لاَ تُقَاسُ بِالْمَجْدِ الْعَتِيدِ أَنْ يُسْتَعْلَنَ فِينَا»، يرحِّب المؤمنون بآلام المسيح إن كان ذلك يعني أننا سوف «نَتَمَجَّدَ أَيْضًا مَعَهُ» (رومية ٨: ١٧-١٨؛ راجع فيلبي ٣: ١٠-١١). ومن ثَمَّ، في حين أن الحياة في عالمٍ وفي جسدٍ كليهما ملعونين بالخطية تجعلنا نئنُّ، إلا أن هذا الأنين تنكسر حدَّته ونحن ننتظر باشتياقٍ «فِدَاءَ أَجْسَادِنَا» (رومية ٨: ٢٣).

القيامة ليست فقط اشتياق مؤمن العهد الجديد، لكنها كانت أيضًا الرجاء الأعظم للمؤمن بيهوه في العهد العتيق. فحين اختبر أيوب تخلِّي إخوته، ومعارفه، وأقاربه، وأصدقائه المقرَّبين، وزوجته، وآخرين من نزلاء بيته، ورجاله، والذين أحبَّهم عنه (أيوب ١٩: ١٣-١٩)، وضع رجاءه في الشركة مع الله على أرض جديدة في جسد قيامة: «أَمَّا أَنَا فَقَدْ عَلِمْتُ أَنَّ وَلِيِّي حَيٌّ، وَالآخِرَ عَلَى الأَرْضِ يَقُومُ، وَبَعْدَ أَنْ يُفْنَى جِلْدِي هَذَا، وَبِدُونِ جَسَدِي[١٩٠] أَرَى اللهَ. الَّذِي أَرَاهُ أَنَا لِنَفْسِي، وَعَيْنَايَ تَنْظُرَانِ وَلَيْسَ آخَرُ. إِلَى ذَلِكَ تَتُوقُ كُلْيَتَايَ فِي جَوْفِي» (أيوب ١٩: ٢٥-٢٧). فقد كان الرجاء اليقيني لأيوب هو أنه **بعد** موته، وبعد أن يَفنى جسده بفعل التحلُّل، سيرى الله، رغم ذلك، في جسده. فإن فاديه سيبرِّره في مجد قيامة بالجسد، فيها سيتمتع بشركة كاملة مع الله. وفي مثال آخر، قال دانيال، في ختام

١٩٠ [المترجم]: جاءت عبارة «وَبِدُونِ جَسَدِي» في الأصل العبري كالتالي: "וּמִבְּשָׂרִי אֶחֱזֶה אֱלוֹהַּ"، والتي معناها «بجسدي (بلحمي) أنظر الله».

نبوته: «وَكَثِيرُونَ مِنَ الرَّاقِدِينَ فِي تُرَابِ الأَرْضِ يَسْتَيْقِظُونَ، هَؤُلَاءِ إِلَى الْحَيَاةِ الأَبَدِيَّةِ، وَهَؤُلَاءِ إِلَى الْعَارِ لِلازْدِرَاءِ الأَبَدِيِّ» (دانيال ١٢: ٢؛ راجع يوحنا ٥: ٢٨-٢٩؛ رؤيا ٢٠: ٤-٦).

ويتبرهن وجود تعليم عن قيامة الجسد إلى التمجيد في العهد القديم بشهادة العهد الجديد نفسه عن اشتياق اليهود إلى قيامة مستقبلية. فحين توسّلت مرثا إلى يسوع كي يمارس سلطانه الإلهي على موت لعازر، أجابها يسوع بأنه سيقوم، فأجابته مرثا بفطنة: «أَنَا أَعْلَمُ أَنَّهُ سَيَقُومُ فِي الْقِيَامَةِ، فِي الْيَوْمِ الأَخِيرِ» (يوحنا ١١: ٢٤). وحين وَقَفَ بولس ليحاكَم أمام فيلكس، قال إنه «سَوْفَ تَكُونُ قِيَامَةٌ لِلأَمْوَاتِ، الأَبْرَارِ وَالأَثَمَةِ»، بحسب «كُلِّ مَا هُوَ مَكْتُوبٌ فِي النَّامُوسِ وَالأَنْبِيَاءِ» (أعمال الرسل ٢٤: ١٤-١٥). ويعلّم عبرانيين ١١: ١٠ بأن قديسي العهد القديم تَرَجَّوْا أن يرثوا مدينة مادّية، وهو أمر لم يكن ممكنًا حدوثه إلا بقيامةٍ بالجسد (راجع عبرانيين ١١: ١٦).[١٩١]

وبناء على هذا الأساس الموضوع منذ القديم، يستطيع القارئ أن يَعتبر أن التعليم الواضح لرسائل العهد الجديد عن قيامة الجسد هو عبارة عن ترحيب بالرجاء الحي القديم لشعب الله، مع توضيحه وتفصيله. أعلن بولس أنه كما جلبت دينونة آدم على الجنس البشري ككلٍّ الذنب والفساد حتى الموت، هكذا، الاتحاد بآدم الثاني سيجعل جميع المؤمنين يهزمون الخطية والموت، ويصيرون أحياء فيه (١كورنثوس ١٥: ٢٢، ٤٥). يحدث ذلك «كُلَّ وَاحِدٍ فِي رُتْبَتِهِ: الْمَسِيحُ بَاكُورَةٌ، ثُمَّ الَّذِينَ لِلْمَسِيحِ فِي مَجِيئِهِ. وَبَعْدَ ذَلِكَ النِّهَايَةُ» (١كورنثوس ١٥: ٢٣-٢٤). وقد عزّى بولس أهل تسالونيكي، الذين كانوا قلقين للغاية من أن إخوتهم وأخواتهم الذين رقدوا لن يروا هذه القيامة المجيدة، قائلًا:

> «الرَّاقِدُونَ بِيَسُوعَ، سَيُحْضِرُهُمُ اللهُ أَيْضًا مَعَهُ. فَإِنَّنَا نَقُولُ لَكُمْ هَذَا بِكَلِمَةِ الرَّبِّ: إِنَّنَا نَحْنُ الأَحْيَاءَ الْبَاقِينَ إِلَى مَجِيءِ الرَّبِّ، لَا نَسْبِقُ الرَّاقِدِينَ. لأَنَّ الرَّبَّ نَفْسَهُ بِهُتَافٍ، بِصَوْتِ رَئِيسِ مَلَائِكَةٍ وَبُوقِ اللهِ، سَوْفَ يَنْزِلُ مِنَ السَّمَاءِ وَالأَمْوَاتُ فِي الْمَسِيحِ سَيَقُومُونَ أَوَّلًا. ثُمَّ نَحْنُ الأَحْيَاءَ الْبَاقِينَ سَنُخْطَفُ جَمِيعًا مَعَهُمْ فِي السُّحُبِ لِمُلَاقَاةِ الرَّبِّ فِي الْهَوَاءِ، وَهَكَذَا نَكُونُ كُلَّ حِينٍ مَعَ الرَّبِّ» (١تسالونيكي ٤: ١٤-١٧)

بالحقيقة، الأموات في المسيح وأولئك الأحياء عند مجيئه سيتمجّدون في طرفة عين عند مجيئه ثانية:

> «هُوَذَا سِرٌّ أَقُولُهُ لَكُمْ: لَا نَرْقُدُ كُلُّنَا، وَلَكِنَّنَا كُلَّنَا نَتَغَيَّرُ، فِي لَحْظَةٍ فِي طَرْفَةِ عَيْنٍ، عِنْدَ الْبُوقِ الأَخِيرِ. فَإِنَّهُ سَيُبَوَّقُ، فَيُقَامُ الأَمْوَاتُ عَدِيمِي فَسَادٍ، وَنَحْنُ نَتَغَيَّرُ. لأَنَّ هَذَا الْفَاسِدَ لَابُدَّ أَنْ يَلْبَسَ عَدَمَ فَسَادٍ، وَهَذَا الْمَائِتَ يَلْبَسُ عَدَمَ مَوْتٍ» (١كورنثوس ١٥: ٥١-٥٣)

في ذلك الوقت، الموت نفسه – آخر عدوٍّ – سيُبطَل (١كورنثوس ١٥: ٢٦؛ راجع أعمال الرسل ٢: ٢٤؛ عبرانيين ٢: ١٤-١٥؛ رؤيا ١: ١٧-١٨)، وهذا سوف يدعو إلى احتفال بالنصر:

١٩١ نظير وصف بولس لجسد القيامة بأنه روحانيٌّ، لا يعني وصف المدينة المستقبلية بأنها «سماوية» أنها ليست مادية، كأنها تنتمي إلى السماء المتوسطة. بل بالحري، يشير ذلك إلى كونها مدينة تتميَّز بأنها موضع سُكنى الله نفسه، وملائمة تمامًا لهذا.

«وَمَتَى لَبِسَ هَذَا الْفَاسِدُ عَدَمَ فَسَادٍ، وَلَبِسَ هَذَا الْمَائِتُ عَدَمَ مَوْتٍ، فَحِينَئِذٍ تَصِيرُ الْكَلِمَةُ الْمَكْتُوبَةُ:
«ابْتُلِعَ الْمَوْتُ إِلَى غَلَبَةٍ».
«أَيْنَ شَوْكَتُكَ يَا مَوْتُ؟
أَيْنَ غَلَبَتُكِ يَا هَاوِيَةُ؟»
أَمَّا شَوْكَةُ الْمَوْتِ فَهِيَ الْخَطِيَّةُ، وَقُوَّةُ الْخَطِيَّةِ هِيَ النَّامُوسُ. وَلَكِنْ شُكْرًا لِلهِ الَّذِي يُعْطِينَا الْغَلَبَةَ بِرَبِّنَا يَسُوعَ الْمَسِيحِ (اكورنثوس ١٥ : ٥٤-٥٧).

من الواضح، إذن، أن المسيحية ببساطة لن تكون مسيحية من دون القيامة. فهناك وعدٌ بالتمجيد في الناموس والأنبياء؛ ومن يسوع والرسل أيضًا، وكَتَبَ بولس أن من دونه، ليس للمؤمن أي رجاء حقيقي (اكورنثوس ١٥ : ١٦، ١٩). وإن إنكار هذا العمل الأخير الذي يجريه الله في خطة الخلاص سيكون بمثابة إنكار للرسالة المسيحية عن السلام والفرح في المجد الأخير.

- **طبيعة الجسد الممجَّد**[١٩٢]

لم يكتفِ بولس بوصف التمجيد بأنه اكتمال رجاء المؤمن في الخلاص، لكنه أيضًا قدَّم تفاصيل تتعلَّق بطبيعة الجسد الممجَّد. في حين يختلف الجسد الطبيعي عن الجسد الروحاني في نواحٍ عديدة، من الضروري أن نقول إنه توجد استمرارية أساسية بينهما. يعني ذلك أن الجسد الذي نرثه في التمجيد لن يكون جسدًا جديدًا تمامًا، لكنه سيكون، من ناحية ما، هو الجسد نفسه الذي نسكنه في هذه الحياة. يقول الكتاب المقدس إن الله «سَيُحْيِي أَجْسَادَكُمُ الْمَائِتَةَ أَيْضًا بِرُوحِهِ السَّاكِنِ فِيكُمْ» (رومية ٨: ١١). يعني ذلك أن الله لن **يستبدل** جسدك الحالي، لكنه **سيجدِّده**. إن أجسادنا **ستتغير**، ولن تُستبدَل (اكورنثوس ١٥ : ٥١). قال بولس: «لِأَنَّ **هَذَا** الْفَاسِدَ [أي الجسد الذي كان يسكنه في أثناء حياته على الأرض] لَابُدَّ أَنْ يَلْبَسَ عَدَمَ فَسَادٍ، **وَهَذَا** الْمَائِتَ يَلْبَسُ عَدَمَ مَوْتٍ» (اكورنثوس ١٥ : ٥٣). فضلًا عن ذلك، بما أن المسيح نفسه هو باكورة القيامة (اكورنثوس ١٥ : ٢٣)، وبما أن الكتاب المقدس يقول إنه سيغيِّر أجساد المؤمنين «لِيَكُونَ عَلَى صُورَةِ جَسَدِ مَجْدِهِ» (فيلبي ٣ : ٢١)، فمن الصواب أن نستخلص استنتاجات عن طبيعة الأجساد الممجَّدة للمؤمنين من خلال فحص طبيعة الجسد الممجَّد للمسيح. قام المسيح من بين الأموات بالجسد نفسه الذي مات به، وهو ما أقرَّ به توما حين وضع يديه في آثار الجروح التي أُصيب بها جسد يسوع في أثناء صلبه (يوحنا ٢٠ : ٢٧؛ راجع ٢٠ : ٢٠). وهكذا، بغض النظر عن الإصابات التي قد يتعرَّض لها جسد المؤمن في أثناء خضوعه للعنة الخطية والموت في هذه الحياة، سيقيم الإله كلي القدرة ذلك الجسد في كمالٍ، ويوحِّده بروح الإنسان في القيامة.

لكن، في حين ستكون هناك استمرارية بين جسد القيامة والجسد الطبيعي، يختلف الجسدان بعضهما عن بعض اختلافًا كبيرًا. في اكورنثوس ١٥ : ٤٢-٤٤، عَرَضَ بولس أربعة أوجه اختلاف بين جسد القيامة والجسد الطبيعي الحالي:

١٩٢ هذا الجزء مُقتبَس بتصرُّف من المصدر التالي، بتصريح من الكاتب:
Mike Riccardi, “The Heavenly Citizen’s Prospect,” *The Cripplegate* (blog), May 22,2015 , http://thecripplegate.com/the-heavenly-citizens-prospect/.

«هَكَذَا أَيْضًا قِيَامَةُ الأَمْوَاتِ: يُزْرَعُ فِي فَسَادٍ وَيُقَامُ فِي عَدَمِ فَسَادٍ. يُزْرَعُ فِي هَوَانٍ وَيُقَامُ فِي مَجْدٍ. يُزْرَعُ فِي ضَعْفٍ وَيُقَامُ فِي قُوَّةٍ. يُزْرَعُ جِسْمًا حَيَوَانِيًّا وَيُقَامُ جِسْمًا رُوحَانِيًّا. يُوجَدُ جِسْمٌ حَيَوَانِيٌّ وَيُوجَدُ جِسْمٌ رُوحَانِيٌّ»

يقدِّم كل وجه من أوجه الاختلاف الأربعة هذه نظرة فاحصة إلى لُغز طبيعة الجسد الممجَّد.

**أولاً**، سيكون جسد القيامة **عديم الفساد**. في هذه الحياة، من الواضح، ومن المؤسف، أن أجسادنا عُرضة للمرض والتدهور، وفي النهاية ستخضع لحتمية الموت العامة (عبرانيين ٩: ٢٧). ولكن، علَّم بولس بأن أجساد قيامتنا لن تكون عُرضة للفساد والتحلُّل اللذين هما مصير أجسادنا الحالية. فهي لن تشيخ أو تبلى، كما لن يصيبها المرض. وهكذا، من الصواب أن نستنتج أن أجسادنا، في الحالة الأبدية، لن تشيخ، «بل سوف تتصف بالرجولة أو الأنوثة الشابة، لكن الناضجة، إلى الأبد».[١٩٣]

**ثانيًا**، قال بولس إن الجسد الطبيعي يتَّسم بالهوان، بينما سيتميز جسد القيامة بالمجد. ليس معنى ذلك أن الجسد في حد ذاته مشينٌ، لكنه تلوَّث وصار في حالة هوان بفعل لعنة الخطية، صائرًا الأداة التي يمارس بها الإنسان أفعاله الخاطئة – أي الوسيلة التي بها يهين الخطاةُ الله، ويُشبِعون رغباتهم الخاطئة (رومية ٦: ١٣). فإن الجسد الذي كان ينبغي أن يكون مفرَزًا ومقدَّسًا باعتباره هيكلًا للروح القدس (اكورنثوس ٦: ١٩) هو فعليًّا مستسلمٌ للخطية وأداةٌ لفعل الإثم، الأمر الذي يهين كلًا من الله والجسد نفسه. فحتى أكثر المؤمنين أمانة سيختبر هوان الموت الشديد، ووجود الجسد في حالة من العار، والنقص، وعدم الكمال. لكن، هذا الجسد الناقص والقابع في حالة من الهوان سيُقام في مجد يومًا ما. وطوال الأبدية، ستكون أجساد المؤمنين غير الفانية طاهرة ومُكرَّمة، ملائمة تمامًا أن ترضي، وتحمد، وتستمتع بالخالق الذي خلقها، والفادي الذي ردَّها.

**ثالثًا**، الجسد الطبيعي يُزرَع في ضعف، لكن الجسد الممجَّد يقام في قوة. إنها فقط مسألة وقت حتى تواجهنا حقيقة محدودياتنا الجسدية بكلِّ ما فينا من ضعف. فحتى أقوى الأقوياء، وإن عاش لفترة طويلة، سيختبر في النهاية تراجعًا في قوته. يربط الكتاب المقدس الجسد بالضعف الأخلاقي (متى ٢٦: ٤١). لن يكون الحال هكذا مع الأجساد الجديدة، لأنها ستقام في قوة. لسنا نقصد بالضرورة أن المؤمنين سيمتلكون قوة خارقة تفوق قوة البشر، لكن ستكون للأجساد الممجَّدة «قوة وقدرة بشرية كاملة وتامة»، تلك القوة التي قصد الله «أن يمتلكها البشر حين خلقهم بلا خطية. ولهذا، ستكون هذه القوة كافية لنعمل كلَّ ما نريده بحسب مشيئة الله».[١٩٤]

**وأخيرًا**، يقارن بولس بين الجسد «الحيواني» والجسد «الروحاني». من الجدير بالذكر أن بولس لم يكن يقصد بكلمة «روحاني» جسدًا «لا مادي»، لأن أجساد القيامة التي سيأخذها المؤمنون ستكون على صورة جسد قيامة المسيح، الذي هو باكورة القيامة المادية (اكورنثوس ١٥: ٢٣). وقد قال بولس أيضًا إن المسيح سيغيِّر أجساد المؤمنين «لِيَكُونَ عَلَى صُورَةِ جَسَدِ مَجْدِهِ» (فيلبي ٣: ٢١). لا شك أن

193 Grudem, *Systematic Theology*, 832.

194 Grudem, *Systematic Theology*, 832.

المسيح قام من القبر بالجسد؛ فقد قال هو نفسه إن «الرُّوحَ لَيْسَ لَهُ لَحْمٌ وَعِظَامٌ كَمَا تَرَوْنَ لِي» (لوقا ٢٤: ٣٩)، كما تناول سمكًا ليُثْبِتَ مادية جسده، لأن الأرواح التي بلا أجساد ليست لها معدة أو جهاز هضمي (لوقا ٢٤: ٣٦-٤٣). قد قام يسوع من بين الأموات بجسده، وهكذا أيضًا سيقوم المؤمنون بالجسد. لكن في المقابل، كان بولس يقصد بوصفه لجسد القيامة بأنه «روحاني» أن يُعلِّم بأن هذه الأجساد ستكون خاضعة تمامًا للروح القدس، وفي تناغم تام معه. فباكتمال تقديس المؤمنين، سيصير لهم قلبٌ لا يضطرب من شهوات الخطية الخادعة، وطموحات وتطلُّعات بحسب التقوى بالحقيقة؛ وسيكون لهم جسد مادي قادر على تتميم تلك الدوافع المقدسة دون لحظة من التشوُّش أو الإنهاك؛ ومن ثم، سيكونون قادرين على التمتع الكامل بالخيرات الوافرة للخليقة الجديدة التي خلقها الله لأجل شعبه. كان چون موراي مُحِقًّا حين قال إن هذا المصير «هو الغاية الأسمى التي يمكن للكائنات المخلوقة تصوُّرها، والغاية الأسمى التي يمكن أن يتصوَّرها لا البشر فحسب، بل الله نفسه أيضًا. لم يكن ممكنًا أن يفكِّر الله نفسه في مصيرٍ أسمى من ذلك لمخلوقاته».[١٩٥]

فإننا نَفْتَخِرُ عَلَى رَجَاءِ مَجْدِ اللهِ (رومية ٥: ٢)، ونبارك اللهَ أَبُو رَبِّنَا يَسُوعَ الْمَسِيحِ، الَّذِي حَسَبَ رَحْمَتِهِ الْكَثِيرَةِ وَلَدَنَا ثَانِيَةً لهذا الرجاء الحي، «لِمِيرَاثٍ لاَ يَفْنَى وَلاَ يَتَدَنَّسُ وَلاَ يَضْمَحِلُّ، مَحْفُوظٌ فِي السَّمَاوَاتِ لأَجْلِكُمْ. أَنْتُمُ الَّذِينَ بِقُوَّةِ اللهِ مَحْرُوسُونَ، بِإِيمَانٍ، لِخَلاَصٍ مُسْتَعَدٍّ أَنْ يُعْلَنَ فِي الزَّمَانِ الأَخِيرِ» (١بطرس ١: ٣-٥).

أمام خلاصٍ هذا مقداره، ممتدٍّ من الأزل وإلى الأبد، لا نجد خاتمة أفضل من أن نضم أصواتنا إلى الجوقة السماوية، المكوَّنة من «جَمْعٌ كَثِيرٌ لَمْ يَسْتَطِعْ أَحَدٌ أَنْ يَعُدَّهُ، مِنْ كُلِّ الأُمَمِ وَالْقَبَائِلِ وَالشُّعُوبِ وَالأَلْسِنَةِ، وَاقِفُونَ أَمَامَ الْعَرْشِ وَأَمَامَ الْخَرُوفِ، مُتَسَرْبِلِينَ بِثِيَابٍ بِيضٍ وَفِي أَيْدِيهِمْ سَعَفُ النَّخْلِ» (رؤيا ٧: ٩) – ونصرخ معهم بصوت عظيم بتعبُّد وسجود، قائلين: «الْخَلاَصُ لإِلهِنَا الْجَالِسِ عَلَى الْعَرْشِ وَلِلْخَرُوفِ» (رؤيا ٧: ١٠). نشكر الله لأجل عطيَّته التي لا يعبَّر عنها!

195 John Murray, "The Goal of Sanctification," in *The Collected Writings of John Murray* (Edinburgh: Banner of Truth, 1977), 2:316.

## صلاة[196]

يا أبانا السماوي المحب،
يا مَن بنعمته قد بذل ابنه ذبيحة عن خطايانا،
وهو حَمَلَ خطايانا طوعًا إلى الصليب،
وقاسى دينونة لا توصَف نيابة عنا،
بحسب مشيئتك التامة.
أنت أعلنتَ بقوة أنه ابن الله الحقيقي،
حين أقمتَه من الأموات.
والآن أنت بروحك الثمين،
تدعو بقوة جميع الجياع والعطاش،
أن يأتوا (بتوبة، لكن أيضًا بثقة) ليشتركوا مجانًا،
في خبز السماء وماء الحياة –
بلا فضة، ولا ثمن.

نحن نلنا تلك البركات مجانًا،
لكنها كلَّفتك الكثير.
كلَّفتك ابنك الوحيد، وكلَّفت ابنك حياته.
هو حمل اللعنة التي جلَبَتها خطايانا.
وحين أرعد الناموس علينا مثلما حدث في جبل سيناء –
مهدِّدًا إيانا بالدينونة،
ومصدرًا حُكم الموت علينا،
ومُودعًا إيانا لظلمة الجحيم –
أبكم المسيح شكاية الناموس علينا
آخذًا الدينونة على نفسه.
ودفع، مرة واحدة، الثمن الرهيب.
لم يكن بوسعنا مطلقًا أن نسدِّد الدَّيْنَ الذي علينا لعدلك،
حتى لو قاسينا أبدية من العذاب في الجحيم.

لذا، نحن مَدينون له بكلِّ كياننا.
فقد كنا ملوَّثين للغاية،
ومذنبين بخطايا لا تُحصَى (سهوًا وعمدًا).
وقد قطعتنا خطايانا عن السماء،

196 هذه الصلاة منقولة حرفيًا من المصدر التالي، بتصريح من الناشر:
John MacArthur, *At the Throne of Grace: A Book of Prayers* (Eugene, OR: Harvest House, 2011), 138–40.

واستبعدتنا من رعوية إسرائيل،
وتركتنا أجنبيين تمامًا عن عهود الموعد –
بلا رجاء وبلا إله في هذا العالم.
لكن جاءت إلينا البشارة المبارَكة،
وأعلن لنا الإنجيل سبيل الحياة.
فهو بالحقيقة قوة الله للخلاص،
لكلِّ من يؤمن.
وقد اجتذبنا روحك بالنعمة إلى بيت الإيمان،
وجَعَلَتَنا أبناء بالتبنِّي في عائلة
أولادك المفديين.

ببساطة، يعجز العقل البشري عن أن يستوعب
حجم الدَّين الهائل الذي علينا لنعمتك.
بل ويعجز اللسان البشري عن التعبير،
عن شدة امتناننا على مراحمك الكثيرة التي لا نستحقها.

نعلم أن أعمالنا الصالحة، وصلواتنا،
ودموعنا، ونوايانا الحسنة،
غير جديرة بأيِّ استحقاق، وبلا قيمة كفارية.
وحده دم المسيح الكفاري،
يستطيع أن يقدِّم استرضاءً وافيًا عن خطايانا
أمامك.
ومن ثَمَّ، لم نُفتدَ بأشياء تفنى
كالفضة والذهب،
بل بذلك الدم الثمين،
الذي سفكه حمل الله الذي بلا عيب.
كانت هذه هي خطة الخلاص التي عيَّنتَها أنت،
من قبل تأسيس العالم، من أجلنا.
وحين نتأمل في هذه الحقائق بتمعُّن،
يُذهلنا أنك تخلِّص خطاة متمرِّدين.
فلماذا يُغسَل فَعَلَةُ شرٍّ ومذنبون مثلنا
في دم ابنك الكفاري
ويلبسون رداء برِّه؟
لمَاذا يُسمَح لنا
بأن نعكس المجد الساطع الذي هو مجدك وحدك؟

لَماذا نُرفَع إلى تلك الحالة السامية والأبدية؟
لَماذا تختارنا للتبني لنكون أولادًا لك،
حتى من قبل تأسيس العالم؟
هذه المعرفة عجيبة وتفوق إدراكنا؛
فهي مرتفعة، لا نستطيع بلوغها.

كل ما يمكننا فعله هو أن نشكرك على لطفك.
ولا يسعنا فعل هذا إلا بطريقة هزيلة، لا توفيك حقك.
لكن باسم المسيح مخلِّصنا،
نقدِّم لك ما بوسعنا من امتنانٍ قلبي.
من فضلك، اقبل عبادتنا، وأطلق ألسنتنا،
وقدِّس شفاهنا، ووسِّع قلوبنا،
كي تعبدك على نحو لائق أكثر مما نستطيع اليوم.
وليت خدمتنا تكون مقبولة أمامك. آمين.

# مخلِّصنا العظيم

يا له مُحبًّا للخُطاةْ.. يَسوعْ!
حَبيبُ نفسي.. يَسوعْ!
يَخذلنُي الأصدقاءْ
ويُهاجمُني الأعداءْ،
لكنَّ مُخلِّصي يَجعلنُي كاملاً.

القرار:
هلّلويا! يا له مُخلِّصًا!
هلّلويا! يا له صَديقًا!
يُخلِّصُ، يُحبُّ يَحفظُ ويُعِينْ،
باقٍ مَعي إلى المُنتهى، أمينْ.

يسوع يا قوَّتي في ضَعفي الشَّديدْ!
دَعني ألوذُ بكَ في مِحنتي.
في تجاربي وامتحاني، سقوطي أكيدْ،
ولكنَّكَ انتصاري وقوَّتي.

يسوعُ.. في الحُزنِ مَعونتي!
حينَ المياهُ تغمُرُني،
وعندما القلبُ يَكسرُني،
أنت عزائي، تُعِينُ مُهْجَتي.

يسوعُ.. يا ضامني ومُرشدي!
في ثورةِ الرِّياحِ والغَمامْ،
وعاصِفٍ من حَولي، ودامسِ الظّلامْ،
تسمَعُ صَرختي.. أنتَ قائِدي.

يسوع! أقبلُكَ الآنَ،
فيك أَجِدُ كلَّ ما وَهبتَهُ لي...
لقد مَنحتني الغفرانَ،
أنا لكَ وأنتَ لي.[١٩٧]

١٩٧ قام المترجم بتعريب هذه الترنيمة وتقفيتها. الترنيمة الأصلية هي بعنوان "**Our Great Savior**" من تأليف جي. ويلبور تشابمان J. Wilbur Chapman (١٨٥٩-١٩١٨ م).

# المراجع

مراجع أساسيَّة في اللاهوت النظامي:

Bancroft, Emery H. *Christian Theology: Systematic and Biblical*. 2nd ed. Grand Rapids, MI: Zondervan, 1976. 236–79.

*Berkhof, Louis. *Systematic Theology*. 4th ed. Grand Rapids, MI: Eerdmans, 1939. 415–549.

Buswell, James Oliver, Jr. *A Systematic Theology of the Christian Religion*. 2 vols. Grand Rapids, MI: Zondervan, 1962–1963. 2:70–215.

Culver, Robert Duncan. *Systematic Theology: Biblical and Historical*. Fearn, Ross-shire, Scotland: Mentor, 2005. 639–797.

Dabney, Robert Lewis. *Systematic Theology*. 1871. Reprint, Edinburgh: Banner of Truth,713–553 .1985 .

Erickson, Millard J. *Christian Theology*. Grand Rapids, MI: Baker, 1986. 887–1022.

*Grudem, Wayne. *Systematic Theology: An Introduction to Biblical Doctrine*. Grand Rapids, MI: Zondervan, 1994. 657–850.

Hodge, Charles. *Systematic Theology*. 3 vols. 1871–1873. Reprint, Grand Rapids, MI: Eerdmans, 1975. 2:313–53; 3:3–465.

Lewis, Gordon R., and Bruce A. Demarest. *Integrative Theology*. 3 vols. Grand Rapids, MI: Zondervan, 1987–1994. 3:17–236.

*Reymond, Robert L. *A New Systematic Theology of the Christian Faith*. Nashville: Thomas Nelson, 1998. 461–502.

Shedd, William G. T. *Dogmatic Theology*. 3 vols. 1889. Reprint, Minneapolis: Klock & Klock, 1979. 2B:353–587; 3:401–70.

Strong, August Hopkins. *Systematic Theology: A Compendium Designed for the Use of Theological Students*. Rev. ed. New York: Revell, 1907. 665–894.

Swindoll, Charles R., and Roy B. Zuck, eds. *Understanding Christian Theology*. Nashville: Thomas Nelson, 2003. 801–1075.

Thiessen, Henry Clarence. *Introductory Lectures in Systematic Theology*. Grand Rapids, MI: Eerdmans, 1949. 341–99.

Turretin, Francis. *Institutes of Elenctic Theology*. 3 vols. Edited by James T. Dennison Jr. Translated by George Musgrove Giger. 1679–1685. Reprint, Phillipsburg, NJ: P&R, 724–2:501. 1997–1992.

العلامة (٭) تشير إلى أفضل المراجع في هذا المجال.

مراجع متخصّصة:

٭Barrett, Matthew. *Salvation by Grace: The Case for Effectual Calling and Regeneration*. Phillipsburg, NJ: P&R, 2013.

٭Boettner, Lorraine. *The Reformed Doctrine of Predestination*. 1932. Reprint, Phillipsburg, NJ: Presbyterian and Reformed, 1981.

Calvin, John. *Institutes of the Christian Religion*. Edited by John T. McNeill. Translated by Ford Lewis Battles. 2 vols. Library of Christian Classics. 1559. Reprint, Louisville, KY: Westminster John Knox, 1960.

Gibson, David, and Jonathan Gibson, eds. *From Heaven He Came and Sought Her: Definite Atonement in Historical, Biblical, Theological, and Pastoral Perspective*. Wheaton, IL: Crossway, 2013.

Hoekema, Anthony A. *Saved by Grace*. Grand Rapids, MI: Eerdmans, 1989.

٭Jeffery, Steve, Michael Ovey, and Andrew Sach. *Pierced for Our Transgressions: Rediscovering the Glory of Penal Substitution*. Wheaton, IL: Crossway, 2007.

MacArthur, John. *The Gospel according to Jesus: What Is Authentic Faith?* Rev. ed. Grand Rapids, MI: Zondervan, 2008.

——————. *The Gospel according to the Apostles: The Role of Works in the Life of Faith*. Nashville: Thomas Nelson, 2000.

—————. *Slave: The Hidden Truth about Your Identity in Christ*. Nashville: Thomas Nelson,2010 .

Morris, Leon. *The Apostolic Preaching of the Cross*. 3rd ed. Grand Rapids, MI: Eerdmans,1965 .

*Murray, John. *Redemption Accomplished and Applied*. 1955. Reprint. Grand Rapids, MI: Eerdmans, 2015.

Owen, John. *Salus Electorum, Sanguis Jesu: Or, The Death of Death in the Death of Christ*. In *The Works of John Owen*, edited by William H. Goold, 10:139–428. 1648. Reprint, Edinburgh: Banner of Truth, 1967.

Packer, J. I., and Mark Dever, *In My Place Condemned He Stood: Celebrating the Glory of the Atonement*. Wheaton, IL: Crossway, 2007.

Piper, John. *Counted Righteous in Christ: Should We Abandon the Imputation of Christ's Righteousness?* Wheaton, IL: Crossway, 2002.

—————. *Finally Alive: What Happens When We Are Born Again*. Fearn, Ross-shire, Scotland: Christian Focus, 2009.

—————. *The Future of Justification: A Response to N. T. Wright*. Wheaton, IL: Crossway,2007 .

Riccardi, Michael. *Sanctification: The Christian's Pursuit of God-Given Holiness*. Sun Valley, CA: Grace Books, 2015.

Schreiner, Thomas. *Faith Alone: The Doctrine of Justification: What the Reformers Taught . . . and Why It Still Matters*. The Five Solas. Grand Rapids, MI: Zondervan, 2015.

Schreiner, Thomas R., and Bruce A. Ware, eds. *Still Sovereign: Contemporary Perspectives on Election, Foreknowledge, and Grace*. Grand Rapids, MI: Baker, 2000.

Sproul, R. C. *Chosen by God*. Rev. ed. Carol Stream, IL: Tyndale House, 2010.

White, James R. *The God Who Justifies: A Comprehensive Study of the Doctrine of Justification*. Bloomington, MN: Bethany House, 2001.

العلامة (٭) تشير إلى أفضل المراجع في هذا المجال.

## أنصِتوا! ها المَلائكة تُنشِدُ

أنصِتوا! ها المَلائكةُ تُنشِدُ:
«مجدًا للمَلك المَولودْ،
على الأرْض السَّلامُ، والرَّحمَةُ أيضًا هُنا،
تَصالَحَ اللهُ معَ الخُطاة جنسنا!»
قوموا أيُّها الأمَمُ افرَحوا
وانضَمّوا إلى مَواكب السَّمَاءْ،
ومعَ جُند المَلائكة سَبِّحوا:
«في بَيْتَ لَحْمَ ولِدَ مَسيحُ الرَّجَاءْ!»
أنصِتوا! ها المَلائكةُ تُنشِدُ:
«مَجْدًا للمَلكِ المَولوْدْ»

حَبيبُ السَّمَاء هوَ المَسيحْ
الرَّبُّ الأبديُّ هو المَسيحْ!
أبصَروْهُ آتيًا في مِلْء الزَّمَانْ،
مولودًا من رحم العَذراء.. وكانْ
مُحتجبًا في الجَسَدَ.. أنظروا اللاّهوتْ،
رحِّبوا بالله مُجَسَّدًا في النَّاسوتْ،
مَنْ سُرَّ أنْ يَعيشَ كإنسانٍ بَينَنا
يسوعُ.. عِمّانوئيلُ اللهُ مَعَنا
أنصِتوا! ها المَلائكةُ تُنشِدُ:
«مَجْدًا للمَلكِ المَولودْ»

رَحِّبوا برَئيس السَّلام.. مَولود السَّمَاءْ،
حيُّوا مَعي فتى البِرِّ والتَّبريْرْ
يُعطي نورًا وحَياةً للصَّغير والكَبيْرْ،
قائمًا وفي أجنحَته الشِّفاءْ.
وضَعَ مَجدَهُ جانبًا وحَضَرْ
وُلدَ لكي لا يَموتَ البَشَرْ،
وُلد ليُقيمَ أبناءَ الفانيَهْ
وُلدَ ليُعطيَهمْ ولادَةً ثانيَهْ.
أنصِتوا! ها المَلائكةُ تُنشِدُ:
«مَجدًا للمَلكِ المَولودْ»[1]

---

١ قام المترجم بتعريب هذه الترنيمة وتقفيتها. الترنيمة الأصلية هي بعنوان "**Hark! The Herald Angels Sing**"، من تأليف تشارلز ويسلي Charles Wesley (١٧٠٧-١٧٨٨م).

الفصل الثامن

# الملائكة

## عقيدة الملائكة

## (أنچيلولوچي)

**الموضوعات الرئيسية التي يتناولها الفصل الثامن**

الملائكة القِدِّيسون

الشيطان

الشياطين/الأرواح الشريرة

ملاك الرب

أسئلة وأجوبة

اعتادت علوم اللاهوت إما تجاهُل عقيدة الملائكة تمامًا، وإما تناوُلها بإيجاز. لكن يحتوي الكتاب المقدس على قدرٍ كبيرٍ من المعلومات عن هذا الموضوع. ولذا، سنحاول في هذا القسم جمع كلّ ما أعلنه الكتاب المقدس عن الملائكة، سواء القديسين أو الأشرار.

## الملائكة القِدِّيسون

- مقدِّمة عن الملائكة
- حقيقة وجود الملائكة القديسين
- طبيعة الملائكة القديسين
- تاريخ الملائكة القديسين
- تعداد الملائكة القديسين
- موضع إقامة الملائكة القديسين
- رُتَب الملائكة القديسين
- قوة الملائكة القديسين
- خدمات الملائكة القديسين
- مصير الملائكة القديسين

### مقدِّمة عن الملائكة

يمكن ترجمة الكلمة العبرية *mal'akh*، التي ذُكرت في العهد القديم (٢١٣ مرة)، والكلمة اليونانية *angelos*، التي ذُكرت في العهد الجديد (١٧٦ مرة) بوجه عام إلى «رسول» أو «مبعوث» أو «سفير»، حين تشير إلى مهمة أو وظيفة (ذُكرت الكلمة إجماليًّا ٣٨٩ مرة في اثنين وأربعين سفرًا). الرسول يمكن أن يكون إنسانًا، مثل رُسُل يعقوب (تكوين ٣٢: ٣، ٦)، أو رُسُل يوحنا المعمدان (لوقا ٧: ٢٤)، أو رُسُل المسيح (لوقا ٩: ٥٢)، أو رعاة (ملائكة) الكنائس (رؤيا ١: ٢٠؛ ٢: ١، ٨، ١٢، ١٨؛ ٣: ١، ٥، ٧، ١٤). لكن في أحيان أخرى كثيرة، كان هذا الرسول كائنًا مخلوقًا، غير بشري، وفائقًا للطبيعة، يُشار إليه عادةً بلقب «ملاك» [angel] (٢ أخبار الأيام ٣٢: ٢١؛ متى ١: ٢٠، ٢٤)، أو «ملاك الرب» (تكوين ١٦: ٧). تظهر هذه الكلمات العبرية واليونانية من تكوين ١٦: ٧ إلى ملاخي ٣: ١ في العهد القديم، ومن متى ١: ٢٠ إلى رؤيا ٢٢: ١٦ في العهد الجديد.

يحدِّد السياق الذي ذُكرت فيه هذه الكلمات ما إن كانت تشير إلى (١) بَشَر، أو (٢) ملائكة قديسين، أو (٣) الشيطان، أو (٤) شياطين أو أرواح شريرة، أو (٥) ملاك الرب. يمكن الرجوع إلى عنوان «طبيعة الملائكة القديسين» (ص. ٧٨٧) للاطِّلاع على ستة عشر لقبًا آخر لوصف الملائكة القديسين؛ وعنوان «طبيعة الشيطان» (ص. ٨٠٢) للاطِّلاع على ثمانية وعشرين اسمًا إضافيًّا للشيطان؛ وعنوان «طبيعة الشياطين أو الأرواح الشريرة» (ص. ٨٤٢) للاطِّلاع على سبعة عشر اسمًا آخر للشياطين أو الأرواح الشريرة، وعنوان «ملاك الرب» (ص. ٨٥٨) للاطِّلاع على خمسة اختلافات متصلة بملاك الرب.

## • العهد القديم

ذُكرت كلمة «ملاك» ٢١٣ مرة في أربعة وعشرين سفرًا من الأسفار التسعة والثلاثين للعهد القديم. ومعظم المرات التي ذُكرت فيها هذه الكلمة (١٥٧ مرة، أو ٧٤٪) كانت في الأسفار التاريخية (أي من سفر التكوين وحتى سفر أستير). كذلك، وردت كلمة «ملاك» في أسفار الأنبياء ٤١ مرة (١٩٪)، في حين لم تَذكُرها الأسفار الشعرية إلا ١٥ مرة (٧٪).

جاءت أكبر فئة من الإشارات إلى هذه الكلمة بمعنى رُسُلٍ من البشر (١٠٠ مرة، أي ٤٧٪)، ثم تليها مباشرة الإشارات إلى الكلمة بمعنى ملاك الرب (٨٩ مرة، أي ٤٢٪)؛ وفقط في ٢٤ مرة (١١٪)، أشارت كلمة «ملاك» إلى الملائكة القديسين. ولم تأتِ في العهد القديم أيُّ إشارة إلى الشيطان أو إلى الأرواح الشريرة بلقب «ملائكة».

جاء استخدام كلمة «ملاك» للإشارة إلى الملائكة القديسين (٢٤ مرة) متناثرًا عبر كلِّ العهد القديم:

١. في الأسفار التاريخية: ٧ مرات (٢٩٪)، في سفر التكوين، وسفر الملوك الأول، وسفر أخبار الأيام الثاني.

٢. في الأسفار الشعرية: ٥ مرات (٢١٪)، في سفر أيوب وسفر المزامير.

٣. في الأسفار النبوية: ١٢ مرة (٥٠٪)، في زكريا ١: ٩ -٦: ٥

## • العهد الجديد

ذُكرت كلمة «ملاك» ١٧٦ مرة في ثمانية عشر سفرًا من الأسفار السبعة والعشرين للعهد الجديد – أي في جميع الأسفار عدا رسالة أفسس، ورسالة فيلبي، ورسالة تسالونيكي الأولى، ورسالة تيموثاوس الثانية، ورسالة تيطس، ورسالة فليمون، ورسالة يوحنا الأولى، ورسالة يوحنا الثانية، ورسالة يوحنا الثالثة. ومن بين هذه الأسفار التسعة، لم تَذكُر رسالة فيلبي، ورسالة تيطس، ورسالة فليمون، ورسالة يوحنا الثانية، ورسالة يوحنا الثالثة شيئًا عن رسلٍ من البشر، أو عن الملائكة القديسين، أو عن الشيطان، أو عن الشياطين أو الأرواح الشريرة، أو عن ملاك الرب، سواء بالاسم أو اللقب.

وردت كلمة «ملاك» ٥٥ مرة (٣١٪) في الأناجيل، مع وجود مكثَّف لها في إنجيل متى (٢٠ مرة)، وإنجيل لوقا (٢٦ مرة). كذلك، وردت الكلمة ٢١ مرة (١٢٪) في سفر أعمال الرسل، بينما ذَكرت الرسائل كلمة «ملاك» أو «ملائكة» ٣٣ مرة (١٩٪)، مع احتلال الرسالة إلى العبرانيين الصدارة (١٣ مرة). استَخدَم سفر الرؤيا كلمة «ملاك» أو «ملائكة» أكثر من أي سفر آخر في العهد الجديد (٦٧ مرة؛ ٣٨٪)، حيث وردت الكلمة في تسعة عشر أصحاحًا من أصحاحاته الاثنين والعشرين (إذ غابت فقط عن الأصحاحات ٤، ٦، ١٣). إذن، الأسفار التي استخدمت هذه الكلمة على نحو متكرر أكثر من الأسفار الأخرى هي إنجيل متى، وإنجيل لوقا، وسفر أعمال الرسل، والرسالة إلى العبرانيين، وسفر الرؤيا، حيث ظهرت فيها الكلمة إجماليًّا ١٤٧ مرة، أو ٨٤٪ من عدد مرات ظهورها في كلِّ العهد الجديد.

وعلى خلاف العهد القديم، كان الاستخدام الأكبر للكلمة اليونانية التي تترجَم «ملاك» أو «رسول» في العهد الجديد هو بمعنى الملائكة القديسين (١٥٢ مرة؛ ٨٦٪). أما المرات المتبقية فتشير إلى بَشَر

(١٤ مرة؛ ٨٪)، وإلى الشياطين أو الأرواح الشريرة (٦ مرات؛ ٥ , ٣٪)، وإلى الشيطان (مرتين؛ ١٪)، وإلى ملاك الرب (مرتين؛ ١٪). وفي استخدام الكلمة للإشارة إلى بَشَر، كانت تصف ثلاث مجموعات مختلفة: (١) رعاة كنائس (٨ مرات)، و(٢) رُسُل من البَشَر (٥ مرات)، و(٣) جواسيس (مرة واحدة).

## ➡ حقيقة وجود الملائكة القديسين

في أيام المسيح وأيام بولس، رفض الصدُّوقيون (أعضاء فصيل يهودي شديد التأثير والنفوذ، يشمل رئيس الكهنة نفسه؛ وكانوا يؤمنون بأن أسفار موسى الخمسة هي الأسفار الوحيدة الموحى بها من الله) وجود الملائكة، لأنهم كانوا يعتقدون خطأً بأن الملائكة لم يظهروا في أسفار موسى (أعمال الرسل ٢٣ : ٨). لكن في حقيقة الأمر، يمكن إثبات الوجود الذي لا ريب فيه للملائكة من مئات الإشارات إليهم في الكتاب المقدس، من تكوين ٣ : ٢٤ (الكروبيم الذين كُلِّفوا حراسةَ جنة عدن)، إلى رؤيا ٢٢ : ١٦ (ملاك يسوع الذي أعلن الكثير ليوحنا).[١]

### • سمات الهوية الشخصية العاقلة

تتمتع الملائكة بالسمات الثلاث التي تميِّز الكائنات العاقلة، وهي: الفكر، والعواطف، والإرادة. أولًا، الملائكة كائنات حكيمة (٢صموئيل ١٤ : ٢٠)، تستطيع التحدُّث (متى ٢٨ : ٥)، ويمكنها الترنيم (أيوب ٣٨ : ٧)، والعبادة والسجود (عبرانيين ١ : ٦). ثانيًا، لدى الملائكة القدرة على التعبير عن المشاعر: فهم يفرحون بتوبة الخطاة (لوقا ١٥ : ١٠)، ويخافون الله في سجودهم له برهبة، وإعجاب، وتوقير (عبرانيين ١ : ٦)؛ كما أنهم يجدون الله جديرًا دون منازع بالتسبيح والحمد (مزمور ١٤٨ : ٢؛ لوقا ٢ : ١٣-١٤). ثالثًا، للملائكة إرادة بها يختارون أن يعبدوا الله (عبرانيين ١ : ٦؛ رؤيا ٥ : ١١)، كما أن لديهم رغبة قوية أو اشتهاء (في اليونانية *epithymeō*) أن يطَّلعوا على الأمور المختصة بالخلاص (١بطرس ١ : ١٠-١٢).

### • سمات شخصية

الملائكة كائنات مخلوقة من الله (نحميا ٩ : ٦؛ مزمور ١٤٨ : ٢-٥؛ كولوسي ١ : ١٦)، ولهذا يُدْعَوْنَ «أبناء الله» (أيوب ١ : ٦؛ ٢ : ١؛ ٣٨ : ٧). وهم أيضًا كائنات روحية («أَرْوَاحًا خَادِمَةً»، عبرانيين ١ : ١٤). يوصَف كلٌّ من الشيطان («رُوحَ كَذِبٍ»، ١ملوك ٢٢ : ٢٢-٢٣)، والشياطين («أَرْوَاحٍ شِرِّيرَةٍ»، لوقا ٧ : ٢١) بأنهم أرواح. ووفقًا لتعريف المسيح، **الروح** لا مادي، أي لَيْسَ لَهُ لَحْمٌ وَعِظَامٌ (لوقا ٢٤ : ٣٩).

خُلِق الملائكة في الأصل طاهرين أدبيًّا، وهم يستمرون على هذه الحال إلى الأبد، إذ دُعُوا قِدِّيسين (مرقس ٨ : ٣٨؛ لوقا ٩ : ٢٦). الملائكة القديسون ملائكة مختارون (١تيموثاوس ٥ : ٢١)، ليسوا بحاجة إلى الفداء من حالة ساقطة (عبرانيين ٢ : ١٤-١٦). في المقابل، الشيطان، والشياطين أو الأرواح الشريرة، الذين خُلقوا طاهرين في الأصل، انحرفوا بعد ذلك، وأخطأوا، فصاروا أشرارًا (حزقيال ٢٨ : ١٥؛ يهوذا ٦). ولا خلاص لهؤلاء الملائكة الساقطين (متى ٢٥ : ٤١).

ولأن الملائكة غير محدودين بالمكان المادي، يتحركون بحرية، حتى أنهم قادرون على التنقُّل من السماء إلى الأرض، ثم العودة إلى السماء ثانية (تكوين ٢٨ : ١٢؛ يوحنا ١ : ٥١). على سبيل المثال، انتقل

---

١ انظر عنوان «مقدمة عن الملائكة» (ص. ٧٨٤) للاطِّلاع على تقرير تفصيلي بشأن البراهين الكتابية على وجود الملائكة.

الملائكة بين السماء والأرض لخدمة دانيال (دانيال ٩: ٢٠-٢٣؛ ١٠: ١-١٣، ٢٠)، والمسيح (يوحنا ١: ٥١). وكان يعقوب نفسه شاهدًا على هذه التنقُّل الملائكي (تكوين ٢٨: ١٢).

كذلك، يمكن للملائكة أن يكونوا مرئيين أو غير مرئيين. فقد كانوا مرئيين، على سبيل المثال، في زيارتهم لسدوم (تكوين ١٨: ٢؛ عبرانيين ١٣: ٢)، ولقبر المسيح (يوحنا ٢٠: ١١-١٢)، في حين كانوا غير مرئيين في البداية لبلعام (العدد ٢٢: ٣١)، وللغلام خادم أليشع (٢ملوك ٦: ١٥-١٧).

بما أن الملائكة كائنات روحية، فليس لهم نوع جنس (متى ٢٢: ٣٠؛ مرقس ١٢: ٢٥؛ لوقا ٢٠: ٣٥-٣٦)، وليس بمقدورهم التوالُد حسب جنسهم. وحين كانوا يظهرون في ظهور ملائكي، كانوا يأتون دائمًا في هيئة رجال، ولم يأتوا قط في هيئة نساء (تكوين ١٨: ٢؛ دانيال ١٠: ١٦، ١٨؛ مرقس ١٦: ٥).

الملائكة متعدِّدو اللغات. ويَصِفُهم الكتاب المقدس بأنهم يتحدَّثون بأي لغة يفهمها المستمع إلى رسالتهم. وحين كتب بولس عن «ألسنة الملائكة» (١كورنثوس ١٣: ١)، كان على الأرجح يتحدث بأسلوب افتراضيٍّ، لأن الكتاب المقدس لا يَذكُر شيئًا في أيِّ موضعٍ عن لغة ملائكية خاصة.

الملائكة كائنات دائمة الشباب، وخالدة. فالملائكة القديسون لا يمكن أن يموتوا لأنهم لم يخطئوا (لوقا ٢٠: ٣٦)، ولن يموت الملائكة الساقطون، لكنهم سيعاقَبون عقابًا أبديًّا في بحيرة النار (رؤيا ٢٠: ١٠).

الملائكة هم رُسُل الحق الإلهي (رؤيا ١: ١). وقد حذَّر بولس من أيِّ كائن روحي يدَّعي أنه ملاك من الملائكة القديسين جاء من عند الله، بينما يكرز بإنجيل كاذب، لأنه في حقيقة الأمر روح شرير يستوجب اللعنة (غلاطية ١: ٨).

## ⬅ طبيعة الملائكة القديسين

يوصَف الملائكة في الكتاب المقدس بأسماء، وألقاب، ووظائف. وقد نُسِب سبعة عشر لقبًا إلى «رُسُل» الله. وتكشف هذه الأسماء والألقاب عن هوية الملائكة، وماذا يفعلون.

١. **ملاك** [angel]: انظر عنوان «مقدمة عن الملائكة» (ص. ٧٨٤).

٢. **رئيس ملائكة** [archangel] (دانيال ١٠: ١٣؛ ١تسالونيكي ٤: ١٦؛ يهوذا ٩): يوصَف ميخائيل في سفر دانيال بأنه «وَاحِدٌ مِنَ الرُّؤَسَاءِ»، وهو اللقب المكافئ في العهد القديم للقب «رئيس ملائكة» الذي جاء في العهد الجديد. ويعني كون ميخائيل واحدًا من الرؤساء وجود رئيسَين على الأقل، أو ربما أكثر. كذلك، عند اختطاف الكنيسة، سيهتف رئيس ملائكة مجهول الاسم (١تسالونيكي ٤: ١٦). أيضًا، خاصَمَ ميخائيل إبليس على جسد موسى (يهوذا ٩).

٣. **مركبة أو مركبات [(chariots)]** (مزمور ٦٨: ١٧): تَدُل هذه اللغة العسكرية على عدم القدرة على إحصاء عدد الملائكة، الأمر الذي يشبه كثيرًا ما جاء في رؤيا ٥: ١١. وقد استُخدِم اللفظ «مَرْكَبَاتُ» مجازيًّا لوصف الملائكة الذين يُنَفِّذون مهامًا شبيهة بالمهام العسكرية لله (٢ملوك ٢: ١١؛ ٦: ١٧). وفي أيوب ٢٥: ٣، طَرَحَ بلدد الشوحي السؤال التالي: «هَلْ مِنْ عَدَدٍ لِجُنُودِهِ [جنود الله]؟» (راجع أيوب ١٩: ١٢). والإجابة الضمنية هي لا!

٤. **الكروبيم [Cherubim]** (تكوين ٣: ٢٤؛ خروج ٢٥: ١٨-٢٢؛ ٣٧: ٨؛ حزقيال ١: ٤-٢٨؛ ١٠: ١-٢٠؛ ٢٨: ١٤، ١٦): يعبِّر هذا اللقب عن الخدمة المجتهدة والنشطة. كَتَبَ حزقيال أن الشيطان كان في الأصل «الْكَرُوبُ الْمُظَلِّلُ»[٢] (حزقيال ٢٨: ١٤، ١٦). ربما يفسِّر هذا سبب حراسة الكروبيم جنة عدن (تكوين ٣: ٢٤)، وسبب إقامة تمثالَي الكروبَيْن فوق غطاء تابوت العهد لحراسته (خروج ٢٥: ١٨-٢٢؛ ٣٧: ٨؛ راجع عبرانيين ٩: ٥). وهناك احتمال كبير أن يكون الاثنا عشر ملاكًا الواقفين على الأبواب الاثني عشر لأورشليم الجديدة هم من الكروبيم (رؤيا ٢١: ١٢). وقد استَخدم حزقيال في الأصحاح الأول من السفر لغة مجازية مفرِطة لوصف الحيوانات التي رآها، والتي دعاها لاحقًا في حزقيال ١٠: ١٥ الكروبيم.

٥. **إلوهيم [Elohim]** (مزمور ٨: ٥؛ راجع عبرانيين ٢: ٧): استُخدِمت الكلمة العبرية «إلوهيم» (التي تعني «إله أو آلهة»[٣]) في هذين النصين للإشارة إلى الملائكة. والكلمة في هذا السياق معناها «الكائنات الفائقة»، مقارنةً بالبشر.

٦. **جبرائيل [Gabriel]** (دانيال ٨: ١٦؛ ٩: ٢١؛ لوقا ١: ١٩، ٢٦): ذُكر الاسم جبرائيل، الذي معناه «جبار الله»، فقط في سفر دانيال، وفي إنجيل لوقا. فقد أتى جبرائيل رسولًا من الله ليُفهِّم دانيال رؤاه المتعدِّدة. وعلى نحو مماثل، شَرَحَ جبرائيلُ مقاصدَ الله لزكريا ومريم.

٧. **القدِّيس أو القدِّيسين [(Holy ones)]** (تثنية ٣٣: ٢-٣؛ أيوب ٥: ١؛ ١٥: ١٥؛ مزمور ٨٩: ٥، ٧؛ دانيال ٤: ١٣، ١٧، ٢٣؛ ٨: ١٣؛ زكريا ١٤: ٥؛ يهوذا ١٤): يوصَف الملائكة الذين لم يخطئوا بأنهم قدِّيسون. إنهم يتلذَّذون بتسبيح الله، الذي هو «قُدُّوسٌ، قُدُّوسٌ، قُدُّوسٌ» (إشعياء ٦: ٣؛ رؤيا ٤: ٨). ويمكن للقب «قديسين» أن ينطبق أيضًا على البشر (١تسالونيكي ٣: ١٣).

٨. **جُند أو جُنود [(Hosts)]** (تثنية ٤: ١٩؛ نحميا ٩: ٦؛ مزمور ٣٣: ٦؛ لوقا ٢: ١٣): هذا اللقب يَصِفُ اللهَ بأنه قائدٌ عسكريٌّ لجيش ضخم من الجنود، مستعدين

٢ [المترجم]: جاء هذا التعبير في ترجمات أخرى: «الكروب الحارس».

٣ [المترجم]: تُرجمت هذه الكلمة في الترجمة العربية البستاني-فاندايك «الملائكة»، وليس «الآلهة».

لتنفيذ أوامر قائدهم (راجع متى ٢٦ : ٥٣). الملائكة هم هؤلاء «الجنود»، والله هو «رَبُّ الجُنُود» (١صموئيل ١٧ : ٤٥؛ مزمور ٨٩ : ٨).

٩. **حيوانات** [أو «كائنات حية»، living creatures] (رؤيا ٤ : ٦؛ ١٩ : ٤): في حين عُرِّفت الحيوانات الأربعة التي نقرأ عنها في حزقيال ١ : ٥-١٤ لاحقًا بأنها كروبيم (حزقيال ١٠ : ٢٠-٢٢)، كانت الحيوانات التي ذُكرت في رؤيا ٤ : ٨ تبدو وتتصرف على نحو أشبه بالسَّرافيم (إشعياء ٦ : ١-٤)، إذ كان لها ستة أجنحة، ومشاركة في فعل عبادة جدير بالملاحظة. وقد اشتركت حيوانات سفر الرؤيا في العبادة (رؤيا ٤ : ٦-١١؛ ٥ : ٦-١٤؛ ٧ : ١١؛ ١٤ : ٣؛ ١٩ : ٤)، وفي الدينونة (رؤيا ٦ : ١-٧؛ ١٥ : ٧).

١٠. **رجال** [men] (تكوين ١٨ : ٢؛ مرقس ١٦ : ٥؛ أعمال ١ : ١٠): في حين أن الملائكة هم في طبيعتهم الأساسية أرواح، لكنهم ظهروا في هيئة بشر في أوقات نادرة. وحين حدث ذلك، دُعُوا في جميع المرات «رجالًا».

١١. **ميخائيل** (دانيال ١٠ : ١٣، ٢١؛ ١٢ : ١؛ يهوذا ٩؛ رؤيا ١٢ : ٧): انظر لقب «رئيس ملائكة» أعلاه. والاسم ميخائيل يعني «مَن مثل الله؟»

١٢. **روح خادمة أو خُدَّام** (مزمور ١٠٣ : ٢١؛ ١٠٤ : ٤؛ عبرانيين ١ : ١٤): الملائكة يخدمون بتنفيذ مشيئة الله (مزمور ١٠٣ : ٢١). يمكن للملائكة أن يكونوا أدوات في يد الله للدينونة (مزمور ١٠٤ : ٤)، أو للبركة في خدمتهم للقديسين (عبرانيين ١ : ١٤).

١٣. **كواكب الصبح** (أيوب ٣٨ : ٧): يُدعى إبليس «زُهَرَةُ، بِنْتَ الصُّبْحِ» (إشعياء ١٤ : ١٢)؛ ويدعى الملائكة عمومًا «نُجُومِ السَّمَاءِ» (رؤيا ١٢ : ٤).

١٤. **رئيس أو رؤساء** [(Princes)] (دانيال ١٠ : ١٣، ٢٠، ٢١؛ ١٢ : ١): دُعِي ميخائيل «رَئِيسُكُمْ» (دانيال ١٠ : ٢١)، و«الرَّئِيسُ الْعَظِيمُ» (دانيال ١٢ : ١)، إشارةً إلى طبيعة خدمته نيابة عن شعب إسرائيل باعتباره «وَاحِدٌ مِنَ الرُّؤَسَاءِ» (دانيال ١٠ : ١٣). استُخدِم لفظ «رئيس» أيضًا للإشارة إلى أولئك الرؤساء المتآمرين مع الشيطان (دانيال ١٠ : ٢٠). انظر الاسم «ميخائيل» أعلاه.

١٥. **سَرافيم** [Seraphim] (إشعياء ٦ : ٢، ٦): لم يَظهَر هذا النوع من الملائكة إلا في الأصحاح السادس من سفر إشعياء. في هذا النص، كان اثنان على الأقل من السَّرافيم (إشعياء ٦ : ٣)، الذي يعني اسمهم «المشتعلين»، مَعنِيِّيْن بقداسة الله. اعتقد البعض أن الكروبيم، والحيوانات، والسرافيم ربما هم أشكال مختلفة من النوع نفسه من الملائكة.[٤] انظر لقب «كروبيم» و«الحيوانات» أعلاه.

---

٤ للاطلاع على دراسة أكثر تفصيلًا عن الكروبيم، والحيوانات، والسرافيم، انظر:
C. Fred Dickason, *Angels: Elect and Evil* (Chicago: Moody Press, 1975), 61–67.

١٦. **أبناء الله** (أيوب ١: ٦؛ ٢: ١؛ ٣٨: ٧): من الطبيعي أن نتفهَّم إمكانية اعتبار خالق الملائكة أبًا، والملائكة أبناءً له. وفي موضع آخر، استُخدِمت لغة مماثلة لوصف الملائكة بأنهم «أبناء القدير»[٥] (مزمور ٢٩: ١؛ مزمور ٨٩: ٦، بحسب الترجمة الإنجليزية NASB). كما يسمَّى الملائكة أيضًا «الْمُقْتَدِرِينَ قُوَّةً»، أو «الأبطال»، أو «الجبابرة» (مزمور ١٠٣: ٢٠؛ يوئيل ٣: ١١).

١٧. **الساهرين** [watchers] (دانيال ٤: ١٣، ١٧، ٢٣): لم يُذكَر هذا اللقب إلا في سفر دانيال، ويبدو مبهَمًا إلى حدٍّ ما. فإن علاقة هؤلاء الملائكة «الساهرين» بعِلم الله الكلي لم تكن واضحة المعالم.

## ← تاريخ الملائكة القديسين

يحتوي الكتاب المقدس فقط على ستة وعشرين لقاء محدَّدًا مع الملائكة عبر التاريخ، عشرة لقاءات منها في العهد القديم، وستة عشر لقاءً في العهد الجديد. يغطِّي هذا نحو ٢١٠٠ سنة، منذ عام ٢٠١٥ ق.م. تقريبًا، إلى عام ٩٥ م. تقريبًا. فقد بدأت الظهورات بإبراهيم (تكوين ١٨)، واستمرت حتى زمن رؤى يوحنا النبويَّة في سفر الرؤيا.

### • الخلق

خلق الله جميع الملائكة (نحميا ٩: ٦؛ مزمور ١٤٨: ٢-٥؛ كولوسي ١: ١٦). ويقول أيوب ٣٨: ٧ إن هؤلاء الملائكة ترنَّموا في أثناء الخلق، مما يدل على أنهم خُلِقوا أولًا. ومن المرجَّح أن يكون سقوط الشيطان (حزقيال ٢٨: ١٥)، وتمرُّد الشياطين الآخرين (رؤيا ١٢: ٤) قد حدث بعد أحداث الأصحاح الثاني من سفر التكوين (أي بعد اليوم السابع من الخلق)، لكن قبل أحداث الأصحاح الثالث (أي قبل أن تُغوى حواء وقبل عصيان آدم). ثم بعد كارثة جنة عدن، أقام الله شَرْقِيَّ جَنَّةِ عَدْنٍ الْكَرُوبِيمَ ... لِحِرَاسَةِ طَرِيقِ شَجَرَةِ الْحَيَاةِ (تكوين ٣: ٢٤).

### • العهد القديم

حَدَثَت عشرة لقاءات محدَّدة مع ملائكة عبر تاريخ العهد القديم، على مدار ١٥٠٠ سنة تقريبًا (من عام ٢٠٢٥ تقريبًا إلى عام ٤٨٠ ق.م. تقريبًا)، أي منذ زمن إبراهيم (تكوين ١٨)، إلى أيام زكريا. تضمَّنت هذه اللقاءات بعضًا من آباء إسرائيل ومن الأنبياء:

١. تكوين ١٨: ١-١٩: ٢٢
إبراهيم، ولوط، وسدوم (نحو عام ٢٠٢٥ ق.م.)

٢. تكوين ٢٨: ١-١٧
حلم يعقوب (نحو عام ١٩٥٠ ق.م.)

٥ [المترجم]: جاء هذا التعبير في الترجمة العربية البستاني-فانديك لهذين النصَّين أيضًا «أَبْنَاءَ ٱللهِ»، وليس «أبناء القدير».

٣. تكوين ٣٢: ١-٢
يعقوب في محنايم (نحو عام ١٩٥٠ ق.م.)

٤. ١ ملوك ١٩: ٥
إيليا (نحو عام ٨٦٠ ق.م.)

٥. إشعياء ٦: ١-٤
إشعياء ورؤيا عرش الله (نحو عام ٧٤٠ ق.م.)

٦. دانيال ٨: ١٣-٢٧
دانيال وجبرائيل (نحو عام ٥٥١ ق.م.)

٧. دانيال ٩: ٢٠-٢٧
دانيال وجبرائيل (نحو عام ٥٣٨ ق.م.)

٨. دانيال ١٠: ١٠-٢١
دانيال وواحدٌ من الملائكة (نحو عام ٥٣٦ ق.م.)

٩. دانيال ١٢: ٥-١٣
دانيال وبعض الملائكة (نحو عام ٥٢٢ ق.م.)

١٠. زكريا ١: ٩-٦: ٥ (اثنتي عشرة مرة): زكريا والملاك الذي كلَّمه (نحو عام ٤٨٠ ق.م.)

- العهد الجديد

حَدَثَ ستة عشر لقاءً محدَّدًا على الأقل مع ملائكة عبر تاريخ العهد الجديد، في مدة مئة سنة تقريبًا (من عام ٥ ق.م. تقريبًا -إلى عام ٩٥ م تقريبًا)، أي منذ زمن ميلاد المسيح إلى أيام رؤى يوحنا النبوية في سفر الرؤيا. (استبَعدت غالبية الترجمات عبارة «أَنَّ مَلاَكًا كَانَ يَنْزِلُ ... وَيُحَرِّكُ الْمَاءَ»، التي ذُكرت في يوحنا ٥: ٤، لأنها ليست موجودة في أقدم مخطوطات العهد الجديد وأفضلها). وقد أحاطت هذه اللقاءات بالأناجيل، وسفر أعمال الرسل، وسفر الرؤيا:

١. لوقا ١: ٨-٢٣
زكريا (نحو عام ٥ ق.م.)

٢. لوقا ١: ٢٦-٣٨
مريم وجبرائيل (نحو عام ٥ ق.م.)

٣.	متى ١: ١٨-٢٤
يوسف (نحو عام ٥ ق.م.)

٤.	لوقا ٢: ٨-٢٠
الرعاة (نحو عام ٥ ق.م.)

٥.	متى ٢: ١٣-١٥
يوسف (نحو عام ٥ ق.م.)

٦.	متى ٢: ١٩-٢٣
يوسف (نحو عام ٤ ق.م.)

٧.	متى ٤: ١١
يسوع (نحو عام ٢٧ م)

٨.	لوقا ٢٢: ٤٣
يسوع (نحو عام ٣٠ م)

٩.	متى ٢٨: ١-١٠؛ لوقا ٢٤: ١-١٢؛ يوحنا ٢٠: ١١-١٨
لقاءات عند القبر (نحو عام ٣٠ م)

١٠.	أعمال الرسل ١: ١٠-١١
الرسل (نحو عام ٣٠ م)

١١.	أعمال الرسل ٥: ١٩
الرسل (نحو عام ٣١ م)

١٢.	أعمال الرسل ٨: ٢٦
فيلبس (نحو عام ٣٢ م)

١٣.	أعمال الرسل ١٠: ٣-٨، ٢٢؛ ١١: ١٣
كرنيليوس (نحو عام ٣٦ م)

١٤.	أعمال الرسل ١٢: ٧-١١
بطرس (نحو عام ٤٤ م)

١٥.	أعمال الرسل ٢٧: ٢٣-٢٦
بولس (نحو عام ٥٨ م)

١٦.	رؤيا ١-٢٢
يوحنا (نحو عام ٩٥ م)

هذه الزيارات الموثَّقة لا تلغي احتمالية حدوث لقاءات أخرى لم يسجِّلها لنا النص القانوني. لكن، يعني هذا أن هذه الأحداث التي لم تتكرَّر كثيرًا في العهد القديم والعهد الجديد تَصْلُح أن تكون نموذجًا لأي زيارات أو لقاءات أخرى. ومن ثمَّ، كانت هذه الزيارات الملائكية تُخصَّص للأحداث شديدة الأهمية، كما اقتصرت على رجال الله البارزين.

- الأزمنة الأخيرة

يقدِّم لنا رؤيا ٦-١٩ نظرة عامة على أحداث بارزة ستظهر وتتكشَّف تدريجيًّا عبر السنوات السبع من الأسبوع السبعين الذي تنبأ عنه دانيال، ولا سيما في الثلاث سنوات والنصف الأخيرة. ثم في نهاية تلك الفترة، سيأتي المسيح من السماء إلى الأرض مع ملائكته، ليغزو العالم، ويقيم مملكته على الأرض لمدة ألف سنة (متى ١٣: ٣٩، ٤١، ٤٩؛ ١٦: ٢٧؛ ٢٤: ٣١؛ ٢٥: ٣١؛ مرقس ٨: ٣٨؛ ٢تسالونيكي ١: ٧).

يَصِفُ الأصحاح العشرون من سفر الرؤيا بإيجاز أحداث الملك الألفي للمسيح، التي تشمل حبس واحد من الملائكة للشيطان (٢٠: ١-٣)، ومُلك المسيح (٢٠: ٤-٧)، وإطلاق سراح الشيطان في النهاية لينال العقوبة الأبدية (٢٠: ٧-١٠)، والدينونة الأخيرة لغير المؤمنين جميعهم أمام العرش الأبيض العظيم (٢٠: ١١-١٥؛ راجع لوقا ١٢: ٨-٩). ويَعرض رؤيا ٢١-٢٢ ملخَّصًا للحقائق الأساسية المتعلِّقة بالسماء الجديدة والأرض الجديدة، وأورشليم الجديدة، والأبدية المستقبلية، التي تشمل ضمن أحداثها وقوف ملائكة عند أبواب المدينة (رؤيا ٢١: ١٢).

## تعداد الملائكة القديسين

على خلاف البشر، لا يتناسل الملائكة (متى ٢٢: ٣٠)، ولا يموتون. فقد كان تعداد الملائكة ثابتًا منذ الخلق (نحميا ٩: ٦)، وهو ما ينفي الحاجة إلى عمل إحصاء دوري. ويبيِّن لنا رؤيا ١٢: ٤ أن الشيطان أغوى ثلث عدد الملائكة بالانشقاق، والانضمام إليه في تمرُّده على الله. وهؤلاء صاروا الملائكة الأشرار. وظَلَّ الثلثان الآخَرَان من الملائكة أمناءً لله، وهم الملائكة المختارون (١تيموثاوس ٥: ٢١).

لم يَذكُر الكتاب المقدس في أيِّ موضع عددًا دقيقًا للملائكة. لكن، لدينا أوصاف تقريبية كافية لتعداد الملائكة تعطينا فكرة عامة عن هذه المسألة، إذا ما أخذنا هذه الأدلة بعين الاعتبار:

١. **١ ملوك ٢٢: ١٩؛ ٢أخبار الأيام ١٨: ١٨**

رأى ميخا الرَّبَّ جَالِسًا عَلَى كُرْسِيِّهِ، وَكُلُّ جُنْدِ السَّمَاءِ وُقُوفٌ حوله. تعرض لنا هذه الصورة الوصفيَّة مشهدًا يبدو فيه عدد ملائكة السماء لا يُحصَى، كنجوم السماء الفعلية في الكثرة (تكوين ١٥: ٥؛ أيوب ٣٨: ٧؛ مزمور ١٠٣: ٢١؛ ١٤٨: ٢).

٢. **٢ ملوك ١٩: ٣٥ (انظر إشعياء ٣٧: ٣٦)**

في إحدى الليالي، قَتَلَ مَلاكُ الرب ١٨٥ ألف جنديًّا أشوريًّا من جيش سنحاريب، ممَّا أجبر الملك على الانسحاب مهزومًا. هذا العدد من القتلى يُظهر عظمة قوة ملاك واحد فقط.

٣. **دانيال ٧: ١٠**

في رؤيا دانيال لقاعة عرش الله، رأى ألوفًا ألوفًا وربوات ربوات من الملائكة.

٤. **متى ٢٦: ٥٣**

قال المسيح للجنود في بستان جثسيماني إنه لو طلب من الله، لأَرْسَلَ إليه «أَكْثَرَ مِنِ اثْنَيْ عَشَرَ جَيْشًا مِنَ الْمَلاَئِكَةِ»[٦] لإنقاذه. يمكننا حساب هذا العدد إذا عرفنا أن في الفَيْلَق الواحد من الجيش ستة آلاف جندي تقريبًا؛ وإذا ضُرِب هذا العدد في اثني عشر فَيْلقًا، يصير عدد الملائكة بحسب هذا النص اثنين وسبعين ألفًا على الأقل. وفي حقيقة الأمر، يتجاوز العدد هذا. المعنى المقصود هنا هو أنه كان يمكن إرسال جيش ضخم على نحو لا يقاس في الحال للتغلُّب على الجنود الرومان والجموع المرافقة لهم، الذين جاءوا لإلقاء القبض على يسوع، والذين بلغ عددهم ستمئة شخص أو أكثر.

٥. **لوقا ٢: ١٣**

في تسجيل لوقا لحدث ميلاد المسيح، وَصَفَ «جُمْهُورٌ» (في اليونانية *plēthos*) من الجند السماوي، ظهروا بغتة، مرنِّمين تسبيحة لله تليق بالحدث. وفي عبرانيين ١١: ١٢، استُخدِمت هذه الكلمة اليونانية نفسها (التي تُرجِمت في هذا النص «فِي الْكَثْرَةِ») لوصف النطاق العددي لكلِّ نجوم السماء، الأمر الذي يجعل ضخامة الجيش الملائكي أوضح.

٦. **عبرانيين ١٢: ٢٢**

وَصَفَ كاتب الرسالة إلى العبرانيين حجم المحفل الملائكي في السماء بأنه «رِبَوَاتٍ»، أو بأنه «لا يُحصَى»، بحسب إحدى ترجمات الكلمة اليونانية *murias*، التي تعني حرفيًّا «ربوة» أو «عشرة آلاف»، وهو الرقم الذي لم يعرف القدماء رقمًا أعلى منه.

٧. **رؤيا ٥: ١١**

يوصَف المشهد الملائكي في السماء في هذا النص بأن «عَدَدُهُمْ رَبَوَاتِ رَبَوَاتٍ وَأُلُوفَ أُلُوفٍ»، وهو ما يعني، أن العدد يتجاوز كثيرًا حاصل ضرب عشرة آلاف في عشرة آلاف (أو مئة مليون)، وحاصل ضرب ألف في ألف (أو مليون). هذا هو التصريح الأكثر لفتًا للنظر في الكتاب المقدس، والذي يثير الانتباه إلى أن عدد الملائكة القديسين يتعذَّر إحصاؤه (تثنية ٣٣: ٢؛ مزمور ٦٨: ١٧؛ دانيال ٧: ١٠؛ يهوذا ١٤).

---

٦ [المترجم]: في ترجمة أخرى استُخدمت كلمة «فَيْلَق» (من الجيش) بدلًا من كلمة جيش.

كذلك، يبدو واضحًا أن تعداد الملائكة القديسين يبلغ ضعف تعداد الملائكة الأشرار. لم يُكشَف لنا العدد المحدَّد للملائكة، ومن ثَمَّ، فإن العدد يفوق إدراكنا. لكن، لا داعي أن نقول إنه يوجد أي عجز في عدد الملائكة الموجودين تحت تصرُّف الله، لتنفيذ مشيئته، وتقديم العبادة والتسبيح اللائقين بخالقهم.

## ⬅ موضع إقامة الملائكة القديسين

تَصِفُ الكلمة التي تُترجَم «سماء» [heaven] في الكتاب المقدس ثلاثة مستويات أو ثلاث طبقات مختلفة فوق كوكب الأرض. وبترتيب تنازلي، تأتي «السماء الثالثة» أو الفردوس، التي هي سماء محضر الله، أولًا (٢كورنثوس ١٢: ٢-٣؛ راجع مزمور ١٢٣: ١)؛ وتوصَف بأنها (١) **سَمَاءُ السَّمَاوَاتِ** (١ملوك ٨: ٢٧؛ مزمور ١٤٨: ٤؛[٧] تثنية ١٠: ١٤)، و(٢) «مَسْكَنِ قُدْسِهِ إِلَى السَّمَاءِ» (٢أخبار الأيام ٣٠: ٢٧)، و(٣) «فَوْقَ جَمِيعِ السَّمَاوَاتِ» (أفسس ٤: ١٠). ثانيًا، تأتي سماء النجوم، أي سماء الشمس، والقمر، والنجوم، التي تلقَّب **السماء الثانية** (تكوين ١٥: ٥؛ مزمور ٨: ٣؛ إشعياء ١٣: ١٠؛ عبرانيين ٤: ١٤). وأخيرًا، تأتي **السماء الأولى**، أو الغلاف الجوي للأرض (تكوين ٨: ٢؛ تثنية ١١: ١١؛ ١ملوك ٨: ٣٥).

منذ الخلق (أيوب ٣٨: ٤-٧) وحتى نهاية الأسبوع السبعين الذي تنبَّأ عنه دانيال، يقيم الملائكة القديسون في السماء الثالثة، عدا حين يغادرونها إلى مكان آخر لتنفيذ مهمة مؤقتة لخدمة الله. ينطبق هذا على السَّرافيم (إشعياء ٦: ١-٤)، والحيوانات الأربعة (رؤيا ٤: ٦-١١؛ ٥: ٨؛ ١٤: ٣)، وجبرائيل (لوقا ١: ١٩)، والملائكة غير الساقطين بوجه عام (١ملوك ٢٢: ١٩؛ ٢أخبار الأيام ١٨: ١٨؛ دانيال ٧: ١٠؛ متى ١٨: ١٠؛ ٢٢: ٣٠؛ ٢٤: ٣٦؛ ٢٨: ٢؛ مرقس ١٢: ٢٥؛ ١٣: ٣٢؛ لوقا ٢: ١٣، ١٥؛ ١٢: ٨؛ ١٥: ١٠؛ يوحنا ١: ٥١؛ عبرانيين ١٢: ٢٢؛ رؤيا ٥: ١١؛ ٧: ١-١٢؛ ٢٠: ١). ولأنهم مقيمون عادةً في السماء الثالثة، فهم جميعًا مشاركون في العبادة (عبرانيين ١: ٦).

في أثناء المُلك الألفي للمسيح، سيبقى الملائكة، الذين سيأتون مع المسيح لغزو الأرض، معه على الأرض لخدمته (متى ٢٥: ٣١)، بينما سيواصل الملائكة الذين سيبقون في السماء تقديم عبادتهم لله وخدمة مقاصده هناك. بعد ذلك، سيقيم جميع الملائكة مع الله ومع المفديِّين في السماء الجديدة والأرض الجديدة (رؤيا ٢٠: ١-٢٢: ٢١، وبالأخص رؤيا ٢١: ١٢).

## ⬅ رُتب الملائكة القديسين

الملائكة مرتَّبون في تسلسل هرمي سماوي متقَن، حتى يتسنَّى لهم تأدية عملهم. يمكن لكلمات جاءت في الكتاب المقدس، مثل: «ملائكة»، و«سلاطين»، و«رياسات»، و«سيادات»، و«قوات»، و«ولاة»، و«عروش»، أن تصف التسلسل الهرمي للملائكة القديسين أو الملائكة الأشرار. يشير رومية ٨: ٣٨؛ ١كورنثوس ١٥: ٢٤؛ أفسس ٢: ٢؛ ٦: ١٢؛ كولوسي ٢: ١٥ على الأرجح إلى رتب أو مستويات مختلفة من الملائكة الأشرار، أي إلى التسلسل الهرمي الشيطاني. وعلى الأرجح، يشير أفسس ١: ٢١؛ ٣: ١٠؛ كولوسي ١: ١٦؛ ١بطرس ٣: ٢٢ إلى رُتب أو مستويات مختلفة في التسلسل الهرمي للملائكة القديسين.

---

٧ [المترجم]: في ترجمات أخرى للنصَّين السابقين، جاءت هذه العبارة «السماء الأعلى».

لم يتوسَّع الكتاب المقدس قط في الحديث عن تفاصيل هذه الرُّتب الهرمية، ولا في شرح ترتيبها ووظائفها. لكن، بما أن الشيطان يحاكي ويزيِّف صفات الله وخصائص ملكوته، يبدو من المرجح أن هناك تسلسلًا هرميًّا وظيفيًّا حقيقيًّا للملائكة القديسين الذين يعبدون الله، ونسخة مزيَّفة من تسلسل هرمي موازٍ للشياطين الذي يدينون بولائهم للشيطان.

استُخدِمت العديد من الألقاب الوصفية للإشارة، على الأرجح، إلى عدة أنواع من الملائكة. انظر الألقاب «الكروبيم»، و«الحيوانات»، والسَّرافيم» أعلاه، تحت عنوان «طبيعة الملائكة القديسين» (ص. ٧٨٧). وقد ذُكِر ثلاثة ملائكة فقط بأسمائهم: انظر الاسمين «جبرائيل»، و«ميخائيل» أعلاه، تحت عنوان «طبيعة الملائكة القديسين»، والاسم «الشيطان» تحت عنوان «طبيعة الشيطان» (ص. ٨٠٢).

## ⬅ قوة الملائكة القديسين

تظهر قوة الملائكة بوضوح في كلٍّ من العهد القديم والعهد الجديد. ففي العهد القديم، سبَّب الملائكة العمى، وأنقذوا أشخاصًا، وخرَّبوا مدنًا (تكوين ١٩: ١-٢٦)؛ كما ضربوا سبعين ألف رجل من إسرائيل (٢صموئيل ٢٤: ١٠-١٧). ويبدو أيضًا أن الملائكة في حرب مستمرة مع الشياطين في السماوات (دانيال ١٠: ١٣، ٢٠-٢١).

في العهد الجديد، دحرج ملاكٌ الحجر الضخم عن مدخل قبر المسيح (متى ٢٨: ٢؛ مرقس ١٦: ٣-٤)، وأطلق سراح بطرس من السجن (أعمال الرسل ١٢: ٧-١١). كذلك، ضرب ملاكٌ هيرودس بدودٍ قاتل (أعمال الرسل ١٢: ٢٠-٢٣). ووَصَفَ بولس الملائكة بأنهم «مَلاَئِكَةِ قُوَّتِهِ»، كما وصفهم بطرس بأنهم «أَعْظَمُ قُوَّةً وَقُدْرَةً» من البشر (٢بطرس ٢: ١١).

وفي سفر الرؤيا، سيمارس الملائكة سلطانًا على الطبيعة (رؤيا ٧: ١-٣)، وسينفِّذون دينونات الأبواق السبعة (رؤيا ٨: ٢، ٦)، ودينونات الجامات السبعة (رؤيا ١٦: ١-٢١)؛ كما سيطردون الشيطان وملائكته نهائيًّا من السماء (رؤيا ١٢: ٧-٩). كذلك، فإن ملاكًا سيقيِّد الشيطانَ، ويحبسه طوال فترة الملك الألفي للمسيح (رؤيا ٢٠: ١-٣).

وباختصار، الملائكة أقوى من البشر، لكنهم ليسوا كُلِّيِّي القدرة مثل الله (مزمور ١٠٣: ٢٠؛ ٢بطرس ٢: ١١). كما أنهم أعظم من البشر في المعرفة، لكنهم ليسوا كُلِّيِّي العِلم مثل الله (متى ٢٤: ٣٦). والملائكة، فضلًا عن ذلك، أسرع من البشر، وأكثر حرية في الحركة منهم، لكنهم ليسوا كُلِّيِّي الوجود مثل الله (دانيال ٩: ٢١-٢٣؛ ١٠: ١٠، ١٤).

## ⬅ خدمات الملائكة القديسين

منذ الخلق (أيوب ٣٨: ٧)، وحتى الانقضاء (رؤيا ٢١: ١٢)، يؤدِّي الملائكة دورًا بارزًا في تتميم مقاصد الله. تسلِّط الملخَّصات التالية الضوء على خدمات الملائكة (١) لله، (٢) للمسيح، (٣) للمؤمنين، (٤) للكنيسة، (٥) لغير المؤمنين، (٦) للأمم.

## • خدمات الملائكة لله

يعبد الملائكة الله ويسبحونه (أيوب ٣٨: ٧؛ مزمور ١٤٨: ٢؛ إشعياء ٦: ١-٤؛ رؤيا ٤: ٦-١١؛ ٥: ٨-١٣؛ ٧: ١١-١٢). ويخدمون الله (مزمور ١٠٣: ٢٠-٢١؛ عبرانيين ١: ٧)، ويجتمعون أمامه باعتبارهم أبناء الله (أيوب ١: ٦؛ ٢: ١) «فِي جَمَاعَةِ الْقِدِّيسِينَ» (مزمور ٨٩: ٥)، وفي «مُؤَامَرَةِ [«مجلس»] الْقِدِّيسِينَ» (مزمور ٨٩: ٧).

علاوة على ذلك، يَنقل هؤلاء الخدام رسائل من الله. استخدَم الرب الملائكة لتسليم شريعته إلى موسى (أعمال الرسل ٧: ٣٨، ٥٣؛ غلاطية ٣: ١٩؛ عبرانيين ٢: ٢)، وسلَّم جبرائيل كلمة الله إلى دانيال (دانيال ٨: ١٦؛ ٩: ٢١)، وإلى زكريا (لوقا ١: ١٩)، وإلى مريم (لوقا ١: ٢٦). كما تواصل الملائكة مع يوحنا كثيرًا في سفر الرؤيا (رؤيا ١: ١-٢٢: ١٦).

كان الملائكة بمثابة أداة الله لإيقاع الدينونة على سدوم (تكوين ١٩: ١، ١٢-١٣). وسيَطردون الشيطان وملائكته في منتصف الأسبوع السبعين الذي تنبأ عنه دانيال (رؤيا ١٢: ٧-٩). وسيشترك الملائكة أيضًا بصورة مباشرة في دينونات الأبواق (رؤيا ٨: ٦-١١: ١٩) والجامات التي ستحلُّ على العالم (رؤيا ١٦: ١-٢١) في أثناء الأسبوع السبعين الذي تنبأ عنه دانيال.

## • خدمات الملائكة للمسيح

اشترك الملائكة في الإعلان عن ميلاد المسيح لمريم (لوقا ١: ٢٦-٣٨)، ويوسف (متى ١: ١٨-٢٣)، والرعاة (لوقا ٢: ٨-١٥). كما أنهم حَمَوْا المسيح في أثناء طفولته (متى ٢: ١٣-١٥، ١٩-٢١).

خدم الملائكة المسيح منذ بداية خدمته العلنية (متى ٤: ١١)، وحتى نهايتها (لوقا ٢٢: ٤٣)، وبوجه عام طوال فترة خدمته على الأرض (يوحنا ١: ٥١؛ ١تيموثاوس ٣: ١٦). كما أنهم ساعدوا بعض الناس على إدراك قيامة المسيح من بين الأموات (متى ٢٨: ١-٢، ٦؛ لوقا ٢٤: ٥-٨)، وصعوده إلى السماء (أعمال الرسل ١: ١١). ويسرد الأصحاح الأول والثاني من الرسالة إلى العبرانيين أسباب خدمة الملائكة للمسيح، بإجراء عدة مقارنات لإثبات سمو المسيح فوق الملائكة.

عند عودة المسيح إلى الأرض لاختطاف الكنيسة، سيكون هناك أيضًا دورٌ للملائكة (١تسالونيكي ٤: ١٦). كما أنهم سيرافقون المسيح في مجيئه الثاني (متى ٢٥: ٣١)، ويَجمَعون المؤمنين (متى ١٣: ٣٩-٤٣؛ ٢٤: ٣١)، ويوقِعون الدينونة على غير المؤمنين (٢تسالونيكي ١: ٧). وواحد من الملائكة سيقيِّد الشيطان، ويسجنه، طوال مدة المُلك الألفي للمسيح (رؤيا ٢٠: ١-٣).

## • خدمات الملائكة للمؤمنين

يخدم الملائكة المؤمنين بوجه عام (عبرانيين ١: ١٤)؛ وهذه الخدمة تشمل الفرح بخلاص أي خاطئ (لوقا ١٥: ١٠)، وتوفير الحماية (مزمور ٣٤: ٧؛ ٣٥: ٥-٦؛ ٩١: ١١-١٢؛ متى ١٨: ١٠) بحسب مشيئة الله. وبما أن قصة الغني ولعازر هي على الأرجح مَثَلٌ، ينبغي إذن ألا نستعين بها بيقين مطلق للتأكيد على أن الملائكة يحملون جميع المؤمنين إلى السماء لدى موتهم (لوقا ١٦: ٢٢)

### • خدمات الملائكة للكنيسة

الملائكة قد يشارِكون في حياة الكنيسة فيما يتعلَّق بما يلي: (١) القادة (١كورنثوس ٤: ٩)، (٢) النساء (١كورنثوس ١١: ١٠)، (٣) طهارة الشيوخ (١تيموثاوس ٥: ٢١)، أو (٤) في سعيهم الشخصي إلى فهم الخلاص (١بطرس ١: ١٢)

### • خدمات الملائكة لغير المؤمنين

شَرَحَ يسوع في أحد أمثاله أن الملائكة هم مَن سيَفصِلون «الزوان» (غير المؤمنين) عن «الحنطة» (المؤمنين) (متى ١٣: ٢٧-٣٠، ٣٦-٤٣). كذلك، سيَكرز ملاكٌ بالإنجيل لكلٍّ العالم في أثناء الأسبوع السبعين الذي تنبأ عنه دانيال (رؤيا ١٤: ٦-٧). أيضًا، سيشترك الملائكة في دينونة غير المؤمنين التي ستقع عند المجيء الثاني للمسيح إلى الأرض (متى ١٦: ٢٧؛ ٢تسالونيكي ١: ٧)

### • خدمات الملائكة للأمم

يخدم الملائكة مقاصد الله للأمم عمومًا (دانيال ١٠: ١٣، ٢٠)، ولإسرائيل بصفة خاصة (دانيال ١٠: ٢١؛ ١٢: ١؛ رؤيا ٧: ١-٣). وهم سيوقِعون دينونة كبرى بخاصةٍ على جميع الأمم، قبل المجيء الثاني للمسيح (رؤيا ٨: ٦-١١: ١٩؛ ١٦: ١-٢١).

## ⬅ مصير الملائكة القديسين

لن يواجه الملائكة القديسون أي دينونة لأنهم لن يخطئوا البتة. يتناقض هذا مع حال الشيطان وملائكته، الذين سيُدانون (٢بطرس ٢: ٤؛ يهوذا ٦)، ويُرسَلون لقضاء حياتهم الأبدية في بحيرة النار (متى ٢٥: ٤١؛ رؤيا ٢٠: ١٠).

بعد دينونة العرش الأبيض العظيم الأخيرة (١كورنثوس ١٥: ٢٤-٢٨؛ رؤيا ٢٠: ١١-١٥)، ستوجَد سماء جديدة وأرض جديدة (رؤيا ٢١: ١)، حيث يَسْكُنُ الله مع الناس في المدينة المقدَّسة، أورشليم الجديدة (رؤيا ٢١: ٢). وحيث يكون الله، سيكون ملائكته القديسون أيضًا، وسيقف اثنا عشر ملاكًا منهم على أبواب المدينة (رؤيا ٢١: ١٢). وعندئذ، سيقدِّم شعب الله المفديُّون، وملائكة الله، العبادة لله في برٍّ إلى الأبد.

وفي النهاية، تعُود جنة عدن. وعندئذ، سينظر الله إلى كلَّ ما أعاد خَلْقَه، وإذ هو حسنٌ جدًا، تمامًا كما كان في البدء (تكوين ١: ٣١).

# الشيطان

- حقيقة وجود الشيطان
- طبيعة الشيطان
- تاريخ الشيطان
- قوة الشيطان
- مكائد الشيطان
- الشيطان ودوره كخادم
- أسلحة المؤمن الدفاعيَّة
- دينونات الشيطان

## حقيقة وجود الشيطان

لا يمكن إثبات أو نفي حقيقة وجود الشيطان بالمنطق الفلسفي وحده. ومع ذلك، يمكن أن نقول إن وجود الشر الذي لا جدال فيه يقتضي حتمًا وجود جانٍ أو مجرمٌ حقيقي. كذلك، لا يمكن للادِّعاءات الاختبارية وحدها أن تثبت حقيقة وجود الشيطان، لأنها تفتقر إلى المقياس الموضوعي الذي يمكن إثبات صحة تلك الاختبارات المزعومة على أساسه.

إلا أنَّ رواية تاريخية موثوقة عن تاريخ البشر هي التي من شأنها أن تؤكِّد حقيقة وجود الشيطان، إذا كان كاتبها محل ثقة. وفي حقيقة الأمر، يوجد كتاب يتَّصفُ بالفعل بهذه الأوصاف، ألا وهو الكتاب المقدس، الذي كتبه إله الخليقة، ومصدر الحق الخالي من أي خطأ، وخالق الشيطان. ومن ثمَّ، الكتاب المقدس هو الشاهد الوحيد الموثوق به، الذي يُثبِت للمؤمن الوجود الفعلي للشيطان.

- بعض الحقائق الأساسية

ظهر الإعلان عن الشيطان في العهد القديم فقط في ثمانية أسفار، لكنَّه متفقٌ تمامًا مع الإشارات إليه في العهد الجديد، والتي تفوقه من حيث الكَمِّ. المعنى الأساسي للكلمة العبرية التي تترجَم «الشيطان» هو: «الخَصم» أو «المُقاوِم». ومن بين **سبع وعشرين مرة** وردت فيها هذه الكلمة في العهد القديم، أشارت **ثماني عشرة مَرَّة** منها إلى الشيطان مباشرةً (مرة واحدة في ١أخبار الأيام ٢١؛ وأربعة عشر مرة في أيوب ١-٢؛ وثلاث مرات في زكريا ٣)، بينما أشارت **المرات التسع الأخرى** إلى خصوم آخرين غير الشيطان. بالإضافة إلى ذلك، يشهد ٢كورنثوس ١١: ٣؛ ورؤيا ١٢: ٩؛ ٢٠: ٢ لحقيقة وجود الشيطان في الأصحاح الثالث من سفر التكوين، حيث تخفَّى في هيئة حية. كذلك، أشار ١ملوك ٢٢: ٢١-٢٢؛ ٢أخبار الأيام ١٨: ٢٠-٢١ إلى الشيطان بعبارة «روح كذب». وألمح كلٌّ من الأصحاح الرابع عشر من سفر إشعياء، والأصحاح الثامن والعشرين من سفر حزقيال، إلى الشيطان باعتباره القوة الكامنة وراء ملك بابل وملك صور، على التوالي.

من جهة أخرى، جاءت إشارات العهد الجديد إلى الشيطان وافرة. فإن الكلمات التي تُرجِمت «الشيطان» أو «إبليس» تشير في **أربع وسبعين مرة** إلى «الشرير». وقد ذَكَره جميع كُتَّاب العهد الجديد، ويظهر في **تسعة عشر** سفرًا من أسفار العهد الجديد (عدا رسالة غلاطية، ورسالة فيلبي، ورسالة كولوسي، ورسالة تيطس، ورسالة فليمون، ورسالة بطرس الثانية، ورسالة يوحنا الثانية، ورسالة يوحنا الثالثة). ومن بين **ثلاثين** إشارة إلى الشيطان في الأناجيل، تعلَّقت ثماني وعشرون إشارة مذهلة إما بلقاءات مباشرة معه، وإما بذِكره فقط.

## • سمات أساسية

تَظهر في الشيطان السمات الثلاث الأساسية للهوية الشخصية العاقلة، وهي: الفكر، والعواطف، والإرادة. فبفِكْرِه جرَّب الشيطانُ المسيح (متى ٤: ١-١١)، ولا يزال يحيك المكائد للمؤمنين (٢كورنثوس ٢: ١١؛ أفسس ٦: ١١؛ ١تيموثاوس ٣: ٧؛ ٢تيموثاوس ٢: ٢٦). ومن الناحية العاطفية، يُظهِر الشيطان الكبرياء (١تيموثاوس ٣: ٦)، والغضب (رؤيا ١٢: ١٢، ١٧). كذلك، يمارس إبليس إرادته في حربه ضد المؤمنين (لوقا ٢٢: ٣١؛ ٢تيموثاوس ٢: ٢٦).

بالإضافة إلى ذلك، هناك خمس سمات شخصية أخرى تكمِّل هذه اللمحة المبدئية عن هذا الخصم الكذَّاب والقتَّال. **أولاً**، هو **ملاك مخلوق**. فبحسب بولس، خلق الله كلَّ شيء (كولوسي ١: ١٦)، بمَن في ذلك الملائكة. وفي ردِّ الله على أيوب، ساوى بين «كَوَاكِبُ الصُّبْحِ»، و«بَنِي اللهِ» (أيوب ٣٨: ٤-٧؛ راجع ١: ٦؛ ٢: ١)، أي تلك الرُّتب الملائكية التي خُلِقت أولًا، وترنَّموا وابتهجوا بخلق سائر الخليقة. وقد وُصِفت القوة الشريرة الكامنة وراء ملك صور بلقب «الْكَرُوبُ الْمُنْبَسِطُ الْمُظَلِّلُ» (حزقيال ٢٨: ١٤، ١٦)، الذي هو كائن مخلوقٌ (حزقيال ٢٨: ١٣، ١٥). وإذ خُلِق الشيطان في الأصل رئيسًا للملائكة على رتبة ميخائيل رئيس الملائكة (يهوذا ٩)، فهو الآن يقود في تمرُّده عصابة من الملائكة الأشرار (متى ٢٥: ٤١؛ رؤيا ١٢: ٩). ومع أنه ملاك ظُلمة، لكنه يأتي متخفيًا في شبه ملاك نور (٢كورنثوس ١١: ٤).

**ثانيًا**، إبليس **كائن روحي** (١ملوك ٢٢: ٢١-٢٣؛ ٢أخبار الأيام ١٨: ٢٠-٢٢؛ أفسس ٢: ٢)، رغم ظهوره في بعض الأحيان في شبه إنسان (متى ٤: ٣-١١)، تمامًا كالملائكة القديسين (مرقس ١٦: ٥). وفي حين وَصَفَ كاتب الرسالة إلى العبرانيين الملائكةَ بأنهم «أَرْوَاحًا خَادِمَةً» (عبرانيين ١: ١٤)، وَصَفَ المسيحُ الشياطينَ بأنهم «الأَرْوَاحَ النَّجِسَةَ» (لوقا ٤: ٣٦)، و«أَرْوَاحٍ شِرِّيرَةٍ» (لوقا ٨: ٢). وهذا الوصف ينطبق أيضًا على رئيس هؤلاء الشياطين.

**ثالثًا**، يتمتع الشيطان بقدرة فائقة على **التنقُّل بحُرية**. يصف كلٌّ من أيوب ١: ٧، وأيوب ٢: ٢ الشيطان بأنه «يجول ويتمشَّى في الأرض»، مثل ١بطرس ٥: ٨، الذي يصف الشيطان بأنه «يَجُولُ» في كلِّ أنحاء العالم. رابعًا، يستطيع الشيطان أن يؤدي عمله سواء في السماء (١ملوك ٢٢: ٢١-٢٢؛ أيوب ١-٢؛ رؤيا ١٢: ١٠)، أو على الأرض (متى ٤: ٣-١١). وأخيرًا، سيحاسِب الله الشيطان في النهاية، ويحمِّله المسئولية الأدبية على أعماله الشريرة الغادرة (متى ٢٥: ٤١؛ رؤيا ٢٠: ١٠).

## • بعض التباينات الأساسيَّة

يُظهِر الفهم اللاهوتي عن الشيطان وجود تباين حقيقي بينه وبين الرب يسوع المسيح (انظر الجدول ١.٨). ليس هذا بالأمر العجيب أو المثير للدهشة، بما أن المسيح هو الخالق، والشيطان مجرد مخلوق.

**الجدول ١.٨ التباين بين الشيطان والمسيح**

| الشيطان | المسيح |
|---|---|
| وقتي | أزلي |
| ظلمة | نور |
| موت | حياة |
| كذاب | حق |
| زائف | أصيل وحقيقي |
| شرير | بار |
| عدو | حبيب |
| قوي | الأقوى على الإطلاق |
| يَسْجِن | يُحَرِّر |
| يشتكي | يشفع ويدافع |
| يقلِّد | يُنشِئ ويُبدِع |
| مخادع وملتوٍ | صادق |
| يقمع ويؤذي | يريح وينجي |

| الشيطان | المسيح |
| --- | --- |
| يفتري | يشفع |
| متكبر | متضع |
| يَستعبِد | يُعتِق |
| أثيم | قدوس |
| هدَّام | بنَّاء |
| سارق | محسِن |
| يبغِض | يحِب |
| يُضعِف | يشفي |
| قتَّال | مخلِّص |

## ➡ طبيعة الشيطان

يتطلَّب التعرُّف بشخصية الشيطان دراسة أسمائه وألقابه العديدة. ويُعَد لفظ الشيطان («الخصم» أو «المقاوم» adversary)، وإبليس («المشتكي»، أو «المفتري» slanderer) هما أشهر ألقاب الشيطان المستخدَمة إلى حدٍّ بعيد. لكن، تحذِّر العديد من الألقاب الأخرى أيضًا من نوايا الشيطان وأفعاله. تعطينا تسميات الشيطان التسعة والعشرون التالية لمحات عن طبيعته الشيطانية:

١. **«أَبَدُّونَ»** (رؤيا ٩: ١١): هذه الكلمة المنسوخة صوتيًّا باللغة العربية من اللغة العبرية ترتبط عادة بالموت والهلاك في النصوص الستة من العهد القديم التي وردت فيها (أيوب ٢٦: ٦؛ ٢٨: ٢٢؛ ٣١: ١٢؛ مزمور ٨٨: ١١؛ أمثال ١٥: ١١؛ ٢٧: ٢٠). يشير اللقب «أَبَدُّونَ»، ونظيره اليوناني «أَبُولِّيُّونَ»، إلى الشيطان باعتباره الملاك المَلِكُ على الشياطين في بئر الهاوية، بحسب رؤيا ٩: ١. انظر الألقاب «ملاك بئر الهاوية»، و«أبوليون»، و«بعلزبول»، و«الشرير»، و«إله هذا الدهر»، و«المَلِك»، و«رئيس سلطان الهواء»، و«رئيس هذا العالم»، و«الكوكب» أدناه.

٢. **المشتكي [accuser]** (زكريا ٣: ١؛ رؤيا ١٢: ١٠): يؤدِّي الشيطان دور ممثِّل الادِّعاء أمام الله في السماء، إذ اشتكى (في العبرية: « *satan*»، وفي اليونانية *katēgorōn*، «قاوم») على يهوشع، رئيس كهنة إسرائيل (زكريا ٣: ١)، ويشتكي على المؤمنين (رؤيا ١٢: ١٠)، بأنهم لا يستحقون نعمة الله سواء في الفداء أو في الخدمة. وفي حين عرَّف البعض شخصية «المشتكي» في مزمور ١٠٩: ٦ بأنه هو «الشيطان»، يبدو أن سياق النص (١٠٩: ٤، ٢٠، ٢٨) يشير إلى مشتكين من البشر على داود.[٨]

٣. **الخصم أو المقاوِم [adversary]** (١بطرس ٥: ٨): يوصَف الشيطان بأنه خصمٌ (في اليونانية *antidikos*)، يقاوِم المؤمنين كما يطارد أسدٌ زائرٌ مفترسٌ فريسته. انظر لقبَي «العدو» و«الشيطان» أدناه.

٤. **ملاك بئر الهاوية** (رؤيا ٩: ١١): كما أنَّ ميخائيل هو رئيس ملائكة السماء (رؤيا ١٢: ٧)، هكذا أيضًا الشيطان هو «ملك» الهاوية. يوجد شياطين أو أرواح شريرة على الأرض لا يرغبون في الذهاب إلى هناك (لوقا ٨: ٣١). وسيُطلِق الشيطان في المستقبل لفترة وجيزة سراح شياطين آخرين موجودين في الهاوية (رؤيا ٩: ١-٢، ١١). كذلك، بعض الشياطين سيكون قد مرَّ على حبسهم هناك فترة كبيرة من التاريخ البشري، ولن يُطلَق سراحهم إلا عند الدينونة الأخيرة (٢بطرس ٢: ٤؛ يهوذا ٦)، وحينها سيُطرَحون في بحيرة النار مع الشيطان وبقية الشياطين. وفي أثناء المُلك الألفي للمسيح على الأرض، سيُسجَن الشيطان في الهاوية (رؤيا ٢٠: ١-٦). انظر لقب «أبَدُّون» أعلاه، ولقب «أَبُولِّيُّونَ» أدناه.

٥. **أَبُولِّيُّونَ** (رؤيا ٩: ١١): يمثِّل هذا الاسم النظير اليوناني للاسم العبري «أبدون»؛ وأفضل ترجمة له هي «المهلِك» [destroyer]. يظهر هذا الاسم مرة واحدة فحسب في العهد الجديد. انظر اللقبَين «أبدون»، و«ملاك بئر الهاوية» أعلاه؛ والألقاب «بعلزبول»، و«المَلِك»، و«الكوكب» أدناه.

٦. **بَعْلَزَبُولَ** (متى ١٢: ٢٤؛ مرقس ٣: ٢٢؛ لوقا ١١: ١٥): اتَّهم رؤساءُ اليهود المسيحَ بأنه يُخرِج الشياطين بقوة رئيس الشياطين (في اليونانية *archon*)، بعلزبول، الذي يعني اسمه «سيد» أو «رئيس». وفي الأصل، كان هذا هو الإله السيد على مدينة عقرون الساحلية الفلسطينية («بَعْلَ زَبُوبَ إِلَهَ عَقْرُونَ»، ٢ملوك ١: ٢-٣). ثم بعد أن تحاجج يسوع مع رؤساء اليهود بشأن عدم إمكانية مقاومة الشيطان

٨ [المترجم]: جاء هذا النص في الترجمة العربية البستاني-فانديك كالتالي: «فَأَقِمْ أَنْتَ عَلَيْهِ شِرِّيرًا، وَلْيَقِفْ شَيْطَانٌ عَنْ يَمِينِهِ». لكن، جاءت كلمة «شيطان» في غالبية الترجمات «مشتكي» أو «خصم»؛ فهي ليست إشارة إلى شخصية الشيطان نفسه، بل إلى شخص يشتكي على آخر أو يتهمه. وتقول بعض الترجمات إن هذه الجملة لم تأتِ على لسان داود طلبًا للانتقام من أعدائه، بل على لسان أعدائه، في تخطيط منهم للإيقاع به ضحية اتهامات باطلة.

للشياطين، لأنه بهذا يكون قد انقلَب على نفسه، أقرَّ بقوة الشيطان (لوقا ١١: ٢١)، لكنه أكَّد أنه أقوى كثيرًا منه (لوقا ١١: ٢٢)، وأنه هو مَن سيغلبه. انظر اللقبين «أبدون»، و«أبوليون» أعلاه، والألقاب «الشرير»، و«رئيس هذا الدهر»، و«الملك»، و«رئيس سلطان الهواء»، و«**رئيس هذا العالم**»، والكوكب» أدناه.

٧. **بَلِيعَالَ** (٢كورنثوس ٦: ١٥): ترد هذه الكلمة المنسوخة صوتيًّا باللغة العربية من اللغة العبرية سبعًا وعشرين مرة في العهد القديم (انظر تثنية ١٣: ١٣ «بَنُو لَئِيم»؛ قضاة ١٩: ٢٢؛ ١صموئيل ٢: ١٢؛ ١ملوك ٢١: ١٣ «بَنِي بَلِيَّعَالَ»؛ أمثال ٦: ١٢ «اَلرَّجُلُ اللَّئِيمُ»)، وتشير إلى أناسٍ أوغاد، ومثيرين للمتاعب، ومنحطين، وأشرار، وعديمي القيمة. هناك احتمال كبير أن يكون نص ناحوم ١: ١٥ قد استخدم هذه الكلمة للإشارة إلى الشيطان.[٩] وقطعًا، تعمَّد بولس (في ٢كورنثوس ٦: ١٥) استخدام هذه الكلمة كي يصوِّر الشيطان بأنه أدنى المخلوقات، وأشرُّها، وأحقرها، دون نظيرٍ له، أو دون مَن يفوقه في هذا.

٨. **إبليس [devil]** (انظر متى ٤: ١ وحتى رؤيا ٢٠: ١٠): وردت هذه الكلمة ثمانيَ وثلاثين مرة في العهد الجديد، أشارت أربع وثلاثون مرة منها إلى الشيطان. هذا هو ثاني أشهر ألقاب الشيطان استخدامًا في الكتاب المقدس. وفي الترجمة السبعينية، وهي الترجمة اليونانية القديمة للعهد القديم، استُخدِم اللقب «إبليس» «devil» (*diabolos*) للإشارة إلى الشيطان في أيوب ١-٢، إذ اشتكى بافتراءٍ على أيوب بأن دوافعه لعبادة الله وخدمته لم تكن نقية أو نبيلة. كما افترى على يهوشع، رئيس الكهنة اليهودي (زكريا ٣: ١). لكن كان الافتراء الأعظم من الشيطان موجَّهًا إلى الله نفسه، حين قال لحواء إنها لن تموت، مع أن الله كان قد قال إن الموت سيكون حتميًّا في حالة الأكل من شجرة معرفة الخير والشر (تكوين ٢: ١٧؛ ٣: ٤). يفتري الشيطان على الله أمام الإنسان، وعلى الإنسان أمام الله.

٩. **التنين [Dragon]** (إشعياء ٢٧: ١؛ رؤيا ١٢: ٣، ٧، ٩؛ ٢٠: ٢): استخدم يوحنا صورة وحش رهيب ثلاث عشرة مرة في رؤيا ١٢، ١٣، ١٦، ٢٠ لوصف الشيطان. هذه الكلمة (في اليونانية *drakōn*) تشير بلا شك إلى الشيطان، لأن كلًّا من رؤيا ١٢: ٩، ورؤيا ٢٠: ٢ يُعرِّفان هذا «التنين» بأنه «اَلْحَيَّةُ الْقَدِيمَةُ»، و«إِبْلِيسَ»، و«الشَّيْطَانَ». انظر اللقبَين «لوياثان» و«الحية» أدناه.

١٠. **العدو** (متى ١٣: ٢٥، ٢٨، ٣٩؛ لوقا ١٠: ١٩): في مَثَل الزوان، تحدَّث المسيح عن العدو (في اليونانية *echthros*)، الذي زَرَعَ زوانًا في وسط حقل الحنطة، والزوان

٩ [المترجم]: تُرجمت هذه الكلمة בְלִיַּעַל إلى «اَلْمُهْلِكُ» في الترجمة العربية البستاني-فانديك، بينما جاءت في بعض الترجمات الأخرى بمعنى «الدنيء».

هو عشب ضار شبيه بالحنطة. ويعرِّف متى ١٣: ٣٩ هذا العدو بأنه «إِبْلِيسُ». انظر لقب «الخصم» أعلاه، ولقب «الشيطان» أدناه.

١١. **الشرير [Evil One]** (متى ٥: ٣٧؛ ٦: ١٣؛ ١٣: ١٩، ٣٨؛ يوحنا ١٧: ١٥؛ أفسس ٦: ١٦؛ ٢تسالونيكي ٣: ٣؛ ١يوحنا ٢: ١٣-١٤؛ ٣: ١٢؛ ٥: ١٨-١٩): ولقب الشرير (في اليونانية *ponēros*) هو ثالث أشهر التسميات استخدامًا، بعد اللقبين الشيطان وإبليس. فإن الشر هو نقيض البر (في اليونانية *dikaiosynē*)، بما أن الشيطان هو في تناقُض تام مع المسيح. وقد وُضِع العالم كلُّه في قبضة الشرير (١يوحنا ٥: ١٩). انظر الألقاب «أبدون»، و«أبوليون»، و«بعلزبول» أعلاه، والألقاب «إله هذا الدهر»، و«المَلِك»، ورئيس سلطان الهواء»، و«رئيس هذا العالم»، و«الكوكب» أدناه.

١٢. **أبو الكذَّاب** (يوحنا ٨: ٤٤): الشيطان ليس مجرد شخصٍ يكذب دائمًا، لكنه مُبْتَدِع الأكاذيب. وبخداع إبليس لحواء (تكوين ٣: ١-٦؛ ٢كورنثوس ١١: ٣؛ ١تيموثاوس ٢: ١٤) وغوايتها بالعصيان، صار بشكلٍ ما أبًا للجنس البشري بكامله، الذين يتَّصفون بالكذب، وبكونهم أولادًا خطاة يحذون حذو أبيهم (رومية ٣: ١٠-١١، ١٣). يستمر هذا التشبيه المتصل بالعلاقات العائلية في أعمال الرسل ١٣: ١٠، حيث دعا بولس عليم الساحر «ابْنَ إِبْلِيسَ»، لأنه أفسد سُبُلَ اللهِ الْمُسْتَقِيمَةَ. كذلك، وَصَفَ يوحنا جميع الذين لا يصنعون البر ولا يحبون إخوتهم بأنهم «أَوْلاَدُ إِبْلِيسَ» (١يوحنا ٣: ١٠). وقد فسَّر متى ١٣: ٣٨ «الزوان» بأنه «بَنُو الشِّرِّيرِ»، أي المؤمنون الكذبة. ودُعي ضد المسيح «ابْنُ الْهَلاَكِ» (٢تسالونيكي ٢: ٣)، حيث تلمِّح كلمة «الهلاك» هنا إلى لقب أبدون الخاص بالشيطان (انظر أعلاه). ينطبق الأمر نفسه على يهوذا (يوحنا ١٧: ١٢). انظر اللقبين «الكذَّاب» و«روح الكذب» أدناه.

١٣. **إِلَهُ هَذَا الدَّهْرِ** (٢كورنثوس ٤: ٤): بموجب قضاء سيادي من الله، صار الشيطان هو السلطة العليا في هذا الدهر (١يوحنا ٥: ١٩)، لكن ليس الإله الفعلي له (في اليونانية *theos*، كما جاء في مزمور ٨٢: ٦ [في الترجمة السبعينية]، وفي يوحنا ١٠: ٣٣-٣٦). يعبِّر هذا اللقب عن منصب الشيطان أو مكانته، وليس عن طبيعته. بدأ كلُّ هذا في جنة عدن، وسيظل على هذا المنوال إلى أن تُزال اللعنة (رؤيا ٢٢: ٣). الشيطان هو الذي يقف أساسيًّا وراء جميع الديانات الكاذبة (رؤيا ٢: ٩؛ ٣: ٩). انظر الألقاب «أبدون»، و«أبوليون»، و«بعلزبول»، و«الشرير» أعلاه، والألقاب «المَلِك»، و«رئيس سلطان الهواء»، ورئيس هذا العالم»، و«الكوكب» أدناه.

١٤. **الملك** (رؤيا ٩: ١١): نفهم من سياق هذا النص أن الشيطان هو المَلك على الشياطين، تمامًا كما وُصِف بأنه «رَئِيسِ الشَّيَاطِينِ» في متى ١٢: ٢٤. انظر الألقاب «أبدون»، و«أبوليون»، و«بعلزبول» أعلاه، ولقب «كوكب» أدناه.

١٥. **لَوِيَاثَانَ** (إشعياء ٢٧: ١): انظر لقب «التنين» أعلاه، ولقب «الحية» أدناه.

١٦. **الكذَّاب** (يوحنا ٨: ٤٤): المسيح هو الحق (يوحنا ١٤: ٦)، والشيطان هو المراوِغ. جميع رسائل الشيطان وأعماله قائمة على الخداع والتضليل واسع النطاق (رؤيا ١٢: ٩؛ ٢٠: ٣، ٨، ١٠). كذلك، الشيطان هو «روح الكذب» الذي نقرأ عنه في ١ملوك ٢٢: ٢٢-٢٣، و٢أخبار الأيام ١٨: ٢١-٢٢. وقد كان عليم الساحر ممتلئًا من كلِّ غش، ولهذا دُعي «ابْنَ إِبْلِيسَ» (أعمال الرسل ١٣: ١٠). هذا الكذَّاب يتسلَّط على الأرواح المضِلَّة التي تنشر تعاليم شياطين (١تيموثاوس ٤: ١). وقد كان فعل الخيانة الأول الذي ارتكبه الشيطان مع البشر هو غواية حواء وخداعها (٢كورنثوس ١١: ٣؛ ١تيموثاوس ٢: ١٤). وهو «يُغَيِّرُ شَكْلَهُ إِلَى شِبْهِ مَلَاكِ نُورٍ» (٢كورنثوس ١١: ١٤). ومنذ البدء (تكوين ٣) وحتى النهاية (رؤيا ٢٠)، والشيطان يقاوِم الحق الإلهي مستخدمًا أكاذيب الجحيم وضلالاته. انظر لقب «أبو الكذاب» أعلاه، ولقب «روح الكذب» أدناه.

١٧. **لوسيفر** (إشعياء ١٤: ١٢): كان التقليد، الذي يظهر بصفة خاصة في الترجمتين KJV، وNKJV الإنجليزيتين، هو الذي نَشَرَ هذا اللقب. لكن الترجمة الحرفية الأفضل للكلمة العبرية (*helel*) هي «حامل النور» أو «نجم الصباح» («زُهَرَةُ بِنْتَ الصُّبْحِ»).[١٠] وعلى الأرجح، يبدو أن هذا الوصف استُخدِم في هذا السياق للإشارة إلى مَلك بابل، وليس إلى الشيطان. فقد شبَّه إشعياء المَلك بنجم الصباح الذي يبشِّر بمجيء يوم جديد، لكنه سرعان ما يفسح المجال لمجد الشمس.[11] انظر اللقب «كوكب» أدناه.

١٨. **روح كذب** (١ ملوك ٢٢: ٢٢-٢٣؛ ٢ أخبار الأيام ١٨: ٢١-٢٢): استغل الله الشيطان، تماشيًا مع نزعته الطبيعية إلى الكذب (يوحنا ٨: ٤٤)، مع أربعمئة آخرين من الشياطين الكذبة، لخداع أخآب، ملك إسرائيل، ودَفْعِه إلى خوض الحرب. ونتيجة ذلك، قُتِل أخآب (١ملوك ٢٢: ٣٧-٣٨) كما تكلَّم الله (١ملوك ٢١: ١٧-٢٦). كذلك، سيستخدم الله الشيطان كي يرسل «عَمَلَ الضَّلَالِ» (٢تسالونيكي ٢: ١١). انظر اللقبين: «أبو الكذاب»، و«الكذاب» أعلاه.

---

١٠ [المترجم]: «نجم الصباح» هو لقب يُطلَق على كوكب الزهرة لأنه أقرب إلى الشمس من الأرض، ولأنه يُرى في الناحية نفسها التي توجد فيها الشمس، ولذلك، يمكن رؤيته من الأرض قبل الشروق بوقت قصير، ثم يختفي بشروق الشمس.

11 See Robert L. Alden, "Lucifer, Who or What?," *BETS* 11, no. 1 (1968): 35–39.

١٩. **القَتَّال** (يوحنا ٨: ٤٤): قال يسوع: «ذَاكَ كَانَ قَتَّالًا لِلنَّاسِ مِنَ الْبَدْءِ». فنتيجة كذب الشيطان على حواء، أَكَلَت من الشجرة، فتحقَّق كلام الله الذي جاء في تكوين ٢: ١٧، «لأَنَّكَ يَوْمَ تَأْكُلُ مِنْهَا مَوْتًا تَمُوتُ». سمَّم إبليس ذهن حواء بالأكاذيب، حتى أَكَلَت، وعندئذ، ماتت في الحال، أي انفصلت روحيًّا عن الله. ولاحقًا، ماتت بالجسد. ودون نعمة الله المخلِّصة، كانت ستموت موتًا نهائيًّا وأبديًّا. وقد حذا كلُّ نسل حواء حذوها، بمن فيهم قايين، الذي كان مِنَ الشِّرِّيرِ وَذَبَحَ أَخَاهُ (١يوحنا ٣: ١٢).

٢٠. **رَئِيس الشَّيَاطِينِ** (متى ٩: ٣٤؛ ١٢: ٢٤؛ مرقس ٣: ٢٢؛ لوقا ١١: ١٥): انظر اللقب «بعلزبول» أعلاه.

٢١. **رَئِيس سُلْطَانِ الْهَوَاءِ** (أفسس ٢: ٢): يتسلَّط الشيطان على «سلطان» الشياطين، الذين يقيم بعضهم مؤقَّتًا بين سماء الله والأرض. توسَّع بولس في الحديث عن هذه الفكرة، حين كتب عن «أَجْنَادِ الشَّرِّ الرُّوحِيَّةِ فِي السَّمَاوِيَّاتِ» (أفسس ٦: ١٢). انظر الألقاب: «أبدون»، وأبوليون»، وبعلزبول»، و«الشرير»، و«إله هذا الدهر»، و«الملك» أعلاه؛ واللقبين: «رئيس هذا العالم»، و«الكوكب» أدناه.

٢٢. **أَسَد زَائِر** (١بطرس ٥: ٨): انظر اللقب «الخصم» أعلاه.

٢٣. **رَئِيسُ هَذَا الْعَالَمِ** (يوحنا ١٢: ٣١؛ ١٤: ٣٠؛ ١٦: ١١): بموجب قضاء سيادي من الله، أصبح الشيطان هو الرئيس الروحي (في اليونانية *archon*) لهذا العالم (في اليونانية *kosmos*). يُستخدَم لفظ «العالم» هنا للإشارة إلى النظام العالمي المعادي لله، والخاضع لسيادة الشيطان (١يوحنا ٥: ١٩). بدأت هذه الرئاسة في جنة عدن (تكوين ٣)، وستستمر نتائجها وثمارها الشريرة حتى الدينونة الأخيرة (رؤيا ٢٠). انظر الألقاب: «أبدون»، و«أبوليون»، و«بعلزبول»، و«الشرير»، و«إله هذا الدهر»، و«الملك»، و«رئيس سلطان الهواء» أعلاه، واللقب «الكوكب» أدناه.

٢٤. **الشيطان [Satan]** (متى ٤: ١٠ وحتى رؤيا ٢٠: ٧): هذا هو اللقب الأكثر استخدامًا للإشارة إلى إبليس، وقد ذُكر ثماني عشرة مرة في العهد القديم، وست وثلاثين مرة في العهد الجديد. المعنى الأساسي لهذا اللقب هو الخصم، أو العدو، أو المقاوِم. فمنذ السقوط الروحي والأدبي للشيطان (إشعياء ١٤: ١٢-١٤) إلى دينونته الأخيرة (رؤيا ٢٠: ٧-١٠)، يظل هو المحرِّض، والمدبِّر، والمرتكب الرئيسي للعنف الشرير، سواء ضد مقاصد الله وخططه، أو في داخلها. انظر اللقبين «الخصم»، و«العدو» أعلاه.

٢٥. **الحيـة** (تكويـن ٣: ١، ٤، ١٣-١٤؛ إشـعياء ٢٧: ١؛ ٢كورنثـوس ١١: ٣؛ رؤيـا ١٢: ٩؛ ٢٠: ٢): رغـم عـدم ذكـر اسـم الشـيطان، أو إبليس، أو الشـرير فـي الأصحـاح الثالث مـن سـفر التكويـن، فـإن أربعـة نصـوص لاحقـة عرَّفـت بدقـة هُويـة تلـك الحيـة القديمـة الماكـرة (تكويـن ٣: ١) بأنهـا إبليـس أو الشـيطان. انظـر اللقبـين: «التنـين»، و«لوياثـان» أعـلاه.

٢٦. **روح** (١ملـوك ٢٢: ٢١-٢٣؛ ٢أخبـار الأيـام ١٨: ٢٠-٢٢؛ أفسـس ٢: ٢): يوصَـف الشـيطان بوضـوح بأنـه «روح»، علـى عكـس البشـر.

٢٧. **كوكب** (رؤيا ٩: ١، ١١): جميع الملائكة كائنات مخلوقة (نحميا ٩: ٦؛ مزمور ١٤٨: ٢، ٥؛ كولوسـي ١: ١٦). ويوصَـف الملائكة بأنهم كواكب أو نجوم (أيوب ٣٨: ٧)، خُلقت أولًا فـي ترتيـب الخلق، وترنَّمت طوال الأيام التاليـة. أمـا الملائكـة غير القديسـين، أو الشـياطين (أو «نُجُومِ السَّمَاءِ»)، فقـد جرَّهـم إبليـس معـه إلـى خدمتـه (رؤيـا ١٢: ٤). ويصـوِّر رؤيـا ٩: ١ الشـيطان بأنـه «كَوْكَبًا قَدْ سَـقَطَ مِنَ السَّـمَاءِ». كمـا يعـرِّف رؤيـا ٩: ١١ هـذا الكوكـب بأنـه «ملـكٌ» علـى الشـياطين، و«مَـلَاكُ الْهَاوِيَـةِ»، و«أَبَـدُّونَ»، و«أَبُولِّيُّـونَ» (راجـع إشـعياء ١٤: ١٣). انظـر الألقـاب: «أبـدون»، و«أبوليـون»، و«بعلزبـول»، و«الشـرير»، و«إلـه هـذا الدهـر»، و«الملـك»، و«لوسـيفر»، و«رئيـس سـلطان الهـواء»، و«رئيـس هـذا العالـم» أعـلاه.

٢٨. **القـوي** (متـى ١٢: ٢٩؛ مرقـس ٣: ٢٧؛ لوقـا ١١: ٢١): فـي حـين أقـرَّ يسـوع بـأن الشـيطان هـو «الْقَـوِيِّ» (فـي اليونانيـة *ischyros*)، أكَّـد أنـه أقـوى منـه (لوقـا ١١: ٢٢)، ومـن ثَـمَّ، أنـه قـادر علـى أن يهـزم قـوى الشـر التـي يحكمهـا الشـيطان.

٢٩. **المجـرِّب** (متـى ٤: ١، ٣؛ مرقـس ١: ١٣؛ لوقـا ٤: ٢، ١٣؛ ١كورنثـوس ٧: ٥؛ ١٠: ١٣؛ ١تسـالونيكي ٣: ٥): انظـر الألقـاب: «أبـو الكـذاب»، و«الكـذاب»، و«روح الكـذب» أعـلاه.

## ⬅ تاريخ الشيطان

رأينـا فيمـا سـبق أن إشـارات كتابيـة كثيـرة إلـى الشـيطان، باسـتخدام أسـماء، وألقـاب، وأوصـاف متنوعـة، تقـدِّم لنـا لمحـة عـن أعمـال إبليـس منـذ بـدء الزمـان وحتـى النهايـة. لكـن، لا يسـجِّل الكتـاب المقـدس سـوى القليـل جـدًا مـن الأحـداث التاريخيـة المحـدَّدة التـي تضمَّنـت الشـيطان. وتصـوِّر هـذه اللقطـات القليلـة الشـيطان إمـا وهـو يقـاوم اللـه، وإمـا وهـو يركِّـز جهـوده علـى تقليـد اللـه بأمـور زائفـة.

## • مقاومة الله

لا تعني هذه الإشارات الكتابية المحدودة أن إبليس كان خاملًا في الألفَي سنة الماضيَيْن،[١٢] لكنها مجرد عينة من نمطٍ شيطانيٍّ شريرٍ متواصل، فيه «رئيس هذا العالم» دائم العمل والنشاط (يوحنا ١٢: ٣١؛ ١٤: ٣٠؛ ١٦: ١١) على الأرض في العصر الحالي. فهو ليس فقط «كَأَسَدٍ زَائِرٍ، يَجُولُ مُلْتَمِسًا مَنْ يَبْتَلِعُهُ هُوَ» (١بطرس ٥: ٨)، لكنه أيضًا منهمك في مجموعة كبيرة من الأنشطة الأخرى: فهو يُخبر بأكاذيب (يوحنا ٨: ٤٤)، ويؤثِّر على الناس حتى يكذبوا (أعمال الرسل ٥: ٣)، ويغيِّر شكله إلى شبه ملاك نور (٢كورنثوس ١١: ١٣-١٥)، ويخطف بذار الإنجيل من قلوب غير المؤمنين (متى ١٣: ١٩؛ مرقس ٤: ١٥؛ لوقا ٨: ١٢)، ويُبقي غير المؤمنين تحت هيمنته (أفسس ٢: ٢؛ ١يوحنا ٣: ٨-١٠؛ ٥: ١٩)، ويوقِعُ غير المؤمنين في شراك، ويُضِلُّهم، فيقتنصهم لإرادته (٢تيموثاوس ٢: ٢٦)، ويجرِّب المؤمنين ويغويهم بارتكاب الخطايا (١كورنثوس ٧: ٥؛ أفسس ٤: ٢٧)، ويحاول خداع أولاد الله (٢كورنثوس ١١: ٣)، ويَستغل المؤمنين (٢كورنثوس ٢: ١١)، ويسعى إلى هدم إيمان المؤمنين (لوقا ٢٢: ٣١)، ويعذِّبُ خدامَ الله (٢كورنثوس ١٢: ٧)، ويُحبِط تقدُّمَ الخدمة (١تسالونيكي ٢: ١٨)، ويشن حربًا على الكنيسة (أفسس ٦: ١١-١٧).

جزءٌ كبيرٌ من عمل الشيطان خفيٌّ. لكن، حين أتى الرب يسوع، أَخرج الشياطين من مخابئها داخل البشر. كانت فترة خدمة يسوع على الأرض هي أكثر وقت انهمك فيه الشيطان وملائكته في العمل. وفي المستقبل، ستصل ألاعيبهم ومناوراتهم إلى ذروتها مرة أخرى في أثناء الأسبوع السبعين الذي تنبأ عنه دانيال، ولا سيما النصف الأخير منه. ويلقي الملخَّص التالي الضوء على أحداث شيطانية وقعت عبر التاريخ.

**العهد القديم:** من بين الأحد عشر حدثًا يتعلق بالشيطان في العهد القديم، اختصت أربعة أحداث (٣٦٪) بخلق الشيطان، وسقوطه الأدبي، وغواية حواء، ولعنة جنة عدن. ومن بين خمسة وعشرين حدثًا يتعلق بالشيطان في كل الكتاب المقدس، تشير هذه الأحداث الأربعة، وستة أحداث إضافية في العهد الجديد إما إلى بداية الزمان، وإما إلى نهايته (٤٠٪). وفيما يلي أحداث العهد القديم:

١. خَلق الشيطان: في بدء الخليقة (نحميا ٩: ٦؛ أيوب ٣٨: ٧؛ مزمور ١٤٨: ٢، ٥؛ حزقيال ٢٨: ١٣، ١٥؛ كولوسي ١: ١٦).

٢. السقوط الأدبي للشيطان: بعد الخلق (إشعياء ١٤: ١٢-١٣؛ رؤيا ١٢: ٤).

٣. خداع حواء وغوايتها: بعد حدث السقوط الأدبي للشيطان (تكوين ٣: ١-٦؛ ٢كورنثوس ١١: ١-٣؛ ١تيموثاوس ٢: ١٤؛ رؤيا ١٢: ٩؛ ٢٠: ٢).

٤. لعنة جنة عدن: بعد حدث الخداع والغواية (تكوين ٣: ١٥؛ يوحنا ١٦: ١١؛ رومية ١٦: ٢٠)

---

١٢ هذه الفقرة مقتبَسة بتصرُّف من المصدر التالي، بتصريح من MSJ:

Matt Waymeyer, “The Binding of Satan in Revelation 20,” *MSJ* 26, no. 1 (2015):21 .

٥. الشكاية على أيوب: عام ٢٢٥٠ ق.م. تقريبًا (أيوب ١-٢)

٦. النزاع مع ميخائيل: عام ١٤٠٥ ق.م. تقريبًا (يهوذا ٩)

٧. تحريض داود: عام ٩٧٥ ق.م. تقريبًا (١ أخبار الأيام ٢١ : ١)

٨. الكذب على أخآب: عام ٨٥٣ ق.م. تقريبًا (١ملوك ٢٢ : ١-٤٠؛ ٢أخبار الأيام ١٨ : ١-٣٤)

٩. التأثير في ملك بابل: عام ٧٠٠-٦٨١ ق.م. تقريبًا (إشعياء ١٤ : ١٢-١٤)

١٠. التأثير في ملك صور: عام ٥٩٠-٥٧٠ ق.م. تقريبًا (حزقيال ٢٨ : ١٢-١٧)

١١. الشكاية على يهوشع رئيس الكهنة («اَلْكَاهِنَ الْعَظِيمَ»): عام ٤٨٠-٤٧٠ ق.م. تقريبًا (زكريا ٣: ١-٢)

يفترض البعض أن المزمور الثاني والثمانين هو توبيخٌ من الله للشيطان أو للشياطين بسبب أسلوبهم في الحُكم. لكن الأفضل هو أن نفهم هذا المزمور باعتباره موجَّهًا من الله إلى الحُكَّام الأرضيين من البشر، وذلك للأسباب الآتية: (١) طبيعة المزامير؛ (٢) لأن الفهم الطبيعي للغة يقودنا إلى استنتاج أنها لغة بشرية؛ (٣) استخدام المسيح لنص مزمور ٨٢ : ٦ في يوحنا ١٠ : ٣٤ للحديث عن حُكَّام أرضيين من البشر، وليس عن كائنات روحية.

**العهد الجديد**: من بين أربعة عشر حدثًا يتعلق بالشيطان في العهد الجديد، تتناول خمسة أحداث حياة المسيح منذ ميلاده إلى صلبه؛ وتَصِفُ ستة أحداث نهاية الزمان. وبهذا، تَشغل هذه الأحداث معًا ما يقرب من ٨٠٪ من أحداث العهد الجديد. وفيما يلي أحداث العهد الجديد:

١. ميلاد المسيح: عام ٥-٤ ق.م. تقريبًا (رؤيا ١٢ : ٤)

٢. تجربة المسيح: عام ٢٧-٢٨ م تقريبًا (متى ٤ : ١-١١؛ مرقس ١ : ١٢-١٣؛ لوقا ٤ : ١-١٣)

٣. ربط امرأة وإصابتها بالأذى: عام ٢٩-٣٠ م تقريبًا (لوقا ١٣ : ١٦)

٤. غربلة بطرس: عام ٣٠ م تقريبًا (لوقا ٢٢ : ٣١)

٥. ارتداد يهوذا: عام ٣٠ م تقريبًا (لوقا ٢٢ : ٣؛ يوحنا ١٣ : ٢، ٢٧)

٦. التأثير على حنانيا كي يكذب: عام ٣١-٣٢ م تقريبًا (أعمال الرسل ٥ : ٣)

٧. إعاقة خدمة بولس: عام ٥١ م تقريبًا (١تسالونيكي ٢ : ١٨)

٨. لَطم بولس: عام ٥٥-٥٦ م تقريبًا (٢كورنثوس ١٢ : ٧)

٩. النفي النهائي من السماء: في منتصف الأسبوع السبعين الذي تنبأ عنه دانيال (رؤيا ١٢ : ٧-١٣)

١٠. تأييد ضد المسيح والنبي الكذاب بالقوة: في منتصف الأسبوع السبعين الذي تنبأ عنه دانيال (رؤيا ١٣ : ٢، ٤)

١١. صُنع آيات كاذبة: في النصف الأخير من الأسبوع السبعين الذي تنبأ عنه دانيال (رؤيا ١٦ : ١٣-١٤)

١٢. السجن ألف سنة: المُلك الألفي للمسيح (رؤيا ٢٠ : ١-٣)

١٣. المعركة الأخيرة: في نهاية المُلك الألفي للمسيح (رؤيا ٢٠ : ٧-٩)

١٤. الدينونة الأخيرة: في نهاية المُلك الألفي للمسيح (إشعياء ٢٧ : ١؛ رؤيا ٢٠ : ١٠).

## • تقليد الله

إن خبرةُ الشيطان في العمل متخفِّيًا (في اليونانية *metaschēmatizō*، ٢كورنثوس ١١ : ١٣-١٥) لا يجاريه فيها أحد. فهو يجعل الشر يبدو خيرًا، ويزيِّن السلوك الخاطئ حتى يبدو بارًا. ولجاذبية أكاذيبه، فإنها تبدو أفضل من الحق. وهو ينادي على نحو مقنع بضلالة تقول إن الخطأ صواب، والصواب الخطأ. لكنه يظل ملاك الظلمة، حتى إن غيَّر شكله إلى شبه ملاك نور. كما أنه يغطي كلَّ زيفٍ روحيٍّ بقشرة لامعة من الصدق والموثوقية.

يجعل إبليس الأمور الدنيوية التي تعطي البشر متعة وقتية تحل محل الأمور المقدسة التي تجلب لله مجدًا أبديًّا. وهو يزيِّف أكاذيبه الشيطانية حتى تبدو جذابة للبشر لدرجة تجعلهم يرفضون الحق الإلهي. كذلك، يُعلي كثيرًا من شأن الأفكار عن الذات لدرجة تدفع البشر إلى عبادة المخلوق دون الله الخالق (رومية ١ : ٢٥).

يقلِّد الشيطان أمور الله المقدَّسة، بينما طوال الوقت تظل بدائله الرخيصة هي رجاسات رئيس الظلمة. أطلق الوعاظ في عصر الإصلاح على الشيطان اسم «ببغاء الله»، أو «القرد الذي يقلِّد الله» [God's ape]، الذي يحاكي الله بتمويه الزيف كي يبدو حقًّا، فيَستدرِج الخطاة إليه؛ ويبعدهم عن الله.[١٣]

فيما يلي نُسخ الشيطان الزائفة الرئيسية لأمور الله، المذكورة في الكتاب المقدس:

١. الثالوث، في صورة (١) التنين/الشيطان (رؤيا ١٢ : ٤)، (٢) الوحش/ضد المسيح (رؤيا ١٣ : ٤)، (٣) النبي الكذاب (رؤيا ١٣ : ١١؛ انظر رؤيا ١٦ : ١٣)

13 Thomas Watson, *A Body of Practical Divinity* (1692; repr., Aberdeen: George King and Robert King, 1838), 46.

٢. الملكوت، لكنه في حقيقة الأمر «سُلْطَانِ الظُّلْمَةِ» (كولوسي ١ : ١٣)

٣. الملائكة (متى ٢٥ : ٤١؛ ٢كورنثوس ١١ : ١٤؛ ١٢ : ٧؛ رؤيا ١٢ : ٧)

٤. العرش أو الكرسي (رؤيا ٢ : ١٣)

٥. الكنائس أو المجامع (رؤيا ٢ : ٩؛ ٣ : ٩)

٦. العبادة أو السجود (رومية ١ : ٢٥؛ رؤيا ١٣ : ٤)

٧. الخُدام (٢كورنثوس ١١ : ١٣، ١٥)

٨. المُسَحاء (متى ٢٤ : ٥، ٢٤؛ مرقس ١٣ : ٢٢؛ ١يوحنا ٢ : ١٨، ٢٢)

٩. الأنبياء (متى ٧ : ١٥؛ ٢٤ : ١١، ٢٤؛ مرقس ١٣ : ٢٢؛ ٢بطرس ٢ : ١)

١٠. الرسل (٢كورنثوس ١١ : ١٣؛ رؤيا ٢ : ٢)

١١. المعلِّمون (٢بطرس ٢ : ١)

١٢. أتباع أو مؤمنون (متى ١٣ : ٣٨، ٤٠؛ ٢كورنثوس ١١ : ٢٦؛ غلاطية ٢ : ٤)

١٣. الإنجيل (غلاطية ١ : ٦-٧)

١٤. التعليم أو الفكر اللاهوتي (١تيموثاوس ٤ : ١)

١٥. الأسرار (٢تسالونيكي ٢ : ٧؛ رؤيا ٢ : ٢٤)

١٦. الآيات والقوات (متى ٧ : ٢١-٢٣؛ ٢تسالونيكي ٢ : ٩؛ رؤيا ١٦ : ١٣-١٤)

١٧. الشركة أو المائدة (١كورنثوس ١٠ : ٢٠-٢١)

## ⬅ قوة الشيطان

يتمتع الشيطان بالقوة الأعظم بين الكائنات المخلوقة، لكن هذه القوة لا تساوي شيئًا مقارنةً بقوة الله، الذي هو كُلِّيّ القدرة (إرميا ٣٢ : ١٧)، وكُلِّيّ العلم (مزمور ١٣٩ : ١-٦)، وكُلِّيّ الوجود (مزمور ١٣٩ : ٧-١٠)، ولا يتغير (مزمور ١٠٢ : ٢٧)، وصاحب السيادة (١أخبار الأيام ٢٩ : ١١-١٢)، والسرمدي (مزمور ٩٠ : ٢)، ولا يفنى (١تيموثاوس ١ : ١٧)، والعظيم (مزمور ١٣٥ : ٥)، وذاتي الوجود (إشعياء ٤٤ : ٦). لا يمتلك الشيطان أيًّا من هذه الصفات الإلهية، التي يمتلكها الخالق وحده.

يمكن لقوة الشيطان أن تتساوى على الأقل مع قوة ميخائيل رئيس الملائكة (دانيال ١٠ : ١٣، ٢١؛ ١٢ : ١؛ يهوذا ٩؛ رؤيا ١٢ : ٧). لا يمتلك أي إنسان هذه القوة فوق الطبيعية التي يمتلكها الشيطان. فهو قوي، وله تأثير في السماء (١ملوك ٢٢ : ١٩-٢٣؛ ٢أخبار الأيام ١٨ : ١٨-٢٢؛ أيوب ١-٢؛ زكريا ٣ : ١-٥؛ رؤيا ١٢ : ٧)، وعلى الأرض (أيوب ١ : ٧؛ ١بطرس ٥ : ٨).

ومن الواضح أن الشيطان يضع مخطَّطات واستراتيجيات (في اليونانية *noēma*، ٢كورنثوس ٢: ١١؛ ١١: ٣). فهو خبير في التحركات التكتيكية (في اليونانية *methodeia*، أفسس ٦: ١١)، وبارع في الخداع والاقتناص (في اليونانية *planaō*، رؤيا ١٢: ٩؛ ٢٠: ٨؛ *pagis*، ١تيموثاوس ٣: ٧؛ ٢تيموثاوس ٢: ٢٦).

الشيطان رئيس (في اليونانية *archon*) النظام الشرير لهذا العالم (يوحنا ١٢: ٣١؛ ١٤: ٣٠؛ ١٦: ١١؛ أفسس ٦: ١٢؛ رؤيا ١٣: ٢، ٤-٥، ٧). وهو أيضًا «رَئِيسِ سُلْطَانِ الْهَوَاءِ»، أي الرئيس (في اليونانية *archon*) على جنوده الشياطين (متى ٢٥: ٤١؛ رؤيا ١٢: ٧، ٩) الذين يسكنون بشكل أساسي في المجال الواقع بين الأرض والسماء الثالثة. وفي السماء، يشتكي الشيطان باستمرار على المؤمنين أمام الله (رؤيا ١٢: ١٠). وفي أثناء النصف الأخير من الأسبوع السبعين الذي تنبأ عنه دانيال، سيعطي الشيطان من قوته لضد المسيح (٢تسالونيكي ٢: ٩-١٠)، والنبي الكذاب (رؤيا ١٣: ١٣-١٤)، والأرواح النجسة (رؤيا ١٦: ١٣-١٤)، كي يصنع من خلالهم آيات وعجائب كاذبة.

مع أن للشيطان سلطان الموت، لكن المسيح أبطل سلطانه هذا على المؤمنين بالمسيح (عبرانيين ٢: ١٤). ومع أن لديه القدرة على الخداع (٢كورنثوس ١١: ٣، ١٤-١٥)، لكن المسيح قد فضحه (٢كورنثوس ٢: ١١)، ونَقَضَ تأثير عمله (١يوحنا ٣: ٨). ومع أن له أيضًا سلطان أن يسجن الناس (رؤيا ٢: ١٠)، لكن كلمة الله لا يمكن أن تقيَّد (٢تيموثاوس ٢: ٩). كذلك، بإمكان الشيطان أن يَسكن في مدينة (رؤيا ٢: ١٣)، لكن الله وحده هو مَن يستطيع أن يَسكن في المؤمن (١يوحنا ٤: ٤). وفي حين لدى الشيطان القدرة على الشكاية والافتراء على الأشخاص (رؤيا ١٢: ١٠)، لكن المسيح، الجالس عن يمين الله الآب، هو شفيع المؤمن (١يوحنا ٢: ١)، ويشفع باستمرار في المؤمنين (رومية ٨: ٣٣-٣٤؛ عبرانيين ٧: ٢٥). وما من قوة لدى الشيطان، مهما بلغت شدَّتُها، يمكن أن تَفصل مؤمنًا حقيقيًّا عن محبة الله (رومية ٨: ٣٥-٣٩). الشيطان قوي (لوقا ١١: ٢١)، لكن المسيح أقوى (لوقا ١١: ٢٢).

في بعض الأحيان، يحدُّ الله من قوة الشيطان (أيوب ١: ٦-١٢؛ ٢: ١-٦). رَفَضَ المسيح قوَّته وسلطته (متى ٤: ١-١١)، وشفى المتسلط عليهم إبليس (أعمال الرسل ١٠: ٣٨). كذلك، تأيَّد بولس بالقوة كي ينير أذهان غير المؤمنين، حتى يرجعوا «مِنْ سُلْطَانِ الشَّيْطَانِ إِلَى اللهِ» (أعمال الرسل ٢٦: ١٨). فبإمكان المؤمنين التغلُّب على قوة الشيطان (يعقوب ٤: ٧؛ ١يوحنا ٢: ١٣-١٤). وفي النهاية، ستُنقَض قوة إبليس نهائيًّا (١كورنثوس ١٥: ٢٤؛ رؤيا ١٢: ٩-١٠؛ ٢٠: ١-٣، ٧-١٠).

## ⬅ مكائد الشيطان

أخطأ الشيطان (١يوحنا ٣: ٨)، وخَدَع (٢كورنثوس ١١: ٣)، وقَتَلَ منذ البدء (يوحنا ٨: ٤٤). وفي حين مثَّل الله النور، والحياة، والحق، مثَّلَ الشيطان الظلمة، والموت، والخداع. ولطالما كان «أسلوب عمل» الشيطان هو أن يخدع ويضل العالم أجمع عبر التاريخ كله، منذ البدء من آدم وحواء (تكوين ٣: ١-٢٤)، إلى نهاية الزمان (رؤيا ١٢: ٩؛ ٢٠: ٣، ٨).

يستخدم الكتاب المقدس ثلاث كلمات لوصف أسلوب عمل الشيطان: (١) «فخ» أو «شَرَك» (في اليونانية *pagis*)، كالذي يستخدمه الصياد للإمساك بحيوانٍ ثم قتله (١تيموثاوس ٣: ٧؛ ٢تيموثاوس ٢: ٢٦)؛ (٢) «مخططات»، أو «استراتيجيات» (في اليونانية *noēma*، «أَفْكَارَهُ»)، أي خطة المعركة التي يضعها قائد عسكري محنَّك (٢كورنثوس ٢: ١١)؛ و(٣) «مكائد» أو «تكتيكات محدَّدة» (في اليونانية *methodeia*)، كتلك التي ينفِّذها الجنود في المعركة الفعليّة (أفسس ٦: ١١). فباستخدام الأكاذيب والخداع، يحاول إبليس اجتذاب العالم إلى فكره الفاسد وبعيدًا عن الحق الإلهي النقي.

الشيطان يحكُم بصفته القائد العسكري لجيش العدو. وهو يحاول يوميًّا خداع المؤمنين في الحرب الروحية، لأن المراوغة إحدى سمات طبيعته وسلوكه. فهو مُقاتِل في حربٍ شبيهة بحرب العصابات، يغيِّر شكله إلى شبه ملاك نور (٢كورنثوس ١١: ١٤). وكي يجعل الشيطان الحرب أصعب، يشن حربًا روحية غير منظورة، مستخدمًا أمكر التكتيكات على الإطلاق. كما أنه مكرَّس لمهمة التجسُّس الروحي. فهو يبدو صديقًا من الخارج، لكنه من الداخل يظل العدو المُضِل. وتصريحاته الكاذبة، المزخرَفة بالحق، هي سُمٌّ للنفس. وخُدَّامُهُ أَيْضًا يُغَيِّرُونَ شَكْلَهُمْ كَخُدَّامٍ لِلْبِرِّ (٢كورنثوس ١١: ١٥).

في حين يبدو كل هذا مُحبِطًا، بل وعارِمًا، كتب بولس إلى أهل كورنثوس قائلًا إنه ينبغي ألا «يَطْمَعَ فِينَا الشَّيْطَانُ، لأَنَّنَا لاَ نَجْهَلُ أَفْكَارَهُ» (٢كورنثوس ٢: ١١). فاستكشاف مكائد إبليس، يساعدنا على الاستعداد لمقاومته.

- هدف الشيطان[١٤]

علامَ يصوِّب الشيطان سهامه الملتهبة (أفسس ٦: ١٦)؟ يقدِّم بولس إجابة واضحة في ٢كورنثوس ١١: ٣ قائلًا: «وَلكِنَّنِي أَخَافُ أَنَّهُ كَمَا خَدَعَتِ الْحَيَّةُ حَوَّاءَ بِمَكْرِهَا، هكَذَا تُفْسَدُ أَذْهَانُكُمْ عَنِ الْبَسَاطَةِ الَّتِي فِي الْمَسِيحِ».

الكلمة اليونانية التي تُرجمت «أَفْكَارَهُ» في ٢كورنثوس ٢: ١١ (التي معناها «مخططات» أو «استراتيجيات»)، وتلك التي تُرجِمت «مَكَايِدِ» في أفسس ٦: ١١ تشيران كلاهما إلى تلاعُب الشيطان بالذهن. يلعب الشيطان ألعابًا ذهنية مع المؤمنين. فإن أذهان البشر هي هدفه الرئيسي، وفِكر المؤمن هو أرض المعركة في الحرب الروحية. هذا الحق تعزِّزه تصريحات الكتاب المقدس المتكررة عن أهمية أن يمتلك المؤمنون أذهانًا قوية روحيًّا (متى ٢٢: ٣٧؛ رومية ١٢: ٢؛ ٢كورنثوس ٤: ٤؛ ١٠: ٥؛ فيلبي ٤: ٨؛ كولوسي ٣: ٢؛ ١بطرس ١: ١٣).

ما الذي يريد الشيطان تحقيقه بتصويب سهامه إلى ذهن المؤمن؟ قبل الإجابة عن هذا السؤال المهم، لننظر معًا إلى نصَّين من الكتاب المقدس:

«لأَنَّهُ كَمَا شَعَرَ فِي نَفْسِهِ هكَذَا هُوَ» (أمثال ٢٣: ٧)

«كَمَا فِي الْمَاءِ الْوَجْهُ لِلْوَجْهِ، كَذلِكَ قَلْبُ الإِنْسَانِ لِلإِنْسَانِ» (أمثال ٢٧: ١٩)

---

١٤ هذا الجزء مقتبَس بتصرُّف من المصدر التالي، بتصريح من الناشر:
Richard Mayhue, *Unmasking Satan: Understanding Satan's Battle Plan and Biblical Strategies for Fighting Back* (Grand Rapids, MI: Kregel, 2001), 20–22.

يعني هذان النصان أن طبيعة أحدهم من الداخل تحدِّد مَن هو من الخارج. ولذلك، يحاول الشيطان إفساد الأذهان حتى يتمكن من إفساد الحياة. **إن العمل الرئيسي للشيطان في حياة المؤمنين هو أن يجعلهم يفكِّرون على نحو مخالف لكلمة الله، ومن ثم، يسلكون سلوكًا عاصيًا لمشيئة الله.** عبَّر الواعظ البيوريتاني توماس واطسون، من القرن السابع عشر، عن هذا الأمر على النحو التالي: «هذا هو ما يبرع فيه الشيطان ...؛ فإذا استطاع منعهم من تصديق الحق، سيكون حتمًا قد نجح في منعهم من طاعته».[١٥]

كل قائد عسكري يَدرس التقارير المخابراتية عن العدو بدقة شديدة قبل خوض المعركة. والتقرير المخابراتي عن الشيطان موجود في الكتاب المقدس؛ ومن ثم، لن يكون الجهل بالعدو عذرًا مقبولًا البتة للهزيمة. فقد أعطى الله المؤمنين امتيازًا إضافيًّا في المعركة، إذ أمدَّهم مقدَّمًا بمعلومات عن العدو.

- ## سهام الشيطان الملتهبة[١٦]

يبلغ الشيطان أهدافه في حياة المؤمن باستخدام العديد من الاستراتيجيات غير المقدَّسة، والمختارة بعناية. لدى الشيطان أربعة أهداف رئيسية ضد المؤمن يبغي تحقيقها؛ وإن أمكنه تحقيق واحد منها أو أكثر، يكون بهذا قد بدأ تحقيق أهدافه. من المهم أن نفهم هذه الأهداف جيدًا، لأن هجمات الشيطان تندرج في واحدة أو أكثر من هذه الفئات الأربعة العامة.

**أولًا**، يحاول الشيطان **تشويه الحق الموجود في كلمة الله، أو إنكاره.** فهكذا أَسقط بطرس، في متى ١٦. لكن، قبل هذا الحدث، كان يسوع قد واجه الشيطان، الذي أخفق في محاولاته معه (متى ٤: ١-١١). أيضًا، قد يمنع الشيطان غير المؤمنين من الوصول إلى كلمة الله، كما يوضِّح لنا مَثَلُ الزارع، من خلال البذار التي سقطت على الأرض المحجرة (متى ١٣: ٣-٤، ١٨-١٩).

**ثانيًا**، يحاول الشيطان **تشويه شهادة شعب الله.** نجحت هذه الاستراتيجية مع حنانيا وسفيرة (أعمال الرسل ٥: ١-١١). كذلك، جرَّبها الشيطان مع شيوخ وقادة مسيحيين (١تيموثاوس ٣: ٧).

**ثم**، يهاجم الشيطان نفسَ المؤمن إما **بإضعاف حماسه تجاه عمل الله، أو إخماد ذلك الحماس تمامًا.** حاول أسدُ الجحيمِ الزائر فعل ذلك مع كلٍّ من بولس (٢كورنثوس ١٢: ٧-١٠)، وبطرس (لوقا ٢٢: ٣١-٣٤).

**رابعًا**، إن نجح الشيطان في **إضعاف تأثير شعب الله**، سيكون بهذا قد بدأ تحقيق أهدافه. ذاق داود (٢أخبار الأيام ٢١: ١-٨) مرارة ذلك الألم الذي يسببه هذا النوع من الهجوم، وذاقها أيضًا مؤمنون حديثو الإيمان (١تيموثاوس ٣: ٦).

---

15 Watson, *A Body of Practical Divinity*, 287.

١٦ هذا الجزء مقتبَس بتصرف من المصدر التالي، بتصريح من دار النشر:

Mayhue, *Unmasking Satan*, 22–24.

لكلِّ استراتيجية، يستخدم الشيطان تكتيكات مختلفة، أو أساليب خاصة للحرب الروحية حتى يحقِّق النصر. يعرض الكتاب المقدس في رواياته التاريخية ومَقاطعه التعليمية، ما يزيد على عشرين تكتيكًا. إن فكَّر المؤمنون كما يفكر الله؛ وأحبطوا مكائد الشيطان، لن يتمكَّن من استغلالهم. فالنصرة مضمونة إذا سمح المؤمنون لكلمة الله أن تسكن فيهم بغنى (كولوسي ٣: ١٦).

يَكشف الكتاب المقدس طرق التفكير الإبليسية التي حاول الشيطان دسَّها في أذهان الكثيرين عبر التاريخ. لاحظ جيدًا أن هذه الطرق جميعها تمثِّل بشكل كبير جزءًا من الفكر العلماني الحالي. وفيما يلي قائمة بمكائد الشيطان المعلَنة في الكتاب المقدس، مدرَجة تحت الاستراتيجيات الأربعة الرئيسية لإبليس، مع إضفاء سمة شخصية عليها، بصياغتها بضمير المتكلم، ثم تقديم ترياق الحق الإلهي اللازم لكلِّ تكتيك سام منها يهدف إلى الخداع.

**الاستراتيجية الأولى للخصم: يحاول الشيطان تشويه الحق الموجود في كلمة الله أو إنكاره.**

١. **الحِسِّية [sensualism]**: صارت الجاذبية والمَرغوبية (كون الشيء مرغوبًا)، وليس كلمة الله، هما المقياس لتحديد أفضل ما قصده الله لحياتي (تكوين ٣: ١-٦).
**فِكر الله**: ٢تيموثاوس ٣: ١٦-١٧

٢. **مذهب الإثارة: [sensationalism]**: أي أن أظن أن النجاح الفوري أفضل كثيرًا من النجاح في التوقيت الذي يحدِّده الله (متى ٤: ١-١١)
**فِكر الله**: ١كورنثوس ١: ١٨-٢٥

٣. **الشموليَّة [universalism]**: لأننا نعيش معًا في العالم نفسه، ونعاني من النقائص والعيوب نفسها، فإننا سنكون معًا في الأبدية (متى ١٣: ٢٤-٣٠).
**فِكر الله**: يوحنا ١: ١٢-١٣؛ ٣: ٣٦؛ ٥: ٢٤

٤. **العقلانية [rationalism]**: أن أختار أن يحل المنطق البشري محل إيمان الأطفال البسيط المستند إلى كلمة الله (متى ١٦: ٢١-٢٣).
**فِكر الله**: إشعياء ٥٥: ٩

٥. **الوجوديَّة [existentialism]**: أنا سيِّدُ قَدَري، ورُبَّان سفينة نفسي (٢كورنثوس ٤: ٤)
**فِكر الله**: يوحنا ٣: ١٦-٢١

٦. **الوهميَّة [illusionism]**: أن أصدِّق أن كلَّ ما يبدو أو يدَّعي أنه من الله أنه كذلك بالفعل، دون إجراء مزيد من التحقيق (٢كورنثوس ١١: ١٣-١٥).
**فِكر الله**: تثنية ١٣: ١-٥؛ ١يوحنا ٤: ١-٤

٧. **المسكونية [ecumenism]**: أن أؤمن بأن جميع الديانات تحوي مظاهر مشروعة من عبادة الإله الحقيقي (رؤيا ٢: ٩؛ ٣: ٩).
**فِكر الله**: أعمال الرسل ٤: ١٢

٨. **المذهب الإنساني [humanism]**: أستطيع هزيمة الشيطان بمفردي من دون مساعدة الله (يهوذا ٩)
**فِكر الله**: يوحنا ١٥: ٥

**الاستراتيجية الثانية للخصم**: يحاول الشيطان **تشويه شهادة شعب الله**

١. **الظرفية [situationalism]**: أن أؤمن أن كلمة الله مرنة بما يكفي أن تَنْثَنِي وتَخضع حين أرى أن الظرف يستلزم هذا (أعمال الرسل ٥: ١-١١)
**فِكر الله**: مزمور ١١٩: ٨٩

٢. **الفرديَّة [individualism]**: تكمُن مسئوليتي الرئيسية في الزواج في أن أُرضي نفسي، وليس شريك حياتي (١كورنثوس ٧: ١-٥)
**فِكر الله**: أفسس ٥: ٢٢-٢٥

٣. **الانعزالية [isolationism]**: سمعتي ليس لها تأثير على أحد سواي (١تيموثاوس ٣: ٧)
**فِكر الله**: ٢ صموئيل ١٢: ١٤؛ ١تيموثاوس ٦: ١؛ تيطس ٢: ٥

٤. **مذهب المتعة [hedonism]**: بما أن الله رَفَعَ عن عاتقي مسئوليتي تجاه عائلتي وبيتي، أنا حرٌّ أن أرضي نفسي، بينما تعولني الكنيسة (١تيموثاوس ٥: ١٤-١٥)
**فِكر الله**: ٢تسالونيكي ٣: ١٠

**الاستراتيجية الثالثة للخصم**: يحاول الشيطان **إما إضعاف حماس المؤمن تجاه عمل الله، أو إخماده تمامًا**

١. **الماديَّة [materialism]**: أن يكون تقديري للبركات المادية أكبر من تقديري لعلاقتي الروحية بيسوع المسيح (أيوب ١: ١-٢: ١٣)
**فِكر الله**: متى ٦: ٣٣

٢. **الانهزاميَّة [defeatism]**: لأنني أخفقتُ، لم يَعُد لي نفع في خدمة المَلِك (لوقا ٢٢: ٣١-٣٤)
**فِكر الله**: مزمور ٣٢: ١-٧

٣. **السلبيَّة [negativism]**: يمنعني ضعفي عن أن أكون مؤثِّرًا في خدمتي لله (٢كورنثوس ١٢: ٧-١٠)
**فِكر الله**: فيلبي ٤: ١٣

٤. **التشاؤمية [pessimism]**: بسبب الظروف الصعبة التي أمرُّ بها في حياتي، أشك أنني أستطيع أن أُنجز شيئًا له قيمة أو أهمية لله (١تسالونيكي ٢: ١٧-٣: ٢)
**فِكر الله**: مزمور ٣٧: ٢٣-٢٤

**الاستراتيجية الرابعة للخصم:** يهدف الشيطان إلى **إضعاف تأثير شعب الله**

١. **الغرور [egotism]**: أن أنسب ما أنا عليه الآن، أو ما سأحققه في المستقبل، إلى إنجازاتي الشخصية، وليس إلى عمل الله في حياتي (١أخبار الأيام ٢١: ١؛ ١تيموثاوس ٣: ٦)
**فِكر الله**: إرميا ٩: ٢٤-٢٥؛ ١بطرس ٥: ٦

٢. **المسيحية الاسمية [nominalism]**: لأنني مخلَّص، ولأن خطاياي قد غُفِرت، فإن نمط حياتي الحالي ليس له أهمية (زكريا ٣: ١-٥)
**فِكر الله**: ١يوحنا ٢: ١-٦

٣. **الطقسيَّة [cultism]**: سيتحقق خلاصي بناء على أعمالي، وليس بناء على الإيمان بيسوع المسيح (لوقا ٢٢: ٣-٦)
**فِكر الله**: أفسس ٢: ٨-٩

٤. **وحدة الوتيرة [uniformitarianism]**: ستظل علاقتي مع المؤمنين الذين ارتكبوا تعدِّيًا ما كما هي حتى وإن تابوا وتغيَّر قلبُهم من نحو الله (٢كورنثوس ٢: ٥-١١)
**فِكر الله**: أفسس ٤: ٣٢

٥. **الحزم والعدوانية [assertivism]**: إنه لأمر صحي أن أُنفِّس عن غضبي في أحيان كثيرة، لفترة طويلة من الوقت (أفسس ٤: ٢٦-٢٧)
**فِكر الله**: يعقوب ١: ١٩-٢٠

## • النموذج الأصلي للاعتداء[١٧]

كان الاعتداء الأضخم على الإطلاق والأبعد في مداه هو ذلك الاعتداء الأول من الشيطان على آدم وحواء. فمع أن هذه الحادثة تضمنت شخصين فحسب، إلا أنها أثَّرت على الجنس البشري بكامله في كلِّ زمان، إذ منذ ذلك الحين، صار كل إنسان يولَد ميتًا في خطاياه (أفسس ٢: ١-٣). لهذا وَصَفَ يسوعُ الشيطانَ بأنه «أَبُو الْكَذَّابِ» (أو «أبو الأكاذيب»)، وبأنه كان «قتَّالًا» منذ البدء (يوحنا ٨: ٤٤). كانت هذه الحادثة هي السبب غير المباشر لجميع الخطايا، الذي يؤدي إلى المسار المباشر أو الحالي للأفعال الآثمة المعاصرة.

الخدعة الأعظم على الإطلاق، التي كان لها التأثير الأشد تدميرًا على البشرية، نقرأ عنها في الأصحاح الثالث من سفر التكوين. فقد احتال الشيطان، الخبير في الخداع، على حواء حتى ترفض صِدق الله، وتتصرف باستقلالية عنه. ونتيجة ذلك، خُدِع أبوانا الأوَّلان، آدم وحواء، بحيلة إبليس؛ وصار كل إنسان جاء بعد ذلك يعاني العواقب. وتشكِّل الجوانب الخمسة لهذا الاعتداء النموذج الأصلي لمنهجية الشيطان في الاعتداء على البشر منذ ذلك الحين.

**التخفِّي:** في تكوين ٣: ١، جاء الشيطان متخفيًا باحتيال في هيئة حية. يمكن لكلمة «أَحْيَلَ» أن تأتي بالمعنى الإيجابي أو السلبي. وبحسب سياق هذا النص، استُخدِمت الكلمة بالمعنى السلبي. وقد استُخدِمت هذه الكلمة نفسها في يشوع ٩: ٤ لوصف الجبعونيين، الذين «عَمِلُوا بِغَدْرٍ» (أو «استخدموا الحيلة»)، خادعين يشوع وشيوخ إسرائيل. فهكذا أيضًا، جاء الشيطان إلى حواء متخفيًا في هيئة حية.

**الحوار:** كلَّم الشيطان المرأة. وللوهلة الأولى، بدا الحديث كأنه حديث دينيٌّ بريء. لكن، كانت نيَّة الشيطان هي الخداع. فقد قال لحواء ما معناه: «أريد أن أطرح عليكِ سؤالًا واحدًا فحسب يا حواء. أريد أن أتأكد إن كنتُ أفهم ما يحدث بشكل صحيح أم لا. هل حقًّا قال لكما الله ألا تأكلا من أي شجرة في الجنة؟» لكن، ما لم تكن حواء تعلَمه هو أنها تورَّطت في معركة مع مقاتل مخضرم إلى أقصى حد.

وبحلول نهاية تكوين ٣: ١، كان الشيطان قد استخدم ثلاثة تكتيكات مع حواء ثَبُت لاحقًا أنها قاتلة. فهو، **أولاً**، فرَّق كي يسود. فهو لم يتحدث مع آدم وحواء معًا كزوج وزوجة، بل انفرد بحواء، وأقام معها حوارًا بدا في ظاهره بريئًا. يدل هذا على الأهمية الكبيرة التي يوليها الله للوحدة بين الزوج والزوجة، لأنهما يشدِّدان، ويشجعان، ويبينان، ويُنميان أحدهما الآخر.

**ثانيًا**، فاجأ الشيطان حواء بلقاءٍ مذهل، لم يكن في الحسبان. أي أنه فعل شيئًا مفاجئًا وغير متوقع لدرجة أفقدتها توازنها. لم تكن حواء في هذه اللحظة مميِّزة لحضور الله، إذ لو كانت كذلك، لأدركَت قطعًا الخطر الذي يهدِّدها.

---

١٧ هذا الجزء مقتبَس بتصرُّف من المصدر التالي، بتصريح من الناشر:
Richard Mayhue, *Bible Boot Camp: Spiritual Battles in the Bible and What They Can Teach You* (Fearn, Ross-shire, Scotland: Christian Focus, 2005), 44–53.

**ثالثًا**، طَرَح الشيطان سؤالًا بدا بريئًا. فقد جاء إليها باحتياج ظاهري إلى أن يعرف ويفهم ما قاله الله. إلا أن تركيب السؤال في اللغة العبرية يوحي بأن الهدف منه لم يكن المعرفة، بل الاستهزاء. وربما يمكن إعادة صياغته على النحو التالي: «هل قال الله فعلًا ...؟» أو بتعبيرات عصرنا الحديث، يمكن صياغة السؤال على النحو التالي: «لا بد أنك تمزحين معي يا حواء. لا يمكن أن يكون الله قد قال لكما حقًّا ألا تأكلا من أية شجرة في الجنة، أليس كذلك؟»

**الشك:** الإجابة عن هذا السؤال سهلة لأنها موجودة في تكوين ٢: ١٦-١٧. لم يقل الله لهما ألا يأكلا من كل شجر الجنة، لكنه، في حقيقة الأمر، خلق لهما بيئة نقية وأصيلة تمامًا كي يعيشا فيها. فقد كان كل شيء مثاليًا إلى أقصى حدٍّ. لم يكن هناك سوى شيء واحد فحسب محظور عليهما.

ولكن، نستطيع أن نستشف من إعادة صياغة حواء لكلمات الله الأصلية أنها بدأت بالفعل تشكُّ في يقينية الموت والدينونة. فبوسعنا أن نرى هنا براعة الضربة التي وجهها الشيطان لها، إذ غرس بذرة الشك، ثم راقب حواء وهي ترويها بنفسها. وسرعان ما تحوَّلت هذه البذرة إلى إنكارٍ صريحٍ لصِدق الله، وإمكانية تطبيق كلامه، وجدارته بالثقة.

**الإنكار:** في تكوين ٣: ٤-٥، قدَّم الشيطانُ لحواءَ طُعمًا من خمس أكذوبات متخفيةٍ وراء قناعٍ من الحق الجزئي. ادَّعت الأكذوبة الأولى أن حواء لن تموت. ويؤكِّد النص العبري أن الشيطان أنكر بشكل قاطع أن الأكل من الشجرة المحظورة سيؤدي إلى الموت. وفي حقيقة الأمر، حين أَكَلَ آدم وحواء من الشجرة، لم يموتا في الحال موتًا جسديًا، لكنهما في الحال ماتا روحيًّا من جهة علاقتهما بالله. **فالموت** يعني الانفصال. لم يفكِّر آدم وحواء إلا في المجال المادي. ومع ذلك، فحين أكلا، انفصلا روحيًّا عن الله بفعل خطيتهما. وقد أدى بهما هذا الموت الروحي لاحقًا إلى موت جسدي.

يمكن استنتاج مضمون الأكذوبة الثانية من تكوين ٣: ٤. فقد أوحى الشيطان ضمنًا لحواء بأنه لو كان الله قد قال إنهما سيموتان، لكنهما لم يموتا، فهذا يعني أن كلمته غير جديرة بالثقة. وإن كانت غير جديرة بالثقة، فما من سبب وجيه لتصديقها أو السلوك بمقتضاها. وبتحوُّل الشك سريعًا إلى إنكار، اختارت حواء بحزم أن تتجاهل سلطان كلمة الله، وبهذا غيَّرت لا مسار حياتها وحياة عائلتها فحسب، بل مسار حياة الجنس البشري بكامله.

بعد ذلك، جاءت الأكذوبة الثالثة: «بَلِ اللهُ عَالِمٌ أَنَّهُ يَوْمَ تَأْكُلاَنِ مِنْهُ تَنْفَتِحُ أَعْيُنُكُمَا وَتَكُونَانِ كَاللهِ عَارِفَيْنِ الْخَيْرَ وَالشَّرَّ» (تكوين ٣: ٥). كان معظم ما قاله الشيطان صحيحًا، لكنه أهمل حقيقة واحدة مهمة. لم يكن آدم وحواء مثل الله، مقدَّسين في طبيعتهما على نحو غير قابل للتغيير، لكنهما كانا عرضة لارتكاب الخطية إذا ما شكَّل العصيان جزءًا من حياتهما. وحين عصيا بالفعل، وأكلا من الشجرة، أخطآ، وأدانهما الله؛ ولعنهما هما والحية والعالم بكامله. ومنذ ذلك الحين، لُعِنت البشرية بكاملها بالخطية. فقد عرفا، هما وكل إنسان آخر، «الخير» و«الشر» معرفة اختبارية. كان الغرض الأساسي من كذبة الشيطان هو إنزال الله إلى مرتبة الإنسان، وتأليه الإنسان، ليقول إنه يمكن أن

يصير الله كالإنسان، ويمكن أن يصير الإنسان كالله. ولا تزال هذه الكذبة موجودة اليوم في كثير من العبادات والطوائف الدينية.

ثم تأتي الأكذوبة الرابعة في تكوين ٣: ٥. حاول الشيطان أن يقنع حواء بأن الله كان يتمنَّى بغيرة أن يحافظ على تفرُّده، وأن يحتفظ بألوهيته لنفسه، دون إشراك أحد فيها. كان الشيطان يوحي ضمنًا بأن هذا كان شرًّا، وليس خيرًا، ويقول إن الله لم يكن في حقيقة الأمر يحمي بهذا التحريم حياتهما من الخطية، بل كان يحمي ألوهيته.

أَثبتت الأكذوبة الأخيرة أنها أم الأكاذيب. إن خلاصة هذا الحوار هي: «أنا، الشيطان، أكثر شخص يهتم بمصلحتكما. صدِّقوني أنا، وليس الله». بهذه الأكاذيب الخمسة جميعها، حاك الشيطان هجومًا ضخمًا لضرب حواء بفكرة أن كلمة الله غير صادقة، وغير جديرة بالثقة، ومن ثَمَّ، عليها أن تتبع رغبات قلبها، وليس ما تمليه عليها كلمة الله.

**التفكُّر والمُباحثة:** لم يظهر المنهج العلمي في القرن التاسع عشر. ولم تَلِدْه الثورةُ الصناعية؛ بل بالأحرى، تعود جذوره إلى الأصحاح الثالث من سفر التكوين، حين استنتَجَت حواء أن الوسيلة الوحيدة لتُقَرِّر ما إن كان الله على حق أم لا هي أن تُقَيِّمه بحسب فكرها وحواسها. فقد بدأ البحث التجريبي المستقل من حواء في جنة عدن.

هكذا عبَّر بولس عن الأمر في رومية ١: ٢٥، في أثناء حديثه عن الذين سيتبعون مسار حواء ثم مسار آدم، قائلًا: «الَّذِينَ اسْتَبْدَلُوا حَقَّ اللهِ بِالْكَذِبِ، وَاتَّقَوْا وَعَبَدُوا الْمَخْلُوقَ دُونَ الْخَالِقِ». فبعد كلام الشيطان، كانت حواء قد اقتنعت بأكاذيب الشيطان، وظنَّت أن الخيار الآن في يدها: أن تختار أن تأكل، أو تختار ألا تفعل ذلك. ومن ثَمَّ، لم تَعُد لكلمة الله السلطة العليا في هذا الأمر، ولم تَعُد هي المصدر الذي يملي عليها الصواب والخطأ في حياتها. فلم تعد كلمة الله ملزِمة لها، إذ فجأة، صارت هناك بدائل أخرى.

يَصِفُ تكوين ٣: ٦ العملية الذهنية التي دارت في عقل حواء: «فَرَأَتِ الْمَرْأَةُ أَنَّ الشَّجَرَةَ جَيِّدَةٌ لِلأَكْلِ، وَأَنَّهَا بَهِجَةٌ لِلْعُيُونِ، وَأَنَّ الشَّجَرَةَ شَهِيَّةٌ لِلنَّظَرِ. فَأَخَذَتْ مِنْ ثَمَرِهَا وَأَكَلَتْ، وَأَعْطَتْ رَجُلَهَا أَيْضًا مَعَهَا فَأَكَلَ». هنا نرى «المنهج العلمي» – أي البحث التجريبي المستقل -في مهده. فقد قررت حواء أن تجري اختبارات على الشجرة لترى مَن منهما على صواب: الله أم الشيطان.

أخضعت حواءُ الشجرةَ لثلاثة اختبارات، أولها هو اختبار **القيمة المادية**. فقد فَحصت الشجرة بعينيها، فرأت أنها جيدة للأكل، ولها قيمة غذائية («شَهْوَةَ الْجَسَدِ»، ١يوحنا ٢: ١٦).

وبناء على هذه النتيجة الإيجابية، أجرت حواء اختبارًا ثانيًا، فاكتشفت أن الشجرة بَهِجَةٌ لِلْعُيُونِ («شَهْوَةَ الْعُيُونِ»، ١يوحنا ٢: ١٦). فهي لن تفيد جسدها من الناحية الغذائية فحسب، بل ولها أيضًا قيمة عاطفية أو جمالية. فقد كانت تبعث على السرور، أي أنها لا تضفي شعورًا بالاستياء أو الانزعاج. وبلُغتنا المعاصرة، ارتاحت حواء إلى النظر إلى الشجرة وشعرت بالرضا.

لكن لم تكتفِ حواء بذلك، بل فكَّرت أن تتقدم خطوة أخرى إلى الأمام. ونتيجة الاختبار الثالث الذي أجرته، نظرت فرأت أن الشجرة شَهِيَّةٌ لِلنَّظَرِ [أي «مَرغُوبٌ فِيهَا بِسَبَبِ مَا تُعْطِيهِ مِنَ الحِكْمَةِ لِلآكِلِ مِنْهَا»، الترجمة العربية المبسَّطة]. فقد كان لها قيمة فكرية، إذ ستسمح لها باقتناء الحكمة مثل الله («تَعَظُّمَ الْمَعِيشَةِ»، ١يوحنا ٢: ١٦).

وفي خضم تفكُّر حواء وبحثها لهذه المسألة، امتَحَنَت الله. فقد رأت أن الشجرة كانت حقًّا جيدة، أي إنها تُلبِّي احتياجاتها بدنيًّا، وجماليًّا، وفكريًّا. وقد أدَّى ذلك إلى العصيان، إذ رفضت حواء تعليمات الله، وأخذت من ثمر الشجرة وأكلت (تكوين ٣: ٦).

كانت المعركة في تكوين ٣ موجَّهة أولًا إلى الذهن، ثم النفس. فقد كان هدفها هو دفع حواء إلى التفكير على نحو مخالف لكلمة الله. وحين وَقَعت حواء تحت تأثير هذا الفكر الخاطئ، تبنَّت دوافع خاطئة، وردود فعل خاطئة، وتصرفات خاطئة. فقد استسلمت لمكيدة الحسِّية، أي لمحاولة جعل الجاذبية والمرغوبية يأخذان مكان الحق ويصيران هما المعيار الذي يحدِّد الشيء الأفضل الذي يعطيه الله في هذه الحياة. لتأثيرات مذهب الحسِّية أهمية كبيرة جدًّا لمجتمع متعطش للمال، والأشياء، والسلع، وباحث عن المتعة.

يشن الشيطان معركته مستهدفًا الذهن أولًا. فهو يغوي البشر بتبنِّي أفكاره، ثم يغويهم من خلال الشك والإنكار بأن يطرحوا كلمة الله جانبًا، وبأن يُقيِّموا الحياة بحواسِّهم الشخصية، حتى إن كانت الاستنتاجات التي سيخلصون إليها مخالفة للحق الإلهي.

**الموت:** «فَانْفَتَحَتْ أَعْيُنُهُمَا وَعَلِمَا أَنَّهُمَا عُرْيَانَانِ. فَخَاطَا أَوْرَاقَ تِينٍ وَصَنَعَا لِأَنْفُسِهِمَا مَآزِرَ» (تكوين ٣: ٧). تأثَّر ذهن آدم وحواء بما فعلاه، وفجأة أدركا الشر، فعَلِما أنهما عريانان، ولذا أرادا ستر عريهما. فيما سبق، حين كانا عريانين في الجنة، كان كل شيء طاهرًا، كما نقرأ في تكوين ٢: ٢٥، «وَكَانَا كِلَاهُمَا عُرْيَانَيْنِ، آدَمُ وَامْرَأَتُهُ، وَهُمَا لَا يَخْجَلَانِ». لكن، بعد ذلك، صارا عريانَين، وخَجِلَين.

دخل الشعور بالذنب إلى الجنس البشري. «فَنَادَى الرَّبُّ الْإِلَهُ آدَمَ وَقَالَ لَهُ: ‹أَيْنَ أَنْتَ؟›» (تكوين ٣: ٩). لم يسأل الله عن مكان آدم وحواء لأنه كان يجهله، بل فقط لأنه أراد أن ينبِّه آدم إلى وجوده. «فَقَالَ: «سَمِعْتُ صَوْتَكَ فِي الْجَنَّةِ فَخَشِيتُ، لِأَنِّي عُرْيَانٌ فَاخْتَبَأْتُ». فَقَالَ: ‹مَنْ أَعْلَمَكَ أَنَّكَ عُرْيَانٌ؟ هَلْ أَكَلْتَ مِنَ الشَّجَرَةِ الَّتِي أَوْصَيْتُكَ أَنْ لَا تَأْكُلَ مِنْهَا؟›» (تكوين ٣: ١٠–١١). نجح الشر في اقتناص آدم وحواء، فصارا منفصلَين روحيًّا عن الله.

فضلًا عن ذلك، نشأ نزاع بين الرجل والمرأة؛ فقد بدأ كلٌّ منهما يلقي اللوم على الآخر: «فَقَالَ آدَمُ: «الْمَرْأَةُ الَّتِي جَعَلْتَهَا مَعِي هِيَ أَعْطَتْنِي مِنَ الشَّجَرَةِ فَأَكَلْتُ». فَقَالَ الرَّبُّ الْإِلَهُ لِلْمَرْأَةِ: ‹مَا هَذَا الَّذِي فَعَلْتِ؟›» (تكوين ٣: ١٢–١٣). في الواقع، أجابت حواء: «لستُ المخطئة، لا تلقِ باللوم عليَّ، بل ‹الْحَيَّةُ غَرَّتْنِي فَأَكَلْتُ›». كانت حواء تعاني من شعور شديد بالذنب.

تمتد عواقب الخطية لأبعد بكثير من الشخص المخطئ نفسه؛ ولهذا أصدرت كلمة الله هذا التصريح الخطير عن أهمية القداسة في حياة المؤمنين (١بطرس ١: ١٤–١٦)، وقدَّمت لنا مثالًا تلو

الآخر للكيفية التي يمكن بها لخطية رجل واحد، أو رجلٌ وامرأته، أن تؤثِّر في النهاية على شعوب بكاملها.

## ⬅ الشيطانُ ودَوْرُه كخادم

استحق الشيطان عن جدارة لقب «الخصم»؛ فقد ظلَّ عدوًّا لله منذ حادثة الجنة. ويظل اغتصاب السلطة السيادية من الله هو هدفه الرئيسي. ويُخيَّل إلينا، في بعض الأحيان، كأن «إله هذا الدهر» يمكن أن يهزم إله الخلق والفداء. وقد سجَّل لنا الكتاب المقدس تاريخ مقاومته لله، تلك المقاومة التي لا تلين منذ إيقاعه لآدم وحواء في شِراكه في جنة عدن (تكوين ٣) وحتى اعتدائه الأخير على الملكوت الأرضي للمسيح (رؤيا ٢٠).

إلا أن سيادة الله قد نقضت وهزمت أسوأ ما يستطيع الشيطان أن يفعله. ولهذا كَتَبَ بولس إلى الكنيسة في رومية أن «كُلَّ الأَشْيَاءِ تَعْمَلُ مَعًا لِلْخَيْرِ» للمؤمنين الحقيقيين (رومية ٨: ٢٨)، ثم طرح السؤال التالي: «إِنْ كَانَ اللهُ مَعَنَا، فَمَنْ عَلَيْنَا؟» (رومية ٨: ٣١)، وتَضْمَنُ الإجابة التي في رومية ٨: ٣٢-٣٩ بلا شك أن لا أحد يمكنه ذلك، ولا حتى الشيطان نفسه!

ففي حقيقة الأمر، حتى أسوأ اعتداءات الشيطان الشريرة تخدم مقاصد الله البارة. فعلى المستوى البشري، قال يوسف لإخوته الذين أبغضوه: «أَنْتُمْ قَصَدْتُمْ لِي شَرًّا، أَمَّا اللهُ فَقَصَدَ بِهِ خَيْرًا» (تكوين ٥٠: ٢٠)، مبيِّنًا أن إخوته كانوا في حقيقة الأمر خدامًا لمقاصد الله. كذلك، تمَّم نبوخذنصر، ملك بابل الوثني، مقاصد الله (إرميا ٢٥: ٩؛ ٤٣: ١٠)، وكذلك كورش ملك فارس (إشعياء ٤٤: ٢٨؛ ٤٥: ١). فقد خدم هؤلاء الملوك الأقوياء الله. وفي أربع عشرة حادثة على الأقل ورد ذكرها في الكتاب المقدس، خدم الشيطان أو ملائكته مقاصد الله.

- **قضاة ٩**

أَرْسَلَ الرَّبُّ رُوحًا رَدِيًّا بين أبيمالك ورؤساء شكيم. وأدى هذا الفعل الإلهي (قضاة ٩: ٥٦-٥٧)، إلى إنزال العقوبة على كلا الطرفين لأجل عبادتهما للأوثان، ولأجل جريمة القتل الجماعي (٩: ١-٢٢).

- **أيوب ١-٢**

أعطى الله الشيطان سلطانًا كي يمسَّ كلَّ ما كان لأيوب (أي ممتلكاته وأهل بيته)، عدا أيوب نفسه (أيوب ١: ١٢). وعلى الرغم من خسارة أيوب لممتلكاته وأبنائه (١: ١٣-١٩)، لم يَلعن الله، بل تعبَّد له وباركه. ثم أعطى الله الشيطان السلطان مرة أخرى كي يمسَّ جسد أيوب، لكن دون أن يقتله (٢: ٦). وبعد ذلك بفترة وجيزة، قاسى أيوب آلامًا رهيبة (٢: ٧-٨). وعلى الرغم من إلحاح زوجته عليه كي يلعن الله، لم يستجب لها، ولم يخطئ بشفتيه (٢: ٩-١٠). في كلتا الحالتين، أكرم أيوب الله، وأثبت خطأَ شكايات الشيطان عليه بأن ولاءه لله كان فقط بدافع المصلحة الشخصية. في النهاية، ضاعف الله بركته لأيوب لأجل إخلاصه لله، ذلك الإخلاص الذي صمد أمام تجربة الشيطان (٤٢: ١٠).

## • ١صموئيل ١٦

بعد أن فارَقَ روحُ الله شاول (١صموئيل ١٦: ١٤)، نقرأ في أربع حوادث على الأقل أن روحًا رديئًا (روح نجس) جاء وعذَّبه (١٦: ١٤-١٦، ٢٣؛ ١٨: ١٠؛ ١٩: ٩). ولم يكن إلا عزف داود على القيثارة هو الذي كان يريح شاول، مما جعله يحب داود بشدة، ويجعله حاملًا لسلاحه. نتيجة ذلك، تواجد داود في الوقت المناسب وفي المكان المناسب لقتل جليات (١٧: ٢٦-٤٩). ونتيجة ذلك، وَجَدَ داود نعمة كبيرة لدى شعب إسرائيل، ولا سيما لدى يوناثان ابن شاول. وأدى كل ذلك إلى أن يصير داود ملك إسرائيل (٢صموئيل ٢: ١١؛ ٥: ٤-٥)، وهو ما كان الله قد خطط له منذ البداية، لكنه تحقَّق بمساعدة واحد أو أكثر من جنود الشيطان (رؤيا ١٢: ٧).

## • ١ملوك ٢٢/ ٢أخبار الأيام ١٨ [١٨]

أثار هذان النصان تحديًا، ألا وهو تعريف «روح الكذب» (١ملوك ٢٢: ٢١-٢٣) على نحو يقدِّم أفضل تفسير للنبوة الكاذبة التي وردت في ١ ملوك ٢٢: ٦. يُعَد الشيطان هو الشخص الأنسب أن يكون هذا «الروح». فإن الاحتمال المباشر والأرجح هو أن نشاطًا شيطانيًا، جرى بإشراف من الله، ولكن بتنفيذ من الشيطان، كان هو القوة المحرِّكة الكامنة خلف هذه النبوة الكاذبة. يعترض البعض على هذا قائلين إن الشيطان ليس كُلِّي الوجود، ولم يكن بإمكانه التأثير على أربعمئة نبي في آن واحد. لكن يمكن الرد على هذا الاعتراض بالاستشهاد بدور الشيطان بصفته رئيسًا على الأرواح الشريرة (متى ٢٥: ٤١). هذا الدور بالإضافة إلى الأفعال المعروفة التي تُنسَب إلى الشيطان يزوِّدنا بالتفسير الأنسب والأكثر اتساقًا من الناحية اللاهوتية لتحديد هُوية هذا «الروح» بأنه هو الشيطان، وبأن الأرواح الشريرة هم فَعَلة الشيطان في أفواه أنبياء أخآب الكذبة.

إن تأثيرُ الشيطان على أنبياء إسرائيل الأربعمئة، باستخدام أربعمئة روح شريرٍ، قد خَدَمَ مقاصدَ الله من ناحيتين على الأقل. أولًا، أثبت أن ميخا هو النبي الحقيقي، بسبب تَحَقُّق كلماته السلبية التي نطق بها على أخآب، على عكس الرسالة الإيجابية الموحَّدة التي نادى بها الأنبياء الكذبة الأربعمئة جميعهم. ثانيًا، تمَّمت هزيمة أخآب وموته نبوة الله عن موت أخآب، التي نطق بها إيليا (١ملوك ٢٢: ٣٧-٣٨؛ راجع ٢١: ١٧-١٩).

## • ١أخبار الأيام ٢١/ ٢صموئيل ٢٤

يقول ١أخبار الأيام ٢١: ١ هذه الكلمات: «وَوَقَفَ الشَّيْطَانُ ضِدَّ إِسْرَائِيلَ، وَأَغْوَى دَاوُدَ لِيُحْصِيَ إِسْرَائِيلَ». افتقرت السنوات الأخيرة من حياة داود إلى الأمجاد والنجاحات التي حقَّقها في شبابه. فقد أخطأ بتورُّطه مع أوريا وبثشبع (٢صموئيل ١١-١٢). ثم وقع النزاع بين أمنون وأبشالوم (٢صموئيل ١٣)، الذي تبعته ثورة أبشالوم، ونزول داود عن العرش بإرادته، وخروجه من العاصمة (٢صموئيل ١٤-١٨). وفوق كل ذلك، أثار شَبَعُ بن بِكْري حملة تشنيع علنية ضد الملك (٢صموئيل ٢٠).

---

١٨ هذا الجزء مقتبَس بتصرف من المصدر التالي، بتصريح من MSJ:
Richard L. Mayhue, "False Prophets and the Deceiving Spirit," *MSJ* 4, no. 2 (1993):63–135 .

وبعد كل هذا، ظنَّ داود أن نجاحه تحقَّق بفضل إمكانياته الشخصية، وليس بفضل أمانة الله في حفظ وعوده لإسرائيل. فقد بدا أن داود شعر بأن حجم جيشه، وليس قدرة إلهه، هو الذي يمكن أن يمده بالثقة، ولا سيما في ضوء الضغط الواقع عليه من الشعب.

ومن ثم، دعا الملكُ يوآبَ ابن أخيه وقائد جيشه، وأمره قائلًا: «اذْهَبُوا عِدُّوا إِسْرَائِيلَ مِنْ بِئْرِ سَبْعٍ إِلَى دَانَ، وَأْتُوا إِلَيَّ فَأَعْلَمَ عَدَدَهُمْ» (١أخبار الأيام ٢١: ٢). استسلم داود لضغوط الموقف، ولضغوط الشعب، ولإلحاح الشيطان بلا هوادة عليه. عارَضَ يوآب الإحصاء بشدة، وقال لداود: «لِيَزِدِ الرَّبُّ عَلَى شَعْبِهِ أَمْثَالَهُمْ مِئَةَ ضِعْفٍ. أَلَيْسُوا جَمِيعًا يَا سَيِّدِي الْمَلِكَ عَبِيدًا لِسَيِّدِي؟ لِمَاذَا يَطْلُبُ هَذَا سَيِّدِي؟ لِمَاذَا يَكُونُ سَبَبَ إِثْمٍ لإِسْرَائِيلَ؟» (١أخبار الأيام ٢١: ٣)؛ لكن في النهاية، سادت رغبة الملك.

في هذا الحدث، تجاوز داود حاجزَين وضعهما الله لتجنُّب وقوع كارثة من هذا القبيل. فهو، **أولاً**، خالف المبدأ الإلهي الذي يقتضي أن يطلب داود مشيرين كثيرين:

«حَيْثُ لاَ تَدْبِيرٌ يَسْقُطُ الشَّعْبُ،
أَمَّا الْخَلاَصُ فَبِكَثْرَةِ الْمُشِيرِينَ» (أمثال ١١: ١٤)

«لأَنَّكَ بِالتَّدَابِيرِ تَعْمَلُ حَرْبَكَ،
وَالْخَلاَصُ بِكَثْرَةِ الْمُشِيرِينَ» (أمثال ٢٤: ٦)

**ثانيًا**، لم يأخذ داود بمشورة الله. وربما كان هو نفسه مَن كتب هذه الكلمات: «لَنْ يَخْلُصَ الْمَلِكُ بِكَثْرَةِ الْجَيْشِ. الْجَبَّارُ لاَ يُنْقَذُ بِعِظَمِ الْقُوَّةِ. بَاطِلٌ هُوَ الْفَرَسُ لأَجْلِ الْخَلاَصِ، وَبِشِدَّةِ قُوَّتِهِ لاَ يُنَجِّي» (مزمور ٣٣: ١٦-١٧). أخطأ داود إذ وضع ثقته في نفسه وفي جيشه، وليس في الله الذي نجَّاه مرات عديدة من قبل. وانتصر الشيطان في المعركة حين هيمن الغرور والأنا على عقل داود. ومع ذلك، كان الله هو مَن استخدم الشيطان من الأساس (٢صموئيل ٢٤: ١؛ راجع ١أخبار الأيام ٢١: ١) حتى يمتحن اتضاع داود؛ لكن الملك فَشِلَ على نحو بائس.

## • زكريا ٣

في عدة مناسبات، وَقَفَ الشيطان أمام الله في البلاط السماوي مُدَّعيًا عدم جدارة شعب الله بربِّهم. فقد اشتكى على أيوب، واتهمه بأن دوافعه خاطئة (أيوب ١: ٩-١١؛ ٢: ٤-٥)، ويشتكي أيضًا على المؤمنين بأنهم لا يستحقون الخلاص (رؤيا ١٢: ١٠-١١). وفي زكريا ٣، اتهم الشيطان إسرائيل بأنهم لا يستحقون بركة الله.

الطابع القضائي يغلِّف المشهد. وقف الشيطان على الجانب الأيمن، في موضع الشكاية بحسب الناموس (راجع مزمور ١٠٩: ٦)، واشتكى على يهوشع، الكاهن العظيم الذي كان قد عاد إلى أرض كنعان ضمن الفوج الأول من المسبيين العائدين مع زربابل (راجع عزرا ٣: ٢؛ ٥: ٢؛ حجي ١: ١). يتضح لنا أن يهوشع كان ممثلًا عن الأمة من خلال ما يلي: (١) التشديد على الأمة في هذه الرؤى، (٢) لم يكن التوبيخ في زكريا ٣: ٢ مبنيًّا على يهوشع، بل على اختيار الله لأورشليم، (٣) تعريف يهوشع ورفاقه

من الكهنة الآخرين في زكريا ٣: ٨ بأنهم رجال آية، أي إنهم يرمزون إلى إسرائيل العتيدة، (٤) الإشارة إلى الأرض في زكريا ٣: ٩.

وقف الخصم الشرير المشتكي في محضر الرب ليعلن خطايا إسرائيل، وعدم استحقاقهم لإحسان الله.[١٩] كان الموقف حاسمًا: فإن تبرَّأ يهوشع، ستُقبَل إسرائيل؛ وإن رُفِض يهوشع، ستُرفَض إسرائيل. كانت النتيجة ستكشف عن خطة الله الكاملة للأُمة. فإن آمال إسرائيل إما كانت ستتحطَّم وإما كانت ستتثبَّت.

وباستخدام النبيِّ لعبارة «ثِيَابًا قَذِرَةً» (زكريا ٣: ٣-٤) – مستخدمًا أحقر وأقذر الألفاظ المعبِّرة عن القذارة، وهو لفظ يشير إلى الغائط (فضلات الإنسان) – صوَّر حالةَ الدنَس المعتادة التي كان الكهنة والشعب يعانون منها (إشعياء ٤: ٤؛ ٦٤: ٦). وقد كان هذا هو أساس شكاية الشيطان: أن الأمة كانت نجسة أخلاقيًّا، وغير جديرة بحماية الله وبركته.

أجاب الرب بأنه مع أنه سيوفي بوعده بتبرير إسرائيل، وإعادة الأمة إلى مركزها السابق كمملكة كهنة، يخدمون في بيته، ويتولُّون شئون دياره، ويتمتعون بالحق الكامل في الدخول إلى محضره – الأمر المبنيُّ بالكامل على محبته السيادية التي اختارتهم، وليس على أي استحقاق أو أعمال بشرية – لكن هذا كلُّه لن يتحقق إلا حين تكون إسرائيل مخلصة للرب. وهذا الوعد سيتحقق بعد تتميم زكريا ١٢: ١٠-١٣: ١. إذن، استغل الرب شكاية الشيطان ليعلن أن إسرائيل لم تخسر الوعود التي قطعها الله لإبراهيم وداود.

- متى ٤ [٢٠]

لا يمكن مطلقًا أن يكون الله نفسه هو العامل المباشر في التجربة (يعقوب ١: ١٣)، لكن الله هنا، كما في سفر أيوب أيضًا، عيَّن تجربة الشيطان، واستخدمها لخدمة مقاصده السيادية. جُرِّب المسيح في كل مواطن الضعف البشري (عبرانيين ٤: ١٥؛ ١يوحنا ٢: ١٦). فقد جرَّبه الشيطان في «شهوة الجسد» (١يوحنا ٢: ١٦؛ راجع متى ٤: ٢-٣)، و«شهوة العيون» (١يوحنا ٢: ١٦؛ راجع متى ٤: ٨-٩)، و«تعظُّم المعيشة» (١يوحنا ٢: ١٦؛ راجع متى ٤: ٥-٦).

قال الشيطان ليسوع: «إِنْ كُنْتَ ابْنَ اللهِ ...» (متى ٤: ٣، ٦)، ومعنى أداة الشرط «إن» في هذا السياق هو «ما دمتَ». لم يساور الشيطان أدنى شك في هُوية يسوع، لكن كانت خطته تقتضي أن ينجح في جعله يخالف خطة الله، ويستخدم قدرته الإلهية التي كان قد نحَّاها جانبًا حين وَضَعَ نفسه (راجع فيلبي ٢: ٧).

اقتُبِست ردود يسوع الثلاثة جميعها على إبليس من سفر التثنية. يقول الردُّ الأول، المأخوذ من تثنية ٨: ٣، إن الله هو من سمح بجوع إسرائيل، حتى يطعمهم المنَّ، ويعلِّمهم أن يثقوا في إعالته لهم. ومن ثم،

---

١٩ هذه الفقرة مقتبَسة بتصرُّف من المصدر التالي:
جون ماك آرثر، تفسير الكتاب المقدس، الطبعة الأولى (منصورية المتن – لبنان: دار منهل الحياة، ٢٠١٢)، ١٤٥٤-١٤٥٥.

٢٠ هذا الجزء مقتبَس بتصرُّف من المصدر التالي:
جون ماك آرثر، تفسير الكتاب المقدس، الطبعة الأولى (منصورية المتن – لبنان: دار منهل الحياة، ٢٠١٢)، ١٥٢١.

يمكن تطبيق النص مباشرة على ظروف يسوع، وهو رد مناسب على إغواء الشيطان ليسوع بأن يُشْبِع رغبات جسده.

في التجربة الثانية، اقتبس الشيطان أيضًا من الكتاب المقدس (متى ٤ : ٦؛ راجع مزمور ٩١ : ١١-١٢)، لكنه حرَّف معنى النص تمامًا، فاستخدَمَ نصًّا يتعلق بالثقة في الله كي يبرِّر تجربة الرب. وقد ردَّ المسيح عليه (متى ٤ : ٧) مستخدمًا آية أخرى مأخوذة من حياة إسرائيل في البرية (تثنية ٦ : ١٦)، فاستحضر إلى الأذهان حدث مَسَّة، حين جرَّب بنو إسرائيل المتذمرون الربَّ، مطالبين موسى وهم غاضبون بأن يُخرِج لهم الماء من حيث لم يكن ماء (خروج ١٧ : ٢-٧).

وأخيرًا، اقتبس المسيح نص تثنية ٦ : ١٣-١٤، المرتبط أيضًا بحياة شعب إسرائيل في البرية. فقد اقتيد المسيح، نظير هؤلاء، إلى البرية ليجرَّب (راجع تثنية ٨ : ٢)؛ لكنه على خلافهم، صَمَدَ أمام كل جانب من جوانب هذه التجربة الشرسة.

أثبت فشل الشيطان في إغواء المسيح بارتكاب الخطية ثلاث حقائق أساسية على الأقل تتعلَّق بلاهوت المسيح، ألا وهي: عصمة المسيح، وولاءه الذي لا يتزعزع لحق كلمة الله، وتفوُّقه وسيادته على الشيطان.

- **لوقا ٢٢**

طَلَبَ الشيطان أن يغربل بطرس كالحنطة، فاستجاب المسيح لطلبه (لوقا ٢٢ : ٣١)، لكنه صلَّى أيضًا حتى يتعافى بطرس من هذه التجربة، ويتشدد روحيًّا بسببها، ويتأيَّد بالقوة ليقود التلاميذ (٢٢ : ٣٢). وفي حين لم يكن بطرس يتصور يومًا أنه قد يخذل المسيح (٢٢ : ٣٣)، صرَّح له يسوع بشكل قاطع بأنه سينكره قريبًا ثلاث مرات (٢٢ : ٣٤).

بعدما أنكر بطرس المسيح ثلاث مرات، خرج من الدار، وبكى بكاءً مرًّا (٢٢ : ٦٢). لكن، لا بد أن وعيًا بمحبة الله ورحمته ونعمته قد حرَّك قلبَ بطرس، إذ بعد بضعة أيام، عاد إلى جماعة التلاميذ. فقد كان الأحد عشر تلميذًا مجتمعين معًا بعد صَلب المسيح، وحين أخبرتهم النساء عن قيامة المسيح (٢٤ : ١٠-١١)، هرع بطرس مع يوحنا إلى القبر للتأكُّد من صحة الخبر (٢٤ : ١٢). واجَهَ بطرس واقع سقطته، وتَقَبَّله، ومن ثَمَّ، استطاع الانضمام ثانية إلى التلاميذ. وقد رحَّب التلاميذ بعودته، ليس فقط بسبب اعترافه الصادق، بل أيضًا لأنهم عَلِمُوا من كلمات المسيح أن الشيطان هو من نصب له هذا الفخ.

كان بطرس حاضرًا حين ظهر المسيح للتلاميذ في وقت لاحق من ذلك المساء، بينما كانوا مجتمعين خلف الأبواب المُغَلَّقَة (٢٤ : ٣٦-٤٣). استطاع بطرس أن يواجه المخلِّص لأنه كان قد حوَّل ظهره عن إنكاره، واعترف به، ورجع كما تكلَّم المسيح. ثم لاحقًا، ردَّ المسيحُ بطرسَ إلى الخدمة. ففي أثناء تناول طعام الإفطار على شاطئ البحر، قال يسوع لبطرس: «ارْعَ خِرَافِي ... ارْعَ غَنَمِي ... ارْعَ غَنَمِي» (يوحنا ٢١ : ١٥-١٧)، وبهذا، أكَّدَ السيد مجدَّدًا على ثقته في بطرس وفي قدرته على عمل الخدمة.

وكما كان لشوكة بولس وجهان، الأول يخص الشيطان والثاني يخص الله، هكذا كانت غربلة بطرس. فقد صار بعد ذلك مؤهَّلًا لإدراك كلٍّ من حَنَقِ الشيطان، الذي كاد أن يقضي على خدمته، وقوة الله التي أيَّدته في المعركة. ليس من المثير للدهشة، إذن، أن يكون بطرس أوَّلَ مَن يخطو إلى الأمام في يوم الخمسين، ودون خوفٍ، ليكون المتحدث الرئيسي بلسان الله. وقد كان بطرس هو الشخصية الرئيسية التي أسهمت في تأسيس الكنيسة، كما نقرأ في أعمال الرسل ١-١٢.

- **يوحنا ١٣**

خَدَمَ الشيطان مقاصد الله بأكثر الطرق الاستثنائية وغير المتوقَّعة في حدث موت المسيح. قبل عيد الفصح، دخل الشيطان يهوذا (لوقا ٢٢: ٣-٦؛ راجع يوحنا ١٣: ٢)، الذي بدأ يخطِّط مع رؤساء الكهنة لتسليم يسوع. وفي أثناء العشاء، دخله الشيطان مرة أخرى، فأطلقه المسيح لتنفيذ مخططه الغادر بسرعة (يوحنا ١٣: ٢٧). وبهذا، استخدم الله الشيطان لبدء أحداث الصباح الباكر التي أدت إلى موت المسيح.

ليس مثيرًا للدهشة أن يكون الشيطان ويهوذا أيضًا متورِّطَيْن في هذا. إلا أن هذا الحدث هو أكبر وأغرب مثال على استخدام الله للشيطان كخادم لمقاصده، وكي يكون المحفِّز لشيء كان الله قد خطط له بالفعل منذ الأزل. ومن العجيب والمذهل أن ينتِج عن هذا إطلاق سراح المؤمنين من سيادة الشيطان في مملكة الظلمة:

> «أَيُّهَا الرِّجَالُ الإِسْرَائِيلِيُّونَ اسْمَعُوا هذِهِ الأَقْوَالَ: يَسُوعُ النَّاصِرِيُّ رَجُلٌ قَدْ تَبَرْهَنَ لَكُمْ مِنْ قِبَلِ اللهِ بِقُوَّاتٍ وَعَجَائِبَ وَآيَاتٍ صَنَعَهَا اللهُ بِيَدِهِ فِي وَسْطِكُمْ، كَمَا أَنْتُمْ أَيْضًا تَعْلَمُونَ. هذَا أَخَذْتُمُوهُ مُسَلَّمًا بِمَشُورَةِ اللهِ الْمَحْتُومَةِ وَعِلْمِهِ السَّابِقِ، وَبِأَيْدِي أَثَمَةٍ صَلَبْتُمُوهُ وَقَتَلْتُمُوهُ. اَلَّذِي أَقَامَهُ اللهُ نَاقِضًا أَوْجَاعَ الْمَوْتِ، إِذْ لَمْ يَكُنْ مُمْكِنًا أَنْ يُمْسَكَ مِنْهُ» (أعمال الرسل ٢: ٢٢-٢٤).

- **أعمال الرسل ٥**

ليس مفاجئًا أن نقرأ أن «أَبُو الْكَذَّابِ» (يوحنا ٨: ٤٤) ملأ قلب حنانيا ليَكْذِب على الروح القدس (أعمال الرسل ٥: ٣)، مع زوجته سفِّيرة شريكته في الجرم. وكانت نتيجة ذلك أن أماتهما الله أمام جماعة كنيسة أورشليم (أعمال الرسل ٥: ٥، ١٠).

لكن، لماذا كان الله صارمًا إلى هذا الحد؟ ولماذا لا يتعامل بهذه القسوة مع غير المؤمنين الذين يكذبون؟ يخبرنا بطرس بأن القضاء يبدأ أولًا من بيت الله (١بطرس ٤: ١٧). ولاحقًا، نبَّه بولس مؤمني كورنثوس إلى نتيجة تنجيسهم لمائدة الرب، وهي أن بعضهم كانوا ضعفاء، والبعض مرضى، بل والبعض «رقدوا»، بسبب حُكم الله عليهم (١كورنثوس ١١: ٢٩-٣٠). كذلك، نبَّه يوحنا إلى حقيقة مهمة هي أن الخطية يمكن أن تؤدي إلى الموت الجسدي (١يوحنا ٥: ١٦).

استخدم الله الشيطان ليحفر في أذهان وذاكرة الحاضرين آنذاك (أعمال الرسل ٥: ١١)، والذين سمعوا بهذا الحدث (٥: ٥، ١١)، وكذلك غير المؤمنين في المدينة (٥: ١٣)، على نحو لا يُنسى عواقبَ

الكذب على الله. فقد وقع مستوى جديد وعالٍ من خوف الله على جميع من كانوا هناك، وعلى جميع الذين قرأوا عن هذه الحادثة منذ ذلك الحين. «مُخِيفٌ هُوَ الْوُقُوعُ فِي يَدَيِ اللهِ الْحَيِّ!» (عبرانيين ١٠: ٣١).

## • ١كورنثوس ٥

تساهلت كنيسة كورنثوس مع علاقة محرَّمة بين رجل وزوجة أبيه (١كورنثوس ٥: ٥)، ونتيجة هذا، حَكَمَ بولس (في اليونانية *paradidōmi*؛ راجع لوقا ٢٤: ٢٠) بأن يسلِّم مَن مارَسَ هذا الفعل المنحرف والمتطرف إلى الشيطان، أي بأن يُعزَل هذا الشخص من الكنيسة (١كورنثوس ٥: ١٣)، ويعامَل على أنه غير مؤمن (راجع متى ١٨: ١٧؛ ١كورنثوس ٥: ١١؛ ٢تسالونيكي ٣: ١٤). قيل الشيء ذاته عن هِيمِينَايُسُ وَالإِسْكَنْدَرُ المجدِّفَين (١تيموثاوس ١: ٢٠). فسواء بسبب تحريف في سلوك مقدَّس، أو في معتقدات مقدَّسة، يمكن للشيطان أن يخدم مقاصد الله في مجال التأديب الكنسي حين تبقى التوبة غائبة. وفي كلتا الحالتين، يسود شعور إيجابيٌّ بالرجاء في أن يؤمن هؤلاء الأشخاص بالمسيح في النهاية.

## • ٢كورنثوس ١٢

في ٢كورنثوس ١٢: ٧، وَصَفَ بولس كيف نتج عن رؤياه للسماء الثالثة «شَوْكَةً فِي الْجَسَدِ، مَلاَكَ الشَّيْطَانِ لِيَلْطِمَنِي». من ناحية، استخدَم اللهُ ملاكَ الشيطان لحفظ بولس من الكبرياء. ومن ناحية أخرى، سعى إبليس من خلال هذه الشوكة الحادة إلى القضاء على إيمان بولس. كانت هذه الشوكة، بحسب المعنى الحرفي للكلمة، عبارة عن وتد ضخم وحاد، يُستخدَم لإصابة العدو بإصابات جسيمة، أو تشويهه.

ما هي شوكة بولس؟ قال البعض إن هذه الشوكة هي على الأغلب مشكلة جسدية، بما أنها كانت «فِي الْجَسَدِ». وقد افتُرض أنها يمكن أن تكون الملاريا، أو الصَّرَع، أو الصداع، أو مرضًا في العين. ولكن، يرجِّح استخدام العهد القديم للكلمة احتمالات أخرى عديدة. تَظهَر صورة الشوكة أربع مرات في العهد القديم (العدد ٣٣: ٥٥؛ يشوع ٢٣: ١٣؛ حزقيال ٢٨: ٢٤؛ هوشع ٢: ٦)، حيث أشارت في ثلاث مرات منها إلى أشخاص، بينما أشارت في مرة واحدة إلى ظروف حياتية. كما في هوشع ٢: ٦، يمكن لشوكة بولس أن تكون هي الظروف السيئة التي مرَّ بها في أثناء خدمته للرب (٢كورنثوس ١١: ٢٣-٢٨). لكن في ضوء الاستخدام الأغلب من العهد القديم للكلمة، وفي ضوء سياق رسالة كورنثوس الثانية، يبدو أن شوكة بولس هم أولئك الأشخاص الذين يمثِّلون «شوكة في الجنب»، أو «غُصَّة في الحلق»، لأنهم، على الأرجح، معلِّمون كذبة وغير مؤمنين بهم أرواح شريرة. وإن إِسْكَنْدَرُ النَّحَّاسُ (٢تيموثاوس ٤: ١٤)، وهِيمِينَايُسُ، وَفِيلِيتُسُ (٢تيموثاوس ٢: ١٧-١٨)، وعليم (الذي دعاه بولس «ابْنَ إِبْلِيسَ» في أعمال الرسل ١٣: ١٠)، وكذلك أهل كورنثوس أنفسهم، يَصلحون جميعهم لهذا الوصف.

قَصَدَ الشيطانُ بهذه الشوكة شرًّا، لكن الله عيَّنها واستخدمها للخير. وفي كلتا الحالتين، كان بولس هو الرابح. فقد سدَّدت له الشوكة لكمة نبَّهته إلى تلك الحقيقة التي عبَّر عنها بطرس على أكمل وجه حين قال: «فَتَوَاضَعُوا تَحْتَ يَدِ اللهِ الْقَوِيَّةِ لِكَيْ يَرْفَعَكُمْ فِي حِينِهِ، مُلْقِينَ كُلَّ هَمِّكُمْ عَلَيْهِ، لأَنَّهُ هُوَ يَعْتَنِي بِكُمْ» (١بطرس ٥: ٦-٧).

إن آلام بولس دفعته إلى أن يصلّي (٢كورنثوس ١٢ : ٨). وكما صلَّى يسوع ثلاث مرات في جثسيماني، هكذا صلَّى بولس كي تفارقه الشوكة، سواء كانت مشكلة جسدية أو أشخاصًا. لقد رآها بولس عائقًا لخدمته، ولقضية الرب، لكنه كان بحاجة إلى أن يضيف الربُّ إلى فهمه بُعدًا جديدًا، مستخدمًا هذه الشوكة الشيطانية لأجل فائدة بولس الروحية، ومضيفًا إليه مستويات جديدة من الاتضاع الشخصي والاتكال على الله.

- **٢تسالونيكي ٢**

يقول الله في هذا النص إنه سيأتي وقت فيه يرسل «عَمَلَ الضَّلَالِ» (٢تسالونيكي ٢ : ١١)، بأن يُنحّي جانبًا الذي يحجز (٢ : ٦-٧)، ويسمح لأكاذيب الشيطان بالانتشار في كل أنحاء الأرض دون كابح (٢ : ٩-١٢). فسيُمنَح الشيطان بصورة مؤقتة مزيدًا من الحرية كي يعطي الناس ما يريدون أن يؤمنوا به تمامًا، ألا وهو الكذب (يوحنا ٨ : ٤٤؛ رومية ١ : ٢٥؛ ١يوحنا ٢ : ٢١). لن يُكبَح البشر (٢تسالونيكي ٢ : ٧) عن تصديق ضلالة الشيطان العُظمى، أي الكذبة التي تقول إن ضد المسيح هو الله، وإن الخلاص هو من خلاله.

- **رؤيا ١٣**

في منتصف الأسبوع السبعين الذي تنبأ عنه دانيال (رؤيا ١٣ : ٥)، سيظهر الثالوث الشيطاني في المشهد. هذه الثلاثية من الشخصيات الشريرة تشمل الشيطان (التنين المذكور في رؤيا ١٣ : ٢-٤؛ راجع ١٢ : ٩؛ ٢٠ : ٢)، وضد المسيح (الوحش المذكور في رؤيا ١٣ : ١-١٠)، والنبي الكذاب («وَحْشًا آخَرَ» المذكور في رؤيا ١٣ : ١١-١٧). الشيطان هو من سيمكّن ضد المسيح بقدراته العدائية (١٣ : ٢، ٤).

سيستمر هذا الضلال العالمي لمدة اثنين وأربعين شهرًا (١٣ : ٥)، حتى ينهي المجيءُ الثاني للمسيح (١٩ : ١١-٢٠ : ٣) هذه السيادة الشيطانية، ويملك يسوع لمدة ألف سنة (٢٠ : ٤-٦). في أثناء كل هذا، سيعمل الشيطان كخادم لمقاصد الله، مهيِّئًا الظروف للمجيء الانتصاري للمسيح، وابتداء ملكوته الألفي على الأرض.

بإيجاز،

> «يصف الكتاب المقدس الشيطان بأنه عدوٌّ لله عنيدٌ ومقاصده شريرة تجاه البشر. إلا أنه، مع ذلك، لا يصفه بأنه معادلٌ لله، أو بأنه يعمل باستقلال عن التحكُّم الإلهي. ففي افتتاحية سفر أيوب، الذي هو أقدم نص تحدَّث عن ... الشيطان ...، نرى الشيطان بوضوح خاضعًا لسلطة الله، ولا يعمل إلا داخل الحدود التي رسمها له ... تظهر هذه الفكرة الأساسية عن خضوع الشيطان للتحكُّم الإلهي مرارًا وتكرارًا. ربما نجد بعض التعارض بين هذه الفكرة ومفهومنا عن الشيطان بأنه قوة معادية؛ ومع ذلك فهذه الفكرة موضوع متواصل في السجل الكتابي. فالشيطان عدوٌّ لله، لكنه أيضًا خادم لمقاصده».[21]

---

21 Sydney H. T. Page, "Satan: God's Servant," *JETS* 30, no. 3 (2007): 465.

## ← أسلحة المؤمن الدفاعية

### حماية الله[٢٢]

أفسس ٦: ١٠–٢٠ هو النص الرئيسي الذي يتحدَّث عن الأسلحة الروحية وأدوات الحرب، ولا سيما عن سلاح الله الكامل (في اليونانية *panoplia*). أشار بولس في موضع آخر أيضًا إلى أسلحة النور (رومية ١٣: ١٢)، وإلى سلاح البر (٢كورنثوس ٦: ٧)، وإلى أسلحة محاربتنا (٢كورنثوس ١٠: ٤).

**مِنطقة (حزام) الحق**: في أيام بولس، كان الجنود يرتدون سترة عبارة عن قطعة كبيرة مربَّعة من القماش، بها فتحات لدخول الرأس والذراعين. وكانت السترة طويلة وفضفاضة حتى يمكن للجندي أن يلفَّها حول حقويه بحزام. وحين يكون على وشك خوض معركة، كان يرفع الأركان الأربعة من سترته، ويُدخِلها في الحزام، مطوِّقًا بهذا حقويه. كان هذا يتيح للجندي سهولة الحركة والمرونة التي يحتاجها لخوض قتال متلاحم.

وكان من الشائع أن يرتدي الجندي الروماني شريطًا فوق كتفه يصل الجزء الأمامي من الحزام بالجزء الخلفي. وكان الجندي يعلِّق سيفه بهذا الشريط، بالإضافة إلى الميداليات أو الأوسمة التي يحصل عليها من المعركة. ومن ثَمَّ، بعد أن يلبس الجندي الروماني حزامه، ويربط الشريط، ويعلِّق سيفه، يكون متأهِّبًا للقتال.

وفي المجال الروحي، على المؤمنين أن يمنطقوا أحقاءهم «بالحق» (أفسس ٦: ١٤). ربما يكون المقصود بالحق هنا إما محتوى الحق نفسه (أي الكتاب المقدس)، وإما توجُّه الصدق، والإخلاص، والأمانة، والنزاهة لدى المؤمن. لكن بما أن بولس وصف الكتاب المقدس في أفسس ٦: ١٧ بأنه سلاح روحيٌّ، فهذا يعني أنه قصد بالحق هنا توجُّه المؤمن. فالمؤمنين الذين يمنطقون أحقاءهم بالحق يقاتلون بحماس ومن كل قلوبهم لأنهم مكرَّسون للمسيح ولقضيته.

**درع البر**: لدى الجنود الرومان أنواع مختلفة من الدروع. بعضها كان يُصنَع من شرائط سميكة من الكتان، طويلة ومنخفضة للغاية؛ ثم كانت قطع من المعدن، أو شرائح رفيعة من حوافر الحيوانات وقرونها تُثبَّت معًا، وتتدلَّى من هذا الكتان.

لكن، كان النوع الأكثر شيوعًا من الدروع هو الدرع الصدري المصنوع من المعدن المسبوك، الذي كان يغطي الأجزاء الحيوية من جسم الإنسان من أسفل الرقبة وحتى أعلى الفخذين. كان الجندي بحاجة إلى حماية تلك المنطقة لأن قدرًا كبيرًا من القتال كان يُجرَى بسيوف قصيرة (في اليونانية *machaira*)، في الاشتباك اليدوي.

---

٢٢ هذا الجزء مقتبَس بتصرُّف من المصدر التالي، بتصريح من الناشر:
John MacArthur, *Standing Strong: How to Resist the Enemy of Your Soul*, 3rd ed. (Colorado Springs: David C. Cook, 2012), 97–98, 117–18, 128–29, 140–42, 154–57, 180.

كان الدرع يغطي مَنطقتين رئيسيتين: القلب والأعضاء الحيوية، التي دعاها اليهود «الأحشاء» (انظر إشعياء ٥٩: ١٧؛ ١تسالونيكي ٥: ٨). وبحسب الثقافة العبرية، كان القلب يرمز إلى الذهن، أو إلى عملية التفكير (على سبيل المثال، أمثال ٢٣: ٧)، بينما صارت الأحشاء تشير إلى العواطف، بسبب تأثير العواطف على أمعاء المرء. والذهن والعواطف يشملان كلَّ ما يقود المرء إلى السلوك أو التصرُّف.

أعطانا الله درع البر (أفسس ٦: ١٤) لحماية أذهاننا وعواطفنا على حدٍّ سواء. ما هو هذا البر بالتحديد؟ هو البر الشخصي والعملي للمؤمن الحقيقي، الذي يتولَّد بداخله في الميلاد الثاني، ثم ينميه الله الروح القدس ويقوِّيه حتى يصير المؤمن تدريجيًّا أشبه بالمسيح (٢كورنثوس ٣: ١٨؛ ٢بطرس ٣: ١٨).

**حذاء الاستعداد**: في أيام بولس، كان الحذاء العادي للجندي الروماني ذا رقبة طويلة إلى حدٍّ ما، وسميك النعلين. وكانت أربطة جلدية سميكة تُثبِّته بإحكام في القَدَم. كذلك كانت هناك قطع صغيرة من المعدن بارزة من أسفل النعل حتى تعطي الجندي ثباتًا للوقوف، كي يتمكن من الصمود في المعركة راسخًا في مكانه، وحتى يمكنه القيام بحركات سريعة دون أن يتعثَّر، أو ينزلِق، أو يَسقط.

لم يكن حذاء الجندي يمدُّه بالثبات فقط، بل أيضًا بالحماية عند المشي لمسافات طويلة عبر مساحات شاسعة من الأراضي. فضلًا عن ذلك، كان العدو عادة ما يدق في الأراضي عِصِيًّا حادة الأطراف، لتثقب أرجل الجنود المتقدِّمين. لذا، لكي يحمي الجنود أنفسهم، كانوا يرتدون أحذية طويلة الرقبة، ذات نعال سميكة غير قابلة للثَّقب. فحتى أفضل الجنود كان من شأنه أن يفقد فاعليته إذا ما أصيبت قدماه.

في الحرب الروحية، أمرٌ حيوي للمؤمن أن يرتدي النوع الصحيح من الأحذية. فقد يمنطق أحدهم حقويه بالتكريس، ويزيِّن درع السلوك المقدَّس، لكن ما لم تكن وقفته ثابتة، يصير احتمال سقوطه كبيرًا. ولهذا قال بولس في أفسس ٦: ١٥ إننا ينبغي أن نكون حاذين أرجلنا «بِاسْتِعْدَادِ إِنْجِيلِ السَّلَامِ».

يَصِفُ بولس هنا سلاحًا دفاعيًّا، وكان يقصد حين تحدث عن «اسْتِعْدَادِ إِنْجِيلِ السَّلَامِ» أن يكون الشخص قد قبل رسالة الإنجيل. فإذا تجهَّزَ المقاتل الروحي ببشارة السلام، يصير محميًّا، ومُمكَّنًا من الصمود أمام مكائد العدو (أفسس ٦: ١١، ١٣).

**ترس الإيمان**: كان الجيش الروماني يستخدم أنواعًا عديدة من التروس، أحدها كان ترسًا مستديرًا صغير الحجم، ومجعَّدًا عند الحواف؛ وكان جندي المشاة يربطه على ذراعه. كان هذا الترس خفيف الوزن، حتى يتيح للجندي مزيدًا من حرِّية الحركة على أرض المعركة. وفي اليد الأخرى، كان الجندي يحمل سيفه حتى يَضرب به، وفي الآن ذاته يصد ضربات خصمه بترسه.

لكن، لم يكن هذا هو الترس الذي كان بولس يشير إليه في أفسس ٦: ١٦، بل كان الترس الذي يقصده كبير الحجم، ومستطيلًا، يبلغ طوله نحو ١٤٠ سنتيمترًا، وعرضه نحو ٧٥ سنتيمترًا. كان هذا

النوع من التروس يُصنَع من لوح خشبي سميك، ثم يغطَّى من الخارج بمعدن سميك للغاية، أو بالجلود. كان المعدن يصد السهام النارية ويبعدها، بينما كان الجلد يُطفئ الطرف المشتعل من السهام.

من الناحية الروحية، حين تتطاير سهام الشرير الملتهبة، يحتمي المؤمن برفع ترس إيمانه الذي للخلاص (أفسس ٦: ١٦؛ راجع مزمور ١٨: ٣٥). وهذا الترس فعالٌ لدرجة أنه سيُطفئ أسلحة الشيطان، لأن المؤمنين المجهَّزين جيِّدا يكون انتصارهم في المعركة ساحقًا (رومية ٨: ٣٧).

**خوذة الخلاص:** في العصور الرومانية، كانت الخُوَذُ تُصنَعُ من مادتين، إما من معدن صلب ومصمت، وإما من جِلْدٍ بِرُقَعٍ من صفائح معدنية. كانت الخوذة تحمي رأس الجندي من السهام، لكن وظيفتها الرئيسية كانت صدَّ الضربات الموجَّهة إليها من سيف عريض. كان طول هذا السيف العريض (الذي يسمَّى في اليونانية *rhomphaia*) يبلغ من ٩٠ إلى ١٢٠ سنتيمترًا؛ وكان مقبضه ضخمًا، حتى أنه يُمسَك بكلتا اليدين مثل مضرب البيسبول. وكان الجندي يرفع هذا السيف فوق مستوى رأسه، ثم ينزل به على رأس خصمه. ومن ثَمَّ، كانت الخوذة ضرورية لصدٍّ مثل هذه الضربة الكفيلة بسحق الجمجمة.

في المجال الروحي، على المؤمن أن يرتدي خوذة الخلاص (أفسس ٦: ١٧). إلامَ يشير الخلاص هنا؟ توجد ثلاثة احتمالات: الجانب الماضي من الخلاص، أو الجانب الحاضر منه، أو الجانب المستقبلي. لم يكن بولس يشير هنا إلى الجانب الماضي من الخلاص، فهو لم يكن يَقْصِدُ أنه: «بعد أن يمنطق المرء حقويه بالحق، ويرتدي درع البر، ويحذو رجليه بإنجيل السلام، ويحمل ترس الإيمان، ينبغي – بالمناسبة – أن يخلص». إن بولس يسلِّم هنا بأن الجانب الماضي من الخلاص واقعٌ فعليٌّ. ومن ثَمَّ، فهو يشير، بالأحرى، إلى الجانبين الحاضر والمستقبلي من خلاصنا. ويمثل هذا كلًّا من اليقين في عمل الله المستمر في حياة المؤمن، والثقة في خلاص تام ونهائي في المستقبل. تحدَّث بولس عن خوذة الخلاص أيضًا في ١تسالونيكي ٥: ٨-٩ (راجع إشعياء ٥٩: ١٧).

**سيف الروح:** كَتَبَ بولس أيضًا عن «سيف الروح» (أفسس ٦: ١٧). وتشير الكلمة اليونانية (*machaira*) التي استُخدِمت هنا إلى خنجر يتراوح طوله بين ١٥ و٤٥ سنتيمترًا؛ وكان يُحمَل في غِمْدٍ على جانب الجندي، ويمكن استخدامه في الاشتباك المباشر، سواء للدفاع أو للهجوم.

ومن ثمَّ، ليس سيف الروح سيفًا عريضًا (في اليونانية *rhomphaia*، انظر رؤيا ١: ١٦؛ ٢: ١٢، ١٦؛ ١٩: ١٥، ٢١) يضرب به المرء هنا وهناك، آملًا أن يسبِّب بعض الضرر. لكنه سيف قاطع وحاد، لا بد أن يصوَّب نحو بقعة مكشوفة، وغير منيعة، وإلا لن يكون فعالًا. وفي موضع آخر في الكتاب المقدس، وُصِفت كلمة الله أيضًا بهذه الكلمة اليونانية نفسها (انظر عبرانيين ٤: ١٢).

يُثبِت سلاح الله الكامل (في اليونانية *panoplia*) فاعليته ضد مكائد الشيطان. وهو ليس سلاحًا اختياريًا، بل لازمًا. كذلك، هو ليس سلاحًا جزئيًّا، بل كاملًا. كما أن وصية حمله غير قابلة للتفاوض، لكنها أمرٌ لا بد من تنفيذه. فبهذا السلاح، يصير المؤمن قويًّا (أفسس ٦: ١٠)، ويتمكَّن من الثبات (أفسس ٦: ١١، ١٣-١٤).

**ترسانة الصلاة:** يمكن تصنيف القطع الستة جميعها من السلاح الروحي التي تحدثنا عنها أعلاه بأنها أسلحة دفاعية في المقام الأول. لكن، بعد ذلك، انتقل بولس إلى الحديث عن المورد الهجومي الأشد فاعلية المتاح لدينا، ألا وهو الصلاة (أفسس ٦ : ١٨)، محدِّدًا ست خصائص لها:

١. «كُلَّ وَقْتٍ»، وهو ما يعبِّر عن التكرار وطول المدة.

٢. «فِي الرُّوحِ»، وهو ما يشير إلى خضوع المرء لمشيئة روح الله.

٣. «بِكُلِّ صَلَاةٍ وَطِلْبَةٍ»، وهو ما يعرض الأنواع المختلفة من الصلوات.

٤. «سَاهِرِينَ»، وهو ما يتطلَّب التركيز الدائم على الوضع الحالي.

٥. «بِكُلِّ مُواظَبَةٍ»، وهو أمر ضروري في كلٍّ من الأوقات الإيجابية والسلبية.

٦. «جَمِيعِ الْقِدِّيسِينَ»، أي إن صلاة المرء يمكن أن تكون لأجل نفسه، وكذلك لأجل المؤمنين الآخرين.

وتمثِّل قوة الصلاة أكثر الأسلحة فاعلية في السلاح الروحي للمؤمن. وينبغي استخدام هذا السلاح بحسب تعليمات بولس.

## • إمدادات الله

يُذكِّر العهد الجديد القارئ مرارًا بأن الله قد دبَّر العديد من الوسائل التي يمكن للمؤمن أن ينتصر بها على الشيطان في هذه الحياة. وتركِّز الإمدادات العشرة التالية على أهم الحقائق الموجودة في الكتاب المقدس لأجل هذا الغرض، وأكثرها تشجيعًا.

**نصرة المخلِّص في الجلجثة:** فقد طُرِح رئيسُ هذا العالم خارجًا (يوحنا ١٢ : ٣١)، والمسيح أبادَ بموته ذَاكَ الَّذِي لَهُ سُلْطَانُ الْمَوْتِ، أَيْ إِبْلِيسَ (عبرانيين ٢ : ١٤). كذلك، غَلَبَ المؤمنون المشتكي على الإخوة بدم الخروف (رؤيا ١٢ : ١١).

**وَعْدُ الْغَالِبِ:** المؤمنون سيغلبون الشرير ونظامه العالمي في النهاية (١يوحنا ٢ : ١٣؛ ٥ : ٤-٥).

**صلاة المسيح الشفاعية:** صلَّى يسوع في العِلِّيَّةِ، في أثناء قيامه بدوره بصفته رئيس الكهنة، كي يحفظ الآب المؤمنين من الشرير (يوحنا ١٧ : ١٥، ٢٠؛ انظر ١٠ : ٢٨-٢٩).

**حماية المسيح:** جميع المؤمنين الحقيقيين يحميهم المسيح، حتى لا يتمكَّن الشرير من المساس بهم، أو التسبُّب لهم في ضرر أبدي (١يوحنا ٥ : ١٨).

**قوة الروح القدس الساكن في المؤمن:** يغلب المؤمنون الشيطان لأن قوة الروح القدس التي فيهم أعظم من قوة إبليس الواقعة خارجهم (١يوحنا ٤ : ٤).

**الدراية بمخططات الشيطان**: سبق الله فحذَّر المؤمنين في الكتاب المقدس من مكائد الشيطان الشريرة، حتى يصيروا على أُهبة الاستعداد حين تندلع المعركة الروحية (٢كورنثوس ٢: ١١؛ ١بطرس ٥: ٨).

**صلاة المؤمن**: حثَّ نموذج الصلاة الذي قدَّمه المسيح المؤمنين على أن يصلُّوا قائلين: «نَجِّنَا مِنَ الشِّرِّيرِ» (متى ٦: ١٣). كذلك، أوصى بولس المؤمنين بأن يُصَلُّوا كلَّ حين من أجل الانتصار على قوى الشر الروحية (أفسس ٦: ١٢، ١٨).

**التعليمات الكتابية لأجل هزيمة الشيطان**: وهي، أولًا، اخْضَعُوا لِلهِ (يعقوب ٤: ٧أ)، واقْتَرِبُوا إِلَيه عالِمين أنه هو أيضًا سوف يَقْتَرِبَ إِلَيْكُمْ (يعقوب ٤: ٨)؛ وثانيًا، قَاوِمُوا إِبْلِيسَ فَيَهْرُبَ مِنْكُمْ (يعقوب ٤: ٧ب؛ ١بطرس ٥: ٩).

**الرعاة الذين يشدِّدون الكنيسة ويشجعونها**: على رعاة الكنائس أن يثبِّتوا رعية الله، ويعظوهم في الإيمان (١تسالونيكي ٣: ٢)، حتى يفشل المجرِّب في أن يجرِّبهم (١تسالونيكي ٣: ٥).

**الثقة في أن المسيح قد أحرز النصرَ النهائي**: في نهاية الملك الألفي للمسيح على الأرض، سيُطرَح الشيطان في بحيرة النار كي يُعذَّب إلى الأبد (رؤيا ٢٠: ١٠).

## ⬅ دينونات الشيطان

منذ ما بعد وصف الله لخليقته بأنها «حسنة جدًا» (تكوين ١: ٣١) بوقت قصير، وحتى الوقت الذي يسبق مباشرة الأبدية المستقبلية في السماء الجديدة والأرض الجديدة (رؤيا ٢٠: ١٠)، ظلَّ الله يُوَقِعُ، بل وسوف يُوَقِعُ أيضًا، العديد من الدينونات على الشيطان المتمرِّد. وستكون دينونته الأخيرة تامة ونهائية. فقد أوجز لنا الله، المُخْبِرُ منذ البدء بالأخير (إشعياء ٤٦: ١٠)، التاريخ القضائي للشيطان في الكتاب المقدس.

### • الدينونة الأولى للشيطان

لم يُخلَق الشيطان في الأصل ذلك الشرير الذي اختارَ أن يصير عليه في النهاية. متى إذن حدث أول تمرد من إبليس على سَيِّدِهِ القدوس؟ لم يسجِّل تكوين ١-٣ هذه الحادثة، لكنه يفترض ضمنًا وقوعها بالفعل. فبعدما قال الله بأن خليقته «حسنة جدًا» (تكوين ١: ٣١)، يخبرنا تكوين ٣ عن مخلوقٍ مضلٍّ، عَزَمَ على خداع أول كائنين بشريين، حتى يخدما مقاصده، لا مقاصد الله.

ليس لدينا نص واضح ومباشر في الكتاب المقدس يسجِّل أحداث هذه الخيانة التي وقعت في السماء، لكن تُلَمِّحُ مقاطع عديدة إليها. أولًا، يتحدث رؤيا ١٢: ٣-٤ عن التنين الأحمر، ذلك المضِلّ القديم، الذي شملت جهوده العالَمَ أجمع (رؤيا ١٢: ٩)، وضَمَّ إليه ثلث جند السماء في تمرد روحي على الله، كي يصيروا بهذا ملائكة غير قديسين، أو أرواحًا شريرة (شياطين). لم يَحْدُثِ انشقاقٌ آخر للملائكة بعد هذا الانشقاق، ولن يَحْدُثَ. كذلك، لا فداء لأي من هذه الأرواح الشريرة.

يُعيدنا هذا التصريح المختصر الذي جاء في سفر الرؤيا إلى حزقيال ٢٨ : ١١-١٩، الذي يخاطِبُ ملك صور القديم، ويخاطِبُ أيضًا التأثير الشيطاني على حُكمه. في هذا النص يصعب التمييز بوضوح بين الاثنين (ملك صور، والتأثير الشيطاني عليه)، لكن من الواضح جدًا أن النص يشير إلى كليهما معًا.[٢٣] ويمكننا أن نستخلص من هذا عددًا من الحقائق عن الشيطان:

١. الشيطان كائن مخلوق (٢٨ : ١٣)

٢. خُلِقَ الشيطان ملاكًا بارًّا (٢٨ : ١٣-١٤)

٣. اختار الشيطان طريق الإثم (٢٨ : ١٥)

٤. نتيجة ذلك، أقال الله الشيطان من وظيفته بطريقة مهينة، وتم تسريحه من أداء المزيد من الخدمات السماوية المقدَّسة نيابة عن خالقه (٢٨ : ١٦).

وفي حين يشير إشعياء ١٤ : ٤-٢١ إلى مَلك بابل الذي كان سيأتي في المستقبل، يبدو لنا أنه يُلَمِّحُ إلى الشيطان، مثل نص سفر حزقيال. يبدو الأمر هنا أشبه بحديث المسيح عن بطرس والشيطان في الجملة نفسها (متى ١٦ : ٢٣). أوقع الله دينونته على الشيطان بناء على الأفعال الخمسة التي تبجَّح بها (إشعياء ١٤ : ١٣-١٤)، والتي تبرهن على كبريائه البغيضة. بطريقة مماثلة، يحذِّر بولس قادة الكنائس من خطية الشيطان الأولى (اتيموثاوس ٣ : ٦-٧). ومع أن الشيطان وثلث الملائكة قد استُبعِدوا من أداء الدور المشرِّف المتعلِّق بخدمة الله في السماء، لكنهم لم يُمنعوا منعًا باتًّا من الدخول إلى محضر الله (راجع أيوب ١ : ٦؛ ٢ : ١).

## • دينونة الشيطان في جنة عدن

هل كانت حواء تتحدَّث في تكوين ٣ : ١-٥ إلى حية حقيقية أم إلى الشيطان؟ يقدِّم التحليل المختصر في الجدول ٨.٢ أدناه بعض البراهين. أشار العهد الجديد أيضًا (٢كورنثوس ١١ : ٣؛ رؤيا ١٢ : ٩؛ ٢٠ : ٢) إلى ارتباط الحية بالشيطان. ومن خلال التحليل الذي يقدِّمه الجدول التالي، يتبيَّن أن الحية كانت مقصودة في بعض الأحيان، بينما كان الشيطان هو المقصود في أحيان أخرى.

---

٢٣ للاطلاع على دراسة أكثر تفصيلًا عن الشيطان في نص إشعياء ١٤: ٤-٢١، ولا سيما ١٤: ١٢-١٤، وفي نص حزقيال ٢٨: ١-١٩، ولا سيما ٢٨: ١١-١٩، يمكن الاستعانة بالمصدر التالي:

Dickason, *Angels: Elect and Evil*, 127–35.

الشيطان ٨٣٧

**الجدول ٨.٢: حية أم الشيطان؟**

| تكوين | التعليق | الهوية المقصودة |
|---|---|---|
| ٣: ١ | قُورِنت الحية بحيوانات البرية | الحية |
| ٣: ١ | لا تستطيع الحَيّات بالطبيعة أن تتكلَّم، أو أن تعرف أمورًا عن الله | الشيطان |
| ٣: ٢ | لا تخوض الحيَّات عادةً في أحاديث مع البشر | الشيطان |
| ٣: ٤ | الحيَّات لا يمكنها بالطبيعة أن تفكِّر عقلانيًّا | الشيطان |
| ٣: ١٣ | الحيَّات بالطبيعة لا تخدع البشر بالكلام | الشيطان |
| ٣: ١٤ | الشيطان لا يزحف على بطنه | الحية |
| ٣: ١٥ | يصعب تحديد هُوية المخاطَب هنا | الحية/الشيطان |

يبدو أن هذه الشخصية كانت مخلوقًا دخله الشيطان، وهو ما يشبه وصف الكتاب المقدس لدخول الشيطان في يهوذا في لوقا ٢٢: ٣، ويوحنا ١٣: ٢٧. فقطعًا، كان من الممكن حدوث هذه الظاهرة أيضًا مع الحية. ومن السليم، كتابيًّا، أن نقول بأن الكائنات غير العاقلة يمكن أن تتكلم حين تمدُّها قوة فائقة للطبيعة بالقدرة على ذلك. ويُعدُّ حمارُ بلعام (العدد ٢٢: ٢٨-٣٠؛ ٢بطرس ٢: ١٦) دليلًا كتابيًّا دامغًا يؤكِّد صحة هذه الظاهرة تاريخيًّا. يبدو أنه لا شك في أن هذا الحدث تضمَّن حيَّة حقيقية، وكذلك، لا شك في أن الشيطان كان متورِّطًا بشكل مباشر في الحدث.

هل لَعَنَ اللهُ، إذن، الكائنَ الذي دخل في الحيَّة، أم الكائن المسكون، أم كليهما؟ يَصعب هنا تحديدُ الجواب. فمن غير المنطقي أن يُعفَى الشيطان من اللعنة، بما أنه كان هو المحرِّض. ومن ثَمَّ، يبدو أن الاستنتاج الأفضل هو أن الله كان يخاطب كلًّا من الحية والشيطان.

فبعدما لعن الله الكائن المادي، التفت إلى الكائن الروحي، أي الشيطان، ولعنه أيضًا.[٢٤] وكانت رسالة الله بمثابة «إنجيلٌ أولٌ» (*protoevangelium*)، تنبأ عن الصراع الذي بدأ في الجنة، وعن نتائجه بين «نَسْلِكِ» – أي الشيطان وغير المؤمنين، المدعوِّين أولاد إبليس في يوحنا ٨: ٤٤ – و«نَسْلِهَا»–

٢٤ هذه الفقرة مقتبَسة بتصرُّف من المصدر التالي:
جون ماك آرثر، تفسير الكتاب المقدس، الطبعة الأولى (منصورية المتن – لبنان: دار منهل الحياة، ٢٠١٢)، ٦٣.

أي المسيح، نسل حواء، ومَن هم فيه. وفي وسط نص اللعنة، سطعت رسالة رجاء تقول إن نسل المرأة المدعو «هو» في صيغة المفرد هو المسيح، الذي يومًا ما سيقهر الحية. لن يتمكن الشيطان سوى من «سحق» عقب المسيح (أي التسبُّب له في ألم)، بينما سيسحق المسيح رأس الشيطان (أي سيقضي عليه بضربة قاضية). ولهذا شجَّع بولس مؤمني رومية، في نصٍّ يُعِيدُ إلى ذاكرتنا بقوة ما حدث في تكوين ٣، قائلًا إن «إِلَهُ السَّلَامِ سَيَسْحَقُ الشَّيْطَانَ تَحْتَ أَرْجُلِكُمْ سَرِيعًا» (رومية ١٦: ٢٠؛ راجع يوحنا ١٦: ١١). يستبق هذا الإنجيلُ الأَوَّلُ في تكوين ٣: ١٥، نُصرةَ المسيح الفدائية بالصليب على الشيطان وملائكته.

- ## دينونة الشيطان في الجلجثة

أدلى المسيح، في أثناء خدمته، بتصريحات، عن هزيمة الشيطان، ودينونته، صدَّقت على صرخته الانتصارية وهو على الصليب: «قَدْ أُكْمِلَ» (يوحنا ١٢: ٣١؛ ١٦: ١١؛ ١٩: ٣٠). شَهِدَ سلطانُ المسيح على الأرواح الشريرة لسيادته على الشيطان (متى ١٢: ٢٢-٢٩). كما عَكَسَ سلطان المسيح، الذي فوَّضه للتلاميذ، هزيمة الشيطان الروحية (متى ١٠: ١؛ مرقس ٣: ١٣-١٥؛ لوقا ٩: ١). إن تصريحات العهد الجديد عن الخلاص الذي اشتراه موت المسيح، ذلك الخلاص القادر أن يعتق المؤمنين وينقلهم من سلطان الشيطان إلى الله، أكَّدت مجدَّدًا فشل الشيطان (أعمال الرسل ٢٦: ١٨؛ كولوسي ١: ١٣؛ ٢: ١٥). فقد جاء المسيح ليهدِم أعمال إبليس (١يوحنا ٣: ٨). ونرى في ذهول التلاميذ من سلطانهم على الأرواح الشريرة عيِّنةً من المتوقَّع حدوثه (لوقا ١٠: ١٧)، فأجابهم المسيح: «رَأَيْتُ الشَّيْطَانَ سَاقِطًا مِثْلَ الْبَرْقِ مِنَ السَّمَاءِ»، وكان يَقْصِدُ بذلك أن قوة إبليس كانت قد اضمحلَّت بالفعل، كما يتبرهن مِن انتصارهم الأرضي على الأرواح الشريرة (لوقا ١٠: ١٨). بموت المسيح على الصليب، أباد ذاك الذي له سلطان الموت، أي إبليس (عبرانيين ٢: ١٤).

سيظلُّ الصليب دومًا هو محور إدانة الشيطان. ففي حين سيبقى الشيطان على الأرض بعد الجلجثة لزمان طويل، لكن المخلِّص قد أحبط بالفعل محاولاته للقضاء روحيًّا على الجنس البشري بأكمله (على سبيل المثال، عن طريق إغواء المسيح بِتَجَنُّبِ الصليب، متى ١٦: ٢١-٢٣)، وصار لنا في المسيح علاج فدائيٌّ.

- ## دينونة الشيطان في الضيقة

يُسجِّل رؤيا ١٢: ٧-١٣ حدث الطرد الفعلي والنهائي للشيطان وملائكته من محضر الله في السماء، إذ سيتعرضون للهزيمة في السماء، ولن يوجد لهم مكان بعد هناك (رؤيا ١٢: ٨-٩). سيقع ذلك الحدث في منتصف الأسبوع السبعين الذي تنبأ عنه دانيال، أو بعد ثلاث سنوات ونصف من بداية أسبوع السنين الأخير. ومنذ هذه اللحظة فصاعدًا، لن يصير بإمكان الشيطان أن يشتكي على المؤمنين أمام الله بالخطايا (رؤيا ١٢: ١٢؛ راجع إشعياء ٢٤: ٢١).

- ## دينونة الشيطان في المُلك الألفي

حين يأتي المسيح ليتسلَّم ملكوته على الأرض (رؤيا ١٩: ١١-٢١)، سيُقيَّد الشيطان، ويُغلَق عليه لمدة ألف سنة في الهاوية (رؤيا ٢٠: ١-٣). وطوال هذه الألف سنة، ستخلو الأرض من تجوال الشيطان (انظر ١بطرس ٥: ٨)، وسيملك المسيح دون أيِّ تدخُّل من «رَئِيسُ هَذَا الْعَالَمِ» (يوحنا ١٢: ٣١). ويمكننا

افتراض أن جميع الأرواح الشريرة سيُغلَق عليها أيضًا مع الشيطان في أثناء هذه الفترة، مع أن الكتاب المقدس لا يقول ذلك صراحةً (إشعياء ٢٤: ٢١-٢٢).

- ● الدينونة الأبدية للشيطان

في النهاية، سينضم الشيطان (متى ٢٥: ٤١؛ رؤيا ٢٠: ١٠) وملائكته الأشرار (متى ٢٥: ٤١؛ ٢بطرس ٢: ٤؛ يهوذا ٦) إلى ضد المسيح والنبي الكذاب في بحيرة النار، التي كانا قد طُرحا فيها بالفعل في بداية الألف سنة (رؤيا ١٩: ٢٠). ففي متى ٨: ٢٩ (راجع لوقا ٨: ٣١)، حين سألت الأرواح الشريرة يسوع قائلة: «أَجِئْتَ إِلَى هُنَا قَبْلَ الْوَقْتِ لِتُعَذِّبَنَا؟» كانت تقصد على الأرجح وقت الدينونة الأبدية. ثم بعد ذلك بفترة وجيزة، سينضم إليهم أيضًا غير المؤمنين كلُّهم من جميع العصور، بعد دينونة العرش الأبيض العظيم (متى ٢٥: ٤١؛ مرقس ٩: ٤٨؛ رؤيا ٢٠: ١٤-١٥).

# الشياطين (الأرواح الشريرة)

← حقيقة وجود الشياطين
← طبيعة الشياطين
← تاريخ الشياطين
← قوة الشياطين
← الشياطين ودورهم كخدام
← أسلحة المؤمن الدفاعية
← سكنى الشياطين في البشر
← دينونات الشياطين

# ← حقيقة وجود الشياطين

تتأكَّد حقيقة وجود الشياطين أو الأرواح الشريرة من إشارات الكتاب المقدس المتعددة إليهم (أكثر من مئة مرة). وإذ يمثِّل الكتاب المقدس للمؤمنين الشهادة الوحيدة التي لا يجوز الطعن فيها لوجود الأرواح الشريرة، يمكن إذن للمؤمنين أن يثقوا بالحق الذي يقدِّمه. فإن كاتب الكتاب المقدس، الذي هو الله القادر على كل شيء، كان وسيظل دائمًا صادقًا (مزمور ١٢: ٦؛ ١١٩: ١٦٠)، وجديرًا بالثقة (أمثال ٣٠: ٥؛ ٢تيموثاوس ٣: ١٤-١٧).

- ● بعض الحقائق الأساسية

لـم ترد الألفاظ، مثل: «روح شرير»، و«روح»، و«روح نجس» في العهد القديم كثيرًا مقارنةً بالعهد الجديد. وردت هذه الكلمات ستة عشر مرة في كلِّ العهد القديم: ست مرات منها في سفر صموئيل الأول، وأربع مرات في سفر إشعياء، وثلاث مرات في سفر المزامير، ومرة واحدة في سفر التثنية، ومرة واحدة في سفر القضاة، ومرة واحدة في سفر زكريا. يبلغ هذا نسبة ١٣٪ من مجموع المرات المئة وعشرين التي جاءت فيها هذه الكلمات في كلِّ الكتاب المقدس.

أما المئة وأربع مرات الأخرى، أو نسبة ٨٧٪ من مجموع المرات، فقد وردت في العهد الجديد. تظهر الأرواح الشريرة في الأناجيل الأربعة كلِّها، التي استخدَمت الكلمات العامة، مثل: «شيطان»، و«روح»، و«روح شرير»، و«روح نجس»، وروح مُضِل» ٨٣ مرة، أكثرها كان في إنجيل لوقا. وتأتي هذه الكلمات تسع مرات في سفر أعمال الرسل، وسبع مرات في الرسائل، وخمس مرات في سفر الرؤيا.

ويُظهِر التعليم الكتابي العام عن الشياطين أو الأرواح الشريرة رغبةَ اللهِ في تجنُّب كل ما هو غريب ومنافٍ للعقل. فهو لا يحوي أيًّا من الأفكار المبالَغ فيها أو الدراماتيكية الموجودة في غالبية الكتابات الأخرى خارج الكتاب المقدس.

## • خصائص أساسية

يُظهِر الشياطين أو الأرواح الشريرة الخصائص الثلاث الرئيسية للهوية الشخصية العاقلة. فقُدرتهم على تعرُّف يسوع، وطبيعة أحاديثهم معه (لوقا ٨: ٢٦-٣٩)، علاوة على قدرتهم على معرفة الحق عن المسيح (يعقوب ٢: ١٩)، وقدرتهم على ابتداع تعاليم كاذبة (١تيموثاوس ٤: ١) تُظهِر ذكاءهم. كذلك يتبيَّن أن الشياطين أو الأرواح الشريرة لديهم مشاعر حين يَقْشَعِرُّون لدى تفكيرهم في المسيح (يعقوب ٢: ١٩)، أو عند خوفهم ممَّا قد يفعله المسيح بهم (متى ٨: ٢٩؛ مرقس ١: ٢٤؛ ٥: ٧). وحين طَلَبَتِ الشياطينُ من المسيح قائلة: «إِنْ كُنْتَ تُخْرِجُنَا، فَأْذَنْ لَنَا أَنْ نَذْهَبَ إِلَى قَطِيعِ الْخَنَازِيرِ»، كانوا بهذا يمارسون إرادتهم (متى ٨: ٣١).

تكمِّل أربع خصائص شخصية أخرى ملامح هذه الصورة الأساسية التي تصف «الأرواح النجسة». أولًا، هم **ملائكة** مخلوقون من حيث كونهم ملائكة الشيطان (متى ٢٥: ٤١؛ رؤيا ١٢: ٩). وبما أن المسيح خَلَقَ كلَّ شيء (كولوسي ١: ١٦)، فالشياطين إذن ملائكة **مخلوقون** (نحميا ٩: ٦؛ أيوب ١: ٦؛ ٢: ١؛ ٣٨: ٤-٧).

ثانيًا، **هم كائنات روحية**. يَصِفُهم العهد القديم بأنهم روح (قضاة ٩: ٢٣؛ ١صموئيل ١٦: ١٤-١٦، ٢٣؛ ١٨: ١٠؛ ١٩: ٩)؛ وكذلك يَصِفُهم العهد الجديد بأنهم «أرواح» (متى ٨: ١٦)، و«أرواح شريرة» (لوقا ٧: ٢١)، و«أرواح نجسة» (متى ١٠: ١).

ثالثًا، يُوصَف الشياطين، بحسب الكتاب المقدس، بأنهم **قادرون على الحركة**. فكما يجول الشيطان في الأرض (١بطرس ٥: ٨)، يمكننا توقُّع مرافقة الشياطين له. كما أنه يمكن أن يسكنوا داخل البشر، ويُطرَدوا من داخلهم، ويعودوا لاحقًا في بعض الأحيان (متى ١٢: ٤٣-٤٥). كما يمكن للشياطين أن يزوروا السماء، التي سوف يُطرَدون منها لاحقًا (رؤيا ١٢: ٤، ٩). وهم أيضًا ينفِّذون إرادة الشيطان على الأرض (مرقس ١: ٣٤).

أخيرًا، سيُحَمِّل الله الشياطينَ **مسؤولية أدبية** عن أعمالهم الشريرة. فهم سيُدانون في أثناء التاريخ الأرضي (٢بطرس ٢: ٤؛ يهوذا ٦)، وفي نهاية الزمان أيضًا (متى ٢٥: ٤١؛ رؤيا ٢٠: ١٠).

- **تبايُنات أساسية**

تتناقض عقيدة الشياطين تناقضًا صارخًا مع عقيدة الروح القدس. يَذكر الجدول ٨. ٣ بعضًا من أبرز هذه التبايُنات

**الجدول ٨. ٣: تبايُنات بين الشياطين والروح القدس**

| الشياطين | الروح القدس |
|---|---|
| نجسة | قدوس |
| شريرة | بار |
| مُضِلة وخادعة | صادق |
| قوية | الأقوى على الإطلاق |
| فانية | أبدي |
| مخلوقة | الخالق |
| زائفة وكاذبة | أصيل وحقيقي |
| يَقْمَعون | يُريح، ويسنِد |
| يَستعبدون | يَعتق |
| هدَّامة | بنَّاء |
| أعداء | صَديق |
| كَذابون | صادق |
| مخادعون | صادق وأمين |

## ⬅ طبيعة الشياطين

سيمدُّنا الاستطلاع التالي للأسماء والألقاب التي تصف الشياطين في العهد القديم والعهد الجديد بفهم عام لطبيعتهم وشكلهم، ولهوية الذي يدينون له بولائهم، ولكيفية خدمتهم للشيطان، وسبب ذلك.

يحتوي العهد الجديد على قدر وافر من المعلومات عن «الأرواح الشريرة». وقد تحدَّثَتِ الأناجيل وسفر الرؤيا كثيرًا عن الشياطين سواء في أثناء حياة المسيح، أو في نهاية الزمان، في حين يكتفي العهد القديم بالتلميح إلى وجود الشياطين. غير أن العهدين معًا يُقدِّمان لنا كلَّ ما أراد الله للمؤمنين أن يعرفوه عن هؤلاء المبعوثين الأشرار للشيطان، الذين يوسِّعون من نطاق قوَّته ومجال نفوذه، إذ هو، بخلاف الله، ليس كلي الوجود.

- العهد القديم

١. **شياطين [demons]**: استخدَمت الترجمة اليونانية للعهد القديم (الترجمة السبعينية) الكلمة ذاتها – *daimonion* – التي استخدمها العهد الجديد للإشارة إلى الشياطين ثماني مرات ترجمةً لعدة كلمات عبرية مختلفة، وذلك لأن اللغة العبرية ليست لديها كلمة واحدة موحَّدة تشير بها إلى الشياطين. وقد تنوَّعت الترجمات الإنجليزية لهذه الكلمات، لكنها دائمًا تشير إلى نشاطٍ ما للشيطان، أو إلى العبادة الوثنية، التي توصَف عادة بأنها زِنى روحي (إرميا ٣: ٨-١٠؛ حزقيال ١٦: ٢٣-٤٣؛ ٢٣: ٢٢-٣٠؛ راجع رؤيا ١٧: ١-٥)، يدينه العهد القديم بصرامة، وينهى عنه (لاويين ١٧: ٧؛ ٢٠: ٢٧؛ تثنية ١٨: ١٠-١٢). من بين هذه الترجمات المختلفة: «أوثان» (تثنية ٣٢: ١٧؛ مزمور ١٠٦: ٣٧)؛[٢٥] و«يبخِّر» (إشعياء ٦٥: ٣)؛[٢٦] و«هلاك» (مزمور ٩١: ٦؛ راجع اللقبَيْن «أبدون»، و«أبوليون»، رؤيا ٩: ١١)؛ و«السَّعد الأكبر» [fortune] (إشعياء ٦٥: ١١؛[٢٧] راجع «كَأْسَ شَيَاطِينَ»، و«مَائِدَةِ شَيَاطِينَ»؛ ١كورنثوس ١٠: ٢١)؛ و«أَصْنَامٌ» (مزمور ٩٦: ٥)؛ و« مَعْزُ الْوَحْشِ» (إشعياء ١٣: ٢١؛ ٣٤: ١٤).

٢. **روح رديء أو روح شرير** (قضاة ٩: ٢٣؛ ١صموئيل ١٦: ١٤-١٦، ٢٣؛ ١٨: ١٠؛ ١٩: ٩): هذا هو أيضًا اللقب الوصفي الرئيسي المستخدَم للإشارة إلى الشياطين في العهد الجديد، والذي يشدِّد على طبيعتهم الشريرة.

٣. **روح كذب** (١ملوك ٢٢: ٢٢-٢٣؛ ٢أخبار الأيام ١٨: ٢٢): أَرْسَلَ «روح الكذب» (الشيطان؛ راجع لقب «أبو الكذَّاب»، يوحنا ٨: ٤٤) أربعمئة من الأرواح الكاذبة (شياطين) لينقلوا رسالة كاذبة إلى أنبياء الملك أخآب الأربعمئة. فالأمر الذي لم

---

٢٥ [المترجم]: جاءت كلمة «أوثان» في الترجمات الإنجليزية «شياطين» (demons) بحسب الأصل العبري שֵׁד (shed)، الذي معناه شيطان.

٢٦ [المترجم]: جاءت كلمة «يبخِّر» في الترجمة السبعينية: «يبخِّر للشياطين» [burning incense to the demons]. لكن النص العبري الأصلي لا يحتوي على كلمة مكافئة لكلمة «الشياطين»، بل فقط «وَيُبَخِّرُ عَلَى الآجُرِّ»، أي على الطوب اللبن. ويبدو أن الكلمة موجودة في النص اليوناني للترجمة السبعينية كإضافة لتوضيح المعنى.

٢٧ [المترجم]: جاء تعبير «السَّعد الأكبر» في الترجمة السبعينية: «ورتِّبوا للشيطان مائدة» [prepare a table for the demon].

يتمكن الشيطان من فعله كله في آن واحد، لأنه ليس كلي الوجود، أمكنه فعله من خلال إرسال أربعمئة من الشياطين للتأثير على الأنبياء الكذبة الأربعمئة.

٤. **رَئِيسُ الْيُونَانِ، رَئِيسَ فَارِسَ** (دانيال ١٠: ١٣، ٢٠): هذه إشارة موجَزة إلى معركة روحية سماوية من نوعٍ ما دارت بين ميخائيل، رئيس الملائكة القديسين، والرؤساء من الشياطين لبلاد فارس واليونان (دانيال ١٠: ٢١؛ ١١: ٢؛ يهوذا ٩؛ رؤيا ١٢: ٧). ويشير سياق هذا النص إلى تسليم فارس حُكم العالم إلى اليونان في المستقبل (دانيال ٨: ١-٨، ٢٠-٢٢). نستطيع أن نستنتج، إذن، أنه على ما يبدو كان هناك واحد من الشياطين يتولّى مهمة دعم السلطة الحاكمة للعالم، وتأييدها في قتالها مع ميخائيل المُدافِع عن إسرائيل (دانيال ١٠: ٢١؛ ١٢: ١). لا يسعنا فهم أو استنتاج شيء أكثر من هذا من هذه الآيات القليلة. فما من سند كتابي يؤيِّد ذلك التعليم الخاطئ بتَوَلِّي الشياطين في العصر الحالي السلطة على مناطق جغرافية في كلِّ أنحاء العالم.

٥. **الرُّوحَ النَّجِسَ** (زكريا ١٣: ٢): استخدَمت الترجمة اليونانية للعهد القديم (الترجمة السبعينية) لفظ *akathartos* مرة واحدة فحسب، بينما استخدمه العهد الجديد كثيرًا للإشارة إلى الشياطين. ويبدو أن هذا اللفظ يتعلَّق بالقوة الروحية (الشياطين) الكامنة وراء الأنبياء الكذبة وعبدة الأوثان. ويبدو أن هذه هي الأرواح النجسة وأرواح الشياطين نفسها المشار إليها في رؤيا ١٦: ١٣-١٤.

٦. **مَلَائِكَةُ أَشْرَارٍ** (ملائكة مُهْلِكِين Destroying Angels) (مزمور ٧٨: ٤٩): من المحتمَل أن تكون عبارة «جَيْشَ مَلَائِكَةٍ أَشْرَارٍ» التي وردت في هذا النص إشارة إلى الشياطين. لكن، على الأرجح، كان كاتب المزمور هنا يجسِّد غضب الله بأسلوب شعري في صورة ملائكة أو مبعوثين.

- العهد الجديد

١. **شيطان أو شياطين** (في اليونانية *daimonion*، متى ٧: ٢٢-رؤيا ١٨: ٢): حتى الآن، تُعَد هذه التسمية هي اللقب الأكثر شيوعًا في العهد الجديد الذي يشير إلى الملائكة الساقطين، إذ ذُكِرَ ستًّا وثلاثين مرة. استُخدِمت بضعة أشكال أخرى للكلمة، لكنها دائمًا تشير مباشرةً إلى الشياطين (متى ٨: ٣١؛ يعقوب ٣: ١٥). وفي حين كان العهد القديم مبهمًا في بعض الأحيان في استخدامه لهذه الكلمة، كان العهد الجديد واضحًا دون لَبس، ومتَّسقًا في إشارته إلى كائنات روحية شريرة.

٢. **ملاك** (متى ٢٥: ٤١؛ ٢كورنثوس ١٢: ٧؛ ٢بطرس ٢: ٤؛ يهوذا ٦؛ رؤيا ١٢: ٧، ٩): في جميع النصوص الستة في العهد الجديد التي دعت الشياطين «ملائكة»، تُفهَم الكلمة بمعنى «رُسُل، أو مبعوثين» ذوي صلة بالشيطان وبالشر.

٣. **أَرْوَاحًا مُضِلَّةً** (١تيموثاوس ٤: ١): هذه الأرواح المضلة (في اليونانية *planos*) سوف تنشر تعاليم كاذبة أو تعاليم شياطين.

٤. **روح شرير أو أرواح شريرة** (متى ١٢: ٤٥؛ لوقا ٧: ٢١؛ ٨: ٢؛ ١١: ٢٦؛ أعمال الرسل ١٩: ١٢، ١٣، ١٥-١٦): هذا اللقب موازٍ للقب المكافئ له في العهد القديم. الشياطين يُحاكون طبيعة الشيطان الشريرة.

٥. **ضفادع** (رؤيا ١٦: ١٣): ظَهَر الشياطين في شبه ضفادع بينما كانوا خارجين من الإقليم الشيطاني للشيطان، وضد المسيح، والنبي الكذاب، في نهاية الأسبوع السبعين الذي تنبأ عنه دانيال. وفي هذا النص، دُعِي الشياطينُ أيضًا «أَرْوَاحٍ نَجِسَةٍ»، و«أَرْوَاحُ شَيَاطِينَ».

٦. **جُنْد الْعَلَاءِ أو جُنْد السَّمَاوَاتِ** (إشعياء ٢٤: ٢١؛ ٣٤: ٤): يمكن استخدام هذا اللفظ للتعبير سواء عن (١) الأجرام المادية في السماء (مزمور ٣٣: ٦؛ إشعياء ٤٠: ٢٦)؛ (٢) الملائكة القديسين (١ملوك ٢٢: ١٩؛ نحميا ٩: ٦؛ لوقا ٢: ١٣)؛ (٣) الملائكة الأشرار (تثنية ٤: ١٩؛ ١٧: ٢-٣؛ ٢ملوك ١٧: ١٦؛ ٢١: ٣، ٥؛ ٢٣: ٤-٥). لكن لأن إشعياء كَتَبَ أنَّ «الرَّبَّ يُطَالِبُ (أو «يعاقب») جُنْدَ الْعَلَاءِ فِي الْعَلَاءِ» (إشعياء ٢٤: ٢١)، و«يَفْنَى كُلُّ جُنْدِ السَّمَاوَاتِ» (٣٤: ٤)، لا يمكن إذن أن تكون هذه إشارة إلى الأَجْرَامِ السماوية المادية، أو إلى الملائكة القديسين، بل لا بد أن تكون إشارة إلى الشياطين، الذين هم القوة الكامنة وراء عبادة الأوثان والعبادة الزائفة.

٧. **جراد** (رؤيا ٩: ٣): في منتصف الأسبوع السبعين الذي تنبأ عنه دانيال، سيُطْلِقُ الشيطان («كَوْكَبًا ... مِنَ السَّمَاءِ») سراح مجموعة من الشياطين (يصوَّرون في هيئة جراد)، كانوا مسجونين في الهاوية منذ حادثة السقوط الأولى (رؤيا ١٢: ٤).

٨. **الرُّوحُ الأَخْرَسُ الأَصَمُّ** (مرقس ٩: ٢٥): وُصِف الشيطان الذي أخرجه يسوع بلا رجعة من صبي، بأنه «الرُّوحُ الأَخْرَسُ الأَصَمُّ»، وكذلك بأنه «الرُّوحَ النَّجِسَ».

٩. **روح أو أرواح** (متى ٨: ١٦؛ ١٢: ٤٥؛ مرقس ٩: ١٧، ٢٠؛ لوقا ٩: ٣٩؛ ١٠: ٢٠؛ ١١: ٢٦؛ أعمال الرسل ١٦: ١٦، ١٨؛ رؤيا ١٦: ١٤): هذه هي السمة الأساسية لجميع الملائكة، المختارين والأشرار على حدٍّ سواء.

١٠. **رُوحُ عِرَافَةٍ** (أعمال الرسل ١٦: ١٦): أَخْرَجَ بولس في الحال شيطانًا من عرَّافة في مدينة فيلبي.

١١. **نجم أو نجوم** (رؤيا ١٢: ٤): هذا اللفظ العام الذي يُطلق على جميع الملائكة، القديسين والأشرار على حدٍّ سواء، يُستخدَم هنا في سياق رؤيا ١٢ للإشارة إلى ثُلث جميع الملائكة الذين رفضوا الله، وانحازوا إلى الشيطان.

١٢. **روح نجس** (متى ١٠: ١ – رؤيا ١٨: ٢): وُصِف الشياطين ثلاثًا وعشرين مرة بأنهم نجسون أخلاقيًّا (في اليونانية *akathartos*)، الأمر الذي يجعلهم على النقيض من الملائكة القديسين.

## ← تاريخ الشياطين

### • الخلق

انظر عنوان «تاريخ الشيطان» (ص. ٨٠٨)

### • السقوط

انظر عنوان «تاريخ الشيطان» (ص. ٨٠٨)

### • الدينونات الوسطيَّة

انظر عنوان «تاريخ الشيطان» (ص. ٨٠٨)، وعنوان «دينونات الشيطان» (ص. ٨٣٥)، وعنوان «دينونات الشياطين» (ص. ٨٥٧).

### • من السقوط إلى الضيقة

**مواجهات خاصة:** إن إعلان الله في الكتاب المقدس هو مصدر المعلومات الأكثر جدارة بالثقة عن الشيطان والشياطين. ولم يُذكَر الكثير عن الشياطين في الكتاب المقدس خارج الأناجيل. وتسلِّط الملخَّصات في الجداول من ٨. ٤ إلى ٨. ٨ الضوء على روايات تاريخية واضحة تُظهِر تعامُلًا للبشر مع الشياطين أو الأرواح الشريرة.[٢٨]

**الجدول ٨. ٤: مواجهات مع شياطين في العهد القديم**

| المواجهة | نص العهد القديم |
|---|---|
| أبيمالك وأهل شكيم | قضاة ٩: ٢٣-٢٤، ٥٦-٥٧ |
| شاول | ١صموئيل ١٦: ١٤-٢٣ |
| شاول | ١صموئيل ١٨: ١٠ |
| شاول | ١صموئيل ١٩: ٩ |
| أنبياء أخآب | ١ملوك ٢٢: ٢٢-٢٣؛ ٢أخبار الأيام ١٨: ١٨-٢٢ |

٢٨ هذه الجداول مقتبَسة بتصرُّف من المصدر التالي، بتصريح من الناشر:
Richard Mayhue, *The Healing Promise: Is It Always God's Will to Heal?* (Fearn, Ross-shire, Scotland: Mentor, 2001), 144–45.

## الجدول ٨. ٥: مواجهات يسوع مع الشياطين في الأناجيل

| المواجهة | متى | مرقس | لوقا | يوحنا |
|---|---|---|---|---|
| كثيرون | ٤: ٢٤ | ١: ٣٩ | – | – |
| كثيرون | ٨: ١٦ | ١: ٢٩-٣٤ | ٤: ٣٨-٤١ | – |
| مجنون كورة الجدريين | ٨: ٢٨-٣٤ | ٥: ١-٢٠ | ٨: ٢٦-٣٩ | – |
| رجل أخرس | ٩: ٣٢-٣٤ | – | – | – |
| أعمى وأخرس | ١٢: ٢٢ | – | – | – |
| ابنة المرأة الأممية | ١٥: ٢١-٢٨ | ٧: ٢٤-٣٠ | – | – |
| غلام به صرع | ١٧: ١٤-٢١ | ٩: ١٤-٢٩ | ٩: ٣٧-٤٣ | – |
| رجل | – | ١: ٢٣-٢٨ | ٤: ٣٣-٣٧ | – |
| كثيرون | – | ٣: ١١ | – | – |
| مريم المجدلية | – | ١٦: ٩ | ٨: ٢ | – |
| كثيرون | – | – | ٦: ١٨ | – |
| كثيرون | – | – | ٧: ٢١ | – |
| رجل | – | – | ١١: ١٤ | – |
| امرأة | – | – | ١٣: ١٠-١٧ | – |
| كثيرون | – | – | ١٣: ٣٢ | – |

**الجدول ٨ . ٦: مواجهات آخرين مع الشياطين في الأناجيل**

| المواجهة | متى | مرقس | لوقا | يوحنا |
|---|---|---|---|---|
| الاثنا عشر | ١٠: ١، ٨ | ٦: ٧، ١٣ | ٩: ١ | - |
| الاثنا عشر | - | ٣: ١٥ | - | - |
| تلميذ مجهول الهوية | - | ٩: ٣٨ | ٩: ٤٩ | - |
| الاثنا عشر | - | ١٦: ١٧ | - | - |
| السَّبْعُونَ | - | - | ١٠: ١٧-٢٠ | - |

**الجدول ٨ . ٧: مواجهات مع الشياطين في سفر أعمال الرسل***

| المواجهة | سفر أعمال الرسل |
|---|---|
| كثيرون | ٥: ١٦ |
| كثيرون | ٨: ٧ |
| بولس والجارية | ١٦: ١٦-١٨ |
| بولس وكثيرون | ١٩: ١١-١٢ |
| أبناء سكاوا | ١٩: ١٣-١٧ |

* لم ندرج هنا حادثة حنانيا وسفيرة (أعمال الرسل ٥: ١-١١) لأن عبارة «لِمَاذَا مَلأَ الشَّيْطَانُ قَلْبَكَ» (٥: ٣) تشير إلى الشيطان نفسه بصفة خاصة، وليس إلى تعرُّض حنانيا وسفيرة لاجتياح من شياطين.

**الجدول ٨.٨: مواجهات مع الشياطين في الرسائل وسفر الرؤيا**

| المواجهة | الرسائل وسفر الرؤيا |
| --- | --- |
| لا توجد مواجهات خاصة.* | |

* حُذِفَ مثالُ زاني كورنثوس غير التائب، الذي نقرأ عنه في ١كورنثوس ٥: ١-١٣، للأسباب التالية: (١) لا يوجد دليل على تدخُّل شيطان في هذا الأمر، و(٢) ثمة احتمال كبير ألا يكون هذا الشخص مؤمنًا حقيقيًّا من الأساس (راجع عبارة «مَدْعُوٌّ أَخًا» (٥: ١١)، و«الْخَبِيثَ» (٥: ١٣، أو «الشرِّير» في بعض الترجمات الأخرى) كمؤشِّرات على ذلك).

**أوصاف عامة**: يمكننا الآن عرض ملاحظات عديدة بشأن الأنشطة الشيطانية في الأناجيل وسفر أعمال الرسل، وقد سردناها فيما يلي دون ترتيب معيَّن بحسب الأهمية.

١. اتُّهِم يوحنا المعمدان بأن به شيطانًا (متى ١١: ١٨؛ لوقا ٧: ٣٣).

٢. اتُّهِم يسوع بأن به شيطانًا (متى ٩: ٣٤؛ ١٢: ٢٤؛ مرقس ٣: ٢٢، ٣٠؛ لوقا ١١: ١٥؛ يوحنا ٧: ٢٠؛ ٨: ٤٨-٤٩؛ ١٠: ٢٠).

٣. ألقاب يسوع التي استخدمها الشياطين:
   أ. ابن الله (متى ٨: ٢٩؛ مرقس ٣: ١١؛ لوقا ٤: ٤١)
   ب. يسوع الناصري (مرقس ١: ٢٤؛ لوقا ٤: ٣٤)
   ج. قدوس الله (مرقس ١: ٢٤؛ لوقا ٤: ٣٤)
   د. يَسُوعُ ابْنَ اللهِ الْعَلِيِّ (مرقس ٥: ٧؛ لوقا ٨: ٢٨)

٤. لقب استخدمه الشياطين عن بولس وسيلا: «عَبِيدُ اللهِ الْعَلِيِّ» (أعمال الرسل ١٦: ١٧).

٥. آخرون، إلى جانب المسيح، أَخرجوا شياطين:
   أ. الاثنا عشر (متى ١٠: ١-٨؛ مرقس ٣: ١٤-١٥؛ ٦: ٧-١٣)
   ب. شخص مجهول الهوية (مرقس ٩: ٣٨؛ لوقا ٩: ٤٩-٥٠)
   ج. السَّبعون الذين أرسلهم يسوع (لوقا ١٠: ١٧-٢٠)
   د. بطرس والرسل (أعمال الرسل ٥: ١٦)
   ه. فيلبس (أعمال الرسل ٨: ٧)
   و. بولس (أعمال الرسل ١٦: ١٦-١٨؛ ١٩: ١١-١٢)

٦. البعض ادَّعوا كذبًا أنهم يخرجون شياطين
أ. أشخاص غير معروفين (متى ٧: ٢٢)
ب. أبناء سكاوا (أعمال الرسل ١٩: ١٣-١٦)

٧. أعراض جسمانية لسكنى شيطان في الإنسان
أ. عُنف (متى ٨: ٢٨؛ أعمال الرسل ١٩: ١٦)
ب. بُكم (متى ٩: ٣٢-٣٣؛ مرقس ٩: ١٧)
ج. صَرَع (متى ١٧: ١٥؛ مرقس ٩: ١٨، ٢٠)
د. صراخ (مرقس ١: ٢٣-٢٦؛ ٥: ٥)
ه. قوة خارقة (مرقس ٥: ٤)
و. مازوخية، أو التلذُّذ بتعذيب النفس (مرقس ٥: ٥)
ز. عُري (مرقس ٥: ١٥)
ح. إعاقة جسدية (لوقا ١٣: ١٠-١٣)
ط. عِرافة (أعمال الرسل ١٦: ١٦)

٨. مخاوف الشياطين
أ. أن يُهلِكهم يسوع (مرقس ١: ٢٤)
ب. أن يعذِّبهم يسوع قبل الوقت (متى ٨: ٢٩؛ مرقس ٥: ٧)
ج. أن يُرسِلهم يسوع إلى خارج الكورة (مرقس ٥: ١٠)
د. ألا يُسمَح لهم بالبقاء ساكنين في أجساد، حتى لو كانت أجساد خنازير (متى ٨: ٣١؛ مرقس ٥: ١٢)

٩. شياطين كثيرون في شخصٍ واحد
أ. كثيرون (مرقس ٥: ٩)
ب. ثمانية شياطين على الأقل (متى ١٢: ٤٥)
ج. سبعة شياطين في مريم المجدلية (لوقا ٨: ٢)

١٠. للشياطين أسماء (على سبيل المثال، «لجئون»، مرقس ٥: ٩)

١١. بعض الشياطين لا يخرجون إلا بعد الصلاة والصوم (مرقس ٩: ١٤-٢٩)

١٢. يمكن للشياطين العودة للسكنى في شخص بعد إخراجهم منه (متى ١٢: ٤٣-٤٥؛ لوقا ٨: ٢٩)

١٣. إخراج الشياطين أمر أقل أهمية من موت المسيح والخلاص (لوقا ١٠: ٢٠)

١٤. لا نجد سواء في الأناجيل، أو في سفر أعمال الرسل، أو في الرسائل أيَّ إشارة إلى ظهور مادي فعلي لشياطين.

- **الأسبوع السبعون لنبوة دانيال**

يحتوي سفر الرؤيا على ستة أوصاف للنشاط الشيطاني الذي سوف يحدث في النصف الثاني من الأسبوع السبعين الذي تنبأ عنه دانيال:

١. سيُطلَق سراح بعض الشياطين الذين كانوا مسجونين أصلًا في الهاوية (رؤيا ٩: ١-٣، ١١)
٢. في النهاية سيُطلَق سراح أربعة شياطين بعينهم كانوا مقيَّدين عند نهر الفرات (رؤيا ٩: ١٣-١٥)
٣. سَتَشْهَدُ عبادة الأوثان والسجود للشياطين رَوَاجًا (رؤيا ٩: ٢٠)
٤. سيُطرَد الشياطين من السماء بشكل نهائي (رؤيا ١٢: ٧-١٣)
٥. سيصنع الشياطين آيات كاذبة (رؤيا ١٦: ١٣-١٤)
٦. سيَسكن الشياطين في بابل (رؤيا ١٨: ٢).

- **الدينونات الأخيرة**

قطعًا، نستطيع افتراض أن الدينونات الثلاثة النهائية للشيطان سوف تشمل أيضًا جميع الشياطين. تشمل هذه الدينونات: (١) دينونة الضيقة (رؤيا ١٢: ٧-١٣)؛ (٢) دينونة المُلك الألفي (رؤيا ٢٠: ٧-٩)؛ (٣) الدينونة الأخيرة (إشعياء ٢٧: ١؛ رؤيا ٢٠: ١٠)، التي بمقتضاها سيُطرَح الشيطان وملائكته أبديًّا في بحيرة النار (متى ٢٥: ٤١؛ ٢بطرس ٢: ٤؛ يهوذا ٦؛ رؤيا ٢٠: ١٠، ١٤-١٥). انظر عنوان «دينونات الشيطان» (ص. ٨٣٥).

## ⬅ قوة الشياطين

يتمتع الشياطين بالقوة العظيمة التي يتمتع بها الملائكة (رومية ٨: ٣٨؛ ١كورنثوس ١٥: ٢٤)، التي هي أعظم من قوة البشر، لكنها أقل كثيرًا من قوة خالقهم. وهم يملكون القدرة على القيام بالأفعال التالية:

١. السكنى في البشر والحيوانات (مرقس ٥: ١-١٦)
٢. ابتلاء أجساد البشر (مرقس ٩: ١٧، ٢٢)
٣. إرهاب البشر (١صموئيل ١٦: ١٤-١٥؛ ١٨: ١٠؛ ١٩: ٩؛ أعمال الرسل ١٩: ١٣-١٦؛ ٢كورنثوس ١٢: ٧)
٤. إدخال عبادة زائفة (١كورنثوس ١٠: ٢٠-٢١)
٥. ترويج تعاليم كاذبة (١تيموثاوس ٤: ١)
٦. صنع آيات وعجائب كاذبة (٢تسالونيكي ٢: ٩؛ رؤيا ١٦: ١٣-١٤)
٧. تضليل الأنبياء وخداعهم (١ملوك ٢٢: ١٩-٢٣)
٨. التشجيع على عبادة الأوثان (تثنية ٣٢: ١٧؛ مزمور ١٠٦: ٣٧)
٩. تدبير الموت والتخطيط له (قضاة ٩: ٢٣، ٥٦-٥٧)

يعمل الشياطين وفقًا لتسلسل هرمي سماوي جبار من أجل تنفيذ أعمالهم الشريرة. ويمكننا الاستعانة بكلمات مثل: «ملائكة»، و«سلاطين»، و«قوات الدهر»، و«رياسات»، و«قوات»، و«ولاة»، و«عروش» لوصف التسلسلات الهرمية سواء للملائكة القديسين، أو الملائكة الأشرار. وبحسب السياق، يشير رومية ٨: ٣٨؛ ١كورنثوس ١٥: ٢٤؛ أفسس ٢: ٢؛ ٦: ١٢؛ كولوسي ٢: ١٥ على الأرجح إلى رُتَبٍ أو مستويات مختلفة للملائكة الأشرار، أي إلى التسلسل الهرمي للشياطين. وبحسب السياق، يشير أفسس ١: ٢١؛ كولوسي ١: ١٦؛ ١بطرس ٣: ٢٢ على الأرجح إلى رُتَبٍ أو مستويات مختلفة في التسلسل الهرمي للملائكة القديسين.

لم يتوسَّع الكتاب المقدس قط في تفاصيل هذه التسلسلات الهرمية من حيث شَرْحِ ترتيبها أو وظيفتها. لكن، بما أن الشيطان يحاكي ويزيِّف طبيعة الله وسمات الملكوت، فعلى الأرجح، يوجد تسلسل هرمي وظيفي ورسمي للملائكة القديسين الذين يعبدون الله، وتسلسل هرمي مزيَّف موازٍ له للملائكة الأشرار الذي يدينون بولائهم للشيطان.

لدى الشياطين، بغض النظر عن مدى قوتهم، مواطن ضعف خطيرة وحقيقية:

١. إنهم دون قصد يخدمون مقاصد الله (قضاة ٩: ٢٣)
٢. أصابهم الرعب من المسيح والإنجيل (متى ٨: ٢٩؛ مرقس ١: ٢٤؛ يعقوب ٢: ١٩)
٣. أطاعوا المسيح (متى ٨: ٣٢)
٤. أطاعوا الاثني عشر (متى ١٠: ١-٨)، والسَّبعين الذين أرسلهم يسوع (لوقا ١٠: ١٧-٢٠)
٥. يعجزون عن أن يفصلوا المؤمنين بالمسيح عن محبة الله (رومية ٨: ٣٨)
٦. يمكن كبحهم بالروح القدس (٢تسالونيكي ٢: ٦؛ ١يوحنا ٤: ٤)
٧. قد أُدينوا بالفعل من الله (٢بطرس ٢: ٤؛ يهوذا ٦)، وسيُدانون مرة أخرى في المستقبل (رؤيا ٢٠: ١٠)

## ⬅ الشياطين ودورهم كخدام

يُرجى الرجوع إلى عنوان «الشيطان ودوره كخادم» (ص. ٨٢٣)، الذي يوثِّق تفصيليًّا كيف استخدم الله الشيطان وملائكته لتتميم مقاصده الإلهية، دون أن يخالف قداسته وبرَّه التامَّين.

## ⬅ أسلحة المؤمن الدفاعية

يُرجى الرجوع إلى الملاحظات بشأن «أسلحة المؤمن الدفاعية» ضد الشيطان (ص. ٨٣١)، والتي تنطبق أيضًا على الشياطين.

## ← سكنى الشياطين في البشر

ما معنى أن يسكن الشياطين في البشر؟ وعَلام تنطوي هذه السكنى؟ وهل يمكن للمؤمنين وغير المؤمنين على حدٍّ سواء أن يختبروا هذه الظاهرة؟ وهل يمكن لها أن تكون داخلية وخارجية في طبيعتها؟ وما هو العلاج الكتابي لسكنى الشيطان في الإنسان؟ سنناقش هذه الأسئلة المهمة فيما يلي، ونجيب عنها. لكن السؤال الأساسي الذي ينبغي أن نحسمه الآن هو: هل يمكن أن يسكن الشياطين - مكانيًّا أو جسديًّا - في المؤمنين، الأمر الذي يستلزم إخراجهم، حسبما نرى في الأناجيل وسفر أعمال الرسل؟

حدَّدَ أحد الكُتَّاب هذه المسألة على النحو التالي:

> ربما مِن أكثر الأسئلة المثيرة للجدل التي تُطرَح هو: «هل يمكن لمؤمن حقيقي أن يقع تحت سيطرة شياطين أو أرواح شريرة؟» لاحِظ أنني لستُ أتحدث هنا عن سُكنى شيطانية [demon possession]، بل عن سيطرة شيطانية [demoniza-tion]. فإن السكنى تعني ضمنًا التملُّك والسيطرة التامة. ولأن المؤمنين، حتى العصاة منهم، مِلك لله، وليس للشيطان، فليس بوسع الشيطان أن يسيطر عليهم سيطرة تامة. أما السيطرة الشيطانية، فهي مسألة مختلفة، وأعني بها أن يمارس الشيطان، من خلال ملائكته، تحكُّمًا مباشرًا وجزئيًّا على جانب، أو عدة جوانب، من حياة المؤمن أو غير المؤمن. هل يمكن أن يحدث ذلك حقًّا للمؤمنين؟[٢٩]

سندرس فيما يلي ما يعلِّمه الكتاب المقدس عن هذه المسألة في خمسة محاور فكرية، وهي: المحور المعجمي أو اللفظي، والمحور الكتابي، والمحور التاريخي، والمحور اللاهوتي، والمحور العملي. وعندها فقط يمكننا الإدلاء بتصريح كتابي قاطع ومقنِع.

- البرهان المُعجمي (المفرداتي)

يَستخدم العهد الجديد، في الأناجيل وفي سفر أعمال الرسل، أربع عبارات مختلفة في اثنين وثلاثين مناسبة مختلفة لوصف التأثير الشيطاني على البشر:

١. شخص «فيه» أو «به» أو «معه» روح نجس (في اليونانية *echō*، ١٦ مرة)

أ. متى ١١: ١٨

ب. مرقس٣: ٣٠؛ ٥: ١٥؛ ٧: ٢٥؛ ٩: ١٧

ج. لوقا ٤: ٣٣؛ ٧: ٣٣؛ ٨: ٢٧

د. يوحنا ٧: ٢٠؛ ٨: ٤٨-٤٩، ٥٢؛ ١٠: ٢٠

ه. أعمال الرسل ٨: ٧؛ ١٦: ١٦؛ ١٩: ١٣

٢. شخص «مجنون» [demonized] (في اليونانية *daimonizomai*، ١٣ مرة)

أ. متى ٤: ٢٤؛ ٨: ١٦، ٢٨، ٣٣؛ ٩: ٣٢؛ ١٢: ٢٢؛ ١٥: ٢٢

29 Ed Murphy, *The Handbook for Spiritual Warfare* (Nashville: Thomas Nelson, 1992), ix.

ب. مرقس ١: ٣٢؛ ٥: ١٥-١٦، ١٨
ج. لوقا ٨: ٣٦
د. يوحنا ١٠: ٢١[٣٠]

٣. شخص «بِهِ رُوحٌ نَجِسٌ» (في اليونانية *en*، مرتين): مرقس ١: ٢٣؛ ٥: ٢.

٤. شخص «معذَّب» من روح نجس (في اليونانية *ochleomai*، مرة واحدة): أعمال الرسل ٥: ١٦.

تشير العبارتان الأولى والثانية (٢٩ مرة من مجموع ٣٢ مرة) إلى الظاهرة عينها. فعلى سبيل المثال، يشير كلٌّ من لوقا ٨: ٢٧ (الاستخدام الأول)، ولوقا ٨: ٣٦ (الاستخدام الثاني) إلى الحدث نفسه. وكذلك، يشير كلٌّ من يوحنا ١٠: ٢٠ (الاستخدام الأول)، ويوحنا ١٠: ٢١ (الاستخدام الثاني) إلى الحدث نفسه. وأيضًا، استخدَم مرقس ٥: ١٥ كلا التعبيرين في الآية نفسها، مشيرًا إلى الحدث ذاته. إن أيَّ قاموس جيِّد للغة اليونانية للعهد الجديد يُعرِّف كلمة *daimonizomai* على النحو التالي «أن يُسكَنَ المرءُ من روح شرير». كذلك، تُوحي لغة التعبيرين الثالث والرابع ضمنًا بما يعنيه التعبيران الأول والثاني صراحة.

وقد استُخدِمت التعبيرات «دخول»، أو «خروج»، أو «طرد» للتعبير بشكل ثابت عن أشخاص مسكونين بالأرواح الشريرة (متى ٨: ١٦، ٣٢؛ ٩: ٣٣؛ ١٢: ٢٢-٢٤؛ مرقس ١: ٣٤؛ ٥: ٨، ١٣). والمعنى الأساسي الذي توحي به هذه الكلمات هو فكرة إقامة روح شرير فعليًّا داخل جسد شخص مجنون، وتأثيره القوي عليه. إن فهم لفظ «مجنون» بأي معنى آخر سوى سُكنى روح شرير بداخل أحدهم يكون إساءة تفسير للنص الكتابي.

تشير كلمة «مجنون» في الكتاب المقدس إلى «اجتياح روح شرير (أو أرواح شريرة) لجسد ضحية ما، وممارسته هيمنة فعلية على الضحية، تعجز الضحية عن مقاومتها».[٣١] وإن عُنْصُرَي السُكنى والعجز عن مقاومة إرادة الروح الشرير هما اللذان يُميِّزان الجنون عن أنواع أدنى من التأثير الشيطاني. ويَستخدم العهد الجديد هذه الكلمة فقط بالمعنى الأضيق، ألا وهو السُّكنى من أرواح شريرة. ومن ثَمَّ، لا يمكن لِأيٍّ أشكال أخرى من التأثير الخارجي للشياطين على الإنسان أن تسمَّى «سُكنى أرواح شريرة» أو «جنون»؛ بل بالحري، يمكن وصفها بأنها مضايقة شيطانية، أو قمع شيطاني. ومن ثَمَّ، معجميًّا، تشير نصوص الأناجيل وسفر أعمال الرسل في الحالات الاثنتين والثلاثين التي أشارت فيها إلى أناس تعرَّضوا لأرواح شريرة إلى أناسٍ مسكونين بروح شرير أو أرواح شريرة.

٣٠ [المترجم]: جاءت الكلمة في الترجمة العربية البستاني-فاندايك «مَنْ بِهِ شَيْطَانٌ»، وليس «مجنون».
31 Alex Konya, *Demons: A Biblically Based Perspective* (Schaumburg, IL: Regular Baptist, 1990), 21–22.

## • الروايات الكتابية

يسرد لنا الكتاب المقدس خمسة عشر موقفًا محدَّدًا حيث سَكنت أرواح شريرة بشرًا:[٣٢]

١. العهد القديم (أربع حوادث محدَّدة):
أ. شاول: ١صموئيل ١٦: ١٤-٢٣
ب. شاول: ١صموئيل ١٨: ١٠
ج. شاول: ١صموئيل ١٩: ٩
د. أنبياء أخآب الأربعمئة: ١ملوك ٢٢: ٢٢-٢٣

٢. الأناجيل (تسع حوادث محدَّدة):
أ. مجنون كورة الجدريين: متى ٨: ٢٨-٣٤؛ مرقس ٥: ١-١٧؛ لوقا ٨: ٢٦-٣٧.
ب. رجل مجنون في كفرناحوم (أخرس): متى ٩: ٣٢-٣٤.
ج. رجل مجنون أعمى وأخرس: متى ١٢: ٢٢-٢٩.
د. المرأة الكنعانية وابنتها: متى ١٥: ٢١-٢٨؛ مرقس ٧: ٢٤-٣٠.
ه. غلام به شيطان، في أثناء النزول من جبل التجلي: متى ١٧: ١٤-٢٠؛ مرقس ٩: ١٤-٢٩؛ لوقا ٩: ٣٧-٤٣.
و. رجل به روح شيطان نجس في مجمع كفرناحوم: مرقس ١: ٢١-٢٨؛ لوقا ٤: ٣١-٣٧.
ز. مريم المجدلية: مرقس ١٦: ٩؛ لوقا ٨: ٢.
ح. رجل أخرس به شيطان: لوقا ١١: ١٤-٢٦.
ط. امرأة منحنية: لوقا ١٣: ١٠-١٧.

٣. سفر أعمال الرسل (حادثتان محدَّدتان):
أ. عَرَّافة فيلبي: أعمال الرسل ١٦: ١٦-١٨.
ب. أبناء سكاوا: أعمال الرسل ١٩: ١١-١٧.

٤. الرسائل وسفر الرؤيا (ولا واحدة)

هل يوجد في النصوص الكتابية أعلاه أيُّ أمثلة كتابية واضحة لسكنى أرواح شريرة في مؤمنين حقيقيين؟ إن فحصنا للبيانات الكتابية سيستبعد سريعًا أحد عشر احتمالًا من خمسة عشر، فلا يتبقى سوى مثال شاول في العهد القديم (٣ مرات)، والمرأة المنحنية في لوقا ١٣: ١٠-١٧.

## • بعض الجوانب التاريخية

يتبقى الآن فقط أربع حوادث تاريخية يمكن إثباتها كتابيًا، حيث قد يكون الشخص الذي يعاني من تدخُّل شيطاني مؤمنًا حقيقيًا. تشير هذه الحوادث إلى شاول في ١صموئيل ١٦؛ ١٨؛ ١٩، وإلى المرأة التي ضربها الشيطان لمدة ثمانية عشر عامًا، ونقرأ عنها في لوقا ١٣.

32 See Dickason, *Angels: Elect and Evil.*

هل كان شاول مؤمنًا حقيقيًّا؟ سنفترض جدلًا أن شاول آمن حقًّا بنعمة الله للخلاص. ودليلًا على ذلك، لاحظ المرات الثمانية التي لُقِّب فيها شاول بلقب «مسيح الرب» (١صموئيل ٢٤: ٦، ١٠؛ ٢٦: ٩، ١١، ١٦، ٢٣؛ ٢صموئيل ١: ١٤، ١٦). كذلك، أخبر صموئيل شاول بأنه عند موته سيكون كلاهما معًا (١صموئيل ٢٨: ١٩).

وبما أن شاول يبدو على الأقل أنه كان مؤمنًا حقيقيًّا، نستطيع الآن أن نطرح السؤال التالي: هل كان شاول مسكونًا من أرواح شريرة كان يلزم إخراجها؟ تصف لنا العبارات التالية تأثير «الروح الرديء» على شاول:

١. «بَغَتَهُ» (١صموئيل ١٦: ١٤-١٥)
٢. «عَلَيْكَ» (١صموئيل ١٦: ١٦)
٣. «عَلَى شَاوُلَ» (١صموئيل ١٦: ٢٣)
٤. «اقْتَحَمَ شَاوُلَ» (١صموئيل ١٨: ١٠)
٥. «عَلَى شَاوُلَ» (١صموئيل ١٩: ٩)

لا توحي أيُّ عبارة من العبارات أعلاه بأن الروح الرديء أو الشرير كان موجودًا «**داخل**» شاول. ففي كلِّ تلك المواقف، تحدَّث النص عن تعذيب **خارجي**. وفي حقيقة الأمر، لدى اللغة العبرية الكلمة (*bo'*)، في صيغة الفعل التام، كان من شأنها أن تُستخدَم لو كان شاول مسكونًا بالفعل من الروح الرديء. لكن، لم تُستخدَم هذه الكلمة، في حين استخدمها حزقيال حين قال: «**فَدَخَلَ** فِيَّ رُوحٌ» (حزقيال ٢: ٢؛ ٣: ٢٤)، في حالة واضحة لسُكنى من الروح القدس.

أما من جهة المرأة المنحنية في لوقا ١٣: ١٠-١٧، فلا يمكن لأحد أن يشكِّك في أنها ظلَّت تعاني لمدة ثمانية عشر عامًا بسبب روح (لوقا ١٣: ١١)، قِيْلَ في النص إنه الشيطان (لوقا ١٣: ١٦). لكن هل كانت هذه المرأة مؤمنة؟ يجيب البعض عن هذا السؤال بنعم، بسبب وصف المسيح لها بأنها «ابْنَةُ إِبْرَاهِيمَ» (لوقا ١٣: ١٦) مفترضين تشابه ذلك مع موقف زكا، الذي حين آمن، دعاه يسوع «ابْنُ إِبْرَاهِيمَ». غير أن نظرة أكثر تمعُّنًا إلى نص لوقا ١٩: ٩ تَرْسُمُ لنا صورةً مختلفةً.

حَصَلَ خلاص زكا **لأنه** كان «ابن إبراهيم»، **ولأن** «ابْنَ الإِنْسَانِ قَدْ جَاءَ لِكَيْ يَطْلُبَ وَيُخَلِّصَ مَا قَدْ هَلَكَ» (لوقا ١٩: ١٠). جاء يسوع كي يخلِّص شعبه (اليهود) من خطاياهم (متى ١: ٢١). ولم يَصِر زكا «ابن إبراهيم» نتيجة الخلاص بالمعنى الذي يعبِّر عنه غلاطية ٣: ٧ الذي يقول إن «الَّذِينَ هُمْ مِنَ الإِيمَانِ أُولَئِكَ هُمْ بَنُو إِبْرَاهِيمَ»؛ بل كان هذا الرجل يهوديًّا، وكان اليهودي يُعرَف بأنه «ابن إبراهيم». ولأن يسوع جاء كي يخلِّص شعبه، اجتذب زكا إلى الإيمان الذي للخلاص. فلطالما كان زكا «ابن إبراهيم»، لكنه فقط في وقت لاحق آمن بالرب يسوع المسيح للخلاص.

على غرار ذلك، كانت المرأة في لوقا ١٣، وهي ابنة إبراهيم، سيدة غير مؤمنة ربطها الشيطان، وربما أرواح شريرة أخرى، بمرض جسدي. وقد تحرَّرت من عذابها بفضل خدمة يسوع. ومن ثَمَّ، عانت هذه المرأة من شرٍّ ساكنٍ بداخلها، ليس كمؤمنة بل كغير مؤمنة.

نستنتج من ذلك أنه لم يذكر الكتاب المقدس حالة واحدة لسُكنى الشيطان أو الأرواح الشريرة داخل مؤمن حقيقي تستلزم طرده.

## • عوامل لاهوتية

لم تحذِّر رسائل العهد الجديد المؤمنين قط من احتمالية سكنى أرواح شريرة، وذلك على الرغم من وجود كلام كثير عن الشيطان وملائكته. كذلك، لا تقدِّم رسائل العهد الجديد أيَّ تعليمٍ للمؤمنين عن كيفية إخراج الأرواح الشريرة، سواء من مؤمن أو من غير مؤمن. ومن ثَمَّ، لا يمكن كتابيًّا تصوُّر احتمالية سكنى أرواح شريرة في مؤمن حقيقي إذ لا يقدِّم الكتاب المقدس أيَّ مثالٍ تاريخيٍّ واضحٍ على هذا، أو يعطي أي تحذيرات أو تعليم عن هذه الخبرة الروحية الخطيرة.

يمكن تأكيد هذا الاستنتاج من خلال خمسة عوامل لاهوتية أخرى على الأقل:

١. يستبعد مضمون ٢كورنثوس ٦: ١٤-١٨ احتمالية سكنى الروح القدس والأرواح النجسة معًا داخل مؤمنين حقيقيين، ولو بصورة مؤقتة.

٢. يشير الخلاص، كما يصفه كولوسي ١: ١٣، إلى «إنقاذ» فعليٍّ من الشيطان، ونَقْلٍ إلى ملكوت المسيح.

٣. بجمع النصوص التالية معًا، نجد أنها تقدِّم أدلة دامغة تدحض احتمالية سكنى الأرواح الشريرة داخل المؤمنين:

أ. رومية ٨: ٣٧-٣٩ الذي يقول إن انتصارنا يَعظُم بالمسيح.

ب. ١كورنثوس ١٥: ٥٧ الذي يقول إن الله يعطينا الْغَلَبَةَ بِرَبِّنَا يَسُوعَ الْمَسِيحِ.

ج. ٢كورنثوس ٢: ١٤ الذي يقول إن الله يقودنا كلَّ حين في موكب نصرته في المسيح.

د. ١يوحنا ٢: ١٣-١٤ الذي يقول إننا قد غلبنا الشرير.

ه. ١يوحنا ٤: ٤ الذي يقول إن قوة أعظم تسكن فينا.

٤. تحفظ خدمة الختم بالروح القدس المؤمنينَ من الاجتياح الشيطاني (٢كورنثوس ١: ٢١-٢٢؛ أفسس ٤: ٣٠)

٥. الوعد في ١يوحنا ٥: ١٨ يجعل من فكرة الاجتياح الشيطاني مفهومًا غير كتابي، وأمرًا مستحيلًا بالنسبة للمؤمن الحقيقي.

## • بعض الاعتبارات العملية

لا شك أن الأرواح الشريرة تسكن البشر أحيانًا. ولو لم يكن هذا صحيحًا، لما استدعى الأمر إخراجها أو طردها (في اليونانية *ekballō*). ويؤكِّد الكتاب المقدس أيضًا أنه حين تسكن الأرواحُ الشريرةُ البشرَ،

فهي عادة ما تُضعف أجسادهم. وقد سبَّبت السكنى الشيطانية مشكلات جسمانية مثل: الصَرَع (متى ١٧: ١٤-١٨)، والعمى (متى ١٢: ٢٢)، والصَّمَمَ (مرقس ٩: ٢٥)، والعجز عن الكلام (متى ٩: ٣٢-٣٣). وعند إخراج الروح الشرير، كانت المشكلة الجسدية تنتهي أيضًا، وكان الشخص يُشفَى.

بعد فَهْمِنا لهذه الأمور، هل يمكن للأرواح الشريرة أن تسكن في مؤمنين حقيقيين مما يستدعي طردها؟ بعد دراسة مكتملة للنصوص الكتابية المتعلِّقة بهذا الموضوع، نجيب بالنفي. فالجنون» أو «السكنى من أرواح شريرة» (في اليونانية *daimonizomai*) لا ينطبق سوى على غير مؤمنين. ويُقرِّر الكتاب المقدس أن تحرير مؤمن من أرواح شريرة ساكنة فيه هو كلام متناقض تمامًا.

يسمو الكتاب المقدس شامخًا بصفته المصدر الفريد للإعلان الإلهي عن العالم الروحي للشيطان وملائكته. وإن الخبرات الطبية أو خبرات تقديم المشورة لن تقف على قدم المساواة أبدًا مع الكتاب المقدس؛ ولهذا، ينبغي ألا تُستخدَم البتة لاستخلاص استنتاجات لا تُعلِّمها كلمة الله بوضوح أولًا.

يعلن الكتاب المقدس بشكل مُقْنِع أن الشيطان أو الأرواح الشريرة لا يمكن أن يسكنوا في مؤمنين حقيقيين، ولكنهم قد يُعذِّبونهم، أو يقمعونهم، أو يضايقونهم خارجيًّا؛ وقد يكون هذا بدرجة شديدة، كما حدث مع شاول (أو مع بولس، بعد ذلك بقرون، حين سمح الله بأن يعاني من شوكة شيطانية في الجسد، ٢كورنثوس ١٢: ٧). إن حدث أَنِ الْتَقَيْنَا بشخصٍ تسكنه أرواح شريرة، فسيكون هذا برهانًا على افتقاره إلى الخلاص الحقيقي، بغض النظر عن مدى القوة التي يدافع بها الشخص نفسه، أو مشير له، أو راعي كنيسته، أو حتى الروح الشرير نفسه عن خلاف ذلك. وإنِ التقينا بشخص يسكنه حقًّا روح شرير، سيتحتم علينا أن نُقِرَّ بقوةِ العدو، ونلجأ إلى الله بالصلاة (انظر يهوذا ٩)، ونستخدم سلطان كلمة الله (رومية ١: ١٦) - ولا سيما رسالة الإنجيل - للتعامُل مع هذا الموقف.

## ➡ دينونات الشياطين

تحدَّثنا فيما سبق عن «دينونات الشيطان» (انظر ص. ٨٣٥)، وكلامنا السابق عن الدينونة العَدْنِيَّةِ (الخاصة بجنة عدن)، ودينونة الجلجثة، ودينونة الضيقة، ودينونة المُلك الألفي، والدينونة الأبدية بالمثل على الشياطين أو الأرواح الشريرة. ولكن يبدو أن الدينونة الأولى للأرواح الشريرة بها العديد من الاختلافات. فإن جزءًا من الفريق الكامل من الشياطين الذين تمرَّدوا على الله مع الشيطان في البداية (رؤيا ١٢: ٤) قد طُرِدوا من السماء، وطُرِحوا مباشرة في جهنم (٢بطرس ٢: ٤؛ يهوذا ٦؛ راجع لوقا ٨: ٣١). ثم في وقت لاحق، في منتصف الأسبوع السبعين الذي تنبأ عنه دانيال، ستُفتَح الهاوية، ويُطلَق سراح جزء آخر من هؤلاء الشياطين الذين كانوا قد طُرِدوا من السماء وطُرِحوا مباشرة في الهاوية (رؤيا ٩: ١-١١). يبدو أيضًا أن مجموعة خاصة مكوَّنة من أربعة شياطين كانوا مقيَّدين عند نهر الفرات سيُطلَق سراحهم في نهاية الأسبوع السبعين الذي تنبأ عنه دانيال (رؤيا ٩: ١٣-١٥). وسيكون جزءٌ آخر من أولئك الشياطين الذين طُردوا مع الشيطان في البداية مرافقًا للشيطان طوال الوقت الذي سيقضيه في السماء وعلى الأرض، من أجل تنفيذ أوامره الغادرة (إشعياء ٢٤: ٢١؛ رؤيا ١٢: ٧-٩).

وفي أثناء الدينونة التي ستقع على الشيطان، عندما يقيَّد ويُطرَح في الهاوية لمدة ألف سنة، سيقيَّد جميعُ الشياطين أيضًا معه. وأخيرًا، حين يطلَق سراح الشيطان، ثم يخضع للدينونة الأبدية، يبدو أكيدًا أن جميع الشياطين سيكونون معه آنذاك وإلى الأبد (إشعياء ٢٤ : ٢٢؛ متى ٢٥ : ٤١؛ ٢بطرس ٢ : ٤؛ يهوذا ٦؛ رؤيا ٢٠ : ١٠).

## ملاك الرب

- ظهورات العهد القديم
- خصائص الألوهية
- تحديد الهوية
- الربط بالعهد الجديد

يمكن ترجمة الكلمة العبرية *mal'akh*، التي جاءت في العهد القديم، والكلمة اليونانية *angelos*، التي جاءت في العهد الجديد بوجه عام إلى «رسول» أو «مبعوث» أو «سفير»، حين تشير إلى مهمة أو وظيفة. هذا الرسول يمكن أن يكون إنسانًا، مثل رُسُل يعقوب (تكوين ٣٢ : ٣، ٦)، أو رُسُل يوحنا المعمدان (لوقا ٧ : ٢٤)، أو رُسُل المسيح (لوقا ٩ : ٥٢). لكن في أحيان أخرى كثيرة، كان الرسول كائنًا مخلوقًا غير بشري وفائقًا للطبيعة، يُقال عنه عادةً إنه «ملاك» [angel] (٢أخبار الأيام ٣٢ : ٢١؛ متى ١ : ٢٠، ٢٤)

لا تظهر عبارة «ملاك الرب» على الإطلاق في العهد الجديد، لكن تظهر فقط في العهد القديم إشارةً إلى مبعوث فريد من نوعه. فحتى عبارة («ملاك الرب») في متى ١ : ٢٤، كانت إشارة إلى كائن ملائكي مخلوق، لا يمثِّل أية دلالة غير عادية، وذلك لأن النص استخدم أداة التعريف في الكلمة لإحالة القارئ إلى متى ١ : ٢٠، الذي جاءت فيه العبارة غير مُعرَّفة («ملاكٌ للرب»، أي «أحد ملائكة الرب»). وفي أعمال الرسل ٧ : ٣٠-٣٥، جاءت العبارة في اقتباس استفانوس من خروج ٣ : ١-١٠، وهو النص الذي يصف الظهور القديم للملاك، الذي دعاه إشعياء «مَلَاكُ حَضْرَتِهِ» (إشعياء ٦٣ : ٩).

ذُكِرَت هذه الشخصية المميَّزة في العهد القديم بألقاب عديدة:

١. «مَلَاكُ الرَّبِّ» (تكوين ١٦ : ٧)
٢. «مَلَاكُ اللهِ» (تكوين ٢١ : ١٧)
٣. «مَلَاكَهُ» (تكوين ٢٤ : ٧، ٤٠)
٤. «مَلَاكِي» (خروج ٢٣ : ٢٣)
٥. «مَلَاكُ حَضْرَتِهِ» (إشعياء ٦٣ : ٩)
٦. «مَلَاكُ الْعَهْدِ» (ملاخي ٣ : ١)

بهذه الملاحظات العامة التي تُعَد خلفيةً، علينا أن نجيب الآن عن السؤال الأساسي التالي: مَن هو هذا الملاك الغامض الذي نقرأ عنه في العهد القديم؟ على مدار القرون، قُدِّمت على الأقل أربعة

افتراضات محتمَلة لهوية هذا الملاك: (١) «ملاكٌ» من السماء، على الأرجح هو ميخائيل رئيس الملائكة؛ (٢) ملكي صادق؛ (٣) الرب (يهوه) نفسه (أي أن هذا ظهور إلهي)؛ (٤) ظهور للمسيح [Christophany] أو ظهور للابن [*huiophany*، من الكلمة اليونانية *huios*، التي تعني «ابن»]، أي إنه ظهور للرب يسوع المسيح على الأرض قبل تجسُّده. ولتحديد الجواب الصحيح من بين هذه الاحتمالات، علينا أن نعرض العديد من الأدلة الكتابية حتى نتمكَّن من تحديد هوية هذا الملاك على نحو قاطع.

## ⬅ ظهورات العهد القديم

يَظهَر الاسم العبري الذي تُرجِم «ملاك» أو «رسول» في العهد القديم نحو ٢١٣ مرة. وفي نحو ٩٠ استخدامًا لهذه الكلمة، جاءت إشارة إلى «ملاك الرب»، وكانت غالبيتها في الأسفار التاريخية. وردت هذه العبارة أول مرة في تكوين ١٦: ٧، ثم تواصل ظهورها حتى الاستخدام الأخير لها في ملاخي ٣: ١؛ وهي تظهر في ستة عشر سفرًا من أسفار العهد القديم التسعة والثلاثين. في أحيان أخرى، استُخدِمت كلمة «ملاك» فقط، دون أن تكون هوية هذا الملاك مؤكَّدة (دانيال ٣: ٢٨؛ ٦: ٢٢). وفي أحيان كثيرة، كان المقصود بالكلمة فقط رُسُلًا من البشر (نحو ٥٠٪ من المرات). يعرض الجدول ٨. ٩ أدناه عيِّنة من النصوص التي تشير إما إلى لقاءات مع «ملاك الرب»، وإما إلى ذِكرٍ له.

**الجدول ٨. ٩: «ملاك الرب» في الكتاب المقدس**

| الأشخاص | النصوص الكتابية |
|---|---|
| هاجر | تكوين ١٦: ٧-١٤؛ ٢١: ١٧ |
| إبراهيم | تكوين ٢٢: ١١-١٨ |
| أليعازر | تكوين ٢٤: ٧، ٤٠ |
| يعقوب | تكوين ٣١: ١١-١٣؛ ٣٢: ٢٢-٣٢ (انظر تكوين ٤٨: ١٥-١٦؛ هوشع ١٢: ٣-٤) |
| موسى | خروج ٣: ١-٧ (انظر أعمال الرسل ٧: ٣٠-٣٥)؛ خروج ١٢: ٢٣ («المُهلِك»؛ راجع عبرانيين ١١: ٢٨)؛ خروج ١٤: ١٩-٢٠ (انظر العدد ٢٠: ١٦)؛ خروج ٢٣: ٢٠-٢٣ (انظر إشعياء ٦٣: ٩) |
| بلعام | العدد ٢٢: ٢٢-٣٥ |

| الأشخاص | النصوص الكتابية |
|---|---|
| يشوع | يشوع ٥: ١٣-١٥ (انظر خروج ٣: ٥)؛ قضاة ٢: ١-٤ |
| جدعون | قضاة ٦: ١١-١٨ |
| منوح وزوجته | قضاة ١٣: ٢-٢٢ |
| داود | ٢صموئيل ٢٤: ١٦-١٧؛ ١أخبار الأيام ٢١: ١٥-١٨، ٢٧ |
| إيليا | ١ملوك ١٩: ٤-٨؛ ٢ملوك ١: ٣-٤، ١٥-١٦ |
| حزقيا | ٢ملوك ١٩: ٣٥ (انظر ٢أخبار الأيام ٣٢: ٢١؛ إشعياء ٣٧: ٣٦) |
| شدرخ، وميشخ، وعبدنغو | دانيال ٣: ٢٥، ٢٨ |
| دانيآل | دانيآل ٦: ٢٢ |
| زكريا | زكريا ١: ١١-١٢؛ ٣: ١-١٠ |
| ملاخي | ملاخي ٣: ١ |

## ⬅ خصائص الألوهية

يتمتع «ملاك الرب» بخصائص لا يمكن أن تنتمي سوى إلى الله:

١. نَسَبَ «ملاك الرب» لنفسه طبيعة إلهية (خروج ٣: ٢-٥؛ قضاة ١٣: ١٧-١٨)

٢. أظهر «ملاك الرب» صفاتٍ إلهية (خروج ٢٣: ٢١؛ ٣٣: ١٤؛ إشعياء ٦٣: ٩)

٣. ساوى الكتاب المقدس بين «ملاك الرب» والرب نفسه (يهوه)، بل والله نفسه (تكوين ١٦: ١١-١٣؛ ٢٢: ٩-١٨؛ ٣٢: ٢٤-٣٠؛ انظر تكوين ٤٨: ١٥-١٦؛ خروج ٣: ٢-٦؛ ١٣: ٢١-٢٢ [مقارنةً بخروج ١٤: ١٩]؛ ٣٢: ٣٤؛ ٣٣: ٢؛ العدد ٢٢: ٣٥ [مقارنةً بالعدد ٢٣: ٥]: قضاة ٦: ١١-١٦؛ ١٣: ٢١-٢٣؛ هوشع ١٢: ٤).

٤. لكن في الآن ذاته، لم يكن الرب (يهوه) و«ملاك الرب» شخصًا واحدًا. على سبيل المثال، نقرأ أن الرب أرسل الملاك (خروج ٢٣ : ٢٠-٢٣). وفي أحيان أخرى، نجد «ملاك الرب» يتكلَّم إلى الرب (زكريا ١ : ١٢)، كما نجد الرب يجيب الملاك (زكريا ١ : ١٣).

٥. «ملاك الرب» هو الحامي الرئيسي لإسرائيل (خروج ١٤ : ١٩-٢٠؛ ٢٣ : ٢٠-٢٣؛ يشوع ٥ : ١٣-١٥؛ مزمور ٣٤ : ٧؛ ٣٥ : ٥-٦).

٦. «ملاك الرب» يحمل اسم «الرب» أو «الله» (خروج ٣ : ١٤؛ قضاة ١٣ : ١٧-١٨؛ انظر إشعياء ٩ : ٦).

٧. «ملاك الرب» يأخذ العبادة والسجود (خروج ٣ : ٥؛ يشوع ٥ : ١٥؛ قضاة ١٣ : ٢٠).

٨. «ملاك الرب» يغفر الخطايا (تكوين ٤٨ : ١٦؛ خروج ٢٣ : ٢١).

## ⬅ تحديد الهوية

أشار البعض إلى أن «ملاك الرب» هو ملاك خاص مخلوق، لم يَذكُر الكتاب المقدس اسمه. وفي كتابات الآباء الرسوليين (نحو عام ١٥٠ م)، يعرَّف «ملاك الرب» أحيانًا بأنه ميخائيل رئيس الملائكة.[٣٣] وقد اتَّفق مفسرون لاحقون معهم في بعض الأحيان. لكن لا يمكن لأي ملاك مخلوق أو حتى رئيس ملائكة أن يمتلك خصائص الله التي أشرنا إليها أعلاه وذكرناها من الكتاب المقدس؛ ومن ثَمَّ، علينا استبعاد الرأي القائل إن هذا الشخص ملاك.

يقول افتراض آخر غير متواتر إن «ملاك الرب» في العهد القديم هو مَلْكي صادق، ملك ساليم (تكوين ١٤ : ١٨)، رئيس الكهنة المُكْتَنَفُ بالغموض، الذي قيل إن الرب يسوع المسيح كاهنٌ على رتبته (مزمور ١١٠ : ٤؛ عبرانيين ٥ : ٦، ١٠؛ ٦ : ٢٠؛ ٧ : ١٧). تعرض هذه الفكرة افتراضًا مسبقًا ألا وهو أن ملكي صادق هو المسيح قبل تجسُّده. تُستَبْعَدُ هذه الفكرة بسهولة بسبب غياب أي براهين كتابية دامغة تؤيِّدها. ليس ممكنًا أن يكون ملكي صادق، ملك ساليم في عهد إبراهيم، هو المسيح، الذي صار بعد ذلك رئيس كهنة على رتبة نفسه.[٣٤]

احتمال آخر هو أن «ملاك الرب» هو استعلان للرب (يهوه) نفسه، أي أنه ظهور إلهي حقيقي.[٣٥] وفي حين يضع هذا الرأي في اعتباره الخصائص الإلهية للملاك، لكنه لا يقدِّم تفسيرًا للأدلة على وجود شخصيتين مختلفتين على الأقل في الكثير من الروايات الكتابية، وهما «ملاك الرب»، و«الرب»، الشيء الذي يتناغم تمامًا مع التكوين الثالوثي للذات الإلهية (الله الآب، أفسس ١ : ٣-٦؛ والله الابن، أفسس ١ : ٧-١٢؛ والله الروح القدس، أفسس ١ : ١٣-١٤).

33 *The Shepherd of Hermas* 3.8.3.

٣٤ للاطلاع على دحض مقنع لهذا الرأي، انظر:
James A. Borland, *Christ in the Old Testament*, rev. ed. (Fearn, Ross-shire, Scotland: Christian Focus, 1999), 139–47.

35 Thomas E. McComiskey, "Angel of the Lord," in *Evangelical Dictionary of Theology*, ed. Walter A. Elwell (Grand Rapids, MI: Baker, 1984), 48.

التعريف الوحيد لهُوية «ملاك الرب»، الذي تتوافر فيه كل الخصائص الموجودة في السجل الكتابي، هو أن هذا ظهورٌ سابقٌ للتجسد للأقنوم الثاني في اللاهوت الواحد مثلَّث الأقانيم، الذي هو ابن الله الأزلي، الرب يسوع المسيح (أي أن هذا ظهور للمسيح «christophany»، أو ظهور للابن «huiophany»).[٣٦] ليس مثيرًا للدهشة إذن أن تكون أقدم التعريفات لهُوية «ملاك الرب» هي أنه ظهور للمسيح.[٣٧]

## ⬅ الربط بالعهد الجديد

يتوافق الرأي القائل إن ملاك الرب الذي ظهر في العهد القديم هو «ظهورٌ للمسيح قبل تجسده» بدقة مع وصف العهد الجديد لابن الله الأزلي، الرب يسوع المسيح، على النحو المبيَّن أدناه.

**أولاً**، نَسَبَ «ملاك الرب» لنفسه اسم «الرب» (تكوين ١٦: ١١-١٣؛ ٢٢: ٩-١٨)، وبهذا ادَّعى أنه كائن أزلي. وقد كانت صفة **الأزلية** هي الصفة التي نسبها الرب يسوع المسيح إلى نفسه (يوحنا ١: ١؛ ٨: ٥٨؛ ١٧: ٥).

**ثانيًا**، قال المسيح عن نفسه، وكذلك يقول الكتاب المقدس عنه، إنه هو الله بالحقيقة (يوحنا ١: ١؛ ٥: ١٨؛ ١٠: ٣٣؛ ٢بطرس ١: ١؛ ١يوحنا ٥: ٢٠)؛ ويتوافق هذا التصريح مع **ألوهية** «ملاك الرب» (خروج ٣: ٢-٦؛ قضاة ١٣: ١٧-١٨).

**ثالثًا**، بادِّعاء «ملاك الرب» الألوهية (خروج ٣: ٢-٦؛ قضاة ١٣: ١٧-١٨)، وكذلك بتصريحه في الآن ذاته بأنه شخص آخر غير «الرب» (خروج ٢٣: ٢٠-٢٣؛ إشعياء ٦: ١، ٨ [مع يوحنا ١٢: ٤١-٤٢]؛ زكريا ١: ١٢-١٣)، أكَّد ملاك الرب إمكانية أن يكون أكثر من شخص هو الله. وفقط المسيح، الأقنوم الثاني في اللاهوت الواحد مثلَّث الأقانيم، هو مَن كان يمكنه الإدلاء بتصريح كهذا، وهو ما يتفق تمامًا مع **وحدانية الله في ثالوث** (متى ٢٨: ١٩؛ مرقس ١: ٩-١١؛ يوحنا ١٥: ٢٦؛ ٢كورنثوس ١٣: ١٤).

**رابعًا**، أدَّى المسيح، من خلال تجسُّده في العهد الجديد (كما من خلال ظهوراته في العهد القديم قبل تجسُّده)، ما عليه من **مسئولية** الإعلان والإخبار عن الله الآب، الذي لولا ذلك لظلَّ يفوق إدراك البشر (يوحنا ١: ١٨؛ ١٠: ٣٠؛ ١٢: ٤٥؛ ١٤: ٧، ٩؛ ٢كورنثوس ٤: ٤؛ كولوسي ١: ١٥، ١٩؛ ٢: ٩؛ عبرانيين ١: ٣).

وهكذا، فإن صفات «ملاك الرب» وأعماله في العهد القديم تتطابق تمامًا مع صفات المسيح المتجسد وأعماله في العهد الجديد. فمن جهةِ أزليَّةِ المسيح، ولاهوته، ووحدانية الله في ثالوث، والمسئولية الموكَلة للمسيح، تؤكِّد البراهين الكتابية على نحو حاسم أن حوادث ظهور «ملاك الرب» في العهد القديم هي دون شك ظهورات للرب يسوع المسيح قبل تجسده.

---

٣٦ للاطلاع على الإثبات الكتابي الأكثر إقناعًا لهذا الرأي، انظر:
C. Goodspeed, "The Angel of Jehovah," *BSac*36 , no. 144 (1879): 594–615.

٣٧ للاطلاع على وثائق سليمة وصحيحة بشأن هذا الموضوع، انظر:
Günther Juncker, "Christ as Angel: The Reclamation of a Primitive Title," *TJ*, n.s., 15, no. 2 (1994): 221–50.

# أسئلة وأجوبة

- ماذا عن الملائكة الحارسين (متى ١٨ : ١٠)؟
- هل ينبغي عبادة الملائكة (كولوسي ٢ : ١٨)؟
- من هم أولئك الذين أضافوا ملائكة (عبرانيين ١٣ : ٢)؟
- علامَ تشتهي الملائكة أن تطَّلع (١بطرس ١ : ١٢)؟
- هل للكنائس ملائكة؟ (رؤيا ١ : ١٦، ٢٠)؟
- كيف سَيَدِينُ المؤمنون ملائكة (١كورنثوس ٦ : ٣)؟
- هل يشير إشعياء ١٤ وحزقيال ٢٨ إلى الشيطان؟
- هل يقرأ الشيطان أفكار البشر؟
- ما الصلة بين المسيح والشيطان؟
- هل يمكن للشيطان أو ملائكته أن يصنعوا قوات؟
- هل الشياطين أو الأرواح الشريرة موجودون في العالم اليوم؟
- هل يستطيع المؤمنون ربط الشيطان؟
- من هم «أبناء الله» الذين وَرَدَ ذكرهم في تكوين ٦ : ١-٤؟

بما أننا لم نقدِّم في الدراسة السابقة أجوبة على بعضِ الأسئلة الشائعة التي تُطرَح، فقد أدرجنا هنا الأسئلة المهمة المتبقية.

## ماذا عن الملائكة الحارسين (متى ١٨: ١٠)؟

يتعلَّق كلٌّ من الفكر المؤمن بالخرافات [superstitious]، والفكر المؤمن بالثقافة الإنسانية [humanistic]، المقترنَيْن بالمذهب العاطفي [sentimentalism] تعلُّقًا كبيرًا بفكرة وجود ملاك حارس لكلِّ إنسان. وفي حين يقال إن هذه الفكرة لها سند كتابي، لكن نظرة أكثر تمعنًا إلى النصوص المؤيِّدة لهذه الفكرة تُثبِت العكس.

استُخدِم يعقوب (تكوين ٤٨ : ١٦)، وكاتب المزمور (مزمور ٣٤ : ٧) كبرهانين لتأييد فكرة وجود الملاك الحارس. لكن على النقيض، يشير هذان النصَّان إلى «ملاك الرب» سواء بشكل غير مباشر (في إشارة يعقوب في تكوين ٤٨ : ١٦ إلى لقائه السابق مع ملاك الرب في تكوين ٣٢ : ٢٤-٣٠)، أو بشكل مباشر (في تعليق كاتب المزمور بوجه عام على العديد من الظهورات في تاريخ إسرائيل، من سفر التكوين حتى سفر القضاة). ومن ثمَّ، لا يتحدث أيٌّ من هذين النصين عن ملائكة يقومون بوظيفة الحراسة الشخصية.

كذلك، بعد هروب بطرس من السجن بمساعدة ملاك (أعمال الرسل ١٢ : ٦-١١)، ذهب إلى بَيْتِ مَرْيَمَ أُمِّ يُوحَنَّا الْمُلَقَّبِ مَرْقُسَ (١٢ : ١٢). وحين أَخبرت الجارية رَوْدَا مجموعة المصلِّين بأن بطرس واقف على الباب، أصروا قائلين: «إِنَّهُ مَلاَكُهُ!» (١٢ : ١٣-١٥). هناك تفسيران محتمَلان لرد الفعل

هذا، وكلاهما لا يمت لفكرة «الملاك الحارس» بصلة. التفسير الأول هو أنهم افترضوا على الأرجح أن بطرس ذُبِح مثل يعقوب (١٢: ١-٢)، وأن هذا كان ظهورًا له بعد موته (بحسب الخرافات اليهودية). والتفسير الثاني هو أن استخدام الكلمة اليونانية «*angelos*» هنا (١٢: ١٥) هو إشارة إلى رسولٍ من البشر جاء ليخبرهم بموت بطرس، على الرغم من صلواتهم لأجل تحقيق نتيجة مختلفة.

ويقال إن النص الكتابي الذي يعلِّم على الأرجح عن الملائكة الحارسين هو متى ١٨: ١٠: «لِأَنِّي أَقُولُ لَكُمْ: إِنَّ مَلَائِكَتَهُمْ فِي السَّمَاوَاتِ كُلَّ حِينٍ يَنْظُرُونَ وَجْهَ أَبِي الَّذِي فِي السَّمَاوَاتِ». لكن، لا يَفترض هذا النص أن لكل مؤمن ملاكًا حارسًا واحدًا، بل يقول إن الملائكة على نحو جماعي يَخدمون المؤمنين بوجه عام. وقد أشار الكتاب المقدس كثيرًا إلى ملائكة كثيرين يخدمون شخصًا واحدًا في الآن ذاته، كما حين حملت الملائكة لعازر إلى السماء (لوقا ١٦: ٢٢)، وجيش الملائكة الذي حارب عن إسرائيل (٢ملوك ٦: ١٧)، والملائكة الذين أَمَرَهم الله بحماية الذين يحتمون في ظل القدير (مزمور ٩١: ١١).

لم يَذكُر الكتاب المقدس بالتحديد كيف ومتى تؤدَّى هذه الخدمة، ومَن هم الذين تخدمهم الملائكة. لكن، في حين يَذكُر الكتاب المقدس بوضوح أن الملائكة أرواح خادمة (عبرانيين ١: ١٤)، لا يَذكُر شيئًا عن وجود ملاك حارس واحد مخصَّص لكلِّ شخص على قيد الحياة في هذا العالم في الوقت نفسه.

## ⬅ هل ينبغي عبادة الملائكة (كولوسي ٢: ١٨)؟

ينبغي ألا يُعبَد الملائكة (كولوسي ٢: ١٨)، بل على الملائكة أنفسهم أن يعبدوا الله (عبرانيين ١: ٦). فإن كائنًا مخلوقًا (البشر) ينبغي ألا يَعبد كائنًا آخر مخلوقًا (مثل الملائكة، أو الحيوانات، أو الطبيعة، أو نجوم السماء). وفي الكتاب المقدس، نجد الملائكة دائمًا يَعبدون الله، ويَرفضون تمامًا أن تُقدَّم لهم العبادة (إشعياء ٦: ١-٤؛ رؤيا ٥: ٨-١٤).

باكرًا في تاريخ إسرائيل أُوْصِيَ الشعبُ ليس فقط بعبادة الله وحده، بل ونُهُوا عن عبادة أيِّ شيء (خروج ٢٠: ١-٥؛ ٣٤: ١٤؛ تثنية ١١: ١٦؛ ٣٠: ١٧؛ مزمور ٣١: ٦؛ ٩٧: ٩). ولطالما كانت عقوبة عصيان هذه الوصية صارمة (خروج ٣٢: ١-١٠).

جُرِّب المسيح من الشيطان (الذي هو كائن مخلوق) في البرِّية. وحين عَرَضَ الشيطان على المخلِّص أن يعطيه كلَّ ممالك الأرض ومجدها فقط إن خرَّ على ركبتيه وسجد له، رَفَضَ المسيح العرض على الفور، مستشهدًا بنص تثنية ٦: ١٣، بالإضافة إلى قوله: «اذْهَبْ يا شَيْطَانُ!» (متى ٤: ١٠؛ لوقا ٤: ٨).

ثم لاحقًا في العهد الجديد، حاول الناس عبادة بطرس أولًا (أعمال الرسل ١٠: ٢٥-٢٦)، ثم بولس وبرنابا (أعمال الرسل ١٤: ٩-١٥)؛ وفي كلتا الحالتين، قوبلت تلك العبادة الموجَّهة إلى الشخص الخطأ بالرفض الفوري. وقرب نهاية حياة يوحنا، تأثَّر بشدة بالحضور الملائكي لدرجة أنه حاول تقديم عبادة وسجود لهما في حادثتين منفصلتين؛ وفي كلتا الحالتين، رفض الملاكان سجود يوحنا، ووَجَّهاه إلى السجود لله (رؤيا ١٩: ٩-١٠؛ ٢٢: ٨-٩).

من ثَمَّ، عند فحصنا سواء للوصايا أو للممارسات الكتابية، سنكتشف أن عبادة الملائكة محظورة باعتبارها عبادة أوثان. فإن الله وحده هو مَن ينبغي أن يُعبَد.

## ⬅ من هم أولئك الذين أضافوا ملائكة (عبرانيين ١٣: ٢)؟[٣٨]

هذا التعليم في عبرانيين ١٣: ٢، الذي يقول «أَضَافَ أُنَاسٌ مَلَائِكَةً وَهُمْ لَا يَدْرُونَ»، لم يُقدَّم باعتباره الحافز الأساسي على إكرام الضيف، بل لإظهار أننا لا نعلم دائمًا كم قد يكون التصرُّف اللطيف بعيد الأثر (راجع متى ٢٥: ٤٠، ٤٥). هذا هو ما حدث تمامًا مع إبراهيم وسارة (تكوين ١٨: ١-٣)، ومع لوط (تكوين ١٩: ١-٢)، ومع جدعون (قضاة ٦: ١١-٢٤)، ومع منوح (قضاة ١٣: ٦-٢٠). لكن، لم يكن كاتب الرسالة إلى العبرانيين يقصد بهذا أنه على المؤمنين أن يتوقعوا زيارات ملائكية، لكنه بالأحرى كان يوحي ضمنًا، من خلال مثال حيٍّ، بأنه حين يمارِس أحدهم كرم الضيافة مطيعًا للكتاب المقدس (١تيموثاوس ٣: ٢؛ تيطس ١: ٨)، فقد يختبر أحيانًا بركة غير متوقعة، كما حدث في الأجزاء الأولى من العهد القديم.

## ⬅ علامَ تشتهي الملائكة أن تطَّلع (١بطرس ١: ١٢)؟[٣٩]

لا يعني ذلك أن الملائكة لم يكونوا متداخلين في خطة الله للخلاص. فقد بشَّروا بميلاد المسيح (لوقا ١: ٢٦-٣٥؛ ٢: ١٠-١٤)، وخدموه واعتنوا به في أوقات تجاربه (متى ٤: ١١؛ لوقا ٢٢: ٤٣)، ووقفوا عند القبر حين قام من بين الأموات (متى ٢٨: ٥-٧؛ مرقس ١٦: ٤-٧؛ لوقا ٢٤: ٤-٧)، وكانوا حاضرين في أثناء صعوده إلى السماء (أعمال الرسل ١: ١٠-١١).

ومنذ ذلك الحين، يفرح الملائكة بالخطاة الذين يتوبون (لوقا ١٥: ٧، ١٠). كذلك، صار الرسل منظرًا للملائكة (١كورنثوس ٤: ٩). وأيضًا، ينتاب الملائكة القلق حيال شيوخ الكنائس الذين اعتادوا ارتكاب الخطية (١تيموثاوس ٥: ٢١). فضلًا عن ذلك، الملائكة أرواح خادمة مرسَلة للخدمة لأجل العتيدين أن يرثوا الخلاص (عبرانيين ١: ١٤). وبعد الموت، سينضم المؤمنون إلى الملائكة لتقديم العبادة في السماء (رؤيا ٥: ١١-١٤).

ومن ثَمَّ، فإن الملائكة قريبون بما يكفي لمراقبة الرسل، وخدمة القديسين، والعبادة مع المؤمنين في السماء، والفرح بخلاص خاطئٍ واحدٍ؛ لكن، هناك شيء إضافي يركِّز عليه الملائكة بشدة. فمِثل بطرس، ويوحنا، ومريم الذين مالوا ليُمعنوا النظر داخل القبر الفارغ (لوقا ٢٤: ١٢؛ يوحنا ٢٠: ٥، ١١)، أو مِثل شخص يبحث باهتمام في الكتب (يعقوب ١: ٢٥)، يجتهد الملائكة كثيرًا لرؤية ثمر الخلاص الناتج عن آلام المسيح على الصليب، وقيامته من بين الأموات، وصعوده إلى السماء.

---

٣٨ هذا الجزء مقتبَس بتصرُّف من المصدر التالي:
جون ماك آرثر، تفسير الكتاب المقدس، الطبعة الأولى (منصورية المتن — لبنان: دار منهل الحياة، ٢٠١٢)، ٢٢٠٠.
٣٩ هذا الجزء مقتبَس بتصرف من المصدر التالي، بتصريح من الناشر:
John MacArthur, *1 Peter*, MNTC (Chicago: Moody Publishers, 2004), 58.

لـدى الملائكـة فضـول مقـدَّس لفهـم ذلـك النـوع مـن الرحمـة والنعمـة الـذي لـن يختبـروه أبـدًا. فـإن الملائكـة القديسـين ليسـوا بحاجـة إلـى الخـلاص، والملائكـة السـاقطون ليـس لهـم خـلاصٌ مـن الأسـاس. لكـن، يسـعى الملائكـة القديسـون إلـى فهـم الخـلاص حتـى يمجِّـدوا اللـه علـى نحـو أكْمَـل، لأن هـذا هـو الغـرض الرئيسـي مـن وجودهـم (أيـوب ٣٨ : ٧؛ مزمـور ١٤٨ : ٢؛ إشـعياء ٦ : ٣؛ لوقـا ٢ : ١٣-١٤؛ عبرانيـين ١ : ٦؛ رؤيـا ٥ : ١١-١٢؛ ٧ : ١١-١٢).

## ⬅ هل للكنائس ملائكة (رؤيا ١ : ١٦، ٢٠)؟

إن «السَّـبْعَةُ «الْكَوَاكِـبُ» (رؤيـا ١ : ١٦) هِـيَ «مَلاَئِكَـةُ» [messengers] السَّـبْعِ الْكَنَائِـسِ (رؤيـا ١ : ٢٠). تَستخدم غالبيـة ترجمـات الكتـاب المقـدس كلمـة «مـلاك» هنـا بـدلًا مـن كلمـة «رسـول» ترجمـةً للكلمـة اليونانيـة *angelos*. لكـن هنـا مـن الأفضـل اسـتخدام المعنـى الأعـمَّ لهـذه الكلمـة، وهـو «رسـول»، ثـم نتـرك للسـياق تفسـير معنـى الكلمـة.

يمكن لكلمة *angelos* أن تشير إلى ملائكة صالحين (رؤيا ٥ : ١١)، أو إلى ملائكة أشرار (متى ٢٥ : ٤١).

كذلـك، استُخدِمت الكلمـة كثيـرًا فـي العهـد الجديـد للإشـارة إلـى رُسُـلٍ مـن البشـر (متـى ١١ : ١٠؛ مرقس ١ : ٢؛ لوقـا ٧ : ٢٤؛ يعقـوب ٢ : ٢٥). ولكلمـة «كوكـب» فـي الكتـاب المقـدس معـانٍ كثيـرة، إذ قـد تعنـي كوكبًا أو نجمًا حقيقيًّا (رؤيـا ٦ : ١٣)، أو شـياطين (رؤيـا ٩ : ١)، أو بشـر (رؤيـا ١٢ : ١)، أو المسـيح (رؤيـا ٢٢ : ١٦) أو ملائكـة (أيـوب ٣٨ : ٧). وفـي الأدب القـديم، كان مـن الشـائع أن يمثِّـل «الكوكـب» شـخصيةً بـارزةً (دانيـال ١٢ : ٣). بـل وإن المجتمـع نفسـه فـي هـذه الأيـام لديـه «نجومـه» و«نجومـه العظمـاء».

حـين نضـع هـذا فـي الاعتبـار، تتكـوَّن لدينـا ثلاثـة تفسـيرات محتمَلـة لكلمـة «كوكـب». يقـول البعـض إن هـذه الكلمـة تشـير إلـى «توجُّـه» الكنائـس، بينمـا يقـول آخـرون إنهـا إشـارة إلـى ملائكـة حقيقيـين. لكـن، فـي هـذا السـياق، تبـدو فكـرة أن هـذه الكلمـة تشـير إلـى إنسـان هـي الفكـرة الأكثـر إقناعًـا، وذلـك للأسـباب التاليـة:

**أولًا**، استُخدِمت كلمتـا «كوكـب»، و«مـلاك» فـي العهـد القـديم والعهـد الجديـد علـى حـدٍّ سـواء للإشـارة إلـى بشـر. **ثانيًـا**، لم يَشـغل ملائكـة فـي أي موضـع فـي الكتـاب المقـدس منصبًـا قياديًّـا فـي الكنيسـة. **ثالثًـا**، يُستنتَج مـن الدراسـة المبنيـة علـى أسـاس متـين لعقيـدة الكنيسـة أن المسـيح لـم يكـن يكتـب هنـا إلـى ملائكـة، بـل إلـى بشـر (رؤيـا ٢ : ١، ٨، ١٢، ١٨؛ ٣ : ١، ٧، ١٤). **وأخيـرًا**، البشـر، وليـس الملائكـة، هـم المسـئولون أمـام اللـه عـن سـلوك الكنيسـة (عبرانيـين ١٣ : ١٧)، بينمـا يقـف الملائكـة مـن الخـارج يَطَّلِعُـونَ بفضـول علـى مـا يحـدث بالداخـل (١بطـرس ١ : ١٢).

ومـن ثَـمَّ، يمثِّـل «الملائكـة» السـبعة للكنائـس فـي حقيقـة الأمـر القيـادةَ البشـريةَ للكنيسـة، التـي تشـمل الشـيوخ والنُّظَّـار. وكونُهـم ممسَـكين فـي يمـين المسـيح هـو تعبيـرٌ عـن سـلطان المسـيح علـى كنائسـه. ويُذَكِّـر هـذا قـادة الكنائـس بأنهـم يقـودون كنائسـهم بسـلطان المسـيح، وليـس بسـلطانهم الشـخصي.

## ⬅ كيف سيَدِينُ المؤمنون ملائكة (١كورنثوس ٦: ٣)؟

الفعل اليوناني *krinō* في ١كورنثوس ٥: ١٢، ١٣؛ ٦: ١ [«يُحَاكَم»]، ٢، ٣ يعني في المقام الأول «يَدين»، أو «يحاكِم»، أو «يقرِّر»، أو «يحدِّد». كيف إذن، سيدين المؤمنون ملائكة في المستقبل؟ ومن هم أولئك الملائكة الذين سيدانون؟

افترض البعض أن الفعل العبري *shaphat*، الذي جاء في العهد القديم، تُرجِم إلى الفعل *krinō* في الترجمة السبعينية، ويوحي بمعنى بديل، ألا وهو «يتسلَّط» أو «يَحكُم» [rule over][40] (١صموئيل ٨: ٢٠). ومن ثَمَّ، ربما استُخدِمت الكلمة بالمعنى نفسه في العهد الجديد، بمعنى أن المؤمنين سوف يتسلَّطون على الملائكة القديسين، بما أن الملائكة يخدمون المؤمنين (عبرانيين ١: ١٤). لكن، يعبِّر سياق ١كورنثوس ٥: ٩-٦: ١١ بوضوح عن فكرة الحُكم القضائي، وليس عن المعنى الثانوي للكلمة، الذي يتعلَّق بالحُكم أو التسلُّط.

وبما أن كلمة *krinō* استُخدِمت في هذا النص بالمعنى القضائي، فهذا يثير لدينا بعض التساؤلات الأخرى. **أولاً**، بأي طريقة ينبغي أن يُحاكَم أو يُدان الملائكة القديسون؟ إنهم، بحُكم طبيعتهم، لن يخضعوا لدينونة. كذلك، لا يقدِّم لنا الكتاب المقدس أدنى مؤشر، سواء بالقول الصريح أو بالأمثلة، على أن الملائكة القديسين خضعوا يومًا أو سيخضعون لدينونة.

**ثانيًا**، كيف سيدين المؤمنون الملائكة الأشرار؟ ينتظر هؤلاء الملائكة في الوقت الحالي دينونة اليوم العظيم (٢بطرس ٢: ٤؛ يهوذا ٦)، التي ستتزامن حتمًا مع دينونة الشيطان، حين سيُطرَح في بحيرة النار (رؤيا ٢٠: ١٠)، وينضم إليه ملائكته (متى ٢٥: ٤١). إذن، بما أن المسيح وَعَدَ المؤمنين بالجلوس معه في عرشه (رؤيا ٣: ٢١)، وبأن يكون لهم سلطان أن يدينوا (رؤيا ٢٠: ٤)، فربما سيشتركون مع المسيح في إدانة الملائكة الأشرار في دينونة اليوم العظيم. ومن ثَمَّ، هذا هو على الأرجح الحدث الذي كان بولس يلمِّح إليه في ١كورنثوس ٦: ٣.

## ⬅ هل يشير إشعياء ١٤ وحزقيال ٢٨ إلى الشيطان؟

كما رَبَطَ الكتاب المقدس بشكل غير مباشر الأوثان بالشياطين (تثنية ٣٢: ١٧؛ مزمور ١٠٦: ٣٧-٣٨)، وكما رَبَطَ المسيحُ بطرسَ المندفِعَ بالشيطان (متى ١٦: ٢٣)، هكذا توجد بين كلٍّ من ملك بابل (إشعياء ١٤: ٤-٢١)، وملك صور (حزقيال ٢٨: ١-١٩) والشيطان صِلَةٌ غير مباشرة. فإن الملوك الوثنيين الذين روَّجوا للعبادات الزائفة، بل وأصروا على أنهم، في حقيقة الأمر، وبحُكم الطبيعة، آلهة، كانوا كأنهم نواب بشريين للشيطان. وهكذا كان هذان الملكان.

يُعطي إشعياء ١٤: ١٢-١٤ لمحة عن الشيطان من خلال حياة ملك بابل، إذ يَصِفُ شخصًا يريد أن يرفع نفسه إلى مستوى الله (إشعياء ١٤: ١٣-١٤)، لكنه فَشِلَ في محاولته أن يمجِّد ذاته (إشعياء ١٤: ١٢). انطبق هذا الوصف على الملك البابلي تمامًا كما أنه أَرْجَعَ صدى السقوط الأول للشرير.

---

٤٠ [المترجم]: تُرجِم هذا الفعل في الترجمة العربية البستاني- فانديك لنص ١صموئيل ٨: ٢٠ «يقْضِي».

كذلك، يبيِّن حزقيال ٢٨: ٢، ٦، ١٢-١٧ كيف سلك ملك صور في مُلْكِهِ على نحو شبيه بسلوك الشيطان في الماضي. فقد كان هذا الحاكم نموذجًا لتوجُّهات الشيطان السابقة وأفعاله.

لذلك، علينا أن نراعي التوازن عند تفسير هذين المقطعين؛ أي علينا أن نحرص على ألا نتجاهل الشيطان، وفي الآن ذاته، نحرص على ألا نتعامل مع هذين المقطعين كأنَّ الشيطان هو موضوعهما الحصري، ونكون حذرين لِفَهْمِ أن القصد الرئيسي أو المباشر لكُتَّاب هذه النصوص كان النطق بدينونة الله على المَلِكين الفعليين، مستخدمين خلفية الشيطان لتوضيح مدى فساد وشر مُلْكِهِمَا. ويبدو أن العهد الجديد يصدِّق على هذا الرأي، لأنه يتحدث بشكل وافر عن إبليس دون الاقتباس المباشر سواء من إشعياء ١٤، أو من حزقيال ٢٨.

## ⬅ هل يقرأ الشيطان أفكار البشر؟[٤١]

هل يمتلك إبليسُ القدرةَ على معرفة ما يفكِّر فيه البشر؟ نُجيب عن هذا بالنفي، للأسباب التالية:

**أولاً**، الشيطان كائن مخلوق (يوحنا ١: ٣؛ كولوسي ١: ١٦)؛ ومن ثَمَّ، لا يشترك مع الله في صفة العِلم الكلِّي. **ثانيًا**، لا يوجد ولو أدنى تلميح في أي موضع في الكتاب المقدس إلى أن الشرير كليُّ العِلم، سواء في الماضي، أو الحاضر، أو المستقبل.

**ثالثًا**، ليس الشيطان هو العلة المباشرة لفساد ذهن الإنسان وفكره، بل العلَّة غير المباشرة. فعند اكتمال عملية الخَلق، «رَأَى اللهُ كُلَّ مَا عَمِلَهُ فَإِذَا هُوَ حَسَنٌ جِدًّا» (تكوين ١: ٣١). كان آدم وحواء في شركة بارة مع الله، وقد أُعطيا سلطانًا على كلِّ خليقة الله (تكوين ١: ٢٦-٣٠). وقد كان مستقبلهما ومستقبل نسلهما قبل أن تقتحمَ الخطيةُ المشهدَ واعِدًا بحياة من النعيم الأرضي.

ويصف لنا تكوين ٣: ١-٧ الضربة القاضية وبعيدة الأَثَر التي تلقَّاها ذهن الإنسان، وأثَّرت على كلِّ شخص جاء بعد ذلك. ودون شك، شنَّ الشيطان في هذا النص الشهير حربًا على الله، وعلى الجنس البشري، وكانت أرض المعركة هي ذهن حواء. وفي النهاية، استبدلت حواء حق الله (تكوين ٢: ١٧) بكذب الشيطان (تكوين ٣: ٤-٥)، ومنذ ذلك الحين، لم يعد الذهن البشري كما كان.

**رابعًا**، يتَّضِحُ مدى فساد الذهن من خلال الألفاظ السلبية الكثيرة التي استخدمها العهد الجديد لوصف مدى خراب قدرة الإنسان الذهنية، نتيجة الخطية الأصلية (انظر الجدول ٨. ١٠)

---

٤١ هذا الجزء مقتبَس بتصرُّف من المصدر التالي، بتصريح من الناشر:
Richard L. Mayhue, "Cultivating a Biblical Mind-Set," in *Think Biblically: Recovering a Christian Worldview*, ed. John MacArthur (Wheaton, IL: Crossway, 2003), 39–41.

**الجدول ٨. ١٠: الأوصاف المعبِّرة عن فساد قدرة الإنسان الذهنية**

| | |
|---|---|
| «مَرْفُوضٍ» | رومية ١: ٢٨ |
| «غليظة» | ٢كورنثوس ٣: ١٤ |
| «أُعميت» | ٢كورنثوس ٤: ٤ |
| «بُطل» | أفسس ٤: ١٧ |
| «مظلمة» | أفسس ٤: ١٨ |
| «عدو» | كولوسي ١: ٢١ |
| «مخدوع» | كولوسي ٢: ٤ |
| «مضلَّل» | كولوسي ٢: ٨ |
| «جسدي» | كولوسي ٢: ١٨ |
| «فاسد» | ١تيموثاوس ٦: ٥ |
| «فاسد» | ٢ تيموثاوس ٣: ٨ |
| «منجَّس» | تيطس ١: ١٥ |

ونتيجة ذلك، عانى أول مخلوقين من البشر، وكلٌّ واحد من نسلهما، من تغيُّرٍ عنيف وشرس في علاقتهم بالله وبعالمه:

١. لم يعودوا يكترثون بأفكار الله، بل بفكر البشر (مزمور ٥٣: ١؛ رومية ١: ٢٥)
٢. لم يَعُد لديهم بصر روحي، بل قد أعماهم الشيطان عن مجد الله (٢كورنثوس ٤: ٤)
٣. لم يعودوا حكماء، بل جُهَّالٌ وحمقى (مزمور ١٤: ١؛ تيطس ٣: ٣)
٤. لم يعودوا أحياء لله، بل أمواتًا في خطاياهم (رومية ٨: ٥-١١)

٥. لم يعودوا يهتمون بما هو فوق، بل بما على الأرض (كولوسي ٣: ٢)
٦. لم يعودوا يسلكون في النور، بل في الظلمة (يوحنا ١٢: ٣٥-٣٦، ٤٦)
٧. لم يعودوا يعيشون في عالَم الروح، بل في الجسد (رومية ٨: ١-٥)
٨. لم يعودوا يتمتعون بحياة أبدية، بل واجهوا الموت الروحي، أي الانفصال الأبدي عن الله (٢تسالونيكي ١: ٩)

إذن، يستطيع الشيطان معرفة نوعية فكر المرء الفاسدة بوجه عام، نتيجة لمؤامرته الخادعة في مواجهته مع حواء في جنة عدن، لكنه يعجز عن معرفة تفاصيل الفكر من خلال قراءة الأفكار. ويُعطي الحديثان اللذان دارا بين الشيطان والله في سفر أيوب، وكذلك طريقة تعامُله مع أيوب (أيوب ١-٢) مثالًا توضيحيًّا جيِّدًا لهذه الفكرة. فقد تظاهر الشيطان في هذا الجزء بأنه يعرف تفاصيل ما يدور في ذهن أيوب، لكن، أثبتت الأحداث التالية حمق إبليس، وعجزه عن معرفة تفاصيل فكر أيوب معرفة صحيحة، لأنه يعجز عن قراءة الأفكار.

## ⬅ ما الصلة بين المسيح والشيطان؟

خَلَقَ المسيح كلَّ شيء، وبغيره لم يكن شيء (يوحنا ١: ٣، ١٠؛ ١كورنثوس ٨: ٦؛ كولوسي ١: ١٦؛ عبرانيين ١: ٢). أما الشيطان، فهو كائن مخلوق، ومن ثَمَّ، فهو ليس نظيرًا للمسيح، أو متفوقًا عليه. فلم يَخلق الشيطان شيئًا، وهو دائمًا كائن أدنى، خاضع لربوبية يسوع ولمشيئته (١يوحنا ٣: ٨).

في أيوب ١: ١٢؛ ٢: ٦، كان على الشيطان أن يخضع لمشيئة الله. وفي متى ٤: ١٠، أَمَرَ المسيح الشيطان بأن يذهب عنه. وفي النهاية، سيغلب المسيحُ الشيطانَ، ويدينه بارتكاب جرائم خيانة عظمى، ويَحكم عليه بقضاء أبدية في بحيرة النار (يوحنا ١٦: ١١؛ رؤيا ٢٠: ٩-١٠).

إذن، المسيح هو الخالق الذي منه نَالَ الشيطان حياته. والمسيح هو السيد الذي لا بد للشيطان أن يخضع له. والمسيح هو الديَّان (القاضي) الذي من فمه سيسمع الشيطان، المذنب بالتهم الموجَّهة إليه، الحُكم النهائي الصادر ضده، وسينال عقوبته الأبدية في الجحيم.

## ⬅ هل يمكن للشيطان أو ملائكته أن يصنعوا قُوَّات؟

لا تتمتع الكائنات المخلوقة كالشيطان أو ملائكته بالقدرة الإعجازية الخارقة التي يتمتع بها الله كليُّ القدرة. لا يمكن إنكار أن الله صنع قوات من خلال المسيح (يوحنا ١١: ٤٧-٤٨)، ومن خلال الرسل (أعمال الرسل ٤: ١٦)؛ لكنه لم يصنع البتة الشيء ذاته لأجل الشيطان أو ملائكته.

من بين الاستراتيجيات الرئيسية للشيطان هي الخداع (رؤيا ١٢: ٩؛ ١٣: ٣، ١٢، ١٤؛ ١٩: ٢٠؛ ٢٠: ٣، ٨، ١٠)، أي أن يجعل فعلًا غير معجزي يبدو كأنه مساوٍ في القوة لفعل عمله الله. لكن هذا مجرد مظهر، وليس حقيقة.

وفي حين يتمتع الشيطان بقدرات وإمكانيات تفوق البشر (أيوب ١: ١٢؛ ٢: ٦)، إلا أن الله قد وضع حدودًا لها. فقد استطاع السَّحَرة في بلاط فرعون أن يحاكوا ظاهريًّا الضربات الثلاث الأولى التي ضرب الله بها مصر (خروج ٧: ١١-١٢، ٢٢؛ ٨: ٧)، لكنهم عجزوا عن مواصلة ذلك من الضربة الرابعة فصاعدًا (خروج ٨: ١٨-١٩)، بل وأقروا بأن قدرة الله الكُلِّيَّة قد فاقت إمكانياتهم بكثير. وفي النصف الأخير من الأسبوع السبعين الذي تنبأ عنه دانيال، سيؤيِّد الشيطانُ ضدَّ المسيح (٢تسالونيكي ٢: ٩-١٠)، والنبي الكذاب (رؤيا ١٣: ١٣-١٤)، وأرواح شيطانية (رؤيا ١٦: ١٣-١٤) بآيات وعجائب كاذبة.

هل يستطيع الشيطان أو ملائكته شفاء الأمراض مثلما فعل يسوع أو الرسل؟ ليس عند الشيطان أو ملائكته سلطان الخلق، ومن ثم، لا يمكنهم إجراء آيات شفاء بطريقة إعجازية مثل الله. لكن، عندما تغادر الأرواح الشريرة غير المؤمنين (بإرادتهم)، يمكن أن يفارقهم المرض أيضًا، الشيء الذي قد يبدو ظاهريًّا أنه معجزة شفاء.

ويبدو أن الإجابة البديهية للفلسطينيين في القرن الأول عن سؤال «هل يستطيع الشياطين أن يشفوا؟» كانت إجابة بالنفي. فقد اتُّهم يسوع أن به شيطان في ستة مواقف على الأقل: (١) متى ٩: ٣٢-٣٤؛ (٢) متى ١٢: ٢٢-٢٩؛ مرقس ٣: ٣٠؛ (٣) لوقا ١١: ١٤-٢٦؛ (٤) يوحنا ٧: ٢٠؛ (٥) يوحنا ٨: ٤٨-٤٩، ٥٢؛ (٦) يوحنا ١٠: ٢٠-٢١. وكان ردُّ أكثر العارفين بثمر خدمة المسيح على هذا الاتهام هو: «أَلَعَلَّ شَيْطَانًا يَقْدِرُ أَنْ يَفْتَحَ أَعْيُنَ الْعُمْيَانِ؟» (يوحنا ١٠: ٢١). وهكذا، فقد يقنعك الشياطين ظاهريًّا بقدرتهم على الشفاء، لكنهم في حقيقة الأمر لا يقدرون أن يشفوا بطريقة معجزية. فهم أرواح مُضِلَّة (١تيموثاوس ٤: ١)، وليست آياتهم من الله (رؤيا ١٦: ١٤).

## ⬅ هل الشياطين أو الأرواح الشريرة موجودون في العالم اليوم؟

لماذا يحظى الشياطين أو الأرواح الشريرة أحيانًا باهتمام كبير جدًا من وسائل الإعلام؟ وهل هذه التقارير صحيحة كتابيًّا، أم أنها مجرد نتاج لتأملات وتصورات أناس جُهَّال، يرون روحًا شريرًا وراء كلِّ شجرة وتحت كل حجرٍ ومَدَرٍ (أي أنهم ينسبون كل ما يحدث للشياطين والأرواح الشريرة)؟ هل ازداد النشاط الشيطاني في عالمنا اليوم؟ وكيف يمكن للمرء أن يفرِّق بين المفاهيم الصحيحة كتابيًّا، وتلك التي ليست كذلك؟

يستلزم تناوُل هذا الموضوع كتابًا كاملًا، لكننا فقط سنشير إليه هنا بإيجاز. وفيما يلي بعض الملاحظات العامة التمهيدية:

١. نؤكِّد حقيقة وجود الشيطان والأرواح الشريرة، سواء في الماضي أو في الحاضر، على النحو الذي يؤكِّده الكتاب المقدس.
٢. نؤكد أن الكتاب المقدس يحثُّ المؤمنين على أن يتوقعوا أن يكون الشيطان والأرواح الشريرة عاملين اليوم بقدر عملهم في الماضي في كلٍّ من العهد القديم والعهد الجديد (١بطرس ٥: ٦-١١).

٣. نؤكِّد أن الكتاب المقدس يعلِّم بأن المؤمن، في ممارسته للحياة المسيحية، يخوض معركة روحية حقيقية مع الشيطان، ومع جيشه من الأرواح الشريرة.
٤. نؤكِّد أن الكتاب المقدس وحده، بمعزل عن الخبرة الشخصية، أو عن البيانات الطبِّية، هو الذي يحدِّد بشكل دقيق حقيقة الخبرات الشيطانية؛ وأنه هو الذي يمدنا بفهم للمواجهات مع الشيطان والأرواح الشريرة.
٥. نؤكِّد أن التعاليم الموجودة في رسائل العهد الجديد عن كيفية خوض الحرب الروحية لم تكن قاصرة على القرن الأول (أفسس ٦ : ١٠-٢٠).

وبحسب الكتاب المقدس، كان الشيطان وملائكته هم المتورِّطون بشكل بارز في الظلمة الروحية (أفسس ٦ : ١٢)، والخداع (٢كورنثوس ١١ : ١٣-١٥)، والموت (يوحنا ٨ : ٤٤). فهم يزدهرون في البيئات من هذا النوع. وتركض الولايات المتحدة سريعًا في اتجاه هذه الحالات من الظلمة، والخداع، والموت، على مدار العقود الماضية، كما يتَّضح من زيادة الديانات الكذابة، وعبادة الأوثان، والفجور الجنسي، والانحرافات الجنسية، وتعاطي المخدرات، وممارسة السحر، والاهتمام بعبادة الشيطان، والفجور، وعدم الخزي من الخطية، والجموح، والحط من قيمة حياة الإنسان، والمحاولات المجتمعية لقمع الحق الكتابي.

ولا يتوقف الأمر عند كون العالم قد صار بيئة يزدهر فيها الشيطان وملائكته، بل قد وقع المجتمع المسيحي نفسه دون أن يدري فريسة للخداع الشديد. ففي الكنيسة، يظهر هذا عادة في هيئة طَرَفَي نقيض: إما المبالغة في التركيز على العالم الروحي، وإما الإهمال في التركيز عليه.

إن قدرًا كبيرًا من المجتمع المسيحي اليوم لا يُوْلِي التعاليم والتحذيرات الكتابية بشأن الشيطان وملائكته اهتمامًا يُذكَر. فلأن الكثير من النشاط الشيطاني في العالم يحدث بشكل غير منظور، افترض البعض أنه غير موجود. وقد أدَّى جهلُ بعض المؤمنين بالكتاب المقدس، مقرونًا بالتوجُّه المادِّي، إلى لامبالاة غير صحية بالحرب غير المنظورة مع قوات الظلمة. ومن ناحية أخرى، يسود شعور غير واقعي بالحصانة الروحية على فكر آخرين. وقد تَرك هذا الكثير من المؤمنين -دون أن يَدروا- جُهَّالًا، وعرضة للخطر، وغير متأهبين لاشتداد الحرب الروحية الحالي.

## ➡ هل يستطيع المؤمنون ربط الشيطان؟

لا يمكن سوى لنصوص قليلة جدًا من العهد الجديد أن تساعد في الإجابة عن هذا السؤال. فإن متى ١٢ : ٢٢-٢٩؛ مرقس ٣ : ٢٧؛ لوقا ١١ : ١٤-٢٣ يضع القوي (الشيطان، متى ٢٢ : ٢٩) في منافسة روحية مع الأقوى (المسيح، لوقا ١١ : ٢٢). لكن، لا يمت هذا النص بصلة لربط المؤمنين للشيطان، لكنه فقط يشير إلى ربط المسيح للشيطان، أي بكون المسيح يفوقه في القوة.

ويشير متى ١٦ : ١٦-١٩ (ولا سيما متى ١٦ : ١٩) بأسلوب مجازي إلى صفح الرسل، أو عدم صفحهم، عن الخطايا، سواء باستخدام اللفظ «تَرْبِطُهُ» للتعبير عمَّا هو «محظور» أو «غير مغفور»،

أو باستخدام اللفظ «تَحُلُّهُ» للتعبير عما هو «مسموح به»، أو «مغفور». وقد فسَّر المعلِّمون اليهود القدامى هذه الألفاظ نفسها في هذا السياق بهذا المعنى تمامًا. فإن النص يتعلَّق كليةً بسلطان التعامل مع الخطية، ولا يمت بأدنى صلة للشيطان. ويَطرح يوحنا ٢٠ : ٢٣ هذه الفكرة نفسها مستخدمًا عبارتين مباشرتين، ألا وهما: «غَفَرْتُمْ»، و«أَمْسَكْتُمْ خَطَايَاهُ». وكذلك، ينبغي فهم نص متى ١٨ : ١٥-١٨، الذي يدور حول تأديب أخ مخطئ، بهذا المعنى نفسه.

يتحدَّث رؤيا ٢٠ : ١-٣ عن المُلك الألفي للمسيح، الذي في بدايته سيُقيِّد ملاكٌ من السماء الشيطانَ في حبس فعلي طوال الألف سنة. يتعلق هذا النص بزمن محدد، ويشير فقط إلى ملاك رؤيا ٢٠ : ١، وإلى الشيطان، وإلى المُلك المستقبلي للمسيح على الأرض لمدة ألف سنة.

ينبغي أن يقودنا هذا الفحص للنصوص الكتابية القليلة جدًا التي ربما تمت بصلة لهذا السؤال إلى استنتاج عدم تناوُل أي نص من هذه النصوص بأي حال السؤالَ المطروحَ أعلاه. ومن ثم، فإن إجابتنا البسيطة عن هذا السؤال هي بالنفي؛ فلا يستطيع المؤمنون أن يربطوا الشيطان، لأنه لا يوجد أي تعليم كتابي يمكن أن يقود إلى إجابة أخرى.

## ← مَن هُم «أبناء الله» الذين ورد ذكرهم في تكوين ٦: ١-٤؟

يُعَد تكوين ٦ : ١-٤ واحدًا من أكثر النصوص غموضًا وصعوبة في الكتاب المقدس من جهة التفسير. ولذلك، لن نتمكن من أن نكون جازمين بشأنه بما يكفي، لأنه يظل واحدًا من عدد قليل من النصوص التي تخضع لعدد كبير من الآراء المتشعبة، حتى بين المفسرين الذين يتفقون معًا في العموم على غالبية القضايا الأخرى. ومن ثم، فمن الأفضل ألَّا نُولي أهمية زائدة عن الحد لأيٍّ استنتاجات عقائدية أو عملية محتمَلة يمكن أن تُستمَد منه.

وتعود الصعوبة الشديدة لهذا النص الذي وَرَدَ في الصفحات الأولى من الكتاب المقدس إلى عدة أسباب:

١. أنَّ القرينة المباشرة الوحيدة لهذا النص هي تكوين ١-٥
٢. أنَّ تفاصيل النص قليلة وغامضة
٣. أنه لا توجد نصوص صريحة وواضحة متصلة بنص تكوين ٦ : ١-٤ في الأجزاء التالية من العهد القديم، أو في نصوص العهد الجديد، عدا متى ٢٤ : ٣٧-٣٩، ولوقا ١٧ : ٢٦-٢٧.
٤. وقع هذا النص في بيئة ما بعد السقوط، وما قبل الطوفان، تلك البيئة التي يَندُرُ وجود حقائق كتابية عنها.

إلا أن غموض هذا النص المحيِّر هو نفسه الذي يجعله جذابًا بشكل مذهل للباحثين من دارسي الكتاب المقدس.

تنشأ بشأن هذا النص بعض الأسئلة شديدة الأهمية: مَن هُم «أبناء الله» (تكوين ٦: ٢)؟ ومن هم «الْجَبَابِرَةُ» (تكوين ٦: ٤)؟ وهل يتعلق الأمر هنا بالشياطين أو الأرواح الشريرة؟

سنعرض فيما يلي العديد من الافتراضات باختصار يلائم هذه الدراسة الموجَزة:

١. ليس تكوين ٦: ١-٤ أسطورة قديمة، لكنه بالأحرى تاريخ حقيقي ودقيق، معلَن من الله.
٢. يَلزم تفسير هذا النص في سياق تكوين ١-٥.
٣. لا يلزم أن يكون «الجبابرة»، الذين وَرَدَ ذكرُهم في تكوين ٦: ٤، بالضرورة ذرية أبناء الله وبنات الناس. بل في حقيقة الأمر، يظهر هؤلاء الجبابرة مرة أخرى بعد قرونٍ من هذا الحدث، ضِمن أحداث الخروج من أرض مصر، وبعد الطوفان (العدد ١٣: ٣٣).
٤. لا يمكن للشياطين أن يتزاوجوا بشكل مباشر مع البشر، بما أن التكاثر يكون بحسب الجنس (تكوين ١: ٢٠-٢٥). بالإضافة إلى ذلك، لا يمكن لكائنات روحية أن تتناسل، حتى لو فيما بينها (انظر متى ٢٢: ٣٠؛ مرقس ١٢: ٢٥).
٥. في حين ليس التزاوُج المباشر بين الملائكة والبشر واقعيًّا، لكن يمكننا أن نفكر في احتمالية وجود علاقة غير مباشرة بين الملائكة والبشر، من خلال علاقة بين رجال ونساء تسكنهم أرواح شريرة.
٦. زَعَمَ البعض وجود بعض الصلات بين تكوين ٦: ١-٤، وبعض نصوص العهد الجديد مثل ١بطرس ٣: ١٩-٢٠؛ ٢بطرس ٢: ٤؛ يهوذا ٦. في حين أن هذا أمرٌ محتمَلٌ، قُدِّمت تفسيرات أخرى مقنِعة بالقدر نفسه لنصوص العهد الجديد هذه لا تستلزم ربطها بنص تكوين ٦. وهكذا، أيًّا كان الرأي الذي سيتبنَّاه المرء، يجب ألَّا يكون مستنِدًا على نصوص العهد الجديد هذه، باعتبارها دليلًا رئيسيًّا على هذه العلاقة.

بعد عرض هذه الخلفية من الأفكار التمهيدية، سنقدِّم فيما يلي شرحًا وتقييمًا مختصرًا للآراء الثلاثة الأشهر في هذا الشأن. بعد ذلك، على القارئ أن يقرِّر بنفسه أي رأي منها هو الذي يحظى بأقوى تأييد، وتكتنفه أقل المشكلات.

### • رأي «نسل شيث الأشرار»

تبنَّى چون موراي (John Murray) وجليسون آرشر (Gleason Archer) هذا الرأي،[٤٢] الذي يؤكِّد أن النسل التقي الذي جاء من شيث قد أخطأوا وحادوا عن خطة الله، وتزوَّجوا من نساء النسل الشرير الذي جاء من قايين. وبهذا التزاوُج غير المقدس، تَلوَّثَ نسل شيث، الأمر الذي يفسِّر سبب الإبقاء على حياة نوح وعائلته (من نسل شيث) في الطوفان، في حين وقع الآخرون جميعهم تحت دينونة الله العالمية على الجنس البشري.

---

42 John Murray, *Principles of Conduct: Aspects of Biblical Ethics* (Grand Rapids, MI: Eerdmans, 1957), 243–49; Gleason Archer, *Encyclopedia of Bible Difficulties* (Grand Rapids, MI: Zondervan, 1982), 79–80.

فيما يلي أكثر السمات الجذابة في هذا الرأي:

١. جاءت عبارة «أبناء الله»، أو ما يعادلها، في مواضع أخرى في الكتاب المقدس إشارةً إلى أناسٍ أتقياء (تثنية ١٤: ١؛ مزمور ٧٣: ١٥؛ إشعياء ٤٣: ٦؛ هوشع ١: ١٠)
٢. كان السبب الأساسي من وراء دينونة الطوفان هو خطايا البشر، وليس خطايا الشياطين (تكوين ٦: ٥-٧)، وهذا يفسّر سبب عدم ديمومة روح الله في البشر، وجهاده معهم إلى الأبد («لَا يَدِينُ رُوحِي فِي ٱلْإِنْسَانِ إِلَى ٱلْأَبَدِ»، تكوين ٦: ٣)[٤٣]
٣. هناك تناغم جيِّد لسياق تكوين ١-٥ مع هذا الرأي.
٤. أسفر الزواج من آخرين خارج دائرة الإيمان عن زيجات مختلِطة، وتلوُّثٍ للنسل التقي المتحدِّر من شيث، مما يفسِّر صرامة وقسوة الطوفان الذي جاء على الجنس البشري كُلِّه، عدا عائلة نوح.
٥. يبدو أن عبارة «أبناء الله» تشير إلى نسل تقي، في حين تشير عبارة «بنات الناس» إلى نسل شرير.
٦. يتناغم هذا الرأي جيِّدًا مع الظروف والأحوال في عهد نوح، كما تصفها الأناجيل (متى ٢٤: ٣٧-٣٩؛ لوقا ١٧: ٢٦-٢٧)، التي تصف الحياة في ذلك الوقت بأنها اتَّسَمَت بتجاهل عام لأمور الله المقدَّسة من أجل ملاحقة أمور البشر الدنيوية كالأكل، والشرب، والزواج.

لكن فيما يلي أكثر السمات التي تمثل إشكالية في هذا الرأي:

١. كلمة «الناس» لم تأتِ في النص مقابِلة تمامًا لعبارة «أبناء الله»
٢. لا يوجد أي مؤشِّر صريح على أن «بنات الناس» هي عبارة تقتصر على نسل قايين.
٣. لا يوجد أي مؤشِّر صريح على أن عبارة «أبناء الله» هي إشارة إلى نسل شيث.

## • رأي «بشر بهم أرواح شريرة»

تبنَّى دوان جاريت (Duane Garrett) وفيليم فانجيميرين (Willem VanGemeren) هذا الرأي،[٤٤] الذي يؤكِّد أن أرواحًا شريرة (أي ملائكة أشرار) سَكَنَت في أجساد بشر، فدفعتهم إلى أن يعيشوا حياة من الفجور والخلاعة مع نساء العالم. وقد كان هذا الفساد الأخلاقي شديدًا وعامًّا لدرجة جعلت الله يُهلك الجنس البشري بكامله، عدا نوح وعائلته.

---

٤٣ [المترجم]: «لَنْ يَدُومَ رُوحِي فِي النَّاسِ إِلَى الأَبَدِ» (الترجمة العربية المبسطة)، «لَنْ يَمْكُثَ رُوحِي مُجَاهِداً فِي الإِنْسَانِ إِلَى الأَبَدِ» (ترجمة كتاب الحياة).

44 Duane A. Garrett, *Angels and the New Spirituality* (Nashville: Broadman, 1995), 46–47; Willem VanGemeren, “The Sons of God in Genesis 6:1–4 (An Example of Evangelical Demythologization),” *WTJ* 43, no. 2 (1981): 320–48. See also MacArthur, *1 Peter*, 212–16.

فيما يلي أكثر السمات الجذابة في هذا الرأي:

١. تشير العبارة المحدَّدة «أبناء الله» إلى ملائكة في مواضع أخرى من العهد القديم (أيوب ١: ٦؛ ٢: ١؛ ٣٨: ٧)
٢. يفسِّر هذا الرأي التضاد المزعوم بين «أبناء الله»، و«بنات الناس»
٣. هذا الرأي هو مِن أقدم التفسيرات المعروفة لنص تكوين ٦: ١-٤.

لكن فيما يلي أكثر السمات التي تمثل إشكالية في هذا الرأي:

١. يبدو أن هذا الرأي يُقْحِمُ الأرواح الشريرة في النص بشكل مُصْطَنَع، بينما لا يرد أيُّ ذكر لها في سياق تكوين ١-٥.
٢. لم تقع دينونة الله على الملائكة الأشرار، بل على البشر؛ وهذا يفسِّر سبب تركيز روح الله على البشر، وليس على الشياطين.
٣. لم تُشِر عبارة «أبناء الله» قط في أي موضع في الكتاب المقدس إلى شياطين أو أرواح شريرة
٤. ليس التقليد القديم معادلًا للكتاب المقدس في الدقة التاريخية.
٥. كانت كلمة «ملاك» تمثل جزءًا مألوفًا من مفردات موسى (تكوين ١٩: ١، ١٥؛ ٢٨: ١٢؛ ٣٢: ١)، ومن ثمَّ، يتعذر تفسير سبب استخدامه لعبارة «أبناء الله» هنا، ولا سيما لوصف ملائكة أشرار.
٦. لا يتفق هذا الرأي مع الأوصاف الصريحة في الكتاب المقدس للظروف والأحوال في عهد نوح (متى ٢٤: ٣٧-٣٩؛ لوقا ١٧: ٢٦-٢٧)، التي لا تَذكُر شيئًا عن شياطين أو أرواح شريرة.

- رأي «حُكَّام فاسدون»

تبنَّى والتر كايزر (Walter Kaiser)، وميريديث كلاين (Meredith Kline) هذا الرأي،[45] الذي يؤكِّد أن «أبناء الله» كانت عبارة قديمة استُخدِمت لوصف الحكام ونسلهم من الذكور، الذين كان يقال إن لهم صلة مباشرة بالآلهة،[46] والذين كانوا يغتصبون النساء في ذلك الوقت، الشيء الذي أدى إلى التشويه الشديد لقصد الله المقدس من الزواج، بل وأسفر عن تفشِّي تعدد الزوجات.

فيما يلي أكثر السمات جاذبية في هذا الرأي:

١. استخدَمَ الكتاب المقدس عبارة «أبناء الله» في مواضع أخرى للإشارة إلى حُكَّام من البشر (مزمور ٨٢: ٦؛ يوحنا ١٠: ٣٣-٣٦).

---

45 Walter C. Kaiser Jr., *More Hard Sayings of the Old Testament* (Downers Grove, IL: InterVarsity Press, 1992), 33–38; Meredith Kline, “Divine Kingship and Genesis 6:1–4,” *WTJ* 24, no. 2 (1962): 187–204.

٤٦ [المترجم]: في النص العبري جاءت كلمة إلوهيم معرَّفة (Beni ha Elohim)، في حين استُخدِمت الكلمة في مواضع أخرى للإشارة إلى الله بدون أداة تعريف، وكأنها اسم علم. لذلك، إذن، وفقاً للقواعد اللغوية، ربما تكون كلمة إلوهيم المعرَّفة في هذا النص تعني «أبناء الآلهة» وليس «أبناء الله».

- ٢. يلائم هذا الرأي وقوع دينونة الله على البشر، وليس على الملائكة الأشرار

- ٣. يتفـق هـذا الـرأي مـع الوصـف العـام للظـروف والأحـوال فـي أيـام نـوح، كمـا تصفهـا الأناجيـل (متـى ٢٤: ٣٧-٣٩؛ لوقـا ١٧: ٢٦-٢٧)، حيـث كان البشـر فـي شـرِّهم يتجاهلـون بسـهولة مطالـب الله الأساسـية.

لكن فيما يلي أكثر السمات التي تمثل إشكالية في هذا الرأي:

- ١. يَفترض هذا الرأي تفاصيل أكثر من الموجودة في نص تكوين ٦: ١-٤ نفسه.

- ٢. لـم يتحـدث الكتـاب المقدس عـن وجـود صلة بين الملوك والآلهة فـي هـذه الفتـرة مـن تاريـخ العالـم.

## صلاة[٤٧]

أبانا العزيز، هذا هو المجد الأعظم للإنجيل:
أنك بعمل ابنك الحبيب على الصليب،
تنقذنا من سلطان الظلمة
وتنقلنا إلى ملكوته، ملكوت النور السماوي؛
فتجعلنا أهلًا لشركة ميراث القديسين.

ومن أكثر النماذج المذهلة لهذا في كلمتك،
هو شهادة الرسول بولس عن إيمانه،
الذي صار حاميًا قديرًا للإيمان نفسه
الذي قَبْلًا حاول أن يتلفه.
وجميع الذين يؤمنون يمكنهم أن يشهدوا بالمثل
أنك قد افتديتنا من عبودية الخطية،
ووهبتَ لنا حياة جديدة،
وأهَّلتنا تمامًا لخدمتك –
حتى وإن كنا فيما سبق، نظير شاول الطرسوسي،
مجدِّفين وعصاة.
نحن نُكْرِمُ اسمك لأجل قوتك المغيِّرة في حياتنا.
فقد جعلت في أفواهنا ترنيمة جديدة،
تسبيحة حمد دائم لك.

نشكرك على عمل روحك القدوس الساكن فينا،
الذي يغيِّر حياتنا من الداخل إلى الخارج.
وإننا نبتهج باليقين في أن خطايانا مغفورة.
ونعي بشدة أننا مديونون إلى الأبد للمسيح،
الذي دفع ثمنًا لا يمكن تصوُّره كي يعتقنا.
ونَعلم أننا الآن أحرار بالحقيقة –
من العبودية للناموس،
وقد أُعتِقنا من العبودية للخطية.
نصلي أن تمكِّننا من الثبات في تلك الحرية.
احفظ قلوبنا، واختم على حريتنا،
حتى لا نقع مرة أخرى البتة تحت أيِّ نير،
غير نِيْرِ المسيح الهَيِّن وحِمْلِه الخفيف.

---

٤٧ هذه الصلاة مأخوذة حرفيًّا من المصدر التالي، بتصريح من الناشر:
John MacArthur, *At the Throne of Grace: A Book of Prayers* (Eugene, OR: Harvest House, 2011), 124–26.

نَعلم أنه دون تأييدك لنا بالقوة بنعمتك،
ستكون كلُّ محاولاتنا كي نحب بحسب التقوى، وكي نخدم بأمانة
عبثية تمامًا وبلا جدوى.
فدون تأييد الروح القدس،
لن نتمكَّن أبدًا من إكرام يسوع ربًّا.
ودون شفاعة المسيح عنا،
نعلم أننا سنتعثَّر.
ودون النعمة التي تهبها لنا كي نثابر،
حتمًا سنرتد.
ودون قوة كلمتك المُنَقِّية،
لما أمكننا البتة أن نكون أهلًا للسماء.

نعترف ونحن في خزي شديد
بأن قلوبنا عرضة للفتور والجمود.
فإن محبتنا لك ضحلة ومتقلبة للغاية،
وهذا يمنعنا من إكرامك كما تستحق.
وكثيرًا جدًا ما يتبيَّن أن خضوعنا للمسيح هشٌّ.
فإن خطواتنا متعثرة وغير ثابتة.
ونحن عرضة بشدة
لمغريات العالم،
وشهوات جسدنا،
ومكائد إبليس.
هب لنا مزيدًا من النعمة
حتى نجتهد في أداء واجباتنا،
ونتحلَّى بالأمانة في تكريسنا للمسيح،
ونكون مجاهدين في عمل الإنجيل،
وثابتين وراسخين في دفاعنا عن الحق،
بلا كلل في خدمتنا لك.
ليكن كل سلوكنا لائقًا بإنجيل المسيح،
وليجلب كل جانب من جوانب حياتنا المجد والإكرام لمخلِّصنا،
ربِّنا يسوع المسيح، الذي باسمه نصلي. آمين.

# إلهُنا حصنٌ حصينٌ

إلهُنا حِصنٌ حَصيْنْ
وهوَ أسوارٌ مَنيعَةْ،
وفي الأعْمَارِ لنا مُعيْنْ
وَالبَلايا المُميتَةِ المُريعَةْ.
ما زالَ خَصمُنا منذُ القِدَمْ
يسعى ليُلحِقَ بنا الألَمْ،
عَظيمٌ في القوَّةِ والدَّهاءْ
سلاحُهُ القساوةُ والبَغضاءْ،
وليس مثلُهُ في دُنى البَشَرْ.

نَصيبُنا الخَسارَةْ..
إنِ اتَّكلنا على قوَّتِنا
ولمْ يقفِ الرَّجُلُ المُناسبُ بقربِنا
مَنْ عَيَّنَ اللهُ اختِيَارَهْ.
أتسألُ عنِ اسمِهِ مَنْ هوَ؟
يسوعُ المَسيحُ هوَ
رَبُّ الجُنودِ والدُّهورْ،
مَنْ لا يتغيَّرُ في العُصورْ،
وهوَ حَتمًا غالبٌ في الحَرْب.

ومعَ كونِ العالمِ مَليئًا بالشّياطيْنْ
يَنفثُ ويُهدّدُ بأنّهُ سيُفنيْنا،
لنْ نخافَ، لأنَّ اللّهَ في كلِّ حيْنْ
أرادَ أنْ يَغلبَ حَقُّهُ فيْنا.
بلى! رَئيسُ سُلطانِ الظّلامِ جَسورْ،
لكنَّنا إزاءَهُ لا نخورْ،
نستطيعُ احتمالَ هجومِهِ الشَّديْدْ،
لأنَّ هلاكَهُ العَتيْدَ أكيْدْ،
وكلِمَةٌ واحدَةٌ سَوفَ تُسقِطُهُ.

كلمَةٌ تَعلو فوقَ سَلاطينِ الدُّنى
شاؤُوا أمْ أبَوا هي أقوى مِنَ الفَنا.
الرُّوحُ والمَوَاهبُ مُلكٌ لنا
بذاكَ الذي حاربَ في صَفِّنا.
لتَذهَبِ الخَيراتُ وليَمْضِ الأصدقاءْ،
ولتَمْضِ أيضًا هذي الحَياةُ الفانيَةْ
قدْ يُميتونَ أجسادَنا الحانيَةْ
لكنَّ حَقَّ اللهِ ثابتٌ في السَّماءْ..
لأنَّ ملكوتَهُ سَرمَديّ.[٤٨]

---

٤٨ قام المترجم بتعريب هذه الترنيمة وتقفيتها. الترنيمة الأصلية هي بعنوان "**A Mighty Fortress Is Our God**"، من تأليف مارتن لوثر Martin Luther (١٤٨٣-١٥٤٦م).

# المراجع

مراجع أساسية في اللاهوت النظامي

*Bancroft, Emery H. *Christian Theology: Systematic and Biblical.* 2nd ed. Grand Rapids, MI: Zondervan, 1976. 307–43.

Berkhof, Louis. *Systematic Theology.* 4th ed. Grand Rapids, MI: Eerdmans, 1939.–141 49.

Buswell, James Oliver, Jr. *A Systematic Theology of the Christian Religion.* 2 vols. Grand Rapids, MI: Zondervan, 1962–1963. 1:130–34.

Culver, Robert Duncan. *Systematic Theology: Biblical and Historical.* Fearn, Ross-shire, Scotland: Mentor, 2005. 176–90.

Dabney, Robert Lewis. *Systematic Theology.* 1871. Reprint, Edinburgh: Banner of Truth,75–264 .1985 .

Erickson, Millard J. *Christian Theology.* Grand Rapids, MI: Baker, 1986. 433–51.

*Grudem, Wayne. *Systematic Theology: An Introduction to Biblical Doctrine.* Grand Rapids, MI: Zondervan, 1994. 397–436.

Hodge, Charles. *Systematic Theology.* 3 vols. 1871–1873. Reprint, Grand Rapids, MI: Eerdmans, 1975. 1:637–48.

Reymond, Robert L. *A New Systematic Theology of the Christian Faith.* Nashville: Thomas Nelson, 1998. 658–63.

Strong, August Hopkins. *Systematic Theology: A Compendium Designed for the Use of Theological Students.* Rev. ed. New York: Revell, 1907. 443–64.

*Swindoll, Charles R., and Roy B. Zuck, eds. *Understanding Christian Theology.* Nashville: Thomas Nelson, 2003. 537–640.

Thiessen, Henry Clarence. *Introductory Lectures in Systematic Theology.* Grand Rapids, MI: Eerdmans, 1949. 190–212.

*Turretin, Francis. *Institutes of Elenctic Theology*. 3 vols. Edited by James T. Dennison Jr. Translated by George Musgrove Giger. 1679–1685. Reprint, Phillipsburg, NJ: P&R, 67–1:539 .1997–1992.

العلامة (*) تشير إلى أفضل المراجع في هذا المجال.

**مراجع متخصّصة:**

*Borland, James A. *Christ in the Old Testament: Old Testament Appearances of Christ in Human Form*. Rev. ed. Fearn, Ross-shire, Scotland: Mentor, 1999.

Brooks, Thomas. *Precious Remedies against Satan's Devices*. 1652. Reprint, Carlisle, PA: Banner of Truth, 1984.

*Dickason, C. Fred. *Angels, Elect and Evil*. Chicago: Moody Press, 1975.

Joppie, A. S. *The Ministry of Angels*. Grand Rapids, MI: Baker, 1953.

*Konya, Alex. *Demons: A Biblically Based Perspective*. Schaumburg, IL: Regular Baptist Press, 1990.

Leahy, Frederick S. *Satan Cast Out: A Study in Biblical Demonology*. Carlisle, PA: Banner of Truth, 1975.

Lockyer, Herbert. *All the Angels in the Bible*. Peabody, MA: Hendrickson, 1995.

Lowe, Chuck. *Territorial Spirits and World Evangelization? A Biblical, Historical, and Missiological Critique of Strategic-Level Spiritual Warfare*. Fearn, Ross-shire, Scotland: Christian Focus, 1998.

*MacArthur, John. *How to Meet the Enemy*. Wheaton, IL: Victor, 1992.

*Mayhue, Richard. "Demons and Sickness." In *The Healing Promise: Is It Always God's Will to Heal?*, 129–39. Fearn, Ross-shire, Scotland: Mentor, 1997.

*———————. "False Prophets and the Deceiving Spirit (1 Kings 22:19–23)." In *The Master's Perspective on Difficult Passages*, edited by Robert L. Thomas, 15–43. The Master's Perspective 1. Grand Rapids, MI: Kregel, 1998.

*——————. *Unmasking Satan: Understanding Satan's Battle Plan and Biblical Strategies for Fighting Back*. 1988. Reprint, Grand Rapids, MI: Kregel, 2001.

Noll, Stephen F. *Angels of Light, Powers of Darkness: Thinking Biblically about Angels, Satan, and Principalities*. Downers Grove, IL: InterVarsity Press, 1998.

Page, Sydney H. T. *Powers of Evil: A Biblical Study of Satan and Demons*. Grand Rapids, MI: Baker, 1995.

Powlison, David. *Power Encounters: Reclaiming Spiritual Warfare*. Grand Rapids, MI: Baker, 1995.

Rhodes, Ron. *Angels among Us*. Eugene, OR: Harvest House, 1994.

Richards, Larry. *Every Good and Evil Angel in the Bible*. Nashville: Thomas Nelson, 1998.

Unger, Merrill F. *Biblical Demonology: A Study of Spiritual Forces at Work Today*. 1952. Reprint, Grand Rapids, MI: Kregel, 2012.

العلامة (∗) تشير إلى أفضل المراجع في هذا المجال.

# أساسُ الكنيسَةِ الواحدُ

أساسُ الكنيسَةِ واحدُها
يسوعُ المَسيحِ سيِّدُها.
هي خليقتُهُ الجَديدَهْ
بالماءِ والكلمَةِ الأكيدَهْ:
جاءَ من السَّماءِ العَليَّهْ
وطلبَها عَروسًا نقيَّهْ،
ثمَّ اقتناها بدماهْ..
ماتَ وأعطاها الحَياهْ.

مُختارةٌ منْ كلِّ الأمَمْ
وهيَ واحدةٌ في كلِّ البقاعِ،
ميثاقُ خلاصِها رَبٌّ واحدٌ
وإيمانٌ واحدٌ وميلادٌ واحَدُ.
واحدٌ هوَ الاسمُ القدُّوسُ الذي تُبارِكُ،
وفي طعام مقدَّس واحد تُشارِكُ.
وإلى رَجّاءٍ واحَدٍ أنتِ ساعٍ،
بكلِّ ما سُكِبَ عليها منْ نعَمْ.
وسْطَ الضِّيقِ وأتعابِ الطَّريقْ
وسْطَ ضَجيجِ الحُروبْ
تنتظرُ اكتمالَ دُروبْ
سَلامِها نَحوَ المَجدِ العَريقْ.
هناكَ أمامَ الصُّورَةِ المَجيدَهْ
تستمتعُ عَيناها المُشتاقتانْ،
والكنيسَةُ العَظيمَةُ بنُصرَةٍ أكيدَهْ
ترتاحُ من ثِقلِ الأشْجانْ.

ولكنَّها على الأرضِ موَحَّدَهْ
في وحدَةِ الرُّوحِ والابْنِ والآبْ،
وبشَركةٍ سرِّيَّةٍ مؤيَّدَهْ
معَ الذينَ استَراحوا منَ الأتعَابْ.
فما أسعدَهمْ.. وما أقدَسَ القدِّيسينْ!
يا رَبُّ هَبْ لنا نعمَةَ النَّعماءْ
نظيرَ هؤلاءِ الودَعاءِ المتواضعينْ،
حتى نَسكنَ معَكَ في السَّمَاءْ.[1]

---

١ قام المترجم بتعريب هذه الترنيمة وتقفيتها. الترنيمة الأصلية هي بعنوان "**The Church's One Foundation**" من تأليف صمويل ج. ستون Samuel J. Stone (١٨٣٩-١٩٠٠م).

الفصل التاسع

# الكنيسة

## عقيدة الكنيسة

## (إكليسيولوچي)

تعريف الكنيسة

أهداف الكنيسة

عضوية الكنيسة

الكنيسة هي «أغلى وأَحَبُّ مكان على الأرض». هذا الوصف البليغ الذي جاء على لسان تشارلز سبرچن (Charles Spurgeon)، الواعظ الشهير من القرن التاسع عشر، يعبِّر عن وجهة نظر مسيحية سليمة إلى الكنيسة. فبالنسبة لأولئك الذين يعرفون الرب يسوع المسيح، ويحبُّونه، لا يوجد أيُّ موضعٌ في العالم ينبغي أن يكون أحَبَّ أو أغلى من الكنيسة.

الكنيسة ثمينة لأسباب كثيرة، أولها وأهمُّها أن الربَّ يسوع مات بدلًا منها (أفسس ٥: ٢٥). ولأن الكنيسة محبوبة من المسيح، على جميع الذين هم له أن يعتزُّوا بها ويقدِّروها. أضاف سبرچن موضِّحًا أنه:

> ما من شيء في العالم أحبُّ إلى قلب الله من كنيسته؛ ولأننا نحن له، دعونا ننتمي نحن أيضًا إليها، حتى من خلال صلواتنا، ومواهبنا، وأتعابنا، يتسنَّى لنا أن ندعمها ونشدِّدها. فإن امتنع الذين هم للمسيح، ولو لجيلٍ واحد، عن أن يُعِدُّوا أنفسهم ضمن شعبه، لن يكون وجود لكنيسة منظورة، ولن تُحفَظ أيُّ فرائض، وأخشى أيضًا أنه لن يوجد أيُّ قَدْرٍ يُذكَر من الكرازة بالإنجيل».[١]

في ضوء الأهمية الحيوية للكنيسة، يمكن للمؤمنين أن يستفيدوا كثيرًا من دراستهم المتمعِّنة لما أعلنه الله عن الكنيسة في كلمته.

## تعريف الكنيسة

- قصد المسيح لكنيسته
- الكنيسة والملكوت
- الكنيسة المنظورة والكنيسة غير المنظورة
- الكنيسة العامة والكنائس المحلية
- الاختلاف بين الكنيسة وإسرائيل
- صور مجازيَّة للكنيسة في الكتاب المقدس

عَبْرَ كلِّ العهد الجديد، أُشير إلى الكنيسة بشكلٍ أساسيٍّ بالكلمة اليونانية *ekklēsia*، وهو لفظ يعني «الجماعة التي تُستدعَى».[٢] في العالم القديم، كانت كلمة *ekklēsia* تشير إلى مجموعة من المواطنين «يُستدعَون» لإدارة الشئون المدنية، أو للدفاع عن الجماعة في الحرب. وبحسب الاستخدام العام أو غير المتخصِّص للكلمة، صارت تشير إلى أيِّ «اجتماع» أو «جماعة». كان هذا هو المعنى الذي قصده استفانوس في أعمال الرسل ٧: ٣٨ حين أطلق على الذين أُخرِجوا من العبودية في أرض مصر تحت

1 Charles H. Spurgeon, "The Best Donation," sermon no. 2234, preached April 5, 1891, in *The Metropolitan Tabernacle Pulpit: Containing Sermons Preached and Revised* (Pasadena, TX: Pilgrim, 1975), 37:633, 635.

٢ الكلمة الإنجليزية "church" مشتقة تحديدًا من الكلمة اليونانية kuriakos، التي تعني «الذين ينتمون إلى الرب». أما الكلمة العربية «كنيسة»، فتأتي من أصل عبري، من كلمة «كنيسي» التي تعني مَجمَع، أو مجلس، أو محفل.

قيادة موسى اسم «كنيسة» إسرائيل (راجع خروج ١٩: ١٧). وفي أعمال الرسل ١٩: ٣٢، ٤١، استخدم لوقا هذا المصطلح نفسه («الْمَحْفِلَ») للإشارة إلى حشدٍ غاضبٍ اجتمع في مدينة أفسس بتحريضٍ من صُنَّاع الفضة.

لكن بحسب الاستخدام الخاص للكلمة في العهد الجديد، تشير كنيسة الله (أعمال الرسل ٢٠: ٢٨؛ ١كورنثوس ١: ٢؛ ١٠: ٣٢؛ ١١: ١٦، ٢٢؛ ١٥: ٩؛ ٢كورنثوس ١: ١؛ غلاطية ١: ١٣؛ ١تسالونيكي ٢: ١٤؛ ٢تسالونيكي ١: ٤؛ راجع رومية ١٦: ١٦) إلى الجماعة التي دعاها الله إلى الخروج من عبودية الخطية بواسطة الإيمان بيسوع المسيح (رومية ١: ٧؛ ١كورنثوس ١: ٢؛ أفسس ٤: ١؛ ١تسالونيكي ٢: ١٢؛ ٢تيموثاوس ١: ٩؛ ١بطرس ٥: ١٠؛ راجع رومية ٨: ٢٨). إنهم أولئك الذين سَبَقَ الله فعيَّنهم في الأزل، ثم دعاهم وبرَّرهم في الحاضر، ووَعَدَ بأن يمجِّدهم في المستقبل (رومية ٨: ٣٠؛ راجع أفسس ١: ١١). من ثم، ليست الكنيسة هي المبنى المادي حيث يلتقي المؤمنون، ولا هي مؤسَّسة دينية، أو منظمة أخلاقية، أو جمعية اجتماعية-سياسية. بالأحرى، الكنيسة هي اجتماع المفديِّين، الذين دعاهم الله الآب إلى الخلاص، وأهداهم لابنه (يوحنا ٦: ٣٧؛ ١٠: ٢٩؛ ١٧: ٦، ٩، ٢٤). فهي الاجتماع المشترَك للذين انتقلوا من سلطان الظلمة إلى ملكوت المسيح (كولوسي ١: ١٣)، بحيث صاروا مواطنين سماويين وليسوا من هذا العالم (فيلبي ٣: ٢٠؛ ١بطرس ٢: ١١).

وُلِدت الكنيسة في يوم الخمسين (أعمال الرسل ٢: ١-٢١، ٣٨-٤٧)، إذ قد اقتناها المسيح المصلوب الذي قام من بين الأموات (أعمال الرسل ٢٠: ٢٨؛ راجع كولوسي ٣: ١-٤)، الذي صعد عن يمين الآب، الذي بدوره «أَخْضَعَ كُلَّ شَيْءٍ تَحْتَ قَدَمَيْهِ، وَإِيَّاهُ جَعَلَ رَأْسًا فَوْقَ كُلِّ شَيْءٍ لِلْكَنِيسَةِ» (أفسس ١: ٢٢). وبعد حلول الروح القدس في يوم الخمسين، تزايدت الكنيسة بشكل مستمرٍّ في العدد، إذ كان الإنجيل يُكرز به بأمانة في كلِّ أنحاء العالم (أعمال الرسل ٢: ٤١؛ ٤: ٤؛ ٥: ١٤؛ ٦: ٧؛ ٩: ٣١، ٤٢؛ ١١: ٢١، ٢٤؛ ١٤: ١؛ ١٦: ٥). وانضمت النفوس إلى الكنيسة، واحدةً تلو الأخرى، بفعل قوة تجديد الروح القدس، إذ كان الرب يدعو بنعمته الخطاة أفرادًا إليه (أعمال الرسل ٢: ٣٩). ومن ثَمَّ، كان «الرَّبُّ [هو مَن] كُلَّ يَوْمٍ يَضُمُّ إِلَى الْكَنِيسَةِ الَّذِينَ يَخْلُصُونَ» (أعمال الرسل ٢: ٤٧). وفي رحلة بولس التبشيرية الأولى، وُصِفتْ استجابة الأمم للكرازة بالإنجيل على النحو التالي: «كَانُوا يَفْرَحُونَ وَيُمَجِّدُونَ كَلِمَةَ الرَّبِّ. وَآمَنَ جَمِيعُ الَّذِينَ كَانُوا مُعَيَّنِينَ لِلْحَيَاةِ الأَبَدِيَّةِ. وَانْتَشَرَتْ كَلِمَةُ الرَّبِّ فِي كُلِّ الْكُورَةِ» (أعمال الرسل ١٣: ٤٨-٤٩). لم تكن قدرة رسالة الإنجيل على تجديد البشر كامنة في براعة الكارز نفسه أو قدرته على الإقناع (راجع ١كورنثوس ٢: ٤؛ ١تسالونيكي ١: ٥)، بل الحقيقة هي أن الله بسيادته عيَّن لنفسه بقيةً، سوف يستجيبون للإنجيل بإيمانٍ للخلاص. واستمرَّ تقدُّم الإنجيل، كما يصفه سفر أعمال الرسل، عبر قرون تاريخ الكنيسة، إذ ظلَّت أجيال من المؤمنين الأمناء تنادي ببشارة الخلاص في كلِّ أنحاء الكرة الأرضية.

ويومًا ما، سيبلغ عصر الكنيسة أَوْجَهُ المجيد حين يأتي المسيح ليختطف خاصته (١كورنثوس ١٥: ٥١-٥٣؛ ١تسالونيكي ٤: ١٣-١٨). وعندئذ:

> الرَّبَّ نَفْسَهُ بِهُتَافٍ، بِصَوْتِ رَئِيسِ مَلاَئِكَةٍ وَبُوقِ اللهِ، سَوْفَ يَنْزِلُ مِنَ السَّمَاءِ وَالأَمْوَاتُ فِي الْمَسِيحِ سَيَقُومُونَ أَوَّلاً. ثُمَّ نَحْنُ [المؤمنون] الأَحْيَاءَ الْبَاقِينَ سَنُخْطَفُ

جَمِيعًا مَعَهُمْ فِي السُّحُبِ لِمُلَاقَاةِ الرَّبِّ فِي الْهَوَاءِ، وَهَكَذَا نَكُونُ كُلَّ حِينٍ مَعَ الرَّبِّ» (١تسالونيكي ٤: ١٦-١٧)

ومن تلك اللحظة فصاعدًا، سوف تقيم الكنيسة في حضرة مخلِّصها إلى الأبد (راجع رؤيا ٢٢: ٣-٥).

عانت الكنيسة طوال تاريخها أزمنةَ اضطهادٍ عنيفٍ من قوى خارجية (يوحنا ١٥: ١٨-٢٥؛ ١بطرس ١: ٦-٧؛ ١يوحنا ٣: ١٣)، بينما كانت تواجه تهديدات من الداخل من معلِّمين كذبة (٢بطرس ٢: ١؛ يهوذا ٣-٤). وبالرغم من هذه المخاطر، سواء من الخارج أو من الداخل، لا يمكن هزيمة الكنيسة الحقيقية أو إبادتها على الإطلاق. أكَّد الرب يسوع لتلاميذه بأنه هو مَن سيبني كنيسته، وبأن أبواب الجحيم لن تقوى عليها (متى ١٦: ١٨). وتعبير «أَبْوَابُ الْجَحِيمِ» هو استعارة تشير إلى الموت، وبالتبعية، إلى سلطان الشيطان (عبرانيين ٢: ١٤). ومن ثَمَّ، يضمن وعد المسيح في متى ١٦: ١٨ أن يكون للجسد العام من المؤمنين تحت رئاسته شهادة دائمة لا يمكن لهذا العالم أو للشيطان أو حتى للموت أن يقضي عليها (راجع ١كورنثوس ١٥: ٥٤-٥٧). وبغض النظر عن ناموسيَّة أو ارتداد أتباع الكنيسة الظاهريين، ومهما صار العالم من حولها فاسدًا أو عدائيًّا، وَعَدَ المسيح بأنه سيبني كنيسته. ومع أن أحوال شعب الله قد تبدو ميئوسًا منها بحسب المنظور البشري، لكن ينتمي هؤلاء إلى قضية يستحيل أن تكون خاسرة. والمسيح، بصفته مصمِّم كنيسته، وبانيها، ومالكها، وربَّها، هو يعزِّي أتباعه بحقيقة أنهم شعبه الخاص (راجع تيطس ٢: ١٤)، وموضوع محبته الثابتة، وعنايته الإلهية (راجع أفسس ٥: ٢، ٢٥).

## ← قصد المسيح لكنيسته[٣]

في متى ١٦: ١٨، قدَّم يسوع سبعة مبادئ أساسية لبناء كنيسته. وينبغي ألا يشرع أحد في تأسيس كنيسة جديدة، أو يخوض تحدي إحياء كنيسة بالية قبل أن تتملَّك الحقائق الحاسمة في هذا المقطع الكتابي من قلبه وذهنه.

- أساس دائم

تتعلَّق السمة الأولى بوجود أساسٍ ثابتٍ ودائم: «أَنْتَ بُطْرُسُ، وَعَلَى **هَذِهِ الصَّخْرَةِ** أَبْنِي كَنِيسَتِي» (متى ١٦: ١٨). سعى المسيح بشغف وحماس إلى تحقيق نتائج أبدية وباقية، وتطلَّع بوضوح إلى ترك إرثٍ أبديٍّ. لم يكن يشغل بال يسوع شيء وقتي، أو متماشٍ مع صيحات العصر، أو قصير الأمد، بل أشار إلى الكنيسة باعتبارها شأنًا **أبديًّا**.

لم يكن بطرس هو هذا الأساس، لأن المسيح ميَّز في هذا النص بين صخرة متحرِّكة ومتخلخلة (وهو المعنى الأساسي للاسمَين صفا وبطرس [في اليونانية: petros])، والأساس الراسخ الذي لا

٣ هذا المقطع مأخوذ من المصدر التالي، بتصريح من الناشر:
Richard Mayhue, *What Would Jesus Say about Your Church* (Fearn, Ross-shire, Scotland: Christian Focus, 1995), 16–20.

يتزعزع ولا يتحرَّك اللائق بالكنيسة. فالكلمة التي استخدمها المسيح بمعنى «صخرة» (في اليونانية petra) تعني حجر أساس أو كتلة صخرية كتلك التي يستخدمها بَنَّاء حكيم (متى ٧: ٢٤-٢٥).

إذن، إلامَ أو إلى مَن تشير هذه الصخرة؟ يصف العهد القديم الله بأنه الصخرة التي يجد فيها المؤمنون قوة وملجأ:

لَيْسَ قُدُّوسٌ مِثْلَ الرَّبِّ،
لأَنَّهُ لَيْسَ غَيْرَكَ،
وَلَيْسَ صَخْرَةٌ مِثْلَ إِلهِنَا (١صموئيل ٢: ٢)

الرَّبُّ صَخْرَتِي وَحِصْنِي وَمُنْقِذِي.
إِلَهِي صَخْرَتِي بِهِ أَحْتَمِي» (مزمور ١٨: ٢)

لأَنَّهُ مَنْ هُوَ إِلَهٌ غَيْرُ الرَّبِّ؟
وَمَنْ هُوَ صَخْرَةٌ سِوَى إِلَهِنَا؟ (مزمور ١٨: ٣١)

وَصَفَ بولس المسيح بأنه الصخرة التي كانت في البرية (١كورنثوس ١٠: ٤). وكَتَبَ سابقًا في رسالة كورنثوس الأولى: «فَإِنَّهُ لَا يَسْتَطِيعُ أَحَدٌ أَنْ يَضَعَ أَسَاسًا آخَرَ غَيْرَ الَّذِي وُضِعَ، الَّذِي هُوَ يَسُوعُ الْمَسِيحُ» (٣: ١١). من المثير للاهتمام أنه قَبْلَ هذا النص فقط بآية واحدة، قال بولس: «قَدْ وَضَعْتُ أَسَاسًا» (١كورنثوس ٣: ١٠). كيف «وَضَعَ» بولسُ المسيحَ أساسًا؟ لا بد أن هذا حدث من خلال كرازته بالمسيح (١كورنثوس ٢: ١-٢). إذن، إذا كانت شهادة بولس للمسيح هي الأساس الذي لا يمكن لأحد أن يضع غيرَه، يبدو أن أفضل معنى **للأساس الصخري** للكنيسة هو أنه شهادة بطرس للمسيح، حين قال: «أَنْتَ هُوَ الْمَسِيحُ ابْنُ اللهِ الْحَيِّ!» (متى ١٦: ١٦). فإن هذا الإعلان الذي صرَّح به بطرس هو ما أثار وعدَ يسوع.

وبما أنه يستحيل فعليًّا فَصْلُ شهادة المسيح عن المسيح نفسه، يمكن تعريف «الصخرة» بأنها المسيح نفسه في كامل لاهوته، وفي دوره بصفته الفادي، وفي رئاسته للكنيسة. المسيح وحده هو صخرة الفداء التي تُبنَى عليها الكنيسة (أعمال الرسل ٤: ١١-١٢).

- مشاركة شخصية

ثانيًا، وَعَدَ المسيح بأن يشارك شخصيًّا في البناء: «أَبْنِي [أنا] كَنِيسَتِي» (متى ١٦: ١٨). لم نُترَك نحن لأداء هذه المهمة بمفردنا. فالمسيح مع شعبه (متى ٢٨: ٢٠)، وفيهم (كولوسي ١: ٢٧)، وفي وسط كنيسته على الدوام (رؤيا ١: ١٢-١٣، ٢٠). قال بولس لكنيسة كورنثوس: «فَإِنَّنَا نَحْنُ عَامِلَانِ مَعَ اللهِ» (١كورنثوس ٣: ٩). يا له من امتياز أن نكون شركاء المسيح في بناء كنيسته. وكم هو معزٍّ أن نعرف أن المسيح هو مَن بنى كنيسته عبر تاريخها، وهو من سيستمر في بنائها طوال مستقبلها. يبدو إذن أنه لا غنى عن اشتراك المسيح في إقامة كنيسته.

## • توقُّعات إيجابية

«أَبْنِي [سأبني حتمًا] كَنِيسَتِي» (متى ١٦ : ١٨). لم يكن هذا حلمًا عبثيًّا يتعلَّق بشيءٍ ربما يحدث أو لا، بل إن التوكيد القاطع الذي نطق به المسيح يضمن أن يكون للكنيسة توقعات إيجابية. ففي الأوقات التي يبدو فيها مستقبل الكنيسة قاتمًا، وتبدو حالتها غير محدَّدة المعالم أو غير يقينيَّة، ينبغي لهذا الوعد القوي أن يرفع معنويات المؤمنين. إن الكنيسة ستغلب لأن المسيح ابتدأ بناءها وفي نيِّته إكمالها (أفسس ٥ : ٢٦-٢٧).

## • تقدُّم قويٌّ

قال يسوع إن كنيسته ستشهد تقدُّمًا قويًّا: «**أَبْنِي** كَنِيسَتِي» (متى ١٦ : ١٨). واختبرت الكنيسة بدايةً قويةً واستثنائية بانضمام ثلاثة آلاف نفسٍ لها فقط في يومها الأول (أعمال الرسل ٢ : ٤١)؛ «وَكَانَ الرَّبُّ كُلَّ يَوْمٍ يَضُمُّ إِلَى الْكَنِيسَةِ الَّذِينَ يَخْلُصُونَ» (أعمال الرسل ٢ : ٤٧).

إن ما تضمَّنته جملة واحدة في متى ١٦ تحوَّل بحلول زمن رؤيا يوحنا إلى واقع متسع وممتدٍّ. فقبل انتهاء العهد الجديد كانت الكنائس قد انتشرت في كافة أنحاء الإمبراطورية الرومانية في مواضع مثل: أنطاكية، وبيرية، وقيصرية، وكولوسي، وكورنثوس، وكريت، وقبرس، ودربة، وأفسس، وغلاطية، وأيقونية، ويافا، ولاودكية، ولسترة، وبَرْغَامُسَ، وفيلادلفيا، وفيلبي، وساردس، وسميرنا، وتسالونيكي، وثياتيرا – وامتدت من أورشليم إلى روما. ولا زالت جهود المسيح في البناء مستمرَّة حتى هذه الساعة في كلِّ مكان في العالم، كما قَصَدَ تمامًا (راجع مرقس ١٦ : ١٥؛ لوقا ٢٤ : ٤٧).

## • مِلْكِية مدفوعٌ ثمنها بالكامل

اقتنى المسيح الكنيسة بدمه، ومن ثَمَّ تعود إليه ملكيتها المدفوعة الثمن بالكامل: «أَبْنِي **كَنِيسَتِي [كنيستي مع التشديد على ياء الملكية]**» (متى ١٦ : ١٨؛ راجع أعمال الرسل ٢٠ : ٢٨). المسيح ربٌّ، ونحن عبيده (٢كورنثوس ٤ : ٥). كتب بولس إلى مؤمني رومية قائلًا: «كَنَائِسُ الْمَسِيحِ تُسَلِّمُ عَلَيْكُمْ» (رومية ١٦ : ١٦). إذن، ليس للمؤمنين أفرادًا أو جماعة أيُّ حق في ملكية الكنيسة، بل الكنيسة مِلك حصري لفاديها (١كورنثوس ٣ : ٢٣؛ ٦ : ١٩-٢٠). والمسيح هو رأس الكنيسة (أفسس ١ : ٢٢؛ ٥ : ٢٣). كذلك، رئيس الرعاة هو مالك الرعيَّة التي يقودها (يوحنا ١٠ : ١٤-١٥).

## • أولوية مركزها البشر

بالنسبة للمسيح، للكنيسة أولويةٌ مركزُها البشر: «أَبْنِي **كَنِيسَتِي**» (متى ١٦ : ١٨). فالكنيسة تتألَّف من جماعة من البشر آمنوا بيسوع المسيح للحياة الأبدية (أعمال الرسل ٤ : ٣٢). ويستخدم يسوع في بناء كنيسته حجارة حية – أي يستخدم بشرًا أفرادًا (١بطرس ٢ : ٥). كذلك، تتعلَّق وصية الكرازة بتوصيل الإنجيل إلى جميع الأمم (لوقا ٢٤ : ٤٧). كما أن الهدف من البنيان هو إحضار كلَّ مؤمن كاملًا في المسيح (كولوسي ١ : ٢٨).

الكلمة اليونانية التي تُرجِمت «كنيسة» تعني حرفيًا «جماعة تُستدعَى». ويصف العهد الجديد الكنيسة بأنها مكوَّنة من الذين أُنقِذوا من سلطان الظلمة ونُقِلوا إلى ملكوت المسيح (كولوسي ١ : ١٣).

فأهل تسالونيكي، على سبيل المثال، رجعوا من الأوثان ليعبدوا الله الحقيقي الحي (١تسالونيكي ١: ٩). وقد دُعِيت الكنيسة إلى الشركة مع يسوع المسيح (١كورنثوس ١: ٩). كما دعا المسيح مفديِّيه من الظلمة إلى نوره العجيب (١بطرس ٢: ٩).

- **وعدٌ بالنجاح**

وَعَدَ يسوع الكنيسة بالنجاح: «أَبْنِي كَنِيسَتِي، **وَأَبْوَابُ الْجَحِيمِ لَنْ تَقْوَى عَلَيْهَا**» (متى ١٦: ١٨). كيف يجب أن يُفهم معنى هذا النجاح؟ في العهد القديم، استُخدِمت كلمة «أبواب» بالاقتران بالهاوية (إشعياء ٣٨: ١٠)، والموت (أيوب ٣٨: ١٧؛ مزمور ٩: ١٣؛ ١٠٧: ١٨)، وكلاهما يشيران إلى الموت الجسدي. لكن يوضح وعد يسوع أن تهديد الموت نفسه لا يمكن أن يقوى على كنيسته.

شجَّع كاتب الرسالة إلى العبرانيين المؤمنين على أن يدركوا أن المسيح، بالموت، كسر شوكة ذاك الذي له سلطان الموت، أي إبليس (عبرانيين ٢: ١٤). وكتب بولس هذا النشيد الانتصاري المسيحي إلى أهل كورنثوس:

> وَمَتَى لَبِسَ هَذَا الْفَاسِدُ عَدَمَ فَسَادٍ، وَلَبِسَ هَذَا الْمَائِتُ عَدَمَ مَوْتٍ، فَحِينَئِذٍ تَصِيرُ الْكَلِمَةُ الْمَكْتُوبَةُ:
>
> «ابْتُلِعَ الْمَوْتُ إِلَى غَلَبَةٍ».
>
> «أَيْنَ شَوْكَتُكَ يَا مَوْتُ؟
>
> أَيْنَ غَلَبَتُكِ يَا هَاوِيَةُ؟»
>
> أَمَّا شَوْكَةُ الْمَوْتِ فَهِيَ الْخَطِيَّةُ، وَقُوَّةُ الْخَطِيَّةِ هِيَ النَّامُوسُ. وَلَكِنْ شُكْرًا لِلهِ الَّذِي يُعْطِينَا الْغَلَبَةَ بِرَبِّنَا يَسُوعَ الْمَسِيحِ» (١كورنثوس ١٥: ٥٤-٥٧؛ راجع يوحنا ١١: ٢٥).

## ⬅ الكنيسة والملكوت

في أثناء خدمته على الأرض، أظهر الرب يسوع مرارًا أنه هو المسيَّا والملك الموعود به لإسرائيل؛ غير أن الأمَّة لم تقبله (يوحنا ١: ١١؛ ٥: ٤٣). ومع أن الشعب اليهودي ترقَّبوا وصوله لقرون عديدة مشتاقين إلى مجيء أزمنة الاسترداد والفَرَج المَسِيَّانية التي تنبأ عنها الأنبياء (أعمال الرسل ٣: ١٩-٢٦)، لكنهم رفضوا مَلكهم الشرعي والملكوت الذي قدَّمه لهم (أعمال الرسل ٢: ٢٢-٢٣). ونتيجة ذلك، قال يسوع للرؤساء الدينيين لليهود في أيامه: «لِذَلِكَ أَقُولُ لَكُمْ: إِنَّ مَلَكُوتَ اللهِ يُنْزَعُ مِنْكُمْ وَيُعْطَى لِأُمَّةٍ تَعْمَلُ أَثْمَارَهُ» (متى ٢١: ٤٣). وقد خَتمت كلمات التوبيخ هذه على الدينونة الإلهية التي وقعت على رؤساء إسرائيل قساة القلوب، وعلى الأمة التي كانوا يمثِّلونها.

ومع ذلك، لم يُبطِل رفض إسرائيل الوعود الكريمة التي قطعها الله في العهد القديم، بل ستتحقق وعود الملكوت هذه حرفيًّا يومًا ما حين يَقبل الشعب اليهودي مَلِكَهم بإيمانٍ للخلاص (رومية ١١: ٢٥-٢٦).

فعند مجيء المسيح ثانية، ستقبل الأمة مَسِيَّاها (زكريا ١٢: ١٠؛ ١٤: ٨-٩)، وسيؤسِّس المَسِيَّا ملكوته ماديًّا على الأرض لمدة ألف سنة (رؤيا ٢٠: ١-٦؛ راجع ٢تيموثاوس ٤: ١). هذه الحقيقة مستقبلية، لكن في الوقت الحالي، يتمِّم الله مقاصد ملكوته من خلال شعب آخر، كما أوضحت كلمات المسيح في متى ٢١: ٤٣؛ وذلك الكيان هو الكنيسة (راجع رومية ٩: ٢٥-٢٦؛ ١بطرس ٢: ٩).

تنبَّأ أنبياء العهد القديم بتفاصيل عن آلام المسيا (إشعياء ٥٣: ١-١٢) وملكوته الأرضي (راجع إشعياء ٢: ١-٤؛ ٩: ٦-٧؛ زكريا ١٤: ٨-٢١)، لكنهم لم يوضِّحوا أن فترة زمنية طويلة ستفصل بين هذين الحدثين. كانت فكرة وجود فترة زمنية تفصل بين المجيء الأول والمجيء الثاني للمسيح، في أثنائها يُضَم الأمم إلى شعب الله جنبًا إلى جنب مع المؤمنين من اليهود (رومية ١١: ١١-٢٠) سرًّا لم يُعلَن إلا في العهد الجديد (راجع أفسس ٣: ٤-٧).

ومع أن ملكوت المسيح المادي على الأرض لا يزال حدثًا مستقبليًّا، جاء الرب يسوع في مجيئه الأول بملكوت داخلي وروحي (راجع متى ١٣: ٣-٥٢؛ لوقا ١٧: ٢٠-٢١). يمكن تعريف ذلك الملكوت بأنه ملكوت الخلاص. وهذا الملكوت مفتوح فقط للمولودين ثانية بالروح القدس (يوحنا ٣: ٣؛ راجع متى ١٣: ١١-١٦)، بتوبتهم عن خطاياهم (متى ٣: ٢؛ ٤: ١٧؛ راجع متى ٥: ٣)، وقبولهم الرب يسوع بإيمان الأطفال البسيط (متى ١٩: ١٣-١٤). ولا يمكن دخول هذا الملكوت بالبر الذاتي أو الناموسيَّة (متى ٥: ٢٠؛ ٢٣: ١٣)، لكنه «بِرٌّ وَسَلَامٌ وَفَرَحٌ فِي الرُّوحِ الْقُدُسِ» (رومية ١٤: ١٧). يصف العهد الجديد المؤمنين بأنهم الذين أُنقِذوا «مِنْ سُلْطَانِ الظُّلْمَةِ ... [ونُقِلوا] إِلَى مَلَكُوتِ ابْنِ مَحَبَّتِهِ، الَّذِي لَنَا فِيهِ الْفِدَاءُ، بِدَمِهِ غُفْرَانُ الْخَطَايَا» (كولوسي ١: ١٣-١٤). ففي الخلاص، يصير المؤمنون مواطنين سماويين، سيرتهم في السماوات (فيلبي ٣: ٢٠-٢١)، وعبيدًا مَلَكيين في خدمة ملكهم (راجع متى ٢٥: ٢١، ٢٣؛ ١تسالونيكي ٢: ١٢). إن الرب يسوع يملك في قلوب شعبه حين يخضعون لمشيئته، ويكرمونه بحياتهم (تيطس ٢: ١٤). إن حقيقة الخلاص المذهلة هي أن الخطاة يمكنهم بالإيمان دخول ملكوت الله، حيث الإله الواحد مثلث الأقانيم نفسه يصنع منزلًا في قلوبهم (يوحنا ١٤: ١٧، ٢٣).

ينمو ملكوت المسيح الروحي ويتقدَّم من خلال الكرازة بالإنجيل (مرقس ١: ١٤-١٥؛ راجع متى ٢٢: ١-١٤؛ ٢كورنثوس ٧: ٩-١١)، حين يتحول أبناء الظلمة إلى أبناء نور (أفسس ٥: ٥، ٨). فإن الإنجيل الذي تكرز به الكنيسة هو في حقيقة الأمر بشارة «بِالْأُمُورِ الْمُخْتَصَّةِ بِمَلَكُوتِ اللهِ وَبِاسْمِ يَسُوعَ الْمَسِيحِ» (أعمال الرسل ٨: ١٢؛ راجع متى ٤: ٢٣؛ ٩: ٣٥؛ ١٣: ١٩؛ ٢٤: ١٤). فبعدما كرز بولس وبرنابا بالإنجيل في عدد من المدن في رحلتهما التبشيرية الأولى، رجعا كي يشدِّدا «أَنْفُسَ التَّلَامِيذِ وَيَعِظَانِهِمْ أَنْ يَثْبُتُوا فِي الْإِيمَانِ، وَأَنَّهُ بِضِيقَاتٍ كَثِيرَةٍ يَنْبَغِي أَنْ نَدْخُلَ مَلَكُوتَ اللهِ» (أعمال الرسل ١٤: ٢٢). وفي رحلة بولس التبشيرية الثالثة، «دَخَلَ الْمَجْمَعَ [في مدينة أفسس]، وَكَانَ يُجَاهِرُ مُدَّةَ ثَلَاثَةِ أَشْهُرٍ مُحَاجًّا وَمُقْنِعًا فِي مَا يَخْتَصُّ بِمَلَكُوتِ اللهِ» (أعمال الرسل ١٩: ٨؛ راجع ٢٠: ٢٥). ولاحقًا، شهد هذا الرسول لمجموعة من رؤساء اليهود الذين زاروه في رومية، «بِمَلَكُوتِ اللهِ»، «مُقْنِعًا إِيَّاهُمْ مِنْ نَامُوسِ مُوسَى وَالْأَنْبِيَاءِ بِأَمْرِ يَسُوعَ» (أعمال الرسل ٢٨: ٢٣؛ راجع ٢٨: ٣١). وبمقتضى هذا، وصَفَ بولس نفسه بأنه عاملٌ لملكوت الله (كولوسي ٤: ١١)، موضحًا أن «مَلَكُوتَ اللهِ لَيْسَ بِكَلَامٍ، بَلْ بِقُوَّةٍ» (١كورنثوس ٤: ٢٠)، ومحذِّرًا من أن «الظَّالِمِينَ لَا يَرِثُونَ مَلَكُوتَ اللهِ» (١كورنثوس ٦: ٩؛ راجع غلاطية ٥: ٢١؛ أفسس ٥: ٥).

ولأن الكنيسة هي مملكة يسوع المسيح الروحية، فهي تخضع له بصفته رأسها وسيِّدها وربَّها وملكها (أفسس ١: ٢٢؛ كولوسي ١: ١٨). وناموسه هو معيارها (راجع غلاطية ٦: ٢)، وكلمته هي عقيدتها (راجع كولوسي ٣: ١٦)، ومشيئته أوامر واجبة الطاعة (راجع عبرانيين ١٣: ٢٠-٢١)، ومجده هو أعظم طموحاتها (راجع ٢كورنثوس ٥: ٩). ولهذا استطاع بطرس أن يقول لقُرَّائه المؤمنين الكلمات التالية:

> وَأَمَّا أَنْتُمْ فَجِنْسٌ مُخْتَارٌ، وَكَهَنُوتٌ مُلُوكِيٌّ، أُمَّةٌ مُقَدَّسَةٌ، شَعْبُ اقْتِنَاءٍ، لِكَيْ تُخْبِرُوا بِفَضَائِلِ الَّذِي دَعَاكُمْ مِنَ الظُّلْمَةِ إِلَى نُورِهِ الْعَجِيبِ. الَّذِينَ قَبْلًا لَمْ تَكُونُوا شَعْبًا، وَأَمَّا الآنَ فَأَنْتُمْ شَعْبُ اللهِ. الَّذِينَ كُنْتُمْ غَيْرَ مَرْحُومِينَ، وَأَمَّا الآنَ فَمَرْحُومُونَ (١بطرس ٢: ٩-١٠)

## ⬅ الكنيسة المنظورة والكنيسة غير المنظورة

يُقِرُّ العهد الجديد بأن ليس كلُّ من يرتبط ظاهريًّا بالكنيسة هو مؤمن حقيقي (متى ١٣: ٢٤-٣٠؛ يهوذا ٤). ومن ثم، ليس جميع الذين يشكِّلون جزءًا من الكنيسة المنظورة (أي جماعة الذين يُعرِبون ظاهريًّا عن إيمانهم بالمسيح) هم بالحقيقة أعضاء في الكنيسة غير المنظورة (أي جماعة الذين آمنوا حقًّا بالمسيح للخلاص). فهناك دائمًا من يُعرِبون كذبًا عن إيمانهم، ومراءون يربطون أنفسهم بالكنيسة المنظورة. إن يسوع نفسُه حذَّرَ من أن كثيرين سيدَّعون أنهم يعرفونه، لكنهم في حقيقة الأمر ليسوا كذلك:

> لَيْسَ كُلُّ مَنْ يَقُولُ لِي: يَا رَبُّ، يَا رَبُّ! يَدْخُلُ مَلَكُوتَ السَّمَاوَاتِ. بَلِ الَّذِي يَفْعَلُ إِرَادَةَ أَبِي الَّذِي فِي السَّمَاوَاتِ. كَثِيرُونَ سَيَقُولُونَ لِي فِي ذلِكَ الْيَوْمِ: يَا رَبُّ، يَا رَبُّ! أَلَيْسَ بِاسْمِكَ تَنَبَّأْنَا، وَبِاسْمِكَ أَخْرَجْنَا شَيَاطِينَ، وَبِاسْمِكَ صَنَعْنَا قُوَّاتٍ كَثِيرَةً؟ فَحِينَئِذٍ أُصَرِّحُ لَهُمْ: إِنِّي لَمْ أَعْرِفْكُمْ قَطُّ! اذْهَبُوا عَنِّي يا فَاعِلِي الإِثْمِ! (متى ٧: ٢١-٢٣)

في ضوء هذا التحذير الجاد من المسيح، يتحتم على أولئك الذين يُعرِبون عن إيمانهم بالمسيح أن يَمْتَحِنُوا أنفسهم ليتأكَّدوا إن كانوا حقًّا في الإيمان أم لا (٢كورنثوس ١٣: ٥؛ راجع ١يوحنا ٢: ٣-١١).

يحذِّر العهد الجديد أيضًا من المعلِّمين الكذبة الذين يسعون عمدًا إلى تهديد الكنيسة من الداخل (متى ٧: ١٥؛ مرقس ١٣: ٢٢؛ ٢بطرس ٢: ١؛ ١يوحنا ٤: ١؛ يهوذا ٣-٤). حذَّر بولس شيوخ أفسس قائلًا: «لأَنِّي أَعْلَمُ هذَا: أَنَّهُ بَعْدَ ذَهَابِي سَيَدْخُلُ بَيْنَكُمْ ذِئَابٌ خَاطِفَةٌ لاَ تُشْفِقُ عَلَى الرَّعِيَّةِ. وَمِنْكُمْ أَنْتُمْ سَيَقُومُ رِجَالٌ يَتَكَلَّمُونَ بِأُمُورٍ مُلْتَوِيَةٍ لِيَجْتَذِبُوا التَّلاَمِيذَ وَرَاءَهُمْ» (أعمال الرسل ٢٠: ٢٩-٣٠). وحين تتساهل الكنائس المحلية، أو طوائف بكاملها، أو ما يسمَّى بالحركات المسيحية، مع التعليم الخاطئ متخلِّية عن نقاوة الإنجيل (غلاطية ١: ٦-٩)، ومنكرة سلطان يسوع المسيح (تيطس ١: ١٦؛ ٢بطرس ٢: ١؛ يهوذا ٤)، فإنها بحقٍّ تُدعَى «مرتدة»، و«مهرطقة»، و«زائفة». مثل هذه الكنائس مَكرَهة للرب (راجع رؤيا ٢: ٢٠-٢٤؛ ٣: ١-٤). وعلى النقيض، تُعَظِّم الكنيسة الحقيقة رُبُوبِيَّةَ المسيح، وتخضع لسلطة كلمته، وتتمسَّك بحق إنجيله.

## ⬅ الكنيسة العامة والكنائس المحلية

تشمل الكنيسة العامة جميع المؤمنين الحقيقيين طوال عصر الكنيسة. هؤلاء المؤمنون أعضاء في «كَنِيسَةُ أَبْكَارٍ مَكْتُوبِينَ فِي السَّمَاوَاتِ» (عبرانيين ١٢: ٢٣)، إذ قد تبرَّروا، لأن خطاياهم غُسِلت بدم يسوع المسيح (رؤيا ١: ٥). فجميع المؤمنين الحقيقيين عبر تاريخ الكنيسة – سواء الذين لا يزالون على قيد الحياة اليوم أو الذين صاروا بالفعل في السماء – يشكِّلون الكنيسة العامة.

يوصي العهد الجديد أولئك الذين يشكِّلون جزءًا من الكنيسة العامة في كلِّ جيل، ومنتشرين في كلِّ أنحاء العالم، بأن يجتمعوا معًا بشكلٍ منتظمٍ في جماعات محلية. ومن الواضح أن هذا كان هو النمط الذي اتَّبعته الكنيسة الأولى (راجع أعمال الرسل ١٤: ٢٣، ٢٧؛ ٢٠: ١٧، ٢٨؛ ١كورنثوس ١١: ١٨-٢٠؛ غلاطية ١: ٢؛ ١تسالونيكي ١: ١). وتماشيًا مع هذا النموذج، أعطى كاتب الرسالة إلى العبرانيين هذا التوجيه: «وَلْنُلَاحِظْ بَعْضُنَا بَعْضًا لِلتَّحْرِيضِ عَلَى الْمَحَبَّةِ وَالْأَعْمَالِ الْحَسَنَةِ، غَيْرَ تَارِكِينَ اجْتِمَاعَنَا كَمَا لِقَوْمٍ عَادَةٌ، بَلْ وَاعِظِينَ بَعْضُنَا بَعْضًا، وَبِالْأَكْثَرِ عَلَى قَدْرِ مَا تَرَوْنَ الْيَوْمَ يَقْرُبُ» (عبرانيين ١٠: ٢٤-٢٥).

إن الغرض من الكنيسة المحلية هو أن تؤهِّل المؤمنين، بإطعامهم من تعليم كلمة الله (أعمال الرسل ٢: ٤٢؛ ١تيموثاوس ٤: ١٣)، وتقودهم في تسبيح وعبادة جماعيَّين (أفسس ٥: ١٨-٢٠؛ عبرانيين ١٣: ١٥)، وتحميهم تحت الإشراف الرعوي لقادة أتقياء (أعمال الرسل ٢٠: ٢٨؛ عبرانيين ١٣: ٧، ١٧؛ ١بطرس ٥: ١-٤)، وتتيح لهم فرصًا ليخدموا بعضهم بعضًا (١بطرس ٤: ١٠-١١). وبموجب قصد الله هذا، فالانخراط الفعَّال والنشط في كنيسة محلية إلزامٌ على المؤمنين في سعيهم إلى السلوك على نحو يُكرِم يسوع المسيح. وفقط من خلال خدمة الكنيسة المحلية يمكن للمؤمنين أن يحصلوا على التعليم المنتظم، وأن يخضعوا للمساءلة، ويتلقُّوا التشجيع اللازم لكي يَثْبُتوا راسخين في الإيمان الذي دُعُوا إلى المناداة به. عيَّن الله الكنيسة المحلية كي توفِّر البيئة التي يمكن للحياة الخالية من التنازلات أن تزدهر فيها، حين ينمو شعبه روحيًّا بواسطة تعليم كلمة الله (١بطرس ٢: ٢-٣).

## ⬅ الاختلاف بين الكنيسة وإسرائيل[٤]

عند تعريف الكنيسة، من الضروري أن نفهم العلاقة بين كنيسة العهد الجديد وإسرائيل العهد القديم. فإن أنصار لاهوت الاستبدال [replacement theology] (الذي يسمَّى أيضًا مذهب الاستبدالية supersessionism) يصرُّون على أن الكنيسة هي إسرائيل الجديدة. وفقًا لهذا الرأي، انتقلت البركات التي وُعِدت بها الأمة اليهودية في العهد القديم بكاملها إلى الكنيسة. لكن هذا الرأي لا يدرك الفارق بين الكنيسة وإسرائيل، الذي نراه باستمرار عبر كلِّ العهد الجديد (راجع ١كورنثوس ١٠: ٣٢). يصف العهد الجديد الكنيسة بأنها كيانٌ جديدٌ (أفسس ٢: ١٥)، وسِرٌّ لم يُعلَن كاملًا إلا في العصر الحاضر (أفسس ٣: ١-٦؛ ٥: ٣٢؛ كولوسي ١: ٢٦-٢٧). ويتفق هذا مع وصف يسوع للكنيسة بأنها كيانٌ كان لم يزل مستقبليًّا قبل موته وقيامته (متى ١٦: ١٨).

٤ للاطلاع على المزيد بشأن هذا الموضوع، انظر:
Michael J. Vlach, *Has the Church Replaced Israel? A Theological Evaluation* (Nashville: B&H Academic, 2010).
يُرجَى الرجوع أيضًا إلى الفصل العاشر من هذا الكتاب، بعنوان «المستقبل».

من بين أكثر من ألفي استخدام لكلمة إسرائيل في الكتاب المقدس، وردت الكلمة أكثر من ٧٠ مرة في العهد الجديد. ويتَّفق مفسِّرو الكتاب المقدس على أن غالبية هذه المرات كانت تشير إلى إسرائيل العِرقية (سواء الأمة ككلٍّ أو جماعة من الشعب اليهودي). غير أن البعض يؤكِّد أن كُتَّاب العهد الجديد طبَّقوا اسم إسرائيل في بعض الأحيان على الكنيسة. لكن بدراسة متأنية للمقاطع الكتابية التي يلجأ إليها هؤلاء لتأييد حجتهم، يتضح أن بني إسرائيل العِرقيين هم فقط المقصودون. ومن ثَمَّ، يمكن تقديم حُجَّة مقنِعة تُثبِت أنه كلما استخدم كُتَّاب العهد الجديد مصطلح إسرائيل، كانوا يشيرون به حصريًّا إلى إسرائيل القومية.

نصَّان رئيسيان في العهد الجديد هما اللذان يثيران الجدل المتعلِّق بمعنى مصطلح إسرائيل، وهما رومية ٩: ٦، وغلاطية ٦: ١٦. في رومية ٩: ٦، يقول الرسول بولس إنه «لَيْسَ جَمِيعُ ٱلَّذِينَ مِنْ إِسْرَائِيلَ هُمْ إِسْرَائِيلِيُّونَ». لكن، يبيِّن سياق رومية ٩ أن بولس لم يكن يتحدَّث عن الكنيسة بكاملها، بل عن اليهود المؤمنين، أي عن بقيَّة مميَّزة من الإسرائيليين العرقيين ضمن الأمة الأكبر غير المؤمنة (راجع رومية ١١: ٥). ويتضح من رومية ٩: ٣ أن الرسول كان يقصد نسل إبراهيم بالجسد، إذ قال بشكل مباشر إنه يتحدث عن «أَنْسِبَائِي حَسَبَ ٱلْجَسَدِ». علاوة على ذلك، وردت هذه الآيات داخل مقطع أكبر في الرسالة تضمَّن فحوى حُجة بولس، يؤكِّد فيه عدم تخلِّي الله عن أمة إسرائيل بالرغم من عدم إيمانها (رومية ٩-١١). وفي ضوء كلٍّ من القرينة الأكبر والقرينة الأصغر للنص، نستنتج أنه لا يمكن للآية السادسة من هذا الأصحاح أن تشير إلا إلى بني إسرائيل العرقيين. فهم «إسرائيل الحقيقية»، بمعنى أنهم بنو إسرائيل العرقيون الذين أَثبتوا أنهم شعب يهوه الحقيقي بقبولهم للمَسِيَّا.

النص الآخر مثار الجدل هو غلاطية ٦: ١٦، الذي فيه قدَّم بولس التحيَّة التالية لقرائه: «فَكُلُّ ٱلَّذِينَ يَسْلُكُونَ بِحَسَبِ هَذَا ٱلْقَانُونِ عَلَيْهِمْ سَلَامٌ وَرَحْمَةٌ، وَعَلَى إِسْرَائِيلِ ٱللهِ». افترض البعض أن تعبير «إِسْرَائِيلِ ٱللهِ» في هذا النص يشير إلى الكنيسة ككلٍّ، لكن هذا التفسير غير مقنِع. فإن كلًّا من لغة هذه الآية وسياقها يَفترض أن تعبير «إِسْرَائِيلِ ٱللهِ» يشير إلى يهود مسيحيين، وليس إلى الكنيسة ككلٍّ. من الناحية اللغوية، يشير بولس بوضوح في هذه الآية إلى مجموعتين مختلفتين من البشر، إذ أشار الضمير المتصل في صيغة الجمع في عبارة «عَلَيْهِمْ» إلى مجموعة، بينما أشارت عبارة «إِسْرَائِيلِ ٱللهِ» إلى مجموعة أخرى.[٥] وبقراءة بسيطة مباشرة لهذه الآية يتبيَّن أن الضمير المتصل في عبارة

٥ مع أن أنصار لاهوت الاستبدال يؤيِّدون الاستخدام الإيضاحي لحرف العطف «kai» («و») في هذه الآية (الأمر الذي يؤدي إلى ترجمة حرف العطف «و» إلى «أي»)، لكن هذا أمرٌ مستبعَد للغاية. أوضح روبرت سوسي (Robert Saucy) هذا قائلًا: «هذا المعنى الإيضاحي لحرف العطف ليس شائعًا، ولا سيما في كتابات بولس. ومن ثَمَّ، ما لم تكن هناك أُسس سياقية متينة، سيتحتم علينا الإبقاء على المعنى الرابط المعتاد لحرف العطف».

Robert L. Saucy, "Israel and the Church: A Case for Discontinuity," in *Continuity and Discontinuity: Perspectives on the Relationship between the Old and New Testaments: Essays in Honor of S. Lewis Johnson, Jr.*, ed. John S. Feinberg (Wheaton, IL: Crossway, 1988), 246.

للاطلاع على دراسة أكثر تفصيلًا للسبب في أن تعبير «إِسْرَائِيلِ ٱللهِ» الذي جاء في غلاطية ٦: ١٦ لا يمكن أن يشير إلا إلى اليهود، انظر:

Ernest DeWitt Burton, *Galatians*, ICC (Edinburgh: T&T Clark, 1920); Peter Richardson, *Israel in the Apostolic Church* SNTSMS 10 (Cambridge: Cambridge University Press, 1969); F. F. Bruce, *The Epistle to the Galatians*,

«عَلَيْهِمْ» يشير إلى المؤمنين الأمميين في كنائس غلاطية (راجع أعمال الرسل ١٣: ٤٦-٤٨)، الذين سلكوا بحسب التعليم الرسولي الذي قدَّمه بولس في هذه الرسالة، وبالأخص لم ينقادوا وراء التعليم الكاذب من المتهوِّدين الذين أصروا على وجوب اختتان المسيحيين الأمميين (غلاطية ٦: ١٢-١٥؛ راجع أعمال الرسل ١٥: ١؛ غلاطية ٢: ٣). وإن كانت المجموعة الأولى تشير إلى مؤمنين أمميين، لا بد إذن أن تشير المجموعة الثانية، التي ميَّزها النص عن الأولى، إلى المسيحيين من اليهود العرقيين، الذين اختُتِنوا في قلوبهم، وليس في أجسادهم فحسب (راجع رومية ٢: ٢٨-٢٩)، فصاروا هم بنو إسرائيل الحقيقيون، أي المجموعة نفسها التي أشار إليها بولس في رومية ٩: ٦ (راجع رومية ٤: ١٢؛ فيلبي ٣: ٣). أما من ناحية السياق، فقد كانت إشادة الرسول بالمسيحيين اليهود بمثابة ملحوظة ختامية مهمة في نهاية رسالته، شَجَبَ فيها المتهوِّدين بكل صرامة وقوة. إن دحض بولس القوي في هذه الرسالة لفكرة ضرورة أعمال الناموس الموسوي للخلاص ربما أوحى للبعض بأن الله رَفَضَ الأمة اليهودية (التي كانت على صلة وثيقة للغاية بحفظ الناموس) بالكامل وبشكل نهائي؛ ومن ثَمَّ، أوضحت إشادته الخاصة للمؤمنين الإسرائيليين المتضمَّنة في تحيته أن هذا لم يكن صحيحًا (راجع رومية ١١: ١، ٢٦).

ولأن العهد الجديد يميِّز بين الكنيسة وإسرائيل، يتعيَّن على المؤمنين أن يتمسَّكوا بهذا التمييز عينه. فإن الخلط بين الاثنين يمكن أن يؤدِّي إلى مشكلات تفسيرية ضخمة، حيث قد تفسَّر الوعود والوصايا المعطاة بصفة خاصة لأمة إسرائيل تفسيرًا مروحنًا أو مجازيًّا، وتطبَّق بالخطأ على المؤمنين الأمميين في الكنيسة. ومع أن الله يعمل من خلال الكنيسة العامة في العصر الحاضر (غلاطية ٣: ٢٨؛ كولوسي ٣: ١١)، ومع أن الكنيسة تشترك في بركات العهد الجديد (لوقا ٢٢: ٢٠؛ ٢كورنثوس ٣: ٣-٨؛ عبرانيين ٨: ٧-١٣؛ ٩: ١٥)، سوف يوجِّه الله انتباهه في المستقبل مرة أخرى إلى أمة إسرائيل تتميمًا لوعوده التي قطعها لهم (رومية ١١: ٢٥-٢٦؛ راجع دانيال ٩: ٢٤-٢٧).

## ⬅ صور مجازية للكنيسة في الكتاب المقدس[٦]

استخدم العهد الجديد الكثير من التشبيهات لوصف علاقة الله بشعبه. فهو مَلِكُهم، وهم رعاياه (متى ٢٥: ٣٤؛ ١كورنثوس ٤: ٢٠؛ فيلبي ٣: ٢٠؛ كولوسي ١: ١٣-١٤). وهو الخالق، وهم خليقته (٢كورنثوس ٥: ١٧؛ أفسس ٢: ١٠). وهو الراعي، وهم خرافه (يوحنا ١٠: ٣، ١١، ١٤، ٢٦؛ عبرانيين ١٣: ٢٠؛ ١بطرس ٢: ٢٥؛ ٥: ٢-٤). وهو السيد، وهم عبيده (متى ١٠: ٢٤-٢٥؛ رومية ١٤: ٤؛ أفسس ٦: ٩؛ كولوسي ٤: ١؛ ٢تيموثاوس ٢: ٢١؛ يهوذا ٤). وهو أبوهم (متى ٦: ٩؛ رومية ١: ٧)، وهم أولاده بالتبني (يوحنا ١: ١٢؛ رومية ٨: ١٦-١٧، ٢١؛ فيلبي ٢: ١٥؛ ١يوحنا ٣: ١-٢؛ راجع رومية ٨: ١٤، ١٩؛ ٢كورنثوس ٦: ١٨؛ غلاطية ٣: ٢٦؛ ٤: ٦؛ عبرانيين ١٢: ٧) وأعضاء أهل بيته (غلاطية ٦: ١٠؛ أفسس ٢: ١٩؛ ١تيموثاوس ٣: ١٥؛ ١بطرس ٤: ١٧)، إلى حدٍّ أن الرب يسوع «لَا يَسْتَحِي أَنْ يَدْعُوَهُمْ إِخْوَةً» (عبرانيين ٢: ١١)، و«لَا يَسْتَحِي بِهِمِ اللهُ أَنْ يُدْعَى إِلَهَهُمْ» (عبرانيين ١١: ١٦).

---

NIGTC (Grand Rapids, MI: Eerdmans, 1982); S. Lewis Johnson Jr., "Paul and 'the Israel of God': An Exegetical and Eschatological Case-Study," in *Essays in Honor of J. Dwight Pentecost*, ed. Stanley D. Toussaint and Charles H. Dyer (Chicago: Moody Press,1986 ); Hans Dieter Betz, *Galatians*, Hermeneia (Philadelphia: Fortress, 1979), 323.

٦ هذا الجزء مقتبَس بتصرُّف من المصدر التالي، بتصريح من الناشر:
John MacArthur, *John 12–21*, MNTC (Chicago: Moody Publishers, 2008).

توصَف الكنيسة أيضًا بأنها عروس المسيح (٢كورنثوس ١١: ٢؛ أفسس ٥: ٢٣-٣٢؛ رؤيا ١٩: ٧-٨؛ ٢١: ٩)، وجسد المسيح (رومية ١٢: ٤-٥؛ ١كورنثوس ١٢: ١٢، ٢٧؛ أفسس ٤: ١٢، ٢٥؛ ٥: ٢٣، ٣٠؛ كولوسي ١: ٢٤)، الذي هو رأسه (أفسس ١: ٢٢-٢٣؛ ٤: ١٥؛ كولوسي ١: ١٨؛ ٢: ١٩). يؤكِّد هذان الرمزان كلاهما الاتحاد الروحي بين المسيح وخاصته (راجع غلاطية ٢: ٢٠). كذلك، يصف الكتاب المقدس المؤمنين بأنهم في المسيح وهو فيهم (يوحنا ١٧: ٢٣؛ راجع ٢كورنثوس ٥: ١٧؛ كولوسي ١: ٢٧). إن الرب يسوع ليس فقط **مع** كنيسته، لكنه **في** كنيسته، وكنيسته **فيه**. فالكنيسة جسدٌ عضويٌّ كامل، والاستعلان الحيُّ ليسوع المسيح الذي ينبض بحياة الله الأبدية. والقاسم المشترَك بين جميع المؤمنين هو أنهم يتمتعون بحياة الله. قال يسوع: «إِنِّي أَنَا حَيٌّ فَأَنْتُمْ سَتَحْيَوْنَ» (يوحنا ١٤: ١٩). تُردِّدُ بقية العهد الجديد صدى ذلك الحق: «مَنْ لَهُ الابْنُ فَلَهُ الْحَيَاةُ» (١يوحنا ٥: ١٢)؛ لأن «مَنِ الْتَصَقَ بِالرَّبِّ فَهُوَ رُوحٌ وَاحِدٌ» (١كورنثوس ٦: ١٧).

تُعَد صورة الجسد فريدة من نوعها في توضيح العلاقة بين المسيح والكنيسة.[٧] خَلَقَ الله جسد الإنسان كيانًا حيًّا معقدًا بصورة مذهلة، يتمتع بترابُط واعتماد متبادل متشابك ودقيق. ولأنه كيانٌ مترابطٌ وموحَّد، تعزِّز أجزاؤه بعضها بعضًا، لا يمكن أن يؤدي وظيفته إذا انقسم إلى أجزاء. هكذا جسد المسيح أيضًا كيان متكاملٌ وموحَّد. الهيئات الدينية كثيرة والأدوار والمناصب كثيرة، لكن الكنيسة وحدها هي جسد المسيح، وكلُّ مؤمن حقيقي بالمسيح هو عضوٌ فيها. لا يمكن أن ينفصل الرب يسوع عن كنيسته، تمامًا كما لا يمكن أن ينفصل الرأس عن جسده. من الناحية الأخرى، الذين هم جزء من كنيسة المسيح لا يمكنهم الانفصال عنه (يوحنا ١٠: ٢٨-٢٩؛ رومية ٨: ٣٨-٣٩) أو بعضهم عن بعض (١كورنثوس ١٢: ١٢-٢٧).

إحدى الصور المجازية الأخرى في العهد الجديد التي تبيِّن الوحدة الحيوية التي يشترك فيها المؤمنون مع المسيح هي صورة الكرمة والأغصان (يوحنا ١٥: ١-١١؛ راجع رومية ١١: ١٧). فكما أن الغصن معتمدٌ تمامًا على الكرمة في حياته، وغذائه، ونموه، هكذا المؤمنون معتمدون تمامًا على المخلِّص لأنه مصدر حيويتهم الروحية. وكما أن الغصن غير المتصل بالكرمة لا يقدر أن يأتي بثمرٍ، هكذا بدون اتحاد المؤمنين بالمسيح لن يقدروا أن يأتوا بثمرٍ روحيٍّ (يوحنا ١٥: ٤-١٠). وفقط من خلال الثبات فيه سيتمكَّن المؤمنون من إظهار ثمار التوبة (متى ٣: ٨) وثمر الروح (غلاطية ٥: ٢٢-٢٤؛ أفسس ٥: ٩).

وتتضح طبيعة الشركة الحميمية التي تتمتع بها الكنيسة مع الله بواسطة المسيح (يوحنا ١٧: ٢١؛ ١كورنثوس ١: ٩؛ ١يوحنا ١: ٣؛ ٢: ٢٤) أيضًا من خلال وصف العهد الجديد للكنيسة بأنها هيكلُ الله. ففي العهد القديم، كان الهيكل هو مركز عبادة إسرائيل، والموضع الذي يذهب إليه شعب الله كي يعبدوا من خلال وساطة كاهن. وكان حجابٌ يفصل الشعب عن قدس الأقداس، حيث كان حضور الله

٧ بعض الصور المجازية المشار إليها هنا تنطبق أيضًا على إسرائيل في العهد القديم. على سبيل المثال، يمكن إيجاد صورة الكرم، والقطيع، والعروس في العهد القديم أيضًا (مثل: إشعياء ٥: ١-٧؛ ٤٠: ١١؛ حزقيال ١٦: ٣٢؛ هوشع ٣: ١-٥). كما توجد تلميحات إلى بعض الصور الأخرى - مثل المملكة، والعائلة، والهيكل - في العهد القديم. أما صورة الجسد فهي قاصرة على الكنيسة، وليس لها ما يكافئها في العهد القديم.

يُستعلَن (خروج ٢٦ : ٣١-٣٥). لكن يكشف العهد الجديد أن المؤمنين أنفسهم هم هيكل الله، وأن لكلِّ مؤمن الحق في التقدُّم إلى الله من خلال المسيح (عبرانيين ٤ : ١٤-١٦؛ ١٠ : ١٩-٢٣). ولأن المؤمنين مبنيُّون على أساس الرب يسوع (١كورنثوس ٣ : ١٠-١١؛ ١بطرس ٢ : ٧)، فهم يوصفون بأنهم حجارة حية تُكوِّن هيكل الله (١بطرس ٢ : ٤-٨)، وكذلك بأنهم مملكة كهنة (١بطرس ٢ : ٩-١٠؛ رؤيا ١ : ٦؛ ٥ : ١٠). استخدم الرسول بولس التشبيه بالهيكل لوصف المؤمنين أفرادًا (١كورنثوس ٦ : ١٩-٢٠) وجماعة (١كورنثوس ٣ : ١٦-١٧؛ أفسس ٢ : ٢١-٢٢). فالمسيح هو البنَّاء (متى ١٦ : ١٨)، والمؤمنون هم البِناء نفسه (أفسس ٢ : ٢٠-٢٢؛ راجع عبرانيين ٣ : ٣-٦). والكنيسة بيت روحي (١بطرس ٢ : ٥)، ومَسكَنٌ للروح القدس (١كورنثوس ٣ : ١٦-١٧؛ ٢كورنثوس ٦ : ١٦)، والموضع الذي فيه يُستعلَن مجد الله بأوضح صورة على الأرض. كما أنها النواة للتعليم الروحي والعبادة الجماعية للمفديِّين. وعلى خلاف الأبنية المصنوعة من حجارة، الكنيسة بناء مصنوع من أجساد حية. المؤمنون حجارة حية في هيكل الله يقدِّمون له ذبائح روحية (راجع رومية ١٢ : ١؛ عبرانيين ١٣ : ١٥-١٦).

## أهداف الكنيسة

- تمجيد الله
- بنيان المؤمنين
- الكرازة لغير المؤمنين

حين ننظر إلى الكنيسة من زاوية تاريخ الخلاص، نكتشف أنها موجودة لإظهار حكمة الله ورحمته في العصر الحاضر (أفسس ٣ : ١٠؛ راجع رومية ٩ : ٢٣-٢٤؛ ١١ : ٣٣؛ ١كورنثوس ١ : ٢٠-٣١)، بالكرازة بإنجيل يسوع المسيح في كلِّ أنحاء العالم (متى ٢٨ : ١٩-٢٠؛ أعمال الرسل ١ : ٨؛ ١بطرس ٢ : ٩)، حتى يُنقَذ الخطاة المنتمين إلى أي خلفية عرقية (رؤيا ٥ : ٩-١٠) من سلطان الظلمة، ويُنقَلون إلى ملكوت الله (كولوسي ١ : ١٢-١٣)، وكذلك لإثارة غيرة إسرائيل غير المؤمِنة ودفعها إلى التوبة (رومية ١٠ : ١٩؛ ١١ : ١١). وبالنظر إلى المستقبل، يَعِد العهد الجديد بأن الكنيسة ستملك يومًا ما مع المسيح في المجد (١كورنثوس ٦ : ٢؛ راجع ٢تيموثاوس ٢ : ١١-١٣؛ رؤيا ٢٠ : ٤-٦).

أما من زاوية علاقة الكنيسة بأعضائها، يمكننا أن نقول إن الغرض من وجود الكنيسة هو أن تمجِّد الله (أفسس ١ : ٥-٦، ١٢-١٤؛ ٣ : ٢٠-٢١؛ ٢تسالونيكي ١ : ١٢) ببنيان أعضائها بنشاطٍ في الإيمان (أفسس ٤ : ١٢-١٦)، وتعليم الكلمة بأمانة (٢تيموثاوس ٢ : ١٥؛ ٣ : ١٦-١٧)، وممارسة الفرائض بانتظام (لوقا ٢٢ : ١٩؛ أعمال الرسل ٢ : ٣٨-٤٢)، وتشجيع الشركة بين المؤمنين بشكل فعَّال (أعمال الرسل ٢ : ٤٢-٢٧؛ ١يوحنا ١ : ٣)، والمناداة بجسارة بحق الإنجيل لغير المؤمنين (متى ٢٨ : ١٩-٢٠). ويمكن إيجاز هذا الغرض تحت العناوين الثلاثة التالية.

## تمجيد الله

لأن الله غيور على مجده (إشعياء ٤٨ : ٩-١١؛ راجع إشعياء ٤٣ : ٦-٧؛ ٤٩ : ٣)، ينبغي على نحو مماثل أن تتملَّك شعبَه رغبةٌ في تمجيده وتعظيمه (١كورنثوس ١٠ : ٣١؛ راجع ٦ : ٢٠). وعليه، فإن الكنيسة الأمينة هي الكنيسة التي مركزها الله وليس الإنسان. فقد افتُدِيت الكنيسة حتى يمكن للمؤمنين أن يمجدوا الله سواء بأن يخدموا بعضهم بعضًا (١بطرس ٤ : ١١)، أو بأن يُخْبِروا «بِفَضَائِلِ الَّذِي دَعَاكُمْ [دعاهم] مِنَ الظُّلْمَةِ إِلَى نُورِهِ الْعَجِيبِ» (١بطرس ٢ : ٩).

إحدى الوسائل الرئيسية التي بها تُمَجِّدُ الكنيسةُ اللهَ هي العبادة والتسبيح. فكلما اجتمعت الكنيسة، ينبغي أن تكون العبادة هي أولويتها العظمى (راجع يوحنا ٤ : ٢٣-٢٤). تنطوي العبادة على أن يَنْسِبَ المؤمنون إلى الله الكرامةَ التي يستحقُّها، وأن يعلنوا مجده بكلمات الحمد (مثل مزمور ٢٩ : ٢؛ ٩٥ : ٦؛ ٩٩ : ٥، ٩؛ عبرانيين ١٢ : ٢٨)، وبأفعال الطاعة (رومية ١٢ : ١). ينبغي للعبادة الحقيقية أن تشمل أيضًا بالضرورة تعظيم يسوع المسيح الذي رفَّعه الآب وأعطاه اسمًا فوق كلِّ اسم (فيلبي ٢ : ٩؛ راجع أعمال الرسل ٥ : ٣١). فالمسيح «أَعْلَى مِنَ السَّمَاوَاتِ» (عبرانيين ٧ : ٢٦)؛ وطوال الأبدية، سيسبِّحُ المفديُّون اسمه (راجع رؤيا ٤ : ١٠؛ ٥ : ١٢-١٣؛ ٧ : ١٢؛ ١٤ : ٧؛ ١٥ : ٤). أما في هذا الزمان فالكنيسة هي الدائرة الوحيدة على الأرض التي فيها يتعظَّم اسم المسيح بحق وبصدق.

## بنيان المؤمنين

في ١كورنثوس ١٤، وَصَفَ بولس اجتماعًا نموذجيًّا للكنيسة الأولى بهذه الكلمات: «مَتَى اجْتَمَعْتُمْ فَكُلُّ وَاحِدٍ مِنْكُمْ لَهُ مَزْمُورٌ، لَهُ تَعْلِيمٌ، لَهُ لِسَانٌ، لَهُ إِعْلاَنٌ، لَهُ تَرْجَمَةٌ. فَلْيَكُنْ كُلُّ شَيْءٍ لِلْبُنْيَانِ» (١٤ : ٢٦). كما أوصى مؤمني تسالونيكي بطريقة مماثلة قائلًا: «عَزُّوا بَعْضُكُمْ بَعْضًا وَابْنُوا أَحَدُكُمُ الآخَرَ، كَمَا تَفْعَلُونَ أَيْضًا» (١تسالونيكي ٥ : ١١). يتحقَّق هذا البنيان من خلال خدمة الكلمة (أعمال الرسل ٢٠ : ٣٢؛ ٢تيموثاوس ٣ : ١٥-١٧؛ ١بطرس ٢ : ٢)، وتقديم القادة الأتقياء للإرشاد (أفسس ٤ : ١١-١٢)، والممارسة غير الأنانية للمواهب الروحية (١كورنثوس ١٢ : ٧؛ ١بطرس ٤ : ١٠)، بالإضافة إلى تنفيذ الوصايا التي تحتوي على عبارة «بعضكم بعضًا» الموجودة في العهد الجديد، التي يمكن سردها على النحو التالي:

١. أحبوا بعضكم بعضًا (رومية ١٢ : ١٠؛ ١٣ : ٨؛ ١تسالونيكي ٣ : ١٢؛ ٤ : ٩؛ ٢تسالونيكي ١ : ٣؛ ١بطرس ١ : ٢٢؛ ٤ : ٨؛ ١يوحنا ٣ : ١١، ٢٣؛ ٤ : ٧، ١١-١٢؛ ٢يوحنا ٥).
٢. عيشوا في وفاقٍ بعضكم مع بعضٍ (رومية ١٢ : ١٦؛ ١٥ : ٥؛ راجع غلاطية ٥ : ٢٦؛ ١تسالونيكي ٥ : ١٣).
٣. اقبلوا بعضكم بعضًا (رومية ١٥ : ٧؛ راجع رومية ١٦ : ١٦)
٤. أنذروا بعضكم بعضًا (رومية ١٥ : ١٤؛ كولوسي ٣ : ١٦).
٥. اهتموا بعضكم ببعضٍ (١كورنثوس ١٢ : ٢٥)
٦. اخْدِمُوا بَعْضُكُمْ بَعْضًا (غلاطية ٥ : ١٣؛ ١بطرس ٤ : ١٠).
٧. اِحْمِلُوا بَعْضُكُمْ أَثْقَالَ بَعْضٍ (غلاطية ٦ : ٢)

٨. مُحْتَمِلِينَ بَعْضُكُمْ بَعْضًا (أفسس ٤: ٢؛ كولوسي ٣: ١٣)
٩. كُونُوا لُطَفَاءَ بَعْضُكُمْ نَحْوَ بَعْضٍ (أفسس ٤: ٣٢)
١٠. سامحوا بعضُكم بعضًا (أفسس ٤: ٣٢؛ كولوسي ٣: ١٣).
١١. رنِّموا بعضُكم مع بعضٍ (أفسس ٥: ١٩؛ كولوسي ٣: ١٦)
١٢. حَاسِبِينَ بَعْضُكُمُ الْبَعْضَ أَفْضَلَ مِنْ أَنْفُسِهِمْ (فيلبي ٢: ٣)
١٣. لَا تَكْذِبُوا بَعْضُكُمْ عَلَى بَعْضٍ (كولوسي ٣: ٩)
١٤. عَزُّوا بَعْضُكُمْ بَعْضًا (١تسالونيكي ٤: ١٨؛ ٥: ١١؛ عبرانيين ٣: ١٣؛ ١٠: ٢٥).
١٥. اتَّبِعُوا الْخَيْرَ بَعْضُكُمْ لِبَعْضٍ (١تسالونيكي ٥: ١٥)
١٦. حرِّضوا بعضكم بعضًا على المحبة والأعمال الحسنة (عبرانيين ١٠: ٢٤؛ راجع ١تيموثاوس ٦: ١٧-١٨).
١٧. اِعْتَرِفُوا بَعْضُكُمْ لِبَعْضٍ بِالزَّلَّاتِ (يعقوب ٥: ١٦)
١٨. صَلُّوا بَعْضُكُمْ لأَجْلِ بَعْضٍ (يعقوب ٥: ١٦)
١٩. كُونُوا مُضِيفِينَ بَعْضُكُمْ بَعْضًا (١بطرس ٤: ٩)
٢٠. كُونُوا جَمِيعًا خَاضِعِينَ بَعْضُكُمْ لِبَعْضٍ (١بطرس ٥: ٥).

يبيِّن السياق الكتابي لهذه الوصايا أن الغرض الرئيسي منها هو أن تَحكُم علاقة المؤمن بالمؤمنين الآخرين داخل الكنيسة. وعند تنفيذ شعب الله لهذه التوجيهات، يتمِّمون الوصية العظمى الثانية، وهي أن تحبَّ قريبك كنفسك (مرقس ١٢: ٣١؛ راجع يوحنا ١٣: ٣٤؛ ١٥: ١٢)، وبهذا يساهمون في بنيان جسد المسيح (راجع رومية ١٤: ١٩؛ ١٥: ٢)، ويكونون نموذجًا لمحبة المسيح أمام العالم الخارجي الذي يراقبهم (يوحنا ١٣: ٣٥). وهذا يجعل التغيير الذي يُحدِثه الإنجيل منظورًا وقابلًا للتحقُّق منه، حتى يتبرهن أن الرسالة مؤثِّرة وقوية كما تدَّعي.

## ⬅ الكرازة لغير المؤمنين

الكنيسة التي تسعى بحماس وشغف إلى تمجيد الله ستركِّز بشدة أيضًا على الكرازة، سواء على النطاق المحلي أو حول العالم. تحدَّث يسوع نفسه عن إرسالية الكنيسة التبشيرية في متى ٢٨: ١٨-٢٠، حيث أوصى أتباعه بهذه الكلمات:

> دُفِعَ إِلَيَّ كُلُّ سُلْطَانٍ فِي السَّمَاءِ وَعَلَى الأَرْضِ، فَاذْهَبُوا وَتَلْمِذُوا جَمِيعَ الأُمَمِ وَعَمِّدُوهُمْ بِاسْمِ الآبِ وَالابْنِ وَالرُّوحِ الْقُدُسِ. وَعَلِّمُوهُمْ أَنْ يَحْفَظُوا جَمِيعَ مَا أَوْصَيْتُكُمْ بِهِ. وَهَا أَنَا مَعَكُمْ كُلَّ الأَيَّامِ إِلَى انْقِضَاءِ الدَّهْرِ». آمِينَ.

تَدُلُّ الإرسالية العظمى على أن الكرازة الحقيقية لا بد أن تشمل تلمذة (وليس مجرد إقناع غير المؤمنين باتخاذ قرارات). فحين يتجاوب الخطاة مع رسالة الإنجيل بإيمانٍ للخلاص، ينبغي ضمُّهم ليكونوا أعضاءً في الكنيسة عن طريق المعمودية، ثم تلمذتهم بواسطة الكنيسة من خلال التعليم الصحيح. وقد كان يسوع نفسه هو الذي أسَّس نمط التلمذة، إذ سعى إلى صُنع تلاميذ في أثناء

خدمته على الأرض (مرقس ١: ١٦-٢٢؛ ٢: ١٤؛ يوحنا ٨: ٣١). ومن ثَمَّ، على شعبه أن يواصلوا فعل ذلك متَّبعين مثاله. فإن أتباع المسيح الحقيقيين يصيرون «صَيَّادَيِ النَّاسِ» (متى ٤: ١٩)؛ أي إن الذين يصيرون تلاميذ المسيح هم أنفسهم ينبغي أن يَصنعوا تلاميذ.

أَظهَر المؤمنون في الكنيسة الأولى شغفًا وغيرة من نحو الكرازة بالإنجيل والتلمذة (راجع أعمال الرسل ٢: ٤٧؛ ١٤: ٢١)، الأمر الذي استرعى انتباه أعدائهم. قال رؤساء اليهود العدائيون لبطرس والرسل الآخرين: «قَدْ مَلأْتُمْ أُورُشَلِيمَ بِتَعْلِيمِكُمْ» (أعمال الرسل ٥: ٢٨). كذلك، اتُّهِم بولس ورفقاؤه المرسَلون بقلب العالم رأسًا على عقب (أعمال الرسل ١٧: ٦). فقد تردَّدت أصداء مناداتهم الجسورة بالخلاص بيسوع المسيح في كلِّ أنحاء العالم المعروف آنذاك (راجع أعمال الرسل ١: ٨؛ ١٩: ١٠). وعلى الكنيسة في كلِّ عصر وزمان أن تُظهِر هذه الغيرة الشجاعة ذاتها.

فلأن المؤمنين يدركون رجاء الخلاص الأبدي (تيطس ١: ٢؛ راجع يوحنا ٣: ١٦؛ ١١: ٢٥)، والحقيقة المستقبلية التي تقابِله، ألا وهي دينونة الله العتيدة (٢كورنثوس ٥: ١١، ٢٠؛ راجع ٢بطرس ٣: ١١-١٥؛ عبرانيين ٩: ٢٧)، عليهم أن يكونوا غيورين على الكرازة ببشارة الخلاص. فمع أن الكنيسة ستظل تمجِّد المسيح، وسيظل المؤمنون يساهمون في بنيان بعضهم بعضًا في المجد السماوي، لكن الكرازة أمر لا يمكن القيام به إلا في هذه الحياة. يقول العهد الجديد إن الكرازة مسئولية قادة الكنيسة (٢تيموثاوس ٤: ٥؛ راجع أفسس ٤: ١١)، والمؤمنين الأفراد (١بطرس ٣: ١٥)، والكنيسة ككلٍّ (١بطرس ٢: ٩). إن خلاص الخطاة يمجِّد الله ويغرس في قلوب شعبه فرحًا مُعدِيًا (راجع لوقا ١٥: ٧، ١٠). على العكس من ذلك، الكنائس التي تهمل الكرازة أو تجرِّدها من قيمتها لن ترى إلا الركود والانحدار.

## السلطة الروحية في الكنيسة

- القادة الموهوبون
- الشيوخ
- الشمامسة

بما أن العهد الجديد يُعلِّم بأن يسوع المسيح هو رأس الكنيسة (أفسس ١: ٢٢؛ ٤: ١٥؛ ٥: ٢٣؛ كولوسي ١: ١٨؛ ٢: ١٩؛ راجع ١كورنثوس ١١: ٣)، الذي أُعطِيَت له رَبوبيَّتُه السيادية من أبيه السماوي (متى ١١: ٢٧؛ يوحنا ٣: ٣٥؛ ٥: ٢٢؛ أعمال الرسل ٢: ٣٦؛ فيلبي ٢: ٩-١١)، فهو يمثِّل، إذن، السلطة العليا للكنيسة. قال يسوع لتلاميذه حين أرسلهم ليكرزوا: «دُفِعَ إِلَيَّ كُلُّ سُلْطَانٍ فِي السَّمَاءِ وَعَلَى الأَرْضِ» (متى ٢٨: ١٨). ويتحدث العهد القديم بطريقة مماثلة عن سلطة المَسِيَّا الموعود به المطلقة (راجع إشعياء ٩: ٦-٧). وفي دانيآل ٧: ١٣-١٤، قال دانيآل النبي عن المسيح:

كُنْتُ أَرَى فِي رُؤَى اللَّيْلِ
وَإِذَا مَعَ سُحُبِ السَّمَاءِ
مِثْلُ ابْنِ إِنْسَانٍ

أَتَى وَجَاءَ إِلَى الْقَدِيمِ الأَيَّامِ،
فَقَرَّبُوهُ قُدَّامَهُ.
فَأُعْطِيَ سُلْطَانًا
وَمَجْدًا وَمَلَكُوتًا
لِتَتَعَبَّدَ لَهُ كُلُّ الشُّعُوبِ وَالأُمَمِ وَالأَلْسِنَةِ.
سُلْطَانُهُ سُلْطَانٌ أَبَدِيٌّ
مَا لَنْ يَزُولَ،
وَمَلَكُوتُهُ
مَا لَا يَنْقَرِضُ (راجع متى ٢٤: ٣٠؛ ٢٦: ٦٤).

في أثناء خدمة الرب يسوع على الأرض، أظهر مرارًا سلطانه الإلهي وسيادته على الأرواح النجسة (متى ٨: ٣٢؛ ١٢: ٢٢)، والمرض (متى ٤: ٢٣-٢٤)، والخطية (متى ٩: ٦)؛ بل وعلى الموت نفسه أيضًا (مرقس ٥: ٤١-٤٢؛ يوحنا ١١: ٤٣-٤٤) ولا سيما في صلبه وقيامته من بين الأموات (يوحنا ١٠: ١٨). وإذ صعد عن يمين الآب ذاك الذي خلق كلَّ شيء وفيه يقوم الكلُّ (يوحنا ١: ١-٤؛ كولوسي ١: ١٦-١٧؛ عبرانيين ١: ٣)، فهو يمتلك السلطان ليملك على السماء والأرض (أفسس ١: ٢٠-٢١)، ويَدين الجنس البشري (يوحنا ٥: ٢٧-٢٩؛ ١٧: ٢)، ويغلب الشيطان وجنوده (رؤيا ١٩: ٢٠؛ ٢٠: ١٠)، ويبيد الموت إلى الأبد (١كورنثوس ١٥: ٢٥-٢٦). ويومًا ما، ستعترف كلُّ الخليقة بسمو يسوع المسيح، ومنهم أولئك الذين يرفضونه في الوقت الحاضر. قال بولس لأهل فيلبي: «لِذَلِكَ رَفَّعَهُ اللهُ أَيْضًا، وَأَعْطَاهُ اسْمًا فَوْقَ كُلِّ اسْمٍ، لِكَيْ تَجْثُوَ بِاسْمِ يَسُوعَ كُلُّ رُكْبَةٍ مِمَّنْ فِي السَّمَاءِ، وَمَنْ عَلَى الأَرْضِ، وَمَنْ تَحْتَ الأَرْضِ، وَيَعْتَرِفَ كُلُّ لِسَانٍ أَنَّ يَسُوعَ الْمَسِيحَ هُوَ رَبٌّ، لِمَجْدِ اللهِ الآبِ» (فيلبي ٢: ٩-١١).

لا يُعَد خضوع المؤمنين لربوبية المسيح السياديَّة أمرًا اختياريًّا، بل إن دعوتهم العليا وواجبهم الأسمى هو أن يخضعوا بفرحٍ لوصاياه (على سبيل المثال: يوحنا ١٤: ١٥، ٢١، ٢٣؛ ١٥: ١٠؛ ١يوحنا ٥: ٣؛ ٢يوحنا ٦). يمكن التعبير عن هذا الخضوع على المستوى الفردي والمستوى الجماعي على حدٍّ سواء. فإن أفكار كلِّ مؤمن، وتوجُّهاته، وكلماته، وأفعاله ينبغي أن تتوافق مع مشيئة المسيح على النحو المبيَّن في الكتاب المقدس (رومية ١٢: ١-٢؛ ١بطرس ١: ١٤-١٥). والأمر ذاته ينبغي أن ينطبق على كلِّ ما يجري في اجتماع الكنيسة الجماعي، إذ تخضع الجماعة ككلٍّ لكلمة المسيح (راجع كولوسي ٣: ١٦).

إن الرب يسوع، بصفته رأس الكنيسة، يمثِّل ليس فقط سلطتها العليا، بل مصدر خلاصها أيضًا؛ فهو «رَئِيسِ الإِيمَانِ وَمُكَمِّلِهِ» (عبرانيين ١٢: ٢)، إذ قد اقتنى لنفسه بموته «شَعْبًا خَاصًّا غَيُورًا فِي أَعْمَالٍ حَسَنَةٍ» (تيطس ٢: ١٤). فالمسيح هو حجر الزاوية الذي عليه أُسِّست الكنيسة (١بطرس ٢: ٤-٨). وهو الذي أسَّسها (متى ١٦: ١٨)، وهي قد بُنيت على شهادة الرسل للحق المتعلِّق به (أفسس ٢: ٢٠). ولهذا كتب الرسول بولس: «فَإِنَّهُ لَا يَسْتَطِيعُ أَحَدٌ أَنْ يَضَعَ أَسَاسًا آخَرَ غَيْرَ الَّذِي وُضِعَ، الَّذِي هُوَ يَسُوعُ الْمَسِيحُ» (١كورنثوس ٣: ١١).

## ⬅ القادة الموهوبون

تُدار سلطة المسيح المطلقة، بصفته رأس الكنيسة، بواسطة قادة أتقياء أعطاهم هو نفسه للكنيسة ليقودوا شعبه (١تسالونيكي ٥: ١٢–١٣؛ عبرانيين ١٣: ٧، ١٧). في أفسس ٤: ١١، قال بولس عن المسيح الذي صعد إلى السماء: «وَهُوَ أَعْطَى الْبَعْضَ أَنْ يَكُونُوا رُسُلًا، وَالْبَعْضَ أَنْبِيَاءَ، وَالْبَعْضَ مُبَشِّرِينَ، وَالْبَعْضَ رُعَاةً وَمُعَلِّمِينَ» (راجع ١كورنثوس ١٢: ٢٨). اقتصرت مجموعتان من المجموعات الأربع المشار إليها في هذه الآية على بداية تاريخ الكنيسة، وهما الرُّسل والأنبياء، الذين لعبت خدمتهم دورًا فريدًا وأساسيًّا في تأسيس الكنيسة.[٨] أكَّد بولس هذه الفكرة في موضع سابق من رسالة أفسس، حين قال إن المؤمنين هم أهل بيت الله، لأنهم «مَبْنِيِّينَ عَلَى أَسَاسِ الرُّسُلِ وَالأَنْبِيَاءِ، وَيَسُوعُ الْمَسِيحُ نَفْسُهُ حَجَرُ الزَّاوِيَةِ» (أفسس ٢: ٢٠). وبربط بولس الرسل والأنبياء بمرحلة وضع أساس الكنيسة، أَثْبَتَ أن هذين المنصبين كانا محدودَين بالمراحل الأولى من تاريخ الكنيسة. فإن أساس البناء يُوضع مرة واحدة فقط في بداية عملية البناء. وهكذا، جاء عصر الرسل والأنبياء في بداية تاريخ الكنيسة، ولم يتكرَّر منذ ذلك الحين.

ووفقًا لدورهم التأسيسي، أَخْبَرَ الرسل والأنبياء بإعلان كلمة الله (أفسس ٣: ٥؛ راجع أعمال الرسل ١١: ٢٨؛ ٢١: ١٠–١١)، وتثبَّتت رسالتهم بآيات معجزية (٢كورنثوس ١٢: ١٢؛ راجع أعمال الرسل ٨: ٦–٧؛ عبرانيين ٢: ٣–٤). وكما أن البنية الفوقية لأيِّ مبنى ترتكز على أساسه، هكذا بُنِيت كلُّ الأجيال التالية للكنيسة فوق الأساس الإعلاني الذي وضعه الرسل والأنبياء بكتابتهم للعهد الجديد (راجع ٢بطرس ١: ١٩–٢١). استمرت المجموعتان الأخريان – أي المبشِّرين والرعاة المعلِّمين – في البناء فوق ذلك الأساس طوال تاريخ الكنيسة، عن طريق المناداة بحماس بإنجيل النعمة، والكرازة الأمينة **بكلمة الحقّ** (راجع ٢تيموثاوس ٤: ١–٥).

### • الرُّسُلُ

الكلمة اليونانية *apostolos*، التي تُرجِمت «رسول»، تعني «شخصٌ مُرْسَل»، وتنطبق على سفير، أو ممثِّل، أو مبعوث. ويُستخدَم المصطلح في العهد الجديد في بعض الأحيان بمعنى عام للإشارة، على سبيل المثال، إلى رُسُل الكنائس المحلية (٢كورنثوس ٨: ٢٣؛ فيلبي ٢: ٢٥). لكنَّ الاستخدام الرئيسي للعهد الجديد لهذا اللقب كان للإشارة إلى «رُسُل يسوع المسيح» (مثل غلاطية ١: ١؛ ١بطرس ١: ١؛ يهوذا ١٧)، أي أولئك الرجال المحدَّدين الذين اختارهم يسوع شخصيًّا ليكونوا الممثِّلين الرسميين له. تضمنت هذه المجموعة المحدَّدة الاثني عشر (حيث حلَّ متياس محل يهوذا الإسخريوطي في أعمال

---

٨ للاطلاع على دراسة حول موهبة الرسولية، ردًّا على الادعاءات الكاريزماتية، انظر:

John MacArthur, *Strange Fire: The Danger of Offending the Holy Spirit with Counterfeit Worship* (Nashville: Thomas Nelson, 2013), 85–103.

وللاطلاع على ردٍّ محدَّد على الذين يدَّعون أن تصريح بولس في أفسس ٤: ١١–١٣ يوحي ضمنًا بأن الخدمات الخمس جميعها المذكورة في هذا النص تظل مستمرة عبر تاريخ الكنيسة، انظر:

*Strange Fire*, 100–102.

وللاطلاع على عرضٍ لوجهات نظر آباء الكنيسة بشأن تفرُّد موهبة الرسولية، انظر:

*Strange Fire*, 96–99.

الرسل ١: ٢٦)، بالإضافة إلى بولس، الذي كُلِّف من المسيح أن يكون رسولًا للأمم (غلاطية ١: ١٥-١٧؛ راجع ١كورنثوس ١٥: ٧-٩؛ ٢كورنثوس ١١: ٥).

استوفى رسل يسوع المسيح ثلاثة مؤهِّلات أساسيَّة. أولًا، أنهم اختيروا من الرب يسوع مباشرة (مرقس ٣: ١٤؛ لوقا ٦: ١٣؛ أعمال الرسل ١: ٢، ٢٤؛ غلاطية ١: ١). ثانيًا، كانت لديهم القدرة على صُنع علامات الرسول، إذ كان يُصدَّق عليهم «بِآيَاتٍ وَعَجَائِبَ وَقُوَّاتٍ» (٢كورنثوس ١٢: ١٢؛ راجع متى ١٠: ١-٢؛ أعمال الرسل ١: ٥-٨؛ ٢: ٤٣؛ ٤: ٣٣؛ ٥: ١٢؛ عبرانيين ٢: ٣-٤). ثالثًا، كانوا شهود عيان على قيامة المسيح من بين الأموات (أعمال الرسل ١: ٢١-٢٥؛ ١٠: ٣٩-٤١؛ ١كورنثوس ٩: ١؛ ١٥: ٧-٨). وفي ١كورنثوس ١٥: ٨، ذَكَر بولس بوضوح أنه كان آخر من استوفى هذا المؤهِّل الثالث، الأمر الذي يُبَيِّن أنه لم يأتِ بعده رُسُل حقيقيُّون. علاوة على ذلك، رأى بولس أن رسوليَّته فريدة من نوعها واستثنائية (١كورنثوس ١٥: ٨-٩)، أي أنها لم تكن نمطًا معياريًّا يمكن للأجيال اللاحقة من المؤمنين محاكاته. وبالفحص المدقِّق للادِّعاءات باستمراريَّة منصب الرسوليَّة في العصر الحديث، يتبيَّن بشكل قاطع عدم وجود رُسُل، وأيضًا أنه لم يكن هناك رسل في تاريخ الكنيسة بعد القرن الأول الميلادي.

كان رسل العهد الجديد أدوات المسيح الرسميَّة للإعلان. ففي العلِّيَّة، وَعَد الرب يسوع تلاميذه بأنه حتى بعدما يرحل عنهم بالجسد، سيظل يعلن حقَّه لهم بواسطة الروح القدس (يوحنا ١٤: ٢٦؛ ١٥: ٢٦-٢٧؛ ١٦: ١٢-١٥). وبموجب ذلك، أقرَّت الكنيسة الأولى بأن تعليم الرسل له سلطان المسيح نفسه. ولأن الكتابات الرسولية كانت موحَى بها، فقد نُسِب إليها القدر نفسه من الثِّقَل الذي لأسفار العهد القديم (راجع أعمال الرسل ٢: ٤٢؛ ١كورنثوس ١٤: ٣٧؛ ١تسالونيكي ٢: ١٣؛ ٢تيموثاس ٣: ١٦-١٧؛ ٢بطرس ٣: ١٦).

- الأنبياء

الكلمة التي تُرجِمت «أنبياء»، من الكلمة اليونانية *prophētēs*، تعني «شخصٌ يتكلَّم نيابة عن شخص آخر»، أو «متحدِّث باسم شخص آخر». إذن، كان أنبياء العهد الجديد متحدِّثين رسميين باسم الله، ولكنهم يأتون في المرتبة الثانية بعد الرُّسل (١كورنثوس ١٢: ٢٨). وكما في العهد القديم، تميَّز أنبياء الكنيسة الأولى في المقام الأول باستقبالهم إعلانًا جديدًا من الله، ثم تسليم هذا الإعلان (أعمال الرسل ١١: ٢٧-٢٨)، مع أنهم كانوا أحيانًا يشرحون فقط ويوضِّحون حقًّا معلَنًا سابقًا (راجع أعمال الرسل ١٣: ١).

وبسبب التهديد المستمر من الأنبياء الكذبة (متى ٧: ١٥؛ أعمال الرسل ٢٠: ٢٩-٣١؛ يهوذا ٣-٤)، كان ينبغي امتحان رسالة أي نبيٍّ في ضوء الحقِّ المعلَن سابقًا (١كورنثوس ١٤: ٢٩؛ ١تسالونيكي ٥: ٢٠-٢٢). وكما هو الحال مع أنبياء العهد القديم، كان بالإمكان التحقُّق من صِدق خدمة أيِّ نبي من أنبياء العهد الجديد من خلال دقته العقائدية (تثنية ١٣: ١-٥؛ أعمال الرسل ٢٠: ٢٩-٣٠؛ ٢بطرس ٢: ١). علاوة على ذلك، اتَّسم الأنبياء الحقيقيون بالطهارة الأخلاقية (متى ٧: ١٥-١٧؛ ٢بطرس ٢: ٢-٣؛ راجع إرميا ٢٣: ١٤-١٦)، والدقة في الإعلان على حدٍّ سواء (تثنية ١٨: ٢٠-٢٢؛ حزقيال ١٣: ٣-٩). وأولئك الذين كانوا يُعلِّمون تعليمًا كاذبًا، ويسلكون في شهوة وجشع دون كابح، أو يسلِّمون ما يزعمون

أنه إعلانٌ من الله، لكنه غير دقيق أو غير صحيح، كان على شعب الله أن يتجاهلوهم أو ينبذوهم لأنهم أنبياء كذبة.

وعندما اكتملت قائمة الأسفار القانونية لإعلان العهد الجديد، لم يَعُد الوظيفة النبوية ضرورية، ومن ثَمَّ، اختفت من المشهد (راجع رؤيا ٢٢: ١٨-١٩). وعلى غرار الرسل، أُعطِيَ الأنبياء أن يضعوا الأساس الإعلاني للكنيسة (أفسس ٢: ٢٠). وما أن وُضِعَ ذلك الأساس، انتهى عمل الرسل والأنبياء في عصر الكنيسة. لكن مع ذلك، استمر الإخبار بالكلمة النبوية (٢بطرس ١: ١٩-٢١) عن طريق الوعظ الأمين بالكتاب المقدس. وفي المستقبل، بعد انتهاء عصر الكنيسة، سيقيم الله مرة أخرى أنبياءً من أجل تحقيق مقاصده الإعلانية (راجع رؤيا ١١: ٣).

## • المبشِّرون

مع أن جميع المؤمنين يُوصَوْنَ بحمل بشارة الإنجيل إلى غير المؤمنين (متى ٢٨: ١٨-٢٠؛ أعمال الرسل ١: ٨)، لكنَّ البعض لديهم موهبة خاصة ألا وهي موهبة المبشِّرين. وإلى جانب أفسس ٤: ١١، ذُكِرَ مصطلح «مبشِّر» مرتين فقط في كلِّ العهد الجديد. فقد وُصِف فيلبس بالمبشِّر في أعمال الرسل ٢١: ٨ (راجع أعمال الرسل ٨: ٤-٤٠)، وأوصِي تيموثاوس بأن يعمل «عَمَلَ الْمُبَشِّرِ» في ٢تيموثاوس ٤: ٥. ومع ذلك، فالتبشير موضوعٌ رئيسيٌّ ومهم في العهد الجديد. فإن الاسم اليوناني *euangelion* («بشارة» أو «إنجيل») ذُكِرَ فيه أكثر من خمس وسبعين مرة، بينما ذُكِرَ الفعل *euangelizō* («يبشِّر»)، المشتق من الجذر نفسه، أكثر من خمسين مرة.

إن المبشِّرين مدعوون إلى المناداة للعالم غير المؤمن ببشارة الخلاص من خلال الإيمان بالمسيح. ويُظهِر مثال فيلبس أن المبشِّرين المسيحيين الأوائل كرزوا بالإنجيل في بعض الأحيان لجماعات من البشر لم يكونوا قد سمعوا به (مثل السامريين). فإذعانًا للإرسالية العظمى، سعى هؤلاء إلى أن يصنعوا تلاميذ ويضمُّوهم إلى الكنيسة بالمعمودية، ويبنوهم في الإيمان من خلال التعليم (متى ٢٨: ١٨-٢٠). ويبيِّن مثال تيموثاوس الصلة الوثيقة التي ينبغي أن تكون موجودة بين المبشِّر وقائد الكنيسة المحلية.

لدى المبشِّرين موهبة فريدة من الله وهي تقديم حق الإنجيل الذي يخلِّص للخطاة الهالكين. وعلى كلِّ كنيسة أن تضع هذه الخدمة ضمن أولوياتها، سواء بتشجيع التبشير في المجتمع المحلي، أو بدعم العمل المرسَلي حول العالم.

## • الرعاة-المعلِّمين

في أفسس ٤: ١١، يمكن ترجمة الكلمة اليونانية *poimēn* «قِسًّا» أو «راعيًا». تعبِّر هذه الكلمة عن القيادة، والحماية، والعناية التي يقدِّمها الرعاة لأفراد قطيعهم. الرب يسوع هو رَاعِيَ الْخِرَافِ الْعَظِيمَ (عبرانيين ١٣: ٢٠-٢١؛ ١بطرس ٢: ٢٥)، والقسوس الذين أعطاهم للكنيسة ينبغي أن يكونوا رعاةً تحت قيادته [undershepherds] (١بطرس ٥: ٢). وتتمثَّل الوظيفة الرئيسية للرعاة في إطعام الخراف (راجع يوحنا ٢١: ١٥-١٧)، وهي المسئولية التي يتمِّمونها من خلال تعليم الكلمة (راجع ٢تيموثاوس ٣:

١٦-١٧؛ ١بطرس ٢: ٢-٣). ومع أنه يمكن وصف التعليم بأنه خدمة مستقلة (١كورنثوس ١٢: ٢٨)، لكن من الأفضل أن نحسب أن عبارة «رُعَاةً وَمُعَلِّمِينَ» في أفسس ٤: ١١ تصف وجهين لوظيفة واحدة، وهي القيادة الرعوية. تبيِّن نصوصٌ أخرى في العهد الجديد أنه يُنتظَر من القسوس أن يكونوا رعاة (أعمال الرسل ٢٠: ٢٨؛ ١بطرس ٥: ٢)، ومعلِّمين أيضًا (١تيموثاوس ٣: ٢؛ ٥: ١٧).

ومثل الرُّسُل، يجب على الرعاة أن يكرِّسوا أنفسهم بشكل رئيسي لأجل «الصَّلَاةِ وَخِدْمَةِ الْكَلِمَةِ» (أعمال الرسل ٦: ٤)، جاعلين مهمتهم أن ينادوا بالمسيح «مُنْذِرِينَ كُلَّ إِنْسَانٍ، وَمُعَلِّمِينَ كُلَّ إِنْسَانٍ، بِكُلِّ حِكْمَةٍ، لِكَيْ نُحْضِرَ كُلَّ إِنْسَانٍ كَامِلًا فِي الْمَسِيحِ يَسُوعَ» (كولوسي ١: ٢٨). على الراعي-المعلِّم المجتهد أن يكون «خَادِمًا صَالِحًا لِيَسُوعَ الْمَسِيحِ» (١تيموثاوس ٤: ٦)، مُزكَّى «عَامِلًا لَا يُخْزَى، مُفَصِّلًا كَلِمَةَ الْحَقِّ بِالِاسْتِقَامَةِ» (٢تيموثاوس ٢: ١٥؛ راجع ٤: ٢)، ومصارعًا في الصلاة لأجل رعيته (راجع كولوسي ٤: ١٢).

ومع أن الترتيب والإدارة أمران لهما قيمتهما ومكانهما في الكنيسة، لكن القوة الحقيقية في الكنيسة مصدرها الصلاة وخدمة الكلمة. ومن ثم، على الراعي-المعلِّم أن يعطي أولوية للصلاة والوعظ، لا أن يُثقِل كاهله بشكل زائد عن الحد بمسائل إدارية أخرى (راجع أعمال الرسل ٦: ٢، ٤). فإن الخراف يحصلون على أفضل خدمة على الإطلاق ليس من خلال البرامج المعقَّدة أو العروض الأنيقة، بل من خلال التعليم المتَّسق والصحيح. إن الصورة البلاغية لراعي الخراف تُبرز العناية الروحية والتغذية الكتابية التي يقدِّمها القسوس لشعبهم في أثناء قيادتهم لهم. فلا غنى عن قلب الراعي وأحشائه في الذين يطمحون إلى أن يكونوا رعاة ومعلِّمين لشعب الله.

استَخدم العهد الجديد مصطلحين آخرين للإشارة إلى وظيفة الراعي. المصطلح الأول هو «أُسقُف» (من الكلمة اليونانية *episkopos*)، الذي يعني «مشرِف» أو «وصيٌّ». وردت هذه الكلمة خمس مرات في العهد الجديد (أعمال الرسل ٢٠: ٢٨؛ فيلبي ١: ١؛ ١تيموثاوس ٣: ٢؛ تيطس ١: ٧؛ ١بطرس ٢: ٢٥). وفي العالم العلماني الناطق باللغة اليونانية في ذلك الوقت، كان هذا اللفظ يشير إلى مندوبٍ عيَّنَهُ الإمبراطور للقيادة والإشراف السياسي على بلدة تأسَّست أو احتُلَّت حديثًا. هكذا في الكنيسة، يقود الأساقفة الكنيسة تحت سلطان يسوع الملك، وإن كان ذلك يتم بالخدمةٍ المتضعة وليس بالسيطرة الاستبداديَّة (متى ١٠: ٤٢-٤٣). فالمشرف الروحي مسئول عن إطعام القطيع الموضوع تحت مسئوليته (١تيموثاوس ٣: ٢) وحمايته (أعمال الرسل ٢٠: ٢٨).

المصطلح الآخر هو «شيخ» (من الكلمة اليونانية *presbyteros*)، الذي يشير إلى التمرُّس والنضج الروحي اللذين يتمتع بهما مَن يتولَّون القيادة في الكنيسة. في العهد الجديد، استُخدِم اللفظ *presbyteros* بمعنى عام للإشارة إلى شخص متقدِّم في السن (أعمال الرسل ٢: ١٧؛ راجع ١تيموثاوس ٥: ٢). كما أشار المصطلح أيضًا إلى رؤساء إسرائيل في القرن الأول (متى ١٥: ٢؛ ٢٧: ٣، ٤١؛ مرقس ٧: ٣، ٥؛ لوقا ٢٢: ٥٢؛ أعمال الرسل ٤: ٨). لكن في السياق الكنسي، يشير اللقب إلى وظيفة محدَّدة تتعلق بالقيادة الروحية داخل الكنيسة (على سبيل المثال، أعمال الرسل ١١: ٣٠؛ ١٤: ٢٣؛ ١٥: ٢، ٤، ٦، ٢٢؛ ١٦: ٤؛ ٢٠: ١٧؛ ٢١: ١٨).

إن مفهوم العهد الجديد عن وظيفة الشيخ مستمَدٌّ في المقام الأول من الديانة اليهودية في العهد القديم (راجع خروج ١٢: ٢١؛ ١٩: ٧؛ العدد ١١: ١٦؛ تثنية ٢٧: ١؛ ١صموئيل ١١: ٣؛ ١٦: ٤). كان شيوخ إسرائيل رجالًا ناضجين، أظهروا قناعاتٍ أخلاقية متينة، واتَّسموا بالصدق، والنزاهة، والشجاعة، ومخافة الرب (خروج ١٨: ٢١-٢٢؛ راجع العدد ١١: ١٦-١٧). وإذ كان هؤلاء حُكَمَاءَ وَفَطِنِين، علَّموا، وتوسَّطوا، وقضوا بِالْحَقِّ من دون محاباة (تثنية ١: ١٣-١٧). ويشمل مفهوم العهد الجديد عن الشيوخ في الكنيسة تلك الصفات نفسها من قوة شخصية، ونضج روحي، ونزاهة أخلاقية.

وعبر العهد الجديد، يَظهر جليًّا أن الكنيسة الأولى كان يقودها شيوخ. على سبيل المثال، كان لكنيسة أورشليم شيوخ (أعمال الرسل ١١: ٢٩-٣٠)، وكذلك الكنائس التي زرعها بولس في رحلاته التبشيرية (أعمال الرسل ١٤: ٢٣؛ ٢٠: ١٧). وبالمثل، كانت كنائس أسيا الصغرى التي كتب إليها بطرس رسالتيه تحت قيادة شيوخ. ولهذا كان بإمكان بطرس أن يكتب الكلمات التالية: «أَطْلُبُ إِلَى الشُّيُوخِ الَّذِينَ بَيْنَكُمْ، أَنَا الشَّيْخَ رَفِيقَهُمْ ... : ارْعَوْا رَعِيَّةَ اللهِ الَّتِي بَيْنَكُمْ» (١بطرس ٥: ١-٢). ويبيِّن سفر الرؤيا أن أربعة وعشرين شيخًا سوف يمثِّلون جماعة المفديِّين في الأبدية (على سبيل المثال: رؤيا ٤: ٤، ١٠؛ ٥: ٥-٦، ٨، ١١، ١٤؛ ٧: ١١).

وتبيِّن البراهين النصِّية أن المصطلحات الثلاثة كلها في العهد الجديد («راعي»، و«أسقف»، و«شيخ») تشير إلى الوظيفة نفسها ألا وهي قيادة الكنيسة. فإن مقارنةً بين نص ١تيموثاوس ٣: ١-٧ ونص تيطس ١: ٦-٩ تُظهر أن مؤهِّلات الأسقف والشيخ واحدة، الأمر الذي يوحي بأن الوظيفتين متطابقتان. وفي تيطس ١: ٥-٧، استخدم بولس كلا اللقبين بالتبادُل للإشارة إلى الشخص نفسه. ونجد المصطلحات الثلاثة كلها معًا أيضًا في ١بطرس ٥: ١-٢،

> «أَطْلُبُ إِلَى الشُّيُوخِ [جمع كلمة *presbyteros*] الَّذِينَ بَيْنَكُمْ، أَنَا الشَّيْخَ رَفِيقَهُمْ، وَالشَّاهِدَ لِآلَامِ الْمَسِيحِ، وَشَرِيكَ الْمَجْدِ الْعَتِيدِ أَنْ يُعْلَنَ، ارْعَوْا [الكلمة اليونانية *poimainō*] رَعِيَّةَ اللهِ الَّتِي بَيْنَكُمْ نُظَّارًا [من الكلمة اليونانية *episkopeō*]، لَا عَنِ اضْطِرَارٍ بَلْ بِالاخْتِيَارِ، وَلَا لِرِبْحٍ قَبِيحٍ بَلْ بِنَشَاطٍ».

ويوضح الأصحاح العشرون من سفر أعمال الرسل أيضًا أن هذه المصطلحات الثلاثة مترادفة. فبعدما جمع بولس شيوخ (جمع كلمة *presbyteros*، ٢٠: ١٧) كنيسة أفسس، أنذرهم بهذه الكلمات: «اِحْتَرِزُوا إِذًا لِأَنْفُسِكُمْ وَلِجَمِيعِ الرَّعِيَّةِ الَّتِي أَقَامَكُمُ الرُّوحُ الْقُدُسُ فِيهَا أَسَاقِفَةً [جمع كلمة *episkopos* ]، لِتَرْعَوْا [*poimainō*] كَنِيسَةَ اللهِ الَّتِي اقْتَنَاهَا بِدَمِهِ» (٢٠: ٢٨).

وعلى الرغم من ترادُف هذه المصطلحات الثلاثة، إلا أنَّ كل مصطلح له بؤرة تركيز فريدة في السياق الكتابي: فإن كلمة «الشيخ» تسلِّط الضوء على نضج الشخص وحُسن صفاته الشخصيَّة؛ أما كلمة «أسقف»، فتشير إلى دوره القيادي بصفته الحامي للقطيع؛ وتشدِّد كلمة «راعي» على اعتنائه المُخْلِص بالأشخاص الذين يخدمهم. وللأسف، عبر تاريخ الكنيسة، أسيء استخدام بعض هذه الألقاب (مثل لقب الأسقف، بل ولقب الراعي أيضًا) من قِبَل تسلسلات هرمية كنسية غير كتابية، ومن قِبَل

قادة روحيين متعطِّشين للسلطة. ونتيجة ذلك، صار لقب شيخ على الأرجح هو اللقب المفضَّل في بعض الدوائر، لأنه لا يحمل عمومًا الدلالات الثقافية التي فُرِضت في بعض الأحيان على اللقبين الآخرين. وسنستعرض وظيفة الشيخ بمزيد من التفصيل في الجزء التالي.

## ⬅ الشيوخ

بحسب تعيين الله، تعتمد الكنائس على قادة أمناء حتى تصير قوية، ومتمتعة بالصحة، ومنتِجة، ومثمرة. يُعلِّم الكتاب المقدس بأن الله أعطى شيوخًا لكلِّ كنيسة محلية للإشراف على شعبه وقيادتهم. ولأن الشيوخ كُلِّفوا بمهمة إطعام القطيع وحمايته، فهم يومًا ما سيقدِّمون حسابًا أمام الرب عن النفوس التي كانت تحت رعايتهم الروحية. وفي حقيقة الأمر، خلافًا للسلطة الأرضية، ينبغي أن تتَّسم السلطة الروحية باتضاع متشبِّه بالمسيح، وبرغبةٍ في الخدمة (مرقس ١٠: ٤٢-٤٥). وعلى كلِّ مَن يرغب في تولِّي القيادة في الكنيسة أن يبرهن على قداسة شخصية، ونقاوة عقائدية، وبذلًا للنفس، وانضباطًا روحيًّا، وتكريسًا مركزه المسيح. فإن وظيفة الشيخ تنطوي بالضرورة على مسئولية ينبغي عدم الاستخفاف بها (راجع لوقا ١٢: ٤٨)، كما يتضح جليًّا من ذلك التحذير الرزين في يعقوب ٣: ١، «لَا تَكُونُوا مُعَلِّمِينَ كَثِيرِينَ يَا إِخْوَتِي، عَالِمِينَ أَنَّنَا نَأْخُذُ دَيْنُونَةً أَعْظَمَ!».

- المسئوليات

في ١تيموثاوس ٣: ٥، أوضح بولس أن إحدى مسئوليات الأسقف هي أن «يَعْتَنِي بِكَنِيسَةِ اللهِ». وجزء من تلك المسئولية العامة هو أن يكون للشيوخ سلطة مفوَّضة لهم من المسيح الرأس تؤهِّلهم لقيادة شئون الكنيسة المحلية، والإشراف عليها. كتب بولس: «أَمَّا الشُّيُوخُ الْمُدَبِّرُونَ حَسَنًا فَلْيُحْسَبُوا أَهْلًا لِكَرَامَةٍ مُضَاعَفَةٍ، وَلَا سِيَّمَا الَّذِينَ يَتْعَبُونَ فِي الْكَلِمَةِ وَالتَّعْلِيمِ» (١تيموثاوس ٥: ١٧). الكلمة التي تُرجِمت «الْمُدَبِّرُونَ» [«rule»، أو «الذين يُديرون أو يحكمون»] (في اليونانية *proistēmi*) اقترنت بالشيوخ عدة مرات عبر العهد الجديد (رومية ١٢: ٨؛ ١تسالونيكي ٥: ١٢؛ ١تيموثاوس ٣: ٤-٥، ١٢؛ ٥: ١٧)، وهي تشير إلى مهمة الإشراف الموكَلة إليهم من المسيح نفسه، الأمر الذي يدل على عدم وجود سلطة أرضية في الكنيسة المحلية أعلى من سلطتهم.

غير أن سلطة الشيوخ هذه غير مفروضة بالقوة الجبرية أو التهديد، لكنها قائمة على وصية ومثالٍ تخضع له الكنيسة بفرح (راجع عبرانيين ١٣: ١٧). ومع أن الشيوخ مدعوُّون إلى قيادة الكنيسة المحلية، من المهم أن نشدِّد على أن أعضاء الكنيسة ليسوا مِلْكَهُم، أي أنهم ليسوا قطيعهم الخاص، لكنهم «رَعِيَّةَ اللهِ» (١بطرس ٥: ٢)، التي اقتناها (أعمال الرسل ٢٠: ٢٨)، ويخدمها الشيوخ رعاةً ووكلاءً.

كما ذكرنا أعلاه، تقع مسئولية الوعظ والتعليم المعطاة من الله على عاتق الشيوخ (١تيموثاوس ٥: ١٧). ولهذا ينبغي أن يكون الشيخ «صَالِحًا لِلتَّعْلِيمِ» (١تيموثاوس ٣: ٢)، مظهرًا جدارة في التعليم بالعقيدة الصحيحة، ودحض الضلال والزيف (تيطس ١: ٩). هذا النوع من التعليم ينطوي بالضرورة على الشرح التفسيري الدقيق للأسفار المقدَّسة (١تيموثاوس ٤: ١٣؛ ٢تيموثاوس ٢: ١٥؛ راجع نحميا ٨: ٨)، وهو الوسيلة الرئيسية التي بها يتغذَّى القطيع روحيًّا ويتقوَّى (١بطرس ٢: ٢؛ راجع مزمور

١: ٢-٣؛ عبرانيين ٥: ١٢-١٣). ذكَّر بولس تيموثاوس بأن: «كُلُّ الْكِتَابِ هُوَ مُوحًى بِهِ مِنَ اللهِ، وَنَافِعٌ لِلتَّعْلِيمِ وَالتَّوْبِيخِ، لِلتَّقْوِيمِ وَالتَّأْدِيبِ الَّذِي فِي الْبِرِّ، لِكَيْ يَكُونَ إِنْسَانُ اللهِ كَامِلًا، مُتَأَهِّبًا لِكُلِّ عَمَلٍ صَالِحٍ» (٢تيموثاوس ٣: ١٦-١٧). وبمقتضى ذلك، كان على تيموثاوس أن «يكرز بِالْكَلِمَةِ»، وأن يعكف «عَلَى ذَلِكَ فِي وَقْتٍ مُنَاسِبٍ وَغَيْرِ مُنَاسِبٍ. وَبِّخِ، انْتَهِرْ، عِظْ بِكُلِّ أَنَاةٍ وَتَعْلِيمٍ» (٢تيموثاوس ٤: ٢).

بالإضافة إلى التعليم، الشيوخ أيضًا مسئولون عن تحديد نظام الإدارة في الكنيسة (راجع أعمال الرسل ١٥: ٢٢)، وتعيين الشيوخ الآخرين (١تيموثاوس ٤: ١٤)، وتقديم قدوة حسنة يمكن للرعية التمثُّل بها (١بطرس ٥: ١-٣؛ عبرانيين ١٣: ٧)، وحماية القطيع من الضلالات العقائدية (أعمال الرسل ٢٠: ٢٨-٣٠)، والصلاة من أجل أعضاء الكنيسة (يعقوب ٥: ١٤). وبحسب تعيين الله، يلعب الشيوخ دورًا محوريًّا في سلامة الكنيسة وأدائها لوظيفتها.

يحتوي رؤيا ٢-٣ على رسائل المسيح إلى الكنائس السبع في أسيا الصغرى، وهي السجل الكتابي الوحيد الذي يحوي تقييمًا مباشرًا من المسيح لكنائسه المحلية. ففي هذه الرسائل، امتدح المسيح الصواب، وشَجَب الخطأ. وتمثِّل تعليقاته أهمية شديدة لكلِّ الأجيال، حتى يعرفوا مشيئة المسيح لكنيسته، سواء من الناحية الإيجابية أو من الناحية السلبية.

وقد احتفظت لنا كلمة الله بتلك الصفات التي امتدحها المسيح، وتلك التي شجبها. وتُعَد هذه الصفات معًا بمثابة «خيط القياس» للمقاييس الكاملة التي طالب بها المسيح الكنيسة، والذي ينبغي أن يقاس عليه واقعُ الكنيسة الحالي. على كلِّ شيخ (ومن الجدير بالثناء أن يفعل هذا كلُّ مؤمن أيضًا) مسئولية التفكير جيِّدًا في هذا السؤال: لو حدث وكَتَبَ يسوع المسيح رسالة إلى كنيستي كتلك التي كتبها في الكتاب المقدس، ماذا سيقول؟ ماذا سيمتدح؟ وماذا سيشجب؟ وعلى الشيوخ أن يرشدوا الكنيسة إلى اتِّباع ما امتدحه يسوع، وتجنُّب ما شجبه.

امتدح الرب السمات التالية:

- الأعمال الصالحة
- التعب (العمل الجاد)
- الصبر
- الفطنة
- التَألُّم
- الأمانة إلى الموت
- التمسُّك باسم المسيح
- عدم إنكار الإيمان
- المحبة
- الإيمان
- الخدمة
- السلوك بالبر
- حفظ كلمة المسيح
- الخضوع
- التوبة
- الصبر
- قبول كلمة الله
- الثبات
- إرضاء الله
- محبة الإخوة
- الصلاة
- الحماس في التبشير
- التشديد على المعمودية
- التعليم/الوعظ القوي والمؤثِّر
- القيادة الروحية
- الاتكال على الله
- التوجُّهات المتسمة بالفرح
- السخاء
- الجسارة
- النمو
- خدمة الروح القدس
- التلمذة
- البذل والتضحية
- الأولويات الروحية
- الطاقة الروحية
- الخضوع لسيادة الله
- العبادة الحقيقية

وفي المقابل، شَجَبَ الربُّ السمات التالية:

- المحبة المفقودة
- غياب الأعمال الأولى
- المساومة وتقديم تنازلات
- التساهل مع الخطية
- الزنى
- عبادة الأوثان
- حالة الموت
- الأعمال غير المكتملة
- الفتور
- الرياء
- التعليم الكاذب
- السلوك غير المنضبط
- غياب الوحدة
- الخطية
- الانقسامات المتصلِّفة
- عدم النضج الروحي لمدة طويلة
- مقاضاة المؤمن لأخيه المؤمن
- سوء استخدام الحرية المسيحية
- تنجيس عشاء الرب
- سوء استعمال المواهب الروحية
- عدم الرغبة في الغفران
- التباطؤ في العطاء
- انتقاد القادة

- **المؤهِّلات**

حدَّدَ الرسول بولس مؤهِّلات الشيوخ في ١تيموثاوس ٣: ١-٧ وفي تيطس ١: ٦-٩. وفي كلا الموضعين، كان المقياس العام للشيخ هو أن يكون «بلا لوم»، أي أن يكون رجلًا ذا صفات روحية وأخلاقية خالية من العيوب. وإلى جانب القدرة على التعليم، تؤكِّد الصفات التي حدَّدها بولس المبدأ الأساسي ألا وهو أنه على الشيوخ أن يكونوا رجالًا تخلو حياتهم على نحو مميَّز من أي فساد أو وصمة يمكن أن يجلبا اللوم على الإنجيل.

في كلِّ مجال من مجالات الحياة سواء الزواج، أو العائلة، أو المجتمع، أو الكنيسة ينبغي أن يكون الشيخ بلا لوم. فهو ينبغي أن يكون «بَعْلَ امْرَأَةٍ وَاحِدَةٍ» (١تيموثاوس ٣: ٢)، وهو ما يمكن ترجمته حرفيًّا: «رجلُ امرأة واحدة». يفوق هذا المؤهِّل كثيرًا مجرد النَّهي عن تعدُّد الزيجات، فهو يشير إلى نزاهة الرجل الأخلاقية وإخلاصه الجنسي بصفته الزوج. فهو ينبغي أن يكون مكرَّسًا بالكامل للزوجة الواحدة التي أعطاها له الله. وإن لم يكن متزوجًا، فلتكن حياته نموذجًا للطهارة الأخلاقية، وليَكُن بعيدًا تمامًا عن أي زنى، أو عن أية سُمعة بمغازلة النساء.

كذلك، على الشيخ أن يكون «صَاحِيًا»، و«عَاقِلًا» (١تيموثاوس ٣: ٢)، أي أن تتسم أفكاره بالحكمة والنضج، وتُظهِر تصرفاته اعتدالًا وتعقُّلًا. فعلى الشيخ أن يسلك في «احتشام» أو «احترام» تجاه الذين يعرفونه (١تيموثاوس ٣: ٢)، وذلك تماشيًا مع دوره بصفته واحدًا من القادة الممثِّلين لكنيسة المسيح. وفي الآن ذاته، عليه أن يكون «مضيفًا» للآخرين من داخل الكنيسة، وكذلك للذين لا يعرفونه (١تيموثاوس ٣: ٢). تشير كلمة «مُضِيفًا» إلى «محبَّة الغرباء»، مما يدل على أن الشيخ ينبغي أن يكون مُرَحِّبًا وودودًا للجميع.

في ١تيموثاوس ٣: ٣، استرسل بولس بذِكر العديد من السمات السلبية التي ينبغي أن تغيب عن حياة الشيخ: «غَيْرَ مُدْمِنِ الْخَمْرِ، وَلَا ضَرَّابٍ، وَلَا طَامِعٍ بِالرِّبْحِ الْقَبِيحِ». فعلى الشيخ، بصفته خادم المسيح، ألا يكون واقعًا تحت سيطرة أيَّة أنواع من الإدمانات الشريرة (مثل السُّكر بالخمر، أفسس ٥: ١٨)، أو أي انفعالات طائشة (مثل الغضب والسلوك العدائي، أفسس ٤: ٢٦-٢٧)، أو أي طموحات مادية (مثل محبة المال، ١تيموثاوس ٦: ٩-١٠). فإن المستعبَدين لشهواتهم (٢بطرس ٢: ١٩) يُظهِرون أنهم ليسوا جديرين بالقيادة الروحية في الكنيسة.

ثم يوضِّح ١تيموثاوس ٣: ٤ أن الشيخ ينبغي أن «يُدَبِّرُ بَيْتَهُ حَسَنًا، لَهُ أَوْلَادٌ فِي الْخُضُوعِ بِكُلِّ وَقَارٍ». إن أهم مجال ينبغي للشخص المرشَّح لتولِّي وظيفة الشيخ أن يُظهِر فيه سلوكًا بلا لوم هو بيته، أي بين أكثر الأشخاص الذين يعرفونه عن قرب. فإن مهارته في تدبير عائلته تمثِّل مؤشرًا يدل على قدرته على الاعتناء بالكنيسة، «وَإِنَّمَا إِنْ كَانَ أَحَدٌ لَا يَعْرِفُ أَنْ يُدَبِّرَ بَيْتَهُ، فَكَيْفَ يَعْتَنِي بِكَنِيسَةِ اللهِ؟» (١تيموثاوس ٣: ٥).

في ضوء هذه المقاييس العالية، يمكن أن نتفهَّم لماذا ينبغي ألا يكون الشيخ مؤمنًا حديث العهد (١تيموثاوس ٣: ٦). فعادة ما يلزم مرور سنوات عديدة في الإيمان حتى يبلغ الرجل مستوى النضج

الشخصي والروحي اللازم لتولِّي وظيفة الشيخ. علاوة على ذلك، يَلزَم أن يتوفَّر وقت كافٍ حتى يلاحظ الآخرون حياة الشخص، ويصدِّقوا على مؤهِّلاته. حذَّر بولس تيموثاوس من أن الذين يرتقون إلى منصب الشيخ قبل الأوان معرَّضون بشكل كبير للسقوط في خطية الكبرياء.

ثم أتبع ١تيموثاوس ٣: ٧ بأنه «يَجِبُ أَيْضًا أَنْ تَكُونَ لَهُ شَهَادَةٌ حَسَنَةٌ مِنَ الَّذِينَ هُمْ مِنْ خَارِجٍ، لِئَلَّا يَسْقُطَ فِي تَعْيِيرٍ وَفَخِّ إِبْلِيسَ». إذن، ينبغي أن يتمتع الشيخ بسمعة ممتازة ليس فقط في بيته وفي جماعة المؤمنين المحلية، بل وأيضًا عند الذين هم من خارج الكنيسة. فهو مدعوٌّ إلى أن يكون بلا لوم سواء في عمله وتجارته أو في تعاملاته الاجتماعية مع غير المؤمنين.

عَرَضَ الرسول بولس قائمة مماثلة من المؤهِّلات في تيطس ١: ٦-٩. فكما في ١تيموثاوس ٣، ينبغي أن يكون الشيخ بعلَ امرأة واحدة. فضلًا عن ذلك، أوضح بولس أنه ينبغي أن يكون لَهُ «أَوْلَادٌ مُؤْمِنُونَ، لَيْسُوا فِي شِكَايَةِ الْخَلَاعَةِ وَلَا مُتَمَرِّدِينَ» (تيطس ١: ٦). فلأن سلوك أولاد الشيخ يؤثِّر على قيادته الروحية في بيته، ينبغي ألا يتصف هؤلاء الأولاد بالخلاعة أو التمرُّد.

وعلى الشيخ، «كَوَكِيلِ اللهِ»، أن يكون «بِلَا لَوْمٍ»، و«غَيْرَ مُعْجِبٍ بِنَفْسِهِ»، وَلَا «غَضُوبٍ»، وَلَا «مُدْمِنِ الْخَمْرِ»، وَلَا «ضَرَّابٍ»، وَلَا «طَامِعٍ فِي الرِّبْحِ الْقَبِيحِ» (تيطس ١: ٧). بل على العكس، ينبغي أن يكون «مُضِيفًا لِلْغُرَبَاءِ، مُحِبًّا لِلْخَيْرِ، مُتَعَقِّلًا، بَارًّا، وَرِعًا، ضَابِطًا لِنَفْسِهِ» (تيطس ١: ٨). بالإضافة إلى ذلك، ينبغي أن يكون الشيوخ دارسًا ماهرًا لكلمة الله، و«قَادِرًا أَنْ يَعِظَ بِالتَّعْلِيمِ الصَّحِيحِ»، بينما أيضًا «يُوَبِّخَ الْمُنَاقِضِينَ» (تيطس ١: ٩). وتُظهِر المقارنة بين هاتين القائمتين أوجه الشبه الكثيرة بينهما (انظر الجدول ٩. ١)

**الجدول ٩. ١: قائمتان لمؤهِّلات الشيوخ**

| ١تيموثاوس ٣: ٢-٧ | تيطس ١: ٦-٩ |
|---|---|
| بِلَا لَوْمٍ (٣: ٢) | بِلَا لَوْمٍ (١: ٦) |
| بَعْلَ امْرَأَةٍ وَاحِدَةٍ (٣: ٢) | بَعْلَ امْرَأَةٍ وَاحِدَةٍ (١: ٦) |
| صَاحِيًا (٣: ٢) | |
| عَاقِلًا (٣: ٢) | مُتَعَقِّلًا، ضَابِطًا لِنَفْسِهِ (١: ٨) |
| مُحْتَشِمًا (٣: ٢) | |

| ١تيموثاوس ٣: ٢-٧ | تيطس ١: ٦-٩ |
|---|---|
| مُضِيفًا لِلْغُرَبَاءِ (٣: ٢) | مُضِيفًا لِلْغُرَبَاءِ (١: ٨) |
| صَالِحًا لِلتَّعْلِيمِ (٣: ٢) | مُلاَزِمًا لِلْكَلِمَةِ الصَّادِقَةِ الَّتِي بِحَسَبِ التَّعْلِيمِ، لِكَيْ يَكُونَ قَادِرًا أَنْ يَعِظَ بِالتَّعْلِيمِ الصَّحِيحِ وَيُوَبِّخَ الْمُنَاقِضِينَ (١: ٩) |
| غَيْرَ مُدْمِنِ الْخَمْرِ (٣: ٣) | وَلاَ مُدْمِنِ الْخَمْرِ (١: ٧) |
| وَلاَ ضَرَّابٍ، بَلْ حَلِيمًا (٣: ٣) | وَلاَ ضَرَّابٍ (١: ٧) |
| غَيْرَ مُخَاصِمٍ (٣: ٣) | وَلاَ غَضُوبٍ (١: ٧) |
| وَلاَ مُحِبٍّ لِلْمَالِ (٣: ٣) | وَلاَ طَامِعٍ فِي الرِّبْحِ الْقَبِيحِ (١: ٧) |
| يُدَبِّرُ بَيْتَهُ حَسَنًا (٣: ٤) | بِلاَ لَوْمٍ كَوَكِيلِ اللهِ (١: ٧) |
| لَهُ أَوْلاَدٌ فِي الْخُضُوعِ بِكُلِّ وَقَارٍ (٣: ٤) | لَهُ أَوْلاَدٌ مُؤْمِنُونَ، لَيْسُوا فِي شِكَايَةِ الْخَلاَعَةِ وَلاَ مُتَمَرِّدِينَ (١: ٦) |
| غَيْرَ حَدِيثِ الإِيمَانِ لِئَلاَّ يَتَصَلَّفَ (٣: ٦) | غَيْرَ مُعْجِبٍ بِنَفْسِهِ (١: ٧) |
| أَنْ تَكُونَ لَهُ شَهَادَةٌ حَسَنَةٌ مِنَ الَّذِينَ هُمْ مِنْ خَارِجٍ (٣: ٧) | |
| | مُحِبًّا لِلْخَيْرِ (١: ٨) |
| | بَارًّا (١: ٨) |
| | وَرِعًا (١: ٨) |

من الجدير بالذكر أن العهد الجديد لا يسمح للنساء أن يخدمن كشيوخ أو رعاة. يقول بولس في ١تيموثاوس ٢: ١١-١٢، «لِتَتَعَلَّمِ الْمَرْأَةُ بِسُكُوتٍ فِي كُلِّ خُضُوعٍ. وَلكِنْ لَسْتُ آذَنُ لِلْمَرْأَةِ أَنْ تُعَلِّمَ وَلاَ تَتَسَلَّطَ عَلَى الرَّجُلِ، بَلْ تَكُونُ فِي سُكُوتٍ». الفعل «تُعَلِّمَ» هنا يمكن أن يُترجَم بشكل أفضل «تكون معلِّمةً». يبيِّن هذا أنه ينبغي ألا تتولى النساء مناصب تعليمية على الرجال في الكنيسة، الأمر الذي يستبعدهن إذن من وظيفة الشيخ (بما أن تعليم جماعة المؤمنين هو إحدى المسئوليات الرئيسية للشيوخ). وهكذا، يقتضي النمط الكتابي أن يخدم الرجال وحدهم في منصب الشيوخ أو الرعاة. هذا الاشتراط ليس نابعًا من تحيُّز ثقافي في القرن الأول، أو من تحيُّز شخصي عند بولس، بل أساسه هو كلٌّ من الترتيب الذي خلق به الله، وأحداث السقوط، حسبما أوضح بولس: «لأَنَّ آدَمَ جُبِلَ أَوَّلاً ثُمَّ حَوَّاءُ، وَآدَمُ لَمْ يُغْوَ، لكِنَّ الْمَرْأَةَ أُغْوِيَتْ فَحَصَلَتْ فِي التَّعَدِّي» (١تيموثاوس ٢: ١٣-١٤).

إذن، يبيِّن تعليم ١تيموثاوس ٢ أنه ليس مسموحًا للنساء في الكنيسة أن يتولَّيْنَ منصب الراعي أو المعلِّم (راجع أعمال الرسل ١٣: ١؛ ١كورنثوس ١٢: ٢٨؛ أفسس ٤: ١١)، لكنه مع ذلك لا يستبعد المرأة من التعليم في سياقات أخرى ملائمة، كأن تعلِّم نساء أخريات (تيطس ٢: ٣-٤)، أو أن تعلِّم الأطفال (٢تيموثاوس ١: ٥؛ ٣: ١٤-١٥). يُظهِر الكتاب المقدس بوضوح أن النساء والرجال متساوون روحيًّا، وأن خدمة النساء ضرورية ولا غنى عنها لجسد المسيح؛ لكن مع ذلك، عيَّن الله أن تُستبعَد النساء من تولِّي منصب قيادي على الرجل في الكنيسة.

- ## التعيين أو الرِّسَامة

في العهد الجديد، كان الشيوخ يُفرَزون على نحو فريدٍ لوظيفتهم. استُخدِمت الكلمة اليونانية *kathistēmi*، التي تعني «يُقيم»، أو «يُعَيِّن» [to ordain] في المعتاد لوصف عملية تعيين الشيوخ. وتدل عملية التعيين أو الرسامة على وجود دعوة إلهية، وعلى تخصيص لممارسة قيادة روحية تعترَف بها الكنيسة اعترافًا رسميًّا.

أعطانا بولس تفاصيل مهمة عن عملية التعيين حين قال لتيموثاوس: «لاَ تُهْمِلِ الْمَوْهِبَةَ الَّتِي فِيكَ، الْمُعْطَاةَ لَكَ بِالنُّبُوَّةِ مَعَ وَضْعِ أَيْدِي الْمَشْيَخَةِ» (١تيموثاوس ٤: ١٤). يعود أصل ممارسة وضع الأيدي على شخص بُغية تعيينه إلى نظام ذبائح العهد القديم: فحين كان بنو إسرائيل يأتون بذبائحهم كي تُقدَّم للرب، كانوا يضعون أيديهم على الذبيحة تعبيرًا عن اتِّحادهم بها (لاويين ١: ٤؛ ٣: ٢-١٣؛ ٤: ٤-٣٣؛ ٨: ١٤، ١٨، ٢٢؛ ١٦: ٢١). هكذا يشير وضع الأيدي للتعيين في العهد الجديد إلى التضامُن بين الشيوخ والرجل الذي يُعيَّن.

كذلك استُخدِم وضع الأيدي في العهد القديم رمزًا لنقل السلطة (العدد ٢٧: ١٨-٢٣؛ تثنية ٣٤: ٩)، أو لنقل بركة من طرف إلى الآخر (تكوين ٤٨: ١٣-٢٠؛ ٢ملوك ١٣: ١٦؛ أيوب ٩: ٣٣؛ مزمور ١٣٩: ٥). وبالمثل، تنطوي عملية التعيين في العهد الجديد على نقل السلطة والبركة، إذ يعلن قائد الكنيسة تأييده ومباركته للشيخ المعيَّن حديثًا لأداء واجباته.

يَستلزم هذا التضامن الذي يمثِّله التعيين عدم التسرُّع، لذلك حذَّر بولس تيموثاوس قائلًا: «لَا تَضَعْ يَدًا عَلَى أَحَدٍ بِالْعَجَلَةِ، وَلَا تَشْتَرِكْ فِي خَطَايَا الْآخَرِينَ. اِحْفَظْ نَفْسَكَ طَاهِرًا» (١تيموثاوس ٥: ٢٢). في ضوء ذلك التحذير، يَلزَم وَضْعُ الرجال المرشَّحين أن يُعيَّنوا شيوخًا تحت الاختبار لوقتٍ كافٍ، حتى يبرهنوا أنهم أهلٌ للخدمة الرعوية. فينبغي أن يكونوا بلا لوم، وطاهرين أخلاقيًّا، وسليمي العقيدة، فضلًا عن أن يكونوا قادة ومعلِّمين أكْفاء. وبينما يتطلَّع قادة الكنيسة الحاليون إلى الجيل التالي، عليهم أن يجتهدوا ليُقيِّموا رجالًا أصغر سنًّا يمكنهم أن يبدأوا عملية تجهيز أنفسهم بالصلاة ليكونوا شيوخًا في المستقبل (راجع ٢تيموثاوس ٢: ٢).

ووفقًا لنمط العهد الجديد، كانت عملية التعيين تُجرَى تحت إشراف وإدارة قادة معترَف بهم من الكنيسة. على سبيل المثال، في أعمال الرسل ١٤: ٢٣، كان بولس وبرنابا هما اللذان «انْتَخَبَا لَهُمْ قُسُوسًا فِي كُلِّ كَنِيسَةٍ». وفي تيطس ١: ٥، أوصى بولس تيطس بأن «تُقِيمَ فِي كُلِّ مَدِينَةٍ شُيُوخًا». ويبيِّن ١تيموثاوس ٤: ١٤ أن الشيوخ أنفسهم كان عليهم أن يُعيِّنوا شيوخًا آخرين. وسواء أُجرِي التعيين بواسطة رسول، أو مندوب عن الرسول، أو فريق من شيوخ الكنيسة المحلية، كان المبدأ الأساسي واضحًا: تقع مسئولية تعيين الشيوخ الجدد على عاتق الذين يخدمون في الوقت الحالي ضمن قادة الكنيسة الروحيين المعترَف بهم.

إن أولئك الذين يؤكِّدون أن اختيار الشيوخ الجدد والتصديق عليهم هو مسئولية أعضاء الكنيسة يلجأون عادة إلى نص أعمال الرسل ٦: ٢-٦ لتأييد وجهة نظرهم. في هذا النص كتب لوقا:

> فَدَعَا الاثْنَا عَشَرَ جُمْهُورَ التَّلَامِيذِ وَقَالُوا: «لَا يُرْضِي أَنْ نَتْرُكَ نَحْنُ كَلِمَةَ اللهِ وَنَخْدِمَ مَوَائِدَ. فَانْتَخِبُوا أَيُّهَا الإِخْوَةُ سَبْعَةَ رِجَالٍ مِنْكُمْ، مَشْهُودًا لَهُمْ وَمَمْلُوِّينَ مِنَ الرُّوحِ الْقُدُسِ وَحِكْمَةٍ، فَنُقِيمَهُمْ عَلَى هَذِهِ الْحَاجَةِ. وَأَمَّا نَحْنُ فَنُوَاظِبُ عَلَى الصَّلَاةِ وَخِدْمَةِ الْكَلِمَةِ». فَحَسُنَ هَذَا الْقَوْلُ أَمَامَ كُلِّ الْجُمْهُورِ، فَاخْتَارُوا اسْتِفَانُوسَ، رَجُلًا مَمْلُوًّا مِنَ الإِيمَانِ وَالرُّوحِ الْقُدُسِ، وَفِيلُبُّسَ وَبُرُوخُورُسَ وَنِيكَانُورَ وَتِيمُونَ وَبَرْمِينَاسَ وَنِيقُولَاوُسَ دَخِيلًا أَنْطَاكِيًّا. الَّذِينَ أَقَامُوهُمْ أَمَامَ الرُّسُلِ، فَصَلُّوا وَوَضَعُوا عَلَيْهِمِ الأَيَادِيَ.

في هذا النص ملاحظتان على الأقل يلزم أخذهما في الاعتبار. أولًا، هؤلاء الرجال السبعة الذين اختيروا لا يدعوهم النص شيوخًا؛ فقد اختيروا كي يخدموا موائد، وليس كي يقودوا الكنيسة (بحسب تاريخ الكنيسة، ارتبط دور هؤلاء الرجال بدرجة أكبر بدور الشمَّاس). ثانيًا، أحضر أعضاء الكنيسة هؤلاء الرجال أمام الرسل ليوافق الرُّسُل عليهم، وليس العكس. ولنلاحظ أن الرُّسُل ليس فقط هم الذين بادروا بإجراء هذه العملية (أعمال الرسل ٦: ٣)، بل وأيضًا هم الذين عيَّنوا في النهاية هؤلاء الرجال للخدمة (أعمال الرسل ٦: ٦). فقد وقعت المسئولية في النهاية على عاتق قادة الكنيسة وليس على عاتق أعضائها. وعلى الرغم من عدم وجود رُسُل في الكنيسة اليوم، إلا أن النمط الذي تأسَّس في الكتاب المقدس لا يزال قائمًا: ينبغي إقامة القادة الجدد في الكنيسة على يد القادة الآخرين المعترَف بهم.

عند تحديد الشيوخ المستقبليين للكنيسة، ينبغي أن تكون نقطة الانطلاق هي رغبة يضعها الله في قلب الشخص نفسه. يقول بولس: «إِنِ ابْتَغَى أَحَدٌ الأُسْقُفِيَّةَ، فَيَشْتَهِي عَمَلًا صَالِحًا» (١تيموثاوس ٣: ١). وبإعادة صياغة هذه الآية بأسلوب النفي، يمكن أن نقول إن أولئك الذين لا يبتغون الأسقفية ليسوا أهلًا لشَغلِ هذه الوظيفة. فعلى المرشَّحين لوظيفة الشيوخ ألا يتعرَّضوا للإكراه أو التلاعب بهم حتى يسعوا إلى تولِّي هذا المنصب، لأن الخدمة في هذا المنصب تبدأ برغبة قلبية متضعة في القيادة، تمامًا كما ذكَّر بطرس الشيوخ رفقاءه الذين كتب إليهم قائلًا: «ارْعَوْا رَعِيَّةَ اللهِ الَّتِي بَيْنَكُمْ نُظَّارًا، لَا عَنِ اضْطِرَارٍ بَلْ بِالاخْتِيَارِ» (١بطرس ٥: ٢).

قبل اكتمال عملية التعيين، على الشيوخ أن يطلبوا مشيئة الله بالصلاة. نجد سابقة كتابية على هذا في أعمال الرسل ١٤: ٢٣، «وَانْتَخَبَا لَهُمْ قُسُوسًا فِي كُلِّ كَنِيسَةٍ، ثُمَّ صَلَّيَا بِأَصْوَامٍ وَاسْتَوْدَعَاهُمْ لِلرَّبِّ الَّذِي كَانُوا قَدْ آمَنُوا بِهِ». فإذ كان بولس وبرنابا يدركان خطورة عملية التعيين، طلبا الرب باجتهاد في الصلاة (راجع أعمال الرسل ١٣: ٢). فإن تعيين شيوخ بتوجُّه مُصَلٍّ هو إقرار بأن الله في النهاية هو مَن يعطي الموهبة، ويدعو الرجال، ويكلِّفهم بالقيادة الروحية. حثَّ بولس شيوخ أفسس قائلًا: «احْتَرِزُوا إِذًا لأَنْفُسِكُمْ وَلِجَمِيعِ الرَّعِيَّةِ الَّتِي أَقَامَكُمُ الرُّوحُ الْقُدُسُ فِيهَا أَسَاقِفَةً، لِتَرْعَوْا كَنِيسَةَ اللهِ» (أعمال الرسل ٢٠: ٢٨). فلأن القيادة الروحية هي الدعوة العليا من الله في حياة الكنيسة المحلية، ينبغي عدم الاستخفاف بها أو السعي إليها بسطحيَّة. فالاختيار والتعيين ينبغي أن يتمَّا في إطار من التفكير المتمعِّن، والحكمة المستمدَّة من الصلاة (راجع يعقوب ١: ٥).

إجمالًا، الشيوخ هم مجموعة رجال ناضجين وأتقياء، يبتغون قيادة قطيع الله وإطعامه. وقد تلقَّوا دعوة وتكليفًا خاصًا للخدمة من الرب نفسه. وبما أنهم يبتغون هذا الوظيفة، ويستوفون المؤهِّلات الكتابية التي يلزم توافُرها، يعيَّنون بالصلاة على يد الشيوخ الآخرين، الذين يصيرون بعد ذلك شركاءَ معهم في القيادة الروحية في الكنيسة.

## • الدعم

يبيِّن العهد الجديد أنه من اللائق أن ينال الشيوخ تعويضًا ماديًا من الكنيسة عن أتعابهم في الخدمة. أشار بولس إلى هذا المبدأ حين كتب: «أَمَّا الشُّيُوخُ الْمُدَبِّرُونَ حَسَنًا فَلْيُحْسَبُوا أَهْلًا لِكَرَامَةٍ مُضَاعَفَةٍ، وَلَا سِيَّمَا الَّذِينَ يَتْعَبُونَ فِي الْكَلِمَةِ وَالتَّعْلِيمِ، لأَنَّ الْكِتَابَ يَقُولُ: ‹لَا تَكُمَّ ثَوْرًا دَارِسًا›، وَ‹الْفَاعِلُ مُسْتَحِقٌّ أُجْرَتَهُ›» (١تيموثاوس ٥: ١٧-١٨). وتشير الكلمة التي تُرجمت «كَرَامَةٍ» في هذا النص (من الكلمة اليونانية timē) إلى أجرٍ، كما يتضح من التلميحات الموجودة في ٥: ١٨.

ثم استرسل الرسول في الحديث عن هذا الموضوع في ١كورنثوس ٩: ٤-٩ بما يلي،

> أَلَعَلَّنَا لَيْسَ لَنَا سُلْطَانٌ أَنْ نَأْكُلَ وَنَشْرَبَ؟ أَلَعَلَّنَا لَيْسَ لَنَا سُلْطَانٌ أَنْ نَجُولَ بِأُخْتٍ زَوْجَةً كَبَاقِي الرُّسُلِ وَإِخْوَةِ الرَّبِّ وَصَفَا؟ أَمْ أَنَا وَبَرْنَابَا وَحْدَنَا لَيْسَ لَنَا سُلْطَانٌ أَنْ لَا نَشْتَغِلَ؟ مَنْ تَجَنَّدَ قَطُّ بِنَفَقَةِ نَفْسِهِ؟ وَمَنْ يَغْرِسُ كَرْمًا وَمِنْ ثَمَرِهِ لَا يَأْكُلُ؟ أَوْ مَنْ يَرْعَى رَعِيَّةً وَمِنْ لَبَنِ الرَّعِيَّةِ لَا يَأْكُلُ؟ أَلَعَلِّي أَتَكَلَّمُ بِهذَا كَإِنْسَانٍ؟ أَمْ لَيْسَ النَّامُوسُ أَيْضًا يَقُولُ هذَا؟ فَإِنَّهُ مَكْتُوبٌ فِي نَامُوسِ مُوسَى: «لَا تَكُمَّ ثَوْرًا دَارِسًا». أَلَعَلَّ اللهَ تُهِمُّهُ الثِّيرَانُ؟»

يتلقَّى الجندي أجرًا من الدولة، والمزارع يستمتع بنصيبٍ من محصوله، والراعي يحصل على اللبن من رعيَّته، بل وحتى الثور نفسه يُسمَح له بالأكل بينما يَدرِس الحبوب. وإذ قارن بولس هذا بالخدمة الرعوية، أكَّد أنه من المقبول أن يُدعَم راعي الكنيسة من جماعة المؤمنين التي يخدمها. ثم تابع موضحًا فكرته في الآية ١٣، قائلًا: «أَلَسْتُمْ تَعْلَمُونَ أَنَّ الَّذِينَ يَعْمَلُونَ فِي الأَشْيَاءِ الْمُقَدَّسَةِ، مِنَ الْهَيْكَلِ يَأْكُلُونَ؟ الَّذِينَ يُلاَزِمُونَ الْمَذْبَحَ يُشَارِكُونَ الْمَذْبَحَ؟» فإن كان قد سُمِح لكهنة العهد القديم أن يعيشوا على التقدمات التي يأتي بها الشعب، إذن من المسموح أيضًا لخُدَّام العهد الجديد أن يتلقَّوا دعمًا من جماعة المؤمنين في الكنيسة.

ومع ذلك، يوحي بولس ضمنًا في الآية ٦ بأن هذا النوع من الدعم المالي حقٌّ، لكنه غير إلزامي. فباعتباره رسولًا وخادمًا للإنجيل، كان له الحقُّ الواضح في تلقِّي الدعم المالي من الكنيسة. غير أن بولس قرَّر ألا يمارس هذا الحق على نفسه، فاختار بالمقابل أن يعمل خَيَّامًا (أعمال الرسل ١٨: ٣)، حتى يتسنَّى له أن يكرز بالإنجيل دون أن يضيف أي عبء مالي على الكنيسة (١كورنثوس ٩: ١٨؛ راجع ١تسالونيكي ٢: ٩).

ومن ثَمَّ، يمكن لبعض الشيوخ أن يُدعَموا من الكنيسة، بينما يكسب آخرون قُوْتَهُم بوسائل أخرى. يَسمح الكتاب المقدس بكلا الوضعين، ولا يؤثِّر أي منهما على أهلية الشخص للقيادة الرعوية. يُطلَق عادة على الشيوخ الذين يتلقَّون أجرًا من الكنيسة اسم «الإكليروس» [clergy] (أو الشيوخ الموظَّفين staff elders)، في حين يُطلَق على الشيوخ الذين يكسبون معيشتهم من خارج الكنيسة اسم «الشيوخ العلمانيين» [lay elders]. في حين يمكن لهذه التسميات أن تفيد في بعض الحالات، من المهم أن نفهم أن الكتاب المقدس لا يفترض هذه التفرقة النوعية بين الراعي العلماني والراعي الموظَّف. فإن جميع الشيوخ على حدٍّ سواء مسئولون عن أن يقدِّموا لرعيتهم قيادة، وعناية، وإشرافًا، وحماية، وتعليمًا صحيحًا، وقدوة حسنة. فجميع الشيوخ الذين أفرزهم الله، وأقامتهم الكنيسة مدعوون إلى استيفاء المعايير ذاتها أمام الرب، سواء أكانوا يتلقَّون أجرًا ماديًّا من الكنيسة أم لا.

### • التعدُّدية

يقدِّم الكتاب المقدس الخدمة الرعوية باعتبارها عملًا جماعيًّا، أو عمل فريق، مما يدل على تعدُّدية الشيوخ في كلِّ كنيسة محلية. جاءت كلمة *presbyteros* في العهد الجديد في صيغة الجمع بشكل دائم تقريبًا (على سبيل المثال: أعمال الرسل ١١: ٣٠؛ ١٤: ٢٣؛ ١٥: ٢؛ ٢٠: ١٧؛ تيطس ١: ٥؛ يعقوب ٥: ١٤)، عدا استثناءات قليلة عندما كان الكاتب يطبِّق اللفظ على نفسه (مثل ١بطرس ٥: ١؛ ٢يوحنا ١؛ ٣يوحنا ١)، أو عند فصل شيخ معيَّن عن المجموعة الأكبر (١تيموثاوس ٥: ١٩). لكن الوضع المعتاد الواضح في كنائس القرن الأول هو أنها كانت تُدار من شيوخ متعددين. ولهذا خاطب بولس مؤمني فيلبي ملقيًا التحية على «جَمِيعِ الْقِدِّيسِينَ فِي الْمَسِيحِ يَسُوعَ، الَّذِينَ فِي فِيلِبِّي، مَعَ أَسَاقِفَةٍ [جمع كلمة *episkopos*] وَشَمَامِسَةٍ» (فيلبي ١: ١). ومن اللافت للنظر أن العهد الجديد لم يَذكُر قط شيئًا عن كنيسة لها راعٍ واحد.

الكنيسة التي يديرها عدد من القادة الأتقياء تتمتع بكل المزايا التي قَصَدَ الله أن تحصل عليها. وتشمل هذه المزايا معرفة هؤلاء القادة مجتمعين، وحكمتهم، وخبرتهم. يوفِّر هذا كنزًا من الحكمة والمشورة لأجل رعاية الرعية (أمثال ١١: ١٤؛ ١٥: ٢٢)، لكن ليس ذلك فقط، إذ أنه أيضًا يحمي أعضاء الكنيسة من أن يخضعوا لميول وتفضيلات شخص واحد لخدمة مصالحه الشخصية.

وفي قيادتهم للكنيسة المحلية، ينبغي أن يتَّبع الشيوخ معًا مبدأ الإجماع في الرأي. يعكس هذا النوع من الوحدة حقيقةَ أنَّ جميعهم لهم فكر المسيح، وأنهم منقادون بالروح القدس نفسه (اكورنثوس ١: ١٠؛ أفسس ٤: ٣؛ فيلبي ١: ٢٧؛ ٢: ٢). وإن حدث واختلف الشيوخ معًا في الرأي حول قرارٍ ما، يتوجَّب عليهم أن ينتظروا ويطلبوا مشيئة الله بمزيد من الصلاة والدراسة، إلى أن يتمكَّنوا من بلوغ إجماع في الرأي. وبهذا، سيعكس فريق القادة جبهة متَّحدة، وكذلك سيقدِّمون نموذجًا للتناغُم والتوافُق الذي ينبغي أن يميِّز الكنيسة بكاملها (راجع رومية ١٥: ٥؛ ٢كورنثوس ١٣: ١١؛ ابطرس ٣: ٨).

بالتأكيد سيحدث اختلاف وتنوُّع داخل فريق الشيوخ، حيث يستخدم كلُّ شيخ موهبته الفريدة لمنفعة الجميع. وهذا التنوُّع في المواهب والمهارات يسهم في تقوية القيادة في الكنيسة، الأمر الذي يسهم بدوره في بنيان الكنيسة بكاملها. فربما يتمتع بعض الشيوخ بموهبة خاصة في تقديم المشورة، بينما يتمتع آخرون بموهبة الوعظ، وآخرون بموهبة الإدارة. كذلك، ربما يخدم بعض الشيوخ في دور ظاهر ومنظور بدرجة أكبر، بينما يخدم آخرون من وراء الكواليس. ويوضح كلٌّ من التنوع والوحدة اللذين يعكسهما فريق الشيوخ كيف ينبغي على جسد المسيح ككلٍّ أن يعمل ويؤدي وظائفه (راجع اكورنثوس ١٢: ٤-٢٨).

وداخل كل فريقٍ من القادة الروحيين، يُعطَى البعض دورًا قياديًّا منظورًا أو مسموعًا بدرجة أكبر؛ وهذا يؤكِّده العهد الجديد. فمن بين الرسل، بَرَز بطرس متحدِّثًا رسميًّا عن المجموعة بكاملها (راجع متى ١٥: ١٥؛ ١٦: ١٦-١٧؛ مرقس ١١: ٢١؛ لوقا ١٢: ٤١؛ يوحنا ٦: ٦٨). واستمر هذا النمط بعد ميلاد الكنيسة في يوم الخمسين. ففي الأصحاحات الأولى من سفر أعمال الرسل، اعتاد بطرس ويوحنا أن يخدما معًا، إلا أن الأحداث الكتابية توحي بأن بطرس وحده كان يلقي العظات (أعمال الرسل ٢: ١٤-٤٠؛ ٣: ١٢-٢٦؛ ٤: ٨-١٢؛ ٥: ٢٩-٣٢). وفي مجمع أورشليم الذي في أعمال الرسل ١٥، نرى يعقوب أخا يسوع يؤدِّي دور المتحدِّث الرسمي عن كنيسة أورشليم (أعمال الرسل ١٥: ١٣-٢١)، مع أن بطرس أيضًا تكلَّم في هذه المناسبة (أعمال الرسل ١٥: ٧-١١). وفي رحلات الرسول بولس التبشيرية، كان هو المتحدِّث الرئيسي عن فريق الرجال الذين رافقوه (راجع أعمال الرسل ١٤: ١٢). ومع أن دور هؤلاء القادة ربما كان منظورًا بدرجة أكبر من الآخرين، لكنهم مع ذلك لم يكونوا أفضل روحيًّا من رفقائهم في الخدمة (راجع ابطرس ٥: ١)، بل كانوا جميعهم متساويين معًا في وظيفتهم، وكرامتهم، وامتيازاتهم، ومسئولياتهم رُغم اختلاف أدوارهم.

هذه السابقة الكتابية واضحةٌ. فمع أن الأدوار المحدَّدة لكلِّ قائد تختلف بحسب موهبته، لكن خدمة الكنيسة عملٌ جماعيٌّ. كان الرسول بولس يغتنم الفرصة دائمًا للإشادة بالعاملين معه في الإنجيل. فقد خدم البعض معه كارزين ومبشِّرين، في حين دعم آخرون الخدمة بطرائق أقل ظهورًا للعيان؛ لكن

على أي حال، كانت جميع هذه الإسهامات حيوية، لأن الأدوار القيادية الفريدة التي أدَّاها هؤلاء أسهمت في تعزيز قوة الخدمة عمومًا. علاوة على ذلك، حمى هذا الكنيسةَ من أن يقودها بعض المهووسين بذواتهم، بأسلوبهم الاستبدادي ووفقًا لميولهم الشخصية، مثل دِيُوتْرِيفِسَ الَّذِي يُحِبُّ أَنْ يَكُونَ الأَوَّلَ بَيْنَهُمْ دائمًا (٣ يوحنا ٩).

- ## الإدارة الكنسيَّة

على الشيوخ، بصفتهم رعاةً للقطيع أن يقودوا رعيَّتهم، سواء من خلال الإرشاد أو تقديم قدوة شخصية، وأن يُطعِموهم بتعليمهم كلمة الله، وحمايتهم من الضلالات. وإذ يعمل هؤلاء تحت سلطة المسيح رئيس الرعاة، فهم يمثِّلون أعلى سلطة روحية داخل الكنيسة المحلية، وعليهم أن يعطوا له حسابًا (١بطرس ٥: ٢-٤). ومن ثَمَّ، ينبغي أن تُدار كلُّ جماعة محلية من قبل شيوخها (راجع تيطس ١: ٥)، دون إكراه من أي تسلسلات هرمية خارجية أو هيئات مسيحية غير تابعة للكنيسة. لدى الكنائس الحرية أن تتعاون مع الكنائس الأخرى، لكن ينبغي أن يحدث هذا وفقًا لتقدير الشيوخ، وتماشيًا مع المبادئ الكتابية. وعلى الشيوخ، بصفتهم قادة الكنيسة المعيَّنين من الله، أن يقرِّروا في شئون سياسة الكنيسة، والعضوية، والتأديب الكنسي، طالبين بالصلاة إرشادًا من الكتاب المقدَّس (راجع أعمال الرسل ١٥: ١٩-٣١؛ ٢٠: ٢٨؛ ١كورنثوس ٥: ٤-٧، ١٣؛ ١بطرس ٥: ١-٤).

تدفع القِيم السياسية والديمقراطية مرتادي الكنيسة في العصر الحديث عادة إلى الارتياب في قيادة الشيوخ، ويُفضِّلون عنه شكلًا من الإدارة الكنسية يقوم على أعضاء الكنيسة. لكن هذا يخالف النموذج الواضح الذي قدَّمه العهد الجديد للقيادة الروحية داخل الكنيسة، الذي يدعو الشيوخ إلى تولِّي المسئولية الرئيسية لخدمة شعب الله وقيادتهم.

بحسب التاريخ، تتضمَّن النماذج المختلفة من الإدارة الكنسية ما يلي: النموذج الأسقفي، والنموذج المشيخي، والنموذج الجمهوري المستقل. يضع النموذج الأسقفي للإدارة الكنسية المسئولية الرئيسية للقيادة على عاتق «الأسقف» أو *episkopos*. ومن الأنواع الفرعية التي تندرج تحت هذا الهيكل الكنسي: الطائفة الميثودية، والطائفة الأنجليكانية، والطائفة الكاثوليكية الرومانية. يمكن لهذا النموذج أن يتضمَّن عدة مستويات من التسلسل الهرمي (مثل الكهنة، والأساقفة، ورؤساء الأساقفة). وعلى الرغم من شيوع هذا النظام عبر جزء كبير من تاريخ الكنيسة، لكنه يعاني من مَوْطِنَي ضعف مهمَّين على الأقل. أولًا، يفرِّق هذا النظام بين وظيفة «الأسقف» (*episkopos*)، ووظيفة «الشيخ» (*pres-byteros*)، الأمر الذي لا نجده في العهد الجديد. ومن ثَمَّ، فإننا لا نستطيع إيجاد سند كتابي ناجح لهذا النموذج من الإدارة الكنسية. ثانيًا، هذا النموذج من الإدارة الكنسية خصوصًا عُرضة للفساد، بسبب هيكله الهرمي للقيادة الكنسية، الأمر الذي قد يؤدي إلى الوقوع في خطأ التركيز على الألقاب ومناصب السلطة وليس على المؤهِّلات الروحية اللازم توافُرها لأجل الخدمة الرعوية. هذا الفساد لم يظهر بأوضح صوره مثلما ظهر في الطائفة الكاثوليكية الرومانية، بتاريخها المليء بفساد البابوات، والانحرافات العقائدية، والإساءات والتجاوُزات الروحية.

يركِّز النموذج المشيَخي للإدارة الكنسية على دور «الشيخ» أو *presbyteros*، موضحًا أن المصطلَحَيْن «أسقف» و«شيخ» يُستخدمان بالتبادل في العهد الجديد (راجع ١تيموثاوس ٣: ١-٢؛ تيطس ١: ٧). هذا التوجُّه نجده بشكل رئيسي في الطوائف المشيخية والمصلَحة. هذا التركيز على دور الشيخ يؤيِّده العهد الجديد بوضوح (١تسالونيكي ٥: ١٢؛ عبرانيين ١٣: ١٧)؛ لكنَّ التسلسلات الهرمية غير الكتابية التي اقترنت عبر التاريخ بهذا النموذج من الإدارة الكنيسة (مثل مجالس الكنائس المحلية، ولجان الشيوخ الإقليمية، والمجامع الكبرى، والجمعيات العمومية) ليست لها أي سابقة أو سند في العهد الجديد.

يركِّز النموذج الجمهوري المستقل للإدارة الكنسية على السلطة الفرديَّة لكلِّ كنيسة محلية. ومن الطوائف الكنسية التي تتبع نوع الإدارة الجمهوري المستقل، مع وجود اختلافات طفيفة بينها هي: المعمدانيون، والجمهوريون [Congregationalists]، والكثير من اللوثريين. من ناحية، تركِّز الإدارة المستقلة على استقلال كل كنيسة محلية، مشيرةً إلى أن هذه هي الصورة التي يرسمها العهد الجديد لكنيسة القرن الأول. وهكذا، فإن النماذج الجمهورية المستقلة من الإدارة الكنسية محِقَّة في رفضها للتسلسل الهرمي الكنسي، الذي يظهر في النظامين الآخرين. لكن من ناحية أخرى، تصر العديد من أشكال الإدارة الجمهورية المستقلة على اتِّباع أسلوب ديمقراطي في القيادة، حيث يشترك جميع أعضاء الكنيسة (وليس الشيوخ فقط) في اتخاذ القرارات. وعلى الرغم من شعبية هذا النوع من القيادة المستقلة في الكنيسة الأمريكية، حيث تُطبَّق القيم الديمقراطية في السياسات العلمانية، يتجاهل هذا النموذج الحقوق والمسئوليات التي يعطيها العهد الجديد للشيوخ بأن يقودوا رعيتهم، ويعتنوا بهم.

## • السلطة

في ضوء منصب الشيوخ القيادي ومسئوليتهم عن الرعية، ينبغي أن يعامَلوا باحترام شديد. قال بولس لمؤمني تسالونيكي: «ثُمَّ نَسْأَلُكُمْ أَيُّهَا الإِخْوَةُ أَنْ تَعْرِفُوا الَّذِينَ يَتْعَبُونَ بَيْنَكُمْ وَيُدَبِّرُونَكُمْ فِي الرَّبِّ وَيُنْذِرُونَكُمْ، وَأَنْ تَعْتَبِرُوهُمْ كَثِيرًا جِدًّا فِي الْمَحَبَّةِ مِنْ أَجْلِ عَمَلِهِمْ» (١تسالونيكي ٥: ١٢-١٣). فعلى أعضاء الكنيسة أن يوقِّروا قادتهم نظرًا إلى دعوتهم التي أُعطيت لهم من الله.

على المؤمنين ليس فقط أن يوقِّروا قادتهم، بل أيضًا أن يتمثلوا بهم. يقول كاتب الرسالة إلى العبرانيين: «اُذْكُرُوا مُرْشِدِيكُمُ الَّذِينَ كَلَّمُوكُمْ بِكَلِمَةِ اللهِ. انْظُرُوا إِلَى نِهَايَةِ سِيرَتِهِمْ فَتَمَثَّلُوا بِإِيمَانِهِمْ» (عبرانيين ١٣: ٧). يوصي الكتاب المقدس أعضاءَ الكنيسة أن يتبعوا قدوة قادتهم الروحيين الحسنة، بينما يوصِي الشيوخ بأن يقدِّموا نموذجًا لشكل السلوك الذي يكرِم المسيح (راجع ١كورنثوس ٤: ١٦؛ ١١: ١).

كذلك، يقدِّم عبرانيين ١٣: ٧ مزيدًا بشأن توجُّه الكنيسة من نحو قادتها، قائلًا: «أَطِيعُوا مُرْشِدِيكُمْ وَاخْضَعُوا، لأَنَّهُمْ يَسْهَرُونَ لأَجْلِ نُفُوسِكُمْ كَأَنَّهُمْ سَوْفَ يُعْطُونَ حِسَابًا، لِكَيْ يَفْعَلُوا ذلِكَ بِفَرَحٍ، لاَ آنِّينَ، لأَنَّ هذَا غَيْرُ نَافِعٍ لَكُمْ». فعلى أعضاء الكنيسة أن يخضعوا لقيادة الشيوخ، عالِمين أن هؤلاء الشيوخ سيعطُون حسابًا أمام الرب عن النفوس التي تحت رعايتهم الروحية. وعندما يتجاوب أعضاء الكنيسة مع قادتهم بقبول حماسي، وشكر من القلب، تتحول مسئولية الشيوخ القيادية من عمل شاق إلى متعة رائعة.

وعلى الرغم من وجوب توقير الشيوخ، لكنهم مع ذلك ليسوا فوق ناموس الله. ومن ثَمَّ، ينبغي لأيِّ اتِّهام جاد يوجَّه إلى أيِّ شيخ بارتكابه خطية ألايُقابَل بتجاهل أو باستخفاف. يقول ١تيموثاوس ٥: ١٩-٢١:

> لَا تَقْبَلْ شِكَايَةً عَلَى شَيْخٍ إِلَّا عَلَى شَاهِدَيْنِ أَوْ ثَلَاثَةِ شُهُودٍ. اَلَّذِينَ يُخْطِئُونَ وَبِّخْهُمْ أَمَامَ الْجَمِيعِ، لِكَيْ يَكُونَ عِنْدَ الْبَاقِينَ خَوْفٌ. أُنَاشِدُكَ أَمَامَ اللهِ وَالرَّبِّ يَسُوعَ الْمَسِيحِ وَالْمَلَائِكَةِ الْمُخْتَارِينَ، أَنْ تَحْفَظَ هَذَا بِدُونِ غَرَضٍ، وَلَا تَعْمَلَ شَيْئًا بِمُحَابَاةٍ.

حين يخطئ الشيوخ، يجب أن يخضعوا لعملية التأديب الكنسي ذاتها مثل أيِّ عضو آخر في الكنيسة (راجع متى ١٨: ١٥-١٧). فإن دورهم القيادي لا يعفيهم من أن يستوفوا معيار القداسة نفسه الذي ينطبق على جميع المؤمنين؛ وفي الواقع إن مسئوليتهم تجاه استيفاء هذا المعيار أكبر، نظرًا إلى طبيعة دورهم القيادي الظاهرة. إن الكنيسة التي تتجاهل الخطية عن عمد في حياة قادتها، تتأثَّر شهادتها أمام العالم الخارجي الذي يراقبها، وكذلك تتأثر طهارة أعضائها تأثُّرًا سلبيًّا، إذ يبدأون محاكاة نفس نمط التساهُل مع الخطية الذي لاحظوه في قادتهم (راجع لوقا ٦: ٤٠). إن عصيان الكنيسة في هذا الشأن يجلب عليها دينونة الله التأديبية، وليس بركته (راجع عبرانيين ١٢: ٣-١١؛ رؤيا ٢: ٢٠-٢٣؛ ٣: ١٩).

## ⬅ الشمامسة

أَوْلَى العهدُ الجديدُ في تعريفه لوظيفة الشماس أهمية كبيرة للطبيعة الأخلاقية للشخص الذي يتولَّى هذه الوظيفة فخصَّصَ للمؤهلات الروحية للشمامسة مساحة أكبر من التي خصَّصها لطبيعة دورهم المحدَّدة في الكنيسة المحلية. فإن الكتاب المقدس لا يركِّز على الهيكل التنظيمي بل على النزاهة الأخلاقية، والنضج الروحي، والنقاوة العقائدية لأولئك الذين يخدمون في منصب رسمي.

تُستخدَم الكلمات اليونانية *diakonos* («خادم»)، و *diakonia* («خدمة»)، و *diakoneō* («يخدم») جميعها لوصف خدمة الشمَّاس. في البداية، ربما انطبقت هذه المجموعة من الكلمات خصوصًا على خدمة الموائد وتقديم الطعام (راجع لوقا ٤: ٣٩؛ ١٠: ٤٠؛ ١٧: ٨؛ ٢٢: ٢٧؛ يوحنا ٢: ٥، ٩؛ ١٢: ٢؛ أعمال الرسل ٦: ٢)، لكنها صارت بعد ذلك تشمل أي خدمة يمكن القيام بها لسدِّ حاجات الآخرين (راجع يوحنا ١٢: ٢٦؛ رومية ١٣: ٣-٤). استُخدِمت هذه الكلمات أيضًا لوصف الخدمة الروحية التي يقدِّمها أيُّ مؤمن للرب، التي تشمل أعمال الطاعة أو أعمال الخدمة لأجل الكنيسة (راجع أعمال الرسل ٢٠: ١٩؛ رومية ١٢: ٦-٧؛ ١٥: ٢٥؛ ١كورنثوس ١٢: ٥؛ ١٦: ١٥؛ ٢كورنثوس ٤: ١؛ ٨: ٣-٤؛ ٩: ١؛ رؤيا ٢: ١٩).

- الوظيفة

بالإضافة إلى هذه الأوصاف العامة للخدمة، استخدم ١تيموثاوس ٣: ٨-١٣ كلمة «شماس» للإشارة أيضًا إلى وظيفة خاصة ومحدَّدة داخل الكنيسة. وفي هذا النص كتب الرسول بولس:

> كَذَلِكَ يَجِبُ أَنْ يَكُونَ الشَّمَامِسَةُ ذَوِي وَقَارٍ، لَا ذَوِي لِسَانَيْنِ، غَيْرَ مُولَعِينَ بِالْخَمْرِ الْكَثِيرِ، وَلَا طَامِعِينَ بِالرِّبْحِ الْقَبِيحِ، وَلَهُمْ سِرُّ الْإِيمَانِ بِضَمِيرٍ طَاهِرٍ. وَإِنَّمَا هَؤُلَاءِ أَيْضًا لِيُخْتَبَرُوا أَوَّلًا، ثُمَّ يَتَشَمَّسُوا إِنْ كَانُوا بِلَا لَوْمٍ. كَذَلِكَ يَجِبُ أَنْ تَكُونَ النِّسَاءُ ذَوَاتِ وَقَارٍ، غَيْرَ ثَالِبَاتٍ، صَاحِيَاتٍ، أَمِينَاتٍ فِي كُلِّ شَيْءٍ. لِيَكُنِ الشَّمَامِسَةُ كُلٌّ: بَعْلَ امْرَأَةٍ وَاحِدَةٍ، مُدَبِّرِينَ أَوْلَادَهُمْ وَبُيُوتَهُمْ حَسَنًا، لِأَنَّ الَّذِينَ تَشَمَّسُوا حَسَنًا، يَقْتَنُونَ لِأَنْفُسِهِمْ دَرَجَةً حَسَنَةً وَثِقَةً كَثِيرَةً فِي الْإِيمَانِ الَّذِي بِالْمَسِيحِ يَسُوعَ.

إن كلمة «كَذَلِكَ» التي جاءت في بداية الآية ٨ تُعيدنا إلى الآية ١، حيث استعرض بولس المؤهِّلات اللازم توافرها لتولِّي وظيفة «الأسقف»، وهو ما يوحي ضمنًا بأن الشمامسة الذين يوصَفون في الآيات ٨-١٣ يَشغلون، مثل الشيوخ تمامًا، وظيفة معترَفًا بها في الكنيسة. فالشيوخ يقودون الكنيسة، والشمامسة يعاونونهم.

عند سَرْدِ بولس لمؤهلات الشمامسة، شدَّد على صفاتهم الشخصية ونضجهم الروحي. يجب أن يكون الشمامسة «ذَوِي وَقَارٍ»، أي محترَمين في سلوكهم وسمعتهم حسنة. كما ينبغي ألا يكونوا «ذَوِي لِسَانَيْنِ»، أي ألا يقولوا شيئًا لشخص ويقولون عكسه لشخص آخر، بل متَّسِقين وصادقين في كلامهم. ويجب أيضًا ألا يكونوا «مُولَعِينَ بِالْخَمْرِ الْكَثِيرِ»، بل يُعرَف عنهم أنهم صاحون، وممتلئون بالروح القدس (راجع أفسس ٥: ١٨). كذلك، على الشمامسة ألا يكونوا «طَامِعِينَ بِالرِّبْحِ الْقَبِيحِ»، أو منقادين وراء محبة المال (١تيموثاوس ٦: ٩-١٠)، ولا سيما لأن خدمتهم في الكنيسة قد تتضمَّن إدارة الأموال. فعبر تاريخ الكنيسة، لطالما اؤتُمِن الشمامسة على جمع العطايا. وهذا النوع من الوكالة المالية يستلزم أن يكون الشخص جديرًا تمامًا بالثقة.

كذلك، يجب أن يكون الشمامسة راسخين لاهوتيًّا في قناعاتهم العقيدية، كما أوضح بولس بقوله: «وَلَهُمْ سِرُّ الْإِيمَانِ بِضَمِيرٍ طَاهِرٍ» (١تيموثاوس ٣: ٩). فلا يكفي أن يتبنُّوا التعليم الصحيح («سِرُّ الْإِيمَانِ»)، بل وأيضًا أن يطبِّقوه باتِّساق في أفعالهم، لتكون ضمائرهم طاهرة. وينبغي أيضًا أن يكون سِجِل حياتهم مشهودًا له بالأمانة بوضوح. ولهذا ينبغي أن «يُخْتَبَرُوا أَوَّلًا، ثُمَّ يَتَشَمَّسُوا إِنْ كَانُوا بِلَا لَوْمٍ» (١تيموثاوس ٣: ١٠). فكما ينبغي أن يكون الشيوخ بلا لوم، هكذا ينبغي أن يُظهر الشمامسة في حياتهم نمطًا سلوكيًا متسقًا وبلا لوم. ويتماشى هذا مع دورهم الرسمي الظاهر داخل كنيسة يسوع المسيح.

وبحسب ١تيموثاوس ٣: ١٢، على الشماس أن يكون «بَعْلَ امْرَأَةٍ وَاحِدَةٍ». فنظير الشيوخ، لم يكن هذا مجرَّد نهي عن تعدُّد الزوجات، لكنه يشير إلى الطهارة الجنسية والنزاهة الأخلاقية التي ينبغي أن يتصف بها كلُّ شماس. فالأمر لا يتعلق فقط بأن تكون للشماس زوجة واحدة، بل بأن يكون مخلصًا تمامًا لتلك المرأة الواحدة، وأن تتسم حياته الزوجية بالتكريس التام لها. كذلك، يتجلَّى اتساق السلوك المسيحي للشماس في دوره كأبٍ، إذ على الشمامسة أن يكونوا «مُدَبِّرِينَ أَوْلَادَهُمْ وَبُيُوتَهُمْ حَسَنًا» (١تيموثاوس ٣: ١٢)، لأنهم حينئذ سيُظهِرون أنهم قادرون أن يخدموا أيضًا في أدوار مهمة ومسئولة داخل الكنيسة (راجع ١تيموثاوس ٣: ٥).

تتعلَّق وظيفة الشيخ في المقام الأول بالإشراف الروحي، أي بقيادة الرعية وإطعامهم، في حين تتعلق وظيفة الشماس في المقام الأول بالخدمة الروحية، أي بمساعدة الشيوخ في سد حاجات أعضاء الكنيسة. وعلى الرغم من الاختلاف بين الوظيفتين، لكن المؤهلات المطلوبة لكليهما متداخلة بوضوح. وفي حقيقة الأمر، تتضمن مؤهِّلات الشمامسة التي وردت في ١تيموثاوس ٣: ٨-١٣ سمات روحية يجب أن يسعى جميع المؤمنين إلى اكتسابها، سواء أكانوا شمامسة معترَفًا بهم رسميًّا في الكنيسة أم لا، إذ أن المؤمنين جميعهم مدعوون إلى أن يكونوا خدامًا أمناء للرب يسوع المسيح (راجع متى ٢٥: ٢٣). ومن هذه الناحية، على كلِّ مؤمن أن يطمح من كلِّ قلبه إلى أن يخدم سيده من خلال خدمته لشعبه في الكنيسة. وينطبق الوعد الذي كتبه بولس للشمامسة في هذا النص بالتأكيد على جميع الذين يخدمون الرب بأمانة: «لِأَنَّ الَّذِينَ تَشَمَّسُوا حَسَنًا، يَقْتَنُونَ لِأَنْفُسِهِمْ دَرَجَةً حَسَنَةً وَثِقَةً كَثِيرَةً فِي الْإِيمَانِ الَّذِي بِالْمَسِيحِ يَسُوعَ» (١تيموثاوس ٣: ١٣).

- **الشمَّاسات**

يبيِّن ١تيموثاوس ٣: ١١ أن وظيفة الشماس لم تكن قاصرة على الرجال، بل يمكن أن تتولَّاها النساء أيضًا (أي الشمَّاسات). ففي هذا النص كتب بولس: «كَذَلِكَ يَجِبُ أَنْ تَكُونَ النِّسَاءُ ذَوَاتِ وَقَارٍ، غَيْرَ ثَالِبَاتٍ، صَاحِيَاتٍ، أَمِينَاتٍ فِي كُلِّ شَيْءٍ». يفسِّر البعض هذه الآية على أنها تشير إلى زوجات الشمامسة، لكن هذا التفسير مستبعَد لثلاثة أسباب على الأقل. **أولاً**، لم يُرْفِق بولس بكلمة النساء في اللغة الأصلية ضمير الملكية («نساءهم» أو «زوجاتهم») الذي أضافته بعض الترجمات الأخرى. ومن ثم، تَفترض القواعد اللغوية للنص أن النساء المشار إليهن في ٣: ١١ لا صلة لهن بالرجال المشار إليهم في الآيات السابقة.

**ثانيًا**، لم يَذكُر بولس شيئًا في سياق هذا النص نفسه عن زوجات الشيوخ (٣: ٢-٧). فلو كان بولس يقصد أن يتحدث بالتفصيل في هذا النص عن سلوك زوجات الشمامسة، لكان غريبًا أن يتجاهل الحديث عن زوجات الشيوخ في السياق نفسه. لكن، إذا كانت النساء المشار إليهنَّ في ٣: ١١ شمَّاسات، لا زوجات شمامسة، يصبح نمط بولس منطقيًّا تمامًا. فهو لم يكن بحاجة إلى الإشارة إلى نساءٍ في حديثه عن مؤهلات الشيخ لسبب بسيط، وهو عدم وجود شيخات في الكنيسة؛ لكنه تحدث عن نساء في ٣: ١١ بسبب وجود شمَّاسات من النساء.

**ثالثًا**، ربما تكون فيبي التي أشير إليها في رومية ١٦: ١ مثالًا محتمَلًا لسيدة خَدَمَت بصفتها شمَّاسة. كتب بولس: «أُوصِي إِلَيْكُمْ بِأُخْتِنَا فِيبِي، الَّتِي هِيَ خَادِمَةُ [إحدى صيغ كلمة *diakonos*] الْكَنِيسَةِ الَّتِي فِي كَنْخَرِيَا». يبيِّن هذا أن فيبي خَدَمَت في منصبٍ ما معترَفٍ به في كنيستها المحلية، الأمر الذي دفع بولس إلى لفت الانتباه إليها. إن كان كذلك، فهي على الأرجح مثالٌ لشمَّاسة في العهد الجديد. على الشمَّاسات، مثلهن مثل الشمامسة، أن يكنَّ بلا لوم في كلِّ سلوكهن (وهي الفكرة التي يوحي بها ضمنًا استخدام بولس لشبه الجملة «كَذَلِكَ» في ١تيموثاوس ٣: ١١). وينبغي بخاصةٍ أن يكنَّ «ذَوَاتِ وَقَارٍ، غَيْرَ ثَالِبَاتٍ، صَاحِيَاتٍ، أَمِينَاتٍ فِي كُلِّ شَيْءٍ».

## • أعمال الرسل ٦ والشمامسة

عَبْرَ تاريخ الكنيسة، اعتبر كثيرون نص أعمال الرسل ٦: ١-٦ مثالًا من العهد الجديد للشمامسة. في ذلك النص، كتب لوقا:

> وَفِي تِلْكَ الْأَيَّامِ إِذْ تَكَاثَرَ التَّلَامِيذُ، حَدَثَ تَذَمُّرٌ مِنَ الْيُونَانِيِّينَ عَلَى الْعِبْرَانِيِّينَ أَنَّ أَرَامِلَهُمْ كُنَّ يُغْفَلُ عَنْهُنَّ فِي الْخِدْمَةِ [*diakonia*] الْيَوْمِيَّةِ. فَدَعَا الاثْنَا عَشَرَ جُمْهُورَ التَّلَامِيذِ وَقَالُوا: «لَا يُرْضِي أَنْ نَتْرُكَ نَحْنُ كَلِمَةَ اللهِ وَنَخْدِمَ [إحدى صور كلمة *diakoneō*] مَوَائِدَ. فَانْتَخِبُوا أَيُّهَا الْإِخْوَةُ سَبْعَةَ رِجَالٍ مِنْكُمْ، مَشْهُودًا لَهُمْ وَمَمْلُوِّينَ مِنَ الرُّوحِ الْقُدُسِ وَحِكْمَةٍ، فَنُقِيمَهُمْ عَلَى هَذِهِ الْحَاجَةِ. وَأَمَّا نَحْنُ فَنُواظِبُ عَلَى الصَّلَاةِ وَخِدْمَةِ [*diakonia*] الْكَلِمَةِ». فَحَسُنَ هَذَا الْقَوْلُ أَمَامَ كُلِّ الْجُمْهُورِ، فَاخْتَارُوا اسْتِفَانُوسَ، رَجُلًا مَمْلُوًّا مِنَ الْإِيمَانِ وَالرُّوحِ الْقُدُسِ، وَفِيلُبُّسَ وَبُرُوخُورُسَ وَنِيكَانُورَ وَتِيمُونَ وَبَرْمِينَاسَ وَنِيقُولَاوُسَ دَخِيلًا أَنْطَاكِيًّا. الَّذِينَ أَقَامُوهُمْ أَمَامَ الرُّسُلِ، فَصَلُّوا وَوَضَعُوا عَلَيْهِمِ الْأَيَادِيَ.

يقول الذين يفسِّرون هذا النص بأنه إشارة إلى الشمامسة إن كلتا الكلمتين اليونانيتين *diakonia*، و *diakoneō* مستخدمتان فيه. لكنَّ استخدام هاتين الكلمتين في هذا السياق ليس دليلًا حاسمًا، لأن الكلمة *diakonia* نفسها استُخدِمت أيضًا في سياق الحديث عن خدمة الرسل في أعمال الرسل ٦: ٤. إذن، هل ينبغي اعتبار أن هؤلاء الرجال السبعة المذكورين في أعمال الرسل ٦: ٥ هم شمامسة الكنيسة الأوائل؟

للإجابة عن هذا السؤال، من المهم أن نقول إن العهد الجديد لم يَدْعُ هؤلاء الرجال «شمامسة». ومع أن استفانوس وفيلبس ذُكِرا في أجزاء لاحقة من سفر أعمال الرسل (٦: ٨-١٥؛ ٧: ١-٦٠؛ ٨: ٥-١٢، ٢٦-٤٠)، لم يُطلَق على أيٍّ منهما في تلك الأجزاء لقب شمَّاس، ولا نجدهما يخدمان موائد، بل يكرزان ويبشِّران، الأمر الذي يوحي بأنهما خدما موائد في أورشليم فقط مؤقَّتًا. وهكذا، من الأفضل أن نستنتج أن الوضع في أعمال الرسل ٦: ١-٦ كان يتعلَّق بأزمة مؤقتة مرَّت بها الكنيسة الأولى، واختير هؤلاء الرجال السبعة لحلِّها (لكنهم لم يعيَّنوا في منصب دائم). وعلى هذا الأساس، ينبغي تفسير الكلمتين *diakonia*، و *diakoneō* اللتين وردتا في أعمال الرسل ٦ بالمعنى العام، وهو «خدمة» و«يخدم».

وفي حين لا يمكن تصنيف الرجال السبعة في أعمال الرسل ٦ بأنهم شمامسة بالمعنى الرسمي، لكنهم بالفعل يمثِّلون صورة مسبقة تمهيدية لوظيفة الشماس من ثلاث نواحٍ مهمة. أولًا، هؤلاء الرجال السبعة ساعدوا الرسل في تنفيذ مهمة إدارية، تمامًا كما ينبغي أن يساعِد الشمامسةُ الشيوخَ في الكنيسة المحلية، حتى يتسنَّى للشيوخ التركيز على مسئولياتهم الروحية الرئيسية، أي التعليم والصلاة (راجع أعمال الرسل ٦: ٤). ثانيًا، ارتبطت المؤهلات التي لَزَم توافرها في هؤلاء الخُدَّام بصفاتهم الشخصية الروحية. فنظير قائمة بولس لمؤهِّلات الشمامسة في ١تيموثاوس ٣: ٨-١٣، كان التركيز في أعمال الرسل ٦: ٣ على الفضيلة الأخلاقية لهؤلاء الرجال: فقد كان ينبغي أن يكونوا «مَشْهُودًا

لَهُمْ وَمَمْلُوِّينَ مِنَ الرُّوحِ الْقُدُسِ وَحِكْمَةٍ». ثالثًا، توحي هذه المؤهلات بأن دور هؤلاء الرجال كان يتعدَّى مجرد تنظيم توزيع الطعام. فقد كُلِّفوا بحلِّ نزاع، ومن ثَمَّ، قدَّموا دون شك قدرًا كبيرًا من المشورة الكتابية في تعاملهم مع شكاوى أولئك الذين تعرَّضوا للإهمال. فقد انطوى دورهم على توفير الرعاية المادية لأعضاء الكنيسة، وأيضًا على الاهتمام بالحالة الروحية للأفراد الذين يخدمونهم، الأمر الذي ينبغي أن يتَّسم به أيضًا أي شخص يشغل وظيفة الشماس.

- **المؤهِّلات**

من حيث المؤهلات الروحية، الاختلاف الرئيسي بين الشمامسة والشيوخ هو أن الشيوخ لا بد أن تكون لديهم القدرة على التعليم (١تيموثاوس ٣: ٢)، بينما ليس هذا مطلوبًا لشغل وظيفة الشماس. ومع ذلك، يسهم الشمامسة في خدمة التعليم التي يقدِّمها الشيوخ عن طريق مساعدتهم في مهام أخرى، الأمر الذي يتيح للشيوخ الوقت للتفرُّغ لخدمة الكلمة. وتُظهِر المقارنة بين مؤهِّلات وظيفة الشيخ ومؤهلات وظيفة الشماس، كما جاءت في ١تيموثاوس ٣ وتيطس ١، التقارب والتشابه الشديد بين الوظيفتين (انظر الجدول ٩.٢)

**الجدول ٩.٢: مؤهلات الشيوخ والشمامسة**

| الشيوخ | الشمامسة |
|---|---|
| بِلَا لَوْمٍ (١تيموثاوس ٣: ٢؛ تيطس ١: ٦) | ثبُت أنهم بِلَا لَوْمٍ (١تيموثاوس ٣: ١٠) |
| بَعْلَ امْرَأَةٍ وَاحِدَةٍ (١تيموثاوس ٣: ٢؛ تيطس ١: ٦) | بَعْلَ امْرَأَةٍ وَاحِدَةٍ (١تيموثاوس ٣: ١٢) |
| صَاحِيًا (١تيموثاوس ٣: ٢) | صَاحِيَاتٍ [الشماسات] (١تيموثاوس ٣: ١١) |
| عَاقِلًا، ضَابِطًا لِنَفْسِهِ (١تيموثاوس ٣: ٢؛ تيطس ١: ٨) | |
| مُحْتَشِمًا (١تيموثاوس ٣: ٢) | ذَوِي وَقَارٍ (١تيموثاوس ٣: ٨) |
| مُضِيفًا لِلْغُرَبَاءِ (١تيموثاوس ٣: ٢؛ تيطس ١: ٨) | |
| مُلَازِمًا لِلْكَلِمَةِ الصَّادِقَةِ (تيطس ١: ٩) | لَهُمْ سِرُّ الْإِيمَانِ بِضَمِيرٍ طَاهِرٍ (١تيموثاوس ٣: ٩) |

| الشمامسة | الشيوخ |
|---|---|
| | صَالِحًا لِلتَّعْلِيمِ (١تيموثاوس ٣ : ٢)؛ قَادِرًا أَنْ يَعِظَ بِالتَّعْلِيمِ الصَّحِيحِ وَيُوَبِّخَ الْمُنَاقِضِينَ (تيطس ١ : ٩) |
| غَيْرَ مُولَعِينَ بِالْخَمْرِ الْكَثِيرِ (١تيموثاوس ٣ : ٨) | غَيْرَ مُدْمِنِ الْخَمْرِ (١تيموثاوس ٣ : ٣؛ تيطس ١ : ٧) |
| | لَا ضَرَّابٍ ... بَلْ حَلِيمًا ("لطيفًا") (١تيموثاوس ٣ : ٣؛ تيطس ١ : ٧) |
| | لَا غَضُوبٍ، وغَيْرَ مُخَاصِمٍ (١تيموثاوس ٣ : ٣؛ تيطس ١ : ٧) |
| لَا طَامِعِينَ بِالرِّبْحِ الْقَبِيحِ (١تيموثاوس ٣ : ٨) | وَلَا طَامِعٍ بِالرِّبْحِ الْقَبِيحِ، وَلَا مُحِبٍّ لِلْمَالِ (١تيموثاوس ٣ : ٣؛ تيطس ١ : ٧) |
| مُدَبِّرِينَ ... بُيُوتَهُمْ حَسَنًا (١تيموثاوس ٣ : ١٢) | يُدَبِّرُ بَيْتَهُ حَسَنًا (١تيموثاوس ٣ : ٤) |
| مُدَبِّرِينَ أَوْلَادَهُمْ ... حَسَنًا (١تيموثاوس ٣ : ١٢) | لَهُ أَوْلَادٌ فِي الْخُضُوعِ بِكُلِّ وَقَارٍ (١تيموثاوس ٣ : ٤)؛ لَهُ أَوْلَادٌ مُؤْمِنُونَ، لَيْسُوا فِي شِكَايَةِ الْخَلَاعَةِ وَلَا مُتَمَرِّدِينَ (تيطس ١ : ٦) |
| أَمِينَاتٍ فِي كُلِّ شَيْءٍ [الشماسات] (١تيموثاوس ٣ : ١١) | بِلَا لَوْمٍ كَوَكِيلِ اللهِ (تيطس ١ : ٧) |
| لِيُخْتَبَرُوا أَوَّلًا، ثُمَّ يَتَشَمَّسُوا (١تيموثاوس ٣ : ١٠) | غَيْرَ حَدِيثِ الْإِيمَانِ لِئَلَّا يَتَصَلَّفَ (١تيموثاوس ٣ : ٦)؛ غَيْرَ مُعْجِبٍ بِنَفْسِهِ (تيطس ١ : ٧) |
| (يُفهَم هذا المعنى ضمنًا من ١تيموثاوس ٣ : ٨) | لَهُ شَهَادَةٌ حَسَنَةٌ مِنَ الَّذِينَ هُمْ مِنْ خَارِجٍ (١تيموثاوس ٣ : ٧) |
| | مُحِبًّا لِلْخَيْرِ (تيطس ١ : ٨) |

| الشمامسة | الشيوخ |
|---|---|
| (يُفهَم هذا المعنى ضمنًا من ١تيموثاوس ٣: ١٠) | بَارًّا (تيطس ١: ٨) |
| (يُفهَم هذا المعنى ضمنًا من ١تيموثاوس ٣: ١٠) | وَرِعًا (تيطس ١: ٨) |
| لَا ذَوِي لِسَانَيْنِ (١تيموثاوس ٣: ٨) | |
| غَيْرَ ثَالِبَاتٍ [الشمَّاسات] (١تيموثاوس ٣: ١١) | |

وعلى الرغم من اشتراك الشمامسة والشيوخ معًا في المؤهلات الروحية نفسها، لكنهم لا يؤدُّون الدور ذاته في الكنيسة. يعتني الشمامسة بالرعيَّة تحت إشراف الشيوخ، وذلك بتنظيم وتنفيذ مهام إدارية، وخدمات أخرى متعلِّقة بالخدمة. وتُعَد خدمتهم الأمينة نموذجًا لذلك النوع من العظمة الروحية الذي أشاد به يسوع حين قال لتلاميذه: «مَنْ أَرَادَ أَنْ يَكُونَ فِيكُمْ عَظِيمًا فَلْيَكُنْ لَكُمْ خَادِمًا، وَمَنْ أَرَادَ أَنْ يَكُونَ فِيكُمْ أَوَّلًا فَلْيَكُنْ لَكُمْ عَبْدًا، كَمَا أَنَّ ابْنَ الإِنْسَانِ لَمْ يَأْتِ لِيُخْدَمَ بَلْ لِيَخْدِمَ، وَلِيَبْذِلَ نَفْسَهُ فِدْيَةً عَنْ كَثِيرِينَ» (متى ٢٠: ٢٦-٢٨). فإن الشماس يخدم الآخرين باتضاعٍ وإنكارٍ للذات، وهو الدور الذي قدَّم المسيح نفسه نموذجًا مثاليًّا له (فيلبي ٢: ٣-٧). لا تتضمن مكافأة هذه الخدمة ثروات زمنية أو صيتًا أرضيًّا، لكنها تقاس بالبركات الأبدية التي تنتظر أولئك الذين يخدمون سيِّدهم السماوي بأمانة (١تيموثاوس ٣: ١٣؛ راجع متى ٢٥: ٢١، ٢٣).

## المحرِّكات الكتابية لحياة الكنيسة

- تكريسٌ للمسيح
- تكريسٌ للكتاب المقدس
- تكريسُ المؤمنين بعضهم لبعضٍ
- تكريسٌ لمائدة الرب
- تكريسٌ للصلاة
- نتائج التكريس

أحد أوضح أوصاف الكنيسة الأولى يوجد في أعمال الرسل ٢: ٤١-٤٧. فعندما وَصَفَ لوقا كنيسة أورشليم في بدايتها، ذَكَرَ بعض السمات الأساسية التي ميَّزت تكريس تلك الجماعة اللافتة للنظر. فهناك خمس علامات على الأقل ميَّزت تلك الكنيسة الأمينة، وهي تشكِّل سابقة مهمة على الكنائس اليوم أن تسعى إلى التمثُّل بها. وسنتناول هذه العلامات بمزيد من التفصيل في القسم بعنوان «وسائط النعمة داخل الكنيسة» (ص. ٩٣٤).

## ➡ تكريسٌ للمسيح

بحسب أعمال الرسل ٢ : ٤١، آمن نحو ثلاثة آلاف نفس، تجاوبًا مع عظة بطرس التبشيرية التي كرز بها في يوم الخمسين (أعمال الرسل ٢ : ١٤-٤٠)، ثم اعتمدوا، وانضموا إلى الكنيسة، وبرهنوا على حقيقة اعتراف إيمانهم من خلال تكريسهم المستمر للمسيح. فالفعل اليوناني في أعمال الرسل ٢ : ٤٢، الذي تُرجِم «يُواظِبُونَ» (أو «يكرِّسون أنفسهم» [devoted themselves]) (وهو شكل من أشكال كلمة *proskartereō*) ينقل فكرة الالتزام الثابت والمحبة المثابرة. فأمام الاستهزاء، والرفض، والاضطهاد، أظهر هؤلاء المؤمنون محبة باسلة للرب يسوع وكنيسته، وأظهروا ذلك الالتزام الثابت والمستمر الذي يميِّز المؤمنين الحقيقيين (يوحنا ١٥ : ١-٤؛ راجع متى ١٣ : ٣-٩، ٢١؛ ١يوحنا ٢ : ١٩)، مبيِّنين بهذا أنهم بالحقيقة تلاميذ المسيح (يوحنا ٨: ٣١).

من الجدير بالذكر أن الكنيسة الأولى كانت مكوَّنة من أشخاص مخلَّصين. قد يبدو هذا التصريح بديهيًّا، لكن في حقيقة الأمر، الكثير جدًا من الكنائس في عصرنا الحديث ممتلئة بغير المؤمنين، بل وإن بعضًا منها يُوْلِي اهتمامًا لجذب غير المؤمنين، أكثر ممَّا يوليه لرعاية المفديين. هذا الوضع لا يتَّفق مع النموذج الكتابي. فإن الكنائس المكرَّسة للرب يسوع بشجاعة تتسم حتمًا بالنقاوة في حياتها العملية وتعليمها على حدٍّ سواء (راجع ١تيموثاوس ٤ : ١٦)، الأمر الذي كثيرًا ما يؤدِّي إلى أن يقاومها العالم أو يتجنَّبها (راجع أعمال الرسل ٥ : ١٣-١٤). فإن أولويتها هي أن تُكرِم المسيح، رأس الكنيسة، عن طريق تكميل أعضائها لعمل الخدمة (أفسس ٤ : ١٢)، ولكي يبشروا الضالين، في أثناء ممارستهم لحياتهم اليومية (متى ٢٨ : ١٩).

بالتأكيد غير المؤمنين مرحَّب بهم لحضور خدمات الكنيسة، حتى يسمعوا تسبيحًا يكرم الله، ووعظًا كتابيًّا، لعلَّهم يُبكَّتون ويتوبون (١كورنثوس ١٤ : ٢٤-٢٥)؛ لكن الغرض الأساسي من أي خدمة عبادة في الكنيسة هو بنيان القديسين وتأهيلهم للاشتراك معًا في عبادة جماعية من خلال الترنيم الجماعي، والصلاة، وتعليم كلمة الله، وممارسة الفرائض. علاوة على ذلك، يقتصر أيُّ شكل من أشكال العضوية أو الخدمة في الكنيسة على المؤمنين وحدهم. فإن الذين لا يمثِّلون جزءًا من الكنيسة العامة غير المنظورة لا يمكنهم أن يَتولَّوا دورًا قياديًّا أو خدميًّا مشروعًا في الكنيسة المحلية المنظورة (٢كورنثوس ٦: ١٤-١٥).

يشيد العهد الجديد بالكنائس التي تبرهن على التزامها الذي مركزه المسيح بكلٍّ من الطهارة الأخلاقية والنقاوة في التعليم. لاحظ معي إشادة بولس بكنيسة تسالونيكي:

> نَشْكُرُ اللهَ كُلَّ حِينٍ مِنْ جِهَةِ جَمِيعِكُمْ، ذَاكِرِينَ إِيَّاكُمْ فِي صَلَوَاتِنَا، مُتَذَكِّرِينَ بِلَا انْقِطَاعٍ عَمَلَ إِيمَانِكُمْ، وَتَعَبَ مَحَبَّتِكُمْ، وَصَبْرَ رَجَائِكُمْ، رَبَّنَا يَسُوعَ الْمَسِيحَ، أَمَامَ اللهِ وَأَبِينَا. عَالِمِينَ أَيُّهَا الإِخْوَةُ الْمَحْبُوبُونَ مِنَ اللهِ اخْتِيَارَكُمْ، أَنَّ إِنْجِيلَنَا لَمْ يَصِرْ لَكُمْ بِالْكَلَامِ فَقَطْ، بَلْ بِالْقُوَّةِ أَيْضًا، وَبِالرُّوحِ الْقُدُسِ، وَبِيَقِينٍ شَدِيدٍ، كَمَا تَعْرِفُونَ أَيَّ رِجَالٍ كُنَّا بَيْنَكُمْ مِنْ أَجْلِكُمْ. وَأَنْتُمْ صِرْتُمْ مُتَمَثِّلِينَ بِنَا وَبِالرَّبِّ، إِذْ قَبِلْتُمُ الْكَلِمَةَ

فِي ضِيقٍ كَثِيرٍ، بِفَرَحِ الرُّوحِ الْقُدُسِ، حَتَّى صِرْتُمْ قُدْوَةً لِجَمِيعِ الَّذِينَ يُؤْمِنُونَ فِي مَكِدُونِيَّةَ وَفِي أَخَائِيَةَ. لأَنَّهُ مِنْ قِبَلِكُمْ قَدْ أُذِيعَتْ كَلِمَةُ الرَّبِّ، لَيْسَ فِي مَكِدُونِيَّةَ وَأَخَائِيَةَ فَقَطْ، بَلْ فِي كُلِّ مَكَانٍ أَيْضًا قَدْ ذَاعَ إِيمَانُكُمْ بِاللهِ، حَتَّى لَيْسَ لَنَا حَاجَةٌ أَنْ نَتَكَلَّمَ شَيْئًا. لأَنَّهُمْ هُمْ يُخْبِرُونَ عَنَّا، أَيُّ دُخُولٍ كَانَ لَنَا إِلَيْكُمْ، وَكَيْفَ رَجَعْتُمْ إِلَى اللهِ مِنَ الأَوْثَانِ، لِتَعْبُدُوا اللهَ الْحَيَّ الْحَقِيقِيَّ، وَتَنْتَظِرُوا ابْنَهُ مِنَ السَّمَاءِ، الَّذِي أَقَامَهُ مِنَ الأَمْوَاتِ، يَسُوعَ، الَّذِي يُنْقِذُنَا مِنَ الْغَضَبِ الآتِي» (١تسالونيكي ١: ٢-١٠).

اتسمت كنيسة تسالونيكي بإيمانٍ حقيقي ومحبة باذلة ورجاء ثابت وصابرٍ. فحين سمعوا بشارة الخلاص آمنوا، وتحمَّلوا الاضطهاد بشجاعة من أجل المسيح، حتى أن نموذج أمانتهم شدَّد مؤمنين آخرين، وأذاع شهادة قوية للإنجيل. من الواضح، إذن، أنها كنيسة تميَّزت بتكريسٍ للمسيح.

لا يمكننا قول الشيء ذاته عن كنيستَي برغامس وساردس، اللتين هيمن عليهما تأثيرُ غير المؤمنين لدرجة جعلت الرب يوبِّخهما بصرامة (رؤيا ٢: ١٤-١٦؛ ٣: ١-٣). فإن تكيُّفهما مع العالم سَمَحَ بأن تتفشَّى فيهما عبادة الأوثان، والزنى، والرياء. ويؤكِّد تحذير المسيح الصارم لهاتين الكنيستين اهتمامه الشديد بنقاوة الكنيسة في أيِّ عصر.

مع أن الكنيسة ينبغي أن تُبْدِي محبة ورأفة لغير المؤمنين، لكن عليها ألا تَقبل البتة أن يكونوا جزءًا من الجماعة قبل أن يتوبوا ويؤمنوا بالإنجيل. فقد عيَّن الله أن تكون الكنيسة جمعًا من عابدين مفديين، ينمون معًا في القداسة مشابهين صورة المسيح. وأولئك الذين يحاولون تحويلها إلى شيء آخر، ولو كان تحت شعار التبشير، يعملون ذلك خلافًا لتعليم الكتاب المقدس.

## ⬅ تكريسٌ للكتاب المقدس

في أعمال الرسل ٢: ٤٢، أوضح لوقا أن المؤمنين في كنيسة أورشليم كانوا «يُواظِبُونَ [«يكرِّسون أنفسهم»] عَلَى تَعْلِيمِ الرُّسُلِ». كان محتوى هذا التعليم يشمل شروحات تفسيرية لكتب العهد القديم (أعمال الرسل ٦: ٤؛ راجع لوقا ٢٤: ٤٤-٤٩)، وتعاليم من حياة يسوع وخدمته (يوحنا ١٤: ٢٦؛ ١كورنثوس ١١: ٢٣-٢٦)، وإعلانًا جديدًا أُعطي بالروح القدس للرسل (يوحنا ١٦: ١٢-١٥). هكذا، ينبغي أن يكون تعليمُ الرسل المدوَّن اليوم في أسفار العهد الجديد محورَ تركيز خدمة الوعظ والتعليم في كلِّ كنيسة.

إن التكريس لتعليم الرسل لازم للنمو الروحي لجميع المؤمنين، ولخيرهم وفائدتهم. فانفتاح المؤمن على كلمة الله يجدِّد الذهن (راجع رومية ١٢: ٢) من خلال قوة الروح القدس التي تعطي الاستنارة (١كورنثوس ٢: ١٠-١٦)، وتثمر نموًّا روحيًّا (١تيموثاوس ٤: ٦؛ ١بطرس ٢: ٢). ولهذا شدَّد العهد الجديد على أهمية قراءة الأسفار المقدسة وتعليمها (١تيموثاوس ٤: ١٣)؛ وكلَّف الرعاة مسئولية الكرازة بالكلمة بأمانة ودون تقديم تنازلات (٢تيموثاوس ٤: ١-٢). أوصى بولس أعضاء كنيسة كولوسي قائلًا: «لِتَسْكُنْ فِيكُمْ كَلِمَةُ الْمَسِيحِ بِغِنًى، وَأَنْتُمْ بِكُلِّ حِكْمَةٍ مُعَلِّمُونَ وَمُنْذِرُونَ بَعْضُكُمْ بَعْضًا، بِمَزَامِيرَ وَتَسَابِيحَ وَأَغَانِيَّ رُوحِيَّةٍ، بِنِعْمَةٍ، مُتَرَنِّمِينَ فِي قُلُوبِكُمْ لِلرَّبِّ» (كولوسي ٣: ١٦).

إن الكنائس التي تهمل الكرازة بكلمة الله تترك أعضاءها في حالة من سوء التغذية الروحية (راجع هوشع ٤ : ٦)، ومعرَّضين للغواية والضلال، لأنهم لن يكونوا مجهَّزين لاستعمال «سيف الروح» (أفسس ٦ : ١٧). على العكس من ذلك، فإن الكنائس التي تنادي بأمانة بما يعلِّمه الكتاب المقدس تثبِّت أعضاءها في الحق (راجع مزمور ١ : ١-٣؛ ١يوحنا ٢ : ١٢-١٤).

## تكريسُ المؤمنين بعضهم لبعضٍ

استرسل أعمال الرسل ٢ موضِّحًا أن أعضاء الكنيسة الأولى كرَّسوا أنفسهم أيضًا «للشركة» (أعمال الرسل ٢ : ٤٢). تَميَّز هؤلاء المؤمنون الأوائل بتكريسٍ ثابتٍ والتزام باذلٍ تجاه الأعضاء الآخرين في جسد المسيح. تعني كلمة «شركة» (في اللغة اليونانية *koinōnia*) «مشاركة»، أو شراكة». يتمتع كلُّ مؤمن بشركة دائمة مع الرب يسوع المسيح بالإيمان به (يوحنا ١٧ : ٢١؛ ١كورنثوس ١ : ٩)، ونتيجة ذلك، يتمتع المؤمنون أيضًا بشركة بعضهم مع بعضٍ (١يوحنا ١ : ٣). وهم يُظهرون تلك الشركة من خلال التزام محب بخدمة إخوتهم المؤمنين وتحريضهم على المحبة والأعمال الحسنة. كذلك، يُظهر المؤمن تلك الشركة من خلال رغبته في أن يكون عضوًا نشطًا وفعالًا في جماعة المؤمنين المحلية. لهذا قال كاتب الرسالة إلى العبرانيين: «وَلْنُلَاحِظْ بَعْضُنَا بَعْضًا لِلتَّحْرِيضِ عَلَى الْمَحَبَّةِ وَالْأَعْمَالِ الْحَسَنَةِ، غَيْرَ تَارِكِينَ اجْتِمَاعَنَا كَمَا لِقَوْمٍ عَادَةٌ، بَلْ وَاعِظِينَ بَعْضُنَا بَعْضًا، وَبِالْأَكْثَرِ عَلَى قَدْرِ مَا تَرَوْنَ الْيَوْمَ يَقْرُبُ» (عبرانيين ١٠ : ٢٤-٢٥). تبيِّن هذه الكلمات أن الحياة المسيحية ينبغي ألا تعاش في عزلة، بل في شركة مستمرة مع المسيح ومع شعبه. فكما ينبغي أن يكون كل عضو في أي كنيسة محلية جزءًا من الكنيسة العامة، هكذا ينبغي أن يكون كلُّ عضو في الكنيسة العامة عضوًا أمينًا وفعالًا في جماعة محلية.

## تكريسٌ لمائدة الرب

بحسب أعمال الرسل ٢ : ٤٢، كانت الكنيسة الأولى مكرَّسة ومواظِبة أيضًا على «كَسْرِ الْخُبْزِ»، الذي هو إشارة إلى ممارسة فريضة عشاء الرب. أوصى يسوع نفسه أتباعه بأن يُحيوا ذكرى موته باستمرار (١كورنثوس ١١ : ٢٤-٢٩)، مذكِّرين أنفسهم دائمًا بالخلاص الذي أُعطِي من خلال ذبيحته التي قُدِّمت مرَّة واحدة (راجع عبرانيين ٩ : ٢٦، ٢٨؛ ١بطرس ٣ : ١٨). ترمز مائدة الرب إلى اتحاد المؤمن بالمسيح (راجع رومية ٦ : ٥)، ووحدة المؤمنين بعضهم مع بعض (راجع أفسس ٤ : ٥). قال بولس في ١كورنثوس ١٠ : ١٦-١٧، «كَأْسُ الْبَرَكَةِ الَّتِي نُبَارِكُهَا، أَلَيْسَتْ هِيَ شَرِكَةَ دَمِ الْمَسِيحِ؟ الْخُبْزُ الَّذِي نَكْسِرُهُ، أَلَيْسَ هُوَ شَرِكَةَ جَسَدِ الْمَسِيحِ؟ فَإِنَّنَا نَحْنُ الْكَثِيرِينَ خُبْزٌ وَاحِدٌ، جَسَدٌ وَاحِدٌ، لِأَنَّنَا جَمِيعَنَا نَشْتَرِكُ فِي الْخُبْزِ الْوَاحِدِ».

تدفع مائدة الرب المؤمنين إلى فحص قلوبهم، والاعتراف والتوبة عن أية خطية معلومة لديهم. وبهذا، فإن لمائدة الرب تأثيرًا في تطهير وتنقية الكنيسة، لأنها تدفع المؤمنين إلى التأمُّل في الصليب، وتَرْك خطاياهم. وأولئك الذين يشتركون في مائدة الرب بغير استحقاق يجلبون على أنفسهم محاكمة الله التأديبية (١كورنثوس ١١ : ٢٧-٣٢).

## ⬅ تكريسٌ للصلاة

أخيرًا، يوضح أعمال الرسل ٢: ٤٢ أن الكنيسة الأولى كانت أيضًا مكرَّسة ومواظبة على «الصَّلَوَاتِ». فلأن هؤلاء المؤمنين أدركوا ضرورة الحكمة والمعونة الإلهية (راجع يوحنا ١٤: ١٣-١٤؛ يعقوب ١: ٥)، اتَّسموا بالتزام وتكريس للصلاة الجماعية لا هوادة فيه (راجع أعمال الرسل ١: ١٤، ٢٤؛ ٤: ٢٤-٣١). وعلى الكنيسة اليوم أن تتميَّز بإعطاء هذه الأولوية نفسها للصلاة، بإعلان المؤمنين اتكالهم على العناية الإلهية وقوة الله السيادية. وإن الكنائس التي تقصِّر في التواصل مع الرب من خلال الصلاة ستصاب لا محالة بالوهن والخمول الروحي. لكن على النقيض، يدعو العهد الجديد المؤمنين مرارًا إلى أن يُصَلُّوا بحرارة وكلَّ حين (لوقا ١٨: ١؛ رومية ١٢: ١٢؛ أفسس ٦: ١٨؛ كولوسي ٤: ٢؛ ١تسالونيكي ٥: ١٧).

## ⬅ نتائج التكريس

أدرَكَت الكنيسة التي يصفها أعمال الرسل ٢: ٤٢ الأهمية الحيوية للسعي وراء الأولويات الصحيحة. فقد كانوا مكرَّسين للمسيح، ولكلمته، ولشعبه، ولتخليد ذكرى موته، ولممارسة الصلاة. وينبغي أن تكون هذه المظاهر الفريدة لحياة تلك الكنيسة الأولى هي العلامات التي تميِّز كلَّ كنيسة، لأنها تمثل الوسائل التي بها يشكِّل الله الكنيسة، وينمِّيها كي تصير كما يريدها أن تكون.

وفي أعمال الرسل ٢: ٤٣-٤٧، عرض لوقا بالتفصيل النتائج التي ترتبت على التكريس الذي أظهره هؤلاء المؤمنون الذين عاشوا في القرن الأول، فكَتَبَ:

> وَصَارَ خَوْفٌ فِي كُلِّ نَفْسٍ. وَكَانَتْ عَجَائِبُ وَآيَاتٌ كَثِيرَةٌ تُجْرَى عَلَى أَيْدِي الرُّسُلِ. وَجَمِيعُ الَّذِينَ آمَنُوا كَانُوا مَعًا، وَكَانَ عِنْدَهُمْ كُلُّ شَيْءٍ مُشْتَرَكًا. وَالأَمْلاَكُ وَالْمُقْتَنَيَاتُ كَانُوا يَبِيعُونَهَا وَيَقْسِمُونَهَا بَيْنَ الْجَمِيعِ، كَمَا يَكُونُ لِكُلِّ وَاحِدٍ احْتِيَاجٌ. وَكَانُوا كُلَّ يَوْمٍ يُوَاظِبُونَ فِي الْهَيْكَلِ بِنَفْسٍ وَاحِدَةٍ. وَإِذْ هُمْ يَكْسِرُونَ الْخُبْزَ فِي الْبُيُوتِ، كَانُوا يَتَنَاوَلُونَ الطَّعَامَ بِابْتِهَاجٍ وَبَسَاطَةِ قَلْبٍ، مُسَبِّحِينَ اللهَ، وَلَهُمْ نِعْمَةٌ لَدَى جَمِيعِ الشَّعْبِ. وَكَانَ الرَّبُّ كُلَّ يَوْمٍ يَضُمُّ إِلَى الْكَنِيسَةِ الَّذِينَ يَخْلُصُونَ».

بفضل عمل الله من خلال هذه الجماعة من المؤمنين، اختبروا شعورًا بالخوف المقدَّس، حين شهدوا الآيات والعجائب تُجْرَى عَلَى أَيْدِي الرُّسُلِ (أعمال الرسل ٢: ٤٣). اتسمت هذه الجماعة أيضًا بالعطاء الباذل والسخاء غير الأناني (أعمال الرسل ٢: ٤٤-٤٥). ومن الجدير بالذكر أنه على الرغم من تلهُّف هؤلاء المؤمنين لبيع مقتنياتهم لسد حاجات الآخرين، لا يمكن أن نقول إن الكنيسة الأولى مارست الشيوعية [communism] أو الاشتراكية [communalism]. فإن الفعلين «يَبِيعُونَهَا» و«يَقْسِمُونَهَا»، اللذين جاءا في زمن المضارع المستمر، يبيِّنان أن هذه كانت أفعال مستمرة، بمعنى أن المؤمنين كانوا يبيعون مقتنيات شخصية تجاوُبًا مع حثِّ الروح القدس لهم لدى ظهور احتياجات فردية (راجع ١كورنثوس ١٦: ١-٢). علاوة على ذلك، يوضح أعمال الرسل ٢: ٤٦ أن هؤلاء المؤمنين احتفظوا بملكيتهم لبيوتهم. وتُبيِّن قصة حنانيا وسفيرة، التي جاءت بعد هذا في سفر أعمال الرسل، أن المقتنيات

الشخصية كانت تباع فقط بشكل تطوُّعي واختياري (أعمال الرسل ٥: ٤؛ راجع ٢كورنثوس ٨: ١٣-١٤). لكن بالتأكيد، يُظهِر استعداد هؤلاء المؤمنين للمشاركة بمقتنياتهم المادية لأجل خدمة الآخرين (أعمال الرسل ٤: ٣٤-٣٦) أصالة وحقيقة محبتهم بعضهم لبعض.

كذلك، اختبرت هذه الجماعة الأولى من المؤمنين فرحًا فائقًا للطبيعة (أعمال الرسل ٢: ٤٦). فإن سخاء محبتهم القلبية بعضهم لبعض أثمر ابتهاجًا مفرطًا لا يمكن احتواؤه، فاض بالتسبيح لله (أعمال الرسل ٢: ٤٧). وسَّع هذا أيضًا من نطاق شهادة هذه الكنيسة لغير المؤمنين المحيطين بها، الذين أبدوا استجابة إيجابية للإنجيل بسبب التغيير الذي لا يقبل الجدل، والفضائل غير الأنانية التي شهدوها في حياة هؤلاء المؤمنين. ونتيجة ذلك، آمن عدد أكبر بكثير بالرب يسوع، إذ استخدَم الله شهادة هذه الكنيسة الأمينة كي يجتذب الخطاة غير المؤمنين إليه (أعمال الرسل ٢: ٤٧). كان غير المؤمنين يَخْلُصون حين يلاحظون الوحدة المبتهجة والممتلئة بالروح التي أظهرها أتباع يسوع الأوائل هؤلاء. ومن ثَمَّ، فإن التأثير الأساسي للممارسات الروحية للكنيسة الأولى ولطبيعتها المشابهة للمسيح كان هو التبشير الفعَّال.

لا بد لأيِّ كنيسة صحيحة في أيِّ عصر أن تتَّميز بهذه الممارسات والمساعي الروحية نفسها التي كانت موجودة في الكنيسة في أعمال الرسل ٢: ٤٢-٤٧. فحين يكرِّس المؤمنون أنفسهم للأولويات الصحيحة، سيُثمِر الروح القدس في داخلهم صفات مشابهة لصفات المسيح (راجع رومية ٥: ٤؛ ٢كورنثوس ٣: ١٨)، الأمر الذي بدوره سيقدِّم للعالم شهادة مقنِعة لقوة الإنجيل المغيِّرة يستطيع الله أن يستخدمها للوصول بحقِّ الخلاص إلى الكثير من غير المؤمنين.

## وسائط النعمة داخل الكنيسة[9]

- كلمة الله
- المعمودية
- مائدة الرب
- الصلاة
- العبادة
- الشركة
- التأديب الكنسي

كما أوضح لنا مثال كنيسة أورشليم في أعمال الرسل ٢، يستخدم الله وسائط مختلفة وعديدة ليبارك حياة شعبه، ويشدِّد إيمانهم، ويعزِّز نموهم الروحي. وعبر التاريخ، سُمِّيت هذه الوسائط «وسائط النعمة» [means of grace]،[10] وهي الأدوات التي بواسطتها ينمِّي روح الله المؤمنينَ ليشابهوا صورة

---

٩ للاطلاع على دراسة إضافية عن وسائط النعمة وعلاقتها بتقديس المؤمن، انظر عنوان «طبيعة التقديس التدريجي»، في الفصل السابع من هذا الكتاب (ص. ٧٥٣).

١٠ ينبغي ألا نخلط بين «وسائط النعمة» و«الأسرار المقدَّسة» في الكنيسة الكاثوليكية الرومانية. فبحسب الفكر اللاهوتي للكنيسة الكاثوليكية الرومانية، تشمل الأسرار المقدسة سر المعمودية، وسر التثبيت [confirmation]، وسر التناول «الإفخارستيا»، وسر التوبة،

المسيح، إذ يقوِّيهم في الإيمان ويغيِّرهم إلى صورة الابن (٢كورنثوس ٣: ١٧-١٨). ومع أن البعض يحدُّون وسائط النعمة هذه في الكرازة بالكلمة وحفظ الفرائض (المعمودية وعشاء الرب)، يعلِّم العهد الجديد بأن الله يعزِّز الفائدة الروحية لشعبه بوسائط أخرى أيضًا، مثل: الصلاة، والعبادة، والشركة، وعملية التأديب الكنسي. ومن هذه الناحية، يمكن بحقٍّ اعتبار هذه كلها وسائط نعمة وبركة روحية.[11]

## ⬅ كلمة الله

إن الواسطة (الوسيلة) الرئيسية التي يستخدمها روح الله لتنمية المؤمنين في القداسة هي كلمته. أوضح بطرس لقرائه قائلًا: «فَاطْرَحُوا كُلَّ خُبْثٍ وَكُلَّ مَكْرٍ وَالرِّيَاءَ وَالْحَسَدَ وَكُلَّ مَذَمَّةٍ، وَكَأَطْفَالٍ مَوْلُودِينَ الآنَ، اشْتَهُوا اللَّبَنَ الْعَقْلِيَّ الْعَدِيمَ الْغِشِّ لِكَيْ تَنْمُوا بِهِ، إِنْ كُنْتُمْ قَدْ ذُقْتُمْ أَنَّ الرَّبَّ صَالِحٌ» (١بطرس ٢: ١-٣). وأكَّد الرب يسوع في صلاته الشفاعية التي قدَّمها بصفته رئيس كهنة على العلاقة بين تقديس المؤمن والكتاب المقدس، إذ قال للآب عن المؤمنين: «قَدِّسْهُمْ فِي حَقِّكَ. كَلاَمُكَ هُوَ حَقٌّ» (يوحنا ١٧: ١٧). وبالمقارنة بين المَقْطَعَيْن المتوازيَيْن أفسس ٥: ١٨-٦: ٩ وكولوسي ٣: ١٦-٤: ١ يتبيَّن أنَّ «امْتَلِئُوا بِالرُّوحِ» (أفسس ٥: ١٨) موازية للسماح بأن «تَسْكُنْ فِيكُمْ كَلِمَةُ الْمَسِيحِ بِغِنًى» (كولوسي ٣: ١٦). وبجمع هذين النصين معًا، يتَّضح أنه حين يجعل المؤمنون أذهانهم تتشبَّع بكلمة الله، يصيرون تحت سيطرة الروح القدس (راجع رومية ٨: ١٤؛ غلاطية ٥: ١٦-١٨)، صانعين ثمر الروح (غلاطية ٥: ٢٢-٢٣). إن الكتاب المقدس جزء أساسي من سلاح الروح القدس ضد الخطية والتجربة (أفسس ٦: ١٧؛ راجع متى ٤: ٤، ٧، ١٠).

أوحى الروح القدس بالكُتُب المقدَّسة عن طريق الإشراف على عمل الكُتَّاب البشريين (٢بطرس ١: ٢١؛ راجع ١ صموئيل ١٩: ٢٠؛ ٢صموئيل ٢٣: ٢؛ إشعياء ٥٩: ٢١؛ حزقيال ١١: ٥، ٢٤؛ مرقس ١٢: ٣٦؛ يوحنا ١٤: ١٧، ٢٦؛ ١٦: ١٣-١٥؛ أعمال الرسل ١: ١٦؛ ١بطرس ١: ١١). وهو يظل يوضِّح وينير تلك الكتب داخل قلوب المؤمنين وأذهانهم، ممكِّنًا إياهم من فهم إعلانه وطاعته (١كورنثوس ٢: ١٤-١٦؛ راجع مزمور ١١٩: ١٨؛ ٢كورنثوس ٤: ٦؛ ١يوحنا ٢: ٢٧). إن الروح القدس ليس فقط أوحى بالكتاب المقدس، وليس فقط يوضحه وينيره، لكنه أيضًا يجعله مفعمًا بالحيوية، إذ يُنَشِّط الكرازة بالإنجيل (١بطرس ١: ١٢)، حتى تبكِّت كلمته قلوب وأذهان الخطاة (عبرانيين ٤: ١٢)، مُحدِثة تجديد غير المؤمنين (راجع أفسس ٥: ٢٦؛ تيطس ٣: ٥؛ يعقوب ١: ١٨). أشار بولس إلى هذا الحق حين قال لمؤمني تسالونيكي: «أَنَّ

---

وسر المسحة الأخيرة (أو «الحق الأخير»، أو «مسحة المرضى»)، وسر الكهنوت («الرُّتب المقدسة»)، وسر الزيجة. كان واين جرودم محقًا في قوله: « يوجد اختلاف ليس فقط بين قائمة الكاثوليك وقائمة البروتستانتيين، لكن يوجد اختلاف أيضًا في المعنى الجوهري للقائمتين. يَعتبر الكاثوليك هذه 'وسائط خلاص'، تجعل البشر مؤهَّلين أكثر لنوال التبرير من الله. لكن بحسب المنظور البروتستانتي، ليست وسائط النعمة سوى وسائل لجلب بركة إضافية إلى الحياة المسيحية، لكنها لا تضيف شيئًا إلى أهليتنا لنوال التبرير من الله. يُعلِّم الكاثوليك بأن وسائط النعمة تعطي نعمة سواء وُجد إيمان شخصي من جانب الكاهن أو المستقبِل أم لا، بينما يقول البروتستانتيون إن الله يعطي نعمة فقط عند وجود إيمان من جانب مستقبِلي هذه الوسائط. وفي حين تجعل الكنيسة الكاثوليكية الرومانية مسئولية إدارة الفرائض قاصرة على الإكليروس أو الكهنة، تتضمن قائمتنا من وسائط النعمة الكثير من الأمور التي يمكن لجميع المؤمنين ممارستها».

Wayne Grudem, *Systematic Theology: An Introduction to Biblical Doctrine* (Grand Rapids, MI: Zondervan, 1994), 951–52.

١١ للاطلاع على قائمة مماثلة من «وسائط النعمة» انظر:

Grudem, *Systematic Theology*, 951.

إِنْجِيلَنَا لَمْ يَصِرْ لَكُمْ بِالْكَلَامِ فَقَطْ، بَلْ بِالْقُوَّةِ أَيْضًا، وَبِالرُّوحِ الْقُدُسِ، وَبِيَقِينٍ شَدِيدٍ» (١تسالونيكي ١: ٥). وكذلك، حين قال لأهل كورنثوس: «وَكَلَامِي وَكِرَازَتِي لَمْ يَكُونَا بِكَلَامِ الْحِكْمَةِ الْإِنْسَانِيَّةِ الْمُقْنِعِ، بَلْ بِبُرْهَانِ الرُّوحِ وَالْقُوَّةِ، لِكَيْ لَا يَكُونَ إِيمَانُكُمْ بِحِكْمَةِ النَّاسِ بَلْ بِقُوَّةِ اللهِ» (١كورنثوس ٢: ٤-٥). وتتضح قوة الروح القدس السيادية أيضًا من خلال الوعد الإلهي في إشعياء ٥٥: ١١، الذي يقول: «هَكَذَا تَكُونُ كَلِمَتِي الَّتِي تَخْرُجُ مِنْ فَمِي. لَا تَرْجِعُ إِلَيَّ فَارِغَةً، بَلْ تَعْمَلُ مَا سُرِرْتُ بِهِ وَتَنْجَحُ فِي مَا أَرْسَلْتُهَا لَهُ».

الكرازة لغير المؤمنين (رومية ١٠: ١٤-١٥)، وبنيان القديسين (أعمال الرسل ٢٠: ٣٢) يعتمدان كلاهما على المناداة الأمينة بالكتب المقدسة التي تستمد سلطتها من الروح القدس. لخَّص الرسول بولس الضرورة الحيوية للكتاب المقدس حين قال لتيموثاوس: «كُلُّ الْكِتَابِ هُوَ مُوحًى بِهِ مِنَ اللهِ، وَنَافِعٌ لِلتَّعْلِيمِ وَالتَّوْبِيخِ، لِلتَّقْوِيمِ وَالتَّأْدِيبِ الَّذِي فِي الْبِرِّ، لِكَيْ يَكُونَ إِنْسَانُ اللهِ كَامِلًا، مُتَأَهِّبًا لِكُلِّ عَمَلٍ صَالِحٍ» (٢تيموثاوس ٣: ١٦-١٧). إن كلَّ ما يحتاجه المؤمنون كي يسلكوا في البرِّ والقداسة موجود في صفحات كلمة الله. ومعرفة الله المعلَنة في الكتاب المقدس هي كلُّ ما يلزمهم للحياة والتقوى (٢بطرس ١: ٣). ومن ثم، يشتهي المؤمنون كلمة الله لأنهم يدركون أنها تغذِّي أرواحهم (أيوب ٢٣: ١٢؛ ١بطرس ٢: ٢).

من الضروري أن تعطي الكنائس أولوية للخدمة الحيوية بالكلمة، كما فعل الرسل أنفسهم (أعمال الرسل ٦: ٤). وتؤدَّى هذه الخدمة في المقام الأول من خلال قراءة الكتاب المقدس، والوعظ به، وتعليمه. أوصى بولس تيموثاوس قائلًا: «إِلَى أَنْ أَجِيءَ اعْكُفْ عَلَى الْقِرَاءَةِ وَالْوَعْظِ وَالتَّعْلِيمِ» (١تيموثاوس ٤: ١٣). يبدأ الوعظ الذي يُكرِم الله من الدراسة الدقيقة والمتمعِّنة للكلمة، حتى يتمكن الواعظ من تفسير النص بدقة. فواجب العامل الأمين الذي لا يُخزَى هو أن يفصِّل كلمة الحق باستقامة (٢تيموثاوس ٢: ١٥). وبعد أن يدرس الواعظ النص بعناية، يجب أن ينادي به كاملًا، وبوضوح، وشجاعة للكنيسة. بعدما سلَّط الرسول بولس الضوء على كفاية الكتاب المقدس في ٢تيموثاوس ٣: ١٦-١٧، وَضَعَ في الحال تحدِّيًا أمام تيموثاوس تلميذه، قائلًا: «أَنَا أُنَاشِدُكَ إِذًا أَمَامَ اللهِ وَالرَّبِّ يَسُوعَ الْمَسِيحِ، الْعَتِيدِ أَنْ يَدِينَ الْأَحْيَاءَ وَالْأَمْوَاتَ، عِنْدَ ظُهُورِهِ وَمَلَكُوتِهِ: اكْرِزْ بِالْكَلِمَةِ. اعْكُفْ عَلَى ذَلِكَ فِي وَقْتٍ مُنَاسِبٍ وَغَيْرِ مُنَاسِبٍ. وَبِّخِ، انْتَهِرْ، عِظْ بِكُلِّ أَنَاةٍ وَتَعْلِيمٍ» (٢تيموثاوس ٤: ١-٢). فبغض النظر عن العواقب، أو تيار الرأي العام، كان على تيموثاوس أن ينادي بالحق الكامل للكتاب المقدس دون مهادنة أو تنازلات. وهذا التكليف الإلهي نفسه موضوعٌ اليوم أيضًا على عاتق رعاة الكنيسة وشيوخها، إذ هم أيضًا مسئولون أمام الله عن أن يتمِّموا بأمانة تلك المسئولية العظمى (راجع يعقوب ٣: ١).

## ⬅ المعمودية

أعطى الرب يسوع للكنيسة، سواء بالقدوة أو بالتعليم المباشر، فريضتين عليها أن تحفظهما، هما: المعمودية (متى ٣: ١٣-١٧؛ ٢٨: ١٩) وعشاء الرب (لوقا ٢٢: ١٩-٢٠). الكلمة *baptize*، أي «يعمِّد» (من الكلمة اليونانية *baptizo*)، تعني «يَغمُر» أو «يُغَطِّس». يشير اللفظ حرفيًّا إلى أفعال مثل تغطيس القماش في الصبغة، أو تغطيس شخص في المياه. لكن المصطلح يُستخدَم أيضًا مجازيًّا في العهد الجديد للتشديد على الاتحاد والتضافر الوثيق بين شخصين. على سبيل المثال، في ١كورنثوس ١٠: ٢، أوضح بولس أن إسرائيل العهد القديم قد اعتمدوا لموسى، مؤكِّدًا من خلال هذا الاستخدام المجازي للكلمة التصاق بني إسرائيل وتضافرهم مع القائد والمتحدث الرسمي الذي عيَّنه الله.

## • معمودية الروح القدس

يعلِّم العهد الجديد بأن جميع المؤمنين غُطِّسوا أو غُمِروا في المسيح يسوع في لحظة اهتدائهم ) تجديدهم) (رومية ٦: ٣؛ راجع متى ٣: ١١)، وبأن المسيح يعمِّدهم بروحه القدوس. وبواسطة معمودية الروح القدس هذه (التي هي بكاملها عمل الله)، يتحد المؤمنون بالمسيح (اكورنثوس ٦: ١٧؛ ٢كورنثوس ٥: ١٧؛ غلاطية ٣: ٢٧)، وينضمون إلى جسده الذي هو الكنيسة (اكورنثوس ١٢: ١٣). هذه هي الحقيقة الروحية التي تحدَّث عنها بطرس حين كتب: «الَّذِي مِثَالُهُ يُخَلِّصُنَا نَحْنُ الآنَ، أَيِ الْمَعْمُودِيَّةُ. لَا إِزَالَةُ وَسَخِ الْجَسَدِ، بَلْ سُؤَالُ ضَمِيرٍ صَالِحٍ عَنِ اللهِ، بِقِيَامَةِ يَسُوعَ الْمَسِيحِ» (ابطرس ٣: ٢١).[١٢] توضح هذه الآية أن فعل الغسل الخارجي بالماء ليس هو الذي يخلِّص («إِزَالَةُ وَسَخِ الْجَسَدِ»)، بل الحقيقة الداخلية التي هي «سُؤَالُ ضَمِيرٍ صَالِحٍ عَنِ اللهِ»،[١٣] وهو ما لا يتحقق إلا بالإيمان بموت و«بِقِيَامَةِ يَسُوعَ الْمَسِيحِ» (راجع رومية ١٠: ٩-١٠؛ عبرانيين ٩: ١٤؛ ١٠: ٢٢).

تَحدث معمودية الروح القدس مرة واحدة فحسب، في لحظة الخلاص، وينبغي ألا تُطلَب كأنها اختبار ثانٍ يلي اختبار التجديد. لكنها تحدث في التجديد، عندما يولد المؤمن ثانية، وينضم إلى دائرة سكنى الروح القدس، وقوَّته المقدِّسة. في اكورنثوس ١٢: ١٣، كتب بولس: «لِأَنَّنَا جَمِيعَنَا بِرُوحٍ وَاحِدٍ أَيْضًا اعْتَمَدْنَا إِلَى جَسَدٍ وَاحِدٍ، يَهُودًا كُنَّا أَمْ يُونَانِيِّينَ، عَبِيدًا أَمْ أَحْرَارًا، وَجَمِيعُنَا سُقِينَا رُوحًا وَاحِدًا». شدَّد بولس في هذه الآية على الوحدة والمساواة التي يتمتع بها المؤمنون لأنهم انضموا جميعًا بالمسيح إلى الكنيسة بواسطة روحه. وأولئك الذين يُصرون اليوم على أن معمودية الروح هي اختبار ثانٍ يَفْصِلُ نخبة المؤمنين الروحيين عن المؤمنين العاديين، يقلبون معنى هذه الآية رأسًا على عقب. فعلى خلاف هذه الأفكار الخاطئة والمضلِّلة، تُعلِّم رسائل العهد الجديد بوضوح أن جميع المؤمنين ينالون ملء الروح القدس في لحظة الخلاص (راجع رومية ٦: ٣، ٥؛ غلاطية ٣: ٢٧؛ أفسس ٢: ١٨).

يلجأ البعض إلى سفر أعمال الرسل لتأييد وجهة نظرهم التي تقول إن المؤمنين ينبغي أن يطلبوا معمودية الروح القدس بعد التجديد. لكن مثل هذه المحاولات لا تضع في حسبانها الطبيعة الانتقالية لأحداث سفر أعمال الرسل. ففي تفسير چون ماكآرثر لنص اكورنثوس ١٢: ١٣، قال:

> لا يتضمَّن الكتاب المقدس أية وصية، أو مقترَح، أو منهجية للمؤمنين لطلب أو قبول معمودية الروح القدس. فإنك لستَ تطلب شيئًا تمتلكه بالفعل ... والأحداث الانتقالية الخاصة [في سفر أعمال الرسل، التي تتعلق بأولئك الذين انتظروا لبعض الوقت قبل أن ينالوا معمودية الروح القدس] لم تكن تمثِّل الوضع الطبيعي، كما يوضح النص الذي ندرسه الآن، لكنها حدثت حتى تُظهِر للجميع أن الجسد كان واحدًا (أعمال الرسل ١١: ١٥-١٧).[١٤]

---

١٢ [المترجم]: «وَهَذَا رَمْزٌ يُمَثِّلُ المَعْمُودِيَّةَ الَّتِي تُنقِذُكُمُ الآنَ أَيْضًا، لَا بِأَنْ نَغسِلَ الجِسْمَ الخَارِجِيَّ بِالمَاءِ، بَلْ بِأَنْ نَطلُبَ مِنَ اللهِ ضَمِيرًا صَالِحًا، فَتَخلُصَ بِقِيَامَةِ يَسُوعَ المَسِيحِ مِنَ المَوْتِ»، الترجمة العربية المبسَّطة.

١٣ [المترجم]: بحسب ترجمات أخرى، تُترجَم هذه الجملة كالتالي: «أَنْ نَطلُبَ مِنَ اللهِ ضَمِيرًا صَالِحًا».

14 John MacArthur, *1 Corinthians*, MNTC (Chicago: Moody Press, 1984), comment on 1 Cor. 12:13.

## • المعمودية رمزٌ للمؤمنين

كي يعبِّر العهد الجديد عن حقيقة الخلاص الداخلية دعا المؤمنين إلى أن يعتمدوا بالماء شهادةً علنيةً عن إيمانهم بالرب يسوع واتحادهم به. ومن ثَمَّ، فإن معمودية الماء هي الإثبات الخارجي الذي يلي التجديد لحقيقة داخلية حدثت بالفعل عند الاهتداء (التجديد). كانت معمودية يوحنا المعمدان رمزًا للتوبة عن الخطية والرجوع إلى الله (متى ٣: ٦؛ راجع أعمال الرسل ١٩: ٤-٥)؛ لكن في المسيح، تشير المعمودية ليس فقط إلى تحوُّلٍ عن الخطية، لكنها أيضًا تأكيد علني على اتحاد المرء بالمسيح في موته، ودفنه، وقيامته من بين الأموات.

يصف الكتاب المقدس المعمودية بأنها أَوَّلُ خطوة طاعة يتخذها المؤمنون بعد قبولهم الرب يسوع بالإيمان الذي للخلاص. ومع أنها ليست فعلًا يؤدِّي إلى الخلاص، لكن أوصى بها المسيح نفسه (متى ٢٨: ١٩). والذين لا يرغبون في الاعتراف بربِّهم ومخلِّصهم علانية من خلال المعمودية يسلكون في عصيان، ومن ثَمَّ يثيرون الشكوك في حقيقة إيمانهم، لأنهم غير راغبين في الطاعة (راجع متى ١٠: ٣٢-٣٣).

يتبيَّن من خلال الكلمة اليونانية *baptizo* أن الطريقة الصحيحة لإجراء المعمودية هي التغطيس، الذي هو أيضًا رمزٌ لدفن المرء وقيامته، إشارةً إلى الحقيقة الروحية لموت المؤمنين عن الخطية، وقيامتهم من بين الأموات مع المسيح (راجع رومية ٦: ٤، ١٠).

وعلى الرغم من انتشار معمودية الأطفال عبر تاريخ الكنيسة، لكنها ممارسة تفتقر إلى سندٍ واضحٍ من العهد الجديد، بما أن الإيمان الذي للخلاص يسبق المعمودية، وليس العكس. ففي الكتاب المقدس، فقط المؤمنون هم الذين قيل إنهم اعتمدوا.[١٥] وفي حقيقة الأمر، يطالبنا تعريف العهد الجديد للمعمودية بأن تكون الحقائق الداخلية من توبة وإيمان سابقة بالضرورة للرمز الخارجي. في أعمال الرسل ٢: ٣٨، أولئك الذين آمنوا وتابوا هم فقط الذين دُعوا إلى أن يعتمدوا. وبحسب كولوسي ٢: ١٢، أولئك الذين اعتمدوا في المسيح (وهي الحقيقة الروحية التي تمثِّلها معمودية الماء) هم الذين أُقيموا «أَيْضًا مَعَهُ بِإِيمَانِ». ويوضح ١بطرس ٣: ٢١ أن المعمودية ترمز إلى «سُؤَالُ ضَمِيرٍ صَالِحٍ عَنِ اللهِ». لكن، لا يمكن لطفل أن يُظهِر أيًّا من هذه الأفعال: التوبة، أو الإيمان، أو طلب واعٍ لضمير صالح من الله.[١٦] وبناء عليه، ينبغي رفض ممارسة معمودية الأطفال (paedobaptism). أيضًا، يبدو أن معمودية المؤمنين (credobaptism) كانت هي الممارسة السائدة في الكنيسة الأولى، على الأقل حتى القرن

---

١٥ إن الحُجج المؤيِّدة لمعمودية الأطفال المستمَدَّة من المقاطع التي تسمَّى مقاطع «أهل البيت» في أعمال الرسل ١٠: ٣٤-٤٨؛ ١١: ١٤؛ ١٦: ١١-١٥؛ ومن ١ كورنثوس ١: ٤-١٦ هي حجج غير مقنِعة، ليس فقط لأنه لم يرد فيها أيُّ ذكر لرُضَّع أو أطفال (مما يجعلها حجة قائمة على الصمت)، بل لأنه من الواضح أنه في كلِّ حالة، كان الذين اعتمدوا قد سمعوا الإنجيل أولًا ثم آمنوا.

١٦ للاطلاع على مزيد من الشرح لهذه النصوص ونصوص أخرى مماثلة، انظر الرد المختصَر على عقيدة معمودية الأطفال [paedo-baptism] في الكتاب التالي:

John Piper, *Brothers, We Are Not Professionals*, exp. ed. (Nashville: B&H, 2013), 154–62.

أشار جون بايبر في هذا الكتاب إلى أن الختان كان علامة العهد العتيق، الذي كان المرء يدخل فيه بالميلاد الجسدي. أما معمودية الماء، فهي علامة العهد الجديد، الذي يدخل فيه المرء بالميلاد الروحي. ومن ثمَّ، الذين اختبروا أولًا الميلاد الروحي هم فقط الذين ينبغي أن يعتمدوا.

الثالث الميلادي، الذي فيه بدأ قدر كبير من الشهادات الصريحة عن معمودية الأطفال يظهر في الكتابات المسيحية الباقية إلى اليوم.[١٧]

## • المعمودية والخلاص

من المهم أن نقول إن معمودية الماء لا تلعب أيَّ دور في عمل الخلاص، بل هي مجرد رمز لاتحاد المؤمن بالمسيح، ولمعمودية الروح القدس. يقدِّم لنا اللص الذي كان معلَّقًا على الصليب نموذجًا جَلِيًّا لشخصٍ نال الخلاص دون أن يعتمد (لوقا ٢٣: ٤٠-٤٣). على نحو مماثل، من الواضح أن كرنيليوس كان قد نال الخلاص وقَبِلَ الروح القدس قبل أن يعتمد بالماء (أعمال الرسل ١٠: ٤٤-٤٨). وأَمْكَنَ للرسول بولس أن يقول لأهل كورنثوس: «أَشْكُرُ اللهَ أَنِّي لَمْ أُعَمِّدْ أَحَدًا مِنْكُمْ إِلَّا كِرِيسْبُسَ وَغَايُسَ، حَتَّى لَا يَقُولَ أَحَدٌ إِنِّي عَمَّدْتُ بِاسْمِي ... لِأَنَّ الْمَسِيحَ لَمْ يُرْسِلْنِي لِأُعَمِّدَ بَلْ لِأُبَشِّرَ، لَا بِحِكْمَةِ كَلَامٍ لِئَلَّا يَتَعَطَّلَ صَلِيبُ الْمَسِيحِ» (١كورنثوس ١: ١٤-١٧). قطعًا، لم يكن بولس ليقول هذا لو كانت معموديةُ الماء ضرورية للخلاص. هذا الاستنتاج يؤكِّده وصفُ الرسول للإنجيل في جزء لاحق من الرسالة نفسها، حيث لم يَذكُر شيئًا عن المعمودية (١كورنثوس ١٥: ١-٤).

فضلًا عن ذلك، مع أنه من المستبعَد أن يكون مرقس ١٦: ١٦ جزءًا أصليًّا من إنجيل مرقس، إلا أن هذه الآية تسجِّل قَوْلَ يسوع لتلاميذه: «مَنْ آمَنَ وَاعْتَمَدَ خَلَصَ، وَمَنْ لَمْ يُؤْمِنْ يُدَنْ». فإذا وضعنا جانبًا المسائل المتعلقة بأصالة النص وموثوقيته،[١٨] سيبدو واضحًا أن النصف الأول من هذه الآية يشدِّد على الصلة الوثيقة بين الإيمان الذي للخلاص، واتحاد المؤمن بالمسيح في مياه المعمودية الذي يلي هذا الإيمان. لكن، يوضح النصف الثاني من الآية أن الخطاة يدانون فقط بسبب عدم الإيمان، وليس لأنهم لم يعتمدوا. تُظهر بقية الكتاب المقدس بصورة متكرِّرة أن الغفران الإلهي يُعطَى على أساس نعمة الله، التي تؤخذ فقط بالإيمان التائب (أعمال الرسل ٣: ١٩؛ ٥: ٣١؛ ٢٦: ٢٠؛ رومية ٣: ٢٨؛ ٤: ٤-٥؛ أفسس ٢: ٨-٩)، الأمر الذي يَستبعد أن يكون فعل معمودية الماء، الذي يلي الإيمان، مَطْلبًا ضروريًّا للخلاص.

على الرغم من وضوح الكتاب المقدس بشأن ما هو ضروريٌّ للخلاص (أعمال الرسل ١٦: ٣٠-٣١)، يخطئ البعض بإصرارهم على أن رمز معمودية الماء هو في حقيقة الأمر وسيلة الخلاص، وليس إثباتًا أو مَظْهَرًا خارجيًّا له. وإذ يَخلط هؤلاء بين رمز معمودية الماء وحقيقة نعمة الله في الخلاص، يُبطِلون الحقيقة بإضافة أعمال إلى الإنجيل (راجع رومية ١١: ٦).

إن أولئك الذين يُعلِّمون بأن المعمودية تؤدِّي إلى الخلاص (وهو الرأي الذي يُعرَف باسم «التجديد بالمعمودية» [baptismal regeneration]) يلجأون عادة إلى كلمات بطرس في يوم الخمسين.[١٩] في هذا

١٧ للاطلاع على دراسة تفصيلية لهذا الموضوع، انظر:

Everett Ferguson, *Baptism in the Early Church: History, Theology, and Liturgy in the First Five Centuries* (Grand Rapids, MI: Eerdmans, 2009).

See also Hendrick Stander and Johannes Louw, *Baptism in the Early Church,* rev. ed. (Leeds: Carey, 2004).

١٨ للاطلاع على المزيد من الدراسة بشأن موثوقية نص مرقس ١٦: ٩-٢٠، انظر:

John MacArthur, *Mark 9–16*, MNTC (Chicago: Moody Publishers, 2015), 407–18.

١٩ أحد النصوص الأخرى الشهيرة التي تُستخدَم لتأييد فكر التجديد بالعمودية هو أعمال الرسل ٢٢: ١٦. لكن يتعارض هذا التفسير للنص مع التعليم الواضح الذي قدَّمه بولس عبر كلِّ رسائله عن إنجيل النعمة بالإيمان وحده (راجع رومية ٣: ٢٢، ٢٤-٢٦، ٢٨، ٣٠؛

النص قال بطرس لجمهور مستمعيه: «تُوبُوا وَلْيَعْتَمِدْ كُلُّ وَاحِدٍ مِنْكُمْ عَلَى اسْمِ يَسُوعَ الْمَسِيحِ لِغُفْرَانِ الْخَطَايَا، فَتَقْبَلُوا عَطِيَّةَ الرُّوحِ الْقُدُسِ» (أعمال الرسل ٢: ٣٨). لكن استنتاج أن بطرس جعل الخلاص هنا متوقِّفًا على المعمودية ليس فقط يتعارض مع التعليم الإجمالي للكتاب المقدس بأن الخلاص لا يتحقق إلا بالإيمان (راجع يوحنا ١: ١٢؛ ٣: ١٦؛ أعمال الرسل ١٦: ٣١؛ رومية ٣: ٢١-٣٠؛ ٤: ٥؛ ١٠: ٩-١٠؛ غلاطية ٢: ١٦؛ فيلبي ٣: ٩)، لكنه يتجاهل أيضًا السياق المباشر لعظة بطرس. فجمهور اليهود الذين خاطبهم بطرس كانوا يُعرِّضون أنفسهم لخطر أن يستهزئ بهم المجتمع ويرفضهم إن أعلنوا إيمانهم بالمسيح (راجع يوحنا ٩: ٢٢؛ ١٢: ٤٢-٤٣)؛ لذلك حثَّهم بطرس على أن يُثبِتوا صِدْقَ توبتهم بالمجاهرة بإيمانهم بالرب يسوع من خلال المعمودية. وعلى نحو مماثل، حين دعا يسوع الشاب الغني إلى توزيع كل ثروته على الفقراء (لوقا ١٨: ١٨-٢٧)، لم يكن هذا يعني أن الفقر الطوعي شرط لازمٌ للخلاص، بل كان يسوع يدعو هذا الشاب فقط إلى إثبات صِدْقِ توبته. فإن نعمة الله غير مشروطة سواء بالماء أو بالثروة، لكن تتبرهن التوبة الحقيقية دائمًا بطاعة مشيئة الرب.

من الناحية اللغوية، يمكن لحرف الجر اليوناني *eis* (الذي تُرجِم هنا «لـ» في عبارة «لِغُفْرَانِ الْخَطَايَا») أن يعني «لأجل غرض»، أو «لأجل»، لكنه يمكن أن يعني أيضًا «بسبب»، أو «بمناسبة» أو «نتيجة».[٢٠] يوجد مثال لهذا المعنى الثاني لحرف الجر في متى ١٢: ٤١، حيث قال يسوع إن أهل نينوى تابوا «بِمُنَادَاةِ يُونَانَ» [المترجم: استُخدِم هنا حرف الجر نفسه *eis*، وتُرجِم إلى «بـ»]، أي بسبب مناداة يونان. وهكذا، ينبغي أن تكون الترجمة الصحيحة للحرف «لـ» في قول بطرس: «لْيَعْتَمِدْ كُلُّ وَاحِدٍ مِنْكُمْ ... لِـ [*eis*] غُفْرَانِ الْخَطَايَا» هي «بسبب». فقد دعا بطرس إلى معمودية الماء «بسبب» غفران الخطايا، وليس بغرض إحداث غفران الخطايا. وتوضح بقية سفر أعمال الرسل أن المعمودية تلي الغفران وليس العكس (راجع أعمال الرسل ٨: ١٢، ٣٤-٣٩؛ ١٠: ٣٤-٤٨؛ ١٦: ٣١-٣٣). فإن كلَّ مؤمن يتمتع بالغفران التام لخطاياه من لحظة الاهتداء (التجديد) (راجع متى ٢٦: ٢٨؛ لوقا ٢٤: ٤٧؛ أفسس ١: ٧؛ كولوسي ٢: ١٣؛ ايوحنا ٢: ١٢). ومعمودية الماء هي فقط إثبات خارجي لما قد حدث بالفعل في القلب بقوة تجديد الروح القدس.

ومع أن المعمودية لا تُحدِث الخلاص، لكنها وثيقة الصلة به (راجع أفسس ٤: ٥). ففي سفر أعمال الرسل، كان الذين يؤمنون يعتمدون في الحال (أعمال الرسل ٢: ٤١؛ ٨: ٣٨؛ ٩: ١٨؛ ١٠: ٤٨؛ ١٨: ٨؛ ١٩: ١-٥)، الأمر الذي يدل على أن المعمودية لا بد أن تُجرَى بعد وقت قصير من الاعتراف الصادق

---

٤: ٥؛ ١٠: ٩-١٠؛ غلاطية ٢: ١٦؛ أفسس ٢: ٨-٩؛ فيلبي ٣: ٩؛ تيطس ٣: ٤-٧)، ويتجاهل أيضًا القواعد اللغوية لهذه الآية: «ينبغي ربط عبارة 'اَغْسِلْ خَطَايَاكَ' بعبارة 'دَاعِيًا بِٱسْمِ ٱلرَّبِّ'، لأن رَبْطَها بكلمة 'اَعْتَمِدْ» تترك اسم الفاعل «داعيًا» [epikalesa-menos] دون سابق له في الجملة. فإن خطايا بولس لم تُغسَل بالمعمودية، بل غُسِلت بالدعوة باسم الرب (راجع رومية ١٠: ١٣). يقول التفسير الحرفي لهذه الآية: «قم، اعتمد واغسل خطاياك، إذ قد دعوتَ باسم الرب». فإن فِعْلَي الأمر كليهما يعكسان حقيقة أن بولس كان قد دعا بالفعل باسم الرب، وهو العمل الذي يؤدِّي إلى الخلاص، ثم المعمودية وغسل الخطايا جاءا بعد ذلك»:
John MacArthur, *Acts 13–28*, MNTC (Chicago: Moody Press, 1996), 269.

20 A. T. Robertson, *Word Pictures in the New Testament* (1930; repr., Grand Rapids, MI: Baker, 1982), 3:35–36; H. E.
Dana and J. R. Mantey, *A Manual Grammar of the Greek New Testament* (Toronto: Macmillan, 1957), 104.

بالإيمان.[٢١] وينبغي أن يعتمد المؤمنون «بِاسْمِ الآبِ وَالِابْنِ وَالرُّوحِ الْقُدُسِ» (متى ٢٨: ١٩)؛ وهذه ليست مجرد صيغة طقسية، لكنها إقرار شامل بالاتحاد الذي يتمتَّع به المؤمنون بالإله الواحد مثلث الأقانيم، بالإيمان بالمسيح.

## ⬅ مائدة الرب

الفريضة الثانية التي ينبغي أن تمارسها الكنيسة هي مائدة الرب (أو عشاء الرب). وعلى خلاف المعمودية، التي تمارَس مرة واحدة فحسب بعد التجديد، ينبغي ممارسة عشاء الرب بصورة متكرِّرة طوال الحياة المسيحية.

### • الخلفيَّة والممارسة

في الليلة التي سبقت موت الرب يسوع، أقام وليمة فصح أخيرة مع تلاميذه، لكنه حوَّلها إلى ممارسة ذات أهمية أكبر بصورة غير محدودة. ففي حين كان الفصح تذكارًا لإنقاذ إسرائيل من العبودية في أرض مصر (خروج ١٢: ١-١٤)، يشير عشاء الرب إلى الخلاص الأعظم والنهائي لشعب الله من عبودية الخطية والموت. فقد كان الفصح ذكرى الإنقاذ الزمني المؤقَّت من عبودية مادية، بينما عشاء الرب تذكارٌ للخلاص الأبدي والروحي المقدَّم بواسطة العهد الجديد. فإن الحملان التي كانت تُذبَح في أثناء الفصح كانت مجرد ظلال لذبيحة حمل الله الذي بلا عيب، الذي مات على الصليب كي يفتدي الخطاة مرَّة واحدة (١بطرس ١: ١٨-١٩؛ راجع عبرانيين ٩: ٢٥-٢٦).

ظلَّت الكنيسة تمارس فريضة مائدة الرب منذ ميلادها في يوم الخمسين (أعمال الرسل ٢: ٤٢). كذلك، أقامت الكنيسة الأولى وجبات جماعية صارت تُعرَف باسم «وَلَائِم المحبة» (يهوذا ١٢)، التي عادة ما كانت تُختَتَم بممارسة عشاء الرب. كان الغرض من هذه الولائم هو تعزيز الشركة والرعاية المتبادَلة بين أعضاء الكنيسة. لكن، استَغلَّ البعض هذه الولائم لإظهار المحاباة، وللتورُّط في السُّكر (١كورنثوس ١١: ١٨، ٢١؛ راجع ٢بطرس ٢: ١٣). وعندما رَبَطَ هؤلاء هذا السلوك بعشاء الرب، دنَّسوا الفريضة المقدَّسة. وفي ذلك السياق تحديدًا، أطلق بولس تحذيره الصارم التالي:

> إِذًا أَيُّ مَنْ أَكَلَ هَذَا الْخُبْزَ، أَوْ شَرِبَ كَأْسَ الرَّبِّ، بِدُونِ اسْتِحْقَاقٍ، يَكُونُ مُجْرِمًا فِي جَسَدِ الرَّبِّ وَدَمِهِ. وَلَكِنْ لِيَمْتَحِنِ الإِنْسَانُ نَفْسَهُ، وَهَكَذَا يَأْكُلُ مِنَ الْخُبْزِ وَيَشْرَبُ مِنَ الْكَأْسِ. لأَنَّ الَّذِي يَأْكُلُ وَيَشْرَبُ بِدُونِ اسْتِحْقَاقٍ يَأْكُلُ وَيَشْرَبُ دَيْنُونَةً لِنَفْسِهِ، غَيْرَ مُمَيِّزٍ جَسَدَ الرَّبِّ. مِنْ أَجْلِ هَذَا فِيكُمْ كَثِيرُونَ ضُعَفَاءُ وَمَرْضَى، وَكَثِيرُونَ يَرْقُدُونَ. لأَنَّنَا لَوْ كُنَّا حَكَمْنَا عَلَى أَنْفُسِنَا لَمَا حُكِمَ عَلَيْنَا، وَلَكِنْ إِذْ قَدْ حُكِمَ عَلَيْنَا، نُؤَدَّبُ مِنَ الرَّبِّ لِكَيْ لاَ نُدَانَ مَعَ الْعَالَمِ (١كورنثوس ١١: ٢٧-٣٢)

٢١ قد يصعب تحديد حقيقة اعتراف طفل صغير بإيمانه بالمسيح، وفي هذه الحالة، من الحكمة عادة تأجيل المعمودية حتى يتضح أن الطفل يفهم معنى الإيمان، والتوبة، وحقائق الإنجيل بما يكفي.

ومع أنه على المؤمنين أن يتبعوا القداسة كلَّ حين (١بطرس ١: ١٥-١٧)، يُشكِّلُ عشاء الرب فرصةً خاصةً فيها يمكنهم أن يفحصوا قلوبهم ويمتحنوها بعناية معترفين وتائبين أمام الرب عن أيَّة خطية معلومة لديهم. إن الذين يشتركون في مائدة الرب دون توبة عن خطايا معلومة لديهم ينجِّسون هذه الممارسة، ويجلبون على أنفسهم تأديب الله.

في مقطع سابق من ١كورنثوس ١١، قدَّم بولس شرحًا لهذه الفريضة نفسها، قائلًا:

> لِأَنَّنِي تَسَلَّمْتُ مِنَ الرَّبِّ مَا سَلَّمْتُكُمْ أَيْضًا: إِنَّ الرَّبَّ يَسُوعَ فِي اللَّيْلَةِ الَّتِي أُسْلِمَ فِيهَا، أَخَذَ خُبْزًا وَشَكَرَ فَكَسَّرَ، وَقَالَ: «خُذُوا كُلُوا هذَا هُوَ جَسَدِي الْمَكْسُورُ لأَجْلِكُمْ. اصْنَعُوا هذَا لِذِكْرِي». كَذلِكَ الْكَأْسَ أَيْضًا بَعْدَمَا تَعَشَّوْا، قَائِلًا: «هذِهِ الْكَأْسُ هِيَ الْعَهْدُ الْجَدِيدُ بِدَمِي. اصْنَعُوا هذَا كُلَّمَا شَرِبْتُمْ لِذِكْرِي». فَإِنَّكُمْ كُلَّمَا أَكَلْتُمْ هذَا الْخُبْزَ وَشَرِبْتُمْ هذِهِ الْكَأْسَ، تُخْبِرُونَ بِمَوْتِ الرَّبِّ إِلَى أَنْ يَجِيءَ (١كورنثوس ١١: ٢٣-٢٦).

ولأن رسالة كورنثوس الأولى ربما كُتِبت أولًا قبل الأناجيل الأربعة، فهذه الكلمات التي قالها بولس قد تمثِّل أقدم سجل مكتوب عن وليمة الفصح الأخيرة التي أقامها الرب.

في وليمة الفصح القديمة التقليدية، من المعتاد تمرير أربع كؤوس من الخمر حول المائدة. وبعد شرب الكأس الأولى، كانت أعشاب مُرَّة تُغمَس في صلصة فاكهة، ثم تُؤكَل، بينما تقدَّم رسالة تشرح معنى الفصح. بعد ذلك، يُرتَّل الجزء الأول من «مزامير الهلِّيل» (وهي المزامير ١١٣-١١٨). وكلمة «هلِّيل» Hallel هي كلمة عبرية تعني «تسبيح». ثم بعد تمرير الكأس الثانية، يُكسَر خبز فطير غير مختمر ويمرَّر. ربما أنَّ يسوع عند هذه المرحلة «أَخَذَ خُبْزًا وَشَكَرَ وَكَسَّرَ وَأَعْطَاهُمْ قَائِلًا: ‹هذَا هُوَ جَسَدِي الَّذِي يُبْذَلُ عَنْكُمْ. اِصْنَعُوا هذَا لِذِكْرِي›» (لوقا ٢٢: ١٩). الكلمة اليونانية التي تُرجِمت «وَشَكَرَ» هنا هي صيغة اسم الفاعل من الفعل *eucharisteō*، الذي يُكتَب بحسب نطقه بحروف اللغة الإنجليزية «Eucharist»، وبحروف اللغة العربية «أفخارستيا»، وهي التسمية التي أُطلِقت عبر التاريخ على ممارسة عشاء الرب.

وبعد كسر الخبز، يأكلون حَمَلًا مشويًّا. ثم بعد الصلاة تمرَّر الكأس الثالثة، وتُرتَّل بقية مزامير الهلِّيل. هذه الكأس الثالثة هي التي حوَّلها يسوع إلى كأس عشاء الرب أو كأس الشركة. كَتَبَ لوقا: «وَكَذلِكَ الْكَأْسَ أَيْضًا بَعْدَ الْعَشَاءِ قَائِلًا: «هذِهِ الْكَأْسُ هِيَ الْعَهْدُ الْجَدِيدُ بِدَمِي الَّذِي يُسْفَكُ عَنْكُمْ» (لوقا ٢٢: ٢٠). ثم قَبْلَ المغادرة مباشرة، تمرَّر كأس الفصح الرابعة والأخيرة، التي كانت تتطلَّع إلى الملكوت الآتي.

## • بعض الآراء عن معنى عشاء الرب

تبيِّن وصية يسوع المتكرِّرة «اِصْنَعُوا هذَا لِذِكْرِي» أن ممارسة عشاء الرب ليست أمرًا اختياريًّا. فعلى كلِّ مؤمن أن يمارسه بصورة منتظمة، والتقصير في فعل ذلك لمدة طويلة هو خطية. أسَّس يسوع

عشاءه ذكرى دائمة حتى يتأمل أتباعه باستمرار في المغزى الأبدي لموته. علاوة على ذلك، حين يمارس المؤمنون عشاء الرب، يستمتعون بشركة حميمية مع المسيح القائم من بين الأموات، الساكن فيهم، والحاضر روحيًّا مع شعبه (اكورنثوس ١٠: ١٦). ومع أن البعض يصرُّون على أن الخبز والكأس يتحوَّلان إلى جسد يسوع ودمه الفعليين، ومن ثَمَّ يقدَّمان ذبيحةً مرة أخرى، إلا أن هذه الفكرة تُحمِّل كلمات يسوع معانيَ أبعد من المقصود بها. الخبز والكأس رمزان اختارهما الرب نفسه للإشارة إلى موته الكفاري وتخليد ذكراه. فإن ممارسة عشاء الرب ليست تقديم ذبيحة جديدة، الأمر الذي يقوِّض معنى الكفارة، لكنها ابتهاج وفرح بذبيحة الرب يسوع التي قُدِّمت مرة واحدة (راجع رومية ٦: ١٠؛ عبرانيين ٩: ٢٦-٢٨؛ ١بطرس ٣: ١٨).

عبر تاريخ الكنيسة، برزت أربع وجهات نظر رئيسية عن مائدة الرب، وهي: الرأي الكاثوليكي الروماني عن الاستحالة [transubstantiation]، والرأي اللوثري عن الحضور المزدوج (حضور المسيح في عنصرَي التناول) [consubstantiation] أو الحضور الفعلي؛ والرأي الإصلاحي الذي يشدِّد على الحضور الروحي للمسيح؛ والرأي الزوينجلي عن الممارسة التذكارية.[٢٢] يدَّعي الرأي الكاثوليكي أن مادة العنصرَين تتحوَّل إلى جسد ودم المسيح الماديين، في لحظة نطق الكاهن بالبركة. وبموجب هذا، تُعتبَر الممارسة الكاثوليكية للأفخارستيا تقديمًا لذبيحة حقيقيَّة. ينبغي رفض هذا الرأي بشأن عشاء الرب لسببين على الأقل. أولًا، هذا الرأي لا يُقر بالدلالة الرمزية لقول المسيح: «هَذَا هُوَ جَسَدِي»، و«هَذَا هُوَ دَمِي» (متى ٢٦: ٢٦-٢٨). فإن قول المسيح: «أَنَا هُوَ خُبْزُ الْحَيَاةِ» في يوحنا ٦: ٣٥ (وهي الآية التي يستخدمها الكاثوليك الرومان غالبًا لتأييد وجهة نظرهم عن الأفخارستيا) ينبغي أن يفسَّر تمامًا مثلما تفسَّر أقواله الأخرى التي تحوي عبارة «أنا هو»، مثل: «أَنَا هُوَ نُورُ الْعَالَمِ» (يوحنا ٨: ١٢)، و«أَنَا هُوَ الْبَابُ» (يوحنا ١٠: ٩)، و«أَنَا هُوَ الرَّاعِي الصَّالِحُ» (يوحنا ١٠: ١١)، و«أَنَا الْكَرْمَةُ الْحَقِيقِيَّةُ» (يوحنا ١٥: ١). توضِّح هذه التعبيرات المجازية حق الإنجيل بأسلوب عميق ونابض بالحياة، وينبغي ألا تُفهَم بالمعنى الحرفي الجامد. ثانيًا، يَنظر الرأي الكاثوليكي إلى الأفخارستيا باعتبارها ذبيحة تقدَّم بصورة متكررة أو مستمرة، وهو ما يقوِّض حقيقة أن موت المسيح على الصليب كان ذبيحة قُدِّمت مرة واحدة (رومية ٦: ١٠؛ عبرانيين ٩: ٢٨؛ ١٠: ١٠؛ ١بطرس ٣: ١٨)، وأُكمِلت تمامًا في الجلجثة (يوحنا ١٩: ٣٠).[٢٣]

وعلى الرغم من أن مارتن لوثر رَفَضَ فكرة الاستحالة الكاثوليكية الرومانية، ورفض كون الأفخارستيا ذبيحة كفارية، لكنه رغم ذلك أكَّد على أن جسد المسيح ودمه يكونان حاضرَين بالفعل «في، ومع، وتحت» عنصرَي التناوُل. هذا الرأي، الذي يسمَّى الحضور المزدوج أو الحضور الفعلي هو بمثابة نسخة مخفَّفة من الرأي الكاثوليكي الروماني. ومع أنه مفضَّل عن الرأي الكاثوليكي لأسباب بديهيَّة، إلا أن إصرار لوثر على «الحضور الفعلي» للمسيح أيضًا يتجاهل الطبيعة الرمزية لأقوال يسوع.

---

٢٢ للاطلاع على عرضٍ أكثر تفصيلًا لهذا التاريخ، انظر:
Erickson, *Christian Theology*, 1123–28.

٢٣ للاطلاع على المزيد بشأن هذه الفكرة، انظر عنوان «الكفاية التامة للكفارة» في الفصل السابع (ص. ٦٤٨).

بعض المصلحين الآخرين، مثل أولريش زوينجلي (Ulrich Zwingli) وچون كالفن (John Calvin)، نَـأَوْا بأنفسهم عن الرأي الكاثوليكي الروماني لأبعد ممَّا ذهب إليه لوثر. فوفقًا لرأي زوينجلي، مائدة الرب هي في المقام الأول ممارسة تذكارية، تُخَلِّد ذكرى عمل المسيح على الصليب. إن رغبة يسوع في أن تكون هذه الممارسة تذكارًا تتَّضح جليًّا من وصيته: «اصْنَعُوا هَذَا **لِذِكْرِي**» (١كورنثوس ١١: ٢٤-٢٥). إن رأي زوينجلي هذا لم يؤثِّر فقط على التقليد المصلَح، بل تبنَّاه أيضًا بعضٌ من جماعات مجدِّدي المعمودية [Anabaptists]. علَّم چون كالفن أيضًا بأنه على الرغم من عدم حضور المسيح بالجسد في ممارسة عشاء الرب، لكنه يكون حاضرًا روحيًّا. وعلى الرغم من تشديد كالفن على هذه الفكرة أكثر من زوينجلي، لم تستبعد آراؤه بالضرورة آراء زوينجلي. وبناءً على ذلك، حين التقى كالفن بهنريش بولينجر Heinrich Bullinger (خليفة زوينجلي في مدينة زيوريخ) في عام ١٥٤٩ م، اتفق الاثنان معًا على أن وجهتي نظرهما بشأن طبيعة عشاء الرب متناغمتين ومتفقتين معًا بوجه عام.

إذن، من ناحية، لن نكون على خطأ إذا تحدَّثنا عن أن الرب يسوع حاضر روحيًّا مع شعبه في أثناء ممارستهم عشاء الرب، بما أنه حاضر روحيًّا مع المؤمنين كلَّ حين (متى ٢٨: ٢٠؛ عبرانيين ١٣: ٥). لكن من ناحية أخرى، ربما لا تكون عبارة «الحضور الروحي» مفيدة، وربما تسبِّب خلطًا، إذ قد تدفع البعض إلى تخيُّل لقاءات سِرِّية صوفية، أو اختبارات وجدانية، أو الحضور الفعلي للمسيح بحسب الفكر اللوثري أو الفكر الكاثوليكي الروماني. وبأخذ جميع النصوص الكتابية في الاعتبار، يكون الفهم الأفضل لمائدة الرب هو أنها ممارسة تذكارية تشدِّد المؤمنين في مسيرتهم مع المسيح لأنها (١) تخلِّد ذكرى ذبيحة يسوع البَدَلية (التي يُرمَز لها بعنصرَي الخبز والكأس)؛ (٢) تذكِّر المؤمنين بحقائق الإنجيل التاريخية، التي تشمل تجسُّد المسيح، وموته، وقيامته من بين الأموات، وصعوده؛ (٣) تحث المؤمنين على التوبة عن أية خطية معلومة لديهم؛ (٤) تثير في داخلهم الفرح والابتهاج بفدائهم من الخطية، واتحادهم بالمسيح في الخلاص؛ (٥) تحفِّزهم على مواصلة السلوك في الطاعة المُحِبة للرب؛ (٦) تُذَكِّرهم بأن يَتَرَجَّوْا مجيئه ثانية عن قريب.

## • الترقُّب

إن عشاء الرب ليس فقط يحفِّز المؤمنين على تَذَكُّر الماضي، لكنه يُذَكِّرهم أيضًا بالتطلُّع إلى المستقبل بترقُّب وانتظار. ولهذا قال بولس: «فَإِنَّكُمْ كُلَّمَا أَكَلْتُمْ هَذَا الْخُبْزَ وَشَرِبْتُمْ هَذِهِ الْكَأْسَ، تُخْبِرُونَ بِمَوْتِ الرَّبِّ إِلَى أَنْ يَجِيءَ» (١كورنثوس ١١: ٢٦). يُذَكِّر عشاءُ الرب المؤمنينَ بأنه مع أن يسوع مات، لكنه لم يمكث في القبر. فإذ قام من بين الأموات، وصعد عن يمين أبيه، سيأتي ثانية. فهو وَعَدَ تلاميذه في الليلة التي سبقت موته قائلًا: «وَإِنْ مَضَيْتُ وَأَعْدَدْتُ لَكُمْ مَكَانًا آتِي أَيْضًا وَآخُذُكُمْ إِلَيَّ، حَتَّى حَيْثُ أَكُونُ أَنَا تَكُونُونَ أَنْتُمْ أَيْضًا» (يوحنا ١٤: ٣). وفي تلك الليلة نفسها، قال أيضًا: «اَلْحَقَّ أَقُولُ لَكُمْ: إِنِّي لَا أَشْرَبُ بَعْدُ مِنْ نِتَاجِ الْكَرْمَةِ إِلَى ذَلِكَ الْيَوْمِ حِينَمَا أَشْرَبُهُ جَدِيدًا فِي مَلَكُوتِ اللهِ» (مرقس ١٤: ٢٥). إن ممارسة عشاء الرب تترقَّب تحقُّق رجاء مجيء يسوع ثانية، وأفراح السماء، والأمجاد المستقبلية لعشاء عرس الخروف (رؤيا ١٩: ٩).

## ⬅ الصلاة[٢٤]

مع أن الصلاة (سواء الجماعية أو الشخصية) تتعرَّض عادة للإهمال في الكثير من الكنائس، إلا أنها إحدى وسائط النعمة الحيوية التي يستخدمها الله لينمِّي شعبه في القداسة (راجع عبرانيين ٤: ١٦). في ١تسالونيكي ٥: ١٧، أوصى بولس الكنيسة في تسالونيكي قائلًا: «صَلُّوا بِلَا انْقِطَاعٍ». تشير هذه الوصية إلى التوجُّه القلبي الذي ينبغي أن يميِّز كل كنيسة. إن وصية «صَلُّوا» (من الكلمة اليونانية *proseuchomai*؛ راجع متى ٦: ٥-٦؛ مرقس ١١: ٢٤؛ لوقا ٥: ١٦؛ ١١: ١-٢؛ أعمال الرسل ١٠: ٩؛ رومية ٨: ٢٦؛ ١كورنثوس ١٤: ١٣-١٥؛ أفسس ٦: ١٨؛ كولوسي ١: ٩؛ ٢تسالونيكي ٣: ١؛ يعقوب ٥: ١٣-١٤، ١٦) تشكِّل جوانب الصلاة كافة، أي الاتكال، والتعبُّد، والاعتراف، والتشفع، والشكر، والتضرع. أما عبارة «بِلَا انْقِطَاعٍ»، فتشير إلى نمط حياة ثابت يتميَّز بتوجُّه من الصلاة، بعيدًا عن التكرار اللا نهائي للكلام (راجع متى ٦: ٧)

إن النموذج المثالي لهذا النوع من الصلاة هو الرب يسوع نفسه، الذي تصف الأناجيل الأربعة حياة الصلاة الحارة التي عاشها (متى ١٤: ٢٣؛ ٢٦: ٣٨-٤٦؛ مرقس ١: ٣٥؛ ٦: ٤٦؛ لوقا ٩: ١٨، ٢٨-٢٩؛ ٢٢: ٤١، ٤٤؛ يوحنا ٦: ١٥؛ ٨: ١-٢؛ ١٧: ١-٢٦). علَّم يسوع تلاميذه أيضًا كيف يُصَلُّون (متى ٦: ٥-١٤؛ لوقا ١١: ٢-٤)، وقدَّم لهم أمثلة توضيحية في أمثاله عن أهمية الصلاة المثابِرة (لوقا ١١: ٥-١٠؛ ١٨: ١-٨). نَشهَد نموذجًا لهذا التكريس القلبي للصلاة في الكنيسة الأولى (أعمال الرسل ٢: ٤٢؛ راجع ١: ١٤؛ ٤: ٢٣-٣١؛ ١٢: ١١-١٦)، وفي الرسل أيضًا، الذين أعطوا الصلاة أولوية مع خدمة الكلمة (أعمال الرسل ٦: ٤). وعلى نحو مماثل، اقترنت خدمة بولس بحرصٍ دائم على الصلاة (راجع رومية ١٢: ١٢؛ أفسس ٦: ١٨-١٩؛ فيلبي ٤: ٦؛ كولوسي ٤: ٢؛ ٢تسالونيكي ٣: ١؛ ١تيموثاوس ٢: ٨).

تحفِّز بعض العوامل ذلك النوع من الصلاة الذي يُكرِم الله، مثل التلهُّف إلى الشركة مع الرب وإلى تمجيده (مزمور ٢٧: ٤؛ ٤٢: ١-٢؛ ٦٣: ١-٢؛ ٨٤: ١-٢؛ راجع يوحنا ١٤: ١٣-١٤)، والاتكال على عناية الله وتدبيره (متى ٦: ١١؛ راجع لوقا ١١: ٩-١٣؛ ١يوحنا ٥: ١٤-١٥)، والحاجة إلى الحكمة السماوية في وسط التجارب والضيقات (يعقوب ١: ٥؛ راجع متى ٦: ١٣؛ ١كورنثوس ١٠: ١٣)، والتضرُّع لأجل النجاة من الضيق (راجع مزمور ٢٠: ١؛ يونان ٢: ١-٢)، والاشتياق إلى اختبار السلام والطمأنينة في وسط القلق والخوف (فيلبي ٤: ٦-٧؛ راجع مزمور ٤: ١)، والرغبة في التعبير عن الشكر لله على صلاحه وجوده (مزمور ٤٤: ١-٤؛ فيلبي ١: ٣-٥)، والحاجة إلى الاعتراف بالخطية (مزمور ٣٢: ٥؛ أمثال ٢٨: ١٣؛ ١يوحنا ١: ٩)، والاشتياق إلى رؤية غير المؤمنين يخلُصون (١تيموثاوس ٢: ١-٤؛ راجع متى ٩: ٣٧-٣٨؛ رومية ١٠: ١)، والرغبة في النمو الروحي سواء للمؤمن نفسه أو للمؤمنين الآخرين. كانت رغبة الرسول بولس في أن يرى المؤمنين ينمون في مشابهتهم لصورة المسيح حافزًا رئيسيًّا لحياة الصلاة التي عاشها. فقد قال:

---

٢٤ هذا الجزء مقتبَس بتصرُّف من المصدر التالي، بتصريح من الناشر:

John MacArthur, *1 and 2 Thessalonians*, MNTC (Chicago: Moody Publishers, 2002),88–186 .

> بِسَبَبِ هَذَا أَحْنِي رُكْبَتَيَّ لَدَى أَبِي رَبِّنَا يَسُوعَ الْمَسِيحِ، الَّذِي مِنْهُ تُسَمَّى كُلُّ عَشِيرَةٍ فِي السَّمَاوَاتِ وَعَلَى الأَرْضِ. لِكَيْ يُعْطِيَكُمْ بِحَسَبِ غِنَى مَجْدِهِ، أَنْ تَتَأَيَّدُوا بِالْقُوَّةِ بِرُوحِهِ فِي الإِنْسَانِ الْبَاطِنِ، لِيَحِلَّ الْمَسِيحُ بِالإِيمَانِ فِي قُلُوبِكُمْ، وَأَنْتُمْ مُتَأَصِّلُونَ وَمُتَأَسِّسُونَ فِي الْمَحَبَّةِ، حَتَّى تَسْتَطِيعُوا أَنْ تُدْرِكُوا مَعَ جَمِيعِ الْقِدِّيسِينَ، مَا هُوَ الْعَرْضُ وَالطُّولُ وَالْعُمْقُ وَالْعُلْوُ، وَتَعْرِفُوا مَحَبَّةَ الْمَسِيحِ الْفَائِقَةَ الْمَعْرِفَةِ، لِكَيْ تَمْتَلِئُوا إِلَى كُلِّ مِلْءِ اللهِ» (أفسس ٣: ١٤-١٩؛ راجع ١: ١٥-١٩؛ كولوسي ١: ٩-١٢).

## ⬅ العبادة

العبادة هي الموضوع الرئيسي لتاريخ الخلاص، والغرض الأسمى الذي لأجله افتُدِي المؤمنون (يوحنا ٤: ٢٣)، والعمل الذي سيُفتنون به إلى الأبد (رؤيا ٢٢: ٣-٤؛ راجع ١٩: ١-٦). تعني عبادة الرب والسجود له أن ننسب إليه ما يستحقُّه من كرامة، ومجد، وتوقير، وحمد، وإجلال، وتكريس، سواء لأجل عظمته أو لأجل صلاحه. فإن الله الواحد في ثالوث: الآب، والابن، والروح القدس، إذ هو خالق الكون وسيِّده، هو وحده الجدير بالعبادة والسجود (راجع إشعياء ٤٢: ٨؛ ٤٨: ١١؛ متى ٤: ١٠؛ رؤيا ١٤: ٧). إن تبجيل أو عبادة الملائكة، أو القديسين، أو أي آلهة مزعومة أخرى هو عبادة أوثان، وهو أمر نَهَى عنه الكتاب المقدس بصرامة (خروج ٢٠: ٣-٥؛ راجع كولوسي ٢: ١٨؛ رؤيا ١٩: ١٠؛ ٢٢: ٩). إن رَفْضَ عبادة الإله الحقيقي، الذي هو رفضٌ بلا عذر، هو ما يجلب دينونة هذا الإله على العالَم غير المؤمن (رومية ١: ١٨-٣٢).

ينبغي أن تبدأ العبادة الحقيقية في قلب العابد وذهنه؛ ومن ثَمَّ، لا يمكن مساواتها بالخدمات المنمَّقة والمتقَنة، أو بالمباني المزيَّنة، أو بالصلوات البليغة، أو بالموسيقى الرائعة. يمكن لتلك الأشياء جميعها أن تكون تعبيرات خارجية عن العبادة الحقيقية، لكن لا يَقبل الله إلا ما هو نابعٌ من تكريس حقيقي وصادق له. ومع أن كثيرين يربطون عبادة الكنيسة ببرنامجها الموسيقي، لكنَّ الموسيقى مجرد قناة يمكن التعبير من خلالها عن العبادة. فصُور العبادة يمكن أن تشمل الصلاة، والتعبير عن التسبيح والشكر (عبرانيين ١٣: ١٥)، وخدمة الآخرين لأجل المسيح (عبرانيين ١٣: ١٦؛ راجع فيلبي ٤: ١٨). وفي أثناء خدمة العبادة نفسها، تشترك جماعة المؤمنين معًا في العبادة الجماعية مسبِّحين الله بالترنيم، وبالتضرُّع إليه في الصلاة، وبالاستماع إلى قراءة الكلمة والوعظ بها. كذلك، الإسهام المالي في الكنيسة بالعطاء هو تعبيرٌ عن العبادة، حين يكون العطاء من قلب مسرورٍ. قال بولس لأهل كورنثوس:

> هَذَا وَإِنَّ مَنْ يَزْرَعُ بِالشُّحِّ فَبِالشُّحِّ أَيْضًا يَحْصُدُ، وَمَنْ يَزْرَعُ بِالْبَرَكَاتِ فَبِالْبَرَكَاتِ أَيْضًا يَحْصُدُ. كُلُّ وَاحِدٍ كَمَا يَنْوِي بِقَلْبِهِ، لَيْسَ عَنْ حُزْنٍ أَوِ اضْطِرَارٍ. لأَنَّ الْمُعْطِيَ الْمَسْرُورَ يُحِبُّهُ اللهُ. وَاللهُ قَادِرٌ أَنْ يَزِيدَكُمْ كُلَّ نِعْمَةٍ، لِكَيْ تَكُونُوا وَلَكُمْ كُلُّ اكْتِفَاءٍ كُلَّ حِينٍ فِي كُلِّ شَيْءٍ، تَزْدَادُونَ فِي كُلِّ عَمَلٍ صَالِحٍ ... مُسْتَغْنِينَ فِي كُلِّ شَيْءٍ لِكُلِّ سَخَاءٍ يُنْشِئُ بِنَا شُكْرًا للهِ. لأَنَّ افْتِعَالَ هَذِهِ الْخِدْمَةِ لَيْسَ يَسُدُّ إِعْوَازَ الْقِدِّيسِينَ فَقَطْ، بَلْ يَزِيدُ بِشُكْرٍ كَثِيرٍ للهِ، إِذْ هُمْ بِاخْتِبَارِ هَذِهِ الْخِدْمَةِ، يُمَجِّدُونَ اللهَ عَلَى طَاعَةِ اعْتِرَافِكُمْ لإِنْجِيلِ الْمَسِيحِ، وَسَخَاءِ التَّوْزِيعِ لَهُمْ وَلِلْجَمِيعِ. وَبِدُعَائِهِمْ لأَجْلِكُمْ،

> مُشْتَاقِينَ إِلَيْكُمْ مِنْ أَجْلِ نِعْمَةِ اللهِ الْفَائِقَةِ لَدَيْكُمْ. فَشُكْرًا لِلهِ عَلَى عَطِيَّتِهِ الَّتِي لَا يُعَبَّرُ عَنْهَا (٢كورنثوس ٩: ٦-١٥).

إن أسمى عبادة يمكن أن يقدِّمها المؤمنون هي أن يقدِّموا ذواتهم بكلِّ ما فيهم ذبيحةً حيَّة للرب (راجع متى ٢٢: ٣٧). ولهذا حثَّ بولس أهل رومية قائلًا:

> فَأَطْلُبُ إِلَيْكُمْ أَيُّهَا الإِخْوَةُ بِرَأْفَةِ اللهِ أَنْ تُقَدِّمُوا أَجْسَادَكُمْ ذَبِيحَةً حَيَّةً مُقَدَّسَةً مَرْضِيَّةً عِنْدَ اللهِ، عِبَادَتَكُمُ الْعَقْلِيَّةَ. وَلَا تُشَاكِلُوا هَذَا الدَّهْرَ، بَلْ تَغَيَّرُوا عَنْ شَكْلِكُمْ بِتَجْدِيدِ أَذْهَانِكُمْ، لِتَخْتَبِرُوا مَا هِيَ إِرَادَةُ اللهِ: الصَّالِحَةُ الْمَرْضِيَّةُ الْكَامِلَةُ» (رومية ١٢: ١-٢).

إذن، ليست العبادة هي فقط فقرة الترنيم في الكنيسة، لكنها أسلوب تفكير ونمط حياة يسعى إلى إكرام الرب وتمجيده.

في حين قد تكون العبادة حماسية ومفعمة بالمشاعر، لكنها ينبغي أن تكون دائمًا راسخة في الحق. قال يسوع: «وَلَكِنْ تَأْتِي سَاعَةٌ، وَهِيَ الآنَ، حِينَ السَّاجِدُونَ الْحَقِيقِيُّونَ يَسْجُدُونَ لِلآبِ بِالرُّوحِ وَالْحَقِّ، لأَنَّ الآبَ طَالِبٌ مِثْلَ هَؤُلَاءِ السَّاجِدِينَ لَهُ. اللهُ رُوحٌ. وَالَّذِينَ يَسْجُدُونَ لَهُ فَبِالرُّوحِ وَالْحَقِّ يَنْبَغِي أَنْ يَسْجُدُوا» (يوحنا ٤: ٢٣-٢٤؛ راجع فيلبي ٣: ٣). كثيرون في الكنيسة اليوم يخلطون بين الانفعالات العاطفية والعبادة، لكنَّ الاختبارات العاطفية غير المحكومة بالحق اللاهوتي لا تُكرِم الرب. فلا بد للعبادة الحقيقية أن تشمل الذهن، لا أن تتجنَّبه أو تتجاهَله (راجع ١كورنثوس ١٤: ١٥، ١٩). علاوة على ذلك، ينبغي للتعبيرات عن العبادة التي تكرم الله أن تكون بترتيب وبلياقة (١كورنثوس ١٤: ٤٠). على الكنائس ألَّا تدعم الممارسات غير المتعقِّلة، أو الفوضوية، أو الدنيوية تحت شعار العبادة، لأن مثل هذه الممارسات لا تعزِّز العبادة التي تكرم الله، بل بالأحرى تهدمها.

## ⬅ الشركة

كما ذكرنا أعلاه، تأتي كلمة «شركة» [fellowship] من الكلمة اليونانية *koinōnia*، التي تعني «شراكة» أو «اشتراك». وأساس الشركة هو الخلاص. فلأن المؤمنين في شركة مع الرب يسوع هم أيضًا في شركة بعضهم مع بعض. يقول الرسول يوحنا: «الَّذِي رَأَيْنَاهُ وَسَمِعْنَاهُ نُخْبِرُكُمْ بِهِ، لِكَيْ يَكُونَ لَكُمْ أَيْضًا شَرِكَةٌ مَعَنَا. وَأَمَّا شَرِكَتُنَا نَحْنُ فَهِيَ مَعَ الآبِ وَمَعَ ابْنِهِ يَسُوعَ الْمَسِيحِ» (١يوحنا ١: ٣؛ راجع ١كورنثوس ٦: ١٧). ومن ثَمَّ، فإن ممارسة المؤمنين للشركة (أي ما يفعله المؤمنون) مؤسَّسة على مقامهم الذي نالوه في شركتهم مع المسيح (أي هويتهم في المسيح). فلأنهم متحدون بالرب يسوع بالإيمان، هم متحدون بعضهم ببعض في المحبة (راجع يوحنا ١٣: ٣٥؛ ١٧: ٢١).

تشمل ممارسة الشركة أن يخدم المؤمنون الأعضاء الآخرين في جسد المسيح بتضحية (فيلبي ٢: ١-٤؛ راجع أعمال الرسل ٤: ٣٢-٣٧). استخدم الرسول بولس صورة مجازية شبَّه بها الكنيسة بجسد الإنسان ليوضح كيف ينبغي على كلِّ عضو في الكنيسة أن يُسْهِمَ في حياة الكنيسة ككلٍّ:

لِأَنَّـهُ كَمَا أَنَّ الْجَسَدَ هُـوَ وَاحِـدٌ وَلَـهُ أَعْضَـاءٌ كَثِيـرَةٌ، وَكُلُّ أَعْضَـاءِ الْجَسَـدِ الْوَاحِـدِ إِذَا كَانَتْ كَثِيـرَةً هِـيَ جَسَدٌ وَاحِـدٌ، كَذلِكَ الْمَسِيحُ أَيْضًا. لأَنَّنَا جَمِيعَنَا بِرُوحٍ وَاحِدٍ أَيْضًا اعْتَمَدْنَا إِلَى جَسَدٍ وَاحِدٍ، يَهُودًا كُنَّا أَمْ يُونَانِيِّينَ، عَبِيدًا أَمْ أَحْرَارًا، وَجَمِيعُنَا سُقِينَا رُوحًا وَاحِدًا.

فَإِنَّ الْجَسَدَ أَيْضًا لَيْسَ عُضْوًا وَاحِدًا بَلْ أَعْضَاءٌ كَثِيرَةٌ. إِنْ قَالَتِ الرِّجْلُ: «لأَنِّي لَسْتُ يَدًا، لَسْتُ مِنَ الْجَسَدِ». أَفَلَمْ تَكُنْ لِذلِكَ مِنَ الْجَسَدِ؟ وَإِنْ قَالَتِ الأُذُنُ: «لأَنِّي لَسْتُ عَيْنًا، لَسْتُ مِنَ الْجَسَدِ». أَفَلَمْ تَكُنْ لِذلِكَ مِنَ الْجَسَدِ؟ لَوْ كَانَ كُلُّ الْجَسَدِ عَيْنًا، فَأَيْنَ السَّمْعُ؟ لَوْ كَانَ الْكُلُّ سَمْعًا، فَأَيْنَ الشَّمُّ؟ وَأَمَّا الآنَ فَقَدْ وَضَعَ اللهُ الأَعْضَاءَ، كُلَّ وَاحِدٍ مِنْهَا فِي الْجَسَدِ، كَمَا أَرَادَ. وَلكِنْ لَوْ كَانَ جَمِيعُهَا عُضْوًا وَاحِدًا، أَيْنَ الْجَسَدُ؟ فَالآنَ أَعْضَاءٌ كَثِيرَةٌ، وَلكِنْ جَسَدٌ وَاحِدٌ.

لاَ تَقْدِرُ الْعَيْنُ أَنْ تَقُولَ لِلْيَدِ: «لاَ حَاجَةَ لِي إِلَيْكِ!». أَوِ الرَّأْسُ أَيْضًا لِلرِّجْلَيْنِ: «لاَ حَاجَةَ لِي إِلَيْكُمَا!». بَلْ بِالأَوْلَى أَعْضَاءُ الْجَسَدِ الَّتِي تَظْهَرُ أَضْعَفَ هِيَ ضَرُورِيَّةٌ. وَأَعْضَاءُ الْجَسَدِ الَّتِي نَحْسِبُ أَنَّهَا بِلاَ كَرَامَةٍ نُعْطِيهَا كَرَامَةً أَفْضَلَ. وَالأَعْضَاءُ الْقَبِيحَةُ فِينَا لَهَا جَمَالٌ أَفْضَلُ. وَأَمَّا الْجَمِيلَةُ فِينَا فَلَيْسَ لَهَا احْتِيَاجٌ. لكِنَّ اللهَ مَزَجَ الْجَسَدَ، مُعْطِيًا النَّاقِصَ كَرَامَةً أَفْضَلَ، لِكَيْ لاَ يَكُونَ انْشِقَاقٌ فِي الْجَسَدِ، بَلْ تَهْتَمُّ الأَعْضَاءُ اهْتِمَامًا وَاحِدًا بَعْضُهَا لِبَعْضٍ. فَإِنْ كَانَ عُضْوٌ وَاحِدٌ يَتَأَلَّمُ، فَجَمِيعُ الأَعْضَاءِ تَتَأَلَّمُ مَعَهُ. وَإِنْ كَانَ عُضْوٌ وَاحِدٌ يُكَرَّمُ، فَجَمِيعُ الأَعْضَاءِ تَفْرَحُ مَعَهُ.

وَأَمَّا أَنْتُمْ فَجَسَدُ الْمَسِيحِ، وَأَعْضَاؤُهُ أَفْرَادًا (١كورنثوس ١٢: ١٢-٢٧).

هذه صورة مذهلة تعبِّر عن الحياة المشتَركة التي يتمتَّع بها المؤمنون معًا تحت سيادة الرب يسوع الذي هو رأسهم. وهذا النوع من الوحدة، والمشاركة، والتآزر هو ما ينبغي أن يميِّز حياة الشركة في كلِّ كنيسة (رومية ١٢: ١٦). ومن مظاهر الشركة: التلمذة (متى ٢٨: ١٩-٢٠؛ ٢تيموثاوس ٢: ٢)، والمساءلة المتبادلة (غلاطية ٦: ١-٢؛ عبرانيين ١٠: ٢٤-٢٥)، والخدمة بسرور (١كورنثوس ١٥: ٥٨؛ أفسس ٤: ١٢؛ رؤيا ٢٢: ١٢). وتقدِّم الوصايا التي تتضمن عبارة «بعضكم بعضًا» في العهد الجديد (المذكورة أعلاه صفحة ٩٠١) مزيدًا من التفاصيل حول الكيفية التي ينبغي أن تكون عليها الشركة بين جماعة المؤمنين في الكنيسة (راجع رومية ١٢: ١٠، ١٦؛ ١٣: ٨؛ ١٥: ٥، ٧، ١٤؛ ١٦: ١٦؛ ١كورنثوس ١٢: ٢٥؛ غلاطية ٥: ١٣، ٢٦؛ ٦: ٢؛ أفسس ٤: ٢، ٣٢؛ ٥: ١٩؛ فيلبي ٢: ٣؛ كولوسي ٣: ٩، ١٣، ١٦؛ ١تسالونيكي ٣: ١٢؛ ٤: ٩، ١٨؛ ٥: ١١، ١٣، ١٥؛ ٢تسالونيكي ١: ٣؛ عبرانيين ٣: ١٣؛ ١٠: ٢٤-٢٥؛ يعقوب ٥: ١٦؛ ١بطرس ١: ٢٢؛ ٤: ٨-١٠؛ ٥: ٥؛ ١يوحنا ٣: ١١، ٢٣؛ ٤: ٧، ١١-١٢؛ ٢يوحنا ٥).

توفِّر شركة المؤمنين ليس فقط بيئة صِحِّيَّة للخدمة المسيحية، بل وتوفِّر أيضًا الحماية الروحية لأعضائها. فالغرض من الحياة المسيحية هو أن تعاش لا في عزلة، بل في مجتمع مع مؤمنين آخرين «لِلتَّحْرِيضِ عَلَى الْمَحَبَّةِ وَالأَعْمَالِ الْحَسَنَةِ» (عبرانيين ١٠: ٢٤). وأولئك المؤمنون الذين ينفصلون عن

الكنيسة يصيرون، مثل الخراف التي تنفصل عن بقية القطيع، فريسةً أسهل للغواية والخطية. لذلك يوصي العهد الجديد المؤمنين بالانتظام في حضور الكنيسة المحلية، والاشتراك فيها (عبرانيين ١٠: ٢٥).

## ⬅ التأديب الكنسي

مع أن لكلمة «تأديب» [discipline] دلالات سلبية، ينبغي أن تكون ممارسة التأديب في الكنيسة مدفوعة لا بكبرياء البرِّ الذاتي، أو بأيَّة أجندات سياسية، أو برغبة في ممارسة السلطة بطريقة غير كتابية، أو بنيَّة إصابة الآخرين بالحرج، لكن برغبة إيجابية ومُحِبة في الحفاظ على نقاوة الكنيسة (٢كورنثوس ٧: ١؛ راجع أعمال الرسل ٥: ١١؛ ١كورنثوس ٥: ١-١٣؛ ٢تسالونيكي ٣: ٦-١٥؛ ١تيموثاوس ١: ١٩-٢٠؛ تيطس ١: ١٠-١٦)، وردِّ الإخوة والأخوات الخطاة إلى الشركة (راجع لوقا ١٥: ٣-٨؛ يهوذا ٢٣). وينبغي أن يُشْرِفَ الشيوخ على ذلك التأديب بصفتهم رعاة لرعيتهم يتوقون بصدقٍ إلى توبة الخروف الضال، واسترداده (راجع غلاطية ٦: ١).

قدَّم الرب يسوع في متى ١٨: ١٥-١٧ وصفًا موجزًا لعملية التأديب الكنسي على النحو التالي:

> وَإِنْ أَخْطَأَ إِلَيْكَ أَخُوكَ فَاذْهَبْ وَعَاتِبْهُ بَيْنَكَ وَبَيْنَهُ وَحْدَكُمَا. إِنْ سَمِعَ مِنْكَ فَقَدْ رَبِحْتَ أَخَاكَ. وَإِنْ لَمْ يَسْمَعْ، فَخُذْ مَعَكَ أَيْضًا وَاحِدًا أَوِ اثْنَيْنِ، لِكَيْ تَقُومَ كُلُّ كَلِمَةٍ عَلَى فَمِ شَاهِدَيْنِ أَوْ ثَلاَثَةٍ. وَإِنْ لَمْ يَسْمَعْ مِنْهُمْ فَقُلْ لِلْكَنِيسَةِ. وَإِنْ لَمْ يَسْمَعْ مِنَ الْكَنِيسَةِ فَلْيَكُنْ عِنْدَكَ كَالْوَثَنِيِّ وَالْعَشَّارِ.

يعرض هذا المقطع عملية من أربع خطوات تتعلَّق بالكيفية التي ينبغي أن تتعامل بها الكنيسة مع الخطايا التي يرتكبها أعضاؤها. أولًا، على المؤمنين مواجهة الخطية على المستوى الفردي، فيتوجَّهوا إلى الطرف المسيء بروح الوداعة والاتضاع. وإذا تجاوب الأخ المخطئ مع هذه المواجهة الشخصية وتاب، تكون عملية التأديب الكنسي قد انتهت، ويكون الشخص قد نال الغفران، وتم استرداده (متى ١٨: ١٥). لكن إذا رَفَضَ أن يتوب، تنتقل العملية إلى خطوة ثانية، حيث ينضم مؤمن أو اثنان آخران إلى عملية مواجهة الأخ المخطئ. والغرض من هؤلاء الشهود (راجع العدد ٣٥: ٣٠؛ تثنية ١٧: ٦؛ ١٩: ١٥؛ يوحنا ٨: ١٧؛ ٢كورنثوس ١٣: ١؛ ١تيموثاوس ٥: ١٩؛ عبرانيين ١٠: ٢٨) في المقام الأول هو أن يؤكِّدوا أن الخطية قد ارتُكبت بالفعل، وكذلك أن يلاحظوا كيف سيستجيب الطرف المخطئ بعد مواجهته للمرة الثانية (متى ١٨: ١٦). ويُرجى في هذه الخطوة أن يكون لهذا التوبيخ الإضافي تأثير كافٍ لإحداث تغيير في قلب الأخ المخطئ.

لكن لو ظَلَّ هذا الأخ رافضًا أن يتوب بعدما أتيح له وقتٌ كافٍ، تنتقل العملية إلى الخطوة الثالثة. ففي ضوء قساوة قلب الأخ المخطئ، وعناده، يضطر الشهود لإحالة المسألة إلى الكنيسة (متى ١٨: ١٧)، وذلك عن طريق إخطار الشيوخ، الذين بدورهم يُبلِغون أعضاء الكنيسة. وبسبب الطابع العلني لهذه الخطوة، على الشيوخ أن يجتهدوا كما ينبغي للتأكُّد من حيثيَّات الوضع - أي التأكُّد من أن عضو

الكنيسة أخطأ بالفعل، وتمَّت مواجهته، ورَفَضَ أن يتوب – قبل إبلاغ الكنيسة ككلٍّ بالأمر. إن الغرض من إخطار الكنيسة ثنائي: أولًا، تذكير الأعضاء الآخرين بخطورة الخطية (راجع ١تيموثاوس ٥: ٢٠)؛ وثانيًا، تشجيعهم على مواجهة الأخ المخطئ لعلَّه يتوب ويُسْتَرَد.

لكن إذا أصر هذا الأخ بعد كلِّ هذا على رفض التوبة، تكون الخطوة الأخيرة من التأديب الكنسي هي فصله وعزله رسميًّا من الشركة. يعني هذا أنه ينبغي ألا يُعامَل هذا الشخص غير التائب بعد على أنه أخ، بل أن يُعامَل «كَالْوَثَنِيِّ وَالْعَشَّارِ» (متى ١٨: ١٧)، أي كواحدٍ من خارج الكنيسة، ينبغي ألا يَحْصُل على مزايا وبركات عضوية الكنيسة. ليس الدافع هنا هو معاقبة هذا الشخص، بل أن يعود إلى صوابه ويتوب (راجع ٢تسالونيكي ٣: ١١–١٥). ومن ثم، يصير التواصل الوحيد مع هؤلاء الأشخاص هو بغرض إنذارهم، ونصحهم، ودعوتهم إلى التوبة. في الكنيسة الأولى، حُظِرَ على المؤمنين حتى أن يأكلوا مع الذين كانوا يصرون على البقاء في خطية دون أن يتوبوا (١كورنثوس ٥: ١١؛ راجع ٢تسالونيكي ٣: ٦، ١٤). إن إقصاء هؤلاء عن الكنيسة يحمي طهارة بقية الأعضاء (١كورنثوس ٥: ٦)، ويحفظ شهادة الكنيسة أمام العالم.

تُستَمَدُّ سلطة ممارسة التأديب الكنسي بهذا الشكل من الرب يسوع نفسه. فبعدما عرض يسوع عملية التأديب مباشرة، قال:

> اَلْحَقَّ أَقُولُ لَكُمْ: كُلُّ مَا تَرْبِطُونَهُ عَلَى الأَرْضِ يَكُونُ مَرْبُوطًا فِي السَّمَاءِ، وَكُلُّ مَا تَحُلُّونَهُ عَلَى الأَرْضِ يَكُونُ مَحْلُولًا فِي السَّمَاءِ. وَأَقُولُ لَكُمْ أَيْضًا: إِنِ اتَّفَقَ اثْنَانِ مِنْكُمْ عَلَى الأَرْضِ فِي أَيِّ شَيْءٍ يَطْلُبَانِهِ فَإِنَّهُ يَكُونُ لَهُمَا مِنْ قِبَلِ أَبِي الَّذِي فِي السَّمَاوَاتِ، لأَنَّهُ حَيْثُمَا اجْتَمَعَ اثْنَانِ أَوْ ثَلاَثَةٌ بِاسْمِي فَهُنَاكَ أَكُونُ فِي وَسْطِهِمْ» (متى ١٨: ١٨–٢٠)

استخدم معلِّمو اليهود العبارتين «مَرْبُوطًا فِي السَّمَاءِ»، و«مَحْلُولًا فِي السَّمَاءِ» للإشارة، على التوالي، إلى أفعال محظورة أو أفعال مسموح بها في ضوء الحق الإلهي. وفي هذا السياق، كان قصد الرب واضحًا. فحين تتَّبع الكنيسة الإجراء الكتابي للتأديب الكنسي، تكون أحكامها متَّفقة مع مشيئة الله المعلَنة. وبناء عليه يمكن للكنائس التي تعزل أعضاء غير تائبين، بعد اتِّباع عملية التأديب السليمة، أن تطمئن عالِمَةً أن أفعالها تحظى بموافقة رسمية من الله. ومن ثَمَّ، يمثِّل التأديب الكنسي تعبيرًا أرضيًّا عن قداسة السماء.

## الوحدة والطهارة

يؤكِّد تشديد العهد الجديد على الشركة حقيقة دعوة الكتاب المقدس إلى اتِّباع المحبة والوحدة الروحية في الكنيسة. قال يسوع لتلاميذه: «وَصِيَّةً جَدِيدَةً أَنَا أُعْطِيكُمْ: أَنْ تُحِبُّوا بَعْضُكُمْ بَعْضًا. كَمَا أَحْبَبْتُكُمْ أَنَا تُحِبُّونَ أَنْتُمْ أَيْضًا بَعْضُكُمْ بَعْضًا. بِهَذَا يَعْرِفُ الْجَمِيعُ أَنَّكُمْ تَلاَمِيذِي: إِنْ كَانَ لَكُمْ حُبٌّ بَعْضًا لِبَعْضٍ» (يوحنا ١٣: ٣٤–٣٥). وفي الآن ذاته، تُذكِّر تعليمات الرب بشأن التأديب الكنسي في متى ١٨: ١٥–٢٠

المؤمنين بأنه يريد أن تكون كنيسته طاهرة ونقية، سواء في التعليم أو السلوك العملي. ومن ثَمَّ، حين يفكِّر المؤمنون في شكل علاقتهم بالمؤمنين الآخرين، ينبغي أن يحرصوا على الحفاظ على كلتا هاتين السمتين، أي الوحدة والطهارة، جنبًا إلى جنب معًا.

من ناحية، يدعو العهد الجديد المؤمنين مرارًا إلى أن يعيشوا في تناغم بعضهم مع بعض (رومية ١٢: ١٦؛ ١٥: ٥؛ كولوسي ٣: ١٤). فينبغي أن يكونوا «جَمِيعًا مُتَّحِدِي الرَّأْيِ» (١بطرس ٣: ٨)، ويسعوا باجتهاد إلى أَنْ يَحْفَظُوا «وَحْدَانِيَّةَ الرُّوحِ بِرِبَاطِ السَّلَامِ» (أفسس ٤: ٣). كما يوصى المؤمنون بأن يحبوا بعضهم بعضًا (رومية ١٢: ١٠؛ ١٣: ٨؛ ١تسالونيكي ٣: ١٢؛ ٤: ٩؛ ٢تسالونيكي ١: ٣؛ ١بطرس ١: ٢٢؛ ٤: ٨؛ ١يوحنا ٣: ١١، ٢٣؛ ٤: ٧، ١١-١٢؛ ٢ يوحنا ٥)، متَّبعين مثال الإيثار والبذل وإنكار الذات الذي قدَّمه المسيح، ومفضِّلين الآخرين على أنفسهم (فيلبي ٢: ٥). قال بولس لأهل فيلبي:

> فَإِنْ كَانَ وَعْظٌ مَا فِي الْمَسِيحِ. إِنْ كَانَتْ تَسْلِيَةٌ مَا لِلْمَحَبَّةِ. إِنْ كَانَتْ شَرِكَةٌ مَا فِي الرُّوحِ. إِنْ كَانَتْ أَحْشَاءٌ وَرَأْفَةٌ، فَتَمِّمُوا فَرَحِي حَتَّى تَفْتَكِرُوا فِكْرًا وَاحِدًا وَلَكُمْ مَحَبَّةٌ وَاحِدَةٌ بِنَفْسٍ وَاحِدَةٍ، مُفْتَكِرِينَ شَيْئًا وَاحِدًا، لَا شَيْئًا بِتَحَزُّبٍ أَوْ بِعُجْبٍ، بَلْ بِتَوَاضُعٍ، حَاسِبِينَ بَعْضُكُمُ الْبَعْضَ أَفْضَلَ مِنْ أَنْفُسِهِمْ. لَا تَنْظُرُوا كُلُّ وَاحِدٍ إِلَى مَا هُوَ لِنَفْسِهِ، بَلْ كُلُّ وَاحِدٍ إِلَى مَا هُوَ لِآخَرِينَ أَيْضًا» (فيلبي ٢: ١-٤)

كذلك، ينبغي مواجهة أولئك الذين يسبِّبون الانقسامات في الكنيسة (راجع رومية ١٦: ١٧؛ ١كورنثوس ١: ١٠)، وتأديبهم إذا لم يتوبوا (تيطس ٣: ١٠-١١؛ راجع يعقوب ٣: ١٤-١٨).

لكن من ناحية أخرى، يوصي العهد الجديد المؤمنين أيضًا بأن يحفظوا الحق (١تيموثاوس ٦: ٢٠؛ ٢تيموثاوس ١: ١٤)، ويناضلوا بجدِّية لأجل نقاء الإيمان (يهوذا ٣)، ويلاحظوا بتمعُّن وتدقيق حياتهم والتعليم (١تيموثاوس ٤: ١٦). ويُنذِر الكتاب المقدس المؤمنين مرارًا بأن يكونوا يقظين وصاحين ضد الخطية (أفسس ٦: ١٠-١٨؛ ١بطرس ٥: ٨؛ ١يوحنا ٢: ١٥-١٧)، والضلال (٢تيموثاوس ٣: ١-٩؛ ٢بطرس ٢: ١-٢؛ ١يوحنا ٤: ١-٣). فينبغي ألا يخالطوا الفاسقين وعديمي الأخلاق (١كورنثوس ٥: ٩؛ أفسس ٥: ١١؛ ٢تسالونيكي ٣: ٦، ١٤)، أو الذين ينشرون الضلالات (٢ يوحنا ١٠؛ راجع غلاطية ١: ٨-٩؛ تيطس ٣: ١٠). وفي حقيقة الأمر، خصَّص العهد الجديد أقسى كلمات الشجب والإدانة للمعلِّمين الكذبة الذي يسعون إلى تقويض التعليم الصحيح، وتشجيع السلوك غير الأخلاقي (راجع ٢بطرس ٢: ١-٣). ومثل هؤلاء المروِّجين للضلالات يُدانون بطرق متنوِّعة، ويوصَفون بأنهم «ذِئَابٌ خَاطِفَةٌ» (متى ٧: ١٥؛ أعمال الرسل ٢٠: ٢٩)، و«كلابٌ» تعود إلى قيئها (٢بطرس ٢: ٢٢؛ راجع فيلبي ٣: ٢)، و«أَدْنَاسٌ وَعُيُوبٌ» (٢بطرس ٢: ١٣)، و«أَوْلَادُ اللَّعْنَةِ» (٢بطرس ٢: ١٤)، و«عَبِيدُ الْفَسَادِ» (٢بطرس ٢: ١٩)، وخنازير تعود إلى «مَرَاغَةِ الْحَمْأَةِ» (٢بطرس ٢: ٢٢)، و«كَالْحَيَوَانَاتِ غَيْرِ النَّاطِقَةِ» (يهوذا ١٠؛ راجع ٢بطرس ٢: ١٢)، و«صُخُورٌ» (يهوذا ١٢)،[٢٥] و«غُيُومٌ بِلَا مَاءٍ» (يهوذا ١٢؛ راجع ٢بطرس ٢: ١٧)، و«أَشْجَارٌ خَرِيفِيَّةٌ بِلَا ثَمَرٍ» (يهوذا ١٢)، و«أَمْوَاجُ بَحْرٍ هَائِجَةٌ مُزْبِدَةٌ بِخِزْيِهِمْ» (يهوذا ١٣)، و«مُدَمْدِمُونَ مُتَشَكُّونَ» (يهوذا ١٦).

٢٥ [المترجم]: اللفظ «صُخُورٌ» الذي ورد في هذا النص معناه: «شعاب مرجانية خفية»، أو «أحجار صلبة خفية»، أو «عوائق».

على عكس ذلك، ينبغي أن تكون الكنيسة مكانًا للدفاع عن البر والحق، دون أي تنازلات أو مهادنات. ولهذا وصف بولس «كَنِيسَةُ اللهِ الْحَيِّ» بأنها «عَمُودُ الْحَقِّ وَقَاعِدَتُهُ» (١تيموثاوس ٣: ١٥). فعلى قائد الكنيسة أن «يَعِظَ بِالتَّعْلِيمِ الصَّحِيحِ وَيُوَبِّخَ الْمُنَاقِضِينَ» (تيطس ١: ٩). وفي وجه الزيف والكذب، على المؤمنين أن يستخدموا الحق «هَادِمِينَ ظُنُونًا وَكُلَّ عُلْوٍ يَرْتَفِعُ ضِدَّ مَعْرِفَةِ اللهِ، وَمُسْتَأْسِرِينَ كُلَّ فِكْرٍ إِلَى طَاعَةِ الْمَسِيحِ» (٢كورنثوس ١٠: ٥).

وعند فحص دعوات الكتاب المقدس إلى الوحدة جنبًا إلى جنب مع الوصايا التي تتعلَّق بالطهارة والحق، يتضح أن الوحدة التي يصفها الكتاب المقدس ليست وحدة سطحية تتغافل عن المشكلات العقائدية أو الأخلاقية الأساسية، لكنَّ الوحدة الحقيقية ينبغي أن تكون راسخة في تكريسٍ مشترَك لربوبية المسيح وحقِّ إنجيله. يرفض العهد الجديد أيَّة وحدة مزعومة تُضعف النقاوة العقائدية أو الطهارة الأخلاقية. فعندما ينفصل المؤمنون عن المرتدِّين والمعلِّمين الكذبة، لا يكونون بهذا مسبِّبين لانقسامات أو نزاعات، لكنهم بهذا يطيعون تكليفًا إلهيًّا. قال بولس لأهل كورنثوس:

> لَا تَكُونُوا تَحْتَ نِيرٍ مَعَ غَيْرِ الْمُؤْمِنِينَ، لِأَنَّهُ أَيَّةُ خُلْطَةٍ لِلْبِرِّ وَالْإِثْمِ؟ وَأَيَّةُ شَرِكَةٍ لِلنُّورِ مَعَ الظُّلْمَةِ؟ وَأَيُّ اتِّفَاقٍ لِلْمَسِيحِ مَعَ بَلِيعَالَ؟ وَأَيُّ نَصِيبٍ لِلْمُؤْمِنِ مَعَ غَيْرِ الْمُؤْمِنِ؟ وَأَيَّةُ مُوَافَقَةٍ لِهَيْكَلِ اللهِ مَعَ الْأَوْثَانِ؟ فَإِنَّكُمْ أَنْتُمْ هَيْكَلُ اللهِ الْحَيِّ، كَمَا قَالَ اللهُ:
>
> «إِنِّي سَأَسْكُنُ فِيهِمْ وَأَسِيرُ بَيْنَهُمْ،
> وَأَكُونُ لَهُمْ إِلَهًا،
> وَهُمْ يَكُونُونَ لِي شَعْبًا.
> لِذَلِكَ اخْرُجُوا مِنْ وَسْطِهِمْ
> وَاعْتَزِلُوا، يَقُولُ الرَّبُّ.
> وَلَا تَمَسُّوا نَجِسًا
> فَأَقْبَلَكُمْ،
> وَأَكُونَ لَكُمْ أَبًا،
> وَأَنْتُمْ تَكُونُونَ لِي بَنِينَ وَبَنَاتٍ،
> يَقُولُ الرَّبُّ، الْقَادِرُ عَلَى كُلِّ شَيْءٍ» (٢كورنثوس ٦: ١٤-١٨)

في ضوء المناخ الحديث الملبَّد بالفكر المسكوني الوحدوي [ecumenism]، واتباع الصواب السياسيِّ [political correctness]، يواجه قادة الكنيسة إغواء أن يتجاهلوا الانحرافات العقائدية والأخلاقية الجوهرية تحت شعار «الوحدة» و«المحبة». لكنَّ المحبة التي تكرم المسيح» لَا تَفْرَحُ بِالْإِثْمِ بَلْ تَفْرَحُ بِالْحَقِّ» (١كورنثوس ١٣: ٦)، والوحدة الحقيقية ينبغي أن تكون راسخة في التعليم الصحيح (راجع ١تيموثاوس ٦: ٣-٤؛ ٢تيموثاوس ٤: ٣-٤). وعلى مستوى الكنيسة المحلية، يتجلَّى هذا الالتزام

بالنقاوة والطهارة بشكل رئيسي في الوعظ الأمين بالكلمة (الذي فيه تواجَه الخطية)، وفي ممارسة التأديب الكنسي (راجع متى ١٨: ١٥-٢٠؛ ٢تسالونيكي ٣: ٦، ١٤). أما خارج إطار الكنيسة المحلية، فعلى قادة الكنيسة أن يدركوا أنهم ينبغي ألا يكونوا في شركة مع أي منظمات أو مؤسَّسات تخلَّت عن التزامها بالتعليم الصحيح أو بالمعايير الأخلاقية الكتابية. فمع أن المؤمنين يمكنهم بالتأكيد أن يتكاتفوا في الخدمة مع مؤمنين آخرين يتمسَّكون بنقاوة الإنجيل، ويقدمون نموذجًا عمليًّا في هذا، عليهم ألا يشتركوا مع أية جماعات أو أفراد يقوِّضون حق الإنجيل بأيِّ طريقة كانت.

## عضوية الكنيسة[٢٦]

- التعريف
- السند الكتابي

في زمنٍ صار فيه الالتزام سلعة نادرة، ينبغي ألا يفاجئنا أنَّ الكثير جدًّا من المؤمنين لا يعطون أولوية كبيرة لعضوية الكنيسة. فللأسف، صار أمرًا شائعًا أن ينتقل المؤمنون من كنيسة إلى أخرى، دون خضوعهم ألبتة للإشراف المُحِب من الشيوخ، ودون إبداء أي التزام بأيِّ جماعة مؤمنين.

يعكس إهمال المؤمن – أو رفضه – الانضمام إلى الكنيسة عضوًا رسميًّا سوء فهمه لمسئوليته تجاه جسد المسيح، كما يقطع عنه البركات والفرص الكثيرة النابعة من هذا النوع من الالتزام. فمن الضروري لكلِّ مؤمن أن يفهم جيدًا معنى عضوية الكنيسة، وسبب أهميتها الكبيرة.

## التعريف

حين ينال شخصٌ ما الخلاص، يصير عضوًا في جسد المسيح (١كورنثوس ١٢: ١٣). ولأنه متَّحدٌ بالمسيح وبأعضاء الجسد الآخرين، فهو إذن مؤهَّل أن يصير عضوًا في المظهر المحلي لذلك الجسد (الكنيسة المحلية).

أن تصبح عضوًا في كنيسة يعني أن تودع نفسك رسميًّا لجسدٍ محلِّي محدَّد من المؤمنين الذين انضموا معًا لأغراض محدَّدة عيَّنها الله. وتشمل هذه الأغراض: تلقِّي تعليمًا من كلمة الله (١تيموثاوس ٤: ١٣؛ ٢تيموثاوس ٤: ٢)، وخدمة وبنيان بعضهم بعضًا عن طريق الاستخدام السليم للمواهب الروحية (رومية ١٢: ٣-٨؛ ١كورنثوس ١٢: ٤-٣١؛ ١بطرس ٤: ١٠-١١)، وممارسة الفرائض (لوقا ٢٢: ١٩؛ أعمال الرسل ٢: ٣٨-٤٢)، والكرازة بالإنجيل لغير المؤمنين (متى ٢٨: ١٨-٢٠). فضلًا عن ذلك، حين يصير أحدهم عضوًا في كنيسة، يُخضِع نفسه لرعاية وسلطة الشيوخ المؤهَّلين كتابيًّا، الذين أقامهم الله في تلك الجماعة.

---

٢٦ هذا الجزء مقتبَس بتصرُّف من المصدر التالي، بتصريح من كنيسة "Grace Community Church":
Grace Community Church, "Church Membership: A Grace Community Church Distinctive" (Sun Valley, CA: Grace Community Church, 2002).

## ⬅ السَّند الكتابي

مع أن الكتاب المقدس لا يتضمَّن وصية صريحة بالانضمام الرسمي إلى كنيسة محلية، إلا أن السند الكتابي لعضوية الكنيسة متغلغلٌ في كلِّ العهد الجديد. يَظهَر هذا السند الكتابي جَليًّا في: (١) نموذج الكنيسة الأولى؛ (٢) وجود الإدارة الكنسية؛ (٣) ممارسة التأديب الكنسي؛ (٤) الحثّ على البنيان المتبادل.

- نموذج الكنيسة الأولى

في الكنيسة الأولى، كان الإيمان بالمسيح يعني الانضمام إلى الكنيسة. فقد كانت فكرة اختبار الخلاص دون الانتماء إلى كنيسة محلية فكرة غريبة على العهد الجديد. وحين كان أناسٌ يتوبون ويؤمنون بالمسيح، كانوا يعتمدون ويُضَمُّون إلى الكنيسة (أعمال الرسل ٢: ٤١، ٤٧؛ ٥: ١٤؛ ١٦: ٥). فإن الأمر كان يفوق مجرد تكريس شخصي للمسيح، إذ كان يشمل أيضًا الانضمام الرسمي إلى مؤمنين آخرين في اجتماع محلِّي، والمواظبة على تعليم الرسل، والشركة، وكسر الخبز، والصلاة (أعمال الرسل ٢: ٤٢).

كذلك، كُتبت رسائل العهد الجديد إلى كنائس، وحتى تلك الرسائل القليلة التي كُتِبت إلى أفراد – وهي الرسالتان الأولى والثانية إلى تيموثاوس، والرسالة إلى تيطس، والرسالة إلى فليمون – كان المرسَل إليهم قادةً لكنائس. ومثلما تُبيِّن رسائل العهد الجديد نفسها، كان الرب يعتبر التزامَ المؤمنين باجتماع محلي أمرًا مسلَّمًا به. كذلك، يشهد العهد الجديد بأنه كما كانت هناك قائمة من أسماء الأرامل المستحِقَّات أن يَحْصُلْنَ على دعم مادي (١تيموثاوس ٥: ٩)، هكذا ربما كانت هناك قائمة من الأعضاء تتزايد كلما كان الناس يَخلُصون (راجع أعمال الرسل ٢: ٤١، ٤٧؛ ٥: ١٤؛ ١٦: ٥). وفي الحقيقة، حين كان أحد المؤمنين ينتقل إلى مدينة أخرى، كانت كنيسته عادة ما تكتب رسالة توصية إلى كنيسته الجديدة (أعمال الرسل ١٨: ٢٧؛ رومية ١٦: ١؛ كولوسي ٤: ١٠؛ راجع ٢كورنثوس ٣: ١-٢). من شأن كتابة هذه الرسائل أن تكون مستحيلة لو لم يكن هؤلاء المؤمنون معروفين لدى قادتهم الروحيين وخاضعين لمساءلتهم.

وفي سفر أعمال الرسل، توجد الكثير من المصطلحات التي لا تتوافق إلا مع وجود عضوية كنيسة رسمية. فإن عبارات مثل: «كُلِّ الْجُمْهُورِ» (أعمال الرسل ٦: ٥)، و«الْكَنِيسَةِ الَّتِي فِي أُورُشَلِيمَ» (أعمال الرسل ٨: ١)، و«التَّلَامِيذ» الذين في أورشليم (أعمال الرسل ٩: ٢٦)، و«فِي كُلِّ كَنِيسَةٍ» (أعمال الرسل ١٤: ٢٣)، و«كُلّ الْكَنِيسَةِ» (أعمال الرسل ١٥: ٢٢)، و«قُسُوسَ الْكَنِيسَةِ» في أفسس (أعمال الرسل ٢٠: ١٧)، توحي جميعها بوجود عضوية كنيسة معترَف بها لها حدود واضحة (انظر أيضًا ١كورنثوس ٥: ٤؛ ١٤: ٢٣؛ عبرانيين ١٠: ٢٥)، لأنه ما لم يكن أحدهم يعرف مَن هم أعضاء الكنيسة، لَما أمكنه أن يعرف إن كانت «كُلّ الْكَنِيسَةِ» حاضرة أم لا. بعبارة أخرى، إن معرفة أن «كلَّ الكنيسة» كانت مجتمعة توحي ضمنًا بأن القادة كانوا على دراية بجميع الذين ينتمون إلى تلك الجماعة المحلية، الأمر الذي بدوره يوحي ضمنًا بوجود عضوية معترَف بها.

- وجود الإدارة الكنسية

يعرض العهد الجديد نمطًا ثابتًا من تعدُّدية الشيوخ المشرفين على كلِّ جسد محلي من المؤمنين. إن الواجبات المحدَّدة التي كُلِّف بها هؤلاء الشيوخ تفترض مسبقًا وجود مجموعة محدَّدة من أعضاء الكنيسة تحت رعايتهم.

من بين المسئوليات التي يضطلع بها هؤلاء الرجال الأتقياء مسئولية أن يرعوا شعب الله (أعمال الرسل ٢٠ : ٢٨؛ ١بطرس ٥ : ٢)، ويتعبوا بينهم باجتهاد (١تسالونيكي ٥ : ١٢)، ويدبِّروهم (يتولَّوا مسئوليتهم) (١تسالونيكي ٥ : ١٢؛ ١تيموثاوس ٥ : ١٧)، ويسهروا على نفوسهم (عبرانيين ١٣ : ١٧). ويعلِّم الكتاب المقدس بأن الشيوخ سيعطون حسابًا أمام الله عن أولئك الموضوعين تحت مسئوليتهم (عبرانيين ١٣ : ١٧؛ ١بطرس ٥ : ٣-٤).

تتطلَّب تلك المسئوليات وجود عضوية واضحة ومفهومة من كلِّ الأطراف في الكنيسة المحلية. فإن الشيوخ لن يتمكَّنوا من أن يرعوا رعيتهم، ويشرفوا عليهم، ويعطوا حسابًا أمام الله عن مصلحتهم الروحية إلا إذا كانوا على دراية بِمَن يشكِّلون جزءًا من رعيتهم، والذين ليسوا كذلك. ليس شيوخ الكنيسة مسئولين عن المصلحة الروحية لكلِّ فرد يزور الكنيسة، أو لكلِّ من يأتي إلى الكنيسة بصورة متقطعة، لكنهم مسئولون في المقام الأول عن رعاية الذين أخضعوا أنفسهم لرعايتهم وسلطتهم، الأمر الذي يحدث من خلال عضوية الكنيسة.

من ناحية أخرى، يعلِّم الكتاب المقدس بأنه على المؤمنين أن يخضعوا لشيوخهم. يقول عبرانيين ١٣ : ١٧، «أَطِيعُوا مُرْشِدِيكُمْ وَاخْضَعُوا». والسؤال الذي ينبغي أن يُطرَح على كلِّ مؤمن هو: «مَن هم مرشدوك؟» فإن الشخص الذي رفض أن ينضم إلى كنيسة محلية، وأن يستودع نفسه لرعاية الشيوخ وسلطتهم لن يكون له مرشِدون. وبالنسبة لهذا الشخص، الطاعة التي يوصي بها عبرانيين ١٣ : ١٧ مستحيلة. فببساطة، توحي هذه الآية ضمنًا بأن كل مؤمن يعرف جيدًا لِمَن ينبغي أن يخضع، الأمر الذي يفترض بدوره وجود عضوية كنيسة محدَّدة وواضحة.

## • ممارسة التأديب الكنسي

كما ذكرنا أعلاه، يعرض متى ١٨ : ١٥-١٧ كيف ينبغي أن تسعى الكنيسة إلى ردِّ المؤمن الذي سقط في الخطية، وهذا من خلال عملية من أربع خطوات تُعرَف عادة باسم التأديب الكنسي.[٢٧] إن ممارسة التأديب الكنسي بحسب متى ١٨ ومقاطع أخرى (١كورنثوس ٥ : ١-١٣؛ ١تيموثاوس ٥ : ٢٠؛ تيطس ٣ : ١٠-١١) تفترض وجود دراية مسبقة من شيوخ الكنيسة بأعضاء كنيستهم. وبدون وجود علاقة رسمية من أيِّ نوع بين شعب الكنيسة وقادتها، لن يكون هناك أيُّ أساس للمساءلة الروحية التي يطالِب بها العهد الجديد. علاوة على ذلك، ينطوي تأديب الأشخاص غير التائبين أن يُستبعدوا من **العضوية** في الكنيسة تحديدًا.

## • الحثُّ على البنيان المتبادل

يعلِّم العهد الجديد بأن الكنيسة هي جسد المسيح، وبأن الله دعا كلَّ عضو إلى أن يعيش حياة مكرَّسة لنمو الجسد. بأسلوبٍ آخر، يحث الكتاب المقدس جميع المؤمنين على بنيان الأعضاء الآخرين عن طريق ممارسة الوصايا التي تحوي عبارة «بعضكم بعضًا» التي نصَّ عليها العهد الجديد (مثل عبرانيين ١٠ : ٢٤-٢٥)، وممارسة مواهبهم الروحية (رومية ١٢ : ٦-٨؛ ١كورنثوس ١٢ : ٤-٧؛ ١بطرس ٤ : ١٠-١١). ولا يمكن لهذا البنيان المتبادَل أن يتحقَّق إلا داخل إطار جماعي في جسد المسيح. إن الحثَّ على هذا

---

٢٧ للاطلاع على المزيد، انظر عنوان «التأديب الكنسي» (ص. ٩٤٩).

النوع من الخدمة يفترض مسبقًا التزام المؤمنين تجاه المؤمنين الآخرين في إطار اجتماع محلّيٍّ محدَّدٍ. وعضوية الكنيسة هي ببساطة الوسيلة الرسمية لإظهار هذا الالتزام.

وتنطوي الممارسة العمليَّة لهذا الالتزام تجاه الكنيسة المحلية على عدة مسئوليات، منها: تقديم نموذج في التقوى داخل الجماعة، وممارسة المؤمن لمواهبه الروحية في الخدمة المجتهدة، والإسهام ماليًّا في عمل الخدمة، وتقديم الإنذار وقبوله بوداعة ومحبة، والاشتراك بأمانة في العبادة الجماعية. فالكثير متوقَّعٌ لأن الكثير على المحك. فلن تستطيع الكنيسة أن تسلك بمقتضى دعوتها بصفتها ممثِّلة للمسيح على الأرض إلا حين يكون كلُّ مؤمن أمينًا تجاه هذا النوع من الالتزام.

## المواهب الروحية داخل الكنيسة

- تصنيف المواهب
- عرضٌ للمواهب
- استخدام المواهب

إن موضوع المواهب الروحية هو من الموضوعات العقائدية الأكثر إثارة للجدل وللخلط أيضًا والارتباك في الكنيسة اليوم. كان هذا هو الحال في القرن الأول الميلادي، على الأقل في مدينة كورنثوس، الأمر الذي يفسِّر سبب تناوُل بولس لهذا الموضوع بتفصيلٍ شديدٍ في ١كورنثوس ١٢-١٤.[٢٨] ومع أن المواهب الروحية (في اللغة اليونانية *charismata*، أو «هبات النعمة») يمكن أن يُساء استعمالها، أو حتى تزييفها، وهذا يحدث بالفعل، لكنها تلعب دورًا حيويًّا في جسد المسيح. فبما أن كلَّ عضو يُسهم على نحو فريد في بنيان الكل، فإنه لأمر حاسم أن نفهم ما تُعلِّمه كلمة الله عن طبيعة المواهب الروحية، وكيفية ممارستها.

يُنعم المسيح على كنيسته برجالٍ موهوبين لأجل تكميل القديسين (أفسس ٤: ١١-١٢)، لكن هذا ليس هو كل شيء، إذ أن روحَه يعطي جميع المؤمنين في الكنيسة أيضًا إمكانيات روحية لأجل بُنيان بعضهم بعضًا (رومية ١٢: ٥-٨؛ ١كورنثوس ١٢: ٤-٣١؛ ١بطرس ٤: ١٠-١١). إن مصدر هذه المواهب هو الإله الواحد في ثالوث، كما أوضح بولس في ١كورنثوس ١٢: ٤-٦، حين قال إن هذه المواهب تُعطَى من «روحٍ واحد»، و«ربٍّ واحد»، و«إله واحد».

---

٢٨ للاطلاع على تفسيرٍ لمقطع ١كورنثوس ١٢-١٤ بحسب الذين يتبنُّون الفكر الانقطاعي (توقُّف أو انقطاع المواهب المعجزية) [cessationist]، انظر:

Robert L. Thomas, *Understanding Spiritual Gifts: A Verse-by-Verse Study of 1 Corinthians 12–14*, 2nd ed. (Grand Rapids, MI: Kregel, 1999).

وانظر أيضًا:

*MacArthur, 1 Corinthians.*

كما أن جميع المؤمنين بلا استثناء يَعتمَدون بالروح القدس في لحظة الاهتداء (التجديد) (١كورنثوس ١٢ : ١٣)، هكذا يحصل جميعهم بلا استثناء على هبات فائقة للطبيعة لأجل خدمة الكنيسة بحسب مشيئة الروح القدس وحقِّه السيادي (١كورنثوس ١٢ : ٤، ٦-١١). هذه المواهب الروحية لا تقتصر على مجموعة منتقاة من المؤمنين. ولأن جميع المؤمنين موهوبون على نحو فائق للطبيعة، فهم ملزَمون جميعهم بممارسة مواهبهم لخدمة الآخرين.

وعندما يؤهَّل كلُّ مؤمن بمواهب روحية على نحو فريد لخدمة جماعة المؤمنين التي هي جسد المسيح، فإن النتيجة تكون بنيان المؤمنين في الكنيسة بعضهم بعضًا، وهذا البنيان يشهد بفاعلية عن قوة الله أمام العالم الخارجي الذي يراقبهم. فحين يمارس المؤمنون مواهبهم، يُظهِرون سلوكًا مشابهًا للمسيح. ولأن يسوع هو الله المتجسِّد، فقد امتلك هذه الصفات في كمال تام. ومن ثَمَّ، فإن المؤمنين يظهرون المسيح علانية حين يستخدمون مواهبهم بقوة روحه لأجل جسده، الكنيسة.

الكلمة اليونانية الرئيسية المتَّصلة بالمواهب الروحية هي كلمة *charisma*، وتعني «هبة النعمة». استُخدمت هذه الكلمة في العهد الجديد بشكل يكاد يكون دائمًا للإشارة إلى عطيَّة مجانية من الله، مثل عطية الخلاص (رومية ٥ : ١٥-١٦؛ ٦ : ٢٣)، وبركات الله غير المستحَقة (رومية ١ : ١١؛ ١١ : ٢٩)، والإمكانيات الإلهية التي تُعطَى لأجل الخدمة (رومية ١٢ : ٦؛ ١بطرس ٤ : ١٠). ولأن الله يعطي المؤمنين هذه الإمكانيات بنعمته (١كورنثوس ١٢ : ٤، ٧، ١١، ١٨)، فهي إذن لا تُكتَسَب بالجهد الشخصي، ولا يمكن تَعلُّمها أو اصطناعها. فهي تعطَى باعتبارها «هبات نعمة»، بحسب مشيئة الله، حتى يكون المؤمنون ممتنِّين الامتنان الواجب على كلِّ موهبة أخذوها.

الكلمة اليونانية الأخرى المهمة هي *pneumatikos* (أي «ما يتعلَّق بالروح»)، التي نجدها في ١كورنثوس ١٢ : ١. هذه الكلمة – التي تعني حرفيًّا «الروحيات» أو «الروحانيَّات» – تشير إلى ما له صفات روحية، أو خاضع لسيطرة روحية. ومع أن الكلمة يمكن أن تنطبق سواء على أشخاص أو أشياء، لكن سياق نص ١كورنثوس ١٢ : ١ يُبَيِّن أنها تشير إلى أشياء روحية – أي إلى هبات النعمة التي يمنحها الروح القدس للمؤمنين (راجع ١كورنثوس ١٢ : ٤، ٩، ٢٨، ٣٠-٣١؛ ١٤ : ١). وباستثناء أفسس ٦ : ١٢، الذي يتحدَّث عن قُوى روحية عدائية، استُخدِمت هذه الكلمة دائمًا في العهد الجديد للإشارة إلى ما يتعلَّق بالروح القدس. وعند تطبيقها على المواهب الروحية، تشير إلى أن تلك الإمكانيات الممنوحة من الروح القدس ينبغي أن تُستخدَم تحت سيطرته ولمجد المسيح.

فعلى خلاف الإمكانيات أو المواهب الطبيعية والفطرية التي يمكن أن يُظهِرها المؤمنون وغير المؤمنين على حد سواء، تؤخَذ المواهب الروحية فقط في لحظة الخلاص. فإن الروح القدس يعطيها للمؤمنين على نحو فائق للطبيعة حتى يمكِّنهم تمكينًا إلهيًّا من أن يخدموا بعضهم بعضًا على نحو فعال.

يأخذ كلُّ مؤمن موهبة فريدة بحيث يغطِّي تنوُّع مواهب المؤمنين كلَّ ما يلزم للإسهام في وحدة الجسد. أوضح بولس في ١كورنثوس ١٢ : ٧-٢٧ أن الجسد لن يعمل بشكل سليم لو أدَّى كلُّ عضو فيه الوظيفة نفسها. فإن الروح القدس يمنح المؤمنين مواهب متنوعة بحيث حين يمارس كل عضو موهبته،

يعمل الجسد ككلٍّ معًا بصورة مثمرة. وعلى المؤمنين أن يكونوا وكلاءً صالحين وأمناء على المواهب التي يأخذونها (١بطرس ٤ : ١٠)، مستخدمين موهبتهم الفريدة لتمجيد الله وبنيان المؤمنين الآخرين. وحين يفعلون ذلك، يُشكَّل الجسد ليصير على صورة الرأس، الرب يسوع المسيح (راجع أفسس ٤ : ١١-١٣).

ليست المواهب الروحية علامة على المكانة أو التميُّز، ولهذا ينبغي ألا تثير تكبُّرًا روحيًّا داخل أي شخص، لكنها بالأحرى مواهب تُعطَى حتى يخدم بها المؤمنون بعضهم بعضًا بإنكار لِلذات (فيلبي ٢ : ٢-٤) واتضاع (رومية ١٢ : ٣). كذلك، ينبغي ألا تتسبب ممارسة المواهب الروحية في التشويش أو الانقسام داخل الكنيسة (١كورنثوس ١٤ : ٤٠).

ليس الغرض من المواهب الروحية هو بُنيان النفس، بل بنيان الآخرين (١بطرس ٤ : ١٠؛ راجع أفسس ٤ : ١١-١٢). قال بولس صراحةً إن المواهب تُعطَى «لِلْمَنْفَعَةِ» (١كورنثوس ١٢ : ٧). وبناء على ذلك، قَصَدَ الله أن يستخدم المؤمنون مواهبهم الروحية في إطار علاقتهم بالمؤمنين الآخرين، وليس استخدامًا شخصيًّا.[٢٩] بكلِّ تأكيدٍ، يختبر المؤمنون بركة شخصية حين يستخدمون مواهبهم لخدمة الآخرين، لكن تلك البركة ليست الهدف من استخدام المواهب، بل فقط نتيجة ثانوية لاستخدامها.

يتعارض استخدام المؤمن لموهبته لبنيان نفسه مع فكرة بولس بكاملها في ١كورنثوس ١٢-١٤، حيث شدَّد تكرارًا على أولوية المحبة تجاه الآخرين، وكونها أساسية للممارسة السليمة للمواهب الروحية (١كورنثوس ١٢ : ٧-١٠؛ ١٣ : ١-٧؛ ١٤ : ١٢، ٢٦). وقد استخدم بولس أمثلة متطرِّفة لتوضيح فكرته، قائلًا:

> إِنْ كُنْتُ أَتَكَلَّمُ بِأَلْسِنَةِ النَّاسِ وَالْمَلَائِكَةِ وَلَكِنْ لَيْسَ لِي مَحَبَّةٌ، فَقَدْ صِرْتُ نُحَاسًا يَطِنُّ أَوْ صَنْجًا يَرِنُّ. وَإِنْ كَانَتْ لِي نُبُوَّةٌ، وَأَعْلَمُ جَمِيعَ الْأَسْرَارِ وَكُلَّ عِلْمٍ، وَإِنْ كَانَ لِي كُلُّ الْإِيمَانِ حَتَّى أَنْقُلَ الْجِبَالَ، وَلَكِنْ لَيْسَ لِي مَحَبَّةٌ، فَلَسْتُ شَيْئًا. وَإِنْ أَطْعَمْتُ كُلَّ أَمْوَالِي، وَإِنْ سَلَّمْتُ جَسَدِي حَتَّى أَحْتَرِقَ، وَلَكِنْ لَيْسَ لِي مَحَبَّةٌ، فَلَا أَنْتَفِعُ شَيْئًا (١كورنثوس ١٣ : ١-٣)

تبيِّن هذه الكلمات أن ممارسة أي موهبة (مهما كانت سامية أو استثنائية) من دون محبة تُبطِل قيمتها الروحية. لكن حين تُستخدَم المواهب الروحية بشكل سليم، أي بدافع الرغبة المُحِبة في بنيان الإخوة المؤمنين، تُبنى الكنيسة، ويُستعلَن المسيح، ويتمجَّد الله (راجع ١كورنثوس ١٢ : ٤-٢٧).

---

٢٩ ربما يبدي البعض اعتراضهم على هذا عن طريق اللجوء إلى ١ كورنثوس ١٤: ٤، حيث كتب بولس: «مَنْ يَتَكَلَّمُ بِلِسَانٍ يَبْنِي نَفْسَهُ، وَأَمَّا مَنْ يَتَنَبَّأُ فَيَبْنِي ٱلْكَنِيسَةَ». لكن في واقع الأمر، لا تؤيِّد هذه الآية بنيان النفس باعتباره غاية مشروعة في حد ذاتها. فلو كان هذا هو المعنى المقصود، سيكون متعارضًا مع تعليم بولس عبر الأصحاحات ١٢-١٤. ففعليًّا، كانت الفكرة التي طرحها بولس في هذه الآية هي النقيض تمامًا. فقد كان يُظهِر تفوُّق النبوة على التكلُّم بألسنة، لأن النبوة تسهم في بنيان الآخرين مباشرةً دون حاجة إلى تفسير أولًا (١ كورنثوس ١٤: ٥). ولهذا السبب، أصرَّ الرسول على ترجمة الألسنة الأجنبية التي كان يُنطَق بها (١٤: ٢٧-٢٨)، حتى يمكن لموهبة التكلُّم بألسنة أن تحقق غرضها المنشود، ألا وهو بنيان الآخرين (١٢: ٧). إذن، كان قصد بولس هو: «مَنْ يَتَكَلَّمُ بِلِسَانٍ [أي دون مفسِّر] يَبْنِي[فقط] نَفْسَهُ، و[هذا شيء غير مرغوب فيه، ومخالف للغرض الأساسي من المواهب الروحية]، وَأَمَّا مَنْ يَتَنَبَّأُ فَيَبْنِي ٱلْكَنِيسَةَ ... [ومن ثَمَّ]، مَنْ يَتَنَبَّأُ أَعْظَمُ مِمَّنْ يَتَكَلَّمُ بِأَلْسِنَةٍ، إِلَّا إِذَا تَرْجَمَ، حَتَّى تَنَالَ ٱلْكَنِيسَةُ بُنْيَانًا».

## ➡ تصنيف المواهب

يعرض العهد الجديد بعض القوائم للمواهب الروحية (رومية ١٢: ٦-٨؛ ١كورنثوس ١٢: ٨-١٠، ٢٨-٣٠؛ راجع ١كورنثوس ١٣: ١-٣، ٨-٩؛ أفسس ٤: ١١؛ ١بطرس ٤: ١٠-١١). وبسبب عدم تطابُق هذه القوائم (انظر الجدول ٩. ٣ [صفحة ٩٦٤])، سيكون أفضل أن نعتبرها قوائم تمثيلية (وليس قوائم شاملة) تعبِّر عن الطرائق التي بها يؤيِّد الرب شعبه بالقوة لعمل الخدمة. قال الرسول بطرس إن كل مؤمن «أَخَذَ مَوْهِبَةً» (١بطرس ٤: ١٠)، لكن ذلك التمكين الإلهي الواحد يمكن أن يَكون مجموعة من إمكانيات روحية، كتلك المذكورة في رومية ١٢، و١كورنثوس ١٢. كذلك، قسَّم بطرس المواهب إلى فئتين بوجه عام، وهما: مواهب التكلُّم ومواهب الخدمة (١بطرس ٤: ١١).

وبسبب الطريقة الفريدة التي يعطي بها الروح القدس لكلِّ مؤمن مواهب للخدمة الروحية، قد يؤدِّي تصنيفُ هذه المواهب على نحو جامد دون مرونة إلى نتائج عكسية. على سبيل المثال، عادة ما يكون إجراء اختبارات للتأكُّد من نوع المواهب (بناء على مثل هذه التصنيفات) غير مجدٍ، لأن كلَّ مؤمن يأخذ من الروح القدس مزيجًا فريدًا من الإمكانيات تشكِّل معًا موهبته. وأفضل وسيلة لاكتشاف الموهبة الروحية لشخص هي أن ينخرط في الخدمة بحسب الميول التي وضعها الله بداخله، وبحسب فرص الخدمة المتاحة، وبحسب استجابة المخدومين. وبينما يخدم المؤمنون بعضهم بعضًا، تتَّضح أنواع مواهبهم تدريجيًّا سواء لهم أو للآخرين.

يمكن تقسيم المواهب عمومًا إلى قسمين رئيسيين: المواهب المعجزية المؤقَّتة، والمواهب الخدميَّة الدائمة. تشمل المواهب المعجزية مواهب الآيات الرسولية (عبرانيين ٢: ٣-٤؛ راجع ٢كورنثوس ١٢: ١٢)، والمواهب الإعلانية، التي من خلالها أعطى الله إعلانًا جديدًا لكنيسته. وقد اقتصرت هذه المواهب على العصر الرسولي للكنيسة (انظر الدراسة التالية). أما المواهب الخدميَّة، التي تشمل كلًّا من مواهب التكلُّم ومواهب الخدمة (١بطرس ٤: ١٠-١١)، فهي لا تزال تُعطَى من الروح القدس في كنيسته بغرض البنيان، والنمو، والشهادة.

### • المواهب المعجزية

في فترات حاسمة من تاريخ الفداء، كان الله يصدِّق على مرسليه من خلال تأييدهم بالقوة لصُنع آيات معجزية. ففي أثناء الخروج من أرض مصر، وتأسيس أمة إسرائيل، صدَّق الله على دور كلٍّ من موسى ويشوع من خلال أعمال فائقة للطبيعة صنعها من خلالهم (خروج ٤: ٣-٤، ٣٠؛ ٧: ١٠، ١٢؛ ١٧: ٥-٦؛ العدد ١٦: ٤٦-٥٠؛ يشوع ١٠: ١٢-١٤). وبعد مرور قرون على هذا، عندما ارتدَّت إسرائيل، صدَّق الله بالمثل على خدمَتَي إيليا وأليشع بآيات وعجائب (١ملوك ١٧: ٩-٢٤؛ ١٨: ٤١-٤٥؛ ٢ملوك ١: ١٠-١٢؛ ٢: ٨، ١٤؛ ٤: ١-٧، ١٨-٤١؛ ٥: ١-١٩؛ ٦: ٦، ١٧).

وفي العهد الجديد، تأيَّدت خدمة يسوع المسيح أيضًا بقوات ومعجزات شفاء (يوحنا ٢: ١١، ٢٣؛ ٣: ٢؛ ٤: ٥٤؛ ٦: ٢، ١٤؛ ٧: ٣١؛ ١٠: ٣٧-٣٨؛ ١٢: ٣٧؛ ٢٠: ٣٠). ولهذا استطاع يسوع أن يقول للقادة الدينيين اليهود الذين لم يؤمنوا به هذه الكلمات: «اَلْأَعْمَالُ الَّتِي أَنَا أَعْمَلُهَا بِاسْمِ أَبِي هِيَ تَشْهَدُ لِي» (يوحنا

١٠: ٢٥؛ راجع ٥: ٣٦؛ ١٠: ٣٨؛ ١٤: ١١). ولاحقًا، ذكَّر بطرس الجموع في يوم الخمسين بأن يسوع «رَجُلٌ قَدْ تَبَرْهَنَ لَكُمْ مِنْ قِبَلِ اللهِ بِقُوَّاتٍ وَعَجَائِبَ وَآيَاتٍ صَنَعَهَا اللهُ بِيَدِهِ فِي وَسْطِكُمْ، كَمَا أَنْتُمْ أَيْضًا تَعْلَمُونَ» (أعمال الرسل ٢: ٢٢). إن الآيات والعجائب التي صنعها يسوع برهنت على أنه كان بالحقيقة كما قال تمامًا.

كذلك، تميَّز ميلاد الكنيسة بآيات معجزية من بينها قدرة التلاميذ على التكلُّم بلغات أجنبية بطلاقة (أعمال الرسل ٢: ٤-١١). ففي أثناء خدمة يسوع على الأرض، أعطى تلاميذه سلطانًا أن يشفوا أمراضًا ويخرجوا الأرواح النجسة (متى ١٠: ١، ٨؛ مرقس ٦: ١٢-١٣)؛ ثم بعد صعوده، ظلَّ الرسل يمارسون ذلك السلطان الفائق للطبيعة (مرقس ١٦: ٢٠؛ أعمال الرسل ٢: ٤٣؛ ٤: ٣٠؛ ٥: ١٢؛ ٦: ٨؛ ٨: ٦، ١٣؛ ١٤: ٣؛ ١٥: ١٢). فقد جرى التحقُّق من صحة الرسالة التي كرزوا بها بالآيات والعجائب التي صنعوها.

وفي أثناء عصر الرسل، أعطى الله مؤمنين كثيرين مواهب استثنائية، كي يبرهن على أنه يعمل من خلال الكنيسة المؤسَّسة حديثًا. وقد أخذ مؤمنون من الأمم (مثل كرنيليوس في أعمال الرسل ١٠: ٤٦) موهبة الألسنة عينها التي أظهرها الرسل في يوم الخمسين (أعمال الرسل ١١: ١٧). وكانت تلك الإمكانية فوق الطبيعية بمثابة آية لغير المؤمنين (ولا سيما لإسرائيل غير المؤمنة) تشهد لصحة رسالة الإنجيل وصدقها (١كورنثوس ١٤: ٢٢؛ راجع إشعياء ٢٨: ١١)، ولوجوب الكرازة بالحق الذي تتضمَّنه في جميع أنحاء العالم (راجع متى ٢٨: ١٨-٢٠؛ أعمال الرسل ١: ٨). وأظهر آخرون، مثل استفانوس وفيلبس، قدرةً على صنع المعجزات وشفاء الأمراض (أعمال الرسل ٦: ٨؛ ٨: ٥-٧)، كإثباتٍ علنيٍّ لشرعية خدماتهم التبشيرية.

إن مثل هذه المواهب الاستثنائية كانت لازمةً لإثبات أن الكنيسة كانت عملًا حقيقيًّا صنعه الله، ولأجل التصديق أيضًا على الرسل بصفتهم مرسليه المختارين. أثبتت الآيات والعجائب أن الله نفسه يصدِّق على الإنجيل الذي كَرَزَ به الرسل. قال كاتب الرسالة إلى العبرانيين عن الإنجيل: «قَدِ ابْتَدَأَ الرَّبُّ بِالتَّكَلُّمِ بِهِ، ثُمَّ تَثَبَّتَ لَنَا مِنَ الَّذِينَ سَمِعُوا، شَاهِدًا اللهُ مَعَهُمْ بِآيَاتٍ وَعَجَائِبَ وَقُوَّاتٍ مُتَنَوِّعَةٍ وَمَوَاهِبِ الرُّوحِ الْقُدُسِ، حَسَبَ إِرَادَتِهِ» (عبرانيين ٢: ٣-٤). وأوضح الرسول بولس على نحو مماثل أن خدمته التبشيرية للأمم قد تبرهنت وتأيَّدت «بِقُوَّةِ آيَاتٍ وَعَجَائِبَ» (رومية ١٥: ١٩)؛ وقال لأهل كورنثوس: «إِنَّ عَلَامَاتِ الرَّسُولِ صُنِعَتْ بَيْنَكُمْ فِي كُلِّ صَبْرٍ، بِآيَاتٍ وَعَجَائِبَ وَقُوَّاتٍ» (٢كورنثوس ١٢: ١٢).

هذا المستوى من التصديق المعجزي كان ضروريًّا في وقتٍ كانت الكنيسة فيه لا تزال تحت التأسيس، ولم تكن قائمة أسفار الكتاب المقدس القانونية قد اكتملت بعد. وفي ذلك الوقت، كان الأنبياء والرسل، الذين تَلَقَّوا الإعلان الإلهي بالروح القدس (يوحنا ١٤: ٢٦؛ ١٦: ١٢-١٥؛ راجع ١تسالونيكي ٢: ١٣؛ ٢بطرس ٣: ١٥-١٦)، يضعون الأساس التعليمي والعقائدي للكنيسة (أفسس ٢: ٢٠؛ راجع أعمال الرسل ٢: ٤٢). من الواضح أن المواهب الإعلانية كانت لازمة لإتمام تلك المهمة، وكذلك مواهب الآيات أيضًا لإثبات صحة ادعائهم بأنهم المتحدِّثون الرسميُّون بِلِسان الله (راجع ٢كورنثوس ١٢: ١٢). لكن بمجرد

انتهاء عصر الرسل، واكتمال قائمة أسفار العهد الجديد القانونية، لم تَعُد هناك حاجة إلى المواهب المتصلة على نحو فريد بوظيفتَي الرسول والنبي، ومن ثمَّ، انقطعت (توقفت) تلك المواهب. واليوم، تقف قائمة الأسفار القانونية للكتاب المقدس كُلِّي الكفاية شاهدة لنفسها بنفسها، إذ هي الإعلان الكامل والتام عن فكر الله ومشيئته.

## • الطبيعة المؤقَّتة للمواهب المعجزية[٣٠]

إن «الرأي الانقطاعي» [cessationism] هو أن المواهب المعجزية (مثل صُنع القوات، ومواهب الشفاء، والتكلُّم بألسنة)، والمواهب الإعلانية (أي تلقِّي إعلان جديد من الله والمناداة به) قد انتهى أمرها بانتهاء المرحلة التأسيسية للكنيسة، وأن تلك الأنواع من الظواهر المعجزية لم تستمر إلى ما بعد عصر الرسل، ومن ثَمَّ، لم تُعطَ للمؤمنين منذ ذلك الحين. ويقول هذا الرأي أيضًا إن هذه المواهب المعجزية لن تعود إلا في فترة الضيقة، بعد اختطاف الكنيسة، وفي أثناء خدمة الشاهدَيْن (راجع رؤيا ١١: ٣-١١). وعلى النقيض من الرأي الانقطاعي، يؤكِّد الرأي الكاريزماتي [charismatic] أو الرأي الاستمراري [continuationist] أنَّ المواهب المعجزية والإعلانية لا تزال عاملة اليوم.

تبدأ إحدى منهجيات الدفاع عن الرأي الانقطاعي بالإقرار بأنه لم يَعُد هناك رسلٌ في الكنيسة اليوم،[٣١] وهي حقيقة مصدَّق عليها في كلِّ مكان عبر تاريخ الكنيسة، ويقرُّ بها أيضًا الكثير من معارضي الرأي الانقطاعي في العصر الحديث. فكما ذكرنا أعلاه، لا أحد يمكنه اليوم أن يستوفي المؤهِّلات اللازمة للرسولية (التي منها رؤية المسيح القائم من بين الأموات عيانًا؛ راجع أعمال الرسل ١: ٢٢؛ ٩: ١-٩). وقد قال بولس صراحةً إن يسوع القائم من بين الأموات ظَهَر له «آخِرَ الْكُلِّ» (١كورنثوس ١٥: ٨). ومن ثَمَّ، لم يأتِ أيُّ رسل بعد بولس.

تعود أهمية عدم وجود رسل منذ القرن الأول الميلادي إلى ثلاثة أسباب على الأقل: (١) يثبت هذا أن الله لم يقصد أن يكون كل ما تميَّزت به الكنيسة الأولى هو الوضع الطبيعي والمعياري طوال بقية تاريخ الكنيسة؛ (٢) يُظهِر هذا انقطاع (توقُّف) وظيفة واحدة مهمة على الأقل من وظائف الخدمة المذكورة في ١كورنثوس ١٢: ٢٨-٣٠؛ (٣) يُثبِت هذا أن قائمة أسفار الكتاب المقدس القانونية قد اكتملت وأُغلِقت بالفعل، بما أن رسولًا فقط هو الذي كان ينبغي أن يصرِّح بأيِّ سفر حتى يُعترَف بقانونيَّته.

كذلك، يمثِّل توقُّف وظيفة الرسول أهمية بسبب الصلة الوثيقة بين وظيفة الرسول ووظيفة النبي في العهد الجديد. ففي أفسس ٢: ٢٠، ربط بولس هاتين الوظيفتين معًا، موضِّحًا أن الكنيسة بُنِيت

٣٠ هذا الجزء مقتبَس بتصرُّف من تعليقات جون ماك آرثر في لقائه الشخصي مع تيم شاليز (Tim Challies):
"John MacArthur Answers His Critics," Challies.com: Informing the Reforming (blog), November 4, 2013, http://www.challies.com/interviews/john-macarthur-answers-his-critics.

٣١ على سبيل المثال، هذه هي المنهجية التي اتبعها صمويل إي.. والدرون:
Samuel E. Waldron, *To Be Continued? Are the Miraculous Gifts for Today?* (Merrick, NY: Calvary Press, 2005).
See also Thomas R. Edgar, *Satisfied by the Promise of the Spirit* (Grand Rapids, MI: Kregel, 1996), 52–88; MacArthur, *Strange Fire*, 85–103.

«عَلَى أَسَاسِ الرُّسُلِ وَالْأَنْبِيَاءِ، وَيَسُوعُ الْمَسِيحُ نَفْسُهُ حَجَرُ الزَّاوِيَةِ» (ويتضح أن بولس كان يقصد بالأنبياء هنا أنبياء العهد الجديد من خلال إشاراته اللاحقة إليهم في أفسس ٣: ٥، وفي أفسس ٤: ١١). فقبل اكتمال قائمة أسفار الكتاب المقدس القانونية، كان أساس الكنيسة التعليمي والعقائدي- المؤلَّف من الإعلان الإلهي المسلَّم بواسطة الرسل والأنبياء - لا يزال طور التأسيس. لكن بمجرد وَضع ذلك الأساس باكتمال العهد الجديد، تحقَّق الغرض من هاتين الوظيفتين، فتوقَّفتا وانقضتا. وبحسب الاستعارة التي استخدمها بولس، يمكن أن نقول إن الأساس لا يُعاد وضعه في كلِّ مرحلة من مراحل البناء، لكنه يوضَع مرة واحدة فحسب في بداية عملية البناء.

بَلَغَ العصر الرسولي نهايته عندما مات يوحنا، آخر رسول بقي على قيد الحياة. ومن اللافت للانتباه أن يوحنا كان أيضًا آخر نبي كَتَبَ سفرًا قانونيًّا (راجع رؤيا ١: ٣؛ ٢٢: ١٨-١٩)، حيث كان سفر الرؤيا هو ختام أسفار العهد الجديد. ومن ثم، على غرار دَور الرسل، انتهى الدور الإعلاني لأنبياء العهد الجديد؛ ولم تعد توجد حاجة إلى المواهب المتَّصلة به.

إن الإعلان الإلهي المكتمل الموجود في كلمة الله المكتوبة هو إعلان قوي ومجيد لدرجة أنه لم يَعُد بحاجة إلى إثبات معجزي. أوضح بطرس أن الكلمة النبوية «**أَثْبَتُ**» حتى من أعظم الاختبارات الاستثنائية التي نشهدها بأعيننا (٢بطرس ١: ١٦-٢١). ففي الأسفار المقدَّسة كلِّيَّة الكفاية، يشهد حق الله عن نفسه بنفسه، ويوضِّح نفسه بنفسه، كما تؤكِّد قوة استنارة الروح القدس (عبرانيين ٤: ١٢). ومن ثَمَّ، لم تعد آيات وعجائب عصر الرسل لازمة، فالكتاب المقدس هو كلُّ ما يلزم لإثبات صحة رسالة أولئك الذين يدَّعون أنهم متحدِّثون رسميُّون بلسان الله.

يمكننا الحصول على مزيدٍ من الإثبات لصحة الرأي الانقطاعي عند مقارنة «المواهب الكاريزماتية» الحديثة بالحقائق التي يصفها العهد الجديد. يعرض الكتاب المقدس صورة واضحة لمواهب الآيات المعجزية والمواهب الإعلانية؛ لكن عندما تُقاس الظواهر الكاريزماتية الحديثة بالمقياس الكتابي، نجد أنها أدنى من مستواه إلى حدٍّ كبير. ومع أن الكاريزماتيين يستخدمون مصطلحات كتابية لوصف خبراتهم، لا شيء من هذه «المواهب المعجزية» الحديثة يتوافق مع الواقع الكتابي.

على سبيل المثال، تقول كلمة الله صراحةً إن الأنبياء الحقيقيين ينبغي أن يتقيدوا بمقياس ١٠٠٪ من الدقة في الإعلان (تثنية ١٨: ٢٠-٢٢)، وما من شيء في العهد الجديد يعفيهم من التقيُّد بذلك المقياس. كذلك، يصف سفر أعمال الرسل موهبة التكلُّم بألسنة بأنها تكلُّم بلغات بشرية فعلية (أعمال الرسل ٢: ٦-١١)، وما من شيء في رسالة كورنثوس الأولى يَستوجِب إعادة تعريفها بغير ذلك. علاوة على ذلك، يصف العهد الجديد معجزات الشفاء التي أجراها يسوع والرسل (بما في ذلك شفاء الأمراض العضوية كالشلل، والعمى، والبرص) بأنها كانت فورية، وكاملة، ولا يمكن إنكارها (على سبيل المثال، مرقس ١: ٤٢؛ ١٠: ٥٢). إذن، تبيِّن هذه النصوص ونصوص أخرى كثيرة في الكتاب المقدس حقيقة الطبيعة الاستثنائية التي تتَّسم بها المواهب الكتابية (انظر أدناه مزيدًا من الحديث عن هذه المواهب).

وبالمقارنة نكتشف أن الصور الحديثة الزائفة من مواهب الحركة الكاريزماتية لا ترقى ببساطة إلى مستوى نظيرتها في الكتاب المقدس. فإن «الإعلان النبوي» الحديث ليس معصومًا من الخطأ

ومليء بالضلالات. و«الألسنة» الحديثة عبارة عن لهجة غير مفهومة لا تمت بصلة لأيَّة لغة بشرية. كذلك، لا تقارَن «مواهب الشفاء» الحديثة بالمعجزات التي أجراها يسوع والرسل. أما الأمر الغريب فهو أن العديد من علماء اللاهوت المؤيِّدين لرأي الاستمرارية يقرُّون بالفعل بهذه الفجوة، ويقترحون تصنيف هذه المظاهر الكاريزماتية الحديثة ضمن فئة أدنى أو أقل جودة من المواهب الكتابية. غير أن هذا الإقرار نفسه يمثِّل إقرارًا ضمنيًّا منهم بأن المواهب المعجزية الحقيقية (حسبما يصفها الكتاب المقدس) لم تستمر.[٣٢]

إن الحقيقة إذن هي أن الخبرات الكاريزماتية الحديثة لا ترقى إلى مستوى المواهب المعجزية والإعلانية التي يصفها الكتاب المقدس في فترة العهد الجديد. فلا يوجد أيُّ شيء فائق للطبيعة في النبوات غير المعصومة من الخطأ، أو في الألسنة غير المفهومة، أو في القوات الزائفة التي يصنعها قادة حركات الشفاء بالإيمان في العصر الحديث. يا لشدة التبايُن بين هذه المواهب والمواهب الحقيقية المسجَّلة عبر صفحات الكتاب المقدس، التي أثارت تعجُّبًا، ورهبةً، وتعبُّدًا داخل قلوب الذين شهدوها (راجع مرقس ١: ٢٧؛ ٢: ١٢؛ لوقا ٤: ٣٦؛ ٨: ٥٦؛ أعمال الرسل ٢: ٧، ١٢؛ ٨: ١٣؛ ١٠: ٤٥)! ومن ثَمَّ، فإن الفكر الانقطاعي مدفوعٌ برغبة في إكرام الروح القدس، من خلال الحفاظ على الفهم الصحيح لعمله الإعجازي، كما يصفه الكتاب المقدس.

## • المواهب الخِدْمِيَّة

مع أن المواهب المعجزية والإعلانية كانت قاصرة على العصر التأسيسي للكنيسة، يظل الروح القدس يعطي المؤمنين مواهب لبنيان الكنيسة من خلال ما يمكن أن نسمِّيه **المواهب الخدميَّة الدائمة**. تشمل هذه المواهب كلًّا من مواهب التكلُّم ومواهب الخدمة. يقول بطرس في ١بطرس ٤: ١٠-١١:

> لِيَكُنْ كُلُّ وَاحِدٍ بِحَسَبِ مَا أَخَذَ مَوْهِبَةً، يَخْدِمُ بِهَا بَعْضُكُمْ بَعْضًا، كَوُكَلاَءَ صَالِحِينَ عَلَى نِعْمَةِ اللهِ الْمُتَنَوِّعَةِ. إِنْ كَانَ يَتَكَلَّمُ أَحَدٌ فَكَأَقْوَالِ اللهِ. وَإِنْ كَانَ يَخْدِمُ أَحَدٌ فَكَأَنَّهُ مِنْ قُوَّةٍ يَمْنَحُهَا اللهُ، لِكَيْ يَتَمَجَّدَ اللهُ فِي كُلِّ شَيْءٍ بِيَسُوعَ الْمَسِيحِ، الَّذِي لَهُ الْمَجْدُ وَالسُّلْطَانُ إِلَى أَبَدِ الآبِدِينَ. آمِينَ

٣٢ يلجأ بعض المفسِّرين إلى نص ١ كورنثوس ١٣: ١٠ لتأييد رأيهم إما المؤيِّد أو المُعارض لانقطاع المواهب المعجزية. لكن هؤلاء يُحمِّلون النص معنى يتجاوز المعنى الذي قصده بولس. ففي حين يوجد جدل واسع النطاق بين المفسِّرين حول المعنى المقصود من الكلمة اليونانية التي تُرجمت إلى « ٱلْكَامِلُ» (teleion)، لكن «أفضل تفسير بين التفسيرات المحتمَلة يلائم استخدام بولس لكلمة 'الكامل' في ١ كورنثوس ١٣: ١٠، هو «دخول المؤمن إلى محضر الرب». وفقًا لذلك، من المهم أن نذكر أن غرض بولس في هذا الأصحاح لم يكن أن يحدِّد مدة استمرار المواهب الروحية عبر القرون اللاحقة من تاريخ الكنيسة، لأن هذا كان من شأنه أن يكون غير مفهومٍ تمامًا للقراء الأصليين لهذه الرسالة. لكنه، بالأحرى، كان يطرح فكرة وثيقة الصلة تحديدًا بجمهوره الذين عاشوا في القرن الأول؛ وهذه الفكرة تقول: 'حين تدخلون، يا مؤمني كورنثوس، إلى كمال الأبدية المجيد في السماء، فإن المواهب الروحية التي تقدِّرونها الآن بشدة لن تعود لازمة (لأن الإعلان الجزئي الذي تقدِّمه سوف يكتمل آنذاك). أما المحبة، فلها قيمة أبدية؛ لذا، اتبعوا المحبة لأنها تسمو على أي موهبة أخرى' (الآية ١٣) ... وكي نتمكَّن من تحديد المرحلة من تاريخ الكنيسة التي انقطعت فيها المواهب المعجزية والإعلانية، يتحتم علينا أن نبحث في موضع آخر غير ١ كونثوس ١٣: ١٠، في مواضع مثل أفسس ٢: ٢٠، الذي فيه أشار بولس إلى أن الوظائف النبوية كانت ضرورية فقط للعصر التأسيسي للكنيسة. ومع ذلك، فإن المبدأ الأعمَّ الذي أرساه بولس، وهو أن المحبة تسمو على الموهبة الروحية، لا يزال ينطبق على مؤمني العصر الحديث، إذ نحن أيضًا لا زلنا ننتظر تمجيدنا السماوي»:

MacArthur, *Strange Fire*, 148–49. Cf. Edgar, *Satisfied by the Promise of the Spirit*, 246.

تنادي مواهب التكلُّم بحقِّ الكتاب المقدس عن طريق الكرازة، والتعليم، والتشجيع، والوعظ، وغير ذلك. أما مواهب الخدمة، فهي تخدم الآخرين متمثِّلةً بالمسيح، وذلك من خلال أعمال مثل: الإعانة، والعطاء، والتدبير، وإظهار الرحمة.

## ⬅ عرضٌ للمواهب

يسرد العهد الجديد، داخل الفئات العامة الكبرى المذكورة أعلاه، بعض المواهب الروحية المحدَّدة. وفي الجدول ٩. ٣، توجد مقارنة بين القوائم الثلاث الرئيسية التي جاءت في رومية ١٢: ٦-٨، و١كورنثوس ١٢: ٨-١٠، و١كورنثوس ١٢: ٢٨-٣٠. وبجمع المواهب المذكورة في هذه النصوص الثلاثة معًا، تتكوَّن لدينا في الجدول ٩. ٤ «القائمة الشاملة» من المواهب الروحية التي تُعَد مجرد أمثلة. وبعد عرض هذه المواهب في هذين الجدولين، يصير بمقدورنا أن ندرس الطريقة التي تعمل بها كلّ موهبة منها على حدة

**الجدول ٩. ٣: القوائم الثلاث الرئيسية للمواهب الروحية**

| رومية ١٢: ٦-٨ | ١كورنثوس ١٢: ٨-١٠ | ١كورنثوس ١٢: ٢٨-٣٠ |
|---|---|---|
| النبوة | كَلَامُ حِكْمَةٍ | الرسولية (رُسُلًا) |
| الخدمة | كَلَامُ عِلْمٍ | النبوة (أَنْبِيَاءَ) |
| التعليم | إِيمَانٌ | التعليم (مُعَلِّمِينَ) |
| الوعظ | مَوَاهِبُ شِفَاءٍ | عمل قوات |
| العطاء (الإسهام) | عَمَلُ قُوَّاتٍ | مَوَاهِبَ شِفَاءٍ |
| التدبير (القيادة) | نُبُوَّةٌ | إعانة |
| أعمال الرحمة | تَمْيِيزُ الْأَرْوَاحِ | تدبير |
| | التكلُّم بألسنة | التكلُّم بألسنة |
| | تَرْجَمَةُ أَلْسِنَةٍ | تَرْجَمَةُ أَلْسِنَةٍ |

**الجدول ٩ . ٤ : القائمة الشاملة من المواهب الروحية التمثيلية**

| الفئة | | الموهبة الروحية | المقاطع الكتابية |
|---|---|---|---|
| المواهب المعجزية | مواهب الآيات والمواهب الإعلانية | الرسولية (رُسُلًا) | اكورنثوس ١٢ : ٢٨-٢٩؛ راجع أفسس ٤ : ١١ |
| | | عَمَلُ قُوَّاتٍ | اكورنثوس ١٢ : ١٠، ٢٨-٢٩ |
| | | مَوَاهِبُ شِفَاءٍ | اكورنثوس ١٢ : ٩، ٢٨، ٣٠ |
| | | التكلُّم بألسنة | اكورنثوس ١٢ : ١٠، ٢٨، ٣٠؛ راجع اكورنثوس ١٣ : ١؛ ١٤ : ٢٢ |
| | | النبوة | اكورنثوس ١٢ : ١٠، ٢٨-٢٩؛ راجع أفسس ٤ : ١١ |
| | | كَلَامُ حِكْمَةٍ | اكورنثوس ١٢ : ٨؛ راجع ١٣ : ٢ |
| | | كَلَامُ عِلْمٍ | اكورنثوس ١٢ : ٨؛ راجع ١٣ : ٢ |
| | | تَرْجَمَةُ أَلْسِنَةٍ | اكورنثوس ١٢ : ١٠، ٢٨، ٣٠؛ راجع ١٤ : ٦-١٨ |
| | | تَمْيِيزُ الْأَرْوَاحِ | اكورنثوس ١٢ : ١٠ |

| الفئة | | الموهبة الروحية | المقاطع الكتابية |
|---|---|---|---|
| مواهب الخدمة | مواهب التكلُّم ومواهب الخدمة | التكلُّم (الوعظ)❋ | رومية ١٢ : ٦؛ راجع ١تيموثاوس ٤ : ١٣–١٤؛ ١بطرس ٤ : ١١ |
| | | التعليم | رومية ١٢ : ٧؛ ١كورنثوس ١٢ : ٢٨–٢٩ |
| | | الوعظ (الحث أو التحريض) | رومية ١٢ : ٨ |
| | | الخدمة والإعانة | رومية ١٢ : ٧؛ ١كورنثوس ١٢ : ٢٨؛ ١بطرس ٤ : ١١ |
| | | القيادة والتدبير | رومية ١٢ : ٨؛ ١كورنثوس ١٢ : ٢٨ |
| | | العطاء | رومية ١٢ : ٨؛ راجع ١كورنثوس ١٣ : ٣ |
| | | إظهار الرحمة | رومية ١٢ : ٨ |
| | | الإيمان | ١كورنثوس ١٢ : ٩؛ راجع ١٣ : ٢ |
| | | التمييز الروحي | ١كورنثوس ١٢ : ١٠ |
| | | التبشير | أفسس ٤ : ١١ |
| | | الرعاية والتعليم | أفسس ٤ : ١١ |

❋ تُعَد موهبة التكلُّم (الوعظ) مماثلة للممارسة غير الإعلانية لموهبة النبوة.

- الرسوليَّة

المصطلح اليوناني *apostolos* يعني «سفير»، أو «مبعوث»، أو «شخص مرسَل لأداء مهمة معيَّنة». وعلى الرغم من استخدام المصطلح أحيانًا في العهد الجديد بالمعنى العام للإشارة إلى «رُسُل الكنائس» (٢كورنثوس ٨: ٢٣؛ راجع فيلبي ٢ : ٢٥)، لكنه يُستخدَم بشكل رئيسي للإشارة إلى مجموعة محدَّدة من الرسل، هم «رُسُل يسوع المسيح». وكما أوضحنا سابقًا، يشير لقب «رُسُل يسوع المسيح» (راجع

اكورنثوس ١: ١؛ ابطرس ١: ١) تحديدًا إلى التلاميذ الاثني عشر (حيث حلَّ متياس محلَّ يهوذا، أعمال الرسل ١: ٢٦)، بالإضافة إلى بولس، الذي اختير بصفة خاصة رسولًا للأمم (غلاطية ١: ١٥-١٧؛ راجع اكورنثوس ١٥: ٧-٩). اختير هؤلاء الرجال من الرب نفسه (راجع مرقس ٣: ١٣؛ أعمال الرسل ٢٦: ١٦)، وكانوا شهود عيان على قيامة المسيح من بين الأموات (أعمال الرسل ١: ٢٢؛ ٩: ١-٩)، الأمر الذي كان شرطًا أساسيًّا كي يُدعَى أحدُهم رسولًا. وإذ قال بولس إن يسوع القائم من بين الأموات ظهر له «آخِرَ الْكُلِّ» (اكورنثوس ١٥: ٨)، أكَّد بهذا أنه لم يأتِ بعده أيُّ رسول آخر.

كُلِّفَ رسل يسوع المسيح بثلاث مسئوليات رئيسية. أولًا، استخدمهم الرب لإرساء الأساس التعليمي والعقائدي للكنيسة (أفسس ٢: ٢٠). ثانيًا، عُيِّنوا ليتلقَّوا إعلانًا إلهيًّا، ويكرزوا به، ويكتبوه (راجع أعمال الرسل ٢: ٤٢؛ ٦: ٤؛ أفسس ٣: ٥). ثالثًا، دُعُوا إلى إثبات صحة هذا الإعلان الإلهي «بِآيَاتٍ وَعَجَائِبَ وَقُوَّاتٍ» (٢كورنثوس ١٢: ١٢؛ راجع عبرانيين ٢: ٣-٤). وحين مات يوحنا، آخر رسول بقي على قيد الحياة، وانتهى عصر الرسل، لم يعيِّن الرسل رسلًا جددًا لقيادة الكنيسة، بل أقاموا شيوخًا (تيطس ١: ٥؛ راجع ٢تيموثاوس ٢: ٢). ويُبَيِّن سجل تاريخ الكنيسة أن الذين جاؤوا بعد الرسل لم يعتبروا أنفسهم رسلًا، بل اعتبروا الرسل والعصر الرسولي أمرًا فريدًا من نوعه لا يمكن أن يتكرَّر.

يعرِّف العهد الجديد الرسوليَّة بأنها وظيفة وموهبة. فإن أفسس ٤: ١١ يصف الرُّسل (وكذلك الأنبياء، والمبشِّرين، والرعاة-المعلِّمين) بأنهم عطايا أعطاها يسوع المسيح للكنيسة. كذلك، أدرج اكورنثوس ١٢ «الرُّسل» ضمن قائمة المواهب الكاريزماتية (اكورنثوس ١٢: ٤-٥، ٢٨-٣١). إن إدراج بولس لوظيفة الرسوليَّة في الأصحاح الثاني عشر من رسالة كورنثوس الأولى أمرٌ له أهمية كبيرة، لأنه يبيِّن أن ليس كلُّ ما ذُكِر في ذلك المقطع قد استمرَّ عبر تاريخ الكنيسة وإلى يومنا هذا.

- ## عَمَلُ قُوَّاتٍ

من بين الآيات التي صدَّقت على خدمة الرسل هي: «عَمَلُ قُوَّاتٍ» (اكورنثوس ١٢: ١٠، ٢٨-٢٩). يمكن تعريف «القوَّات» («المعجزات») عمومًا بأنها عملٌ إلهيٌّ فائق للطبيعة، بحسبه إما يوقف الله المسارات المعتادة للطبيعة، وإما يتجاوزها، بحيث يستحيل تفسير النتيجة المترتِّبة على هذا بأيٍّ سبب طبيعي. تختلف القوات عن أعمال العناية الإلهية، التي بحسبها يعمل الله مستخدمًا الوسائل الطبيعية لتتميم مقاصده السيادية. وبشكل أكثر تحديدًا، كان عمل القوات موهبة تستلزم تدخلًا بشريًّا. وأولئك الذين مُنِحوا هذه الموهبة مكَّنهم الله من صُنع آيات وعجائب فائقة للطبيعة. وقد صدَّق عمل القوات عليهم بصفتهم متحدِّثين رسميين بلسان الله (راجع أعمال الرسل ٢: ٢٢؛ ١٤: ٣؛ ٢كورنثوس ١٢: ١٢؛ عبرانيين ٢: ٣-٤).

طوال خدمة الرب يسوع على الأرض، صنع قواتٍ ليُظهر مجده (يوحنا ٢: ١١)، ويُثبِت صحة رسالته (يوحنا ٥: ٣٦؛ ١٠: ٣٨؛ ١٤: ١١). وقد أظهرت القوات التي صنعها يسوع سلطانه على الطبيعة (على سبيل المثال، تحويل الماء إلى خمر، وخلق طعام، وتسكين الرياح والأمواج)، وعلى الأرواح الشريرة، والمرض، والموت. لم يَذكُر العهد الجديد شيئًا عن صُنع الرسل قوات في الطبيعة، لكنه يَذكُر بالفعل أنهم أظهروا سلطانًا على الأرواح الشريرة، والمرض، والموت (راجع أعمال الرسل ٩: ٤١-٤٢؛ ٢٠: ٧-١٢).

استُخدِمت كلمة «قُوَّاتٍ» في ١كورنثوس ١٢: ١٠، ٢٨-٢٩ بمعنى السلطان على الأرواح الشريرة. والكلمة اليونانية التي تُترجَم «قوَّة»، «miracle» (*dynamis*) تعني «سلطان» أو «قدرة»، وترتبط في الأناجيل في أحيان كثيرة بإخراج الأرواح النجسة (على سبيل المثال، لوقا ٤: ٣٦، ٦: ١٨-١٩). أعطى يسوع تلاميذه سلطانًا على الشياطين (لوقا ٩: ١؛ ١٠: ١٧-١٩)، وظلَّ الرسل يمارسون ذلك السلطان بعد يوم الخمسين (على سبيل المثال، أعمال الرسل ١٣: ٦-١٢؛ ١٦: ١٦-١٨). وآخرون أيضًا من المبشِّرين الأوائل، مثل فيلبس واستفانوس، وُهِبوا هذه الإمكانية المعطاة من الروح القدس للتصديق على رسالتهم (أعمال الرسل ٦: ٨؛ ٨: ٧).

مرة أخرى، كانت هذه القوات المعجزية بمثابة آيات تصدِّق على الكرازة بالإنجيل في أثناء عصر الرسل فقط. وقد كان العهد الجديد صارمًا في تحذير الذين يزعمون أنَّهم يمتلكون هذا السلطان (راجع أعمال الرسل ١٩: ١٤-١٦؛ يهوذا ٨-١٠). إذن، يبدو واضحًا أن هذا السلطان ليس مَقْدِرَةً تُعطى للمؤمنين في الكنيسة بعد عصر الرسل.

- **مَوَاهِبُ شِفَاءٍ**

إذا كان عملُ القوَّات متصلًا بسلطانٍ معطى من الله على الأرواح الشريرة، فإن مصطلح «مَوَاهِبُ شِفَاءٍ» (١كورنثوس ١٢: ٩، ٢٨) يشير إلى سلطان فائق للطبيعة على المرض. وقعت أحداث شفاء معجزيَّة في أثناء خدمة كلٍّ من المسيح (متى ٨: ١٦-١٧)، والرسل (متى ١٠: ١)، والسَّبعين (لوقا ١٠: ١، ٩)، وبعض رفقاء الرسل (أعمال الرسل ٨: ٥-٧). ويُظهِر سجل العهد الجديد عن أعمال الشفاء التي صنعها هؤلاء الأشخاص أنها كانت دائمًا فورية، ولا يمكن إنكارها، وكاملة (راجع متى ٨: ٢-٣؛ ٩: ١-٨؛ ٢٠: ٢٩-٣٤؛ ٢١: ١٤؛ مرقس ١: ٤٢؛ ٨: ٢٢-٢٦؛ ١٠: ٥٢؛ لوقا ١٧: ١١-٢١؛ يوحنا ٥: ١-٩؛ أعمال الرسل ٣: ٨؛ ١٤: ٨-١٨). وبمقارنة هذا بأعمال الشفاء المزعومة التي يصنعها «أتباع حركة الشفاء بالإيمان» [faith healers] في العصر الحديث، يتبيَّن أن النسخة المزيَّفة المعاصرة لا يمكن أن ترقى إلى مستوى الحقيقة الكتابية.[٣٣] فطوال المدة التي خدم فيها يسوع والرسل، أبادوا المرض والسقم تمامًا من المواضع التي كرزوا فيها، وهو إنجازٌ لا يمكن لأي «شافٍ» مزعوم في العصر الحديث أن يدَّعي تحقيقه.

كانت قوات الشفاء أداةً للتصديقِ على الشخص المبعوث من الله (راجع يوحنا ١٠: ٣٨؛ أعمال الرسل ٢: ٢٢؛ رومية ١٥: ١٨-١٩؛ ٢كورنثوس ١٢: ١٢؛ عبرانيين ٢: ٣-٤)، وليس فقط لإعادة الصحة الجسدية إلى المرضى. يفسِّر هذا لماذا لم يشفِ بولس نفسه (راجع غلاطية ٤: ١٣) أو بعضًا من أقرب أصدقائه (فيلبي ٢: ٢٧؛ ١تيموثاوس ٥: ٢٣؛ ٢تيموثاوس ٤: ٢٠). فحين شفى بولس الرجل المُقعَد في لسترة (أعمال الرسل ١٤: ٩-١٠)، أو حين أقام بطرس طابيثا من الموت (أعمال الرسل ٩: ٤١)، كان ذلك بغرض أن يسمع الناس الإنجيل ويؤمنوا به (راجع أعمال الرسل ٩: ٤٢).

---

٣٣ للاطلاع على المزيد بشأن هذه الفكرة، انظر:

MacArthur, *Strange Fire*, 155–76.

وانظر أيضًا:

Richard Mayhue, *The Healing Promise: Is It Always God's Will to Heal?* (Fearn, Ross-Shire, Scotland: Mentor, 1997).

ولأن موهبة الشفاء المعجزي هي إحدى المواهب الرسولية الفائقة للطبيعة، فهي قد انقطعت بانتهاء عصر الرسل. ومع أن المؤمنين لم يعودوا يتمتعون بهذه الإمكانيات الفائقة للطبيعة، يظلُّ لديهم الحقُّ في أن يطلبوا من الله أن يشفيهم عالمين أنه يسمع صلوات شعبه ويستجيبها (يعقوب ٥: ١٣-١٦؛ راجع لوقا ١٨: ١-٦؛ ١يوحنا ٥: ١٤-١٥). قد يختار الرب أن يشفي مرضًا بتدخلٍ من عنايته الإلهية استجابةً لصلوات شعبه، لكنه غير ملزَم بأن يفعل ذلك.

يستطيع المؤمنون، بل وينبغي عليهم، أن يفرحوا ويبتهجوا حين يَشفي الله شخصًا استجابةً للصلاة. لكن، من الجدير بالذكر أن استجابات الصلاة هذه ليست مطابقة لمواهب الشفاء التي يعرض العهد الجديد نماذج لها في خدمات المسيح والرسل. لا أحد اليوم يمتلك هذه الموهبة، والدليل على ذلك هو أنه لا أحد اليوم قادر أن يشفي مثلما فعل يسوع أو الرسل – أي أن يُعيد للمرضى والمصابين في الحال وبشكل دائم الصحة التامة بمجرد كلمة أو لمسة.

## • التكلُّم بألسنة وترجمة الألسنة[٣٤]

إن أفضل ترجمة للكلمة اليونانية التي تُرجِمت «ألسنة» [tongues] (*glōssa*) هي «لغات» [lan-guages]. وظهرت أوضح صورة لممارسة هذه الموهبة في يوم الخمسين، الذي وصفه لوقا في أعمال الرسل ٢: ٤-١١. فبحسب هذا النص، بدأ الرسل، بالإضافة إلى بعضٍ من المئة والعشرين الذين كانوا مجتمعين في العلية (أعمال الرسل ١: ١٥)، التكلُّم بطلاقة بلغات ولهجات أجنبية لم يعرفوها من قبل.

إن هذه الآية التي صُنعت أمام الجموع اليهودية من غير المؤمنين في يوم الخمسين (راجع ١كورنثوس ١٤: ٢٢) ليس فقط لفتت انتباه الجموع (أعمال الرسل ٢: ١٢)، لكنها أوضحت أيضًا حقيقة أن الإنجيل كان ينبغي أن يُكرَز به في جميع أنحاء العالم (راجع أعمال الرسل ١: ٨). ووفقًا لذلك، كانت موهبة التكلُّم بألسنة عبارة عن قدرة فائقة للطبيعة على التحدُّث بطلاقة بلغة أجنبية لم يدرسها الشخص أو يتحدَّث بها من قبل على الإطلاق. ومن ثَمَّ، كانت هذه بالتأكيد موهبة فائقة للطبيعة نافعة خصوصًا في التبشير، إذ نقرأ أن غير المؤمنين سمعوا الرسل يتكلَّمون بعظائم الله كلٌّ واحد بلغته الخاصة (أعمال الرسل ٢: ٨). وحين كانت لغة أجنبية تُستخدَم في الكنيسة، كان يَلزَم وجود ترجمة حتى يُبنَى أيضًا المؤمنون في الكنيسة الذين ليسوا على دراية بتلك اللغة (١كورنثوس ١٤: ٥-١٧، ٢٧-٢٨). ومع أن كثيرين اليوم يدَّعون التكلُّم بألسنة، يبدو واضحًا أنه لا أحد اليوم لديه إمكانية كتلك التي أظهرها الرسل في يوم الخمسين.

حاول بعض المفسرين في الآونة الأخيرة فصل موهبة التكلُّم بلغات في أعمال الرسل ٢ (التي تمثَّلت بوضوح في لغات أجنبية حقيقية) عن موهبة التكلُّم بألسنة التي يصفها ١كورنثوس ١٢-١٤، في محاولة لإفساح المجال لذلك الكلام غير المفهوم المنطوق في التكلُّم بألسنة [*glossolalia*] في العصر الحديث. لكن يُظهِر البرهان التفسيري أن التكلُّم بألسنة الموصوف في رسالة كورنثوس الأولى كان هو الظاهرة نفسها الموصوفة في أعمال الرسل ٢.

٣٤ هذا الجزء مقتبَس بتصرُّف من المصدر التالي، بتصريح من *MSJ*:
Nathan A. Busenitz, "Are Tongues Real Foreign Languages? A Response to Four Continuationist Arguments," *MSJ* 25, no. 2 (2014): 63–84.

ففي الموضعين كليهما، نتج عن موهبة التكلُّم بألسنة الحقيقية قدرةٌ فوق طبيعية على التكلُّم بلغات بشرية أجنبية.[٣٥] يقول ماك آرثر في هذا الشأن:

> في دفاعهم عن التكلُّم بكلام بلا معنى يلجأ غالبية الكاريزماتيين إلى رسالة كورنثوس الأولى مؤكِّدين أن موهبة [التكلُّم بألسنة] الموصوفة في الأصحاحات ١٢-١٤ من الرسالة تختلف اختلافًا قاطعًا عن تلك الموهبة الموجودة في سفر أعمال الرسل. لكن مرة أخرى، لا يتيح لنا النص الإدلاء بمثل هذا التصريح الجازم. لكن يمكن تأكيد فكرتنا بدراسة بسيطة للكلمات. فقد استخدم كلا المقطعين المصطلح ذاته لوصف الموهبة المعجزية. في سفر أعمال الرسل استخدم لوقا مزيجًا من كلمة *laleo* («يتكلَّم») وكلمة *glōssa* («ألسنة») أربع مرات مختلفة (أعمال الرسل ٢: ٤، ١١؛ ١٠: ٤٦؛ ١٩: ٦). وفي ١كورنثوس ١٢-١٤، استخدم بولس أربعة أشكال من هذا المزيج نفسه ثلاث عشرة مرة (١كورنثوس ١٢: ٣٠؛ ١٣: ١؛ ١٤: ٢، ٤، ٥ [مرتين]، ٦، ١٣، ١٨، ١٩، ٢١، ٢٧، ٣٩).
>
> تحظى هذه التوازيات اللغوية بأهمية إضافية حين نأخذ في الاعتبار أن لوقا كان مرافقًا لبولس في رحلاته، وشريكًا قريبًا له، حتى أنه كتب تحت سلطته الرسولية. وإذ كتب لوقا سفر أعمال الرسل نحو عام ٦٠ م، أي بعد نحو خمس سنوات من كتابة بولس رسالته الأولى إلى أهل كورنثوس، كان من شأن لوقا أن يكون على دراية جيدة بالتشويش الذي كان هؤلاء يعانون منه فيما يتعلَّق بموهبة التكلُّم بألسنة. وقطعًا، لم يكن لوقا ليرغب في أن يزيد من هذا التشويش. ولذلك، لم يكن ليستخدم في سفر أعمال الرسل المصطلح ذاته الذي استخدمه بولس في رسالة كورنثوس الأولى ما لم يكن ما حدث في يوم الخمسين مطابقًا للموهبة الحقيقية التي وصفها بولس في رسالته.
>
> إن حديث بولس عن «أَنْوَاعُ أَلْسِنَةٍ» في ١كورنثوس ١٢: ١٠ لا يوحي ضمنًا بأن بعض هذه الألسنة هي لغات حقيقية بينما لغات أخرى هي مجرد ثرثرة غير مفهومة؛ بالأحرى، إن الكلمة اليونانية التي تُرجمت «أَنْوَاعُ» هنا هي *genos* التي جاءت منها كلمة «genus»، التي تشير إلى عائلة، أو مجموعة، أو جنس، أو أمة. يتحدَّث علماء اللغة كثيرًا عن «عائلات» أو «مجموعات» اللغات، وهذا هو بالضبط قَصْدُ بولس هنا، وهو أنه توجد عائلات أو فصائل مختلفة من اللغات في العالم، وأن هذه الموهبة مكَّنت بعض المؤمنين من التكلُّم بأنواع مختلفة منها. وفي أعمال الرسل ٢، شدَّد لوقا على هذه الفكرة نفسها في الآيات ٩-١١، حيث أوضح أن اللغات التي نُطِقَ بها آنذاك كانت تنتمي إلى ست عشرة منطقة مختلفة على الأقل.

---

٣٥ من الجدير بالذكر أن حديث بولس عن «ألسنة الملائكة» في ١كورنثوس ١٣: ١ يُعَد مجرد صيغة مبالغة، وهو ما يتضح من الأمثلة المبالَغ فيها الأخرى التي استخدمها بولس في الآيتين ٢-٣. فقد قصد بولس أن يقول إنه إذا أمكن أن يتكلم أحدهم بلغات بشرية أجنبية («ألسنة الناس») أو حتى بلغات الملائكة (وهو سيناريو افتراضي الغرض منه توضيح فكرة بلاغية)، فسيظل هذا بلا جدوى أو معنى ما دامت المحبة غائبة.

قطعًا، يمكن أيضًا رصد توازيات أخرى بين سفر أعمال الرسل و١كورنثوس ١٢-١٤. ففي كلا الموضعين، كان مصدر الموهبة واحدًا، وهو الروح القدس (أعمال الرسل ٢: ٤، ١٨: ١٠؛ ٤٤-٤٦؛ ١٩: ٦؛ ١كورنثوس ١٢: ١، ٧، ١١، وغيرها). وفي كلا الموضعين، لم يكن تلقِّي الموهبة قاصرًا على الرسل، لكنها أُعطيت أيضًا لأناس عاديين من الكنيسة (راجع أعمال الرسل ١: ١٥؛ ١٠: ٤٦؛ ١٩: ٦؛ ١كورنثوس ١٢: ٣٠؛ ١٤: ١٨). وفي كلا الموضعين وُصِفت الموهبة بأنها موهبة تكلُّم (أعمال الرسل ٢: ٤، ٩-١١؛ ١كورنثوس ١٢: ٣٠؛ ١٤: ٢، ٥). وفي كلا الموضعين، أَمْكَنَ ترجمة الرسالة المنطوقة، ومن ثَمَّ فهمها، سواء من الذين يعرفون اللغة بالفعل (كما في يوم الخمسين – أعمال الرسل ٢: ٩-١١)، أو من شخص لديه موهبة الترجمة (١كورنثوس ١٢: ١٠؛ ١٤: ٥، ١٣).

في كلا الموضعين أيضًا، كانت الموهبة بمثابة آية معجزية لليهود غير المؤمنين (أعمال الرسل ٢: ٥، ١٢، ١٤، ١٩؛ ١كورنثوس ١٤: ٢١-٢٢؛ راجع إشعياء ٢٨: ١١-١٢). وفي كلا الموضعين، ارتبطت موهبة التكلُّم بألسنة ارتباطًا وثيقًا بموهبة النبوة (أعمال الرسل ٢: ١٦-١٨؛ ١٩: ٦؛ ١كورنثوس ١٤). وفي كلا الموضعين أيضًا، تجاوَبَ غير المؤمنين، الذين لم يفهموا ما كان يُقال، باستهزاء وسخرية (أعمال الرسل ٢: ١٣؛ ١كورنثوس ١٤: ٢٣). وفي ضوء هذا العدد الكبير من التوازيات، من المستحيل تفسيريًّا أن ندَّعي أن الظاهرة التي تصفها رسالة كورنثوس الأولى كانت مختلفة اختلافًا جوهريًّا عن تلك التي في أعمال الرسل ٢. وبما أن موهبة التكلُّم بألسنة تمثَّلت في التكلُّم بلغات أجنبية حقيقية في يوم الخمسين، فإن الشيء ذاته ينطبق على المؤمنين في كورنثوس.[٣٦]

ونظرًا إلى الطبيعة المثيرة لهذه الموهبة، بالإضافة إلى أنها كانت أول موهبة مارسها الرسل في يوم الخمسين، كان أهل كورنثوس يقدِّرونها أكثر من جميع المواهب الأخرى. لكن، كما أشار بولس في ١كورنثوس ١٤: ٦-١٩، الرسالة المنطوقة بلغة أجنبية بدون ترجمة لا تسهم في بنيان أعضاء الكنيسة الآخرين، الذين لا يفهمون مَا تُكُلِّمَ بِهِ.

لهذا كان ينبغي ترجمة رسالة الشخص الذي يتكلَّم بلغة أجنبية، حتى ينال السامعون بنيانًا. ومن ثَمَّ، كانت موهبة ترجمة الألسنة هي القدرة على ترجمة رسالة نُطِق بها بلغة أجنبية إلى لغة المستمعين، حتى يفهموا فيُبْنَوا. فإذ ينبغي أن تمارَس المواهب الروحية كافة بدافع من المحبة، ولأجل البنيان المتبادل، كانت الترجمة لازمة (١كورنثوس ١٤: ٢٦-٢٧). وفي حالة عدم وجود مترجم، كان المتكلِّم بألسنة يوصَى بأن يحتفظ برسالته لنفسه (١كورنثوس ١٤: ٢٨).

---

36 MacArthur, *Strange Fire*, 140–41.

يمكن الاطلاع على الدراسة الكاملة عن موهبة التكلُّم بألسنة من صفحة ١٣٣-١٥٤ في المرجع السابق نفسه.

## • النبوة والكرازة

في كلٍّ من ١كورنثوس ١٢: ٢٨ وأفسس ٤: ١١، ذَكَر بولس «الأنبياء» بعد «الرسل» مباشرة. فنظير الرسولية، كانت النبوة وظيفة وموهبة معًا. فلأنهم أُعطُوْا إعلانًا إلهيًّا عاونَ أنبياءُ العهد الجديد الرسلَ في إرساء الأساس التعليمي والعقائدي للكنيسة (أفسس ٢: ٢٠).

وكما كان الحال مع أنبياء العهد القديم، كان أنبياء العهد الجديد مطالَبين بالتقيُّد بأسمى معايير الدقة الإعلانية (راجع تثنية ١٨: ٢٠-٢٢؛ حزقيال ١٣: ٣-٩)، والنقاء التعليمي (راجع تثنية ١٣: ١-٥؛ ٢بطرس ٢: ١)، والنزاهة الأخلاقية (راجع إرميا ٢٣: ١٤-١٦؛ ٢بطرس ٢: ٢-٣).[٣٧] كان لهذا أهمية خاصة بسبب التهديد المستمر الذي شكلَّه الأنبياء الكذبة على الكنيسة الأولى (راجع متى ٧: ١٥؛ ٢٤: ١١؛ ٢تيموثاوس ٤: ٣-٤؛ ٢بطرس ٢: ١-٣؛ ١يوحنا ٤: ١؛ يهوذا ٤)، الأمر الذي يفسِّر سبب وجوب امتحان النبوات والحُكم عليها من حيث استقامتها التعليمية والعقائدية (راجع ١كورنثوس ١٤: ٢٩؛ ١تسالونيكي ٥: ٢٠-٢٢؛ ١يوحنا ٤: ١-٦). وبحسب رومية ١٢: ٦، كان ينبغي قياس محتوى النبوة «بِالنِّسْبَةِ إِلَى الْإِيمَانِ»، بمعنى أنه كان ينبغي تقييمه على أساس مجموع الحق المسيحي الذي كان قد أعلنه الله الروح القدس قبلًا (راجع ١تيموثاوس ٣: ٩؛ ٤: ١، ٦؛ يهوذا ٣، ٢٠).

من ناحية، تضمنت موهبة النبوة تَلَقِّي إعلانًا جديدًا من الله، والإخبار به (راجع أعمال الرسل ١١: ٢٧-٢٨؛ ١تيموثاوس ٤: ١٤؛ ٢بطرس ١: ٢١)، الأمر الذي كان في بعض الأحيان ذا طابعٍ تنبؤيٍّ بالمستقبل (راجع أعمال الرسل ١١: ٢٧-٢٨؛ ٢١: ١٠-١١). ومن ناحية أخرى، اشتملت هذه الموهبة أيضًا على المناداة بما كان قد أُعلِن قبلًا، وتكراره علنًا، وهو دور يُفهَم ضمنًا من خلال ربط الأنبياء بالمعلِّمين في أعمال الرسل ١٣: ١ (راجع أعمال الرسل ١٥: ٣٢). وهكذا، فإن موهبة النبوة مورِست عن طريق المناداة بالحق المعلَن من الله، سواء كان حقًّا جديدًا أو قديمًا (راجع رومية ١٢: ٦). يُفهَم ذلك من الفعل اليوناني *prophēteuō* («يتنبَّأ»)، الذي يعني حرفيًّا «ينادي» أو «يتكلَّم». فإن أولئك الذين كانوا يتنبَّأون أو يكرزون نيابة عن الله كانوا يعلنون حقَّ كلمته، مكلِّمين «النَّاسَ بِبُنْيَانٍ وَوَعْظٍ وَتَسْلِيَةٍ» (١كورنثوس ١٤: ٣). وعلى غرار جميع المواهب الأخرى، كان ينبغي ممارسة موهبة النبوة في محبة (راجع أفسس ٤: ١٥).

ومع أن مؤمني كورنثوس أعلوا من شأن موهبة التكلُّم بألسنة فوق موهبة النبوة، أوضح بولس أن النبوة هي في حقيقة الأمر أسمى وأفضل، لأنها لا تستلزم ترجمة لإعلان الحق الإلهي للآخرين (١كورنثوس ١٤: ١-٥). ومِثلُ الرسولية، اختفت وظيفة النبي من المشهد بعد فترة وجيزة من اكتمال قائمة أسفار العهد الجديد القانونية (راجع رؤيا ٢٢: ١٩-١٩)، وإرساء الأساس التعليمي والعقائدي

٣٧ بخصوص أنبياء العهد الجديد، من المهم أن ندرك أن «العهد الجديد يستخدم المصطلحات نفسها لوصف أنبياء العهد القديم وأنبياء العهد الجديد على حدٍّ سواء. ففي سفر أعمال الرسل، ذُكر أنبياء العهد القديم في أعمال الرسل ٢: ١٦؛ ٣: ٢٤-٢٥؛ ١٠: ٤٣؛ ١٣: ٢٧، ٤٠؛ ١٥: ١٥؛ ٢٤: ١٤؛ ٢٦: ٢٢، ٢٧؛ ٢٨: ٢٣؛ كما كانت الإشارات إلى أنبياء العهد الجديد متناثرة عبر السفر، باستخدام المفردات اللغوية نفسها دون أدنى تفرقة، أو تعليق، أو تنبيه (راجع أعمال الرسل ٢: ١٧-١٨؛ ٧: ٣٧؛ ١١: ٢٧-٢٨؛ ١٣: ١؛ ١٥: ٣٢؛ ٢١: ٩-١١)»:

MacArthur, *Strange Fire*, 119.

للكنيسة (أفسس ٢ : ٢٠). فكما اختفى أنبياء العهد القديم بعد اكتمال قائمة أسفار العهد القديم القانونية، هكذا لم تعد هناك حاجة إلى أنبياء العهد الجديد بعد اكتمال العهد الجديد.

لكن من ناحية أخرى، استمرَّت موهبة النبوة عبر تاريخ الكنسة من خلال الكرازة بالكُتُب المقدَّسة، أي بالكلمة النبوية (رومية ١٢ : ٦؛ ٢بطرس ١ : ١٩). فمنذ اكتمال قائمة أسفار الكتاب المقدس القانونية، قطع الله عمله الإعلاني في الكنيسة. ومع ذلك، فإن الذين ينادون بحقِّ كلمةِ الله بأمانة يؤدُّون دورًا ذا طابعٍ نبويٍّ. ذكَّر بولس تيموثاوس قائلًا:

> كُلُّ الْكِتَابِ هُوَ مُوحًى بِهِ مِنَ اللهِ، وَنَافِعٌ لِلتَّعْلِيمِ وَالتَّوْبِيخِ، لِلتَّقْوِيمِ وَالتَّأْدِيبِ الَّذِي فِي الْبِرِّ، لِكَيْ يَكُونَ إِنْسَانُ اللهِ كَامِلًا، مُتَأَهِّبًا لِكُلِّ عَمَلٍ صَالِحٍ.
>
> أَنَا أُنَاشِدُكَ إِذًا أَمَامَ اللهِ وَالرَّبِّ يَسُوعَ الْمَسِيحِ، الْعَتِيدِ أَنْ يَدِينَ الأَحْيَاءَ وَالأَمْوَاتَ، عِنْدَ ظُهُورِهِ وَمَلَكُوتِهِ: اكْرِزْ بِالْكَلِمَةِ. اعْكُفْ عَلَى ذلِكَ فِي وَقْتٍ مُنَاسِبٍ وَغَيْرِ مُنَاسِبٍ. وَبِّخِ، انْتَهِرْ، عِظْ بِكُلِّ أَنَاةٍ وَتَعْلِيمٍ (٢تيموثاوس ٣ : ١٦–٤ : ٢).

- **كلام الحكمة وكلام العلم**

لم تقدَّم سوى تفاصيل قليلة عن «كَلَامُ حِكْمَةٍ» و«كَلَامُ عِلْمٍ» (١كورنثوس ١٢ : ٨)، لكن الواضح أنهما ينطويان على أن يتلقَّى شخصٌ ما إعلانًا من الله ويُخْبِرُ به. ويبدو أن الذين أُعطوا «كَلَامُ حِكْمَةٍ» كانوا قادرين على فهم الحق المعلَن من الله فهمًا صحيحًا، وشرح تطبيقه السليم في الحياة اليومية (راجع متى ١٣ : ٥٤؛ مرقس ٦ : ٢؛ أعمال الرسل ٦ : ١٠؛ يعقوب ١ : ٥؛ ٣ : ١٧؛ ٢بطرس ٣ : ١٥). أما الذين كانوا يقدِّمون «كَلَامُ عِلْمٍ»، فكانوا يمدُّون الآخرين بفهمٍ للحقائق العميقة لكلمة الله (راجع أفسس ٣ : ٣؛ كولوسي ١ : ٢٦؛ ٢ : ٢).

في ١كورنثوس ١٣ : ٢، بدا أن الرسول كان يشير إلى هاتين الموهبتين حين كتب الكلمات التالية: «وَإِنْ ... [كنتُ] أَعْلَمُ جَمِيعَ الأَسْرَارِ وَكُلَّ عِلْمٍ ...». وفقًا لذلك، أولئك الذين وُهِبوا العِلْمَ والحكمةَ كانت لديهم القدرة على استيعاب أسرار الإعلان الإلهي، وفهم كيفية تطبيق هذا الحق على الصعيد العملي. كان كلامُ العِلْمِ يرتكز حول فهم الحق، بينما كان كلامُ الحكمةِ يوضِّح كيفية السلوك بموجبه.

وباكتمال قائمة أسفار العهد الجديد القانونية، وانتهاء عصر الرسل، انقطع (توقَّف) أيُّ جانب إعلاني متصل بهاتين الموهبتين. ورغم ذلك، لا يزال الله يعطي بعضًا من أولاده قدرة أعلى على فهم حق كلمته، وتقديم شرح له. والذين يتمتعون بهذه الموهبة اليوم مؤهَّلون على نحو خاص لكشف الغطاء عن حقائق الكتاب المقدس حتى يساعدوا الآخرين على فهمها وتطبيقها.

- **تَمْيِيزُ الأَرْوَاحِ**

بهذه الموهبة، يُمَكِّن الله شخصًا ما من التمييز بين التصريحات الصحيحة والزائفة التي يُدلي بها أناسٌ يدَّعون على نحو خادعٍ أن كلماتهم هي إعلانات نبوية آتية من عند الله (١كورنثوس ١٢ : ١٠). يُعَد بطرس مثالًا لشخصٍ مارس هذه الموهبة، إذ استطاع أن يميِّز ازدواجية حنانيا الروحية (أعمال الرسل

٣:٥). وكذلك بولس أيضًا استطاع تمييز أن جارية كان بها روح عرافة (أعمال الرسل ١٦:١٦-١٨). هذا المثالان يعبِّران عن الجانب المؤقَّت والمعجزي من الموهبة، لكن منذ اكتمال قائمة أسفار العهد الجديد القانونية، انطوت ممارسة هذه الموهبة في المقام الأول على القدرة على تمييز الأكاذيب والزيف من خلال مضاهاتها بالحق الكتابي (راجع أعمال الرسل ١٧:١١؛ ١تسالونيكي ٥:٢٠-٢٢).

## • التعليم

أشار بولس في ١كورنثوس ١٢:٢٨ إلى مجموعة أخرى أيضًا، هي مجموعة «المعلِّمين» (راجع رومية ١٢:٧؛ أفسس ٤:١١). ومِثْلُ الرسولية والنبوة، يمكن للتعليم أن يشير إلى وظيفة وإلى موهبة في الآن ذاته. تنطوي موهبة التعليم على القدرة المعطاة من الروح القدس على تفسير وشرح حق كلمة الله بوضوح ودقة، حتى يفهمه الآخرون ويتعلَّموه (راجع أعمال الرسل ١٨:٢٤-٢٥؛ ٢تيموثاوس ٢:٢). ومع أن هذه الموهبة هي مؤهلٌ لا بد من توافُره في الشيوخ (١تيموثاوس ٣:٢؛ تيطس ١:٩؛ راجع ١تيموثاوس ٤:١٦)، لكنها لا تقتصر على رعاة الكنائس دون غيرهم.

اتَّسمت كنيسة الرسل بالتعليم المنتظم لكلمة الله (أعمال الرسل ٢:٤٢؛ ١٥:٣٥؛ ١٨:٢٤-٢٥؛ ٢تيموثاوس ١:١١)، الأمر الذي ينبغي أن يميز كلَّ كنيسة، لأن التعليم جزء ضروري من عملية التلمذة. أوصى يسوع أتباعه قائلًا: «فَاذْهَبُوا وَتَلْمِذُوا جَمِيعَ الأُمَمِ ... وَعَلِّمُوهُمْ أَنْ يَحْفَظُوا جَمِيعَ مَا أَوْصَيْتُكُمْ بِهِ» (متى ٢٨:١٩-٢٠). وإدراكًا من بولس للأهمية الحيوية لهذا العمل الروحي، أوصى تيموثاوس قائلًا: «وَمَا سَمِعْتَهُ مِنِّي بِشُهُودٍ كَثِيرِينَ، أَوْدِعْهُ أُنَاسًا أُمَنَاءَ، يَكُونُونَ أَكْفَاءً أَنْ يُعَلِّمُوا آخَرِينَ أَيْضًا» (٢تيموثاوس ٢:٢). إن قادة الكنيسة الأمناء هم الذين يُفَصِّلون كلمة الله باستقامة (٢تيموثاوس ٢:١٥)، ويعلِّمون الكنيسة حقَّ هذه الكلمة. أيضًا، يُعطَى مؤمنون كثيرون من عامة شعب الكنيسة هذه القدرة على تقديم التعليم الصحيح في مختلف اجتماعات الكنيسة.

## • الوعظ

الكلمتان اليونانيتان *parakaleō* («الْوَاعِظُ»)، و*paraklēsis* («الْوَعْظِ») في رومية ١٢:٨ مركَّبتان من الكلمة *para* («بجانب»)، و*kaleō* («يدعو» أو «ينادي»). اجتمعت هاتان الكلمتان نفساهما معًا أيضًا في اللقب *paraklētos* («الباراقليط»، أو «المحامي»، أو «المعزي»، أو «المعين»)، الذي استُخدِم للإشارة إلى كلٍّ من الرب يسوع (١يوحنا ٢:١) والروح القدس (يوحنا ١٤:١٦، ٢٦؛ ١٥:٢٦؛ ١٦:٧). إذن، تنطوي موهبة الوعظ على الوقوف إلى جانب المؤمنين الآخرين لإعانتهم وتشجيعهم في طريق التقوى (راجع عبرانيين ١٠:٢٤-٢٥). وبحسب الموقف، يمكن لهذه الموهبة أن تتجلَّى في إنذار المقتنَصين في فخ الخطية، أو تقويم المجرَّبين بالضلالات، أو تعزية المتألمين، أو تشديد الضعفاء. إن الوعظ لازمٌ في مجالات الخدمة المتنوِّعة، وربما يختلف شكله بحسب كلِّ مجال منها. قال بولس لأهل تسالونيكي: «وَنَطْلُبُ إِلَيْكُمْ أَيُّهَا الإِخْوَةُ: أَنْذِرُوا الَّذِينَ بِلَا تَرْتِيبٍ. شَجِّعُوا صِغَارَ النُّفُوسِ. أَسْنِدُوا الضُّعَفَاءَ. تَأَنَّوْا عَلَى الْجَمِيعِ» (١تسالونيكي ٥:١٤؛ راجع ٢كورنثوس ١:٣-٥؛ ٢تيموثاوس ٣:١٦-١٧؛ ٤:٢).

قدَّم بولس وبرنابا نموذجًا لخدمة الوعظ في رحلتهما التبشيرية الأولى: فبعدما كرزا بالإنجيل في مدن غلاطية الجنوبية، «رَجَعَا إِلَى لِسْتِرَةَ وَإِيقُونِيَةَ وَأَنْطَاكِيَةَ، يُشَدِّدَانِ أَنْفُسَ التَّلَامِيذِ وَيَعِظَانِهِمْ

أَنْ يَثْبُتُوا فِي الْإِيمَانِ، وَأَنَّهُ بِضِيقَاتٍ كَثِيرَةٍ يَنْبَغِي أَنْ نَدْخُلَ مَلَكُوتَ اللهِ» (أعمال الرسل ١٤: ٢١-٢٢). فعلى الذين أُعطوا موهبة الوعظ أن يحرصوا على أن يعظوا الآخرين بمحبة (أفسس ٤: ١٥)، وأن يشجعوهم من الكتاب المقدس عالمين أن كلام الله «نَافِعٌ لِلتَّعْلِيمِ وَالتَّوْبِيخِ، لِلتَّقْوِيمِ وَالتَّأْدِيبِ الَّذِي فِي الْبِرِّ» (٢تيموثاوس ٣: ١٦). وفي حين تعلن الكرازة حق كلمة الله، ويشرح التعليم هذا الحق، يدعو الوعظُ المؤمنينَ إلى أن يكونوا عاملين بالكلمة لا سامعين فقط (يعقوب ١: ٢٢).

- الخدمة والإعانة

إن موهبة «الْخِدْمَةِ» (رومية ١٢: ٧)، وموهبة «الأَعْوَان» [الإعانة] (اكورنثوس ١٢: ٢٨) هما موهبتان مترادفتان تقريبًا. فإن كلمة «الْخِدْمَةِ» في اللغة اليونانية مشتقَّة من الكلمة اليونانية نفسها التي تُترجَم «شماس» (*diakonia*)؛ وهي مصطلح عام يمكن أن يشير إلى أيِّ نوع من المساعدة أو الإعانة العمليَّة (راجع أعمال الرسل ٢٠: ٣٥). كذلك، «الإعانة» (من الكلمة اليونانية *antilēmpsis*) مصطلح عام يشير إلى أي نوع من الخدمة أو المساعدة التي تقدَّم لآخرين. تنطوي أعمال الخدمة هذه عادةً على أداء تلك المهام الدنيوية وغير المثيرة، لكن الأساسية في حياة الكنيسة وفاعليتها المستمرة. وبأداء هؤلاء المعاونين الموهوبين لمثل هذه المهام بسرور، يتيحون الوقت لأولئك الموهوبين في مجالات أخرى أن يفعلوا ما أهَّلهم الروح القدس له بصفة خاصة. نجد مثالًا لهذا المبدأ في الرجال السبعة الذين اختيروا لخدمة الموائد للأرامل، حتى يتسنَّى للرسل التركيز على الصلاة وخدمة الكلمة (أعمال الرسل ٦: ٣-٤).

في رسالة بولس إلى أهل فيلبي، وَصَفَ أَبَفْرُودِتُسَ بأنه «الْعَامِلَ مَعِي، وَالْمُتَجَنِّدَ مَعِي، وَرَسُولَكُمْ، وَالْخَادِمَ لِحَاجَتِي ... مِنْ أَجْلِ عَمَلِ الْمَسِيحِ قَارَبَ الْمَوْتَ، مُخَاطِرًا بِنَفْسِهِ، لِكَيْ يَجْبُرَ نُقْصَانَ خِدْمَتِكُمْ لِي» (فيلبي ٢: ٢٥-٣٠). من الواضح أن جزءًا من موهبة أبفرودتس الروحية كان ينطوي على رغبة فائقة للطبيعة في المعاونة والخدمة، وقدرة فائقة للطبيعة على القيام بهما. وقد تجلَّت أمانته من نحو الرب في خدمته الباذلة لبولس. ومع أن الذين يخدمون في الكنيسة بإنكارٍ للذات، ومن وراء الستار، ليسوا ظاهرين علنًا، سيجازيهم الرب علانية يومًا ما (راجع كولوسي ٣: ٢٢-٢٤).

- القيادة والتدبير

أولئك الذين أُعطوا موهبة «الْمُدَبِّرُ» [«الذي يقود»، وفقًا لبعض الترجمات الأخرى] (رومية ١٢: ٨) أو «تَدَابِيرَ» [«إدارة»] (اكورنثوس ١٢: ٢٨) مسئولون عن إرشاد الرعية، روحيًّا وفي اتخاذ القرارات اليومية. إن العبارة التي تُرجِمت «الْمُدَبِّرُ» [«القائد»] هي ترجمة لصيغة اسم الفاعل من اللفظ اليوناني *proistēmi* (الذي معناه «يقف أمام»، «to stand before»). وقد استُخدِم هذا المصطلح في العهد الجديد لوصف مهمة القيادة في كلٍّ من البيت (اتيموثاوس ٣: ٤-٥، ١٢)، والكنيسة (اتيموثاوس ٥: ١٧). أما كلمة «تَدَابِيرَ» [أو «إدارة»، administering] فهي تأتي من الكلمة اليونانية *kybernēsis*، التي تعني «يُرشِد». استخدم أعمال الرسل ٢٧: ١١ ورؤيا ١٨: ١٧ ذلك المصطلح نفسه للإشارة إلى الرُبَّان الذي يوجِّه سفينة، الأمر الذي يوضح كيف يساعد القادةُ الموهوبون الآخرين على الإبحار والملاحة عبر ظروف الحياة والخدمة، بإرشادهم بحكمة ومشورة جيدة (راجع أمثال ١٢: ٥؛ حزقيال ٢٧: ٨، حيث استُخدِم المصطلح اليوناني نفسه في الترجمة السبعينية للنص، «مَلَّاحِيكِ»،

و«رَبَابِينُكِ»). ومع أن هذه الموهبة لا تقتصر على وظيفة محدَّدة، فإن موهبة القيادة في الكنيسة تنتمي بوضوح إلى الرعاة والشيوخ الذين أقامهم الله ليرعوا رعيَّته، وليُطعموا قطيع الله ويقودوه.

ويبيِّن رومية ١٢: ٨ أن الذين يتمتعون بهذه الإمكانية ينبغي أن يدبِّروا «بِاجْتِهَادٍ» [diligence]. هذا المصطلح (في اليونانية *spoudē*) يمكن أن يُترجَم أيضًا «حماس» أو «غيرة» [zeal]. ومن ثَمَّ، ينبغي ألا تبدي القيادة الروحية الفعالة تراخيًا أو لا مبالاة، بل ينبغي أن تتسم بالاجتهاد والنشاط. وفي الآن ذاته، ينبغي أن تتسم القيادة الروحية أيضًا بالاتضاع وإنكار الذات (راجع مرقس ١٠: ٤٢-٤٥). شدَّد الرسول بطرس على هذا الحق حين أوصى الشيوخ قائلًا:

> ارْعَوْا رَعِيَّةَ اللهِ الَّتِي بَيْنَكُمْ نُظَّارًا، لَا عَنِ اضْطِرَارٍ بَلْ بِالاخْتِيَارِ، وَلَا لِرِبْحٍ قَبِيحٍ بَلْ بِنَشَاطٍ، وَلَا كَمَنْ يَسُودُ عَلَى الأَنْصِبَةِ، بَلْ صَائِرِينَ أَمْثِلَةً لِلرَّعِيَّةِ. وَمَتَى ظَهَرَ رَئِيسُ الرُّعَاةِ تَنَالُونَ إِكْلِيلَ الْمَجْدِ الَّذِي لَا يَبْلَى (١بطرس ٥: ٢-٤)

## • العطاء

في رومية ١٢: ٨، وصف بولس موهبة العطاء بهذه العبارة: «الْمُعْطِي فَبِسَخَاءٍ». والكلمة اليونانية التي تُرجمت «الْمُعْطِي» هي شكلٌ من أشكال الفعل *metadidōmi*، الذي يمكن ترجمته «يشارك» أو «يُسْهِمُ». يدل ذلك على السخاء الباذل في العطاء من أجل سد حاجات الآخرين (راجع ٢كورنثوس ٨: ٢-٥). ومع أن كلَّ مؤمن مدعوٌّ إلى المشاركة والعطاء (أفسس ٤: ٢٨؛ راجع لوقا ٣: ١١)، لكن الذين يتمتعون بموهبة العطاء مؤهَّلون على نحو خاص برغبة وحماس شديدين في الإسهام الباذل لأجل الآخرين. وبناء عليه، يختبرون القدر الكامل من معرفة أن «الْمُعْطِيَ الْمَسْرُورَ يُحِبُّهُ اللهُ» (٢كورنثوس ٩: ٧).

تأتي كلمة «سخاء» من الكلمة اليونانية *haplotēs*، وتشير إلى جودٍ صادقٍ. فمثل هذا النوع من العطاء ليس مدفوعًا بأغراض خفية، بل بمحبة صادقة وحقيقية تجاه الآخرين، وفي الأساس، تجاه الرب. ليس هذا عطاء رِيائي، مثل سخاء الفريسيين التظاهُري (متى ٦: ٢)، أو مثل خداع حنانيا وسفيرة (أعمال الرسل ٥: ١-١١)، بل كانت الرغبة الصادقة في العطاء هي السمة المميِّزة للكنيسة الأولى (أعمال الرسل ٢: ٤٤-٤٥). وهذا التوجه لا يزال يميِّز الذين يتمتعون بهذه الموهبة.

## • إظهار الرحمة

تُختتَم قائمة المواهب في رومية ١٢ بهذه الكلمات: «الرَّاحِمُ فَبِسُرُورٍ» (١٢: ٨). يعبِّر الفعل اليوناني *eleeō* («الرَّاحِمُ»، أو «الذي يصنع أعمال رحمة») عن توجُّه من التعاطُف مع المتألمين، وكذلك قدرة فعَّالة على تعزيتهم وتشجيعهم. والذين يتمتعون بموهبة الرحمة يتميزون بحساسية فوق طبيعية تجاه الحزن والألم، وهم مؤهَّلون على نحو خاص من الروح القدس لتعزية الحزانى والمكتئبين ومواساتهم. وتتعدَّى موهبة الرحمة مجرد الشعور بالأسف نحو الآخرين، لأنها تترجَم إلى أفعال بالبحث عن وسائل لرفع معنوياتهم. تتجلَّى مثل هذه الموهبة عادة في أفعال اللطف تجاه المشرَّدين، والمسنِّين، والمرضى، والمعاقين، والمتألِّمين، والحزانى.

الذين يمارسون هذه الموهبة لا يعتبرونها عملًا شاقًّا أو مجرد واجبٍ مفروض عليهم؛ لكنهم بالأحرى، يتلذَّذون ويُسرُّون بشدة بأن يمدُّوا للآخرين يد المساعدة باسم إلهٍ كلّ رحمة ونعمة (راجع ١بطرس ٥: ١٠). أظهر الرب يسوع هذه الصفة باستمرار في أثناء خدمته على الأرض، إذ تجاوب بتعاطف ورأفة شديدَين مع المتألمين، والمعوزين الذين كانوا يأتون إليه (راجع لوقا ٤: ١٨-١٩). وأولئك الذين يُظهرون الرحمة واللطف تجاه الآخرين يحتذون بهذا النموذج الفائق الذي قدَّمه.

## • الإيمان

تشير موهبة الإيمان، التي أشار إليها بولس في ١كورنثوس ١٢: ٩، إلى قدرة فائقة واستثنائية على الثقة بالله في وسط الصعوبات والمشقات. «الإيمان» الذي تحدَّث عنه بولس هنا ليس هو الإيمان الذي للخلاص، بل هو اليقينُ غير المتزعزع في قدرة الله ووعوده. وأولئك الذين يتمتعون بموهبة الإيمان يتميَّزون بالصلاة المثابرة، ويستمدون يقينهم من معرفتهم أن الله يسمع لتضرعات شعبه ويستجيب لهم (راجع يعقوب ٥: ١٦-١٨). فهم يتجاوبون مع حقِّ كلمات يسوع القائلة: «اَلْحَقَّ أَقُولُ لَكُمْ: لَوْ كَانَ لَكُمْ إِيمَانٌ مِثْلُ حَبَّةِ خَرْدَلٍ لَكُنْتُمْ تَقُولُونَ لِهذَا الْجَبَلِ: انْتَقِلْ مِنْ هُنَا إِلَى هُنَاكَ فَيَنْتَقِلُ، وَلَا يَكُونُ شَيْءٌ غَيْرَ مُمْكِنٍ لَدَيْكُمْ» (متى ١٧: ٢٠؛ راجع ١كورنثوس ١٣: ٢).

تتقوَّى الكنيسة بكاملها حين يمارس مَن لديهم هذه الموهبة الإيمانَ في خضم التجارب والضيقات. إن اليقين الراسخ غير متزعزع في وعود الله صفةٌ ميَّزت قديسي العهد القديم المشار إليهم في عبرانيين ١١. فمن خلال نموذج الإيمان الذي قدَّموه، وتثبيت أعينهم على المسيح، صاروا «سَحَابَةٌ مِنَ الشُّهُودِ مِقْدَارُ هذِهِ» يمكن للأجيال اللاحقة من المؤمنين اتباعها (عبرانيين ١٢: ١-٢). وعلى غرار ذلك أيضًا، عبر تاريخ الكنيسة، تجاوَبَ عددٌ لا يحصى من المؤمنين الذين يتمتعون بهذه الموهبة مع المشقات، والمخاطر، بل والموت نفسه بعزمٍ لا يلين وثقةٍ بالله. وظلت شهادات الأمناء - سواء عامة شعب الكنيسة من الرجال والنساء المتضعين الذين كانوا أشداء في الإيمان، أو المرسَلين المكرَّسين، أو الشهداء الشرفاء - تُشدِّد وتشجع الأجيال اللاحقة من المؤمنين عبر القرون.

## • التمييز الروحي

تشير القدرة على «تَمْيِيزُ الأَرْوَاحِ» (١كورنثوس ١٢: ١٠) إلى الموهبة الدائمة التي تتعلَّق بالتمييز الروحي، أي بالقدرة التي يعطيها الروح القدس على إدراك الضلالات العقائدية والخداع الديني من أيِّ نوع. فالشيطان، «أَبُو الْكَذَّابِ» (يوحنا ٨: ٤٤)، يسعى دائمًا إلى تزييف عمل الله الحقيقي بتغيير شكله إلى شبه «مَلَاكِ نُورٍ» (٢كورنثوس ١١: ١٤). وهو يفعل ذلك في المقام الأول من خلال المعلِّمين الكذبة، الذين يقدِّمون «تَعَالِيمَ شَيَاطِينَ» (١تيموثاوس ٤: ١). ولهذا السبب حذَّر الرسول يوحنا قُرَّاء رسالته قائلًا: «أَيُّهَا الأَحِبَّاءُ، لَا تُصَدِّقُوا كُلَّ رُوحٍ، بَلِ امْتَحِنُوا الأَرْوَاحَ: هَلْ هِيَ مِنَ اللهِ؟ لأَنَّ أَنْبِيَاءَ كَذَبَةً كَثِيرِينَ قَدْ خَرَجُوا إِلَى الْعَالَمِ» (١يوحنا ٤: ١).

## • التبشير

تنطوي وظيفة أو موهبة المبشِّر، وهي المجموعة الثالثة المشار إليها في أفسس ٤: ١١، على القدرة المعطاة من الله على شرح رسالة الإنجيل لغير المؤمنين، والوعظ بها، وتطبيقها. استخدم بولس الفعل

اليوناني *euangelizō* («يكرز أو يبشّر بالإنجيل») إحدى وعشرين مرة في رسائله. وحثّ تيموثاوس قائلًا: «اعْمَلْ عَمَلَ الْمُبَشِّرِ» (٢تيموثاوس ٤ : ٥) سواء عمومًا، أو في مدينة أفسس خصوصًا (انظر فيلبس المبشّر من قيصرية، في أعمال الرسل ٢١ : ٨). وهكذا، يبدو أن المبشّر كان في المقام الأول زارعًا للكنائس، يقتضي واجبه أن يؤسّس كنائس جديدة عن طريق الكرازة بالإنجيل. وما أن تولَد كنيسة، كان يقودها راعٍ-معلّم، بينما ينتقل المبشّر إلى عمل جديد في موضع جديد.

- **الرعاية والتعليم**

تنطوي هذه الوظيفة أو الموهبة، وهي المجموعة الرابعة المشار إليها في أفسس ٤ : ١١، على القدرة التي يعطيها الله على الرعاية عن طريق القيادة، والإطعام، والحماية، وأيٍّ نوع آخر من الاعتناء بالمؤمنين في الكنائس المحلية. على سبيل المثال، يصف محتوى رسالة بولس إلى تيطس نوع التعليمات والوصايا اللازمة ليكون راعيًا-معلّمًا ناجحًا ومثمرًا. ولأن رسالة تيطس هي الرسالة البولسية الوحيدة التي لا تحوي سواء الفعل اليوناني *euangelizō*، أو الاسم *euangelion* («إنجيل»)، من الجذر نفسه، يمكننا أن نفترض أن محتوى هذه الرسالة يتعلّق بعمل تنمية وإنضاج الكنيسة المحلية بعدما تأسّست أولًا على يد المبشّر.

## ⬅ استخدام المواهب

يُظهِر استعراضُ المواهب الروحية المذكورة عبر كلِّ العهد الجديد تنوع الإمكانيات التي يمنحها الروح القدس، التي أعطاها الله للمؤمنين لبنيان بعضهم بعضًا في جسد المسيح (راجع ١كورنثوس ١٢ : ٤-٢٩). وفي حين ينبغي على المؤمنين أن يكتشفوا المواهب التي أعطاها لهم الله لأجل الخدمة، ينبغي ألا يكون تركيزهم الأساسي منصبًّا على مواهبهم بل بالأحرى على واهبها. فإنهم بينما يبنون مؤمنين آخرين عن طريق ممارسة مواهبهم، فإنهم في الآن ذاته يمجّدون ربَّ الكنيسة ويُكرمونه، صائرين بهذا ذبائح عبادة حية مقدَّسة ومقبولة عند الله (رومية ١٢ : ١). ولنكرر هنا كلمات بطرس:

> لِيَكُنْ كُلُّ وَاحِدٍ بِحَسَبِ مَا أَخَذَ مَوْهِبَةً، يَخْدِمُ بِهَا بَعْضُكُمْ بَعْضًا، كَوُكَلاَءَ صَالِحِينَ عَلَى نِعْمَةِ اللهِ الْمُتَنَوِّعَةِ. إِنْ كَانَ يَتَكَلَّمُ أَحَدٌ فَكَأَقْوَالِ اللهِ. وَإِنْ كَانَ يَخْدِمُ أَحَدٌ فَكَأَنَّهُ مِنْ قُوَّةٍ يَمْنَحُهَا اللهُ، لِكَيْ يَتَمَجَّدَ اللهُ فِي كُلِّ شَيْءٍ بِيَسُوعَ الْمَسِيحِ، الَّذِي لَهُ الْمَجْدُ وَالسُّلْطَانُ إِلَى أَبَدِ الآبِدِينَ. آمِينَ (١بطرس ٤ : ١٠-١١)

باختصار، يبدو أن فئة المواهب الخدميَّة غير المعجزية عامةٌ وواسعةُ النطاق للغاية. فإن العهد الجديد لا يعرِّفها بمعنى ضيِّق أومحدَّد، الأمر الذي يؤدي إلى استنتاج أن الروح القدس يطبِّق تلك الإمكانيات على نحو فريد في حياة كل مؤمن.

قال بطرس إن كلَّ مؤمن أخذ «مَوْهِبَةً»، ومن ثَمَّ، من الإنصاف أن نستنتج أن الموهبة التي يأخذها كل مؤمن هي مزيج من الإمكانيات والقدرات اللازمة لخدمة جسد المسيح بفاعلية. وقد صمَّم الله هذه الموهبة خصوصًا لتكميل كل مؤمن لعمل الخدمة في الكنيسة. ومثلما يستخدم الرسَّام الخبير لوحَ

الألوان، يمزج الروح القدس هذه المواهب معًا على نحو فريد في حياة كلِّ مؤمن. ولهذا السبب، لن يفيدنا أن نبالغ في تعريف مواهب أي شخص، بل الأهم هو أن نخدم من القلب وبسخاء مبتهجين بكلِّ الطرق التي يستخدم بها الله المؤمنين كي يتمجَّد في الكنيسة.

## عيِّنة من السماء

في ختام هذه الدراسة عن الكنيسة، من الملائم أن نتذكَّر أن الكنيسة تقدِّم للمؤمنين لمحة أو عيِّنة من السماء. ومع أن الكنيسة ليست كاملة، لكنها تمثِّل المكان الوحيد الذي يعكس حياة السماء على الأرض.

الكنيسة تشبه السماء من عدة نواحٍ مهمة. ففي الكنيسة، يشتهي شعبُ الله الخضوعَ لمشيئته الأدبيَّة، حسبما هي معلَنة في كلمته (متى ٦: ١٠)، ويسعون إلى أن يطيعوه بدافع المحبة والتكريس له (يوحنا ١٤: ١٥؛ ١يوحنا ٢: ٣). أما في السماء، فسيخدم المؤمنون الله على نحو كامل (رؤيا ٢٢: ٣-٥). وهذا الرجاء المستقبلي هو الحافز لهم على أن يتبعوا القداسة في هذه الحياة (١يوحنا ٣: ٢-٣).

كذلك، في الكنيسة، يقدِّم المؤمنون باستمرار عبادةً وخشوعًا لله كذبيحة تسبيح (عبرانيين ١٣: ١٥). هذه التعبيرات عن العبادة تميِّز حياة السماء. قدَّم لنا الرسول يوحنا لمحة من العبادة الدائمة في السماء، في رؤيا ٤: ٨-١١:

> وَالأَرْبَعَةُ الْحَيَوَانَاتُ لِكُلِّ وَاحِدٍ مِنْهَا سِتَّةُ أَجْنِحَةٍ حَوْلَهَا، وَمِنْ دَاخِلٍ مَمْلُوَّةٌ عُيُونًا، وَلاَ تَزَالُ نَهَارًا وَلَيْلاً قَائِلَةً:
> «قُدُّوسٌ، قُدُّوسٌ، قُدُّوسٌ، الرَّبُّ الإِلهُ الْقَادِرُ عَلَى كُلِّ شَيْءٍ،
> الَّذِي كَانَ وَالْكَائِنُ وَالَّذِي يَأْتِي».
> وَحِينَمَا تُعْطِي الْحَيَوَانَاتُ مَجْدًا وَكَرَامَةً وَشُكْرًا لِلْجَالِسِ عَلَى الْعَرْشِ، الْحَيِّ إِلَى أَبَدِ الآبِدِينَ، يَخِرُّ الأَرْبَعَةُ وَالْعِشْرُونَ شَيْخًا قُدَّامَ الْجَالِسِ عَلَى الْعَرْشِ، وَيَسْجُدُونَ لِلْحَيِّ إِلَى أَبَدِ الآبِدِينَ، وَيَطْرَحُونَ أَكَالِيلَهُمْ أَمَامَ الْعَرْشِ قَائِلِينَ:
> ‹أَنْتَ مُسْتَحِقٌّ أَيُّهَا الرَّبُّ
> أَنْ تَأْخُذَ الْمَجْدَ وَالْكَرَامَةَ وَالْقُدْرَةَ،
> لأَنَّكَ أَنْتَ خَلَقْتَ كُلَّ الأَشْيَاءِ، وَهِيَ بِإِرَادَتِكَ كَائِنَةٌ وَخُلِقَتْ›».

فطوال الأبدية، سيمجِّد المؤمنون الربَّ يسوع على عمل فدائه (رؤيا ٥: ١١-١٤؛ راجع فيلبي ٢: ٩-١١). إن العبادة التي تمجِّد المسيح، ويتردَّد صداها عبر أروقة الكنائس وقاعاتها هنا على الأرض، ستظل تدوي عبر كلِّ أروقة السماء بلا نهاية.

ومع أن أعضاء الكنيسة لم يكمَّلوا بعد، لكننا نرى في الكنيسة عيِّنة من القداسة والطهارة اللتين تميِّزان السماء. نجد تأكيدًا على القداسة المطلقة التي سوف تتَّسم بها السماء في رؤيا ٢١: ٨ ورؤيا ٢٢: ١٤-١٥، حيث نقرأ أن مجد الأرض الجديدة الأبدي سوف يكون خاليًا من الزنى، وعبادة الأوثان،

وأيٍّ شكل من أشكال النجاسة. تعكس الكنيسة اليوم هذه القداسة حين يسلك أعضاؤها بالبر (أفسس ٤: ١؛ فيلبي ١: ٢٧؛ كولوسي ١: ١٠؛ ١بطرس ١: ١٦؛ راجع مزمور ١٥: ٢)، وحين يكونوا أمناء في تأديب الذين يصرُّون على المكوث في خطاياهم دون أن يتوبوا عنها (متى ١٨: ١٥-٢٠؛ ١كورنثوس ٥: ١٣).

في الكنيسة، يتمتَّع شعب الله أيضًا بشركة غنية بعضهم مع بعض. هذه الشركة هي عيِّنة من الشركة الكاملة التي سيتمتعون بها يومًا ما مع جميع القديسين ومع مخلِّصهم الرب يسوع (راجع ١يوحنا ١: ٣؛ ٣: ٢). فحين يجتمع المؤمنون في الكنيسة، يكون هذا بمثابة تَذكِرة لهم بأن سيرتهم هي في السماوات (فيلبي ٣: ٢٠-٢١)، وبأن هذا العالَم ليس موطنهم (راجع ١يوحنا ٢: ١٥-١٧). فهم جزءٌ من شركة القديسين، وينتمون إلى «كَنِيسَةُ أَبْكَارٍ مَكْتُوبِينَ فِي السَّمَاوَاتِ» (عبرانيين ١٢: ٢٣).

إن الخضوع لمشيئة الله، والعبادة التي مركزها المسيح، واتباع القداسة، والشركة مع المؤمنين الآخرين ليست سوى بعض النواحي التي تمثِّل بها الكنيسة على الأرض ظلًّا لأمجاد السماء. ومثل هذه الظلال ينبغي أن تدفع المؤمنين إلى النموِّ في محبتهم للكنيسة واشتياقهم إلى السماء. قال الرسول بولس لأهل كورنثوس: «فَإِنَّنَا نَنْظُرُ الآنَ فِي مِرْآةٍ، فِي لُغْزٍ، لَكِنْ حِينَئِذٍ وَجْهًا لِوَجْهٍ. الآنَ أَعْرِفُ بَعْضَ الْمَعْرِفَةِ، لَكِنْ حِينَئِذٍ سَأَعْرِفُ كَمَا عُرِفْتُ» (١كورنثوس ١٣: ١٢). في ضوء هذا المنظور السماوي، ما أبهج أن يكون المؤمنون جزءًا من جماعة المفديين الْمُنْتَظِرِينَ «الرَّجَاءَ الْمُبَارَكَ وَظُهُورَ مَجْدِ اللهِ الْعَظِيمِ وَمُخَلِّصِنَا يَسُوعَ الْمَسِيحِ، الَّذِي بَذَلَ نَفْسَهُ لأَجْلِنَا، لِكَيْ يَفْدِيَنَا مِنْ كُلِّ إِثْمٍ، وَيُطَهِّرَ لِنَفْسِهِ شَعْبًا خَاصًّا غَيُورًا فِي أَعْمَالٍ حَسَنَةٍ» (تيطس ٢: ١٣-١٤)!

## صلاة[٣٨]

يا أبانا، نشكرك لأنك
عيَّنت خطة فداء،
لتُنقِذَ غير المستحقين والمذنبين من ورطتهم،
وتنقلهم إلى ملكوتك.
ذلك الملكوت ليس فقط عالَمًا سماويًّا أبديًّا،
بل إن له وجودًا حيويًّا اليوم على هذه الأرض.
وإننا نبتهج ونفرح لأنك عيَّنت أن تبني ملكوتك
بواسطة جسدك، الكنيسة،
الذي فيه يؤدِّي كلُّ عضو دورًا مهمًا.

وحين نفكِّر في الرسول بولس، ندرك تلك المواهب والإمكانيات الفريدة
التي حصل عليها، حتى يسهم في تقدُّم ملكوتك ونموه.
ومع ذلك، يشجِّعنا أكثر أن ندرك
أن الكتاب المقدس قد أكرم بالاسم
أولئك الذين أعانوا بولس أيضًا.
فقد أحَطتَ بولس بأناسٍ لم نكن لنعرف عنهم شيئًا
لو لم يذكرهم بولس بالاسم، قائلًا إنهم كانوا يصلُّون لأجله،
ويشجِّعونه، ويساندونه في القيام بعملك العظيم.

نشكرك يا رب على هذا النموذج
لجسد المسيح العامل معًا.
إن هذا يُذكِّرنا بأنك لستَ فقط تخلِّص الخطاة،
لكن تجمعهم أيضًا معًا في جسدٍ واحدٍ،
تحت سلطان روحك القدوس،
لتتميم مقاصدك المجيدة.
إن نعمتك جزيلة ووافرة من كل النواحي.
نباركك لأجل الإنجيل وكلِّ ما يحقِّقه
من خلاص،
وعتق،
وشفاء،
وسلامة،
ورجاء.

---

٣٨ هذه الصلاة مأخوذة حرفيًا من المصدر التالي، بتصريح من الناشر:
John MacArthur, *At the Throne of Grace: A Book of Prayers* (Eugene, OR: Harvest House, 2011), 226–28.

ونشكرك لأنك تتلذذ بنا وتمزجنا معًا
في هذا الكيان الرائع الذي يُدعَى جسد المسيح.

نعترف بأننا في بعض الأحيان
لا نكون نافعين كما ينبغي أن نكون؛
بل وفي بعض الأحيان أيضًا نُعيِّقُ عملك،
ونُحزِن الروح القدس، ونسعى وراء ملذَّات العالم،
ونعيش دون أن نكترث بواجباتنا، ونَعبَث مع أمور شريرة.

نعترف، أيضًا بأننا أحيانًا
نكون غير مُحبِّين، وغير مهتمين بالآخرين، ومحبِّين لذواتنا،
وغير صابرين، ومفتكرين في الأرضيات بشكلٍ زائدٍ عن الحد،
ومتبلِّدين تجاه ما يمثِّل أهمية حقيقية.
كَم نحن في حاجة ماسة إلى أن نأتي أمامك،
لنغتسل وننال غفرانًا لكلِّ ذلك.
ليتنا نميت خطايانا عند أول ظهور لها
ولا نسمح ألبتة بأن يطول بقاؤها بداخلنا!
إن شهوة قلوبنا هي أن نُظهِر المسيح في مجده العظيم.
نحن الجسد الذي هو رأسه.
ليتنا نكرمه كما ينبغي في كلِّ ما نعمله ونعلِّم به.

وعن كلِّ ما أسأنا وأخطأنا به إليك يا رب،
نطلب صفحك بكل تذلُّل.
كم نحن ممتنُّون لأنك راغبٌ في أن تصفح عن الخطاة التائبين،
وتردَّهم إلى الخدمة النافعة لك!
إن رغبتنا الصادقة هي أن نكون أدوات لائقة بين يديك.
فليتنا نكون أمناء في خدمتك.
وسِّع تخوم قدرتنا على القيام بعمل الإنجيل،
وزِدِ انعكاسَ مجدك في وجوهنا.

أنت يا رب هو كلُّ حاجتنا؛
ليتنا لا نشتهي سواك.
أنت حصننا ومنقذنا.
قوتنا ورجاؤنا.
مرشدنا وحافظنا.
أنت الإله الواحد الحقيقي، وصخرة خلاصنا.

كلَّ نعمتك أَجزلتَ لنا،
وصار لنا اكتفاء تام دائمًا في كلِّ شيء.
حقًّا لدينا بوفرة كل ما يلزم لأجل كلِّ عمل صالح.
ليتنا إذن لا نبعثر أو نبذِّر تلك البركات الرائعة.

طَهِّرنا كي نعكس
مجد المسيح بأشدِّ وضوح.
وساعدنا، في هذه اللحظة عينها، أن نقدِّم لك أكثر فأكثر
ذلك التسبيح الذي ستنهمك فيه قلوبنا طوال الأبدية.
وكما نفعل دائمًا، نأتي بكلِّ هذه التضرعات باسم يسوع المبارَك.
ليتك تسمعها وتجيبها
إذ هي بحسب مشيئتك. آمين.

## قِفوا .. قِفوا معَ يَسوع

قِفوا .. قِفوا معَ يسوعَ يا جُنودَ الصَّليْبْ
إرفعوا رايَةَ مُلكِهِ، في حَرْبِهِ لا يَنكسِرْ.
مِنْ نَصرٍ إلى نَصرٍ، يَقودُ جَيشَهُ الرَّهيْبْ،
يُبيدُ المَسيحُ خُصومَهُ، ويَغدو الإلهَ المُنتَصِرْ.

قِفوا .. قِفوا معَ يَسوعَ، أطيعوا أبواقَ النِّداءْ
تقدَّموا إلى الصِّراعِ العَظيمِ في يومِهِ المَجيْدْ
أيُّها الأنامُ اخدموهُ الآنَ ضِدَّ رَبْواتِ الأعداءْ
شُدّوا العَزائِمَ في المَخاطرِ، وقوَّاتِ الصَّناديْدْ.

قِفوا .. قِفوا معَ يَسوعَ، اثبُتوا في قدْرتِهِ وَحدَهُ
إيَّاكمْ أنْ تثِقوا في ذَوَاتِكمْ، خائبَةٌ هيَ ذِرَاعُ البَشَرْ.
إلبَسوا سِلاحَ الإنجيلِ، وسُنّوا بالصَّلاةِ حَدَّهُ
ولا تتوانَوا عندَ نداءِ الواجبِ أوِ الخَطَرْ.

قِفوا .. قِفوا معَ يَسوعَ .. ستَنتَهي حَرْبُ القِفارْ
اليَومَ صَوتُ قِتالٍ، وَغدًا ترانيمُ الظَّفَرْ.
والغالبُ ينالُ إكليلَ الحَيَاةِ والفِخارْ،
وسَيَملكُ إلى الأبَدِ معَ مَلِكِ المَجدِ المُنتصِرْ.[٣٩]

---

٣٩ قام المترجم بتعريب هذه الترنيمة وتقفيتها. الترنيمة الأصلية هي بعنوان "Holy Bible, Book Divine" من تأليف جورج دافيلد الابن George Duffield Jr. (١٨١٨-١٨٨٨م).

# المراجع

مراجع أساسيَّة في اللاهوت النظامي:

Bancroft, Emery H. *Christian Theology: Systematic and Biblical.* 2nd ed. Grand Rapids, MI: Zondervan, 1976. 281–306.

Berkhof, Louis. *Systematic Theology.* 4th ed. Grand Rapids, MI: Eerdmans, 1939.–555 658.

Buswell, James Oliver, Jr. *A Systematic Theology of the Christian Religion.* 2 vols. Grand Rapids, MI: Zondervan, 1962–1963. 2:216–80.

Culver, Robert Duncan. *Systematic Theology: Biblical and Historical.* Fearn, Ross-shire, Scotland: Mentor, 2005. 799–1006.

Dabney, Robert Lewis. *Systematic Theology.* 1871. Reprint, Edinburgh: Banner of Truth,817–758 .1985 .

Erickson, Millard J. *Christian Theology.* Grand Rapids, MI: Baker, 1986. 1025–146.

Grudem, Wayne. *Systematic Theology: An Introduction to Biblical Doctrine.* Grand Rapids, MI: Zondervan, 1994. 853–1088.

Hodge, Charles. *Systematic Theology.* 3 vols. 1871–1873. Reprint, Grand Rapids, MI: Eerdmans, 1975. 3:466–709.

Lewis, Gordon R., and Bruce A. Demarest. *Integrative Theology.* 3 vols. Grand Rapids, MI: Zondervan, 1987–1994. 3:241–363.

Reymond, Robert L. *A New Systematic Theology of the Christian Faith.* Nashville: Thomas Nelson, 1998. 805–976.

Strong, August Hopkins. *Systematic Theology: A Compendium Designed for the Use of Theological Students.* Rev. ed. New York: Revell, 1907. 887–980.

*Swindoll, Charles R., and Roy B. Zuck, eds. *Understanding Christian Theology.* Nashville: Thomas Nelson, 2003. 1077–242.

*Thiessen, Henry Clarence. *Introductory Lectures in Systematic Theology*. Grand Rapids, MI: Eerdmans, 1949. 403–37.

Turretin, Francis. *Institutes of Elenctic Theology*. 3 vols. Edited by James T. Dennison Jr. Translated by George Musgrove Giger. 1679–1685. Reprint, Phillipsburg, NJ: P&R, 560–3:1 .1997–1992.

العلامة * تشير إلى المصادر الأكثر إفادة.

**مراجع متخصّصة:**

Adams, Jay. *Handbook of Church Discipline: A Right and Privilege of Every Church Member*. Grand Rapids, MI: Zondervan, 1984.

Amandus, Dave, ed. *Fundamentals of the Faith: 13 Lessons to Grow in the Grace and Knowledge of Jesus Christ*. Chicago: Moody Publishers, 2009.

Dever, Mark. *The Church: The Gospel Made Visible*. Nashville: B&H Academic, 2012.

———. *Nine Marks of a Healthy Church*. 3rd ed. Wheaton, IL: Crossway, 2013.

Dever, Mark, and Paul Alexander. *The Deliberate Church: Building Your Ministry on the Gospel*. Wheaton, IL: Crossway, 2005.

DeYoung, Kevin, and Ted Kluck. *Why We Love the Church: In Praise of Institutions and Organized Religion*. Chicago: Moody Publishers, 2009.

Duncan, Ligon, and Susan Hunt. *Women's Ministry in the Local Church*. Wheaton, IL: Crossway, 2006.

Edgar, Thomas R. *Satisfied by the Promise of the Spirit: Affirming the Fullness of God's Provision for Spiritual Living*. Grand Rapids, MI: Kregel, 1996.

Gilley, Gary E. *This Little Church Went to Market: Is the Modern Church Reaching Out or Selling Out?* Rev. ed. Darlington, UK: Evangelical Press, 2005.

Gordon, T. David. *Why Johnny Can't Preach: The Media Have Shaped the Messengers*. Phillipsburg, NJ: P&R, 2009.

Grudem, Wayne, and Dennis Rainey, eds. *Pastoral Leadership for Manhood and Womanhood*. Foundations for the Family. Wheaton, IL: Crossway, 2003.

Hughes, R. Kent, and Douglas Sean O'Donnell. *The Pastor's Book: A Comprehensive and Practical Guide to Pastoral Ministry*. Wheaton, IL: Crossway, 2015.

*Jefferson, Charles. *The Minister as Shepherd: The Privileges and Responsibilities of Pastoral Leadership*. 1912. Reprint, Charleston, SC: BiblioLife, 2006.

Lawson, Steven J. *Famine in the Land: A Passionate Call for Expository Preaching*. Chicago: Moody Publishers, 2003.

—————. *The Kind of Preaching God Blesses*. Eugene, OR: Harvest House,2013 .

Leeman, Jonathan. *Church Discipline: How the Church Protects the Name of Jesus*. 9Marks: Building Healthy Churches. Wheaton, IL: Crossway, 2012.

—————. *Church Membership: How the World Knows Who Represents Jesus*. 9Marks: Building Healthy Churches. Wheaton, IL: Crossway, 2012.

Lloyd-Jones, D. Martyn. *Preaching and Preachers*. Edited by Kevin DeYoung. 40th anniversary ed. Grand Rapids, MI: Zondervan, 2012.

MacArthur, John. *1 Timothy*. MacArthur New Testament Commentary. Chicago: Moody Publishers, 1995.

—————. *2 Timothy*. MacArthur New Testament Commentary. Chicago: Moody Publishers,1995 .

—————. *Ashamed of the Gospel: When the Church Becomes Like the World*. 3rd ed. Wheaton, IL: Crossway, 2010.

*—————, ed. *Evangelism: How to Share the Gospel Faithfully*. The John MacArthur Pastor's Library. Nashville: Thomas Nelson, 2011.

*—————. *The Master's Plan for the Church*. Rev. ed. Chicago: Moody Publishers, 2008.

*—————, ed. *Pastoral Ministry: How to Shepherd Biblically*. The John MacArthur Pastor's Library. Nashville: Thomas Nelson, 2005.

*——————, ed. *Preaching: How to Preach Biblically*. The John MacArthur Pastor's Library. Nashville: Thomas Nelson, 2005.

——————. *Reckless Faith: When the Church Loses Its Will to Discern*. Wheaton, IL: Crossway,1994 .

*——————. *Strange Fire: The Danger of Offending the Holy Spirit with Counterfeit Worship*. Nashville: Thomas Nelson, 2013.

——————. *Titus*. MacArthur New Testament Commentary. Chicago: Moody Press, 1996.

——————. *Welcome to the Family: What to Expect Now That You're a Christian*. Nashville: Thomas Nelson, 2004.

*——————. *Worship: The Ultimate Priority*. Chicago: Moody Publishers, 2012.

*MacArthur, John, and Wayne A. Mack, eds. *Counseling: How to Counsel Biblically*. The John MacArthur Pastor's Library. Nashville: Thomas Nelson, 2005.

Marshall, Colin, and Tony Payne. *The Trellis and the Vine*. Kingsford, NSW, Australia: Matthias Media, 2009.

*Mayhue, Richard. *The Healing Promise: Is It Always God's Will to Heal?* Fearn, Rossshire, Scotland: Mentor, 1997.

——————. *What Would Jesus Say about Your Church?* Fearn, Ross-shire, Scotland: Christian Focus, 1995.

Mohler, R. Albert, Jr. *He Is Not Silent: Preaching in a Postmodern World*. Chicago: Moody Publishers, 2008.

Montoya, Alex. *Preaching with Passion*. Grand Rapids, MI: Kregel, 2007.

Piper, John. *Brothers, We Are Not Professionals*. Expanded edition. Nashville: B&H, 2013.

Piper, John, and Wayne Grudem, eds. *Recovering Biblical Manhood and Womanhood: A Response to Evangelical Feminism*. Wheaton, IL: Crossway, 2012.

*Radmacher, Earl D. *What the Church Is All About: A Biblical and Historical Study.* Chicago: Moody Press, 1978.

*Saucy, Robert L. *The Church in God's Program.* Chicago: Moody Press, 1972.

Schreiner, Thomas R., and Matthew R. Crawford, eds. *The Lord's Supper: Remembering and Proclaiming Christ until He Comes.* NAC Studies in Bible and Theology 10. Nashville: B&H Academic, 2011.

Schreiner, Thomas R., and Shawn D. Wright, eds. *Believer's Baptism: Sign of the New Covenant in Christ.* NAC Studies in Bible and Theology 2. Nashville: B&H Academic, 2007.

Spurgeon, Charles H. *Lectures to My Students.* 1875. Reprint, Peabody, MA: Hendrickson, 2010 .

*Strauch, Alexander. *Biblical Eldership: An Urgent Call to Restore Biblical Church Leadership.* Rev. ed. Littleton, CO: Lewis and Roth, 1995.

——————. *Meetings That Work: A Guide to Effective Elders' Meetings.* Littleton, CO: Lewis and Roth, 2001.

——————. *The New Testament Deacon: Minister of Mercy.* Littleton, CO: Lewis and Roth, 1992 .

Thomas, Robert L. *Understanding Spiritual Gifts: A Verse-by-Verse Study of 1 Corinthians 14–12 .* Rev. ed. Grand Rapids, MI: Kregel, 1998.

Waldron, Samuel E. *To Be Continued? Are the Miraculous Gifts for Today?* Merrick, NY: Calvary Press, 2005.

Wright, David F. *Baptism: Three Views.* Downers Grove, IL: IVP Academic, 2009.

العلامة (*) تشير إلى المصادر الأكثر إفادة.

## هلّلويا! ما أعظمَهُ مُخلِّصًا!

«رَجُلُ أوجَاع» يا لهُ من نِدَاءْ!
دُعيَ بهِ ابنُ اللهِ الذي جَاءْ
ليَستردَّ خُطاةً غارقينَ في الشَّقاءْ.
هلّلويا.. ما أعظمَهُ مُخلِّصًا!

إذ احتمَلَ الخِزْيَ والاستِهزاءْ
بديلاً عَنّي يُدانُ وهوَ بَرَاءْ
خاتمًا غُفرانَه لي بالدِّمَاءْ،
هلّلويا.. ما أعظمَهُ مُخلِّصًا!

مُذنبونَ فاسِدونَ، نحنُ وَعَاجزونْ
وهو حَمَلُ الله بلا عَيب وَديعٌ حَنونْ
كفّارةً كاملةً! أتُرى هذا يَكونْ؟
هلّلويا.. ما أعظمَهُ مُخلِّصًا!

رُفِعَ ليَموتَ.. هكذا هو شَاءْ
صرَخَ: «قد أُكمِلَ» نَحوَ العَلاءْ
والآنَ هو ممَجَّدٌ في السَّمَاءْ
هلّلويا.. ما أعظمَهُ مُخلِّصًا!

حينَ يأتي مَليكُنا المَجيدْ
آخذًا مَفديّيه إلى الوَطَنِ العَتيدْ
حينَها نُرَنِّمُ التَّرنيمَةَ من جَديدْ:
هلّلويا.. ما أعظمَهُ مُخلِّصًا![1]

---

١ قام المترجم بتعريب هذه الترنيمة وتقفيتها. الترنيمة الأصلية هي بعنوان "**Hallelujah, What a Savior!**" من تأليف فيليب بي. بليس Philip P. Bliss (١٨٣٨-١٨٧٦ م).

الفصل العاشر

# المستقبل

# عقيدة الأخرويات

# (إسخاتولوچي)

**الموضوعات الرئيسية التي يتناولها الفصل العاشر**

مقدمة لعلم الأخرويات (الإسخاتولوچي)

الأخرويات الشخصية

الأخرويات الكونيَّة

تقلِّل علوم اللاهوت عادة من أهمية دراسة الأحداث المستقبلية، ولا سيما في علاقتها بوعود العهد القديم لإسرائيل القومية. لكن بما أن أحداث الزمان الأخير تمثِّل ذروة مقاصد الله الفدائية، يهدف هذا الفصل إلى إجمال كل ما أعلنه الله عن كلٍّ من الأخرويات الشخصيَّة[١] والأخرويات النبويَّة.[٢]

## مقدِّمة لعلم الأخرويات (الإسخاتولوچي)

- تعريف علم الأخرويات
- علم الأخرويات في خطط الله
- نماذج أخرويَّة
- علم الأخرويات وتفسير الكتاب المقدس
- علم الأخرويات ويسوع المسيح

### تعريف علم الأخرويات

من منَّا لا يحب النهايات المثيرة للقصص الرائعة؟ فإذ يتواصل سرد القصة، وتتطوَّر حبكتها، يتساءل المرء: كيف ستكون نهايتها؟ وما المفاجآت والمنعطفات التي تنتظرنا؟ وهل سينتصر الخير على الشر؟ يعرض لنا الكتاب المقدس أعظم قصة على الإطلاق. وهي تبدأ بداية درامية مذهلة – «فِي الْبَدْءِ خَلَقَ اللهُ السَّمَاوَاتِ وَالْأَرْضَ» (تكوين ١ : ١)، كما أنَّ شخصياتها مثيرة: آدم، وحواء، وإبراهيم، وموسى، وداود، والرسل، وضد المسيح، وآخرين. كذلك، تتضمَّن وقائع القصة قِمَّة الصراع بين الخير والشر – في تلك المعركة الكونية العظيمة بين الله والشيطان. ولهذه القصة بطلٌ – هو يسوع – الذي نشأ من بداية متواضعة، كي يتمِّم أعظم مهمة إنقاذ في التاريخ. وفي القصة، أيضًا، توجد الكنيسة، التي تنشر رسالة يسوع، في خضم الاضطهاد من الشيطان ومن العالم. لكن ماذا بعد؟

شَهِدَ التاريخ ثلاثة أجزاء من الأجزاء الأربعة الرئيسية لقصة الكتاب المقدس: الخلق، والسقوط، والفداء. لكن جزءها الأخير العتيد أن يأتي هو **الاسترداد [restoration]**، وهو الذي يتعلَّق بهزيمة الشر، وتأسيس ملكوت الله على الأرض. كيف يمكن إذن ألا يشعر أيُّ مؤمن بالإثارة تجاه المستقبل؟ غير أن المؤمنين يعزفون في بعض الأحيان عن دراسة ما يقوله الكتاب المقدس عن الأحداث الآتية، ربما ظنًّا منهم أن لشئون الزمان الأخير أهمية ثانوية، أو أنها أصعب من أن تُفهَم. لكن في حقيقة الأمر، ما يَقرُب من ربع محتوى الكتاب المقدس كان نبوة في الوقت الذي كُتِب فيه. لكن النهاية هي الأهم، فهي الغرض من كلِّ شيء!

يقدِّم الكتاب المقدس النهاية المجيدة الآتية باعتبارها مصدر الرجاء والتشجيع الأساسي للمؤمن. فبعد أن أخبر بولس مؤمني كورنثوس عن القيامة الآتية، وتغيُّر الجسد، قال: «إِذًا يَا إِخْوَتِي الْأَحِبَّاءَ، كُونُوا رَاسِخِينَ، غَيْرَ مُتَزَعْزِعِينَ، مُكْثِرِينَ فِي عَمَلِ الرَّبِّ كُلَّ حِينٍ، عَالِمِينَ أَنَّ تَعَبَكُمْ لَيْسَ بَاطِلًا فِي

١ [المترجم]: المقصود هنا بالأخرويات الشخصية هو عقيدة الأمور الأخيرة فيما يتعلَّق بحياة الإنسان الشخصية كفرد.

٢ [المترجم]: المقصود هنا بالأخرويات النبوية أو الأخرويات الكونية هو عقيدة الأمور الأخيرة فيما يتعلق بمستقبل العالم بوجه عام.

الرَّبِّ» (١ كورنثوس ١٥: ٥٨). أيضًا، كلما عاش المؤمن في ضوء مجيء يسوع، وَجَبَ أن تزداد تقواه أكثر فأكثر، كما وَعَدَ يوحنا: «نَعْلَمُ أَنَّهُ إِذَا أُظْهِرَ [أي يسوع] نَكُونُ مِثْلَهُ، لأَنَّنَا سَنَرَاهُ كَمَا هُوَ. وَكُلُّ مَنْ عِنْدَهُ هَذَا الرَّجَاءُ بِهِ، يُطَهِّرُ نَفْسَهُ كَمَا هُوَ طَاهِرٌ» (١ يوحنا ٣: ٢-٣). وبإمكان المؤمن أن يفرح لأن مشقات هذه الحياة ومصاعبها ستنتهي يومًا ما؛ فسوف يُهزَم الموت (١ كورنثوس ١٥: ٥٤-٥٥)، وسيجتمع شملنا مرة أخرى مع الأحباء الذين رحلوا عنا (١ تسالونيكي ٤: ١٧)، وسنرى وجه الله (رؤيا ٢٢: ٣-٤).

لكن القصة لن تكون نهايتها سعيدة للجميع. فأحداث الزمان الأخير هي إنذارٌ للذين لم يؤمنوا بعد بيسوع للخلاص. فإن الدينونة آتية، وعلى غير المؤمنين أن يهربوا «مِنَ الْغَضَبِ الآتِي» (لوقا ٣: ٧) بالإيمان بيسوع، وأن يتوبوا لئلا يأتي عليهم يوم الرب بغتة (١ تسالونيكي ٥: ٢-٣). فإن الذين يرفضون خطة الله للخلاص سوف يُمنعون من أمجاد الملكوت، ويُطرَدون من محضر الله إلى الأبد (٢ تسالونيكي ١: ٩؛ رؤيا ٢١: ٨). إذن، تتعلق دراسة علم الأخرويات بتتبُّع ما يصنعه الله في التاريخ على صعيد كوني عام؛ لكنها، في الآن ذاته، دراسة عملية للغاية، لأنها تتعلق بمصير الإنسان. فإن الكثير من الأشياء تتوقَّف عليها! ونهاية القصة هي الهدف الرئيسي من القصة!

في الدراسة العامة للعقائد المسيحية، يأتي قسم علم الأخرويات في القسم الأخير. يخطئ البعض حين يظنون أن الشيء **الأخير** هو **الأقل** في الأهمية. لكن على العكس، فإن علم الأخرويات يتحدَّث عن أحداثٍ آتية متصلة بالأزمنة الأخيرة، أي أزمنة «رَدِّ كُلِّ شَيْءٍ» (أعمال الرسل ٣: ٢١). يأتي المصطلح «إسخاتولوجي» [eschatology] من الكلمة اليونانية *eschatos* («إسخاتوس»)، التي تعني «أخير»، أو «نهاية» أو «نهائي».

ومن ثَمَّ، يتعلق علم الأخرويات بدراسة الأمور الأخيرة. وفي سياق العقيدة المسيحية، علم الأخرويات هو دراسة الأزمنة الأخيرة، والأحداث المتَّصلة بعودة يسوع ثانية، التي تشمل الضيقة، والقيامات، والدينونات، والملكوت.

ثمة صلة بين الأحداث المستقبلية وطبيعة الله. يحاول البشر أن يتوقَّعوا بدقة الأحداث الآتية استنادًا إلى أنماط ماضية، لكن عادة ما تكون توقعاتهم هذه خاطئة. فعلى الرغم من التقدُّم التكنولوجي الكبير، يفتقر البشر إلى القدرة على التأثير في المستقبل، وكذلك إلى المعرفة اللازمة لفهمه. لكن الله، من ناحية أخرى، كليُّ القدرة وكليُّ العلم. ولأنه صاحب السلطان، فهو متحكِّم بشكل مباشرٍ في كافة تفاصيل الكون. ولأنه كليُّ العلم، فهو يعلَم ويضمن تمامًا ما يشاء حدوثه. هذه الحقائق معزِّية للمؤمنين، لأنها تخبرهم بأن مقاصد الله ستتحقق حتمًا. فإن البرَّ والعدل سيسودان، والشر سيُهزَم. ويقدِّم الكتاب المقدس اللهَ بصفته متحكِّمًا تمامًا في البداية والنهاية، كما قال الله نفسه: «لأَنِّي أَنَا اللهُ وَلَيْسَ آخَرُ. الإِلَهُ وَلَيْسَ مِثْلِي. مُخْبِرٌ مُنْذُ الْبَدْءِ بِالأَخِيرِ، وَمُنْذُ الْقَدِيمِ بِمَا لَمْ يُفْعَلْ، قَائِلًا: رَأْيِي يَقُومُ وَأَفْعَلُ كُلَّ مَسَرَّتِي» (إشعياء ٤٦: ٩-١٠).

يوجد قسمان رئيسيَّان في علم الأخرويات: القسم الشخصي، والقسم الكوني. يتناول القسم الشخصي مستقبل الإنسان، ومسائل مثل الموت، والحالة الوَسَطيَّة، والقيامة، والدينونة، والمثوى الأبدي

للإنسان. كما يجيب عن السؤال التالي: ما هو مصير الإنسان؟ أما علم الأخرويات الكوني أو النبوي، فيتناول مسائل أوسع نطاقًا كالعهود الكتابية، والاختطاف، وفترة الضيقة، والمجيء الثاني ليسوع، والمُلك الألفي، والحالة الأبدية. وفي حين يركِّز علم الأخرويات الشخصي على نحو أضيق نطاقًا على مصير البشر الأفراد، يتناول علم الأخرويات الكوني مسائل أوسع نطاقًا، والكيفية التي سيتعامل بها الله مع خليقته ككلٍّ، سواء في السماء أو على الأرض.

## ⬅ علم الأخرويات في خطط الله

لقصة الكتاب المقدس تسلسلٌ أو مسارٌ تاريخيٌّ. فهناك بداية، ومنتصف، ونهاية أو ذروة. في البداية، يخلق الله كونًا رائعًا. لكن، يقع تحوُّل كئيب في الأحداث، حين تظهر قوة مضلِّلة ومغوية (الشيطان) في هيئة حية. فينخدع حَمَلَةُ صورة الله بكذب الشيطان، ويخطئون في حقِّ خالقهم، ممَّا يجلب إلى العالم الخطية، والموت، واللعنات. ثم ينفِّذ الله خطة من خلال وعود وعهود يعتزم بها استرداد الخليقة، ومن بينها الجنس البشري، بواسطة إنسان ومخلِّص حقيقي وكامل – هو يسوع المسيح (تكوين ٣: ١٥؛ ١٢: ٢-٣). وبعد قرون كثيرة، يأتي هذا المخلِّص والملك الموعود. يجيء يسوع إلى خاصته، ولكنهم يرفضونه (يوحنا ١: ١١). ثم إن الميتة البشعة التي يقاسيها طواعية تتمِّم كفارة، تكون هي الأساس لردِّ كلِّ شيء (كولوسي ١: ٢٠). ثم يعود إلى السماء، ومن هناك يسكب الروح القدس على المؤمنين، ويبني كنيسته.

وفي المستقبل، سيُطلِق هذا الملك العنان للغضب الإلهي على العالم، تجهيزًا لمجيئه الثاني بشخصه وبجسده إلى الأرض (رؤيا ١٩: ١١-١٦). وحين يأتي ثانية، سيُقيم القديسين الراقدين، ويكافئ أتباعه بُحكم ملَكيٍّ على الأرض لمدة ألف سنة (رؤيا ٢٠: ٤). بعد هذا الحُكم الناجح، سيُدان الشيطان وجميع فعلة الإثم دينونة نهائية، ويُحكَم عليهم بالطرح في بحيرة النار الأبدية (رؤيا ٢٠: ١١-١٥). بعد ذلك، تبدأ حالة أبدية مثالية في سماء جديدة وأرض جديدة (رؤيا ٢١: ١-٢٢: ٥)، فيها يخدم قديسو الله المَفديُّون والممجَّدون إلههم، ويملكون إلى الأبد (رؤيا ٢٢: ٥). ويسلِّط علم الأخرويات الضوء بخاصةٍ على «النهاية أو الذروة»، والأحداث المحيطة بها.

## ⬅ نماذج أخرويَّة

تنشأ وجهات النظر المختلفة بشأن علم الأخرويات عادة من افتراضات متباينة بشأن مقاصد الله. فإن معتقدات المرء المسبَقة بشأن الطريقة التي يعمل بها الله تؤثِّر في كيفية تناوُله للنصوص النبوية، وفهمه لسير الأحداث في قصة الكتاب المقدس. وتشوِّه الافتراضات الخاطئة ما أعلنه الله. لذلك، على المؤمن أن يحرص على أن ينبع فهمه لمقاصد الله من الكتاب المقدس، لا من فلسفات حياتية أو فلسفات أخرى.

هناك نموذجان أو طريقتان يمكن النظر بهما إلى مقاصد الله: نموذج النظرة الروحية، ونموذج الخليقة الجديدة.[٣] يعد هذان النموذجان بمثابة طريقتين عموميتين للنظر إلى مقاصد الله.

٣ للاطِّلاع على المزيد عن مفهوم نموذج الرؤية الروحية، ومفهوم نموذج الخليقة الجديدة، انظر:
Craig A. Blaising, "Premillennialism," in *Three Views on the Millennium and Beyond*, ed. Darrell L. Bock (Grand Rapids, MI: Zondervan, 1999), 160–81.

- **نموذج النظرة الروحية**

يرفع هذا النموذج من شأن الأمور «الروحيَّة» فوق الأمور المادية. فبحسب هذا الرأي، هناك تعارض ثنائي [dualism][٤] بين ما هو روحي وما هو مادي، حيث يحظى ما هو روحي بقيمة أكبر ممَّا هو مادي. وبحسب هذا الرأي، تُعتبَر الأمور المادية فاسدة، أو أدنى منزلة، أو شريرة. يتبنَّى نموذج النظرة الروحية فلسفة الحياة نفسها التي تبنَّاها الفيلسوف اليوناني أفلاطون (حوالي عام ٤٢٨-٣٤٨ ق.م.)، وكذلك الفلسفات التي نبعت من آرائه. علَّم أفلاطون بسموِّ ما هو روحي على ما هو مادي. وبعض النسخ الدينية من الفكر الأفلاطوني كثيرًا ما تَعتَبر أن إفلات الروح من الجسد إلى وجود روحي بحت هو الوضع المثالي والهدف الأسمى. كانت الغنوسيَّة، التي شكَّلت مصدر تهديد رئيسي للكنيسة الأولى، صورة من صور الأفلاطونية. وقد حطَّت الغنوسية من قدر صلاح العالم المادي.

في حين لم يكن غالبية المسيحيين الأوائل أفلاطونيين أو غنوسيين، كثيرًا ما توغَّلت أفكار أفلاطون في الكنيسة الأولى. اقتَرَبَ أوريجانوس (حوالي ١٨٤ م -حوالي ٢٥٤ م) كثيرًا من حدِّ إنكار قيامة الأجساد. كما آمن أغسطينوس، اللاهوتي المؤثِّر للغاية (٣٥٤-٤٣٠ م)، بأن مُلك يسوع على الأرض فكرة جسدانية، وكان يميل إلى أن ملكوت الله كيانٌ روحيٌّ، هو الكنيسة. وقد عُرِفت نظرته الروحية هذه عن ملكوت الله، والتي قدَّمها في كتابه بعنوان «مدينة الله» [*The City of God*]، باسم «الرأي اللا ألفي» [amillennialism]. انتقص هذان اللاهوتيان المؤثِّران من شأن الجوانب المادية من نبوة الكتاب المقدس، وأعلوا شأن الجوانب الروحية. كذلك أيضًا، في العصور الوسطى، تبنَّت الكنيسة الكاثوليكية الرومانية، التي اتَّبعت الرأي اللا ألفي لأغسطينوس، افتراضات مُرَوْحَنة بإفراط بشأن ملكوت الله.

سُمِّي هذا المزيج غير الكتابي بين أفكار أفلاطون والمسيحية باسم «الأفلاطونية المسيحية» [Christoplatonism].[٥] وهذه المنهجية في التعامُل مع مقاصد الله تتجلَّى في تصريحات من قبيل: «الله مهتم بخلاص الروح لا الجسد»، أو «ملكوت الله روحي وليس مادي»، أو «المصير الأبدي للمؤمن هو السماء وليس الأرض». كما يمكن ملاحظة نموذج النظرة الروحية في معتقدات مثل التي تقول إن الوعود المادية، والأرضية، والقومية التي قُطِعت لإسرائيل في العهد القديم لا بد أن تتحقق روحيًا في الكنيسة، أو أنها تتحقَّق ضمنيًا في شخص المسيح. كما يَظهَر هذا جليًا في اعتقاد الناس بأن مصيرهم الأبدي هو وجودهم في السماء دون جسد، أو جلوسهم على السحب طوال اليوم دون وجود شيء ليفعلوه. مثلًا، في مجتمعنا المعاصر، عرض المسلسل الكرتوني الشهير، «*The Far Side*»، لجاري لارسون، ذات مرة صورة لرجل في السماء، جالسٍ على سحابة، له جناحان، وحول رأسه هالة. وإذ بدا واضحًا أن هذا الرجل أصيب بالضجر فوق طاقته، قال لنفسه: «ليتني أحضرتُ معي مجلة». والرسالة هنا هي أن المستقبل في السماء مضجرٌ للغاية.

وعلى مدار فترة كبيرة من تاريخ الكنيسة، تبنَّت الكنيسة آراء «مُرَوْحَنة» بشأن المستقبل. فقد اعتُبِر الوجود في السماء مهرَبًا من العالم المادي الجسداني. وحتى في يومنا هذا، يظن كثيرون أن المصير النهائي للإنسان سيكون وجودًا روحيًا جامدًا في السماء، بمعزل عن أيَّة مادية. لكن، هناك طريقة أفضل - وهي الطريقة الكتابية.

---

٤ [المترجم]: النظرية الثنائية أو نظرية التعارض الثنائي (dualism) تعني انقسام شيء ما إلى جانبين متعارضين أو متناقضين.

5 Randy C. Alcorn, *Heaven* (Wheaton, IL: Tyndale, 2004), 475.

- **نموذج الخليقة الجديدة**

في المقابل، يؤكِّد نموذج الخليقة الجديدة صلاح كلِّ خليقة الله، بما في ذلك عناصرها المادية. قال بولس: «فَإِنَّهُ فِيهِ [أي في يسوع] خُلِقَ الْكُلُّ: مَا فِي السَّمَاوَاتِ وَمَا عَلَى الأَرْضِ، مَا يُرَى وَمَا لاَ يُرَى» (كولوسي ١: ١٦). تتكوَّن الخليقة مما هو روحي ومادي على حد سواء، وكلاهما مهمَّان لدى الله. تأثَّر كلا هذين الجانبين سلبًا بالخطية، وبسقوط الإنسان، وسوف يَرُدُّ الله كليهما في النهاية، كما تحدَّث بطرس في أعمال الرسل ٣: ٢١ عن أزمنة «رَدِّ كُلِّ شَيْءٍ» العتيدة أن تأتي. لا تنكر منهجية الخليقة الجديدة أهمية الأمور الروحية، بل بالحري تؤكِّدها؛ لكنها تقاوم أية جهود تُبذَل لروحنة الأمور المادية، أو التعامُل معها على أنها أدنى منزلة. فإن البركات الروحية والمادية تأتي معًا.

تؤكِّد نصوصٌ مثل: إشعياء ١١؛ ٢٥؛ ٦٥؛ ٦٦؛ والأصحاح الثامن من رسالة رومية؛ والأصحاح الحادي والعشرون من سفر الرؤيا أن خطط الله للمستقبل تتضمَّن عناصر مادية. تتحدَّث هذه النصوص عن أرض مجدَّدة، وعن أمور ملموسة، مثل: أمم، وملوك، واقتصاد، وزراعة، ومملكة حيوانية، وقضايا اجتماعية وسياسية. لن تزول هذه العناصر بمجيء ملكوت المسيح، بل سوف تُرَد. ففي حديث الله عن أمجاد الأرض الجديدة العتيدة أن تأتي، قال: «هَا أَنَا أَصْنَعُ كُلَّ شَيْءٍ جَدِيدًا!» (رؤيا ٢١: ٥). فإن العواقب السلبية التي نجمت عن الخطية -كالموت، والتحلُّل، واللعنة- سوف تزول، لكن أُسُس الخليقة نفسها ستُفتدَى. ليس المصير الأخير لشعب الله هو وجود روحيٌّ غير مادي في السماء، بل وجود ملموس على أرض جديدة.

يؤكِّد نموذج الخليقة الجديدة أيضًا الأهمية الدائمة لكلٍّ من الكيان الفردي والكيان القومي. يطلب الله خلاص البشر أفرادًا، لكنه أيضًا يدين ويبارك الأمم ككيانات قومية. تُعَد أمة إسرائيل أوضح مثال على ذلك (متى ١٩: ٢٨؛ أعمال الرسل ١: ٦). وتُظهِر قائمة الأمم التي جاءت في تكوين ١٠-١١ سيادة الله على كافة جماعات البشر، واكتراثه بها. ويكشف العهد الإبراهيمي أنَّ مقاصد الله ممتدة لتشمل مباركة جميع الأمم أيضًا (تكوين ١٢: ٣؛ ٢٢: ١٨).

يُعلِّم الكتاب المقدس أيضًا بأن الله سيستخدم إسرائيل وسيلةً لبركة للأمم (تكوين ١٢: ٢-٣). كانت إسرائيل هي الإناء الذي من خلاله جاء يسوع المسيَّا، وكذلك، ستكون هي مركز ملكوت المسيَّا، وستتولَّى زمام القيادة في كلٍّ من شئون العبادة والعمل (إشعياء ٢: ٢-٤؛ أعمال الرسل ٣: ٢٥؛ رومية ١١: ١١-١٢، ١٥). وقد تحدَّث إشعياء ١٩: ١٦-٢٥ عن اليوم الذي فيه ستصير مصر وأشور شعب الله مع إسرائيل، الذين هم أيضًا شعب الله. وكذلك، ستوجد أممٌ مع ملوكها على الأرض الجديدة (رؤيا ٢١: ٢٤، ٢٦). ومن ثَمَّ، تشمل خطط الله أممًا، من بينها إسرائيل. أجل، حقَّق يسوع التناغُم بين اليهود والأمم، لكنه لم يَلْغِ الانتماءات العِرقية (أفسس ٢: ١١-٢٢؛ ٣: ٦). ومن ثَمَّ، يَلزَم تجنُّب «التحيُّزات القومية» عند تحديد أي من النبوات عن إسرائيل أو عن أمم أخرى هي التي يمكن تفسيرها روحيًّا، وتطبيقها على عصر الكنيسة الحالي.

أيضًا، يربط نموذج الخليقة الجديدة بين علم الأخرويات وعلم الأصول والبدايات [protology]. يدور علم الأخرويات حول «الأمور الأخيرة»، بينما يشير «علم البدايات» إلى «الأمور الأولى». وإن

نجحنا في فهم مقاصد الله الأولى والأصليَّة للإنسان والخليقة، نصير في وضع أفضل يسمح لنا بفهم ما هو عتيد أن يأتي. خَلَقَ الله عالمًا ملموسًا في ستة أيام، ثم رأى أنه «حسنٌ جدًا» (تكوين ١: ٣١). يدحض حُسن وصلاح جميع أجزاء خليقة الله الديانات الشرقية كالهندوسية والبوذية، التي تَعتبر العالم المادي صورة خادعة أو وهمًا (maya)، وشيئًا لا بد من التغلب عليه من أجل تحقيق الاستنارة. كما يناقض هذا الفكر جميع صور الفكر الأفلاطوني، ووجهات نظره السلبية بشأن العالم المادي. في حين يتكوَّن الكون من عناصر مادية وغير مادية (كولوسي ١: ١٦)، لا توجد ثنائية (تبايُن شديد) أساسية بينهما، أي أن العناصر الروحية لا تُعتبَر أسمى من تلك المادية. فإن الإنسان نفسه هو وحدة مركَّبة من جسد وروح، أو من جزء مادي وجزء لا مادي. فقد خلق الله الإنسان كيانًا ماديًا كي يعيش على أرض مادية. ومن ثم، تشمل مقاصد الله أيضًا العالم المادي.

يتجلَّى ارتباط مقاصد ملكوت الله بهذه الأرض في الوصايا التي أُعطِيت لآدم في تكوين ١: ٢٦-٢٨، حيث أُوصِي آدم بأن «يتسلَّطَ على» الأرضِ، و«يُخضِعَها»، و«يملأها». خَلَقَ الله العالم، ثم عيَّن الإنسان وسيطًا كي يتسلَّط عليه لمجد الله. أخفق آدم في حفظ هذه الوصية، ولم يتمّم قصد الله للجنس البشري، فصار الإنسان عُرضة للموت، ولُعِنت الأرض وأُخضِعت للبُطل (تكوين ٣: ١٧-١٩؛ رومية ٨: ٢٠). واليوم، البشر خطاة، والخليقة تقاوم الإنسان. لكن، تتمثَّل خطة الله في استرداد هذه الأرض، وتجديدها (متى ١٩: ٢٨؛ أعمال الرسل ٣: ٢١).

## ⬅ علم الأخرويات وتفسير الكتاب المقدس

يُعَدُّ استخدام مبادئ تفسيرية صحيحة أمرًا حيويًا لفهم نبوة الكتاب المقدس وعلم الأخرويات. يتطلَّب ذلك تطبيقًا متسقًا للتفسير اللغوي-التاريخي على جميع أجزاء الكتاب المقدس، بما في ذلك المقاطع النبوية. يسعى هذا الأسلوب في التفسير إلى فهم المعنى الأصلي الذي قصده كُتَّاب الكتاب المقدس، والذي فَهِمَه القُرَّاء الأصليون؛ كما يرى أن نصوص الكتاب المقدس لها معنى واحد، لا معانٍ متعدِّدة، أو خفية، أو مجازية. من الجيد أن غالبية المؤمنين المحافظين في إيمانهم بشأن الكتاب المقدس يستخدمون التفسير اللغوي-التاريخي لتفسير غالبية نصوص الكتاب المقدس. لكن للأسف، لدينا تاريخ طويل من التخلِّي غير المبرَّر عن التفسير اللغوي-التاريخي عند التعامل مع المقاطع الأخرويَّة. ففي كثيرٍ من الأحيان، أدَّى استخدام الأسلوب الروحي لتفسير النبوات إلى ظهور معتقداتٍ من قبيل أن الكنيسة هي إسرائيل الجديدة، أو أن وعود الأرض في العهد القديم تشير فقط إلى بركات روحيَّة هي من نصيب الكنيسة.

على سبيل المثال، تحدَّث نص إشعياء ٢: ٢-٤ عن عصرٍ آتٍ فيه سيشقُّ أناسٌ من الأمم طريقهم إلى مدينة أورشليم كي يتعلَّموا عن الله. وفي أثناء ذلك الوقت، لن توجد حرب، بل فقط سلام، إذ سيملك الربُّ على الأرض. لم تأتِ هذه الحقبة من التناغم بين الأمم بعد؛ غير أن هذا النص يروحنه بعض الناس ويعتبرون أنه تحقَّق بالفعل في العصر الحالي، حين يؤمن أناس من دول مختلفة بالإنجيل وينضمون إلى الكنيسة. لكن الكنيسة ليست هي المقصودة في هذا النص. من بين الأمثلة الأخرى هو نص رؤيا ٧: ٤-٨، الذي يتحدث عن ١٤٤٠٠٠ يهوديًا، يتكوَّنون من اثني عشر ألف شخص من كلِّ

سبط من أسباط إسرائيل الاثني عشر. وتوضَع هذه الجماعة في مقابَلة مع جماعة كبيرة من الأمم المخلَّصين «مِنْ كُلِّ الأُمَمِ وَالْقَبَائِلِ وَالشُّعُوبِ وَالأَلْسِنَةِ». يتضح لنا، إذن، أن الجماعة في رؤيا ٧: ٤-٨ لا بد أنهم يهودٌ. لكن، يرى البعض أن ذلك وصف للكنيسة، وليس لإسرائيل. لا يتفق ذلك مع مبادئ التفسير اللغوي-التاريخي، إذ لا توجد أسباب مرتبطة بسياق هذا النص تدعو إلى تفسيره تفسيرًا آخر غير أنه إشارة إلى ممثِّلين عن إسرائيل العِرقية.

كذلك، يؤدي التخلِّي عن منهجية التفسير اللغوي-التاريخي إلى تجاهُل ما يقوله الكتاب المقدس عن المُلك الألفي الآتي ليسوع. فحتى أولئك الذين يرفضون فكرة مجيء مُلك مستقبلي ليسوع على الأرض يقرُّون بأن تطبيق الطريقة الحرفية لتفسير نبوات العهد القديم ستؤدي حتمًا إلى مُلكٍ حرفي، أرضي، مستقبلي. على سبيل المثال، أقرَّ أو. تي. ألليس (O. T. Allis) بأنه «في حالة تفسير نبوات العهد القديم تفسيرًا حرفيًا، لا يمكن اعتبار أنها تحققت، أو يمكن أن تتحقَّق، في العصر الحالي».[6] وأقرَّ فلويد إي. هاميلتون (Floyd E. Hamilton) قائلًا: «علينا أن نقرَّ بكلِّ صراحة أن التفسير الحرفي لنبوات العهد القديم يرسم لنا صورة مُلك أرضي للمسيا، كتلك التي يتبنَّاها مؤيِّدو الفكر قبل الألفي».[7]

تتوافق الطريقة اللغوية-التاريخية في التفسير مع وسائل التواصُل الطبيعية، كما تؤيِّدها حقيقة أن كثير من نبوات المجيء الأول ليسوع قد تمَّت بحسب معناها الطبيعي والحرفي. فقد جاء يسوع من عذراء (إشعياء ٧: ١٤)، ووُلد في بيت لحم (ميخا ٥: ٢)، ومات ميتة بشعة نيابة عن شعبه (إشعياء ٥٣). فإذا كانت نبوات المجيء الأول ليسوع قد تمَّت حرفيًا، كذلك أيضًا ستتم نبوات مجيئه الثاني.

## ⬅ علم الأخرويات ويسوع المسيح

يسوع هو مركز برنامج ملكوت الله. فهو الملك الأسمى. إن المَلك (يسوع)، ونطاق ملكوته هما موضوع كثير من نبوات العهد القديم. نقرأ في الآية الأولى من العهد الجديد: «كِتَابُ مِيلاَدِ يَسُوعَ الْمَسِيحِ ابْنِ دَاوُدَ ابْنِ إِبْرَاهِيمَ» (متى ١: ١). يعني ذلك ليس فقط أن يسوع هو النسل الشرعي لداود وإبراهيم، بل أنه أيضًا أهلٌ أن يتمِّم العهد الداودي والعهد الإبراهيمي. فإن جميع نبوات وعهود الكتاب المقدس تتمُّ في يسوع؛ ولهذا قال بولس: «لأَنْ مَهْمَا كَانَتْ مَوَاعِيدُ اللهِ فَهُوَ فِيهِ ‹النَّعَمْ›» (٢كورنثوس ١: ٢٠).

لكن، كثيرًا ما يصاب المؤمنون بالتشويش من جهة دور يسوع في تتميم وعود العهد القديم. يعتقد البعض أن الوعود المختصة بإسرائيل وبأرض إسرائيل في العهد القديم تحققت، أو استوعِبَت في يسوع؛ ومن ثَمَّ، علينا ألا نتوقع تتميمًا مستقبليًا حرفيًا لها. يزعم هؤلاء أنه بما أن يسوع هو الإسرائيلي الحقيقي الذي حلَّ محل أمة إسرائيل، لم تعد هناك أهمية لاهوتية إذن لأمة إسرائيل. لكنَّ هذه منهجية خاطئة. صحيح أن يسوع هو مركز مقاصد الله، الذي بواسطته تتحقَّق جميع المواعيد، والنبوات،

---

6 O. T. Allis, *Prophecy and the Church: An Examination of the Claim of Dispensationalists That the Christian Church Is a Mystery Parenthesis Which Interrupts the Fulfilment to Israel of the Kingdom Prophecies of the Old Testament* (1945; repr., Nutley, NJ: Presbyterian and Reformed, 1977), 238.

7 Floyd E. Hamilton, *The Basis of the Millennial Faith* (Grand Rapids, MI: Eerdmans, 1942), 38.

والعهود؛ لكن ذلك يحدث عن طريق التتميم الحرفي للأمور الموعود بها. ثمة أهمية للتفاصيل المحدَّدة لوعود العهد القديم ونبواته، وهي لا بد أن تتحقق تمامًا كما تم التنبُّؤ بها.

ففي ردٍّ يسوع على التصوُّر الخاطئ بأنه جاء لينقض كتب العهد القديم، قال:

«لَا تَظُنُّوا أَنِّي جِئْتُ لِأَنْقُضَ النَّامُوسَ أَوِ الْأَنْبِيَاءَ. مَا جِئْتُ لِأَنْقُضَ بَلْ لِأُكَمِّلَ. فَإِنِّي الْحَقَّ أَقُولُ لَكُمْ: إِلَى أَنْ تَزُولَ السَّمَاءُ وَالْأَرْضُ لَا يَزُولُ حَرْفٌ وَاحِدٌ أَوْ نُقْطَةٌ وَاحِدَةٌ مِنَ النَّامُوسِ حَتَّى يَكُونَ الْكُلُّ» (متى ٥: ١٧-١٨)

حين أشار يسوع إلى «النَّامُوس أَوِ الْأَنْبِيَاء»، كان يقصد الأسفار المقدسة العبرية ككلٍّ، بما في ذلك النبوات أيضًا. إذن، ينبغي أن «يَكُونَ الْكُلُّ» الذي جاء في العهد القديم، بما في ذلك كلَّ «حَرْفٌ» و«نُقْطَةٌ» في الأبجدية العبرية، بعبارة أخرى: كل شيء. فكلُّ ما تنبأت عنه الأسفار المقدسة العبرية لا بد أن يتحقق تمامًا كما تم التنبؤ به.

يتضح توقُّع يسوع تتميمًا حرفيًّا لنبوات العهد القديم في المقطع النبوي الوارد في متى ٢٤-٢٥. قال يسوع: «فَمَتَى نَظَرْتُمْ «رِجْسَةَ الْخَرَابِ» الَّتِي قَالَ عَنْهَا دَانِيآلُ النَّبِيُّ قَائِمَةً فِي الْمَكَانِ الْمُقَدَّسِ ...» (متى ٢٤: ١٥)، ثم أوضح أن هذا الحدث الرهيب كان يعني وجوب هروب سكان يهوذا من الاضطهاد (متى ٢٤: ١٦-٢١). إذن، استند يسوع هنا على فهم حرفي وسياقي لنص دانيال ٩: ٢٧، الذي يتحدث عن خراب سيأتي على الهيكل اليهودي على يد رئيس شرير. لم يُرَوْحِن يسوع هذا النص الذي من العهد القديم، ولم يقل إن تفاصيله لم تعد مهمة، أو إن جميع التفاصيل قد استُوعِبت في شخصه؛ لكنه، في المقابل، توقَّع تتميمًا حرفيًا لهذا الحدث. كذلك أيضًا، قال يسوع إن العلامات الكونية التي تنبأ عنها إشعياء ١٣: ١٠ ستتحقق (متى ٢٤: ٢٩). ومرة ثانية، استند على نص دانيال ٧: ١٣ ليقول من خلاله إن ابن الإنسان سيأتي على سُحُب المجد (متى ٢٤: ٣٠). فقد رأى يسوع مرارًا أن تفاصيل نبوات العهد القديم يلزم أن تتحقق تمامًا كما نُطِق بها في العهد القديم. وإذا كان يسوع نفسه قد رأى أن نبوات العهد القديم لم تزل بحاجة إلى تتميم، هكذا أيضًا ينبغي أن يكون رأي المؤمنين.

ونظير يسوع أيضًا، رأى كُتَّاب العهد الجديد أن نبوات العهد القديم تستلزم تتميمًا حرفيًّا دقيقًا بعد المجيء الأول ليسوع. قال بولس وبطرس على حد سواء إن يوم الرب لم يأتِ بعد (١تسالونيكي ٥: ٢؛ ٢بطرس ٣: ١٠). وتماشيًا مع نص دانيال ٩: ٢٧، تنبَّأ بولس عن مجيء شخصية ضد المسيح، «إِنْسَانُ الْخَطِيَّةِ»، الذي سيدخل الهيكل اليهودي ممجِّدًا نفسه، ومُظهِرًا نفسه أنه إلهٌ (٢تسالونيكي ٢: ٣-٤). كذلك، نادى بولس بخلاص مستقبلي لأمة إسرائيل متَّصل بتتميم وعود العهد الجديد التي قُطِعت للأمة (رومية ١١: ٢٦-٢٧). لم تتجاوز أسفار العهد الجديد التوقُّع النبوي للعهد القديم، أو تغيِّر فيه، بل رأت ضرورة لتتميم نبوات العهد القديم خلال كلا مجيئي يسوع.

تنبَّأ العهد القديم عن مَسِيًّا سيَحكُم مملكة تشمل العالم أجمع (زكريا ١٤: ٩)، لكنه أيضًا سيتألم لأجل خطايا شعبه (إشعياء ٥٣). ولم ترد في العهد القديم أية إشارات إلى مجيئين متميِّزين ومستقلَّيْن لهذا المسيا، بل أُعلِنت هذه الحقيقة في العهد الجديد فقط.

كرز كلٌّ من يوحنا المعمدان، ويسوع نفسه، بأن يسوع هو المَلك، وبأن ملكوت السماوات قد اقترب (متى ٣: ٢؛ ٤: ١٧). وقد أثبتت معجزات الشفاء التي صنعها يسوع، وإخراجه للشياطين، وأقواله، ومعجزاته في الطبيعة صِدق ادعائه هذا. لكن قوبِل يسوع بمقاومة من شعب إسرائيل، ولم تؤمن به المدن (متى ١١: ٢٠-٢٤)، وارتكب الرؤساء الدينيون لإسرائيل خطية التجديف بقولهم إنه يعمل بالتعاوُن مع الشيطان (متى ١٢: ٢٢-٣٢). وبعد ذلك بفترة وجيزة، بدأ يسوع يتكلَّم بأمثال، كي يخفي الحق عن الذين رفضوا الإيمان به، ويعلنه للذين آمنوا به (متى ١٣: ١٠-١٧). وبينما تكشَّفت الأناجيل تدريجيًا، بدا واضحًا أن مجيئين ليسوع صارا ضروريين. وفي لوقا ١٩: ١١-٢٧، شبَّه يسوع نفسه برجل شريف الجنس، سافر إلى كورة بعيدة ليأخذ مُلكًا، ثم عاد ليَملُك. فقد كان يَلزَم أن يمضي يسوع لبعض الوقت قبل مجيء مُلكِه. وقبل موت يسوع مباشرة، قال: «إِنَّهُ خَيْرٌ لَكُمْ أَنْ أَنْطَلِقَ، لِأَنَّهُ إِنْ لَمْ أَنْطَلِقْ لَا يَأْتِيكُمُ الْمُعَزِّي» (يوحنا ١٦: ٧).

من المهم أن نفهم مجيئي يسوع كليهما جيدًا حتى نستوعب كيفية تتميم نبوات الكتاب المقدس. يعني وجود مجيئين ليسوع أن تتميم النبوات المتصلة به سيحدث أيضًا على مراحل. فقد تمت بعض النبوات في المجيء الأول ليسوع، في حين لا تزال أخرى تنتظر مجيئه الثاني. على سبيل المثال، في أعمال الرسل ٣: ١٨، قال بطرس للشعب في أورشليم: «وَأَمَّا اللهُ فَمَا سَبَقَ وَأَنْبَأَ بِهِ بِأَفْوَاهِ جَمِيعِ أَنْبِيَائِهِ، أَنْ يَتَأَلَّمَ الْمَسِيحُ، قَدْ تَمَّمَهُ هَكَذَا». يُبيِّن ذلك أن النبوات عن آلام المسيح وكفارته قد تحقَّقت في مجيئه الأول. ولكن، تابع بطرس حديثه قائلًا إن السماء لا بد أن تقبل يسوع لبعض الوقت «إِلَى أَزْمِنَةِ رَدِّ كُلِّ شَيْءٍ، الَّتِي تَكَلَّمَ عَنْهَا اللهُ بِفَمِ جَمِيعِ أَنْبِيَائِهِ الْقِدِّيسِينَ مُنْذُ الدَّهْرِ» (أعمال الرسل ٣: ٢١). لم يكن زمن «رَدِّ كُلِّ شَيْءٍ» الذي تنبأ عنه الأنبياء قد جاء بعد؛ لكنه حدثٌ مستقبليٌّ، سيقع حين يُرسِل الآب يسوعَ المسيح المبشَّر به لهم (أعمال الرسل ٣: ٢٠).

كذلك أيضًا، يستلزم فهم علم الأخرويات أن نميِّز تفاصيل النبوات التي تحققت في المجيء الأول ليسوع، وتلك التي لا تزال تنتظر مجيئه الثاني. فإن رأى أحدهم تتميمًا زائدًا على اللزوم في المجيء الأول ليسوع، ستفوته أمور مهمة يلزم أن تتحقق بعد في مجيئه ثانية. وفي المقابل، إن نسب أحدهم تتميمًا زائدًا على اللزوم إلى المجيء الثاني ليسوع، فربما يفوته تتميمٌ مهم وَقَعَ في مجيئه الأول.

خلاصة القول، تمَّت النبوات المتعلقة بشخص يسوع وهويَّته بصفته المسيا وعبد الرب المتألم في مجيئه الأول. كذلك أيضًا، تمَّت النبوات المتعلقة بعمل يسوع على الصليب كفارةً عن الخطايا. فضلًا عن ذلك، يُعَد افتتاح يسوع للعهد الجديد بموته تتميمًا رئيسيًّا لنبوات العهد القديم. ومع ذلك، فما زال هناك الكثير الذي ينبغي أن يحدث. فإن النبوات المتعلقة بالأسبوع السبعين لنبوة دانيال، وبيوم الرب، وبخلاص إسرائيل، وبضدِّ المسيح، وبالملك الألفي، وبغيرها من الأحداث الأخرى لا تزال تنتظر تتميمًا عند مجيء يسوع ثانية.

# الأخرويَّات الشخصية

- ⬅ الموت
- ⬅ الحالة الوسطيَّة
- ⬅ القيامة
- ⬅ جَهَنَّم (الجحيم)
- ⬅ السماء

ماذا يحدث حين يموت أحدهم؟ الإجابة عن هذا السؤال وثيقة الصلة بالأخرويات الشخصية. وبما أنَّ الكتاب المقدس يعلِّم عن مصائر كلٍّ من غير المؤمنين والمؤمنين، سيتناول هذا الجزء الأخرويات الشخصية من حيث هاتين الفئتين.

## ⬅ الموت

الموت أمرٌ مزعجٌ؛ لكن، يعلِّم الكتاب المقدس ما يعرفه الكثيرون غريزيًّا: أن الموت هو مصير البشر. وفي حين يُقِرُّ الجميع بالواقع الفظ المتمثِّل في الموت، يُعلِن الكتاب المقدس وحده أصل الموت، ودلالته، وما لا بد أن يصير لكي يُهزم. ليس الموت حالة من اللا وجود، بل إن معناه الرئيسي هو الانفصال. ولهذا قال نص تكوين ٣٥: ١٨ عن راحيل: «وَكَانَ عِنْدَ خُرُوجِ نَفْسِهَا، لِأَنَّهَا مَاتَتْ». فبعد الموت، ظلت نَفْسُ راحيل حية، ولكنها انفصلت عن جسدها.

يتحدث الكتاب المقدس عن ثلاثة أنواع من الموت. **أولاً، الموت الجسدي**، وهو يتعلَّق بتوقُّف الحياة الجسدية. فحين تتوقف أعضاء رئيسية، كالمخ والقلب، عن العمل، يحدث الموت الجسدي. عند هذه المرحلة، يحدث انفصال بين جسد الإنسان، ونفسه/روحه. قال يعقوب: «اَلْجَسَدَ بِدُونَ رُوحٍ مَيِّتٌ» (يعقوب ٢: ٢٦). وعن الموت الجسدي، قال الجامعة ١٢: ٧، «فَيَرْجِعُ التُّرَابُ [الجسد] إِلَى الْأَرْضِ كَمَا كَانَ، وَتَرْجِعُ الرُّوحُ إِلَى اللهِ الَّذِي أَعْطَاهَا».

**ثانيًا، الموت الروحي**، وهو يتعلَّق بالاغتراب عن الله. قد يكون الشخص على قيد الحياة بالجسد، لكنه مع ذلك ميتٌ روحيًا. وفي حقيقة الأمر، يُحبَل بجميع البشر، ويولدون، في حالة من الانفصال الروحي عن الله (مزمور ٥١: ٥). يعود ذلك إلى الخطية المحتَسَبة من آدم، وإلى الطبيعة الخاطئة الموروثة من أسلافنا. تحدَّث بولس عن الموت الروحي حين قال لأهل أفسس: «وَأَنْتُمْ إِذْ كُنْتُمْ أَمْوَاتًا بِالذُّنُوبِ وَالْخَطَايَا» (أفسس ٢: ١)، مشيرًا إلى حالتهم قبل المسيح، حين كانوا أحياء بالجسد، لكن منفصلين روحيًا عن الله.

**ثالثًا، الموت الأبدي**، وهو عقوبة إلهية وإقصاء عن الله إلى الأبد. يحدث هذا للذين يموتون موتًا جسديًا وهم أموات روحيًا. فإن غير التائبين سيختبرون انفصالاً أبديًا، وواعيًا، عن وجه الله المبارَك (٢تسالونيكي ١: ٩)، وسيكون مصيرهم بحيرة النار (رؤيا ٢١: ٨). لكن، لن يختبر الجميع الموت الأبدي، بل سينجو منه المؤمنون بيسوع.

يعلِّم الكتاب المقدس حقائق مهمة أخرى عن الموت. **أولاً**، سبب الموت هو الخطية. فعلى خلاف الفلسفة الحياتية العلمانية، ليس الموت نتيجة عمليات طبيعية ناشئة عن كون يعمل عشوائيًّا وبمحض الصدفة، بل يحدث الموت لأن الإنسان الأول، آدم، أخطأ في حق خالقه. فقد قيل لآدم إنه سيموت إن أكل من شجرة معرفة الخير والشر (تكوين ٢: ١٥-١٧)؛ ويقول رومية ٥: ١٢ إنه «بِإِنْسَانٍ وَاحِدٍ [آدم] دَخَلَتِ الْخَطِيَّةُ إِلَى الْعَالَمِ، وَبِالْخَطِيَّةِ الْمَوْتُ». فإن الموت، في جوهره، شأنٌ روحيٌّ، له عواقب واسعة النطاق وبعيدة الأثر.

**ثانيًا**، الموت حقيقة، وليس وهمًا. يحدث انفصال فعلي للجسد عن الروح. وبالرغم من إقرار غالبية المسيحيين بهذا الحق، أنكرت بعض الطوائف والجماعات شبه المسيحية[٨] حقيقة المرض والموت.

**ثالثًا**، الموت مخالفٌ للطبيعة. لم يخلق الله الإنسان كي يموت، ولم يكن الموت جزءًا أصليًا من الخليقة (تكوين ١-٢). ولهذا، عادة ما ارتبط الموت في الكتاب المقدس بالنوح والدموع (تكوين ٥٠: ١، ٣). فقد ذرف يسوع على لعازر دموعًا حقيقية (يوحنا ١١: ٣٥). فإن الموت إخلالٌ بالمسار الطبيعي للحياة؛ وينبغي ألا نضفي عليه سِحرًا وجاذبية أو نستهين به. ففي هذا العالم الساقط، ربما يبدو الموت طبيعيًا لأنه محيطٌ بنا من كل جانب؛ لكن، لم يخلق الله الإنسان كي يموت، وسيأتي يومٌ فيه يُهزَم الموت. لن يكون للموت وجود في السماء الجديدة والأرض الجديدة (رؤيا ٢١-٢٢؛ ولا سيما رؤيا ٢١: ٤). إذن، الموت دخيلٌ على الكون الذي صنعه الله، وعدوٌّ يَلزَم هزيمته. ولهذا، قال بولس عن مُلك المسيح العتيد أن يأتي: «آخِرُ عَدُوٍّ يُبْطَلُ هُوَ الْمَوْتُ» (١كورنثوس ١٥: ٢٦). كذلك، أعلن الرسول يوحنا أن «الموت» سيُطرَح «فِي بُحَيْرَةِ النَّارِ» (رؤيا ٢٠: ١٤). فإن الموت متَّجه صوب هزيمته بفضل يسوع. ويستطيع المؤمن أن يبتهج مع بولس ويقول:

«ٱبْتُلِعَ ٱلْمَوْتُ إِلَى غَلَبَةٍ
أَيْنَ شَوْكَتُكَ يَا مَوْتُ؟
أَيْنَ غَلَبَتُكِ يَا هَاوِيَةُ؟» (١كورنثوس ١٥: ٥٤-٥٥)

**رابعًا**، الموت في هذا العصر واقعٌ لا مفر منه، به يذهب المرء كي يُحاسَب أمام خالقه.[٩] يقول عبرانيين ٩: ٢٧، «وُضِعَ لِلنَّاسِ أَنْ يَمُوتُوا مَرَّةً ثُمَّ بَعْدَ ذَلِكَ الدَّيْنُونَةُ». ليس الموت انتقالاً مضمونًا إلى حالة هادئة من انعدام الوجود، أو إلى حالة من النيرفانا [nirvana].[١٠] كما أن السماء ليست المصير الطبيعي لجميع الذين يموتون. فلغير المؤمنين، الموت شيء مروِّع، ينبغي لحقيقة دُنوِّه أن تدفع الجميع إلى

٨ [المترجم]: جماعات تدَّعي أنها مسيحية لكنها تنكر أساسيات العقيدة المسيحية.

٩ يُستثنَى من هذا المؤمنون الذين سيكونون على قيد الحياة في وقت الاختطاف (١تسالونيكي ٤: ١٣-١٨)، والذين سيكونون على قيد الحياة عند مجيء يسوع ثانية إلى الأرض (متى ٢٥: ٣١-٤٦).

١٠ [المترجم]: حالة النيرفانا هي حالة التحرُّر من المعاناة. وهي تُعتَبَر حالة الانطفاء الكامل التي يصل إليها الإنسان بعد فترة طويلة من التأمل العميق، فلا يشعر بالمؤثرات الخارجية المحيطة به على الإطلاق، أي أنه يصبح منفصلًا تمامًا بذهنه وجسده عن العالم الخارجي. والهدف من ذلك هو شحن طاقات الروح من أجل تحقيق النشوة والسعادة القصوى والقناعة وقتل الشهوات، حتى يبتعد الإنسان بهذه الحالة عن كافة المشاعر السلبية من اكتئاب وحزن وقلق وغير ذلك.

التوبة. ففي مَثَل الغني الغبي، تحدَّث يسوع عن رجلٍ غنيٍّ ظل يحصل لنفسه بجشع على مخازن وغلَّات وخيرات، دون أدنى تفكير في استخدام ثروته لصالح الله. ثم في أحد الأيام، «قَالَ لَهُ اللهُ: يَا غَبِيُّ! هَذِهِ اللَّيْلَةَ تُطْلَبُ نَفْسُكَ مِنْكَ، فَهَذِهِ الَّتِي أَعْدَدْتَهَا لِمَنْ تَكُونُ؟» (لوقا ١٢: ٢٠). وعلى عكس توقُّع هذا الغني الغبي، كان في تلك الليلة سيقف أمام الله.

**خامسًا**، الموت انتقال من حالة وجود إلى حالة أخرى، وليس انتقالًا من الوجود إلى انعدام الوجود. فإن المؤمنين سينتقلون إلى السماء الوسطى حيث يَسكُن الله، والمسيح القائم من بين الأموات، والملائكة، والمؤمنون الذين رقدوا قبلهم (رؤيا ٦: ٩-١١). أما غير المؤمنين، فسينتقلون إلى هادس، الذي هو موضع عقوبة مؤقَّت للأشرار (لوقا ١٦: ١٩-٣١). وسنناقش أدناه شكل وطبيعة السماء الوسطى وهادس (عالم الموتى أو الهاوية).

- **الموت وغير المؤمن**

يُعَدُّ الموت مصدر خوف فقط لِمَن لا يعرفون الله. فإن الموت، لغير المؤمن، لا يمثل فقط نهاية حياته المادية الحالية، لكنه يقتاده أيضًا إلى مساءلة مباشرة أمام الله، للحياة التي عاشها في بُعدٍ عنه (عبرانيين ٩: ٢٧). قال يسوع إن البشر ينبغي أن يخافوا الله «الَّذِي يَقْدِرُ أَنْ يُهْلِكَ النَّفْسَ وَالْجَسَدَ كِلَيْهِمَا فِي جَهَنَّمَ» (متى ١٠: ٢٨).

يتمتع جميع البشر، بما في ذلك غير المؤمنين، وهم على قيد الحياة، بنعمة الله العامة، أي ببركات مثل الطعام، والهواء، وشروق الشمس، والعلاقات. ألمح بولس إلى هذا حين سأل: «أَمْ تَسْتَهِينُ بِغِنَى لُطْفِهِ وَإِمْهَالِهِ وَطُولِ أَنَاتِهِ، غَيْرَ عَالِمٍ أَنَّ لُطْفَ اللهِ إِنَّمَا يَقْتَادُكَ إِلَى التَّوْبَةِ؟» (رومية ٢: ٤). لكن، حذَّر بولس أيضًا من رفض لُطف الله هذا: «وَلَكِنَّكَ مِنْ أَجْلِ قَسَاوَتِكَ وَقَلْبِكَ غَيْرِ التَّائِبِ، تَذْخَرُ لِنَفْسِكَ غَضَبًا فِي يَوْمِ الْغَضَبِ وَاسْتِعْلَانِ دَيْنُونَةِ اللهِ الْعَادِلَةِ» (رومية ٢: ٥). فإن التمتع ببركات الله دون إكرامه يذخر للإنسان غضبًا. والذين يموتون في عدم إيمان سيختبرون الموت الأبدي، دون أدنى فرصة لإرجاء تنفيذ العقوبة أو الإفلات منها. وفي حين أن الحُكم بالطرح في بحيرة النار لن يُنفَّذ إلا في الدينونة الأخيرة، لكن يُختَم على مصير غير المؤمنين عند لحظة موتهم. فلا توجد فرصة أخرى بعد الموت. ويُلخِّص أمثال ١١: ٧ ما يعنيه الموت للأشرار، قائلًا: «عِنْدَ مَوْتِ إِنْسَانٍ شِرِّيرٍ يَهْلِكُ رَجَاؤُهُ».

- **الموت والمؤمن**

لا يُعفَى المؤمنون بالمسيح من عواقب الموت الجسدي. فحتى المؤمن نفسه قد يأتي موته بغتة، نتيجة حادث مأساوي، أو كنهاية لمرض مؤلم طويل الأمد. فمن ناحية، المؤمنون خليقة جديدة (٢ كورنثوس ٥: ١٧)، وقد اختبروا تجديدًا داخليًّا بعمل الروح القدس؛ لكن من ناحية أخرى، لا تزال أجسادهم المادية تَفسَد تدريجيًّا. قال بولس: «بَلْ وَإِنْ كَانَ إِنْسَانُنَا الْخَارِجُ يَفْنَى، فَالدَّاخِلُ يَتَجَدَّدُ يَوْمًا فَيَوْمًا» (٢ كورنثوس ٤: ١٦). فقد قضى الله، لأسبابٍ لا يَعلَمها إلا هو، بأن يكون زوال الموت حدثًا مستقبليًّا (إشعياء ٢٥: ٨). ما هي إذن علاقة الموت بالمؤمن بالمسيح؟

بما أن الموت هو نتيجة الخطية، وقد نال المؤمن غفرانًا لجميع الخطايا، إذ «لَا شَيْءَ مِنَ الدَّيْنُونَةِ الْآنَ عَلَى الَّذِينَ هُمْ فِي الْمَسِيحِ يَسُوعَ» (رومية ٨: ١)، ليس الموت، إذن، بالنسبة للمؤمن، عقوبة، كما هو بالنسبة لغير المؤمن. بل في المقابل، يحدث الموت الجسدي لأننا نعيش في عالم ساقط لا يزال ينتظر ردَّ كل شيء (أعمال الرسل ٣: ٢١). ولا تزال عملية الذبول التدريجي والموت تُذكِّر المؤمنين بهشاشتهم، وبضرورة اتِّكالهم التام على الله. أيضًا، يساعد الألم والموت المؤمنين على أن يتَّحدوا بيسوع ويزدادوا اقترابًا منه؛ فلهذا قال بولس إنني أشتهي أن «أَعْرِفَهُ [يسوع]، وَقُوَّةَ قِيَامَتِهِ، وَشَرِكَةَ آلَامِهِ، مُتَشَبِّهًا بِمَوْتِهِ» (فيلبي ٣: ١٠).

وفي طريق المؤمن إلى الموت الجسدي، عليه ألا يخشى الموت، لأن المسيح غَلَبَه (رؤيا ١: ١٨). فإن يسوع، بموته الكفاري، قادرٌ أن «يُعْتِقَ أُولَئِكَ الَّذِينَ -خَوْفًا مِنَ الْمَوْتِ- كَانُوا جَمِيعًا كُلَّ حَيَاتِهِمْ تَحْتَ الْعُبُودِيَّةِ» (عبرانيين ٢: ١٤-١٥). قال بولس: «فَإِنِّي مُتَيَقِّنٌ أَنَّهُ لَا مَوْتَ وَلَا حَيَاةَ ... تَقْدِرُ أَنْ تَفْصِلَنَا عَنْ مَحَبَّةِ اللهِ الَّتِي فِي الْمَسِيحِ يَسُوعَ رَبِّنَا» (رومية ٨: ٣٨-٣٩). وفي حقيقة الأمر، حسب بولس الاختيار بين بقائه في خدمته على الأرض والانطلاق ليكون مع المسيح اختيارًا صعبًا: «وَلَكِنْ إِنْ كَانَتِ الْحَيَاةُ فِي الْجَسَدِ هِيَ لِي ثَمَرُ عَمَلِي، فَمَاذَا أَخْتَارُ؟ لَسْتُ أَدْرِي! فَإِنِّي مَحْصُورٌ مِنَ الِاثْنَيْنِ: لِيَ اشْتِهَاءٌ أَنْ أَنْطَلِقَ وَأَكُونَ مَعَ الْمَسِيحِ، ذَاكَ أَفْضَلُ جِدًّا. وَلَكِنْ أَنْ أَبْقَى فِي الْجَسَدِ أَلْزَمُ مِنْ أَجْلِكُمْ» (فيلبي ١: ٢٢-٢٤). كان بولس يَعلَم أن مشيئة الله كانت أن يبقى على الأرض، ويخدم الآخرين، لكنه كان يشتهي أن يكون مع المسيح في السماء. فهو لم يمقت الموت، لأن الموت كان يعني الذهاب على الفور ليكون مع يسوع.

قال بولس لأهل كورنثوس: «فَنَثِقُ وَنُسَرُّ بِالْأَوْلَى أَنْ نَتَغَرَّبَ عَنِ الْجَسَدِ وَنَسْتَوْطِنَ عِنْدَ الرَّبِّ» (٢ كورنثوس ٥: ٨). مرة أخرى، فضَّل بولس الرحيل عن الجسد (الموت الجسدي)، لأنه بذلك سيكون مع يسوع. بالإضافة إلى كون هذه الآيات تمثِّل تشجيعًا للمؤمن، لكنها أيضًا تدحض المفهوم غير الكتابي عن سُبات الروح، والذي يقول إن الموت الجسدي يعني الانتقال إلى حالة من انعدام الوجود إلى حين القيامة. فإن المؤمن لا ينفصل أبدًا عن المسيح.

بالحقيقة، الموت عدو مخيف يلزم هزيمته؛ ولكن، بفضل موت يسوع، انكسرت سطوة الخطية والموت على المؤمن. ومع أن الإبادة النهائية للموت ستكون عند مجيء يسوع ثانية، يَعرف المؤمنون في هذا العالم الساقط أن الموت الجسدي ليس هو النهاية، لكنه يُدخِل المؤمن في الحال وإلى الأبد إلى حضرة يسوع. ويُلخِّص لنا نص أمثال ١٤: ٣٢ هذا التناقُض الصارخ بين الموت بالنسبة لغير المؤمنين، والموت بالنسبة للمؤمنين، قائلًا: «اَلشِّرِّيرُ يُطْرَدُ بِشَرِّهِ، أَمَّا الصِّدِّيقُ فَوَاثِقٌ عِنْدَ مَوْتِهِ».

## ⬅ الحالة الوَسَطيَّة

تتعلَّق الحالة الوسطية بالوجود الواعي للبشر في الفترة ما بين موتهم الجسدي وقيامة الجسد. تنطبق هذه الحالة على المؤمنين وغير المؤمنين على حدٍّ سواء، على الرغم من اختلاف مصير هاتين الفئتين. وبسبب تركيز العهد الجديد على الرجوع الوشيك ليسوع، وملكوت الله على الأرض (إشعياء ١١؛ ٦٥: ١٧-٢٥؛ رؤيا ٢٠-٢٢)، لم يقدِّم لنا معلومات كتابية كثيرة عن الحالة الوسطية؛ لكنه يحوي معلومات كافية كي نكتسب معرفة حقيقية عن هذا الموضوع.

## • الحالة الوسطيَّة لغير المؤمن

الحالة الوسطيَّة لغير المؤمنين هي حالة من العذاب الواعي في موضع يسمَّى «هادس»، وهي كلمة مشتقة من كلمة *hades* اليونانية، التي تعبِّر عن موضع سُكنى الأموات.[١١] استُخدِمت هذه الكلمة، في الترجمة السبعينية، لترجمة الكلمة العبرية «شيؤول» [*sheol*]، التي تشير إلى عالم الأموات بوجه عام، دون تفرقة بالضرورة بين أرواح الأبرار وأرواح الأشرار. لكن في العهد الجديد، تشير «هادس» إلى موضع سكنى الأشرار قبل دينونتهم الأخيرة في بحيرة النار (رؤيا ٢٠ : ١٣). ومن ثَمَّ، تُستخدَم كلمة «هادس» لوصف مكان مؤقتٍ من العذاب الواعي للأشرار.

نستطيع أن نجد أوضح حديث عن «هادس» في لوقا ١٦ : ١٩-٣١، في قصة الغني ولعازر. فإن الغني، الذي كان يعيش في تنعُّم ورفاهية، لم يبدِ أيَّ اكتراث يُذكَر بلعازر المسكين المتسوِّل. وحين مات الغني، دُفِن جسده (١٦ : ٢٢)، لكن انتقل الجزء اللا مادي منه إلى «هادس»،[١٢] حيث كان «فِي ٱلْعَذَابِ» (١٦ : ٢٣). ثم نادى الغني إبراهيم طالبًا الرحمة، وقال: «لِأَنِّي مُعَذَّبٌ فِي هَذَا اللَّهِيبِ» (١٦ : ٢٤). كان الغني في كَرْبٍ وعذابٍ. كذلك، كانت ذاكرته نشطة، إذ تذكَّر ليس إبراهيم ولعازر فحسب، بل أراد أيضًا أن يساعد إخوته الخمسة الباقين على قيد الحياة. وقد كان مدركًا أنه يستحق وجوده في هادس. أيضًا، احتكم إبراهيم إلى ذاكرة الغني، حين قال له: «يَا ابْنِي، اذْكُرْ أَنَّكَ اسْتَوْفَيْتَ خَيْرَاتِكَ فِي حَيَاتِكَ، وَكَذَلِكَ لِعَازَرُ الْبَلَايَا» (١٦ : ٢٥). تكشف هذه التفاصيل جميعها عن وجود موضع عذاب، يتمتع فيه الإنسان بوعي ذاتي وذاكرة.

إلى أي حدٍّ ينبغي فهم هذه القصة فهمًا حرفيًا؟ وما هي الحقائق المتعلِّقة بالحالة الوسطية التي يمكن استخلاصها منها؟ هل يصف هذا المَثَل قصة حقيقية أم خيالية؟ ينبغي ألا نستخدم حُجَّة وجود أسماء (لعازر وإبراهيم) كي نقول إن هذه قصة حقيقية عن أشخاص حقيقيين. ومع أن هذا مَثَلٌ، لكنَّ الرب قد صاغه كي يوضح أحوالًا وظروفًا حقيقية تحدث بعد الموت.

## • الحالة الوَسَطيَّة للمؤمن

يختلف المصير الوسطي للمؤمن اختلافًا جذريًا عن مصير غير المؤمن؛ فهو يتضمَّن وجودًا واعيًا وآمنًا في السماء مع يسوع، في الفترة ما بين الموت الجسدي وقيامة الجسد. فعند الموت الجسدي، تنتقل روح المؤمن في الحال إلى محضر يسوع في السماء (٢كورنثوس ٥ : ٨؛ فيلبي ١ : ٢٢-٢٤). فبينما كان استفانوس يُرجَم، صرخ إلى يسوع، الذي كان يراه في السماء، وقال: «أَيُّهَا الرَّبُّ يَسُوعُ، اقْبَلْ رُوحِي» (أعمال الرسل ٧ : ٥٩). كما وعد يسوع اللص التائب على الصليب، قائلًا: «الْحَقَّ أَقُولُ لَكَ: إِنَّكَ الْيَوْمَ تَكُونُ مَعِي فِي الْفِرْدَوْسِ» (لوقا ٢٣ : ٤٣).

---

١١ هذه الفقرة مُقتبَسة بتصرُّف من المصدر التالي، بتصريح من الجهة المسئولة (Thomas Nelson. www.thomasnelson.com): John MacArthur, ed., *The MacArthur Study Bible: English Standard Version* (Wheaton, IL: Crossway, 2010), 1510. Charts and notes from *The MacArthur Study Bible: English Standard Version* originate with *The MacArthur Study Bible*, copyright © 1997 by Thomas Nelson.

١٢ [المترجم]: جاءت الكلمة في الترجمة العربية البستاني- فانديك «الجحيم» وليس «الهاوية».

حين يموت المؤمن، يُدفَن جسده، بينما تؤخَذ روحه في الحال إلى السماء. قال بولس إن الوجود مع الرب يسوع في هذه الحالة «أفضل جدًا» (فيلبي ١: ٢٣) من الحياة بالجسد في عالم ساقط (٢كورنثوس ٥: ٨)؛ لكنه ذكر أيضًا أن الحالة الوسطية هي أشبه بأن تكون «عاريًا» (٢كورنثوس ٥: ٣)، لأن البشر لم يُخلَقوا ليكونوا بلا أجساد، لكنهم يختبرون أعظمَ حالات الكمال حين يلبسون جسدًا ماديًا. تاق بولس بالأكثر إلى تمجيد الجسد المقام (٢كورنثوس ٥: ١-٢). إذن، بالنسبة للمؤمن، قيامة الجسد أفضل من الحالة الوسطيَّة، التي هي أفضل من الحياة في هذا العالم الساقط.

كذلك، تعني الحالة الوسطية الراحة من مشقات هذه الحياة وأتعابها. ففي رؤيا ١٤: ١٣ قال يوحنا: «وَسَمِعْتُ صَوْتًا مِنَ السَّمَاءِ قَائِلًا لِي: «اكْتُبْ: طُوبَى لِلأَمْوَاتِ الَّذِينَ يَمُوتُونَ فِي الرَّبِّ مُنْذُ الآنَ». «نَعَمْ» يَقُولُ الرُّوحُ: لِكَيْ يَسْتَرِيحُوا مِنْ أَتْعَابِهِمْ، وَأَعْمَالُهُمْ تَتْبَعُهُمْ»». ويمدُّنا رؤيا ٦: ٩-١١ بأكثر المعلومات تفصيلًا عن الحالة الوسطية. رأى الرسول يوحنا مشهدًا لأرواح في السماء توجد أسفل مذبح، وهم «الَّذِينَ قُتِلُوا مِنْ أَجْلِ كَلِمَةِ اللهِ، وَمِنْ أَجْلِ الشَّهَادَةِ الَّتِي كَانَتْ عِنْدَهُمْ» (٦: ٩). كان هؤلاء شهداء مسيحيين تظهر أرواحهم الآن في السماء، ثم تقول الآيتان ١٠-١١:

> «وَصَرَخُوا بِصَوْتٍ عَظِيمٍ قَائِلِينَ: «حَتَّى مَتَى أَيُّهَا السَّيِّدُ الْقُدُّوسُ وَالْحَقُّ، لَا تَقْضِي وَتَنْتَقِمُ لِدِمَائِنَا مِنَ السَّاكِنِينَ عَلَى الأَرْضِ؟» فَأُعْطُوا كُلُّ وَاحِدٍ ثِيَابًا بِيضًا، وَقِيلَ لَهُمْ أَنْ يَسْتَرِيحُوا زَمَانًا يَسِيرًا أَيْضًا حَتَّى يَكْمَلَ الْعَبِيدُ رُفَقَاؤُهُمْ، وَإِخْوَتُهُمْ أَيْضًا، الْعَتِيدُونَ أَنْ يُقْتَلُوا مِثْلَهُمْ».

يمكن استخلاص عدة حقائق عن الحالة الوسطية للمؤمنين من هذا النص. أولًا، بينما كان هؤلاء القديسون في السماء، كانوا يتمتَّعون بوعي ذاتي شديد، وبمعرفة عن الآخرين، وعن أحوال العالم. فقد كانوا يعلَمون أنهم قُتِلوا من أجل شهادتهم ليسوع، وطالبوا بإيقاع الدينونة على قاتليهم على الأرض. كما استطاع هؤلاء القديسون أن يتذكَّروا خبرات ماضية، وأن يتحلَّوا برجاءٍ في المستقبل. ثانيًا، أدرك هؤلاء وجود اختلاف بين السماء والأرض. فحتى بعد وصولهم إلى السماء، لم ينسوا أمر الأرض تمامًا، أو يتصرَّفوا وكأن السماء صارت كلَّ ما يهمهم. ثالثًا، لم تكن السماء هي مصيرهم النهائي، بل حتى في السماء، كانوا يتوقون إلى تحقيق العدل على الأرض، الذي سيتحقق بمجيء يسوع والقديسين ثانية في رؤيا ١٩: ١١-٢١. فإن السماء الوسطية ليست موطنهم النهائي. وينطبق الحق الكتابي في رؤيا ٥: ١٠ على هؤلاء القديسين: «فَسَنَمْلِكُ عَلَى الأَرْضِ».

رابعًا، يبدو أن هؤلاء الشهداء القديسين في السماء أن لهم صورة شبه جسدية من نوعٍ ما. فقد استطاع يوحنا رؤيتهم («رَأَيْتُ ... نُفُوسَ»، رؤيا ٦: ٩). وكان هناك عنصر صوتي، إذ أمكن أن يتحدَّثوا، وأن يُسمَع صوتهم («وَصَرَخُوا بِصَوْتٍ عَظِيمٍ قَائِلِينَ»، ٦: ١٠). كذلك، كان بإمكانهم ارتداء ثياب («فَأُعْطُوا كُلُّ وَاحِدٍ ثِيَابًا بِيضًا»، ٦: ١١)، وكانوا يعملون داخل حدود الزمن («وَقِيلَ لَهُمْ أَنْ يَسْتَرِيحُوا زَمَانًا يَسِيرًا أَيْضًا»، ٦: ١١). من الواضح، إذن، أن قديسي الحالة الوسطية في السماء يتمتعون بوجودٍ حقيقي، لكنه ليس وجودًا بالجسد. فقد كان الموت الجسدي قد حدث بالفعل، وكانت أجسادهم لا تزال في الأرض تنتظر القيامة، أي قيامة الجسد التي لا تزال حدثًا مستقبليًا. لكن، في حقيقة الأمر، يبدو أن وجود المؤمنين في السماء هو وجودٌ حقيقيٌّ ومكانيٌّ.

## • أهمية الحالة الوسطية

ما الدور الذي تلعبه الحالة الوسطية في خطط الله الكونية الأكبر؟ ذكرنا أعلاه أن أرواح غير المؤمنين الذين يموتون تذهب إلى هادس، بينما توجد أرواح القديسين الراقدين في السماء مع يسوع القائم من بين الأموات. إذن، تمثِّل الحالة الوسطية أهمية حيوية في خطط الله؛ لكن، ينبغي أن نتجنب اتخاذ مواقف متطرفة في تقدير أهميتها.

أحد هذه المواقف المتطرفة هو التقليل من شأن الحالة الوسطية، أو حتى من وجودها. يعلِّم البعض بأنه لا وجود لحالة وسطية للمؤمنين أو لغير المؤمنين، ويميلون إلى ما يسمَّى «سُبات الروح» [soul sleep]. بحسب هذا الرأي، حين يموت المرء، يتوقَّف وجوده إلى أن يأتي يسوع ثانية، ويقوم جسده من بين الأموات. عندئذ، يعود هذا الشخص إلى الحياة. لكن، تصف العديد من النصوص الكتابية، بما في ذلك تلك التي أشرنا إليها أعلاه، وجودًا واعيًا للبشر في الفترة ما بين الموت الجسدي وقيامة الجسد.

يقول الموقف المتطرف الآخر إنه يمكن المبالغة في تقدير أهمية الحالة الوسطية بطريقتين. **الطريقة الأولى** هي أن نعتبر أن السماء الوسطية هي الحالة الأخيرة والنهائية للمؤمنين. يبالغ المؤمنون في تقدير أهمية السماء الحالية حين يظنُّون أنها مصيرهم الأبدي، وليس السماء الجديدة والأرض الجديدة (رؤيا ٢١: ١). ربما بعض التراتيل الشهيرة مثل «*I'll Fly Away*» («سأمضي بعيدًا»)، التي تحوي جُمَلًا من قبيل «إلى موضع حيث لا نهاية للفرح، سأمضي بعيدًا» – تترك انطباعًا بأن مصير المؤمن هو «هناك» إلى الأبد، وبأن «الأرض» التي وعد بها الله هي السماء. لكن السماء الوسطية ليس المصير الأخير للمؤمنين – بل الأرض الجديدة. ولهذا قال بطرس: «وَلَكِنَّنَا بِحَسَبِ وَعْدِهِ نَنْتَظِرُ سَمَاوَاتٍ جَدِيدَةً، وَأَرْضًا جَدِيدَةً، يَسْكُنُ فِيهَا الْبِرُّ» (٢ بطرس ٣: ١٣).

**الطريقة الثانية** الخاطئة هي أن نعتبر أن الحالة الوسطيَّة هي المُلك الألفي ليسوع والقديسين في السماء في العصر الحالي. يتبنَّى بعض اللا ألفيين هذا الرأي.[١٣] لكن، لم يقل الكتاب المقدس إن الملك الألفي ليسوع والقديسين سيحدث في السماء، بل سيتم على الأرض، من ذلك العالم نفسه، وعلى ذلك العالم نفسه، الذي كلَّف الله الإنسان في الأصل أن يتسلَّط عليه (تكوين ١: ٢٦-٢٨). من الضروري أن يملك يسوع والقديسون على الأرض، لا في السماء، التي يسود عليها بالفعل الحُكم المَلَكي الكوني لله. كذلك، في رؤيا ٦: ٩-١١، نقرأ عن توق القديسين الشهداء الذين يظهرون في السماء إلى تحقيق العدل على الأرض. لم يكن هؤلاء قد ملكوا بعد، بل كانوا ينتظرون أن يملكوا. وسيُلبَّى هذا التوق بقيامة القديسين، ومُلكِهم، بعد مجيء يسوع ثانية (رؤيا ٢٠: ٤). إذن، في المجمل، ليس الملك الألفي ليسوع والقديسين مُلكًا سريًا خفيًا من السماء، لكنه مُلك منظور وملموس في العالم الذي فيه خَلق الله الإنسان كي يملك – أي الأرض.

---

١٣ مثل سام ستورمز (Sam Storms)، مؤيِّد الرأي اللا ألفي، الذي يقول: «أنا على قناعة الآن بأن نص رؤيا ٢٠: ٤-٦ يتعلَّق بشكل حصري بالاختبار الذي يتمتع به الشهداء في الحالة الوسطية»:

Sam Storms, *Kingdom Come: The Amillennial Alternative* (Fearn, Ross-Shire, Scotland: Mentor, 2013), 451.

ويقول أيضًا: «في رؤيا ٢٠ ... يصف [أي يوحنا] الحالة الوسطية بأنها **أرواح تعيش وتملك مع المسيح**» (ص. ٩١٧ من المرجع نفسه).

إن الحالة الوسطية هي حالة المؤمنين الراقدين في السماء، وغير المؤمنين في هادس، خلال هذا العصر، قبل المجيء الثاني ليسوع، وقبل قيامة الأجساد. لكنها ليست الحالة النهائية أو المصير الأخير للبشر.

## ⬅ القيامة

خلق الله البشر وحدة مركَّبة من جسد وروح. وفي هذا الزمان، يؤدِّي الموت الجسدي إلى انفصال جسد الإنسان عن روحه. لكن هذه الحالة لا تدوم إلى الأبد. فإن كلَّ إنسان مُعَدٌّ لقيامة بالجسد الملائم لمصيره الأبدي.

وبما أن غالبية البشر يموتون بالجسد قبل مجيء يسوع ثانية، توصَف القيامة عادة بأنها خروجٌ من القبر. على سبيل المثال، قال دانيال إنه بعد «زَمَانُ ضِيقٍ» محدَّد، «كَثِيرُونَ مِنَ الرَّاقِدِينَ فِي تُرَابِ الأَرْضِ يَسْتَيْقِظُونَ، هَؤُلَاءِ إِلَى الْحَيَاةِ الأَبَدِيَّةِ، وَهَؤُلَاءِ إِلَى الْعَارِ لِلازْدِرَاءِ الأَبَدِيِّ» (دانيال ١٢: ١-٢). فإن الذين ماتوا ودُفنوا سوف «يستيقظون» يومًا ما. هذه قيامة مادية بالجسد. نجد تأكيدًا على هذا الحق نفسه في يوحنا ٥: ٢٨-٢٩:

> «لَا تَتَعَجَّبُوا مِنْ هَذَا، فَإِنَّهُ تَأْتِي سَاعَةٌ فِيهَا يَسْمَعُ جَمِيعُ الَّذِينَ فِي الْقُبُورِ صَوْتَهُ، فَيَخْرُجُ الَّذِينَ فَعَلُوا الصَّالِحَاتِ إِلَى قِيَامَةِ الْحَيَاةِ، وَالَّذِينَ عَمِلُوا السَّيِّئَاتِ إِلَى قِيَامَةِ الدَّيْنُونَةِ»

سنتحدث، في قسم لاحق، عن توقيتات ومراحل برنامج القيامة الذي وضعه الله، لكننا سنركِّز الآن على ما تعنيه القيامة سواء للمؤمنين أو لغير المؤمنين. تحدث القيامة لكلتا الفئتين؛ لكن، لن يستيقظ الجميع ليواجهوا المصير نفسه. وبما أن الكتاب المقدس يقدِّم تفاصيل أكثر عن قيامة المؤمنين، سنبدأ حديثنا بها.

### قيامة المؤمن

عُيِّن للمؤمنين بالله مصير القيامة بالجسد. أعرب واحدٌ من أقدم شخصيات الكتاب المقدس، وهو أيوب، عن يقينه في القيامة على النحو التالي:

> «أَمَّا أَنَا فَقَدْ عَلِمْتُ أَنَّ وَلِيِّي حَيٌّ
> وَالآخِرَ عَلَى الأَرْضِ يَقُومُ،
> وَبَعْدَ أَنْ يُفْنَى جِلْدِي هَذَا،
> وَبِدُونِ جَسَدِي أَرَى اللهَ» (أيوب ١٩: ٢٥-٢٦)

عَلِمَ أيوب أن «جلدَه» سوف «يُفْنَى» (الموت الجسدي)، لكن هذه لم تكن النهاية. فإن «وَلِيَّه» سوف يقوم على الأرض؛ وفي النهاية، أيوب «في جسدِه» سوف «يرى الله».[١٤] فإن القيامة الجسدية حقيقة، وتَحدُث بفضل الوليِّ أي الفادي. كذلك، تحدَّث إشعياء عن قيامة أجساد المؤمنين، قائلًا:

«تَحْيَا أَمْوَاتُكَ، تَقُومُ الْجُثَثُ.

اسْتَيْقِظُوا، تَرَنَّمُوا يَا سُكَّانَ التُّرَابِ.

لِأَنَّ طَلَّكَ طَلُّ أَعْشَابٍ

وَالْأَرْضُ تُسْقِطُ الْأَخْيِلَةَ»[١٥] (إشعياء ٢٦: ١٩).

كما نجد الحديث الأكثر توسُّعًا عن طبيعة جسد قيامة المؤمنين في ١ كورنثوس ١٥: ٣٥-٤٩. في هذا النص، تناول بولس هذين السؤالين: «كَيْفَ يُقَامُ الْأَمْوَاتُ؟ وَبِأَيِّ جِسْمٍ يَأْتُونَ؟ (١٥: ٣٥)؛ ثم عَرَضَ مقابلة بين الأجساد المَعيبة والمائتة التي لنا في هذا الزمان، والأجساد المُمجَّدة التي سنحصل عليها في الدهر الآتي. ستكون الأجساد الممجَّدة عديمة الفساد، أي أنها لن تذبل تدريجيًّا أو تموت كأجسادنا الحالية القابلة للفساد (١٥: ٤٢). كما لن تتلوَّث أجسادنا المستقبلية بعار الخطية؛ فهي ستكون قوية، لا هشَّة أو ضعيفة (١٥: ٤٣). كذلك، ستكون أجسادنا روحانية، لا بشرية أو حيوانية (١٥: ٤٤). ويمثِّل يسوع النموذج الأصلي للأجساد الممجَّدة، بينما أجسادنا البشرية أو الحيوانية هي على شاكلة آدم (١٥: ٤٥-٤٦).

لا يعني وصف الأجساد بأنها «روحانية» أنها غير مادية، أو شبيهة بالأشباح، لكنها روحانية لأن مصدرها هو الله، بالقيامة والتمجيد. علَّم بولس بأنَّ الأجساد الممجَّدة هي أجساد مادية، حين قال: «نَحْنُ أَنْفُسُنَا أَيْضًا نَئِنُّ ... مُتَوَقِّعِينَ ... فِدَاءَ أَجْسَادِنَا» (رومية ٨: ٢٣)؛ وأيضًا حين قال إنه حين يأتي يسوع «سَيُغَيِّرُ شَكْلَ جَسَدِ تَوَاضُعِنَا لِيَكُونَ عَلَى صُورَةِ جَسَدِ مَجْدِهِ» (فيلبي ٣: ٢١). فكما كان ليسوع وجود ملموس ومادي حين قام من بين الأموات، كذلك سيكون لأتباعه أيضًا. ففي النهاية، يسوع هو «باكورة» الذين يرقدون فيه (اكورنثوس ١٥: ٢٠). وهذه الأجساد الممجَّدة لازمة لدخول ملكوت الله الأبدي (اكورنثوس ١٥: ٥٠).

تتعلَّق القيامة بعودة الجسد إلى الحياة، واتحاده ثانية بالروح. وفي أثناء حديث بولس عن اختطاف الكنيسة في اتسالونيكي ٤: ١٣-١٨، قال: «الرَّاقِدُونَ بِيَسُوعَ، سَيُحْضِرُهُمُ اللهُ أَيْضًا مَعَهُ»، مشيرًا بذلك إلى أرواح المؤمنين الأموات التي هي في السماء. ومن ثَمَّ، ففي الاختطاف، سيحضر الله معه أرواح المؤمنين الذين رقدوا، ويوحِّدها بأجسادهم المقامة (اتسالونيكي ٤: ١٦).

بما أن المصير الأخير للمؤمنين هو الأرض الجديدة، فإن أجسادهم المقامة ستكون ملائمة تمامًا للحياة الأبدية على الأرض الجديدة. هذه الأرض الجديدة لن تقاسي بعد اللعنة، أو الفساد، أو الموت؛

---

١٤ [المترجم]: جاءت عبارة «وَبِدُونِ جَسَدِي» في الأصل العبري كالتالي: "וּמִבְּשָׂרִי אֶחֱזֶה אֱלוֹהַּ"، والتي معناها «بجسدي (بلحمي) أنظر الله».

١٥ [المترجم]: وفقًا للترجمة الإنجليزية لهذا النص، يمكن أن يكون معناه: «لأن نَداك نَدَى نور الفَجر، والأرض تُخرِج الأموات مِن رَحِمها».

وكذلك الأحياء عليها أيضًا، لن يقاسوا هذه الأشياء. إذن، هناك الكثير من الأشياء الرائعة التي تنتظر المؤمن.

- قيامة غير المؤمن

يمدُّنا الكتاب المقدس بتفاصيل أقل عن طبيعة جسد قيامة غير المؤمنين، لكن، يمكننا استخلاص بعض الاستنتاجات منها. يقول دانيال ١٢: ٢ إن غير المؤمنين سوف «يستيقظون»، «إِلَى الْعَارِ لِلازْدِرَاءِ الأَبَدِيِّ». إذن، سيختبر غير المؤمنين قيامة ملموسة بالجسد، وسيخرجون من القبور كما قرأنا في دانيال ١٢: ٢، وفي يوحنا ٥: ٢٨-٢٩. ومن ثَمَّ، فإن الجسد الذي مات ودُفِن هو نفسه الذي سيخرج من القبر. هو جسدٌ مقام، لكنه للشخص نفسه. يتطابق هذا إذن مع ما سيحدث في قيامة المؤمن.[١٦]

ثانيًا، جسد قيامة غير المؤمنين سيكون ملائمًا للحياة في بحيرة النار. فكما سيأخذ المؤمنون جسدًا كي يعيشوا به على الأرض الجديدة (رؤيا ٢١: ١-٢٢: ٥)، التي هي مكان حقيقي، كذلك سيأخذ غير المؤمنين جسدًا ملائمًا لحياتهم في بحيرة النار، التي هي أيضًا مكان حقيقي. يقول رؤيا ٢٠: ١٥، «وَكُلُّ مَنْ لَمْ يُوجَدْ مَكْتُوبًا فِي سِفْرِ الْحَيَاةِ طُرِحَ فِي بُحَيْرَةِ النَّارِ». ويُظهِر لنا إشعياء ٦٦: ٢٢-٢٤ هذه المقابَلة بين المؤمنين وغير المؤمنين، إذ يصف أولًا أحوال وظروف الأرض الجديدة بالنسبة للمؤمنين (٦٦: ٢٢-٢٣)، ثم يصف الأحوال والظروف بالنسبة لغير المؤمنين (٦٦: ٢٤): «وَيَخْرُجُونَ وَيَرَوْنَ جُثَثَ النَّاسِ الَّذِينَ عَصَوْا عَلَيَّ، لأَنَّ دُودَهُمْ لاَ يَمُوتُ وَنَارَهُمْ لاَ تُطْفَأُ، وَيَكُونُونَ رَذَالَةً لِكُلِّ ذِي جَسَدٍ». يدل ذلك على أن وجود غير المؤمنين أيضًا سيكون ملموسًا.

يكشف كلٌّ من رؤيا ٢٠: ١٥، وإشعياء ٦٦: ٢٤ عن المصير البشع لغير التائبين. يصف هذان النصَّان دينونة عنيفة وشرسة لا نهائية. كما أعلن الرسول يوحنا أنَّ غير المؤمن «سَيَشْرَبُ مِنْ خَمْرِ غَضَبِ اللهِ، الْمَصْبُوبِ صِرْفًا فِي كَأْسِ غَضَبِهِ، وَيُعَذَّبُ بِنَارٍ وَكِبْرِيتٍ أَمَامَ الْمَلاَئِكَةِ الْقِدِّيسِينَ وَأَمَامَ الْخَرُوفِ. وَيَصْعَدُ دُخَانُ عَذَابِهِمْ إِلَى أَبَدِ الآبِدِينَ. وَلاَ تَكُونُ رَاحَةٌ نَهَارًا وَلَيْلاً» (رؤيا ١٤: ١٠-١١). يكشف هذا عن حياة بائسة، أي عذاب واعٍ وأبدي بلا راحة للساكنين هناك.

## ⬅ جَهنّم (الجحيم)

يَعرِض الكتاب المقدس الواقع الأبدي للجحيم. الجحيم مكانٌ حقيقيٌّ من العذاب العنيف والشديد لغير التائبين، يدوم إلى الأبد. وقد جاءت الغالبية العظمى من اثنتي عشرة إشارة إلى «الجحيم» أو «جَهَنَّم» في الكتاب المقدس على فم يسوع نفسه.[١٧] وفيما يلي بعض الأمثلة من أقوال يسوع عن هذا الموضوع:

---

١٦ [المترجم]: الجسد المُقام لغير المؤمن هو جسد يتناسب مع الحالة الأبدية التي سيقضيها في عذاب، مثلما يتناسب الجسد المُقام للمؤمن مع الحالة الأبدية التي سيقضيها في تنعم في محضر الله. كلاهما جسد مادي لا يفنى ستلبسه الروح في القيامة لتقضي به أبديتها.

١٧ للاطِّلاع على دراسة أكثر تفصيلًا عن الجحيم، انظر المقالات التالية من:

*Master's Seminary Journal* 9, no. 2 (1998). Richard L. Mayhue, "Hell: Never, Forever, or Just for a While?," 129–45; Robert L. Thomas, "Jesus' View of Eternal Punishment,"67–147 ; James E. Rosscup, "Paul's Concept of Eternal Punishment," 169–89; Trevor Craigen, "Eternal Punishment in John's Revelation," 191–201; Larry Dean Pettegrew, "A Kinder, Gentler Theology of Hell?," 203–17.

«وَمَنْ قَالَ: يا أَحْمَقُ، يَكُونُ مُسْتَوْجِبَ نَارِ جَهَنَّمَ» (متى ٥: ٢٢)

«وَلَا تَخَافُوا مِنَ الَّذِينَ يَقْتُلُونَ الْجَسَدَ وَلَكِنَّ النَّفْسَ لَا يَقْدِرُونَ أَنْ يَقْتُلُوهَا، بَلْ خَافُوا بِالْحَرِيِّ مِنَ الَّذِي يَقْدِرُ أَنْ يُهْلِكَ النَّفْسَ وَالْجَسَدَ كِلَيْهِمَا فِي جَهَنَّمَ» (متى ١٠: ٢٨)

«أَيُّهَا الْحَيَّاتُ أَوْلَادَ الأَفَاعِي! كَيْفَ تَهْرُبُونَ مِنْ دَيْنُونَةِ جَهَنَّمَ؟» (متى ٢٣: ٣٣)

«وَإِنْ أَعْثَرَتْكَ يَدُكَ فَاقْطَعْهَا. خَيْرٌ لَكَ أَنْ تَدْخُلَ الْحَيَاةَ أَقْطَعَ مِنْ أَنْ تَكُونَ لَكَ يَدَانِ وَتَمْضِيَ إِلَى جَهَنَّمَ، إِلَى النَّارِ الَّتِي لَا تُطْفَأُ» (مرقس ٩: ٤٣)

الكلمة اليونانية التي تُرجمت إلى «جَهَنَّم» (في الترجمة العربية) أو إلى «hell» (في الترجمة الإنجليزية) في النصوص أعلاه هي كلمة *gehenna*، التي ترد اثنتي عشرة مرة في العهد الجديد؛ وتتصل بوادي هنوم الواقع على الطرفين الجنوبي والشرقي من مدينة أورشليم. في هذا الموضع، أُحرق أطفال بالنار كذبائح للإله مولك (٢ ملوك ٢٣: ١٠؛ إرميا ٧: ٣١-٣٢). ويقول البعض إنه في وادي هنوم أيضًا كانت تُحرَق جثامين المجرمين والحيوانات.[١٨] استخدم يسوع وكُتَّاب العهد الجديد مكان الموت البشع هذا رمزًا لموضع العقاب المستقبلي الذي سيذهب إليه الأشرار. تبيِّن هذه الإشارات أن الجحيم حقيقي، وأنه على البشر أن يجتهدوا لتجنُّب الذهاب إلى هذا الموضع المخيف. تصف بعض النصوص الأخرى النار الأبدية التي تنتظر الأشرار، على الرغم من عدم استخدامها لكلمة «جهنم»:

«ثُمَّ يَقُولُ [يسوع] أَيْضًا لِلَّذِينَ عَنِ الْيَسَارِ: اذْهَبُوا عَنِّي يا مَلَاعِينُ إِلَى النَّارِ الأَبَدِيَّةِ الْمُعَدَّةِ لإِبْلِيسَ وَمَلَائِكَتِهِ» (متى ٢٥: ٤١)

«إِنْ كَانَ أَحَدٌ يَسْجُدُ لِلْوَحْشِ وَلِصُورَتِهِ، وَيَقْبَلُ سِمَتَهُ عَلَى جَبْهَتِهِ أَوْ عَلَى يَدِهِ، فَهُوَ أَيْضًا سَيَشْرَبُ مِنْ خَمْرِ غَضَبِ اللهِ، الْمَصْبُوبِ صِرْفًا فِي كَأْسِ غَضَبِهِ، وَيُعَذَّبُ بِنَارٍ وَكِبْرِيتٍ أَمَامَ الْمَلَائِكَةِ الْقِدِّيسِينَ وَأَمَامَ الْخَرُوفِ. وَيَصْعَدُ دُخَانُ عَذَابِهِمْ إِلَى أَبَدِ الآبِدِينَ. وَلَا تَكُونُ رَاحَةٌ نَهَارًا وَلَيْلًا» (رؤيا ١٤: ٩-١١)

«وَكُلُّ مَنْ لَمْ يُوجَدْ مَكْتُوبًا فِي سِفْرِ الْحَيَاةِ طُرِحَ فِي بُحَيْرَةِ النَّارِ» (رؤيا ٢٠: ١٥)

لا توجد نهاية لعذاب الجحيم الشديد. كذلك، ليس الجحيم مجرَّد «حالة ذهنيَّة أو نفسيَّة»، أو خبرة وجدانيَّة من نوعٍ ما. فلا يمكن اختزال اللغة المستخدَمة لوصفه بالقول إنها مجرد استعارة.

الجحيم مرتبطٌ بثلاث عواقب سلبيَّة أبدية: (١) العقاب، (٢) الهلاك، (٣) الطرد والإبعاد. ليس بوسع مفهوم واحد من هذه المفاهيم الثلاثة بمفرده أن يوضح طبيعة الجحيم كاملة، لكن المفاهيم الثلاثة معًا تمدُّنا بفهم متعدد الأبعاد لسبب بشاعة الجحيم الشديدة. أولًا، يعاقَب الأشرار، وينالون جزاء أعمالهم (لوقا ١٢: ٤٧-٤٨). ليست عقوبة الله انتقامية، لكنها مجازاة عادلة على أخطاء ارتُكِبت. ثانيًا، يتعلَّق الجحيم بالهلاك (٢ تسالونيكي ١: ٩)، الذي يُحتِّم الخراب والخسارة. فإن الذين يموتون في عدم إيمان قد أهدروا فرصهم في أن يعيشوا حياة ذات معنى وأهمية لدى الله. فهُم أعداء الله،

18 See Paul Enns, *The Moody Handbook of Theology* (Chicago: Moody Press, 1989), 375.

ومصيرهم الخسارة والخراب (متى ٧: ١٩). ثالثًا، يتضمَّن الجحيم أيضًا الطرد والإبعاد. فإن الأشرار لا يُعاقَبون فحسب، ولا يقاسون الخراب فحسب، لكنهم أيضًا يُطرَدون بعيدًا عن بركات ملكوت الله، ويُحرَمون من الدخول إلى أمجاد الأرض الجديدة. فإن الله الملك استبعدهم، ولم يَعُد هناك أدنى أملٍ في الدخول إلى محضره (رؤيا ٢٢: ١٤-١٥).

- «شيؤول»

ارتبطت ألفاظ أخرى في الكتاب المقدس بكلمة الجحيم. ورد اللفظ العبري **شيؤول** [Sheol] خمسًا وستين مرة في العهد القديم. وبحسب السياق، تُرجِم اللفظ إلى «القبر»، أو «الجُب»، أو «الهاوية». وبوجه عام، يشير لفظ شيؤول إلى مَسكَن الموتى. يقول مزمور ٨٨: ٣، «لِأَنَّهُ قَدْ شَبِعَتْ مِنَ ٱلْمَصَائِبِ نَفْسِي، وَحَيَاتِي إِلَى **ٱلْهَاوِيَةِ** دَنَتْ». وقد كان الوجود في شيؤول يعني انقطاعًا وانفصالًا عن الأحياء، دون دون سبيل للوصول إلى الأمور التي تحدث على الأرض. ولكن، لا تعني شيؤول الفرار من محضر الله، إذ يقول مزمور ١٣٩: ٨، «إِنْ فَرَشْتُ فِي ٱلْهَاوِيَةِ فَهَا أَنْتَ».

- «تارتاروس»

وردت إشارة أخرى إلى الجحيم في نص ٢ بطرس ٢: ٤، «لِأَنَّهُ إِنْ كَانَ ٱللهُ لَمْ يُشْفِقْ عَلَى مَلَائِكَةٍ قَدْ أَخْطَأُوا، بَلْ فِي سَلَاسِلِ ٱلظَّلَامِ طَرَحَهُمْ فِي **جَهَنَّمَ**، وَسَلَّمَهُمْ مَحْرُوسِينَ لِلْقَضَاءِ ...». اللفظ اليوناني الذي تُرجم هنا إلى «جَهَنَّمَ» لم يكن «*Gehenna*» أو «*hades*»، بل «*tartaroō*»، الذي منه جاءت كلمة *tartarus*؛ وهذه هي المرة الوحيدة التي استُخدِم فيها هذا اللفظ في كلِّ العهد الجديد. بحسب الأساطير اليونانية، كان تارتاروس عالَمًا تحت الأرض، أدنى من هادس نفسه، كان الأشرار يُعاقَبون فيه. وبحسب الأساطير الرومانية، كان تارتاروس هو الموضع الذي إليه يُنفَى أعداء الآلهة. وقد استخدم اليهود في آخر الأمر هذا اللفظ لوصف الموضع الذي أُرسِل إليه الملائكة الساقطون. ويشير اللفظ إلى الجحيم الأدنى، والجب الأعمق، وأبشع موضع عذاب. وبحسب نص ٢ بطرس ٢: ٤، أُرسِل الملائكة إلى تارتاروس حين أخطأوا. ربما تكون هذه إشارة إلى الملائكة («أَبْنَاءَ ٱللهِ») الذين تحدث عنهم سفر التكوين، الذين أخطأوا بمحاولتهم إفساد وتشويه الجنس البشري، عن طريق زواجهم من بنات الناس (تكوين ٦: ٢).

- «أبيس»

استُخدِم لفظ آخر في الكتاب المقدس، وهو «أبيس» (في اليونانية *abyssos*)، للتعبير عن حالة الحَجز أو الحَبس، مع أنه لم يُعرَّف على أنه «الجحيم» أو «جهنَّم». يُعَد «أبيس» سجنًا للملائكة الساقطين يمنعهم من الوصول إلى الأرض أو التأثير عليها. حين كان يسوع على وشك إخراج الكثير من الأرواح الشريرة من رجلٍ ما، يروي لوقا ٨: ٣١ أن الأرواح الشريرة طلبت إليه «أَنْ لَا يَأْمُرَهُمْ بِالذَّهَابِ إِلَى **ٱلْهَاوِيَةِ**». فقد كانت الأرواح الشريرة تخشى هذه الهاوية (أبيس) لأنها كانت تعني التوقُّف التام لكافة أنشطتهم على الأرض. وفي الأصحاح التاسع من سفر الرؤيا، أُطلِق سراح مخلوقات شبيهة بالأرواح الشريرة من الهاوية كي تضر ساكني الأرض (رؤيا ٩: ١-٢). وقد كان إطلاق سراح هذه المخلوقات من الهاوية هو ما سمح لها بالإضرار بالبشر، بما أنها تعجز عن المساس بالبشر على الأرض بينما هي في الهاوية.

ذُكِر لفظ أبيس مرة أخرى في رؤيا ٢٠: ١-٣، للإشارة إلى «هاوية» أو «جُبٍّ» [pit] فيه سيُطرَح الشيطان بعد مجيء يسوع ثانية. وبمجرد حبس الشيطان، سوف «تُغلَق» الهاوية، «ويُختَم على الشيطان» هناك لمدة ألف سنة حتى لا يضلَّ الأمم بعد (رؤيا ٢٠: ٣). فإن الهاوية هي بمثابة سجن لحجز شخص الشيطان. ونتيجة ذلك، سيعاق الشيطان وستتوقف أعماله المضلة تمامًا على الأرض، لأن أسرَه في الهاوية (أبيس) سيزيل تأثيره على الأرض تمامًا. وبمجرد اكتمال الألف سنة، سيُفك أسر الشيطان من الهاوية، كي يضلَّ الأمم مرة واحدة أخرى، لكنه سيباد على الفور، ويُرسَل إلى بحيرة النار إلى الأبد (رؤيا ٢٠: ٧-١٠).

## • آراء منحرفة عن الجحيم

تُعَد فكرة وجود جحيم حقيقي لا نهائي، مليء بالعذاب فكرة أبشع ممَّا يمكن تصوُّره، حتى أن كثيرين يرفضون الإيمان بها. قدم البعض بدائل لعقيدة الجحيم الكتابية، وإليك بعض هذه التشوُّهات:

**شموليَّة الخلاص**: تحظى هذه الفكرة بشعبية متزايدة، ومفادها أن الحال سينتهي بجميع البشر في السماء، ولا أحد سيهلك في الجحيم إلى الأبد. يسمَّى هذا الرأي «شموليَّة الخلاص» [universal-ism]، لأنه يؤكِّد أن جميع البشر سوف يَخلُصون في النهاية. قد يتَّخذ هذا الرأي أشكالًا عديدة. أولًا، يؤمن البعض بأن كفارة المسيح ستطبَّق على جميع البشر، سواء آمنوا أو لا. ولذلك، سيدخل الجميع إلى محضر الله. ثانيًا، يرى آخرون أن الذين يموتون في عدم إيمان، أو الذين لم يسمعوا بيسوع قط ستُتاح لهم بعد الموت فرصة كي يؤمنوا بيسوع، والجميع سيغتنمونها بشكل إيجابي. ويؤكد الشكل الثالث من مذهب شمولية الخلاص أن البشر سيعاقَبون لبعض الوقت في الجحيم، ولكن في النهاية سيرحَّب بهم في السماء.

تتناقض العديد من تصريحات الكتاب المقدس مع مذهب شموليَّة الخلاص، إذ تصرِّح بأن ليس الجميع سيخلصون، بل البعض سيقاسون عقوبة أبدية (متى ٢٥: ٤١، ٤٦؛ رؤيا ٢٠: ١١-١٥). فبينما كان يوحنا يتحدث عن أمجاد الأرض الجديدة (رؤيا ٢١: ١-٧)، أوضح جيدًا أن ليس الجميع سيرون هذا الموضع: «وَأَمَّا الْخَائِفُونَ وَغَيْرُ الْمُؤْمِنِينَ وَالرَّجِسُونَ وَالْقَاتِلُونَ وَالزُّنَاةُ وَالسَّحَرَةُ وَعَبَدَةُ الأَوْثَانِ وَجَمِيعُ الْكَذَبَةِ، فَنَصِيبُهُمْ فِي الْبُحَيْرَةِ الْمُتَّقِدَةِ بِنَارٍ وَكِبْرِيتٍ، الَّذِي هُوَ الْمَوْتُ الثَّانِي» (رؤيا ٢١: ٨). فعلى خلاف مذهب شمولية الخلاص، لن تنتهي القصة نهاية سعيدة للجميع. فالإيمان بالمسيح مطلبٌ أساسيٌّ للدخول إلى المجد (يوحنا ٣: ٣٦)، ومصير الذين لا يؤمنون هو مواجهة دينونة خطاياهم إلى الأبد.

**مذهب التلاشي**: من بين التشويهات الأخرى لعقيدة الجحيم هو مذهب التلاشي [annihilationism]، تلك الفكرة التي مفادها أن وجود الأشرار سيتوقَّف. قد يحدث هذا عند الموت الجسدي، أو في دينونة آتية، أو بعد فترة محدودة من العقاب في الجحيم. يزعم الرأي أن الأشرار سيصلون إلى مرحلة لن يعودوا موجودين فيها. وما ردُّ أنصار مذهب التلاشي على وصف الكتاب المقدس للجحيم بأنه «إلى الأبد» أو «أبدي»؟ بحسب رأيهم، ليس معنى هذا أن الشخص سيوجد بنفسه في الجحيم إلى الأبد، بل أن عاقبة استبعاده هي التي ستدوم إلى الأبد. فإن معنى الخراب الأبدي هو أن يُنتَزَع المرء من دائرة الوجود كعقوبة دائمة. ويرتبط مذهب التلاشي في بعض الأحيان بالاعتقاد بخلود مشروط للإنسان [Conditional immortality].

وفقًا لهذا الرأي، ليس الخلود شيئًا متأصلًا في طبيعة البشر، لكنهم عند الموت، لا يوجَدون فيما بعد. فقط الذين يؤمنون بيسوع هم الذين يُمنَحون الخلود عطيةً من الله، بينما لا يُسمَح للأشرار بالاستمرار في الوجود. لكن اللغة الكتابية، مثل: «النَّارِ الأَبَدِيَّةِ» (متى ٢٥: ٤١)، و«وَيَصْعَدُ دُخَانُ عَذَابِهِمْ إِلَى أَبَدِ الآبِدِينَ» (رؤيا ١٤: ١١)، و«لاَ تَكُونُ رَاحَةٌ نَهَارًا وَلَيْلًا» (رؤيا ١٤: ١١)، تكشف عن عذابٍ لا نهائي، وليس عن توقف الوجود. كذلك، يشير عدم اختبار الراحة إلى تمتُّع الأشرار بوعي ذاتي في الجحيم. فضلًا عن ذلك، هناك توازٍ بين الحياة الأبدية والعقوبة الأبدية. قال يسوع: «فَيَمْضِي هَؤُلاَءِ [الأشرار] إِلَى عَذَابٍ أَبَدِيٍّ وَالأَبْرَارُ إِلَى حَيَاةٍ أَبَدِيَّةٍ» (متى ٢٥: ٤٦). فكما أن حياة المؤمن الأبدية لا تنتهي، كذلك العقوبة الأبدية لغير المؤمن. أيضًا، يخفق مذهب التلاشي في أن يوفي خطورة الخطية حقَّها، لأن الخطية إساءة غير محدودة في حق إله غير محدود في قداسته؛ ومن ثَمَّ، فهي تستلزم عقوبة غير محدودة. هذه قضية أبدية لا يمكن معالجتها بعقوبة وقتية. فلو كان ذلك ممكنًا، لكان ارتكاب خطية في حق الله مسألة محدودة. لكن عقوبة محدودة للخطية ستدل على محدودية قداسة الله. لكن، لأن الله غير محدود في قداسته، فإن إساءة واحدة فقط في حق قداسته تستلزم عقوبة غير محدودة. ومن ثَمَّ، فإن رفض أبديَّة الجحيم سيعني بالضرورة إضعاف مكانة قداسة الله.

**العقوبة الروحية**: يرى البعض أن غير المؤمنين سيقاسون بالفعل عقوبة أبدية وواعية؛ لكن هذه العقوبة ليست مادية في مكان نار حرفي. فبالنسبة لهؤلاء، ليست النار حرفية، لكنها بالأحرى رمزٌ للاغتراب عن الله. فإن الجحيم يتعلَّق في المقام الأول بالانفصال الروحي عن الله، لا بالعذاب المادي في بحيرة نار ملموسة.

لكن، لا يقدِّم هذا الرأي تفسيرًا وافيًا ومُرضيًا لحقيقة أن كلًّا من الأبرار والأشرار سيقومون بالجسد، ويُمنَحون أجسادًا ملائمة لمصيرهم الأبدي. فلو كانت بحيرة النار مجرد صورة مجازية لحالة غير حرفية، فهل يعني ذلك أن الأرض الجديدة أيضًا ليست سوى صورة مجازية أو رمزًا، وأنها حالة من الوجود الروحي للمؤمنين؟ سيكون من الأفضل أن نفهم أن كلًّا من الأبرار والأشرار سيأخذون أجسادًا تلائم مصيرهم الأبدي — سواء على أرض جديدة ملموسة، أو في بحيرة نار حقيقية.

**الظروف السيئة في هذه الحياة**: البعض يحصرون الجحيم في مجرد رمزٍ أو صورة مجازية تعبِّر عن مصاعب هذه الحياة ومشقاتها. وتعكس عبارات من قبيل «إن حياتي جحيم» هذا الفكر. مثل هذ الرأي يستخف بطبيعة الجحيم الحقيقية، وقد يقود البشر إلى الظن بأن هذه الحياة هي أسوأ ما يمكن أن يؤول إليه الحال. ففي حين يمكن لكثير من الأشياء المخيفة أن تحدث في هذا العالم الساقط، لكن، تظل خبراتنا الحياتية ممتزجة ومخفَّفة بمظاهر نعمة الله العامة وصلاحه كالمحبة، والعلاقات الشخصية، والطعام، والمطر، وشروق الشمس. لكن في الجحيم، سوف يُرَفع صلاح الله ونعمته العامة تمامًا، وسيتوجب على غير المؤمنين مواجهة غضب الله دون تخفيف. الجحيم هو أكثر بكثير من مجرد صورة مجازية لأوقات عصيبة نمر بها في هذه الحياة؛ ومن ثَمَّ، فإن الخلط بين الاثنين أمر خطير.

## السماء[١٩]

استُخدِم لفظ «السماء» ما يقرب من ستمئة مرة في الكتاب المقدس. والمعنى الحرفي للفظ العبري الذي يترجَم عادة إلى «سماء» (*shamayim*) هو: «الأعالي» أو «المرتفعات». كما يشير اللفظ اليوناني (*ouranos*) إلى ما هو مرتفع أو سامٍ. استخدم الكتاب المقدس هذين اللفظين للإشارة إلى ثلاثة مواضع مختلفة – سماء الغلاف الجوي، وسماء الكواكب، والسماء الثالثة.

### • سماء الغلاف الجوي

سماء الغلاف الجوي، أو السماء الأولى، هي الجَلَد أو طبقة التروبوسفير [المترجم: هي طبقة الغلاف الجوي الأقرب إلى سطح الأرض، وتُسمَّى أيضًا الطبقة المتقلِّبة]، وهي المنطقة الصالحة للتنفُّس من الغلاف الجوي الذي يغطِّي سطح الأرض. يتحدث تكوين ٧: ١١-١٢ عن هذه السماء قائلًا: «انْفَتَحَتْ طَاقَاتُ السَّمَاءِ. وَكَانَ الْمَطَرُ عَلَى الأَرْضِ أَرْبَعِينَ يَوْمًا وَأَرْبَعِينَ لَيْلَةً». تشير كلمة «السماء» هنا إلى غطاء الغلاف الجوي المحيط بالعالم، حيث تعمل الدورة الهيدرولوجية أو المائيَّة. ويقول مزمور ١٤٧: ٨ إن الله هو «الْكَاسِي السَّمَاوَاتِ سَحَابًا». ويستخدم الله سماء الغلاف الجوي كي يعطي جميع البشر خيرات: «وَهُوَ يَفْعَلُ خَيْرًا: يُعْطِينَا مِنَ السَّمَاءِ أَمْطَارًا وَأَزْمِنَةً مُثْمِرَةً، وَيَمْلأُ قُلُوبَنَا طَعَامًا وَسُرُورًا» (أعمال الرسل ١٤: ١٧).

### • سماء الكواكب

سماء الكواكب، أو السماء الثانية، هي مكان وجود الشمس، والقمر، والكواكب، والنجوم. يتجلَّى هذا الفهم عن السماء في تكوين ١: ١٤-١٧،

> «وَقَالَ اللهُ: «لِتَكُنْ أَنْوَارٌ فِي جَلَدِ السَّمَاءِ لِتَفْصِلَ بَيْنَ النَّهَارِ وَاللَّيْلِ، وَتَكُونَ لآيَاتٍ وَأَوْقَاتٍ وَأَيَّامٍ وَسِنِينٍ. وَتَكُونَ أَنْوَارًا فِي جَلَدِ السَّمَاءِ لِتُنِيرَ عَلَى الأَرْضِ». وَكَانَ كَذلِكَ. فَعَمِلَ اللهُ النُّورَيْنِ الْعَظِيمَيْنِ: النُّورَ الأَكْبَرَ لِحُكْمِ النَّهَارِ، وَالنُّورَ الأَصْغَرَ لِحُكْمِ اللَّيْلِ، وَالنُّجُومَ. وَجَعَلَهَا اللهُ فِي جَلَدِ السَّمَاءِ لِتُنِيرَ عَلَى الأَرْضِ»

تخدم سماء الكواكب أو سماء النجوم أغراضًا عديدة. فإن الأنوار في هذه السماء تفصل بين النهار والليل، وتكون لآيات وأوقاتٍ. ولاحقًا، ارتبطت أعياد إسرائيل بسماء الكواكب (العدد ١٠: ١٠؛ ٢٨: ١٤). كذلك، تُعلِن سماء الكواكب مجد الله (مزمور ١٩: ١-٤). فضلًا عن ذلك، تشهد الأجسام الكونية لسماء الكواكب عن أمانة الله من نحو أمة إسرائيل. من ثم، في إرميا ٣١: ٣٥، بعد أن ذَكَر الله الشمس، والقمر، والنجوم مباشرة، قال: «إِنْ كَانَتِ السَّمَاوَاتُ تُقَاسُ مِنْ فَوْقُ وَتُفْحَصُ أَسَاسَاتُ الأَرْضِ مِنْ أَسْفَلُ، فَإِنِّي أَنَا أَيْضًا أَرْفُضُ كُلَّ نَسْلِ إِسْرَائِيلَ مِنْ أَجْلِ كُلِّ مَا عَمِلُوا، يَقُولُ الرَّبُّ» (٣١: ٣٧).

---

١٩ هذا الجزء مُقتبَس بتصرُّف من الكتاب التالي، بتصريح من دار النشر:

(Crossway, a publishing ministry of Good News Publishers, Wheaton, IL 60187, www.crossway.org.)

John MacArthur, *The Glory of Heaven: The Truth about Heaven, Angels, and Eternal Life* (Wheaton, IL: Crossway, 1996), 55–56.

كذلك، سوف تلعب سماء الكواكب دورًا رئيسيًّا في فترة الضيقة العتيدة أن تأتي، كما يقول متى ٢٤: ٢٩، «وَلِلْوَقْتِ بَعْدَ ضِيقِ تِلْكَ الأَيَّامِ تُظْلِمُ الشَّمْسُ، وَالْقَمَرُ لاَ يُعْطِي ضَوْءَهُ، وَالنُّجُومُ تَسْقُطُ مِنَ السَّمَاءِ، وَقُوَّاتُ السَّمَاوَاتِ تَتَزَعْزَعُ». ويكشف تزعزع سماء الكواكب في أثناء فترة الضيقة عن مجيء غضب الله على العالم غير المؤمن آنذاك (رؤيا ٦: ١٢-١٧).

- ## السماء الثالثة

السماء الثالثة هي موضع سكنى الله، والملائكة القديسين، والقديسين الراقدين. تحدَّث بولس عن هذه السماء الثالثة في ٢ كورنثوس ١٢: ٢-٤ قائلًا:

> «أَعْرِفُ إِنْسَانًا فِي الْمَسِيحِ [بولس] قَبْلَ أَرْبَعَ عَشْرَةَ سَنَةً. أَفِي الْجَسَدِ؟ لَسْتُ أَعْلَمُ، أَمْ خَارِجَ الْجَسَدِ؟ لَسْتُ أَعْلَمُ. اللهُ يَعْلَمُ. اخْتُطِفَ هذَا إِلَى **السَّمَاءِ الثَّالِثَةِ**. وَأَعْرِفُ هذَا الإِنْسَانَ -أَفِي الْجَسَدِ أَمْ خَارِجَ الْجَسَدِ؟ لَسْتُ أَعْلَمُ. اللهُ يَعْلَمُ- أَنَّهُ اخْتُطِفَ إِلَى **الْفِرْدَوْسِ**، وَسَمِعَ كَلِمَاتٍ لاَ يُنْطَقُ بِهَا، وَلاَ يَسُوغُ لإِنْسَانٍ أَنْ يَتَكَلَّمَ بِهَا»

ولا يعني التأكيد على سكنى الله السماء الثالثة أن هذا المكان يسع الله ويحتويه؛ بل يقول ١ ملوك ٨: ٢٧، «هُوَذَا السَّمَاوَاتُ وَسَمَاءُ السَّمَاوَاتِ لاَ تَسَعُكَ». فإن الله كليُّ الوجود، ويمتد وجوده إلى كلِّ مجال وعالم. لكن السماء الثالثة تتفرَّد بكونها بيتُ الله. فهي مركز القيادة، أو مركز عمليات ملكوته الكوني، والذي منه يتسلَّط على كلِّ ما في الكون (مزمور ١٠٣: ١٩). إن عرش الله قائم في هذه السماء، وهو يُعبَد هناك (رؤيا ٤). هذه السماء الثالثة هي أيضًا الموضع الذي منه ستنزل أورشليم الجديدة إلى الأرض بعد المُلك الألفي. ففي رؤيا الرسول يوحنا، رأى «الْمَدِينَةَ الْعَظِيمَةَ أُورُشَلِيمَ الْمُقَدَّسَةَ نَازِلَةً مِنَ السَّمَاءِ مِنْ عِنْدِ اللهِ» (رؤيا ٢١: ١٠؛ راجع ٣: ١٢).

أما من جهة ساكني هذا الموضع، فالله الآب هو مركز السماء الثالثة. أخبرنا يسوع بأننا ينبغي أن نصلِّي قائلين: «أَبَانَا الَّذِي فِي السَّمَاوَاتِ، لِيَتَقَدَّسِ اسْمُكَ» (متى ٦: ٩). كما علَّم شعبه بأن يصلُّوا لأجل أن تتحقق مشيئة الله على الأرض كما هي محقَّقة في الوقت الحالي في السماء (متى ٦: ١٠). وفي رؤيا ٤: ٢، رأى يوحنا «وَإِذَا عَرْشٌ مَوْضُوعٌ فِي السَّمَاءِ، وَعَلَى الْعَرْشِ جَالِسٌ»، وكان المحيطون بالعرش يقولون باستمرار: «قُدُّوسٌ، قُدُّوسٌ، قُدُّوسٌ، الرَّبُّ الإِلهُ الْقَادِرُ عَلَى كُلِّ شَيْءٍ» (رؤيا ٤: ٨). ويقول مزمور ٤: ٢ إن الله الآب «جالس في السماء»، «يضحك» على أمم الأرض المتمرِّدة التي تتحدَّى سلطانه.

كذلك، يوجد يسوع المُقام من بين الأموات في السماء الثالثة. فعند صعود يسوع إلى السماء، أعلن ملاكان: «أَيُّهَا الرِّجَالُ الْجَلِيلِيُّونَ، مَا بَالُكُمْ وَاقِفِينَ تَنْظُرُونَ إِلَى السَّمَاءِ؟ إِنَّ يَسُوعَ هذَا الَّذِي ارْتَفَعَ عَنْكُمْ إِلَى السَّمَاءِ سَيَأْتِي هكَذَا كَمَا رَأَيْتُمُوهُ مُنْطَلِقًا إِلَى السَّمَاءِ» (أعمال الرسل ١: ١١). وبينما كان استفانوس يُرجَم، هتف قائلًا: «هَا أَنَا أَنْظُرُ السَّمَاوَاتِ مَفْتُوحَةً، وَابْنَ الإِنْسَانِ قَائِمًا عَنْ يَمِينِ اللهِ» (أعمال الرسل ٧: ٥٦). هناك صلة بين وجود يسوع في السماء ومزمور ١١٠: ١-٢، الذي تنبَّأ بأن المسيَّا سيقضي بعض الوقت عن يمين الله، قبل أن يَملِك من أورشليم (راجع عبرانيين ٨: ١). ويقول نص عبرانيين ٩: ٢٤ إن المسيح دخل، بخدمته الكهنوتية، إلى السماء نيابة عنا.

أيضًا، يسكن إخوتنا وأخواتنا الذين رقدوا في المسيح السماء الثالثة. يتحدث عبرانيين ١٢ : ٢٣ عن «مَحْفِلُ مَلاَئِكَةٍ، وَكَنِيسَةُ أَبْكَارٍ مَكْتُوبِينَ فِي السَّمَاوَاتِ». أما القديسون الأحياء، فإن أسماءهم «كُتِبَتْ فِي السَّمَاوَاتِ» (لوقا ١٠ : ٢٠)، و«سيرتهم هي في السماويات» (فيلبي ٣ : ٢٠). كما أن مكافأتهم في السماء (متى ٥ : ١٢).

بقدر مجد السماء الثالثة الحالية، لكنها ليست الموضع النهائي لله ولقدِّيسيه. يقول ٢ بطرس ٣ : ١٣، «وَلكِنَّنَا بِحَسَبِ وَعْدِهِ نَنْتَظِرُ سَمَاوَاتٍ جَدِيدَةً، وَأَرْضًا جَدِيدَةً، يَسْكُنُ فِيهَا الْبِرُّ». وقد أعلن رؤيا ٢١ : ١-٢ أن أورشليم الجديدة ستنزل من السماء إلى الأرض الجديدة؛ وهناك سيسكن الله مع شعبه (رؤيا ٢١ : ٣)، وسيمسح كلَّ دمعة من عيونهم، ويمحو جميع الآثار السلبية الباقية من العالم السابق الملعون (رؤيا ٢١ : ٣-٧). وهكذا، ستأتي السماء إلى الأرض على أكمل وجه. لن يكون هناك مرض، أو جوع، أو ضيق، أو حزن؛ بل فقط فرح تام، وبركات أبدية.

## الأخرويات الكونيَّة

- ملكوت الله
- إسرائيل والكنيسة
- توقيتات تتميم نبوات الكتاب المقدس
- الآراء الألفية
- الأحداث العتيدة أن تأتي

### ملكوت الله[٢٠]

في حين توجد في الكتاب المقدس موضوعات مهمة كثيرة، لكن يبدو أن موضوع ملكوت الله هو الموضوع الرئيسي والأهم الذي يربط جميع الموضوعات معًا. وكما ذكرنا سابقًا في الفصل الأول،

٢٠ هذا الجزء مقتبَس بتصرُّف من المصادر التالية بتصريح من *MSJ*:
Richard L. Mayhue, "The Kingdom of God: An Introduction," *MSJ* 23, no. 2 (2012):71–167 ; William D. Barrick, "The Kingdom of God in the Old Testament," *MSJ* 23, no. 2 (2012): 173–92; F. David Farnell, "The Kingdom of God in the New Testament," *MSJ* 23, no. 2 (2012): 193–208.
وللاطلاع على دراسة أكثر تفصيلًا عن هذا الموضوع، انظر المقالات الثلاثة السابقة، بالإضافة إلى المقالات التالية من العدد نفسه للمجلة،
(*MSJ* 23, no. 2 [2012]): Keith Essex, "The Mediatorial Kingdom and Salvation," 209–23; Michael J. Vlach, "The Kingdom of God and the Millennium," 225–54; Nathan Busenitz, "The Kingdom of God and the Eternal State," 255–74; Dennis M. Swanson, "Bibliography of Works on the Kingdom of God," 275–81.

علينا أن نعتبر أن **ملكوت الله** هو الموضوع الأكبر والأشمل في الكتاب المقدس، الذي يتضمن بداخله كافة الموضوعات الرئيسية الأخرى.[٢١] وسوف نستفيض فيما يلي في تلك الفكرة بأن ننظر بشيء من التفصيل في ما يعلّمه كلٌّ من العهد القديم والعهد الجديد عن ملكوت الله. وقبل الخوض في أيٍّ من هذه الموضوعات، لنفحص معًا أولًا طبيعة ملكوت الله متعدِّدة الأوجه، من خلال دراسة التبايُنات التالية في وصف الكتاب المقدس للملكوت:[٢٢]

١. تصف بعض النصوص الكتابية الملكوت بأنه شيءٌ لطالما كان موجودًا (مزمور ١٠: ١٦؛ ١٤٥: ١١-١٣)، بينما لهذا الملكوت، في مواضع أخرى، بداية زمنيَّة محدَّدة (دانيال ٢: ٤٤).

٢. يوصَف الملكوت بأنه عام وكونيٌّ في نطاقه (مزمور ١٠٣: ١٩)، بينما نقرأ أيضًا أنه حُكمٌ محليٌّ على الأرض (إشعياء ٢٤: ٢٣).

٣. في بعض الأحيان، يوصَف الملكوت بأنه حُكمُ الله المباشر (مزمور ٢٢: ٢٨؛ ٥٩: ١٣)؛ لكنه يوصَف في أحيان أخرى بأنه حُكم الله من خلال وسيط (مزمور ٢: ٤-٦؛ دانيال ٤: ١٧، ٢٥).

٤. في بعض النصوص، يصف الكتاب المقدس الملكوت بأنه مستقبليٌّ تمامًا (زكريا ١٤: ٩؛ متى ٦: ١٠)، بينما في نصوص أخرى، يوصَف الملكوت بأنه واقعٌ حاليٌّ (مزمور ٢٩: ١٠؛ دانيال ٤: ٣)

٥. من ناحية، يوصَف ملكوت الله بأنه حُكم الله السيادي وغير المشروط (دانيال ٤: ٣، ٣٤-٣٥)؛ ومن ناحية أخرى، يبدو لنا أنه قائمٌ على عهد بين الله والإنسان (مزمور ٨٩: ٢٧-٢٩).

٦. يقال عن ملكوت الله إنه أبدي (دانيال ٤: ٣)؛ بينما نقرأ في موضع آخر أن الله سيُنهي جزءًا من ملكوته («أُبِيدُ مَمْلَكَةَ بَيْتِ إِسْرَائِيلَ»، هوشع ١: ٤).

٧. ليس الملكوت أكلًا وشُربًا (رومية ١٤: ١٧)، كما لا يمكن للحم ودم أن يرثه (١ كورنثوس ١٥: ٥٠)؛ لكن، يوصَف الملكوت أيضًا بمفردات أرضيَّة ومادية ملموسة (مزمور ٢: ٤-٦؛ ٨٩: ٢٧-٢٩).

٨. كان الملكوت بالفعل في وسط اليهود (لوقا ١٧: ٢١)، في حين أوصى يسوع تلاميذه بأن يُصلُّوا لكي يأتي (متى ٦: ١٠).

---

٢١ انظر عنوان «ما هو الموضوع الشامل والموحِّد للكتاب المقدس؟» (ص. ٤٦).

٢٢ طُرحت التبايُنات الخمسة الأولى في الكتاب التالي:

Alva J. McClain, *The Greatness of the Kingdom: An Inductive Study of the Kingdom of God* (Chicago: Moody Press, 1959), 19–20.

٩. كرز بولس «بملكوت الله» (أعمال الرسل ٢٨ : ٣١)، في حين أن المؤمنين اليوم يعيشون في «عصر الكنيسة» (أعمال الرسل ٢).

١٠. يمكن طرح بني الملكوت في الجحيم (متى ٨: ١٢)، ومع ذلك نقرأ في موضع آخر أن الأبرار هم فقط مَن يرثون الملكوت (١كورنثوس ٦: ٩-١٠).

١١. أُسلِم عالم الأرض بصورة موقَّتة إلى الشيطان (لوقا ٤ : ٦)، في حين أن الأرض وملأها للرب (مزمور ٢٤ : ١).

١٢. الملكوت هو لإسرائيل (٢ صموئيل ٧: ١١-١٣)، ومع ذلك أعطاه المسيح أيضًا للأمم (متى ٢١ : ٤٣).

## • الملكوت في العهد القديم

بدأ برنامج ملكوت الله من الأصحاح الأول من سفر التكوين، حين خلق ملك الكون العالم في ستة أيام. إذن، هناك ملك، وهو الله؛ وهناك نطاق حُكم هذا الملك، وهو الأرض. كُلِّف الإنسان، الذي خُلِق في اليوم السادس على صورة الله، بتنفيذ أمر مَلَكي، وهو أن يملأ الأرض، ويتسلَّط عليها، ويُخضِعها لمجد الله (تكوين ١ : ٢٦-٢٨). إن كلمة «تَسَلَّطُوا» (في اللغة العبرية *radah*) هي مصطلح مَلَكي استُخدم لاحقًا، في مزمور ١١٠ : ٢، لوصف الحُكم المَلَكي المستقبلي للمسيَّا: «يُرْسِلُ الرَّبُّ قَضِيبَ عِزِّكَ مِنْ صِهْيَوْنَ. تَسَلَّطْ [*radah*] فِي وَسَطِ أَعْدَائِكَ».

لكن، أخفق الإنسان في تنفيذ هذا التكليف المَلَكي، حين أخطأ آدم في حق الله (تكوين ٣). فقد قاطع السقوط مسار وصية الله للجنس البشري فيما يخص الخليقة. وللأسف، لم يَعُد ممكنًا أن يبلغ البشر أقصى إمكاناتهم الموعود بها بسبب طبيعتهم الساقطة؛ وثبُت أن أية محاولة منهم لممارسة تلك السلطة التي كانت لهم في الأصل هي محاولة ناقصة ومعيبة. تحدَّث كاتب المزمور في مزمور ٨: ٣-٩ عن الدور البارز والرفيع للإنسان، مؤكِّدًا مرة أخرى حقَّ الإنسان في أن «يتسلَّط على أعمال يدي الله»، التي تشمل «الْغَنَمَ، وَالْبَقَرَ ... وَبَهَائِمَ الْبَرِّ ... وطُيُورَ السَّمَاءِ، وَسَمَكَ الْبَحْرِ». في هذا النص، عرض كاتب المزمور الوضع المثالي للجنس البشري، لا الواقع الحالي – أي أنه تحدَّث عن المستقبل المعيَّن لهذا الحُكم المَلَكي، لا عن الماضي والحاضر اللذين يتَّسمان بالضعف. قطعًا، كان من شأن المسيَّا، بصفته «ابن الإنسان»، أن يتمِّم دور الجنس البشري، إذ هو المثل الكامل الوحيد عن الجنس البشري (راجع عبرانيين ٢: ٥-١٤). فهو سيتسلَّط على الأرض، وينجح، بصفته آدم الأخير، في العالم نفسه الذي أخفق فيه آدم الأول (راجع ١ كورنثوس ١٥ : ٢٠-٢٨، ٤٥).

كان من شأن استعادة ملكوت الله الوسيطي على الأرض (أي حُكمه من خلال «وسيط») أن تتحقَّق عن طريق أربعة عهود كتابية أبدية، وغير مشروطة، وهي: العهد النوحي، والعهد الإبراهيمي، والعهد الداودي، والعهد الجديد. كشفت هذه العهود معًا عن كلٍّ من الملوك، والملك (يسوع) المشمولين داخل خطط ملكوت الله، فضلًا عن تفاصيل هذا الملكوت. وَعَدَ العهد النوحي باستقرارٍ في الطبيعة، حتى

يمكن تحقيق مقاصد الله في التاريخ (تكوين ٨: ٢١-٢٢). وضِمنَ العهد الإبراهيمي مجيء نسلٍ مرتبطٍ بإبراهيم وبشعب إسرائيل، الذي لم يكن قد نشأ بعد، سيكون هو أداة ووسيلة بركة لشعوب وقبائل العالم (تكوين ١٢: ٢-٣). كذلك، وَعَدَ هذا العهد بأرضٍ لإسرائيل (تكوين ١٢: ٦-٧)، تكون بمثابة مقرّ الحُكم الملكي الأرضي لله، وصورة مصغَّرة لما سيصنعه الله مع جميع الأمم (إشعياء ٢: ٢-٤؛ ٢٧: ٦). وقد تحدَّث العهد الداودي بشكل مباشر عن دور داود ونسله في تأسيس ملكوت الله على الأرض، الذي سيكون بركة لكلٍّ من إسرائيل والأمم (٢ صموئيل ٧: ١٢-١٩). وأخيرًا، كَشَفَ العهد الجديد عن خطط الله لتمكين شعبه من أن يحبُّوه ويعبدوه، بمنحهم قلب جديد، وسكنى الروح القدس في داخلهم (إرميا ٣١: ٣١-٣٤؛ حزقيال ٣٦: ٢٦-٢٧).

أُقيمَت مملكةٌ لله على الأرض لدى عتق بني إسرائيل من أرض مصر، وتسليمهم العهد الموسوي، وامتلاكهم أرض كنعان. فعلى جبل سيناء، قال الله لشعب إسرائيل: «وَأَنْتُمْ تَكُونُونَ لِي مَمْلَكَةَ كَهَنَةٍ وَأُمَّةً مُقَدَّسَةً» (خروج ١٩: ٦). وفي النهاية، حَكَم ملوكٌ -مثل شاول، وداود، وسليمان- شعبَ إسرائيل بالفعل. وكان داود هو الملك الذي من خلاله قُطِع العهد الداودي (٢ صموئيل ٧: ١٢-١٦). وفي أثناء فترة حُكم سليمان، وصلت مملكة إسرائيل إلى أوجها، كما نقرأ في ١ ملوك ٨-١٠، حين ازداد نسل إسرائيل وتعاظموا، واتسعت أرض إسرائيل وازدهرت، وكان قادة الأمم يأتون ويطلبون حكمة ملك إسرائيل (١ ملوك ١٠: ٢٣-٢٥). لكن، من ذلك الوقت فصاعدًا، تدهور حال إسرائيل. فمنذ زمن الأصحاح الحادي عشر من سفر الملوك الأول فصاعدًا، ارتكب سليمان خطية عبادة الأوثان، وسار شعب إسرائيل معًا بخطى ثابتة في طريق عصيان الله. وعندئذ، تحقَّقت اللعنات التي كان منصوصًا عليها في العهد الموسوي؛ وانقسمت إسرائيل إلى مملكتين، واتجهت كلتاهما صوب السبي والشَّتات. تعرَّضت أسباط مملكة إسرائيل العشرة للغزو الأشوري في عام ٧٢٢ ق.م.، ثم تعرضت مملكة يهوذا للغزو البابلي وخُرِّبَ الهيكل في عام ٥٨٦ ق.م.

وفي مملكة إسرائيل المتدهورة، ثم المَسبيَّة، شَغَلَ الأنبياء مركز الأحداث بصفتهم المتحدِّثين الرسميِّين بلسان الله. فقد وبَّخوا كلًّا من رؤساء إسرائيل وشعبها على انصرافهم عن الله، وخرقهم للعهد الموسوي. لكنهم تنبأوا أيضًا عن مجيء مملكة في الأيام الأخيرة تحت حُكم المسيَّا (إشعياء ٢: ٢-٤). في هذه المملكة، سيُستعاد الحُكم الداودي تحت سلطة المسيَّا في إسرائيل، وستأتي بركات للأمم تحت حُكم مَلك إسرائيل (راجع عاموس ٩: ١١-١٢). ستكون لهذا الملكوت المستعاد متطلَّبات روحية، لأن الإيمان والقلب المستعد لخدمة الله ضروريان لدخوله. لكن، سيتضمَّن هذا الملكوت أيضًا رخاء ماديًّا لإسرائيل وللأمم. هذا الرجاء لم يتحقَّق حتى انتهاء حقبة العهد القديم. وفي حين رجعت قِطاعات من شعب إسرائيل بالفعل إلى أرضهم، وأعادوا بناء الهيكل، لكنهم ظلوا تحت حُكم سلاطين أممية (راجع دانيال ٢؛ ودانيال ٧). المسيَّا وحده هو مَن كان يستطيع تحقيق العتق الروحي والقومي اللازم.

## • الملكوت في العهد الجديد

في بداية حقبة العهد الجديد، كان هناك ترقُّب شديد لمجيء المسيَّا وملكوت الله. أخبر الملاك جبرائيل مريم بأنها ستلد ابنًا سيكون عظيمًا، وسيجلس على كرسي داود أبيه، ويملك على إسرائيل إلى الأبد

(لوقا ١ : ٣٢-٣٣). وتنبَّأ زكريا الكاهن بأن الله سيذكر العهد الإبراهيمي، وينجي إسرائيل من أعدائها (لوقا ١ : ٧٢-٧٤). كما أعلن، مردِّدًا رسالة ملاك الرب، أن الابن الذي كانت زوجته أليصابات ستحبل به سيكون سابقًا للمسيا كي يُعِد الطريق لمجيئه (لوقا ١ : ١٦-١٧). وفي أورشليم، كان سمعان البار «يَنْتَظِرُ تَعْزِيَةَ إِسْرَائِيلَ»، إذ أن «الرُّوحُ الْقُدُسُ كَانَ عَلَيْهِ» (لوقا ٢ : ٢٥). وكانت حَنَّةُ النبيَّة واحدة ضمن كثيرين من «جَمِيعِ الْمُنْتَظِرِينَ فِدَاءً فِي أُورُشَلِيمَ» (لوقا ٢ : ٣٨). كان ترَقُّب الملكوت المسياني شديدًا، ولم يكن من شأن هذا الرجاء أن يخيب.

إن نبوات المَلك الداودي الموعود به قد تمَّت في يسوع. تقول الآية الأولى من كتاب العهد الجديد: «كِتَابُ مِيلاَدِ يَسُوعَ الْمَسِيحِ ابْنِ دَاوُدَ ابْنِ إِبْراهِيمَ» (متى ١ : ١). وقد كرز كلٌّ من يسوع ويوحنا المعمدان – السابق له – بالرسالة نفسها: «تُوبُوا، لأَنَّهُ قَدِ اقْتَرَبَ مَلَكُوتُ السَّماوَاتِ» (متى ٣ : ٢؛ ٤ : ١٧). وإذ لم يقدِّم تعريف جديد للملكوت، نستنتج أن هذا الملكوت الذي كُرِز به كان هو نفسه الذي كَرز به أنبياء العهد القديم، أي مملكة أرضية تحت حُكم المسيَّا، مع استردادٍ لإسرائيل، وبركاتٍ للأمم (متى ١٩ : ٢٨). وكانت التوبة هي شرط دخول هذا الملكوت.

أوضح يسوع توقُّعاته من الراغبين في دخول ملكوته (متى ٥-٧)، وصنع آيات وقوات لتكون أوراق اعتماده كملكٍ. وقد تمَّت معجزاته في الطبيعة، وأعمال الشفاء الجسدي، وإخراج الشياطين، وإقامة الموتى نبوات العهد القديم، وأظهرت أن الملكوت قد أقبل بالفعل على الشعب (إشعياء ٣٥؛ متى ١١ : ٢-٥؛ ١٢ : ٢٨). كانت رسالة الملكوت في ذلك الوقت موجَّهة حصريًّا إلى شعب إسرائيل (متى ١٠ : ٥-٧)؛ لكن، لم يَتُب شعب إسرائيل. فقد رفضت مدن إسرائيل رسالة الملكوت (متى ١١ : ٢٠-٢٤)، وارتكب الرؤساء خطيَّة التجديف على الروح القدس، إذ نسبوا آيات يسوع ومعجزاته إلى قوة الشيطان (متى ١٢ : ٢٢-٣٢). كان هذا بمثابة رفضٍ قوميٍّ واسع النطاق من إسرائيل لمسيحها، جلب عليها الدينونة، التي تمثَّلت في خراب أورشليم في عام ٧٠ م (متى ٢٣ : ٣٧-٣٩؛ لوقا ١٩ : ٤١-٤٤). ردًّا على هذا الرفض، بدأ يسوع يتكلم عن الملكوت باعتباره سيأتي في المستقبل، بعد عودته إلى السماء (لوقا ١٩ : ١١)، وبعد أحداث فترة الضيقة (لوقا ٢١ : ٣١).

تحدَّث يسوع عن «أَسْرَارَ مَلَكُوتِ السَّمَاوَاتِ» في شكل أمثالٍ (متى ١٣ : ١١). وقد كشفت هذه الأمثال حقائق جديدة عن برنامج الملكوت في الفترة ما بين المجيء الأول ليسوع ومجيئه الثاني. لم يعلِّم العهد القديم بوضوح وجود مجيئين للمسيَّا، تفصل بينهما فجوة كبيرة؛ بل كان هذا إعلانًا جديدًا. ومع أن الملكوت نفسه لم يكن سيتأسَّس قبل مجيء يسوع ثانية، لكن كان من شأن حقائق كثيرة متصلة بالملكوت أن تظهر في عصر الكنيسة. كشف مَثَلُ الزارع أن إنجيل الملكوت سيُكرَز به، وسيلاقي ردودَ أفعال مختلفة (متى ١٣ : ٣-٩، ١٨-٢٣). وبيَّن مَثَل القمح والزوان أن بني الملكوت وبني إبليس سيوجدون معًا في العصر الحالي، ولن يُفصَل بينهم إلا حين يأتي يسوع ثانية في نهاية الزمان مع ملائكته (متى ١٣ : ٢٤-٣٠، ٣٦-٤٣). كما أظهر مثل حبة الخردل ومثل الخميرة أن الملكوت، من حيث رسالته وأبنائه، سيبدأ صغيرًا وبسيطًا، ولكنه سينمو ليصير كبيرًا وواسعًا (متى ١٣ : ٣١-٣٣).

وفي الجزء الأخير من خدمة يسوع، تركَّز غالبية كلامه على موته كذبيحة الذي كان عتيدًا أن يحدث (متى ١٦: ٢١)؛ لكنه ظل يتنبأ أيضًا عن مجيء الملكوت: «اَلْحَقَّ أَقُولُ لَكُمْ: إِنَّكُمْ أَنْتُمُ الَّذِينَ تَبِعْتُمُونِي، فِي التَّجْدِيدِ، مَتَى جَلَسَ ابْنُ الإِنْسَانِ عَلَى كُرْسِيِّ مَجْدِهِ، تَجْلِسُونَ أَنْتُمْ أَيْضًا عَلَى اثْنَيْ عَشَرَ كُرْسِيًّا تَدِينُونَ أَسْبَاطَ إِسْرَائِيلَ الاثْنَيْ عَشَرَ» (متى ١٩: ٢٨). تنبأ يسوع في هذا النص عن جلوسه على كرسيِّه الداوديِّ المجيد، وعن مُلك تلاميذه معه على إسرائيل المستردة، والقومية، والموحَّدة، في زمن التجديد الكوني، الذي يبدو واضحًا أنه زمن مستقبلي. كذلك، في إشارة من يسوع إلى مجيئه الثاني، قال: «وَمَتَى جَاءَ ابْنُ الإِنْسَانِ فِي مَجْدِهِ وَجَمِيعُ الْمَلاَئِكَةِ الْقِدِّيسِينَ مَعَهُ، فَحِينَئِذٍ يَجْلِسُ عَلَى كُرْسِيِّ مَجْدِهِ» (متى ٢٥: ٣١). وهكذا، أوضح يسوع أن مُلكه الأرضي من فوق كرسيِّ داود سيتحقق عند مجيئه ثانية مع ملائكته.

من خلال موت يسوع، وقيامته، وصعوده، ارتفع بصفته المسيَّا، وجلس عن يمين الله الآب، حيث يمتلك كلَّ سلطان في السماء وعلى الأرض (متى ٢٨: ١٨؛ أفسس ١: ٢٠-٢٢). إلا أن ممارسة يسوع الفعلية لسلطانه الملكي على الأرض كانت لا تزال مستقبلية. ولهذا قال كاتب الرسالة إلى العبرانيين: «وَأَمَّا هذَا [يسوع] ... جَلَسَ إِلَى الأَبَدِ عَنْ يَمِينِ اللهِ، مُنْتَظِرًا بَعْدَ ذلِكَ حَتَّى تُوضَعَ أَعْدَاؤُهُ مَوْطِئًا لِقَدَمَيْهِ» (عبرانيين ١٠: ١٢-١٣). فجلوس يسوع عن يمين الآب سيؤدي بعد ذلك إلى مُلكٍ على الأرض من أورشليم (مزمور ١١٠: ١-٢). ففي يوم صعود يسوع، سأله رُسُله إن كان المُلك سيُرَدُّ لإسرائيل في ذلك الوقت أم لا (أعمال الرسل ١: ٦)، وأجابهم يسوع بأن توقيت هذا الحدث لا يعلمه إلا الآب، وأن كلَّ ما عليهم التركيز عليه هو الكرازة بالإنجيل إلى أقصى الأرض (أعمال الرسل ١: ٧-٨).

وتكشف رسائل العهد الجديد أن المزايا الخلاصيَّة للملكوت تُطبَّق بالفعل على المؤمنين في عصر الكنيسة الحالي. يختبر المؤمنون بركات العهد الجديد الروحية، كالقلب الجديد، وسُكنى الروح القدس (٢ كورنثوس ٣: ٦). كما أنهم ينتقلون مَقاميًّا إلى ملكوت ابن الله (كولوسي ١: ١٣)، ويختبرون برَّ الملكوت في حياتهم (رومية ١٤: ١٧). لكن، في المقابل، يوصَف **الحُكم** المَلَكي ليسوع وقدِّيسيه على الأرض بأنه مستقبلي. فقد أوضح بولس أن صبر المؤمنين في الحاضر سيؤدِّي بهم إلى أن «يَملِكوا» في المستقبل في ملكوت يسوع: «إِنْ كُنَّا نَصْبِرُ فَسَنَمْلِكُ أَيْضًا مَعَهُ» (٢ تيموثاوس ٢: ١٢). يتَّسم العصر الحاضر بالضيقات، لكن سيكون الملكوت مكافأة الذين يصبرون. ولهذا أوصى بولس أهل تسالونيكي قائلًا: «أن تَسْلُكُوا كَمَا يَحِقُّ لِلهِ الَّذِي دَعَاكُمْ إِلَى مَلَكُوتِهِ وَمَجْدِهِ» (١ تسالونيكي ٢: ١٢). وقرب نهاية حياته قال بولس: «وَسَيُنْقِذُنِي الرَّبُّ مِنْ كُلِّ عَمَل رَدِيءٍ وَيُخَلِّصُنِي لِمَلَكُوتِهِ السَّمَاوِيِّ» (٢ تيموثاوس ٤: ١٨). كما أوصى بطرس قارئيه بأن يحرصوا على أن تكون دعوتهم واختيارهم ثابتَين: «لأَنَّهُ هكَذَا يُقَدَّمُ لَكُمْ بِسِعَةٍ دُخُولٌ إِلَى مَلَكُوتِ رَبِّنَا وَمُخَلِّصِنَا يَسُوعَ الْمَسِيحِ الأَبَدِيِّ» (٢ بطرس ١: ١٠-١١). ومن ثَمَّ، يوصَف الملكوت في الرسائل بأنه مكافأة مستقبلية للذين يصبرون ويثابرون لأجل الله في العصر الحالي المليء بالضيقات والاضطهادات.

في سفر الرؤيا، يوصف يسوع بأنه «رَئِيسِ مُلُوكِ الأَرْضِ» (رؤيا ١: ٥)، وهي رئاسة ستتحقق فعليًّا بمجيئه الثاني إلى الأرض، وتوليه الحُكم كما نقرأ في رؤيا ١٩: ١١-٢٠: ٦. وقد أُوصِيت كنائس الأصحاحين الثاني والثالث من سفر الرؤيا بأن تَثبُت راسخة في يسوع في الزمان الحاضر، عالمة أن

مكافأة بالملكوت ستترتب على ذلك. فمن يصبر ويَثبُت، سوف يعطيه يسوع «سُلْطَانًا عَلَى الْأُمَمِ» (٢: ٢٦)، كما سيجلس مع يسوع في عرشه (٣: ٢١). ويقول رؤيا ٥: ٩-١٠ إن الذين اشتُروا بدم يسوع، الذين يشكِّلون نواة ملكوت الله، سيملِكون على الأرض: «وَجَعَلْتَنَا لِإِلَهِنَا مُلُوكًا وَكَهَنَةً، فَسَنَمْلِكُ عَلَى الْأَرْضِ».

وعند مجيء يسوع إلى الأرض، سيَحْكُم الأمم (١٩: ١١-١٥)، ويقضي على أعدائه، ثم يُقيم مُلكه الألفي على الأرض (١٩: ١٧-٢٠: ٦). سيتضمن هذا تقييد الشيطان في الهاوية (٢٠: ١-٣)، وقيامة الشهداء القديسين من الموت، كي يملُكوا على الأرض (٢٠: ٤). ثم سيبلغ الملك الألفي ذروته بفعل دينونة مذهل وعظيم، إذ سيُهلِك الله الشيطان الذي كان قد أُطلِق سراحه منذ عهد قريب، وكذلك أولئك من الأمم الذين يشنون هجومًا على مدينة أورشليم المحبوبة (٢٠: ٧-١٠). هذا المُلك الألفي ليسوع سيؤدي بعد ذلك إلى الملكوت الأبدي الذي يصفه رؤيا ٢١: ١-٢٢: ٥، حيث سيُستعلَن حضور الله كاملًا في أورشليم الجديدة. وسيجلس الآب والابن على العرش، وسيملك شعب الله إلى أبد الآبدين (٢٢: ١-٥).

سندرس المزيد عن الملكوت لاحقًا، في الأجزاء التي تتحدَّث عن الملك الألفي والحالة الأبدية. لكن إجمالًا، يمكن شرح ملكوت الله على النحو التالي: خَلَقَ الإله الواحد، مثلَّث الأقانيم، ملكوتًا حقيقيًّا، ومواطِنَيْن اثنين في هذا الملكوت كي يحْكُماه. لكن، اغتصب العدو ولاءهما الشرعي للمَلك، وسبى مواطِنَي الملكوت الأصليَّيْن. نتيجة ذلك، تدخَّل الله بلعنات لا تزال سارية إلى يومنا هذا. ومنذ ذلك الحين، يفتدي الله أناسًا خطاة ومتمرِّدين، كي يردَّهم إلى مكانتهم كمواطنين لائقين بالملكوت، سواء في الحاضر بالمعنى الروحي، أو لاحقًا في ملكوتٍ على الأرض. وفي النهاية، سيُهزَم العدو إلى الأبد، وكذلك الخطية أيضًا. وهكذا، يصف رؤيا ٢١-٢٢ الظهور الأخير والأبدي لملكوت الله، حيث سيَرُد الإله الواحد السرمدي ومثلَّث الأقانيم الملكوت إلى نقائه الأصلي، ماحيًا اللعنة، ومؤسِّسًا السماء الجديدة والأرض الجديدة مَسكنًا دائمًا له ولشعبه.

## ⬅ الفكر قبل الألفي المستقبلي[٢٣]

طُرِحت منهجيات كثيرة مختلفة لتناوُل الأخرويات الكونية. ونرى أن المنهجية الأكثر أمانة في التعامل مع الكتاب المقدس هي الفكر قبل الألفي المستقبلي [futuristic premillennialism]. يؤكِّد الفكر قبل الألفي المستقبلي - الذي يُعتبَر نسخة معدَّلة من الفكر قبل الألفي التدبيري - على وجهة نظره المستقبلية للأسبوع السبعين لنبوة دانيال (دانيال ٩: ٢٧)، والذي يشمل أيضًا أحداث الأصحاح الرابع والعشرين من إنجيل متى، ودينونات الأختام، والأبواق، والجامات الوارد وصفها في رؤيا ٦-١٨. ليس الحدث المستقبلي هو فقط الملك الألفي المذكور في رؤيا ٢٠، بل أيضًا فترة الضيقة السابقة له. هذا الفهم المستقبلي عن الأسبوع السبعين لنبوة دانيال متناقضٌ مع منهجيات أخروية أخرى، كالرأي اللا ألفي [amillennialism] والفكر بعد الألفي [postmillennialism]، اللذين يؤكِّدان أن الأسبوع السبعين لنبوة دانيال وفترة الضيقة يتحققان في العصر الحالي.

---

٢٣ للاطلاع على دراسة أكثر تفصيلًا وتوسعًا لهذا الموضوع، انظر:
John MacArthur and Richard Mayhue, gen. eds., *Christ's Prophetic Plans: A Futuristic Premillenial Primer* (Chicago: Moody Publishers, 2012).

بُني الفكر قبل الألفي المستقبلي على ثلاثة معتقدات رئيسية. **أولًا**، هذا الفكر متوافق مع التطبيق المتسق للمنهجية اللغوية-التاريخية في التفسير على جميع أجزاء الكتاب المقدس، بما في ذلك نصوصه النبوية والأخروية. يعني هذا وجوب فهم النصوص النبوية بحسب معناها العادي والطبيعي. تأخذ هذه المنهجية في اعتبارها الأنواع الأدبية المختلفة الموجودة في الكتاب المقدس، واستخدام الرموز التي تنقل حقائق حرفيَّة. ونتيجة ذلك، يتوقَّع الفكر قبل الألفي المستقبلي تتميمًا حرفيًا لجميع البركات المادية، والقومية، والخاصة بالأرض، والروحية المذكورة في الكتاب المقدس، والتي تشمل البركات التي ستنالها إسرائيل والأمم.

**ثانيًا**، يؤكِّد الفكر قبل الألفي المستقبلي على الفارق الكتابي بين إسرائيل والكنيسة، ويدرك جيدًا أن الكتاب المقدس لا يخلط بينهما. فإن هوية إسرائيل في الكتاب المقدس تتضمن دائمًا النسل الجسدي لإبراهيم، وإسحاق، ويعقوب. وفي حقيقة الأمر، جميع الإشارات السبعة والسبعين إلى إسرائيل في العهد الجديد تشير إلى إسرائيل العِرقية. استُخدِمت كلمة إسرائيل في بعض الأحيان للإشارة إلى اليهود المؤمنين فحسب (رومية ٩: ٦؛ غلاطية ٦: ١٦)، لكنها لم تُستخدَم قط للإشارة إلى جماعة روحية لا تمت بصلة للانتماء العرقي. أيضًا، لم يُطلَق على الكنيسة قط اسم إسرائيل. ففي سفر أعمال الرسل على سبيل المثال، أشار لوقا إلى الكنيسة تسع عشرة مرة، وإلى إسرائيل عشرين مرة، لكنه لم يطلق قط على الكنيسة اسم إسرائيل. يُثبِت ذلك بصورة مُقْنِعة نِيَّة الله الحفاظ على الاختلاف بين هاتين الهويتين.

يرفض الفكر قبل الألفي المستقبلي جميع أشكال اللاهوت الاستبدالي [replacement theology]، أو الاستبدالية [supersessionism]، التي تَعتبر الكنيسة هي البديل أو التتميم للوعود التي قُطِعت لإسرائيل القومية، وهو ما يلغي الأهمية اللاهوتية لإسرائيل في خطط الله. يؤكِّد هذا الفكر الأهمية الكبيرة للكنيسة في مقاصد ملكوت الله، لكنه أيضًا يتطلع إلى تتميم مستقبلي لوعود عهد الله لإسرائيل وللأمم في مُلكٍ ألفيٍّ مستقبليٍّ. فإن إسرائيل سوف تَخلُص وتُرَد، وستتولى دورًا قياديًّا على الأمم. يُدرِك هذا الفكر جيدًا أن هوية إسرائيل لا تمتد لتشمل الأمم؛ بل في المقابل، يمتد نطاق «شعب الله» ليشمل الأمم مع المؤمنين شعب إسرائيل (إشعياء ١٩: ٢٤-٢٥). أيضًا، يؤكد الفكر قبل الألفي المستقبلي أن تتميم وعود الله سيكون على مراحل. فما لم يتحقق في المجيء الأول ليسوع لا بد أن يتحقق في الأحداث التي تؤدي إلى مجيئه الثاني وتشمله.

**ثالثًا**، يُدرِك الفكر قبل الألفي المستقبلي أن الكتاب المقدس يطرح تتميمًا مستقبليًا للأسبوع السبعين لنبوة دانيال، في شكل سبع سنوات من الضيقة تسبق الملك الألفي ليسوع على الأرض (دانيال ٩: ٢٧). وفي حين تواجه الكنيسة الضيق بوجه عام في العصر الحالي، لكن ستأتي فترة ضيق مستقبلية خاصة، ستتضمن دينونات فريدة كارثية من عند الله، وانسكاب غضبه على الأرض بكاملها (رؤيا ٦-١٩). تشمل هذه الضيقة دينونات الأختام، والأبواق، والجامات التي يصفها رؤيا ٦-١٦. ثم تنتهي هذه الضيقة الآتية بمجيء يسوع ثانية، وتأسيس ملكه الألفي على الأرض. يتعارض الفكر قبل الألفي المستقبلي مع المعتقدات اللاهوتية التي تعتبر أن العصر الحالي الواقع ما بين مجيئَي يسوع هو فترة

الضيقة، وفترة مُلك يسوع، اللتان تم التنبُّو عنهما، لأنه يرى أن ضيقة رؤيا ٦–١٨ تسبق مجيء المسيح، وإقامة ملكوته (رؤيا ١٩–٢٠)، وكذلك تسبق الحالة الأبدية (رؤيا ٢١–٢٢).

## ⬅ إسرائيل والكنيسة

يتطلَّب علم الأخرويات معرفة الطريقة التي يعمل بها الله من خلال كلٍّ من إسرائيل والكنيسة.

- إسرائيل

إسرائيل هي الأمة والشعب الخارج من نسل إبراهيم، وإسحاق، ويعقوب. بدأت قصة إسرائيل في الأصحاح الثاني عشر من سفر التكوين، بدعوة إبراهيم (الذي كان يُعرَف آنذاك باسم أبرام). وخلفية هذا الحدث هي في الأصحاحين العاشر والحادي عشر من سفر التكوين، اللذين يصفان حادثة برج بابل، وانتشار جماعات البشر والأمم في كلِّ أنحاء العالم. لكن، ظلَّت هذه الأمم خاطئة، ولا رجاء لها دون تدخلٍ من الله. ثم أعلن تكوين ١٢: ٢–٣ أن إبراهيم و«الأمة العظيمة» التي ستخرج منه سيكونان وسيلة بركة لأمم الأرض (راجع ٢٢: ١٨).

ستكون إسرائيل بركة للأمم بطريقتين. **أولاً**، ستكون إسرائيل هي الأداة التي سيأتي من خلالها المخلِّص (المسِّيا). فبعد السقوط، وعد الله بأن «رجلًا» محدَّدًا من نسل المرأة سيأتي، ويُبطِل اللعنة، ويهزم القوة الكامنة وراء الحية، أي الشيطان (تكوين ٣: ١٥). تمَّ هذا في يسوع، النسل الأسمى والحقيقي (غلاطية ٣: ١٦). عبَّر يعقوب في تكوين ٤٩: ٨–١٢ عن رجاء مسياني، حيث قال إن من نسل يهوذا ابنه سيأتي في النهاية مَلِكٌ سيبارك العالم، واسمه «شِيلُونُ»، أو «ذاك الذي له [مُلكٌ]»،[٢٤] والذي «لَهُ يَكُونُ خُضُوعُ شُعُوبٍ» (تكوين ٤٩: ١٠). ومن ثَمَّ، سيأتي من إسرائيل مخلِّصٌ سيكون أيضًا مَلِك العالم.

**ثانيًا**، عُيِّنت إسرائيل لأداء دور خدمي وقيادي لأمم العالم الأخرى. فلأن الله خطَّط لحكم مَلَكيٍّ ناجحٍ على الأرض (إشعياء ٥٢: ١٣)، سوف يستخدم إسرائيل كأمة، تحت قيادة مَسيَّاها، كي تمثِّله في الأمم (إشعياء ٢: ٢–٤). ستكون إسرائيل وسيلة بركة لكل العالم. وقد أراد الله أن تكون إسرائيل كأمة أو شعب، وأرض إسرائيل أيضًا، صُورة مصغَّرة لما سوف يصنعه لجميع الأمم. كذلك، ستكون إسرائيل منبر بركة للأمم. فكما بارك الله إسرائيل في أرض الموعد، كذلك أيضًا، سيبارك الشعوب الأخرى وأراضيهم؛ كما تنبأ إشعياء ٢٧: ٦، «فِي الْمُسْتَقْبِلِ يَتَأَصَّلُ يَعْقُوبُ. يُزْهِرُ وَيُفْرِعُ إِسْرَائِيلُ، وَيَمْلأُونَ وَجْهَ الْمَسْكُونَةِ ثِمَارًا».

وكي نفهم الدور المستقبلي لإسرائيل كأمة، ينبغي أن نفهم ماضيها. رأينا بعض جوانب هذا التاريخ في أثناء حديثنا عن ملكوت الله، لكن ثمة أهمية أن نعيد سرد القصة، ولا سيما من منظور إسرائيل. فبخروج شعب إسرائيل الآخذ في النمو والتزايد في العدد من أرض مصر، أُعتِقوا من العبودية، كي يسعوا إلى تحقيق الغرض من وجودهم، وهو أن يصيروا «مَمْلَكَةَ كَهَنَةٍ وَأُمَّةً مُقَدَّسَةً» (خروج ١٩: ٦). فإن الكاهن هو من يمثل الآخرين أمام الله، وقد دُعيت إسرائيل من قِبَل الله كأمة مقدَّسة كي تمثل

---

٢٤ [المترجم]: هذه هي ترجمة كلمة «شيلون» في بعض الترجمات الأخرى: "to whom it belongs".

الأمم أمام الله. وَعَدَ تثنية ٤ : ٥-٦ بأنه إن أطاعت إسرائيل وصايا الله، فإن جميع شعوب الأرض «يَسْمَعُونَ كُلَّ هَذِهِ الْفَرَائِضِ»، ويقولون: «هَذَا الشَّعْبُ الْعَظِيمُ إِنَّمَا هُوَ شَعْبٌ حَكِيمٌ وَفَطِنٌ». كان الغرض من طاعة إسرائيل، إذن، هو أن تكون شاهدة للأمم، الذين سينجذبون من خلالها إلى إله إسرائيل.

وقد بدا بالفعل أن شعب إسرائيل عاملون على تحقيق هذا الغرض في أثناء أفضل مراحل مملكة إسرائيل، تحت حُكم سليمان (١ ملوك ٨-١٠). فقد كثُر نسل إسرائيل، واتسعت حدود أراضيهم. وفي أثناء ذلك الوقت، كان ملوك أجنبيون، مثل ملكة سبأ، وشعوب أجنبية أخرى يأتون ليسمعوا حكمة ملك إسرائيل – أي سليمان (١ ملوك ١٠ : ١-١٠، ٢٤). وبدا أن الوعد بأن تتبارك جميع قبائل الأرض بواسطة نسل إبراهيم (تكوين ٢٢ : ١٨) على وشك أن يتحقق. لكن عبادة سليمان للأوثان (١ ملوك ١١) أوقفت هذا التقدُّم، ووضعت إسرائيل على مسار متَّجه صوب العصيان والتبدُّد. وبدلًا من أن تكون إسرائيل أمة مقدَّسة، تجذب الأمم إلى الله بطريقة إيجابية، اتجهت إلى عبادة آلهة الأمم؛ وسرعان ما أخذتها الأمم إلى السبي. فبعد عهد سليمان، انقسمت المملكة، وفي النهاية، أُخِذت كلٌّ من أسباط إسرائيل الشمالية، ومملكة يهوذا الجنوبية إلى السبي. وفي حين رجع بعض اليهود إلى الأرض، لكنهم ظلوا دائمًا تحت سيطرة سلاطين وممالك أممية، ولم يعودوا قط إلى تلك الحرية والعظمة التي تمتعوا بها في السنوات الأولى من حُكم سليمان.

بعد انتهاء الحُكم المَلَكي في إسرائيل، أصبح الأنبياء هم الشخصيات الرئيسية في القصة. وقد ركَّزت رسائلهم على ثلاثة جوانب رئيسية: (١) توبيخ إسرائيل على خرقها للعهد الموسوي (كما جاء في حزقيال ١-٢٤؛ ميخا ١-٣)؛ (٢) تحذيرات ونبوات تخصُّ الأمم (على سبيل المثال، إشعياء ١٣-٢٣؛ حزقيال ٢٥-٣٢)؛ (٣) وعود بمملكة مجيدة فيها سوف تُرَد إسرائيل تحت قيادة مَسيَّاها، وتتبارك أمم الأرض (على سبيل المثال، إشعياء ٢ : ٢-٤؛ ١٩ : ٢٤-٢٥؛ عاموس ٩ : ١١-١٥).

وحين جاء يسوع إلى الأرض، جاء بصفته نسل إبراهيم وداود (متى ١ : ١)، الذي يقدِّم ملكوت السماوات الذي تنبأ عنه أنبياء العهد القديم (متى ٤ : ١٧). لكن مدن إسرائيل رفضت المَلك ومملكته (متى ١١ : ٢٠-٢٤)، ورفض رؤساء إسرائيل يسوع ناسبين أعماله إلى قوة الشيطان (متى ١٢ : ٢٤). زاد هذا من حدة خطية عدم إيمان إسرائيل، وكانت عاقبة رفضها لمسيا إسرائيل أنها تبدَّدت، وخُرِّب هيكل إسرائيل في عام ٧٠ م، وهو ما تنبأ عنه كلٌّ من دانيال (دانيال ٩ : ٢٦)، ويسوع (متى ٢٣ : ٣٨؛ لوقا ١٩ : ٤١-٤٤؛ ٢١ : ٢٠-٢٤). ومنذ خراب أورشليم في عام ٧٠ م، ظلت إسرائيل تعيش «أَزْمِنَةُ الأُمَمِ» (لوقا ٢١ : ٢٤)، التي عانت في أثنائها القَمْعَ من قُوى أممية.

ما هي، إذن، علاقة إسرائيل بعلم الأخرويات؟ تحقَّق بالفعل الغرض الأول من وجود إسرائيل – وهو أن تكون أداة لمجيء المخلِّص والمسيا. فقد جاء يسوع، الإسرائيليُّ الأسمى والحقيقي (إشعياء ٤٩ : ٣؛ غلاطية ٤ : ٤-٥)، نسل إبراهيم (غلاطية ٣ : ١٦)، جالبًا الغفران والخلاص إلى جميع الذين يؤمنون به، بغض النظر عن جنسيتهم. فقد أُعطِي غفران الخطايا وسكنى الروح القدس لكلٍّ من اليهود والأمم المؤمنين في هذا العصر الواقع بين مجيئي يسوع. إلا أن دور إسرائيل في قيادة الأمم الأخرى وخدمتهم لم يتحقَّق بعد (إشعياء ٢ : ٢-٤). فإن الصورة التي رسمها الأنبياء لإسرائيل كأمة

بارزة ومعروفة تحت مُلكٍ أرضي للمسيا لا تزال تنتظر تتميمًا مستقبليًّا (انظر إشعياء ٦٠). ففي متى ١٩: ٢٨، قال يسوع إنه في الزمن الآتي من التجديد الكوني («العالم الجديد»)، سيجلس هو «عَلَى كُرْسِيِّ مَجْدِهِ»، وسيجلس الرسل أيضًا «عَلَى اثْنَيْ عَشَرَ كُرْسِيًّا تَدِينُونَ أَسْبَاطَ إِسْرَائِيلَ الاثْنَيْ عَشَرَ». يشير هذا إلى أمة إسرائيل مستردَة وموحَّدة. كذلك، بعد أربعين يومًا قضاها يسوع القائم من بين الأموات يعلِّم الرسل عن الأمور المختصة بالملكوت، سأله الرسل: «يَا رَبُّ، هَلْ فِي هَذَا الْوَقْتِ تَرُدُّ الْمُلْكَ إِلَى إِسْرَائِيلَ؟» (أعمال الرسل ١: ٣، ٦). سلَّم يسوع بصحة إيمانهم بشأن ردِّ الملك إلى إسرائيل، لكنه أخبرهم بأن توقيت هذا الحدث ليس معلومًا إلا للآب وحده (أعمال الرسل ١: ٧). يؤكد هذا أيضًا على حقيقة ردِّ الملك لإسرائيل.

أيضًا، تحدَّث بولس عن خلاص مستقبلي لإسرائيل حين قال: «سَيَخْلُصُ جَمِيعُ إِسْرَائِيلَ» (رومية ١١: ٢٦). وسيجلب خلاص إسرائيل هذا بركات أعظم على العالم. ففي رومية ١١: ١٢، قال بولس: «فَإِنْ كَانَتْ زَلَّتُهُمْ [أي زلة إسرائيل] غِنًى لِلْعَالَمِ، وَنُقْصَانُهُمْ غِنًى لِلأُمَمِ، فَكَمْ بِالْحَرِيِّ مِلْؤُهُمْ؟» ثم قال: «لأَنَّهُ إِنْ كَانَ رَفْضُهُمْ هُوَ مُصَالَحَةَ الْعَالَمِ، فَمَاذَا يَكُونُ اقْتِبَالُهُمْ إِلَّا حَيَاةً مِنَ الأَمْوَاتِ؟» (١١: ١٥). في هذا الأصحاح، كان بولس يشير إلى غير المؤمنين من شعب إسرائيل في عصر الكنيسة. ففي حين توجد بقية من اليهود المؤمنين، لكن الأمة بوجه عام لا تزال باقية في عدم الإيمان. لكن حين يَخلُص إسرائيل، ستكون البركات التي ستأتي على العالم أعظم كثيرًا ممَّا هي الآن. وحينئذ، سيشهد العالم التجديد الكوني الذي تنبأ عنه أنبياء العهد القديم (إشعياء ١١؛ ٦٥: ١٧-٢٥).

إلا أن السبيل إلى تحقيق هذا المستقبل المجيد لإسرائيل لن يكون ممهَّدًا ومفروشًا بالورود. فإسرائيل تعيش في الوقت الحالي حالة قساوة مؤقَّتة، وتواجه عواقب رفضها للمسيًّا. فقد أعلن يسوع أن إسرائيل لم تعرف زمان «الافتقاد»، وأنه قد فاتها، ولهذا حلَّت عليهم دينونة خراب أورشليم في عام ٧٠ م، وهم يعيشون حاليًا في «أزمنة الأمم» (لوقا ١٩: ٤١-٤٤؛ ٢١: ٢٠-٢٤). لكن، في العصر الحالي، توجد بقية من اليهود المؤمنين (رومية ١١: ٥)، يدعوهم بولس «إِسْرَائِيلِ اللهِ» (غلاطية ٦: ١٦). هذه البقية المختارة والأمينة هي وسيلة تذكير بمجيء خلاص يشمل «جميع إسرائيل» بحسب نبوات العهد القديم (رومية ١١: ٢٦-٢٧). تنبأ زكريا عن يوم آتٍ فيه «يفيض» الله «رُوحَ النِّعْمَةِ» على شعب إسرائيل، «فَيَنْظُرُونَ إِلَيَّ، الَّذِي طَعَنُوهُ»، و«وَيَنُوحُونَ عَلَيْهِ» (زكريا ١٢: ١٠). يشير هذا إلى خلاص إسرائيل واستردادهم القومي، ودخولهم إلى بركات العهد الجديد.

وفي المستقبل، ستأتي فترة مدتها سبع سنين (دانيال ٩: ٢٧)، تُستأنَف خلالها خطة الله لاسترداد إسرائيل. وسيتضمن النصف الثاني من هذه الفترة اضطهادًا غير مسبوق، وغضبًا لضد المسيح، الذي سيرتكب رجسًا في هيكل أورشليم (متى ٢٤: ١٥؛ ٢تسالونيكي ٢: ٣-٤). قال إرميا إنه ستأتي فترة فريدة من نوعها، «وَقْتُ ضِيقٍ عَلَى يَعْقُوبَ»، لكنه «سَيُخَلَّصُ مِنْهُ» (إرميا ٣٠: ٧). فسوف تجتمع الأمم لمحاربة أورشليم، لأجل القضاء عليها، لكن الرب يسوع في مجيئه ثانية سينجِّي سكان أورشليم، ويؤسِّس ملكوته على الأرض (زكريا ١٤: ١-٩). ثم ستتدفق الأمم إلى أورشليم، وتختبر بركات الحُكم الملكي للمسيا الذي سوف يملك من أورشليم (إشعياء ٢: ٢-٤؛ ٩: ٧).

سيتمِّم الله كل الوعود والعهود الكتابية التي قُطِعت لإسرائيل كما وعد تمامًا، لا بسبب عظمة إسرائيل، بل بفضل أمانته التامة من نحو اسمه ووعوده التي قطعها لآبائهم (تثنية ٧ : ٦-٩). وكما شدَّد بولس في رومية ١١ : ١، «فَأَقُولُ: أَلَعَلَّ اللهَ رَفَضَ شَعْبَهُ؟ حَاشَا!» ثم رَبَطَ بعد ذلك خلاص إسرائيل بمقاصد الله في الاختيار: «وَأَمَّا مِنْ جِهَةِ الاخْتِيَارِ فَهُمْ أَحِبَّاءُ مِنْ أَجْلِ الآبَاءِ، لأَنَّ هِبَاتِ اللهِ وَدَعْوَتَهُ هِيَ بِلَا نَدَامَةٍ» (رومية ١١ : ٢٨-٢٩). ومن ثَمَّ، لإسرائيل أهمية كبيرة في مقاصد الله، وسيكون نبذها أو رفضها بمثابة تشويهٍ لأمانة الله في حفظ وعوده.

- الكنيسة

لم يتنبَّأ العهد القديم عن الكنيسة بشكل صريح، لكنها مع ذلك مرحلة رئيسية في برنامج ملكوت الله، ولها صلة بعهود الموعد (أي العهد الإبراهيمي، والعهد الداودي، والعهد الجديد). فقد جاء ابن داود الأعظم والكامل (يسوع) جالبًا الخلاص لجميع الذين يؤمنون به. وفي الأصحاح الثالث من رسالة غلاطية، يقول بولس إن هناك صلة بين المؤمنين الأمميين والوعود الإبراهيمية الواردة في تكوين ١٢ : ٣، وتكوين ٢٢ : ١٨، التي أعلنت أن بركات الله ستتَّجه يومًا ما إلى الأمم. فإن أعضاء الكنيسة هم أبناء روحيُّون لإبراهيم، ومن ثَمَّ، فإن لديهم صلة بالعهد الإبراهيمي (غلاطية ٣ : ٧-٩، ٢٩). كذلك، افتتح موت يسوع العهد الجديد، والذين يؤمنون بيسوع يستفيدون من هذا العهد. ومن بين المزايا التي يستفيد بها المؤمنون هو وعد العهد الجديد بسكنى الروح القدس، الذي يُمَكِّن المؤمنين من طاعة الله كما ينبغي (أعمال الرسل ٢ : ٤، ١٧؛ رومية ٨ : ٣-٤). أيضًا، المؤمنون خدام (مذيعون) لهذا العهد (٢كورنثوس ٣ : ٦؛ راجع عبرانيين ٨ : ٨-١٣). وإن الوحدة الروحية بين اليهود والأمم تحت رئاسة مسيًّا إسرائيل قائمة بالفعل (أعمال الرسل ١٥ : ١٤-١٨؛ أفسس ٢ : ١١-٢٢؛ ٣ : ٦). وهكذا، في حين لم يتنبأ العهد القديم عن الكنيسة من حيث إرساليتها وتكوينها في هذا العصر، لكن توجد صلة بين الكنيسة والوعود المتعلِّقة بالخلاص، وخدمة سكنى الروح القدس، والوحدة الخلاصيَّة بين اليهود والأمم.

على الكنيسة أن تُتمِّم إرساليتها الفريدة من نوعها، قبل أن يأتي يسوع ثانية ليملك على الأمم. فهي أداة الكرازة بالملكوت، في الوقت نفسه الذي تعيش فيه إسرائيل في قساوة جزئية (رومية ١١ : ١١). كما أنها مدعوة إلى حمل الإنجيل ورسالة الملكوت إلى الأمم. هذه هي إرساليتها العظمى (متى ٢٨ : ١٩-٢٠). والذين يؤمنون بيسوع يصيرون «بَنُو الْمَلَكُوتِ» (متى ١٣ : ٣٨)، ويصير عليهم أن يُظهِروا ثمار برِّ الملكوت في حياتهم (متى ٥-٧).

الكنيسة أقلية مضطهَدة في هذا الدهر. فهي تواجه اضطهادًا من الشيطان، ومن الذين يصنعون إرادته. ويحفِّز تعليم الله بشأن ما هو آتٍ الكنيسة الكادحة في العالم الحاضر الشرير، إذ يَعدها بمكافأة (غلاطية ١ : ٤). فإن الصبر في هذا الدهر سيؤدِّي إلى تولِّي سلطة مستقبلية في الملكوت. قال بولس: «إِنْ كُنَّا نَصْبِرُ فَسَنَمْلِكُ أَيْضًا مَعَهُ» (٢تيموثاوس ٢ : ١٢). ووعد يوحنا الكنيسة في ثياتيرا قائلًا: «وَمَنْ يَغْلِبُ وَيَحْفَظُ أَعْمَالِي إِلَى النِّهَايَةِ فَسَأُعْطِيهِ سُلْطَانًا عَلَى الأُمَمِ، فَيَرْعَاهُمْ بِقَضِيبٍ مِنْ حَدِيدٍ» (رؤيا ٢ : ٢٦-٢٧). وأولئك الذين يثابرون في صُنع مشيئة يسوع سيشتركون معه في حُكمه للأمم حين يأتي ثانية. وَعَدَ يسوع أيضًا: «مَنْ يَغْلِبُ فَسَأُعْطِيهِ أَنْ يَجْلِسَ مَعِي فِي عَرْشِي» (رؤيا ٣ : ٢١). تواجه الكنيسة مصاعب وضيقات في هذا الدهر الواقع بين مجيئَي يسوع؛ لكن، سيكافئ يسوع

الكنيسة بمناصب سلطة في مُلكه على الأمم. فإن التكريس الحقيقي والأصيل ليسوع الآن سيجلب مكافأة مذهلة في المستقبل.

لكن، ليست الكنيسة هي المرحلة الأخيرة من برنامج ملكوت الله قبل مجيء الحالة الأبدية؛ فإن الكثير لم يتحقق بعد، بما في ذلك مُلك شامل للمسيَّا على الأرض. كذلك، لم تَخلُص إسرائيل بعد، ولم تُرَد بعد كأمة. كما أن الأمم ككيانات قومية لا تعبد الله بعد (إشعياء ١٩: ٢٤-٢٥)، ولا تعيش في تناغُم دولي، دون حروب (إشعياء ٢: ٢-٤). ولم يحدث بعد تجديد الكوكب (متى ١٩: ٢٨؛ رومية ٨: ١٩-٢٣)، والانسجام داخل المملكة الحيوانية (إشعياء ١١: ٦-٩). ولا يزال الشيطان يضلُّ العالم بنشاط، ويضطهد قديسي الله (رؤيا ١٢-١٣). ولا تزال الخليقة ككلٍّ تقاوم الإنسان، إذ لا تزال تحت اللعنة (تكوين ٣: ١٧). فإن الزلازل، والأعاصير، ولدغ الثعابين، والملاريا، وموت الأطفال، والكثير من الخبرات السلبية الأخرى تذكِّر الجميع بأن الخليقة ليست مُخضَعة في الوقت الحالِّي. وفي حين لا يزال البشر مطالَبين بالتسلُّط على الأرض نيابة عن الله (مزمور ٨: ٦)، لكنهم لم ينجحوا بعد في فعل ذلك لمجد الله (تكوين ١: ٢٦-٢٨؛ عبرانيين ٢: ٥-٨). لا تلائم هذه الأحوال سمات الملكوت التي تنبأ عنها الأنبياء. لا بد أن يملك يسوع المسيَّا وقدِّيسوه مُلكًا ناجحًا على هذه الأرض قبل أن يسلِّم يسوع المُلك إلى الآب، وتبدأ الحالة الأبدية (١ كورنثوس ١٥: ٢٤-٢٨). وفي حين يتمتع المؤمنون ببركات روحية كثيرة بالفعل، لكن أكثر من ذلك بكثير لم يأتِ بعد.

يلزمنا أن نفهم جيدًا أن الكنيسة ليست المرحلة الأخيرة من برنامج ملكوت الله حتى نتجنَّب تبني آراء مغلوطة بشأن علم الأخرويات. فقد اعتبرت بعض الآراء الأخروية العصر الحاضر هو التتميم الرئيسي لملكوت يسوع، وادَّعت أن الكنيسة هي التتميم لإسرائيل، أو البديل لها. وقد فُسِّرت العديد من نبوات العهد القديم تفسيرًا روحيًّا حتى تلائم العصر الحالي، بينما هي في حقيقة الأمر تصف أحوال مُلكٍ مستقبليٍّ على الأرض. الكنيسة في العصر الحالِّي أداة استراتيجية لتحقيق مقاصد ملكوت الله، إذ هي مكلَّفة بنشر الإنجيل إلى الأمم. والمصير الأخير لأعضاء الكنيسة، الأحياء منهم والأموات، هو الاختطاف الموصوف في ١تسالونيكي ٤: ١٤-١٧، الذي فيه سيختطف يسوع جميع المؤمنين في الهواء، ليكونوا معه، حتى يفلتوا من غضب الله الذي سيحلُّ في يوم الرب العتيد أن يأتي (١ تسالونيكي ١: ١٠). وحين يأتي يسوع إلى الأرض، ستعود الكنيسة معه، وتشترك معه في الحُكم في الملك الألفي، بالتسلُّط على الأمم (رؤيا ٢: ٢٦-٢٧). إجمالًا، تختبر الكنيسة الآن بركات عظيمة كثيرة، ولكنها تتطلَّع إلى المُلك مع يسوع في مُلكه الألفي العتيد.

## ترتيب القيامات

تحدثنا فيما سبق عما تعنيه القيامة للإنسان بصفة شخصية. لكن، سنتحدَّث هنا عن خطط الله للقيامة بشكل أوسع، يتعلَّق بتوقيتات القيامات المختلفة في الكتاب المقدس، ومَن هم الذين سيختبرونها. تتحدَّث نصوص، مثل: دانيال ١٢: ٢؛ يوحنا ٥: ٢٨-٢٩؛ رومية ٢: ٥-٨ بوضوح عن قيامة الأبرار وقيامة الأشرار. لكن هل يعني ذلك أن قيامة الفئتين ستحدث في الآن ذاته؟ البعض يظن ذلك، لكننا نؤمن

بغير ذلك. فإن برنامج القيامة يتم على مراحل. فكما توجد مراحل في تتميم الجوانب الأخرى من برنامج الله كالعهود، والملكوت، والخلاص، ويوم الرب، كذلك أيضًا، تحدث قيامات الكتاب المقدس على مراحل.

يُظهِر نصان كتابيّان بوضوح وجود ترتيب في برنامج القيامة. أولًا، تحدّث بولس عن ثلاث مراحل للقيامة في ١ كورنثوس ١٥: ٢٢-٢٤، «لِأَنَّهُ كَمَا فِي آدَمَ يَمُوتُ الْجَمِيعُ، هَكَذَا فِي الْمَسِيحِ سَيُحْيَا الْجَمِيعُ. وَلَكِنَّ كُلَّ وَاحِدٍ فِي رُتْبَتِهِ: الْمَسِيحُ بَاكُورَةٌ، ثُمَّ الَّذِينَ لِلْمَسِيحِ فِي مَجِيئِهِ. وَبَعْدَ ذَلِكَ النِّهَايَةُ، مَتَى سَلَّمَ الْمُلْكَ لِلهِ الْآبِ، مَتَى أَبْطَلَ كُلَّ رِيَاسَةٍ وَكُلَّ سُلْطَانٍ وَكُلَّ قُوَّةٍ». بحسب هذا النص، إذن، تصير «رُتبة» أو «ترتيب» مراحل القيامة على النحو التالي:

المرحلة الأولى: الْمَسِيحُ بَاكُورَةٌ

المرحلة الثانية: الَّذِينَ لِلْمَسِيحِ فِي مَجِيئِهِ

المرحلة الثالثة: . وَبَعْدَ ذَلِكَ النِّهَايَةُ

ثانيًا، يخبرنا الرسول يوحنا عن قيامتين تفصل بينهما ألف سنة. ففي رؤيا ٢٠: ٤-٥، كتب يوحنا عن بعض الشهداء الذين «عَادُوا إِلَى الْحَيَاةِ وَحَكَمُوا مَعَ الْمَسِيحِ لِمُدَّةِ أَلْفِ عَامٍ. أَمَّا بَقِيَّةُ الْمَوْتَى، فَلَمْ يَعُودُوا إِلَى الْحَيَاةِ حَتَّى انْقَضَتِ الْأَلْفُ عَامٍ» (الترجمة العربية المبسّطة). لاحظ جيدًا أن فريقًا عاد إلى الحياة (أي قام من بين الأموات)، ومَلَك مع المسيح ألف سنة، بينما فريق آخر، يسمَّى «بَقِيَّةُ الْمَوْتَى»، لن يقوموا من بين الأموات إلا بعد انقضاء الألف سنة. يُظهِر هذا قيامتين تفصل بينهما ألف سنة. ومن ثَمَّ، يعلِّم نصان كتابيّان بوضوح عن وجود مراحل في برنامج القيامة. وبالنظر إلى النصّين معًا، نجد أنهما يصفان أربع مراحل للقيامة.

من خلال نص ١ كورنثوس ١٥: ٢٠-٢٤، نعلَم أن قيامة يسوع المسيح، التي وقعت نحو عام ٣٠ م، كانت المرحلة الأولى من برنامج القيامة، أي «الباكورة» لما هو عتيد أن يأتي. فإن قيامته بالجسد تمثِّل كلًّا من النموذج والضمان لقيامة جميع الذين يؤمنون به.

تختص المرحلة الثانية للقيامة -«الَّذِينَ لِلْمَسِيحِ فِي مَجِيئِهِ» - بالذين يقومون من بين الأموات عند مجيء يسوع ثانية. يشمل هذا قدِّيسي الكنيسة، سواء الأحياء أو الأموات، الذين يقومون من بين الأموات في الاختطاف المشار إليه في ١ تسالونيكي ٤: ١٤-١٧. ففي الاختطاف، الْأَمْوَاتُ فِي الْمَسِيحِ سَيَقُومُونَ أَوَّلًا، ثم «يُخْطَف» القديسون الأحياء لملاقاة يسوع في الهواء.

لا تحدث المرحلة الثالثة للقيامة في وقت الاختطاف، لكنها تشمل قدِّيسي العهد القديم المُقامين من بين الأموات (دانيال ١٢: ٢)، والقديسين الشهداء في أثناء فترة الضيقة (رؤيا ٢٠: ٤). سيقوم هؤلاء من بين الأموات نتيجة مجيء يسوع ثانية إلى الأرض. يخبرنا رؤيا ٦: ٩-١١ عن شهداء ضحُّوا بحياتهم بسبب شهادتهم ليسوع. هذه النفوس تصرخ من السماء مطالبة بالانتقام لدمهم على الأرض، لكن قيل لهم أن ينتظروا قليلًا. ورؤيا ٢٠: ٤ هو تتميم انتظارهم: «فَعَاشُوا وَمَلَكُوا مَعَ الْمَسِيحِ أَلْفَ سَنَةٍ».

المرحلة الرابعة من القيامة هي التي يسميها بولس «النهاية»، وتحدث بعد المُلك الألفي ليسوع. وبحسب رؤيا ٢٠ : ٥، تشمل هذه القيامة «بَقِيَّةُ ٱلْأَمْوَاتِ»، وهم، بحسب السياق، غير المؤمنين، الذين مصيرهم دينونة العرش الأبيض العظيم ، المشار إليها في رؤيا ٢٠ : ١١-١٥. ومن ثَمَّ، سيكون غير المؤمنين موجودين عند حدوث هذه القيامة بعد المُلك الألفي للمسيح.

لكن، هل هناك مؤمنون سيقومون من بين الأموات في هذه المرحلة الرابعة من برنامج القيامة؟ تصعُب الإجابة عن هذا السؤال؛ لكن، ربما يحدث ذلك لأن قدِّيسين غير ممجَّدين سيدخلون المُلك الألفي نتيجة نوالهم الخلاص في أثناء سنوات الضيقة السبعة. وفي أثناء الملك الألفي، سينجب هؤلاء القديسون غير الممجَّدين أبناءً لهم أجساد غير ممجَّدة (إشعياء ٦٥ : ٢٠، ٢٣). وبما أن ١ كورنثوس ١٥ : ٥٠ يؤكِّد أن الأجساد غير الممجَّدة لا يمكن أن تدخل ملكوت الله الأبدي، فلا بد أن يأخذ هؤلاء القديسون أجسادًا ممجَّدة في وقتٍ ما. وعلى الأرجح، سيكون هذا بعد موتهم مباشرة، أو في نهاية الملك الألفي.

بجمع كل هذا معًا، نستطيع استخلاص خمسة استنتاجات تتعلق بترتيب القيامات:

١. يصف الكتاب المقدس قيامة المؤمنين بأنها «ٱلْقِيَامَةُ ٱلْأُولَى» (رؤيا ٢٠ : ٥)، أو «قِيَامَةِ ٱلْحَيَاةِ» (يوحنا ٥ : ٢٩)، أو «ٱلْحَيَاةَ ٱلْأَبَدِيَّةِ» (رومية ٢ : ٧؛ دانيال ١٢ : ٢).

٢. هذه «ٱلْقِيَامَةُ ٱلْأُولَى» للمؤمنين ستحدث على ثلاث مراحل: (أ) المسيح الباكورة (١ كورنثوس ١٥ : ٢٣)؛ ثم (ب) قدِّيسو الكنيسة (١ كورنثوس ١٥ : ٢٣، ٥٠-٥٨؛ ١ تسالونيكي ٤ : ١٣-١٨)؛ ثم (ج) قديسو العهد القديم (حزقيال ٣٧ : ١٢-١٤؛ دانيال ١٢ : ٢)، وقديسو الضيقة (رؤيا ٢٠ : ٤).

٣. لم يستخدم الكتاب المقدس مصطلح «القيامة الثانية»، لكنه أطلق على قيامة غير المؤمنين اسم «قِيَامَةِ ٱلدَّيْنُونَةِ» (يوحنا ٥ : ٢٩)، أو «الموت الثاني» (رؤيا ٢٠ : ٦، ١٤؛ ٢١ : ٨).

٤. لم يقدِّم الكتاب المقدس أيَّ مبرِّر يدعونا إلى استنتاج حدوث قيامة واحدة عامة فحسب للأبرار، في النهاية.

٥. وهكذا، يتضح من الكتاب المقدس وجود أربعة أزمنة للقيامة: (أ) قيامة المسيح (١ كورنثوس ١٥ : ٢٣)؛ (ب) قيامة قديسي الكنيسة (١ كورنثوس ١٥ : ٢٣، ٥٠-٥٨؛ ١ تسالونيكي ٤ : ١٣-١٨)؛ (ج) قيامة قديسي العهد القديم (حزقيال ٣٧ : ١٢-١٤؛ دانيال ١٢ : ٢)، وقديسي الضيقة (رؤيا ٢٠ : ٤)؛ (د) قيامة غير المؤمنين من كلِّ العصور (رؤيا ٢٠ : ٥).

## ⬅ الدينونات المستقبلية

يعلِّم الكتاب المقدس بوضوح بأنَّ جميع البشر سيواجهون يومًا فيه سيحاكَمون أمام الله، حيث سيتوقَّف مصيرهم وكل شيء على الحُكم الذي سيُصدِره. فهناك يوم حساب آتٍ، فيه سيقف الجميع أمام الخالق، كي يعطوا حسابًا عن كلِّ فكرٍ وفعلٍ.

الله هو القدُّوس البار صاحب السلطان خالق هذا الكون. والإنسان هو خليقته. صحيح أن هذا الإنسان كائن حرُّ الإرادة، لكنه ملزَمٌ بعبادة الله، وبالسلوك وَفْقَ شرائعه ووصاياه الصالحة. ليس الإنسان كائنًا مستقلًا، بل لا بد أن تقاس صفاته وأعماله بحسب مقياس خالقه. ولأن الله كليُّ القداسة، فهو لا يمكن أن يسمح بأن تمضي الخطية دون عقاب. ولذلك، فإن الدينونة حتمية إلهية. ينبغي أن تقف المخلوقات الأدبية أمام الله يومًا ما كي تعطي حسابًا عن أعمالها وعن دوافع قلوبها: «وَلَيْسَتْ خَلِيقَةٌ غَيْرَ ظَاهِرَةٍ قُدَّامَهُ، بَلْ كُلُّ شَيْءٍ عُرْيَانٌ وَمَكْشُوفٌ لِعَيْنَيْ ذَلِكَ الَّذِي مَعَهُ أَمْرُنَا[٢٥]» (عبرانيين ٤: ١٣).

إن دينونات الله متعدِّدة الأوجه، مثلها مثل جوانب أخرى من علم الأخرويات، وهي تحدث على مراحل. بعض دينونات الله، مثل دينونة الطوفان الكوني، ودينونة سدوم وعمورة، والدينونات الماضية على إسرائيل ويهوذا، حدثت بالفعل. كما أنَّ دينونات رومية ١: ١٨-٣٢ مستمرة على مدار التاريخ البشري، لأن غضب الله مُعلَنٌ على المجتمعات الفاسدة. فضلًا عن ذلك، غضب الله ماكثٌ بالفعل، من ناحية ما، على غير المؤمن (يوحنا ٣: ٣٦). لكن، سيكون تركيزنا في هذا الجزء على الدينونات المستقبلية.

- ### المحاكمة أمام كرسي المسيح

جميع المؤمنين متَّجهون نحو يوم محاسبة أمام يسوع المسيح. تحدَّث الكتاب المقدس عن كرسي المسيح بوضوح في موضعين؛ وفي كلٍّ منهما، كان بولس يخاطب مؤمنين:

> «لِأَنَّهُ لَابُدَّ أَنَّنَا جَمِيعًا نُظْهَرُ أَمَامَ كُرْسِيِّ الْمَسِيحِ، لِيَنَالَ كُلُّ وَاحِدٍ مَا كَانَ بِالْجَسَدِ بِحَسَبِ مَا صَنَعَ، خَيْرًا كَانَ أَمْ شَرًّا» (٢ كورنثوس ٥: ١٠)

> «وَأَمَّا أَنْتَ، فَلِمَاذَا تَدِينُ أَخَاكَ؟ أَوْ أَنْتَ أَيْضًا، لِمَاذَا تَزْدَرِي بِأَخِيكَ؟ لِأَنَّنَا جَمِيعًا سَوْفَ نَقِفُ أَمَامَ كُرْسِيِّ الْمَسِيحِ» (رومية ١٤: ١٠)

في كلا هذين النصين، الكلمة اليونانية التي تُرجِمت «كرسي» هي كلمة «بيما» [*bēma*]. في العصور القديمة، كان «البيما» عبارة عن منصة أو درجة مرتفعة، توجد في الساحات الرياضيَّة أو السياسيَّة.[٢٦] وكان الحُكَّام أو القضاة يعتلون «البيما» لإصدار قرارات في القضايا القانونية. فقد حكم بيلاطس على يسوع من كرسي «البيما» الخاص به (متى ٢٧: ١٩؛ يوحنا ١٩: ١٣). وفي الأحداث الرياضية، كان شخص ذو سلطة يصعد إلى «البيما» للتحكيم في المنافسات، ومكافأة الفائزين.

---

٢٥ [المترجم]: جاءت عبارة «اَلَّذِي مَعَهُ أَمْرُنَا» في ترجمات أخرى على النحو التالي «الذي لا بد أن نقدِّم له حسابًا».

26 Consult Samuel L. Hoyt, *The Judgment Seat of Christ: A Biblical and Theological Study*, rev. ed. (Duluth, MN: Grace Gospel, 2015).

يُعلِن الكتاب المقدس عدة حقائق بشأن كرسي المسيح.

**أولاً**، يسوع هو القاضي الذي يترأس محاكمة «البيما» هذه. يخبرنا ٢ كورنثوس ٥: ١٠، ورومية ١٤: ١٠ بأن هذا الكرسي هو كرسي «المسيح».

**ثانيًا**، الذين سيخضعون لهذه المحاكمة هم المؤمنون. ففي كلٍّ من ٢كورنثوس ٥: ١٠، ورومية ١٤: ١٠، كان بولس يخاطب مؤمني رومية ومؤمني كورنثوس. ستكون هناك دينونات (محاكمات) أخرى لغير المؤمنين، منها دينونة العرش الأبيض العظيم، التي ستقع في وقت لاحق (رؤيا ٢٠: ١١-١٥)، لكن هذه المحاكمة ستكون للمؤمنين. وفي ١كورنثوس ٣: ١١-١٥، يتحدث بولس عن محاكمة لمؤمنين وضعوا يسوع المسيح أساسًا لهم.

نتيجة لهذه المحاكمة، ينال المؤمن جزاء ما صنع بحياته – خَيْرًا كَانَ أَمْ شَرًّا (٢كورنثوس ٥: ١٠). إنها تقييمٌ للحياة بأكملها. يشير «الخير» إلى تلك الأعمال التي عُمِلت بقوة الروح القدس، ومجَّدت الله. بينما يشير «الشر» إلى تلك الأعمال عديمة القيمة، التي لا تُكرِم الله، والتي عُمِلت بالجسد (غلاطية ٥: ١٩-٢١). يتَّضح هذا التقييم لأعمال الخير وأعمال الشر بتفصيل أكثر في ١ كورنثوس ٣: ١٢-١٥:

> «وَلَكِنْ إِنْ كَانَ أَحَدُ يَبْنِي عَلَى هَذَا الأَسَاسِ: ذَهَبًا، فِضَّةً، حِجَارَةً كَرِيمَةً، خَشَبًا، عُشْبًا، قَشًّا، فَعَمَلُ كُلِّ وَاحِدٍ سَيَصِيرُ ظَاهِرًا لأَنَّ الْيَوْمَ سَيُبَيِّنُهُ. لأَنَّهُ بِنَارٍ يُسْتَعْلَنُ، وَسَتَمْتَحِنُ النَّارُ عَمَلَ كُلِّ وَاحِدٍ مَا هُوَ. إِنْ بَقِيَ عَمَلُ أَحَدٍ قَدْ بَنَاهُ عَلَيْهِ فَسَيَأْخُذُ أُجْرَةً. إِنِ احْتَرَقَ عَمَلُ أَحَدٍ فَسَيَخْسَرُ، وَأَمَّا هُوَ فَسَيَخْلُصُ، وَلَكِنْ كَمَا بِنَارٍ»

يمثِّل «الذهب، والفضة، والحجارة الكريمة» في هذا النص «الخير» الذي تحدَّث عنه ٢ كورنثوس ٥: ١٠. كذلك، «الخشب، والعشب، والقش» يمثِّلون «الشرَّ». فإن الرب يسوع سيَمْتحِنُ بنار حُكمه «عَمَلَ كُلِّ وَاحِدٍ مَا هُوَ» (١كورنثوس ٣: ١٣). وعندئذ، ستُكافَأ الأعمال الصالحة (١كورنثوس ٣: ١٤)، بينما ستحترق الأعمال الشريرة في النار، ولن تُكافَأ. بل في حقيقة الأمر، ترتبط الأعمال الشريرة أو عديمة القيمة بتكبُّدِ «خسارة» ما (١ كورنثوس ٣: ١٥). ما طبيعة هذه الخسارة؟ ليس ممكنًا أن تكون خسارة للخلاص، لأن بولس يقول: «وَأَمَّا هُوَ فَسَيَخْلُصُ» (١ كورنثوس ٣: ١٥). كما لا يمكن أن تكون خسارة عقابية بسبب الدينونة على الخطية، لأن المؤمن ليس عرضة لأية دينونة على الخطية، لأن يسوع كفَّر عن خطاياه (رومية ٨: ١). يمكن لهذه «الخسارة»، إذن، أن تكون إدراك المؤمن للفرص الجيدة التي أتيحت له لتمجيد الله، وربح مكافآت أبدية أعظم، وندمه الشديد على إهدارها. لكن مع ذلك، يظل وقوف المؤمن للمحاكمة أمام يسوع حدثًا مبهجًا. فقد أوصى بولس أهل كورنثوس بأن ينتظروا «اسْتِعْلاَنَ رَبِّنَا يَسُوعَ الْمَسِيحِ، الَّذِي سَيُثْبِتُكُمْ أَيْضًا إِلَى النِّهَايَةِ بِلاَ لَوْمٍ فِي يَوْمِ رَبِّنَا يَسُوعَ الْمَسِيحِ» (١كورنثوس ١: ٧-٨). لكن، على المؤمن أن يجتهد ليتجنَّب أيَّ شعور بالخجل والخسارة. حذَّر يوحنا من ذلك حين قال: «وَالآنَ أَيُّهَا الأَوْلاَدُ، اثْبُتُوا فِيهِ، حَتَّى إِذَا أُظْهِرَ يَكُونُ لَنَا ثِقَةٌ، وَلاَ نَخْجَلُ مِنْهُ فِي مَجِيئِهِ» (١ يوحنا ٢: ٢٨).

لا يتوقف كرسي المسيح عند حدِّ تقييم الأعمال، لكنه يتوغَّل إلى عمق أكبر، ليصل حتى إلى تقييم الدوافع. يقول ١ كورنثوس ٤: ٥ إن الرب «سَيُنِيرُ خَفَايَا الظَّلاَمِ وَيُظْهِرُ آرَاءَ الْقُلُوبِ. وَحِينَئِذٍ يَكُونُ الْمَدْحُ لِكُلِّ وَاحِدٍ مِنَ اللهِ». وهكذا، ستكون المحاكمة أمام يسوع نافذة للغاية، لدرجة أن الدوافع الكامنة وراء الأعمال سوف تُقيَّم أيضًا. ليس ما نعمله فحسب هو المهم، بل أيضًا السبب الذي نعمله لأجله.

أيضًا، لكرسي المسيح تطبيقات جماعية على الكنيسة. فإن الكنيسة المقامة من بين الأموات، والحاصلة على مكافآتها، ستعود ظافرة مع يسوع في مجيئه الثاني إلى الأرض (رؤيا ١٩: ١٤)، وستُمنَح حق المُلك مع يسوع من عرشه الداودي (رؤيا ٣: ٢١)، وأن تَحكُم الأمم معه (رؤيا ٢: ٢٦-٢٧). ومن ثَمَّ، تؤثر خدمة المؤمن الأمينة في هذا الزمان في مكانته في ملكوت يسوع العتيد أن يأتي. لن يُعطَى جميع المؤمنين مكافآت وسلطات متساوية، بل بحسب لوقا ١٩: ١١-٢٧، سيُعطَى البعض سلطة أعلى من آخرين.

- ## محاكمة إسرائيل

سيأتي يسوع ثانية إلى الأرض، ويُقِيم ملكوته (زكريا ١٤: ٤، ٩). لكن، بما أن المفديين وحدهم هم مَن يمكنهم دخول الملكوت (يوحنا ٣: ٣)، فلا بد أن تُجرَى محاكمات لتحديد مَن سيدخلون. من بين هذه المحاكمات محاكمة اليهود الذين سيكونون على قيد الحياة في وقت مجيء يسوع ثانية. يشرح حزقيال ٢٠: ٣٣-٣٨ هذا الحدث بوضوح:

> «حَيٌّ أَنَا، يَقُولُ السَّيِّدُ الرَّبُّ، إِنِّي بِيَدٍ قَوِيَّةٍ وَبِذِرَاعٍ مَمْدُودَةٍ، وَبِسَخَطٍ مَسْكُوبٍ أَمْلِكُ عَلَيْكُمْ. وَأُخْرِجُكُمْ مِنْ بَيْنِ الشُّعُوبِ، وَأَجْمَعُكُمْ مِنَ الأَرَاضِي الَّتِي تَفَرَّقْتُمْ فِيهَا بِيَدٍ قَوِيَّةٍ وَبِذِرَاعٍ مَمْدُودَةٍ، وَبِسَخَطٍ مَسْكُوبٍ. وَآتِي بِكُمْ إِلَى بَرِّيَّةِ الشُّعُوبِ، وَأُحَاكِمُكُمْ هُنَاكَ وَجْهًا لِوَجْهٍ. كَمَا حَاكَمْتُ آبَاءَكُمْ فِي بَرِّيَّةِ أَرْضِ مِصْرَ، كَذلِكَ أُحَاكِمُكُمْ، يَقُولُ السَّيِّدُ الرَّبُّ. وَأُمِرُّكُمْ تَحْتَ الْعَصَا، وَأُدْخِلُكُمْ فِي رِبَاطِ الْعَهْدِ. وَأَعْزِلُ مِنْكُمُ الْمُتَمَرِّدِينَ وَالْعُصَاةَ عَلَيَّ. أُخْرِجُهُمْ مِنْ أَرْضِ غُرْبَتِهِمْ وَلاَ يَدْخُلُونَ أَرْضَ إِسْرَائِيلَ، فَتَعْلَمُونَ أَنِّي أَنَا الرَّبُّ»

هذه المحاكمة العتيدة أن تأتي على إسرائيل ستكون عملًا قديرًا يجريه الله. سوف «يَمْلِكُ» الله على إسرائيل «بِسَخَطٍ مَسْكُوبٍ» (حزقيال ٢٠: ٣٣)، ويجمع اليهود من «الأَرَاضِي» التي تفرَّقوا إليها (حزقيال ٢٠: ٣٤). سيدور مشهد الدينونة هذا في «بَرِّيَّةِ الشُّعُوبِ»، وسيكون لقاءً حقيقيًا وجهًا لوجه مع الله، يشبه لقاء الله مع إسرائيل في برية أرض مصر (حزقيال ٢٠: ٣٥-٣٦). وفي هذه المحاكمة، ستمر إسرائيل تحت عصا الرب المَلَكية، الشبيهة بعصا الراعي، ليدخلوا في «رِبَاطِ الْعَهْدِ» (حزقيال ٢٠: ٣٧). ليس هذا العهد إشارة إلى العهد الموسوي، بل إلى دخول إسرائيل القومية إلى بركات العهد الجديد. تحدَّث بولس عن ذلك في رومية ١١: ٢٦-٢٧، حيث رَبَطَ خلاص «جميع إسرائيل» بنصوص العهد الجديد الواردة في إشعياء ٥٩: ٢٠-٢١، وإرميا ٣١: ٣١-٣٤. فقد افتُتِح العهد الجديد بموت يسوع (لوقا ٢٢: ٢٠)، وتُختبَر بعضُ بركاته الروحية في العصر الحالي؛ لكن، ستدخل إسرائيل في هذا العهد حين يُقِيم يسوع ملكوته على الأرض. لكن، لن يدخل جميع بني إسرائيل هذا الملكوت، لأن

الـرب يقـول: «وَأَعْـزِلُ مِنْكُـمُ الْمُتَمَرِّدِيـنَ وَالْعُصَـاةَ عَلَـيَّ» (حزقيـال ٢٠ : ٣٨ أ). فحتـى بالنسـبة لإسـرائيل، يُعَد الميلاد الروحي المطلب الأساسي لدخول ملكوت الله. لن يدخل الأشرار هذا الملكوت. ومع أنهم سيُجمَعون من الأمم لهذه المحاكمة، لكنهم «لَا يَدْخُلُونَ أَرْضَ إِسْرَائِيلَ» (حزقيال ٢٠ : ٣٨ ب).

ربما تُجرَى محاكمة إسرائيل هذه في أثناء فترة الضيقة المستقبلية، أو في دينونة خاصة بعد مجيء يسوع ثانية إلى الأرض مباشرة. وربما يشير مَثَل العذارى (متى ٢٥ : ١-١٣)، ومَثَل الوزنات (متى ٢٥ : ١٤-٣٠) إلى محاكمة إسرائيل عند مجيء يسوع ثانية. ففي هذين المَثَلين، يأتي يسوع ثانية ليجد أناسًا جهالًا وآخرين حكماء من جهة مجيئه ثانية. قطعًا، يتعدَّى تطبيق هذين المَثَلين حدود إسرائيل، ويمتد ليشمل جميع الذين ينتظرون مجيء يسوع ثانية؛ لكن السياق اليهودي للأصحاحين الرابع والعشرين والخامس والعشرين من إنجيل متى يرجِّح تطبيق هذين المَثَلين على إسرائيل، ولا سيما لأن محاكمة الخراف والجداء المشار إليها في متى ٢٥ : ٣١-٤٦ تركِّز على الشعوب الأممية بصفة خاصة.

- ## محاكمة الأمم

كذلك، نتيجة عودة يسوع إلى الأرض، ستُجرَى محاكمة للأحياء من الشعوب الأممية. يتناول نصَّان كتابيان هذا الأمر بصورة مباشرة، وهما: يوئيل ٣ : ١-١٦، ومتى ٢٥ : ٣١-٤٦.

أولًا، تنبأ يوئيل النبي قائلًا:

> «لِأَنَّهُ هُوَذَا فِي تِلْكَ الْأَيَّامِ وَفِي ذَلِكَ الْوَقْتِ، عِنْدَمَا أَرُدُّ سَبْيَ يَهُوذَا وَأُورُشَلِيمَ، أَجْمَعُ كُلَّ الْأُمَمِ وَأُنَزِّلُهُمْ إِلَى وَادِي يَهُوشَافَاطَ، وَأُحَاكِمُهُمْ هُنَاكَ عَلَى شَعْبِي وَمِيرَاثِي إِسْرَائِيلَ» (يوئيل ٣ : ١-٢ أ)

يأتي هذا النص في سياق محاكمات يوم الرب التي تحدَّث عنها الأصحاح الثاني من سفر يوئيل، وتتضمَّن خلاص إسرائيل ونوالها بركة. ففي ذلك «الوقت»، حين يَرُد الله إسرائيل، «يجمع كلَّ الأمم»، ويحاكمهم لأجل شعب إسرائيل. ستحاكَم هذه الشعوب الأممية **على تشتيتهم للشعب اليهودي، وتقسيمهم لأرض إسرائيل**، بالإضافة إلى أفعال وحشية أخرى (يوئيل ٣ : ٢ ب-٣). وقد تحدَّد موقع هذه المحاكمة – وهو «وَادِي يَهُوشَافَاطَ». فمن هناك، سيُحاكِم الله « جَمِيعَ الْأُمَمِ مِنْ كُلِّ نَاحِيَةٍ» (يوئيل ٣ : ١٢). باختصار، يعلن الأصحاح الثالث من سفر يوئيل أن الله سيحاكم الأمم التي أضرَّت شعبَ إسرائيل.

ثم يصف متى ٢٥ : ٣١-٤٦ أيضًا محاكمة عامة للشعوب الأممية:

> «وَمَتَى جَاءَ ابْنُ الْإِنْسَانِ فِي مَجْدِهِ وَجَمِيعُ الْمَلَائِكَةِ الْقِدِّيسِينَ مَعَهُ، فَحِينَئِذٍ يَجْلِسُ عَلَى كُرْسِيِّ مَجْدِهِ. وَيَجْتَمِعُ أَمَامَهُ جَمِيعُ الشُّعُوبِ، فَيُمَيِّزُ بَعْضَهُمْ مِنْ بَعْضٍ كَمَا يُمَيِّزُ الرَّاعِي الْخِرَافَ مِنَ الْجِدَاءِ» (متى ٢٥ : ٣١-٣٢)

تسمَّى محاكمة الشعوب الأممية هذه عادة باسم «**محاكمة الخراف والجداء**»، بما أن المؤمنين يُشبَّهون فيها بالخراف، بينما يشبَّه الأشرار بالجداء. سيكون الغرض من هذه المحاكمة هو تحديد

هوية المؤهَّلين لدخول الملكوت الأرضي ليسوع، وهوية غير المؤهَّلين لذلك. ستدخل الخراف البارة إلى ملكوت يسوع، بينما سيُستبعَد الأشرار منه، ويُقتَلون.

ستقوم هذه المحاكمة على أساس الطريقة التي تعاملت بها هذه الشعوب الأممية مع الآخرين. فإن الذين تعاملوا مع «هَؤُلَاءِ الأَصَاغِرِ» (متى ٢٥ : ٤٠، ٤٥) بلطف ورحمة كانوا في حقيقة الأمر يعاملون يسوع هكذا، وإن كان دون وعي منهم بذلك. كذلك، أظهر سوء معاملة الآخرين أو إهمالهم ازدراءً بيسوع. هذه المحاكمة، القائمة على أعمال الرحمة والرأفة، لا تعني أن الخلاص قائمٌ على الأعمال، لكنها بالأحرى توضح أن الأعمال تكشف المعدن الداخلي للمرء بكلٍّ دقة (انظر رومية ٢ : ٥-١١). فإن وجود الإيمان من عدمه يتبرهن بالأعمال.

وفي حين يمكن تطبيق الجماعة التي تسمَّى «هَؤُلَاءِ الأَصَاغِرِ» على جميع البشر، لكن، ربما يشير هذا النص بصفة خاصة إلى طريقة التعامُل مع الشعب اليهودي. يقول الأصحاح الثالث من نبوة يوئيل، الذي يُعَد خلفية لمحاكمة متى ٢٥ : ٣١-٤٦، إن محاكمة الأمم كانت لأجل إسرائيل، أي أنها كانت تتعلق بكيفية معاملة الشعوب الأممية لشعب إسرائيل. ربما هذا هو ما نراه أيضًا في الأصحاح الخامس والعشرين من إنجيل متى، ولا سيما في ضوء الحديث عن اضطهاد اليهود في متى ٢٤ : ١٥-٢٨.

لم يَذكُر الأصحاح الخامس والعشرون من إنجيل متى شيئًا عن قيامة الذين سيخضعون لهذه المحاكمة. ومن ثَمَّ، سوف تُجرَى هذه المحاكمة لِمَن سيكونون على قيد الحياة من الشعوب الأممية عند مجيء يسوع ثانية. أيضًا، لم يَذكُر النص شيئًا عن التمجيد. سيدخل «الخراف» ملكوت يسوع على الأرض بأجسادهم الفانية، بينما يُحكَم على «الجداء» بالموت، ويدخلون النار الأبدية (متى ٢٥ : ٤١، ٤٦).

- دينونة الشيطان وملائكته

للاطلاع على المزيد بشأن دينونة الشيطان وملائكته عبر الزمن، انظر عنوان «دينونات الشيطان» (ص. ٨٣٥)، و«دينونات الشياطين أو الأرواح الشريرة» (ص. ٨٥٧)، في الفصل الثامن من هذا الكتاب. لكن، سينصبُّ تركيزنا في هذا الجزء فقط على الدينونات المستقبلية للشيطان وجميع ملائكته.

خضع الشيطان وملائكته لدينونة أولى حين أخطأ الشيطان في حقِّ الله في السماء (رؤيا ١٢ : ١-٤). كما أنهم خضعوا لدينونة أخرى في الجلجثة، حيث هزمهم يسوع في الصليب (كولوسي ٢ : ١٤-١٥). لكن، لا تزال هناك ثلاث دينونات مستقبلية للشيطان وملائكته، وهي: دينونة الضيقة، ودينونة المُلك الألفي، والدينونة الأبدية.

يتحدث رؤيا ١٢ : ٧-١٣ عن دينونة الضيقة، التي بموجبها سيُطرَح الشيطان وملائكته من السماء إلى الأرض. في هذه المرحلة، سيُمنَع الشيطان إلى الأبد من دخول السماء، وسيحوِّل كلَّ اهتمامه إلى اضطهاد إسرائيل على الأرض. سيحدث ذلك تقريبًا في منتصف الأسبوع السبعين لنبوة دانيال (دانيال ٩ : ٢٧)، بما أن هذا الحدث مرتبطٌ بالفترة التي تسمَّى «زَمَانًا وَزَمَانَيْنِ وَنِصْفَ زَمَانٍ» (رؤيا ١٢ : ١٤)، أي ثلاث سنوات ونصف. ومن ذلك الوقت فصاعدًا، لن يتمكَّن الشيطان من أن يشتكي على المؤمنين أمام الله بسبب خطاياهم (رؤيا ١٢ : ١٠-١١).

يعمل الشيطان في الوقت الحالي بنشاط، مقاومًا خطط الله، ومضلًّا الأمم، ومضطهدًا قديسي الله. لكن، يخبرنا رؤيا ٢٠: ١-٣ عن دينونة ألفية قادمة، ستقع بعد مجيء يسوع ثانية إلى الأرض (رؤيا ١٩: ١١-٢١)، وفيها سيُقبَض على الشيطان، ويُقيَّد، ويُطرَح في الهاوية. ليست هذه الهاوية هي بحيرة النار، لكنها سجنٌ روحي، سيمنع الشيطان تمامًا من الوصول إلى الأرض، وسيُبطِل قدرته على أن يُضِلَّ. ربما يُحبس جميع الشياطين أيضًا مع الشيطان في أثناء ذلك الوقت، الذي فيه سيملك يسوع وقدِّيسوه على الأرض لمدة ألف سنة، دون أدنى تدخل من الشيطان أو من ملائكته الساقطين والفاسدين (رؤيا ٢٠: ٤).

بعد ذلك، تأتي الدينونة الأخيرة للشيطان وملائكته، وهي الدينونة الأبدية، التي ستأتي بعد الملك الألفي (رؤيا ٢٠: ٧-١٠). في ذلك الوقت، سيُطلَق سراح قوات الجحيم كي تصنع تمرُّدًا واحدًا أخيرًا، لكنه تمرد محكوم عليه بالفشل. فسيحاول الشيطان، وملائكته، وجماهير أممية كثيرة من الجهال والرافضين للمسيح الهجوم على مدينة أورشليم المحبوبة، لكن، تأكلهم نارٌ من السماء في الحال، في دينونة عظيمة. وفي ذلك الوقت، سينضم الشيطان وجميع ملائكته (متى ٢٥: ٤١؛ ٢ بطرس ٢: ٤؛ يهوذا ٦) إلى ضد المسيح والنبي الكذاب في بحيرة النار (رؤيا ٢٠: ١٠). هذه هي الدينونة الأخيرة للشيطان وملائكته، وبموجبها سيُمنَعون إلى الأبد من مقاومة ملكوت الله وشعب الله.

- دينونة العرش الأبيض العظيم

المصير الأخير لغير المؤمنين جميعًا هو الخضوع لدينونة العرش الأبيض العظيم. وُصِفَ هذا الحدث المروِّع في رؤيا ٢٠: ١١-١٥:

> «ثُمَّ رَأَيْتُ عَرْشًا عَظِيمًا أَبْيَضَ، وَالْجَالِسَ عَلَيْهِ، الَّذِي مِنْ وَجْهِهِ هَرَبَتِ الْأَرْضُ وَالسَّمَاءُ، وَلَمْ يُوجَدْ لَهُمَا مَوْضِعٌ! وَرَأَيْتُ الْأَمْوَاتَ صِغَارًا وَكِبَارًا وَاقِفِينَ أَمَامَ اللهِ، وَانْفَتَحَتْ أَسْفَارٌ، وَانْفَتَحَ سِفْرٌ آخَرُ هُوَ سِفْرُ الْحَيَاةِ، وَدِينَ الْأَمْوَاتُ مِمَّا هُوَ مَكْتُوبٌ فِي الْأَسْفَارِ بِحَسَبِ أَعْمَالِهِمْ. وَسَلَّمَ الْبَحْرُ الْأَمْوَاتَ الَّذِينَ فِيهِ، وَسَلَّمَ الْمَوْتُ وَالْهَاوِيَةُ الْأَمْوَاتَ الَّذِينَ فِيهِمَا. وَدِينُوا كُلُّ وَاحِدٍ بِحَسَبِ أَعْمَالِهِ. وَطُرِحَ الْمَوْتُ وَالْهَاوِيَةُ فِي بُحَيْرَةِ النَّارِ. هَذَا هُوَ الْمَوْتُ الثَّانِي. وَكُلُّ مَنْ لَمْ يُوجَدْ مَكْتُوبًا فِي سِفْرِ الْحَيَاةِ طُرِحَ فِي بُحَيْرَةِ النَّارِ.»

هذا النص، الذي يصف الحُكم الأخير بالموت على غير المؤمنين، هو الأشد خطورة، وتأثيرًا، ومأساوية في كلِّ الكتاب المقدس. فهو يَعرِض مشهد المحاكمة الأخير في التاريخ.

تُجرَى دينونة العرش الأبيض العظيم بعد الألف سنة لمُلك المسيح وقدِّيسيه (رؤيا ٢٠: ٤-٧). وإن ذاك الجالس على العرش ليس سوى الله القادر على كلِّ شيء (رؤيا ٤: ٢-١١). وهي بالطبع لا بد أن تكون إشارة إلى يسوع، لأن كلَّ الدينونة قد أُعطيت للابن (يوحنا ٥: ٢٢، ٢٦-٢٧).

سيكون الغرض من هذه الدينونة هو إعلان مَن الذين سيُطرَحون في بحيرة النار (رؤيا ٢٠ : ٥)، وهو ما يسمَّى أيضًا «الموت الثاني» (رؤيا ٢٠ : ٦). وسيخضع غير المؤمنين، الذين ستقوم أجسادهم من «الْمَوْتُ وَالْهَاوِيَةُ» لدينونة العرش الأبيض العظيم هذه (رؤيا ٢٠ : ١٣).

أساس دينونة العرش الأبيض العظيم هو الأعمال (رؤيا ٢٠ : ١٣)، والأدلة اللازمة لتنفيذها موجودة في أسفار تكشف طبيعة كلِّ شخص وأعماله. ربما يعني تعبير «وَانْفَتَحَتْ أَسْفَارٌ» أن هذه الأسفار تحوي سجلات عن أعمال الواقفين أمام العرش. ثم سينفتح «سِفْرٌ آخَرُ» يسمَّى «سِفْرِ الْحَيَاةِ»، الذي سيسرد أسماء جميع الذين آمنوا بيسوع. يشهد سفر الحياة، إذن، ضد غير المؤمنين، الذين ليست أسماؤهم مكتوبة فيه. وهؤلاء يُطرَحون «فِي بُحَيْرَةِ النَّارِ» التي هي المصير الأخير لغير المؤمنين.

- ## هل محاكمة الخراف والجداء ودينونة العرش الأبيض العظيم حدثٌ واحدٌ؟[٣٧]

يرى بعض علماء اللاهوت أن محاكمة الخراف والجداء الواردة في متى ٢٥ : ٣١-٤٦، ودينونة العرش الأبيض العظيم الواردة في رؤيا ٢٠ : ١١-١٥ حدثٌ واحدٌ. فهم يفترضون أن كلا الحدثين يصفان مشهد محاكمة، ومصيرًا بشعًا للأشرار. لكن بالفحص عن كثب، نكتشف أن هاتين المحاكمتين لا يمكن أن يكونا واحدًا. أولًا، يأتي **توقيت** محاكمة الخراف والجداء قريبًا جدًا من وقت مجيء يسوع ثانية (انظر متى ٢٥ : ٣١-٣٢). فسيأتي يسوع في مجدٍ مع ملائكته، ويجلس على كرسيِّ مجده (أي عرشه الداودي)، ثم تجتمع إليه جميع الأمم للمحاكمة. ومن ثَمَّ، توجد صلة وثيقة بين محاكمة الخراف والجداء ومجيء يسوع ثانية. من الناحية الأخرى، تحدث دينونة العرش الأبيض العظيم بعد المُلك الألفي ليسوع وقدِّيسيه (رؤيا ٢٠ : ٤-٧). فبعد الألف سنة (رؤيا ٢٠ : ٧)، تُجرَى دينونة العرش الأبيض العظيم (رؤيا ٢٠ : ١١-١٥). تُثبِت هذه النقطة وحدها أن هاتين الدينونتين مختلفتان؛ فإن الواحدة تحدث في بداية الملك الألفي ليسوع، بينما تحدث الأخرى بعد الملك الألفي، وقبل الانتقال إلى الحالة الأبدية. كذلك، توحي القيامتان، اللتان تفصل بينهما ألف سنة (انظر رؤيا ٢٠ : ٤-٥)، بشدة أن هاتين الدينونتين مختلفتان.

بالإضافة إلى التوقيت، توجد بعض الاختلافات بين تفاصيل المحاكمتين. فإن **الغرض** من محاكمة الخراف والجداء هو تحديد مَن سيرثون الملكوت (متى ٢٥ : ٣٤)، ومَن لن يرثوه (متى ٢٥ : ٤١)؛ بينما الغرض من دينونة العرش الأبيض العظيم هو تحديد مَن سيُطرَحون في بحيرة النار (رؤيا ٢٠ : ١٥). فإن الغرضين مختلفان، إذ لا يوجد أيُّ أمل أمام العرش الأبيض العظيم.

كذلك، **الخاضعون** لمحاكمة الخراف والجداء هم مؤمنون وغير مؤمنين على حد سواء – أي خراف وجداء (متى ٢٥ : ٣٢)، بينما الخاضعون لدينونة العرش الأبيض العظيم هم فقط غير مؤمنين. وفي حين لا يَستبعد رؤيا ٢٠ : ١١-١٥ وجود مؤمنين في هذه الدينونة كمتفرِّجين، لم يَذكُر النص شيئًا

---

٢٧ هذا الجزء مقتبَس بتصرُّف من المقال التالي، بتصريح من كاتبه:
Michael Vlach, "Why the Sheep/Goat Judgment and Great White Throne Judgment Are Not the Same Event," *Mike Vlach* (blog), July 23, 2011, http://mikevlach.blogspot.com/2011/06/why-sheepgoat-judgment-and-great-while.html

عنهم. فضلًا عن ذلك، سيخضع لمحاكمة الخراف والجداء مَن سيكونون على قيد الحياة عند مجيء يسوع ثانية، بينما تستلزم دينونة العرش الأبيض العظيم قيامة غير المؤمنين (رؤيا ٢٠: ١٣). فإن البحر والهاوية سيسلِّمان أمواتهما للدينونة. تبيِّن هذه الاختلافات تفرُّد كل دينونة من هاتين الدينونتين، ووقوعهما في زمنين مختلفين.

## ← العهود[٢٨]

العهود أمرٌ محوريٌّ في خطط الله. وهي تمثِّل الوسائل التي من خلالها تتكشَّف مقاصد الله من جهة ملكوته. فإن العهد هو اتفاق أو معاهدة رسمية بين طرفين، يتضمن التزامات وقواعد. والغالبية العظمى من العهود في الكتاب المقدس: (١) غير مشروطة، أو غير قابلة للإلغاء؛ إذ بمجرد إبرام العهد، لا بد أن يتحقَّق، و(٢) توصَف بأنها أبدية. من بين العهود غير المشروطة: العهد النوحي، والعهد الإبراهيمي، والعهد الكهنوتي، والعهد الداودي، والعهد الجديد. كان العهد المشروط والمؤقَّت الوحيد هو العهد الموسوي. تسمَّى هذه العهود عهودًا كتابية لأنها موجودة بشكل واضح في الكتاب المقدس. ويمكن فهم خطط عهود الله عن طريق دراسة هذه العهود الكتابية.

يؤكِّد بعض علماء اللاهوت على وجوب فهم هذه العهود الكتابية من خلال عهود مستمَدة من افتراضات لاهوتية. يشير اللاهوت العهدي إلى ثلاثة عهود، وهي: (١) عهد الأعمال، (٢) عهد النعمة، (٣) عهد الفداء. في حين ربما ترتبط بهذه العهود اللاهوتية بعض الحقائق، مثل وضع الله خطة خلاص منذ الأزل، وتعامُله مع شعبه على أساس النعمة بعد سقوط آدم. إلا أنَّ هذه ليست عهودًا فعلية موجودة في الكتاب المقدس؛ ويُعَد إدراجها ضمن دراستنا لبرنامج الله العهدي إضافةً إلى ما قاله الكتاب المقدس بوضوح، وقد تؤدي إلى تشويش، وإلى تبنِّي آراء خاطئة.

فربما تغيِّر تلك العهود التي يُستَدَلُّ عليها من خلال افتراضات واستنتاجات لاهوتية، والمُقحَمة على العهود الكتابية، من الإعلان الذي قَصَدَ الله أن يقدِّمه. على سبيل المثال، اعتاد اللاهوت العهدي استخدام فكرة عهد النعمة، التي جاء بها من خارج الكتاب المقدس، لإنكار تفرقة الكتاب المقدس بين إسرائيل والكنيسة. فهو يزعم أنه إذا كان جميع البشر يَخلُصون بالنعمة وحدها بالإيمان وحده، فلا يمكن إذن أن يوجد تمييز بين إسرائيل والكنيسة. ليس هذا الاستنتاج صحيحًا. فكثيرًا ما أدَّى هذا الإصرار على عهد النعمة إلى تبني الفكر الخاطئ الذي يسمَّى «لاهوت الاستبدال» أو «الاستبدالية»، الذي يعتبر الكنيسة هي البديل، أو التتميم لإسرائيل، بحيث لم يَعُد الله يتعامل مع إسرائيل كأمَّة. لكن، في حين يَخلُص القديسون في كل عصر بالنعمة وحدها بالإيمان وحده، تظل هناك اختلافات بين شعب الله.

على الجانب الآخر، يؤكِّد الفكر قبل الألفي المستقبلي وجوب بناء خطط عهود الله على فهم سليم للعهود الكتابية، ولكيفية تكشُّفها في تاريخ الخلاص. ليست دراسة العهود اللاهوتية ضرورية

---

٢٨ للاستزادة من التفاصيل عن النقاش حول العهود، نرجو العودة إلى المقالات الواردة في:

*MSJ* 10, no. 2 (1999): 173–280.

بما أننا نستطيع فهم برنامج عهود الله من خلال العهود الكتابية. هذه المنهجية تتيح لنا فهم حقائق، مثل الخلاص بالنعمة وحدها بالإيمان وحده لجميع الذين يؤمنون، لكن مع إدراك وجود فواصل بين إسرائيل، والأمم، والكنيسة من حيث الهوية، والبِنية، والوظيفة.

## • العهد النوحي

خُلق الإنسان، ووُضِع عليه في الحال إلزامٌ بأن يَعبُد الله خالقه، ويخدمه (تكوين ١-٢). ومن ثَمَّ، كانت لدى الإنسان منذ البداية التزامات فطرية من نحو الله. لكن، ظهرت كلمة «عهد» (*berit*) للمرة الأولى بعد السقوط، في تكوين ٦: ١٨، حيث قال الله لنوح: «وَلَكِنْ أُقِيمُ عَهْدِي مَعَكَ». وهكذا، العهد الكتابي الأول هو العهد النوحي، الذي سُمِّي أيضًا «مِيثَاقًا أَبَدِيًّا» في تكوين ٩: ١٦.

ذُكِر تأسيس العهد النوحي، أو التأكيد عليه، في تكوين ٦: ١٨؛ ٩: ٩، ١١، ١٢، ١٣، ١٥، ١٦، ١٧. ونجد فحوى هذا العهد في تكوين ٨: ٢٠-٩: ١٧. قُطِع العهد النوحي في سياق (١) الخلق (تكوين ١-٢)؛ و(٢) الطبيعة الخاطئة للإنسان (تكوين ٦: ٥-١٣)؛ و(٣) نَوال نوح نعمةً في عينَي الله (تكوين ٦: ٨)؛ و(٤) ذبائح نوح (تكوين ٨: ٢٠-٢١).

قدَّم العهد النوحي الكثير للبشرية. **أولاً**، تعهَّد الله بالحفاظ على استقرار الطبيعة: «مُدَّةَ كُلِّ أَيَّامِ الأَرْضِ: زَرْعٌ وَحَصَادٌ، وَبَرْدٌ وَحَرٌّ، وَصَيْفٌ وَشِتَاءٌ، وَنَهَارٌ وَلَيْلٌ، لاَ تَزَالُ» (تكوين ٨: ٢٢). هذا الوعد مطمئن، لأنه يضمن استقرار الطبيعة، حتى يتمكن الجنس البشري من ممارسة عمله دون تهديد من كارثة كونية. فطوال «مُدَّةَ كُلِّ أَيَّامِ الأَرْضِ»، يستطيع البشر الاعتماد على دورة الفصول. ليس هذا الاستقرار بركة فقط لكلِّ الخليقة، سواء العاقلة أو غير العاقلة، لكنه يتيح أيضًا تكشُّف خطط ملكوت الله تدريجيًّا عبر التاريخ. وهكذا، يمثِّل العهد النوحي المسرح الذي تتحقق عليه خطط ملكوت الله وخطط الخلاص؛ كما أنه أساس تتميم العهود الكتابية الأخرى.

**ثانيًا**، أُوصِي نوح بأن «يُكثِر ويملأ الأرض» (تكوين ٩: ١، ٧)، وهو إعادة للوصية الأولى التي أعطيت لآدم (تكوين ١: ٢٨). فبعد الطوفان العالمي مباشرة، مارس نوح وأبناؤه دورًا كثير الشبه بدور آدم، الممثل الأول عن البشرية، الذي كُلِّف بالتكاثر. **ثالثًا**، جعل الله الحيوانات، والطيور، والأسماك تخشى الإنسان (تكوين ٩: ٢). **رابعًا**، صارت الحيوانات طعامًا للإنسان تمامًا كما كانت النباتات عند الخلق، ولكن كان على البشر ألا يأكلوا لحمًا بدمه (تكوين ٩: ٣-٤). **خامسًا**، صارت حياة الإنسان مقدَّسة؛ أي يُحظر على الإنسان أو الحيوان أن يقتلوا إنسانًا (تكوين ٩: ٥). أكَّد ذلك على كرامة الإنسان بصفته حاملًا لصورة الله، حتى بعد سقوط الجنس البشري. **سادسًا**، أسَّس الله عقوبة الإعدام، على أن تطبَّق على الذين يقتلون أيَّ حاملٍ لصورة الله (تكوين ٩: ٦). **سابعًا**، وَعَدَ الله ألا يُهلِك العالم بالماء مرة أخرى (تكوين ٩: ١٥).

العهد النوحي هو عهد غير مشروط وأبدي، لا يزال ساريًا إلى اليوم. فلا يزال الإنسان يشهد استقرارًا في الطبيعة، لأجل تحقيق مقاصد الله؛ ولا تزال علاقة الإنسان بالبشر الآخرين وبالحيوانات قائمة.

## • العهد الإبراهيمي

كان العهد النوحي هو المسرح الأول لتتميم مقاصد الله؛ لكن، يُظهِر العهد الإبراهيمي بالتفصيل كيف خطَّط الله لخلاص البشر، وردِّ كل شيء. كان من شأن هذا الاسترداد أن يتحقق من خلال ثلاثة وعود عظيمة: (١) وعدٌ بأرض لإبراهيم، (٢) وعدٌ بنسل كثير العدد لإبراهيم، (٣) ووعدٌ ببركات عامة للأمم.

شكَّل العهد الإبراهيمي أيضًا الأساس للعهود الأخرى التي كان الله سوف يؤسِّسها. نجد الوعود الأولى والأساسية للعهد الإبراهيمي في تكوين ١٢ : ١-٣،

> «وَقَالَ الرَّبُّ لأَبْرَامَ: ‹اذْهَبْ مِنْ أَرْضِكَ وَمِنْ عَشِيرَتِكَ وَمِنْ بَيْتِ أَبِيكَ إِلَى الأَرْضِ الَّتِي أُرِيكَ. فَأَجْعَلَكَ أُمَّةً عَظِيمَةً وَأُبَارِكَكَ وَأُعَظِّمَ اسْمَكَ، وَتَكُونَ بَرَكَةً. وَأُبَارِكُ مُبَارِكِيكَ، وَلاَعِنَكَ أَلْعَنُهُ. وَتَتَبَارَكُ فِيكَ جَمِيعُ قَبَائِلِ الأَرْضِ›»

في هذا النص وعود كثيرة. **أولًا**، وَعَد الله بأن يجعل إبراهيم «أُمَّةً عَظِيمَةً». هذه الأمة ستصبح إسرائيل، المكوَّنة من نسل إبراهيم، وإسحاق، ويعقوب. **ثانيًا**، وَعَد الله إبراهيم بأنه سيتبارَك، ويتعظَّم اسمه. **ثالثًا**، سيكون إبراهيم بركة للآخرين. **رابعًا**، سيتعامل الله مع الآخرين بحسب طريقة تعاملهم مع إبراهيم، سواء كان ذلك بالمبارَكة أو باللعنة. **خامسًا**، في إبراهيم والأمة التي ستأتي منه، تتبارك «جَمِيعُ قَبَائِلِ الأَرْضِ». وهكذا، سيستخدم الله إبراهيم وإسرائيل وسيلةً لمباركة الأمم. إذن، في العهد الإبراهيمي، تشمل خطط الله كلًا من إسرائيل والأمم.

استفاضت أصحاحات أخرى في الحديث عن الوعود الإبراهيمية. يتضمَّن تكوين ١٢ : ٦-٧ وعدًا بأرضٍ لنسل إبراهيم، بينما يتضمَّن تكوين ١٣ : ١٤-١٧ وعدًا بأن تكون هذه الأرض لهم «إِلَى الأَبَدِ». وفي الأصحاح الخامس عشر من سفر التكوين، تعهَّد الله بحماية إبراهيم ومكافأته (تكوين ١٥ : ١)، وبأن يصير نسله كنجوم السماء في الكثرة (تكوين ١٥ : ٥). وقد حدث تصديقًا أحادي الطرف على هذا العهد في تكوين ١٥ : ٧-١٧، حيث اجتاز الله بين قطع حيوانات مذبوحة، مدلِّلًا بذلك على إلزامه لنفسه على نحو غير مشروط بتتميم هذا العهد. كذلك، حدَّد الله أبعاد وعد الأرض بدقة في تكوين ١٥ : ١٨-٢١ – «مِنْ نَهْرِ مِصْرَ إِلَى النَّهْرِ الْكَبِيرِ، نَهْرِ الْفُرَاتِ» (تكوين ١٥ : ١٨).

يمدُّنا الأصحاح السابع عشر من سفر التكوين بتفاصيل أكثر عن هذا العهد. فإن الله سيضاعف من نسل إبراهيم (تكوين ١٧ : ٢)، وسيكون إبراهيم أبًا لأمم كثيرة (تكوين ١٧ : ٥)، وسيأتي منه ملوك (تكوين ١٧ : ٦)، تَرَقُّبًا للعهد الداودي الآتي، الذي يسلِّط الضوء على أهمية النسل المَلَكي في برنامج الله (٢ صموئيل ٧ : ٢-١٦). كما وُصِف العهد الإبراهيمي في هذا الأصحاح بأنه «أبديٌّ» (تكوين ١٧ : ٧)، وقُطِع لإبراهيم وعدٌ بأن تكون له كلُّ أرض كنعان (تكوين ١٧ : ٨). وكان الختان هو علامة هذا العهد (تكوين ١٧ : ١٠-١٤). وفي تكوين ٢٢ : ١٥-١٨، أعاد الله تأكيد عهده مع إبراهيم، قائلًا إن نسله لن يُحصَى (تكوين ٢٢ : ١٧)، وإن أمم الأرض ستتبارك في نسله (تكوين ٢٢ : ١٨).

من خلال العهد الإبراهيمي، ألزم الله نفسه بأن يبارك ثلاثة أطراف. فقد أعطى بعض الوعود لإبراهيم نفسه، وأخرى لأمة إسرائيل، وأخرى لقبائل الأرض. سيتبارك إبراهيم شخصيًّا، إذ سيُعظِّم الله اسمه، ويجعله أبًا لجمهور من الأمم. كما ستتبارك أمة إسرائيل، إذ ستصير أمة ترث أرضًا إلى الأبد، وتتمتع بأمانٍ من أعدائها. كذلك، ستتبارك الشعوب الأممية أيضًا، إذ سيُدخِلهم الله في عهده، ويباركهم باعتبارهم شعب الله مع إسرائيل.

من الجدير بالذكر أنه في حين تسلِّط العهود الضوء في المقام الأول على شعب إسرائيل، لكنها لم تكن قاصرة على إسرائيل، ولا تُطبَّق عليها وحدها. فكما يتبيَّن من تكوين ١٢: ٣، وتكوين ٢٢: ١٨، كان قصد الله هو أن يضم الأمم إلى وعود العهد. أكَّد بولس هذا في غلاطية ٣: ٧-٩، حيث رَبَطَ خلاصَ الأمم في الكنيسة بوعد الله لإبراهيم في تكوين ١٢: ٣، وتكوين ٢٢: ١٨ بأن تتبارك فيه الأمم. كذلك، استقى بولس في الأصحاح الرابع من رسالة رومية من دلالة ومغزى العهد الإبراهيمي. فبالإضافة إلى وصفه لإبراهيم بأنه النموذج الرئيسي للبر المحتسَب بالإيمان وحده (راجع رومية ٤: ٣ مع تكوين ١٥: ٦)، قال إن توقيت إيمان إبراهيم مهم. فقد حُسِب إبراهيم بارًا قبل أن يُختتَن، حتى يصير أبًا للفريقَين: الأمم الذين يخلصون بالإيمان، واليهود الذين يؤمنون (انظر رومية ٤: ١٠-١٢). إذن، يظل الأمم المؤمنون واليهود المؤمنون محتفظين بهوياتهم العرقية، لكن يتحد كلا الفريقين بإبراهيم بالإيمان، ويُدعيان نسل إبراهيم (انظر غلاطية ٣: ٢٩). ومن ثَمَّ، يؤكِّد العهد الإبراهيمي أن كافة أنواع البشر سيخلصون بالنعمة بواسطة الإيمان، نظير إبراهيم، لكن سيحتفظ اليهود والأمم بهوياتهم العرقية داخل شعب الله.

في متى ١: ١، قيل عن يسوع إنه «ابْنِ إِبْراهِيمَ»؛ وصرَّحت مريم بأن الله كان يعضد «إِسْرَائِيلَ فَتَاهُ لِيَذْكُرَ رَحْمَةً، كَمَا كَلَّمَ آبَاءَنَا. لإِبْرَاهِيمَ وَنَسْلِهِ إِلَى الأَبَدِ» (لوقا ١: ٥٤-٥٥). وحين امتلأ زكريا، والد يوحنا المعمدان، من الروح القدس، تنبَّأ بأن الله كان «يَذْكُرَ عَهْدَهُ الْمُقَدَّسَ، الْقَسَمَ الَّذِي حَلَفَ لإِبْرَاهِيمَ أَبِينَا: أَنْ يُعْطِيَنَا إِنَّنَا بِلاَ خَوْفٍ، مُنْقَذِينَ مِنْ أَيْدِي أَعْدَائِنَا، نَعْبُدُهُ» (لوقا ١: ٦٧، ٧٢-٧٤). عبَّر كلٌّ من مريم وزكريا عن رجائهما في أن يخلِّص الله إسرائيل، وينقذها من أيدي أعدائها. تلك الحقائق عن الخلاص والإنقاذ القومي لأمة إسرائيل ينبغي ألا تُفسَّر تفسيرًا روحيًّا على أنها إشارة إلى الكنيسة اليوم؛ بل بالحري، سيُحقِّق يسوع هذا في مجيئه الثاني (انظر زكريا ١٤؛ رومية ١١: ٢٦).

- العهد الموسوي

العهد الموسوي هو الناموس الذي أعطاه الله لإسرائيل بواسطة موسى كي يَحكُم حياة شعب إسرائيل وسلوكهم في أرض كنعان، أرض الموعد (خروج ١٩: ٥-٦). هذا العهد الموسوي، الذي أُعطِي لإسرائيل بعد خروجهم من مصر، اشتمل على وصايا (خروج ٢٠: ١-١٧)، وكذلك على قواعد تَحكُم الحياة الاجتماعية لإسرائيل (خروج ٢١-٢٣)، ونظام العبادة (خروج ٢٥-٣١). ومن ثَمَّ، تألَّف العهد الموسوي، في مجمله، من ستمئة وثلاث عشرة وصية، شكَّلت الوصايا العشر خلاصتها (خروج ٢٠: ١-١٧). وكان يوم السبت هو علامة هذا العهد (خروج ٣١: ١٦-١٧).

كان هذا العهد ثنائيَّ الطرف، ومشروطًا، وقابلًا للإلغاء، إذ كان متوقفًا على طاعة إسرائيل لله. وكان الالتزام بالعهد الموسوي هو الوسيلة التي يمكن بها أن تظل إسرائيل متمتعة ببركات العهد

الإبراهيمي. فقد كان من شأن حفظ العهد الموسوي بدافع المحبة لله أن يؤدي إلى الازدهار الروحي والمادي، لكن كان من شأن العصيان أن يسفر عن دينونة، تتضمن الاستئصال من الأرض، والتبدُّد في الأمم (تثنية ٢٨-٢٩).

كان العهدُ الموسويُّ عهدًا رحيمًا. فمع أنه لم يكن وسيلة للخلاص، لكنه كان الوسيلة التي عيَّنها الله كي يُظهِر بها شعبُ إسرائيل محبَّتَهم لله وتكريسَهم له. ومع أن شعب إسرائيل تعهَّدوا بأن يطيعوا العهد (خروج ٢٤: ١-٨)، يبرهن السجل الكتابي على أنهم عصوا الله، وتعرَّضوا للعنات من جراء نقضهم العهد. وبالإضافة إلى انتهاك إسرائيل المستمر للناموس، قاموا بتحريفه بطريقتين رئيسيتين. أولًا، حوَّل يهود كثيرون العهدَ إلى وسيلة خلاص بالبر الذاتي المبني على الأعمال (رومية ٩: ٣٠-٣٢). ثانيًا، ركَّز كثيرون منهم على الطقوس الخارجية للعهد على حساب المحبة النابعة من القلب (ميخا ٦: ٦-٨).

كان العهد الموسوي مقدَّسًا، وعادلًا، وصالحًا (رومية ٧: ١٢)؛ لكن، كانت المشكلة التي برزت في هذا العهد تكمن في قلوب الشعب، لا في العهد في حد ذاته. فقد كشف العهد الموسوي أيضًا الطبيعة الخاطئة للشعب:

> «لِأَنَّه بِأَعْمَالِ النَّامُوسِ كُلُّ ذِي جَسَدٍ لَا يَتَبَرَّرُ أَمَامَهُ. لِأَنَّ بِالنَّامُوسِ مَعْرِفَةَ الْخَطِيَّةِ» (رومية ٣: ٢٠)

> «وَأَمَّا النَّامُوسُ فَدَخَلَ لِكَيْ تَكْثُرَ الْخَطِيَّةُ. وَلكِنْ حَيْثُ كَثُرَتِ الْخَطِيَّةُ ازْدَادَتِ النِّعْمَةُ جِدًّا» (رومية ٥: ٢٠)

> «فَلِمَاذَا النَّامُوسُ؟ قَدْ زِيدَ بِسَبَبِ التَّعَدِّيَاتِ، إِلَى أَنْ يَأْتِيَ النَّسْلُ الَّذِي قَدْ وُعِدَ لَهُ» (غلاطية ٣: ١٩)

فلأن شعب إسرائيل لم يطيعوا العهد الموسوي، ونقضوه، وَعَدَ الله بأن يستبدل به عهدًا جديدًا، أفضل، كما يقول إرميا ٣١: ٣١-٣٢،

> «هَا أَيَّامٌ تَأْتِي، يَقُولُ الرَّبُّ، وَأَقْطَعُ مَعَ بَيْتِ إِسْرَائِيلَ وَمَعَ بَيْتِ يَهُوذَا عَهْدًا جَدِيدًا. لَيْسَ كَالْعَهْدِ الَّذِي قَطَعْتُهُ مَعَ آبَائِهِمْ يَوْمَ أَمْسَكْتُهُمْ بِيَدِهِمْ لأُخْرِجَهُمْ مِنْ أَرْضِ مِصْرَ، حِينَ نَقَضُوا عَهْدِي فَرَفَضْتُهُمْ، يَقُولُ الرَّبُّ»

بموت يسوع، انتهى العهد الموسوي كقانونٍ يحكُم الحياة، لأن يسوع قد استوفى مطالب العهد، وأسَّس العهد الجديد بدمه (لوقا ٢٢: ٢٠). قال بولس: «لِأَنَّ غَايَةَ النَّامُوسِ هِيَ: الْمَسِيحُ لِلْبِرِّ لِكُلِّ مَنْ يُؤْمِنُ» (رومية ١٠: ٤)؛ وقال أيضًا إن المسيح صار سلامنا «مُبْطِلًا بِجَسَدِهِ نَامُوسَ الْوَصَايَا فِي فَرَائِضَ» (أفسس ٢: ١٤-١٥). كذلك أيضًا، قال كاتب الرسالة إلى العبرانيين: «فَإِذْ قَالَ: «جَدِيدًا»، عَتَّقَ الأَوَّلَ [العهد الموسوي]. وَأَمَّا مَا عَتَقَ وَشَاخَ فَهُوَ قَرِيبٌ مِنَ الاضْمِحْلَالِ» (عبرانيين ٨: ١٣).

بما أن العهد الموسوي قد أُعطي لإسرائيل وحدها (خروج ١٩: ٣؛ ٣٤: ٢٧)، وبما أن المسيح أبطل هذا العهد بموته (أفسس ٢: ١٤-١٥)، فإن المؤمنين إذن ليسوا تحت العهد الموسوي أو شرائعه:

«فَإِنَّ الْخَطِيَّةَ لَنْ تَسُودَكُمْ، لأَنَّكُمْ لَسْتُمْ تَحْتَ النَّامُوسِ بَلْ تَحْتَ النِّعْمَةِ» (رومية ٦: ١٤)

«فَمَاذَا إِذًا؟ أَنُخْطِئُ لأَنَّنَا لَسْنَا تَحْتَ النَّامُوسِ بَلْ تَحْتَ النِّعْمَةِ؟ حَاشَا!» (رومية ٦: ١٥)

«وَلَكِنْ إِذَا انْقَدْتُمْ بِالرُّوحِ فَلَسْتُمْ تَحْتَ النَّامُوسِ» (غلاطية ٥: ١٨)

لا يعني عدم خضوع المؤمنين لناموس موسى أنهم أحرار في ارتكاب الخطية؛ فإنهم متَّحدون بالمسيح، وتحت العهد الجديد. لهذا قال بولس في ١كورنثوس ٩: ٢٠-٢١ إنه تحت ناموس المسيح، وليس ناموس موسى:

«وَلِلَّذِينَ تَحْتَ النَّامُوسِ كَأَنِّي تَحْتَ النَّامُوسِ لأَرْبَحَ الَّذِينَ تَحْتَ النَّامُوسِ. وَلِلَّذِينَ بِلاَ نَامُوسٍ كَأَنِّي بِلاَ نَامُوسٍ -مَعَ أَنِّي لَسْتُ بِلاَ نَامُوسٍ لِلهِ، بَلْ تَحْتَ نَامُوسٍ لِلْمَسِيحِ- لأَرْبَحَ الَّذِينَ بِلاَ نَامُوسٍ»

قال بولس أيضًا: «وَأَمَّا الآنَ فَقَدْ تَحَرَّرْنَا [نحن المؤمنين] مِنَ النَّامُوسِ، إِذْ مَاتَ الَّذِي كُنَّا مُمْسَكِينَ فِيهِ، حَتَّى نَعْبُدَ بِجِدَّةِ الرُّوحِ لاَ بِعِتْقِ الْحَرْفِ» (رومية ٧: ٦). تحرَّر المؤمن من الناموس الموسوي كي يَعبُد بِجِدَّة الروح القدس. ومن ثَمَّ، ليس المؤمن بلا ناموس، لكنه تحت ناموس أفضل – هو ناموس المسيح والعهد الجديد. لكن الآن، يمكِّن الروح القدس المؤمن من أن يطيع الله طوعيًّا.

يتَّضح جليًّا أن المؤمنين ليسوا تحت العهد الموسوي لأن عقوبات الحنث بهذا العهد لم تعد تُطبَّق عليهم. على سبيل المثال، مع أنَّ عقوبة الزنا في شريعة موسى كانت الإعدام (لاويين ٢٠: ١٠-١٦)، في حالة زنا المحارم التي نقرأ عنها في الأصحاح الخامس من رسالة كورنثوس الأولى، لم يكلِّف بولس الكنيسة بإعدام هذا الشخص، بل قال «أَعْزِلُوا ٱلْخَبِيثَ مِنْ بَيْنِكُمْ» (١كورنثوس ٥: ١٣).

لسنا نقصد بهذا أن العهد الموسوي لا يمت بصلة لعصرنا الحاضر، لأنه بالتأكيد ذو صلة بعصرنا. فإن «كُلُّ الْكِتَابِ هُوَ مُوحًى بِهِ مِنَ اللهِ، وَنَافِعٌ لِلتَّعْلِيمِ وَالتَّوْبِيخِ، لِلتَّقْوِيمِ وَالتَّأْدِيبِ الَّذِي فِي الْبِرِّ» (٢ تيموثاوس ٣: ١٦). فإن العهد الموسوي يُعلِن صفات وحقائق ثابتة ولا تتغيَّر عن طبيعة الله، التي تمثِّل الأساس للمبادئ الحياتية التي يطالِبُ بها. اقتبس بولس، في بعض الأحيان، من التشريع الموسوي، معتبرًا إياه كلام حكمة لازمًا للسلوك باستقامة (أفسس ٦: ١-٢). فضلًا عن ذلك، هناك استمرارية كبيرة بين الوصايا الأدبية التي أعطاها الله في العهد القديم وما يتوقعه من المؤمنين في هذا العصر. فقد أُخِذت تسع وصايا من الوصايا العشر الأساسية، وأعيد تطبيقها في أسفار العهد الجديد كجزءٍ من ناموس المسيح – باستثناء وصية واحدة، وهي حفظ يوم السبت. كذلك، تمدُّنا ردود الفعل المختلفة

التي أبداها بنو إسرائيل تجاه ناموس موسى بنماذج تحفِّز المؤمنين على السعي لحياة التقوى. اتخذ بولس من حياة بني إسرائيل في البرية مثالًا، وحثَّ المؤمنين قائلًا: «وَهَذِهِ الأُمُورُ حَدَثَتْ مِثَالًا لَنَا، حَتَّى لَا نَكُونَ نَحْنُ مُشْتَهِينَ شُرُورًا كَمَا اشْتَهَى أُولَئِكَ» (١ كورنثوس ١٠: ٦)؛ وأيضًا: «لِأَنَّ كُلَّ مَا سَبَقَ فَكُتِبَ كُتِبَ لِأَجْلِ تَعْلِيمِنَا، حَتَّى بِالصَّبْرِ وَالتَّعْزِيَةِ بِمَا فِي الْكُتُبِ يَكُونُ لَنَا رَجَاءٌ» (رومية ١٥: ٤).

- **العهد الكهنوتي**[٢٩]

من خلال العهد الكهنوتي الذي نقرأ عنه في الأصحاح الخامس والعشرين من سفر العدد، وَعَدَ الله بكهنوت أبدي لنسل فينحاس، سيمتد حتى إلى عصر هيكل المُلك الألفي للرب على الأرض. ففي وقتٍ معاقبة من الله لكثيرين من بني إسرائيل ممَّن تعلَّقوا ببعل فغور، أخذ فينحاس، الكاهن، رمحًا، وقتل رجلًا إسرائيليًا وامرأة مديانية، ارتكبا الزنا في خيمة أمام جماعة إسرائيل. ولهذا، أكرم الله فينحاس بميثاق سلامٍ، اشتمل على وعدٍ بكهنوتٍ أبديٍّ له ولنسله:

> «فَكَلَّمَ الرَّبُّ مُوسَى قَائِلًا: فِينْحَاسُ بْنُ أَلِعَازَارَ بْنِ هَارُونَ الْكَاهِنِ قَدْ رَدَّ سَخَطِي عَنْ بَنِي إِسْرَائِيلَ بِكَوْنِهِ غَارَ غَيْرَتِي فِي وَسَطِهِمْ حَتَّى لَمْ أُفْنِ بَنِي إِسْرَائِيلَ بِغَيْرَتِي. لِذَلِكَ قُلْ: هَأَنَذَا أُعْطِيهِ مِيثَاقِي مِيثَاقَ السَّلَامِ، فَيَكُونُ لَهُ وَلِنَسْلِهِ مِنْ بَعْدِهِ مِيثَاقَ كَهَنُوتٍ أَبَدِيٍّ، لِأَجْلِ أَنَّهُ غَارَ لِلهِ وَكَفَّرَ عَنْ بَنِي إِسْرَائِيلَ» (العدد ٢٥: ١٠-١٣)

هذا العهد الذي قُطِع لفينحاس شمل نسله أيضًا (العدد ٢٥: ١٣). وَعَدَ الله فينحاس ونسله بكهنوت أبديٍّ، مسلطًا الضوء على دوام هذا الكهنوت. فسوف يستمر نسل فينحاس الكهنوتي في الملك الألفي من خلال صادوق (١ أخبار الأيام ٦: ٥٠-٥٣)، حيث أشار حزقيال إلى أن الكهنة الوحيدين الذين سيُسمَح لهم بالخدمة في الهيكل الألفي هم الذين من نسل صادوق (حزقيال ٤٤: ١٥؛ ٤٨: ١١)، بينما سيُمنَع الكهنة غير الصادوقيين من أداء الوظيفة الكهنوتية بسبب ارتكابهم عبادة الأوثان في الماضي (حزقيال ٤٤: ١٠).

توحي هذه الطبيعة الدائمة للعهد الكهنوتي بأنه عهدٌ مستقلٌّ، وليس جزءًا من العهد الموسوي، الذي هو عهد مؤقَّت. **أولًا**، تشابهت الألفاظ التي استُخدِمت في هذا العهد مع تلك التي جاءت في العهد النوحي، والإبراهيمي، والداودي، والعهد الجديد. **ثانيًا**، تشير استمرارية هذا العهد، على عكس العهد الموسوي الذي أُبطِل، بشكل أوضح إلى كونه عهدًا مستقلًّا. فقد ألغى العهد الجديد العهد الموسوي، لكن يظل الوعد الذي قُطِع لفينحاس مستمرًّا إلى المُلك الألفي. ثالثًا، رَبَطَ إرميا النبي في إرميا ٣٣: ٢٠-٢١ دوام هذا العهد بدوام العهد الداودي، مؤكِّدًا أنه يظل مفعَّلًا ما دامت دورة النهار والليل باقية: «هَكَذَا قَالَ الرَّبُّ: إِنْ نَقَضْتُمْ عَهْدِي مَعَ النَّهَارِ، وَعَهْدِي مَعَ اللَّيْلِ حَتَّى لَا يَكُونَ نَهَارٌ وَلَا لَيْلٌ فِي وَقْتِهِمَا، فَإِنَّ عَهْدِي أَيْضًا مَعَ دَاوُدَ عَبْدِي يُنْقَضُ، فَلَا يَكُونُ لَهُ ابْنٌ مَالِكًا عَلَى كُرْسِيِّهِ، وَمَعَ اللَّاوِيِّينَ الْكَهَنَةِ خَادِمِيَّ».

٢٩ هذا الجزء مقتبَس بتصرُّف من المصدر التالي، بتصريح من الناشر:
Irvin A. Busenitz, "Introduction to the Biblical Covenants: The Noahic Covenant and the Priestly Covenant," *MSJ* 10, no. 2 (1999): 173–89.

- العهد الداودي

العهد الداودي هو العهد غير المشروط التالي. قُطِع هذا العهد في إطار رغبة داود في بناء موضع سكنى يليق بحضور الله. لم يسمح الله لداود ببناء بيتٍ له، لأنه كان رجل حرب، لكنه وَعَدَ ببقاء نسل داود على العرش في إسرائيل إلى الأبد. وفي حين تُعلِن نصوص كثيرة حقائق تخصُّ العهد الداودي، لكننا نجد جوهره في ٢ صموئيل ٧: ١٢-١٦:

> «مَتَى كَمُلَتْ أَيَّامُكَ وَاضْطَجَعْتَ مَعَ آبَائِكَ، أُقِيمُ بَعْدَكَ نَسْلَكَ الَّذِي يَخْرُجُ مِنْ أَحْشَائِكَ وَأُثَبِّتُ مَمْلَكَتَهُ. هُوَ يَبْنِي بَيْتًا لاِسْمِي، وَأَنَا أُثَبِّتُ كُرْسِيَّ مَمْلَكَتِهِ إِلَى الأَبَدِ. أَنَا أَكُونُ لَهُ أَبًا وَهُوَ يَكُونُ لِيَ ابْنًا. إِنْ تَعَوَّجَ أُؤَدِّبْهُ بِقَضِيبِ النَّاسِ وَبِضَرَبَاتِ بَنِي آدَمَ. وَلكِنَّ رَحْمَتِي لاَ تُنْزَعُ مِنْهُ كَمَا نَزَعْتُهَا مِنْ شَاوُلَ الَّذِي أَزَلْتُهُ مِنْ أَمَامِكَ. وَيَأْمَنُ بَيْتُكَ وَمَمْلَكَتُكَ إِلَى الأَبَدِ أَمَامَكَ. كُرْسِيُّكَ يَكُونُ ثَابِتًا إِلَى الأَبَدِ»

يلخِّص هذا النص العديد من بنود العهد الداودي: سيُجعَل اسمُ داود عظيمًا (٧: ٩). وسيعيَّن مكانٌ لشعب إسرائيل (٧: ١٠). وسيتمتع شعب إسرائيل بالراحة دون اضطراب من جميع أعدائهم (٧: ١٠-١١). وسيأتي من نسل داود بيتٌ أو سلالة حاكمة دائمة (٧: ١١). وسيثبِّت ابنٌ له هذه المملكة (٧: ١٢). وسيبني سليمان الهيكل (٧: ١٣). وسيَثبُت كرسي مملكة سليمان إلى الأبد (٧: ١٣). وسيكون الله أبًا لسليمان، وإن تعوَّج أو عصى، لن ينتزع الله المملكة منه كما فعل مع شاول (٧: ١٤-١٥)، بل ستبقى مملكة داود وسلالته الحاكمة إلى الأبد، وسيتثبَّت كرسي داود إلى الأبد (٧: ١٦).

في ٢ صموئيل ٧: ١٨-٢٩، صلَّى داود صلاة امتنانٍ وشكرٍ للرب. فقد كان العهد الذي قطعه الله معه بمثابة «تعليم للجنس البشري» [instruction for mankind] (٧: ١٩).[٣٠] فإن الكلمة العبرية التي تُرجِمت «عادة» أو «تعليم» هي كلمة *torah* (التي تعني «شريعة» أو «توراة»)؛ ومن ثَمَّ، يمكن ترجمة هذه العبارة كالتالي: «شريعة للجنس البشري». يعني ذلك أن العهد الداودي سيؤثِّر تأثيرًا إيجابيًّا على الأمم؛ وهذا يؤكِّد مجدَّدًا وعد العهد الإبراهيمي بأن تشمل بركات الله الأمم أيضًا (انظر تكوين ١٢: ٣؛ ٢٢: ١٨). كذلك، يدفع هذا العهد خطط عهود الله إلى الأمام من خلال تركيزه على النسل المَلَكي الذي سيأتي من الفئة الأوسع، أي النسل القومي لإبراهيم، من خلال إسحاق ويعقوب. وفي حين لم يَذكُر الأصحاح السابع من سفر صموئيل الثاني كلمة «**عهد**»، لكننا نجد الكلمة في مزمور ٨٩: ٣-٤، «قَطَعْتُ عَهْدًا مَعَ مُخْتَارِي، حَلَفْتُ لِدَاوُدَ عَبْدِي: إِلَى الدَّهْرِ أُثَبِّتُ نَسْلَكَ، وَأَبْنِي إِلَى دَوْرٍ فَدَوْرٍ كُرْسِيَّكَ».

مع حلول حقبة العهد الجديد، ظهر يسوع بصفته الابن الأسمى والأكمل لداود. تبدأ الأناجيل على النحو التالي: «كِتَابُ مِيلاَدِ يَسُوعَ الْمَسِيحِ ابْنِ دَاوُدَ ابْنِ إِبْراهِيمَ» (متى ١: ١). عُرِف يسوع بأنه ابن داود طوال خدمته على الأرض (انظر متى ٩: ٢٧؛ ١٥: ٢٢؛ ٢١: ١٥). كما آمنت الكنيسة الأولى بأنَّ يسوع المصلوب والقائم من بين الأموات هو التتميم للوعد بنسل داود، وأنه لأجل ذلك، كان ينبغي أن يقوم من بين الأموات (انظر أعمال الرسل ٢: ٣٠-٣٦؛ ١٣: ٣٤-٣٧). وفي سفر الرؤيا، وصف يوحنا يسوع بأنه

٣٠ [المترجم]: هذه ترجمة أخرى مقترحة لعبارة «وَهٰذِهِ عَادَةُ ٱلإِنْسَانِ» التي جاءت في الترجمة العربية البستاني-فانديك.

«الَّذِي لَهُ مِفْتَاحُ دَاوُدَ» (رؤيا ٣ : ٧)، كما أشار يسوعُ إلى نفسِه بأنه «أَصْلُ وَذُرِّيَّةُ دَاوُدَ» في الآن ذاته (رؤيا ٢٢ : ١٦).

يحتوي العهد الداودي على وعود تحقَّقت في المجيء الأول ليسوع، وعلى أخرى سوف تتحقق في مجيئه الثاني. فإن مجيء يسوع مَلكًا من نسل داود هو تتميم ينتمي إلى المجيء الأول. وإن الذين يؤمنون به ينتقلون مَقامِيًّا إلى ملكوته (كولوسي ١ : ١٣). كذلك، يمثل امتداد الخلاص المسيَّاني إلى الأمم تتميمًا للعهد الداودي (أعمال الرسل ١٥ : ١٤-١٨). إلا أن حصول يسوع بشكل نهائي على كرسي داود، وتوليه حُكم المملكة، لن يتحقق إلا عند مجيئه ثانية في مجدٍ (متى ٢٥ : ٣١)، حين تتجدَّد الأرض، ويملك هو والرسل على أمة إسرائيل الموحَّدة والمستردَّة (متى ١٩ : ٢٨).

## • العهد الجديد

وَعَد العهد الإبراهيمي إبراهيم بنسلٍ كثيرٍ، وبأن تأتي منه أمة عظيمة، وبأن يكون، وهذه الأمة أيضًا، وسيلة منح بركات للعالم (تكوين ١٢ : ٢-٣). ثم وَعَد العهد الداودي بسلالة حاكمة ستأتي من نسل داود، وستَحكُم إسرائيل (٢ صموئيل ٧ : ١٢-١٦)، وفي النهاية ستحكُم الأرض كلَّها (زكريا ١٤ : ٩؛ متى ٢٥ : ٣١-٣٤). لكن، كانت قلوب الشعب لا تزال بحاجة إلى تغيير. فما الجدوى من نسلٍ، وأرضٍ، وملكٍ دون شعب يحبُّ الله، ويرغب في طاعته؟ هنا تَكمُن أهمية العهد الجديد. فهو عهد غير مشروط وأبدي، بموجبه يمكِّن الله شعبَه، من أن يعبُدوه طوعيًّا، ويَثبُتوا في نطاق بركاته. النص الأساسي الذي يصف هذا العهد هو إرميا ٣١ : ٣١-٣٤:

> «هَا أَيَّامٌ تَأْتِي، يَقُولُ الرَّبُّ، وَأَقْطَعُ مَعَ بَيْتِ إِسْرَائِيلَ وَمَعَ بَيْتِ يَهُوذَا عَهْدًا جَدِيدًا. لَيْسَ كَالْعَهْدِ الَّذِي قَطَعْتُهُ مَعَ آبَائِهِمْ يَوْمَ أَمْسَكْتُهُمْ بِيَدِهِمْ لأُخْرِجَهُمْ مِنْ أَرْضِ مِصْرَ، حِينَ نَقَضُوا عَهْدِي فَرَفَضْتُهُمْ، يَقُولُ الرَّبُّ. بَلْ هذَا هُوَ الْعَهْدُ الَّذِي أَقْطَعُهُ مَعَ بَيْتِ إِسْرَائِيلَ بَعْدَ تِلْكَ الأَيَّامِ، يَقُولُ الرَّبُّ: أَجْعَلُ شَرِيعَتِي فِي دَاخِلِهِمْ وَأَكْتُبُهَا عَلَى قُلُوبِهِمْ، وَأَكُونُ لَهُمْ إِلهًا وَهُمْ يَكُونُونَ لِي شَعْبًا. وَلاَ يُعَلِّمُونَ بَعْدُ كُلُّ وَاحِدٍ صَاحِبَهُ، وَكُلُّ وَاحِدٍ أَخَاهُ، قَائِلِينَ: اعْرِفُوا الرَّبَّ، لأَنَّهُمْ كُلَّهُمْ سَيَعْرِفُونَنِي مِنْ صَغِيرِهِمْ إِلَى كَبِيرِهِمْ، يَقُولُ الرَّبُّ، لأَنِّي أَصْفَحُ عَنْ إِثْمِهِمْ، وَلاَ أَذْكُرُ خَطِيَّتَهُمْ بَعْدُ».

قُطِع هذا الوعد في فترة من الارتداد في مملكة يهوذا، فيها حذَّر إرميا النبي مملكة يهوذا بأن دينونة الله آتية على الشعب، لأنهم لم يحفظوا العهد الموسوي. كانت أمة إسرائيل هي المستفيدة من هذا العهد الجديد، مع أن جميع العهود غير المشروطة الأخرى (الإبراهيمي، والداودي، والجديد) كان يراد بها أن تمتد في النهاية إلى الأمم أيضًا (تكوين ١٢ : ٣؛ ٢ صموئيل ٧ : ١٩؛ إشعياء ٥٢ : ١٥). أراد الله أن تكون إسرائيل هي أداة تحقيق خطط عهوده، وحين تتبارك، ستتبارك الأمم أيضًا. قارن الله هنا بين العهد الجديد والعهد الموسوي، إذ أن العهد الجديد «لَيْسَ كَالْعَهْدِ» الذي قطعه الله عند الخروج من أرض مصر (إرميا ٣١ : ٣٢). كان العهد الموسوي عهدًا مشروطًا وقابلًا للإلغاء، خرقه شعب إسرائيل طوال الوقت. أجل، كان الله أمينًا تجاه العهد، لكن، لم يكن شعب إسرائيل كذلك. ولهذا، كان جوهر العهد الجديد يكمُن في أن يجعل الله شريعته في داخل شعبه، «وَأَكْتُبُهَا عَلَى قُلُوبِهِمْ» (إرميا ٣١ : ٣٣).

وبهذا، سيكونون شعب الله، وسيطيعون شريعته من كلِّ قلوبهم، ولن يعودوا في حاجة إلى دافع من تهديد خارجي. ستكون الطاعة داخلية، وسيعرف جميع الذين يشتركون في هذا العهد الله، ويطيعونه.

يمثِّل القلب الجديد محور العهد الجديد. ففي حين كان ناموس موسى «مقدَّسًا»، و«عادلًا»، و«صالحًا» (رومية ٧: ١٢)، لكنه لم يمكِّن الشعب من الطاعة. أما العهد الجديد فيُمَكِّنُ شعبَ الله من عبادته بدافع المحبة. وقد تضمَّنَ حزقيال ٣٦: ٢٦-٢٧ جزءًا آخر من هذا العهد، وهو سكنى الروح القدس، الذي صارت ملامحه الخَلاصِيَّة نافذة المفعول في عام ٣٠ م.

> «وَأُعْطِيكُمْ قَلْبًا جَدِيدًا، وَأَجْعَلُ رُوحًا جَدِيدَةً فِي دَاخِلِكُمْ، وَأَنْزِعُ قَلْبَ الْحَجَرِ مِنْ لَحْمِكُمْ وَأُعْطِيكُمْ قَلْبَ لَحْمٍ. وَأَجْعَلُ رُوحِي فِي دَاخِلِكُمْ، وَأَجْعَلُكُمْ تَسْلُكُونَ فِي فَرَائِضِي، وَتَحْفَظُونَ أَحْكَامِي وَتَعْمَلُونَ بِهَا.»

فحين يجعل الله الروح القدس في داخل شعبه، سيجعلهم «يسلكون في فرائضه»، و«يحفظون أحكامه».

تقدِّم نصوص أخرى أيضًا تعليمًا عن العهد الجديد. تنبَّأ تثنية ٣٠: ١-٦ عن إعادة جمع لإسرائيل وردِّهم، بالإضافة إلى منحهم قلبًا جديدًا حتى يتمكَّنوا من طاعة الله التي تشكِّل أساس البركات المادية، وبركات الأرض. وقد رَبَطَ حزقيال ١٦: ٥٣-٦٣ العهد الجديد بالغفران القومي لإسرائيل. وأعلن حزقيال ٣٧: ٢١-٢٨ أن الله سيجمع أمة إسرائيل، ويوحِّدها، ويردها تحت حُكم داود الأسمى والكامل، الذي سيكون ملكًا على إسرائيل، التي ستعيش وقتذاك في سلام، وتتمتع بالرخاء. ووفقًا لنص إشعياء ٣٢: ١٥-٢٠، سينسكب الروح القدس على إسرائيل، وسيتحقَّق العدل، والرخاء، والسلام تحت حُكم الملك الداودي (إشعياء ٣٢: ١). تكشف هذه النصوص عن الصلة الوثيقة بين العهد الداودي والعهد الجديد. فسوف تُمنَح بركات العهد الجديد بالارتباط بالملك الداودي الأسمى، أي المسيَّا. وكما يبيِّن إشعياء ٥٩: ٢٠-٢١، حين يأتي الفادي إلى صهيون، سيجعل الله روحه القدوس على إسرائيل. وقد اقتبس بولس هذا النص في حديثه عن خلاص إسرائيل في المستقبل، في رومية ١١: ٢٦-٢٧.

تكشف النصوص الكثيرة والمختلفة عن العهد الجديد عن كلٍّ من بركات روحية ومادية. فالقلب الجديد، وسكنى الروح القدس، وغفران الخطايا هي البركات الروحية التي تقع في لبِّ هذا العهد. لكن، كانت هناك أيضًا بركات قومية ومادية، مثل سكنى أمة إسرائيل الموحَّدة والمستَرَدة في أرض الموعد، وإعادة بناء أورشليم، والرخاء المادي الذي ستتمتع به إسرائيل (إشعياء ٦١: ٨؛ إرميا ٣٢: ٤١؛ حزقيال ٣٤: ٢٥-٢٧). الوعود الروحية، والمادية، والقومية جميعها مهمة، ويلزم أن تتحقَّق جميعها.

هذا العهد الجديد مؤسَّس على نحو غير مشروط على ما تعهَّد الله بأن يفعله في النصوص الكتابية (إرميا ٣١: ٣١-٣٤؛ حزقيال ١٦: ٦٠-٦٢). وفي عدة نصوص، وُصِفَ هذا العهد أيضًا بأنه «أبديٌّ» (إشعياء ٢٤: ٥؛ ٦١: ٨؛ إرميا ٣١: ٣٦، ٤٠؛ ٣٢: ٤٠؛ ٥٠: ٥؛ حزقيال ٣٧: ٢٦). إذن، هذا العهد يقينيٌّ بقدر كونه أبديًّا.

تقدِّم أسفار العهد الجديد يسوع بصفته ابن داود، وسيط العهد الجديد، والجالب لبركاته. فقد أعلن يوحنا المعمدان أن المسيَّا «سَيُعَمِّدُكُمْ بِالرُّوحِ الْقُدُسِ وَنَارٍ» (متى ٣: ١١). وبما أن خدمة الروح القدس كانت وثيقة الصلة بالعهد الجديد، فقد كان يوحنا يعلن بهذا أن يسوع هو مَن سيأتي بالعهد الجديد إلى المؤمنين. وفي العشاء الأخير، ربط يسوع بوضوح بين موته والعهد الجديد: «هَذِهِ الْكَأْسُ هِيَ الْعَهْدُ الْجَدِيدُ بِدَمِي الَّذِي يُسْفَكُ عَنْكُمْ» (لوقا ٢٢: ٢٠). وذكر بولس هذا الحدث في ١ كورنثوس ١١: ٢٥ قائلًا: «كَذَلِكَ الْكَأْسَ أَيْضًا بَعْدَمَا تَعَشَّوْا، قَائِلًا: هَذِهِ الْكَأْسُ هِيَ الْعَهْدُ الْجَدِيدُ بِدَمِي. اصْنَعُوا هَذَا كُلَّمَا شَرِبْتُمْ لِذِكْرِي». هكذا إذن، أبرم يسوع العهد الجديد من خلال موته كذبيحة كفارية، ومن خلال هويته باعتباره عبدَ الربِّ المتألم (إشعياء ٥٣: ٣-٦).

يُعَد العهد الجديد ساريًا في عصر الكنيسة الحالي. فإن الذين يؤمنون بيسوع المسيَّا يسكن فيهم الروح القدس، ويشتركون في مواعيد العهد الجديد كاملةً. أيضًا، الذين يكرزون بالإنجيل في العصر الحالي يقدِّمون العهد الجديد. قال بولس إن الله «جَعَلَنَا كُفَاةً لِأَنْ نَكُونَ خُدَّامَ عَهْدٍ جَدِيدٍ. لَا الْحَرْفِ بَلِ الرُّوحِ» (٢ كورنثوس ٣: ٦). واقتبس كاتب الرسالة إلى العبرانيين نص العهد الجديد الذي ورد في إرميا ٣١: ٣١-٣٤ في عبرانيين ٨: ٨-١٢، موضحًا تفوُّق العهد الجديد على العهد العتيق، الذي صار «مُنْتَقِضًا» (عبرانيين ٨: ١٣). ويؤكد كلٌّ من عبرانيين ٩: ١٥، وعبرانيين ١٢: ٢٤ أن يسوع «وَسِيطُ عَهْدٍ جَدِيدٍ». لكن، في حين تُعَد البركات الروحية للعهد الجديد نافذة المفعول للكنيسة، لم تتحقق وعود العهد الجديد القومية والمادية المختصة بإسرائيل بعد. لذلك قال الرب: «هَا أَيَّامٌ تَأْتِي» (إرميا ٣١: ٢٧، ٣١، ٣٨)، فيها تنال إسرائيل الخلاص الموعود لها في العهد الجديد. وسيحدث ذلك حين يأتي يسوع ثانية.

## ⬅ توقيتات تتميم نبوات الكتاب المقدس

تتضمَّن دراستنا لعلم الأخرويات فهمًا لتوقيتات تتميم النبوات المختلفة. تمَّت بعض النبوات الكتابية بالفعل في أزمنة العهد القديم، وتمَّت نبوات أخرى في المجيء الأول ليسوع، وسوف تتم أخرى في مجيئه الثاني. لكن اللاهوتيين المسيحيين اختلفوا معًا حول المقاطع النبوية الرئيسية مثل دانيال ٩: ٢٤-٢٧؛ متى ٢٤-٢٥؛ لوقا ٢١؛ ٢ تسالونيكي ٢؛ رؤيا ٦-٢٠. البعض يؤيِّد تتميمًا ماضيًا لهذه النصوص، بينما يؤيِّد البعض الآخر تتميمًا حاضرًا لها، ويؤيِّد آخرون تتميمًا مستقبليًّا لها، في حين يؤكِّد آخرون أن التوقيت لا يمثِّل مشكلة من الأساس. وفيما يلي وجهات النظر الأربعة المختصة بتوقيتات تتميم المقاطع النبوية الرئيسية: الرأي السابقي [preterism]، والرأي التاريخيّ [historicism]، والرأي المثاليّ [idealism]، والرأي المستقبليّ [futurism]. في هذا الكتاب، نتبنَّى الرأي المستقبلي؛ لكن، سيكون من الجيد أن نقدِّم ملخَّصًا لوجهات النظر الأربعة.

## • الرأي السابقي

كلمة «سابِقِي» [preterism] مستمَدة من اللفظ اللاتيني «*preter*»، الذي معناه «الماضي». يؤكِّد الرأي السابِقِي أن غالبية، أو جميع، النصوص الأخروية التي تصف فترة الضيقة، والمجيء الثاني ليسوع قد تمَّت بالفعل في أحداث القرن الأول المحيطة بخراب أورشليم في عام ٧٠ م.[٣١]

يستند الفكر السابِقِي بقوة على بعض المؤشِّرات الزمنية التي جاءت في العهد الجديد، مثل: «اقترب»، «قريبًا»، «سريعًا»، و«هذا الجيل». وهو يركِّز بشكلٍ كبير على كلمات يسوع في متى ٢٤: ٣٤، «لَا يَمْضِي هَذَا الْجِيلُ حَتَّى يَكُونَ هَذَا كُلُّهُ». ويفسِّر أتباع الرأي السابقي عبارة «هَذَا الْجِيلُ» بأنها إشارة إلى الذين كانوا على قيد الحياة في وقت نُطق يسوع بهذه الكلمات. ومن ثَمَّ، كان يلزم أن تقع غالبية أحداث الأصحاح الرابع والعشرين من إنجيل متى، أو جميعها، في القرن الأول. وينطبق ذلك أيضًا على تصريحات أخرى تصف مجيء يسوع بأنه «قريب» أو بأنه يظهر «سريعًا» (يعقوب ٥: ٨؛ رؤيا ١: ١، ٣؛ ٢: ١٦؛ ٢٢: ١٠، ٢٠). يقول الرأي السابقي إن فترة الضيقة حدثت بالفعل في حصار أورشليم، الذي وقع في أواخر الستينيات من القرن الأول؛ وإن يسوع قد جاء في هيئة الجيوش الرومانية في عام ٧٠ م حتى يخرب أورشليم والهيكل، وينهي الحقبة اليهودية.

يوجد شكلان رئيسيان من الرأي السابقي. أولًا، **الرأي السابقي التام أو المتشدِّد**، الذي يؤكِّد أن جميع نبوات الكتاب المقدس المختصة بالمجيء الثاني ليسوع قد تمَّت بالفعل في الأحداث التي أحاطت بعام ٧٠ م. يشمل ذلك مجيء يسوع ثانية، والقيامة، والحالة الأبدية. ومن ثَمَّ، ينبغي ألا نتوقع أيَّ مجيء ليسوع في المستقبل، لأنه جاء بالفعل في عام ٧٠ م. وبهذا، نكون في الوقت الحالي في السماء الجديدة والأرض الجديدة، اللتين تحدَّث عنهما رؤيا ٢١-٢٢. ثانيًا، **الرأي السابقي الجزئي أو المعتدل**، الذي يؤكِّد أن الكثير من محتويات حديث جبل الزيتون وسفر الرؤيا قد تحقَّق بالفعل في الأحداث التي أحاطت بخراب أورشليم في عام ٧٠ م؛ بينما تتحدث بضعة نصوص، مثل أعمال الرسل ١: ٩-١١؛ ١كورنثوس ١٥: ٥١-٥٣؛ ١تسالونيكي ٤: ١٦-١٧ عن عودة مستقبلية ليسوع المسيح بالجسد. يؤكد بعض أتباع الرأي السابِقِي الجزئي أن جزءًا كبيرًا من حديث جبل الزيتون، الذي ورد في متى ٢٥: ٣٢-٤٦، والذي يصف دينونة الأمم، سيتم في المستقبل.

للرأي السابِقِي بعض السمات التي تدحضه. **أولاً**، يرتبط هذا الرأي بتاريخ بعيد الاحتمال لكتابة سفر الرؤيا. فبما أن أتباع الرأي السابِقِي يؤمنون بأن سفر الرؤيا هو نبوة عن الأحداث التي أفضت إلى خراب أورشليم في عام ٧٠ م، فلا بد بالتأكيد، أن يكون سفر الرؤيا قد كُتب قبل عام ٦٧ م. لكن، أجمعت الآراء عبر تاريخ الكنيسة على أن سفر الرؤيا كُتِب في عهد الإمبراطور دوميتيان، نحو عام ٩٥ م. على سبيل المثال، كتب إيريناوس (عام ١٨٠ م تقريبًا) أن سفر الرؤيا كُتِبَ قرب نهاية عهد الإمبراطور دوميتيان. وإذا كان السفر قد كُتب بعد عام ٦٧ م، وهذا رأي مرجَّح بشدة، فإن جميع أشكال الرأي السابِقِي تنهار.

---

٣١ للاطلاع على المزيد بشأن «الرأي السابِقِي»، يمكن الاستعانة بالمصدر التالي:
Richard L. Mayhue, "Jesus: A Preterist or Futurist?" *MSJ* 14, no. 1 (2003): 9–22.

**ثانيًا**، يُعَد التفسير السابقي للمؤشرات الزمنية، مثل: «هذا الجيل»، و«قريب»، و«سريعًا» محلَّ شك. فهي لا تستلزم مجيء يسوع ثانية خلال سنوات أو عقود قليلة. ففي مناسبتين أخريين، صرَّح يسوع بأن الآب وحده يعرف زمان تحقُّق الأحداث النبوية: «وَأَمَّا ذَلِكَ الْيَوْمُ وَتِلْكَ السَّاعَةُ فَلَا يَعْلَمُ بِهِمَا أَحَدٌ، وَلَا مَلَائِكَةُ السَّمَاوَاتِ، إِلَّا أَبِي وَحْدَهُ» (متى ٢٤ : ٣٦). وحين سُئل عن توقيت ردِّ أمة إسرائيل القومية، قال: «لَيْسَ لَكُمْ أَنْ تَعْرِفُوا الْأَزْمِنَةَ وَالْأَوْقَاتَ الَّتِي جَعَلَهَا الْآبُ فِي سُلْطَانِهِ» (أعمال الرسل ١ : ٧).

وحين قال يسوع إنه «لَا يَمْضِي هَذَا الْجِيلُ حَتَّى يَكُونَ هَذَا كُلُّهُ»، لم يكن يقصد بذلك وجوب تحقُّق الأحداث النبوية الواردة في متى ٢٤-٢٥ خلال بضع سنوات أو بضعة عقود؛ لكنه كان إسقاطًا على المستقبل داخل الإطار النبوي، المقصود به أن ذلك الجيل الذي سيكون على قيد الحياة حين تبتدئ الأحداث الأخروية المستقبلية للأصحاح الرابع والعشرين من إنجيل متى في التحقُّق - بصرف النظر عن زمان تحقُّقها هذا - هو مَن سيشهد مجيء يسوع ثانية إلى الأرض. فمع أن توقيت حدوث ذلك مجهول، لكن، حين تبتدئ هذه الأحداث في التكشُّف، سيكون مجيء يسوع ثانية بعدها بفترة وجيزة.

أيضًا، لا تعني الكلمات «قريب»، و«سريعًا» وقوع الأحداث «في غضون بضع سنوات»، لكنها بالأحرى تعبِّر عن فكرة التوقُّع. فبما أن الله وحده هو مَن يعرف وقت حدوث الضيقة، فعلى كلِّ جيل، إذن، أن يعيش في حالة من التوقُّع بأن تقع هذه الأحداث في أية لحظة. إذن، لا تعني فكرة التوقُّع أن الأحداث لا بد أن تقع بالضرورة خلال فترة زمنية وجيزة، لكنه إنذار بإمكانية وقوعها في أية لحظة. ومن ثَمَّ، يمكن لهذه التحذيرات بشأن اقتراب مجيء يسوع أن تنطبق على أية جماعة من المؤمنين في التاريخ - سواء في القرن الأول، أو في القرن الحادي والعشرين، أو في أي قرن آخر.

**ثالثًا**، وبكل بساطة، لم تتحقَّق الأحداث التي تنبَّأ عنها يسوع في حديث جبل الزيتون وفي سفر الرؤيا في القرن الأول. تنبأ يسوع بأن «كثيرين» سيأتون ويقولون: «أَنَا هُوَ الْمَسِيحُ! (متى ٢٤ : ٥)؛ لكن، لم يشهد القرن الأول مجيء كثيرين مدَّعين أنهم المسيا. كذلك، لم يُكرَز بالإنجيل في كلِّ المسكونة قبل عام ٧٠ م (متى ٢٤ : ١٤). كما أنه لم تظهر علامات كونية، مثل إظلام الشمس، وعدم إرسال القمر ضوءه، وسقوط النُّجُومُ مِنَ السَّمَاءِ (متى ٢٤ : ٢٩). أيضًا، لم يأتِ يسوع ثانية عَلَى سَحَابِ السَّمَاءِ بِقُوَّةٍ وَمَجْدٍ كَثِيرٍ (متى ٢٤ : ٣٠)، ولم يأتِ فِي مَجْدِهِ وَجَمِيعُ الْمَلَائِكَةِ الْقِدِّيسِينَ مَعَهُ، كي يَجْلِسُ عَلَى كرسي داود (متى ٢٥ : ٣١). علاوة على ذلك، لم تجتمع الأمم وتقف أمام يسوع للمحاكمة، ولم يدخل الأبرار إلى ملكوت يسوع، أو يُطرح الأشرار في النار الأبدية (متى ٢٥ : ٣٢-٤٦). كما أننا لم نشهد بعد الدينونات العالمية: الأختام، والأبواق، والجامات التي يصفها رؤيا ٦-١٨. ومن ثَمَّ، لا يمكن أن يكون الرأي السابِقِي صائبًا.

- الرأي التاريخي

يؤكِّد الرأي التاريخي أن الأحداث التي تنبَّأ عنها يسوع في حديث جبل الزيتون، وسفر الرؤيا، هي وصفٌ للتكشُّف التدريجي للتاريخ عبر القرون منذ المجيء الأول للمسيح. فأحداثٌ مثل الزلازل، والاضطهادات، والحروب، والأنبياء الكذبة التي تقع في العصر الحالي عادة ما تُعتَبَر تتميمًا لنبوات الكتاب المقدس. وتشير نبوات سفر الرؤيا عن التنين، والوحش، والنبي الكذاب، وزانية بابل إلى عمل

الشيطان من خلال الإمبراطورية الرومانية، والكنيسة الكاثوليكية الرومانية، بما في ذلك النظام البابوي أيضًا. وفي أثناء فترة الإصلاح، آمن البعض من قبيل مارتن لوثر بأن البابا والنظام البابوي هما ضد المسيح الذي تنبأت عنه النبوات. وفي حين يمكن رصد هذا الرأي التاريخي في جزء كبير من تاريخ الكنيسة، لكنه كان أكثر شيوعًا منذ القرن السادس عشر وحتى القرن التاسع عشر، ثم تلاشى بشكل ملحوظ في القرن الماضي، على الرغم من بقاء بعض مؤيِّديه.

- **الرأي المثالي**

على خلاف الرأي السابِقِي، والتاريخي، والمستقبلي، لا يؤكِّد الرأي المثالي على تتميم ماضٍ، أو حاضر، أو مستقبلي لنبوات الكتاب المقدس؛ لكنه، في المقابل، يتجاهل الحقائق التاريخية، ويعتبر أن هذه النصوص النبوية تعلِّم حقائق ومبادئ خالدة، غير مقيَّدة بزمنٍ، صالحة للمؤمنين في جميع الأجيال. فإنه على جميع المؤمنين أن يحتملوا الضيقات والمشقات، عالمين أنهم سينالون مكافأة من الله المتحكِّم في كل شيء. كما أن هناك معركة حقيقية دائرة بين الخير والشر، لكن الخير سينتصر في النهاية. يقول أنصار هذا الرأي المثالي إن الحقائق النبوية ليست فقط لمؤمني القرن الأول (الرأي السابِقِي)، أو للجيل الأخير من المؤمنين (الرأي المستقبلي)، بل هي لجميع المؤمنين في كلِّ العصور.

تكمُن جاذبية الرأي المثالي في أنه يجعل سفر الرؤيا ذا صلة بكلِّ أجيال المؤمنين. لكن، يستطيع الرأي المستقبلي أن يدلي بهذا التصريح ذاته، مع اختلاف بؤرة التركيز. فضلًا عن ذلك، لا يوفي الرأي المثالي قول يسوع بأن سفر الرؤيا يتعلق بالماضي، والحاضر، والمستقبل، حقَّه: «فَاكْتُبْ مَا رَأَيْتَ، وَمَا هُوَ كَائِنٌ، وَمَا هُوَ عَتِيدٌ أَنْ يَكُونَ بَعْدَ هَذَا» (رؤيا ١: ١٩). كما يغيب عنه أن سفر الرؤيا يتحدث عن أحداث تاريخية حقيقية، تقع في أُطُر زمنية من قبيل اثنين وأربعين شهرًا، وأَلْفٍ وَمِئَتَيْنِ وَسِتِّينَ يَوْمًا، لا يمكن تفسيرها بأنها إشارة إلى حقائق عامة للمؤمنين في كلِّ العصور. بل هي أحداث حقيقية لا بد أن تقع في التاريخ.

- **الرأي المستقبلي**

يؤكِّد الرأي المستقبلي أن النبوات المختصَّة بالضيقة، وظهور ضد المسيح، وخلاص إسرائيل، ومجيء يسوع ثانية، والملك الألفي، والحالة الأبدية سوف تتحقَّق في المستقبل؛ وأن أحداث دانيال ٩: ٢٤-٢٧؛ ومتى ٢٤-٢٥؛ ورؤيا ٦-٢٠ ستقع في حقبة مستقبلية. لا يقول الرأي المستقبلي إن جميع نبوات الكتاب المقدس مستقبلية، لأن كثيرًا منها قد تم بالفعل، لكنه يؤكد أن كثيرًا من النبوات الكبرى والرئيسية لم تتحقق بعد، وستتحقَّق كما تحققت نبوات أخرى في الماضي.

يُعَد موقف الرأي المستقبلي قويًّا. أولًا، وبكل بساطة، كثيرٌ من الأحداث النبوية لم يتحقق بعد. ففي الأصحاح الثاني من رسالة تسالونيكي الثانية، تنبأ بولس عن مجيء إِنْسَانُ الْخَطِيَّةِ، الذي سيدخل هيكل الله، مُظْهِرًا نَفْسَهُ أَنَّهُ إِلَهٌ، مما سيجتذب غضب ابن الله، الذي سيأتي ثانية، ويبيد هذا الشخص الشرير (٢ تسالونيكي ٢: ٣-٤، ٨). لم يقع هذا الحدث بعد في التاريخ. وفي الأصحاح الثالث من رسالة بطرس الثانية، تحدث بطرس عن يوم للرب عتيدٍ أن يأتي، فيه ستتطهَّر الأرض

بالنار. كما تحدَّثت الأصحاحات رؤيا ٦-١٩ بالتفصيل عن دينونات عالمية ستحل على الأرض، لم تحدث بعد. كذلك، لا يزال مجيء يسوع ثانية حدثًا مستقبليًّا.

يقول الرأي المستقبلي إن الأسبوع السبعين لنبوة دانيال (دانيال ٩: ٢٧) والأحداث التي يصفها هي أمور مستقبلية. كذلك، يدرك أنصار الرأي المستقبلي أن جوانب رئيسية من تتميم النبوات تنطبق على مجيئي يسوع. فكما تسبَّب المجيء الأول ليسوع في تتميم كثير من نبوات العهد القديم، كذلك أيضًا مجيئه الثاني (أعمال الرسل ٣: ١٨-٢١). يقول النقاد في بعض الأحيان إنه إن كان سفر الرؤيا يشير إلى أحداث لن تتحقق قبل آلاف السنين، فالسفر إذن كان غير ذي صلة بقُرَّاء يوحنا الأصليين. هذا رأي غير دقيق. فإن الأحداث المقدَّمة في سفر الرؤيا مرتبطة بفكرة التحقُّق الوشيك [imminence]، مما يعني أنها كان يمكن أن تقتحم المشهد في أية لحظة، وعلى المؤمنين أن يكونوا مستعدين روحيًّا. ومن موقعنا في العصر الحالي، نعلَم أن هذه الأحداث لم تتحقق في عهد القراء الأصليين لسفر الرؤيا، لكن هذا لا يعني أن تحذيرات السفر لم تكن لها صلة بهم. فإن تلك التحذيرات والأوصاف وثيقة الصلة بجميع الأجيال، بمن في ذلك جيلنا الحالي، حتى إن تأخر مجيء الرب أيضًا.

يتفق الرأي المستقبلي مع الرأي الشائع والمرجَّح الذي مفاده أنَّ الرسول يوحنا كتب سفر الرؤيا في تسعينيات القرن الأول، بعد خراب أورشليم في عام ٧٠ م. يعني ذلك أنه من موقع يوحنا في الزمن، كان من المستحيل أن تكون الضيقة التي كتب عنها قد تمَّت في عام ٧٠ م، بل كان لا بد أن تتحقَّق في المستقبل.

## ⬅ الآراء الألفية

الملك الألفي هو من أكثر الموضوعات إثارة للجدل في علم الأخرويات. يتمحور الجدل حول معنى عبارة «ألف سنة» التي وردت ست مرات في رؤيا ٢٠: ١-٧. تشير هذه «الألف سنة» إلى مُلك يسوع مع قدِّيسيه. في أثناء هذا الوقت، سيكون الشيطان مقيَّدًا (رؤيا ٢٠: ١-٣)، وسيملك القديسون المقامون من بين الأموات مع يسوع لمدة ألف سنة (رؤيا ٢٠: ٤). وبعد هذه الألف سنة، سيُحَلُّ الشيطان، ويقود تمردًا على أورشليم، لكنه سيُباد على الفور (رؤيا ٢٠: ٧-١٠). تسمَّى هذه الفترة «المُلك الألفي» [millennium]؛ وتأتي الكلمة من الكلمة اللاتينية «*mille*»، التي تعني «ألف»، ومن الكلمة «*annum*»، التي تعني «سنة». فإن المُلك الألفي هو فترة مُدَّتها ألف سنة. وعلى الرغم من وضوح نص رؤيا ٢٠: ١-٧، أثير جدلٌ طويل الأمد حول كيفية تفسير عبارة الألف سنة التي جاءت فيه. وقد برزت ثلاثة آراء رئيسية: الرأي اللا ألفي [amillennialism]، والرأي بعد الألفي [postmillennialism]، والرأي قبل الألفي [premillennialism].

- الرأي اللا ألفي

يؤكد الرأي اللا ألفي أن الألف سنة التي يتحدث عنها الأصحاح العشرون من سفر الرؤيا تتحقق بصورة روحيَّة في العصر الحالي الواقع ما بين مجيئي يسوع، وأنها لا تمت بصلة لألف سنة فعلية. يُعَد المصطلح « لا ألفي» مضلِّلًا إلى حد ما. فإن بادئة الكلمة «*a*» تعني «لا»، في حين أن الذين

يتبنُّون الرأي اللا ألفي لا يقولون إنه لا يوجد مُلك ألفي على الإطلاق، بل يدَّعون أنَّ المُلك الألفي ليسوع والقديسين يتحقق في الوقت الحاضر. يرى بعض أتباع الرأي اللا ألفي أن المُلك الألفي يجري في الوقت الحالي من السماء، إذ يملك يسوع والقديسون المكمَّلون من السماء؛ بينما يعتقد آخرون أن هذا المُلك مرتبطٌ بالكنيسة على الأرض، أو بمُلك الله على حياة المؤمنين؛ ويمزج البعض الآخر هاتين الفكرتين معًا.

وكي يتمكَّن الرأي اللا ألفي من إثبات أن المُلك الألفي هو مُلكٌ حاضر وروحي، سيتوجَّب عليه أن يستند بشدة على نظرية تُدعَى «نظرية التكرار» [recapitulation view] من جهة سفر الرؤيا. تقول هذه النظرية إن سفر الرؤيا لا يعرض أحداثًا متعاقبة، لكنه يلتقط صورًا لأحداث تقع ما بين مجيئي يسوع من عدة زوايا (ربما تصل إلى سبع زوايا)، تصف الفترة الزمنية نفسها. هذا التفسير لسفر الرؤيا يتيح لمؤيِّد الرأي اللا ألفي اعتبار أنَّ حدث المجيء الثاني الموصوف في الأصحاح التاسع عشر من سفر الرؤيا يقع في نهاية الألف سنة المذكورة في الأصحاح العشرين من السفر، وليس قبلها. ومن ثمَّ، فإن الأصحاح العشرين لا يتبع الأصحاح التاسع عشر زمنيًّا، لكنه يعيد القارئ مرة أخرى إلى بداية عصر ما بين مجيئي يسوع، الذي يتضمَّن تقييد الشيطان (رؤيا ٢٠ : ١-٣)، ومُلك القديسين (رؤيا ٢٠ : ٤). ويرى أتباع الرأي اللا ألفي أن الشيطان مقيَّد بالفعل في العصر الحالي، بسبب هزيمته عند صليب المسيح، وعجزه عن وقف انتشار الإنجيل إلى الشعوب. كما أن قديسي الله يملكون في الوقت الحالي مع يسوع. وحين تأخذ حقبة الملك الألفي هذه مجراها وتنتهي، سيعود يسوع من السماء. في ذلك الوقت، ستحدث قيامة عامة واحدة، ودينونة للأبرار والأشرار، ثم تبدأ الحالة الأبدية. ومما يمثِّل أهمية للرأي اللا ألفي أن كلًا من الضيقة والمُلك الألفي للمسيح متزامنان معًا في هذا العصر. فهما حدثان حاضران، لا مستقبليان.

كان الرأي قبل الألفي، وليس الرأي اللا ألفي، هو الرأي السائد في المئتي سنة الأولى من تاريخ الكنيسة. لكن، ظهرت في الكنيسة الأولى أيضًا بعض المؤشرات الأوَّلية التي تبلورت لاحقًا لتأخذ شكل الرأي اللا ألفي. على سبيل المثال، أشاع أوريجانوس (١٨٤ - ٢٥٤ م تقريبًا) الأسلوب المجازي في تفسير الكتاب المقدس، وقد أرسى بهذا الأساس التفسيريّ للرأي القائل إن ملكوت المسيح الموعود به هو ملكوت روحيٌّ، وليس أرضي، في طبيعته. ورأى يوسابيوس (٢٦٠-٣٤٠ م تقريبًا)، الذي كان صديقًا للإمبراطور قسطنطين، أن مُلك قسطنطين هو الوليمة المسيَّانية، متبنيًا آراء مضادة للرأي قبل الألفي. أما تيكونيوس (مات في حوالي عام ٣٩٠ م)، الذي كان رجلًا أفريقيًّا من أتباع الحركة الدوناتية في القرن الرابع، فقد كان من أوائل اللاهوتيين الذين عارضوا الرأي قبل الألفي. فقد رفض التفسير الأخروي والمستقبلي للأصحاح العشرين من سفر الرؤيا، معتبرًا القيامة الأولى المذكورة في رؤيا ٢٠ : ٤ قيامة روحية، مطابقًا إياها بالولادة الجديدة. وقد أشاع أغسطينوس (٣٥٤-٤٣٠ م)، الذي يوصف عادة باسم «أبو الرأي اللا ألفي»، آراء تيكونيوس. فقد تخلَّى عن الرأي قبل الألفي بسبب ما اعتبره تجاوزات وأمورًا جسدية في هذا الرأي. كان أغسطينوس هو أول من عرَّف الكنيسة في صورتها المنظورة بأنها ملكوت الله، ورأى أن الملك الألفي للمسيح يحدث الآن في الكنيسة، ومن خلالها. وقد أسهم كتابه «مدينة الله» بشكل كبير في الترويج للرأي اللا ألفي، الذي سرعان ما صار هو العقيدة السائدة في الكنيسة الكاثوليكية الرومانية، ثم صمد أمام الإصلاح، ولا يزال الكثيرون اليوم يتبنُّونه.

تَكمُن في الرأي اللا ألفي بعض المشكلات التي تجرِّده من أهليته. **أولاً**، هو رأي مفرط في روحانيته، ولا يتقيَّد بالاستخدام المتسق لمبادئ التفسير بحسب قواعد اللغة والخلفية التاريخية. فهو، دون أيِّ مبرِّر تفسيري، يحوِّل الوعود المادية والقومية التي قُطعت لإسرائيل إلى وعود روحية للكنيسة، قائلًا إن الكنيسة قد صارت هي إسرائيل الجديدة أو الحقيقية. كذلك، لا يتفق الرأي اللا ألفي مع مسار رواية الكتاب المقدس، ولا يوفي فكر الكتاب المقدس عن ملكوت يسوع حقَّه. فإن مُلك آدم الأخير – يسوع (١ كورنثوس ١٥: ٤٥) – لا بد أن يُجرَى من العالم نفسه الذي كُلِّف آدم الأول بأن يتسلَّط عليه، لكنه أخفق. تقتضي خطة الله أن ينجح الإنسان في أن يملك على الأرض (تكوين ١: ٢٦-٢٨)، الأمر الذي سيشهد تقدُّمًا وتحقيقًا واضحًا بفضل وجود المسيا (إشعياء ١١). لكن، يصف لنا الرأي اللا ألفي ملكوتًا روحيًا من السماء، تأثيره على الأرض يكاد يكون منعدمًا. فهو يفترض مُلكًا ألفيًا ليسوع لا يغير شيئًا على الأرض، حيث ينتشر تمرُّد أعداء الله دون كابح. يدحض رؤيا ٥: ١٠ هذا الرأي، قائلًا إن مُلك يسوع والقديسين سيكون «عَلَى ٱلْأَرْضِ»، وسيتضمن هزيمة أعداء الله (رؤيا ١٩: ٢٠-٢٠: ٣). لن يكون ملكوت يسوع ملكوتًا خفيًا. فحين يكون مطبَّقًا، سيعرف به الجميع، وسيخضعون له (زكريا ١٤: ٩).

**ثانيًا**، لا يوجد أي مبرِّر لأن يفصل الرأي اللا ألفي أحداث الأصحاح العشرين من سفر الرؤيا عن أحداث المجيء الثاني المذكورة في الأصحاح التاسع عشر من السفر. يصف الأصحاح التاسع عشر مجيء يسوع ثانية، وهزيمته لأعدائه، الذين هم ملوك الأرض، والوحش، والنبي الكذاب. ثم يصف الأصحاح العشرون سجن ألدِّ أعداء الله – الشيطان. فإن الأعداء الثلاثة جميعهم (الوحش، والنبي الكذاب، والشيطان) سيُحارَبون في هذه الفترة. كذلك، من الأفضل أن نعتبر رؤيا ٢٠: ١-٣ إشارة إلى سجن الشيطان عند مجيء يسوع ثانية. فإن لغة التقييد، والختم، والإغلاق في الهاوية تشير إلى سجن شخصي، وإلى توقُّف تام لنشاط إبليس. لكن، من الغريب أن يرى الرأي اللا ألفي أن الأصحاح العشرين من سفر الرؤيا يعيد القارئ إلى المجيء الأول للمسيح، ويتحدث عن نشاط كبير للشيطان، مع توقفه عن نشاط واحد فحسب وهو تضليل الأمم. وحتى في هذه الفكرة أيضًا تكمن مشكلة، لأن الأصحاحين الثاني عشر والثالث عشر من سفر الرؤيا يَذكُران أن الشيطان يُضِلُّ بالفعل أمم الأرض في الفترة ما بين مجيئي يسوع. ومن الغريب أيضًا طرح سيناريو فيه يُحاكَم ملوك الأرض، والوحش، والنبي الكذاب عند مجيء يسوع ثانية، بينما نفصل سجن إبليس عن دينونة هذه المجموعات. سيكون من الأفضل أن نرى أن هذه المجموعات كلَّها، بمن في ذلك الشيطان أيضًا، سوف تُدان معًا عند مجيء يسوع ثانية.

**ثالثًا**، هذا الادِّعاء اللا ألفي، المؤسَّس على رؤيا ٢٠: ٤، بأن القديسين يملكون في العصر الحالي هو أيضًا ادِّعاء غير دقيق. يصف رؤيا ٢٠: ٤ المُلك الانتصاري على الأرض للشهداء (رؤيا ٥: ١٠) الذين قُتِلوا من أجل شهادتهم ليسوع، بحسب ما يقوله رؤيا ٦: ٩-١١. لكن، يصف الكتاب المقدس باستمرار الكنيسة في هذا العصر بأنها تثابر أمام الضيقات والتجارب والاضطهادات التي تتعرَّض لها من البشر الأشرار ومن الشيطان (رؤيا ٢-٣). فالكنيسة لا تملك في الوقت الحالي، بل قد أُعطيت وعودًا بتولي مناصب حُكم في المستقبل إن ظلَّت أمينة في العصر الحالي (رؤيا ٢: ٢٦-٢٧؛ ٣: ٢١).

**رابعًا**، يفرِّق الرأي اللا ألفي بشكل غريب بين القيامة الأولى والقيامة الثانية المذكورتين في رؤيا ٢٠: ٤-٥. يدَّعي أتباع الرأي اللا ألفي أن القيامة الأولى هي القيامة الروحية التي للخلاص، أو الولادة الثانية، في حين أن القيامة الثانية هي القيامة بالجسد. إلا أن اللفظ اليوناني الذي تُرجِم إلى «فَعَاشُوا»، و«فَلَمْ تَعِشْ» (*ezēsan*) واحدٌ في كلتا الحالتين. يصعب أن تكون حُجَّتنا مقنعة إذا قلنا إن هذا اللفظ يشير إلى قيامة روحية في رؤيا ٢٠: ٤، بينما يشير بوضوح إلى قيامة بالجسد في رؤيا ٢٠: ٥. الإجابة الأفضل هي أن كلا الاستخدامين لكلمة *ezēsan* يشيران إلى قيامة بالجسد. وبهذا، لا يمكن أن يكون الرأي اللا ألفي صائبًا لأنه لم تحدث بعد أيَّة قيامة بالجسد (عدا قيامة يسوع)؛ ومن ثَمَّ، يجب أن تكون هاتان القيامتان مستقبليتين من موقعنا الحالي في التاريخ.

- ## الرأي بعد الألفي

يدَّعي الرأي بعد الألفي أيضًا أن الألف سنة في الأصحاح العشرين من سفر الرؤيا (التي لا يعتبرها «ألف سنة» فعلية) تقع ما بين مجيئي يسوع. فبواسطة مُلك يسوع من السماء، والإنجيل المبارَك من الروح القدس، سيبدأ ملكوت الله صغيرًا، لكنه سيزداد نموًّا، وينتشر، ويهيمن تأثيره على العالم. لن يتوقف الأمر عند خلاص غالبية البشر، بل وسيحدث أيضًا تحوُّل في كافة مجالات المجتمع. سيشهد العالم عصرًا ذهبيًّا من السلام، والرخاء، والبركة. وبعد فترة طويلة من مسحنة العالم (جعل العالم مسيحيًّا) بصورة كبيرة، سيقود هذا المُلك الألفي إلى مجيء يسوع ثانية من السماء. وفي ذلك الوقت، سيُقِيم يسوع جميع البشر من بين الأموات، ويدينهم، الأبرار والأشرار على حد سواء.

يفسِّر الرأي بعد الألفي أحداث رؤيا ٢٠: ١-٦، بما فيها تقييد إبليس ومُلك القديسين، بأنها تحدث في هذا العصر الحاضر. لكن على خلاف الرأي اللا ألفي، يتسم الرأي بعد الألفي بالتفاؤل في كونه يرى أن هذا المُلك الألفي سيغيِّر العالم في النهاية كي يصير للمسيح. فإن الملكوت الذي سيبدأ واقعًا روحيًّا خلاصيًّا سيتغلغل في نهاية المطاف داخل الخليقة، لجعلها متسقة مع مقاييس برِّ الله. ولن يأتي يسوع ثانية إلا بعد هذا العصر الذهبي من السلام والرخاء.

يقدِّم أتباع الرأي بعد الألفي عدة أدلة مؤيِّدة لرأيهم من الكتاب المقدس. فهم يستخدمون المزامير ونبوات العهد القديم التي تصف أحوالًا من الرخاء والسلام على الأرض برهانًا على مُلك ألفي سابق لمجيء يسوع ثانية (على سبيل المثال: مزمور ٧٢؛ إشعياء ٦٥: ١٧-٢٥). كما أنهم يعتبرون الإرسالية العظمى (متى ١٨: ١٩-٢٠) الأداة لتغيير الشعوب. بالإضافة إلى ذلك، يُظهِر مَثَل حبة الخردل والخميرة (متى ١٣: ٣١-٣٣) نموًّا تدريجيًّا، لكن واسع النطاق، للملكوت بعد بداية بسيطة.

تُجَرِّد العديد من المشكلات الكبرى الرأي بعد الألفي من أهليته. هذا الرأي مُحِقٌّ في تأكيده على أن الملك الألفي ليسوع سينتج عنه تغيير في كافة جوانب الخليقة، وأنه ينطوي على ما يفوق مجرد خلاص شخصي. فمن هذه الناحية، يُعَد هذا الرأي أفضل من الرأي اللا ألفي، الذي يرى أن تأثير ملكوت يسوع على الأرض يكاد يكون منعدمًا. إلا أن موطن الخلل الرئيسي في هذا الرأي هو تأكيده على أنَّ هذا المُلك الألفي ليسوع، وتغيُّر كافة جوانب المجتمع، سيسبقان مجيء يسوع ثانية. بكل

بساطة، لا يوجد أي دليل كتابي على أن العالم سيصبح مسيحيًا قبل مجيء يسوع ثانية. إن كُلًّا من الرأي قبل الألفي والرأي اللا ألفي على حق في تأكيدهما على أن العصر الحالي الذي يسبق مجيء يسوع ثانية سيشهد تدهورًا في الأحوال على الأرض. فإن الكتاب المقدس بعيد كل البعد عن التعليم الذي يقول إنَّ العالم متجه إلى عصر ذهبي مسيحي يسبق مجيء يسوع، لكنه في المقابل يعرض تدهورًا في الأحوال. يمكن رؤية ذلك بوضوح في الدينونات الإلهية، والاضطهادات من الشيطان التي يصفها رؤيا ٦–١٨. كذلك، كَتَبَ بولس: «وَلَكِنِ اعْلَمْ هَذَا أَنَّهُ فِي الْأَيَّامِ الْأَخِيرَةِ سَتَأْتِي أَزْمِنَةٌ صَعْبَةٌ» (٢ تيموثاوس ٣: ١)؛ وذكر أيضًا أن اضطهاد المؤمنين سيستمر وأن «النَّاسَ الْأَشْرَارَ الْمُزَوِّرِينَ سَيَتَقَدَّمُونَ إِلَى أَرْدَأَ» (٢ تيموثاوس ٣: ١٢–١٣). وقد تنبأ يسوع عن سوء الأحوال في المستقبل حين سأل: «وَلَكِنْ مَتَى جَاءَ ابْنُ الْإِنْسَانِ، أَلَعَلَّهُ يَجِدُ الْإِيمَانَ عَلَى الْأَرْضِ؟» (لوقا ١٨: ٨). فإن الدليل الكتابي على أن حال العالم سيؤول إلى أسوأ قبل مجيء المسيح ثانية واضحٌ.

عادة ما يستشهد أتباع الرأي بعد الألفي بنصوص من العهد القديم تتحدَّث عن تغيُّر الأرض برهانًا على صحة رأيهم، لكن، يستخدم أتباع الرأي قبل الألفي النصوص عينها لإثبات آرائهم أيضًا. ليست القضية هي **إذا** كان مُلك المسيا سيغيِّر كل شيء أم لا – لأنه حقًّا سيغير كل شيء؛ بل القضية الأساسية هي **متى** سيكون هذا. يفتقر الرأي بعد الألفي إلى الدليل على أن الأرض ستتغير قبل مجيء يسوع ثانية، دون الوجود الفعلي للمسيا على الأرض. إن نصوص مثل مزمور ٧٢، وإشعياء ١١، وزكريا ١٤ قطعًا تصف بركات أرضية، لكنها بركات مصاحبة لوجود المسيا على الأرض. لا يُعلِّم الكتاب المقدس عن تحسُّن أحوال العالم بشكل كبير دون مُلك المسيا على الأرض.

من بين المشكلات الكبرى أيضًا التي تعترض طريق الرأي بعد الألفي هو أننا على مدار ما يقرب من ألفي سنة من تاريخ الكنيسة لم نشهد شيئًا شبيهًا بالعصر الذهبي المسيحي الذي يتحدث عنه الرأي بعد الألفي. ففي حين أنَّ الكتاب المقدس، وليس الاختبار الشخصي، هو أساس تقييم أي رأي لاهوتي، لكننا نرى أيضًا أن العالم لا يصير مسيحيًا بدرجة أكبر. فإن الأحوال لا تتحسن، بل تزداد سوءًا. وحتى تلك الأماكن التي دخلها الإنجيل قديمًا، مثل أجزاء كبرى من أوروبا في أثناء عصر الإصلاح، أو الشمال الشرقي الأمريكي في عصر الصحوة الكبرى، صارت الآن تتبنَّى فلسفة حياة لا دينية. وبوجه عام، سواء في الولايات المتحدة، أو في كلِّ العالم، تناقَصَ تأثير المسيحية. فإن الفلسفات الحياتية غير المسيحية، مثل الإسلام والفكر العلماني تتزايد بشكل هائل. وفي حين جعل التقدُّم التكنولوجي العالم في بعض الأحيان أكثر احتمالًا وأكثر صلاحية للحياة، إلا أن هذا التقدُّم جلب معه فرصًا أكبر للبلايا. وتُعَد أسلحة الدمار الشامل مثالًا على هذا.

يعاني الرأي بعد الألفي من المشكلات ذاتها التي تُضعِف من الرأي اللا ألفي. فهو أيضًا مستندٌ على رأي بعيد الاحتمال يقول إن أحداث الأصحاح العشرين من سفر الرؤيا سابقة لأحداث المجيء الثاني الواردة في الأصحاح التاسع عشر من السفر. كذلك، تكمُن مشكلة في التأكيد الخاطئ للرأي بعد الألفي على أن الشيطان مقيَّد في العصر الحالي، وأن مُلك القديسين المذكور في رؤيا ٢٠: ٤ يحدث اليوم. هذه المشكلات الهيكلية تجعل الرأي بعد الألفي غير قادر على الصمود.

## • الرأي قبل الألفي

يتبع الرأي قبل الألفي التسلسل الزمني المتعاقب والواضح لسفر الرؤيا، مؤكِّدًا أن الملكوت المشار إلى في رؤيا ٢٠: ١-٧ سوف يحدث على الأرض بعد مجيء يسوع ثانية، الموصوف في رؤيا ١٩: ١١-٢١، وقبل الحالة الأبدية الموصوفة في رؤيا ٢١: ١-٢٢: ٥. تعود تسمية هذا الرأي بالرأي قبل الألفي إلى كون يسوع سيأتي ثانية قبل (*pre*-) المُلك الألفي. ومن ثَمَّ، فإن الملك الألفي مُلكٌ مستقبلي وأرضي. فهو مستقبلي لأنه لا يحدث في العصر الحالي، وأرضي لأنه عبارة عن حُكم في مملكة على الأرض. يوصَف المُلك الألفي في بعض الأحيان بأنه وَسَطي، لأنه يقع بين العصر الحالي والحالة الأبدية (رؤيا ٢١: ١-٢٢: ٥). يؤمن غالبية أتباع الرأي قبل الألفي بأن هذا المُلك الوسطي مدته «ألف سنة» حرفية. وما يجمع بين أتباع الرأي قبل الألفي جميعهم هو الإيمان بأنه سيكون هناك مُلكٌ ليسوع على الأرض، مع قدّيسيه، بعد العصر الحالي، لكن قبل الحالة الأبدية.

أيضًا يُعلِّم الرأي قبل الألفي بأن ألف سنة تفصل ما بين القيامة الأولى والقيامة الثانية المذكورتين في رؤيا ٢٠: ٤-٥. يقول رؤيا ٢٠: ٤ إن شهداء المسيح «عَاشُوا وَمَلَكُوا مَعَ الْمَسِيحِ أَلْفَ سَنَةٍ»؛ ثم يقول رؤيا ٢٠: ٥، «وَأَمَّا بَقِيَّةُ الأَمْوَاتِ فَلَمْ تَعِشْ حَتَّى تَتِمَّ الأَلْفُ السَّنَةِ». يقول الرأي قبل الألفي إن هاتين القيامتين هما قيامتان بالجسد من بين الأموات، تفصل بينهما مدة ألف سنة. ومن ثَمَّ، يصير ترتيب الأحداث كالتالي: (١) قيامة بالجسد للقديسين، (٢) فترة ألف سنة، (٣) قيامة بالجسد لغير المؤمنين.

## • السّند الكتابي للرأي قبل الألفي

يدعم الكتابُ المقدسُ الرأيَ قبل الألفي. **أولًا**، يمدُّنا هذا الرأي بأوضح فهم لنص رؤيا ١٩: ١١-٢١: ٨، الذي يحوي تسلسل أحداث به مؤشِّرات إلى ترتيب زمني - *kai eidon* («ثُمَّ رَأَيْتُ» في رؤيا ١٩: ١١، ١٧، ١٩؛ ٢٠: ١، ٤، ١١، ١٢؛ ٢١: ١). تشير هذه المؤشرات إلى تدرُّج في الأحداث بدءًا من فترة ضيقة، يليها المجيء الثاني ليسوع، ثم يليها مُلك يسوع لألف سنة، ثم أخيرًا، الحالة الأبدية.

**ثانيًا**، ينبغي أن يكون حدث تقييد الشيطان المذكور في رؤيا ٢٠: ١-٣ مستقبليًا، وليس حاضرًا.[٣٢] فإن لغة رؤيا ٢٠: ١-٣ تشير إلى سجن واضح لشخص الشيطان في موضع محدَّد، أي الهاوية. إن هذا أكثر من مجرَّد الحد من أنشطة الشيطان التضليلية أو تقليصها، لكنه سجنٌ للشيطان نفسه. إن تقييد الشيطان ليس حادثًا اليوم. بل في حقيقة الأمر، تظهر قدرة الشيطان على تضليل العالم بوضوح في العصر الحالي. قال بولس إن «إِلَهُ هَذَا الدَّهْرِ [الشيطان] قَدْ أَعْمَى أَذْهَانَ غَيْرِ الْمُؤْمِنِينَ، لِئَلَّا تُضِيءَ لَهُمْ إِنَارَةُ إِنْجِيلِ مَجْدِ الْمَسِيحِ» (٢ كورنثوس ٤: ٤). وحذَّر بطرس قائلًا: «اُصْحُوا وَاسْهَرُوا. لأَنَّ إِبْلِيسَ خَصْمَكُمْ كَأَسَدٍ زَائِرٍ، يَجُولُ مُلْتَمِسًا مَنْ يَبْتَلِعُهُ هُوَ» (١ بطرس ٥: ٨). وقال يوحنا: «الْعَالَمَ كُلَّهُ قَدْ وُضِعَ فِي الشِّرِّيرِ» (١ يوحنا ٥: ١٩). هذه النصوص التي كتبها ثلاثة من الرسل بعد موت يسوع، وقيامته، وصعوده، تكشف أن الشيطان عاملٌ بنشاط في التضليل على مستوى العالم أجمع. بالإضافة إلى ذلك، يقول رؤيا ١٢: ٩ إنه قبل مجيء يسوع ثانية، سيكون الشيطان عاملًا بالفعل في تضليل الأمم، ومكلَّلًا بنجاح كبير: «فَطُرِحَ التِّنِّينُ الْعَظِيمُ، الْحَيَّةُ الْقَدِيمَةُ الْمَدْعُوُّ إِبْلِيسَ وَالشَّيْطَانَ، الَّذِي يُضِلُّ الْعَالَمَ كُلَّهُ».

---

٣٢ هذه الفقرة مقتبَسة بتصرُّف من المصدر التالي، بتصريح من *MSJ*:
Michael J. Vlach, “The Kingdom of God and the Millennium,” *MSJ* 23, no. 249–246 :(2012) .

**ثالثًا**، مُلك القديسين، المذكور في رؤيا ٢٠: ٤، يلائم تمامًا مُلكًا مستقبليًا يأتي بعد مجيء يسوع ثانية. يقول هذا النص إن القديسين الشهداء «عاشوا»، إشارةً إلى قيامة بالجسد. ظهر هؤلاء القديسون لأول مرة في رؤيا ٦: ٩-١١، ووُصفوا بأنهم مَن قُتلوا من أجل شهادتهم ليسوع. إذن كلمة «عاشوا» تعني أن هؤلاء القديسين الأمناء سيقومون بالجسد. وبما أن هذه القيامة بالجسد لم تحدث بعد، تشير كلمة «عاشوا» التي جاءت في رؤيا ٢٠: ٤ إذن إلى قيامة ستحدث بعد مجيء يسوع ثانية. كذلك، يؤكد رؤيا ٥: ١٠ على المُلك المستقبلي للقديسين على الأرض – «فَسَنَمْلِكُ عَلَى الأَرْضِ». ومع ذلك، فإن ما تعيشه الكنيسة في العصر الحالي هو الاضطهاد، لا المُلك (رؤيا ٢-٣). والمُلك يُقدَّم حافزًا للذين يحتملون حتى يأتي يسوع ثانية (رؤيا ٢: ٢٦-٢٧).

**رابعًا**، تشير العديد من نصوص العهد القديم إلى ملكوت وسطي أفضل كثيرًا من العصر الحالي، لكنه ليس كاملًا بعد كالحالة الأبدية الأخيرة. على سبيل المثال، تنبأ إشعياء ٦٥: ١٧-٢٥ عن فترة لا مثيل لها من الرخاء، والسلام، والتناغم في الخليقة؛ ومع ذلك، تظل احتمالية الموت قائمة فيها، إذ يقول إشعياء ٦٥: ٢٠: «لَا يَكُونُ بَعْدُ هُنَاكَ طِفْلُ أَيَّامٍ، وَلَا شَيْخٌ لَمْ يُكْمِلْ أَيَّامَهُ. لِأَنَّ الصَّبِيَّ يَمُوتُ ابْنَ مِئَةِ سَنَةٍ، وَالْخَاطِئُ يُلْعَنُ ابْنَ مِئَةِ سَنَةٍ». والسبب الذي يدعونا إلى التأكيد على أن إشعياء ٦٥: ٢٠ يصف ملكوتًا أرضيًّا مستقبليًّا هو أن الأحوال الموصوفة في النص لا تلائم العصر الحالي، حيث متوسط الأعمار حوالي ثمانون عامًا؛ كما أنه لا يلائم الحالة الأبدية المستقبلية، التي لن توجد فيها خطية، ولن يموت فيها أحد. لكن يلائم النص بالفعل ملكوتًا وسطيًا، كالذي يصفه الأصحاح العشرون من سفر الرؤيا. ظنَّ البعض أن إشعياء ربما استخدم في هذا النص «لغة مجازية تميل إلى المثالية» كي يشير إلى طول الأعمار دون حدوث موتٍ فعلي؛ لكن هذا الرأي بعيد الاحتمال. ففي إشعياء ٢٥: ٨، تنبأ النبي بوضوح عن إبادة الموت («يَبْلَعُ الْمَوْتَ إِلَى الأَبَدِ»)، مما يُظهر أن إشعياء كان يعرف جيدًا كيف يصيغ كلامه، وكيف يصرِّح بأن الموت سيُباد تمامًا.

كذلك، يصف الأصحاح الرابع عشر من سفر زكريا أحوالًا تتسق مع ملكوت ألفي مستقبلي. تصف الآيات الأولى من الأصحاح حصارًا ضخمًا لأورشليم من أمم الأرض (زكريا ١٤: ١-٢). لكن، يحارب الرب عن أورشليم، الأمر الذي يؤدي إلى وقوف قدميه على جبل الزيتون (زكريا ١٤: ٤). بعد هذا، سيملك الرب على الأرض: «وَيَكُونُ الرَّبُّ مَلِكًا عَلَى كُلِّ الأَرْضِ. فِي ذَلِكَ الْيَوْمِ يَكُونُ الرَّبُّ وَحْدَهُ وَاسْمُهُ وَحْدَهُ» (زكريا ١٤: ٩). لكن، في أثناء هذه الفترة من مُلك الرب على الأرض، سيظل ارتكاب الأمم للخطايا ممكنًا، وستقاسي هذه الأمم عواقب ذلك. وُصِفَ هذا السيناريو في زكريا ١٤: ١٦-١٩،

> «وَيَكُونُ أَنَّ كُلَّ الْبَاقِي مِنْ جَمِيعِ الأُمَمِ الَّذِينَ جَاءُوا عَلَى أُورُشَلِيمَ، يَصْعَدُونَ مِنْ سَنَةٍ إِلَى سَنَةٍ لِيَسْجُدُوا لِلْمَلِكِ رَبِّ الْجُنُودِ وَلِيُعَيِّدُوا عِيدَ الْمَظَالِّ. وَيَكُونُ أَنَّ كُلَّ مَنْ لَا يَصْعَدُ مِنْ قَبَائِلِ الأَرْضِ إِلَى أُورُشَلِيمَ لِيَسْجُدَ لِلْمَلِكِ رَبِّ الْجُنُودِ، لَا يَكُونُ عَلَيْهِمْ مَطَرٌ. وَإِنْ لَا تَصْعَدْ وَلَا تَأْتِ قَبِيلَةُ مِصْرَ وَلَا مَطَرٌ عَلَيْهَا، تَكُنْ عَلَيْهَا الضَّرْبَةُ الَّتِي يَضْرِبُ بِهَا الرَّبُّ الأُمَمَ الَّذِينَ لَا يَصْعَدُونَ لِيُعَيِّدُوا عِيدَ الْمَظَالِّ. هَذَا يَكُونُ قِصَاصُ مِصْرَ وَقِصَاصُ كُلِّ الأُمَمِ الَّذِينَ لَا يَصْعَدُونَ لِيُعَيِّدُوا عِيدَ الْمَظَالِّ»

يصف هذا النص فترة فيها سوف تُطالَب الأمم بالصعود إلى أورشليم، وسوف يواجه الذين يرفضون الصعود، مثل مصر، مصير «امتناع المطر»، و«الضَّرْبَةُ» [الوبأ]، و«القصاص». هذا الارتحال لأمم الأرض إلى أورشليم، مع احتمالية تطبيق القصاص بسبب العصيان، هي أوصاف لا تتناسب مع العصر الحالي، أو مع الحالة الأبدية المستقبلية. فإن هذه الأحداث ليست محقَّقة اليوم، لأنه لا توجد أمة بكاملها على الأرض تعبد الرب، أو حتى تحاول الصعود إلى أورشليم. كما لا تنطبق هذه الظروف على الحالة الأبدية التي لا وجود فيها للخطية، أو لعواقبها. لكن، تلائم أحداث الأصحاح الرابع عشر من سفر زكريا جيدًا ملكوتًا أرضيًّا.

نجد أيضًا خلفية تاريخية في العهد القديم للملكوت الوَسَطي في الأصحاح الرابع والعشرين من سفر إشعياء. تصف الأعداد العشرون الأولى من هذا الأصحاح دينونات وأحكام شاملة على الأرض بسبب التعدِّي على شرائع الله (إشعياء ٢٤: ٥). ثم في إشعياء ٢٤: ٢١-٢٣ تُذكَر دينونة على أعداء الله تتكوَّن من مرحلتين: «وَيَكُونُ فِي ذَلِكَ الْيَوْمِ أَنَّ الرَّبَّ يُطَالِبُ جُنْدَ الْعَلاَءِ فِي الْعَلاَءِ، وَمُلُوكَ الأَرْضِ عَلَى الأَرْضِ. وَيُجْمَعُونَ جَمْعًا كَأَسَارَى فِي سِجْنٍ، وَيُغْلَقُ عَلَيْهِمْ فِي حَبْسٍ، ثُمَّ بَعْدَ أَيَّامٍ كَثِيرَةٍ يَتَعَهَّدُونَ. وَيَخْجَلُ الْقَمَرُ». فإن كلًّا من القوى الروحية الشريرة («جُنْدَ الْعَلاَءِ»)، والقوى البشرية الشريرة («وَمُلُوكَ الأَرْضِ») سيُدان. كذلك، سيكون هناك حبسٌ؛ فإنهم «يُجْمَعُونَ جَمْعًا كَأَسَارَى فِي سِجْنٍ»، و«يُغْلَقُ عَلَيْهِمْ فِي حَبْسٍ». لكن، نقرأ بعد ذلك هذه الكلمات: «ثُمَّ بَعْدَ أَيَّامٍ كَثِيرَةٍ يَتَعَهَّدُونَ [«يعاقَبون»]». إذن، ترتيب الأحداث هو كالتالي: سجن لأيام كثيرة، ثم معاقبة. وتتَّفق عبارة «بَعْدَ أَيَّامٍ كَثِيرَةٍ» تمامًا مع فكرة الملكوت الوسطي لمدة ألف سنة، المذكور في الأصحاح العشرين من سفر الرؤيا، الذي يقول إن الشيطان سيُقيَّد في الهاوية لمدة ألف سنة، ثم يُطلَق سراحه لفترة وجيزة، وفي النهاية، يُحكَم عليه بالطرح في بحيرة النار (رؤيا ٢٠: ١-٣، ٧).

السبب الخامس الذي يؤيِّد الرأي قبل الألفي هو أن هذا الرأي هو الأكثر تناسُبًا مع حبكة قصة الفداء في الكتاب المقدس. خلق الله آدم الأول كي يملك من الأرض، وعلى الأرض، وفشل آدم. والآن، يتوقَّع المؤمنون من آدم الأخير (١كورنثوس ١٥: ٤٥) النجاح فيما فشل فيه آدم الأول. اقتضت مهمة الإنسان منذ تكوين ١: ٢٦-٢٨ أن يتسلَّط من الأرض، وعلى الأرض. وفي السيناريو قبل الألفي، هذا هو بالضبط ما سوف يفعله يسوع. فهو سوف يملك بنجاح من الأرض، وعلى الأرض، في مُلكٍ ممتدٍّ، معترَف به من الجميع. ثم بعد ذلك، يُسلِّم يسوع المُلك إلى الله الآب، حتى يبدأ الملكوت الأبدي (١ كورنثوس ١٥: ٢٤، ٢٨). كذلك، سيملك الذين هم ليسوع أيضًا على الأرض. ففي هذا العصر، يُعَد الاضطهاد الذي يقاسيه القديسون هو الوضع الطبيعي، لكن يأتي وقت فيه سيملك القديسون في العالم نفسه الذي يُضطهَدون فيه اليوم (دانيال ٧: ٢٦-٢٧؛ رؤيا ٢: ٢٦-٢٧؛ ٥: ١٠).

## شكلان من الرأي قبل الألفي

هناك شكلان من الرأي قبل الألفي: الرأي قبل الألفي المستقبلي [futuristic premillennialism] (راجع عنوان «الرأي المستقبلي» ص. ١٠٥٢)، والرأي قبل الألفي التاريخي [historic premillennialism].

**الرأي قبل الألفي المستقبلي.** أولًا، يقول الرأي قبل الألفي المستقبلي إن الأسبوع السبعين لنبوة دانيال، ودينونات الأختام، والأبواق، والجامات المذكورة في رؤيا ٦-١٨ هي جميعها أحداث مستقبلية من موقعنا الحالي في التاريخ. إذن، ليس الملك الألفي وحده هو المستقبليّ، بل فترة الضيقة الخاصة أيضًا، مع كافة دينوناتها الإلهية. يفسِّر هذا سبب تسمية هذا الرأي قبل الألفي باسم «المستقبليّ».

هذا الرأي يقول أيضًا إن أمة إسرائيل ستكون لها هوية مهمة، وستؤدي دورًا مهمًا في فترة الضيقة والمُلك الألفي الآتِيَيْن؛ وإن نبوات العهد القديم والعهد الجديد عن إسرائيل ودورها في المستقبل لا بد أن تتحقَّق حرفيًّا مع أمة إسرائيل نفسها. ومن ثم، يرفض هذا الرأي قبل الألفي المستقبلي كافة أشكال لاهوت الاستبدال أو «الاستبدالية»، التي ترى أن الكنيسة هي البديل أو التتميم لإسرائيل، بأية طريقة تنكر الدلالة اللاهوتية المستقبلية لوعود الله لإسرائيل كأمة. لدى الله خطط ليس فقط للأفراد والكنيسة، بل وأيضًا لأمم الأرض؛ ولإسرائيل دور قياديٌّ وخِدْميٌّ للأمم في ملكوت يسوع (إشعياء ٢: ٢-٤). وفي المُلك الألفي تتحقق كافة جوانب العهود والوعود التي قُطِعت لإسرائيل، لأجل إسرائيل.

**الرأي قبل الألفي التاريخي:** الشكل الثاني من الرأي قبل الألفي هو الرأي قبل الألفي التاريخي. تعود جذور هذا الرأي إلى الكنيسة الأولى، لكن أهم ممثِّل له في العصر الحديث هو جورج إلدون لاد (George Eldon Ladd) (١٩١١-١٩٨٢ م)، الذي استَقْطَبت آراؤه عن الملكوت في هذه الأيام الكثير من الأتباع.[٣٣]

نظير الرأي قبل الألفي المستقبلي، يرى الرأي قبل الألفي التاريخي أن المُلك الألفي المذكور في الأصحاح العشرين من سفر الرؤيا مستقبليٌّ وأرضيٌّ، لكنه يختلف مع الرأي المستقبلي في أربع نواحٍ. **أولًا**، يرى أتباع الرأي قبل الألفي التاريخي، في بعض الأحيان، أن الأسبوع السبعين لنبوة دانيال، ودينونات رؤيا ٦-١٨، هي أحداث تقع بالفعل في العصر الحالي. يؤمن العديد من أتباع هذا الرأي أيضًا أن المُلك الداودي ليسوع يجري بالفعل في هذا العصر من حيث البُعد «الآن».[٣٤] ومن ثَمَّ، يؤيِّدون وجودًا حاليًّا لكلٍّ من فترة الضيقة، والمُلك الداودي ليسوع.

**ثانيًا**، في حين يقبل أتباع هذا الرأي بخلاصٍ مستقبليٍّ لإسرائيل، يرى بعضهم أن أمة إسرائيل مندمجة داخل الكنيسة، ولا تؤدي دورًا فريدًا يُذكَر في المُلك الأرضي المستقبلي. وهكذا، ففي حين يؤيِّد هؤلاء خلاصًا لإسرائيل العِرقية في الأيام الأخيرة، لكنهم يتبنُّون في كثير من الأحيان (بحسب كتابات «لاد») شكلًا من أشكال لاهوت الاستبدال، إذ يؤمنون بأن الكنيسة هي بديل إسرائيل، وبأنها تحصل على تتميم الوعود التي قُطِعت لإسرائيل. إذن، مهما كان الدور الذي ستلعبه إسرائيل في مقاصد الله المستقبلية، لن يكون منفصلًا عن الكنيسة.

---

٣٣ لا يوافق جميع مؤيِّدي الرأي قبل الألفي التاريخي على آراء جورج لاد، بل يرى بعضهم أن هناك دورًا مستقبليًّا ستلعبه إسرائيل، ولا يؤمنون بأن العهد الجديد يعيد تفسير العهد القديم. لكنَّ غالبية المؤيدين الأكاديميين للرأي قبل الألفي التاريخي في الخمسين عامًا الماضية قد أعلنوا اتفاقهم مع كثير من آراء لاد التي يمكن الاطِّلاع على أفضل عرض لها في كتابه:

George Eldon Ladd, *The Presence of the Future: The Eschatology of Biblical Realism* (Grand Rapids, MI: Eerdmans, 1974).

٣٤ [المترجم]: يتعلق هذا الرأي بالرأي «الآن ولكن ليس بعد» [already but not yet] بشأن بعض النبوات. فمن ناحية، تتحقق بعض النبوات «الآن» في هذا العصر في يسوع والكنيسة، ولكن من ناحية أخرى فإن هذه النبوات نفسها لم تتحقق بعد في بُعدٍ آخر.

**ثالثًا**، يؤمن الرأي قبل الألفي التاريخي، بحسب كتابات «لاد»، بأن أسفار العهد الجديد تُعيد أحيانًا تفسير العهد القديم، وبأن الوعود المادية التي قُطِعت لإسرائيل يمكن أن تتغيَّر إلى بركات روحية للكنيسة. قال لاد:

> «ينبغي تفسير العهد القديم من خلال العهد الجديد. فمن حيث المبدأ، من الممكن جدًا لتلك النبوات التي وُجِّهت في الأصل إلى إسرائيل الحرفية، والتي تصف بركات مادية، أن تتم حصريًا في البركات الروحية التي تتمتع بها الكنيسة. ومن الممكن أيضًا إعادة تفسير تنبؤ العهد القديم عن ملكوت على الأرض باستخدام العهد الجديد، واعتباره تنبؤًا عن بركات في المجال الروحي».[٣٥]

بل وقد صعَّد «لاد» من مفهوم «إعادة التفسير» ليصبح «إعادة تفسير جذرية». فقد قال عن فهم بطرس لصعود يسوع في الأصحاح الثاني من سفر أعمال الرسل: «يستلزم ذلك الفهم إعادة تفسير جذرية تمامًا لنبوات العهد القديم، ولا سيما لخطة الله للخلاص، من قِبَل الكنيسة الأولى».[٣٦] وإن لغة «إعادة التفسير الجذرية» هذه مرفوضة تمامًا من أتباع الرأي قبل الألفي المستقبلي، لأنه لا يوجد ما يدعو إلى إعادة تفسير إعلان موحى به من قبل.

**رابعًا**، يؤمن أتباع الرأي قبل الألفي التاريخي بأن الكنيسة تجتاز فترة الضيقة، ولا تُختطَف قبلها. وهكذا يتبنُّون رأي الاختطاف ما بعد الضيقة.

يستحق الرأي قبل الألفي التاريخي المدح على تأكيده على مجيء ملك ألفي مستقبلي، وعلى خلاص اليهود العرقيين في الأزمنة الأخيرة. لكن هذا الرأي مخطئ في تبنِّيه رأيًا «تاريخيًّا» بشأن الأسبوع السبعين لنبوة دانيال، والمُلك الداودي ليسوع. هذه الأحداث مستقبلية من منظورنا الحالي. كذلك، يخطئ هذا الرأي في خلطه بين إسرائيل والكنيسة، وعدم إدراكه الأهمية اللاهوتية لأمة إسرائيل في المستقبل (متى ١٩: ٢٨؛ أعمال الرسل ١: ٦). لكن المشكلة الأكثر إزعاجًا في هذا الرأي هي إيمانه بأن العهد الجديد في بعض الأحيان «يعيد تفسير» العهد القديم، ويفسِّر الوعود المادية والقومية تفسيرًا روحيًّا بأنها للكنيسة. كذلك، يخطئ الرأي قبل الألفي التاريخي في قوله إن الكنيسة ستجتاز الأسبوع السبعين لنبوة دانيال. ولهذه الأسباب، يُعَد الرأي قبل الألفي المستقبلي هو الرأي المفضَّل بقوة.

## ⬅ نبوة دانيال عن «السبعين أسبوعًا»

يمثِّل نص دانيال ٩: ٢٤-٢٧، ونبوة «السبعين أسبوعًا» الواردة فيه، أحد أهم النصوص النبوية في الكتاب المقدس. سُمِّي هذا النص عادة «العمود الفقري لنبوة الكتاب المقدس»، وهي تسمية صحيحة، لأن كثير من نصوص العهد الجديد النبوية تستند بشدة على محتوياته (متى ٢٤: ١٥؛ ٢ تسالونيكي ٢؛

35 George Eldon Ladd, “Revelation 20 and the Millennium,” *RevExp* 57, no. 2 (1960): 167.

36 George Eldon Ladd, *A Theology of the New Testament*, rev. ed. (Grand Rapids, MI: Eerdmans, 1994), 373.

رؤيا ١١-١٣). أشار كلٌّ من يسوع، وبولس، ويوحنا إلى هذا النص. ويعتمد فهمنا السليم لنبوة الكتاب المقدس على تفسيرنا السليم لهذا النص:

«سَبْعُونَ أُسْبُوعًا قُضِيَتْ عَلَى شَعْبِكَ وَعَلَى مَدِينَتِكَ الْمُقَدَّسَةِ لِتَكْمِيلِ الْمَعْصِيَةِ وَتَتْمِيمِ الْخَطَايَا، وَلِكَفَّارَةِ الإِثْمِ، وَلِيُؤْتَى بِالْبِرِّ الأَبَدِيِّ، وَلِخَتْمِ الرُّؤْيَا وَالنُّبُوَّةِ، وَلِمَسْحِ قُدُّوسِ الْقُدُّوسِينَ. فَاعْلَمْ وَافْهَمْ أَنَّهُ مِنْ خُرُوجِ الأَمْرِ لِتَجْدِيدِ أُورُشَلِيمَ وَبِنَائِهَا إِلَى الْمَسِيحِ الرَّئِيسِ سَبْعَةُ أَسَابِيعَ وَاثْنَانِ وَسِتُّونَ أُسْبُوعًا، يَعُودُ وَيُبْنَى سُوقٌ وَخَلِيجٌ فِي ضِيقِ الأَزْمِنَةِ. وَبَعْدَ اثْنَيْنِ وَسِتِّينَ أُسْبُوعًا يُقْطَعُ الْمَسِيحُ وَلَيْسَ لَهُ، وَشَعْبُ رَئِيسٍ آتٍ يُخْرِبُ الْمَدِينَةَ وَالْقُدْسَ، وَانْتِهَاؤُهُ بِغَمَارَةٍ، وَإِلَى النِّهَايَةِ حَرْبٌ وَخِرَبٌ قُضِيَ بِهَا. وَيُثَبِّتُ عَهْدًا مَعَ كَثِيرِينَ فِي أُسْبُوعٍ وَاحِدٍ، وَفِي وَسَطِ الأُسْبُوعِ يُبَطِّلُ الذَّبِيحَةَ وَالتَّقْدِمَةَ، وَعَلَى جَنَاحِ الأَرْجَاسِ مُخَرَّبٌ حَتَّى يَتِمَّ وَيُصَبَّ الْمَقْضِيُّ عَلَى الْمُخَرِّبِ.»

- ## تعريف «السبعين أسبوعًا»

يأتي هذا النص على خلفية معرفة دانيال بنبوة إرميا عن انتهاء سبي أورشليم وخرابها على يد البابليين بعد سبعين سنة (دانيال ٩: ٢؛ راجع إرميا ٢٥: ١٢؛ ٢٩: ١٠). كان الله قد أوصى شعب إسرائيل في الأصحاح الخامس والعشرين من سفر اللاويين بأن يُريحوا أرضهم في السنة السابعة. لكن، لم يحفظ شعب إسرائيل وصية سبت الراحة للأرض سبعين مرة. وكان السبي البابلي لمدة سبعين سنة هو الوسيلة التي بها أراح الله الأرض كما أراد. وحين تفكَّر دانيال في نبوة إرميا، صلَّى نيابة عن شعبه الخاطئ، إسرائيل (دانيال ٩: ٣-١٩). وعندئذ، جاء إليه الملاك جبرائيل وأعطاه رؤيا تخص مستقبل إسرائيل.

يقع تعبير «سَبْعُونَ أُسْبُوعًا» الذي ورد في دانيال ٩: ٢٤ في صميم هذه النبوة. تخص هذه الأسابيع «شعب» دانيال، و«المدينة المقدسة». لا بد أن «شعب» دانيال هذا هم شعب إسرائيل، بما أن السبي البابلي قد حدث لشعب إسرائيل، وصلاة دانيال كانت نيابة عن شعب إسرائيل. كذلك، لا بد أن تعبير «مَدِينَتِكَ الْمُقَدَّسَةِ» يشير إلى أورشليم، بما أن نبوة إرميا كانت ‹لِكَمَالَةِ سَبْعِينَ سَنَةً عَلَى خَرَابِ أُورُشَلِيمَ›» (دانيال ٩: ٢). وأي تفسير آخر لمعنى الشعب والمدينة لن يوفي سياق هذا النص حقَّه.

لكن ما هي «السبعون أسبوعًا» التي تحدَّث عنها جبرائيل؟ في اللغة العبرية، المعنى الحرفي لعبارة «سَبْعُونَ أُسْبُوعًا»: هو «سبعون سبعة» (أو حاصل ضرب سبعين في سبعة)، الذي يساوي ٤٩٠. لكن، هل هذه المدة هي ٤٩٠ يومًا، أم شهرًا، أم سنة؟ يبيِّن سياق النص أن المدة هي ٤٩٠ سنة، بما أن انتهاكات سنة السبت كانت السبب وراء طرد بني إسرائيل من الأرض، وما تلا ذلك من سبي بابلي لمدة سبعين سنة (كانت السنة قديمًا تتكون من ٣٦٠ يومًا). كما أنَّ مدة ٤٩٠ يومًا، أو ٤٩٠ شهرًا، ستكون أقصر جدًا من أن تتضمن تتميم النبوات الستة التي جاءت في دانيال ٩: ٢٤.

هذه الفترة التي تحدَّث عنها دانيال ٩: ٢٤، والمكوَّنة من ٤٩٠ سنة سوف تسفر عن ست نتائج: (١) «تَكْمِيلِ الْمَعْصِيَةِ»، (٢) «تَتْمِيمِ الْخَطَايَا»، (٣) «كَفَّارَةِ الإِثْمِ»، (٤) «يُؤْتَى بِالْبِرِّ الأَبَدِيِّ»، (٥) «خَتْمِ الرُّؤْيَا

وَالنُّبُوَّةِ»، (٦) مَسْحِ قُدُّوسِ الْقُدُّوسِينَ [«مسح قُدس الأقداس» بحسب الترجمة الإنجليزية NASB]. تركِّز النتائج الثلاث الأولى على القضاء على الخطية في إسرائيل، بينما تركِّز النتائج الثلاث الأخيرة على تطوُّرات إيجابية تخص الملكوت -كالإتيان بالبرِّ مع مُلك المسيا، وتتميم جميع نبوات الكتاب المقدس، ومسح هيكل أورشليم. تَحقَّق أساس النتائج الثلاث الأولى بالمجيء الأول ليسوع، وموته، مع أن تطبيقها على إسرائيل كأمة لا يزال مستقبليًّا. ويُنتظَر أن تتمَّم النتائج الثلاث الأخيرة في المجيء الثاني ليسوع. ففي المرحلة الحالية من التاريخ، لم يؤتَ بعد بالبر الأبدي، ولم تتحقق بعد جميع نبوات الكتاب المقدس، ولم يُمسح بعد هيكل أورشليم. لكن، سيحدث كل ذلك حين يقيم يسوع مُلكه الألفي.

تبدأ فترة السبعين أسبوعًا (٤٩٠ عامًا) «مِنْ خُرُوجِ الأَمْرِ لِتَجْدِيدِ أُورُشَلِيمَ وَبِنَائِهَا» (دانيال ٩: ٢٥). على الأرجح، وقع هذا التجديد نحو عام ٤٤٥ ق.م.، حين أصدر الملك أرتحشستا مرسومًا يقضي بإمكانية عودة اليهود إلى أورشليم وإعادة بنائها (نحميا ٢: ١-٨). ثم، ربما تشير فترة «سَبْعَةُ أَسَابِيعَ»، أو تسع وأربعين سنة إلى ختام خدمة نحميا في إعادة بناء «سُوقٌ وَخَلِيجٌ»، بالإضافة إلى نهاية خدمة ملاخي، وإغلاق كتاب العهد القديم. بعد هذا، أضيف إلى هذه التسع والأربعين سنة «اثْنَيْنِ وَسِتِّينَ أُسْبُوعًا»، أو ٤٣٤ سنة (حاصل ضرب ٦٢ في ٧) أضيفت إلى الجدول الزمني. وعند جمع هذه السنوات معًا، نجد أن الفترة التي تبلغ ٤٨٣ سنة، والتي تلي مرسوم أرتحشستا الذي صدر نحو عام ٤٤٥ ق.م.، تنتهي بدخول يسوع إلى أورشليم في شهر مارس من عام ٣٠ م.

يقول دانيال ٩: ٢٦ إنه بعد «اثْنَيْنِ وَسِتِّينَ أُسْبُوعًا»، التي هي في حقيقة الأمر تسعة وستون أسبوعًا (سبعة أسابيع + اثنان وستون أسبوعًا)، «يُقْطَعُ الْمَسِيحُ وَلَيْسَ لَهُ». فبعد دخول يسوع أورشليم ببضعة أيام، صُلِب. ويصيبنا القول إن المسيا «لَيْسَ لَهُ» بصدمة. فإن مسيًّا إسرائيل يأتي، ويُقتَل، ويموت دون أن يكون له شيء. فإن الملكوت أو البر الأبدي لا يأتيان في ذلك الوقت. ثم تصف بقية الآية ٢٦ أحداثًا أخرى تقع «بعد» التسعة والستين أسبوعًا الأولى: «وَشَعْبُ رَئِيسٍ آتٍ يُخْرِبُ الْمَدِينَةَ وَالْقُدْسَ، وَانْتِهَاؤُهُ بِغَمَارَةٍ، وَإِلَى النِّهَايَةِ حَرْبٌ وَخِرَبٌ قُضِيَ بِهَا». تتنبأ هذه الجملة عن خراب أورشليم والهيكل اليهودي عند الغزو الروماني لأورشليم في عام ٧٠ م (لوقا ٢١: ٢٠-٢٤).

هذا «الشعب» في دانيال ٩: ٢٦ يشير إلى الرومان، لأنهم هم الذين خرَّبوا أورشليم في عام ٧٠ م. مِن هذا الشعب، هناك «رَئِيسٍ آتٍ»، أي رئيسٌ عتيدٌ أن يأتي يومًا ما. هذا الرئيس هو شخصية ضد المسيح الشريرة، الذي سيظهر في وقتٍ ما بعد خراب المدينة والقُدس، أي الهيكل. نستطيع أن نتأكَّد أن هذا الشخص الآتي لن يكون هو يسوع المسيًّا، بل شخص شرير، من خلال أوصافه في دانيال ٩: ٢٧؛ ومنها أنه سيرتكب فعلَ رجسٍ في الهيكل، ويُقضَى عليه لأجل ذلك. كما أنه سيقطع عهدًا مع شعب إسرائيل مدته أسبوع واحد (سبع سنوات)، وهو ما لم يفعله يسوع قط. ومن ثَمَّ، يشير سياق النص إلى ضد المسيح، الذي يوصَف أيضًا في دانيال ٧: ٨ بأنه «القرن الصغير»، وفي دانيال ١١: ٣٦ بأنه الملك الذي يفعل كإرادته. يكشف التعبيران «وَإِلَى النِّهَايَةِ حَرْبٌ»، و«خِرَبٌ قُضِيَ بِهَا» (دانيال ٩: ٢٦) أن ضيقات أورشليم وويلاتها ستستمر حتى بعد خراب أورشليم. قطعًا، كان هذا هو ما حدث بالفعل، كما يبيِّن لنا التاريخ المضطرب لأمة إسرائيل منذ عام ٧٠ م فصاعدًا. وقد تنبَّأ يسوع نفسه بأن «أَزْمِنَةُ الأُمَمِ» ستستمر إلى ما بعد خراب أورشليم في عام ٧٠ م (لوقا ٢١: ٢٤).

ثم تابع دانيال ٩: ٢٧ قائلًا إن هذا الرئيس الشرير، الذي من الرومان، «يُثَبِّتُ عَهْدًا مَعَ كَثِيرِينَ فِي أُسْبُوعٍ وَاحِدٍ». تشير كلمة «كَثِيرِينَ» هنا إلى شعب إسرائيل، وتمثل مدة «أسبوع» سبع سنوات. فكما كان التسعة والستون أسبوعًا الأولى حرفية، هكذا أيضًا، لا بد أن يكون الأسبوع الأخير المكوَّن من سبع سنوات حرفيًّا. ويُعَد تفسير هذا الأسبوع الأخير بأية طريقة أخرى غير أنه إشارة إلى فترة سبع سنوات حرفية انتهاكًا لسياق النص. ويمكننا من موقعنا الحالي في التاريخ أن نتحقَّق من كون هذا العهد مستقبليًّا من خلال حقيقة أنه لم يحدث في كلِّ التاريخ أن قُطِع أيُّ عهد مدته سبع سنوات بين رئيسٍ من الإمبراطورية الرومانية والشعب اليهودي.

وفي «وَسَطِ الأُسْبُوعِ» (أي بعد ثلاث سنين ونصف)، ينقض هذا الرئيس العهد مع إسرائيل، إذ «يُبَطِّلُ الذَّبِيحَةَ وَالتَّقْدِمَةَ». بمعنى آخر، سيوقف هذا الشخص نظام العبادة اليهودي. سيحدث ذلك «عَلَى جَنَاحِ الأَرْجَاسِ» من قِبَل «مخرِّب». هذا المخرِّب سيضع رجسةً في مكانٍ ما في الهيكل. اقتبس يسوع هذه الكلمات حين قال: «فَمَتَى نَظَرْتُمْ «رِجْسَةَ الْخَرَابِ» الَّتِي قَالَ عَنْهَا دَانِيآلُ النَّبِيُّ قَائِمَةً فِي الْمَكَانِ الْمُقَدَّسِ» (متى ٢٤: ١٥).

إلا أنَّ هذا المخرب سيتَّجه صوب هلاكه، إذ سيصنع هذه «الأَرْجَاس» فقط «حَتَّى يَتِمَّ وَيُصَبَّ الْمَقْضِيُّ عَلَى الْمُخَرِّبِ» (دانيال ٩: ٢٧). فإن غضب الله سيحلُّ على هذا الرئيس الشرير. استقى بولس من نص دانيال ٩: ٢٧ في إشارته إلى «إِنْسَانُ الْخَطِيَّةِ» العتيد أن يأتي (٢ تسالونيكي ٢: ٣)، الذي سوف يقضي عليه يسوع بمجيئه: «وَحِينَئِذٍ سَيُسْتَعْلَنُ الأَثِيمُ، الَّذِي الرَّبُّ يُبِيدُهُ بِنَفْخَةِ فَمِهِ، وَيُبْطِلُهُ بِظُهُورِ مَجِيئِهِ» (٢ تسالونيكي ٢: ٨).

## • الفجوة بين الأسبوع التاسع والستين والأسبوع السبعين

يتَّفق مفسرون كثيرون على أن التسعة والستين أسبوعًا (٤٨٣ سنة تتكوَّن كل واحدة منها من ٣٦٠ يومًا) لنبوة دانيال قد تحققت في المجيء الأول ليسوع، وفي موته، حوالي عام ٣٠ م. لكن يختلف البعض حول ما إن كان أسبوع السنين الأخير، أي فترة السبع سنوات، قد تحقَّق بعد انتهاء التسعة والستين أسبوعًا الأولى مباشرة، أم أن هناك فجوة زمنية تَفْصِل بين نهاية الأسبوع التاسع والستين، وبداية الأسبوع السبعين. بعبارة أخرى، هل انتهى الأسبوع السبعون لنبوة دانيال في أواخر الثلاثينيات من القرن الأول – أي في السنوات السبعة التي تلت نهاية التسعة والستين أسبوعًا حوالي عام ٣٠ م – أم سيتحقق الأسبوع السبعون لنبوة دنيال في المستقبل؟ الرأي الثاني هو الرأي الصائب.

يطرح المعارضون لوجود فجوة زمنية عادة السؤال التالي: أين نرى في دانيال ٩: ٢٤-٢٧ دليلًا واحدًا على وجود فجوة زمنية كبيرة تَفْصِلُ بين الأسبوع التاسع والستين والأسبوع السبعين؟ وبحسب رأي هؤلاء، يأتي الأسبوع السبعون بعد الأسبوع التاسع والستين مباشرة. غير أن هناك براهين قوية على وجود فجوة زمنية بين الأسبوع التاسع والستين والأسبوع السبعين. وتوضح الأسباب التالية سبب وجود هذه الفجوة الزمنية:

١. **توجد فجوة زمنية بين المجيء الأول ليسوع ومجيئه الثاني**. تُفهم نبوة الكتاب المقدس على أكمل وجه في سياق وجود مجيئين ليسوع. فهناك فجوة زمنية كبيرة بين المجيء الأول ليسوع ومجيئه الثاني. من أجل ذلك، من المنطقي أن نتوقع وجود فجوة في تتميم النبوات عن يسوع. على سبيل المثال، تنبأ زكريا ٩: ٩ بأن المسيا سيأتي إلى أورشليم متضعًا، وراكبًا على أتان. تمَّ هذا بالفعل في الدخول الانتصاري ليسوع إلى أورشليم (متى ٢١: ١–٨). غير أن زكريا ٩: ١٠ تحدَّث أيضًا عن مُلكٍ عالمي للمسيا على الأرض: «وَيَتَكَلَّمُ بِالسَّلَامِ لِلْأُمَمِ، وَسُلْطَانُهُ مِنَ الْبَحْرِ إِلَى الْبَحْرِ، وَمِنَ النَّهْرِ إِلَى أَقَاصِي الْأَرْضِ». ستتحقق هذه الآية في المجيء الثاني ليسوع، وهي قطعًا لم تتحقق بعد دخوله إلى أورشليم على أتان في القرن الأول. إذن، هناك فجوة زمنية تفصل الآية التاسعة عن الآية العاشرة من هذه النبوة. وتدلُّ الفجوات الزمنية في النصوص النبوية مثل زكريا ٩: ٩–١٠ على إمكانية وجود فجوة زمنية في دانيال ٩: ٢٤–٢٧. وهذا أمر ينبغي توقُّعه في ضوء وجود مجيئين ليسوع.

٢. **قال دانيال ٩: ٢٦ إن المسيا سيُقطَع «بعد» التسعة والستين أسبوعًا**. يكشف استخدام دانيال لكلمة «بعد» عن وجود فجوة زمنية. يقول دانيال ٩: ٢٦: «وَبَعْدَ اثْنَيْنِ وَسِتِّينَ أُسْبُوعًا يُقْطَعُ الْمَسِيحُ وَلَيْسَ لَهُ». لن يُقطع المسيح في «نهاية» التسعة والستين أسبوعًا، أو في «بداية» الأسبوع السبعين، لكنه يُقطَع «بعد» التسعة والستين أسبوعًا. ومن ثَمَّ، داخل النص، يوجد لفظ يدل على وجود فجوة زمنية بين الأسبوع التاسع والستين والأسبوع السبعين.

٣. **وقع خراب أورشليم الذي تنبأ عنه دانيال ٩: ٢٦ بعد نهاية الأسبوع التاسع والستين بعقود**. يقول دانيال ٩: ٢٦: «وَبَعْدَ اثْنَيْنِ وَسِتِّينَ أُسْبُوعًا»، الرئيس الآتي «يُخْرِبُ الْمَدِينَةَ وَالْقُدْسَ» –أي أورشليم والهيكل. وقع هذا التخريب في عام ٧٠ م. فلو كان الأسبوع السبعون بكامله يتحقق دون أية فجوة زمنية، سيكون قد انتهى في الثلاثينيات من القرن الأول الميلادي. غير أن خراب أورشليم والهيكل لم يكن قد حدث آنذاك. وبما أن خراب أورشليم والهيكل قد وقع بعد نهاية الأسبوع التاسع والستين بحوالي أربعة عقود، فيلزم إذن وجود فجوة زمنية بين الأسبوع التاسع والستين والأسبوع السبعين تتضمن خراب أورشليم في عام ٧٠ م.

٤. **النبوات الست التي جاءت في دانيال ٩: ٢٤ لم تتحقق جميعها بعد**. ففي دانيال ٩: ٢٤، ذكر دانيال ست نبوات مهمة ستَنتج عن القضاء بالسبعين أسبوعًا: (١) «تَكْمِيلِ الْمَعْصِيَةِ»، (٢) «تَتْمِيمِ الْخَطَايَا»، (٣) «كَفَّارَةِ الْإِثْمِ»، (٤) «يُؤْتَى بِالْبِرِّ الْأَبَدِيِّ»، (٥) «خَتْمِ الرُّؤْيَا وَالنُّبُوَّةِ»، (٦) مَسْحِ قُدُّوسِ الْقُدُّوسِينَ. إن تبنَّينا الرأي القائل إن السبعين أسبوعًا قد انتهت في القرن الأول، فلا بد أن تكون جميع

هذه النبوات الست قد تحقَّقت تمامًا في ثلاثينيات القرن الأول. لكن هذا لم يحدث. فإن أساس النبوات الثلاث الأولى قد تحقق في المجيء الأول ليسوع؛ إلا أن خطية إسرائيل في حق الله لم تُبطَل بعد. ومع أن موت يسوع قد كفَّر بالفعل عن الخطايا، لكن إسرائيل لم تتمتع بعد بهذه الفائدة. فإن خلاص إسرائيل لا يزال عتيدًا أن يأتي (انظر زكريا ١٢: ١٠؛ رومية ١١: ٢٦). كذلك، لم تتحقق أمور أخرى: فإن البر الأبدي لم يتثبَّت بعد، ولم تتحقق بعد كافة النبوات، ولم يُمسَح بعد الهيكل في ملكوت المسيَّا. بما أن الكثير من نبوات دانيال ٩: ٢٤ لم تتحقق بعد، فهي إذن لا بد أن تتحقَّق في المستقبل.

٥. **لم يتحقق بعد ما يوصف عن الأسبوع السبعين في دانيال ٩: ٢٧.** إن عدم تحقُّق نبوة دانيال ٩: ٢٧ حتى وقتنا هذا في التاريخ لهو برهان على أن الأسبوع السبعين لنبوة دانيال سيتحقق في المستقبل. لم يَقْطَع أي رئيس شرير من الإمبراطورية الرومانية عهدًا مع الشعب اليهودي مدته سبع سنوات. كما أنه لم يحدث أي حنث بعهد مدته سبع سنوات بعد ثلاث سنوات ونصف. ولم تقترف شخصية تسمَّى ضد المسيح رجاسات في الهيكل. ولم يُقضَ على مَن فعل ذلك. لم تكتمل هذه الأحداث في الثلاثينيات من القرن الأول الميلادي، ومن ثَمَّ، فهي ستتحقق في المستقبل.

٦. **تحدث يسوع عن رجسة الخراب المذكورة في دانيال ٩: ٢٧ باعتبارها حدثًا مستقبليًا يتحقق بعد مجيئه الأول.** في متى ٢٤-٢٥، تنبأ يسوع عن أحداث مستقبلية. وفي متى ٢٤: ١٥ قال يسوع: «فَمَتَى نَظَرْتُمْ «رِجْسَةَ الْخَرَابِ» الَّتِي قَالَ عَنْهَا دَانِيآلُ النَّبِيُّ قَائِمَةً فِي الْمَكَانِ الْمُقَدَّسِ -لِيَفْهَمِ الْقَارِئُ- ...». هذا هو الحدث نفسه الذي تنبأ عنه دانيال ٩: ٢٧ قائلًا: «وَعَلَى جَنَاحِ الأَرْجَاسِ مُخَرَّبٌ». كان هذا الحدث مستقبليًا من موقع يسوع في التاريخ، ولم يتحقق في الثلاثينيات من القرن الأول.

٧. **في الخمسينيات من القرن الأول، تحدث بولس عن أحداث دانيال ٩: ٢٧ باعتبارها مستقبلية.** كتب بولس في الأصحاح الثاني من رسالة تسالونيكي الثانية، عن ظهور «إِنْسَانُ الْخَطِيَّةِ»، الذي سيدخل هيكل الله، ويُظهِر نفسه أنه إلهٌ (٢تسالونيكي ٢: ٣-٤). كما أنه تحدَّث عن مواجهة هذا الرجل الشرير لغضب الرب يسوع، الذي سيبيده بمجيئه ثانية: «وَحِينَئِذٍ سَيُسْتَعْلَنُ الأَثِيمُ، الَّذِي الرَّبُّ يُبِيدُهُ بِنَفْخَةِ فَمِهِ، وَيُبْطِلُهُ بِظُهُورِ مَجِيئِهِ» (٢تسالونيكي ٢: ٨). استند بولس على دانيال ٩: ٢٧ كي يؤكِّد على أن رجسة خراب آتية سيصنعها شخص شرير، وهذا الشخص سيبيده الله. ويُبَيِّن تنبؤ بولس عن هذه الأحداث في الخمسينيات من القرن الأول أن هذه الأحداث كانت مستقبلية من موقعه في التاريخ، وأنها لم

تتحقق في الثلاثينيات من القرن الأول. كما يُبَيِّن تفسير بولس الموحى به لنص دانيال ٩ : ٢٧ أن أحداث الأسبوع السبعين لنبوة دانيال مستقبلية.

٨. **يحدِّد سفر الرؤيا إطارًا زمنيًّا مستقبليًّا لنص دانيال ٩ : ٢٧.** تحدَّث دانيال ٩ : ٢٧ عن فترة سبع سنين فيها سيَقطع رئيسٌ آتٍ عهدًا مع «كثيرين» لمدة أسبوع واحد (سبع سنين). لكن في منتصف هذا الأسبوع، أي بعد مرور ثلاث سنوات ونصف، سينقض هذا الرئيس العهد. كتب الرسول يوحنا سفر الرؤيا في التسعينيات من القرن الأول، وتحدَّث فيه في أكثر من موضع عن فترة ثلاث سنين ونصف عتيدة أن تأتي. في رؤيا ١١ : ٢، قال يوحنا إن «ٱلْمَدِينَةَ ٱلْمُقَدَّسَةَ» [أورشليم] سوف تداس لمدة «اثْنَيْنِ وَأَرْبَعِينَ شَهْرًا». وتُعادل مدة «اثْنَيْنِ وَأَرْبَعِينَ شَهْرًا» ثلاث سنين ونصف. وبما أن دانيال ٩ : ٢٧ يتحدث أيضًا عن وقوع «رجسٍ» في أورشليم، من الواضح إذن أن يوحنا كان يربط تصريحه هذا بنص دانيال ٩ : ٢٧. وبما أن يوحنا كتب السفر بعد ثلاثينيات القرن الأول الميلادي بعدة عقود، فلا بد أنه رأى أن النصف الأخير من الأسبوع السبعين لنبوة دانيال مستقبليًّا من موقعه في الزمن. وإن كان كذلك، فلا بد من وجود فجوة زمنية تفصل بين الأسبوع التاسع والستين والأسبوع السبعين. تنبأ يوحنا أيضًا عن هروب أمة إسرائيل إلى البرية لمدة أَلْفٍ وَمِئَتَيْنِ وَسِتِّينَ يَوْمًا (رؤيا ١٢ : ٦). هذا الإطار الزمني مساوٍ لمدة ثلاث سنين ونصف. وفي رؤيا ١٣ : ٥، وَصَفَ يوحنا «وحشًا» شريرًا يتكلَّم بوقاحة، ويجدِّف لمدة «اثْنَيْنِ وَأَرْبَعِينَ شَهْرًا». يوازي هذا النص نص دانيال ٩ : ٢٧، ويربط شخصية شريرة بفترة مدتها ثلاث سنين ونصف. في المجمل، بما أن يوحنا يصف الإطار الزمني لنص دانيال ٩ : ٢٧ وأحداثه بأنها ستتم في المستقبل، فهذا يبيِّن أن أحداث هذه الفترة هي حتمًا أحداث مستقبلية.

## ⬅ الأحداث العتيدة أن تأتي

لا تزال العديد من الأحداث النبوية تنتظر تتميمًا مستقبليًّا. تشمل هذه الأحداث الاختطاف، وفترة الضيقة، ومجيء ضد المسيح، ويوم الرب، ومجيء يسوع ثانية، والمُلك الألفي، وثورة الشيطان الأخيرة، والحالة الأبدية.

### • الاختطاف[٣٧]

يُعَد الاختطاف من أشهر الأحداث في علم الأخرويات. وقد جعلت كتب وأفلام كثيرة ذات شعبية من الاختطاف موضوع حديث الكثيرين. يركِّز بعض الناس على هذا الموضوع، بينما يتجاهله آخرون، أو يتعاملون معه بسخرية. لكن ما هو الرأي الكتابي عن الاختطاف؟

٣٧ هذا الجزء مقتبَس بتصرُّف من المصدر التالي، بتصريح من *MSJ*:
Richard L. Mayhue, "Why a Pretribulational Rapture?," *MSJ* 13, no. 2 (2002): 241–53.

تأتي الكلمة الإنجليزية «*rapture*» - التي تترجَم «اختطاف» في اللغة العربية - من اللفظ اللاتيني «*raptura*»، المترجَم في الكتاب المقدس اللاتيني عن الكلمة اليونانية *harpazō*، التي معناها «يُزيل بشكل فجائي»، أو «يخطف». يَستخدم العهد الجديد هذه الكلمة للإشارة إلى السرقة أو النهب (متى ١١: ١٢؛ ١٢: ٢٩؛ ١٣: ١٩؛ يوحنا ١٠: ١٢، ٢٨، ٢٩)، وإلى النَّزع أو الأخذ (يوحنا ٦: ١٥؛ أعمال الرسل ٨: ٣٩؛ ٢٣: ١٠؛ يهوذا ٢٣). ويسلِّط استخدام ثالث للكلمة الضوء على الرفع إلى السماء، كما يتضح من خلال اختبار بولس للاختطاف إلى السماء الثالثة (٢ كورنثوس ١٢: ٢-٤)، وصعود المسيح (رؤيا ١٢: ٥). كذلك، تصف كلمة *harpazō* أخذ يسوع للكنيسة بصورة فجائية من الأرض إلى السماء، باعتباره الجزء الأول من حدث المجيء الثاني للمسيح (١ تسالونيكي ٤: ١٧). لكن، لا تحوي هذه الكلمة أية إشارة إلى زمن الاختطاف، وعلاقته بالأسبوع السبعين لنبوة دانيال. ولهذا، لا بد من تحديد توقيت الاختطاف عن طريق عوامل أخرى.

يتحدَّث نص ١ تسالونيكي ٤: ١٦-١٧ عن اختطاف أخروي في طبيعته. تترجَم كلمة *harpazō* هنا إلى «اختطاف»، أو «رفع إلى فوق»:

> «لِأَنَّ ٱلرَّبَّ نَفْسَهُ بِهُتَافٍ، بِصَوْتِ رَئِيسِ مَلَائِكَةٍ وَبُوقِ ٱللهِ، سَوْفَ يَنْزِلُ مِنَ ٱلسَّمَاءِ وَٱلْأَمْوَاتُ فِي ٱلْمَسِيحِ سَيَقُومُونَ أَوَّلًا. ثُمَّ نَحْنُ ٱلْأَحْيَاءَ ٱلْبَاقِينَ سَنُخْطَفُ جَمِيعًا مَعَهُمْ فِي ٱلسُّحُبِ لِمُلَاقَاةِ ٱلرَّبِّ فِي ٱلْهَوَاءِ، وَهَكَذَا نَكُونُ كُلَّ حِينٍ مَعَ ٱلرَّبِّ».

وفي حين لم يَستخدم نص ١كورنثوس ١٥: ٥١-٥٢ كلمة *harpazō*، لكنه يشير إلى هذا الحدث الأخروي نفسه المشار إليه في ١تسالونيكي ٤: ١٦-١٧،

> «هُوَذَا سِرٌّ أَقُولُهُ لَكُمْ: لَا نَرْقُدُ كُلُّنَا، وَلَكِنَّنَا كُلَّنَا نَتَغَيَّرُ، فِي لَحْظَةٍ فِي طَرْفَةِ عَيْنٍ، عِنْدَ ٱلْبُوقِ ٱلْأَخِيرِ. فَإِنَّهُ سَيُبَوَّقُ، فَيُقَامُ ٱلْأَمْوَاتُ عَدِيمِي فَسَادٍ، وَنَحْنُ نَتَغَيَّرُ».

إذن، يتحدث الكتاب المقدس عن اختطاف أخروي، ولكن، لم يحتوِ أيٌّ من النصَّين الأساسيين السابقين على أية مؤشِّرات زمنية صريحة.

- ## بعض الآراء عن توقيت الاختطاف

تتحدث النصوص التي استشهدنا بها أعلاه عن اختطافٍ، وتغيُّرٍ للمؤمنين، دون ذكر زمن وقوع هذا الحدث. توجد أربعة آراء في توقيت الاختطاف. وتشير هذه الآراء إلى زمن حدوث الاختطاف من جهة علاقته بالأسبوع السبعين المستقبلي لنبوة دانيال.

**أولاً**، يؤكِّد رأي «اختطاف ما قبل الضيقة» [the pretribulational rapture view] أن الكنيسة ستُختطَف قبل الأسبوع السبعين لنبوة دانيال. فبما أن فترة الضيقة ككلٍّ ستكون فترة «غضب الله»، فإن الكنيسة حتمًا ستُنقَذ قبل الضيقة كي يتحقق وعد الله لها بأن تفلت من غضب الله (١ تسالونيكي ١: ٩-١٠؛ رؤيا ٣: ١٠). إذن، يمثِّل الاختطاف قبل الضيقة مهمة إنقاذ، بها يخلِّص يسوع كنيسته من الغضب الإلهي للضيقة.

**ثانيًا**، يقول رأي «اختطاف منتصف الضيقة» [the midtribulational rapture view] إن الكنيسة ستُختطَف في منتصف الأسبوع السبعين لنبوة دانيال. فإن الكنيسة ستجتاز النصف الأول من الضيقة، ثم تُختطَف في منتصفه لتجنُّب أشد درجات غضب الله، التي ستتسم بها الفترة الأخيرة من الأسبوع السبعين لنبوة دانيال. ودون سبب محدَّد، يعتبر رأي اختطاف منتصف الضيقة أن النصف الأول من الضيقة ليس غضبًا إلهيًا، بل يُصِر على أننا سنشهد فيه غضب الإنسان والشيطان، وليس غضب الله.

**ثالثًا**، يُعلِّم رأي «اختطاف ما قبل الغضب» [the prewrath rapture view] أن الاختطاف سيقع في وقتٍ ما في الجزء الأخير من الضيقة، وسينجِّي الكنيسة من دينونات الأبواق والجامات، التي يعرِّفها هذا الرأي بأنها غضب الله. يحدث الاختطاف بعد منتصف الضيقة، لكن قبل المجيء الثاني ليسوع إلى الأرض.

**رابعًا**، يؤكد رأي «اختطاف ما بعد الضيقة» [the posttribulational rapture view] أن الاختطاف سيقع في وقت المجيء الثاني، وأنه المرحلة الأولى من المجيء الثاني ليسوع بالجسد. سوف تُختطَف الكنيسة -التي ستكون قد اجتازت فترة الضيقة- في الهواء كي تلاقي يسوع الآتي ثانية، الذي سوف ينزل بعد هذا مباشرة إلى الأرض مع شعبه. يمكن تشبيه سيناريو اختطاف ما بعد الضيقة برعايا ملكٍ يهرعون خارج المدينة كي يحيُّوا ملكهم العائد منتصرًا، ثم يعودون من فورهم إلى المدينة مرة أخرى. هذا هو الرأي الوحيد عن الاختطاف الذي يرى أن الكنيسة ستجتاز فترة الضيقة كاملة.

- ## أدلة تؤيِّد رأي اختطاف ما قبل الضيقة

يحظى رأي اختطاف ما قبل الضيقة بأكبر قدر من التأييد من الكتاب المقدس. وإننا نؤمن أنه هو الرأي الصائب لعدة أسباب. أولًا، قال يسوع إن الكنيسة ستُرفَع قبل ساعة التجربة العتيدة أن تأتي على الأرض كلِّها: «لِأَنَّكَ حَفِظْتَ كَلِمَةَ صَبْرِي، أَنَا أَيْضًا سَأَحْفَظُكَ مِنْ سَاعَةِ ٱلتَّجْرِبَةِ ٱلْعَتِيدَةِ أَنْ تَأْتِيَ عَلَى ٱلْعَالَمِ كُلِّهِ لِتُجَرِّبَ ٱلسَّاكِنِينَ عَلَى ٱلْأَرْضِ» (رؤيا ٣: ١٠). وَعَدَ يسوع بمكافأة على «الصبر»، هي الحفظ من فترة فريدة من نوعها – «سَاعَةِ ٱلتَّجْرِبَةِ ٱلْعَتِيدَةِ أَنْ تَأْتِيَ عَلَى ٱلْعَالَمِ كُلِّهِ». يساعدنا ذلك أن نجيب عن سؤال: لماذا الاختطاف؟ الاختطاف وَعْدٌ أو مكافأة للكنيسة على صبرها خلال الألم. فإن الكنيسة التي تقاسي تجارب العصر الحالي ستُحفَظ من ساعة التجربة الخاصة التي ستأتي على الساكنين على الأرض.

هل تعني عبارة «سَأَحْفَظُكَ مِنْ» (في اليونانية: *tēreō ek*) التي جاءت في رؤيا ٣: ١٠ «حالة من الأمان المستمر خارج الشيء»، أم «خروج آمن من داخل الشيء بعد اجتياز مخاطره»؟ يتفق المعنى الأول مع رأي اختطاف ما قبل الضيقة، ويتفق الثاني مع رأي اختطاف ما بعد الضيقة. ينقل حرف الجر اليوناني (*ek*) أحيانًا ولكن ليس دائمًا فكرة الخروج الآمن من داخل شيء ما. نجد مثالَين بارزَين لاستخدام حرف الجر هذا في ٢ كورنثوس ١: ١٠، وفي ١ تسالونيكي ١: ١٠. في نص رسالة كورنثوس الثانية، يروي بولس كيف نجَّاه الله من الموت. في هذا النص، لم يخرج بولس بسلام من داخل حالة الموت، لكنه أُنقِذ من خطر محتمَل. ويُعَد نص ١ تسالونيكي ١: ١٠ أكثر إقناعًا، إذ فيه يصرِّح بولس بأن

يسوع سينقِذ المؤمنين من الغضب الآتي. لم يكن المقصود هنا هو الخروج بأمان بعد المرور عبر شيء ما، بل بالأحرى الحماية من دخوله.

كذلك، لو كان رؤيا ٣: ١٠ يشير إلى حماية إلهية داخل ساعة التجربة، ماذا إذن عن الذين ماتوا من أجل يسوع في ذلك الوقت؟ ألم يكن هؤلاء مشمولين بالحماية؟ إن استشهاد القديسين على نحو واسع النطاق في فترة الضيقة يطالبنا بأن نقبل أن يكون معنى هذا الوعد هو «الحفظ خارج» ساعة التجربة، وليس «الحفظ داخلها».

**ثانيًا**، لا يرد أيُّ ذكر للكنيسة في الأصحاحات ٦–١٨ من سفر الرؤيا. فإن اللفظ المعتاد الذي استُخدِم في العهد الجديد لكلمة «كنيسة» هو *ekklēsia*؛ وقد استُخدِم تسع عشرة مرة في رؤيا ١–٣ للإشارة إلى كنيسة القرن الأول التاريخية. لكن، تظهر كلمة «كنيسة» مرة واحدة أخرى في سفر الرؤيا، في ختام السفر (رؤيا ٢٢: ١٦)، في حين لم يرد ذكرٌ لها قط في رؤيا ٦–١٨. ما أهمية هذه الفكرة؟ من غير المحتمل أن ينتقل يوحنا من إصدار تعليمات تفصيلية للكنيسة في رؤيا ١–٣ إلى الصمت التام بشأن الكنيسة لمدة ثلاثة عشر أصحاحًا لو كانت الكنيسة ستظل باقية على الأرض في فترة الضيقة. فلو كانت الكنيسة ستجتاز الضيقة، فقطعًا كانت الدراسة الأكثر تفصيلًا لأحداث الضيقة من شأنها أن تشمل دور الكنيسة في هذه الفترة. لكن، لم يحدث هذا. وإن رأي اختطاف ما قبل الضيقة هو أفضل تفسير للغياب التام «للكنيسة» على الأرض في أثناء أحداث رؤيا ٦–١٨.

**ثالثًا**، يصير الاختطاف غير منطقي لو كانت الكنيسة ستجتاز الضيقة. فلو كان الله سيحفظ الكنيسة بطريقة معجزية داخل فترة الضيقة، فلماذا الاختطاف من الأساس؟ لو كان الغرض منه هو تجنُّب غضب الله في معركة هرمجدون، فلماذا لا يستمر الله في حماية القديسين على الأرض من هذه المعركة كما حمى الكنيسة عبر الأحداث المؤدية إليها (كما يفترض رأي اختطاف ما بعد الضيقة)، أو كما حمى إسرائيل من الضربات في أرض مصر (خروج ٨: ٢٢؛ ٩: ٤، ٢٦؛ ١٠: ٢٣؛ ١١: ٧)؟

فضلًا عن هذا، لو كان الاختطاف سيحدث بالارتباط بمجيء سيقع بعد فترة الضيقة، فإن حدث فصل الخراف عن الجداء، المذكور في متى ٢٥: ٣١–٤٦، الذي يقع بعد المجيء، سيكون إذن تكرارًا لا داعي له، لأن الفصل سيكون قد حدث بالفعل في الاختطاف، ولا داعي لفصل آخر. أيضًا، لو كان جميع مؤمني الضيقة سيُختَطَفون ويمجَّدون قبل المُلك الألفي مباشرة، فمن سيكونون سكان المملكة؟ وكيف سيكون لكلِّ مؤمن جسد ممجَّد في ذلك الوقت في حين يُبيِّن الكتاب المقدس أن غير المؤمنين الأحياء سيدانون في نهاية فترة الضيقة، ويبادون من الأرض (متى ١٣: ٤١–٤٢؛ ٢٥: ٤١). هذه الحقائق متعارضة مع تعليم الكتاب المقدس بأن المؤمنين سينجبون أبناءً في أثناء الملك الألفي، وسيكون لهؤلاء الأبناء القدرة على ارتكاب الخطية والتمرُّد (إشعياء ٦٥: ٢٠؛ راجع رؤيا ٢٠: ٧–١٠)، وهو ما لن يكون ممكنًا لو كان جميع المؤمنين على الأرض قد تمجَّدوا بالفعل في اختطاف يقع بعد الضيقة.

فضلًا عن ذلك، لا يتيح نموذج اختطاف ما بعد الضيقة، حيث تُختَطَف الكنيسة ثم ترجع على الفور إلى الأرض، أيَّ وقتٍ لمحاكمة كرسي المسيح أو البيما (١ كورنثوس ٣: ١٠–١٥؛ ٢ كورنثوس ٥: ١٠)،

أو لعشاء العرس (رؤيا ١٩: ٦-١٠). ومن ثَمَّ، فإن توقيت اختطاف ما بعد الضيقة غير منطقي زمنيًّا، لأنه متضارب مع دينونة الخراف والجداء للأمة، ومع حدثَين محوريَّين سيقعان في الأيام الأخيرة. لكن، يتلافى اختطاف ما قبل الضيقة هذه العقبات.

**رابعًا**، لا تحوي الرسائل أية تحذيرات من أجل إعداد مؤمني عصر الكنيسة لدخول ضيقة توشك أن تأتي عليهم. تحوي تعليمات ووصايا الله للكنيسة في الرسائل مجموعة متنوِّعة من التحذيرات، دون وجود أي تحذير من شأنه إعدادهم لدخول الضيقة وتَحَمُّلِها. يحذِّر العهد الجديد بشدة من ضلال آتٍ، ومن أنبياء كذبة (أعمال الرسل ٢٠: ٢٩-٣٠؛ ٢بطرس ٢: ١؛ ١يوحنا ٤: ١-٣؛ يهوذا ٤)، كما يُحذِّر من السلوك في الخطية والإثم (أفسس ٤: ٢٥-٥: ٧؛ ١تسالونيكي ٤: ٣-٨؛ عبرانيين ١٢: ١). كما يحث العهد الجديد المؤمنين على الصبر في وسط الضيق الحاضر (١تسالونيكي ٢: ١٣-١٤؛ ٢تسالونيكي ١: ٤). لكن، صمتت الرسائل تمامًا بشأن إعداد الكنيسة للضيقة العالمية والكارثية التي يصفها رؤيا ٦-١٨. من الصعب أن يلتزم الكتاب المقدس الصمت بشأن حدث بشع كهذا سيأتي على الكنيسة لو كان على الكنيسة أن تجتاز فيه. فلو كانت الكنيسة ستجتاز أي جزء من فترة الضيقة، لتوقَّعنا أن تعلِّم الرسائل عن حياة الكنيسة، وعن هدفها، وسلوكها في هذه الفترة؛ لكننا لا نجد أيَّ تعليم عن هذا الأمر. وإن رأي اختطاف ما قبل الضيقة وحده هو الذي يفسِّر بصورة مُرضية غياب أي تعليم للكنيسة من هذا القبيل.

**خامسًا**، يقتضي نص ١ تسالونيكي ٤: ١٣-١٨ وقوع الاختطاف قبل فترة الضيقة. فلو افترضنا صحة أيِّ رأي آخر بشأن الاختطاف، ماذا كنا سنتوقع أن نجد في الأصحاح الرابع من رسالة تسالونيكي الأولى؟ كنا سنجد نقيض الأفكار التي نجدها فيه. بادئ ذي بدء، كنا سنتوقع أن يفرح أهل تسالونيكي لأن أحباءهم انتقلوا ليكونوا مع الرب، ولن يقاسوا أهوال الضيقة. لكن على النقيض، نكتشف أنهم كانوا حزانى ونائحين لأنهم خشوا أن يفوت حدث الاختطاف أحباءهم. وفقط رأي اختطاف ما قبل الضيقة هو الذي يمكنه تفسير سبب هذا الحزن. كذلك، كنا لنتوقع أن يحزن أهل تسالونيكي لأجل الضيق وشيك الحدوث، وليس لأجل أحبائهم الذين أفلتوا منه. علاوة على ذلك، كنا لنتوقع أن ينتابهم الفضول، وأن تثار لديهم تساؤلات بشأن مستقبلهم. لكن لم يكن لدى أهل تسالونيكي أية مخاوف أو تساؤلات بشأن الضيقة الآتية. كما كنا لنتوقع أن يعطيهم بولس تعليمات وتحريضات بشأن هذا الامتحان الفائق. لكننا لسنا نجد في النص أية إشارة إلى أية ضيقة وشيكة.

**سادسًا**، إن أوجه الشبه الشديدة بين نص يوحنا ١٤: ١-٣ ونص ١ تسالونيكي ٤: ١٣-١٨، اللذين يتحدثان عن المجيء الثاني للمسيح، تلائم حدوث الاختطاف قبل الضيقة:

١. وعد الوجود مع المسيح
«حَيْثُ أَكُونُ أَنَا تَكُونُونَ أَنْتُمْ أَيْضًا» (يوحنا ١٤: ٣)
«وَهَكَذَا نَكُونُ كُلَّ حِينٍ مَعَ ٱلرَّبِّ» (١ تسالونيكي ٤: ١٧)

٢. وعد الراحة والعزاء
«لَا تَضْطَرِبْ قُلُوبُكُمْ» (يوحنا ١٤: ١)
«لِذَلِكَ عَزُّوا بَعْضُكُمْ بَعْضًا بِهَذَا ٱلْكَلَامِ» (١ تسالونيكي ٤: ١٨)

أخبر يسوع التلاميذ أنه ذاهب إلى بيت أبيه (السماء) كي يُعد لهم مكانًا، ووعدهم بأن يأتي ثانية ليأخذهم، حتى يكونوا معه حيث يكون هو (يوحنا ١٤: ١-٣). وفي حين أن عبارة «حَيْثُ أَكُونُ أَنَا» توحي ضمنًا بالوجود المستمر بوجه عام، لكنها تعني هنا وجودًا في السماء على وجه الخصوص. قال الرب للفريسيين في يوحنا ٧: ٣٤، «حَيْثُ أَكُونُ أَنَا لَا تَقْدِرُونَ أَنْتُمْ أَنْ تَأْتُوا». لم يكن يسوع يتحدث هنا عن إقامته الحالية على الأرض، بل عن وجوده قائمًا من بين الأموات عن يمين الآب. إذن، لا بد لعبارة «حَيْثُ أَكُونُ أَنَا»، الواردة في يوحنا ١٤: ٣، أن يكون معناها «في السماء»، وإلا لن يكون المعنى منطقيًا.

يستلزم رأى اختطاف ما بعد الضيقة التقاء القديسين بالمسيح في الهواء، ثم نزولهم على الفور إلى الأرض دون أن يختبروا ما وَعَدَهم به الرب في الأصحاح الرابع عشر من إنجيل يوحنا. وبما أن هذا الأصحاح يشير إلى الاختطاف، دون وجود أية إشارة إلى دينونة، فإن اختطافًا قبل الضيقة هو فقط الذي يلائم لغة يوحنا ١٤: ١-٣، ويتيح للقديسين المختَطَفين الإقامة لبعض الوقت مع المسيح في بيت أبيه.

**سابعًا**، تختلف الأحداث التي ستقع عند مجيء المسيح ثانية إلى الأرض بعد فترة الضيقة عن أحداث الاختطاف. فإن قارنًا بين ما يحدث في الاختطاف -كما جاء في نص ١ تسالونيكي ٤: ١٣-١٨، ونص ١ كورنثوس ١٥: ٥٠-٥٨- وما يقع في الأحداث الأخيرة المحيطة بمجيء المسيح ثانية في متى ٢٤-٢٥، سنلاحظ سبعة أوجه اختلاف كبرى على الأقل، الأمر الذي يستلزم وقوع الاختطاف والمجيء الثاني للمسيح في توقيتين مختلفين:

١. في الاختطاف، سيأتي المسيح في الهواء، ثم يعود إلى السماء (١ تسالونيكي ٤: ١٧)، بينما في الحدث الأخير للمجيء الثاني، سيأتي المسيح إلى الأرض، كي يقيم فيها ويملك عليها (متى ٢٥: ٣١-٣٢).

٢. في الاختطاف، سيجمع المسيح الذين هم له (١ تسالونيكي ٤: ١٦-١٧)، بينما في المجيء الثاني، سيقوم الملائكةُ بجمع المختارين (متى ٢٤: ٣١).

٣. في الاختطاف، يأتي المسيح كي يكافئ (١ تسالونيكي ٤: ١٧)، بينما في المجيء الثاني، يأتي المسيح كي يدين (متى ٢٥: ٣١-٤٦).

٤. في الاختطاف، القيامة حدثٌ بارزٌ في مجيء يسوع (١ تسالونيكي ٤: ١٥-١٦)، بينما في المجيء الثاني، لا يرد أي ذكر لقيامة تحدث مع نزول المسيح.

٥. في الاختطاف، يرحل المؤمنون عن الأرض (١ تسالونيكي ٤: ١٥–١٧)، بينما في المجيء الثاني، يؤخذ غير المؤمنين من الأرض (متى ٢٤: ٣٧–٤١).

٦. في الاختطاف، يظل غير المؤمنين على الأرض (يُفهَم هذا ضمنًا)، بينما في المجيء الثاني، يظل المؤمنون على الأرض (متى ٢٥: ٣٤).

٧. في الاختطاف، لا يرد أيُّ ذكر لملكوت المسيح على الأرض، بينما في المجيء الثاني، يقام ملكوت المسيح على الأرض (متى ٢٥: ٣١، ٣٤).

٨. في الاختطاف، يأخذ المؤمنون أجسادًا ممجدة (راجع ١ كورنثوس ١٥: ٥١–٥٧)، بينما في المجيء الثاني، لا يأخذ أحد من الأحياء أجسادًا ممجَّدة.

بالإضافة إلى ذلك، تؤكِّد العديد من أمثال المسيح في الأصحاح الثالث عشر من إنجيل متى هذه الاختلافات بين الاختطاف ومجيء المسيح ثانية إلى الأرض. ففي مَثَل القمح والزوان، يؤخَذ الزوان (غير المؤمنين) من بين القمح (المؤمنين) وهذا سيحدث في المجيء الثاني (متى ١٣: ٣٠، ٤٠)، في حين يؤخَذ المؤمنون من بين غير المؤمنين في الاختطاف (١ تسالونيكي ٤: ١٥–١٧). وفي مَثَل شبكة صيد السمك، يؤخَذ السمك الرديء (غير المؤمنين) من بين السمك الجيد (المؤمنين) عند مجيء المسيح ثانية (متى ١٣: ٤٨–٥٠)، بينما يؤخذ المؤمنون من بين غير المؤمنين في الاختطاف (١ تسالونيكي ٤: ١٥–١٧). وأخيرًا، لا يرد أيُّ ذكر للاختطاف في النصوص التي تتحدث عن المجيء الثاني بالتفصيل، وهي الأصحاح الرابع والعشرين من إنجيل متى، والأصحاح التاسع عشر من سفر الرؤيا.

- **فترة الضيقة**

وَعَدَ يسوع أتباعه بأن يكون لهم ضيق في العالم (يوحنا ١٦: ٣٣). وقد تحقَّق هذا إذ تألَّمَ مؤمنون كثيرون وماتوا من أجل قضية المسيح. لكن، تنبأ يسوع أيضًا عن فترة زمنية فريدة من نوعها، ستكون أقسى وأصعب الفترات في تاريخ البشر: «لِأَنَّهُ يَكُونُ حِينَئِذٍ ضِيقٌ عَظِيمٌ لَمْ يَكُنْ مِثْلُهُ مُنْذُ ٱبْتِدَاءِ ٱلْعَالَمِ إِلَى ٱلْآنَ وَلَنْ يَكُونَ» (متى ٢٤: ٢١). تُدعى هذه الفترة الفريدة من نوعها الضيقة أو فترة الضيقة، بناء على استخدام يسوع لهذا المصطلح في متى ٢٤: ٩، ٢١. فإن فترة الضيقة هي فترة من الدينونات الإلهية التي تسبق مجيء يسوع المسيح ثانية، وإقامة ملكوته على الأرض. ستدوم هذه الفترة سبع سنين، وفقًا للأسبوع السبعين المستقبلي لنبوة دانيال، الذي تبلغ مدته سبع سنين (دانيال ٩: ٢٧).

يكشف الكتاب المقدس أمورًا عن الضيقة الآتية تفوق ما كشفه عن أي حدث نبوي آخر عتيد أن يأتي. فقد تنبأ العهد القديم عن فترة من الضيق ستأتي على إسرائيل، بالارتباط بإعادة جمع إسرائيل من الأمم. ففي تثنية ٤: ٣٠، قال الله لشعب إسرائيل: «عِنْدَمَا ضُيِّقَ عَلَيْكَ وَأَصَابَتْكَ كُلُّ هَذِهِ ٱلْأُمُورِ فِي آخِرِ ٱلْأَيَّامِ، تَرْجِعُ إِلَى ٱلرَّبِّ إِلَهِكَ وَتَسْمَعُ لِقَوْلِهِ». وتنبأ إرميا عن «وَقْت ضِيقٍ عَلَى يَعْقُوبَ» (إرميا ٣٠: ٧). كما تنبأ صفنيا عن «يَوْمِ ضِيقٍ وَشِدَّةٍ» (صفنيا ١: ١٥). وأطلق إشعياء على هذا اليوم اسم «يَوْمَ ٱنْتِقَامٍ، سَنَةَ جَزَاءٍ مِنْ أَجْلِ دَعْوَى صِهْيَوْنَ» (إشعياء ٣٤: ٨).

وفي العهد الجديد، يمدُّنا متى ٢٤-٢٥ (مع مرقس ١٣؛ ولوقا ٢١)، بالإضافة إلى الأصحاحات ٦-١٩ من سفر الرؤيا، بأكثر المعلومات تفصيلًا عن فترة الضيقة. تحدَّث يسوع عن «أوجاع مخاض»، مثل حُرُوبٍ، وَأَخْبَارِ حُرُوبٍ ... ومَجَاعَاتٌ ... وَزَلَازِلُ فِي أَمَاكِنَ عديدة (متى ٢٤: ٤-٨). وسيشتد الاضطهاد على أتباع يسوع (متى ٢٤: ٩). ويحدث ارتداد وخيانة (متى ٢٤: ١٠)، ويقوم أنبياء كذبة كثيرون (متى ٢٤: ١١)، ويَكثُر الإثم والفجور (متى ٢٤: ١٢). لكن في خضم هذه الفترة الرهيبة، سيُكرَز ببشارة الملكوت إلى كلِّ المسكونة (متى ٢٤: ١٤)، وسيَخلُص يهود وأمم على حد سواء (رؤيا ٧: ٤-٩).

ومن أهم أحداث هذه الفترة هو تتميم نبوة «رجسة الخراب»، التي كان دانيال هو أول من تحدَّث عنها (دانيال ٩: ٢٧). وفقًا للتسلسل الزمني لنبوة دانيال، سيقع هذا الحدث الفارق في منتصف فترة الضيقة، أو بعد ثلاث سنين ونصف. يصف هذا الحدث نقض ضد المسيح لعهده مع إسرائيل، محاولًا وقف نظام العبادة اليهودية في الهيكل. ذَكَرَ بولس أن «إِنْسَانُ الْخَطِيَّةِ» هذا سيَدخل الهيكل مُعلِنًا نفسه إلهًا (٢ تسالونيكي ٢: ٣-٤). هذا الحدث سيُطلِقُ اضطهادًا عنيفًا على إسرائيل. ولهذا، حذر يسوع سكان اليهودية بأن يهربوا دون أن يفكِّروا في العودة لأخذ شيء من بيوتهم (متى ٢٤: ١٦-٢٠). وفي نهاية هذه الفترة، تحدث آيات كونية: «وَلِلْوَقْتِ بَعْدَ ضِيقِ تِلْكَ الأَيَّامِ تُظْلِمُ الشَّمْسُ، وَالْقَمَرُ لَا يُعْطِي ضَوْءَهُ، وَالنُّجُومُ تَسْقُطُ مِنَ السَّمَاءِ» (متى ٢٤: ٢٩)، ثم يأتي يسوع ثانية إلى الأرض في قوة ومجد (متى ٢٤: ٣٠)، ويجمع مختاريه (متى ٢٤: ٣١). وسيصاحب مجيء يسوع ثانية في مجد مع ملائكته وقوع دينونة على الأمم لتحديد مَن سيدخلون ملكوته (متى ٢٥: ٣١-٤٦).

يعرض رؤيا ٦-١٩ بالتفصيل الدينونات التي ستحلُّ في أثناء فترة الضيقة في صورة أختام، وأبواق، وجامات. ستكون هذه الدينونات الهائلة متعاقبة بوجه عام، وهي تكشف عن تصاعُد وتفاقم حِدَّة دينونات الله على العالم غير المؤمن، وعلى مملكة ضد المسيح. وبما أن يسوع هو من سيفتتح دينونات الأختام، فإن جميع الدينونات التالية لها إذن هي نتاج غضب الله وغضب يسوع (رؤيا ٦: ١). تشمل الأختام الستة: (١) مجيء ضد المسيح، (٢) حرب، (٣) مجاعة، (٤) موت، (٥) استشهاد، (٦) زلزال (رؤيا ٦: ٢-١٢). وتُعَد هذه الأحداث وثيقة الصلة بظروف «أوجاع المخاض» التي نقرأ عنها في متى ٢٤: ٤-٧. وعند حلول وقت الختم السادس (الزلزال)، يُدرِكُ البشر الساكنون على الأرض أنهم يواجهون غضبًا شديدًا من الله والخروف (رؤيا ٦: ١٦-١٧). لن يبدأ غضب الله في ذلك الوقت، لأنه بدأ بالفعل مع الختم الأول؛ لكن في ذلك الوقت، يتيقن سكان الأرض أن ما يجتازون فيه هو غضب الله.

بعد ذلك، يؤدِّي الختم السابع إلى الموجة الثانية من الدينونات – أي الأبواق السبعة:

١. البوق الأول: احتراق ثلث الأرض، والأشجار، والعشب الأخضر (رؤيا ٨: ٧)

٢. البوق الثاني: موت ثلث الكائنات البحرية، وتحطُّم ثلث السفن (٨: ٨-٩).

٣. البوق الثالث: تلوُّث ثلث المياه، وموت كثيرٍ من الناس (٨: ١٠-١١).

٤. البوق الرابع: إظلام ثلث الشمس، والقمر، والنجوم (٨: ١٢).

٥. البوق الخامس: إطلاق سراح جراد/شياطين على الأرض لتعذيب الناس (٩: ١-١١)

٦. البوق السادس: فك أربعة شياطين مقيَّدين لقتل ثلث البشر (٩: ١٣-١٩).

٧. البوق السابع: المناداة بمُلك المسيح (١١: ١٥-١٨)

تأتي بعد ذلك المجموعة الأخيرة من الدينونات، وهي دينونات الجامات، التي تأتي في وقت لاحق من فترة الضيقة في تعاقب سريع. وهي دينونات قاسية وعنيفة إلى أقصى حد:

١. الجام الأول: دَمَامِلُ خَبِيثَةٌ وَرَدِيَّةٌ عَلَى النَّاسِ (رؤيا ١٦: ٢)

٢. الجام الثاني: صار البحر دمًا، وَكُلُّ نَفْسٍ حَيَّةٍ مَاتَتْ فِي الْبَحْرِ (١٦: ٣)

٣. الجام الثالث: الأنهار وينابيع المياه تصير دمًا (١٦: ٤-٧)

٤. الجام الرابع: الشمس تحرق الناس بنار وحرارة (١٦: ٨-٩)

٥. الجام الخامس: ظلام ووجع شديد يصيب البشر (١٦: ١٠-١١)

٦. الجام السادس: نهر الفرات نشفت مياهه، لِكَيْ يُعَدَّ طَرِيقُ الْمُلُوكِ الَّذِينَ مِنْ مَشْرِقِ الشَّمْسِ (١٦: ١٢-١٦)

٧. الجام السابع: زَلْزَلَةٌ عَظِيمَةٌ، تقسم الْمَدِينَةُ الْعَظِيمَةُ ثَلاَثَةَ أَقْسَامٍ، وسقوط مدن، وَبَرَدٌ عَظِيمٌ ينزل مِنَ السَّمَاءِ (١٦: ١٧-٢١).

هناك غرض ثنائي من الضيقة. **أولاً**، سيستخدم الله الضيقة لأجل خلاص إسرائيل؛ ويتصل هذا الأمر بتتميم المقاصد المشار إليها في دانيال ٩: ٢٤، مثل تولّي أمر خطية إسرائيل بشكل نهائي، والإتيان بالبر الأبدي، ومسح الهيكل. كذلك، يقول إرميا ٣٠: ٧ إن هذا سيكون «وَقْتُ ضِيقٍ عَلَى يَعْقُوبَ [إسرائيل]»، إلا أن إسرائيل «سَيُخَلَّصُ مِنْهُ». ستدخل إسرائيل الضيقة قاطعة عهدًا مع ضد المسيح، لكنها ستخرج من هذه الفترة في النهاية طالبة المسيَّا.

**ثانيًا**، سيستخدم الله الضيقة كي يدين العالم غير المؤمن. يصف رؤيا ٣: ١٠ الضيقة بأنها «سَاعَةِ التَّجْرِبَةِ الْعَتِيدَةِ أَنْ تَأْتِيَ عَلَى الْعَالَمِ كُلِّهِ لِتُجَرِّبَ السَّاكِنِينَ عَلَى الأَرْضِ»؛ ويصفها الأصحاح الرابع والعشرون من سفر إشعياء بأنها وقت من القضاء الكوني الشامل، فيه «الرَّبُّ يُخْلِي الأَرْضَ وَيُفْرِغُهَا»، و«يَقْلِبُ وَجْهَهَا وَيُبَدِّدُ سُكَّانَهَا» (إشعياء ٢٤: ١). وسبب ذلك هو خطية الإنسان: «لأَنَّهُمْ تَعَدَّوْا الشَّرَائِعَ، غَيَّرُوا الْفَرِيضَةَ، نَكَثُوا الْعَهْدَ الأَبَدِيَّ» (إشعياء ٢٤: ٥). وهكذا، فإن الضيقة وقتٌ من الغضب الكوني الشديد من الله على عالم خاطئ ومتمرد.

- ضد المسيح

تنبَّأ الكتاب المقدس عن مجيء شخصية ضد المسيح؛ وهو ممثِّل عن الشيطان الذي هو تجسيدٌ للشر. وَرَدَ لقب «ضد المسيح» (في اليونانية *antichristos*) في ١ يوحنا ٢: ١٨، «أَيُّهَا الأَوْلاَدُ، هِيَ السَّاعَةُ الأَخِيرَةُ. وَكَمَا سَمِعْتُمْ أَنَّ ضِدَّ الْمَسِيحِ يَأْتِي، قَدْ صَارَ الآنَ أَضْدَادٌ لِلْمَسِيحِ كَثِيرُونَ». أشار يوحنا هنا إلى شخص محدَّد سيأتي يسمَّى ضد المسيح، ولكنه تحدَّث أيضًا عن «أَضْدَادٌ لِلْمَسِيحِ» جاءوا بالفعل.

هؤلاء ليسوا هم شخص ضد المسيح نفسه، لكنهم يعملون بروح ضد المسيح، إذ يقاومون شخص يسوع وكلَّ ما يمثِّله. يمكننا أن نتوقع مجيء كثيرين بروح ضد المسيح، بينما نعرف في الآن ذاته أن إنسانًا محدَّدًا ضدًا للمسيح لا يزال عتيدًا أن يأتي.

يمكن لبادئة الكلمة *anti* أن تعني «ضد» أو «بديل عن». إذن، هل ضد المسيح الآتي هو «ضد» صريحٌ ليسوع، أم نسخة زائفة منه يتظاهر بأنه المسيَّا؟ يمكن لكلا الفكرتين أن تكونا صحيحتين. فهو نسخة زائفة من المسيَّا، لأنه سيُقيم معاهدة خادعة مع شعب إسرائيل (دانيال ٩: ٢٧)، ويدَّعي أنه مخلِّصهم. ولكنه أيضًا ضد صريحٌ ليسوع لأنه يقاوم يسوع وقدِّيسيه. فهو أيضًا سيضطهد إسرائيل في منتصف الأسبوع السبعين لنبوة دانيال. في المجمل، هو نسخة زائفة من المسيح، وهو في الآن ذاته يقاوم المسيح.

يقدم لنا سفر دانيال أكثر المعلومات تفصيلًا في العهد القديم عن ضد المسيح. هذا الشخص الشرير هو الحاكم السياسي المجدِّف، «القرن الصغير»، الذي يتكلَّم بعظائم وكلمات تفاخُر، ويشن حربًا على قديسي الله (دانيال ٧: ٨، ٢١)؛ وهو «الرئيس» الشرير الذي يخرج من الرومان (دانيال ٩: ٢٦). يقطع هذا الرئيس عهدًا مع الشعب اليهودي لمدة سبع سنين، لكنه ينكث هذا العهد في منتصف هذه الفترة، ويوقف نظام الذبائح اليهودي، ويخرب الهيكل (دانيال ٩: ٢٧). وبحسب دانيال ١١: ٣٦-٤٥، هو أيضًا الملك الذي يَفْعَلُ كَإِرَادَتِهِ، وَيَرْتَفِعُ وَيَتَعَظَّمُ، وَيَتَكَلَّمُ ضد الله، وَبِكُلِّ إِلَهٍ لَا يُبَالِي، ويتكل على قوته العسكرية.

يصف الرسول بولس ضد المسيح بأنه «إِنْسَانُ الْخَطِيَّةِ» (٢ تسالونيكي ٢: ٣). واستنادًا إلى دانيال ٩: ٢٦-٢٧، ودانيال ١١: ٣٦-٤٥، كَشَفَ بولس أن مجيء هذا الإنسان الشرير سيكون مرتبطًا بيوم الرب (٢ تسالونيكي ٢: ١-٢). هذا الشخص هو «الْمُقَاوِمُ وَالْمُرْتَفِعُ عَلَى كُلِّ مَا يُدْعَى إِلَهًا أَوْ مَعْبُودًا، حَتَّى إِنَّهُ يَجْلِسُ فِي هَيْكَلِ اللهِ كَإِلَهٍ، مُظْهِرًا نَفْسَهُ أَنَّهُ إِلَهٌ» (٢تسالونيكي ٢: ٤). وسيرتبط وجوده في هيكل الله بخراب الهيكل الذي تنبأ عنه دانيال ٩: ٢٧. أشار يسوع إلى هذا الحدث ووصفه بأنه «رِجْسَةَ الْخَرَابِ الَّتِي قَالَ عَنْهَا دَانِيآلُ النَّبِيُّ قَائِمَةً فِي الْمَكَانِ الْمُقَدَّسِ» (متى ٢٤: ١٥). هذا الحدث التخريبي البشع سيؤدي إلى اضطهاد شديد في اليهودية، حذر يسوع بشأنه في متى ٢٤: ١٦-٢٢.

أُعلنت أكثر المعلومات تفصيلًا عن ضد المسيح للرسول يوحنا، ودوِّنت في الأصحاح الثالث عشر من سفر الرؤيا. وَصَفَ يوحنا هذا الشخص بأنه «وحشٌ»، يأتي من الأمم، مؤيَّدًا بقوة من الشيطان (رؤيا ١٣: ١-٢). وهو سيتعافى من جرح مميت بواسطة قيامة من نوع ما تجعل العالم يتعجَّب منه (رؤيا ١٣: ٣). كما أنه سيجدِّف على الله (رؤيا ١٣: ٥-٦)، ويشن حربًا على القديسين، ويمارس سلطانًا على الأرض (رؤيا ١٣: ٧-٨). كذلك، سيحاول إقامة مملكة دائمة على الأرض لصالح الشيطان.

يوجد جدل حول ما إن كان ضد المسيح سيكون يهوديًا أم أمميًّا. نجد دليلًا محتمَلًا على أنه سيكون يهوديًّا في دانيال ١١: ٣٧، الذي يقول إنه «لَا يُبَالِي بِآلِهَةِ آبَائِهِ». بعض الترجمات مثل ترجمة KJV الإنجليزية وضعت كلمة «آلهة» في صيغة المفرد، أي «إله». لو كان هذا صحيحًا، فهذا الشخص إذن

سيرفض إله آباء اليهود. لكن غالبية الترجمات الأخرى تترجم الكلمة «آلهة»، مما يرجِّح أن المقصود بها هو آلهة الأمم. هذا الرأي الأخير هو الأرجح. إذن، سيأتي ضد المسيح من دول أوروبية (دانيال ٧: ٧-٨، ٢٣-٢٥؛ راجع رؤيا ١٣: ١). أيضًا، بما أنه هو الرئيس الذي سيأتي من الشعب الذي خرَّب أورشليم والهيكل في عام ٧٠ م (دانيال ٩: ٢٧)، فلا بد أنه سيأتي من الإمبراطورية الرومانية، لأن الرومان هم الذين خرَّبوا أورشليم والهيكل. كذلك، تؤيد نبوة دانيال عن أنتيخوس أبيفانس الرابع (٢١٥-١٦٤ ق.م.)، التي جاءت في دانيال ٨: ٩-١٤، ٢٣-٢٥ الرأي القائل إن ضد المسيح سيكون أمميًّا. كان أنتيخوس من سوريا، وقد نجَّس الهيكل اليهودي نحو عام ١٦٧ ق.م.، عن طريق إقامة عبادة الإله زيوس في أورشليم، والأمر بذبح خنزير داخل الهيكل. يبدو هذا الفعل التخريبي ظلًّا مسبقًا لما سيفعله ضد المسيح الذي يتحدث عنه دانيال ٩: ٢٧. وبما أن أنتيخوس كان أمميًّا، فعلى الأرجح سيكون ضد المسيح أمميًّا أيضًا.

في حين يُعَد ضد المسيح شخصية مرعبة وقوية، لكنه لن يبقى طويلًا، وسوف يباد. يقول بولس إن يسوع «يُبِيدُهُ [إنسان الخطية] بِنَفْخَةِ فَمِهِ، وَيُبْطِلُهُ بِظُهُورِ مَجِيئِهِ» (٢ تسالونيكي ٢: ٨). ويقول دانيال إن النهاية المقضي بها سوف تُصَبُّ «عَلَى الْمُخَرِّبِ» (دانيال ٩: ٢٧)، وإنه «يَبْلُغُ نِهَايَتَهُ وَلَا مُعِينَ لَهُ» (دانيال ١١: ٤٥). سيُطرَح هذا «الوحش» في بحيرة النار عند مجيء يسوع ثانية، حيث يُختَم على مصيره إلى الأبد (رؤيا ١٩: ٢٠).

- ### يوم الرب[٣٨]

تشكِّل العبارة الكتابية «يوم الرب» مصطلحًا رئيسيًّا لفهم إعلان الله عن المستقبل. وقد استند استخدام كُتَّاب العهد الجديد لمصطلح «يوم الرب» على فهمهم لأنبياء العهد القديم. يبيِّن مسحٌ للعهد القديم أن الأنبياء استخدموا هذا المصطلح للإشارة إلى كلٍّ من أحداث تاريخية قريبة، وأحداث أخروية في المستقبل البعيد تتعلق بغضب الله. وقد التقط كُتَّاب العهد الجديد الاستخدام الأخروي للمصطلح، وطبَّقوا «يوم الرب» على كلٍّ من الدينونة التي تنهي فترة الضيقة وتصل بها إلى ذروتها، والدينونة التي ستؤدي إلى بدء الأرض الجديدة.

تظهر عبارة «يوم الرب»، أو عبارات أخرى قريبة منها للغاية، تسع عشرة مرة في العهد القديم (عوبديا ١٥؛ يوئيل ١: ١٥؛ ٢: ١، ١١، ٣١؛ ٣: ١٤؛ عاموس ٥: ١٨ [مرتين]، ٢٠؛ إشعياء ٢: ١٢؛ ١٣: ٦، ٩؛ صفنيا ١: ٧، ١٤ [مرتين]؛ حزقيال ١٣: ٥؛ ٣٠: ٣؛ زكريا ١٤: ١؛ ملاخي ٤: ٥). وتظهر عبارة «يوم الرب» في أربعة نصوص في العهد الجديد لا جدال فيها: أعمال الرسل ٢: ٢٠؛ ١تسالونيكي ٥: ٢؛ ٢تسالونيكي ٢: ٢؛ ٢بطرس ٣: ١٠. ووُصِفت هذه الفترة أربع مرات باسم «يوم نقمة» أو «يوم انتقام» (إشعياء ٣٤: ٨؛ ٦١: ٢؛ ٦٣: ٤؛ إرميا ٤٦: ١٠). كما يدعوها العهد الجديد «يوم الغضب» (رومية ٢: ٥)، و«يوم الافتقاد» (١بطرس ٢: ١٢)، و«الْيَوْمِ الْعَظِيمِ، يَوْمِ اللهِ الْقَادِرِ عَلَى كُلِّ شَيْءٍ» (رؤيا ١٦: ١٤).

---

٣٨ هذا الجزء مقتبَس بتصرُّف من المصدر التالي، بتصريح من MSJ:
Richard L. Mayhue, “The Bible’s Watchword: Day of the Lord,” *MSJ* 22, no. 1 (2011):88–65 .
وللاطِّلاع على دراسة أكثر تفصيلًا لهذا الموضوع، انظر المقال كاملًا.

منذ سقوط الإنسان في الأصحاح الثالث من سفر التكوين، بات الجنس البشري في حالة من التمرد على خالقه. لكن سيأتي وقت فيه يدين الله العالم أجمع بغضب كارثي، كي يُعِدَّ لإقامة ملكوته. فإن يوم الإنسان سيُفسِح المجال ليوم الرب. وفي يوم الرب الأخير هذا سيبلغ الغضب الإلهي أقصاه على الخطاة لأجل تمرُّدهم على الله.

كَتَبَ أنبياء العهد القديم الكثير جدًا عن يوم الرب، وشكَّلوا الأساس لإشارات العهد الجديد إليه، مستخدمين العبارة للإشارة إلى كلٍّ من تتميم تاريخي قريب، وأحداث أخروية في المستقبل البعيد. على سبيل المثال، أشار يوئيل ١: ١٥ إلى يوم للرب سيأتي في التاريخ، يتعلق بضربة جراد شديدة ستأتي على إسرائيل، يَصِفُها الأصحاح الأول من سفر يوئيل. إلا أن يوم الرب في الأصحاحين الثاني والثالث من السفر نفسه يشير إلى يوم الرب في المستقبل، الذي فيه ستُرَد إسرائيل، وتُبارَك، في حين تُدان الشعوب الأممية بحسب كيفية تعاملهم مع إسرائيل، شعب الله. فإن يوم الرب في التاريخ هو بمثابة مُنْذِر بيوم الرب الأعظم العتيد أن يأتي.

أخذ كُتَّاب العهد الجديد الاستخدام الأخروي للعبارة، وطبقوها على كلٍّ من الدينونة التي ستتصل بفترة الضيقة إلى ذروتها، والدينونة الأخيرة التي ستُفضي إلى الأرض الجديدة. سيأتي يوم الرب هذا إما من خلال وسائل تدبِّرها عناية الله (حزقيال ٣٠: ٣)، وإما من يد الله مباشرة (٢بطرس ٣: ١٠). في بعض الأحيان، يمثِّل التتميم القريب (يوئيل ١: ١٥) ظلًّا سابقًا للتتميم البعيد (يوئيل ٣: ١٤). هناك فترتان من يوم الرب لم تأتيا بعد على الأرض: (١) الدينونة التي ستنهي فترة الضيقة وتصل بها إلى ذروتها (٢ تسالونيكي ٢: ٢؛ رؤيا ١٦-١٨)، (٢) الدينونة الختامية على هذه الأرض بعد الملك الألفي، والتي ستفضي إلى الأرض الجديدة (٢ بطرس ٣: ١٠-١٣؛ رؤيا ٢٠: ٧-٢١: ١).

في المجمل، يمكن إيجاز يوم الرب في ستة تصريحات:

١. يتعلق يوم الرب بدينونة فقط، وليس بدينونة وبركة.

٢. يأتي يوم الرب مرتين في خطة الله النبوية، وليس مرة واحدة.

٣. يأتي يوم الرب في نهاية فترة الضيقة، وليس طوال مدتها.

٤. يأتي يوم الرب مرة أخرى في نهاية المُلك الألفي، وليس طوال مدته.

٥. لا يُثبِت يوم الرب بالضرورة، حسبما ورد تعريفه هنا، صحة رأي اختطاف ما قبل الضيقة، لكنه قطعًا يسمح به بسهولة.

٦. يؤيِّد يوم الرب الرأي قبل الألفي المستقبلي.

- **مجيء يسوع ثانية**

مجيء يسوع المسيح ثانية هو النقطة المحورية للأحداث النبوية العتيدة أن تأتي. وفي حين أن عبارة «المجيء الثاني» المحدَّدة نادرة الوجود في الكتاب المقدس، لكن المفهوم نفسه واضح ومؤكَّد (متى ٢٥: ٣١؛ يوحنا ١٤: ٣؛ أعمال الرسل ١: ١١). فإن الإيمان بمجيء يسوع ثانية هو عقيدة أساسية لا غنى

عنها في المسيحية المحافظة ذات الإيمان القويم. يصرِّح العهد الجديد بضرورة مجيء يسوع ثانية. وقد استُخدمت كلمة «ثانية» في عبرانيين ٩: ٢٨، «هَكَذَا الْمَسِيحُ أَيْضًا، بَعْدَمَا قُدِّمَ مَرَّةً لِكَيْ يَحْمِلَ خَطَايَا كَثِيرِينَ، سَيَظْهَرُ **ثَانِيَةً** بِلَا خَطِيَّةٍ لِلْخَلَاصِ لِلَّذِينَ يَنْتَظِرُونَهُ». سينهي مجيء يسوع ثانية العصر الحالي، والأسبوع السبعين لنبوة دانيال، الذي يتَّسم بحُكم شامل وكوني لضد المسيح، بإلهام من الشيطان. كما أن المجيء الثاني هو نقطة بداية الملك الألفي ليسوع على الأرض. يمثل مجيء يسوع ثانية نقطة انتقالية هامة من العصر الحاضر الشرير إلى ملكوت يسوع العادل والبار.

لم يعلن العهد القديم بوضوح وجود مجيئين للمسيَّا، تفصل بينهما فترة زمنية كبيرة؛ لكنه تنبأ عن كلٍّ من عبد متألم، وملك حاكم، دون أن يفسِّر أن هذين الدورين سيتحققان من خلال مجيئين. يمكن رصد دليل على وجود هذه الفجوة الزمنية في مزمور ١١٠، الذي يقول إن ربَّ داود، أي المسيَّا، سيجلس عن يمين الله «حتى «يملك» المسيَّا على أعدائه من أورشليم (مزمور ١١٠: ١-٢). لكن، لم يمدُّنا الكتاب المقدس بأية إشارة إلى أن قديسي العهد القديم، أو حتى تلاميذ يسوع قبل الصَّلب، كانوا يتوقعون وجود فاصل بين المجيء الأول ليسوع ومجيئه الثاني. ومن خلال شهادة الإعلان التدريجي، وبالنظر إلى كلِّ التاريخ السابق، نستطيع النظر إلى العهد القديم لنرى أن نصوص المُلك لا تزال تنتظر تتميمًا عند مجيء يسوع ثانية.

يتناول الأصحاح الرابع عشر من سفر زكريا المجيء الثاني. كانت الخلفية التاريخية لهذا النص هي وقوع أورشليم تحت حصار يؤدِّي إلى مجيء الرب ثانية: «فَيَخْرُجُ الرَّبُّ وَيُحَارِبُ تِلْكَ الْأُمَمَ كَمَا فِي يَوْمِ حَرْبِهِ، يَوْمَ الْقِتَالِ. وَتَقِفُ قَدَمَاهُ فِي ذَلِكَ الْيَوْمِ عَلَى جَبَلِ الزَّيْتُونِ الَّذِي قُدَّامَ أُورُشَلِيمَ مِنَ الشَّرْقِ» (زكريا ١٤: ٣-٤). بما أن هذه النبوة لم تتحقق في المجيء الأول ليسوع، فلا بد أنها تشير إلى حدث مجيئه ثانية. صعد يسوع إلى السماء من جبل الزيتون (أعمال الرسل ١: ١٢)، وسيأتي ثانية إلى البقعة نفسها في مجيئه الثاني.

نجد معلومات تفصيلية عن المجيء الثاني في كثير من مقاطع العهد الجديد. فقد ناقش يسوع موضوع مجيئه ثانية إلى الأرض في حديث جبل الزيتون (متى ٢٤-٢٥؛ مرقس ١٣؛ لوقا ٢١). فحين سأله تلاميذه: «مَا هِيَ عَلَامَةُ مَجِيئِكَ؟» (متى ٢٤: ٣)، تحدث بالتفصيل عن عدة أحداث، لكنه بعد ذلك قال: «وَلِلْوَقْتِ بَعْدَ ضِيقِ تِلْكَ الْأَيَّامِ، تبصر جَمِيعُ قَبَائِلِ الْأَرْضِ ... ابْنَ الْإِنْسَانِ آتِيًا عَلَى سَحَابِ السَّمَاءِ بِقُوَّةٍ وَمَجْدٍ كَثِيرٍ» (متى ٢٤: ٢٩-٣٠)؛ وقال أيضًا: «وَمَتَى جَاءَ ابْنُ الْإِنْسَانِ فِي مَجْدِهِ وَجَمِيعُ الْمَلَائِكَةِ الْقِدِّيسِينَ مَعَهُ، فَحِينَئِذٍ يَجْلِسُ عَلَى كُرْسِيِّ مَجْدِهِ» (متى ٢٥: ٣١). في إنجيل لوقا، أوضح يسوع أنه بعد هذه العلامات الكونية «يُبْصِرُونَ ابْنَ الْإِنْسَانِ آتِيًا فِي سَحَابَةٍ بِقُوَّةٍ وَمَجْدٍ كَثِيرٍ» (لوقا ٢١: ٢٧). وفي أثناء محاكمة يسوع أمام رؤساء اليهود الدينيين، قال لقيافا رئيس الكهنة: «مِنَ الْآنَ تُبْصِرُونَ ابْنَ الْإِنْسَانِ جَالِسًا عَنْ يَمِينِ الْقُوَّةِ، وَآتِيًا عَلَى سَحَابِ السَّمَاءِ» (متى ٢٦: ٦٤). ونجد نصًّا رئيسيًّا آخر عن المجيء الثاني في أعمال الرسل ١: ٩-١١:

> وَلَمَّا قَالَ هَذَا ارْتَفَعَ وَهُمْ يَنْظُرُونَ. وَأَخَذَتْهُ سَحَابَةٌ عَنْ أَعْيُنِهِمْ. وَفِيمَا كَانُوا يَشْخَصُونَ إِلَى السَّمَاءِ وَهُوَ مُنْطَلِقٌ، إِذَا رَجُلَانِ قَدْ وَقَفَا بِهِمْ بِلِبَاسٍ أَبْيَضَ، وَقَالَا:

«أَيُّهَا الرِّجَالُ الْجَلِيلِيُّونَ، مَا بَالُكُمْ وَاقِفِينَ تَنْظُرُونَ إِلَى السَّمَاءِ؟ إِنَّ يَسُوعَ هَذَا الَّذِي ارْتَفَعَ عَنْكُمْ إِلَى السَّمَاءِ سَيَأْتِي هَكَذَا كَمَا رَأَيْتُمُوهُ مُنْطَلِقًا إِلَى السَّمَاءِ»

فإن يسوع نفسه الذي كان موجودًا بالجسد في وسط تلاميذه لمدة أربعين يومًا بعد قيامته من بين الأموات قد أُخِذ إلى السماء؛ لكنه سيأتي ثانية كما انطلق تمامًا. وتكشف عظة بطرس في الأصحاح الثالث من سفر أعمال الرسل عن أهمية وجود مجيئين ليسوع؛ وهو أحد أوضح النصوص التي تتحدث عن كلا المجيئين. قال بطرس: «وَأَمَّا اللهُ فَمَا سَبَقَ وَأَنْبَأَ بِهِ بِأَفْوَاهِ جَمِيعِ أَنْبِيَائِهِ، أَنْ يَتَأَلَّمَ الْمَسِيحُ، قَدْ تَمَّمَهُ هَكَذَا» (أعمال الرسل ٣: ١٨). إذن، «تمَّم» يسوع ما تنبأ به أنبياء العهد القديم عن آلامه. ثم، أشار بطرس إلى المجيء الثاني والمُلك في أعمال الرسل ٣: ١٩-٢١ قائلًا:

فَتُوبُوا وَارْجِعُوا لِتُمْحَى خَطَايَاكُمْ، لِكَيْ تَأْتِيَ أَوْقَاتُ الْفَرَجِ مِنْ وَجْهِ الرَّبِّ. وَيُرْسِلَ يَسُوعَ الْمَسِيحَ الْمُبَشَّرَ بِهِ لَكُمْ قَبْلُ. الَّذِي يَنْبَغِي أَنَّ السَّمَاءَ تَقْبَلُهُ، إِلَى أَزْمِنَةِ رَدِّ كُلِّ شَيْءٍ، الَّتِي تَكَلَّمَ عَنْهَا اللهُ بِفَمِ جَمِيعِ أَنْبِيَائِهِ الْقِدِّيسِينَ مُنْذُ الدَّهْرِ.

يوضح هذا النص ضرورة إرسال المسيح ثانية في المستقبل، وردِّ كل شيء، وهو ما يرتبط برسالة «الأنبياء القديسين»، أي أنبياء العهد القديم. وهكذا، في حين ينطبق كثير من نصوص العهد القديم على المجيء الثاني ليسوع، إلا أن عقيدة المجيء الثاني معلَنة بشكل أساسي في العهد الجديد.

يحدث مجيء يسوع ثانية على مرحلتين. أولًا، سينزل يسوع من السماء ليختطف كنيسته في الهواء لتكون معه في السماء لمدة سنوات الضيقة السبعة. الغرض من هذا المجيء هو تنفيذ مهمة إنقاذ لحفظ الكنيسة من اجتياز الغضب الإلهي الذي سيحلُّ في هذه الفترة. المرحلة الثانية هي رجوع يسوع بشخصه وبالجسد إلى الأرض لإقامة ملكوته على الأرض.

- **المُلك الألفي**

المُلك الألفي هو المُلك المستقبلي ليسوع وقدِّيسيه على الأرض لمدة ألف سنة، بعد انتهاء العصر الحالي وقبل الحالة الأبدية. وسيَحدث سريعًا بعد الأسبوع السبعين لنبوة دانيال ومجيء يسوع ثانية؛ وهو الوقت الذي فيه سيتمِّم الجنس البشري، بواسطة آدم الأخير، يسوع، التكليف الذي تسلَّمه بأن يتسلَّط على الأرض، ويُخضِعها بنجاح نيابة عن الله (تكوين ١: ٢٦-٢٨). كذلك، سيُتمِّم يسوع المسيَّا ذلك الوعدَ بأن يملك ابنٌ أخير لداود من كرسي داود على إسرائيل (لوقا ١: ٣٢-٣٣)، وعلى الأرض بكاملها (زكريا ١٤: ٩). علاوة على ذلك، سيُهزَم أعداء يسوع الذين قاوموه في أثناء فترة الضيقة (رؤيا ١٩: ٢٠-٢١)، وسيُقيَّد الشيطان (رؤيا ٢٠: ١-٣). أيضًا، سيعود قديسو العهد القديم الأموات وشهداء فترة الضيقة إلى الحياة، ويملكون مع المسيح (دانيال ١٢: ٢؛ رؤيا ٢٠: ٤). سيملك يسوع، وستشترك معه في حُكم الملكوت كنيسة العصر الحالي، التي ظلت أمينة في أثناء فترة الاضطهاد (رؤيا ٢: ٢٦-٢٧؛ ٣: ٢١؛ ٥: ١٠).

سيكون المُلك الألفي وقت تجديد للخليقة، ورخاء، وبرٍّ، وسلام، وتناغُم دولي على الأرض (متى ١٩: ٢٨؛ إشعياء ٢: ٢-٤؛ ١١؛ ٦٥: ١٧-٢٥). كما سيكون فترة فيها تتحقق بالكامل كافة مواعيد العهد، سواء الروحية أو المادية، لكلٍّ من إسرائيل والأمم. ستَخلُص إسرائيل، وتُرَد، وتتمِّم دورها القيادي والخدمي نحو الأمم الذين يمارسون نشاطهم خارج العاصمة أورشليم (إشعياء ٢: ٢-٤). وستتمتع الأمم، التي صارت ضمن شعب الله، ببركات روحية ومادية مع إسرائيل (إشعياء ١٩: ١٦-٢٥؛ ٢٧: ٦). وفي حين أن الحالة الأبدية قطعًا ستُظهِر هذه السمات على نحو كامل، لكن يلزم تتميم هذه الأمور أولًا تحت الحُكم الوسيطي للإنسان مع يسوع، الإنسان الأخير والأسمى. وحين يتمم آدم الأخير مهمته، سيسلِّم الملكوت إلى الله الآب، وسيبدأ الملكوت الأبدي للآب (١كورنثوس ١٥: ٢٤-٢٨).

كذلك، ينبغي أن يأتي الملك الألفي لأجل سبب مركزه المسيح. فلا بد أن يمارس يسوع حُكمًا مستمرًّا، ومعترَفًا به، ومنظورًا في العالم نفسه الذي رُفِضَ فيه في مجيئه الأول (أي الأرض). ففي مجيئه الأول جاء يسوع إلى خاصته، لكنها لم تقبله (يوحنا ١: ١١). وقد رُفض وقُتل. إن يسوع هذا الذي وقف مقيَّدًا بسلاسل أمام البشر في آلامه، سيأتي ثانية في مجد على سحب السماء ليملك على الأرض (متى ٢٦: ٦٣-٦٦). يُلقِي الملك الألفي بالضوء على الاعتراف بيسوع ملكًا. فهو سيملك بمجدٍ لفترة زمنية ممتدة، ثم يسلِّم المُلك إلى الآب في غلبة، فتبدأ الحالة الأبدية (١ كورنثوس ١٥: ٢٤-٢٨). في هذا الوقت أيضًا سيُرَد اعتبار قديسي الله، وسيملكون في العالم نفسه الذي قاسوا فيه الاضطهاد من الشيطان ومن العالم (رؤيا ٦: ٩-١١؛ ٢٠: ٤).

يوصَف الملك الألفي أحيانًا بأنه مُلك وسطيٌّ، لأنه يأتي بعد العصر الحاضر، ولكن قبل الحالة الأبدية. وهو أفضل كثيرًا بشكل ملحوظ من العصر الحاضر، لكنه ليس مثاليًا كالحالة الأبدية التي تعقبه. على سبيل المثال، في الملك الألفي، لن يموت الأطفال، وستطول أعمار البشر بشكل كبير؛ لكن، ستظل احتمالية الموت قائمة. فإن مَن يموت عن عمر مئة عام سيُظَن أنه ملعون (إشعياء ٦٥: ٢٠). كذلك، على خلاف عصرنا الحاضر، أو الحالة الأبدية الآتية، سيشهد الملك الألفي أممًا تعبد الله، ولكن سيظل سكانها قادرين على ارتكاب الخطية، ونوال العقاب (زكريا ١٤: ١٦-١٩).

- ثورة الشيطان الأخيرة

في نهاية الملك الألفي، سيُطلَق سراح الشيطان من سجنه في الهاوية، وسيقود ثورة متعمَّدة على أورشليم المدينة المقدسة. لكن، سيُباد المتورطون في هذا التمرد في الحال بنار من السماء، ويُطرَح الشيطان في بحيرة النار إلى الأبد (رؤيا ٢٠: ٧-١٠). ستنشأ نواة هذا التمرد من الذين سيولَدون في أثناء فترة المُلك الألفي، ولا يؤمنون بالمسيح مخلِّصًا. فحين تتاح لهؤلاء فرصة التحالف مع الشيطان الذي أُطلق سراحه حديثًا، سيفعلون ذلك بسرور. لا يشير هذا الحدث إلى ضعف الله، لكنه بالأحرى فرصة لإظهار قوة الله الفاتكة بأعدائه. وفي حين سيتوقَّع المشاركون في هذا التمرد حربًا، ستكون النتيجة أشبه بتنفيذ حُكم إعدام، إذ أنهم سيبادون في الحال.

يُبرِز هذا التمرد حقيقتين مهمتين. أولًا، يُظهِر وجود غير مؤمنين في أثناء فترة الملك الألفي بينما الشيطان مقيَّدٌ في الهاوية أن مشكلة الإنسان الرئيسية هي قلبه الشرير الفاسد، سواء أكان إبليس موجودًا أم لا. فحتى في ظل ظروف مثالية، ووجود يسوع بالجسد على الأرض، يختار البعض أن يتمردوا مرتكبين الخطية. ثانيًا، يُظهِر هذا التمرد قوة الله وسلطانه على الشر قبيل دينونة العرش الأبيض العظيم (رؤيا ٢٠: ١١-١٥)، وبداية الحالة الأبدية (رؤيا ٢١: ١-٢٢: ٥). هذا استعلان مبهر وهائل لسلطان مَلَكي على التمرد الأخير على الله في تاريخ البشر.

- ## الحالة الأبدية

السماء الجديدة والأرض الجديدة هما المصير الأخير للبشر المفديين. فآنذاك، سيكون المُلك الألفي قد انتهى، وأقيمت دينونة العرش الأبيض العظيم، وطُرح الشيطان وجميع غير المؤمنين في بحيرة النار إلى الأبد. أما قديسو العَلي فينتظرهم مصير مجيد، إذ سيسكنون أرضًا جديدة، ويعطون إمكانية الدخول المباشر إلى محضر الله، الذي سيسكن آنذاك في وسطهم. هذا هو ما تحدث عنه الرسول يوحنا: «ثُمَّ رَأَيْتُ سَمَاءً جَدِيدَةً وَأَرْضًا جَدِيدَةً، لأَنَّ السَّمَاءَ الأُولَى وَالأَرْضَ الأُولَى مَضَتَا» (رؤيا ٢١: ١).

وردت عبارتا «السماء الجديدة» و«الأرض الجديدة» هاتان ثلاث مرات أخرى في الكتاب المقدس: إشعياء ٦٥: ١٧؛ إشعياء ٦٦: ٢٢؛ ٢ بطرس ٣: ١٣. يكشف النص الثالث أن هذه السماء الجديدة والأرض الجديدة هي ما ينتظره المؤمنون في النهاية: «وَلكِنَّنَا بِحَسَبِ وَعْدِهِ نَنْتَظِرُ سَمَاوَاتٍ جَدِيدَةً، وَأَرْضًا جَدِيدَةً، يَسْكُنُ فِيهَا الْبِرُّ» (٢ بطرس ٣: ١٣). كذلك، يُلَمِّح عبرانيين ١٢: ٢٦-٢٧ إلى الأبدية. ومن ثَمَّ، فإن الرجاء والمصير الأخير للمؤمن ليس السماء الحالية بل الأرض الجديدة.

نجد أطول حديث عن السماء الجديدة والأرض الجديدة، التي تسمَّى عادة الحالة الأبدية، في رؤيا ٢١: ١-٢٢: ٥. وتبيِّن لغة يوحنا في هذا النص أن «السماء الجديدة» و«الأرض الجديدة» تحمل بعض أوجه الشبه وبعض أوجه الاختلاف مع السماء الحالية والأرض الحالية. فستظل هناك سماء (أو جَلَد) وأرض يسكن فيها البشر، لكنهما «جديدتان». وهما تختلفان عن السماء والأرض الحاليتين من حيث أن السماء والأرض القديمتين ستكونان قد «مضتا».

**الأرض الجديدة: جديدة تمامًا أم مصلَحة؟** هل ستكون السماء الجديدة والأرض الجديدة جديدتين تمامًا، أي نتاج خلق الله من العدم، بعد تلاشي السماء الأولى والأرض الأولى، أم أن السماء الجديدة والأرض الجديد هما إصلاح وتجديد للكوكب الحالي؟ تؤيِّد لغة الكتاب المقدس التي تصف خراب العالم القديم مجيء كوكب جديد تمامًا، لأن الكوكب القديم سيكون قد أُزيل من الوجود. كَتب يوحنا أن السماء الأولى والأرض الأولى «مضتا» (رؤيا ٢١: ١)؛ كما نجد في الأصحاح الثالث من رسالة بطرس الثانية تعبيرات قوية عن دمار ناري وشرس:

> «وَأَمَّا السَّمَاوَاتُ وَالأَرْضُ الْكَائِنَةُ الآنَ، فَهِيَ مَخْزُونَةٌ ... مَحْفُوظَةً لِلنَّارِ» (٣: ٧)

> «وَلكِنْ سَيَأْتِي كَلِصٍّ فِي اللَّيْلِ، يَوْمُ الرَّبِّ، الَّذِي فِيهِ تَزُولُ السَّمَاوَاتُ بِضَجِيجٍ، وَتَنْحَلُّ الْعَنَاصِرُ مُحْتَرِقَةً، وَتَحْتَرِقُ الأَرْضُ وَالْمَصْنُوعَاتُ الَّتِي فِيهَا» (٣: ١٠)

«فَبِمَا أَنَّ هَذِهِ كُلَّهَا تَنْحَلُّ ...» (٣: ١١)

«تَنْحَلُّ السَّمَاوَاتُ مُلْتَهِبَةً، وَالْعَنَاصِرُ مُحْتَرِقَةً تَذُوبُ» (٣: ١٢)

ويقدم تصريح يسوع التالي مزيدًا من التأييد لتلاشي الكون الحالي: «اَلسَّمَاءُ وَالأَرْضُ تَزُولاَنِ وَلَكِنَّ كَلاَمِي لاَ يَزُولُ» (متى ٢٤: ٣٥). ويقول المزمور ١٠٢ إن الأرض والسماوات «تَبِيدُ» و«كَثَوْبٍ تَبْلَى» (مزمور ١٠٢: ٢٥-٢٦). ويقول إشعياء ٢٤: ٢٠، «تَرَنَّحَتِ الأَرْضُ تَرَنُّحًا كَالسَّكْرَانِ، وَتَدَلْدَلَتْ كَالْعِرْزَالِ، ... فَسَقَطَتْ وَلاَ تَعُودُ تَقُومُ». كما كتب يوحنا في رسالته الأولى: «وَالْعَالَمُ يَمْضِي» (١ يوحنا ٢: ١٧).

من ناحية أخرى، توجد بعض الحجج التي تؤيد تجديد هذه الأرض، وتتضمن ما يلي: **أولاً**، علَّم بولس بأن الخليقة تئن مشتاقة إلى تمجيدها، لا إلى فنائها، قائلًا إن «انْتِظَارَ الْخَلِيقَةِ يَتَوَقَّعُ اسْتِعْلاَنَ أَبْنَاءِ اللهِ» (رومية ٨: ١٩)، وإن الخليقة قد أُخضعت للبطل لكن «عَلَى الرَّجَاءِ» (رومية ٨: ٢٠)؛ ثم قال: «لأَنَّ الْخَلِيقَةَ نَفْسَهَا أَيْضًا سَتُعْتَقُ مِنْ عُبُودِيَّةِ الْفَسَادِ إِلَى حُرِّيَّةِ مَجْدِ أَوْلاَدِ اللهِ» (رومية ٨: ٢١). يصف لنا هذا الخليقة بأنها تنتظر التمجيد، وليس الفناء.

**ثانيًا**، هناك صلة بين انتظار الخليقة للتمجيد وتمجيد شعب الله (رومية ٨: ٢٣). ومن ثَمَّ، يوجد هنا تماثُل. فإن المؤمنين لا يفنون أو يبيدون، بل يقومون من بين الأموات. ونظير يسوع، الذي قام من القبر بالجسد، هناك تماثل بين المؤمنين اليوم وما سيصبحون عليه في المستقبل. وإن كان مصير الأرض يماثل مصير البشر المؤمنين، فإن الخليقة الموجودة الآن ستكون موجودة أيضًا في المستقبل، ولكن في هيئة ممجَّدة. وكما تألَّمت الخليقة حين سقط الإنسان بسبب الخطية، هكذا ستُرَد الخليقة حين يُعطَى شعب الله أجسادًا ممجدة.

**ثالثًا**، يستخدم الكتاب المقدس لغة التجديد لوصف الأرض. فقد تنبأ يسوع عن «تجديد» سيحدث للكون (متى ١٩: ٢٨)؛ وتنبأ بطرس عن ردٍّ مستقبلي لكل شيء (أعمال الرسل ٣: ٢١). كما أن كلَّ ما في السماء وما على الأرض سيُصالَح ليسوع بدم صليبه (كولوسي ١: ٢٠). تبين هذه اللغة أن الكون متجه نحو تجديد ستُصلَح فيه الأرض المشوَّهة، وتصير أفضل من أي وقت مضى. ويؤكد الرأي المؤيِّد للتجديد أن الله، وليس الشيطان، هو مَن ستكون له النصرة النهائية في خليقة الله «الحسنة جدًا» (تكوين ١: ٣١).

لكن ماذا عن لغة الخراب والدمار الموجودة في الأصحاح الثالث من رسالة بطرس الثانية؟ يقول الذين يَتَبَنَّوْن رأي التجديد إن هذا الدمار لا يعني التلاشي أو الفناء. فإن هذا النص نفسه يتحدث عن هلاك العالم بالماء في زمن نوح (٢ بطرس ٣: ٦)، بينما لم يتلاشَ العالم بالطوفان. كذلك، ليست أفضل ترجمة لنص ٢ بطرس ٣: ١٠ هي أن الأرض «تحترق»، كما يقول بعض الترجمات، بل أن «الأرض ... ستنكشف»؛ ويشير ذلك إلى «اكتشاف» أو «ظهور»، كما هو الحال حين تجتاز قطعة من المعدن في نار التمحيص، فهي لا تتلاشى بل تتنقَّى (ملاخي ٣: ٢-٣).

**الحياة على الأرض الجديدة:** سواء كانت الأرض الجديدة كوكبًا جديدًا تمامًا أو كوكبًا مجدَّدًا، ستكون هذه الأرض مكانًا ماديًا يسكن فيه المؤمنون بأجساد مادية حقيقية. خَلَقَ الله الإنسان وحدةً معقَّدةً من جسد وروح، كي يعيش في بيئة مادية. وسيكون مصير الإنسان على الأرض الجديدة هو أن يقيم في كوكب مادي.

إجمالًا، هناك عشر سمات تميِّز الأرض الجديدة، وتسلِّط الضوء على مجد الحالة الأبدية الآتية. أوجز يوحنا هذه السمات في رؤيا ٢١: ١-٢٢: ٥ كالتالي:

١. سماء جديدة وأرض جديدة (٢١: ١)
٢. أورشليم جديدة (٢١: ٢، ٩-٢١)
٣. شعب الله جديد (٢١: ٣)
٤. رحمة ورأفة جديدة (٢١: ٤)
٥. نظام جديد (٢١: ٥-٨)
٦. هيكل جديد (٢١: ٢٢)
٧. نور جديد (٢١: ٢٣)
٨. سكان جدد (٢١: ٢٤-٢٧)
٩. حياة جديدة (٢٢: ١-٢)
١٠. مجد جديد (٢٢: ٣-٥)

تحدث الكتاب المقدس عن أورشليم جديدة ستكون عاصمة الأرض الجديدة. قال يوحنا: «رَأَيْتُ الْمَدِينَةَ الْمُقَدَّسَةَ أُورُشَلِيمَ الْجَدِيدَةَ نَازِلَةً مِنَ السَّمَاءِ مِنْ عِنْدِ اللهِ مُهَيَّأَةً كَعَرُوسٍ مُزَيَّنَةٍ لِرَجُلِهَا» (رؤيا ٢١: ٢). هذه مدينة حقيقية سيسكن فيها الله في وسط شعبه (٢١: ٣). سيكون لهذه المدينة «سُورٌ عَظِيمٌ وَعَالٍ ... واثْنَا عَشَرَ بَابًا» (٢١: ١٢). وهي مدينة مربَّعة الشكل، يبلغ طولها وعرضها نحو ١٤٠٠ ميلًا (٢١: ١٦). ينبغي فهم هذه الأبعاد فهمًا حرفيًا بسبب ذِكر عبارة «ذِرَاعَ إِنْسَانٍ» (٢١: ١٧). سيكون سور هذه المدينة من يَشْب، والمدينة «ذَهَبٌ نَقِيٌّ شِبْهُ زُجَاجٍ نَقِيٍّ» (٢١: ١٨). وستكون أساسات سور المدينة «مُزَيَّنَةٌ بِكُلِّ حَجَرٍ كَرِيمٍ» (٢١: ١٩). يصعب استيعاب حجم وجمال وعظمة هذه المدينة، لكن لا ينتقص هذا من حقيقتها.

لن يكون هناك هيكل في أورشليم الجديدة، لأن الله ويسوع سيكونان هيكلها (٢١: ٢٢). وبما أن مجد الله سيضيء المدينة، لن توجد حاجة إلى ضوء الشمس أو القمر (٢١: ٢٣). وستجتذب أمم الأرض وملوكها إلى المدينة بفضل نورها و«يَجِيئُونَ بِمَجْدِهِمْ وَكَرَامَتِهِمْ إِلَيْهَا» (٢١: ٢٤، ٢٦). ويُبيِّن وجود أمم ورؤساء دول أن شعوبًا حرفية ستكون موجودة على الأرض الجديدة، وأنه سيكون هناك نشاط دائر خارج أورشليم الجديدة. وفي حين لا يوجد سوى شعب واحد لله فيما يتعلق بالخلاص، يكشف وجود أمم عن التنوع العرقي والقومي الذي سيكون موجودًا على الأرض الجديدة. سيؤتى بأفضل الإسهامات الثقافية لهذه الأمم إلى أورشليم الجديدة. وستعمل هذه الأمم في تناغم تام، لأن أوراق شجرة الحياة، التي تظهر هنا لأول مرة منذ سقوط الإنسان في الأصحاح الثالث من سفر التكوين، ستكون «لِشِفَاءِ

الأُمَم» (رؤيا ٢٢ : ٢). وسيُسمَح دائمًا بدخول المدينة إذ أن «أَبْوَابُهَا لَنْ تُغْلَقَ نَهَارًا»، ولن يكون بها ليل البتة (٢١ : ٢٥). ومن عرش الله وعرش يسوع الخروف يخرج «نهر ماء الحياة صافيًا» (٢٢ : ١). كذلك، ستوجد مرة أخرى شجرة الحياة التي شوهدت للمرة الأخيرة في تكوين ٣ : ٢٤، وهي «تَصْنَعُ اثْنَتَيْ عَشْرَةَ ثَمَرَةً، وَتُعْطِي كُلَّ شَهْرٍ ثَمَرَهَا» (رؤيا ٢٢ : ٢). تبيِّن عبارة «كُلَّ شَهْرٍ» وجود زمن على الأرض الجديدة.

ولكن، رغم كلّ جمال هذه المدينة، فإن حضور الله والخروف، الجالسين على العرش، هو أفضل ما فيها (٢١ : ٣؛ ٢٢ : ٣). فإن عبيد الله سيخدمونه، و«سَيَنْظُرُونَ وَجْهَهُ» في شركة أبدية لا تنقطع (٢٢ : ٣-٤). لن يوجد بعد حاجز بين الله وشعبه. وتكشف الصورة الأخيرة لأورشليم الجديدة أن القديسين «سَيَمْلِكُونَ إِلَى أَبَدِ الآبِدِينَ» (٢٢ : ٥). أَعلن تكوين ١ : ٢٦-٢٨ أن الله خلق الإنسان كي يتسلط على الأرض، ويُخضعها؛ وتوضِّح الآية الأخيرة التي تتحدث عن الأرض الجديدة أن شعب الله سيملكون بالفعل. لن يوجد آنذاك أي خداع من الشيطان (تكوين ٣)، ولا يعود احتمال السقوط في الخطية قائمًا. فإن جميع الموجودين هناك قد غُسلوا بدم الخروف، وسيعبدون الخالق طواعية. لن يدخل الأشرار البتة هذه المدينة (رؤيا ٢١ : ٢٧)؛ وتنتهي القصة نهاية سعيدة لشعب الله.

هذا المصير الذي يتَّجه نحوه المؤمنون ليس قصة خرافية، لكنه سيكون حقيقيًا بقدر حقيقة الكوكب الحالِّي الذي يعيش فيه البشر الآن. فإننا سندرك في السماء الجديدة والأرض الجديدة سبب وجود المؤمنين وخدمتهم لله في الزمان الحاضر. هذا العالم الحاضر الشرير والساقط لن يبقى إلى الأبد، بل ستباد الخطية، واللعنة، والموت نهائيًا وإلى الأبد (رؤيا ٢٢ : ٣)، وعلاقات الإنسان التي كانت قبلًا مشوَّهة ستُصلَح بالكامل؛ سواء علاقته بالله، أو بالناس، أو بالخليقة. تعبِّر هذه الصورة عن أسمى رجاء لعلم الأخرويات. هذه هي النهاية الفعلية والمثيرة لقصة عظيمة بحق. ومن ثَمَّ، فإن رد الفعل الذي من القلب تُجاه نهاية القصة هو أن ننتظرها بلهفة، ونجتهد بشدة حتى تكون صرختنا هي صرخة الرسول يوحنا: «تَعَالَ أَيُّهَا الرَّبُّ يَسُوعُ» (رؤيا ٢٢ : ٢٠).

## صلاة[39]

أبانا، نشكرك لأجل الحق المعلَن في كلمتك المكتوبة،
والذي يشهد لنا عن ابنك،
الرب يسوع المسيح.
نشكرك أيضًا على شهادة الروح القدس،
الذي شهد للمسيح بقوات وعجائب كثيرة
في فجر عصر الإنجيل.
نشكرك أيضًا على تلك الشهادة المسموعة التي قدَّمْتَها
عند معمودية يسوع بالماء، إذ قُلْتَ:
«هَٰذَا هُوَ ٱبْنِي ٱلْحَبِيبُ ٱلَّذِي بِهِ سُرِرْتُ»
وفوق كل هذا، نشكرك على دم المسيح،
أعظم برهان على أنه دائمًا يعمل ما يرضيك.
ذلك الدم الثمين ذبيحة مرضية تمامًا،
عن جميع خطايا جميع الذين يؤمنون في أي زمان
بتلك الشهادات عن المسيح.
نؤكد أن جميع تلك الشهادات المعصومة من الخطأ حقٌّ،
ونعترف أن المسيح هو بالحقيقة
ابن الله والمخلِّص الوحيد،
وأننا بالإيمان به ننال حياة أبدية.

نشكرك يا رب لأنك وهبتَنا
هذه الحياة الأبدية برحمتك.
وإنه لمِن ثمر تلك العطية هو الفرح الأبدي.
ما أعجب تلك المحبة التي جعلَتْكَ ترسل ابنك إلى
الحزن، والألم، والموت، حتى نختبر نحن الفرح!
كيف نوفيك حقَّك من الشكر؟

أنت أوصيتَنا أن نفرح في كل حين وفي كل ظرف.
بل إن ضيقاتنا نفسها هي فرصة للفرح.
كم أن هذا الفرح واجب مُلِذٌّ،
ومع ذلك، نعترف باتضاع أنه بسبب أننا ضعفاء وخطاة،

---

٣٩ هذه الصلاة منقولة لفظًا من المصدر التالي، بتصريح من دار النشر:
John MacArthur, *At the Throne of Grace: A Book of Prayers* (Eugene, OR: Harvest House, 2011), 80–82.

يخرج منا التذمر والشكوى بأكثر تلقائية،
أمام مشكلات ومصاعب الحياة.
سامحنا على رد الفعل البائس وغير الممتن هذا
تجاه النعمة التي تُظهِرها كلَّ يوم من نحونا.
وساعدنا اليوم أن نشترك بسرور في فرح السماء.

وإنك بجعلك الفرح امتيازًا وواجبًا أيضًا في حياتنا اليومية،
وبإعدادنا لفرح أبدي أعظم كثيرًا،
تُظهِر أنك إله سرور وفرح.
ومع أن الحزن جزء حتمي من اختبارنا البشري،
بسبب خطايانا،
لكنك تقابل حزننا بأسباب لا تُحصَى
تدعو إلى السرور والفرح،
وإلى الامتلاء بالرجاء والابتهاج.
ربما يدوم البكاء ليلة،
لكن حتمًا سيأتي الفرح في الصباح.

كذلك مراحمك أيضًا، هي جديدة في كلِّ صباح.
يا لاتِّساع رأفتك ورحمتك
على الخطاة، الذين كانوا قبلًا أعداءك!
نحن غير مستحقين تمامًا،
لكنك مع ذلك اخترتَ أن تباركنا بخلاصٍ هذا مقداره.
فقد حوَّلت نوحنا إلى رقصٍ،
وحللت مسحنا ومَنْطَقتنا فرحًا.
وحتى في خضم أحزاننا، نجد سبيلنا إلى الفرح حين نتأمَّل في محبتك،
وغفرانك،
ومراحمك الحانية،
ورثائك لضعفاتنا،
ورجاء الحياة إلى الأبد أمام وجهك.

إننا مشتاقون بتوقُّعٍ بهيج
إلى ذلك الفرح الكامل، الذي لا ينتهي،

الذي سيكون لنا،
حين نلقاك وجهًا لوجه.

املأ قلوبنا الآن بالسماء، أيها الرب العزيز.
ليتنا نحيا في حرية من خبرات الفشل
التي تُشوِّه حياتنا، وتُفسد علينا كلَّ فرح أرضي.
يا رب، أنقذنا من تلك الأشياء
وقدنا إلى الطاعة والأمانة.
نشكرك على وعودك بالتشديد والرعاية.
باسم المسيح مخلِّصنا نصلي. آمين.

## هذا حَسَنٌ عندي

حينَ يُلاقيني السَّلامُ كنَهرٍ في الحُقولْ،
أو يَتدفَّقُ الحُزنُ نحوي كأمواهِ السّفوْحْ،
مَهما كان نَصيبي في الحَياةِ، علَّمْتني أقوْلْ:
«هذا حَسَنٌ عندي، وجَيّدٌ للرّوْحْ»

القرار:
هذا حَسَنٌ عندي
وجيّدٌ للرّوحْ
هذا حَسَنٌ حسَنٌ وجيّدٌ للرّوحْ.

لو ضَربَني الشَّيطانُ، وَحَلَّتِ المُصيبَهْ
أتركُ اليَقينَ المُباركَ يَغمُرُ روحي:
بأنَّ سيّدي المسيحَ رأى حَبيبَهْ..
وسَفكَ دمَاهُ لأجلِ شِفاءِ جروحي.

يا لفَرحَتي بهذا الفِكرِ المَجيدْ:
لا البَعضَ.. بل كلَّ ما عَمِلتُ منَ الآثامْ
سُمِّرَتْ على الصَّليبِ، وَمَوتُها أكيْدْ
مَجْدًا لهُ، سَبِّحي يا نفسُ رَبَّ الأنامْ!

يا رَبُّ، عَجِّلْ باليَومِ الذي فيْهِ الإيمَانُ يُرَى
كدَرْجٍ مَلفوفٍ تنشَقُّ الذُّرَى،
فيُصَوِّتَ بالبوقِ والرَبَّ نُبصِرَ.
في ذلك أيضًا.. هذا حَسَنٌ عندي وجَيّدٌ للرّوحْ.[٤٠]

---

٤٠ قام المترجم بتعريب هذه الترنيمة وتقفيتها. الترنيمة الأصلية هي بعنوان "**It Is Well with My Soul**" من تأليف هوراشيو جي. سبافورد Horatio G. Spafford (١٨٢٨-١٨٨٨م).

# المراجع

## مراجع أساسيَّة في اللاهوت النظامي:

Bancroft, Emery H. *Christian Theology: Systematic and Biblical*. 2nd ed. Grand Rapids, MI: Zondervan, 1976. 345–410.

Berkhof, Louis. *Systematic Theology*. 4th ed. Grand Rapids, MI: Eerdmans, 1939.–661 738.

Buswell, James Oliver, Jr. *A Systematic Theology of the Christian Religion*. 2 vols. Grand Rapids, MI: Zondervan, 1962–1963. 2:281–553.

Culver, Robert Duncan. *Systematic Theology: Biblical and Historical*. Fearn, Ross-shire, Scotland: Mentor, 2005. 1008–156.

Dabney, Robert Lewis. *Systematic Theology*. 1871. Reprint, Edinburgh: Banner of Truth,62–817 .1985 .

Erickson, Millard J. *Christian Theology*. Grand Rapids, MI: Baker, 1986. 1149–241.

Grudem, Wayne. *Systematic Theology: An Introduction to Biblical Doctrine*. Grand Rapids, MI: Zondervan, 1994. 1091–167.

Hodge, Charles. *Systematic Theology*. 3 vols. 1871–1873. Reprint, Grand Rapids, MI: Eerdmans, 1975. 3:713–880.

Lewis, Gordon R., and Bruce A. Demarest. *Integrative Theology*. 3 vols. Grand Rapids, MI: Zondervan, 1987–1994. 3:369–499.

Reymond, Robert L. *A New Systematic Theology of the Christian Faith*. Nashville: Thomas Nelson, 1998. 979–1093.

Shedd, William G. T. *Dogmatic Theology*. 3 vols. 1889. Reprint, Minneapolis: Klock & Klock, 1979. 2B:591–754; 3:471–528.

Strong, August Hopkins. *Systematic Theology: A Compendium Designed for the Use of Theological Students*. Rev. ed. New York: Revell, 1907. 981–1056.

*Swindoll, Charles R., and Roy B. Zuck, eds. *Understanding Christian Theology*. Nashville: Thomas Nelson, 2003. 1243–371.

*Thiessen, Henry Clarence. *Introductory Lectures in Systematic Theology*. Grand Rapids, MI: Eerdmans, 1949. 441–518.

Turretin, Francis. *Institutes of Elenctic Theology*. 3 vols. Edited by James T. Dennison Jr. Translated by George Musgrove Giger. 1679–1685. Reprint, Phillipsburg, NJ: P&R, 637–3:561 .1997–1992.

العلامة ( * ) تشير إلى أفضل المراجع في هذا المجال.

مراجع متخصّصة:

Benware, Paul N. *Understanding End Times Prophecy: A Comprehensive Approach*. Rev. ed. Chicago: Moody Press, 2006.

Diprose, Ronald E. *Israel in the Development of Christian Thought*. Rome: Istituto Biblico Evangelico Italiano, 2000.

Erdmann, Martin. *The Millennial Controversy in the Early Church*. Eugene, OR: Wipf & Stock, 2005.

*Feinberg, Charles L. *Millennialism: The Two Major Views: The Premillennial and Amillennial Systems of Biblical Interpretation Analyzed and Compared*. 3rd ed. 1980. Reprint, Winona Lake, IN: BMH, 2006.

Fruchtenbaum, Arnold G. *Israelology: The Missing Link in Systematic Theology*. Rev. ed. Tustin, CA: Ariel Ministries, 2001.

*Horner, Barry E. *Future Israel: Why Christian Anti-Judaism Must Be Challenged*. NAC Studies in Bible and Theology 3. Nashville: B&H, 2007.

House, H. Wayne, ed. *Israel: The Land and the People: An Evangelical Affirmation of God's Promises*. Grand Rapids, MI: Kregel, 1998.

*Ice, Thomas, and Timothy J. Demy, eds. *When the Trumpet Sounds*. Eugene, OR: Harvest House, 1995.

LaHaye, Tim, and Ed Hindson, eds. *The Popular Encyclopedia of Bible Prophecy*. Eugene, OR: Harvest House, 2004.

Larsen, David L. *Jews, Gentiles, and the Church: A New Perspective on History and Prophecy*. Grand Rapids, MI: Discovery House, 1995.

MacArthur, John. *The Glory of Heaven: The Truth about Heaven, Angels, and Eternal Life*. 2nd ed. Wheaton, IL: Crossway, 2013.

——————. *Matthew 24–28*. Chicago: Moody Press, 1989.

*——————. *The Second Coming: Signs of Christ's Return and the End of the Age*. Wheaton, IL: Crossway, 1999.

*MacArthur, John, and Richard Mayhue. *Christ's Prophetic Plans: A Futuristic Premillennial Primer*. Chicago: Moody Publishers, 2012.

Mayhue, Richard L. *1 & 2 Thessalonians: Triumphs and Trials of a Consecrated Church*. Fearn, Ross-Shire, Scotland: Christian Focus, 2005.

——————. *Snatched before the Storm! A Case for Pretribulationism*. The Woodlands, TX: Kress Christian Publications, 2008.

*McClain, Alva J. *The Greatness of the Kingdom: An Inductive Study of the Kingdom of God*. 1959. Reprint, Winona Lake, IN: BMH, 2007.

Pentecost, J. Dwight. *Things to Come: A Study in Biblical Eschatology*. Grand Rapids, MI: Zondervan, 1964.

*Peterson, Robert A. *Hell on Trial: The Case for Eternal Punishment*. Phillipsburg, NJ: P&R, 1995.

Saucy, Robert L. *The Case for Progressive Dispensationalism: The Interface between Dispensational and Non-Dispensational Theology*. Grand Rapids, MI: Zondervan, 1993.

*Showers, Renald E. *There Really Is a Difference: A Comparison of Covenant and Dispensational Theology*. Bellmawr, NJ: Friends of Israel Gospel Ministry, 1990.

Thomas, Robert L. *Revelation 1–7: An Exegetical Commentary*. Chicago: Moody Press,1992 .

——————————. *Revelation 8–22: An Exegetical Commentary*. Chicago: Moody Press, 1995.

*Vlach, Michael J. *Has the Church Replaced Israel? A Theological Evaluation*. Nashville: B&H Academic, 2010.

Walvoord, John F. *Daniel*. Revised and edited by Charles H. Dyer and Philip E. Rawley. The John Walvoord Prophecy Commentaries. Chicago: Moody Publishers, 2012.

العلامة (٭) تشير إلى أفضل المراجع في هذا المجال.

# ملحق

# تدرُّج الإعلان[1]

| العهد القديم | | |
|---|---|---|
| السفر | التاريخ التقريبي للكتابة | الكاتب |
| أيوب | غير معروف | غير معروف |
| التكوين | ١٤٤٥–١٤٠٥ ق.م. | موسى |
| الخروج | ١٤٤٥–١٤٠٥ ق.م. | موسى |
| اللاويين | ١٤٤٥–١٤٠٥ ق.م. | موسى |
| العدد | ١٤٤٥–١٤٠٥ ق.م. | موسى |
| التثنية | ١٤٤٥–١٤٠٥ ق.م. | موسى |
| المزامير | ١٤١٠–٤٥٠ ق.م. | كُتَّاب عدَّة |
| يشوع | ١٤٠٥–١٣٨٥ ق.م. | يشوع |
| القضاة | نحو ١٠٤٣ ق.م. | صموئيل |
| راعوث | نحو ١٠٣٠–١٠١٠ ق.م. | صموئيل (؟) |

١ هذه الجداول مقتبَسة بتصرُّف من المصدر التالي:
جون ماك آرثر، تفسير الكتاب المقدس، الطبعة الأولى (منصورية المتن – لبنان: دار منهل الحياة، ٢٠١٢)، ٣٥-٣٦.

| العهد القديم | | |
|---|---|---|
| السفر | التاريخ التقريبي للكتابة | الكاتب |
| نشيد الأنشاد | ٩٧١-٩٦٥ ق.م. | سليمان |
| الأمثال | ٩٧١-٦٨٦ ق.م. | سليمان بشكل رئيسي |
| الجامعة | ٩٤٠-٩٣١ ق.م. | سليمان |
| صموئيل الأول | ٩٣١-٧٢٢ ق.م. | غير معروف |
| صموئيل الثاني | ٩٣١-٧٢٢ ق.م. | غير معروف |
| عوبديا | ٨٥٠-٨٤٠ ق.م. | عوبديا |
| يوئيل | ٨٣٥-٧٩٦ ق.م. | يوئيل |
| يونان | نحو ٧٧٥ ق.م. | يونان |
| عاموس | نحو ٧٥٠ ق.م. | عاموس |
| هوشع | ٧٥٠-٧١٠ ق.م. | هوشع |
| ميخا | ٧٣٥-٧١٠ ق.م. | ميخا |
| إشعياء | ٧٠٠-٦٨١ ق.م. | إشعياء |
| ناحوم | نحو ٦٥٠ ق.م. | ناحوم |
| صفنيا | ٦٣٥-٦٢٥ ق.م. | صفنيا |
| حبقوق | ٦١٥-٦٠٥ ق.م. | حبقوق |

| العهد القديم | | |
|---|---|---|
| السفر | التاريخ التقريبي للكتابة | الكاتب |
| حزقيال | ٥٩٠-٥٧٠ ق.م. | حزقيال |
| مراثي إرميا | ٥٨٦ ق.م. | إرميا |
| إرميا | ٥٨٦-٥٧٠ ق.م. | إرميا |
| ملوك الأول | ٥٦١-٥٣٨ ق.م. | غير معروف |
| ملوك الثاني | ٥٦١-٥٣٨ ق.م. | غير معروف |
| دانيآل | ٥٣٦-٥٣٠ ق.م. | دانيآل |
| حجَّي | نحو ٥٢٠ ق.م. | حجَّى |
| زكريا | ٤٨٠-٤٧٠ ق.م. | زكريا |
| عزرا | ٤٥٧-٤٤٤ ق.م. | عزرا |
| أخبار الأيام الأول | ٤٥٠-٤٣٠ ق.م. | عزرا (؟) |
| أخبار الأيام الثاني | ٤٥٠-٤٣٠ ق.م. | عزرا (؟) |
| أستير | ٤٥٠-٣٣١ ق.م. | غير معروف |
| ملاخي | ٤٣٣-٤٢٤ ق.م. | ملاخي |
| نحميا | ٤٢٤-٤٠٠ ق.م. | عزرا |

| العهد الجديد | | |
|---|---|---|
| السفر | التاريخ التقريبي للكتابة | الكاتب |
| يعقوب | ٤٤-٤٩ م | يعقوب |
| غلاطية | ٤٩-٥٠ م | بولس |
| إنجيل متى | ٥٠-٦٠ م | متى |
| إنجيل مرقس | ٥٠-٦٠ م | مرقس |
| تسالونيكي الأولى | ٥١ م | بولس |
| تسالونيكي الثانية | ٥١-٥٢ م | بولس |
| كورنثوس الأولى | ٥٥ م | بولس |
| كورنثوس الثانية | ٥٥-٥٦ م | بولس |
| رومية | ٥٦ م | بولس |
| إنجيل لوقا | ٦٠-٦١ م | لوقا |
| أفسس | ٦٠-٦٢ م | بولس |
| فيلبي | ٦٠-٦٢ م | بولس |
| كولوسي | ٦٠-٦٢ م | بولس |
| فليمون | ٦٠-٦٢ م | بولس |

| العهد الجديد | | |
|---|---|---|
| السفر | التاريخ التقريبي للكتابة | الكاتب |
| أعمال الرسل | ٦٢ م | لوقا |
| تيموثاوس الأولى | ٦٢–٦٤ م | بولس |
| تيطس | ٦٢–٦٤ م | بولس |
| بطرس الأولى | ٦٤–٦٥ م | بطرس |
| تيموثاوس الثانية | ٦٦–٦٧ م | بولس |
| بطرس الثانية | ٦٧–٦٨ م | بطرس |
| العبرانيين | ٦٧–٦٩ م | غير معروف |
| يهوذا | ٦٨–٧٠ م | يهوذا |
| إنجيل يوحنا | ٨٠–٩٠ م | يوحنا |
| يوحنا الأولى | ٩٠–٩٥ م | يوحنا |
| يوحنا الثانية | ٩٠–٩٥ م | يوحنا |
| يوحنا الثالثة | ٩٠–٩٥ م | يوحنا |
| الرؤيا | ٩٤–٩٦ م | يوحنا |

# معجم أساسي للمصطلحات[1]

## أ

**آباء الكنيسة church fathers:**

قادة الكنيسة في الفترة التي تلت مباشرة بداية حقبة العهد الجديد.

**(ال) إبيونية EbioniSm:**

هرطقة قديمة تتعلق بعقيدة المسيح، وترى المسيح باعتباره إنسان وليس إلهًا.

**(ال) أبولينارية ApollinarianiSm:**

شرح وتفسير عن شخص المسيح، يعود تاريخه إلى القرن الرابع الميلادي. ويقول إن المسيح الله لم يتَّخذ طبيعة بشرية كاملة، وإنما فقط جسد هذه الطبيعة؛ وإن اللوجوس أو الكلمة حلَّ محل نفسه البشرية (العقل أو *nous*).

**(ال) اتحاد الأقنومي HypoStatic union:**

اتحاد طبيعتي يسوع الإلهية والبشرية معًا في شخص واحد، دون اختلاط، أو تغيير، أو انقسام، أو انفصال.

**(ال) اتحاد بالمسيح union with Christ:**

يُعدُّ أساسي في عقيدة الخلاص. باتحاد المؤمنين بالمسيح في موته الكفاري وفي قوة قيامته أيضًا، يُحتَسَب لهم برُّه ويشتركون في قداسته.

**(ال) أثَمَة UnrighteouS:**

أولئك الذين لم يتبرَّروا ولم تُغفر خطاياهم.

**(ال) أُحاديَّة MoniSm:**

فلسفة أو فكر لاهوتي يفسِّر كلَّ شيء من خلال مبدأ واحد؛ وهو رأي يقول إن الواقع نوع واحد فقط.

---

١ هذا المعجم مأخوذ من المرجع أدناه، مع بعض التنقيح البسيط، وبتصريح من الناشر:

Millard J. Erickson, *The Concise Dictionary of Christian Theology*, rev. ed. (Wheaton, IL: Crossway, 2001).

**(ال) احتساب Imputation:**
حساب أو تحويل قضائي لخطية أو برٍّ شخص ما إلى شخص آخر.

**(عقيدة ال) احتساب doctrine of imputation:**
إما تبرير المؤمنين على أساس بر المسيح، أو إدانة غير المؤمنين على أساس خطية آدم.

**احتساب بر المسيح imputation of Christ's righteousness:**
عمل الله الذي بموجبه يضع برَّ المسيح في حساب الخطاة الذين يؤمنون به للخلاص.

**اختطاف منتصف الضيقة Midtribulational view of the rapture:**
الفكرة التي مفادها أن الكنيسة سوف تجتاز الضيقة حتى منتصفها ثم يختطفها المسيح.

**اختطاف ما بعد الضيقة PoSttribulational view of the rapture:**
العقيدة التي تقول إن الكنيسة سوف تجتاز الضيقة العظيمة، ثم تُرفَع لملاقاة المسيح.

**اختطاف ما قبل الضيقة Pretribulational view of the rapture:**
الفكرة التي مفادها أن المسيح سيرفع الكنيسة من العالم قبل الأسبوع السبعين الذي تنبأ عنه دانيآل.

**(ال) اختيار Election:**
قرار الله بأن يختار للخلاص أو للخدمة جماعة خاصة أو أشخاصًا معيَّنين. يُستخدَم المصطلح للإشارة بصفة خاصة إلى التعيين المسبق للأفراد المستقبِلين للخلاص.

**(ال) اختيار غير المشروط Unconditional election:**
**إشارة إلى الرأي الكالفيني القائل إن اختيار الله لأشخاص معيَّنين للخلاص لا يعتمد على أية فضيلة أو أي إيمان رآه مسبقًا فيهم.**

**(ال) أخرويات (إسخاتولوجي) ESchatology:**
دراسة الأمور الأخيرة، أو دراسة المستقبل بوجه عام.

**(ال) إخلاء KenoSiS:**
المسيح جعل نفسه دون تأثير (دون مفعول)، إذ أخذ على عاتقه طبيعة بشرية (فيلبي ٢: ٧)، صائرًا بهذا خاضعًا وظيفيًّا للآب، حاجبًا صفاته الإلهية، لكن دون أن يجرِّد نفسه منها.

**آدم، الأخير أو الثاني LaSt or Second Adam:**
وصفٌ ليسوع المسيح، ورَد في ١كورنثوس ١٥ ورومية ٥، للمقابَلة بينه وبين آدم (آدم الأول).

**أدوناي Adonai:**
اسم عبري من أسماء الله، ومعناه الأساسي «سيِّد».

**(ال) ارتداد ApoStaSy:**
«انفصال» أو «ابتعاد». وعادة ما يكون تخلِّيًا تامًّا ومتعمَّدًا عن الإيمان الذي كان معتنَقًا قبلًا.

**(ال) أرض الجديدة New earth:**
الكون المستقبلي المَفدي تمامًا. ويُدعَى «السماوات الجديدة والأرض الجديدة» (٢ بطرس ٣: ١٣). وهي تلك التي ستأتي هي والسماوات الجديدة في المستقبل، بعمل الله (رؤيا ٢١: ١).

**(ال) أرمينيَّة ArminianiSm:**
فكرٌ متعارضٌ مع الفهم الكالفيني لعقيدة التعيين المسبق. يؤمن الفكر الأرميني بأن قرار الله بمنح الخلاص لأشخاص معيَّنين دون غيرهم مبنيٌّ على علمه السابق بالذين سيؤمنون. ويتضمن هذا الرأي أيضًا فكرة أن المولودين ثانية بالحقيقة يمكن أن يفقدوا خلاصهم، بل والبعض يفقدونه بالفعل. يتبنَّى الفكر الأرميني عادة منظورًا بشأن فساد الإنسان أقل جدية من منظور الفكر الكالفيني.

**(ال) أرواح الشريرة evil spirits:**
الشياطين

**(ال) أريوسية ArianiSm:**
رأيٌ عن شخص المسيح بموجبه يكون المسيح هو الأسمى بين الكائنات المخلوقة؛ ومن ثَمَّ، من الصواب أن يُدعَى إلهًا، وليس الله.

**(ال) استنارة Illumination:**
عمل الروح القدس الذي به يعطي الفهم للنص الكتابي، حين يُسمع أو يُقرأ.

**(ال) استرضاء Propitiation:**
إشارة إلى فكرة أن كفارة المسيح تسترضي غضب الله.

**إسخاتولوچي (الأخرويات) ESchatology:**
دراسة الأمور الأخيرة، أو دراسة المستقبل بوجه عام.

**(ال) أسفار المقدَّسة Scripture:**
معناها الحرفي «كتابة»؛ وهي الأسفار القانونية للعهد القديم والعهد الجديد.

**(ال) إعلان Revelation**:
التعريف بما هو غير معروف؛ وكشف النقاب عمَّا هو محجوب.

**(ال) إعلان العام General revelation**:
الإعلان المتاح لجميع البشر في كلِّ زمان، وتحديدًا من خلال الكون المادي.

**(ال) إعلان التدريجي ProgreSSive revelation**:
إشارة إلى العقيدة التي تقول إن الإعلان اللاحق يُبنَى على الإعلان السابق. ومن ثَمَّ، فهو يحتوي على حقائق لم تكن معروفة من قبل.

**(ال) إعلان الخاص Special revelation**:
استعلان الله لذاته في أزمنة وأماكن معيَّنة من خلال أحداث معيَّنة. على سبيل المثال: الخروج من مصر، ورؤيا إشعياء في الأصحاح السادس من السفر؛ وكذلك، الكتاب المقدس.

**أقنوم *Hypostasis***:
من كلمة يونانية معناها «جوهر» أو «طبيعة». وهو الطبيعة الحقيقية أو الجوهرية للشيء التي تميِّزه عن صفاته. ويُستخدَم المصطلح في الفكر المسيحي للإشارة إلى أيِّ أقنوم من الأقانيم الثلاثة المتمايزين في الثالوث، وبخاصةٍ إلى المسيح، الأقنوم الثاني في الثالوث، في طبيعتيه الإلهية والبشرية.

**إكليسيولوچي EccleSiology**:
الدراسة العقيديَّة للكنيسة

**(ال) إلحاد AtheiSm**:
الاعتقاد بعدم وجود الله.

**(ال) ألف سنة The millennium**:
فترة مُلك المسيح لمدة ألف سنة على الأرض.

**الله- الإنسان God-man**:
الأقنوم الثاني في اللاهوت، المتجسِّد، يسوع المسيح.

**إلوهيم *Elohim***:
اسم عبري شائع للغاية من أسماء الله؛ وهو ذو طبيعة عامة، بحيث يمكن أن ينطبق على كلٍّ من الآلهة الوثنية وإله بني إسرائيل الحقيقي.

**ألوهية (لاهوت) المسيح deity of Christ:**
الفكرة التي مفادها أن المسيح هو الله، كما أن الآب أيضًا هو الله.

**انبثاق الروح القدس Procession of the Spirit:**
العمل الأزلي، والضروري، الـذي يميِّز الآب والابن به نفسيهما، والـذي بموجبه يزفران (يبثقان) الوجود الأقنومي للروح القدس، ومن ثَمَّ ينقلان إليه الجوهر الإلهي كاملًا. وقد انفصلت الكنيسة الأرثوذكسية الشرقية عـن الكنيسـة الغربيـة بسـبب اعتراضهـا علـى عبارة فـي الصيغـة الغربيـة لقانـون إيمـان نيقيـة، تقول إن الـروح القـدس منبثق مـن الآب والابـن (filioque).

**(نظرية) انتقال النَّفْس من الأبوين Traducianist view:**
الاعتقاد بأن النَّفس والجسد ينتقلان عند الحَبَل من الأبوين إلى الأبناء.

**أنثروبوباثية Anthropopathism:**
نسب مشاعر أو انفعالات بشرية إلى الله.

**(ال) إنجيل Gospel:**
رسالة الخـلاص المقدَّمـة مـن الله لـكلِّ مَـن يؤمـن؛ وكذلـك، يمكن أن تشير إلـى واحدٍ مـن الأسفار الأربعـة الأولـى فـي العهد الجديد، التي تسجِّل حياة يسوع وتعاليمه.

**إنجيل المسيح gospel of Christ:**
مصطلـح بولُسـي (نسبـةً إلـى بولـس) يشـير إلـى رسـالة الخـلاص (روميـة ١٥: ١٩؛ ١كورنثوس ٩: ١٢؛ ٢كورنثوس ٢: ١٢؛ ٩: ١٣؛ ١٠: ١٤؛ غلاطيـة ١: ٧؛ فيلبـي ١: ٢٧؛ ١تسـالونيكي ٣: ٢).

**(عقيدة ال) إنسان (أنثروبولوچي) Anthropology:**
علم دراسة طبيعة الإنسان وثقافته وحضارته. الأنثروبولوچي اللاهوتية هي التفسير اللاهوتي للبشر.

**(ال) إنسان الطبيعي natural man:**
الإنسان في حالته غير المخلَّصة، خارج دائرة الخلاص في يسوع المسيح.

**(ال) إنسان الجديد New man:**
مصطلح استخدمه بولس للإشارة إلى الإنسان المولود ثانيةً (أفسس ٤: ٢٢-٢٤؛ كولوسي ٣: ٩-١٠)، أي المؤمن.

**(ال) إنسان العتيق Old man**:
مصطلح استخدمه بولس للإشارة إلى الإنسان غير المولود ثانيةً، أو الإنسان من دون الخلاص في المسيح (رومية ٦: ٦؛ أفسس ٤: ٢٢-٢٤؛ كولوسي ٣: ٩-١٠)؛ وهو على النقيض من الإنسان الجديد.

**إنسان الخطية Man of Sin**:
ترجمة أحيانًا لإشارة بولس إلى ضد المسيح في ٢تسالونيكي ٢: ٣. والترجمة الأفضل منها هي «إنسان الإثم»، أو «إنسان التعدِّي على القانون» أو «المتمرِّد على القانون».
**أورشليم الجديدة New Jerusalem:**
في رؤيا ٣: ١٢؛ ٢١: ٢، وهي إشارة إلى الحالة النهائية للكنيسة.

**(ال) أوطاخية EutychianiSm**:
التعليم القائل إن يسوع كانت له طبيعة واحدة فحسب.

**إيل شدَّاي *El shaddai*:**
اسم عبري من أسماء الله يسلِّط الضوء على قدرته.

**إيماجو دي *Imago dei*:**
مصطلح لاتيني معناه «صورة الله»

# ب

**(المذهب ال) باتريباسياني (مذهب تألُّم الآب) PatripaSSianiSm**:
الفكرة التي مفادها أن الابن كان في حقيقة الأمر هو الله الآب الظاهر في شكل مختلف، ومن ثَمَّ، تألَّمَ الآب ومات على الصليب في شخص الابن.

**(ال) باراقليط Paraclete**:
لفظ يوناني يُستخدَم للإشارة إلى الروح القدس (يوحنا ١٤: ١٦، ٢٦؛ ١٥: ٢٦؛ ١٦: ٧). ويُترجم عادةً «المُعزِّي».

**بحيرة النار lake of fire:**
موضع العقاب الأبدي للأشرار. ذُكِر المصطلح ست مرات في سفر الرؤيا (١٩: ٢٠؛ ٢٠: ١٠؛ ٢٠: ١٤ ]مرتين[؛ ٢٠: ١٥؛ ٢١: ٨)، وأُشير إليه أيضًا بعبارة «الْبُحَيْرَةِ الْمُتَّقِدَةِ»، و«بُحَيْرَةِ النَّارِ وَالْكِبْرِيتِ».

**(ال) بدليَّة SubStitution:**
الفعل المتمثِّل في أخذ مكان شخص آخر.

**(نظرية ال) بدلية العقابية الخاصة بالكفارة [penal SubStitution theory of the atonement]:**
وجهة النظر عن الكفارة التي تقول إن موت المسيح هو ذبيحة قُدِّمت تسديدًا لعقوبة خطايانا. وهي تُقبَل لدى الله الآب كترضية، بدلًا من العقوبة الواجبة على المؤمنين بالمسيح.

**(ال) برُّ RighteouSneSS:**
حالة أن يكون الشخص بارًّا أو طاهرًا أخلاقيًّا، سواء بقوته الذاتية، أو بناء على فضيلة محتَسَبة له.

**(الرأي) بعد الألفي PoStmillennialiSm:**
المنهجية الأخرويَّة التي تؤمن بأن المسيح سوف يأتي ثانية بعد مُلك الألف سنة. وهذا يعني أنه سوف يَملُك دون أن يكون حاضرًا بالجسد.

**بُعد الله عن الإدراك IncomprehenSibility of God:**
إشارة إلى حقيقة أننا أمام عظمة الله عاجزون عن فهمه وإدراكه على نحو كامل أو شامل.

**(ال) بنيان Edification:**
معناها الحرفي «بناء»؛ وهو تشديد وتعزيز الحياة الروحية للمؤمنين والكنائس.

**بيبليولوچي Bibliology:**
عقيدة الكتاب المقدس

**البيلاجية PelagianiSm:**
الفكر اللاهوتي المهرطق النابع من فكر بيلاجيوس، والذي شدَّد على قدرة البشر وحرية إرادتهم، وليس على فسادهم وشرِّهم. ويرى غالبية البيلاجيين أنه من الممكن أن يعيش الإنسان بلا خطية، وأن تأثير خطية آدم على نسله اقتصر على كونه قدوة سيِّئة لهم.

# ت

**(نظرية ال) تأثير الأخلاقي الخاصة بالكفارة Moral influence theory of the atonement:**
نظرية منقوصة بشأن الكفارة، تقول إن تأثير موت المسيح هو أن يُظهِر لنا محبة الله، ومن ثَمَّ يحفِّزنا على التجاوب مع عرض الخلاص الذي يقدِّمه الله

**(ال)تأديب الكنسي Church diScipline:**
التوجيه الفعَّال من الكنيسة لسلوك أعضائها. كثيرًا ما يحمل المصطلح دلالات متعدِّدة، مثل التعليم والتوجيه الذي يهدف إلى التقويم، أو العزل الكنسي.

**(ال) تبرير بالإيمان juStification by faith:**
إعلان أن الشخص قد أُعيد إلى حالةٍ من البرِّ بواسطة الإيمان بعمل المسيح والاتكال عليه، وليس على أساس إنجازات المرء الشخصية.

**(ال) تبعية الوظيفية Functional Subordination:**
الفكرة التي مفادها أن المسيح المتجسِّد، الأقنوم الثاني في الثالوث، أخضع نفسه في كلِّ ما عمله للآب، في حين أنه لم يتوقف عن أن يكون مساويًا للآب في شخصه وطبيعته.

**(ال)تبني Adoption:**
ذلك الجزء من الخلاص الذي فيه يَقْبَلُ الله الخاطئَ المنفصل عنه ويَرُدُّهُ من جديد إلى علاقة ومزايا أن يكون ابنه. يدل المصطلح على إحسان إيجابي، يفوق مجرد غفران الخطايا، والعفو عنها.

**(مذهب ال) تبنِّي AdoptioniSm:**
هو عقيدةٌ عن المسيح بحسبها اختار الله يسوع، الإنسان البشري، ليرفعه إلى مقام البنوة الإلهية.

**تجديف BlaSphemy:**
تعبيرات ضد الله خالية من الاحترام، أو مهينة، أو تنطوي على افتراءٍ عليه.

**(ال) تحقُّق الوشيك Imminence:**
حالة الشيء الذي يمكن أن يحدث في أيِّ وقت أو الذي على وشك الحدوث. وعند تطبيق المصطلح على المجيء الثاني، يكون معناه أن المسيح يمكن أن يأتي ثانية في أيِّ وقت.

**ترتيب الخلاص Order of Salvation *ordo salutis*):**
التسلسل التقليدي للحديث عن الجوانب المختلفة للخلاص؛ على سبيل المثال: الميلاد الثاني، ثم الاهتداء، ثم التبرير، ثم التقديس.

**ترتيب ما بعد السقوط InfralapSarianiSm:**
شكلٌ من أشكال الفكر الكالفيني، يُعلِّم بأن قضاء السقوط قد سَبقَ منطقيًا قضاء الاختيار. وبذلك، يكون ترتيب أحكام الله كالتالي: ١) أن يخلق البشر؛ ٢) أن يسمح بالسقوط؛ ٣) أن يخلِّص ويدين البعض الآخر؛ و٤) أن يقدِّم الخلاص للمختارين فحسب.

**ترتيب ما قبل السقوط SupralapSarianiSm:**
الرأي القائل إن أحكام الله حدثت (منطقيًّا) بالترتيب التالي: (١) أن يخلِّص بعض البشر ويدين البعض الآخر؛ (٢) أن يخلق كلًّا من المختارين والمرفوضين من الخلاص؛ (٣) أن يسمح بسقوط جميع البشر؛ (٤) أن يقدِّم الخلاص للمختارين فحسب.

**(نظرية ال) ترضية الخاصة بالكفارة SatiSfaction theory of the atonement:**
نظرية منقوصة عن الكفارة، تقول إن موت المسيح كان ذبيحة قُدِّمت إلى الله لإرضاء كرامته المجروحة بسبب الخطأ الذي ارتكبه البشر في حقِّه.

**تسامي الله TranScendence of God:**
تفرُّد الله أو انفصاله عن الخليقة، وعن الجنس البشري.

**تضامُن الجنس البشري Solidarity of the human race:**
إشارة إلى فكرة أن جميع البشر متحدِّرون من الأسلاف أنفسهم، ومن ثَمَّ يتأثرون بأفعال آدم، ولا سيما بخطيته الأولى التي ارتكبها في جنة عدن.

**(ال) تطور Evolution:**
عملية التطور من شكل إلى آخر؛ وعلى نحو خاص، هي النظرية البيولوجية التي تقول إن جميع الأشكال الحية قد تطورت من أشكال أبسط منها من خلال سلسلة من الخطوات التدريجية.

**تعدُّد الآلهة PolytheiSm:**
الإيمان بأكثر من إلهٍ.

**التعيين المسبق PredeStination:**
هو بوجه عام تعيين الله حدوث كلِّ الأشياء. وهو قضاء أزلي، وغير متأثِّر بأيِّ شيء. وتحديدًا، هو اختيار الله منذ الأزل لأولئك الذين سيَخلُصون، ولأولئك الذين سيُعبَر عنهم ويُدانون بسبب خطاياهم.

**(ال) تفسير ExegeSiS:**
الحصول على معنى نصٍّ معيَّن عن طريق استخراج المعنى من النص، وليس إقحام معنى خارجي ليس موجودًا فيه.

**(ال) تفسير اللغوي-التاريخي Grammatical-hiStorical exegeSiS:**
تفسير الكتاب المقدس الذي يشدِّد على أن النص الكتابي لا بد أن يُشرح في ضوء تركيب الجملة، والقرينة (السياق)، والخلفية التاريخية.

**(ال) تفسير المجازي Allegorical interpretation:**
طريقة لتفسير الكتاب المقدس تسعى إلى إيجاد معنى أعمق من المعنى الحرفي للنص.

**(ال) تقديس Sanctification:**
إشارة إلى الخلاص الأوَّلي، ثم إلى النمو تدريجيًّا في مشابهة صورة المسيح، وفي النهاية إلى التقديس النهائي، أو التمجيد.

**(ال) تقسيم الثلاثي TrichotomiSm:**
الرأي القائل إن الطبيعة البشرية مكوَّنة من ثلاثة أجزاء، تسمَّى عادة الجسد، والنفس، والروح.

**(ال) تقسيم الثنائي DichotomiSm:**
وجهة نظر عن الطبيعة البشرية تعتبر أنها مكوَّنة من عنصرين، هما في المعتاد العنصر المادي والعنصر الروحي (أي الجسد والنفس/الروح).

**(ال) تقنين Canonization:**
عملية التعرُّف على الأسفار القانونية

**التَّقْوَى GodlineSS:**
مشابهة الله في الصفات الأخلاقية والروحية

**(مذهب ال) تلاشي AnnihilationiSm:**
الاعتقاد بأن بعض البشر على الأقل سيتوقف وجودهم بشكل دائم عند الموت أو في مرحلة ما بعد ذلك.

**(ال) تمجيد glorification:**
الخطوة الأخيرة في عملية الخلاص؛ وتنطوي على اكتمال التقديس وإزالة جميع العيوب والنقائص الروحية.

**(مبدأ ال) تناظُر الكتابي *Analogia scriptura*:**
الإيمان بأنه لكون الكتاب المقدس وحدةً واحدةً، فإن معنى أحد مقاطعه يتوضَّح عن طريق دراسة مقاطع وأجزاء أخرى.

**تنفُّس (زفير) Spiration**:
لفظ يُستخدَم عادة للإشارة إلى فكرة أنَّ الكتاب المقدس موحى به من الله (الأنفاس الخارجة من الله)، والموجودة في ٢تيموثاوس ٣: ١٦.

**(ال) توبة Repentance**:
حزن المرء الذي بحسب مشيئة الله على خطاياه، وعزمه على الرجوع عنها.

**(ال) توحيد TheiSm**:
الإيمان بوجود إله هو شخصٌ.

## ث

**(ال) ثالوث Trinity**:
إشارة إلى العقيدة التي تقول إن الله واحد، لكنه مع ذلك موجود سرمديًّا في ثلاثة أقانيم: الآب، والابن، والروح القدس.

**ثبات الله Immutability of God**:
العقيدة التي تقول إن الله لا يتغير. بعض مدارس الفكر اليونانية ترجمت هذا التعليم عمليًا إلى نظرة إلى الله باعتباره راكدًا وخاملًا. لكن عند فهم هذا التعليم فهمًا صحيحًا، يكون ببساطة تشديدًا على ثبات طبيعة الله وثبات جدارته بالثقة.

**ثمر الروح fruit of the Spirit**:
مجموعة من الفضائل الروحية أشار إليها بولس في غلاطية ٥: ٢٢، ٢٣؛ على سبيل المثال: المحبة، والفرح، والسلام.

**ثيؤديسيا Theodicy**:
السعي إلى إثبات أن الله ليس هو السبب المسئول عن الشر أو المستحقُ اللومَ على الشرِّ.

## ج

**(ال) جحيم Hell**:
موضع العقوبة المستقبليَّة للأشرار أو غير المؤمنين؛ وهو موضع ضيق وكرب شديد، ليس الله حاضرًا فيه ليبارك، وإنما حاضرٌ ليدين فقط.

**(ال) جسد fleSh:**
الطبيعة البشرية. لهذا اللفظ في الكتاب المقدس معنى حرفي ومعنى مجازي. فهو يُستخدم للإشارة إلى الطبيعة الجسدية للبشر، وأيضًا إلى طبيعتهم الخاطئة.

**(ال) جسد الجديد new body:**
الجسد الذي سوف يُؤخَذ في قيامة الأجساد.

**(ال) جسد الفاسد (الفاني) Perishable body:**
الطبيعة المادية للبشر الخاضعة للموت والفساد.

**(ال) جسد الممجَّد glorified body:**
جسد القيامة أو الجسد المكمَّل المستقبلي

**جهنم *gehenna*:**
نقل بحروف اللغة العربية لنُطق الكلمة العبرية المترجَمة «وادي هِنُّوم» (٢ ملوك ٢٣ : ١٠). وصارت تمثِّل الحالة الروحية الأخيرة للأشرار (متى ١٠ : ٢٨؛ مرقس ٩ : ٤٣).

**(ال) جوهر *Ousia*:**
تشير بصفة خاصة إلى طبيعة الله غير المنقسمة.

## ح

**(ال) حالة الأخيرة final state:**
حالة الفرد بعد قيامة الأجساد، سواء في السماء أو في الجحيم.

**(ال) حالة الوسطية Intermediate State:**
حالة البشر ما بين موتهم وقيامة أجسادهم.

**(ال) حُجة الكونية لإثبات وجود الله CoSmological argument for God:**
حُجة للدفاع عن وجود الله: بما أن كلَّ شيء موجود في الكون لا بد أنَّ له عِلَّة، فلا بد أن يكون هناك إلهٌ.

**(ال) حُجة الأخلاقية على وجود الله Moral argument for God:**
برهان على وجود الله: الله ضروري باعتباره تفسيرًا للقِيم الأخلاقية والباعث (الدافع) الأخلاقي.

**(ال) حُجة الوجودية على وجود الله Ontological argument for God:**

حُجة تعتمد في إثبات وجود الله على التفكير المنطقي البحت، وليس على الملاحظة للكون المادي عن طريق الحواس. وتقول إحدى الصياغات المعتادة لهذه الحُجة إن الله هو الأعظم بين كلِّ الكائنات الممكن تصوُّرها. وهذا الكائن لا بد أن يكون موجودًا، لأنه لو كان غير موجود، سيظلُّ بوسع المرء أن يتصور وجود كائن أعظم، وتحديدًا، كائن مطابق يتمتع هو أيضًا بصفة الوجود. ومن أشهر المناصرين للحُجة الوجودية أنسلم (Anselm) ورينيه ديكارت ( René Descartes) .

**(ال) حُجة الغائية على وجود الله Teleological argument for God:**

حجة لإثبات وجود الله، تقول إن النظام الموجود في الكون لا بد أن يكون نتاج عمل مصمِّم فائق.

**(ال) حرب الروحية Spiritual warfare:**

معركة المؤمن ضد قوات روحية فائقة للطبيعة (أفسس ٦: ١٠-١٧).

**(الرأي ال) حرفي عن السقوط literal view of the fall:**

الاعتقاد بأن السقوط كان حدثًا واقعيًا في المكان والزمان، حدث لشخصين تاريخيين.

**(ال) حَرفيَّة LiteraliSm:**

ترجمة الكتاب المقدس أو تفسيره بالمعنى الأكثر صراحة، ووضوحًا، وفي أغلب الأحيان، الأكثر واقعية.

**(ال) حرية التوافُقيَّة CompatibiliStic freedom:**

الفكرة التي مفادها أن حرية الإنسان لا تتعارض مع تعيين الله السيادي لكلِّ الأحداث، بما في ذلك أفكار البشر، واختياراتهم، وأفعالهم.

**(ال) حفظ PreServation:**

ذلك الجانب من العناية الإلهية الذي يتعلَّق بحفاظ الله على حياة ووجود كلِّ ما خَلَقه.

**(النظرية ال) حكومية عن الكفارة Governmental theory of the atonement:**

نظرية منقوصة بشأن الكفارة، تقول إن التأثير الرئيسي لموت المسيح تمثَّل في إظهار قداسة شريعة الله، وخطورة انتهاكها.

**حَمَلُ الله Lamb of God:**

إشارة من يوحنا المعمدان إلى المسيح، بصفته الشخص الذي يرفع خطية العالم، بتَحَمُّله عقوبة الخطية في شخصه (يوحنا ١: ٢٩، ٣٦؛ ١كورنثوس ٥: ٧؛ ١بطرس ١: ١٨-١٩).

**حَمَلُ الله الذي بلا عيب spotless Lamb of God:**
يسوع الذبيحة الكاملة.

**(ال) حياة الأبدية eternal life:**
الحياة الروحية التي تُمنح للمؤمن؛ وهي تَفُوق الحياة الطبيعية من حيث نوعيتها، كما أنها تمتد إلى ما بعد هذه الحياة إلى الأبد.

**(ال) حيَّة Serpent:**
الكائن الذي أغوى حواء في جنة عدن. ويُنظر إليه بوجه عام على أنه ظهورٌ للشيطان، لأن هذا اللفظ استُخدِم للإشارة إليه في موضع آخر في الكتاب المقدس (رؤيا ٢٠ : ٢).

# خ

**خارج الكتاب المقدس Extrabiblical:**
ما يختص بكتابات غير موجودة في الكتاب المقدس

**خطية آدم Adam'S Sin:**
خطية آدم الأولى في جنة عدن. ولأنها أنشأت السقوط، صارت لها عواقب بعيدة المدى على الجنس البشري.

**(ال) خطية المميتة Mortal Sin:**
الخطية التي تسبِّب الموت الروحي. بحسب اللاهوت الكاثوليكي الروماني، الخطية المميتة تُخمِدُ حياة الله داخل النفس، في حين أن الخطية الطفيفة (التي يمكن أن تُغتَفَر) فقط تُضعِف تلك الحياة. ترتبط الخطية المميتة بتصميم إرادي ومتعمَّد على مقاومة المرء لله في كل ما يعمله؛ في حين ترتبط الخطية الطفيفة بصراعٍ وشدٍّ وجذبٍ بين الفعل الخاطئ والشخص الذي يرتكبه.

**(ال) خطية التي لا تُغتَفَر Unpardonable Sin:**
التجديف على الروح القدس، وهي خطية قال يسوع إنها «أبدية» في مقابل الخطايا التي يمكن أن تُغتفر (متى ١٢ : ٣١-٣٢؛ مرقس ٣ : ٢٨-٢٩؛ لوقا ١٢ : ١٠). أدلى يسوع بهذا التصريح بعدما عزا الفريسيون العملَ الذي عمله يسوع بقوة الروح القدس إلى بعلزبول.

**(ال) خطية الطفيفة (التي يمكن أن تُغتفر) Venial Sin:**
بحسب الإيمان الكاثوليكي الروماني، هي خطية لا تؤدِّي إلى الموت الروحي. يختار المرء أن يرتكب الخطية الطفيفة لكن ليس بغرض مقاومته لله في كلِّ ما يعمله.

**(ال) خطية الأصلية Original Sin:**
تأثير خطية آدم على المتَّحدين به. فإذ أثَّرت الخطية الأصلية على سلوكنا بمعزلٍ عن، وقبل، أي تصرُّفٍ من جانبنا، فهي تتعلق إذن بكلٍّ من الذنب المحتَسَب، والفساد الذي ورَّثته خطيةُ آدم لكلِّ البشر باستثناء يسوع.

**(ال) خلاص Salvation:**
العمل الإلهي الذي يعتق المؤمن من سطوة الخطية ولَعْنَتِهَا، ثم يردُّه إلى الشركة مع الله، التي قصد الله أن يتمتع بها البشر في الأصل.

**(ال) خلاص بالنعمة Salvation by grace:**
فهم الخلاص بأنه عطية مجانية لا يستحقها مَن ينالها.

**(ال) خلاص الشخصي perSonal Salvation:**
النظر إلى الخلاص من حيث علاقة الفرد بالله، وليس من حيث تغيير بِنية المجتمع.

**(ال) خلاص الربوبي LordShip Salvation:**
التعليم بأن الإيمان الذي للخلاص يتَّسم بالتوبة عن الخطية وقبول يسوع المسيح مخلِّصًا وربًّا على حدٍّ سواء.

**(نظرية ال) خلق الإلهي حول أصل النفس CreationiSt view:**
الاعتقاد بأن الله يخلق بشكل مباشر وخاص كلَّ نفس بشرية عند الولادة. بعبارة أخرى، لا تنتقل نفس الإنسان من والديه.

**(ال) خلق بالأمر المباشر Fiat creationiSm:**
الإيمان بأن الله خلق بفعلٍ مباشر. ويتضمن أيضًا في كثير من الأحيان فكرة أن الخلق حدث في فترة زمنية وجيزة، ولم يكن هناك تطوُّر طبيعي لأشكال وسيطة.

**(ال) خلق من العدم *Creatio ex nihilo*:**
الفكرة التي مفادها أن الله خَلَقَ دون استخدام مواد سابقة الوجود.

**(ال) خلود المشروط Conditional immortality:**
نسخة من مذهب التلاشي، تقول إن الخلود عطية خاصة للمؤمنين؛ أما غير المؤمنين، فيَنمَحون ببساطة من الوجود عند الموت.

## (ال) خلوٌّ من الخطأ Inerrancy:

الرأي القائل إن الكتاب المقدس حقٌّ وصادقٌ تمامًا في كل ما يُعلِّمه.

## (ال) خليقة الجديدة New creation:

إشارة إلى الميلاد الثاني الذي يحدث داخل المؤمن، وأيضًا إلى تجديد وردِّ الخليقة كلِّها في المستقبل.

## د

## دراسات تمهيدية Prolegomena:

دراسة المسائل اللاهوتية التمهيدية.

## دعوة call, calling:

استدعاء الله للبشر سواء إلى الخلاص أو إلى أدوار خدمة خاصة.

## (ال) دعوة الفعَّالة Effectual calling:

نعمة الله المخلِّصة التي لا تُقاوَم، والتي تؤثِّر في المختارين حتى يتجاوبوا بإيمانٍ.

## (ال) دوسيتية DocetiSm:

الاعتقاد بأن ناسوت يسوع لم يكن حقيقيًّا، وأنه فقط بدا إنسانًا.

## ذ

## (ال) ذات الإلهية (اللاهوت) Godhead:

الله الواحد في ثلاثة أقانيم — الآب، والابن، والروح القدس.

## ذاتيَّة وجود الله Self-exiStence of God:

صفة من صفات الله بموجبها يوجد الله فقط من ذاته، دون الحاجة إلى أية قوة أو علَّة من الخارج.

## ذاتيَّة وجود الله ASeity:

إشارة إلى حقيقة أن الأساس لحياة الله موجود في ذاته، ولا يتسبَّب فيه أي شيء خارجي.

## ر

**(ال) رأس Head:**

الجزء الأبرز من الجسد، الذي يتحكَّم في بقية الأجزاء. ولهذا يوصَف يسوع بأنه رأس الكنيسة، ورأس كلِّ شيء (أفسس ١: ١٠، ٢٢-٢٣).

**(ال) رُّبُوبية DeiSm:**

الاعتقاد بإلهٍ خلق العالم، غير أنه لا يتدخَّل بشكل مستمر فيه أو في الأحداث التي تقع فيه.

**ربوبية المسيح LordShip of ChriSt:**

سلطان يسوع المسيح ومُلكه عل كلِّ الأشياء، ولا سيما كما ينعكس في حياة المؤمن.

**(ال) رمز (المثال) Type:**

حدث تاريخي واقعي أو شخص حقيقي يرمز من بعض النواحي إلى حدث لاحق، أو يمهِّد له؛ وعلى نحو أكثر تحديدًا، هو استباقٌ من العهد القديم لحدثٍ في العهد الجديد.

**روح الله Spirit of God:**

تعبيرٌ في العهد القديم كان يُنظر إليه كثيرًا على أنه إشارة إلى الروح القدس؛ وهكذا عرَّفه بطرس في اقتباسه نص يوئيل ٢: ٢٩ (انظر أعمال الرسل ٢: ١٨).

**(ال) روحانية Spirituality:**

التكريس العميق لله ومشابهته، نتيجة تجديد الروح القدس وتأثيره التقديسي..

**(ال) روح القدس Holy Spirit:**

الأقنوم الثالث في الثالوث، وهو الله بالكامل وشخص بالكامل.

**رؤساء الملائكة ArchangelS:**

الوحيد الذي ذُكِر بالاسم في الكتاب المقدس هو ميخائيل (يهوذا ٩). والإشارة الأخرى الوحيدة إلى رئيس ملائكة (اتسالونيكي ٤: ١٦) لم تَذكُر اسمًا له. أما الملاك الآخر المذكور بالاسم في الكتاب المقدس، وهو جبرائيل (دانيآل ٨: ١٦؛ ٩: ٢١؛ لوقا ١: ١٩، ٢٦)، فلم يُعرَّف بأنه رئيس ملائكة.

## ز

**زفير الله أو تنفُّس الله God-breathed:**

إشارة إلى الوحي الإلهي للكتاب المقدس (٢تيموثاوس ٣: ١٦).

## س

**(الرأي ال) سابقي PreteriSt view:**

تفسيرٌ لعقيدة الأخرويات، وبخاصة سفر الرؤيا، يقول إن الأحداث المشار إليها قد حدثت بالفعل، أو كانت تحدث في زمن كتابتها.

**(ال) سابليانيَّة SabellianiSm:**

وجهة نظر مستمَدَّة من فكر سابليوس، الذي كان في الأساس شكلًا من أشكال الموناركية المودالية: الله جوهر واحد، وشخص واحد، يتخذ على التوالي ثلاثة أشكال أو مظاهر مختلفة.

**(ال) سِرُّ MyStery:**

ما هو غير معروف أو غير مُدرَك بالكامل. صرَّح بولس بأن الله أعلن أسراره بحيث لم تَعُد بعيدة عن الإدراك (على سبيل المثال، أفسس ١: ٩، ٣: ٣).

**سرمديَّة الله Eternity of God:**

حقيقة أن الله ليست له بداية ولن تكون له نهاية. فهو كان دائمًا، وسيكون إلى الأبد.

**(ال) سقوط Fall:**

خطية العصيان الأولى التي ارتكبها آدم وحواء، ونتج عنها خسارتهما لرضا الله عنهما (تكوين ٣).

**السُكنى Indwelling:**

حضور الروح القدس داخل حياة المؤمن

**سُكنى الشياطين Demon poSSeSSion:**

حالة أن يكون أحدهم مسكونًا بشياطين أو تحت سيطرة شياطين.

**سلطة الكتاب المقدس Authority of the Bible:**

التعليم القائل إنه بما أن الله، الذي هو السلطة العليا، قد أعطانا الكتاب المقدس بوحي إلهي، فإن لهذا الكتاب، بالتبعيَّة، الحق في أن يوجِّه إيمان المؤمنين وسلوكه.

**(ال) سماء Heaven:**
مسكن المؤمنين في المستقبل. موضعٌ من السعادة والفرح الكاملين، ويميِّزه على نحو خاص حضور الله.

**سوتيريولوجي Soteriology:**
دراسة الخلاص.

**السوسينيَّة Socinianism:**
عقيدة مهرطِقة مستمَدَّة من فكر فستوس سوسينوس (Faustus Socinus)، شدَّدت على المبادئ الأخلاقية، وأنكرت لاهوت المسيح، والتعيين المسبق، وعِلم الله المسبق، والخطية الأصلية؛ واعتَبرت كفارة المسيح نموذجًا وليس ترضية دُفِعَت إلى الآب.

**سيادة الله Sovereignty of God:**
سلطان الله وسيطرته الدقيقة على كل ما يحدث.

# ش

**(ال) شرح التفسيري Exposition:**
تفسير، وشرح، وتوضيح نص كتابي.

**(ال) شرير Evil One:**
الشيطان

**شفاعة المسيح Intercession of Christ:**
إشارة إلى العقيدة التي تقول إن خدمة المسيح الحالية نيابة عن المؤمنين تشمل التوسُّط لهم أمام الآب (رومية ٨: ٣٤؛ عبرانيين ٧: ٢٥).

**شفاعة الروح القدس intercessory work of the Holy Spirit:**
الفكرة التي مفادها أن الروح القدس يشفع فينا عندما لا نعلم كيف نصلي (رومية ٨: ٢٦-٢٧).

**شمولية الخطية Universality of Sin:**
إشارة إلى حقيقة أن جميع البشر خطاة، وأن الخطية موجودة في كل الثقافات، والأعراق، والطبقات الاجتماعية.

## شمولية الخلاص UniverSaliSm:
الاعتقاد غير الكتابي بأن جميع البشر سيخلصون في النهاية ويُردُّون إلى الله.

## (ال) شيطان Satan:
إبليس، وهو مخلوق ملائكي كان في رتبة عالية، ثم تمرَّد على الله، فطُرِدَ من السماء. وقد صار قائدَ مقاومةٍ ضد الله وضد القوات السماوية.

## (ال) شياطين (الأرواح الشريرة) DemonS:
الملائكة الساقطون الذين يعملون الشر الآن بقيادة رئيسهم، الشيطان.

## شيخ Elder:
قائدٌ في المجمع، أو في الكنيسة الأولى، أو في الكنائس المحلية لبعض الطوائف اليوم. المؤهِّلات لهذا المنصب مذكورة في ١تيموثاوس ٣: ١-٧ وتيطس ١: ٥-٩.

## (ال) شيوخ العلمانيون Lay elderS:
مسئولون يتولُّون مناصب قيادية في الكنيسة، لكنهم ليسوا قسوسًا معيَّنين رسميًّا.

# ص

## (ال) صبر Endurance:
قدرة المؤمن، بفضل نعمة الله التي تؤيِّده بالقوة، على المثابرة والثبات عبر الضيقات، والتجارب، والمحن.

## صعود المسيح ascension of Christ:
رحيل المسيح بالجسد عن الأرض وعودته إلى السماء، بعد أربعين يومًا من قيامته من بين الأموات (لوقا ٢٤: ٥١؛ أعمال الرسل ١: ٩).

## صفات الله AttributeS of God:
الصفات أو الخصائص التي تشكِّل طبيعة الله. ويجب ألا يُنظر لها على أنها شيء يُنسب أو يُسنَد إليه، وكأنه يمكن إضافة شيء إلى طبيعته. بل الأحرى، هذه الصفات لا يمكن فصلها عن جوهره.

## صفات الله القابلة للنقل Communicable attributeS of God:
صفات الله التي يمكن العثور على ما يماثلها في الطبيعة البشرية.

**صفات الله غير القابلة للنقل Incommunicable attributeS of God:**
صفات الله التي لا يوجد ما يماثلها من صفات في الطبيعة البشريَّة.

**صورة الله Image of God:**
ما يميِّز البشر عن بقية مخلوقات الله: الإنسان مخلوق على صورة الله (تكوين ١: ٢٦).

# ض

**ضد المسيح AntichriSt:**
خصم للمسيح، ومنتحلٌ لشخصيته. ومن خلال ١ يوحنا ٢: ١٨، ٢٢؛ ٤: ٣، يظهر ضد المسيح على أنه روحٌ موجودٌ طوال عصر الكنيسة. حاول البعض ربط أشخاص محدَّدين أو وظائف معينة بضد المسيح. وربطه المصلحون وغيرهم بالبابوية. ويبدو أن هناك روحًا أو مبدأً من التمرد عاملٌ في العالم، وسيكتمل في الأيام الأخيرة في هيئة شخص حقيقي.

**(مذهب) ضد الناموس AntinomianiSm:**
معارضةٌ للناموس؛ وبالأخص رفضٌ لفكرة أن الحياة المسيحية بحاجة إلى أن تُحكَم بقوانين أو قواعد.

**(ال)ضمان الأبدي للمؤمن Eternal Security:**
العقيدة التي تقول إن المؤمنين الذين وُلِدوا ثانية بالحقيقة لن يفقدوا خلاصهم البتة، وإنما هم محفوظون بقوة الله إلى الخلاص النهائي، وسيثابرون (سيثبتون) في الإيمان بنعمة الله. تسمَّى هذه العقيدة أيضًا «مثابرة القديسين».

**(ال) ضمير ConScience:**
شعور المرء بأنه ملزَمٌ بفعل الصواب وتجنُّب الخطأ؛ وبحسب بعض الآراء، هو مَلَكة حقيقيَّة في الطبيعة البشرية.

# ط

**طبيعتا المسيح two natureS of ChriSt:**
العقيدة التي تقول إن يسوع كان إلهًا وإنسانًا في الآن ذاته في شخصٍ واحدٍ.

# ظ

**ظهور إلهي Theophany:**
ظهورٌ أو استعلانٌ منظور لله، ولا سيما في العهد القديم.

**ظهورات الملائكة AngelophanieS:**
اتخاذ الملائكة شكلًا منظورًا من أجل مناسبات معيَّنة.

# ع

**(ال) عبادة WorShip:**
تقديم الإجلال، والإكرام، والحمد لله.

**عروس المسيح Bride of ChriSt:**
مصطلح يُطلَق على الكنيسة.

**(ال) عصمة Infallibility:**
إشارة إلى العقيدة التي تقول إن الكتاب المقدس ثابتٌ ولا يُخطئ في قصده.

**عصمة المسيح Impeccability of ChriSt:**
الفكرة التي مفادها أن المسيح لم يكن بإمكانه أن يرتكب خطية.

**(ال) عقائد المسيحية ChriStian doctrineS:**
تعاليم المسيحية عن طبيعة الله، وعمله، وعلاقته بخليقته.

**(ال) عقوبة الأبدية eternal punishment:**
الطبيعة اللانهائية للعقوبة التي سيختبرها الخطاة غير المفديين بعد هذه الحياة.

**علم الله الكلِّي OmniScience of God:**
معرفة الله بكل الأشياء التي هي الهدف صحيح اللائق بمعرفته، بما في ذلك كلِّ الأحداث المستقبلية.

**علم (مبادئ) التفسير HermeneuticS:**
علم تفسير الكتاب المقدس

**علم الوعظ HomileticS:**
علم وفن إعداد العظات وتقديمها.

**عمانوئيل Emmanuel:**
اسم من أسماء يسوع معناه «الله معنا».

**عمل المسيح work of Christ:**
خدمة المسيح، ولا سيما حياته وموته الفدائيَّيْن.

**(ال) عمل الأحادي MonergiSm:**
الرأي القائل إن الميلاد الثاني يتحقَّق حصريًّا بعمل الله

**(ال) عمل التآزُري SynergiSm:**
الفكرة التي مفادها أن الإنسان يعمل مع الله في جوانب معيَّنة من الخلاص، ولا سيما في الميلاد الثاني، الذي يُنظر إليه باعتباره جهدًا تعاونيًّا من المعونة الإلهية والإيمان البشري.

**(ال) عناية الإلهية Divine providence:**
عناية الله بالخليقة؛ وتشمل حفاظه على وجودها، وتوجيهه إياها بكل دقة صوب تحقيق غاياته المنشودة.

**(ال) عهد الإبراهيمي Abrahamic covenant:**
العهد الذي قطعه الله مع إبراهيم في تكوين ١٢.

**(ال) عهد الجديد New covenant:**
التدبير المسيحي الذي جاء به المسيحُ والرسلُ. وفي بعض الحالات، يأتي مصطلح العهد الجديد مرادفًا لإنجيل المسيح.

**(ال) عهد الداودي Davidic covenant:**
العهد الذي فيه أعطى الله المملكة لداود ونسله إلى الأبد (٢ صموئيل٧؛ راجع ٢ أخبار الأيام ١٣: ٥).

**العهد الموسوي MoSaic covenant:**
مجموعة القوانين والشرائع التي أعطاها الله من خلال موسى.

**عهد الله غير المشروط unconditional covenant of God:**
معاهدة مع البشر سيفي بها الله لأنه ببساطة وَعَد بأن يفعل ذلك. وهو يتناقض مع العهد المشروط، الذي يعتمد تحقيقه على أفعال أو استجابات معيَّنة من جانب البشر.

# غ

**غضب الله Wrath of God:**
استياء الله من الشر؛ ويعبَّر عنه في دينونة وعقوبة.

**(ال) غنوسية GnoSticiSm:**
حركة كانت موجودة في عصر المسيحية القديمة، وبدأت منذ القرن الأول؛ وهي ١) شدَّدت على وجود حق سامٍ خاص لا يستقبله من الله سوى أولئك الأكثر استنارة؛ ٢) علَّمت بأن المادة شرٌّ؛ ٣) أنكرت ناسوت يسوع.

**غير المخلَّصين UnSaved:**
أولئك الماكثون في خطاياهم، ومن ثَمَّ منفصلون عن الله.

**غير المؤمن unbeliever:**
من المنظور المسيحي، هو شخص غير مسيحي أو غير مولود ثانيةً.

# ف

**(نظرية ال) فدية الخاصة بالكفارة RanSom theory of the atonement:**
الرأي الخاطئ عن الكفارة الذي يقول إن دم المسيح كان فدية دُفعت للشيطان لتحرير البشر من سيطرته.

**(ال) فساد الكلي Total depravity:**
الفكرة التي مفادها أن الحالة الخاطئة للإنسان تؤثِّر في طبيعته بكاملها، وتشوِّه كلَّ ما يعمله؛ وهو لا يعني بالضرورة أن الإنسان شريرٌ وأثيمٌ بقدر ما يمكنه أن يكون.

**فلسفة الحياة (الرؤية الكونية) Worldview:**
التوليفة العامة للأفكار التي تشكِّل منظور المرء إلى الواقع ككلٍّ.

## ق

**قانون Canon:**
مجموعة الأسفار التي قبلتها الكنيسة بصفتها موثوقة وذات سلطة.

**قانون الكتاب المقدس Canon of the Bible:**
مجموعة الأسفار التي قَبِلَتْهَا الكنيسة بصفتها موثوقة وذات سلطة.

**(الرأي) قبل الألفي PremillennialiSm:**
الإيمان بأن المسيح سيأتي ثانية، ثم يقيم ملكوته الأرضي لمدة ألف سنة.

**قداسة الله HolineSSof God:**
انفصال الله عن كل شيء آخر، ولا سيما عن كلِّ شرٍّ.

**قدرة الله الكلِّية Omnipotence of God:**
قدرة الله على أن يعمل كلَّ الأشياء التي هي الهدف الصحيح اللائق بقدرته.

**قُرب الله Immanence of God:**
حضور الله وعمله داخل عالم الطبيعة المخلوق

**قضاء الله Decree of God:**
قرار الله الذي اتخذه في الأزل، والذي يُحتِّم كل ما يحدث في إطار الزمن.

**قيامة المسيح reSurrection of ChriSt:**
الحدث التاريخي والعقيدة المتعلِّقة بعودة المسيح إلى الحياة يوم الأحد التالي للصَّلب.

## ك

**(ال) كالفينيَّة CalviniSm:**
فِكْر چون كالفن. يُطلَق المصطلح بصفة خاصة على عقيدة التعيين المسبق، التي بموجبها يختار الله سياديًّا البعض للخلاص، لا لأي استحقاق فيهم، أو حتى لأي إيمان سبق فرآه فيهم، بل فقط بحسب مشيئته الحرة، وفي نعمة غير مستحَقَّة..

**كتابة الوحي InScripturation:**
حِفظ الله لإعلانه مكتوبًا من خلال عملية الوحي بالروح القدس.

**(ال) كتابيَّة BibliciSm:**
التزام راسخ وبلا جدال بسلطة الكتاب المقدس.

**كرسي الحُكم Judgment Seat:**
المِنَصَّة التي يجلس عليها قاضٍ مدني في أثناء سير الإجراءات القضائية. ويُستخدَم المصطلح للتعبير عن المحاكمة الأخيرة للمؤمنين الحقيقيين، والتي سيكون يسوع المسيح هو من يُصدِر الحُكم فيها (كرسي المسيح).

**(ال) كفارة Atonement:**
ذلك الجانب من عمل المسيح، ولا سيما من موته، الذي يكفُل استعادة الشركة بين المؤمنين الأفراد والله.

**(ال) كفارة المحدودة Limited atonement:**
تفسير للكفارة يقول إن المسيح مات لأجل المختارين فحسب. ويسمَّى أيضًا الفداء الحصري (particular redemption).

**(ال) كفارة غير المحدودة Unlimited atonement:**
العقيدة التي تقول إن المسيح مات لأجل جميع البشر، سواء المختارين أو غير المختارين.

**(ال) كفارة النيابية VicariouS atonement:**
النظرية التي تقول إن موت المسيح الكفاري كان نيابةً عن الخطاة.

**كريستولوچيٌّ ChriStological:**
ما يختص بالمسيح، أو تحديدًا بعقيدة المسيح.

**كريستولوچي ChriStology:**
الدراسة العقيدية لشخص المسيح وعمله.

**كلمة الله Word of God:**
الرسالة التي جاءت من عند الله. وصف كلٌّ من كُتَّاب العهد الجديد ويسوع العهدَ القديمَ بأنه كلمة الله (انظر يوحنا ١٠: ٣٥). ويُشار اليوم إلى الكتاب المقدس بكامله بأنه كلمة الله.

**(مذهب الـ) كمال PerfectioniSm:**
رأي غير كتابي يقول إنه يمكن للمؤمن في هذه الحياة الوصول إلى حالةٍ لا يَعُود فيها يرتكب الخطية.

**كمال الله Perfection of God:**
ملء الله المطلق. فهو غير ناقص في شيء، وليس به أي عيب أخلاقي.

**(الـ) كمالات المطلقة AbSolute perfectionS:**
صفات الله المستقلة عن علاقته بالأشياء والأشخاص المخلوقين.

**(الـ) كنيسة The Church:**
المؤمنون الحقيقيون بالمسيح. يُستخدَم المصطلح في العهد الجديد بالمعنى العام (كل المؤمنين) وبالمعنى المحلي (جماعة محدَّدة من المؤمنين يجتمعون في مكان واحد).

# ل

**(الرأي الـ) لا ألفي AmillennialiSm:**
رأيٌ يقول إنه لن تكون في المستقبل فترة مُلك للمسيح على الأرض، سواء قبل مجيئه الثاني أو بعده. ويُنظر للألف سنة المذكورة في رؤيا ٢٠: ١-٧ على أنها رمزيَّة، تشير إما إلى اكتمال ملك المسيح، وإما إلى نعيم المؤمنين في السماء.

**لاهوت (ألوهية) المسيح deity of Christ:**
الفكرة التي مفادها أن المسيح هو الله، كما أن الآب أيضًا هو الله.

**(الـ) لاهوت الأساسي Theology proper:**
دراسة عقيدة الله.

**(الـ) لاهوت التاريخي HiStorical theology:**
دراسة التطور الزمني للفكر اللاهوتي؛ وفي حالة المسيحية، هو دراسة تطور اللاهوت المسيحي منذ أزمنة الكتاب المقدس وحتى الوقت الحاضر.

**(الـ) لاهوت الطبيعي Natural theology:**
الفكر اللاهوتي الذي يُكوَّن بمعزل عن الإعلان الخاص في الكتاب المقدس؛ وهو يسعى إلى إثبات عناصر معيَّنة في علم اللاهوت فقط من خلال الخبرة الشخصية والمنطق.

**(ال) لاهوت الكتابي Biblical theology:**
تنظيم التعاليم اللاهوتية بحسب أجزاء الكتاب المقدس التي وردت فيها وليس بحسب الموضوع. ولا يسعى اللاهوت الكتابي إلى إعادة صياغة التعبيرات الكتابية في شكل معاصر.

**(ال) لاهوت المصلَح Reformed theology:**
الفكر اللاهوتي الذي يشدِّد على سيادة الله، ولا سيما فيما يتعلَّق بمسألة الخلاص. وهو مرتبطٌ على نحو خاص بتقليد لاهوتي نابع من حركة الإصلاح التي حدثت في القرن السادس عشر، ويوصَف أحيانًا بأنه يشمل عقائد النعمة.

**(ال) لاهوت المنفتح Open theiSm:**
يرفض هذا الفكر اللاهوتي الرأي الكلاسيكي عن ثبات الله وعلمه الكلِّيِّ، ومن ثَمَّ يؤمن بأن الله ينمو في معرفته، ويكتشف أمورًا لم يكن يعرفها، ويغيِّر رأيه. خاطَرَ الله بخلق بشر لا يمكنه بالضرورة أن يعرف مسبقًا كيف سيتصرفون.

**(ال) لاهوت النظامي SyStematic theology:**
المجال الذي يسعى إلى ترتيب المحتوى العقيدي للكتاب المقدس بطريقة متَّسقة ومترابطة.

**(ال) ليبراليَّة LiberaliSm:**
أيَّة حركة منفتحة تجاه إعادة تعريف أو تغيير العقائد والممارسات التقليدية للديانة المسيحية.

## م

**(ال) مثابرة Perseverance:**
التعليم بأن المؤمنين الحقيقيين سوف يَثبُتون في الإيمان حتى النهاية.

**مجد الله Glory of God:**
بهاء الله، وعظمته، وروعته.

**مجيء المسيح Advent:**
يشير المجيء الأول إلى مجيء المسيح أولًا في التجسد. أما المجيء الثاني، فيشير إلى مجيئه ثانية في المستقبل.

**(ال) مختارون Elect:**

أولئك الذين اختارهم الله على نحو خاص. وقد يشير اللفظ إما إلى أمة إسرائيل، أو إلى أفراد معَيَّنين للخلاص أو لشغل وظائف خاصة في الخدمة.

**مختوم بالروح القدس sealed with the Spirit:**

إشارة إلى عمل الله الذي به يميِّز المؤمن بالروح القدس (أفسس ١ : ١٣).

**مركزُه الله Theocentric:**

يتعلَّق بالشيء الذي يركِّز على الله بصفته القيمة الأسمى والأعلى.

**مركزية الإنسان AnthropocentriSm:**

الرأي القائل إن الإنسان والقيم البشرية، وليس الله وقيمه، هما الحقيقة المركزية في الكون.

**(ال) مرموز إليه Antitype:**

حقائق في العهد الجديد، يُعَد بعض الأشخاص، أو الأشياء، أو الممارسات في العهد القديم رموزًا أو أمثلةً أو ظلًّا لها.

**مستقبلي futuriStic:**

يتعلق بالمستقبل

**(ال) مسيح ChriSt:**

معناه الحرفي «الممسوح». وهو اللقب الذي يُنسَب إلى يسوع بصفته المسيًّا.

**(ال) مسيح الملك Christ as king:**

إشارة إلى واحدة من وظائف يسوع المسيح الثلاث، وهي سلطانه الحاكم.

**(ال) مسيح الكاهن Christ as priest:**

إشارة إلى واحدة من وظائف يسوع المسيح الثلاث، وهي عمله الكفاري والشفاعي.

**(ال) مسيح النبيُّ Christ as prophet:**

إشارة إلى واحدة من وظائف يسوع المسيح الثلاث، وهي عمله الإعلاني.

**(ال) مسيح البديل Christ as substitute:**

الفكرة التي مفادها أن المسيح مات بدلًا من أولئك الذين سيؤمنون به.

**(ال) مسيح المتجسد Incarnate ChriSt:**

حالة المسيح منذ أن صار إنسانًا.

**(ال) مشيئة السيادية Sovereign will:**

إشارة إلى حقيقة أن اختيارات الله وقراراته ليست مقيَّدة بأي حال من الأحوال بعوامل خارج ذاته. أيضًا، هي حق الله في الاختيار دون أن يكون عرضة للمساءلة أمام أي شخص أو أي شيء خارج ذاته.

**مشيئة الله القضائية Decretive will of God:**

قرارات الله التي تحقِّق بالفعل كل حدث يقع.

**مصلوبٌ مع المسيح crucified with Christ:**

إشارة إلى اتحاد المؤمنين بالمسيح في موته (غلاطية ٢ : ٢٠)

**(ال) مصير الأبدي eternal destiny:**

حالة الشخص المستقبلية، سواء في السماء أو الجحيم، وسواء مع الله أو دونه.

**معمودية المؤمنين BelieverS' baptiSm:**

المعمودية التي يُطلَب قبل إجرائها إقرارَ إيمانٍ يُعتَدُّ به. وتُدعَى هذه المعمودية أحيانًا credobaptism.

**معمودية الأطفال PaedobaptiSm - Infant baptiSm:**

ممارسة تعميد الأطفال

**معمودية الروح القدس BaptiSm with the Holy Spirit:**

عمل يسوع المسيح، منذ يوم الخمسين فصاعدًا، المتمثِّل في ضم كلِّ مؤمن حقيقي إلى الكنيسة في لحظة الخلاص، بالروح القدس (اكورنثوس ١٢ : ١٣)

**(ال) ملء بالروح القدس filling of the Holy Spirit:**

سيطرة الروح القدس على حياة المؤمن بكاملها. ويمكن للملء بالروح القدس أن يتكرَّر، وهناك حاجة متكررة إلى ذلك. وينبغي التمييز بين الملء ومعمودية الروح القدس، التي لا تحدث إلا مرة واحدة عند التجديد (الميلاد الثاني).

**(عقيدة ال) ملائكة (أنچيلولوچي) Angelology:**

دراسة الملائكة

**(ال) ملائكة الساقطون Fallen angelS:**

الملائكة الذين تمرَّدوا على الله، فسقطوا من موضع خدمتهم له، وصاروا الآن يخدمون الشيطان، رئيس هؤلاء الملائكة الساقطين، ومن ثَمَّ يُدعَون شياطين أو أرواحًا شريرة.

**(ال) ملائكة القديسون Holy angelS:**

الملائكة الذين لم يسقطوا من حالة الطاعة.

**(ال) ملائكة الأشرار evil angels:**

الملائكة الذين تمردوا على الله، ومن ثَمَّ سقطوا. وهم الآن، بقيادة رئيسهم، الشيطان، منهمكون في مقاومة عمل الله. ويُعرَفون أيضًا بالشياطين أو الأرواح الشريرة (demons).

**(ال) مُلك الألفي Millennial kingdom:**

بحسب الرأي قبل الألفي، هو الملكوت الذي سوف يُقيمه المسيح على الأرض في أثناء الألف سنة التي ستلي مجيئه الثاني.

**ملكوت الله Kingdom of God:**

مُلك الله، سواء داخليًّا في قلوب المؤمنين، أو خارجيًّا على الأرض.

**ممتلئ بالروح القدس Spirit-filled:**

يتعلق بسيطرة الروح القدس الشديدة على المؤمنين لدرجة أن حياتهم كلَّها تصير ذات طبيعة روحية.

**(ال) موت الروحي spiritual death:**

الانفصال عن الله.

**(ال) موت البَدَلي SubStitutionary death:**

إشارة إلى فكرة أن يسوع مات بدلًا من المختارين.

**(ال) موت الأول First death:**

الموت الجسدي

**(ال) موت الثاني Second death:**

الحالة الأخيرة للذين يموتون دون نوال الخلاص المقدَّم من الله. يرد اللفظ في رؤيا ٢: ١١؛ ٢٠: ٦، ١٤؛ ٢١: ٨.

**(ال) موت الأبدي eternal death:**

إتمام الموت الروحي؛ وهو الانفصال الأبدي للخاطئ عن الله.

**موت المسيح النيابي VicariouS death of ChriSt:**

العقيدة التي تقول إن موت المسيح كانت له قيمة نيابةً عن المؤمنين الحقيقيين.

**(ال) مودالية ModaliSm:**

الرأي القائل إن الأعضاء الثلاثة في الثالوث هم أشكال مختلفة لعمل الله، وليسوا أقانيم متمايزين.

**(ال)موناركية MonarchianiSm:**

وجهة نظر شدَّدت على وحدانية الله. وهي، تحديدًا، حركة ظهرت في القرنين الثالث والرابع. واتخذت شكلين: الموناركية الديناميكية [Dynamic Monarchianism] والموناركية المودالية (الشكليَّة) [Modal-istic Monarchianism].

**(ال) موناركية الديناميكية Dynamic MonarchianiSm:**

الرأي القائل إن يسوع لم يكن من نفس جوهر الله، وإنما كان الله عاملًا فيه.

**(ال) موناركية المودالية (الشكليَّة) ModaliStic MonarchianiSm:**

حركة فسَّرت الثالوث بأنه إعلانات متعاقبة لله عن ذاته: أولًا بصفته الآب، ثم بصفته الابن، وأخيرًا بصفته الروح القدس. وبدأت هذه الحركة في القرن الثالث.

**ميت روحيًّا spiritually dead:**

حالة غير المؤمنين. فبسبب تأثير الخطية، هم غير متجاوبين مع الأمور الروحية (١كورنثوس ٢: ١٤)، وعاجزون تمامًا عن إرضاء الله (رومية ٨: ٧-٨).

**(ال) ميلاد العذراوي Virgin birth:**

إشارة إلى التعليم القائل إن الحَبَل بيسوع حدث بعمل معجزي من الروح القدس، دون ممارسة مريم لأيَّة علاقة جنسية مع رجل.

**(ال) ميلاد الثاني (التجديد) Regeneration:**

عمل الروح القدس المتمثِّل في خلق حياة جديدة داخل الشخص الخاطئ، والذي به يتوب هذا الشخص ويؤمن بالمسيح.

**(ال) ميلاد الجديد New birth:**
الميلاد الثاني (التجديد)؛ أن يعطي اللهُ حياة جديدة للمؤمن.

## ن

**ناسوت المسيح humanity of Christ:**
الفكرة التي مفادها أن يسوع إنسانٌ كاملٌ مثلنا، باستثناء أنه بلا طبيعة خاطئة أو خطايا فعلية.

**ناظر OverSeer:**
ترجمة حرفية للكلمة اليونانية التي تُترجَم «أسقف» [Bishop]. وهو الشخص الذي أخذ مسئولية الإشراف على عمل الكنيسة.

**(ال) نُبُوَّة Prophecy:**
هي، بوجه عام، الإخبار أو التكلُّم الرسمي والموثوق نيابة عن الله؛ وهي قريبة من الوعظ. وعلى نحو أكثر تحديدًا، هي الإخبار المعصوم بالإعلان الإلهي، وكثيرًا ما تشمل التنبُّؤ بما سيحدث في المستقبل، غير أنها لا تقتصر على ذلك.

**(ال) نسطورية NeStorianiSm:**
هرطقة تقسم المسيحَ عمليًّا إلى شخصين: شخص إلهي وشخص بشري.

**(ال) نعمة الفعَّالة EfficaciouS grace:**
إشارة إلى حقيقة أن الذين اختارهم الله للحياة الأبدية سوف يُقبِلون على نحو مؤكَّد إلى الإيمان والخلاص.

**(ال) نعمة التي لا تقاوَم IrreSiStible grace:**
نعمة الله في عمل الميلاد الثاني، التي بها يفتح الله العيون العمياء على نحو فعَّال، لترى مجد المسيح، وينقل حياة روحية إلى قلب الخاطئ الميت. وتُدعَى هذه العقيدة في بعض الأحيان أيضًا النعمة الفعَّالة.

**(ال) نعمة العامة Common grace:**
اللطف والإحسان المقدَّم إلى جميع البشر من خلال عناية الله العامة؛ على سبيل المثال، توفير الله لشروق الشمس والأمطار لجميع البشر.

**نعمة الله Grace of God:**
تعامُل الله مع شعبه ليس بناء على ما يستحقونه، لكن ببساطة بناء على صلاحه وسخائه فيما يتعلَّق باحتياجاتهم.

**(نظرية ال) نموذج الخاصة بالكفارة Example theory of the atonement:**
نظرية منقوصة بشأن الكفارة، تقول إن تأثير الكفارة تمثَّل في كون يسوع قد قدَّم نموذجًا من التكريس للآب، ينبغي أن نحتذي به.

**نيوماتولوچي Pneumatology :**
دراسة الروح القدس.

## هـ

**هامارتيولوچي Hamartiology :**
دراسة الخطية

**هرطقة HereSy:**
معتقَد أو تعليم يناقض الكتاب المقدس واللاهوت المسيحي.

## و

**واحدٌ في الجوهر *Homoousios*:**
مصطلح استخدمه المسيحيون قويمو المعتقَد، وخصوصًا أثناسيوس وأتباعه، للتشديد على أن يسوع من طبيعة الآب ذاتها.

**وجود الله الكلِّي OmnipreSence of God:**
إشارة إلى حقيقة أن الله موجودٌ في كلِّ مكان، ويتسنَّى له الدخول إلى كلِّ أجزاء الواقع.

**(ال) وجود المسبق (الوجود السابق) PreexiStence:**
حالة الوجود قبل هذه الحياة. تستخدم المسيحية الكلاسيكية هذا المصطلح للإشارة إلى الأقنوم الثاني في الثالوث، قبل تجسُّده ليصير يسوع الناصري.

**(ال) وجود السابق للمسيح PreexiStence of ChriSt:**
الفكرة التي مفادها أن الشخص الذي وُلد في بيت لحم، المعروف بيسوع الناصري، هو الأقنوم الثاني في الثالوث الموجود سابقًا.

**وحدانية الله Unity of God**:
إشارة إلى حقيقة أن الله إلهٌ واحدٌ، وليس آلهة كثيرة؛ وأنه غير مكوَّن من أجزاء، لكنه بسيط وغير مركَّب.

**وحدة الله OneneSSof God**:
حقيقة أن الله، مع أنه ثلاثة أقانيم، لكنه واحد في الجوهر.

**وحدة الوجود PantheiSm**:
الاعتقاد بأن كلَّ الأشياء إلهية، مبيدًا بهذا الاختلاف بين المخلوق والخالق.

**(ال) وحدويَّة UnitarianiSm**:
الاعتقاد بأن الله شخصٌ واحدٌ فقط.

**(ال) وحي Inspiration**:
تأثير الروح القدس في كُتَّاب الكتاب المقدس، الذي ضَمِنَ أن يكون ما كتبوه هو كلمة الله.

**وحي الكتاب المقدس InSpiration of the Bible**:
عمل الروح القدس وتأثيره في كُتَّاب الكتاب المقدس، الذي ضَمِن به أن يكون ما كتبوه قد حفظ الإعلان الإلهي بأمانة، وجعل الكتاب المقدس فعليًّا هو كلمة الله.

**(ال) وحي التام Plenary inSpiration**:
وجهة النظر التي تقول إن كلَّ الكتاب المقدس موحى به، وليس مجرد أسفار معيَّنة، أو أجزاء معيَّنة من الأسفار، أو أنواع أدب معيَّنة هي الموحى بها.

**(نظرية ال) وحي اللفظي Verbal theory of inSpiration**:
العقيدة التي تقول إن الروح القدس أرشد كُتَّاب الكتاب المقدس لدرجة أن حتى الكلمات الفردية والتفاصيل كانت هي ما قصد الله أن يُكتَب.

**وسائط النعمة MeanS of grace**:
القنوات التي من خلالها يوصِّل الله بركاته للبشر.

**(ال) وسيط Mediator**:
شخصٌ يقف بين طرفين محاولاً عقد الصلح بينهما. يسوع المسيح هو المخلِّص والوسيط الوحيد بين الله والناس.

**وظائف المسيح OfficeS of ChriSt:**
أدوار المسيح؛ وهي النبي، والكاهن، والملك.

**(ال) ولادة الأزلية Eternal generation:**
العمل الأزلي، والضروري الذي يميِّز اللهُ الآبُ به ذاته، والذي بموجبه يَلِدُ الوجودَ الأقنوميَّ للابن، ناقلًا للابن الجوهرَ الإلهيَّ بكامله.

# ي

**يسوع المسيح JeSuS ChriSt:**
اسم مركَّب للأقنوم الثاني المتجسِّد في الثالوث. يشير الاسم «**يسوع**» إلى الرجل الذي جاء من الناصرة، أما اسم «**المسيح**»، فهو الترجمة اليونانية للاسم «**مسيًّا**»، الذي معناه «ممسوح».

**يسوع الناصري Jesus of Nazareth:**
الاسم الذي دُعي به للطفل المولود من مريم العذراء، الذي حُبل به من الروح القدس.

**يقين الخلاص ASSurance of Salvation:**
الثقة التي يعطيها الله للمؤمن في أنه مخلَّص بالحقيقة.

**يهوه Yahweh:**
نَسْخُ حروف الاسم العبري الرئيسي لله بحروف لغة أخرى بحسب نُطقِه.

**يوم الرب Lord'S Day:**
أول أيام الأسبوع؛ يوم الأحد

**يوم الكفارة Day of atonement:**
اليوم الذي كان كاهن العهد القديم يُكَفِّر فيه عن كلِّ خطايا الشعب (لاويين ١٦).

# مراجع عامة

## مراجع أساسيَّة في اللاهوت النظامي

Bancroft, Emery H. *Christian Theology: Systematic and Biblical.* 2nd ed. Grand Rapids, MI: Zondervan, 1976.

Berkhof, Louis. *Systematic Theology.* 4th ed. Grand Rapids, MI: Eerdmans, 1939.

Buswell, James Oliver, Jr. *A Systematic Theology of the Christian Religion.* 2 vols. Grand Rapids, MI: Zondervan, 1962–1963.

Culver, Robert Duncan. *Systematic Theology: Biblical and Historical.* Fearn, Ross-shire, Scotland: Mentor, 2005.

Dabney, Robert Lewis. *Systematic Theology.* 1871. Reprint, Edinburgh: Banner of Truth,1985 .

Erickson, Millard J. *Christian Theology.* Grand Rapids, MI: Baker, 1986.

Grudem, Wayne. *Systematic Theology: An Introduction to Biblical Doctrine.* Grand Rapids, MI: Zondervan, 1994.

Hodge, Charles. *Systematic Theology.* 3 vols. 1871–1873. Reprint, Grand Rapids, MI: Eerdmans, 1975.

Lewis, Gordon R., and Bruce A. Demarest. *Integrative Theology.* 3 vols. Grand Rapids, MI: Zondervan, 1987–1994.

Reymond, Robert L. *A New Systematic Theology of the Christian Faith.* Nashville: Thomas Nelson, 1998.

Shedd, William G. T. *Dogmatic Theology*. 3 vols. 1889. Reprint, Minneapolis: Klock & Klock, 1979.

Strong, August Hopkins. *Systematic Theology: A Compendium Designed for the Use of Theological Students*. Rev. ed. New York: Revell, 1907.

Swindoll, Charles R., and Roy B. Zuck, eds. *Understanding Christian Theology*. Nashville: Thomas Nelson, 2003.

Thiessen, Henry Clarence. *Introductory Lectures in Systematic Theology*. Grand Rapids, MI: Eerdmans, 1949.

Turretin, Francis. *Institutes of Elenctic Theology*. 3 vols. Edited by James T. Dennison Jr. Translated by George Musgrove Giger. 1679–1685. Reprint, Phillipsburg, NJ: P&R, 1997–1992.

# مراجع في اللاهوت الكتابي

## الكتاب المقدس كاملًا

Kaiser, Walter C., Jr. *Toward an Exegetical Theology: Biblical Exegesis for Preaching and Teaching*. Grand Rapids, MI: Baker, 1981.

Schreiner, Thomas R. *The King in His Beauty: A Biblical Theology of the Old and New Testaments*. Grand Rapids, MI: Baker Academic, 2013.

Vos, Geerhardus. *Biblical Theology: Old and New Testaments*. Grand Rapids, MI: Eerdmans, 1948.

## العهد القديم

Kaiser, Walter C., Jr. *Toward an Old Testament Theology*. Grand Rapids, MI: Zondervan, 1978 .

Merrill, Eugene H. *Everlasting Dominion: A Theology of the Old Testament*. Nashville: Broadman & Holman, 2006.

Payne, J. Barton. *The Theology of the Older Testament*. Grand Rapids, MI: Zondervan, 1962.

Zuck, Roy B., ed. *A Biblical Theology of the Old Testament*. Chicago: Moody Press, 1991.

## العهد الجديد

Guthrie, Donald. *New Testament Theology*. Downers Grove, IL: InterVarsity Press, 1981.

Ladd, George Eldon. *A Theology of the New Testament*. 2nd ed. Grand Rapids, MI: Eerdmans, 1993.

Schreiner, Thomas R. *New Testament Theology: Magnifying God in Christ*. Grand Rapids, MI: Baker Academic, 2008.

Zuck, Roy B., ed. *A Biblical Theology of the New Testament*. Chicago: Moody Press, 1994.

## مراجع في تاريخ العقائد

Allison, Gregg R. *Historical Theology: An Introduction to Christian Doctrine*. Grand Rapids, MI: Zondervan, 2011.

Berkhof, Louis. *The History of Christian Doctrines*. 1937. Reprint, Grand Rapids, MI: Baker, 1975.

Bray, Gerald. *God Has Spoken: A History of Christian Theology*. Wheaton, IL: Crossway, 2014 .

González, Justo L. *A History of Christian Thought*. Rev. ed. 3 vols. Nashville: Abingdon, 1987 .

Hannah, John D. *Our Legacy: The History of Christian Doctrine*. Colorado Springs: NavPress, 2001.

Heine, Ronald E. *Classical Christian Doctrine: Introducing the Essentials of the Ancient Faith*. Grand Rapids, MI: Baker Academic, 2013.

Kelly, J. N. D. *Early Christian Doctrines*. 5th ed. London: Continuum, 2000.

Pelikan, Jaroslav. *The Christian Tradition: A History of the Development of Doctrine*. 5 vols. Chicago: University of Chicago Press, 1971–1989.

Schaff, Philip. *The Creeds of Christendom*. 3 vols. New York: Harper & Brothers, 1877.

Shedd, William G. T. *A History of Christian Doctrine*. 2 vols. New York: Charles Scribner, 1863 .

## كتيِّبات في علم اللاهوت

Boice, James Montgomery. *Foundations of the Christian Faith: A Comprehensive and Readable Theology*. Rev. ed. Downers Grove, IL: InterVarsity Press, 1986.

Chafer, Lewis Sperry. *Major Bible Themes: 52 Vital Doctrines of the Scripture Simplified and Explained*. Revised by John F. Walvoord. Grand Rapids, MI: Zondervan, 1974.

Enns, Paul. *The Moody Handbook of Theology*. Chicago: Moody Press, 1989.

Evans, William. *The Great Doctrines of the Bible*. Revised by S. Maxwell Coder. Chicago: Moody Press, 1974.

Lightner, Robert P. *Handbook of Evangelical Theology: A Historical, Biblical, and Contemporary Survey and Review*. Grand Rapids, MI: Kregel, 1995.

Milne, Bruce. *Know the Truth: A Handbook of Christian Belief*. 3rd ed. Downers Grove, IL: InterVarsity Press, 2009.

Packer. J. I. *Concise Theology: A Guide to Historic Christian Beliefs*. Wheaton, IL: Tyndale, 1993.

Watson, Thomas. *A Body of Divinity*. 1692. Reprint, Edinburgh: Banner of Truth, 1965.

## معاجم لاهوتيَّة

Bercot, David W., ed. *A Dictionary of Early Christian Beliefs: A Reference Guide to More Than 700 Topics Discussed by the Early Church Fathers.* Peabody, MA: Hendrickson,1998 .

Cairns, Alan. *Dictionary of Theological Terms: A Ready Reference of over 800 Theological and Doctrinal Terms.* 3rd ed. Greenville, SC: Ambassador-Emerald International, 2002.

Elwell, Walter A., ed. *Evangelical Dictionary of Theology.* 2nd ed. Grand Rapids, MI: Baker, 2001.

Erickson, Millard J. *The Concise Dictionary of Christian Theology.* Rev. ed. Wheaton, IL: Crossway, 2001.

Holloman, Henry W. *Kregel Dictionary of the Bible and Theology: Over 500 Key Theological Words and Concepts Defined and Cross-Referenced.* Grand Rapids, MI: Kregel Academic & Professional, 2005.

Huey, F. B., Jr., and Bruce Corley, eds. *A Student's Dictionary for Biblical and Theological Studies.* Grand Rapids, MI: Zondervan, 1983.

## مراجع لاهوتيَّة أخرى

Akin, Daniel L., ed. *A Theology for the Church.* Nashville: B&H Academic, 2007.

Ames, William. *The Marrow of Theology.* Translated and edited by John D. Eusden. 1629. Reprint, Grand Rapids, MI: Baker, 1997.

Boyce, James P. *Abstract of Systematic Theology.* 1887. Reprint, Hanford, CA: den Dulk Christian Foundation, n.d.

Chafer, Lewis Sperry. *Systematic Theology.* Edited by John F. Walvoord. 4 vols. Grand Rapids, MI: Kregel, 1993.

Dagg, J. L. *Manual of Theology.* 1857. Reprint, Harrisonburg, VA: Sprinkle, 2009.

Dick, John. *Lectures on Theology.* Cincinnati, OH: Applegate, 1856.

Frame, John M. *Systematic Theology: Introduction to Christian Belief.* Phillipsburg, NJ: P&R, 2013.

Gill, John. *A Body of Doctrinal Divinity.* 1769. Reprint, Paris, AR: Baptist Standard Bearer, 1984.

Kuyper, Abraham. *Encyclopedia of Sacred Theology: Its Principles.* New York: C. Scribner's Sons, 1898.

McCune, Rolland. *A Systematic Theology of Biblical Christianity.* 3 vols. Allen Park, MI: Detroit Baptist Theological Seminary, 2009–2010.

Ussher, James. *A Body of Divinity, or, The Sum and Substance of Christian Religion.* 3rd ed. London: Thomas Downes and George Badger, 1649.

# نبذة عن المحرِّرَين

**د. چون ماكآرثر – دكتوراه في اللاهوت والآداب (John MacArthur, DD, LittD)**

يشغل د. چون ماكآرثر منصب كبير رعاة كنيسة Grace Community Church في مدينة سان فاللي، بولاية كاليفورنيا (من عام ١٩٦٩ حتى اليوم)، وكذلك منصب رئيس كلية ماستر اللاهوتيَّة. وهو أيضًا مؤلِّف كتب، ومتحدث في المؤتمرات، ومعلِّم بارز في خدمة Grace to You عبر وسائل الإعلام. في عام ١٩٨٥، صار رئيسًا لكلية ماستر (كلية لوس أنجلوس المعمدانية سابقًا)، التي أصبحت الآن جامعة مسيحية معتمَدة ومتخصِّصة في الآداب الحرة، في مدينة سانتا كلاريتا، في ولاية كاليفورنيا. وفي عام ١٩٨٦، أسس چون كلية ماستر اللاهوتية، وهي كلية للدراسات العليا متخصِّصة في تدريب الرجال على الخدمة الرعوية بدوام كامل، وعلى العمل المرسَلي.

ومنذ أنهى د. ماكآرثر كتابه الأكثر مبيعًا، بعنوان «الإنجيل بحسب يسوع»، في عام ١٩٨٨، ألَّف ما يقرب من أربعمئة كتاب ودليل دراسي، من بينها «نستحي بالإنجيل»، و«*The Jesus You Can't Ignore*» («يسوع الذي لا يمكن تجاهُله»)، و«جريمة قتل المسيح»، و«*One Perfect Life*» («حياة واحدة كاملة»)، و«*Our Sufficiency in Christ*» («كفايتنا في المسيح»)، و«*Slave*» («عبدٌ»)، و«*Strange Fire*» («نيران غريبة»)، و«قصة ابنين»، و«*The Truth War*» («حرب الحق»)، و«١٢ رجلًا عاديًا». تُرجمت هذه المؤلَّفات إلى أكثر من أربع وعشرين لغة. أما كتاب «تفسير الكتاب المقدس» (*The MacArthur Study Bible*)، الذي يُعَد حجر زاوية خدمته، فهو متاح باللغات العربية، والصينية، والإنجليزية (في ترجمات ESV، وNASB، وNIV، وNKJV)، والفرنسية، والألمانية، والإيطالية، والبرتغالية، والروسية، والإسبانية. كما أن سلسلة تفسير العهد الجديد (*MacArthur New Testament Commentary*) المكوَّنة من ثلاثة وثلاثين جزءًا، قد اكتملت في عام ٢٠١٥.

إذا أردتَ معرفة المزيد عن خدمة د. چون ماكآرثر، يُرجى الرجوع إلى:

Iain H. Murray, *John MacArthur: Servant of the Word and Flock* (Edinburgh: Banner of Truth,2011 ).

وانظر أيضًا المقال الذي كُتِب تكريمًا له في عدد من مجلة:

*The Master's Seminary Journal* 22, no.1 (2011).

**د. ريتشارد مايهو - دكتوراه في علم اللاهوت (Richard Mayhue, ThD)**

منذ عام ١٩٨٠ وحتى عام ١٩٨٤، كان د. ريتشارد مايهو عضوًا ضمن فريق الرعاة في كنيسة Grace Community Church، حيث عَمِلَ مساعدًا في خدمة التعليم للدكتور ماكآرثر، ومديرًا إداريًّا للمؤتمر الشهير بعنوان Shepherds' Conference. ومنذ عام ١٩٨٤ وحتى عام ١٩٨٩، خدم راعيًا لكنيسة Grace Brethren Church العريقة، في مدينة لونج بيتش، في ولاية كاليفورنيا. وانضم د. مايهو إلى هيئة تدريس كلية ماستر اللاهوتية في عام ١٩٨٩، وعُيِّن عميدًا للكلية في العام التالي (١٩٩٠-٢٠١٤). عَمِلَ د. مايهو أيضًا عميدًا لجامعة ماستر من عام ٢٠٠٠ وحتى عام ٢٠٠٨. وألَّفَ، أو شارك في تأليف، أو حرَّر أكثر من ثلاثين كتابًا، من بينها «*Thessalonians 2 & 1*»، و«*Bible Boot Camp*»، و«*Christ's Prophetic Plans*»، و«*The Healing Promise*»، و«*How to Interpret the Bible for Yourself*»، و«*Practicing Proverbs*»، و«*Seeking God*»، و«*Unmasking Satan*»، و«*What Would Jesus Say about Your Church?*»، بالإضافة إلى العديد من المقالات التي نُشِرت في مجلات.

في عام ٢٠١٦، أكمل د. مايهو أكثر من أربعين عامًا في الخدمة الرعوية، والخدمة في كلية اللاهوت، وتقاعد عن منصب نائب الرئيس للشئون التنفيذية، والعميد، وأستاذ البحث اللاهوتي في كلية ماستر اللاهوتية. وإذا أردتَ معرفة المزيد عن خدمة د. مايهو، انظر الموقع الإليكتروني الخاص به (RichardMayhue.net)، والمقال الذي كُتِب تكريمًا له في عدد من مجلة:

*The Master's Seminary Journal* 25, no. 2 (2014).

# ترنيمة أخيرة للتأمُّل

## كنْ نوري ومُرشدي

كنْ نوري ومُرشِدي، يا سيِّدَ القلبِ
فكلُّ شَيْءٍ سواكَ باطلٌ فانٍ.
يا تاجَ أفكاري.. وظِلَّ أيّامي ودَرْبي
ماشيًا أو نائمًا، وَجهُكَ النُّورُ يَرعاني.

كنْ حِكمَتي، وفي فمي وَمضَةَ الصِّدْقِ
دائمًا أنا مَعْكَ يا رَبُّ وأنتَ مَعي.
كنْ أبي العَظيمَ، وأنا كابنِكَ الحَقِّ
هلاَّ سَكَنتَ فيَّ، وأنا فيكَ مَخدَعي.

ليسَ يَعنيني الثّرَاءُ، أوْ مَديحُ النّاسِ والخُوَاءُ
فأنتَ الآنَ وَحدَكَ نَصيبي وإلى الأبَدْ،
وأنتَ وَحدَكَ الأوَّلُ في قلبيَ المُضَاءْ
يا مَلكَ السَّمَاءِ، وأنتَ كنزيَ والصَّمَدْ.

يا مَلكَ السَّماءِ الذي حقَّقَ ليَ الانتِصارْ
ليتني أبلغُ أفراحَ السَّماءِ، يا شمسًا ليسَ لها غُروبْ!
يا قلبي وحُبِّي، وسطَ أهوالٍ هنا كِثارْ،
كنْ نوري ومُرشِدي، يا مَلكَ الشُّعوبْ.[1]

---

١ قام المترجم بتعريب هذه الترنيمة وتقفيتها. الترنيمة الأصلية هي بعنوان "**Be Thou My Vision**"، وهي ترنيمة إيرلندية قديمة، قامت ماري إي. بايرن Mary E. Byrne (١٨٨٠-١٩٣١م) بترجمتها إلى اللغة الإنجليزية، وقامت إيليانور هـ. هال Eleanor H. Hull (١٨٦٠-١٩٣٥م) بتقفيتها باللغة نفسها.

# قائمة الترانيم

# قائمة الجداول

# اختصارات

## اختصارات المراجع:

| | |
|---|---|
| BECNT | Baker Exegetical Commentary on the New Testament |
| BETS | Bulletin of the Evangelical Theological Society |
| BSac | Bibliotheca Sacra |
| CTR | Criswell Theological Review |
| EEC | Evangelical Exegetical Commentary |
| ICC | International Critical Commentary |
| JETS | Journal of the Evangelical Theological Society |
| JTS | Journal of Theological Studies |
| MNTC | MacArthur New Testament Commentary |
| MSJ | The Master's Seminary Journal |
| NAC | New American Commentary |
| NICNT | New International Commentary on the New Testament |

| | |
|---|---|
| NICOT | New International Commentary on the Old Testament |
| NIGTC | New International Greek Testament Commentary |
| NTC | New Testament Commentary |
| PNTC | Pillar New Testament Commentary |
| *RevExp* | *Review and Expositor* |
| SNTSMS | Society for New Testament Studies Monograph Series |
| *TJ* | *Trinity Journal* |
| *WTJ* | *Westminster Theological Journal* |

I0458882

The Master's Academy International
www.tmai.org
publishing@tmai.org